中国农村乡镇统计概要

2000

国家统计局农村社会经济调查总队

中国统计出版社
China Statistics Press

（京）新登字 041 号

图书在版编目（CIP）数据

中国农村乡镇统计概要－2000/国家统计局农村社会经济调查总队编.
－北京：中国统计出版社．2000.8
ISBN 7-5037-3368-3/C·1832

Ⅰ．中…
Ⅱ．国…
Ⅲ．乡镇-统计资料-中国-2000
Ⅳ．C832－54

中国版本图书馆 CIP 数据核字（2000）第 69058 号

中国农村乡镇统计概要－2000

作　　者/国家统计局农村社会经济调查总队
责任编辑/陈悟朝
封面设计/张　冰
出版发行/中国统计出版社
通信地址/北京市西城区月坛南街 75 号　邮政编码/100826
办公地址/北京市丰台区西三环南路甲 6 号
电　　话/（010）63459084，63266600－22500（发行部）
印　　刷/科伦克三莱印务（北京）有限公司
经　　销/新华书店
开　　本/880×1230mm　1/16
印　　张/45.5
印　　数/1－3500
字　　数/1350 千字
版　　别/2000 年 9 月第 1 版
版　　次/2000 年 9 月第 1 次印刷
书　　号/ISBN 7-5037-3368-3/C·1832
定　　价/198.00 元

《中国农村乡镇统计概要—2000》
编 辑 委 员 会

编者说明

乡镇是我国一级基层政权组织，也是政府组织国民经济活动的重要环节。为了全面反映世纪之交中国农村乡镇的发展状况，为党和政府制定农村政策、分类指导乡镇经济发展提供依据，国家统计局农村社会经济调查总队在1999年首次开展了《乡镇社会经济基本情况》统计，统计对象为全国42600多个农村乡镇，内容涵盖了农村乡镇的基本情况、生产条件、经济状况、社区环境等方面。在此基础上，我们组织编辑了《中国农村乡镇统计概要》。

本书首次较为全面系统地发布了我国农村乡镇(不包括县政府驻地镇)的规模、分布、经济发展、社区环境等详细资料，其主要内容包括：(1)按主要指标排列的各省区市乡镇前十名；(2)按经济指标和类型分组的乡镇数据；(3)建制镇的分组数据和个镇数据；(4)各省区市的乡镇平均数据。此外，用统计分析图的形式对农村乡镇的发展现状进行了概述，选编了部分乡镇的发展材料。我们期待着本书的出版，将有助于加深对农村乡镇的认识，促进农村小城镇建设的健康发展，进而推动农村社会经济的全面进步。

由于时间和人力限制，书中难免存在错误之处和技术上的疏漏，敬请读者和用户指正。同时，为了更好地开发利用乡镇统计资料，以满足研究和决策的需要，请读者和用户对编辑工作提出宝贵意见。

2000年8月

目　　录

第一部分　综合报告

第二部分　农村乡镇

一、分省区市乡镇前十名

二、按主要指标分组的乡镇情况

三、按东中西分组的乡镇情况

四、按自然地势分组的乡镇情况

五、民族乡镇情况

第三部分　农村建制镇

一、按主要指标分组的建制镇情况

二、按东中西分组的建制镇情况

三、按主要指标分组的建制镇镇区基本情况

四、分建制镇镇区情况

第四部分　乡镇平均指标

一、省区市乡镇平均指标

二、省区市乡平均指标

三、省区市镇平均指标

第五部分　统计表式与说明

第一部分　综合报告

一　农村乡镇发展概况

（一）农村乡镇

改革开放以来，随着农村体制改革的不断深化和社会主义市场经济体制的逐步建立和完善，农村社会经济全面发展，乡镇经济实力不断增强，社区环境不断改善，农村乡镇已步入一个新的发展阶段。

1. 分布与类型

1.1 经济和自然分布

我国幅员辽阔，农村乡镇数量较多。从经济地域分布看，78%的乡镇位于中西部；从自然地势分布看，39%的乡镇分布在山区。

图1 农村乡镇地区分布

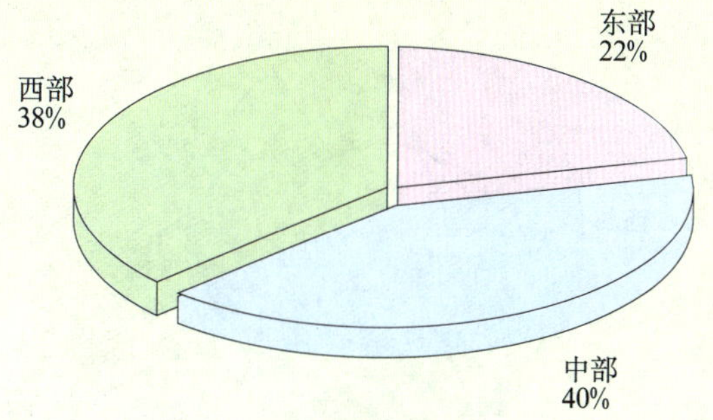

图2 农村乡镇地势分布

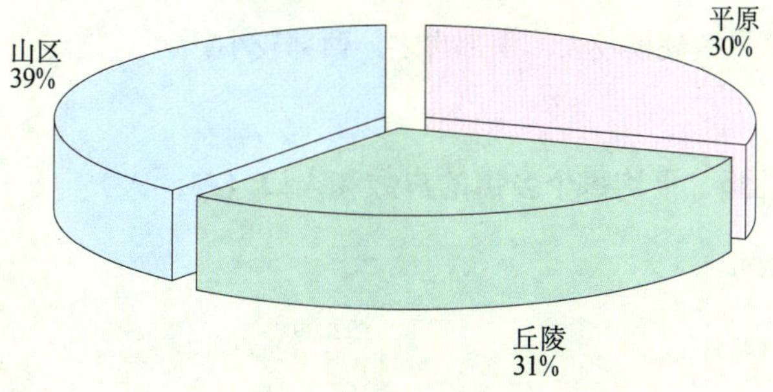

1.2 民族乡镇

我国是一个多民族国家，汉族以外的少数民族聚居的乡镇占全国农村乡镇的10.4%，主要分布在西部地区。

图3 民族乡镇地区分布

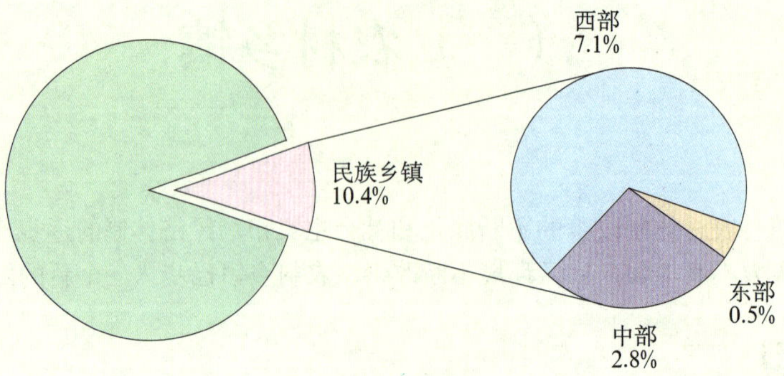

1.3 贫困乡镇

在各级确定的贫困乡镇中，西部占55%，中部占35%，东部仅占10%。

图4 贫困乡镇的地区分布

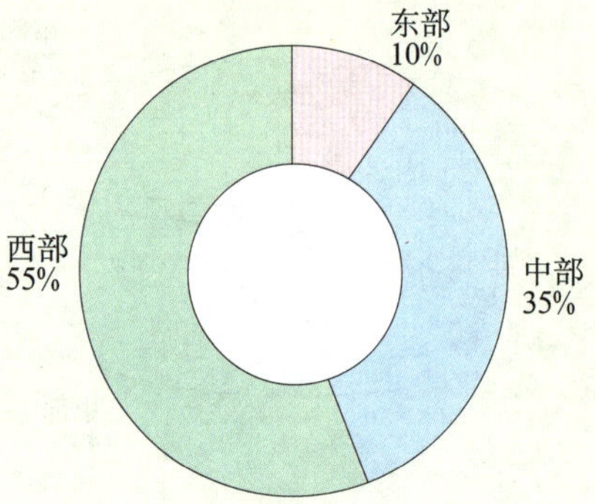

2. 规模与结构

2.1 户数与人口规模

从户数和人口看，东部地区乡镇规模较大，中部次之，西部较小。

图5 平均每个乡镇的户数和人口（户、人）

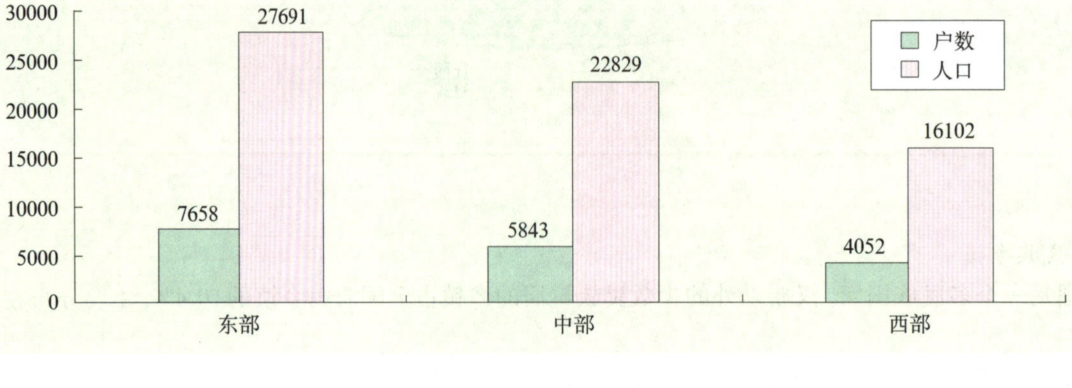

2.2 乡村劳动力分布

乡村劳动力主要分布在平原和丘陵地区。

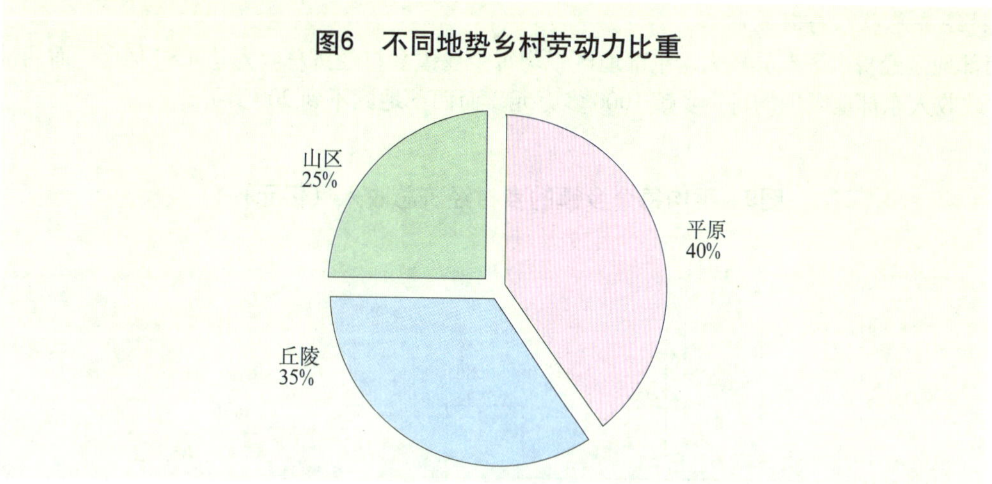

2.3 耕地与种植结构

我国的耕地和农作物播种面积主要集中在丘陵地区的农村乡镇，但平原地区耕地利用率较高。

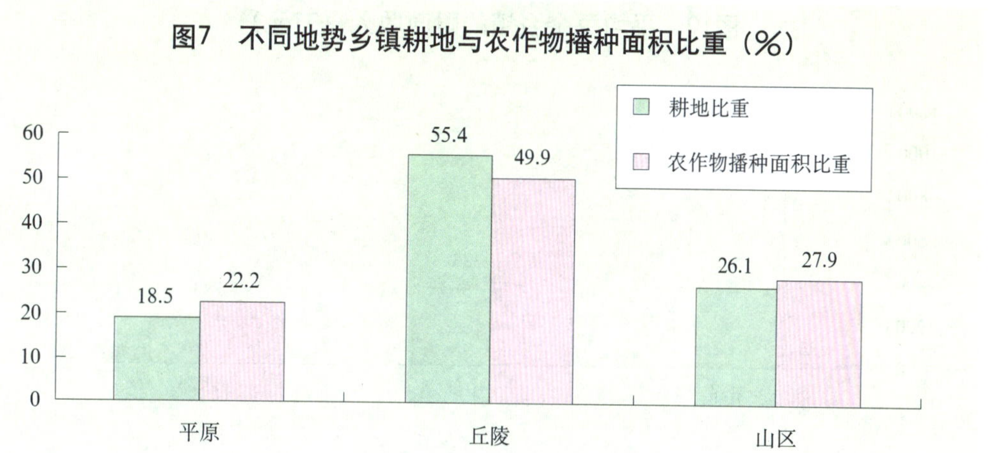

2.4 农业机械总动力分布

我国的耕地近74%集中于平原和丘陵地区乡镇，这些地区具备利用农业机械的自然条件，所以农业机械总动力的85%也集中在这些地区。

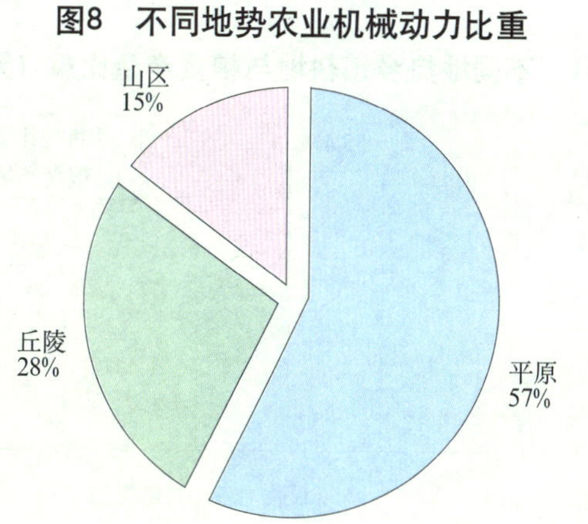

3.经济水平

3.1 乡村经济总收入与财政收入

东中西部地区经济水平差异较大，东部地区平均每个乡镇乡村经济总收入达4.82亿元，而西部地区仅7千多万元；财政收入东部地区平均每个乡镇1000多万元，而西部地区不到200万元。

图9 平均每个乡镇的乡村经济总收入（亿元）

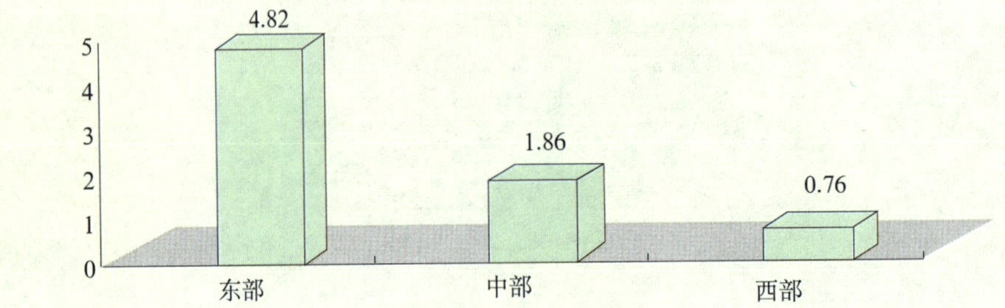

图10 平均每个乡镇的财政收入（万元）

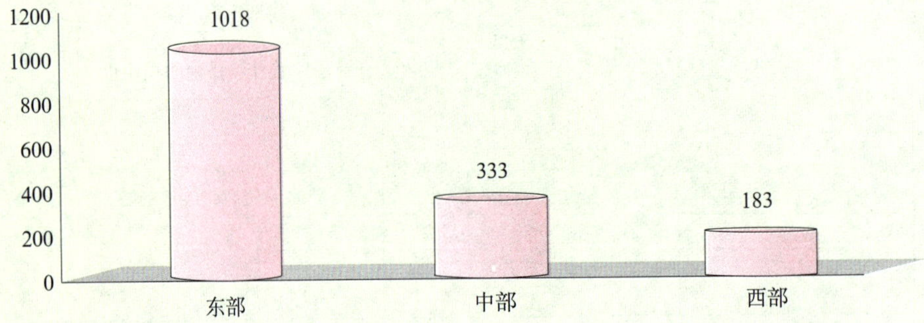

3.2 粮食产量

我国的粮食产量主要集中在平原地区乡镇。平原地区乡镇以18.5%的耕地生产了近50%的粮食，粮食单产每公顷达5627公斤。

图11 不同地势乡镇耕地与粮食产量比重（%）

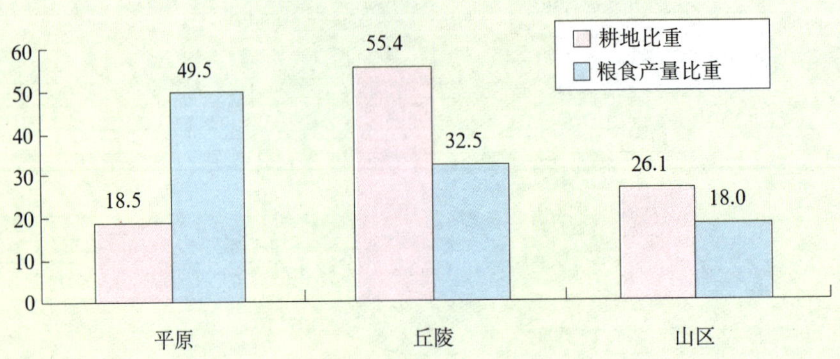

图12 不同地势乡镇的粮食单位面积产量（公斤／公顷）

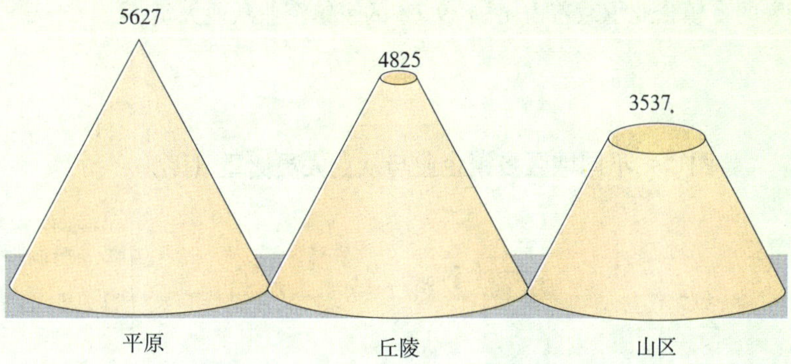

3.3 肉类和水产品产量

1999年，有39%的乡镇肉类产量在600吨以下，不能自给；有40%的乡镇在600—2000吨之间，自给略有余；21%的乡镇在2000吨以上，是肉产量的主要商品生产地。

有62%的乡镇水产品产量在100吨以下，不能自给；有28%的乡镇在100—1000吨之间，基本可自给；只有10%的乡镇在1000吨以上，是水产品的主要商品生产地。

图13 按肉产量分组的乡镇比重

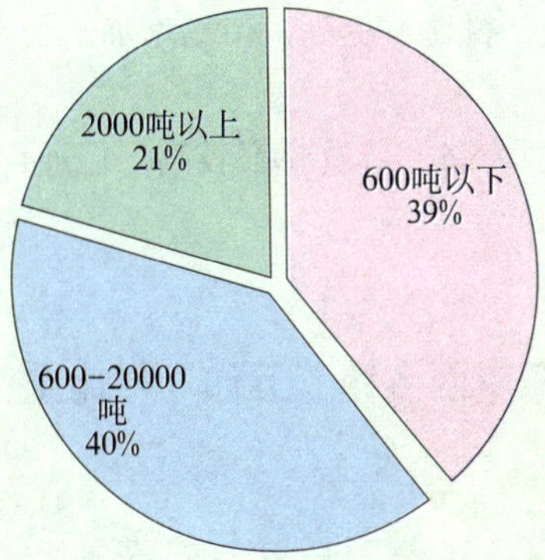

图14 按水产品产量分组的乡镇比重

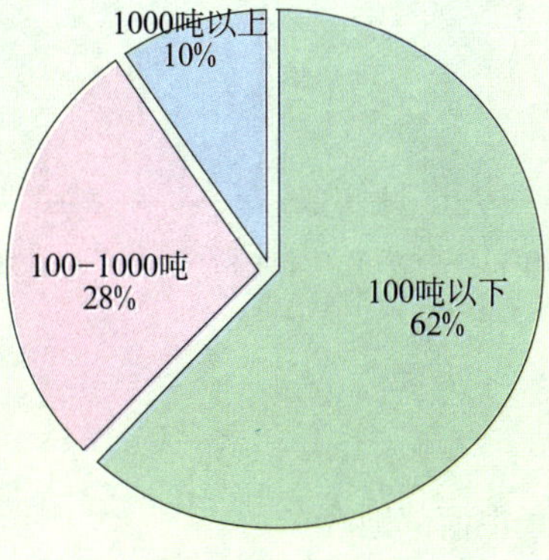

3.4 乡镇企业

改革开放以来，我国农村乡镇企业得到了飞速发展，吸纳了大量的农村劳动力。东部地区乡镇企业规模相对较大，以占全国27.3%的乡镇企业承载着占全国39.7%的乡镇企业从业人员。

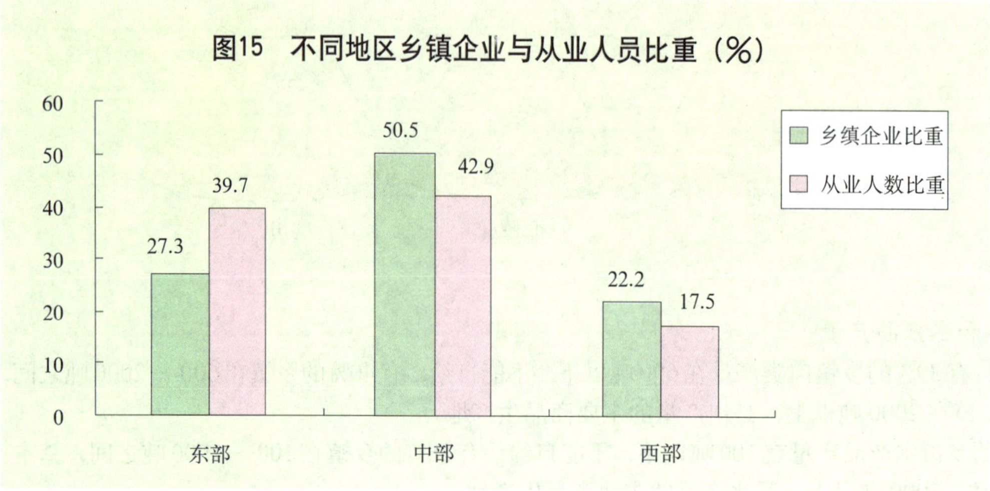

4.社区环境

农村乡镇社区环境不断改善，“五通”村比重提高，市场增加，公共设施建设加快。但地区之间差异较大。

4.1 基础设施

我国东中西乡镇的“通电、通邮、通公路”普及率都较高，但通电话和自来水差距较大。

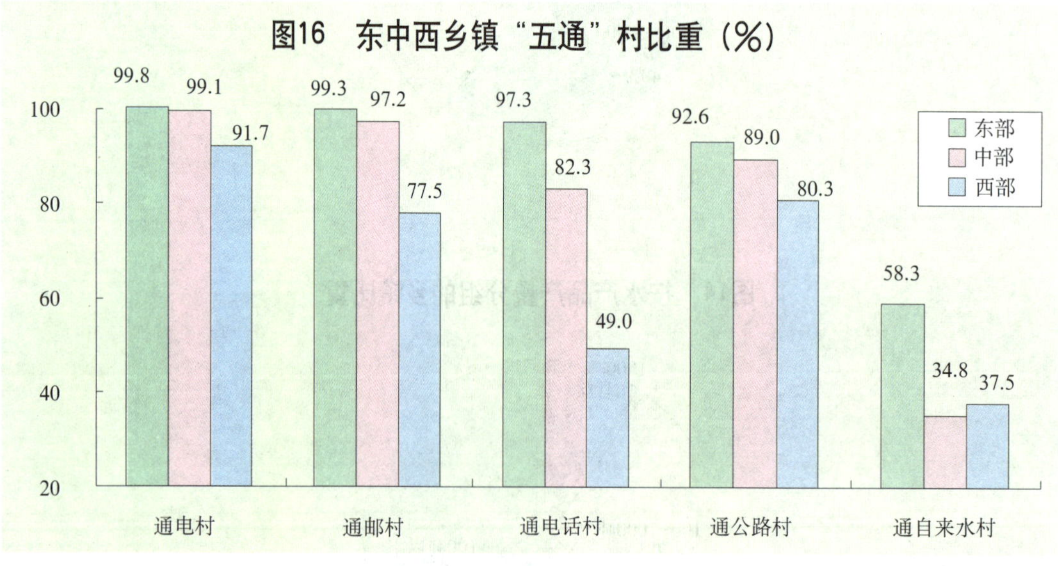

4.2 农村市场

东部地区乡镇的集贸市场数大大高于中西部地区。

图17　平均每个乡镇的集贸市场数（个）

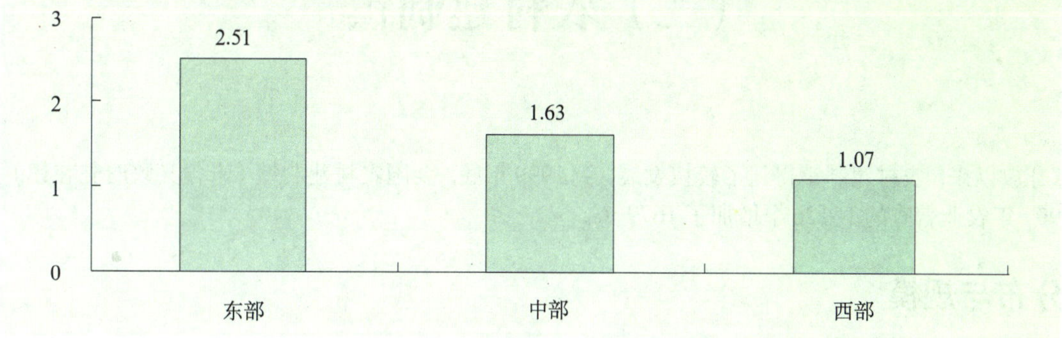

4.3 文教、卫生、体育和社会福利

文教、卫生、体育和社会福利设施，西部乡镇与东部和中部乡镇有较大差距。

图18　平均每个乡镇的文化教育设施（所、个）

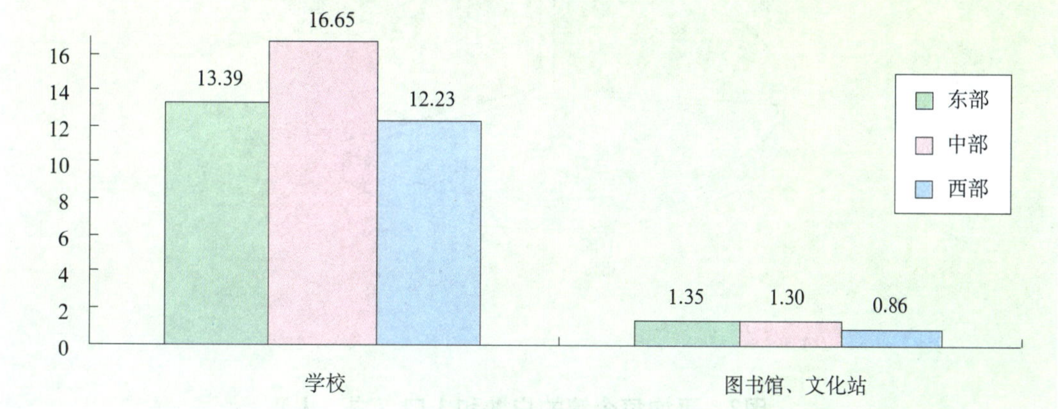

图19　平均每个乡镇的体育卫生福利设施（个）

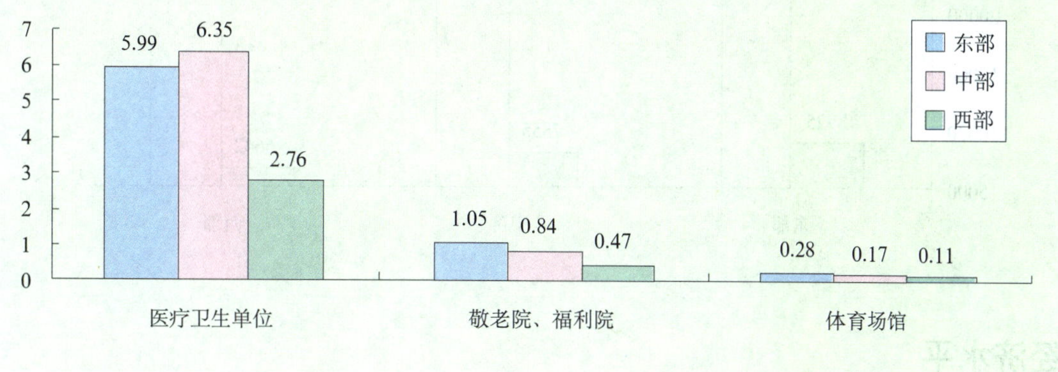

（二）农村建制镇

改革开放以来，农村建制镇得到了较快发展，到1999年底，全国农村建制镇（未含县政府驻在镇）为17805个，比1997年农业普查的16126个增加了1679个。

1. 分布与规模

农村建制镇主要分布在东部和中部，且户数和人口规模较大。

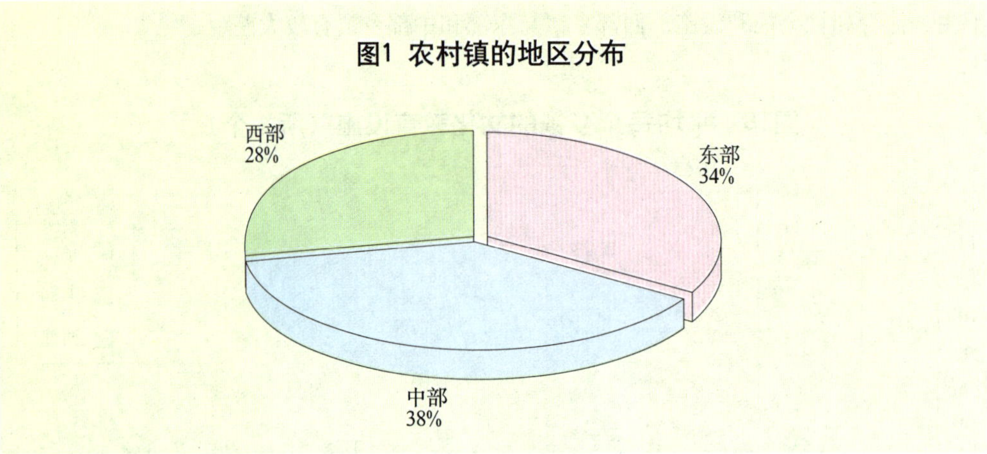

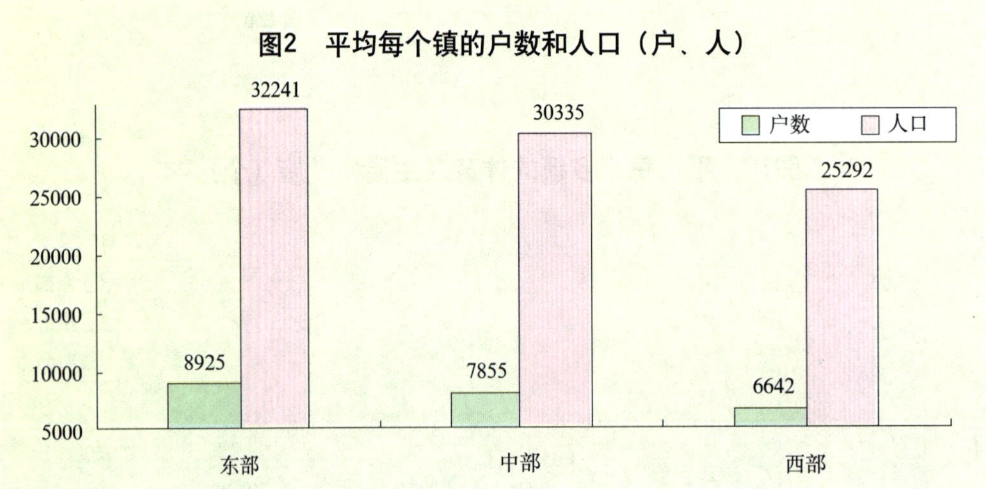

2. 经济水平

建制镇的经济发展水平总体上好于乡，但地区间发展不平衡。

2.1 乡村经济总收入

不同地区之间，镇均乡村经济总收入和财政收入差异较大，东部地区远远高于中部和西部地区。

图3　平均每个镇的乡村经济总收入（亿元）

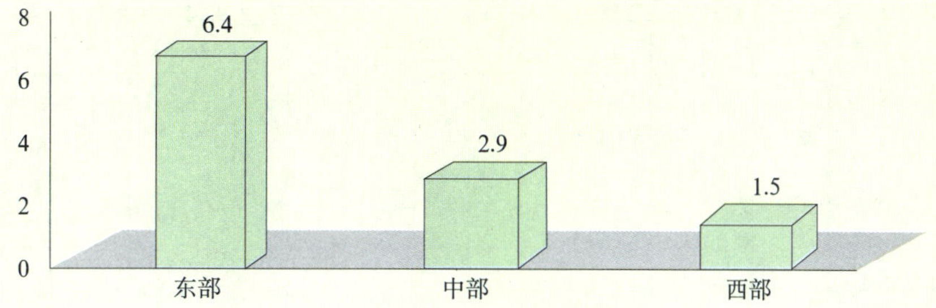

图4　平均每个镇的财政收入（万元）

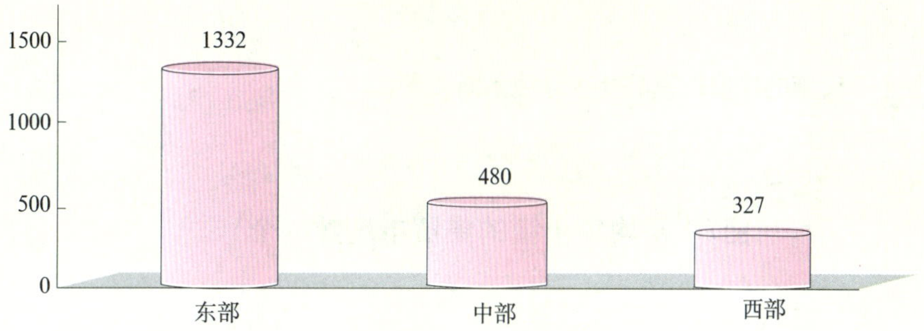

2.2 乡镇企业

东部地区乡镇镇均乡镇企业个数低于中部，但从业人数大大高于中部。

图5　平均每个镇的乡镇企业个数和从业人数（个、人）

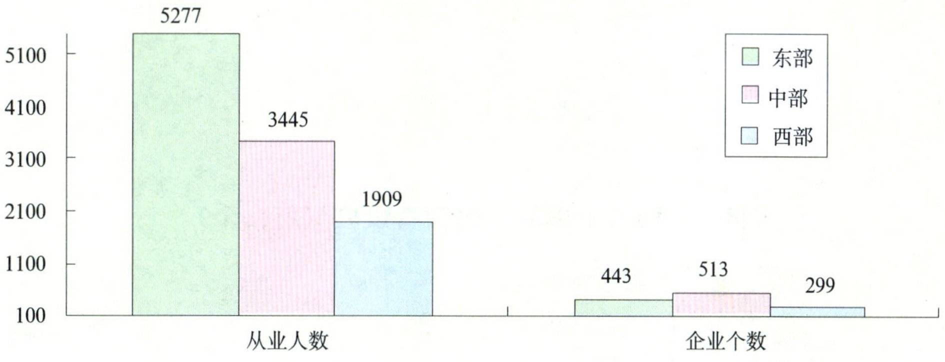

3.社区环境

3.1 基础设施

电话与自来水的普及程度，东中西镇存在较大差距。

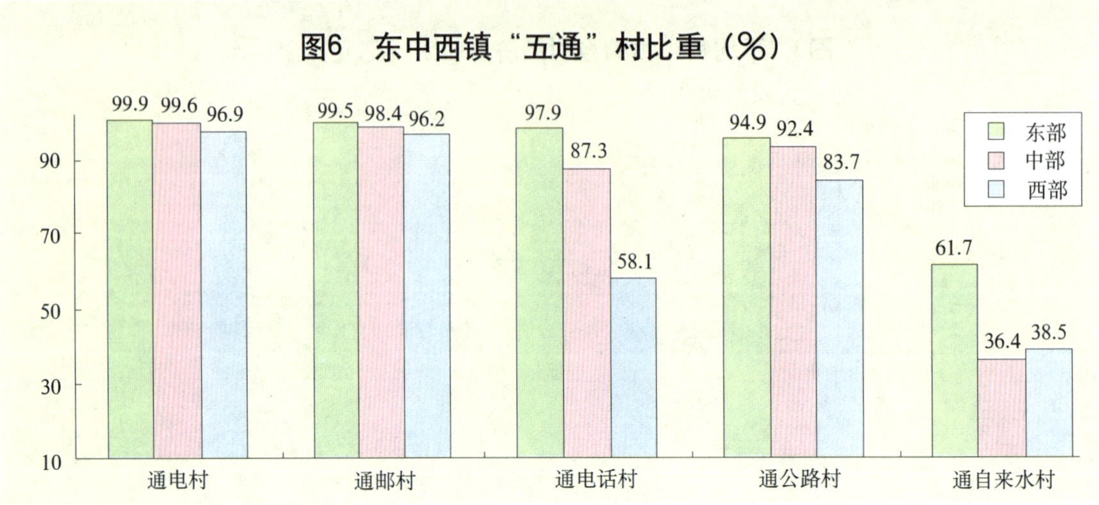

3.2 社区环境

随着文教体育卫生等设施的发展，镇的社区环境不断改善。

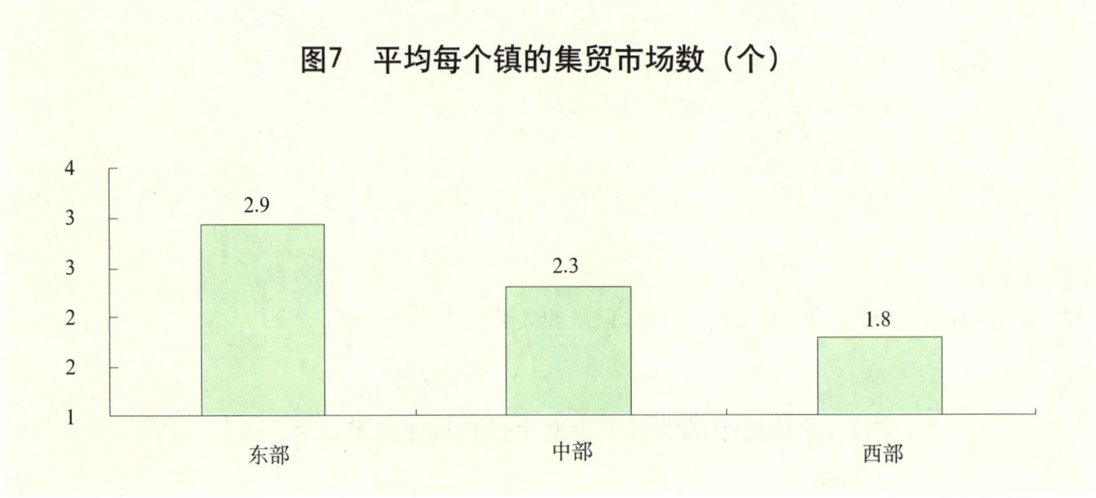

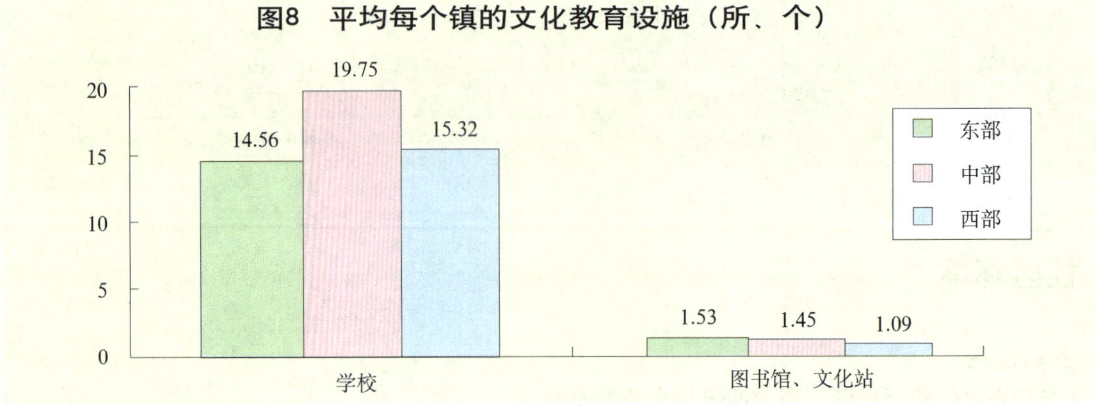

图9　平均每个镇的体育卫生福利设施（所、个）

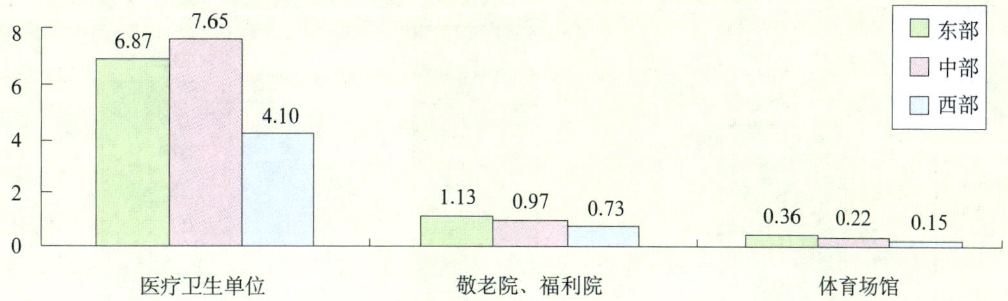

4. 镇区状况

4.1 镇区规模

东部和中部建制镇镇区户数和人口较西部多，非农化水平也高。

图10　平均每个镇区的户数和人口（户、人）

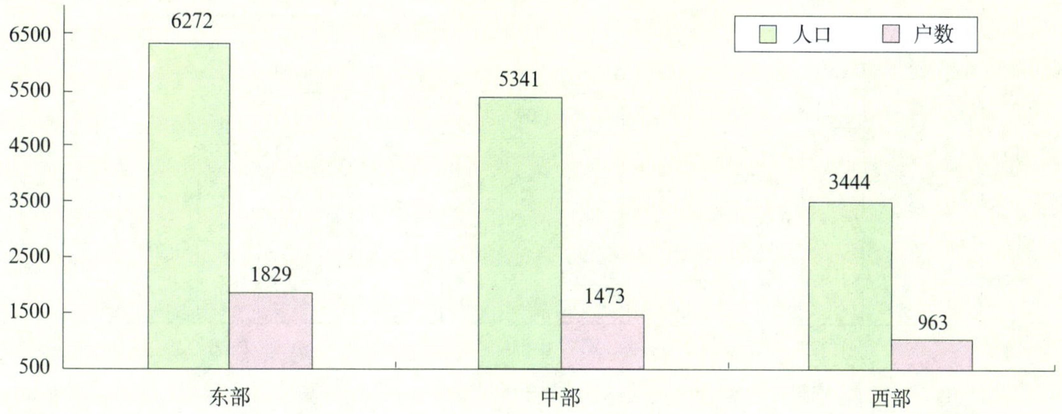

图11　镇区的非农业人口比重（%）

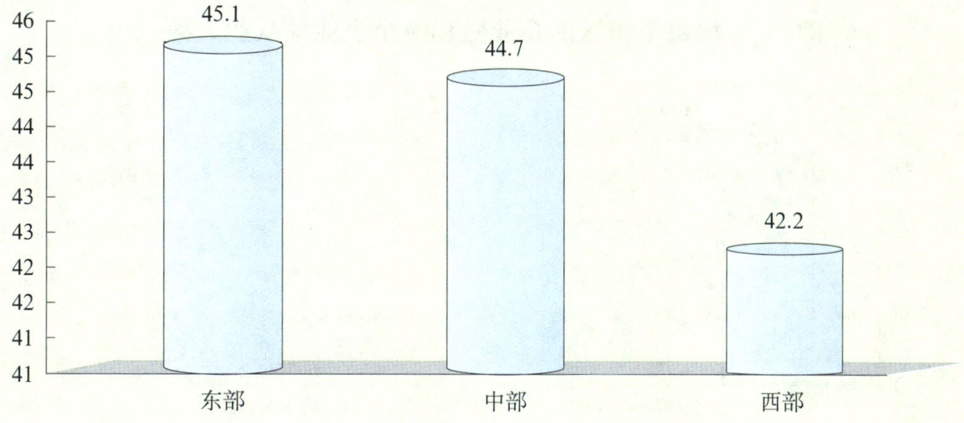

图12 平均每个镇区的占地面积（公顷）

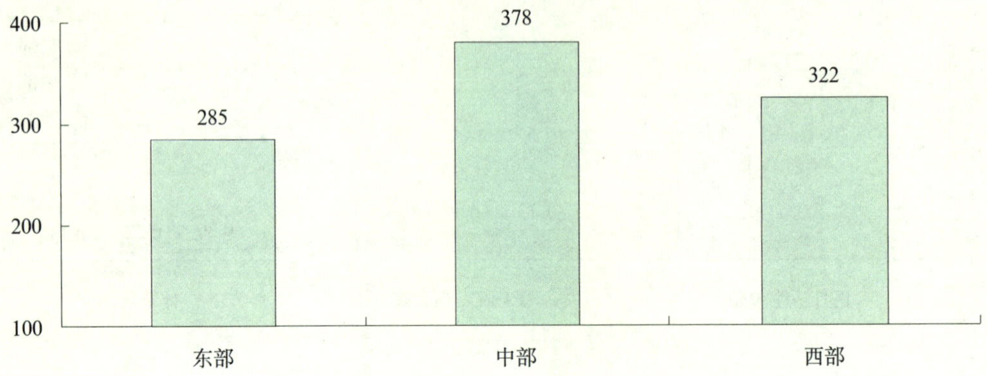

4.2 镇区集贸市场

农村镇区集贸市场中，综合市场多，专业市场少。

图13 平均每个镇区的市场数

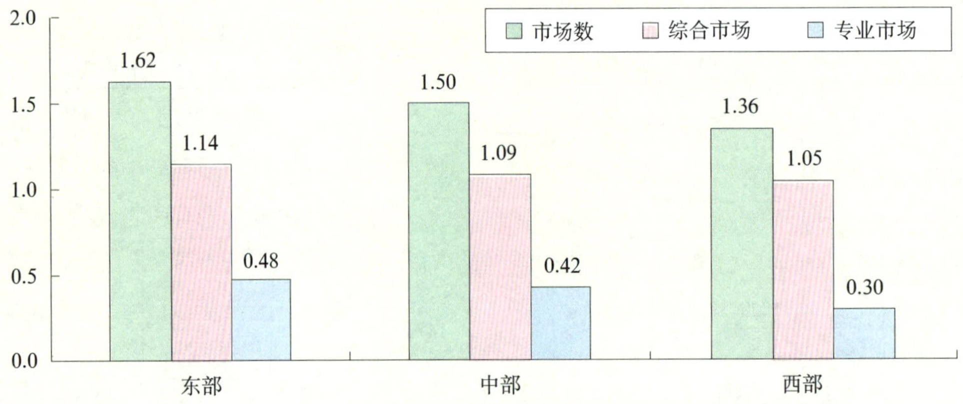

4.3 镇区企业

东部和中部农村镇区企业较西部多，东部企业吸纳从业人数较中西部多。

图14 平均每个镇区的企业数和每个企业的从业人数

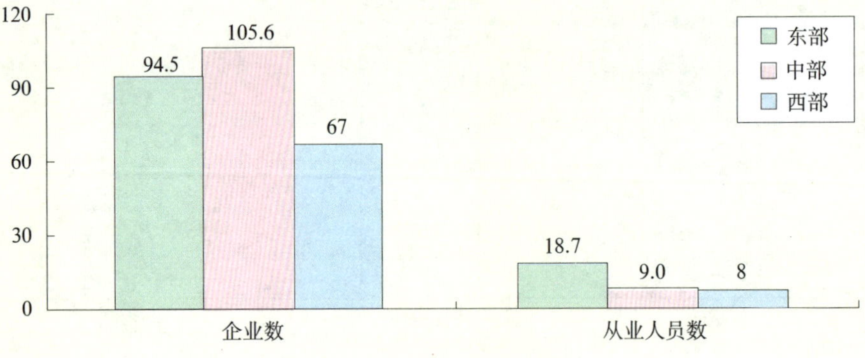

第一部分　综合报告

二　部分农村乡镇发展状况

【北京】

大华山镇——京郊大桃第一镇

北京平谷县大华山镇是以精品大桃产业为特色的林果生产专业镇。全镇共有行政村20个，人口2.1万，总面积9600公顷，其中大桃园2000公顷。

大华山镇三面环山，中间是冲积平原。特殊的自然地形和相对独立的小气候，为大桃生产提供了得天独厚的自然条件。改革开放前，大华山以种粮食为主，生活处于贫困状态。改革开放后，在北京市林果研究所等科研部门的指导帮助下，全面调整产业结构，集中发展大桃生产。经过20多年的努力，终于形成了具有相当规模的大桃生产基地，荣获北京市乡镇级的多项第一：桃园面积第一，桃产量第一，市场销售量第一。座落在大华山镇的平谷大桃市场，年销售大桃总量达1.4亿公斤。目前，全镇共有大桃品种130多个，实现了早、中、晚品种配套栽植，均衡成熟上市，并有相当一部分精品大桃进入了新加坡、日本、俄罗斯等国际市场。1999年，全镇大桃总产量4000万公斤，大桃总收入6400万元；全镇农民人均纯收入达4067元，比1995年翻了近两番；其中，生产大桃收入2358元，占人均纯收入的58%。

产业结构的调整，促进了全镇农民生活水平的提高，也增强了大华山镇的综合经济实力，全镇国内生产总值达6950.4万元，比1995年翻了一番。1997年大华山镇被北京市政府命名为“京郊大桃第一镇”，1999年又被评为“产业结构调整十佳乡镇”。

2000年初，大华山镇再一次调整全镇的产业结构，确定了新的发展思路：以生态文明观为指导，以生态文明镇为目标，打破单一大桃种植结构，发展树、草、畜混合种养型耕作制，全力拉起三条产业链：一是立足大桃产业优势，创建自己的大桃品牌，积极开展大桃深加工和国内外贸易，拉起大桃精品产业链；二是以牧草种植为基础，以肉食品加工为龙头，大力发展食草动物养殖，拉起畜牧养殖产业链；三是以秀美自然生态环境为依托，大力发展自然养生和桃园观赏等旅游项目，拉起生态旅游产业链。

大华山镇将建设成为经济更加发达、人民更加富裕的京郊高标准生态文明镇。

良乡镇——首都西南明珠

良乡镇位于首都西南20公里处，是首都重点卫星城之一，是北京市和全国小城镇建设试点镇。良乡镇城区面积38平方公里，人口7.3万人；京周、京保、京良、良黄公路、京广铁路和京石高速公路均交汇于此，使良乡镇成为首都西南郊的重要交通枢纽、房山区经济发展的龙头。

良乡镇坚持把抓好城市基础设施建设放在首位，几年间城建开复工面积达259万平方米，各类建筑总投资23.15亿元，新建城市道路28.14公里，卫星城内道路长度达到350多公里；程控电话装机总容量达到20万门。为创建绿色生态卫星城，先后建成了昊天、滨河、行宫遗址等公园，建成了占地6.8公顷、绿地面积6.5万平方米、耗资2000万元的府前绿地广场，还规划兴建了被誉为良乡“天然氧库”的梨村200公顷生态林。这些“绿”字号工程，已被评为市级精品工程。

借助独特的区位优势，良好的城市环境和国家级综合改革试点镇所享的优惠政策，良乡的旧城旧村改造和房地产开发迅猛发展，几年间，累计完成住宅工程137万平方米，先后建成了西潞园、北潞园等7个现代化小区，另有8个小区正在建设中；其中北潞园小区还被确定为全国首家绿色生态小区。良乡的科技文化、教育、卫生、商业服务等项事业也得到蓬勃发展，与十所高等院校联合兴建了良乡高科技园区。

良乡镇的招商引资成果显著，仅1999年就引进招商项目116个，引进资金5.1亿元。1999年良乡镇共实现财政税收4461万元，农民人均纯收入6570元，并以其突出的成绩，先后荣获首都文明乡镇、北京市六好党委标兵、京郊综合改革先进乡镇、北京市乡镇企业二次创业先进乡镇、首都绿化美化达标乡镇、北京市强乡强镇、国家级综合改革试点镇等荣誉称号。未来的良乡镇将成为首都最具特色的智能化生态精品卫星城。

【天津】

别山镇——两个文明双丰收

天津市蓟县别山镇位于蓟县县城东南部，与河北省玉田县接壤，镇域面积51平方公里，36个行政村，7791户，27116人。近年来，别山镇开拓创新，锐意进取，全镇两个文明建设取得了优异成绩，被国家农业部、国家体委命名为亿万农民健身活动“先进乡镇”、市级“小康乡镇”、“文明城镇”、“拥军拥属模范集体”等荣誉称号。1999年别山镇完成国内生产总值20200万元，财政收入641万元；农民人均纯收入4009元。

别山镇以突出农户创建精神文明细胞工程为基点，探索出了一条使农村精神文明建设具有可操作性的新方法，在全市率先推开了以“十星级”文明户评选活动为载体的精神文明建设高潮，得到市委认可，并在全市范围内得以推广。目前，全镇群众精神生活丰富多彩、健康向上。

依托有山场又有平原的自然优势，别山镇形成了“南粮北果东蔬菜，中间一条养殖带”的农业发展新格局，先后建成了446亩酒用葡萄高新技术示范区；300亩的鲜食葡萄精品园；1000亩的优质银丝小枣种植区；3000亩优质苹果园；万亩土豆、大葱种植基地。

别山镇充分发挥建材资源丰富的优势，兴建乡镇企业13家，资产总额11389万元，从业职工1417人。许多企业的优质产品享誉京、津、唐地区，有的畅销全国30多个省、区、市。

为充分发挥区位优势，别山镇把小城镇建设作为拉动第三产业和个体私营经济发展的重要载体，并从统一规划、合理布局、加强引导、政策吸引等方面入手，初步形成了在京哈公路别山境内11华里沿线、以镇政府为轴心、占地200亩的集贸市场为龙头，一字排开的对称发展的十里民营经济带。全镇现有个体工商户1304户，私营企业34家，其中年产值达到50万元以上的18家。京哈公路沿线专业地带建设有序发展，目前别山镇第三产业新的密集区和经济繁荣带已具雏形。

张家窝镇——市文明乡镇示范点

张家窝镇位于天津市西南，全镇16个行政村、2.2万人，耕地2.6万亩，是天津市首批明星小康乡镇，被国家民政部命名为“乡镇之星”，国家建设部确定为小城镇建设试点，国家11部委确定为全国小城镇综合改革试点。1999年，全镇实现国内生产总值7.2亿元，利税3.8亿元，人均纯收入5620元。目前，全镇有企业102家，就业人数达1.1万人，占全镇总劳动力的90%。镇办集体经济已经形成染料化工、石油化工、橡胶制品、医药、钢铁制品等五大主导行业。销售收入超亿元的企业有9家，年利税超千万元的企业5家。

张家窝镇非常重视小城镇建设，全镇建成公寓式住宅楼及公寓40万平方米，有50%以上的农业人口迁入镇区。新建了两所各5000平方米、24个班的现代化达标小学、5000平方米的中学教学楼、3500平方米的高标准幼儿园，3800平方米的老年公寓、3000平方米的封闭式农贸市场，完善了商业、邮电、通讯、有线电视等配套设施。新建镇区道路6.6万平方米，绿化面积8.5万平方米。小区内上水、污水、雨水、暖气、煤气、电话、闭路电视等管道铺装率均达100%；所有管道均采用地下埋设，道路硬化率达100%。

张家窝镇深入开展创建文明村镇活动。通过“三五”普法，使全镇97%的公民受到了法律教育。注重精神文明创建活动，在村、厂建起了48个文体阵地，49支业余文体队伍，经常开展各种健康有益的群众文化活动。

张家窝镇先后被评为“天津市体育先进乡镇”和“全国亿万农民健身活动先进乡镇”；1992年被授予“全国社会治安综合治理先进单位”，并多次荣获全国和天津市先进乡镇的荣誉称号。现在张家窝镇已成为天津市文明乡镇示范点。

【河北】

白寨乡——甜玉米之乡

河北省曲周县白寨乡拥有耕地7.25万亩，人口4.7万人，总户数1.03万户。近年来，白寨乡按照“一区一特、一村一品”发展思路，积极调整产业结构，改变传统生产经营模式，走“种、养、加”相结合，“产、加、销”一条龙，“贸、工、农”一体化的农业产业化道路，在全乡形成了以甜玉米为主、蔬菜、养鸡、药材为辅的主导特色产业，建成专业市场7个，主要产品销售额达1.6亿元，农民人均纯收入2725元，其中，靠产业化经营户均纯收入达到1020元，使全乡农民增收步入快车道。

白寨乡甜玉米产业独具特色。以省级重点农业产业化龙头企业金日食品有限公司为龙头，依靠中国农业大学、清华大学的技术，以“订单农业”、合同契约形式在全乡发展甜玉米3000亩，使全乡人均增收180元，成为远近闻名的甜玉米种植基地。在白寨乡的幅射带动下，全县发展甜玉米种植1万余亩，为金日食品有限公司生产加工提供了充足的原料，该公司利用高新技术，研制开发出甜玉米系列产品。

白寨乡的蔬菜生产依靠乡内滏阳河、支漳河两条河流穿腹而过的良好水土条件，全乡蔬菜种植2.61万亩，重点发展日光温室、大棚错季蔬菜和名、优、新、特等高效蔬菜，注重产品质量。全乡90%的蔬菜以“绿色环保产品”而享誉四方，畅销河南、北京、山西、内蒙等地。

白寨乡的养鸡产业发展迅速。以雏鸡孵化公司为龙头，按照小规模、大群体的发展方向，全乡蛋鸡产业得到迅速发展壮大。1999年蛋鸡达180万只，直接经济效益2700万元。同时，在饲养上不断提高科技含量，利用高科技的饲料配方产出的“黄金色蛋”，品质好、营养丰富，畅销湖南、湖北、南京等地。

白寨乡的药材种植渐成规模。利用马布药材市场，发展中药材种植面积6000亩，经营农户2060户，引进药材新品种20余种，年直接经济效益1660万元，人均增收150元，成为冀南较大的中药材种植基地，吸引了九个省份、38家药材公司和生产厂家前来洽谈贸易。药材种植已成为白寨乡又一个新兴的特色产业。

河口乡——农业产业化见成效

河北省顺平县河口乡地处太行山东麓、保定市西部，位于顺平县城西25里处，东南与平原接壤，西北与群山相连，是典型的沿山区乡。全乡16个行政村，4629户，16177人，总面积56.9平方公里，耕地面积25013亩。1995年以来，河口乡明确提出了“河口的希望在农村，农村的希望在农业产业化，农业产业化的希望在科技”的战略思想，并确立了“六区两大产业”的工作重心，重点建设好“万亩现代农业示范区”，大力发展高效棚室瓜果菜种植和草食动物养殖业。围绕这一目标，河口乡实施效益引导战略，推进全乡农业产业化进程，收到了较好效果。1999年，全乡果品总产量18121吨，瓜菜总产量1125吨，农民人均纯收入2107元。

河口乡原是产粮区，盛产谷物和豆类。但山地土壤贫瘠，杂粮产量低，经济发展滞后，1978年农民人均纯收入仅288元，农民生活在温饱线以下。改革开放后，河口乡结合自身优势，以增产创收和增强发展后劲为出发点，把林果业、畜牧业作为农民脱贫致富的主导产业加以扶持，将市场前景好、经济效益高、带动力强的项目纳入农业产业化发展计划中，争取资金扶持，制定优惠政策，促使产业化发展规模不断扩大，积极引导农民在新栽桃树地里种植优质西瓜，促进林果业发展。1999年全乡西瓜种植面积达3500亩，产量达1400万斤，创收280万元；扩种大久保桃树1.5万亩，并迅速形成为全乡支柱产业，单项经济收入占农业总收入的75%以上，农民收入大幅度增长。

为促进农产品销售，河口乡大力建设市场，近两年来，先后投资80万元，建成了5个大牲畜、错季菜、鲜桃等专业批发市场，11个村级林果蔬菜市场，形成了村村都有专业市场的格局。同时大力开拓县外市场，吸引了东北、山西、内蒙、北京、天津、浙江、广西等省市县客商，年成交量1875吨，年交易额230多万元；并与北京市多个市场签定了供销合同，极大地调动了农民发展林果的积极性。

目前河口乡绿色覆盖率已达95%以上，成为有名的林果、瓜菜、种养、良种试验等农业示范区。农业产业化的发展，有力地促进了全乡经济发展和人民生活水平的提高。

方村镇——精神文明结硕果

河北省栾城县方村镇位于省会石家庄南部，地处城郊结合部，土地面积 64 平方公里，辖区 26 个行政村，全镇人口 73555 人，农民人均纯收入 3535 元。方村镇政府为加强小康硬件建设，重点改善文化教育基础设施，活跃农民业余文化生活，推动全镇两个文明建设的快速发展。

近几年来，全镇共新建、改建教学楼 10 座，投资 420 万元，每个村建有幼儿园和小学校，部分村设有初中班，各类学校教学设施较完备。普及九年义务教育以来，各个学校实现了藏、存图书量达每 2 个学生一本；学生上学率达 100%。

方村镇为活跃农民文化生活，大力开展农村文化活动，建立了占地 5000 平方米、建筑面积达 3000 平方米的镇文化活动中心，并开设了方村有线电视台。镇文化站还设有游艺厅、健身房、游泳池、台球娱乐室等多种娱乐场所。管理规范的图书馆内藏书达 3000 余册，报刊 20 余种。各村都设有专人管理的文化活动室、党员活动室、业余学校等，并配有活动器材和图书等；村村都有喜闻乐见的文化娱乐节目，秧歌、舞蹈、打鼓，随村可见。

现在的方村镇，各项文化设施日渐完善，充分发挥着宣传教育的作用，在镇域经济蒸蒸日上的发展过程中，方村镇文化教育正以强劲的冲击波辐射全县。方村镇以提高全镇全民素质为主导，带动其他各项工作，活跃农民的思想，扫除封建迷信，以健康向上的民间文化活动占领农村思想阵地，促进了农村物质文明和精神文明双丰收。

【山西】

晋源镇——科技兴镇开新花

山西太原市晋源区晋源镇距市区西南15公里，位于春秋后期古晋阳遗址上，历代誉称龙兴之地。全镇地势西高东低，西依妙尖峰，东临汾河，南联晋祠风景名胜区，北隔晋阳湖与省城相望。晋源历史悠久，文化底蕴深存，山川秀美，旅游资源丰富。全镇辖27个行政村，2个居委会，总人口33693人，总面积89.76平方公里。1999年全镇社会总产值8.81亿元，农民人均纯收入2820元。1990年率先进入社会总产值亿元镇行列，1995年达到三亿元，并荣获省“百强乡镇”、“市十强乡镇”及全省小康示范乡镇和省级文明乡镇等称号。

近年来，晋源镇依靠科技，狠抓企业管理，保持全镇经济健康有序的发展。结合全镇资源型经济特点，瞄准市场果断调整，逐步变产煤为煤产品深加工，增加产品的附加值，提高企业的经济效益。对全镇17个镇属企业大胆进行机制更新，因厂而异，采用拍卖、租赁、转让、参股等多种形式转换经营机制，促进体制创新，使企业焕发生机。对固定资产达370万元的洗煤厂一次资、债整体转移，为洗煤厂拓宽了投资渠道，变洗煤为洗焦、选炭、造型煤的综合深加工基地，产值一年翻一番。从引进人才入手，聘请资深管理人才和技术人才，为强化企业管理，引进新科技，开展技改奠定了坚实基础。仅1999年一年引进资金6000万元，分别建成加油站、中晋农业发展公司，并为侨友石化和海豚炭黑的技改注入了必需的资金。实行扶优扶强政策，加大优势企业和优势产品的技改力度，实现了经济的快速发展。镇侨友公司注重科技，注重人才，在短短的三年中连续实施了三次大规模的技改工程，最近引进了美国SD万吨顺酐生产线。晋源镇对集体企业加强管理，引导企业健康发展，制定了《强化镇办企业财务管理的实施意见》，加强了对贷款、固定资产、流动资产管理，防止了集体资产流失；加强了合同管理，完善考核指标；完善厂长离任审计制度；出台有关扶持私营企业发展的措施等，为企业的发展创造了有利条件。

小店镇——省民间艺术之乡

小店镇位于山西太原市小店区，全镇12个居委会，18个自然村，总人口49000余人。在经济快速发展的同时，小店镇十分重视精神文明建设，把文化建设作为发展小店、宣传小店的窗口来抓，群众文化建设一年一个新台阶，形成了多层次、多形式、镇村户三级文化网络全面发展的新格局。

小店镇十分注重群众文体活动，成立了文化管理委员会，在各村成立了文化小组，组建了锣鼓、民乐等民间文艺协会，文化专业户、个体户遍及全镇，群众文化活动基本普及。镇文化站设立了180平方米的文体活动室，60平方米藏书二千余册的图书室，配备了摄像机、照像机等器材，各村文化室也相应配置了群众喜闻乐见的各种活动器材，居委会建立了33个文体活动点，家庭音乐会、迪斯科、健身操等活动队伍达三千余人。

小店镇非常注重民间文艺的继承和发展，民间文艺队曾为省精华旅游开幕式表演，受到省领导和20多个国家外宾的一致赞扬。小店镇文艺队还参加过中央电视台在太原组织的春节晚会现场拍摄；在“庆回归、迎七一”大型活动中，被授予“先进集体”荣誉称号。

小店镇对文物古迹做到了常管理，不松劲。小店村的真武庙、孙家寨的延圣寺，经过修复焕然一新，保护了文化遗产，为地方史志编纂提供了重要资料。

小店镇群众文化事业蓬勃发展，镇文化站先后被评为省市和全国的文化站“先进集体”。镇民间文化也声名鹊起，许多省内外人士和国外人士，都通过小店镇丰富多彩的特色文化活动认识了小店、了解了小店；省市文化部门在全省文化站验收中，授予小店文化站“千里文化长廊”先进乡镇；省文化厅命名小店镇为“全省民间艺术之乡”；农业部、国家体育总局、中国农体协联合授予小店镇“全国亿万农民健康活动先进乡镇”称号。

【内蒙古】

八一乡——农牧结合求发展

内蒙古临河市八一乡辖地104平方公里，共9个村委会，60个村民小组，现有人口12931人，耕地56000亩。八一乡系黄河灌溉区，国家商品粮基地，典型的农牧结合型经济区。110国道横穿全乡，乡村公路全面贯通，程控电话遍布全乡。

八一乡依托城郊优势，加快蔬菜蜜瓜产业进程。1991年各类蔬菜全乡不足200亩，1999年猛增到8000亩，由温室到中棚，发展近1000亩，温室收入10000元/亩以上。2000年蜜瓜面积达2万亩，商品瓜总量为4万吨，产值3200万元，人均产值可达2500元。

八一乡瞄准市场前景，狠抓特色农业、绿色食品。随着市场扩大，产业结构日趋完善，重点抓了示范区建设：一是农业七项新技术应用推广；二是万口瘦肉型猪养殖；三是荷兰奶牛养殖；四是万只肉蛋鸡养殖；五是小宗经济作物示范；六是农业生态能源示范区；七是千只育肥羊示范区；八是工贸小区和蜜瓜产业示范区等规模化产业生产。尤其是生态能源示范区的绿色食品，利用能源转化使生物肥料替代了化学肥料的使用，生产绿色无公害肉类、蔬菜、瓜果食品，进而带来了良好的经济效益和社会效益。

八一乡乡镇企业异军突起，产销两旺。经过近几年努力，广招天下客商，引资、引项，创办企业，目前全乡各类企业139家，年末职工人数2042人，总产值33039万元，利税总额2204万元。

八一乡小城镇格局新颖，整洁雅观。商业网点，各具特色。生活区、服务区独具一格。社会文化事业蓬勃发展，现有1所中学，7所小学，卫生机构9个，专业人员15人。乡有文化站、电影队，村有文化室。

山前镇——两个文明结硕果

山前镇位于内蒙古赤峰市元宝山区南部，总面积96平方公里，人口1.5万。全镇辖7个行政村，其中有市级小康示范村4个，元宝山区初级小康村2个，全镇整体进入小康镇行列。

改革开放以来，山前镇坚持以经济建设为中心，加快农业现代化建设步伐，大力发展乡镇企业，1999年实现工业产值3亿元，农民人均纯收入达3655元，跨入自治区十强乡镇行列。

山前镇坚持社会事业与经济同步发展，加强精神文明建设，构建了具有特色的农村文化体系。近几年，山前镇建设高标准文化室15个，为农民提供了良好的学习环境和优美的娱乐场所；组建了电视差转台，全镇电视覆盖率达100%，电话普及率达40%以上。合理规划并建设文化活动广场、文化活动小区等群众活动场所，经常举办广场舞会、民间秧歌、关公大鼓等人人参与、喜闻乐见的活动，其中山前秧歌队形成了自己的特色，多次到赤峰市、自治区等地参加演出，深受各地群众欢迎。群众还多次自发举办了以“二次创业”、“爱我山前”为主题的大型文艺晚会，以青年开拓者为主题的体育竞技活动，既丰富了农民的文化生活，又提高了群众的思想道德水平。在乡镇企业，职工们充分利用技术学校、党员活动室、共青团车间等场所开展技术培训和科学文化教育，营造了生机勃勃的科技兴企氛围。山前镇先后投资1500多万元，建中学3所、小学7所、幼儿园6所，并全部达到花园式学校标准。其中山前实验小学、山前中心校被自治区命名为“义务教育示范学校”，前进幼儿园被自治区命名为“示范性幼儿园”，马架子幼儿园被国家命名为“十佳儿童文化园”。

【辽宁】

宁远镇——省文明示范镇

宁远镇位于辽宁省鞍山市西郊，占地35平方公里，辖10个行政村，3.2万人，2.2万亩耕地。1999年全镇社会总产值达33.8亿元，利税总额实现3.6亿元，镇财政收入实现3470万元，人均收入达到5030元。1999年被评为省文明示范镇。

多年来，宁远镇坚持以经济建设为中心，充分利用地域和政策优势发展壮大自己，呈现出持续、快速、健康发展态势。

一是深度开发农业，初步实现了农业产业化。宁远镇根据城郊型农业特点，适时建立了具有一定规模的五大农业生产基地，建立了12000亩、占全市蔬菜总供应量25%的蔬菜生产基地，年饲养量在3.1万头、占全市鲜牛肉供应量75%的肉牛饲养基地；1000亩观赏农业基地和以三江绿色食品厂为代表的40家农副产品贮藏加工基地。几年来，农业投入达6900万元，增强了农业发展后劲。

二是大力发展工业，实现工业规模化。在工业发展上，宁远镇以第二轧钢厂为龙头企业，带动镇村企业，现发展到265家，走上了培育规模经济，实现规模效益的发展道路。根据发展需要，调整各项优惠政策，抓住有利时机进行招商引资。几年来，共引进企业116家，引进资金达3676万元。还先后对产品质量好、经济效益好、市场潜力大的企业不断地进行改造，新上了27个项目。

三是城乡结合发展第三产业，实现城乡一体化。宁远镇利用城郊优势，大力发展第三产业。以鞍腾路、西解放路、人民路为依托，不断地进行开发建设，建成了3258家各类餐饮服务网点。建设了五大市场，即宁远蔬菜批发市场、丰盛机动车交易市场、二台子建材市场、北地号装饰材料和钢材市场。同时带动四个商业小区，1999年五大市场总交易额达15亿元，实现产值6.5亿元。

宁远镇走城郊型经济之路，促进了全镇经济的腾飞。

常兴店镇——葡萄之乡

辽宁省常兴店镇地处辽宁的西部，全镇幅员面积72平方公里，有耕地52000亩，辖16个村，32个自然屯，有满汉等七个民族，共2.2万人。

常兴店镇的主导产业是葡萄产业和旅游业。1997年以来，常兴店镇提出了建立“四大基地”（葡萄育苗、生产、鲜贮、销售）、强化“四大服务”（政策导向、生产设施、科技信息、综合协调）、抓好“四大转移”（规模优势向品种优势转移，产量优势向质量优势转移，贮藏优势向加工优势转移，近销优势向远销优势转移）等目标，利用微机并入因特网及时了解信息，引导果农向大规模、大投入、大市场、大效益方向发展。到1999年底，全镇葡萄面积从1996年的不足万亩发展到2.5万亩，葡萄总株数达到800万株，人均占有葡萄350株，葡萄总产量已从1996年的1000万公斤增长到5000万公斤。葡萄鲜贮库从1996年的48座增加到800座，葡萄鲜贮量从1996年的750万公斤增长到3500万公斤。1999年仅葡萄一项人均增收2800元。1998年被国家农业部门评定为“中国葡萄鲜贮第一镇”、“全国庭院经济高效农业百强示范乡镇”。

为了使葡萄产业持续健康发展，常兴店镇加大招商引资工作力度，大力兴办农业企业，引资480万元，建设太阳鸟酒业有限公司，年加工葡萄4000吨，生产泡泡种啤酒系列3000吨，引资180万元，建成2个鲜剂厂，年生产葡萄保鲜剂4亿片，引资50万元，在原来木制保装箱、塑料保装箱厂的基础上，生产泡沫包装箱、纸箱包装箱。目前，常兴店镇葡萄产业已经形成了“产贮销一条龙、贸工农一体化”的产业化格局。

常兴店镇依托青岩寺的传统旅游优势，提出了“两抓两带”的发展思路，即“抓传统旅游带动田园旅游、抓田园旅游带动庭院旅游”，构筑大旅游格局。近几年，先后投资300万元，对青岩寺景区进行改造，使景区面貌焕然一新。1998年青岩寺风景区被辽宁省政府命名为“卫生山”。旅游收入逐年上升，社会效益不断增长。1999年旅游直接收入300万元，社会效益达1500万元。

常兴店镇拥有一所中学、8所小学、全部是花园式的高标准学校。公益事业迅速发展，全镇村村通黑色路面、敬老院楼舍环境及生活条件省内一流；镇内开通程控电话2000门，有线电视入户3500户，占总户数的70%。

【吉林】

江南乡——省百强乡

丰满区江南乡位于吉林市城区东南部，现辖11个行政村，69个屯，总面积147平方公里，现有人口1.8万人。

近几年来，江南乡统一思想、坚定信念，坚持以经济建设为中心，以富民强乡为目标，以财源建设为主线，加强基础建设，改善投资环境，使全乡经济建设呈现良好的发展势头，精神文明建设取得丰硕成果。1999年实现社会总产值5.79亿元，财政收入910万元，农民人均纯收入达到了4400元。近年来先后获得全省百强乡和吉林市"十强乡镇"等荣誉称号。

在经济工作中，江南乡及时调整经济发展思路，制定了"一个转移、六个加快"的经济发展策略，采取区段分期发展战略，确定东部为第三产业开发区，中部为汽车配套工业开发区，南部为综合开发区，以这三个开发区为依托，采取扩充经济总量，大力开发招商引资，加强经济管理，提高运行质量，加快新产品开发和小区建设等措施，推进经济的快速发展。

一是加大招商引资力度。充分运用建华、兴隆村被纳入高新托管区的有利契机，发挥政策优势，注意引进科技含量高的项目。三年来，共引进资金近1.7亿元，引进企业56户，引进项目70多项，实现税收200多万元。同时，着力改善招商引资硬环境，克服困难，快速完成了华庆路和裕民路共计11公里国家四级水泥混凝土公路建设。

二是积极培育主体财源，着重抓了集体企业改制和非公经济发展及企业技术改造，以完善和调整所有制结构为重点，对21户乡、村集体企业进行了改制，加大对非公经济的扶持，注重培育重点企业，使全乡个体工商户和私营企业发展到1024户，有3户达到"小巨人"企业标准。

三是优化农业结构，促进农村经济的发展。本着平原发展蔬菜，山区发展林果，全乡发展畜牧业的原则，大力推广先进的农业科学技术，合理调整产业结构，突出发展效益农业和特色农业，建立了以建华村为主的肉、蛋生产基地，以石井沟村为主的肉牛生产基地，以裕民、永庆村为主的蔬菜生产基地，以永安村为主的食用菌生产基地，以三佳子村为主的林业生产基地，同时，引进各类优良品种，推广水稻钵育稀植，玉米缩垄增行等试验、示范项目。九九年蔬菜产量达15639吨，粮食产量达3150吨，禽蛋产量5295吨，果树面积238公顷，食用菌生产6000平方米，实现农业总产值0.7亿元。

在发展经济的同时，全乡的党政建设和精神文明建设也有了长足的发展，目前全乡11个村中，有5个村被评为"五好"、"三好"标兵村，6个村被评为达标村，乡被评为"六好"标兵乡，全乡有2个村被评为省级文明村，有5个村被评为区级文明村。

五棵树镇——省综合改革十强镇

五棵树镇位于吉林榆树市西部，地处哈尔滨、长春、吉林三大城市构成的三角区中心，全镇幅员面积127平方公里，辖9个行政村，2个街道办事处，总人口5万人。公路、铁路、水路四通八达，交通便利。1992年被长春市政府批准为经济开发区，1993年被省政府列为全省乡镇企业小区，1994年被省政府命名为综合改革"十强镇"，1995年被国家11部委列为全国综合改革试点之一。

几年来，五棵树镇各项事业迅速发展，取得了令人瞩目的成效。

农业基础雄厚。五棵树镇是榆树市重要的产粮基地之一，全镇共有耕地面积8669公顷，1999年实现粮食总产量62567吨。多种经济发展形势喜人。以黄牛饲养、白酒制造、豆制品加工、砂石采捞为龙头的经济不断发展壮大，农业产业化步伐不断加快，1999年多种经营、畜牧业产值达4.1亿元。

工业企业蓬勃发展。五棵树镇现有以榆树酿酒集团为龙头的集体企业及个体企业2576户，其中固定资产超过百万元的企业23家；外来投资办企业的93家。共引进资产4.5亿元，1999年企业产值实现9亿元，工农业总产值已达到13.5亿元，农民人均纯收入4267元，全镇财政收入1500万元，城乡居民储蓄金额1.2亿元。

小城镇建设成效显著，基础设施齐全。五棵树镇制定了50年不落后的城镇建设总体规划，全面实施"三五"工程，修建了五条街、五条路，开发了工业区、商贸区、旅游区、居民区、蔬菜区五个小区，建起了办公、住宅、商贸大楼，铺设了上下水管道；光缆程控电话已与国内外联网，可直接办理国内外电话、电报业务，并开办了无线寻呼机和移动电话。现在，五棵树镇区道路平整、交通便利、环境优美、水利资源丰富、电力资源充足、通讯设施完备。专业市场体系初具规模。经过四年的开发和建设，现已建成了牲畜交易市场、煤炭建材市场、轻工市场、服务市场、农贸市场、蔬菜副食品批发市场等各类专业市场。五棵树镇重视精神文明建设，现有电视差转台、影剧院、地方剧场、新华书店、图书馆各一座，文化工作进入全国百强乡镇行列，教育工作在榆树市处于先进地位。旅游业开发前景广阔。五棵树镇内自然山水得天独厚，第一松花江水量丰富，水深岸浅，条件优越，1995年成立了五棵树松花江旅游责任有限公司，以此为依托，目前已初步建成了度假村、湛江寺、打耙场、游泳船队等景点。

【上海】

南翔镇——历史名城

南翔镇位于上海市郊西北，是嘉定区的南大门，总面积 33.27 平方公里，耕地面积 1165 公顷。现有村民委员会 19 个，居民委员会 12 个，总户数 1.6 万户，人口近 5 万。1999 年南翔镇完成增加值 20.41 亿元；实现财政收入 1.60 亿元，在全市乡镇中名列前茅。

南翔镇 1996 年被列入试点城镇以来，城镇面貌日新月异。1998 年被评为上海市首批“社会主义新型村镇”，1999 年被市政府命名为“市级文明镇”、“市级卫生城镇”，被全国文明委授予创造文明村镇工作先进单位，被建设部评为小城镇建设示范镇、全国村镇建设先进乡镇。

南翔镇历史悠久，建镇于梁代天监四年（公元 505 年），距今近 1500 年历史。由于它独特的文化内蕴和深厚的历史积淀，1964 年被国务院首批命名为上海市四个历史文化名镇之一，深受海内外人士的关注。建于南朝距今 1000 多年的南翔砖塔，是镇上最古老的文物；镇上有江南名园——古漪园，是一所明代园林，由著名竹刻家朱三松设计，由明代通判闵士籍出资所建。园内荟集了许多古迹，宋代的普同塔、明代的梅花厅，“不系舟”、清代的白鹤亭、微音阁等等。

南翔整个集镇布局十分讲究，南北、东西四条河流交会在镇中心的繁华地区，形成一个“井”字，城镇具有典型的江南水乡风格。这水桥、小巷、石拱桥、碎石路和从田野吹来的清风构成了特有的风味。名扬天下的特产——南翔小笼馒头有 100 多年历史，皮薄、汁多、味美，一两面粉可做十只小笼馒头，它有一套独特的制作工艺，现在引进了先进的保鲜工艺，不仅在全国、在国外都能吃到南翔小笼馒头。

南翔镇的地理位置十分重要，是上海通向祖国北方的必经之地，有全国最大的火车编组站，蕴藻浜贯穿东西，204 国道、沪嘉高速公路南北穿越，水陆交通十分方便。

近几年来，南翔镇制定了近期发展计划和中长期发展规划，从跨世纪可持续发展的角度出发，结合小城镇建设的新目标，重新编制了南翔发展总体规划，开始了南翔镇新一轮的文明建设高潮。在建设中正确处理了保护古镇与新城建设的矛盾。将小城镇合理地分为东工业区、西工业区、居住区、文化教育区、金融商业区、老街旅游区和行政中心区。四年来完成了沪宜公路、真南路、鹤翔路、裕丰路、德华路、古漪园路解放街等一环、三纵、三横的道路交通，同时以道路的拓宽延伸改造为轴线，进行沿线的建筑立面及旧房成片的改造工程。彻底地改造了原镇区道路狭、弯、差的状况，在旧城改造中拆除旧房和违章建筑 28.4 万平方米，动迁居民 697 户，涉及单位 139 家，新建建筑面积 36 万平方米。整体改造与专项整治相结合，先后开展了市容、道路、环境和卫生专项整治，镇区主干道两侧安装了统一的大型环型广告灯，建成镇标绿地广场，公共开放式绿地三座，每年新增绿化面积 4 万平方米，镇区人均公共绿地面积达 7.2 平方米。城镇基础设施大为改观，目前全镇自来水普及率达到 100%，新建小区管道煤气普及率 100%，旧区液化气普及率 98%，电话普及率 92%，全镇开通了闭路电视，建设了质量一流的镇中心校、中心幼儿园、活动中心、老年公寓、农贸市场和小商品市场。

南翔镇坚持建设新型城镇的目标，努力塑造南翔新形象。随着城镇环境的不断改善，人民生活质量的提高，南翔镇正在为编制新世纪的宏伟蓝图而不懈努力。

孙桥镇——都市里的一片绿洲

孙桥镇地处上海浦东新区中部南端，北依张江高科技园区，东连华夏文化旅游区，南靠外环线，西接沪南公路，距南浦、杨浦大桥约 10 公里，离浦东国际航空港和外高桥深水码头 12 余公里，镇境内水陆交通便捷，全镇总面积 22.9 平方公里，人口 2.2 万余人。1999 年经济总收入 13.15 亿元，实现税金 5029 万元，增加值 2.2 亿元，人均收入 4770 元。

镇内浦东新区孙桥现代农业开发区占地 9 平方公里，归浦东新区管委会直接领导，由上海浦东现代化农业开发有限公司具体实施开发，注册资本 1.5 亿元人民币，开发区具有交通便捷，自然资源优越，规划先进超前，科技力量强，政策环境好等优势，公司主要从事产、加、销、科、游为一体的新兴产业，以蔬菜、花卉、瓜果、园林生产和水产养殖为基础，以食品加工、生物工程与设施农业相关的加工工业和以农产品为原料的日用品及观光休闲为主的第三产业为支柱，以创汇贸易为龙头。开发区建设五年来，已有日、台、港和国内国有、集体经济组织投资并投产的项目 11 家，投资人民币 4000 多万元，民营经济投资或租赁经营的项目数十家，逐步形成多元投资体系。

孙桥开发区无土栽培的蔬菜被正式批准允许使用绿色食品标志，农副产品越来越受到市场青睐，继东航、华亭宾馆、麦穗龙超市等之后，又打入了厦航、上航、汤臣酒家、肯德基连锁店等网点，目前开发区已与 30 多家大型超市、涉外宾馆和航空公司建立了稳定的农产品供销关系，销售形势看好。最近又有日本弘邦株式会社和美商创造食品科技有限公司等 3 家外商与公司签订了无公害蔬菜生产、加工、外销的正式协议或意向性协议。

随着开发建设的不断推进，其知名度也不断扩大，开发区已成为举世瞩目的农业旅游观光胜地和科普教育基地。1999 年接待人数首次突破五十万大关，达到 52 万多人次，比上年增加 1.91 倍。

在未来的经济发展中，孙桥镇将依托园区、贴近园区、服务园区，重点发展都市型农业，以科技咨询、休闲度假、观光旅游、商业贸易为重点，发展以电子电器、金属制品、食品饮料、编织服装、日用化工为支柱的城市型工业，努力把孙桥建成经济发达、生态环境优良的国际大都市中的绿洲。

【江苏】

丁蜀镇——陶都明珠

江苏省宜兴市丁蜀镇位于太湖之滨，面积73.5平方公里，12万人口，以盛产陶瓷闻名，被誉为中国的“陶都明珠”，以陶的特色、名胜古迹、自然风光和周边的“洞天世界”成为太湖著名的风景区。镇郊有张公洞、灵谷洞、玉女山庄等旅游景点，镇区有唐代古龙窑遗址、北宋苏轼讲学隐居的“东坡书院”和宜兴陶瓷博物馆、紫砂村、静乐山庄等古迹名胜，吸引了众多的中外游客。1978年以来，陶都古镇凭借改革开放的巨大动力，国民经济和城镇建设得到长足的发展。1999年实现社会总产值30亿元、其中工业总产值24.9亿元，粮食总产量11074吨，商品零售总额9.1亿元，城镇职工人均收入5500多元，农民人均纯收入4400多元。

丁蜀镇陶瓷生产历史悠久。远在六千年以前，这里的祖先就发明创造了陶器。改革开放后，陶瓷工业进入了新的发展时期，目前陶瓷厂矿企业已发展到200余家；陶瓷产品由原来的日用陶、建筑陶、耐火陶、化工陶发展到园林陶瓷、陈设陶瓷、电器陶瓷、特种陶瓷等12个门类8000多个品种。在琳琅满目的陶瓷世界中，紫砂、青瓷、精陶、均陶、美彩陶被誉为陶都“五朵金花”。面广量大的建筑琉璃瓦、栩栩如生的陶瓷洋娃娃、精巧别致的各类工艺陶瓷、造型各异的陶瓷花盆、美观实用的釉下彩陶瓷餐具和别具一格的紫砂壶等，各类陶瓷产品已销往数十个国家和地区，有50多种(类)陶瓷产品先后被评为国家、部、省优质产品，为中国陶瓷史和小城镇的发展谱写了新的篇章。

随着改革开放的深入，镇村工业迅速发展，工业实力大大增强，在巩固、发展和提高传统陶瓷工艺、弘扬祖国陶瓷文化的基础上，全镇已初步形成了冶金、机电、化工、纺织、轻工、陶瓷等门类齐全的工业结构体系，有30%的产品列入了高科技产品系列。全镇创办了合资企业30余家，除出口陶瓷产品外，还有纺织坯布、真丝地毯、工艺蜡烛、耐火制品、服装、彩色缎带、循环控制器等销往美、英、日、加拿大、新加坡、独联体和香港、台湾等国家和地区。

富安镇——蚕丝之乡

江苏省东台市富安镇素有“茧都”之称。下辖1个街道办事处，8个居委会，23个行政村，223个村民小组，2个场圃，68558人，常住人口1万人。土地面积107.3平方公里，耕地面积88020亩。1999年实现国内生产总值3.33亿元，财政收入1863.73万元，农民人均纯收入3220元，居民储蓄存款余额2.5亿元。

富安镇是全国现代化小城镇建设试点镇，江苏省小城镇综合改革试点镇。先后荣获江苏省“创建文明乡镇先进单位”，“苏北农村综合实力百强乡镇”称号。

茧丝绸是富安镇的支柱产业，目前已形成栽桑、养蚕、收烘、缫丝、绢纺、捻线丝、服装加工的“一条龙”生产经营模式，成功地探索出一条具有地方特色的农业产业化新路子，成为全国茧丝绸行业中的“一枝独秀”。全镇现有3万亩优质丰产桑园基地，14016户养蚕承包户，1个蚕桑技术推广服务站和1个蚕农合作社，9座蚕茧收烘站，6个茧丝绸加工企业，年产优质蚕茧6万担，蚕茧总产蝉联全国乡镇“十一连冠”，质量列全国同行业前茅。对用全镇三分之一的土地创造出五分之三的产值、五分之四的利税的“富安模式”，农业部领导曾给予了充分的肯定。称赞富安茧丝绸生产为“沙漠中的一片绿洲”。为彻底消除蚕农的后顾之忧，全镇对蚕农合作社的生产、交售建立了一整套的管理机制，根据蚕农是否参加小蚕共育、桑树摘芯、蚕茧的上茧率和含水率进行考核，每年拿出120多万元对蚕农进行二次分配，保证了蚕农的利益。现在，蚕农每户每年从中收益3500元，每亩桑园效益超过2500元。

富安镇坚持经济建设与改善投资环境并举。仅1999年就实施31项城镇建设重点工作。目前全镇已形成仿明清步行街、商业娱乐街、行政文化街、个体私营开发区等集镇服务网络体系。镇内文化、教育、卫生和服务设施齐全。全镇实行了村村组组水、电、有线电视、电话、硬质路面“五通”。

周庄镇——水乡古镇

周庄镇位于江苏省昆山市西南，东连上海，西邻苏州，交通便捷，镇域总面积 36.05 平方公里，辖 20 个行政村，2 个居委会，是中国历史文化名镇、全国小城镇建设示范镇，总人口 22014 人，1999 年实现国内生产总值 5.1 亿元，财政收入 5600 万元，农民人均收入 5080 元。

周庄建镇九百余年，“小桥、流水、人家”的江南水乡风貌犹存，秀色天然，在国内外冠称“中国第一水乡”。改革开放以来，周庄镇在“保护古镇、建设新区，发展经济、开辟旅游”的总体规划指导下，发挥优势，走保护与发展并举之路，成效显著。自 1996 年起，国家旅游局每年四月在此举办国际旅游艺术节，中外游客慕名而来。1997 年，“周庄水乡古镇游”成为中国向世界推出的 16 条旅游热线之一；1998 年，周庄被联合国科教文组织列入世界历史文化遗产预备清单；1999 年接待游客 125 万人次，全社会旅游经济总收入达 3.2 亿元，旅游业作为全镇经济的支柱产业，发展迅速。1999 年 9 月，世界著名建筑大师贝聿铭考察周庄时欣然赐墨“周庄是国宝”。2000 年周庄被联合国评为“迪拜国际改善居住环境最佳范例奖”。

独显魅力的环境优势，被境内外投资机构及人士所看好。1998 年 11 月，由昆山市人民政府、中国科学院合作共建的省级高科园“中科昆山高科技产业园”落户周庄。目前，园区已拥有高科技技术人才 40 余名，高新技术企业 12 家，自主知识产权产品 21 项，其中 5 项产品被认定为国家级高新技术产品，14 项产品被认定为省级高新技术产品。1999 年园区实现销售收入 4 亿元，传感器产业的规模与特色已经形成，高新技术产业将沿着产学研一体化的国家传感器基地这一目标健康迈进。

目前，周庄镇的镇域经济结构合理，优势明显，旅游业和以传感器为主的高科技产业成为拉动周庄经济腾飞的两翼，前景灿烂。

【浙江】

宁围镇——江南明珠

浙江萧山市宁围镇，位于钱江二桥南岸，与世界著名的风景旅游城市杭州一江之隔，交通便捷，地理条件优越，浙赣复线钱江二桥接线公路与杭州萧山国际机场公路穿境而过，国家级萧山经济技术开发区和省级钱江桥南开发区位于宁围的南北两翼，现有人口4.7万人，区域面积36.62平方公里。

改革开放以来，全镇物质文明建设与精神文明建设都取得了瞩目的成就，综合经济实力名列全省前20位，杭州市前5位，成为全国100个最佳投资环境乡镇之一，先后荣获浙江省“综合经济实力百强乡镇”、浙江省“卫生镇”、浙江省“教育强镇”、浙江省“农村示范乡镇”等荣誉称号。

全国著名的乡镇企业、国家一级企业万向集团就座落在宁围镇，是萧山市经济最发达的乡镇。全镇有各类重点企业30余家，其中“三资企业”14家，已形成了机械五金、化工染料、轻纺服装、建筑材料、皮塑装潢等五大支柱产业，拥有一批国优、部优、省优名牌产品，产品销售遍及全国、出口四十余个国家和地区。1999年实现企业产值60亿元，其中工业企业产值34亿元，企业利润3.95亿元，出口交货值10亿元。

宁围镇在抓好乡镇企业发展的同时，充分利用城郊结合部的优势，加大农业基础设施投入，不断调整农业结构，积极推进农业综合开发，基本形成了蔬菜、苗木两大种植格局，成为著名的“绿色世界花木乡”。常年种植蔬菜3万余亩，所生产的大棚蔬菜、无公害蔬菜销往上海、杭州等大城市；有花卉苗木基地1万余亩，该镇生产的花卉苗木已在全国各地安家落户，两大产业的产值超过1.5亿元，占农业产值70%以上。

随着工农业生产的发展，该镇的精神文明建设与小城镇建设也取得了卓越的成绩，镇政府每年拿出1千余万元用于小城镇的基础建设，目前该镇已实现村镇通讯程控化、饮水“自来水化”、道路硬化、卫生医疗保健化、学校教育设备现代化、文化体育设施多样化、农家住宅别墅化。1999年农民人均收入达到9576元，居杭州市首位。

周巷镇——黄花梨之乡

浙江慈溪市周巷镇，南接余姚，西邻上虞，北濒杭州湾，全镇区域面积35.4平方公里，总人口5.6万余人。周巷历史悠久，早在清末就已建镇，“直街横弄七爿当，酿造打油织机坊”的民谚形象地反映了当时的经济状况。而以“麟吐玉书”为商标的周巷酱油在1915年巴拿马国际博览会上获奖，更是周巷人民为祖国争得的殊荣。

改革开放二十多年来，周巷镇的经济和社会各项事业得到持续快速发展。1999年创国内生产总值10.38亿元，提前实现了由温饱到小康、由小康到新农村的两次飞跃，相继跨入宁波市经济强镇、省社会主义新农村建设示范镇、全国综合改革试点镇、全国创建文明村镇工作先进镇、联合国计划开发署可持续发展的中国小城镇项目试点镇行列。1999年被命名为全国小城镇建设示范镇。

随着农业产业结构的进一步调整和农业产业化程度的不断提高，周巷镇逐步形成了果、蔬、粮三元种植结构。全镇有黄花梨园面积1.3万亩，被誉为“黄花梨之乡”。台商落户周巷梨园，拓展外销，成为全省效益农业的样板。引导发展“一村一品”，形成了韭菜、春莴笋、白毛豆等万亩特色生产基地。以涉农企业和梨、蔬菜产销合作社为龙头，全镇形成基地化、专业化、市场化的路子。

周巷工业经济发展迅速，全镇现有各类企业1300余家，其中产销亿元以上企业10家，形成了五金家电、机械制造、无纺制品、文体用具、食品加工等五大支柱产业。近三年来，全镇技改投入达5亿元，通过ISO9000系列质量认证企业16家，开发新产品120项。新规划3000亩的工业园区已破土动工，整个工业经济正朝着集约型、科技型、外向型的方向发展。

伴随着改革开放的东风，第三产业得到迅速发展，作为姚北物资集散地，“中国食品城”异军突起，远近闻名，1999年成交额52亿元。城镇建设也驶入快车道。近几年来，全社会每年投入城建的资金达1亿元，建成区面积已从1992年以前不足1平方公里，扩展至5平方公里，新建和改建道路50公里，基本实现了村村开通公交车。建成了全市首家乡镇公园，建成区绿化覆盖率达15%。每当夜幕降临，兴业路、环城东路灯光璀璨、霓虹闪烁，与一大批新颖建筑交辉相映，增添了现代化小城市的气息。

如今的周巷镇正以“城市繁华、市场繁荣、企业繁忙”的新气象出现在浙东大地。

邱隘镇——浙东名镇

浙江鄞县邱隘镇是一个具有1300多年历史的浙东名镇，地处宁波市东郊，全镇区域面积24.2平方公里，常住人口4万余人。1999年全镇实现国内生产总值8.74亿元，财政收人7886万元，农民人均收入6120元，经济实力继续跻身于宁波市廿强镇前列，是国家社会发展综合改革实验区、全国小城镇建设示范镇、省小城镇综合改革试点镇、省村镇建设现代化示范镇。目前，已被县委、县政府确定为率先基本实现农业和农村现代化建设试点镇。

邱隘镇注重特色效益农业的发展。1995年以来，共计投资近1000余万元，相继完成了市、县、镇现代农业示范园区7000亩，农业投资环境进一步优化。在稳定粮食生产的前提下，加大农业产业结构调整力度，农业产业化经营不断推进，1999年多种经营产值达1.43亿元。全镇已形成5000亩菜、5.5万头生猪、80万只甲鱼、600亩毛蟹、400亩大棚蔬菜、千吨禽蛋、千吨水果、千亩葱等8个具有近郊特色的商品生产基地。

邱隘镇的轻纺服装、机械五金、建筑材料等行业已成为邱隘工业经济的支柱产业。1999年实现工业销售额40.79亿元，全部企业利润总额3.41亿元。骨干企业支撑作用进一步凸现，全镇年销售额500万元以上的企业57家。外贸生产稳定发展，全镇有出口创汇企业51家，1999年累计外贸出口交货值8.62亿。

为树立农村城市化形象，邱隘镇以全国小城镇建设示范镇为契机，按照“依托市区、服务市区”的总体思路，走综合开发之路，以开发养建设，以建设促发展。90年代以来，共计投入3亿余元，相继完成了百丈东路延伸段、文化城、邱隘公园、邱隘实验学校等一批城镇基础设施建设，小城镇的集聚功能进一步完善，人口城镇化率达到54.7%。依托百丈东路邱隘延伸段的开通，调整了邱隘西部区域的规划，建设与规划的互补性进一步增强，全镇现代农业、商贸文化、民营工业、住宅休闲等四大功能分区轮廓清晰。1998年，被评为浙江省村镇建设先进镇。

作为省文化先进镇的邱隘镇，在狠抓经济发展的同时，十分重视文明建设，提出了“以建设养文化，以文化促建设”的工作思路，1995年以来，镇政府共投入2000余万元，在镇黄金地段建造了一座占地50余亩、建筑面积10860平方米的文化城。目前全镇已建成了以镇文联、文化站为主的镇办文化网，浙东建材集团为主的企业文化网，上王村农民文化楼和邱二村凤凰艺术团为主的村文化网等三级群体网络。充满文化气息的镇区环境，吸引了农民及外来人员到邱隘定居和投资经营。

【安徽】

新渡镇——塑料之乡

安徽桐城市新渡镇位于桐城市南端，是由古津新安渡演绎发展起来的皖西南大镇，素有“塑料之乡”之誉。206国道、沪蓉高速公路和合九铁路穿境而过，区位、交通优势独特。镇域面积76.5平方公里，总人口5.1万人，其中镇区域面积3平方公里，人口1.4万人，非农人口8600人。1999年全镇实现工业总产值5.57亿元，财政收入1181.3万元，全镇农民人均纯收入2454元。安徽省政府和国家建设部先后将新渡镇批准确定为安徽省小城镇建设试点镇、安徽省综合改革试点镇、安徽省中心镇和全国小城镇建设试点镇。

近几年来，新渡镇大力调整农业产业结构，重点发展“两高一优”农业，坚持走科技兴农之路。新渡镇农业生产独树一帜，徐河水稻生产区历史上以科学种田而闻名，目前已建成了一个国家级高科技粮食生产示范区，一家大型育秧工厂，一座科技培训大楼。在种植技术方面重点推广了早稻软盘抛秧、晚稻大苗化控等先进技术。同时大搞秋冬季农业开发，1999年推广优质油菜1.3万亩，获大面积丰收。结合林业二次创业，狠抓经济林的改造、农田林网化及万亩绿色长廊工程建设；利用世行贷款加灌项目二期工程契机，大搞农田整治，加强水利基础设施建设，通过绿化、农田整治及农业产业结构调整，精品化观赏性农业日趋规模。

新渡镇是闻名遐尔的“塑料之乡”，目前生产塑料制品的企业有534个，塑料制品生产设备装备水平已接近国内同类厂家最好标准，部分设备还填补了省、地、市的空白。产品销往全国各省、市、区。全镇有各类企业3000家，从业人员1.5万人，个体私营经济得到空前发展，已形成了以塑料医药化工工业为龙头，各行业齐头并进的发展格局。1999年全镇实现工业产值4.5万元，实现利税0.66亿元。

新渡镇经过多年努力，基础设施建设已具备相当规模；拉开了“申”字型集镇框架，开辟了东环路、西环路、中心街，一环大道正在施工；建起了日供水2200立方米的民营自来水厂；开通了万门程控电话；建成了一座电视差转台；架设路灯于镇区主干道上；改造了镇区低压线路；沿街建筑，整治一新。一个崭新的新渡镇正展示在世人面前。

新渡镇现有初级中学3所，成人技术学校1所，小学30所，在校学生7186人，教职工471人。敬老院1个，集会议、娱乐等多功能为一体的会议中心1个，有文化站1个，放映队3个，文化娱乐场所50多处，总投资4000万元的在建农民公园1个，有线电视站、自办电视台1个、医院4所，私人诊所80个。

新渡镇的精神文明与物质文明建设正在同步前进。

沈巷镇——江淮崛起的农民城

安徽和县沈巷镇位于安徽省东部，长江中下游北岸。南与芜湖一桥相通，西接巢湖，地处和县、含山、芜湖三县市交界地带，受南京、马鞍山、芜湖、合肥等大中城市经济辐射，是和县对外开放的“窗口”，巢湖市的东大门。沈巷镇水陆交通十分便利，地处长江黄金水道，沿江直达南京、上海、武汉、重庆等大中城市，淮南铁路、合芜公路、滁芜公路以及合巢芜高速公路均穿镇而过。借助优越的地理位置和发达的交通条件，沈巷镇已发展成为较大规模的商贸型、城郊型城镇，被《安徽日报》誉为江淮崛起的“农民城”。

沈巷镇总面积66.6平方公里，辖21个村委会，一个街道居委会，总人口3.8万人。其中镇区面积3.7平方公里，镇区常住人口8400人。1996年被列为巢湖地区“十镇十村示范工程重点建设镇”，1999年被省政府列为100个小城镇建设试点镇之一，1999年被省政府列为195个中心建制镇之一，2000年被省体改委批准为综合改革试点镇。

近年来，沈巷镇党委、政府把搞好小城镇建设作为发展经济、带领群众致富奔小康的首要任务，以城镇经济积聚功能开发为重点，加大投入，完善功能，为全镇经济和社会发展提供了广阔空间。自八十年代末至今，先后三次扩大小区规模。现小区面积达4500亩，已建成蔬菜加工、粮油加工、印刷仪器、建材板材等中小企业400多家，企业年实现营业收入1亿元，年纳税金350多万元。工业小区已成为沈巷经济发展新的增长点。

沈巷镇地理位置优越，集市贸易辐射周边8个县市的300万人口，日客流量达万人以上。现已形成粮油、蔬菜、农贸、农资、建材、家俱、竹木、牲畜等八大专业交易市场。特别是投资近800万元的皖江蔬菜副食品综合批发市场的建成，不仅活跃了地方经济，加速了农产品的流通，而且为全镇乃至周边地区农业产业结构调整发挥了龙头作用。

沈巷镇的硬件环境不断改善，扩建了镇自来水厂，完善了新的给排水体系，镇区自来水普及率达100%；旧区改造建设坚持"统一规划，连片改造，配套建设"的原则，投资1200多万元改造整治了半边街，建成了沈巷小商品批发市场，镇区面貌焕然一新；新建了环镇东路、环镇西路，铺设了水泥路面，高标准建设了现代化新沈大道；加强了城镇绿化和配套设施建设，修建了停车场、垃圾处理场，完善了环卫设施。

沈巷镇随着工业小区和一批专业化市场的建成，带动了交通运输、建筑、饮食、旅馆等服务行业的迅猛发展。现镇区共有商场、商店400多家，各类饭店、餐饮部120多家，宾馆类旅社18家。目前全镇从事第三产业服务人员达4000多人，第三产业年创产值达2000万元。

沈巷镇不断加强精神文明建设，积极开展文明创建活动，做到城建与城管、创建与育人相结合，出台了一系列综合整治小城镇的措施和规定，先后在镇区内创建了十多个文明小区。各种文化、教育、科技、医疗、福利等社会设施已按规划逐步建成，生活服务设施和文化娱乐场所一应俱全。

沈巷镇正在进一步深化改革，扩大开放，充分发挥沈巷地区"金三角"的地理优势，迎接周边大中城市辐射，积极引进外资，发展区域经济，努力把沈巷镇建设成为皖江流域最大的商贸重镇。

烈山镇——淮海名珠

安徽淮北市烈山镇是名闻遐迩的工业重镇、农业强镇、建设新镇、旅游美镇，享有"淮海名珠"的盛誉。位于淮北市南郊，总面积30.3平方公里，其中城区面积4平方公里，辖7个村委会、1个居委会，65个村民小组，总人口2.59万人。

烈山镇地理位置优越，交通运输便利。境内宿丁、五宋公路、宿淮、濉阜铁路纵横交错，拥有4处铁运货场和青龙山内河港口及皖北最大的青龙山铁路编组站。资源丰富、能源充足。煤炭、焦宝石储量各达1000万吨，石灰岩8000万立方，可养水面16000亩，煤矸石电厂座落其中，毗邻淮北二电厂。基础设施完备，投资环境优越。全镇程控电话装机量超过1200门，有中小学校19所，医院及卫生所25个，3条商业大街，3大农贸市场，6所农民新村和3处康居别墅群。境内建有皖北最大的水上公园及建材装饰材料大市场。

烈山镇经济实力雄厚，社会事业繁荣。杨庄煤矿、石台选煤厂、淮北选煤厂、淮北焦化厂、电瓷厂、卫生陶瓷厂等14家国有大中型企业座落其中。拥有镇村集体企业83家，个体私营企业288家，其中年产值500万元以上9家，50万元以上75家，主要有煤炭、水泥、建筑、运输、日用化工、农副产品加工、玩具加工、养殖等20多个行业门类30多种产品。"一优两高"农业建成了旅游观光和生态两大园区，形成了年产蔬菜124万公斤、水果90万公斤、商品鱼210万公斤、蛋奶40万公斤、牲畜5万头（只）的规模，成为全省知名的土地复垦区和市重点菜蓝子基地，境内建有皖北最大的种鸽、甲鱼养殖场。文明创建、计划生育、综合治理等社会事业始终居于全市前列。1996年，成为淮北市小康第一镇。1999年，实现社会总产值5.6亿元，其中工业产值3.6亿元，地方财政收入680万元，农民人均纯收入3150元。1999年获全国文明村镇建设先进镇称号，2000年被列为国家级综合改革试点镇。

【福建】

永福镇——杜鹃花之乡

永福镇位于福建漳平市西南部，地处戴云山脉和博平岭山脉结合部，是福建省最南端的高山盆地，东临厦、漳、泉“金三角”，南与南靖县和溪镇毗邻，北可直通永安、三明，西和龙岩接壤。全镇土地面积535.5平方公里，辖28个村(居)委会，总人口4.6万人。1999年全镇农民人均纯收入3011元。

永福地处低纬度，为高海拔盆地，四周群山环抱，兼有亚热带的气候特征，四季如春，山青水秀，风景独特。改革开放以前，山高路远的永福难以发挥自身优势，“永福吊半空，只能种大冬，一年种一季，收后烤火笼”，这是当时永福种植业结构的真实写照。八十年代初永福人民积极发展茶叶、烤烟，曾创造了辉煌的历史。九十年代以来，永福镇党委、政府积极引导农民充分发挥地理和气候优势，种植花卉和反季节蔬菜，初步形成了以花卉、反季节蔬菜为主的主导产业，有效地促进了农业产业化的发展。1999年全镇反季节蔬菜播种面积达2133公顷，产值近亿元；花卉种植面积880多公顷，产值1.5亿元，有西洋杜鹃、兰花、瑞香、铁树、茶花等名贵花卉千余种，是著名的花乡。

根据国内外花卉市场不断扩大、周边反季节蔬菜基地不断增加的实际，审时度势，永福镇及时组织制定产业发展规划，确立了新的产业发展方向，即调高、调优花卉和蔬菜品种结构，扩大花卉种植规模，调小蔬菜种植面积，壮大芥茉、高山茶、生态农业观光旅游产业，将花卉、反季节蔬菜、芥茉、高山茶、生态农业观光旅游产业确定为该镇五大支柱产业。与此同时，出台“农业示范区”优惠政策，政府按示范区5%的投资总额，投入扶持科技试验；出台山地开发政策，按“谁开发、谁拥有、谁受益”的原则，为广大农民提供山地开发免费使用权；出台农业资金扶持政策，逐步构筑对农业的支持保护体系；出台科技人员办经济实体等一系列优惠政策，鼓励他们进入经济建设主战场。新的经济发展规划和优惠政策的出台进一步激发了农民的生产积极性。

永福镇着力抓好基础设施建设，积极筹措资金，建设了永福－和溪、永福－龙岩两条“经济路”，并投资改造扩建了龙车、和丰、桂洋、箭竹、岭下、适榕等12个村500公里的村道，确保农产品的畅通外运；在通讯方面，完成了8000门电话扩容，建成了数字移动电话通讯站；在旧城改造方面，充分利用“小城镇建设试点镇”的契机，加快旧城改造步伐，加大集镇整治力度，改善集镇环境，建设蔬菜专业批发市场。基础设施的不断完善，为永福支柱产业的发展奠定了良好的环境基础。

永福镇始终把建立农业产业化服务体系，作为壮大支柱产业的一个行之有效的手段，狠抓落实。抓好流通环节服务。永福镇着力培育典型，带动群众脱贫致富，激励永福人民走出山门、勇闯市场，带动支柱产业的发展。

农村经济的蓬勃发展，极大地推动了永福各项社会事业的进步，精神文明取得了可喜进步，连续三年荣获市精神文明一等奖。

起步镇——鲜花铺就致富路

起步镇位于福建罗源县北部，是罗川第一大平原，耕地面积19464亩，土地平坦肥沃，属亚热带海洋性气候，地理气候条件十分适宜于发展花卉种植生产。近年来，花卉这一朝阳产业在起步镇迅速崛起，并取得了可喜的成绩。几年来，种植面积连年翻番，花色品种也由菊花“一枝独放”扩展到现在30多个品种“百花齐放”，引进花卉企业13家，产业初具规模，成为全省最大的鲜花生产基地，列入省花卉标准生产示范试验区，被省技术监督局定为质量标准县，花卉保鲜获国家科委“国家科技星火”优秀奖。

起步镇目前花卉种植面积达5000多亩，年产鲜花8000多万枝，创产值3000多万元，花卉产品远销日本、东南亚及国内大城市。花卉种植正逐步辐射发展到其它地区，形成规模化生产。花卉的经济效益使广大花农尝到了种花的甜头，摆脱了贫困，走上了致富之路。花卉企业业务不断扩展，取得了较好的经济效益。

起步镇根据市场需求，进一步调整产品和品种结构，增加适销对路的产品，以适应国内市场不同层次的需求；同时选准花期，瞄准元旦至春节期间出花，在品种安排上进行合理布置，实现了突出“两节”，月月有花，四季出花，具有“每逢佳节倍出花”的能力，迎合了市场需求。

建立花卉生产示范片，以点带面，起步镇引导农民按照花卉种植标准化体系进行花卉种植。充分发挥县花卉科研所、种苗基地的作用，积极引进花卉良种，提高科技成果转化为生产力的能力，同时大力引进培养"名优特"品种，推动了起步镇花卉产品向高档次、优质方面发展，提高了产品的竞争力。几年来，起步镇投入了大量资金，对"万亩花卉基地"的水、电、路等基础设施进行配套建设，以逐步改善全镇花卉生产条件。

依托福州花卉市场，向花卉企业、花农提供市场信息，拓宽市场销路，带动花卉产业向规模化、市场化方向发展。同时，起步镇提供优惠政策，加大龙头企业引进，以发挥其带动作用。几年来，起步镇建设了一支活跃的市场营销队伍，走南闯北，拓展业务，在逐步占领福州市场的基础上幅射全国，为花卉大规模发展创造了市场条件。

现在起步镇花卉产业化发展已初具规模，成为农村脱贫致富奔小康的一条新途径。

集美镇——著名侨乡

座落于福建厦门岛北对岸的集美镇，背靠青山，三面临海，典型的大陆架地形地貌，造设了海上花园——鹭岛的瑰丽门户。集美镇辖区面积约3.6平方公里，海岸线5500米；辖9个居委会，常住人口30000多人。归侨、侨眷4920人，而旅居海外华侨、华人有21234人，分布在20多个国家。

集美镇一九五三年十一月划归厦门管辖，它与莆田市的涵江、龙海市的石码同为最早向政务院报批的福建省三重镇，乃著名爱国华侨领袖陈嘉庚先生的故乡。亚热带海滨风光的幽雅自然地理风貌，更因著名的侨乡、学村人文环境，使其连同陈嘉庚先生的美名享誉海内外，成为国内外知名度极高的名镇、侨乡。

集美是福建"十佳"风景旅游区之一，名胜古迹和人文自然景观风格独特、内蕴丰富、韵味无穷，令慕名而来的海内外游客叹为观止。年接待游客100多万人次。清风徐徐、书声朗朗的学海书域更是给风景如画的海滨城镇增添了浓郁的文化情调。朱色陶瓦、庄严典雅的学村建筑群，融合了民族古典美与西洋现代化浪漫风格为一体，依势布局，因形成趣，错落有致地分布于全镇占近50%的土地上，校园绿树成荫，环境幽静，使集美镇成为中国历史上独一无二的学村。从幼儿园到大学，直至各类学校和成人职业教育学校一应俱全，多数是继陈嘉庚先生创办延续发展起来的，学校规格品位享誉海内外。学生、教职员的人数占全镇人口半数。1995年经国家教委批准，在原有五所大专院校基础上发展起来的集美大学，是全国首家具有多方联办特征，由校董事会监管的综合性大学，一直鼓舞着集美校友，英才辈出。集美镇的人口文化程度、人才密度、技术密度在全国屈指可数，是名副其实的人才集散地，从学村输送出去的人才遍及全国乃至世界各地。

改革开放后，集美镇设立的台商投资区，使兼具商贸、旅游、文教、轻工等区域经济功能的发展战略得到了准确定位。经济发展迅速，总量不断扩大，商贸经济日趋活跃，文教、旅游、经济联动互促。1999年全镇实现国内生产总值24956万元，财政收入在连续多年保持两位数增长的基础上，1999年达到1080万元。集美镇一直保持"福建省精神文明单位"的荣誉，1993年度由福建省委授予"明星镇"的称号。区位优势的有效发挥，经济力量的增强，使集美镇的社会事业与城市化发展日新月异。

【江西】

唱凯镇——省建筑之乡

江西省临川市唱凯镇位于赣抚平原中部，地处抚河中下游。面积约48平方公里，辖18个村委会，1个居委会，人口4.4万，其中镇区面积1平方公里，人口6000多人，316国道穿镇而过，交通十分便利，自古以来就是临川北部的集市贸易中心和重要的商品集散地，也是闻名省内外的建筑之乡和商贸重镇。1996年被列为江西省20个综合改革试点镇和全国100个小城镇建设试点镇之一。

改革开放以来，唱凯镇的经济建设和社会事业迅速发展。1999年农民人均纯收入2558元，个体私营经济也有较大发展，个体工商户280户，从业人员逾千人。

唱凯镇农稳工兴，贸旺财丰。近年来，加大小城镇建设、农业产业结构调整和乡镇企业工作力度，给全镇经济注入了新的活力。注重市场建设，取得了较大成效。唱凯镇采取合资、私人独资的办法，开发建设的唱凯商城、大型顶棚农贸市场总投资400万元，总面积1.26万平方米，于1998年10月竣工并投入使用。初步形成了以唱凯商城为龙头，集布匹、服装、家具、鞋帽、副食品、建材、粮油等专业市场为一体的市场体系，年成交额达2000多万元，达到了当年开发、当年见效的目标。

农业在产业化发展上，大胆探索基地化生产之路。通过鼓励、扶持和规模发展，一批具有特色的基地化产业脱颖而出：种植面积达1000亩的银龙药材开发基地，已完成可行性论证，并申报立项；京亚葡萄开发基地，已发展面积20亩，即将扩大发展到100亩；福年花木基地，面积100亩，目前花木已上市，在市场上十分走俏；水产养殖基地面积2400亩；食用菌生产基地已发展到50万亩，成为本地蔬菜市场的主导产品。

乡镇企业发展，注重创特色，出名牌，实施名牌战略。一是在扶优扶强上下功夫，着力抓好重点骨干企业；二是在增加投入上下功夫，继续走以质量创特色之路。

水东镇——发展乡企见成效

水东镇地处江西赣州市章贡区东郊，与市区隔江相望。全镇面积24.8平方公里，辖8个行政村，4个居委会，人口2.94万，京九铁路和323国道穿境而过，章贡两江在此交汇成赣江，境内旅游资源丰富。改革开发以来，水东焕发勃勃生机，经济建设蒸蒸日上，人民生活水平迅速提高。1999年全镇实现财政收入743万元，农民人均纯收入2845元，使水东这个昔日排头兵再次闪烁出新的辉煌。

乡镇企业是水东经济的支柱产业，80%的财政收入来源于乡镇企业。近年来，水东镇一直把实现乡镇企业第二次创业作为全镇工作的重点来抓，依托赣州稀土金属冶炼厂这一龙头企业的产品优势，进一步巩固和发展了建筑建材业、稀土冶金工业，牵动其它产业的发展，形成产业多元化；依托水东地处城乡结合部，距离大市场近的地域优势，重点培植和扶持了以赣东食品厂、东升食品有限公司、赣州乔家栅食品有限公司为骨干企业的食品支柱产业，以品牌赢得了广阔市场；依托京九铁路和323国道穿越镇内的优势，以线设点，以点建厂，连厂成区，建立了水东工业园区，优化产业布局，增强了经济总量。同时，运用科技创名牌，提高产品档次和企业竞争力，赣州稀土金属冶炼厂采用新科技，陆续开发了一系列高附加值的新产品。

加快小城镇建设步伐，实现农村产业化经营，转移农村剩余劳动力，是水东镇增加农民收入，提高农民生活质量的重要举措。水东镇按照小城镇建设“设计城市化、功能现代化、环境园林化”的要求，遵循可持续发展的原则，确定了以镇政府所在地为中心的农民小康楼建设区、贸工农一体化的商贸区、工业开发区，同时还规划出了旅游开发区、公益事业建设区等。为适应经济发展的需要，1999年，水东镇新建和完善了一大批基础设施，与小城镇建设相配套的水、电、路、气、下水道等设施日趋完善，投资兴建了一座目前全省农村规模最大的沼气供应站，现已投入试运行。特别是公路交通建设出现喜人局面，率先在全市乡镇中实现村村通水泥公路。

昔日的排头兵，商贾云集，凤凰巢栖，在水东的历史上曾写下了繁荣的一笔，今朝的水东镇，在创业者的精心装点下将会更加辉煌，放射出更加绚丽的光彩。

泗洲镇——省十佳乡镇

江西德兴市泗洲镇属矿山资源型小城镇，位于江西东北部，距德兴市区 20 公里，总面积 57 平方公里，辖 3 个行政村、1 个居委会，总人口 40191 人。全镇矿产资源丰富，亚洲最大的斑岩铜矿—德兴铜矿即在境内。交通便利，皖赣铁路乐德支线直达腹地；德九公路穿境而过，并与 302、306 国道连接。

自 1981 年建镇以来，泗洲镇根据自身的特点，确定了“以改革促发展，以开放促开发，依托矿山，服务矿山，主攻工业，大力发展第三产业”的指导思想，强化“工业立镇、私企兴镇、引商活市、稳步发展”的发展意识，不断推动经济发展和社会进步，其综合经济实力在全省乡镇排列前 4 名。在抓好集体企业改制的同时，把个私经济作为经济发展最强劲、最活跃的增长点来抓，促进了两个文明协调发展。私营企业、个体工商户达 1845 家，年创税收万元以上的约有 40 家。特色农业发展迅速，兴建了“稻－草(禽)”生态农业基地，涌现了一大批养殖、种植大户。1999 年，全镇实现财政收入 3860 万元，农民人均纯收入 3456 元，人均储蓄余额 1.4 万元。社会事业长足进步，中小学校完成了“六配套”，为加强教育设施建设，今年又兴建中了小学教学楼。文化娱乐设施日渐完备，1999 年投资 40 万元兴建了文化中心楼。初级医疗保健基本普及，镇卫生院通过了省级达标验收。建立了村民社会养老保险制度，建成了全省乡镇级一流的敬老院。已建成泗新路、铜洲路和沿河路三条水泥路街道，城区供水、排水、供电系统日趋完善，7000 门程控电话全面开通，配备了环保、环卫、绿化和城管专职队伍，城镇基础设施初具规模。

1998 年至 1999 年，泗洲镇相继获得“江西省十佳乡镇”、“全国亿万农民健身活动先进乡镇”、“首届中国乡镇投资环境 100 强”、“全国小城镇综合改革试点镇”、“全国小城镇建设先进单位”等称号。

【山东】

孙家集镇——大棚蔬菜第一镇

孙家集镇隶属于著名的中国蔬菜之乡——山东省寿光市，是寿光市的西南门户，面积43平方公里，人口3万，耕地4.9万亩。近年来，孙家集镇发挥自身优势，把大棚蔬菜作为主导产业，实行区域化布局、专业化生产、规模化经营、社会化服务，走出了一条以菜兴镇、以菜富民的产业化发展路子。1999年农村经济总收入达到8.04亿元，财政收入366万元，人均纯收入4200元；先后获得“中国大棚蔬菜第一镇”、“山东省明星乡镇”、“山东省农村经济综合实力200强乡镇”、“山东省村镇建设新型乡镇”等荣誉称号。党和国家领导人多次来镇视察，对蔬菜生产给予了高度评价。

孙家集镇是全国冬暖式大棚的发祥地。近几年来，积极实施农业产业化和科技兴镇战略，农业生产以创蔬菜名牌为支柱，建成四纵四横百里大棚带，蔬菜面积发展到30000亩，冬暖式大棚20000个，户均3个，年产蔬菜5亿公斤，收入6亿元，以抓科技投入为重点，与科技单位、大专院校联合，成立了蔬菜科研所，并以三元朱村为基点，投资1000万元建成了立足全市、面向全国的绿色食品开发、科技示范、大棚保健菜试验、大棚果优质苗木繁育四大高科技示范基地，先后引进了以色列樱桃西红柿等56大类、200多个名优稀特新品种，试验推广了二氧化碳气体施肥、大棚滴灌、磁化水、立体种植、无土栽培等30多项新技术，有力地推动了全镇蔬菜生产的上档升级；先后建成了以镇为中心，辐射全市的30万亩无公害蔬菜生产基地和万亩洋香瓜生产基地；接待来自45个国家及全国各地的参观者达80万人次，向甘肃、新疆、安徽等26个省市区外派技术员万余人，为全国各地的菜篮子工程作出了贡献。

以加快蔬菜转化增值为突破口，先后组织7000多人的运销大军进入上海、北京、武汉等大中城市的蔬菜市场，与香港汇众公司联合成立了鲁光绿色食品有限责任公司，实行公司联基地，基地带农户，农户不承担风险的做法，组织群众大力开发生产绿色食品蔬菜，产品远销俄罗斯、日本、蒙古、香港等国家和地区。同时投资2000万元建成中外合资潍坊绿鲜食品有限公司，引导群众投资1亿元建成占地350亩，以蒜苔储存为主的蔬菜加工冷藏企业50家，冷藏保鲜能力4万吨，销售收入2.5亿元，利税8000万元，成为全国最大的蔬菜加工园区。

石岛镇——科学规划建城镇

石岛镇位于胶东半岛东南端，三面临海，一面依山，总面积38平方公里，总人口4.3万人，辖22个行政村。

石岛镇近几年来经济得到迅猛发展，基础设施、文教卫生等社会服务设施日趋完善，城镇建设服务于经济建设的作用日益显著。目前，建成区面积已达到18.7平方公里，人口达到3.9万人，人均住房面积30平方米，硬化道路面积58.5万平方米；有大小供水设施5处，日供水能力3万吨，村村用上了自来水；绿化面积85万平方米，使街道、庭院绿化上了一个新台阶；同时建成的还有有线电视台、无线差转台、2万门程控电话以及镇文化宫、农贸商贸市场等设施。1996年全国小城镇建设现场会在石岛镇成功召开，1997年被国家建设部评为全国小城镇建设先进镇。

石岛镇立足当前，科学规划，为农村城镇建设奠定坚实基础。1989年石岛镇邀请同济大学的专家对本镇区进行了总体规划，制定了绿化、工业管线、电力、电讯及土地利用、商业、公共设施等详细的规划措施。1990年又在专家的指导下，本着合理布局的原则，对全镇17个村又进行了规划。1998年再次邀请专家进行规划并经过反复论证，确定了石岛镇未来的宏伟蓝图，确立“退二(产业)进三(产业)、多拆少建、南北拓展、配套完善”的思路，即把老城区中的机械、网绳、冷藏等第二产业项目，分期分批地逐步迁到城外的北部和西部郊区，突出发展石岛湾和王家湾，置换出老城区中的黄金地段，一部分用于发展商贸、饮食、信息、咨询服务等第三产业，一部分用于拓宽道路，规划三大城区停车场和公共绿地及其他公共设施的配套建设，解决现在石岛城区交通拥挤、城区配套设施不齐全的问题。

石岛镇走新区开发、旧城改造同步进行的路子，不断促进城市建设上档次。城区内的10个行政村，旧村改造修建综合居民楼的，一律免收基础设施费、教师住房基金等费用，一律不批一家一户的单元楼和平房，每年上级批发的宅基地优先满足旧村改造单位，所建综合居民楼不得低于六层，建筑面积不得少于2500平方米。

1999年初，石岛镇与开发区合二为一，石岛镇把开发区的建设作为重点，下大气力建设石岛新城区。目前，已投资3000多万元，全力实施了滨海公园的开发建设，法华院扩建、龙山路改造、朝阳路整修、穿山旅游公路拓展等一系列工程，拉开了石岛新区建设的全新格局。

东江镇——省文化先进镇

山东省龙口市东江镇总面积56平方公里，人口4万人。1999年全镇实现农村经济总收入38.2亿元，财政收入3984万元。

多年来，东江镇加强领导，健全组织，加大投入，大力发展农村群众文化事业，先后被烟台市和山东省命名为“文化先进乡镇”称号，1995年跨入全国“先进文化乡镇”行列。

东江镇于1976年成立文化工作站，随着群众文化事业的发展，各行政村普遍建立了文化室，并有专人负责，在全镇形成了上联市文化局，下联各村文化室的全民性群众文化网络。

自1993年以来，东江镇先后建成了占地1500平方米，能容纳1200多人的影剧院和藏书1.2万余册的图书馆，并按行政片设立5个图书馆，方便群众阅览。1997年荣获烟台市“达标图书馆”和山东省“先进图书馆”称号，并在全国图书工作经验交流会上作了典型发言。1992年建成了“东江南镇文化中心”，设有灯光球场、阅览室、游艺室、台球、乒乓球室、展览室和农民夜校。1993年全国文化工作现场会在东江召开，东江镇在文化事业方面的成绩得到与会领导的充分肯定。2000年又投资100万元，建成了文化科技大楼，将成为东江镇文化科技事业蓬勃发展的中心基地。

“南山集团”是东江镇前宋村从一个村办小厂，发展成为村企合一的大型企业集团。强大的经济实力，为发展群众文化奠定了坚实的基础。1994年以来，前宋村先后建成了1000余座位的高标准影剧院和一座面积达500平方米、可容纳192人阅览的现代化图书馆，馆内藏有各类图书3.4万多册。投资3000多万元兴建了占地近2万平方米、建筑面积达1.1万多平方米的农村儿童文化园，并配备了各种文娱活动器材和配套的卫生保健设备。该园1998年被评为国家级“农村儿童文化园”。近几年投资3.2亿元建成了符合国际标准的27洞球道和练习场的国际高尔夫球俱乐部、建筑面积3.6万平方米的南山康乐宫。宫内设有戏水乐园、保龄球、网球、多功能厅和商业、餐饮等服务设施，是集娱乐、健身、餐饮、购物为一体的综合性现代化娱乐场所。投资2000万元正在建设的可容纳2万观众的大型综合性体育场，即将完工投入使用。

健全的现代化文化设施，极大地促进了各项群众文化体育活动的开展。多年来，东江镇有组织、有计划地开展各项文化体育活动，充分利用读书演讲、智力竞赛、书画篆刻、摄影展、文艺表演和民间传统的剪窗花、春联、灯棚、秧歌、戏剧等各种形式，寓教于乐，配合了党的中心工作，丰富了群众文化生活，促进了经济和各项社会事业的发展，两个文明建设取得了丰硕成果。

【河南】

南庄镇——省乡镇企业先进镇

南庄镇位于河南省孟州市城东十公里处，从明末清初始，便成为中州重要的商贸聚散地。该镇辖24个行政村，3.2万人，总面积38.9平方公里，耕地面积2077公顷，盛产小麦、玉米、棉花、花生、油菜等各种粮食与经济作物。近年来，南庄镇以小城镇建设为龙头，以皮毛加工为支柱产业，以调整农业结构为新的经济增长点，振兴工商业，发展高效农业，经济实力明显增强，人民生活水平不断提高。1999年财政收入418.3万元，人均纯收入达到3176元。先后被国家民政部授予“中华名镇”称号，被省委、省政府授予“河南省重点镇”、“发展乡镇企业先进乡镇”、“发展乡镇企业重点乡镇”等荣誉称号。

农业产业化初具规模。按照“东抓蔬菜西抓皮，中抓贸易北抓粮”的产业化思路，在全镇建成了创汇蔬菜、皮毛加工、高效经济作物、专用粮生产、食用菌栽培、特种动物养殖等八大基地。同时投资500万元建成了高标准的国家级万亩滩建开发区，开发区内林成网、路成行、水电设施完备，牛蒡、地黄、芦笋、红花、银杏等十余种高效经济作物的种植面积达5000亩，年创效益近1000万元。同时在粮食生产上，南庄镇连续三年保持焦作市“吨粮镇”、“小麦单产千斤镇”称号。

以皮毛加工为支柱的个体私营经济蓬勃发展。该镇桑坡村近几年来大力发展皮毛加工产业，目前全村拥有皮毛加工企业近百家，皮毛加工户800余户，生产的汽车靠背、地毯、鞋里皮等产品出口到日本、美国、俄罗斯、香港等十几个国家和地区，出口创汇4000万美元，1999年，该村有十几家企业上了互联网，并建成了桑坡网站，被称为“亚洲最大的皮毛集散地”。此外，镇办企业油毡原纸厂生产的产品被省内外几家企业定为免检产品，减速机厂生产的减速机填补了国家空白。从事皮衣加工、制毡、饮食、运输等行业的农户达4000户，其中外来打工人员万余人，成为该镇经济大合唱中的一支生力军。

小城镇建设日新月异，为经济的腾飞插上了翅膀。科学的规划设计，完善的配套设施，优美的发展环境、优惠的投资环境、便利的交通条件，使一个融饮食、服务、工商贸易、文化娱乐为一体的现代化新型小城镇迅速崛起。全镇现有程控电话4338门，建成了综合集贸市场和一条高标准的商业街，镇区道路呈现“十横八纵”格局，并实现了村村通硬化路，发达的经济、优美的环境吸引了工行、农行、中行等近10家金融单位到南庄安家。

精神文明建设取得新的成效。1999年投资建成了镇中心中学教学楼。社会治安、计划生育、文教卫生均走在了全市的先进行列。

南庄镇正在建设成为一个企业集中，商贸繁荣、外向度高的经济强镇，并以更加崭新的面貌走向新的世纪。

吕河乡——调整结构增效益

吕河乡位于河南正阳县城南9公里，辖15个村委，155个村民组，耕地面积98070亩，农业人口28900人，开龚公路自北向南穿境而过。1996年以来，吕河乡立足乡情，大胆探索，改革传统种植习惯和养殖模式，改变群众小富即安，因循守旧的小农经济思想，紧紧依靠科学技术，大力发展高效农业，扩大畜牧养殖规模，实现种植、养殖齐头并进，农业、畜牧协调发展。

针对全乡人均耕地相对较多，种植方式落后，效益低下的问题，近几年来，结合畜牧业发展的实际，坚持压缩粮食种植面积，发展饲料和油料作物种植。麦播面积由1996年的71000亩压缩为62500亩。在麦播面积中，大麦面积由1996年5000亩增加到1999年12000亩，花生面积由1996年的39000亩增加到1999年的65000亩，成为全县人均花生面积最多的乡。近两年，在麦播面积中，优质小麦面积已增至40%，小麦良种率达98.8%。

为实现花生大乡向花生强乡的跳跃，1999年初，乡党委、政府发动全乡干部率先在乡林场干部科技示范基地试种地膜覆盖花生120亩，创豫南种植地膜花生的先例，当年虽遭受严重旱灾，亩产仍高达400多公斤。种植的优良品种，个大粒饱，果实均匀，种籽部门全部包销，平均亩收入1200多元，是大田花生收益的2倍多。地膜花生的试种成功，高额的收益回报，使群众改变了花生不能覆盖地膜的思想观念。2000年，全乡群众自发种植地膜花生3000多亩，花生面积达68000亩。

近几年来，吕河乡为加快高效农业的发展，采取了三条措施:一是制定优惠政策,积极帮助有高效农业项目的农户协调资金,提供技术、土地,特殊项目的延长土地承包50年甚至更长时间。二是对有些风险大,投资成本高的项目由乡提供技术、资金或由干部带头示范,干部干给群众看,成功以后再引导带动群众干。如发展温棚种植,1998年乡政府从外地聘请技术员,以每座温棚补助4500元的优惠条件帮助朱腰、夏庄、朱大庄等5个村发展温棚蔬菜。1999年又拿出7.5万元在河湾村建高标准钢骨架温棚30座。三是培养造就一大批肯钻研、懂技术的乡土拨尖人才,1998年以来,全乡共培养各类土专家800多人。在他们的示范带动下,全乡兴建温棚蔬菜基地2个,科技示范园区3个,大小棚室560座,种植嫁接西瓜2000多亩,优质林果1100亩,优质牧草300亩。

吕河乡人均耕地3.35亩,饲料资源丰富,又与省营王店种猪场毗邻,有发展生猪得天独厚的条件。近几年来,抓住这一有利条件,吕河乡确立了"抓两头,带中间"的养猪发展战略。1998年底,生猪价格大幅度下跌,吕河乡利用这一时机,果断采取措施,及时淘汰非纯种公猪和三元杂交母猪,实现种公猪纯种化,母猪二无杂交一代化。1999年底,全乡生猪存栏79500头,出栏105000头,生猪良种率95%,年出栏5000头以上的养猪专业村9个,年出栏100头以上的养殖大户300多户。

为充分利用桔秆资源,吕河乡还从外地引进纯种二代波尔山羊200只,种植优质牧草300亩,准备用三年的时间,形成羊存栏5万只,出栏8万只的规模,最终实现畜牧养殖多元化。

赵庄乡——魔术之乡

河南省平顶山市宝丰县赵庄乡,是一个仅有22个行政村,3.4万人口,44.63平方公里的偏远小乡。自然资源匮乏,交通不便,发展经济存在着许多困难。但是勤劳智慧的赵庄乡人民扬长避短,敢拼善闯,利用"魔术"这一奇幻诱人、变化万端的技艺,走出了一条独特的强乡富民之路,并使"魔术之乡"的美名响遍中州大地。

赵庄乡的民间魔术表演有着悠久的历史。但在过去,魔术表演长期被视为是难登大雅之堂的雕虫小技,市井杂耍,不仅受不到应有的保护,更谈不上宏扬光大、作为一个产业来发展。改革开放以来,在党的富民政策的号召下,赵庄乡人民坚持走继承提高、创新、普及的魔术发展道路,使这一古老的民间艺术焕发出无穷的魅力,成为社会主义文艺百花苑中一朵芬芳四溢的奇葩。

目前,该乡拥有务农表演两不误的"双栖"农民魔术表演团体560多个,成员上万之众。全乡每年靠魔术表演创收2500万元以上,已成为赵庄乡治穷致富的支柱性产业。1998年中国杂技家协会在赵庄乡召开了民间魔术研讨会,来自省、市、县有关部门的专家和领导,又在该乡召开了"宝丰县魔术产业发展及管理会议",通过政府、民间的共同推动,促使全乡的群众魔术创作表演跃上了一个新台阶。如今,赵庄乡已成为全国民间魔术的集散地,该乡的周营村还因红火的魔术活动与丰硕的成果而被冠以"中州名村"的称号。

变幻无穷、变化万千的魔术表演活动在活跃城乡人民生活的同时,也使全乡旧貌变新颜。目前全乡农户自建楼房500多幢,乡信用社个人存款连续三年居全市榜首。仅周营村360家农户,就有115个魔术表演团体,年演出创收450余万元,全村拥有摩托车150多辆,电话180余部。

富而思源,富而思进。赵庄乡的广大群众依靠党的富民政策和自己的聪明才智致富以后,没有忘记家乡这片神奇的热土,而是慷慨回报,反哺自己的故园,靠共同富裕来展示家乡更加美丽动人的风采。大黄村一个魔术专业户用数年积累的50万元资金,投资在家乡办起了"建材服务公司";袁庄村的一位魔术高手为改造家乡的老河滩注入20万元;周营村30多个文化专业户捐资10多万元,修建了一条乡村公路;还有更多的人在兴办养殖场、香菇场、各类加工厂等,并由魔术专业户投资兴办了该乡第一所"魔术艺术学校",使魔术技艺的创新发展有了专门的教育、研究基地。

变则通,变则富,变则强。赵庄乡人民正承前启后,开拓进取,努力使魔术这一古老的民间艺术推陈出新,赋予其更加旺盛的生命力,为社会主义两个文明建设做出更大的贡献。

【湖南】

羊楼司镇——竹器之乡

湖南临湘市羊楼司镇位于湘北边陲，与湖北省赤壁市交界，是湖南四大边际镇之一。107国道、京广铁路并行镇区，交通区位优势十分突出。全镇18个村，2个居委会，2.6万人口，总面积107平方公里。1995年被列为湖南省综合改革试验区，1997年被国家11个部委列为全国小城镇综合改革试点镇，1999年被列为全国小城镇建设重点镇。1999年，全镇国内生产总值1.02亿元，财政收入990.6万元，农民人均纯收入2546元。先后荣获全国民政工作全优乡镇、中国竹器之乡、湖南省先进乡镇等荣誉。

几年来，羊楼司镇重视小城镇建设，投资30万元，吸引外商投资6000万元和集资入股等筹集资金，对交通、自来水、街道、仓储、文体、教育、卫生、市场等基础设施进行了改造建设，改建了旧街道，新辟了8条新街并安装了路灯；改造了2公里电力高压线路；建成了日产10000吨的自来水厂、邮电通讯大楼、3000门国际国内自动程控电话及“大哥大”和无线寻呼、12000平方米的竹器长廊大市场、农科教中心及文化娱乐中心、1400平方米的宾馆、8000平方米的货物存放棚、铁路立交涵洞、绿化广场；改造了23所中小学教学楼，实现了村村通公路，户户有电话，组建了中巴车队和交通运输车队。镇区面积由过去的0.8平方公里扩展到2.3平方公里，人口达1.2万人，镇区电话达到2600门，全部住户用上了自来水，95%的住户通了闭路电视。羊楼司镇逐步成为湘鄂赣毗邻地区边界的集贸中心城镇。

羊楼司镇因地制宜发展竹器生产，利用资源办起了竹编工艺厂、竹雕工艺厂和竹组合家具厂，并开发了竹醋、竹炭等新产品，打入日本市场。开发培植竹木加工、茶叶精加工特色产业。全镇已有竹器加工厂300个，加工专业村6个，形成“一村一品”。全镇有加工、供销户1829户，占农户总数的42%，专业劳动力4422个，占劳动力总数的52%。1999年，全镇竹器产值达到1.2亿元，比1990年增加了10倍，农民人均增收300元，产品获亚太经济博览会荣誉奖和湖南省科技兴农奖，远销全国19个省市和日本、俄罗斯、香港等国家和地区。全镇竹木加工已形成“山上有基地，山下有工厂，路边有市场”的产业化格局。

茶叶开发和精加工是另一特色产业。全镇办起了6大茶叶精制厂，开发了毛尖、银针、龙井、龙窑等20多个茶叶新品种，1999年产值3450万元，现已成为全镇新的经济增长点。

羊楼司镇注重构筑市场流通体系。以27公里省界为依托，建立20个农副产品购销站点，在边界线上基本形成两里一点、五里一市的规模。依托107国道、京广复线和长江水道建立了一张巨大的流通网，在各大中城市设立销售窗口12个。与国内19个省市的104个单位和俄罗斯、香港等国家和地区签订了产品购销合同，合同总金额350万元，形成了南联广州、长沙，北通武汉、北京，远接港澳国外，近毗邻县(市)的流通网络，促进了工农业产品的流通。

棋梓镇——省综合改革示范镇

湖南湘乡市棋梓镇地处湘潭市西南，与娄底市毗邻。总面积138.9平方公里，辖33个行政村，4个居委会。总人口5.29万人，耕地面积2.76万亩，镇区有优质的白云石、石灰石，总储量在60亿吨以上。大型水库水府庙水库座落在辖区内，库区有各种景点100多个。镇内有电力开闭所一所，高压输电网线5条。陆路交通便捷，通讯发达。湘黔铁路复线、娄湘公路、湘棋公路、棋杏公路经过该镇，上海至贵州瑞金高速公路，将在镇区开设路口，有近50公里的水运线。已开通程控电话5260门，实现村村通电话，建立了移动通讯寻呼台、模拟网、数字网直放站、互联网站。1999年财政总收入1001.4万元。1995年棋梓镇被评为湖南省“百强”镇，被列为全国综合改革试点镇和建设部500个强镇试点镇。1999年被湖南省定为综合改革示范镇。

棋梓镇城镇发展成绩显著，构筑了“四区一廊”，即镇区、库区、杉山开发区、八亩田商贸小区、娄湘公路二、三产业长廊；实施了六个方面的建设。

一是发展农业。棋梓镇山多水多石头多，在保吨粮田的同时，全镇放养网箱4000多口，控网养鱼6000余亩；发展水果基地31个，总面积达7000多亩；发展花生、黄烟等经济作物9000多亩；油茶基地3000多亩。1999年农业总产值1.4亿元，农民人均纯收入2600元。

二是发展城镇。近五年，累计投入城镇建设资金

2.3亿元，镇区规划面积26平方公里，新建和改建主要街道5条，共3.9公里。房屋建筑面积3.4万平方米，道路硬化24公里。新增农民入镇居民318户，1600多人，城镇人口达到2.8万人。建有占地20亩的综合大市场、垃圾处理填埋场，有线电视台2家、电视差转台1个、中小学校30所、金融机构5家、医院3个、餐饮、娱乐及商业网点851个，日流动人口在2万人次以上，小商品成交额每日在80万元以上，城镇建设带来人流物流资金流，促进了经济发展。

三是发展企业。镇村两级创办白云石、石灰石企业12家，年总产值1000万元。1999年全镇乡镇企业总产值突破6亿元，其中镇办企业创利税900多万元。

四是发展服务。镇区有省、市驻镇大中型企业单位15家，全镇为大厂矿提供生产、生活服务的人员有2000多人，年收入2000多万元。

五是发展劳务。利用农校和师傅带徒等形式培训劳动力，年劳务输出11000多人，劳务收入上亿元。

六是发展旅游。水府庙水库区域风景点较多，最为突出的有长为5公里的峡山青龙洞、向阳村宋代窑址群、万尊罗汉似的“万罗仙境”等景点。利用这一旅游资源，组织农民办旅游业，现有个体旅游船10余艘，年创旅游收入300多万元。

【广东】

厚街镇——穗港经济走廊之强镇

广东东莞市厚街镇位于广深经济走廊中段，107国道、广深高速公路横贯全境，水陆交通发达，是珠江三角洲重点工业卫星镇之一。全镇面积126.15平方公里，下辖22个村委会，1个居委会，户籍人口8.6万，外来人口10多万，旅外侨胞和港澳同胞4万多人。

厚街镇充分发挥人缘地缘优势，坚持以经济建设为中心，全镇经济迅猛发展。1999年，全镇国内生产总值24.68亿元，人均纯收入7542元，银行存款余额达46.8亿元，是广东省乡镇企业“百强镇”之一。

厚街镇拥有1100多家港澳台及外商投资企业，其中台商企业330多家。改革开放以来，共引进外资达22亿美元。1999年，全镇工业总产值达31.08亿元，出口创汇2.35亿美元。形成了以服装、电子、玩具、鞋类、皮具、家具等六大产业为支柱的加工制造业基地，产品畅销亚、欧、美、澳等世界各地，其中家具业更是一枝独秀，全镇共有家具企业400余家，年产值近20亿元；颇具规模的家具专业市场8个，总面积20万平方米，新开辟长达5公里的“家具大道”，是珠江三角洲国际家具大型集散基地之一。1999年以来厚街镇成功举办了三届名家具(东莞)展览会，参展的厂商共793家，参观选购人数共22万人次，签订意向成交合同额共15.8亿元。

农业稳步发展。1999年粮食作物播种面积3万多亩，粮食总产量1.4万吨，水果面积1.4万亩，总产量2769吨；生猪出栏7万多头；三鸟出栏110万只。1999年农业总产值2.14亿元。农田水利基础设施投入不断加大，“三高”农业集约化生产基地已经形成，赤岭村委会成了东莞市第一个实现集体机械化耕种的村委会。厚街盛产沼虾、加州鲈等优质鱼类和荔枝、龙眼、芒果、香蕉等优质水果。发达的农业和丰富的物产成了厚街人民安居乐业的雄厚物质基础。

改革开放以来，全镇道路建设投资达6.5亿元，镇内铺设的水泥公路已全部实现了净化、绿化和美化。全镇新建大小公园30多个，农村城市一体化格局初见规模。全镇饮用自来水覆盖率达100%，现有程控电话3.7万门。基础设施和各种生活配套设施日臻完善。

近年来，厚街镇党委、政府在狠抓经济持续发展的同时，不断加大精神文明建设的力度。目前，全镇被东莞市政法委评为安全文明小区共有18个。“科教兴镇”已成为全镇人民的共识，全镇近年累计教育投资2亿多元，新建了厚街中学及其他教育设施，现有完全中学、专业技术学校和成人培训中心各1所，初级中学5所、小学23所、幼儿园15所。体育事业方兴未艾，先后拨款2300多万元建成了占地210亩的体育中心，顺利承办了全国水球、甲级篮球等项目比赛，1997年被评为“全国体育先进镇”。

厚街人决心把握机遇，开拓进取，增创新优势，更上一层楼。

碣石镇——特色农业发展基地

碣石镇地处粤东海滨，在汕尾市陆丰的东南面，是陆丰市农村区域性经济文化比较发达的四大镇之一。全镇陆地面积116平方公里，海岸线长达40.3公里。有4个居委会和37个村委会，总户数17601户，总人口10.5万人。1999年，全镇农民人均纯收入4374元，各项经济指标居汕尾市乡镇前列。

改革开放以来，碣石镇坚持以经济建设为中心，开拓进取，充分利用和发挥当地地缘优势和资源优势，选准经济发展突破口，有效地促进了碣石经济的健康持续发展。1995年被省政府评为“广东省乡镇之星”。近年来镇党委、政府进一步调整发展思路，以发展工业促进农业，优化农业产业结构，紧紧抓住沿海滩涂广阔这一优势，以提高农业总体效益为中心，以商品化产业为发展方向，以规模基地为依托，大力发展特色农业，制订特色农业发展规划，分步实施开发建设，做好做活“种”、“养”文章，逐步形成了几个富有特色的大规模的种养基地：

海马养殖基地：桂林海马养殖场创办于1976年，经过二十多年的实践，积累了海马整个培育过程的技术和经验，掌握了海马越冬、交配繁殖以及防治肠胃病等重要环节，摸索出一套管理方法。1986年，该场被指定为广东省“星火计划”海马人工养殖示范项目承办单位，后获国家科委批准，被列入国家“星火计划”。该场养殖规模不断扩大，有精养池882平方米，年产量达14.6万尾，产值146万元。目前，该场正计划建成海马人工养殖生产试验基地，集海马养殖和产品加工于一体，更好地发挥其经济效益。

红江橙种植基地：红江橙场创办于1986年，占地270亩，种植红江橙3万株，年产量高达1000吨，产值400多万元。红江橙以其肉鲜汁多而闻名，其果质受联合国粮农组织肯定。该场被省列入“星火计划”作为红江橙种植的示范点。

鲍鱼养殖基地：一是虾背澳鲍鱼养殖场，创办于1997年，投资2500万元，占地70亩，有养鲍池203个，培苗池380个，水体1.8万立方米，年产鲍鱼100吨，产值1400万元，被中科院南海水产研究所指定为鲍鱼养殖课题研究点，自培鲍鱼苗获得成功，年培鲍鱼苗1200万粒，价值近500万元。为进一步扩大养殖规模，1998年7月在该场西侧“澳肚”又扩征沙滩地100亩，增建养鲍培苗池200个，同时还投资1500万元开辟大闸蟹培苗场。经过反复的试验，目前，大闸蟹培苗已初见成效，首次培成苗100万苗，投放蟹池800多亩，获得了较好的经济效益。二是西澳鲍鱼养殖场，创办于1997年，投资1000多万元，占地50亩，有养鲍池100个，培苗池150个，水体8000立方米，年产鲍鱼50多吨，产值600多万元；培鲍鱼苗500万粒，价值200多万元，也取得了较好的经济效果。

此外，还投资150万元，开辟了近1000亩吊养蚝生产基地，开辟了一批优质鱼和对虾等海水养殖基地。碣石镇完善城镇基础建设，正朝着建设崭新的滨海中等城市方向发展。

泗水镇——“三高”农业出效益

泗水镇位于广东茂名高州市东南部，属丘陵地带，总人口55322人，其中农业人口53941人，山地面积7万亩，耕地面积2.2万亩，是一个典型的农业镇。

改革开放以来，泗水镇因地制宜，充分利用气候、土地资源等有利条件，瞄准国内市场，大力调整农业产业结构，发展地方特色的“三高”农业。改革传统农业耕作制度，变“稻稻薯”一年三熟的单一粮食种植为“稻稻菜菜”或“稻稻菜烟”一年四熟的粮经结合耕作制度。大规模发展名优水果，目前全镇有以荔枝为龙头的水果面积6万多亩，人均种果1.3亩，年人均水果收入1500多元。实行综合经营，多元化发展，即垌上种稻菜，山上种水果、果园养猪鸡、塘中养鱼鸭，走以养带种、以种促养的农业经营路子。全镇养殖人均收入1650多元。

泗水镇在发展特色农业过程中，全面贯彻落实党在农村的政策，稳定家庭承包经营责任制，充分调动农民种养致富积极性；因地制宜，确立以果、菜为龙头、多元化生产经营的特色农业路子；实施科技兴农战略，健全镇、村、村小组三级农科服务机构；抓高产示范，以点带面，全镇有种、养专业示范户500多户；做好农业产前、产中、产后服务，建立农产品流通队伍3000多人，鼓励农民进入农产品流通市场，确保农产品产得出来销售得出去；搞好农业基础配套设施建设，建成水渠36公里，投入985万元，扩建乡村公路扩、改上等级公路55公里；改善供电和通讯设备，建成镇、中心村市场7个。

泗水镇“三高”农业带来了较好的社会效益、经济效益和生态效益。全镇农业总产值从1980年的0.4亿元提高到1999年的2.3亿元，耕地亩产值从800元提高到6000元；山地亩产值从50元提高到806元；农民人均纯收入4652元，是1980年的23.1倍。泗水镇连续七年实现水稻亩产“吨谷”，养殖业超亿元，被评为茂名市北运菜生产第一镇、高州市农村经济综合实力十强镇。1998年冬，中共中央政治局委员、省委书记李长春到泗水镇视察时，给予较高评价，肯定泗水镇“万亩稻田万亩菜、百里山坡百里果”、“冬天不见冬、四季都是春”的特色农业路子走对了。目前全镇社会风气文明，治安良好，人民安居乐业。

【广西】

百育镇——桂西农业大镇

广西田阳县百育镇地处右江河谷中心地带，是田阳县的东大门，田阳县经济发展的中心集镇之一。全镇总面积132平方公里，辖6个行政村，62个自然屯，辖区人口2.6万人。全镇耕地面积9.9万亩，是桂西农业大镇。

近几年来，百育镇坚持把农业和农村工作放在一切经济工作的首位，牢牢把握工作大局，以市场为导向，以效益为核心，加大调整和优化农业产业结构力度，大力发展高产、高效、优质农业，选择有优势、有特色的主导产业为发展重点，并实行基地化建设、规模化生产、产业化经营，培植了芒果、香蕉、西瓜、蔬菜、畜牧水产等五大支柱产业。1999年，全镇芒果种植面积30728亩，总产量1.5万吨，占全县产量的三分之一；香蕉面积28000亩，总产量5.6万吨，占全县产量三分之二；西瓜面积24120亩，总产量3.6万吨，占全县产量二分之一，成为全地区最大的西瓜生产基地；蔬菜种植面积40800亩，总产量6.1万吨；肉类产量1420吨，淡水产品产量2005吨。全镇形成了“一村一品”、“一屯一业”的经营格局。

镇党委、政府还积极引导农民进入市场参与农产品流通，目前，镇香蕉专业合作社、百育农工贸公司等两个农产品外销中介机构，组织专业流通人员1500多人，在全国20多个大中城市建立农副产品销售点47个，年外销农副产品4万吨以上，销售总额926万元。农业产业化经营，推动了农村经济持续、快速健康发展，1999年，全镇农业总产值2.77亿元，占全县农业总产值的五分之一以上，财政收入664万元，农民人均纯收入3489元。

百育镇小城镇紧靠邕色二级公路，水、陆、空交通极为便利，自1995年被定为自治区小城镇建设试点以来，经过几年的建设，小城镇规模不断扩大，建设用地为38.8公顷，其中居住用地6.2公顷。城镇居民居住条件得到改善，目前住宅区已建成居民住宅92幢。小城镇建设的发展推动了城镇商业的繁荣，年营业额突破700万元，集市贸易成交额190.4万元。

民乐镇——区小城镇建设先进镇

民乐镇地处广西北流市的北部，与桂平市交界，距市区7公里。全镇总面积167平方公里，耕地面积2675公顷，宜林土地面积12086公顷。辖17个村委会，1个居委会，总人口58918人。地形以丘陵山地为主，有丰富的水力资源和石灰石、高岭土、磷、锑等10多种矿产资源。

改革开放以来，镇党委、政府坚持从民乐的实际出发，充分发挥侨乡、传统工艺和当地资源优势，按照“稳定一个基础（农业），抓住一个龙头（小城镇建设），强化一个支柱（乡镇企业），加强一个安定（社会安定），控制一个增长（人口增长），狠抓两个收入（财政收入和农民人均纯收入）”的工作方针，大力实施“工业强镇，农业稳镇，科技兴镇，第三产业旺镇，文明建镇”的经济发展战略，致力于调整农业产业结构，发展乡镇企业、个体私营企业和小城镇建设，走出了一条以“传统工艺和当地资源为优势，以发展三高大农业为基础，以基础设施为先导，以铸造业为龙头，以发展个体私营企业为突破口”的发展经济新路子。通过综合开发建房办厂，鼓励农民进城务工经商，吸引外商投资，建成了过路塘、石塘、民新三个占地面积131公顷的工业开发区，形成了以铸造、水泥、电子、食品、小水电、制衣、灯饰、皮件制品、木器制品等相结合的工业体系。1999年，财政总收入912.04万元，农民人均纯收入3067元。

乡镇企业的迅速发展，带动了圩镇建设的发展。1991年以来，全镇累计投入城镇建设资金2.1亿元，用于新旧城区的规划建设。完成了7.6平方公里城镇总体规划现状图的测绘和规划工作，重点铺设了民北大道等街道水泥路5.4公里，公路水泥路32公里，柏油路6.5公里，建好了工业开发区、居民住宅开发小区6个、农贸市场1个、大容山森林公园1个、农村儿童文化园1个。目前，民乐镇城镇基础设施、绿化美化建设均实现了跨越式的发展，形成了一个秩序良好、环境优美、基础设施完善的现代文明卫生城镇格局。先后被评为“广西农业经济综合实力十强镇”、“广西发展乡镇企业先进镇”、“广西小城镇建设先进镇”等称号。

【海南】

长坡镇——琼海明珠

长坡镇位于海南省琼海市东部沿海，全镇总面积134平方公里，海岸线长18公里，辖有13个村民委员会，总人口28813人。近年来，长坡镇不断深化改革、扩大开放、加快社会主义物质文明和精神文明建设，促进社会经济持续发展，农业产业化、乡镇企业、小城镇建设和社会文化事业等方面取得了长足的进步。1999年，长坡镇农民人均纯收入达3670元，财政收入737万元。

长坡镇的农业产业和特色农业在结构调整中不断优化和升级。海水养虾、沉箱养鲍、冬季瓜菜、热作水果、产品运销是长坡镇的优势产业和特色农业。1999年，全镇海水养虾面积达1800亩，创产值3500多万元；种植冬季瓜菜面积达11600亩，创产值3000万元；种植胡椒面积达11025亩，创产值3000多万元；种植菠萝、石榴、杨桃等水果面积达8000多亩，创产值1800多万元。组织领导农民进入流通领域，积极发展壮大农民运销队伍，全镇有225辆长途运销大货车从事农产品运销，创产值达4000多万元。“绿色农业”、“高效农业”、“订单农业”方兴未艾，撑起了一方特色经济，奠定了社会经济发展的牢靠基础。

长坡镇的工业、乡镇企业以农副产品加工业为主。全镇乡镇企业1375家，从业人员3610人。较具规模的企业有60多家，去年乡镇企业总产值达3.12亿元。

长坡镇是全省百镇建设示范镇。目前小城镇建设规模已达2平方公里以上，城区房屋建筑面积达20多万平方米，小城镇居民住户已达700多户，常住人口7000多人。

长坡镇的社会文化持续快速健康发展。群众文化活动活跃；广播电视站开通调频广播和有线电视，城乡群众在收听广播的同时，还可看到10－18套电视节目；全镇有完全中学一所，初级小学29所，在校学生2000多人；镇中心卫生院设备先进，科室齐全，初级卫生保健、农村医疗卫生，改水改厕工作一直是省、市的先进示范点。1999年长坡镇荣获“海南省先进基层党组织”、“全国农村党员基层干部实用技术培训先进单位”、“海南省创建文明村镇先进单位”、“琼海市十佳文明村镇”等荣誉称号。

【重庆】

静观镇——山城花卉之乡

重庆市北碚区静观镇地处北碚东部中心地带，历史悠久，人杰地灵。因境内有一古庙“静观寺”而得名。镇域面积72.5平方公里，辖43个村，3个居委会，总人口55452人。1999年国民生产总值23405万元，农民人均纯收入达1958元，财政收入实现570万元 。全镇经济快速增长，社会全面进步，人民生活水平进一步提高。1994年3月被原四川省列为100个试点小城镇之一，重庆直辖后被列为重庆市70个小城镇试点镇之一。

静观镇素有“花卉之乡”的美称。近年来，进一步调整产业结构，突出花卉之乡的特色，大力发展特色农业，带动其它产业的发展。积极引导农民种植花卉，通过扶持大户，组建企业集团，带动发展。现已形成花木公司6家，种植面积4000多亩，从业从员8000人，产业收入1500万元，资产上百万元的有17家。花卉发展已基本形成五大格局：盆景桩头格局、腊梅花规模种植格局、花卉庭园种植格局、绿化花卉苗木种植格局、精品经济带龙王赛宝格局。1999年全镇花卉收入超过1300万元。花卉产业的发展，使静观镇农业走上特色农业发展之路，以花卉为主的“订单”农业正逐步推开，公司＋农户的生产模式日益成熟，并将成为带动全镇农业产业化发展的主要方式。

静观镇乡镇企业起步较早，发展较快，资产存量大。目前有乡镇企业33个，从业人员3968人。以冶炼加工、建筑建材、橡胶行业为主。1999年完成总产值18028万元，实现利润66万元。

静观镇小城镇建设坚持“开放促开发，开发促发展”的方针。通过制定出租出让土地的优惠政策，进一步完善协调服务，增强投资吸引力，积极引进资金滚动发展，取得了显著的成效。近年来投入建设资金2400余万元，共建商住楼42000多平方米，新建的水仙街、华渝大街，全面完成了地下管网、路面硬化，人行道铺装以及绿化建设，搬迁了高压线，水、电、气、邮政通讯等配套设施也相应完善，打通了旧城与水仙街通道，新区已初具规模，镇容镇貌有了较大的改观。同时还新建了集贸市场、影剧院、体育场、三级车站等。教育事业蓬勃发展，现有中学3所，小学19所，幼儿园19所，在职教师400余人，在校学生9000余人。文化广播电视、卫生、体育等事业取得了新的成绩。开通了邻频传送、微波加密台，有线电视节目增加到21套。开展了全民健身运动，各项社会事业全面发展。

覃家岗镇——改革求发展

覃家岗镇地处沙坪坝区中心地带，辖区12平方公里，5个自然村，人口13000余人，具有交通、通讯、能源、文化、教育、金融、科技、市场和完善的城市功能等发展经济的优良环境和综合优势，是沙坪坝区政治、经济的主要组成部分。1990年、1995年两次荣获“全国乡镇之星”的殊荣。

覃家岗镇积极推进农业产业化。近年来，依靠科技，大力调整和优化农业产业结构和产品结构，形成了以种、养为基础，农产品加工为主体的产业结构，促进了农业生产的发展。1999年，全镇蔬菜总产量1190万公斤，肉类产量322吨，水产品产量99吨，年末大牲畜存栏110头，为城市“菜篮子”工程作出了应有贡献。新兴的以观光、度假为主线的特色农业正在萌生。

全面实施乡镇企业集团化。目前全镇有乡镇企业534家，从业人员15000余人。镇、村、社企业总资产9.8亿元，1999年实现利税总额3.01亿元，增加值4.96亿元。镇财政收入90%来源于乡镇企业，每个村每年在乡镇企业获得纯收入400万元以上。全镇已建成以机械、化工、包装、印刷、生物化工、建筑建材为主，第三产业为辅的乡镇企业体系，一批企业集团正在形成。目前，全镇紧紧抓住“西部大开发”和中国“入世”的契机，加大改革开放力度，优化产业结构，培育特色经济，实现乡镇企业“二次创业”。

努力实现小城镇建设规范化。实施村村通公路，社社通水、电工程，狠抓基础设施建设，全镇公路里程达18公里。加大“凤天新城区”总体规划实施，规划建设新桥康居苑、童家桥金星花园安居工程、新立兴宇小区。同时积极加强环境整治和绿化，大力改善环境，树立新小城镇形象。

狠抓文化事业社会化。镇党委、政府十分重视人民日益增长的文化生活需要，狠抓文化事业的繁荣和社会化。积极组织开展全镇性综合文艺汇演，组建老年文化学校，组织参加市、区文艺活动，开办图书馆，建立文化活动中心、文化站，丰富群众文化生活，树立良好社会风尚，为镇经济发展营造良好的社会环境。

【四川】

向阳镇——川西第一乡

向阳镇以“川西第一乡”闻名遐迩，该镇位于川西平原北部，是德阳市的南大门，全镇16平方公里，辖9个村，2个居委会，总人口1.5万。镇内高等级公路形成网络，交通十分方便，距成都30公里，区位优势明显。

改革开放前，当地经济发展缓慢。昔日“有女莫嫁向阳郎，吃的稀饭浪打浪，住的草房笆笆门，走的泥路弯又长”被人戏传。

“穷则思变，变则通，通则达”。1980年，向阳人以“敢为天下先”的精神，在全国率先摘下“人民公社”牌子，建立乡人民政府，全面推行了政经分设和农村联产承包责任制，生产水平迅速提高，粮食产量连年增加，多种经营不断发展。1990年荣获全国首批乡镇“百颗之星”称号。

近年来，全镇在农业产业结构调整上大胆试点，保证了农业的可持续发展。1999年全镇粮食总产量8455吨，生猪出栏1．9万头，农副产品出口创汇近200万美元，农业产业化路子越走越宽。

乡镇企业逐步由低级向高级发展。目前有冶金、化工、建材、造纸、电气、医药、食品、饲料等30余家骨干企业，产品由粗大笨向高精尖发展，种类达100余种，远销日本、德国、美国、香港、台湾等国家和地区。1999年，全镇企业固定资产超过3亿元，从业人员达8576人，实现产值7.84亿元，财政总收入3739万元，农民人均纯收入2940元。

小城镇建设本着“以开放促开发，以开发促发展”的思路，对镇区建设进行总体规划，并严格实施。十几年来，共计投资1.33亿元，先后建成了幸福路、江滨路、向兴路等7条新街，开通了容量10000门的光纤程控电话，建成了110千伏变电站和自来水厂、天然气供气站；新修了镇文化中心、影剧院、敬老院、卫生院等公益设施。目前，镇区面积1．6平方公里，形成了通讯快捷、电力充足、道路宽阔整洁、绿树成荫、建筑独具神韵、环境清雅的小集镇。

城郊乡——绵阳城中之乡

绵阳市涪城区城郊乡地处中国西部新兴的电子科学城——绵阳城区，是具有悠久历史的“城中之乡”。幅员面积51平方公里，辖两个办事处，19个村，3.7万人。近年来，城郊乡充分发挥地域优势，依托城市，服务城市，走出了一条城郊型经济发展的成功路子，涌现出一大批省、市、区重点明星企业，建成了全区最大的生态观光农业基地。1999年全乡财政总收入5966万元，人均纯收入3724元。先后获得了“中国乡镇之星”、“中国投资环境100强”、“四川省红旗乡镇党委”等殊荣。

城郊乡乡镇企业坚持二、三产业并重，依托城市、服务城市，形成了以电子、机械、加工、房地产、建筑、建材、宾馆、饮食服务、文化娱乐、食品加工为主体的门类齐全的乡镇企业体系。以市场、商业网点、宾馆和房地产业为主体的第三产业发展迅猛，成为带动全乡发展的火车头。1999年，全乡乡镇企业总产值达28.1亿元，实现营业收入26.1亿元，全乡6家企业获得国际质量认证，挂“川”字号的股份公司6家，税收过500万元以上的综合型企业3家。

城郊乡园艺工业园，按现代化工业条件进行了科学的规划，并由国家权威机构进行了精心设计，该园区已被国家农业部命名为首批“全国乡镇企业科技示范园区”。该园区占地2平方公里，与绵阳市新行政中心、中国最大的彩电基地——长虹家电城、绵阳市国家高新技术开发区紧邻，水、电、气、路、通讯等各项基础设施完善配套，具备了接纳现代化工业进区泊位的条件。

城郊乡充分发挥地域优势，面向城市调整农业产业结构，加强商品农业基地建设，大力发展生态观光农业。全乡已建立了水果、蔬菜、水产、小家禽四大基地和一批“公司＋农户”的新型农业经济合作组织，开发了600余亩观光农业示范区。

城郊乡地理位置得天独厚，境内按城市规划修建的道路全部配套，并与108国道、绵阳市区各大道相连，拥有国家一流的一级站——绵阳火车站，距绵阳南郊机场仅5公里。水、电供应充足，邮政、电讯网络全面覆盖。

华阳镇——蓉南明珠

华阳镇位于成都市南郊12公里处，面积68.55平方公里，城区面积8平方公里。辖26个行政村，9个居委会，总人口93889人。1999年，华阳镇实现财政收入2110万元，农民人均纯收入2836元，是“成都市一流卫星城镇”。

华阳镇在位置、资源、交通等方面有着得天独厚的优势，镇北距成都14公里，由即将建成的人民南路延伸线到成都仅8公里，距成昆线白家火车站4.5公里，成仁、华龙两条快速公路穿镇而过。镇内有乡镇企业140多家，包括化工、轻纺、皮革、旅游、房地产、电子电器、机械冶金、建筑材料、食品加工等行业。镇内街道纵横，商店密布。作为西南地区最大的农副产品集散基地，全镇的农副产品年贸易额达4亿元，辐射带动周边18个乡镇及简阳、仁寿等五个市县。

改革开放以来，华阳镇社会经济得到了全面发展。

基础配套完善。镇电讯支局有程控电话1万多门，镇内有110千伏变电站一座，4个配气管理站。全镇有中学5所、小学30所、幼儿园10所。镇内还有各级医院7所，金融机构10多家，业务齐全，服务周到。

经济特色鲜明。华阳镇是蓉南具有悠久历史的古镇和水陆码头，府河穿镇而过，是成都市民沿府河漂游的首站，城区沿府河3公里的园林式河边生态区，集民众休闲场所和旅游业于一体，有利于旅游业的发展。

种养业按照“优质、高产”的方向稳步发展。全镇年产小家禽1150万只，占成都市的2/3，实现销售收入21750万元，农民人均增收330元。

在新世纪之初，华阳镇将以更新的面貌、更快的步伐，抓住新机遇、迎接新挑战、跃上新台阶。

【贵州】

茅台镇——国酒之乡

国酒之乡茅台镇，位于贵州省西北部，大娄山脉西段北侧，背靠历史名城遵义，面向川南，赤水河纵贯全镇；镇域面积87.2平方公里，城区面积2.3平方公里；总人口4.1万人，城区人口1.6万人。属亚热带季风气候，具有四季分明的特点。茅台镇历史源远流长，早在公元前135年，汉武帝称茅台地产贡酒“甘美孜”，至清代已呈现出“蜀盐走贵州，秦商聚茅台”、“家唯储酒卖，船只载盐多”的繁荣景象；1915年，茅台酒在巴拿马万国博览会上荣获金奖；1935年，中国工农红军四渡赤水途经茅台。茅台镇逐渐发展成为连接黔北川南政治、经济、文化的纽带和中国酒文化的摇篮，誉称“中国第一酒镇”。

1992年，茅台镇被确定为全国12个重点建设集镇；1995年，被列为全国57个小城镇综合改革试点，1999年又被财政部列为全国20个小城镇财政体制改革试点和全国小城镇建设示范镇。

茅台镇党委、政府十分珍惜来之不易的发展机遇，紧紧抓住国家赋予的优惠政策，不断加大基础设施建设力度，加快小城镇建设步伐，促进人力资源和生产要素的合理重组，实现农业人口向非农产业的有效转移。加速城乡一体化进程，使城镇化建设成为镇域经济快速发展的着力点和动力源。按照“统一规划、合理布局、综合开发、配套建设”的目标，规划布局了城区功能分区和城镇化发展方向。茅台镇沿着规划蓝图高标准、高质量、高效益实施小城镇建设，并取得了显著成效：仁(怀)蔺(四川古蔺)公路、茅(台)习(水)公路、遵(义)茅(台)公路三大动脉纵横交错，与通江达海的赤水河航运形成四通八达的交通网络；程控电话、数字移动电话和水电设施俱全；布局科学、功能配套的工业园区、商贸区、住宅区和旅游开发区建设，形成合理完善的板块格局；近年来新建成的4万吨饮水净化工程、污水处理厂和可承载30年的垃圾处理场，为茅台城区的生产生活用水及环境治理提供了保障。镇内高楼林立，绿树成荫，商贸兴旺，金融、保险、医疗卫生等机构一应俱全。博览千古并载入世界吉尼斯大全的国酒文化城、交相辉映的茅园、西苑、风帆式3座星级宾馆，宽敞整洁的河滨大道、绿草如茵的河滨公园、富有诗意的苏式园林、18－26层的商住楼邻次栉比，荣获世界民居展金奖的居民建筑、横架南北的茅台大桥与江泽民总书记亲笔题名的红军四渡赤水纪念塔，展示着中国第一酒镇的勃勃生机。基础设施建设的日臻完善，营造了良好的投资环境；城镇化发展战略的实施，拉动了茅台经济跨越式超常规发展。1999年，全镇招商引资8000多万元，乡镇企业产值7.8亿元，财政收入491万元，人均收入4000多元。一个承载力强、辐射面广、功能齐全、商贸兴旺、旅游发达的现代化小城镇，必将迎着西部大开发的朝阳，迅速崛起于中国西部的明天。

太平土家族苗族乡——梵净第一乡

贵州江口县太平土家族苗族乡地处江口县西北部，是国家级自然保护区，联合国“人与生物圈”保护网成员之一的梵净山腹地，距江口县城12公里。乡境内有以太平河为主体的极为丰富的旅游资源，梵净公路穿境而过，是中外游客旅游梵净山最便捷、景点最多的交通要道。全乡12个行政村，1个居委会，总人口16786人，是聚居着以土家族、苗族为主体民族的民族乡。面积353平方公里，属亚热带湿润季风气候，具有夏无酷暑、冬无严寒的特点，年平均气温在16℃左右。风景荟萃，气候宜人。

近年来，乡党委、政府紧紧围绕经济发展可持续性战略，大力开发旅游资源和强化生态环境保护，形成了人口与生态、社会、经济协调发展的格局。

太平乡旅游资源极为丰富，除梵净山和太平河风景外，尚有10公里长的马潮河峡谷，5公里长的苗区峡谷，两岸悬壁峻峭对峙，高耸入云，飞鸟叽叽，溪水潺潺，悬壁栈道弯弯，谷中溶洞密布，幽深宁静，步入其中尤如仙境，是游玩避暑的绝好胜地。即将开发的凯马原始森林，平贵的风光农业，寨抱的体育竞技旅游，苗匡的峡谷风光，云舍的土法造纸和古老民居以及岑忙的高原湖泊风光，集神奇、秀丽、奇妙、淳朴为一体，自然风光相互辉映，是科学考察、旅游疗养、休闲渡假的圣地。

太平乡的民族传统文化灿烂。有风雨桥、吊角楼、四角天井转角楼、土家竹楼，有集舞蹈、戏剧、法术、怪诞面具、绝技表演为一体的被称为中国“活化石”的傩戏。有跳花灯、对山歌、伴嫁歌、丧堂歌、插秧歌、玩龙灯、雕刻、剪纸以及端午划龙舟、四月八祭牛王、七月半祭祖、腊月二十四打扬尘和过赶年等多姿多彩的民族风俗。

太平乡自然资源丰富，生态环境保护良好。溪河密布，水利资源丰富，有三塘乌坡岭125千瓦的水电站，有凯文河、马潮河、盘溪河等汇入太平河，形成太平河流域体系，共有1.8万余亩水面，水质清澈，无污染，属一类水质。目前太平河流域渔业资源已受到保护，为太平河旅游资源培育了一道亮丽的景观。中药材资源素有“中药材宝库”之称，现有133科、554种，珍稀名贵药材有三七、雪里见等30多种，以及其他奇花异草。矿产资源有金、锑、钨、汞、铜、锡、镍、锰、水晶、石棉、紫袍玉带石等，品味极高。野果、野菜种类繁多，其中仅菌类就达近30个品种，生长面积遍及林地、荒山，开发绿色食品大有潜力可挖。太平乡植树造林热潮极高。兴办股份制林场、村办林场、个体林场57个，造林2.4万苗；现有楠竹林5万亩，用材林2.4万余亩，1996年被国家绿化委员会评为“造林绿化千佳乡”。

【云南】

斗南镇——云南花卉之乡

呈贡县斗南镇地处滇池东岸，距省会昆明12公里，是呈贡县对外开放的北大门。全镇辖11个办事处，17个自然村，面积249平方公里，总人口26551人，耕地面积1.96万亩，花卉面积8000亩。斗南镇具有优越的气候资源，交通通讯便捷，是远近闻名的“花乡”、“菜乡”。

改革开放以来，斗南镇坚持从实际出发，因地制宜，以市场为导向，以效益为核心，走“依托城市，富裕农村”之路，积极发展鲜切花种植，以此为“龙头”带动全镇乡镇企业、第三产业的发展，在实现农村奔小康中取得令人瞩目的成绩。先后被市委、市政府命名为奔小康先进乡镇，云南省百强乡镇；斗南花卉市场被国家农业部定为全国定点花卉市场。1999年，全镇财税收入9077万元，农民人均纯收入4304元。

斗南镇在大力发展蔬菜生产的基础上，注重产业结构的调整，1985年开始了花卉栽种，1990年大面积推广。到1999年复种面积已达8000亩，占全县花卉复种面积的67%；品种从最早单一的剑兰、玫瑰，发展到高、中档次的50多个品种；康乃馨、玫瑰、百合成为全国有一定知名度的品牌产品，年销量占年生产总量的80%，康乃馨销售量占全国销售总量的60%以上。1999年，鲜切花年产5.1亿支，销售收入7800万元，占昆明市鲜切花销售的89%。90%的鲜切花销往福建、广州、上海、哈尔滨等十多个大中城市，部分高质量的还发往新加坡、日本、东南亚等国家和地区。目前，在斗南购销花卉的省内外常住人员有3000多人，从事花卉相关产业的公司有200多个，斗南到沿海大中城市常驻从事鲜切花销售的近400人，斗南的部分农户已不满足在本镇本土发展，而是走出斗南到近郊县(区)租地种花。1998年，斗南镇成立了“中国昆明斗南花卉有限责任公司”，投资5000万元新建了一个占地74亩，集旅游、航空、货运、冷藏、保鲜、种苗、科技服务、信息为一体的中国昆明斗南花卉交易市场，市场日上市鲜切花250—300万枝，日成交额200— 250万元。

“斗南花卉”已成为昆明市和云南省的花卉名牌。花卉的生产、加工、销售已成为斗南镇发展农村经济，增加农民收入，实现农村致富奔小康的主导产业。花卉生产使斗南走上了富裕之路。

【西藏】

东嘎镇——高原之珠

东嘎镇位于拉萨市西郊，辖3个行政村，耕地面积8636亩，草场面积1.24万亩，常住人口4422人。地势较为平坦，属高原河谷地带，自然资源丰富，土特产众多。交通、通讯十分便捷，著名的青藏公路、川藏公路、拉贡公路、中尼公路交汇于此，规划并将实施的西藏自治区轻工业开发区就在镇内，发展前景广阔。1999年全镇国民经济总收入1247.84万元，农牧民人均纯收入1819.06元。

改革开放以来，东嘎镇党委、政府根据实际情况，大力发展副食品生产，逐步建成蔬菜基地、养猪基地、养鸡基地、奶牛基地、优质油菜基地、稀有花木基地等。目前正在建立15亩高效日光温室，生产名、优、特花卉、蔬菜；东嘎村奶牛养殖专业户正着手生产牛奶及牛奶系列食品；公司＋基地＋农户的色拉油产业，也正在紧张筹建；以东嘎水泥厂为主体，利用花岗石、沙石等的建材集团已具雏形。目前正在建立饲料生产公司，公司与养猪厂、养鸡厂相配套，形成饲料加工产业。今年实施高产栽培项目田1270亩，“125”良种项目田793亩，单播玉米8亩，试种西瓜1亩，并准备协作投资1271.64万元，建立菜篮子集团。目前，东嘎镇的特色农业已初具规模。

东嘎镇本着“互惠互利、优势互补、共同发展”的原则，努力为投资者提供宽松、有序的环境，加大了招商引资的工作力度。几年来，引进和兴办了藏龙家俱厂、堆龙渔庄、天龙陶瓷厂、格桑林卡渡假村、东嘎综合服务公司、龙湖工贸有限公司，目前这些经济实体效益较好。乡镇企业的蓬勃发展为东嘎镇经济发展增强了后劲，1999年，全镇乡镇企业总产值占全镇国民生产总值的41.5％，从事乡镇企业工作的人员占全镇从业人数的27.58％。

东嘎镇在小城镇建设中，本着继承和发扬传统文化的原则，保持和延续传统街区特点，使小城镇既具有时代特色和个性，又具有民族风格和地方特色。长2066米、宽32米的政府路在5月1日已破土动工，目前正在紧张建设。力争在短时期内，把东嘎镇建设成为具有较强带动能力的区域性经济文化中心。

【陕西】

三桥镇——古城乡镇之星

陕西西安市三桥镇地处西安市西大门，西接咸阳市，东连西安市区，是西宝高速公路和西兰公路交叉地带。辖26个行政村，12个居委会。全镇面积32.68平方公里，总人口8.93万人。三桥镇乡镇企业发展迅猛，科技兴农成效显著，精神文明建设突出，1990年10月荣获“中国乡镇之星”荣誉称号，继而又被农业部授予“全国乡镇企业发展先进单位”光荣称号，1995年11月被国家民政部命名为“全国最佳乡镇”。

乡镇企业是三桥镇的经济支柱，到1999年底，全镇乡镇企业已达1881个，从业人员21771人，实现利润2.55亿元。乡镇工业已形成以食品、饮料、造纸、印刷、工艺美术、化工建材、黑色金属、机械机电等行业为骨干的工业体系，产品以食品糕点、饮料、服装、机制纸及板纸、机砖、手提电焊机等280多种，部分产品填补了西北空白，一批优秀产品畅销国内外。

近年来，三桥镇以市场为导向，不断加大农业投入，1999年全镇节水灌溉面积1.6万亩，占基本农田的90%以上。粮食生产全面实现机收机播，粮食单产平均达326.4公斤。在农业生产中不断调整产业结构，努力扩大多种经营，增加农民收入，1999年全镇多种经营收入达8101万元，以“菜、瓜果、畜、禽、渔”为主的五大副食品基地已初步形成，每年向市场提供大量的鲜、活、细、特产品，彻底改变了过去单一农业生产格局。

三桥镇地理位置独特，交通十分便利。有长途和通往市区的汽车站多个，火车站座落镇区内，有文化站、体育场、影剧院；全镇有小学13所，中学4所，医院、卫生院6个，电视差转台2座，集贸市场5个，全镇电话装机量达2780部。镇区内商贸网点星罗棋布，服务设施齐全，从业人员达3800多人，极大地满足了人民生产生活和文化需求。

经济的持续发展，促进了人民生活水平的提高和精神文明建设发展。1999年全镇农民人均纯收入达3070元，人均消费水平逐年提高。行政村全部达到小康标准。

蔡家坡镇——乡镇企业科技园区

蔡家坡镇位于陕西省岐山县境内的渭河川道，全镇面积34平方公里，耕地2.19万亩，辖14个行政村，6个居委会，总人口8.4万人。境内塬、坡、川、滩皆有，陇海铁路、西宝高速公路和西宝中线横穿东西，蔡家坡火车站和高速公路出入口座落镇内，岐蔡五二级公路南北贯通。镇内设有省政府批准的蔡家坡经济技术开发区，是国家农业部命名的“全国乡镇企业东西合作示范区”和“全国乡镇企业科技园区”。

近年来，蔡家坡镇党委、政府围绕农村致富奔小康和建设文明镇这一目标，立足镇情，抓大事，干实事，物质文明建设和精神文明建设取得了双丰收。1999年，全镇财政收入达到482万元，农民人均纯收入达到2003元。先后被省委、省政府评为小康乡镇先进党委，被中央文明委授予“全国文明村镇创建工作先进单位”称号。

乡镇企业是蔡家坡镇的经济支柱。全镇共有企业2018个，其中千万元以上企业11个，省百强企业5个，形成了食品加工、建筑建材、化工机电、纺织机械、医药制造等六个骨干行业和五个各具特色的工业小区，其中岐星、龚刘两个小区是省、市重点支持建设的工业园区。该镇被国家农业部评为“乡镇企业发展好，对社会贡献大”乡镇，被省、市人民政府授予“乡镇企业甲级队”达标单位。

以蔬菜、林果、畜牧为主的特色农业初具规模。川道蔬菜日光温室和大中棚面积达到3200亩，坡塬绿化和杂果栽植面积达到1100亩，占地320多亩的渭河滩畜牧养殖示范小区，年产值380多万元，大蒜、蒜苗、莲藕、肉鸡、鲜蛋、生猪等农特产品产量和质量不断扩大提高，并向现代生态农业方向发展，全镇多种经营总产值达到3200万元。

作为全省小城镇建设试点镇，蔡家坡镇狠抓城镇建设总体规划的组织和实施，一手抓旧区改造，一手抓新区开发，先后对旧城区8条主要街道全部进行了拓宽硬化，并在新城区开辟、拓宽、硬化了主干道路，实现了“五通一平”。同时，加大了文化、教育等公益事业建设的投入，新建初级中学2所，省、市农村示范小学6所，计划生育综合服务楼1座；实施了新农村改造建设方案，完善了镇村卫生院、所、医疗室和敬老院基础设施，城市化水平明显提高，人民群众的生产生活环境得到改善。

【甘肃】

梁家墩镇——新技术发展特色农业

梁家墩镇地处张掖市城南郊，辖10个行政村，人口18245人，耕地面积18792亩。交通便利，农业基础条件好，盛产葫芦、黄瓜、茄子、甘兰、蕃茄、萝卜等蔬菜，产品远销十几个省市区。

近年来，梁家墩镇坚持以经济建设为中心，深化改革，开拓进取，推动了全镇经济和社会的协调、健康、稳步发展。1999年，全镇粮食总产量达到790万公斤，财政收入达到716万元。被省财政厅命名为“甘肃省财政综合实力百强乡镇”荣誉称号。

梁家墩镇十分重视推进农业产业化进程。一是重视粮食生产。在稳定种植面积的前提下，采用良种良法，实施粮菜间作种植，立体多元化种植。全镇粮食种植面积11363亩，其中吨粮田7600亩，双千田7000亩，三千田5000亩。二是大力引进和推广农业新技术，提高农业科技含量。以“一滩两线”为重点，以万亩现代化农业高科技示范园区建设为起点，全面普及和推广高效日光节能温室、节水灌溉、丰产栽培、地膜覆盖、长效碳铵、果实套袋、果树高接换优等新技术，提高了农业科技含量。到1999年，全镇高标准日光节能温室达2000亩，推广小麦新品种3个，玉米新品种2个，示范种植面积3500亩；推广蔬菜新品种6个，种植面积1600亩；长效碳铵推广面积达8000亩；推广果实套袋46亩，果树高接换优80亩。三是畜牧业稳步发展。按照“小规模、大群体”的畜牧业发展方向，大力发展畜禽养殖，建成了3个“小群体、大规模”养殖专业村。全镇生猪饲养量达到26632头，鸡饲养量达到23.4万只，羊饲养量达到8492只，养殖专业户达29户。四是大搞农业综合开发，加快万亩高科技农业现代化示范园区的建设。示范园区种植独龙架超短枝葡萄、仁用杏、蛇果等名优经济林1200亩，种植玉米、棉花等农作物4200亩，营造防护林672亩。新建以色列国奥尔吉尔公司生产的具有世界领先水平的自动化滴灌、喷灌和电脑控制温湿度技术的节能温室14座，并建造了联体大棚3座。引进以色列国西红柿、黄瓜、青椒、韩国金番瓜、人参果、油桃、无花果、美国蛇果、红富士、仁用杏等农作物新品种20多个，应用立体栽培、无土栽培、节水灌溉等农业新技术23项。园区投资投劳，加大基础设施建设，打机井8眼，埋设低压输水管道8公里，架设温室滴灌输液管49.5公里，建成半移动式喷灌1000亩。

玉门镇——谱写文化建设新篇章

玉门镇地处河西走廊西部，国道312线和兰新铁路复线横贯境内，是玉门市对外交往的门户，自古就有“塞垣咽喉，表里藩维”之称。全镇面积1037.5平方公里，辖7个行政村，6个居委会，人口2万余人。

近年来，玉门镇党委、政府在发展经济的同时，把文化建设列入全镇经济和社会发展的蓝图。采取政府牵头，全社会共同参与的措施，推动了全镇文化事业的迅速发展。一是狠抓文化设施建设，先后筹资建成了玉门镇电视转播中心，架设了80多只调频无线广播；建设了集餐饮、娱乐、教育于一体的镇文化中心。在抓好重点工程建设的同时，结合玉门镇小城镇建设，设计建造了反映玉门镇文化风貌的灯箱宣传牌；并推行“五个一”工程，要求一个村有一个文化站，一个图书室，一支业余文艺队，一个体育活动场；一个组有一个文化室，改造完善了各村组文化设施，使镇村文化站室成为丰富群众文化生活的重要场所。二是紧紧围绕党和政府的工作重心，狠抓了群众性文化活动的开展。采取城镇带农村、节日带平时的方式，以镇文化中心为龙头，与企业、部门、民间艺人联手开展了歌手大奖赛、书画摄影展、卡拉OK、秦腔自娱自乐演唱，职工、农民运动会和春节社火汇演，企业文化、校园文化、家庭文化、社会文化和农村文化活动蓬勃开展。三是既抓管理又抓发展。坚持一手抓繁荣，一手抓管理，认真贯彻国务院《娱乐场所管理条例》，定期举办文化经营户法规宣传培训班和执法人员业务培训，加强了对文化市场的管理和调控，同时鼓励社会各阶层大力发展文化娱乐、文化餐饮、影视、艺术培训、教育等文化产业，繁荣文化市场。

全镇现有文化中心、广播站、电视转播中心、影剧院，7个村41个村民小组都有文化站、文化室，电视转播中心有电视差转、有线电视传输、微波传输3个系统，覆盖周边四乡镇三团场，无线调频广播在全镇城乡普及，影剧院可容纳1000余人，图书室藏书7000余册。全镇文化组织机构健全，文化网络完善，群众文化活动活跃，有力地推动了全镇经济的发展，促进了农村社会的稳定。

【青海】

多巴镇——在改革中发展

湟中县多巴镇地处湟水河谷地，气候温暖，地势平坦，水源充足，交通便利，和省会西宁市相邻，良好的地理优势为本地区的经济发展奠定了基础。全镇28个村民委员会，1个居民委员会，人口41734人。总面积9066公顷，耕地面积3447公顷。

十一届三中全会以来，多巴镇经济社会得到了长足发展，1994年率先成为青海省第一个亿元镇，1999年全镇农民人均纯收入达1766元。全镇28个村有23个通了电话，22个通了自来水。目前多巴镇已成为湟中县北部地区的经济、文化、信息中心。

多巴镇经济发展最显著的特点是乡镇企业蓬勃兴起，成为全镇经济的主力军。现有各类企业1976家，初步形成了以建筑、建材、交通运输、农副产品加工、冶炼、机械加工、商贸、饮食服务等为主体的企业群体。1999年乡镇企业产值达20328万元，农民人均纯收入的60%以上来自乡镇企业，成为农民增收的主要途径。

1999年全镇农作物播种面积3447公顷，粮油总产量分别为8509吨和1038吨。畜牧业生产稳定发展，全镇猪年末存栏15445头，牛存栏1455头，羊存栏3238头，年产鲜奶1050吨，畜牧业产值达1559.35万元，形成了产、供、销一条龙，农、工、牧相结合的经济格局。

经济的发展推动了多巴镇小城镇建设。1995年被确定为全国小城镇建设试点镇，青海省五个重点建设小城镇之一。镇区常住人口已达1.2万人。镇区内有县级工业小区一个，水、电、路、通讯配套。电力供应充足，3500千伏和1100千伏变电设施保证了生产生活用电。1995年开通的3000门程控电话和移动电话并网，有效地改善了通讯条件。镇区建成了商贸街一条，修建了商住一体化商品楼，为物资交流创造了条件；镇区有中学1所，小学3所，基本满足了学生受教育的需要；有医院1所，医务工作者85人，病床102张，解决了边远地区群众的就医问题。

【宁夏】

峡口镇——民族先进镇

青铜峡市峡口镇地处宁夏平原中部，依青铜峡水利枢纽东岸，古老的秦渠、汉渠横贯全镇，水利资源丰富，排灌条件优越，农业生产得天独厚。境内有吴青公路穿过，与109国道、包兰铁路青铜峡站相距10公里，交通便利，通讯方便，资源充足。镇域面积380平方公里，耕地面积35280亩，人口24074人，其中回族人口占70%，是比较集中的回民聚居区。峡口镇先后荣获“全国民族先进集体”、“亿万农民健身活动先进乡镇”、“中国乡镇经济百强”等荣誉称号。

改革开放以来，镇党委、政府开拓进取，以发展经济为中心，大力发展乡镇企业，搞活农村二、三产业，发展高效优质农业，推进农业产业化发展。1999年，全镇农民人均纯收入达2870元，乡镇企业实现利润2208万元，粮食总产量17673吨。围绕农民增收、农业增产，加大了农业产业化发展，建成了国家级高新农业示范园区。推广发展日光温室大棚蔬菜1370亩，小弓棚韭菜870亩，年产新鲜菜15768吨，形成辐射周边地区的蔬菜生产基地。小麦、玉米种植实现连片高标准“吨粮田”，水稻大面积旱育稀植。大力发展畜牧业，羊只饲养达9万只，牛饲养量达9000头，建成了鸿乐府牛、羊肉批发市场和清真乳品厂。小尾寒羊育肥、狐狸、药蚁等养殖也在此安家落户。围绕“西部大开发”，大力发展苗木产业，新育苗3370亩。

镇党委、政府以集镇区建设为龙头，加大镇区建设步伐，集镇区总建筑面积35000平方米，基础建设投资3400多万元，建成邮电大楼、敬老院、回中逸夫教学楼等。村村、队队、校校通硬化路，特色鲜明的回族集镇小区初具规模。电话装机容量2000门，有线电视线路遍布村队。回民中学配备语音教学设备，各学校图书室健全，在校学生达3919人。开展了多种多样的文体活动，年年举办狮子、高跷等社火队、农民运动会。镇卫生医疗网点健全，党的民族宗教政策深入人心，广大群众安居乐业。

【新疆】

托里乡——红色产业之乡

托里乡位于博尔塔拉蒙古自治州精河县，距县城21公里，乌伊公路横贯全乡。“托里”，蒙古族语系“镜子”的意思，全乡总面积1174平方公里，是一个农牧结合、多民族居住的乡，全乡15个行政村，总人口16031人；聚居着汉、蒙、维、哈、回、东乡等13个民族，1999年全乡农牧民人均纯收入达2710元。

托里乡利用独特的地缘优势，大力发展特色农业，全面调整产业结构，已形成以枸杞种植为龙头，以棉花、养殖业、林果业为辅的多层次产业格局。目前，全乡共种植枸杞4万余亩，年产枸杞干果5000余吨，创产值6000余万元。为了加强这一主导产品的竞争能力，1999年，托里乡采取多种办法，筹建了全疆最大的枸杞批发市场——精河县托里乡枸杞市场，并于当年投入运营，共创产值5000余万元，上缴利税179万元。托里乡形成了以枸杞市场为龙头，以外来客商为销售渠道的经营框架，加快了全乡农村经济的可持续发展步伐。

托里乡依托枸杞这一“红色产业”，提出了农村产业化发展思路，使全乡的农业产业链初具规模。加大了农村科技投入，坚持走科技兴乡之路。自1997年以来，全乡采取了农产品统防、统治、强化管理等措施，切实提高农产品的科技含量。大力进行新品种的开发利用，全乡共种植各种瓜果3000亩。棉花种植推广新型的节能增效技术。发展农牧区养殖业，全乡共有特色养殖专业户33户，养殖品种有七彩山鸡、鹌鹑、美国山鸡等多种类型，部分产品供不应求。特色农业的有效发展，使全乡的经济收入逐年递增，成为全县、全州的富裕乡。

经济建设的快速发展，有力促进了托里乡城镇建设和文化事业的整体发展。托里乡利用雄厚的经济基础，加快了全乡基础设施建设和文化建设。经过几年的努力，全乡达到道路规划整洁统一，市场管理规范有序，房屋建设合理美观。1998年，托里乡被博州和精河县分别命名为“小康乡”，并通过了全疆小城镇建设规划的验收。为满足人们日益增长的文化需求，托里乡大力兴建文化市场，营造文化氛围。全乡建起了有线电视网络和有线广播网络，兴建了电影院，成立了农村电影队和农村文艺演出小分队。投资300余万元，在全乡各村都兴建了不同标准的村级小学、农村合作医疗点，电话、电视直通各村。几年来，托里乡先后被自治区授予“文化建设先进乡”、“民族团结模范乡”等荣誉称号。

巴格其镇——绿洲明珠

和田县巴格其镇是“古丝绸之路”南道大漠上的一颗璀璨明珠，全镇有耕地60615亩，辖27个行政村，2个镇办农场，人口4.32万人。多年来，巴格其镇党委、政府认真贯彻落实党的路线、方针、政策，全镇两个文明建设取得了丰硕成果，先后被自治区命名为“文明单位”、“自治区民族团结先进模范单位”。

巴格其镇是以农业为主、林果牧副业相结合的绿洲型经济，素有“粮棉之仓”、“瓜果之乡”的美称。1999年全镇工农业总产值11725万元，粮食总产为27816吨，棉花总产1620吨，蚕茧总产110吨、牲畜存栏数达106174头(只)。

经过多年的努力，农村“五好”建设(好渠道、好道路、好桑田、好林带、好庭院)已初具规模，全镇共修建各种乡村道路980条，总长430公里，修建各种渠道4758条，总长1506公里。全镇共修建了5座水塔和一个高位蓄水池，自来水和电已全部入户。

巴格其镇为充分利用有限的土地资源，积极采取粮－棉、粮－果、粮－葡等主体间作的种植方式，取得了较好的经济效益和生态效益。目前，全镇已建成葡萄长廊420公里，进入盛果期的葡萄每公里可产2.3吨，经济收入1000多元。

巴格其镇种植核桃历史悠久，它以果大、皮薄、出仁率高和含油率高而闻名全国，目前，已建成全区最大的核桃生产基地，有近4万棵核桃，年产量1100吨。

乡镇企业从无到有，从小到大。以地毯厂和榨油厂为龙头的乡镇企业，其产品已经走出和田，逐步迈向国内国际市场。巴格其镇素有“地毯之乡”的美誉，它以色彩绚丽、图案古朴、工艺精细、质地上乘，尤以“牡丹花”而驰名中外，每年全镇产地毯2.5万平方米，其中出口外销5220平方米。1999年，全镇乡镇企业总产值达2200万元。

第二部分　农村乡镇

一　分省区市乡镇前十名

2—1—1 北京市按主要指标排列的乡镇前十名

序号	县级代码	乡镇名称	乡村经济总收入（万元）	序号	县级代码	乡镇名称	财政收入（万元）
1	110106	丰台区花乡	321318	1	110108	海淀区四季青乡	7159
2	110106	丰台区卢沟桥乡	255560	2	110108	海淀区东升乡	5733
3	110108	海淀区东升乡	214385	3	110106	丰台区花乡	5320
4	110108	海淀区玉渊潭乡	205307	4	110106	丰台区卢沟桥乡	4531
5	110106	丰台区南苑乡	203530	5	110105	朝阳区王四营乡	4520
6	110111	房山区良乡镇	186993	6	110108	海淀区海淀乡	3914
7	110108	海淀区四季青乡	176679	7	110105	朝阳区高碑店乡	3895
8	110105	朝阳区南磨房乡	169000	8	110108	海淀区玉渊潭乡	3758
9	110111	房山区周口店镇	153000	9	110227	怀柔县杨宋镇	3726
10	110111	房山区韩村河镇	150609	10	110105	朝阳区大屯乡	3686

序号	县级代码	乡镇名称	粮食产量（吨）	序号	县级代码	乡镇名称	棉花产量（吨）
1	110113	顺义区杨镇	39401	1	110112	通州区渠头乡	258
2	110113	顺义区赵全营镇	30729	2	110112	通州区柴厂屯乡	159
3	110113	顺义区木林镇	30348	3	110112	通州区小务乡	143
4	110112	通州区次渠镇	30132	4	110224	大兴县凤河营乡	93
5	110113	顺义区大孙各庄镇	29159	5	110224	大兴县安定镇	88
6	110112	通州区徐辛庄镇	29123	6	110226	平谷县夏各庄镇	44
7	110112	通州区牛堡屯镇	27415	7	110112	通州区草厂乡	34
8	110113	顺义区李桥镇	25475	8	110112	通州区永乐店乡	30
9	110113	顺义区南彩镇	25314	9	110226	平谷县南独乐河镇	30
10	110113	顺义区高丽营镇	25185	10	110226	平谷县东高村镇	28

序号	县级代码	乡镇名称	油料产量（吨）	序号	县级代码	乡镇名称	年末大牲畜存栏数（头）
1	110228	密云县西田各庄镇	4751	1	110113	顺义区大孙各庄镇	6000
2	110227	怀柔县北房镇	2281	2	110229	延庆县旧县镇	4921
3	110224	大兴县榆垡镇	1995	3	110224	大兴县亦庄乡	4427
4	110228	密云县十里堡镇	1542	4	110228	密云县西田各庄镇	3596
5	110228	密云县河南寨镇	1446	5	110113	顺义区张镇	3185
6	110224	大兴县安定镇	1260	6	110113	顺义区龙湾屯镇	2996
7	110224	大兴县半壁店乡	1254	7	110113	顺义区马坡镇	2900
8	110224	大兴县庞各庄镇	980	8	110227	怀柔县杨宋镇	2500
9	110113	顺义区木林镇	964	9	110229	延庆县永宁镇	2498
10	110224	大兴县礼贤镇	860	10	110113	顺义区南彩镇	2358

序号	县级代码	乡镇名称	肉类总产量（吨）	序号	县级代码	乡镇名称	水产品产量（吨）
1	110113	顺义区北小营镇	31023	1	110108	海淀区永丰乡	2620
2	110113	顺义区赵全营镇	22728	2	110112	通州区马驹桥镇	2500
3	110113	顺义区张镇	22182	3	110112	通州区牛堡屯镇	2456
4	110113	顺义区大孙各庄镇	20078	4	110226	平谷县大兴庄乡	2400
5	110224	大兴县定福庄乡	19628	5	110113	顺义区张镇	2367
6	110113	顺义区杨镇	16652	6	110226	平谷县马昌营镇	2350
7	110113	顺义区龙湾屯镇	13594	7	110226	平谷县马坊镇	2100
8	110113	顺义区木林镇	12604	8	110226	平谷县英城乡	2050
9	110113	顺义区南彩镇	10669	9	110221	昌平县小汤山镇	2012
10	110113	顺义区李桥镇	10449	10	110113	顺义区大孙各庄镇	2000

2—1—2 天津市按主要指标排列的乡镇前十名

序号	县级代码	乡镇名称	乡村经济总收入（万元）	序号	县级代码	乡镇名称	财政收入（万元）
1	120223	静海县大邱庄镇	819021	1	120111	西青区西营门街	38976
2	120111	西青区中北镇	302482	2	120223	静海县大邱庄镇	6046
3	120111	西青区张家窝镇	294608	3	120225	蓟县下窝头乡	4265
4	120111	西青区南河镇	294608	4	120112	津南区咸水沽镇	4221
5	120111	西青区大寺镇	260390	5	120109	大港区中塘镇	2819
6	120111	西青区辛口镇	208080	6	120224	宝坻县黄庄乡	2480
7	120113	北辰区北仓镇	206197	7	120111	西青区中北镇	2094
8	120109	大港区中塘镇	186320	8	120113	北辰区天穆镇	2014
9	120222	武清县南蔡村镇	167641	9	120113	北辰区宜兴埠镇	1851
10	120112	津南区葛沽镇	165783	10	120111	西青区杨柳青镇	1745

序号	县级代码	乡镇名称	粮食产量（吨）	序号	县级代码	乡镇名称	棉花产量（吨）
1	120224	宝坻县八门城镇	36300	1	120221	宁河县宁河镇	2494
2	120224	宝坻县黄庄乡	35225	2	120221	宁河县东棘坨乡	1000
3	120225	蓟县下仓镇	31230	3	120109	大港区小王庄镇	563
4	120224	宝坻县大口屯镇	28811	4	120222	武清县东马圈镇	333
5	120222	武清县崔黄口镇	26922	5	120221	宁河县苗庄子乡	323
6	120222	武清县河北屯乡	25943	6	120221	宁河县大辛庄乡	300
7	120222	武清县大良镇	22848	7	120221	宁河县赵本庄乡	270
8	120225	蓟县大上乡	22515	8	120222	武清县泗村店镇	240
9	120221	宁河县东棘坨乡	21889	9	120109	大港区赵连庄乡	229
10	120222	武清县豆张庄乡	21728	10	120221	宁河县岳龙镇	130

序号	县级代码	乡镇名称	油料产量（吨）	序号	县级代码	乡镇名称	年末大牲畜存栏数（头）
1	120221	宁河县大贾庄乡	1154	1	120222	武清县大碱厂镇	25832
2	120222	武清县上马台乡	1153	2	120225	蓟县侯家营乡	8983
3	120222	武清县豆张庄乡	1050	3	120222	武清县崔黄口镇	5956
4	120222	武清县王庆坨镇	1047	4	120225	蓟县桑梓乡	5488
5	120222	武清县大王古庄乡	877	5	120224	宝坻县马家店乡	5464
6	120222	武清县泗村店镇	715	6	120222	武清县河北屯乡	5280
7	120222	武清县崔黄口镇	657	7	120225	蓟县杨津庄乡	5226
8	120223	静海县陈官屯镇	619	8	120225	蓟县东塔庄镇	4716
9	120222	武清县大良镇	594	9	120222	武清县下伍旗镇	4709
10	120225	蓟县出头岭乡	529	10	120225	蓟县尤古庄镇	4156

序号	县级代码	乡镇名称	肉类总产量（吨）	序号	县级代码	乡镇名称	水产品产量（吨）
1	120222	武清县泗村店镇	22505	1	120111	西青区南河镇	13000
2	120225	蓟县侯家营乡	8728	2	120111	西青区王稳庄镇	10960
3	120225	蓟县三岔口乡	7127	3	120108	汉沽区杨家泊镇	8558
4	120225	蓟县下仓镇	6455	4	120222	武清县大黄堡乡	7655
5	120222	武清县下伍旗镇	4616	5	120222	武清县上马台乡	6273
6	120224	宝坻县三岔口乡	4300	6	120111	西青区大寺镇	6213
7	120111	西青区南河镇	4260	7	120112	津南区八里台镇	6000
8	120113	北辰区青光镇	3839	8	120224	宝坻县大白庄镇	5614
9	120225	蓟县尤古庄镇	3608	9	120110	东丽区赤土镇	5245
10	120222	武清县河北屯乡	3454	10	120108	汉沽区蔡家堡乡	4912

2—1—3 河北省按主要指标排列的乡镇前十名

序号	县级代码	乡镇名称	乡村经济总收入（万元）	序号	县级代码	乡镇名称	财政收入（万元）
1	130106	石家庄市郊区南高营镇	523106	1	130632	安新县芦庄乡	42818
2	131081	霸州市胜芳镇	415391	2	130191	石家庄市高新技术开发区留村乡	13050
3	130106	石家庄市郊区谈固乡	406682	3	130423	临漳县张村集乡	10374
4	130205	开平区开平镇	362942	4	130423	临漳县柳园镇	8821
5	130635	蠡县大百尺镇	316148	5	130423	临漳县孙陶集镇	7693
6	130635	蠡县辛兴镇	311421	6	130423	临漳县称勾镇	7523
7	130124	栾城县方村镇	289770	7	130423	临漳县砖寨营乡	6687
8	130302	海港区海港镇	270003	8	130423	临漳县习文乡	6465
9	130684	高碑店市白沟镇	254268	9	130423	临漳县柏合乡	5627
10	130481	武安市磁山镇	244434	10	130302	海港区海港镇	5538

序号	县级代码	乡镇名称	粮食产量（吨）	序号	县级代码	乡镇名称	棉花产量（吨）
1	130225	乐亭县王滩镇	67648	1	130923	东光县龙王李乡	3335
2	130181	辛集市田家庄乡	65002	2	130923	东光县连镇镇	2756
3	130182	藁城市梅花镇	64713	3	130430	邱县邱城镇	2697
4	130224	滦南县柏各庄镇	62893	4	130430	邱县梁二庄乡	2662
5	130133	赵县韩村镇	60189	5	130535	临西县摇鞍镇乡	2540
6	130181	辛集市王口镇	57489	6	130424	成安县北乡义乡	2511
7	130423	临漳县张村集乡	57397	7	130430	邱县香城固乡	2460
8	130225	乐亭县姜各庄镇	56716	8	130533	威县第什营乡	2460
9	130184	新乐市邯邰镇	56702	9	130928	吴桥县梁集镇	2447
10	131121	枣强县大营镇	56670	10	130430	邱县南辛店乡	2366

序号	县级代码	乡镇名称	油料产量（吨）	序号	县级代码	乡镇名称	年末大牲畜存栏数（头）
1	130626	定兴县肖村乡	7500	1	131082	三河市高楼镇	27700
2	130123	正定县南楼乡	7406	2	130229	玉田县鸦鸿桥镇	26200
3	130425	大名县金滩镇	7302	3	130322	昌黎县安山镇	25130
4	130425	大名县张铁集乡	7250	4	130224	滦南县扒齿港镇	24727
5	130224	滦南县程庄镇	6694	5	130825	隆化县郭家屯镇	23314
6	130425	大名县埝头乡	6525	6	131122	武邑县审坡镇	22700
7	130224	滦南县扒齿港镇	6381	7	130224	滦南县程庄镇	21513
8	130224	滦南县司各庄镇	6378	8	130923	东光县灯明寺镇	21400
9	130223	滦县雷庄镇	6201	9	130826	丰宁满族自治县大滩镇	21383
10	130425	大名县孙甘店乡	6117	10	130923	东光县于桥乡	21200

序号	县级代码	乡镇名称	肉类总产量（吨）	序号	县级代码	乡镇名称	水产品产量（吨）
1	130184	新乐市承安镇	15543	1	130983	黄骅市南排河镇	80540
2	131082	三河市高楼镇	15336	2	130224	滦南县杨岭镇	37000
3	131028	大厂回族自治县夏垫镇	14259	3	130224	滦南县柳赞镇	35265
4	130185	鹿泉市大河镇	13770	4	130282	丰南市黑沿子镇	34532
5	130282	丰南市大新庄镇	11678	5	130225	乐亭县马头营镇	24726
6	130224	滦南县柏各庄镇	11026	6	130322	昌黎县大蒲河镇	20503
7	130184	新乐市邯邰镇	10756	7	130224	滦南县柏各庄镇	16924
8	130229	玉田县鸦鸿桥镇	10655	8	130322	昌黎县团林乡	15674
9	130123	正定县南楼乡	10487	9	130225	乐亭县王滩镇	15653
10	130182	藁城市西关镇	10100	10	130224	滦南县南堡镇	14900

2—1—4 山西省按主要指标排列的乡镇前十名

序号	县级代码	乡镇名称	乡村经济总收入（万元）	序号	县级代码	乡镇名称	财政收入（万元）
1	142401	榆次市郭家堡乡	228180	1	140121	清徐县王答乡	5633
2	140121	清徐县王答乡	193087	2	140211	大同南郊区城关乡	4650
3	140109	太原万柏林小井峪乡	177500	3	140109	太原万柏林小井峪乡	2609
4	140525	泽州县巴公镇	172000	4	140525	泽州县巴公镇	2300
5	140211	大同南郊区城关乡	155358	5	140211	大同南郊区西韩岭乡	2100
6	140181	古交市梭峪乡	126100	6	140422	潞城市店上镇	2013
7	140411	长治市郊区马厂乡	122993	7	140211	大同南郊区马军营乡	1913
8	142429	太谷县胡村镇	120892	8	140121	清徐县东于镇	1853
9	142430	祁县东观镇	110309	9	140422	潞城市石窟乡	1726
10	142430	祁县城关乡	106166	10	140502	晋城市城区东街办事处	1725

序号	县级代码	乡镇名称	粮食产量（吨）	序号	县级代码	乡镇名称	棉花产量（吨）
1	142429	太谷县胡村镇	30482	1	142702	永济市卿头镇	4059
2	142625	洪洞县曲亭镇	30465	2	142702	永济市黄营乡	1593
3	142401	榆次市张庆乡	28860	3	142702	永济市栲栳镇	1357
4	142724	临猗县临晋镇	27964	4	142724	临猗县庙上乡	1250
5	142724	临猗县嵋阳镇	27715	5	142702	永济市开张镇	1013
6	142430	祁县贾令镇	25428	6	142724	临猗县嵋阳镇	1012
7	142430	祁县东观镇	24933	7	142702	永济市张营乡	1000
8	140105	太原小店区北格镇	24193	8	142702	永济市赵柏乡	951
9	142625	洪洞县甘亭镇	23938	9	142724	临猗县东张镇	730
10	140525	泽州县巴公镇	23560	10	142726	新绛县南社乡	723

序号	县级代码	乡镇名称	油料产量（吨）	序号	县级代码	乡镇名称	年末大牲畜存栏数（头）
1	142229	神池县八角镇	4037	1	140621	山阴县山阴城镇	15561
2	142322	文水县南庄镇	2633	2	142430	祁县里村乡	12002
3	142431	平遥县襄垣乡	2123	3	142631	乡宁县崖下乡	11724
4	142229	神池县东湖乡	2113	4	142631	乡宁县西交口乡	9950
5	140621	山阴县山阴城镇	1945	5	140424	屯留县河神庙乡	9669
6	142702	永济市栲栳镇	1932	6	140622	应县镇子梁乡	9290
7	142724	临猗县庙上乡	1812	7	142628	安泽县杜村乡	9062
8	142431	平遥县香乐乡	1589	8	142322	文水县南白乡	9016
9	142701	运城市龙居镇	1543	9	142628	安泽县罗云乡	8996
10	142430	祁县城赵镇	1505	10	142631	乡宁县安汾乡	8788

序号	县级代码	乡镇名称	肉类总产量（吨）	序号	县级代码	乡镇名称	水产品产量（吨）
1	142429	太谷县侯城乡	4033	1	140321	平定县娘子关镇	642
2	142429	太谷县水秀乡	3363	2	142703	河津市黄村乡	350
3	142430	祁县里村乡	2851	3	142702	永济市韩阳镇	300
4	142431	平遥县王家庄乡	2487	4	140110	太原晋源区金胜乡	266
5	142429	太谷县胡村镇	2259	5	142726	新绛县三泉镇	260
6	140121	清徐县王答乡	2184	6	142731	绛县续鲁峪乡	223
7	142625	洪洞县刘家垣镇	1981	7	142421	榆社县云竹镇	220
8	142401	榆次市张庆乡	1947	8	142601	临汾市吴村镇	210
9	142401	榆次市陈侃乡	1933	9	142623	襄汾县浪泉乡	200
10	140121	清徐县高花乡	1912	10	142703	河津市阳村乡	200

2—1—5 内蒙古自治区按主要指标排列的乡镇前十名

序号	县级代码	乡镇名称	乡村经济总收入（万元）	序号	县级代码	乡镇名称	财政收入（万元）
1	150104	呼市玉泉区西菜园乡	201000	1	152128	鄂温克旗伊敏镇	6800
2	150403	元宝山区建昌营镇	192968	2	152131	陈旗特泥河乡	5632
3	150121	呼市土左旗台阁牧乡	165033	3	150403	元宝山区建昌营镇	2049
4	150403	元宝山区山前乡	163405	4	152728	伊金霍洛旗乌兰木伦镇	2033
5	150103	呼市回民区攸攸板镇	138140	5	150521	科左中旗花胡硕苏木	2026
6	150105	呼市郊区巧报乡	124838	6	152106	额尔古纳市黑山头镇	1804
7	150404	松山区穆家营子镇	120380	7	150522	科左后旗浩坦苏木	1715
8	150502	科尔沁区木里图镇	117963	8	150502	科尔沁区木里图镇	1350
9	150207	包头市九原区新城乡	109806	9	152221	科右前旗桃合木苏木	1327
10	150402	红山区红庙子镇	103786	10	152221	科右前旗巴达仍贵苏木	1238

序号	县级代码	乡镇名称	粮食产量（吨）	序号	县级代码	乡镇名称	棉花产量（吨）
1	152223	扎赉特旗小城子	67300	1			
2	150521	科左中旗希伯花苏木	62175	2			
3	152824	乌拉特前旗大佘太镇	60554	3			
4	150502	科尔沁区大林镇	59040	4			
5	150523	开鲁县建华镇	56396	5			
6	150404	松山区安庆镇	53656	6			
7	150523	开鲁县黑龙坝镇	53350	7			
8	150523	开鲁县麦新镇	52916	8			
9	150522	科左后旗浩坦苏木	52000	9			
10	150430	敖汉旗长胜乡	51800	10			

序号	县级代码	乡镇名称	油料产量（吨）	序号	县级代码	乡镇名称	年末大牲畜存栏数（头）
1	152726	杭锦旗吉日嘎朗图镇	18965	1	152129	新右旗杭乌拉苏木	113372
2	152801	临河市狼山镇	9120	2	150526	扎鲁特旗嘎亥图镇	56275
3	152824	乌拉特前旗长胜乡	8370	3	150526	扎鲁特旗巴彦忙哈苏木	44195
4	152822	五原县和胜乡	8363	4	150421	阿旗巴彦温都苏木	43155
5	152726	杭锦旗独贵特拉镇	8347	5	150581	霍林郭勒市达莱胡硕苏木	43115
6	152824	乌拉特前旗树林子乡	8197	6	150122	呼市托克托县五申镇	38008
7	152822	五原县复兴乡	7780	7	152221	科右前旗俄体乡	32119
8	152824	乌拉特前旗大佘太镇	7268	8	150524	库伦旗额勒顺镇	30275
9	152726	杭锦旗杭锦淖尔乡	6768	9	150526	扎鲁特旗格日朝鲁苏木	29018
10	152824	乌拉特前旗苏独仑乡	6551	10	150425	克什克腾旗巴彦查干苏木	28539

序号	县级代码	乡镇名称	肉类总产量（吨）	序号	县级代码	乡镇名称	水产品产量（吨）
1	152221	科右前旗白辛乡	48032	1	150523	开鲁县麦新镇	6845
2	150502	科尔沁区丰田乡	43467	2	150523	开鲁县和平镇	2800
3	150502	科尔沁区钱家店镇	14720	3	150521	科左中旗协代苏木	2006
4	150502	科尔沁区木里图镇	10949	4	152123	莫旗西瓦尔图镇	900
5	150430	敖汉旗敖吉乡	8083	5	152123	莫旗腾克镇	692
6	152827	杭锦后旗黄河镇	6939	6	150207	包头市九原区麻池乡	601
7	150429	宁城县八里罕镇	6931	7	150104	呼市玉泉区西菜园乡	583
8	150502	科尔沁区角干乡	6506	8	150429	宁城县八里罕镇	554
9	150502	科尔沁区辽河乡	6270	9	152522	阿巴嘎旗查干淖尔苏木	505
10	150526	扎鲁特旗毛都苏木	5941	10	150522	科左后旗伊胡塔镇	500

2—1—6　辽宁省按主要指标排列的乡镇前十名

序号	县级代码	乡镇名称	乡村经济总收入（万元）	序号	县级代码	乡镇名称	财政收入（万元）
1	210381	海城市西柳镇	1027268	1	210381	海城市西柳镇	13505
2	210381	海城市腾鳌镇	869456	2	210381	海城市腾鳌镇	9526
3	210211	甘井子区辛寨子镇	632407	3	210282	普兰店市太平乡	5878
4	210381	海城市感王镇	619313	4	210114	于洪区北陵乡	5000
5	210213	金州区石河镇	546622	5	210781	凌海市松山镇	4691
6	210213	金州区登沙河镇	527979	6	210882	大石桥市水源镇	4027
7	210311	千山区宁远屯镇	522652	7	210881	盖州市熊岳镇	4002
8	210211	甘井子区红旗镇	520726	8	210281	瓦房店市长兴岛镇	3666
9	210381	海城市南台镇	515016	9	210381	海城市英落镇	3535
10	210211	甘井子区大连湾镇	483573	10	210211	甘井子区大连湾镇	3520
序号	县级代码	乡镇名称	粮食产量（吨）	序号	县级代码	乡镇名称	棉花产量（吨）
1	210882	大桥石桥市高坎镇	95000	1	211321	朝阳县木头城子镇	588
2	211224	昌图县毛家店镇	83894	2	211121	大洼县新立镇	475
3	211224	昌图县宝力镇	80000	3	211381	北票市大板镇	303
4	211221	铁岭县凡河镇	79999	4	211324	喀左县水泉乡	290
5	210124	法库县秀水河镇	79156	5	211422	建昌县杨树湾子乡	227
6	211224	昌图县八面城镇	74000	6	211321	朝阳县台子乡	207
7	211224	昌图县曲家店乡	69661	7	210181	新民市梁山镇	201
8	210882	大石桥市水源镇	65676	8	210726	黑山县英城子乡	149
9	211224	昌图县前双井子镇	64203	9	211381	北票市桃花吐乡	139
10	210124	法库县三面船镇	61357	10	211321	朝阳县乌兰河硕乡	136
序号	县级代码	乡镇名称	油料产量（吨）	序号	县级代码	乡镇名称	年末大牲畜存栏数（头）
1	210726	黑山县芳山镇	5150	1	211224	昌图县曲家店乡	18025
2	210123	康平县海洲乡	5002	2	210422	新宾县平顶山镇	16934
3	211224	昌图县七家子镇	4495	3	211224	昌图县四面城镇	16092
4	210181	新民市大红旗镇	4419	4	210682	凤城市宝山镇	15150
5	211224	昌图县付家镇	4413	5	211224	昌图县前双井子镇	14935
6	211322	建平县张家营子乡	4039	6	210682	凤城市大堡蒙古族镇	14481
7	211224	昌图县古榆树镇	3551	7	210423	清原县土口子乡	14197
8	211021	辽阳县小北河镇	3425	8	211322	建平县马场乡	14034
9	211322	建平县黑水镇	3130	9	211224	昌图县亮中桥镇	13736
10	211322	建平县三家乡	3065	10	211422	建昌县汤神庙镇	13731
序号	县级代码	乡镇名称	肉类总产量（吨）	序号	县级代码	乡镇名称	水产品产量（吨）
1	210321	台安县城郊乡	36000	1	210211	甘井子区大连湾镇	128450
2	211322	建平县建平镇	32000	2	210213	金州区大李家镇	100727
3	210311	千山区齐大山镇	20870	3	210214	大连开发区满家滩镇	73928
4	210782	北宁市沟帮子镇	17834	4	210224	长海县獐子岛镇	71796
5	210122	辽中县城郊乡	15192	5	210212	旅顺口区龙塘镇	66550
6	210111	苏家屯区大淑堡乡	14106	6	210282	普兰店市碧流河乡	59918
7	210113	新城子区财落镇	14104	7	210224	长海县王家镇	58943
8	210421	抚顺县章党乡	14100	8	210281	瓦房店市长兴岛镇	51100
9	210122	辽中县大黑岗子乡	13791	9	211121	大洼县二界沟镇	48000
10	210181	新民市前当堡镇	13391	10	210281	瓦房店市交流岛乡	47900

2—1—7　吉林省按主要指标排列的乡镇前十名

序号	县级代码	乡镇名称	乡村经济总收入（万元）	序号	县级代码	乡镇名称	财政收入（万元）
1	220103	宽城区奋进乡	586522	1	220302	铁西区条子河乡	91706
2	220105	二道区英俊乡	449751	2	220105	二道区泉眼镇	4359
3	220102	南关区幸福乡	410578	3	220602	八道江区河口乡	3642
4	220182	榆树市五棵树镇	349154	4	220102	南关区幸福乡	2884
5	220106	绿园区西新乡	341294	5	220104	朝阳区大屯镇	2567
6	220182	榆树市弓棚镇	278756	6	220524	柳河县新发乡	2521
7	220102	南关区净月镇	243107	7	220182	榆树市大岗乡	2213
8	220182	榆树市环城乡	196563	8	220724	扶余县三岔河镇	2180
9	220722	长岭县三青山镇	170094	9	220102	南关区净月镇	2135
10	220182	榆树市大坡镇	164510	10	220721	前郭县长山镇	2085
序号	县级代码	乡镇名称	粮食产量（吨）	序号	县级代码	乡镇名称	棉花产量（吨）
1	220381	公主岭市双城堡镇	131000	1			
2	220122	农安县杨树林乡	126110	2			
3	220381	公主岭市秦家屯镇	110012	3			
4	220122	农安县新农乡	106095	4			
5	220724	扶余县永平乡	105000	5			
6	220381	公主岭市玻璃城子镇	103363	6			
7	220724	扶余县蔡家沟镇	102500	7			
8	220724	扶余县五家站镇	101678	8			
9	220381	公主岭市黑林子镇	101572	9			
10	220183	德惠市岔路口镇	101477	10			
序号	县级代码	乡镇名称	油料产量（吨）	序号	县级代码	乡镇名称	年末大牲畜存栏数（头）
1	220724	扶余县弓棚子镇	30000	1	220283	舒兰市法特镇	95105
2	220724	扶余县增盛镇	17500	2	222403	敦化市官地镇	46179
3	220724	扶余县社里乡	10200	3	220381	公主岭市毛城子镇	38503
4	220724	扶余县三井子镇	7369	4	220122	农安县鲍家镇	38325
5	220724	扶余县新站乡	7162	5	220281	蛟河市天岗镇	34820
6	220281	蛟河市漂河镇	7039	6	220183	德惠市朱城子镇	34282
7	220822	通榆县新华镇	5607	7	220122	农安县巴吉垒镇	33979
8	220722	长岭县三十号乡	5500	8	220282	桦甸市二道甸子镇	33405
9	220724	扶余县万发乡	4373	9	220183	德惠市郭家镇	30991
10	220722	长岭县三团乡	3830	10	220182	榆树市谢家乡	30853
序号	县级代码	乡镇名称	肉类总产量（吨）	序号	县级代码	乡镇名称	水产品产量（吨）
1	220122	农安县合隆镇	28616	1	220421	东丰县小四平镇	7640
2	220122	农安县哈拉海镇	26551	2	220322	梨树县叶赫镇	4800
3	220283	舒兰市亮甲山乡	26020	3	220122	农安县龙王乡	3491
4	220182	榆树市八号镇	23399	4	220322	梨树县石岭镇	2000
5	220381	公主岭市大岭镇	21140	5	220882	大安市叉干镇	1980
6	220283	舒兰市庆丰乡	21000	6	220122	农安县巴吉垒镇	1790
7	220183	德惠市边岗乡	20628	7	220882	大安市大来乡	1580
8	220182	榆树市五棵树镇	20544	8	220882	大安市静山乡	1550
9	220122	农安县鲍家镇	19724	9	220283	舒兰市青松乡	1200
10	220182	榆树市弓棚镇	19150	10	220221	永吉县桦皮厂镇	1200

2—1—8 黑龙江省按主要指标排列的乡镇前十名

序号	县级代码	乡镇名称	乡村经济总收入（万元）	序号	县级代码	乡镇名称	财政收入（万元）
1	230604	让胡路区喇嘛甸镇	428335	1	230103	哈市南岗区王岗镇	4003
2	230106	哈市香坊区幸福乡	136376	2	230181	阿城市玉泉镇	2683
3	230603	龙凤区龙凤镇	118473	3	230105	哈市太平区团结乡	2632
4	230102	哈市道里区新发镇	116176	4	230604	让胡路区喇嘛甸镇	2541
5	230126	巴彦县西集镇	106245	5	230103	哈市南岗区耀进乡	2329
6	230102	哈市道里区群力乡	97388	6	230126	巴彦县西集镇	1819
7	230811	佳木斯市区长青乡	96900	7	230126	巴彦县兴隆镇	1530
8	230102	哈市道里区太平镇	93399	8	232303	肇东市昌五镇	1510
9	230105	哈市太平区东风镇	81832	9	232303	肇东市跃进乡	1472
10	230103	哈市南岗区耀进乡	80807	10	230102	哈市道里区新发镇	1406

序号	县级代码	乡镇名称	粮食产量（吨）	序号	县级代码	乡镇名称	棉花产量（吨）
1	230184	五常县牛家满族镇	124000	1			
2	230882	富锦市锦山镇	98897	2			
3	230184	五常县兴隆乡	97500	3			
4	230184	五常县红旗乡	91789	4			
5	230281	讷河市九井镇	91255	5			
6	230882	富锦市长安镇	88616	6			
7	230184	五常县小山子镇	86871	7			
8	230281	讷河市老莱镇	83458	8			
9	230225	甘南县中兴乡	82258	9			
10	230223	依安县依龙镇	81872	10			

序号	县级代码	乡镇名称	油料产量（吨）	序号	县级代码	乡镇名称	年末大牲畜存栏数（头）
1	230225	甘南县长山乡	9032	1	232303	肇东市宋站镇	42485
2	230225	甘南县兴隆乡	6895	2	232304	海伦市丰山乡	20838
3	230225	甘南县宝山乡	6694	3	231025	林口县龙爪镇	20126
4	231121	嫩江县白云乡	5964	4	232303	肇东市五里明镇	20080
5	230281	讷河市和盛乡	5508	5	230125	宾县宁远镇	19419
6	230311	密山市兴凯湖乡	5231	6	230624	杜尔伯特县敖林西伯乡	19092
7	230281	讷河市通南镇	4950	7	232303	肇东市跃进乡	18920
8	230523	宝清县七星泡镇	4908	8	232303	肇东市向阳乡	18363
9	230225	甘南县中兴乡	4677	9	230125	宾县三宝乡	18166
10	230225	甘南县东阳镇	4260	10	230223	依安县双阳镇	17820

序号	县级代码	乡镇名称	肉类总产量（吨）	序号	县级代码	乡镇名称	水产品产量（吨）
1	230121	呼兰县双井镇	8078	1	232303	肇东市合居乡	6690
2	230121	呼兰县长岭镇	7836	2	232301	绥化市西长发镇	5500
3	230121	呼兰县孟家乡	7203	3	230182	双城市前进乡	5200
4	230121	呼兰县许朴乡	6429	4	230126	巴彦县西集镇	4800
5	232303	肇东市向阳乡	6367	5	232303	肇东市涝洲镇	4000
6	230121	呼兰县利民镇	6338	6	230606	大同区兴隆泉乡	3715
7	230126	巴彦县西集镇	6242	7	232301	绥化市太平川镇	3171
8	230121	呼兰县莲花镇	6134	8	232303	肇东市东发乡	3010
9	230126	巴彦县兴隆镇	5764	9	230622	肇源县二站镇	2800
10	230121	呼兰县乐业乡	5692	10	232303	肇东市四站镇	2750

2—1—9　上海市按主要指标排列的乡镇前十名

序号	县级代码	乡镇名称	乡村经济总收入（万元）	序号	县级代码	乡镇名称	财政收入（万元）
1	310114	嘉定区马陆镇	767802	1	310112	闵行区马桥镇	28124
2	310231	市区乡镇长征镇	723894	2	310115	浦东新区六里镇	21132
3	310229	青浦县赵巷镇	693721	3	310114	嘉定区安亭镇	20504
4	310231	市区乡镇桃浦镇	679000	4	310231	市区乡镇长征镇	19528
5	310112	闵行区梅陇镇	660660	5	310115	浦东新区东沟镇	15877
6	310229	青浦县徐泾镇	562244	6	310112	闵行区梅陇镇	15343
7	310112	闵行区马桥镇	529264	7	310115	浦东新区钦洋镇	14560
8	310114	嘉定区南翔镇	490460	8	310114	嘉定区马陆镇	14315
9	310112	闵行区莘庄镇	437713	9	310231	市区乡镇桃浦镇	13500
10	310115	浦东新区钦洋镇	428121	10	310112	闵行区莘庄镇	13062
序号	县级代码	乡镇名称	粮食产量（吨）	序号	县级代码	乡镇名称	棉花产量（吨）
1	310116	金山区枫泾镇	28562	1			
2	310117	松江区新浜镇	26398	2			
3	310117	松江区佘山镇	22454	3			
4	310116	金山区朱行镇	21798	4			
5	310230	崇明县中兴镇	21227	5			
6	310226	奉贤县庄行镇	20314	6			
7	310230	崇明县三星镇	20151	7			
8	310117	松江区叶榭镇	20104	8			
9	310229	青浦县赵巷镇	19800	9			
10	310116	金山区亭林镇	19625	10			
序号	县级代码	乡镇名称	油料产量（吨）	序号	县级代码	乡镇名称	年末大牲畜存栏数（头）
1	310116	金山区干巷镇	4043	1	310114	嘉定区戬浜镇	50716
2	310116	金山区廊下镇	4020	2	310114	嘉定区朱家桥镇	31477
3	310116	金山区朱泾乡	3890	3	310229	青浦县华新镇	26830
4	310116	金山区张埝镇	3844	4	310114	嘉定区马陆镇	26070
5	310116	金山区山阳镇	3560	5	310114	嘉定区南翔镇	22519
6	310116	金山区亭林镇	3487	6	310112	闵行区杜行镇	19311
7	310116	金山区朱行镇	3473	7	310115	浦东新区三林镇	18783
8	310116	金山区兴塔镇	3227	8	310229	青浦县大盈镇	17043
9	310116	金山区松隐镇	3002	9	310229	青浦县环城镇	16828
10	310116	金山区漕泾镇	3001	10	310112	闵行区诸翟镇	16503
序号	县级代码	乡镇名称	肉类总产量（吨）	序号	县级代码	乡镇名称	水产品产量（吨）
1	310115	浦东新区三林镇	43678	1	310230	崇明县陈家镇	15655
2	310225	南汇县老港镇	41770	2	310113	宝山区长兴乡	5137
3	310114	嘉定区朱家桥镇	38456	3	310230	崇明县绿华镇	5044
4	310225	南汇县彭镇镇	38452	4	310230	崇明县新村乡	3832
5	310225	南汇县下沙镇	37143	5	310229	青浦县朱家角镇	3723
6	310112	闵行区鲁汇镇	33472	6	310113	宝山区横沙乡	3668
7	310114	嘉定区娄塘镇	22706	7	310229	青浦县沈巷镇	3347
8	310229	青浦县凤溪镇	22493	8	310229	青浦县莲盛镇	3333
9	310225	南汇县坦直镇	14875	9	310230	崇明县裕安镇	3304
10	310117	松江区新桥镇	13837	10	310230	崇明县中兴镇	3257

2—1—10 江苏省按主要指标排列的乡镇前十名

序号	县级代码	乡镇名称	乡村经济总收入（万元）	序号	县级代码	乡镇名称	财政收入（万元）
1	320281	江阴市周庄镇	658410	1	320584	吴江市盛泽镇	16481
2	320281	江阴市华士镇	544795	2	320501	苏州市辖区娄葑镇	15983
3	320501	苏州市辖区娄葑镇	473157	3	320583	昆山市陆家镇	14665
4	320281	江阴市新桥镇	466669	4	320283	锡山市洛社镇	12050
5	320301	徐州市辖区奎山乡	461072	5	320283	锡山市查桥镇	11781
6	320584	吴江市盛泽镇	457961	6	320586	吴县市木渎镇	11491
7	320281	江阴市南闸镇	424900	7	320283	锡山市东峰镇	11363
8	320281	江阴市要塞镇	390020	8	320483	武进市洛阳镇	11206
9	320323	铜山县柳新镇	381380	9	320483	武进市横林镇	9718
10	320483	武进市洛阳镇	377386	10	320581	常熟市海虞镇	9702

序号	县级代码	乡镇名称	粮食产量（吨）	序号	县级代码	乡镇名称	棉花产量（吨）
1	320722	东海县平明镇	103575	1	320928	盐都县步凤镇	5084
2	320722	东海县房山镇	91599	2	320924	射阳县新洋乡	4964
3	320722	东海县驼峰乡	70562	3	320924	射阳县兴桥镇	3581
4	320722	东海县浦南镇	64189	4	320982	大丰市方强乡	3418
5	320321	丰县欢口镇	62175	5	320723	灌云县图河乡	3344
6	320722	东海县张湾乡	61616	6	320982	大丰市丰富镇	3279
7	320924	射阳县海河镇	60901	7	320982	大丰市三龙镇	2904
8	321324	泗洪县归仁镇	60756	8	320723	灌云县圩丰镇	2801
9	320722	东海县安峰镇	60064	9	320723	灌云县东辛镇	2459
10	320924	射阳县阜余镇	59064	10	320723	灌云县下车乡	2434

序号	县级代码	乡镇名称	油料产量（吨）	序号	县级代码	乡镇名称	年末大牲畜存栏数（头）
1	320821	淮阴县北吴集乡	10257	1	320722	东海县双店镇	20916
2	320381	新沂市踢球山乡	9286	2	320830	盱眙县龙山乡	18000
3	321324	泗洪县梅花乡	8222	3	320722	东海县牛山乡	14974
4	320981	东台市新街镇	7826	4	320830	盱眙县仇集乡	13960
5	320722	东海县双店镇	7792	5	320723	灌云县南岗乡	12000
6	320722	东海县桃林镇	7704	6	320722	东海县李埝乡	11504
7	320721	赣榆县马站乡	7535	7	320722	东海县青湖镇	10901
8	320981	东台市新曹镇	7461	8	320722	东海县安峰镇	10765
9	320821	淮阴县老张集乡	7082	9	320722	东海县石湖乡	10310
10	320981	东台市曹丿镇	7059	10	320722	东海县桃林镇	9740

序号	县级代码	乡镇名称	肉类总产量（吨）	序号	县级代码	乡镇名称	水产品产量（吨）
1	320283	锡山市新安镇	11654	1	320681	启东市吕四港镇	63359
2	320923	阜宁县沟墩镇	10703	2	320681	启东市茅家港镇	58088
3	320981	东台市南沈灶镇	9950	3	320681	启东市秦潭港镇	55725
4	320928	盐都县龙冈镇	9940	4	320981	东台市* 港镇	37518
5	320981	东台市三仓镇	9857	5	320721	赣榆县城东乡	36500
6	320928	盐都县大冈镇	9723	6	320721	赣榆县宋庄镇	32532
7	320981	东台市许河镇	9643	7	320722	东海县浦南镇	31485
8	320923	阜宁县新沟镇	9619	8	320721	赣榆县海头镇	27573
9	320322	沛县唐楼镇	9589	9	320721	赣榆县柘汪镇	22500
10	320981	东台市唐洋镇	9519	10	320924	射阳县黄沙港镇	22402

2—1—11 浙江省按主要指标排列的乡镇前十名

序号	县级代码	乡镇名称	乡村经济总收入（万元）	序号	县级代码	乡镇名称	财政收入（万元）
1	330501	湖州市织里镇	937881	1	330382	乐清市柳市镇	31577
2	330382	乐清市柳市镇	788697	2	330327	苍南县龙港镇	31285
3	330181	萧山市宁围镇	646928	3	330621	绍兴县柯桥镇	20169
4	330282	慈溪市宗汉镇	605063	4	330324	永嘉县瓯北镇	18119
5	330227	鄞县邱隘镇	593130	5	330382	乐清市虹桥镇	14180
6	330327	苍南县龙港镇	562760	6	331082	温岭市泽国镇	14086
7	330206	北仑区大矸镇	559252	7	330501	湖州市南浔镇	13974
8	330621	绍兴县柯桥镇	552470	8	330282	慈溪市宗汉镇	13064
9	330281	余姚市低塘镇	536784	9	330326	平阳县敖江镇	12780
10	330281	余姚市泗门镇	535703	10	330382	乐清市北白象镇	11693

序号	县级代码	乡镇名称	粮食产量（吨）	序号	县级代码	乡镇名称	棉花产量（吨）
1	330501	湖州市南浔镇	75841	1	330282	慈溪市庵东镇	1545
2	330501	湖州市织里镇	63245	2	330281	余姚市泗门镇	1379
3	330501	湖州市练市镇	61126	3	330682	上虞市沥海镇	1079
4	330411	秀洲区余新镇	49364	4	330682	上虞市沥东镇	985
5	330501	湖州市双林镇	46235	5	330282	慈溪市师桥镇	889
6	330227	鄞县姜山镇	46120	6	330226	宁海县明港镇	885
7	330721	金华县白龙桥镇	45989	7	330282	慈溪市崇寿镇	818
8	330281	余姚市马渚镇	45935	8	330281	余姚市临山镇	812
9	330411	秀洲区新塍镇	45486	9	330281	余姚市小曹娥镇	721
10	330411	秀洲区新丰镇	45012	10	330226	宁海县长街镇	688

序号	县级代码	乡镇名称	油料产量（吨）	序号	县级代码	乡镇名称	年末大牲畜存栏数（头）
1	330482	平湖市黄姑镇	7482	1	330721	金华县白龙桥镇	4509
2	330482	平湖市新仓镇	6885	2	330702	婺城区多湖镇	2541
3	330522	长兴县林城镇	6278	3	331022	天台县石梁镇	2428
4	330482	平湖市林埭镇	5305	4	331022	天台县泳溪乡	2109
5	330501	湖州市南浔镇	5200	5	330721	金华县琅琊镇	1919
6	330522	长兴县虹星桥镇	5007	6	330721	金华县雅畈镇	1861
7	330482	平湖市乍浦镇	4733	7	330702	婺城区苏孟乡	1818
8	330482	平湖市广陈镇	4410	8	330821	衢县横路乡	1588
9	330411	秀洲区新塍镇	4370	9	330226	宁海县深圳镇	1560
10	330501	湖州市练市镇	4256	10	330825	龙游县小南海镇	1478

序号	县级代码	乡镇名称	肉类总产量（吨）	序号	县级代码	乡镇名称	水产品产量（吨）
1	330411	秀洲区新丰镇	15709	1	330225	象山县石浦镇	262025
2	330411	秀洲区余新镇	8335	2	331082	温岭市石塘镇	138584
3	330103	下城区石桥镇	8001	3	331024	玉环县坎门镇	109294
4	330106	西湖区转塘镇	7312	4	330903	普陀区虾峙镇	106786
5	330181	萧山市临浦镇	7060	5	331082	温岭市箬山镇	91654
6	330411	秀洲区凤桥镇	6066	6	331082	温岭市松门镇	75548
7	330501	湖州市练市镇	5509	7	331004	路桥区黄琅乡	70663
8	330821	衢县杜泽镇	5146	8	331082	温岭市龙门乡	65023
9	330424	海盐县元通乡	5014	9	330921	岱山县岛斗镇	61713
10	330106	西湖区袁浦镇	4939	10	331081	临海市上盘镇	56632

2—1—12 安徽省按主要指标排列的乡镇前十名

序号	县级代码	乡镇名称	乡村经济总收入（万元）	序号	县级代码	乡镇名称	财政收入（万元）
1	340101	合肥市辖区常青镇	199777	1	340101	合肥市辖区常青镇	8778
2	340401	淮南市辖区舜耕镇	158762	2	341226	颍上县谢桥镇	3975
3	340101	合肥市辖区杏花镇	154519	3	340111	合肥高新开发区蜀山镇	3909
4	343201	亳州市北市区镇	130080	4	340101	合肥市辖区杏花镇	3825
5	340101	合肥市辖区城东乡	123995	5	343201	亳州市南市区镇	3520
6	340801	安庆市辖区白泽湖乡	111601	6	340222	繁昌县荻港镇	3077
7	340201	芜湖市辖区官陡镇	102000	7	342623	无为县高沟乡	3045
8	340521	当涂县城关镇	96890	8	342481	叶集试验区叶集镇	2886
9	340801	安庆市辖区杨桥镇	95792	9	342623	无为县无城镇	2703
10	340821	桐城市新渡镇	92681	10	340101	合肥市辖区骆岗镇	2661

序号	县级代码	乡镇名称	粮食产量（吨）	序号	县级代码	乡镇名称	棉花产量（吨）
1	340321	怀远县唐集镇	76598	1	342623	无为县泥汊镇	2874
2	340321	怀远县找郢乡	72476	2	340321	怀远县双桥集镇	2666
3	342225	泗县丁湖镇	65674	3	342623	无为县白茆镇	2464
4	342201	甬桥区夹沟镇	65119	4	342224	灵璧县杨疃镇	2100
5	341226	颍上县谢桥镇	64779	5	342623	无为县陡沟镇	2029
6	341223	涡阳县曹市镇	62162	6	342623	无为县三汊河乡	1930
7	341224	蒙城县小涧镇	61667	7	340827	望江县华阳镇	1780
8	341223	涡阳县青町镇	61250	8	342225	泗县大庄镇	1743
9	342422	寿县刘岗镇	61026	9	342222	萧县张庄寨镇	1600
10	341224	蒙城县板桥镇	60073	10	343201	亳州市赵桥乡	1580

序号	县级代码	乡镇名称	油料产量（吨）	序号	县级代码	乡镇名称	年末大牲畜存栏数（头）
1	342224	灵璧县黄湾镇	29000	1	341227	利辛县张村镇	38102
2	342224	灵璧县韦集镇	24225	2	341224	蒙城县岳坊镇	37685
3	342224	灵璧县娄庄镇	22274	3	341224	蒙城县双涧镇	37611
4	340323	固镇县王庄镇	18076	4	341224	蒙城县篱笆乡	36151
5	340323	固镇县任桥镇	15163	5	341224	蒙城县小涧镇	33229
6	340321	怀远县高庄乡	14486	6	341223	涡阳县青町镇	30571
7	340323	固镇县宋店乡	14313	7	341224	蒙城县楚村镇	29155
8	340323	固镇县仲兴乡	13516	8	341224	蒙城县乐土镇	29000
9	340321	怀远县包集镇	13394	9	341224	蒙城县柳林镇	28508
10	340322	五河县东刘集镇	13387	10	341224	蒙城县立仓镇	28250

序号	县级代码	乡镇名称	肉类总产量（吨）	序号	县级代码	乡镇名称	水产品产量（吨）
1	342423	霍邱县乌龙镇	11995	1	341127	明光市女山湖镇	18100
2	342423	霍邱县户胡镇	11476	2	340322	五河县沱湖乡	13554
3	340101	合肥市辖区义城镇	10973	3	342423	霍邱县城西湖	6000
4	341223	涡阳县青町镇	10946	4	340123	肥西县刘河乡	5200
5	340321	怀远县常坟镇	9911	5	342601	巢湖市中旱镇	5161
6	341224	蒙城县三义镇	8336	6	341121	天长市界牌镇	5006
7	342423	霍邱县众兴乡	8323	7	341121	天长市龙集乡	4875
8	342401	六安市张店镇	8260	8	340301	蚌埠市辖区秦集乡	4450
9	341224	蒙城县柳林镇	7926	9	340823	枞阳县陈湖镇	4330
10	342423	霍邱县岔路镇	7730	10	341121	天长市永丰办	4321

2—1—13　福建省按主要指标排列的乡镇前十名

序号	县级代码	乡镇名称	乡村经济总收入（万元）	序号	县级代码	乡镇名称	财政收入（万元）
1	350101	福州市辖区晋安鼓山镇	917051	1	350582	晋江市安海镇	18357
2	350681	龙海市角美镇	609800	2	350582	晋江市陈埭镇	16733
3	350582	晋江市陈埭镇	609311	3	350582	晋江市磁灶镇	12275
4	350101	福州市辖区仓山城门镇	528530	4	350201	厦门市辖区禾山镇	9176
5	350521	惠安县崇武镇	511132	5	350583	南安市水头镇	8857
6	350582	晋江市磁灶镇	489000	6	350121	闽侯县青口镇	7535
7	350101	福州市辖区仓山盖山镇	439313	7	350321	莆田县江口镇	6339
8	350582	晋江市龙湖镇	364827	8	350521	惠安县崇武镇	5521
9	350201	厦门市辖区禾山镇	329929	9	350582	晋江市东石镇	5226
10	350181	福清市渔溪镇	317375	10	350583	南安市官桥镇	5038
序号	县级代码	乡镇名称	粮食产量（吨）	序号	县级代码	乡镇名称	棉花产量（吨）
1	350321	莆田县黄石镇	51605	1			
2	350681	龙海市角美镇	49657	2			
3	350181	福清市龙田镇	38659	3			
4	350782	武夷山市兴田镇	35510	4			
5	350301	莆田市辖区笏石镇	34447	5			
6	350722	浦城县石陂镇	34158	6			
7	350722	浦城县富岭镇	33832	7			
8	350781	邵武市拿口镇	32432	8			
9	350784	建阳市童游镇	30972	9			
10	350181	福清市三山镇	30730	10			
序号	县级代码	乡镇名称	油料产量（吨）	序号	县级代码	乡镇名称	年末大牲畜存栏数（头）
1	350221	同安区新店镇	4931	1	350221	同安区新店镇	7832
2	350181	福清市三山镇	3724	2	350583	南安市水头镇	7256
3	350181	福清市沙埔镇	3602	3	350821	长汀县河田镇	7188
4	350221	同安区马巷镇	3549	4	350623	漳浦县石榴镇	7150
5	350623	漳浦县赤湖镇	2810	5	350821	长汀县濯田镇	6700
6	350301	莆田市辖区笏石镇	2748	6	350623	漳浦县前亭镇	6657
7	350181	福清市高山镇	2705	7	350625	长泰县岩溪镇	6656
8	350221	同安区新民镇	2666	8	350821	长汀县南山镇	6309
9	350221	同安区五显镇	2623	9	350824	武平县武东乡	6150
10	350582	晋江市龙湖镇	2600	10	350629	华安县沙建镇	6100
序号	县级代码	乡镇名称	肉类总产量（吨）	序号	县级代码	乡镇名称	水产品产量（吨）
1	350121	闽侯县青口镇	17908	1	352203	福鼎市沙埕镇	148000
2	350101	福州市辖区仓山城门镇	10367	2	350122	连江县苔篆镇	133866
3	350601	漳州市辖区芗城石亭镇	8430	3	350582	晋江市深沪镇	127586
4	350181	福清市龙田镇	8292	4	350624	诏安县梅岭镇	114802
5	350181	福清市渔溪镇	7979	5	350581	石狮市祥芝镇	113059
6	350181	福清市宏路镇	7644	6	350623	漳浦县古雷镇	106766
7	350802	龙岩市新罗区西陂镇	7412	7	350321	莆田县南日镇	106016
8	350101	福州市辖区晋安鼓山镇	7300	8	350681	龙海市港尾镇	104250
9	350681	龙海市角美镇	7137	9	350626	东山县陈城镇	99643
10	350101	福州市辖区仓山建新镇	6920	10	350182	长乐市梅花镇	91730

2—1—14 江西省按主要指标排列的乡镇前十名

序号	县级代码	乡镇名称	乡村经济总收入（万元）	序号	县级代码	乡镇名称	财政收入（万元）
1	360121	南昌县向塘镇	114817	1	362302	德兴市泗洲镇	4059
2	360111	郊区罗家镇	102373	2	360111	郊区湖坊乡	2589
3	360502	渝水区沙土乡	76317	3	360121	南昌县向塘镇	2186
4	360313	湘东区下埠镇	63111	4	362322	广丰县五都镇	1906
5	360121	南昌县武阳镇	61605	5	360124	进贤县李渡镇	1890
6	360202	昌江区竟成镇	61469	6	360302	安源区高坑镇	1820
7	360124	进贤县李渡镇	61359	7	362227	万载县株潭镇	1519
8	360302	安源区青山镇	60567	8	360111	郊区塘山乡	1503
9	360124	进贤县温圳镇	60216	9	360313	湘东区下埠镇	1429
10	360302	安源区高坑镇	59877	10	360322	上栗县桐木镇	1350

序号	县级代码	乡镇名称	粮食产量（吨）	序号	县级代码	乡镇名称	棉花产量（吨）
1	360121	南昌县蒋巷镇	95572	1	360502	渝水区罗坊镇	1445
2	360121	南昌县向塘镇	69140	2	360430	彭泽县马当镇	1362
3	360121	南昌县泾口乡	64962	3	360430	彭泽县棉船镇	1362
4	360121	南昌县南新乡	60000	4	360421	九江县江洲镇	1248
5	360123	安义县石鼻镇	58797	5	360502	渝水区水西镇	1216
6	362202	丰城市张巷镇	51010	6	360430	彭泽县乐观乡	1041
7	360281	乐平市众埠镇	47221	7	360430	彭泽县杨梓镇	988
8	362226	奉新县赤岸乡	45495	8	360502	渝水区下村镇	936
9	360121	南昌县塘南镇	44680	9	362525	崇仁县航埠镇	874
10	362202	丰城市秀市镇	43076	10	360430	彭泽县东升镇	864

序号	县级代码	乡镇名称	油料产量（吨）	序号	县级代码	乡镇名称	年末大牲畜存栏数（头）
1	360122	新建县生米镇	6342	1	360502	渝水区下村镇	22347
2	360521	分宜县松山镇	5206	2	362202	丰城市小港镇	21800
3	362428	万安县窑头镇	4618	3	360726	安远县孔田镇	16501
4	360430	彭泽县棉船镇	4269	4	362323	玉山县横街镇	15284
5	362525	崇仁县航埠镇	4200	5	362201	宜春市西村镇	14300
6	360730	宁都县长胜镇	4032	6	360122	新建县石岗镇	13700
7	362204	高安市祥符乡	3508	7	362204	高安市新街镇	13591
8	360122	新建县石岗镇	3269	8	362202	丰城市同田乡	12824
9	360121	南昌县蒋巷镇	3248	9	362426	泰和县螺溪乡	12759
10	362204	高安市相城乡	3207	10	360502	渝水区水西镇	12690

序号	县级代码	乡镇名称	肉类总产量（吨）	序号	县级代码	乡镇名称	水产品产量（吨）
1	360121	南昌县南新乡	11300	1	362329	余干县瑞洪镇	9528
2	360121	南昌县蒋巷镇	9036	2	360121	南昌县蒋巷镇	6430
3	360111	郊区罗家镇	7813	3	360121	南昌县向塘镇	5310
4	362202	丰城市桥东乡	7779	4	360428	都昌县西源乡	5233
5	362202	丰城市张巷镇	7560	5	360121	南昌县泾口乡	4677
6	360121	南昌县黄马乡	7414	6	360121	南昌县塘南镇	4523
7	360121	南昌县向塘镇	7067	7	360121	南昌县南新乡	4445
8	360281	乐平市乐港镇	6825	8	360121	南昌县岗上镇	4265
9	360121	南昌县泾口乡	5849	9	362330	波阳县双港镇	4231
10	362228	上高县锦江乡	5786	10	362202	丰城市荣塘镇	3740

2—1—15 山东省按主要指标排列的乡镇前十名

序号	县级代码	乡镇名称	乡村经济总收入（万元）	序号	县级代码	乡镇名称	财政收入（万元）
1	370681	龙口市诸由镇	527492	1	370882	兖州市新兖镇	9636
2	370304	博山区域城镇	463461	2	371082	荣成市石岛镇	8571
3	370523	广饶县大王镇	457000	3	370523	广饶县大王镇	8147
4	370303	张店区南定镇	417909	4	370214	城阳区流亭镇	5439
5	371302	兰山区半程镇	416500	5	370285	莱西市李权庄镇	4556
6	370681	龙口市东江镇	381676	6	370112	历城区王舍人镇	4247
7	370784	安丘市景芝镇	380300	7	370181	章丘市刁镇镇	4150
8	370882	兖州市新兖镇	374000	8	371081	文登市宋村镇	4029
9	371081	文登市泽库镇	330868	9	370811	任城区柳行镇	4012
10	370181	章丘市刁镇镇	323350	10	370681	龙口市东江镇	3984

序号	县级代码	乡镇名称	粮食产量（吨）	序号	县级代码	乡镇名称	棉花产量（吨）
1	370811	任城区唐口镇	80182	1	372926	巨野县章缝镇	4307
2	370283	平度市万家镇	68956	2	372325	沾化县李家乡	4014
3	370829	加祥县金屯镇	68003	3	372924	成武县伯乐集镇	3840
4	370283	平度市崔家集镇	66613	4	371427	夏津县新盛店镇	2905
5	370911	郊区汶口镇	64118	5	370322	高青县唐坊镇	2726
6	372328	博兴县店子镇	62183	6	372926	巨野县陶庙乡	2640
7	370283	平度市明村镇	59823	7	372926	巨野县葛店乡	2520
8	370881	曲阜市陵城镇	59276	8	372926	巨野县谢集镇	2390
9	370883	邹城市太平镇	57313	9	370832	梁山县馆里乡	2369
10	370283	平度市仁兆镇	56946	10	370828	金乡县肖云镇	2210

序号	县级代码	乡镇名称	油料产量（吨）	序号	县级代码	乡镇名称	年末大牲畜存栏数（头）
1	370283	平度市云山镇	13095	1	370181	章丘市高官寨镇	43052
2	370283	平度市崔家集镇	11730	2	370283	平度市崔家集镇	37659
3	370923	东平县彭集镇	11587	3	372922	曹县倪集乡	37650
4	370284	胶南市海青镇	11423	4	370181	章丘市黄河乡	35228
5	370283	平度市张戈庄镇	11386	5	371424	临邑县临南镇	34200
6	370283	平度市麻兰镇	10830	6	371421	陵县滋镇	32738
7	371526	高唐县清平镇	10659	7	371421	陵县糜镇	32730
8	371103	岚山区碑廓镇	10574	8	370283	平度市张舍镇	32300
9	370921	宁阳县蒋集镇	10063	9	371425	齐河县仁里集乡	30360
10	372925	单县陈蛮庄乡	9966	10	370283	平度市白埠镇	29868

序号	县级代码	乡镇名称	肉类总产量（吨）	序号	县级代码	乡镇名称	水产品产量（吨）
1	370283	平度市崔家集镇	45965	1	370783	寿光市羊口镇	270000
2	370786	昌邑市宋庄镇	23823	2	371081	文登市泽库镇	215300
3	370322	高青县赵店镇	20180	3	371082	荣成市石岛镇	175408
4	370784	安丘市景芝镇	18712	4	371082	荣成市龙须镇	150247
5	370321	桓台县荆家镇	17523	5	371082	荣成市人和镇	148554
6	370306	周村区大姜镇	17110	6	370684	蓬莱市大季家镇	140000
7	370784	安丘市金冢子镇	16601	7	370214	城阳区红岛镇	136005
8	370283	平度市崔召镇	16411	8	371082	荣成市俚岛镇	110845
9	370786	昌邑市卜庄镇	16370	9	371083	乳山市海阳所	100580
10	370284	胶南市藏南镇	16337	10	371002	环翠区孙家疃	96343

2—1—16 河南省按主要指标排列的乡镇前十名

序号	县级代码	乡镇名称	乡村经济总收入（万元）	序号	县级代码	乡镇名称	财政收入（万元）
1	410181	巩义市米河镇	359660	1	411282	灵宝市朱阳镇	3681
2	410181	巩义市回郭镇	324868	2	410511	郊区东郊乡	3079
3	410183	新密市大隗镇	260000	3	411282	灵宝市阳平镇	2993
4	410102	中原区须水镇	233023	4	410311	郊区关林镇	2653
5	410183	新密市超化镇	227200	5	411282	灵宝市豫灵镇	2528
6	412801	驻马店市老街乡	209000	6	411282	灵宝市故县镇	2427
7	410105	金水区庙李乡	164645	7	410522	安阳县水冶镇	2393
8	412725	鹿邑县玄武镇	163535	8	411329	唐河县城郊乡	2385
9	410381	偃师市顾县镇	160206	9	410381	偃师市诸葛镇	2308
10	418181	济源市克井镇	150476	10	410721	新乡县小冀镇	2275

序号	县级代码	乡镇名称	粮食产量（吨）	序号	县级代码	乡镇名称	棉花产量（吨）
1	410621	浚县新镇镇	84111	1	411303	宛城区红泥湾镇	5993
2	410526	滑县八里营乡	73808	2	412724	太康县板桥乡	5670
3	410621	浚县小河镇	73061	3	412726	郸城县石槽乡	5200
4	412724	太康县高贤乡	68400	4	412724	太康县逊母口镇	4994
5	410526	滑县牛屯镇	68017	5	412721	扶沟县练寺镇	4868
6	410621	浚县卫贤乡	67155	6	410223	尉氏县永兴镇	4844
7	411024	鄢陵县陶城乡	66037	7	412721	扶沟县大新镇	4657
8	411329	唐河县昝岗乡	62926	8	412721	扶沟县汴岗乡	4602
9	410621	浚县城关乡	62250	9	411303	宛城区汉冢乡	4520
10	410621	浚县王庄乡	62182	10	411402	梁园区谢集镇	4512

序号	县级代码	乡镇名称	油料产量（吨）	序号	县级代码	乡镇名称	年末大牲畜存栏数（头）
1	412829	正阳县慎水乡	28681	1	411322	方城县博望镇	45700
2	412727	淮阳县刘振屯乡	24261	2	411329	唐河县源潭镇	42600
3	411421	民权县尹店乡	20156	3	412726	郸城县白马镇	42176
4	412829	正阳县袁寨乡	18924	4	411329	唐河县城郊乡	41900
5	412727	淮阳县冯塘乡	18356	5	411380	邓州市构林镇	38800
6	412829	正阳县傅寨乡	18160	6	411322	方城县独树镇	38468
7	412829	正阳县熊寨镇	17541	7	412822	泌阳县羊册镇	36380
8	412829	正阳县兰青乡	16937	8	412822	泌阳县铜山乡	33640
9	412829	正阳县寒冻镇	16759	9	411322	方城县小史店镇	32768
10	410224	开封县范村乡	16712	10	412822	泌阳县板桥镇	32412

序号	县级代码	乡镇名称	肉类总产量（吨）	序号	县级代码	乡镇名称	水产品产量（吨）
1	412726	郸城县汲冢镇	14753	1	410306	吉利区吉利乡	3200
2	412824	西平县二郎乡	11285	2	410322	孟津县会盟镇	2840
3	411123	郾城县召陵镇	11077	3	410105	金水区祭城镇	2660
4	410622	淇县高村镇	10803	4	410105	金水区姚桥乡	2538
5	411024	鄢陵县只乐乡	10730	5	410108	邙山区花园口乡	2505
6	412727	淮阳县冯塘乡	10448	6	410105	金水区柳林镇	2460
7	412727	淮阳县大连乡	10226	7	411321	南召县太山庙乡	2455
8	410622	淇县桥盟乡	10024	8	413028	罗山县朱堂乡	2234
9	410482	汝州市纸坊乡	9857	9	413028	罗山县楠杆镇	2200
10	411123	郾城县黑龙潭乡	9362	10	413028	罗山县周党镇	2100

2—1—17 湖北省按主要指标排列的乡镇前十名

序号	县级代码	乡镇名称	乡村经济总收入（万元）	序号	县级代码	乡镇名称	财政收入（万元）
1	420621	襄阳县双沟镇	464460	1	420521	宜昌县龙泉镇	4339
2	420124	新洲县阳逻镇	350117	2	420821	钟祥市胡集镇	4200
3	420701	鄂州市葛店镇	346557	3	420221	大冶市还地桥镇	3668
4	423301	天门市岳口镇	335823	4	420221	大冶市陈贵镇	3360
5	423401	潜江市张金镇	285210	5	423401	潜江市张金镇	2700
6	420101	武汉市长丰乡	279095	6	420620	老河口市仙人渡镇	2265
7	420101	武汉市永丰乡	269750	7	422128	蕲春县大同镇	2061
8	422128	蕲春县漕河镇	260537	8	420222	阳新县富池镇	2014
9	420821	钟祥市胡集镇	256176	9	420321	丹江口市武当山镇	2000
10	420401	沙市区立新乡	248518	10	420621	襄阳县双沟镇	1870
序号	县级代码	乡镇名称	粮食产量（吨）	序号	县级代码	乡镇名称	棉花产量（吨）
1	420425	监利县黄歇口镇	100640	1	420423	公安县埠河镇	4709
2	420821	钟祥市胡集镇	81201	2	420523	枝江市七星台镇	4466
3	420401	荆州区川店镇	80022	3	420802	沙洋县马良镇	3684
4	420621	襄阳县伙牌镇	78961	4	422130	黄梅县新开镇	3282
5	420821	钟祥市洋梓镇	76974	5	420822	京山县永隆镇	3225
6	420425	监利县新沟镇	76154	6	420401	荆州区弥市镇	3200
7	420622	枣阳市兴隆镇	75638	7	420523	枝江市百里洲镇	3196
8	423101	随州市淅河镇	74025	8	420423	公安县杨家厂镇	3107
9	420622	枣阳市七方镇	73592	9	420423	公安县毛家港镇	3005
10	420822	京山县罗店镇	72378	10	423301	天门市渔薪镇	2930
序号	县级代码	乡镇名称	油料产量（吨）	序号	县级代码	乡镇名称	年末大牲畜存栏数（头）
1	420623	宜城市王集镇	23386	1	420621	襄阳县峪山镇	56594
2	422123	红安县七里坪	19475	2	420622	枣阳市太平镇	42000
3	420623	宜城市新街乡	13276	3	420621	襄阳县黄龙镇	26707
4	420524	当阳市半月镇	13024	4	420622	枣阳市刘升镇	23322
5	420821	钟祥市潞市镇	11546	5	423101	随州市唐县镇	22018
6	420822	京山县石龙镇	9342	6	420622	枣阳市徐寨镇	22016
7	423201	仙桃市三伏潭镇	8796	7	420622	枣阳市琚湾镇	20761
8	423201	仙桃市郭河镇	8218	8	422123	红安县七里坪	18816
9	420821	钟祥市石牌镇	8162	9	420622	枣阳市新市镇	17402
10	420523	枝江市仙女镇	8114	10	422129	武穴市两路镇	17183
序号	县级代码	乡镇名称	肉类总产量（吨）	序号	县级代码	乡镇名称	水产品产量（吨）
1	422129	武穴市两路镇	25963	1	423401	潜江市龙湾镇	20000
2	420928	汉川市南河乡	16615	2	420802	沙洋县蛟尾镇	16204
3	420621	襄阳县峪山镇	13523	3	420426	洪湖市沙口镇	15920
4	420621	襄阳县张家集镇	11110	4	420802	沙洋县毛李镇	15735
5	420521	宜昌县鸦鹊镇	10201	5	420401	沙市区观音垱镇	15492
6	422826	咸丰县尖山乡	9256	6	420426	洪湖市黄家口镇	12980
7	420623	宜城市璞河镇	8018	7	423201	仙桃市通海口镇	11907
8	423301	天门市拖市镇	7565	8	423201	仙桃市豆河镇	11202
9	423101	随州市均川镇	7420	9	423201	仙桃市麻港乡	10830
10	423401	潜江市浩口镇	7377	10	423201	仙桃市郭河镇	10573

2—1—18 湖南省按主要指标排列的乡镇前十名

序号	县级代码	乡镇名称	乡村经济总收入（万元）	序号	县级代码	乡镇名称	财政收入（万元）
1	430121	长沙县黄花镇	293095	1	430412	南岳区南岳镇	3102
2	430105	开福区捞刀河镇	233481	2	430122	望城县坪塘镇	2689
3	430122	望城县坪塘镇	205153	3	430124	宁乡县煤碳坝镇	2610
4	430121	长沙县春华镇	200701	4	430482	常宁市松柏镇	2538
5	431321	双峰县三塘铺镇	187829	5	430111	雨花区雨花亭乡	2506
6	430121	长沙县暮云镇	180165	6	430181	浏阳市大瑶镇	2374
7	430724	临澧县新安镇	174139	7	430121	长沙县北山镇	2221
8	430122	望城县莲花镇	172624	8	430181	浏阳市大平桥镇	2035
9	430281	醴陵市浦口镇	168000	9	430111	雨花区洞井镇	1956
10	430121	长沙县黄花镇	166480	10	430121	长沙县暮云镇	1950
序号	县级代码	乡镇名称	粮食产量（吨）	序号	县级代码	乡镇名称	棉花产量（吨）
1	430121	长沙县黄花镇	85759	1	430623	华容县幸福乡	2102
2	430525	洞口县高沙镇	77000	2	430921	南县武圣宫镇	2059
3	430525	洞口县竹市镇	58572	3	430623	华容县团洲乡	2027
4	430581	武冈市湾头桥镇	56423	4	430623	华容县新河乡	1999
5	430321	湘潭县射埠镇	54787	5	430725	桃源县木塘垸乡	1976
6	430581	武冈市邓元泰镇	52532	6	430981	沅江市泗湖山镇	1955
7	430181	浏阳市永安镇	51525	7	430623	华容县注滋口镇	1885
8	430121	长沙县江背镇	50735	8	430721	安乡县安福乡	1725
9	430421	衡阳县岘山乡	50016	9	430703	鼎城区中河口镇	1620
10	430525	洞口县黄桥镇	49344	10	430721	安乡县黄山头乡	1560
序号	县级代码	乡镇名称	油料产量（吨）	序号	县级代码	乡镇名称	年末大牲畜存栏数（头）
1	430725	桃源县漆河镇	6628	1	430528	新宁县回龙寺镇	24073
2	430525	洞口县竹市镇	5512	2	430528	新宁县高桥镇	15896
3	430421	衡阳县渣江镇	5500	3	430524	隆回县岩口乡	15668
4	430422	衡南县松江乡	5227	4	431322	新化县白溪镇	14700
5	430422	衡南县茅市镇	4934	5	430525	洞口县高沙镇	14500
6	430721	安乡县安丰乡	4778	6	430524	隆回县滩头镇	14367
7	430681	汨罗市桃林镇	4887	7	430523	邵阳县九公桥镇	14240
8	430726	石门县夹山镇	4096	8	430528	新宁县飞仙桥乡	14075
9	430724	临澧县柏枝乡	3965	9	431023	永兴县七甲乡	13677
10	430723	澧县官垸乡	3850	10	430528	新宁县安山乡	13170
序号	县级代码	乡镇名称	肉类总产量（吨）	序号	县级代码	乡镇名称	水产品产量（吨）
1	430121	长沙县黄兴镇	23500	1	430722	汉寿县西港镇	8401
2	430726	石门县子良乡	22780	2	430981	沅江市七子浃乡	6895
3	430121	长沙县黄花镇	17647	3	430724	临澧县合口镇	6500
4	430525	洞口县高沙镇	12930	4	430702	武陵区芦山乡	4890
5	431321	双峰县杏子铺镇	12810	5	430602	岳阳楼区洞庭乡	4850
6	430121	长沙县北山镇	11974	6	430722	汉寿县罐头嘴镇	4760
7	430903	赫山区千家洲乡	10817	7	430981	沅江市泗湖山镇	4736
8	430525	洞口县竹市镇	10669	8	430725	桃源县漆河镇	4337
9	431321	双峰县梓门桥镇	10517	9	430703	鼎城区石公桥镇	4241
10	430422	衡南县三塘镇	10387	10	431121	祁阳县黄泥塘镇	3910

2—1—19 广东省按主要指标排列的乡镇前十名

序号	县级代码	乡镇名称	乡村经济总收入（万元）	序号	县级代码	乡镇名称	财政收入（万元）
1	442098	中山市辖区小榄镇	1091741	1	440301	深圳市辖区布吉镇	52000
2	440681	顺德市北窖镇	981621	2	440681	顺德市容奇镇	46991
3	440681	顺德市桂洲镇	837800	3	441998	东莞市辖区常平镇	31541
4	440682	南海市西樵镇	716000	4	441998	东莞市辖区厚街镇	29019
5	440682	南海市南庄镇	686279	5	441998	东莞市辖区虎门镇	25060
6	440681	顺德市乐从镇	686000	6	441998	东莞市辖区塘厦镇	24530
7	440681	顺德市勒流镇	633494	7	440301	深圳市辖区西乡镇	22546
8	440101	广州市辖区新教镇	618213	8	441998	东莞市辖区长安镇	21087
9	440681	顺德县龙江镇	576457	9	440682	南海市西樵镇	20744
10	440681	顺德县伦教镇	572000	10	441998	东莞市辖区樟木头镇	19883
序号	县级代码	乡镇名称	粮食产量（吨）	序号	县级代码	乡镇名称	棉花产量（吨）
1	441283	高要市金利镇	48953	1			
2	440882	雷州市附城镇	47120	2			
3	441224	怀集县冷坑镇	46822	3			
4	440882	雷州市南兴镇	45193	4			
5	445381	罗定市素龙镇	44244	5			
6	440582	潮阳市西胪镇	44099	6			
7	440823	遂溪县黄略镇	44081	7			
8	440883	吴川市黄坡镇	42371	8			
9	440781	台山市都斛镇	41391	9			
10	440881	廉江市横山镇	41132	10			
序号	县级代码	乡镇名称	油料产量（吨）	序号	县级代码	乡镇名称	年末大牲畜存栏数（头）
1	441801	清远市辖区连江口镇	8017	1	440881	廉江市横山镇	22640
2	440882	雷州市客路镇	6947	2	441224	怀集县冷坑镇	21574
3	440882	雷州市纪家镇	5865	3	440881	廉江市青平镇	19926
4	440221	曲江县樟市镇	5652	4	440882	雷州市客路镇	18540
5	441881	英德市大湾镇	5125	5	441781	阳春市岗美镇	18186
6	440881	廉江市横山镇	4922	6	441781	阳春市双铰镇	16071
7	440823	遂溪县黄略镇	4602	7	440923	电白县羊角镇	15703
8	441801	清远市辖区水边镇	4340	8	441224	怀集县大岗镇	15208
9	440224	仁化县董塘镇	4192	9	441781	阳春市八甲镇	15029
10	441601	河源市辖区埔前镇	4172	10	440923	电白县观珠镇	14939
序号	县级代码	乡镇名称	肉类总产量（吨）	序号	县级代码	乡镇名称	水产品产量（吨）
1	441998	东莞市辖区寮步镇	25306	1	440781	台山市南湾镇	124393
2	440782	新会市棠下镇	20719	2	440781	台山市上川镇	115422
3	440983	信宜市池洞镇	15004	3	440923	电白县博贺镇	109433
4	440101	广州市辖区新市镇	14871	4	441721	阳西县溪头镇	107635
5	440101	广州市辖区江高镇	13974	5	441701	阳江市辖区海陵镇	96311
6	441998	东莞市辖区大朗镇	13425	6	441721	阳西县程村镇	92722
7	440101	广州市辖区人和镇	12926	7	440181	番禺市石楼镇	75639
8	441998	东莞市辖区虎门镇	11988	8	441723	阳东县东平镇	70929
9	440101	广州市辖区石井镇	11095	9	441581	陆丰市碣石镇	70618
10	441998	东莞市辖区大岭山镇	11088	10	441721	阳西县沙扒镇	68500

2—1—20 广西壮族自治区按主要指标排列的乡镇前十名

序号	县级代码	乡镇名称	乡村经济总收入（万元）	序号	县级代码	乡镇名称	财政收入（万元）
1	450521	合浦县公馆镇	440422	1	452725	南丹县大厂镇	9917
2	450803	贵港市港南区桥圩镇	244946	2	450521	合浦县公馆镇	5532
3	450925	容县容厢镇	206342	3	452123	宾阳县黎塘镇	4500
4	450925	容县黎村镇	194397	4	450481	岑溪县安平镇	4337
5	450521	合浦县山口镇	177765	5	452725	南丹县车河镇	2832
6	450521	合浦县党江镇	175435	6	452123	宾阳县宾州镇	2801
7	450681	东兴市江平镇	171353	7	452724	环江县上朝镇	2326
8	450521	合浦县白沙镇	170088	8	450925	容县容厢镇	2237
9	450521	合浦县西场镇	168112	9	450928	博白县城厢镇	1515
10	452123	宾阳县宾州镇	156327	10	450504	北海市铁山港区南康镇	1487
序号	县级代码	乡镇名称	粮食产量（吨）	序号	县级代码	乡镇名称	棉花产量（吨）
1	450521	合浦县党江镇	48847	1			
2	450324	全州县龙水镇	45061	2			
3	450724	灵山县太平镇	44696	3			
4	450702	钦州市钦北区大寺镇	44523	4			
5	450901	玉林市樟木镇	44316	5			
6	450821	平南县大新镇	43727	6			
7	450724	灵山县三海镇	43239	7			
8	450324	全州县才湾镇	42218	8			
9	450928	博白县龙潭镇	41756	9			
10	452122	横县校椅镇	41556	10			
序号	县级代码	乡镇名称	油料产量（吨）	序号	县级代码	乡镇名称	年末大牲畜存栏数（头）
1	452229	融水县融水乡	6898	1	450928	博白县龙潭镇	24086
2	452426	贺州市贺街镇	3997	2	450221	柳城县穿山镇	23827
3	452426	贺州市信都镇	3646	3	452226	来宾县良江镇	21578
4	452226	来宾县蒙村乡	3479	4	452723	罗城县龙岸镇	21479
5	452622	田阳县百育镇	3027	5	450221	柳城县土博镇	21373
6	450521	合浦县石康镇	2965	6	452226	来宾县三五乡	20904
7	450504	北海市铁山港区南康镇	2965	7	452424	昭平县木格乡	20753
8	450324	全州县凤凰乡	2952	8	452231	忻城县宁江乡	20288
9	452631	隆林县天生桥镇	2883	9	450724	灵山县那隆镇	19670
10	450503	北海市银海区福成镇	2840	10	450221	柳城县百朋镇	19444
序号	县级代码	乡镇名称	肉类总产量（吨）	序号	县级代码	乡镇名称	水产品产量（吨）
1	452426	贺州市莲塘镇	10187	1	450503	北海市银海区侨港镇	101801
2	450921	兴业县大平山镇	9565	2	450504	北海市铁山港区营盘镇	95250
3	450121	邕宁县南晓镇	8906	3	450701	钦州市钦南区龙门港镇	85971
4	452426	贺州市桂岭镇	8882	4	450521	合浦县党江镇	84960
5	450521	合浦县党江镇	8473	5	450701	钦州市钦南区犀牛脚镇	84135
6	452226	来宾县五山乡	8028	6	450521	合浦县西场镇	81616
7	452426	贺州市贺街镇	7446	7	450602	防城港市港口区企沙镇	78133
8	450122	武鸣县陆斡镇	7387	8	450681	东兴市江平镇	58000
9	452426	贺州市鹅塘镇	7239	9	450521	合浦县沙田镇	47487
10	450928	博白县三滩镇	7192	10	450701	钦州市钦南区大番坡镇	47299

2—1—21 海南省按主要指标排列的乡镇前十名

序号	县级代码	乡镇名称	乡村经济总收入（万元）	序号	县级代码	乡镇名称	财政收入（万元）
1	469028	临高县新盈镇	45650	1	469027	澄迈县马村镇	3800
2	469028	临高县调楼镇	41188	2	469027	澄迈县老城镇	2335
3	469002	琼海市塔洋镇	35000	3	469004	琼山市演丰镇	1618
4	469004	琼山市东山镇	33500	4	469004	琼山市灵山镇	750
5	469004	琼山市灵山镇	29153	5	469002	琼海市长坡镇	737
6	469004	琼山市龙圹镇	28998	6	460100	海口市长流镇	721
7	469005	文昌市会文镇	28820	7	469002	琼海市中原镇	645
8	469002	琼海市大路镇	24147	8	469005	文昌市清兰镇	630
9	469002	琼海市长坡镇	21710	9	469002	琼海市温泉镇	610
10	469033	乐东县黄流镇	19876	10	469024	万宁市北坡镇	600

序号	县级代码	乡镇名称	粮食产量（吨）	序号	县级代码	乡镇名称	棉花产量（吨）
1	469031	昌江县海尾乡	37063	1			
2	469033	乐东县冲坡镇	36502	2			
3	469002	琼海市大路镇	24531	3			
4	469028	临高县博厚镇	23616	4			
5	469004	琼山市东山镇	22670	5			
6	469003	儋州市和庆镇	22296	6			
7	469031	昌江县乌烈镇	21978	7			
8	469003	儋州市海头镇	19874	8			
9	469004	琼山市红旗镇	18360	9			
10	469033	乐东县志仲镇	18333	10			

序号	县级代码	乡镇名称	油料产量（吨）	序号	县级代码	乡镇名称	年末大牲畜存栏数（头）
1	469033	乐东县冲坡镇	4718	1	469032	东方市罗带乡	25130
2	469033	乐东县黄流镇	4677	2	469033	乐东黎族自治县冲坡镇	19210
3	469003	儋州市新州镇	2940	3	469003	儋州市海头镇	14415
4	469032	东方市四更镇	2471	4	469025	定安县雷鸣镇	13996
5	469025	定安县雷鸣镇	1980	5	460200	三亚市天涯镇	13071
6	469003	儋州市中和镇	1861	6	469004	琼山市东山镇	12803
7	469003	儋州市洛基镇	1717	7	469033	乐东黎族自治县黄流镇	12021
8	469033	乐东县三平乡	1705	8	469028	临高县博厚镇	11554
9	469032	东方市中沙乡	1685	9	469032	东方市三家乡	11414
10	469032	东方市板桥镇	1473	10	469033	乐东黎族自治县志仲镇	11389

序号	县级代码	乡镇名称	肉类总产量（吨）	序号	县级代码	乡镇名称	水产品产量（吨）
1	469005	文昌市锦山镇	8608	1	469028	临高县新盈镇	68853
2	469002	琼海市大路镇	6746	2	469028	临高县调楼镇	67311
3	469002	琼海市长坡镇	5608	3	469003	儋州市新英镇	50026
4	469002	琼海市中原镇	5431	4	469003	儋州市白马井镇	48350
5	469027	澄迈县瑞溪镇	5085	5	469034	陵水县新村镇	30439
6	469002	琼海市上甬乡	4929	6	469031	昌江县海尾乡	21235
7	469002	琼海市福田镇	4818	7	469003	儋州市海头镇	19450
8	469004	琼山市灵山镇	4682	8	469002	琼海市潭门镇	14950
9	469005	文昌市重兴镇	4661	9	469033	乐东县莺歌海镇	12144
10	469032	东方市罗带乡	4479	10	469003	儋州市光村镇	11407

2—1—22 重庆市按主要指标排列的乡镇前十名

序号	县级代码	乡镇名称	乡村经济总收入（万元）	序号	县级代码	乡镇名称	财政收入（万元）
1	500107	九龙坡区九龙镇	319959	1	500112	渝北区两路镇	5302
2	500107	九龙坡区石桥镇	279492	2	500112	渝北区龙溪镇	4283
3	500106	沙坪坝区覃家岗镇	271285	3	500222	綦江县三江镇	2450
4	500104	大渡口区八桥镇	256221	4	500225	大足县龙水镇	2400
5	500113	巴南区花溪镇	206211	5	500108	南岸区黄桷垭镇	1885
6	500108	南岸区南坪镇	185806	6	500107	九龙坡区九龙镇	1681
7	500104	大渡口区建胜镇	143314	7	500113	巴南区南泉镇	1680
8	500107	九龙坡区华岩镇	141280	8	500228	梁平县仁贤镇	1624
9	500108	南岸区涂山镇	116888	9	500107	九龙坡区石桥镇	1535
10	500106	沙坪坝区井口镇	114297	10	500227	璧山县青杠镇	1305

序号	县级代码	乡镇名称	粮食产量（吨）	序号	县级代码	乡镇名称	棉花产量（吨）
1	500381	江津市石蟆镇	42698	1			
2	500222	綦江县永新镇	41453	2			
3	500225	大足县龙水镇	40670	3			
4	500223	潼南县塘坝镇	37108	4			
5	500381	江津市白沙镇	35611	5			
6	500222	綦江县石角镇	35365	6			
7	500231	垫江县澄溪镇	35061	7			
8	500225	大足县万古镇	32993	8			
9	500107	九龙坡区西彭镇	32884	9			
10	500383	永川市何埂镇	32309	10			

序号	县级代码	乡镇名称	油料产量（吨）	序号	县级代码	乡镇名称	年末大牲畜存栏数（头）
1	500235	云阳县渠马镇	3250	1	500383	永川市何埂镇	33267
2	500235	云阳县双土镇	1600	2	500383	永川市双竹镇	29730
3	500226	荣昌县清流镇	1391	3	500233	忠县拔山镇	24411
4	500223	潼南县光辉镇	1351	4	500222	綦江县万兴乡	23001
5	500101	万州区新袁乡	1323	5	500384	南川市文凤镇	22581
6	500102	涪陵区珍溪镇	1152	6	500383	永川市五间镇	21610
7	500223	潼南县双江镇	1130	7	500383	永川市王坪镇	21555
8	500223	潼南县柏梓镇	1103	8	500384	南川市南平镇	21436
9	500223	潼南县上和镇	1085	9	500384	南川市大观镇	20328
10	500230	丰都县双龙场乡	980	10	500236	奉节县草堂镇	19559

序号	县级代码	乡镇名称	肉类总产量（吨）	序号	县级代码	乡镇名称	水产品产量（吨）
1	500383	永川市宝峰镇	27354	1	500113	巴南区花溪镇	4019
2	500238	巫溪县古路镇	14633	2	500225	大足县三驱镇	1785
3	500381	江津市高歇镇	11668	3	500113	巴南区惠民镇	1558
4	500241	秀山县龙凤乡	10275	4	500383	永川市何埂镇	1493
5	500222	綦江县永新镇	9465	5	500107	九龙坡区华岩镇	1427
6	500381	江津市先锋镇	6502	6	500224	铜梁县安居镇	1102
7	500384	南川市南平镇	6340	7	500231	垫江县杠家乡	979
8	500222	綦江县赶水镇	6200	8	500221	长寿县龙河镇	975
9	500381	江津市津福镇	5518	9	500226	荣昌县双河镇	968
10	500384	南川市大观镇	5300	10	500221	长寿县云集镇	944

2—1—23 四川省按主要指标排列的乡镇前十名

序号	县级代码	乡镇名称	乡村经济总收入（万元）	序号	县级代码	乡镇名称	财政收入（万元）
1	510106	金牛区金牛乡	465710	1	510106	金牛区金牛乡	7959
2	510107	武侯区簇桥乡	321149	2	510105	青羊区苏坡乡	5999
3	510105	青羊区苏坡乡	244737	3	510703	涪城区城郊乡	5966
4	510106	金牛区天回乡	233317	4	510106	金牛区洞子口乡	5921
5	510108	成华区圣灯乡	171359	5	510107	武侯区石羊乡	5499
6	510107	武侯区石羊乡	170088	6	510108	成华区青龙乡	5393
7	510106	金牛区营门口乡	164943	7	510108	成华区圣灯乡	5174
8	510108	成华区保和乡	160522	8	510107	武侯区簇桥乡	5133
9	510106	金牛区洞子口乡	148962	9	510704	游仙区游仙镇	4742
10	510108	成华区青龙乡	145253	10	510703	涪城区永兴镇	4306

序号	县级代码	乡镇名称	粮食产量（吨）	序号	县级代码	乡镇名称	棉花产量（吨）
1	510902	遂宁市市中区三家镇	48202	1	513922	乐至县良安镇	1072
2	511024	威远县镇西镇	46256	2	510923	大英县河边镇	1040
3	510623	中江县南华镇	44561	3	510902	遂宁市市中区拦江镇	911
4	510923	大英县隆盛镇	43813	4	513902	简阳市云龙镇	849
5	510521	泸县太伏镇	43521	5	510923	大英县玉峰镇	838
6	511521	宜宾县观音镇	39546	6	513901	资阳市祥符镇	817
7	513921	安岳县华严镇	39510	7	513922	乐至县大佛镇	799
8	510129	大邑县安仁镇	39256	8	510722	三台县紫河镇	780
9	510623	中江县辑庆镇	38906	9	510902	遂宁市市中区保石镇	721
10	510923	大英县河边镇	38862	10	513922	乐至县劳动镇	630

序号	县级代码	乡镇名称	油料产量（吨）	序号	县级代码	乡镇名称	年末大牲畜存栏数（头）
1	513921	安岳县高屋乡	12765	1	513232	若尔盖县唐克乡	67649
2	511323	蓬安县杨家镇	8522	2	513231	阿坝县贾洛乡	66411
3	511323	蓬安县睦坝乡	7340	3	513232	若尔盖县辖曼乡	60050
4	511323	蓬安县白玉乡	4761	4	513232	若尔盖县班佑乡	58740
5	513825	丹棱县仁美镇	4000	5	513321	康定县塔公乡	58139
6	510722	三台县芦溪镇	3842	6	513233	红原县色地乡	56720
7	510722	三台县新鲁镇	3479	7	513231	阿坝县麦尔玛乡	54139
8	513921	安岳县华严镇	3408	8	513334	理塘县村戈乡	43667
9	510722	三台县立新镇	3229	9	513233	红原县瓦切乡	43385
10	510724	安县花街镇	3135	10	513330	德格县竹庆乡	38768

序号	县级代码	乡镇名称	肉类总产量（吨）	序号	县级代码	乡镇名称	水产品产量（吨）
1	513901	资阳市碑记镇	20000	1	513825	丹棱县何场乡	6250
2	510522	合江县南滩乡	18162	2	510108	成华区龙潭乡	1795
3	510122	双流县华阳镇	17217	3	513822	仁寿县始建镇	1787
4	510823	剑阁县武连镇	11488	4	510725	梓潼县交泰乡	1750
5	510623	中江县凯江镇	8803	5	511321	南部县升水镇	1750
6	510623	中江县兴隆镇	8601	6	510132	新津县普兴镇	1605
7	510623	中江县回龙镇	8166	7	511133	马边县高卓营乡	1500
8	510823	剑阁县演圣镇	8099	8	511025	资中县水南镇	1400
9	510623	中江县龙台镇	7465	9	510181	都江堰市民兴乡	1310
10	510623	中江县南华镇	7438	10	513401	西昌市高枧乡	1239

2—1—24 贵州省按主要指标排列的乡镇前十名

序号	县级代码	乡镇名称	乡村经济总收入（万元）	序号	县级代码	乡镇名称	财政收入（万元）
1	520103	云岩区黔灵乡	522404	1	520121	开阳县金中镇	4392
2	520102	南明区云关乡	327443	2	522702	福泉市马场坪镇	2115
3	520102	南明区后巢乡	194570	3	520103	云岩区黔灵乡	1718
4	520112	乌当区野鸭乡	194429	4	520121	开阳县双流镇	1700
5	520302	红花岗区长征镇	110451	5	520113	白云区艳山红乡	1459
6	520302	红花岗区南关镇	89348	6	520222	盘县柏果镇	1444
7	520382	仁怀市茅台镇	83450	7	520321	遵义县龙坑镇	952
8	520302	红花岗区高桥镇	76557	8	522226	兴义市桔山镇	867
9	520112	乌当区东风镇	61927	9	522301	乌当区野鸭乡	865
10	520321	遵义县乌江镇	52039	10	520112	兴义市坪东镇	784

序号	县级代码	乡镇名称	粮食产量（吨）	序号	县级代码	乡镇名称	棉花产量（吨）
1	520321	遵义县新舟镇	36673	1			
2	520323	绥阳县旺草镇	36201	2			
3	520328	湄潭县永兴镇	35009	3			
4	520323	绥阳县风华镇	30096	4			
5	520321	遵义县虾子镇	30044	5			
6	520323	绥阳县郑场镇	29120	6			
7	520321	遵义县团溪镇	28400	7			
8	520321	遵义县三合镇	27949	8			
9	520328	湄潭县黄家坝镇	27886	9			
10	520321	遵义县团泽镇	26981	10			

序号	县级代码	乡镇名称	油料产量（吨）	序号	县级代码	乡镇名称	年末大牲畜存栏数（头）
1	520321	遵义县新舟镇	4547	1	520327	凤冈县琊川镇	27735
2	520321	遵义县虾子镇	4231	2	520327	凤冈县进化镇	27164
3	520323	绥阳县郑场镇	4028	3	522327	册亨县丫他镇	26715
4	520323	绥阳县风华镇	3872	4	520327	凤冈县蜂岩镇	26678
5	522501	安顺市七眼桥镇	3829	5	520327	凤冈县绥阳镇	25398
6	520321	遵义县团溪镇	3820	6	520327	凤冈县何坝乡	21440
7	520323	绥阳县旺草镇	3303	7	520327	凤冈县花坪镇	21092
8	520328	湄潭县黄家坝镇	3183	8	522530	紫云县扳当镇	19302
9	520323	绥阳县蒲场镇	3077	9	520327	凤冈县石径乡	18527
10	520321	遵义县三合镇	2932	10	520327	凤冈县王寨乡	18431

序号	县级代码	乡镇名称	肉类总产量（吨）	序号	县级代码	乡镇名称	水产品产量（吨）
1	522301	兴义市桔山镇	9661	1	520321	遵义县三合镇	2883
2	520323	绥阳县旺草镇	5680	2	520321	遵义县乌江镇	2256
3	520321	遵义县高坪镇	4366	3	520112	乌当区朱昌镇	944
4	520321	遵义县鸭溪镇	4124	4	520122	息烽县流长乡	915
5	520321	遵义县三合镇	4058	5	522630	台江县革一乡	426
6	520321	遵义县团溪镇	3584	6	522632	榕江县忠诚镇	401
7	520321	遵义县永乐镇	3573	7	522301	兴义市桔山镇	320
8	520324	正安县新洲镇	3484	8	520112	乌当区野鸭乡	261
9	520324	正安县安场镇	3438	9	522601	凯里市炉山镇	246
10	520321	遵义县团泽镇	3242	10	520321	遵义县虾子镇	245

2—1—25 云南省按主要指标排列的乡镇前十名

序号	县级代码	乡镇名称	乡村经济总收入（万元）	序号	县级代码	乡镇名称	财政收入（万元）
1	530111	官渡区金马镇	693129	1	530402	红塔区大营街镇	9300
2	530111	官渡区联盟镇	665686	2	530111	官渡区福海乡	6873
3	530111	官渡区福海乡	604475	3	530111	官渡区金马镇	6666
4	530111	官渡区前卫镇	553441	4	530111	官渡区联盟镇	5789
5	530102	西山区黑林铺镇	422992	5	530111	官渡区前卫镇	4953
6	530111	官渡区小板桥镇	345306	6	530102	西山区黑林铺镇	4858
7	530111	官渡区六甲乡	307834	7	530102	西山区海口镇	2790
8	530111	官渡区龙泉镇	284475	8	530111	官渡区六甲乡	2681
9	530402	红塔区大营街镇	269750	9	532901	大理市凤仪镇	2679
10	530402	红塔区北城镇	209102	10	530111	官渡区龙泉镇	2608
序号	县级代码	乡镇名称	粮食产量（吨）	序号	县级代码	乡镇名称	棉花产量（吨）
1	530322	陆良县三岔河镇	44924	1			
2	530322	陆良县马街镇	42712	2			
3	533001	保山市河图镇	38450	3			
4	530328	沾益县沾益乡	38435	4			
5	532901	大理市凤仪镇	35449	5			
6	530381	宣威市热水乡	34570	6			
7	530381	宣威市倘塘镇	34509	7			
8	533001	保山市板桥镇	33788	8			
9	532822	勐海县勐遮乡	33498	9			
10	530322	陆良县板桥镇	32879	10			
序号	县级代码	乡镇名称	油料产量（吨）	序号	县级代码	乡镇名称	年末大牲畜存栏数（头）
1	530324	罗平县环城乡	10715	1	533023	腾冲县界头乡	29610
2	530326	会泽县驾车乡	5641	2	532627	广南县八宝镇	28420
3	533022	施甸县由旺镇	5557	3	533023	腾冲县明光乡	24513
4	530324	罗平县板桥镇	5287	4	532628	富宁县洞波瑶族乡	23410
5	532927	巍山县庙街乡	3368	5	533001	保山市杨柳乡	22234
6	530322	陆良县召夸镇	2515	6	533524	永德县小勐统镇	22041
7	530324	罗平县大水井乡	2144	7	532929	云龙县长新乡	21569
8	530324	罗平县牛街乡	2047	8	532627	广南县黑支果乡	20340
9	530322	陆良县芳华镇	2004	9	533421	中甸县小中甸乡	19919
10	533124	陇川县户撒乡	1671	10	530129	寻甸县河口乡	19801
序号	县级代码	乡镇名称	肉类总产量（吨）	序号	县级代码	乡镇名称	水产品产量（吨）
1	530125	宜良县蓬莱乡	45197	1	530111	官渡区六甲乡	3560
2	530326	会泽县金钟乡	11683	2	530111	官渡区前卫镇	3200
3	530322	陆良县马街镇	9644	3	530111	官渡区福海乡	2569
4	532329	武定县插甸乡	8864	4	530125	宜良县南羊镇	2410
5	530381	宣威市来宾镇	8193	5	530122	晋宁县中和乡	2302
6	530125	宜良县北古城镇	7398	6	530127	嵩明县杨林镇	2270
7	530381	宣威市龙潭乡	7153	7	532501	个旧市大屯镇	1429
8	530381	宣威市板桥镇	7136	8	530302	麒麟区沿江乡	1275
9	532901	大理市凤仪镇	7089	9	532822	勐海县勐遮乡	1182
10	530381	宣威市热水乡	6991	10	532901	大理市喜洲镇	1165

2—1—26 西藏自治区按主要指标排列的乡镇前十名

序号	县级代码	乡镇名称	乡村经济总收入（万元）	序号	县级代码	乡镇名称	财政收入（万元）
1	542326	拉孜县柳乡	471271	1	542425	安多县腰恰乡	1118
2	542425	安多县吉日乡	426161	2	542524	日土县日土镇	1049
3	542128	左贡县绕金乡	335069	3	542522	扎达县托林镇	981
4	542133	边巴县马武乡	28404	4	542323	江孜县江孜镇	905
5	540121	林周县甘曲镇	15218	5	542301	日喀则市年木乡	504
6	542125	丁青县桑多乡	7588	6	542430	尼玛县吴尔多乡	367
7	542301	日喀则市甲措乡	3277	7	542523	噶尔县狮泉河镇	264
8	542122	江达县生达乡	2720	8	542301	日喀则市甲措乡	155
9	540102	城关区蔡公堂乡	2445	9	542233	浪卡子县打隆镇	138
10	542221	乃东县泽当镇	2421	10	542326	拉孜县曲下镇	133

序号	县级代码	乡镇名称	粮食产量（吨）	序号	县级代码	乡镇名称	棉花产量（吨）
1	542301	日喀则市甲措乡	12776	1			
2	540121	林周县强嘎乡	9481	2			
3	542625	波密县倾多乡	9382	3			
4	540121	林周县甘曲镇	9281	4			
5	542127	八宿县益青乡	8900	5			
6	540125	堆龙德庆县乃琼镇	8626	6			
7	542329	白朗县嘎东镇	8443	7			
8	540121	林周县边角林乡	7525	8			
9	542301	日喀则市东嘎乡	7483	9			
10	542124	类乌齐县岗色乡	7266	10			

序号	县级代码	乡镇名称	油料产量（吨）	序号	县级代码	乡镇名称	年末大牲畜存栏数（头）
1	540125	堆龙德庆县羊达乡	1715	1	542525	革吉县雄巴乡	134632
2	540121	林周县春堆乡	788	2	542525	革吉县革吉镇	129597
3	540127	墨竹工卡县唐加乡	656	3	542227	措美县哲古镇	122266
4	540121	林周县松盘乡	651	4	542525	革吉县盐湖乡	120997
5	542323	江孜县日里乡	641	5	542525	革吉县文布当桑乡	113593
6	542325	萨迦县批休乡	616	6	542525	革吉县亚热乡	112985
7	540121	林周县卡孜乡	601	7	542233	浪卡子县工布学乡	89031
8	540127	墨竹工卡县扎西岗乡	593	8	542233	浪卡子县多却乡	73994
9	542326	拉孜县曲下镇	559	9	542128	左贡县美玉乡	71098
10	542323	江孜县热麦乡	556	10	542129	芒康县帮达乡	67965

序号	县级代码	乡镇名称	肉类总产量（吨）	序号	县级代码	乡镇名称	水产品产量（吨）
1	542125	丁青县觉恩乡	11197	1			
2	542122	江达县生达乡	1386	2			
3	542121	昌都县拉多乡	1146	3			
4	542122	江达县字呷乡	1005	4			
5	542122	江达县得登乡	999	5			
6	542121	昌都县面达乡	964	6			
7	542123	贡觉县哈利乡	886	7			
8	542126	察雅县扩达乡	840	8			
9	542121	昌都县妥坝乡	809	9			
10	540122	当雄县宁中乡	802	10			

2—1—27 陕西省按主要指标排列的乡镇前十名

序号	县级代码	乡镇名称	乡村经济总收入（万元）	序号	县级代码	乡镇名称	财政收入（万元）
1	610112	未央区三桥镇	330049	1	610112	未央区三桥镇	22052
2	610113	雁塔区丈八沟乡	244657	2	610112	未央区大明宫乡	1531
3	610112	未央区大明宫乡	189482	3	610112	未央区谭家乡	1287
4	610112	未央区未央宫乡	173194	4	612622	延川县永坪镇	1265
5	610113	雁塔区曲江乡	170157	5	610522	潼关县太要镇	1215
6	610112	未央区谭家乡	168622	6	610404	咸阳渭城区底张镇	1200
7	610111	灞桥区灞桥镇	134297	7	610112	未央区六村堡乡	1074
8	610112	未央区六村堡乡	128236	8	610522	潼关县桐峪镇	1047
9	610303	金台区陈仓镇	127024	9	612426	岚皋县蔺河乡	985
10	610402	咸阳秦都区古渡镇	112706	10	610522	潼关县港口镇	943
序号	县级代码	乡镇名称	粮食产量（吨）	序号	县级代码	乡镇名称	棉花产量（吨）
1	610126	高陵县张卜乡	36004	1	610523	大荔县埝桥乡	1102
2	610124	周至县终南镇	34069	2	610523	大荔县安仁镇	940
3	610123	临潼区栎阳镇	33242	3	610523	大荔县婆合乡	719
4	610114	阎良区关山镇	31008	4	610523	大荔县冯村乡	527
5	610123	临潼区交口镇	30814	5	610523	大荔县朝邑镇	470
6	610123	临潼区新市乡	30000	6	610523	大荔县许庄镇	454
7	610123	临潼区何寨乡	29937	7	610523	大荔县步昌乡	439
8	610126	高陵县通远镇	29805	8	610523	大荔县户家乡	417
9	610114	阎良区武屯镇	28829	9	610502	临渭区固市镇	404
10	610322	凤翔县横水镇	28677	10	610523	大荔县双泉乡	389
序号	县级代码	乡镇名称	油料产量（吨）	序号	县级代码	乡镇名称	年末大牲畜存栏数（头）
1	610123	临潼区何寨乡	9500	1	612522	洛南县灵口镇	11500
2	610523	大荔县官池镇	6335	2	610121	长安县兴隆乡	11469
3	610523	大荔县八鱼乡	5988	3	612522	洛南县石坡镇	10654
4	610523	大荔县西寨乡	5283	4	610523	大荔县西寨乡	10551
5	610523	大荔县苏村乡	4100	5	612501	商州市板桥镇	9201
6	610523	大荔县张家乡	4029	6	610502	临渭区下吉镇	8959
7	610523	大荔县石槽乡	4009	7	610323	岐山县益店镇	7880
8	610523	大荔县下寨乡	3740	8	610122	蓝田县金山乡	7264
9	610502	临渭区交斜镇	3628	9	610122	蓝田县厚镇乡	7200
10	610125	户县渭丰乡	2953	10	610327	陇县温水镇	7161
序号	县级代码	乡镇名称	肉类总产量（吨）	序号	县级代码	乡镇名称	水产品产量（吨）
1	610123	临潼区新市乡	4320	1	610112	未央区草滩镇	1007
2	610123	临潼区交口镇	4029	2	610111	灞桥区水流乡	1000
3	610124	周至县终南镇	3662	3	610523	大荔县华原乡	940
4	610123	临潼区徐扬乡	3294	4	610112	未央区汉城乡	920
5	610321	宝鸡县阳平镇	3119	5	610523	大荔县步昌乡	900
6	610121	长安县樊村乡	2882	6	610111	灞桥区新筑镇	800
7	610126	高陵县通远镇	2616	7	610112	未央区谭家乡	600
8	610502	临渭区花园乡	2500	8	610402	咸阳秦都区渭滨镇	540
9	610123	临潼区栎阳镇	2200	9	610423	泾阳县崇文乡	531
10	610124	周至县尚村镇	2050	10	610481	兴平市丰仪乡	460

2—1—28 甘肃省按主要指标排列的乡镇前十名

序号	县级代码	乡镇名称	乡村经济总收入（万元）
1	620103	七里河区崔家崖	120931
2	620104	西固区西固乡	112616
3	620104	西固区陈坪乡	102404
4	622301	武威市高坝镇	98123
5	620102	城关区雁滩乡	91845
6	620103	七里河区花寨子乡	88529
7	620102	城关区城关乡	80997
8	620103	七里河区彭家坪乡	73903
9	620104	西固区柳泉乡	70257
10	622301	武威市金羊镇	60517

序号	县级代码	乡镇名称	财政收入（万元）
1	622301	武威市武南镇	1114
2	622421	定西县城关乡	1011
3	620321	永昌县河西堡镇	819
4	622201	张掖市梁家墩镇	746
5	622102	酒泉市西峰乡	732
6	622725	华亭县安口镇	717
7	620302	金川区宁远堡乡	671
8	620402	白银区水川乡	600
9	622725	华亭县砚峡乡	593
10	622226	山丹县清泉镇	570

序号	县级代码	乡镇名称	粮食产量（吨）
1	620321	永昌县朱王堡镇	38235
2	622301	武威市永昌镇	34600
3	622223	民乐县民联乡	29612
4	620321	永昌县红山窑乡	27193
5	622224	临泽县平川乡	26902
6	620321	永昌县水源乡	26381
7	622201	张掖市小满乡	26006
8	622226	山丹县位奇镇	25020
9	622201	张掖市甘浚镇	24500
10	622301	武威市武南镇	24040

序号	县级代码	乡镇名称	棉花产量（吨）
1	622126	安西县南岔乡	3300
2	622103	敦煌市黄渠乡	2407
3	622103	敦煌市转渠口乡	2131
4	622103	敦煌市郭家堡乡	2118
5	622126	安西县环城乡	1687
6	622126	安西县瓜州乡	1581
7	622123	金塔县中东乡	1470
8	622103	敦煌市孟家桥乡	1358
9	622123	金塔县古城乡	1352
10	622123	金塔县东坝乡	1327

序号	县级代码	乡镇名称	油料产量（吨）
1	622223	民乐县南丰乡	12651
2	622226	山丹县霍城镇	8100
3	622223	民乐县永固乡	7484
4	622126	安西县南岔乡	6425
5	622226	山丹县大马营乡	5650
6	622223	民乐县洪水乡	5112
7	620321	永昌县朱王堡镇	3600
8	622126	安西县环城乡	3402
9	620321	永昌县水源乡	3306
10	622126	安西县瓜州乡	3162

序号	县级代码	乡镇名称	年末大牲畜存栏数（头）
1	623025	玛曲县阿万仓乡	69654
2	623025	玛曲县曼日玛乡	65040
3	623025	玛曲县齐哈玛乡	47745
4	623025	玛曲县欧拉乡	44993
5	623025	玛曲县采日玛乡	44898
6	623026	碌曲县尕海乡	35401
7	623025	玛曲县木西合乡	32476
8	623027	夏河县桑科乡	29624
9	623025	玛曲县欧秀乡	27711
10	623027	夏河县科才乡	27667

序号	县级代码	乡镇名称	肉类总产量（吨）
1	623025	玛曲县阿万仓乡	2798
2	622224	临泽县新华镇	2569
3	622301	武威市永昌镇	2564
4	622630	徽县伏家镇	2299
5	622201	张掖市甘里堡乡	2244
6	622301	武威市双城镇	2221
7	622301	武威市清源镇	2220
8	623025	玛曲县曼日玛乡	2211
9	622201	张掖市上秦镇	2166
10	622901	临夏市南龙乡	2148

序号	县级代码	乡镇名称	水产品产量（吨）
1	620402	白银区水川乡	472
2	620402	白银区四龙乡	395
3	622727	静宁县细巷乡	370
4	620123	榆中县青城乡	264
5	622923	永靖县刘家峡乡	253
6	620421	靖远县东湾乡	250
7	622201	张掖市新墩镇	235
8	622701	平凉市柳湖乡	206
9	620321	永昌县河西堡镇	200
10	620121	永登县轩柳树乡	185

2—1—29 青海省按主要指标排列的乡镇前十名

序号	县级代码	乡镇名称	乡村经济总收入（万元）	序号	县级代码	乡镇名称	财政收入（万元）
1	632124	湟中县多巴镇	21007	1	632124	湟中县拦隆口乡	1420
2	632122	民和县川口镇	17333	2	632124	湟中县鲁沙尔镇	1400
3	632124	湟中县总寨乡	12018	3	632124	湟中县多巴镇	1300
4	630111	市辖区乐家湾镇	10083	4	632126	互助县威远镇	856
5	632123	乐都县岗沟镇	9056	5	632124	湟中县上五庄乡	780
6	630111	市辖区大堡子镇	8711	6	632523	贵德县河西乡	644
7	632124	湟中县上新庄乡	8201	7	632123	乐都县高庙镇	461
8	632124	湟中县鲁沙尔镇	7606	8	632123	乐都县碾伯镇	420
9	632126	互助县威远镇	7600	9	632124	湟中县上新庄乡	420
10	632123	乐都县碾伯镇	7069	10	632121	平安县平安镇	375
序号	县级代码	乡镇名称	粮食产量（吨）	序号	县级代码	乡镇名称	棉花产量（吨）
1	632126	互助县威远镇	17251	1			
2	632523	贵德县河西乡	12481	2			
3	632124	湟中县总寨乡	11545	3			
4	632522	同德县巴沟乡	10364	4			
5	632122	民和县川口镇	9864	5			
6	632124	湟中县拦隆口乡	9370	6			
7	632123	乐都县高庙镇	9046	7			
8	632122	民和县马场垣乡	8856	8			
9	632124	湟中县多巴镇	8509	9			
10	632124	湟中县李家山乡	8352	10			
序号	县级代码	乡镇名称	油料产量（吨）	序号	县级代码	乡镇名称	年末大牲畜存栏数（头）
1	632126	互助县威远镇	5900	1	632724	治多县扎河乡	121817
2	632126	互助县东沟乡	5655	2	632822	都兰县香加乡	110657
3	632525	贵南县过马营乡	5104	3	632523	贵德县常牧乡	101198
4	632525	贵南县森多乡	4655	4	632822	都兰县巴隆乡	91733
5	632126	互助县五峰乡	4435	5	632724	治多县当江乡	85720
6	632126	互助县东和乡	4004	6	632724	治多县索加乡	81022
7	632126	互助县丹麻乡	3506	7	632324	河南县柯生乡	79850
8	632126	互助县边滩乡	3272	8	632822	都兰县夏日哈乡	78700
9	632126	互助县台子乡	3177	9	632822	都兰县热水乡	78351
10	630121	大通县桦林乡	2685	10	632724	治多县治渠乡	77817
序号	县级代码	乡镇名称	肉类总产量（吨）	序号	县级代码	乡镇名称	水产品产量（吨）
1	632324	河南县智后茂乡	2853	1	632124	湟中县多巴镇	94
2	632126	互助县威远镇	2255	2	632123	乐都县雨润乡	83
3	630111	市辖区韵家口镇	1774	3	630111	市辖区大堡子镇	73
4	632721	玉树县下拉秀乡	1727	4	630121	大通县新城乡	59
5	632323	泽库县多禾茂乡	1641	5	632123	乐都县高庙镇	58
6	632521	共和县石乃亥乡	1594	6	630111	市辖区乐家湾镇	50
7	632123	乐都县高庙镇	1526	7	630111	市辖区韵家口镇	47
8	632324	河南县拖叶玛乡	1472	8	630111	市辖区二十里铺镇	21
9	632525	贵南县过马营乡	1462	9	630121	大通县桥头镇	18
10	632525	贵南县森多乡	1460	10	632123	乐都县洪水乡	17

2—1—30　宁夏回族自治区按主要指标排列的乡镇前十名

序号	县级代码	乡镇名称	乡村经济总收入（万元）	序号	县级代码	乡镇名称	财政收入（万元）
1	640111	银川市区红花乡	43612	1	642224	隆德县潮湖区	923
2	640121	永宁县扬和乡	38292	2	640302	利通区金积镇	834
3	640302	利通区东塔乡	35130	3	640111	银川市区良田乡	752
4	642224	隆德县潮湖区	33789	4	640302	利通区古城乡	743
5	640381	青铜峡市峡口镇	31000	5	640302	利通区上桥乡	642
6	640302	利通区金积镇	30762	6	640302	利通区东塔乡	636
7	640302	利通区上桥乡	29278	7	640111	银川市区满春乡	474
8	640321	中卫县宣和镇	28393	8	640221	平罗县崇岗乡	357
9	640382	灵武市崇兴镇	27967	9	640121	永宁县李俊镇	339
10	640111	银川市区大新乡	27400	10	640321	中卫县宣和镇	330

序号	县级代码	乡镇名称	粮食产量（吨）	序号	县级代码	乡镇名称	棉花产量（吨）
1	640381	青铜峡市邵岗乡	36520	1			
2	640382	灵武市梧桐树乡	35272	2			
3	640121	永宁县扬和乡	34614	3			
4	640381	青铜峡市瞿靖镇	32240	4			
5	640381	青铜峡市叶盛镇	32050	5			
6	640121	永宁县增岗乡	31374	6			
7	640122	贺兰县习岗镇	30914	7			
8	640122	贺兰县立岗镇	30674	8			
9	640121	永宁县李俊镇	30665	9			
10	640382	灵武市新华桥镇	29050	10			

序号	县级代码	乡镇名称	油料产量（吨）	序号	县级代码	乡镇名称	年末大牲畜存栏数（头）
1	642221	固原县七营镇	2181	1	640221	平罗县高庄乡	9486
2	642221	固原县黑城镇	2121	2	640121	永宁县李俊镇	9428
3	640221	平罗县灵沙乡	1845	3	640121	永宁县扬和乡	8320
4	642221	固原县三营镇	1674	4	640111	银川市区芦花乡	8169
5	640223	惠农县礼和乡	1625	5	640121	永宁县胜利乡	7409
6	642221	固原县头营乡	1199	6	640121	永宁县增岗乡	7325
7	642221	固原县黄铎堡乡	1168	7	640221	平罗县灵沙乡	7169
8	640324	同心县新庄集乡	1125	8	640382	灵武市郝家桥乡	7011
9	640223	惠农县西永固乡	1115	9	640302	利通区马莲渠乡	6957
10	642222	海原县树台乡	1055	10	642223	西吉县城郊乡	6791

序号	县级代码	乡镇名称	肉类总产量（吨）	序号	县级代码	乡镇名称	水产品产量（吨）
1	640321	中卫县宣和镇	4874	1	640122	贺兰县常信乡	1675
2	640321	中卫县镇罗镇	2956	2	640321	中卫县西园乡	1627
3	640321	中卫县东园乡	2864	3	640111	银川市区掌政乡	1476
4	640221	平罗县宝丰镇	2859	4	640121	永宁县望远镇	1316
5	640322	中宁县康滩乡	2195	5	640111	银川市区永固乡	1300
6	640381	青铜峡市邵岗乡	2130	6	640121	永宁县通桥乡	1272
7	640382	灵武市梧桐树乡	2129	7	640122	贺兰县习岗镇	1194
8	640221	平罗县黄渠桥镇	2095	8	640122	贺兰县丰登乡	1081
9	640221	平罗县高庄乡	2068	9	640122	贺兰县立岗镇	1080
10	640111	银川市区银新乡	2020	10	640111	银川市区芦花乡	1050

2—1—31 新疆维吾尔自治区按主要指标排列的乡镇前十名

序号	县级代码	乡镇名称	乡村经济总收入（万元）	序号	县级代码	乡镇名称	财政收入（万元）
1	650121	乌鲁木齐县二工乡	116962	1	652322	米泉市古牧地镇	728
2	650121	乌鲁木齐县七道湾乡	102060	2	654322	富蕴县吐尔洪乡	696
3	650121	乌鲁木齐县大湾乡	68193	3	652901	阿克苏市哈拉塔镇	684
4	652322	米泉市长山子镇	56969	4	652322	米泉市羊毛工镇	681
5	652322	米泉市古牧地镇	42799	5	652922	温宿县佳木乡	620
6	652301	昌吉市城郊乡	28254	6	652322	米泉市铁厂沟镇	617
7	652323	呼图壁县五工台乡	26931	7	654322	富蕴县杜热乡	598
8	652328	木垒县英格堡乡	25774	8	652122	鄯善县鲁克沁镇	596
9	652322	米泉市羊毛工镇	24917	9	654224	阜康市九运街镇	550
10	652323	呼图壁县大丰镇	22474	10	652302	昌吉市三工镇	548
序号	县级代码	乡镇名称	粮食产量（吨）	序号	县级代码	乡镇名称	棉花产量（吨）
1	654121	伊宁县愉其温回族乡	46207	1	652924	沙雅县托依堡勒迪乡	10760
2	652325	奇台县半截沟镇	40474	2	654223	沙湾县四道河子镇	10048
3	652325	奇台县老奇台镇	39290	3	652722	精河县大河沿子镇	9044
4	652701	博乐市小营盘镇	39256	4	654223	沙湾县老沙湾镇	8800
5	654124	巩留县东买里乡	33266	5	652324	玛纳斯县兰州湾乡	8218
6	652325	奇台县西地镇	31639	6	652701	博乐市达勒特镇	7829
7	654121	伊宁县英塔木乡	31294	7	652324	玛纳斯县包家店镇	7810
8	652325	奇台县碧流河乡	31168	8	652928	阿瓦提县乌鲁却勒镇	7458
9	654123	霍城县芦草沟乡	30276	9	652323	呼图壁县大丰镇	7250
10	652301	昌吉市三工镇	30019	10	652324	玛纳斯县乐土驿镇	6583
序号	县级代码	乡镇名称	油料产量（吨）	序号	县级代码	乡镇名称	年末大牲畜存栏数（头）
1	654201	塔城市阿西尔乡	9610	1	654125	新源县阿热勒托别乡	47194
2	654201	塔城市阿不都拉乡	7666	2	654125	新源县那拉提镇	39749
3	654201	塔城市恰夏乡	7613	3	653122	疏勒县羊大曼乡	34882
4	654201	塔城市喀拉哈巴克乡	7387	4	654127	特克斯县喀拉达拉乡	33361
5	654221	额敏县郊区乡	7107	5	654125	新源县塔勒德镇	30347
6	654126	昭苏县阿克达拉乡	6939	6	654301	阿勒泰市切木尔切克乡	27914
7	652723	温泉县安格里格乡	5708	7	652328	木垒县西吉尔镇	27359
8	652723	温泉县哈日布呼镇	5586	8	654322	富蕴县杜热乡	27210
9	654221	额敏县上户乡	5369	9	654124	巩留县阿尕尔森乡	26900
10	652325	奇台县吉布库镇	5181	10	654125	新源县别斯托别乡	26413
序号	县级代码	乡镇名称	肉类总产量（吨）	序号	县级代码	乡镇名称	水产品产量（吨）
1	652827	和静县哈尔莫墩乡	8058	1	652301	昌吉市六工乡	3360
2	652322	米泉市古牧地镇	4560	2	650121	乌鲁木齐县六十户乡	1400
3	652323	呼图壁县五工台乡	3576	3	652323	呼图壁县园户村乡	1240
4	654125	新源县阿热勒托别乡	3512	4	654121	伊宁县阿热吾斯旦乡	990
5	652328	木垒县照壁山乡	3298	5	654223	沙湾县乌兰乌苏镇	952
6	652302	阜康市城关镇	3275	6	654121	伊宁县英塔木乡	928
7	652322	米泉市长山子镇	3202	7	652301	昌吉市佃坝乡	850
8	652322	米泉市羊毛工镇	3201	8	654121	伊宁县愉其温回族乡	660
9	654321	布尔津县窝依莫克乡	3162	9	652322	米泉市羊毛工镇	591
10	652324	玛纳斯县头工乡	3100	10	652322	米泉市长山子镇	567

第二部分　农村乡镇

二　按主要指标分组的乡镇情况

2—2—1 按乡村经济总收入分组的乡镇情况

	单 位	2亿元以下	2—10亿元	10—20亿元	20—30亿元	30亿元以上
1.基本指标						
乡镇个数	个	9517	15958	6821	3220	7178
总户数	万户	1645.8	7152.1	5069.1	2689.2	7183.4
总人口	万人	6751.2	28356.2	19785.9	10334.9	25906.4
乡村劳动力	万人	3293.6	14261.9	10102.5	5278.7	13285.8
农作物总播种面积	万公顷	1273.2	5002.7	3223.5	1567.6	3274.0
其中粮食作物播种面积	万公顷	988.6	3730.5	2304.7	1109.7	2303.6
农机总动力	万千瓦	1769.3	9850.7	9430.4	5444.9	15379.0
2.经济指标						
乡村经济总收入	亿元	945.4	8178.0	9819.3	7897.2	61895.4
粮食产量	万吨	2624.5	16177.3	12257.8	6133.6	13408.0
棉花产量	万吨	9.8	102.7	118.5	47.0	73.0
油料产量	万吨	119.0	693.8	655.3	336.9	624.1
肉类产量	万吨	349.8	1675.2	1334.5	718.1	1822.3
水产品产量	万吨	35.1	385.9	565.3	352.9	1980.2
财政收入	亿元	68.8	321.9	270.8	164.9	977.3
3.社区环境指标						
通电村数	个	74456	220855	136549	69604	170216
通邮村数	个	62773	202515	134050	68873	169595
通电话村数	个	30073	152754	121883	64817	165289
通公路村数	个	64982	191884	122594	63907	162081
通自来水村数	个	27933	81055	49628	30168	104056
汽车站	个	1025	4463	3166	1738	5203
供水站	个	2929	9869	4958	2676	7706
垃圾处理站	个	334	1704	1171	766	2878
集贸市场个数	个	4841	19817	13944	7405	22608
学校数	个	91398	221158	117393	57038	122826
图书馆、文化站	个	5537	16837	8878	4632	12916
体育场馆	个	600	2306	1335	775	2203
医疗卫生单位	个	16321	60718	49757	25050	58379
病床数	床	76921	278679	198879	108375	359520
敬老院、福利院	个	3112	11475	6286	3129	7898

2—2—2 按粮食产量分组的乡镇情况

	单 位	1千吨以下	1千—5千吨	5千—1万吨	1万—3万吨	3万吨以上
1.基本指标						
乡镇个数	个	3502	10721	10173	15024	3274
总户数	万户	722.1	3001.3	4731.7	11795.0	3489.4
总人口	万人	2524.1	11483.6	18144.6	45139.1	13843.3
乡村劳动力	万人	1239.5	5718.8	9233.0	23091.3	6939.9
农作物总播种面积	万公顷	247.7	1631.0	2619.4	7075.1	2767.6
其中粮食作物播种面积	万公顷	169.6	1200.3	1876.6	5055.3	2135.2
农机总动力	万千瓦	1203.0	4292.0	6175.2	21334.9	8869.4
2.经济指标						
乡村经济总收入	亿元	5724.1	10171.2	14897.1	45165.4	12777.5
粮食产量	万吨	133.3	3185.5	7385.4	26199.1	13697.9
棉花产量	万吨	2.4	19.0	42.3	205.8	81.6
油料产量	万吨	12.8	168.0	368.5	1401.4	478.4
肉类产量	万吨	130.8	550.8	1014.1	3025.7	1178.5
水产品产量	万吨	451.0	535.0	542.4	1429.3	361.8
财政收入	亿元	142.3	231.2	352.4	871.8	206.1
3.社区环境指标						
通电村数	个	25691	108000	137068	311587	89334
通邮村数	个	23380	97072	125298	303209	88847
通电话村数	个	12603	65208	99896	272434	84675
通公路村数	个	23880	95718	123141	282676	80033
通自来水村数	个	11420	52612	63429	132873	32506
汽车站	个	725	2368	3276	7327	1899
供水站	个	941	4849	6926	12606	2816
垃圾处理站	个	332	931	1552	3388	650
集贸市场个数	个	2920	9579	13712	32512	9892
学校数	个	27877	118239	133262	255124	75311
图书馆、文化站	个	2726	9523	11159	20561	4831
体育场馆	个	413	1359	1584	3209	654
医疗卫生单位	个	6719	28374	37580	102510	35042
病床数	床	57594	148678	207001	472803	136298
敬老院、福利院	个	1200	5537	7092	14231	3840

2—2—3 按棉花产量分组的乡镇情况

	单位	5吨以下	5—20吨	20—60吨	60—100吨	100吨以上
1.基本指标						
乡镇个数	个	32341	2383	2094	1021	4855
总户数	万户	15742.7	1611.6	1538.3	772.0	4075.0
总人口	万人	60250.6	6033.2	5850.2	2970.3	16030.2
乡村劳动力	万人	30367.8	3143.3	3034.8	1543.6	8132.9
农作物总播种面积	万公顷	9173.7	879.6	901.7	482.1	2903.8
其中粮食作物播种面积	万公顷	6852.6	654.9	663.9	351.9	1913.7
农机总动力	万千瓦	23578.7	3226.8	3525.7	1835.6	9707.7
2.经济指标						
乡村经济总收入	亿元	62278.1	5898.1	5621.2	2518.4	12419.5
粮食产量	万吨	31598.6	3296.0	3480.9	1835.5	10390.2
棉花产量	万吨	0.5	2.5	7.5	7.9	332.8
油料产量	万吨	1230.4	171.1	210.4	123.7	693.6
肉类产量	万吨	3883.5	380.5	377.5	194.6	1063.8
水产品产量	万吨	2604.3	106.8	127.4	86.1	394.9
财政收入	亿元	1303.3	104.9	100.6	47.7	247.2
3.社区环境指标						
通电村数	个	438934	47730	43835	21417	119764
通邮村数	个	408495	45953	43202	21216	118940
通电话村数	个	322027	41962	39623	19712	111492
通公路村数	个	398537	44300	40202	19023	103386
通自来水村数	个	200272	20006	19180	8256	45126
汽车站	个	10928	976	938	452	2301
供水站	个	20475	1491	1275	641	4256
垃圾处理站	个	4947	435	374	179	918
集贸市场个数	个	45134	4586	4380	2317	12198
学校数	个	422635	39697	36487	17975	93019
图书馆、文化站	个	34972	3117	2812	1332	6567
体育场馆	个	5161	453	404	240	961
医疗卫生单位	个	125007	15932	16425	8486	44375
病床数	床	674100	72320	66854	34797	174303
敬老院、福利院	个	22173	1973	1857	959	4938

2－2－4 按油料产量分组的乡镇情况

	单 位	100 吨以下	100－300 吨	300－500 吨	500－700 吨	700 吨以上
1.基本指标						
乡镇个数	个	17161	8849	4624	2957	9103
总户数	万户	6971.4	4416.9	2716.8	2007.1	7627.3
总人口	万人	26374.4	17047.3	10488.0	7745.1	29479.8
乡村劳动力	万人	13016.5	8715.8	5356.3	3976.5	15157.4
农作物总播种面积	万公顷	3752.2	2558.6	1634.4	1232.1	5163.7
其中粮食作物播种面积	万公顷	2981.5	1946.6	1204.0	890.5	3414.4
农机总动力	万千瓦	11667.1	6686.3	4426.5	3362.2	15732.3
2.经济指标						
乡村经济总收入	亿元	31896.0	14532.7	8881.3	6709.4	26715.9
粮食产量	万吨	13523.8	8790.0	5697.1	4345.9	18244.4
棉花产量	万吨	74.8	32.5	31.0	28.0	184.7
油料产量	万吨	44.4	163.4	180.3	174.2	1866.9
肉类产量	万吨	1643.7	1056.8	663.3	492.2	2043.9
水产品产量	万吨	1119.7	479.6	295.7	245.7	1178.8
财政收入	亿元	680.7	308.8	185.6	136.9	491.7
3.社区环境指标						
通电村数	个	211679	130157	75238	53025	201581
通邮村数	个	199024	120958	70097	50523	197204
通电话村数	个	158997	96363	57495	43055	178906
通公路村数	个	192100	116192	67462	47291	182403
通自来水村数	个	106006	56432	31483	21344	77575
汽车站	个	5286	2817	1746	1254	4492
供水站	个	9680	5748	3414	2193	7103
垃圾处理站	个	2105	1279	860	597	2012
集贸市场个数	个	22357	12069	7390	5481	21318
学校数	个	205544	122042	69575	47557	165095
图书馆、文化站	个	17859	9831	5312	3420	12378
体育场馆	个	2552	1384	864	487	1932
医疗卫生单位	个	56436	36571	23446	19218	74554
病床数	床	345072	180579	107231	86314	303178
敬老院、福利院	个	10371	6240	3630	2556	9103

2—2—5 按肉类产量分组的乡镇情况

	单 位	300 吨以下	300—600 吨	600—1000 吨	1000—2000 吨	2000 吨以上
1.基本指标						
乡镇个数	个	8552	8013	7217	10002	8910
总户数	万户	1982.1	2979.8	3532.8	6580.2	8664.6
总人口	万人	7679.1	11469.8	13456.1	25180.0	33349.7
乡村劳动力	万人	3747.3	5703.9	6788.1	12804.8	17178.4
农作物总播种面积	万公顷	1218.4	1883.5	2146.7	3912.2	5180.2
其中粮食作物播种面积	万公顷	949.1	1399.3	1578.5	2837.0	3673.2
农机总动力	万千瓦	3428.1	4651.4	5649.3	11155.5	16990.0
2.经济指标						
乡村经济总收入	亿元	6340.2	9716.8	11885.2	23319.2	37473.9
粮食产量	万吨	2964.1	5360.6	6915.4	14232.0	21129.1
棉花产量	万吨	20.6	40.3	40.3	89.4	160.4
油料产量	万吨	123.5	251.3	321.6	678.5	1054.3
肉类产量	万吨	139.3	353.4	567.2	1429.3	3410.7
水产品产量	万吨	687.5	452.1	427.6	772.1	980.1
财政收入	亿元	160.6	218.0	266.9	483.7	674.6
3.社区环境指标						
通电村数	个	82970	99987	102941	175461	210321
通邮村数	个	76090	91969	95356	167106	207285
通电话村数	个	49112	69677	79110	145960	190957
通公路村数	个	73722	88974	91501	158122	193129
通自来水村数	个	38399	47655	48379	75859	82548
汽车站	个	1619	2207	2434	4203	5132
供水站	个	3066	4564	4708	7778	8022
垃圾处理站	个	540	900	1051	2042	2320
集贸市场个数	个	5963	9016	10385	18858	24393
学校数	个	89050	98302	94152	151635	176674
图书馆、文化站	个	6843	8123	7955	12366	13513
体育场馆	个	967	1131	1145	1916	2060
医疗卫生单位	个	19130	25422	30803	56380	78490
病床数	床	103063	133409	152427	281931	351544
敬老院、福利院	个	3701	4906	5281	8501	9511

2—2—6 按水产品产量分组的乡镇情况

	单 位	50吨以下	50—100吨	100—500吨	500—1000吨	1000吨以上
1.基本指标						
乡镇个数	个	23220	3502	8729	3062	4181
总户数	万户	9335.4	2073.4	6049.5	2443.7	3837.6
总人口	万人	36391.6	7908.3	22878.9	9378.7	14577.1
乡村劳动力	万人	18211.7	4161.5	11755.5	4734.5	7359.3
农作物总播种面积	万公顷	6190.5	1238.9	3435.2	1408.8	2067.7
其中粮食作物播种面积	万公顷	4730.3	903.9	2461.7	970.5	1370.5
农机总动力	万千瓦	17842.9	3729.9	9421.3	3749.4	7130.8
2.经济指标						
乡村经济总收入	亿元	26504.2	6201.8	22307.7	10708.3	23013.4
粮食产量	万吨	19177.4	4561.2	13154.1	5587.1	8121.4
棉花产量	万吨	161.3	33.7	65.1	28.1	63.0
油料产量	万吨	848.8	233.8	634.1	257.2	455.2
肉类产量	万吨	2124.1	524.9	1597.6	690.0	963.3
水产品产量	万吨	18.2	24.7	212.9	214.3	2849.3
财政收入	亿元	563.3	128.1	472.5	205.4	434.4
3.社区环境指标						
通电村数	个	314091	58512	155849	57991	85237
通邮村数	个	287924	55187	152053	57471	85171
通电话村数	个	215621	47385	136890	53355	81565
通公路村数	个	276699	51066	141926	54628	81129
通自来水村数	个	145698	22470	58966	22649	43057
汽车站	个	5367	1236	4129	1808	3055
供水站	个	11277	2356	6538	3061	4906
垃圾处理站	个	1785	486	1906	968	1708
集贸市场个数	个	27681	5907	17130	6655	11242
学校数	个	310819	50498	130419	48736	69341
图书馆、文化站	个	23360	4036	10650	4232	6522
体育场馆	个	2997	501	1567	777	1377
医疗卫生单位	个	90156	22117	53690	19149	25113
病床数	床	402510	82268	260783	105375	171438
敬老院、福利院	个	13377	2844	8086	3040	4553

2—2—7 按财政收入分组的乡镇情况

	单 位	500万元以下	500—2000万元	2000—3500万元	3500—5000万元	5000万元以上
1.基本指标						
乡镇个数	个	6829	15071	7928	4423	8443
总户数	万户	1167.8	5791.4	4908.8	3407.0	8464.5
总人口	万人	4952.2	23152.9	19260.1	13145.4	30624.0
乡村劳动力	万人	2351.9	11578.3	9774.4	6694.5	15823.4
农作物总播种面积	万公顷	928.3	4147.8	3266.3	2072.0	3926.6
其中粮食作物播种面积	万公顷	719.4	3131.1	2370.9	1459.5	2756.1
农机总动力	万千瓦	1416.1	8849.0	9370.3	6624.8	15614.0
2.经济指标						
乡村经济总收入	亿元	1322.5	9885.4	12038.9	10281.8	55206.6
粮食产量	万吨	1997.5	13406.3	11953.4	7772.6	15471.4
棉花产量	万吨	12.4	75.1	89.5	70.6	103.5
油料产量	万吨	84.3	557.3	593.9	434.2	759.5
肉类产量	万吨	249.6	1440.3	1337.2	883.1	1989.7
水产品产量	万吨	28.5	347.3	435.6	488.9	2019.1
财政收入	亿元	16.2	176.2	210.8	184.1	1216.4
3.社区环境指标						
通电村数	个	55263	189786	138525	91992	196114
通邮村数	个	46694	172796	133459	90216	194641
通电话村数	个	21447	127055	116089	82753	187472
通公路村数	个	49254	164467	123702	83469	184556
通自来水村数	个	20845	73485	54873	37073	106564
汽车站	个	596	3660	2907	2138	6294
供水站	个	1735	8183	5413	3386	9421
垃圾处理站	个	177	1357	1176	910	3233
集贸市场个数	个	3182	16453	13595	9695	25690
学校数	个	69921	194891	124332	76124	144545
图书馆、文化站	个	3982	15352	10082	5954	13430
体育场馆	个	371	2139	1343	854	2512
医疗卫生单位	个	11449	52655	44652	31011	70458
病床数	床	51463	218587	191130	136949	424245
敬老院、福利院	个	1921	9587	6624	4256	9512

2—2—8 按人均乡村经济总收入分组的乡镇情况

	单 位	2万元以下	2—5万元	5—10万元	10—20万元	20万元以上
1.基本指标						
乡镇个数	个	10463	16150	7597	6293	2191
总户数	万户	3527.4	8609.2	5091.3	4725.8	1786.0
总人口	万人	14478.9	34212.2	19656.3	17003.1	5784.0
乡村劳动力	万人	7173.0	17315.2	9868.5	8661.4	3204.3
农作物总播种面积	万公顷	2267.5	5895.4	3136.6	2412.9	628.5
其中粮食作物播种面积	万公顷	1721.8	4338.6	2224.3	1711.2	441.1
农机总动力	万千瓦	3117.0	13590.9	9852.2	11305.8	4008.4
2.经济指标						
乡村经济总收入	亿元	1986.8	11232.5	13673.3	28276.8	33566.0
粮食产量	万吨	5393.6	20552.7	12271.8	9750.1	2633.0
棉花产量	万吨	33.3	161.6	89.3	60.6	6.2
油料产量	万吨	228.6	1009.9	625.6	472.9	92.2
肉类产量	万吨	647.1	2136.1	1400.0	1275.8	441.0
水产品产量	万吨	88.8	529.1	699.1	1133.3	869.1
财政收入	亿元	126.7	403.9	295.4	461.1	516.5
3.社区环境指标						
通电村数	个	115700	247091	139438	128168	41283
通邮村数	个	97301	234432	137435	127473	41165
通电话村数	个	56802	188580	125589	122934	40911
通公路村数	个	99272	215996	128494	121488	40198
通自来水村数	个	41346	81768	59708	78308	31710
汽车站	个	1644	5000	3441	3593	1917
供水站	个	4258	9703	5677	5873	2627
垃圾处理站	个	688	1902	1390	1791	1082
集贸市场个数	个	9184	23084	14460	14486	7401
学校数	个	137583	235600	118840	93820	23970
图书馆、文化站	个	7147	17273	10026	10251	4103
体育场馆	个	781	2334	1570	1721	813
医疗卫生单位	个	25878	84581	44335	41527	13904
病床数	床	137164	338249	214495	221952	110514
敬老院、福利院	个	4491	12369	6672	5997	2371

2—2—9　按人均粮食产量分组的乡镇情况

	单　位	200公斤以下	200—400公斤	400—500公斤	500—700公斤	700公斤以上
1.基本指标						
乡镇个数	个	9494	13776	10071	4279	5074
总户数	万户	4817.5	7659.6	6017.1	2698.5	2547.0
总人口	万人	18126.0	29919.3	22900.0	10244.1	9945.1
乡村劳动力	万人	8944.8	15362.8	11843.8	5268.1	4803.0
农作物总播种面积	万公顷	1778.5	4081.3	3717.7	1977.7	2785.8
其中粮食作物播种面积	万公顷	1242.8	2887.2	2652.2	1438.9	2215.9
农机总动力	万千瓦	6574.9	9949.5	10406.5	6921.1	8022.4
2.经济指标						
乡村经济总收入	亿元	24036.1	24697.9	20277.0	10473.6	9250.8
粮食产量	万吨	3222.8	12061.2	13472.3	8058.4	13786.5
棉花产量	万吨	27.5	62.7	120.5	75.6	64.8
油料产量	万吨	203.6	635.8	748.5	415.5	425.7
肉类产量	万吨	767.7	1628.6	1590.5	837.1	1076.1
水产品产量	万吨	1416.2	759.0	594.5	266.1	283.7
财政收入	亿元	545.4	512.6	386.2	186.1	173.4
3.社区环境指标						
通电村数	个	124873	209653	170046	80960	86148
通邮村数	个	118734	192355	161210	79810	85697
通电话村数	个	90027	155804	138724	72873	77388
通公路村数	个	114530	188115	151896	74201	76706
通自来水村数	个	63528	93816	64594	35117	35785
汽车站	个	3486	4590	3569	1797	2153
供水站	个	5328	8132	6923	3361	4394
垃圾处理站	个	1720	2144	1684	687	618
集贸市场个数	个	14400	20661	16850	8264	8440
学校数	个	129001	204569	143640	64174	68429
图书馆、文化站	个	10738	14637	11710	5423	6292
体育场馆	个	1748	1954	1761	836	920
医疗卫生单位	个	36499	62518	58309	28333	24566
病床数	床	265454	295391	236706	114338	110485
敬老院、福利院	个	6074	9232	8028	3878	4688

2—2—10 按人均肉类产量分组的乡镇情况

	单 位	20公斤以下	20—40公斤	40—60公斤	60—90公斤	90公斤以上
1.基本指标						
乡镇个数	个	5532	10174	9099	9042	8847
总户数	万户	3140.1	5600.0	5233.1	5150.6	4615.8
总人口	万人	11841.8	21923.4	20349.1	19780.6	17239.6
乡村劳动力	万人	5761.1	10980.5	10354.4	10204.4	8922.1
农作物总播种面积	万公顷	1423.0	3215.7	3217.8	3299.1	3185.3
其中粮食作物播种面积	万公顷	1076.6	2370.7	2328.7	2375.6	2285.4
农机总动力	万千瓦	5113.2	8878.2	8502.6	9018.8	10361.6
2.经济指标						
乡村经济总收入	亿元	13612.4	19500.5	17224.4	16490.8	21907.2
粮食产量	万吨	4255.5	10118.4	11060.5	12045.7	13121.1
棉花产量	万吨	34.0	71.3	82.2	84.4	79.2
油料产量	万吨	199.0	484.4	521.8	584.9	639.0
肉类产量	万吨	147.9	666.0	1012.1	1450.2	2623.8
水产品产量	万吨	1089.3	767.5	525.6	459.4	477.6
财政收入	亿元	302.8	401.8	366.0	334.5	398.5
3.社区环境指标						
通电村数	个	90583	162612	145256	142778	130451
通邮村数	个	86887	153756	135682	135002	126479
通电话村数	个	69966	126073	114012	113368	111397
通公路村数	个	81039	145304	129687	128590	120828
通自来水村数	个	44621	76989	61768	56026	53436
汽车站	个	2178	3419	3297	3260	3441
供水站	个	3319	6185	5903	6036	6695
垃圾处理站	个	1013	1471	1449	1404	1516
集贸市场个数	个	8785	15639	14938	14502	14751
学校数	个	82632	156726	136431	126925	107099
图书馆、文化站	个	6633	11137	10048	10244	10738
体育场馆	个	1078	1618	1432	1543	1548
医疗卫生单位	个	22767	48754	47122	47859	43723
病床数	床	162733	235449	220061	198989	205142
敬老院、福利院	个	3787	7366	6868	6878	7001

2—2—11 按人均水产品产量分组的乡镇情况

	单位	1公斤以下	1—5公斤	5—15公斤	15—30公斤	30公斤以上
1.基本指标						
乡镇个数	个	18749	7990	6817	3806	5332
总户数	万户	7850.4	4905.7	4565.5	2641.7	3776.2
总人口	万人	30736.9	18774.3	17330.6	10159.7	14133.1
乡村劳动力	万人	15264.7	9744.3	8902.7	5131.5	7179.3
农作物总播种面积	万公顷	5216.9	2812.7	2554.4	1565.4	2191.5
其中粮食作物播种面积	万公顷	4006.1	2063.0	1834.1	1074.5	1459.4
农机总动力	万千瓦	15506.0	8141.4	6677.9	4052.0	7497.2
2.经济指标						
乡村经济总收入	亿元	22629.7	14714.5	16754.8	11478.1	23158.3
粮食产量	万吨	15837.7	10273.1	9921.0	6060.9	8508.5
棉花产量	万吨	146.9	70.8	40.9	31.1	61.4
油料产量	万吨	701.1	507.0	464.4	276.8	479.9
肉类产量	万吨	1716.4	1238.5	1201.4	747.7	995.9
水产品产量	万吨	6.3	49.4	159.4	215.3	2888.9
财政收入	亿元	473.3	306.6	352.5	232.1	439.1
3.社区环境指标						
通电村数	个	261904	135906	117436	65652	90782
通邮村数	个	240773	127721	113719	65134	90459
通电话村数	个	179292	109101	100721	59670	86032
通公路村数	个	231129	119284	107236	61506	86293
通自来水村数	个	122775	53652	43981	25837	46595
汽车站	个	4230	2885	3078	2036	3366
供水站	个	8660	5348	5159	3198	5773
垃圾处理站	个	1338	1218	1475	994	1828
集贸市场个数	个	22863	13829	12647	7534	11742
学校数	个	263078	119235	98962	55836	72702
图书馆、文化站	个	19063	9070	8079	4962	7626
体育场馆	个	2545	1064	1213	783	1614
医疗卫生单位	个	76948	47914	37566	20179	27618
病床数	床	341653	206099	183869	111908	178845
敬老院、福利院	个	10554	6233	6145	3674	5294

第二部分　农村乡镇

三　按东中西分组的乡镇情况

2—3—1 东部地区按乡村经济总收入分组的乡镇情况

	单 位	2亿元以下	2—10亿元	10—20亿元	20—30亿元	30亿元以上
1. 基本指标						
乡镇个数	个	344	2004	1985	1159	3702
总户数	万户	65.5	816.6	1355.2	938.6	3864.7
总人口	万人	258.4	3241.0	5195.6	3475.1	13288.7
乡村劳动力	万人	132.8	1608.8	2596.9	1756.9	7072.9
农作物总播种面积	万公顷	30.6	457.9	758.6	478.2	1459.4
其中粮食作物播种面积	万公顷	20.4	320.3	542.8	340.2	1029.7
农机总动力	万千瓦	61.1	1273.5	2571.7	1782.1	7113.1
2. 经济指标						
乡村经济总收入	亿元	40.7	1200.8	2935.2	2859.1	37237.9
粮食产量	万吨	95.0	1635.7	3056.4	1986.3	6212.3
棉花产量	万吨	0.4	10.7	22.7	12.7	24.1
油料产量	万吨	3.3	82.0	166.8	106.3	307.2
肉类产量	万吨	8.9	163.0	332.4	224.9	871.7
水产品产量	万吨	18.8	153.6	334.9	217.3	1506.9
财政收入	亿元	10.4	54.3	89.9	72.4	708.7
3. 社区环境指标						
通电村数	个	3038	31173	44680	27749	94400
通邮村数	个	2879	30798	44495	27662	94185
通电话村数	个	2369	28584	43768	27326	93852
通公路村数	个	2477	26651	40724	26097	90531
通自来水村数	个	1991	14417	20657	14920	65388
汽车站	个	64	602	951	708	3060
供水站	个	87	1070	1758	1327	4926
垃圾处理站	个	28	281	436	338	1811
集贸市场个数	个	231	2689	4355	2830	12926
学校数	个	2181	22395	28752	17094	52653
图书馆、文化站	个	233	2017	2353	1646	6181
体育场馆	个	44	430	472	317	1328
医疗卫生单位	个	458	4781	10400	8240	31235
病床数	床	2631	31852	55189	40383	195467
敬老院、福利院	个	228	1665	1976	1272	4491

2—3—2 东部地区按粮食产量分组的乡镇情况

	单 位	1千吨以下	1千—5千吨	5千—1万吨	1万—3万吨	3万吨以上
1. 基本指标						
乡镇个数	个	420	1464	1900	4687	723
总户数	万户	213.8	599.0	1110.7	4184.6	932.6
总人口	万人	662.9	2108.1	3963.8	15211.0	3513.0
乡村劳动力	万人	407.3	1120.2	2060.5	7808.9	1771.2
农作物总播种面积	万公顷	18.1	160.5	417.4	2028.5	560.2
其中粮食作物播种面积	万公顷	6.3	102.8	279.6	1440.2	424.4
农机总动力	万千瓦	459.2	986.1	1632.4	7621.7	2102.0
2. 经济指标						
乡村经济总收入	亿元	3265.9	4548.1	7142.1	24699.9	4617.9
粮食产量	万吨	14.1	448.3	1420.7	8327.9	2774.8
棉花产量	万吨	0.2	1.1	3.9	48.3	16.9
油料产量	万吨	0.8	18.8	77.8	461.6	106.7
肉类产量	万吨	28.7	86.9	204.6	1003.8	276.8
水产品产量	万吨	336.2	397.3	381.6	960.4	156.0
财政收入	亿元	105.0	109.0	164.8	482.7	74.3
3. 社区环境指标						
通电村数	个	3507	19442	32515	117831	27745
通邮村数	个	3471	19035	32319	117551	27643
通电话村数	个	3427	17796	31140	116026	27510
通公路村数	个	3282	17499	30304	109481	25914
通自来水村数	个	2986	13899	21758	64092	14638
汽车站	个	303	620	1033	2943	486
供水站	个	303	856	1642	5150	1217
垃圾处理站	个	185	317	549	1611	232
集贸市场个数	个	1342	2232	3585	12964	2908
学校数	个	2432	12121	20553	71687	16282
图书馆、文化站	个	654	1563	2332	6589	1292
体育场馆	个	130	302	494	1423	242
医疗卫生单位	个	1421	3799	7981	33549	8364
病床数	床	20410	28995	51894	183121	41102
敬老院、福利院	个	350	1252	1816	5107	1107

2—3—3 东部地区按棉花产量分组的乡镇情况

	单 位	5吨以下	5—20吨	20—60吨	60—100吨	100吨以上
1. 基本指标						
乡镇个数	个	6643	511	483	248	1309
总户数	万户	4871.6	400.9	399.7	206.4	1162.0
总人口	万人	17914.1	1346.5	1369.4	728.7	4100.1
乡村劳动力	万人	9198.6	736.1	732.9	383.9	2116.6
农作物总播种面积	万公顷	1955.3	181.5	210.4	114.4	723.1
其中粮食作物播种面积	万公顷	1379.2	136.4	154.0	84.0	499.7
农机总动力	万千瓦	7990.7	751.6	897.4	490.9	2670.9
2. 经济指标						
乡村经济总收入	亿元	33789.4	2347.0	2254.3	1001.8	4881.2
粮食产量	万吨	7896.4	792.3	900.2	501.8	2895.1
棉花产量	万吨	0.1	0.5	1.7	1.9	66.2
油料产量	万吨	420.0	38.9	47.7	28.1	131.1
肉类产量	万吨	1039.3	86.2	105.9	58.3	311.2
水产品产量	万吨	1886.1	42.5	57.2	53.5	192.3
财政收入	亿元	736.4	44.2	41.2	19.1	94.8
3. 社区环境指标						
通电村数	个	126640	13862	13062	6697	40779
通邮村数	个	125885	13704	12986	6697	40747
通电话村数	个	122631	13651	12936	6643	40038
通公路村数	个	120148	12810	11851	5833	35838
通自来水村数	个	79905	8355	7776	3112	18225
汽车站	个	3831	320	304	159	771
供水站	个	6303	522	431	236	1676
垃圾处理站	个	2276	120	115	51	332
集贸市场个数	个	15751	1327	1295	698	3960
学校数	个	85143	6482	6711	3795	20944
图书馆、文化站	个	9362	635	630	283	1520
体育场馆	个	2055	137	89	56	254
医疗卫生单位	个	38575	2909	2874	1738	9018
病床数	床	225394	19451	18861	9878	51938
敬老院、福利院	个	6760	530	525	297	1520

2—3—4 东部地区按油料产量分组的乡镇情况

	单 位	100 吨以下	100—300 吨	300—500 吨	500—700 吨	700 吨以上
1. 基本指标						
乡镇个数	个	3284	1591	963	723	2633
总户数	万户	2102.2	1072.3	730.5	597.2	2538.3
总人口	万人	7600.8	3957.3	2669.9	2140.1	9090.8
乡村劳动力	万人	3975.2	2059.7	1347.9	1091.5	4693.8
农作物总播种面积	万公顷	785.9	468.6	329.5	272.1	1328.5
其中粮食作物播种面积	万公顷	583.6	337.6	237.2	196.8	898.1
农机总动力	万千瓦	4083.1	1843.1	1196.0	980.2	4699.2
2. 经济指标						
乡村经济总收入	亿元	16545.5	6967.5	4351.6	3406.1	13003.1
粮食产量	万吨	3323.6	1901.1	1383.8	1168.5	5208.8
棉花产量	万吨	19.3	6.6	6.3	6.2	32.1
油料产量	万吨	8.0	29.1	38.0	42.9	547.7
肉类产量	万吨	436.0	251.9	167.8	133.6	611.6
水产品产量	万吨	761.1	333.2	200.3	163.9	773.1
财政收入	亿元	405.6	152.1	86.8	66.1	225.3
3. 社区环境指标						
通电村数	个	63708	31429	19423	15354	71126
通邮村数	个	63171	31281	19361	15316	70890
通电话村数	个	61096	30407	18895	15059	70442
通公路村数	个	58617	29138	18352	14121	66252
通自来水村数	个	40067	19268	11852	9087	37099
汽车站	个	1636	921	644	497	1687
供水站	个	2794	1575	1142	772	2885
垃圾处理站	个	916	502	355	258	863
集贸市场个数	个	8090	3296	2186	1732	7727
学校数	个	37714	20514	13006	10010	41831
图书馆、文化站	个	4149	2164	1254	979	3884
体育场馆	个	807	526	334	182	742
医疗卫生单位	个	13726	7274	5603	5591	22920
病床数	床	109034	48859	31519	25974	110136
敬老院、福利院	个	3196	1574	996	778	3088

2—3—5　东部地区按肉类产量分组的乡镇情况

	单　位	300 吨以下	300—600 吨	600—1000 吨	1000—2000 吨	2000 吨以上
1. 基本指标						
乡镇个数	个	1346	1532	1482	2279	2555
总户数	万户	537.0	866.8	1030.5	1909.2	2697.0
总人口	万人	1840.1	3025.7	3611.9	6934.8	10046.4
乡村劳动力	万人	971.7	1591.1	1843.3	3511.2	5250.9
农作物总播种面积	万公顷	180.2	364.3	458.3	878.1	1303.8
其中粮食作物播种面积	万公顷	127.6	256.3	325.2	625.7	918.6
农机总动力	万千瓦	1118.7	1468.5	1782.7	3411.5	5020.1
2. 经济指标						
乡村经济总收入	亿元	3458.1	5515.9	6152.9	11706.4	17440.4
粮食产量	万吨	642.5	1353.0	1789.1	3601.6	5599.6
棉花产量	万吨	4.8	7.8	9.2	17.3	31.4
油料产量	万吨	34.0	68.2	96.2	181.9	285.3
肉类产量	万吨	21.8	68.8	116.0	326.9	1067.3
水产品产量	万吨	580.0	327.0	304.2	471.1	549.2
财政收入	亿元	85.5	116.1	130.3	248.4	355.5
3. 社区环境指标						
通电村数	个	19163	28699	30104	52315	70759
通邮村数	个	18906	28448	29995	52075	70595
通电话村数	个	18017	27412	29292	51175	70003
通公路村数	个	16574	26261	27684	49159	66802
通自来水村数	个	12502	17937	18248	29398	39288
汽车站	个	557	793	801	1420	1814
供水站	个	775	1208	1291	2180	3714
垃圾处理站	个	220	401	427	850	996
集贸市场个数	个	1889	2892	3352	6030	8868
学校数	个	10154	16142	18149	33419	45211
图书馆、文化站	个	1327	1753	1820	3201	4329
体育场馆	个	219	309	364	786	913
医疗卫生单位	个	3431	5466	7795	15169	23253
病床数	床	24230	36140	46058	90525	128569
敬老院、福利院	个	1083	1388	1438	2433	3290

2—3—6 东部地区按水产品产量分组的乡镇情况

	单 位	50 吨以下	50—100 吨	100—500 吨	500—1000 吨	1000 吨以上
1. 基本指标						
乡镇个数	个	2333	672	2746	1233	2210
总户数	万户	1463.1	420.1	2009.7	1031.4	2116.1
总人口	万人	5152.3	1520.1	7300.2	3796.7	7689.6
乡村劳动力	万人	2727.1	785.0	3714.7	1901.9	4039.5
农作物总播种面积	万公顷	645.3	191.4	944.0	509.6	894.3
其中粮食作物播种面积	万公顷	461.4	136.3	671.0	360.5	624.1
农机总动力	万千瓦	2918.1	749.7	3227.9	1724.5	4181.3
2. 经济指标						
乡村经济总收入	亿元	8625.0	2254.2	11696.1	6354.8	15343.7
粮食产量	万吨	2517.4	758.8	3853.6	2147.1	3708.9
棉花产量	万吨	16.5	3.4	16.2	9.3	25.0
油料产量	万吨	150.8	36.8	203.0	102.1	172.9
肉类产量	万吨	272.4	81.1	483.6	280.0	483.7
水产品产量	万吨	2.6	4.8	71.8	87.2	2065.2
财政收入	亿元	188.5	43.7	260.0	123.2	320.3
3. 社区环境指标						
通电村数	个	56109	14578	58542	25895	45916
通邮村数	个	55556	14472	58312	25785	45894
通电话村数	个	54093	14027	57201	25372	45206
通公路村数	个	50733	13481	54427	24363	43476
通自来水村数	个	32696	7687	30781	14605	31604
汽车站	个	971	267	1558	855	1734
供水站	个	1232	442	2400	1868	3226
垃圾处理站	个	334	137	857	518	1048
集贸市场个数	个	5284	1465	6508	3187	6587
学校数	个	27645	8209	36746	17578	32897
图书馆、文化站	个	2601	761	3493	1757	3818
体育场馆	个	406	151	712	395	927
医疗卫生单位	个	11470	3394	14950	8830	16470
病床数	床	63014	18083	94223	50467	99735
敬老院、福利院	个	2239	643	2844	1329	2577

2—3—7 东部地区按财政收入分组的乡镇情况

	单 位	500万元以下	500—2000万元	2000—3500万元	3500—5000万元	5000万元以上
1. 基本指标						
乡镇个数	个	181	1522	1694	1381	4416
总户数	万户	40.3	592.7	1000.5	997.5	4409.5
总人口	万人	183.0	2419.4	3854.1	3725.8	15276.5
乡村劳动力	万人	86.2	1174.2	1932.6	1872.3	8102.9
农作物总播种面积	万公顷	24.7	331.5	570.3	539.7	1718.5
其中粮食作物播种面积	万公顷	16.2	229.9	397.7	386.3	1223.3
农机总动力	万千瓦	46.6	967.7	2022.6	1971.9	7792.8
2. 经济指标						
乡村经济总收入	亿元	96.6	1426.2	3018.0	3570.9	36162.1
粮食产量	万吨	80.9	1193.3	2219.2	2218.5	7273.9
棉花产量	万吨	0.3	4.4	14.5	17.1	34.0
油料产量	万吨	2.8	59.5	136.5	124.2	342.5
肉类产量	万吨	9.0	127.4	251.3	248.2	964.9
水产品产量	万吨	6.6	154.3	230.3	293.3	1547.1
财政收入	亿元	0.6	19.7	46.1	58.0	811.3
3. 社区环境指标						
通电村数	个	1531	21208	34558	33265	110478
通邮村数	个	1499	20890	34333	33189	110108
通电话村数	个	1237	19077	33557	32654	109374
通公路村数	个	1337	18705	31390	30328	104720
通自来水村数	个	831	11060	16738	16318	72426
汽车站	个	34	456	630	650	3615
供水站	个	53	796	1122	1243	5954
垃圾处理站	个	14	258	270	279	2073
集贸市场个数	个	136	1899	3314	3247	14435
学校数	个	1518	16813	22040	19550	63154
图书馆、文化站	个	124	1462	2038	1776	7030
体育场馆	个	24	402	322	297	1546
医疗卫生单位	个	274	4856	8240	8499	33245
病床数	床	1560	22478	39240	39851	222393
敬老院、福利院	个	116	1264	1594	1438	5220

2—3—8 东部地区按人均乡村经济总收入分组的乡镇情况

	单位	2万元以下	2—5万元	5—10万元	10—20万元	20万元以上
1.基本指标						
乡镇个数	个	291	2379	2367	2747	1410
总户数	万户	121.4	1512.4	1830.5	2297.5	1278.8
总人口	万人	502.6	6154.2	6955.1	7810.7	4036.2
乡村劳动力	万人	240.9	3002.2	3450.4	4133.6	2341.1
农作物总播种面积	万公顷	50.0	803.4	949.2	981.2	401.0
其中粮食作物播种面积	万公顷	34.6	572.0	671.4	696.5	278.8
农机总动力	万千瓦	115.0	2232.3	3240.0	4542.7	2671.5
2.经济指标						
乡村经济总收入	亿元	68.7	2218.6	4918.7	13603.9	23464.0
粮食产量	万吨	168.6	3101.6	3909.8	4136.6	1669.1
棉花产量	万吨	0.8	21.0	27.2	17.3	4.2
油料产量	万吨	7.9	158.8	209.6	218.0	71.3
肉类产量	万吨	14.8	319.9	435.9	558.9	271.3
水产品产量	万吨	33.1	240.6	462.7	810.4	684.8
财政收入	亿元	12.5	86.3	126.0	291.8	419.1
3.社区环境指标						
通电村数	个	3898	47559	54868	64269	30446
通邮村数	个	3762	47126	54649	64060	30422
通电话村数	个	3233	44746	53795	63777	30348
通公路村数	个	3229	41679	50724	61218	29630
通自来水村数	个	2108	19402	27494	43970	24399
汽车站	个	79	862	1283	1820	1341
供水站	个	113	1583	2371	3246	1855
垃圾处理站	个	44	468	591	957	834
集贸市场个数	个	352	4398	5635	7228	5418
学校数	个	3031	35327	35723	34493	14501
图书馆、文化站	个	256	2599	3224	4023	2328
体育场馆	个	51	545	640	801	554
医疗卫生单位	个	531	9026	15074	20587	9896
病床数	床	4699	56734	74638	110515	78936
敬老院、福利院	个	221	2221	2507	3014	1669

2—3—9 东部地区按人均粮食产量分组的乡镇情况

	单 位	200公斤以下	200—400公斤	400—500公斤	500—700公斤	700公斤以上
1. 基本指标						
乡镇个数	个	2023	2697	2215	1288	971
总户数	万户	1619.4	2105.9	1710.6	953.7	650.9
总人口	万人	5921.1	7673.1	6107.0	3394.6	2363.1
乡村劳动力	万人	3131.8	3936.4	3142.5	1738.5	1219.1
农作物总播种面积	万公顷	348.9	828.4	886.4	599.5	521.5
其中粮食作物播种面积	万公顷	216.3	568.0	626.3	439.3	403.5
农机总动力	万千瓦	2380.1	2910.1	3175.3	2216.2	2119.8
2. 经济指标						
乡村经济总收入	亿元	13696.8	12629.9	9802.9	5022.7	3121.5
粮食产量	万吨	1038.1	3064.3	3611.0	2676.8	2595.5
棉花产量	万吨	3.2	10.2	21.5	17.6	18.0
油料产量	万吨	56.9	166.7	228.5	130.3	83.2
肉类产量	万吨	236.7	412.7	409.5	280.9	261.0
水产品产量	万吨	1126.0	495.4	366.7	145.0	98.5
财政收入	亿元	362.0	247.4	175.1	92.1	59.3
3. 社区环境指标						
通电村数	个	34041	57243	50446	31483	27827
通邮村数	个	33678	56914	50218	31448	27761
通电话村数	个	32854	55407	49410	30814	27414
通公路村数	个	31673	53664	46870	29249	25024
通自来水村数	个	24237	34819	26160	17632	14525
汽车站	个	1391	1547	1222	802	423
供水站	个	1858	2226	2131	1666	1287
垃圾处理站	个	868	882	646	325	173
集贸市场个数	个	5722	6189	5357	3203	2560
学校数	个	23578	37475	31308	17616	13098
图书馆、文化站	个	2973	3657	3032	1583	1185
体育场馆	个	634	759	653	338	207
医疗卫生单位	个	8539	15186	15351	9764	6274
病床数	床	88925	86645	73689	45679	30584
敬老院、福利院	个	2067	2663	2363	1447	1092

2—3—10　东部地区按人均肉类产量分组的乡镇情况

	单　位	20公斤以下	20—40公斤	40—60公斤	60—90公斤	90公斤以上
1. 基本指标						
乡镇个数	个	1649	2540	1801	1470	1734
总户数	万户	1283.9	1927.4	1388.4	1126.2	1314.6
总人口	万人	4507.4	7054.3	5070.7	4117.9	4708.6
乡村劳动力	万人	2329.4	3610.1	2555.2	2121.9	2551.6
农作物总播种面积	万公顷	413.6	796.4	659.2	587.0	728.5
其中粮食作物播种面积	万公顷	292.4	565.9	467.9	418.8	508.4
农机总动力	万千瓦	2243.7	3024.9	2344.8	2088.8	3099.3
2.经济指标						
乡村经济总收入	亿元	9014.5	11108.8	8233.7	6365.5	9551.2
粮食产量	万吨	1581.9	3137.1	2707.2	2472.7	3087.0
棉花产量	万吨	11.5	13.5	12.6	14.9	17.9
油料产量	万吨	83.8	163.6	137.1	115.8	165.2
肉类产量	万吨	56.5	211.7	247.9	301.6	783.2
水产品产量	万吨	947.9	542.0	315.8	196.3	229.6
财政收入	亿元	201.5	228.9	171.6	128.3	205.4
3.社区环境指标						
通电村数	个	35579	54704	37253	32566	40938
通邮村数	个	35366	54192	37178	32503	40780
通电话村数	个	34553	52904	36393	31718	40331
通公路村数	个	32066	50088	35221	30697	38408
通自来水村数	个	21905	32525	20968	18658	23317
汽车站	个	986	1375	1086	844	1094
供水站	个	1402	2086	1661	1519	2500
垃圾处理站	个	527	731	606	441	589
集贸市场个数	个	4099	5838	4428	3632	5034
学校数	个	18885	34323	25730	21043	23094
图书馆、文化站	个	1989	3365	2315	2152	2609
体育场馆	个	393	647	462	484	605
医疗卫生单位	个	6463	13588	11553	9902	13608
病床数	床	56667	80318	65986	50123	72428
敬老院、福利院	个	1575	2585	1864	1603	2005

2—3—11 东部地区按人均水产品产量分组的乡镇情况

	单 位	1公斤以下	1—5公斤	5—15公斤	15—30公斤	30公斤以上
1. 基本指标						
乡镇个数	个	1703	1436	1991	1433	2631
总户数	万户	1232.5	1066.6	1565.7	1095.8	2079.8
总人口	万人	4324.1	3910.9	5769.1	4012.8	7442.0
乡村劳动力	万人	2293.0	1957.5	2953.8	2031.8	3932.1
农作物总播种面积	万公顷	530.1	462.0	712.4	545.3	935.0
其中粮食作物播种面积	万公顷	380.5	327.0	509.2	387.4	649.3
农机总动力	万千瓦	2492.4	1762.8	2357.8	1818.4	4370.1
2. 经济指标						
乡村经济总收入	亿元	7548.9	5652.2	8871.5	6582.0	15619.2
粮食产量	万吨	2083.2	1872.2	2928.5	2293.9	3808.1
棉花产量	万吨	14.8	7.4	12.2	11.2	24.9
油料产量	万吨	126.9	105.9	143.3	105.2	184.2
肉类产量	万吨	224.7	221.1	360.2	294.5	500.3
水产品产量	万吨	0.9	11.1	54.3	85.0	2080.3
财政收入	亿元	164.9	116.9	190.3	144.0	319.7
3. 社区环境指标						
通电村数	个	45996	34555	43546	28118	48825
通邮村数	个	45648	34174	43306	28110	48781
通电话村数	个	44684	33411	42568	27388	47848
通公路村数	个	41720	31957	40408	26135	46260
通自来水村数	个	26726	18364	22230	16072	33981
汽车站	个	785	653	1132	945	1870
供水站	个	932	948	1859	1750	3679
垃圾处理站	个	268	342	661	516	1107
集贸市场个数	个	4424	3453	4870	3497	6787
学校数	个	21864	19467	28401	19605	33738
图书馆、文化站	个	1899	1804	2581	2029	4117
体育场馆	个	309	338	519	426	999
医疗卫生单位	个	9164	8501	11504	9331	16614
病床数	床	53637	47128	67801	54184	102772
敬老院、福利院	个	1739	1426	2105	1579	2783

2—3—12 中部地区按乡村经济总收入分组的乡镇情况

	单 位	2亿元以下	2—10亿元	10—20亿元	20—30亿元	30亿元以上
1. 基本指标						
乡镇个数	个	2710	6952	3505	1518	2758
总户数	万户	492.9	3074.3	2717.8	1283.6	2623.4
总人口	万人	1874.4	12125.6	10810.9	5075.6	9934.2
乡村劳动力	万人	858.2	5927.7	5499.9	2574.7	4790.1
农作物总播种面积	万公顷	426.3	2504.5	1905.4	847.2	1477.1
其中粮食作物播种面积	万公顷	330.3	1909.6	1374.8	603.3	1061.8
农机总动力	万千瓦	778.7	5250.8	5671.1	3068.7	7284.7
2. 经济指标						
乡村经济总收入	亿元	290.4	3793.6	5033.4	3698.5	19453.6
粮食产量	万吨	781.7	8493.6	7338.8	3266.7	6034.4
棉花产量	万吨	1.4	32.5	81.0	32.3	48.4
油料产量	万吨	43.0	373.4	416.7	202.5	277.8
肉类产量	万吨	109.4	777.1	755.9	365.3	771.8
水产品产量	万吨	10.7	187.9	187.0	110.5	339.4
财政收入	亿元	22.5	143.3	134.0	68.4	208.2
3. 社区环境指标						
通电村数	个	26300	98509	71163	33365	65394
通邮村数	个	23676	96418	70741	33039	65239
通电话村数	个	11403	76019	63933	30916	62647
通公路村数	个	21802	87641	63493	30213	61814
通自来水村数	个	8549	30033	19827	11598	33564
汽车站	个	477	2329	1687	778	1747
供水站	个	1056	3744	1878	897	2127
垃圾处理站	个	98	643	495	315	835
集贸市场个数	个	1338	8422	7283	3513	7888
学校数	个	29483	101618	68970	31374	58944
图书馆、文化站	个	2064	7849	4836	2197	5674
体育场馆	个	290	1000	638	307	706
医疗卫生单位	个	4937	34669	33359	14260	23597
病床数	床	29721	135378	109400	50947	133240
敬老院、福利院	个	1342	5843	3274	1401	2828

2—3—13 中部地区按粮食产量分组的乡镇情况

	单 位	1千吨以下	1千—5千吨	5千—1万吨	1万—3万吨	3万吨以上
1. 基本指标						
乡镇个数	个	1418	3743	3336	6572	2374
总户数	万户	338.1	1254.9	1575.4	4734.4	2289.2
总人口	万人	1153.7	4584.5	6017.4	18793.5	9271.5
乡村劳动力	万人	496.1	2184.1	2945.2	9409.7	4615.6
农作物总播种面积	万公顷	140.7	660.3	925.8	3377.4	2056.3
其中粮食作物播种面积	万公顷	99.9	484.3	665.7	2425.7	1604.2
农机总动力	万千瓦	523.4	2021.6	2533.7	10532.7	6442.6
2.经济指标						
乡村经济总收入	亿元	1633.3	3900.5	4677.3	14662.3	7396.0
粮食产量	万吨	56.3	1102.4	2437.9	12022.6	10295.9
棉花产量	万吨	0.7	7.4	13.9	109.5	64.0
油料产量	万吨	7.5	72.6	148.0	731.8	353.5
肉类产量	万吨	59.2	238.5	341.9	1315.6	824.1
水产品产量	万吨	90.3	106.2	108.2	354.5	176.3
财政收入	亿元	27.2	73.0	98.7	257.8	119.6
3.社区环境指标						
通电村数	个	14450	44285	47499	130937	57560
通邮村数	个	13142	42117	46513	130041	57300
通电话村数	个	7040	30002	37403	116385	54088
通公路村数	个	12227	39775	43809	118675	50477
通自来水村数	个	5758	19807	18008	43591	16407
汽车站	个	290	1150	1205	3055	1318
供水站	个	380	1957	2079	3855	1431
垃圾处理站	个	119	326	440	1124	377
集贸市场个数	个	1040	3645	4314	12997	6448
学校数	个	15840	48135	48436	123188	54790
图书馆、文化站	个	1524	4358	4079	9402	3257
体育场馆	个	214	646	520	1168	393
医疗卫生单位	个	3159	13672	15765	52712	25514
病床数	床	25585	71416	82522	192892	86271
敬老院、福利院	个	639	2671	2659	6176	2543

2—3—14 中部地区按棉花产量分组的乡镇情况

	单 位	5吨以下	5—20吨	20—60吨	60—100吨	100吨以上
1. 基本指标						
乡镇个数	个	11332	1407	1273	617	2814
总户数	万户	5155.7	996.4	975.5	497.5	2567.0
总人口	万人	19569.6	3828.5	3861.7	1991.6	10569.2
乡村劳动力	万人	9267.0	1952.4	1977.9	1032.8	5420.5
农作物总播种面积	万公顷	3739.3	566.8	598.6	329.1	1926.7
其中粮食作物播种面积	万公顷	2918.8	419.3	437.7	238.6	1265.4
农机总动力	万千瓦	9627.9	2243.2	2444.9	1280.8	6457.2
2. 经济指标						
乡村经济总收入	亿元	17384.8	3239.9	3134.8	1438.6	7071.2
粮食产量	万吨	13708.7	2092.0	2252.2	1196.9	6665.3
棉花产量	万吨	0.2	1.5	4.5	4.7	184.6
油料产量	万吨	433.0	115.6	145.9	88.4	530.5
肉类产量	万吨	1501.9	249.1	236.9	119.9	671.7
水产品产量	万吨	477.9	60.5	67.2	31.8	198.2
财政收入	亿元	307.9	52.2	53.0	25.8	137.4
3. 社区环境指标						
通电村数	个	159908	27745	26391	12768	67919
通邮村数	个	155280	27200	26193	12717	67723
通电话村数	个	119782	24713	23952	11901	64570
通公路村数	个	144262	26320	24771	11621	57989
通自来水村数	个	57978	9143	9981	4624	21845
汽车站	个	4291	539	545	256	1387
供水站	个	6776	692	602	260	1372
垃圾处理站	个	1312	220	216	101	537
集贸市场个数	个	14433	2644	2632	1414	7321
学校数	个	161999	26399	25509	12593	63889
图书馆、文化站	个	13973	1997	1861	893	3896
体育场馆	个	1692	255	269	164	561
医疗卫生单位	个	48165	11217	11954	6231	33255
病床数	床	244392	44807	42427	22362	104698
敬老院、福利院	个	8849	1228	1174	571	2866

2—3—15　中部地区按油料产量分组的乡镇情况

	单　位	100 吨以下	100—300 吨	300—500 吨	500—700 吨	700 吨以上
1. 基本指标						
乡镇个数	个	6438	3110	1739	1282	4874
总户数	万户	2736.4	1569.4	1038.1	878.4	3969.8
总人口	万人	10097.5	6094.4	4092.4	3499.6	16036.7
乡村劳动力	万人	4601.2	3017.9	2073.7	1784.8	8173.1
农作物总播种面积	万公顷	1690.1	1057.4	723.6	617.5	3071.9
其中粮食作物播种面积	万公顷	1429.3	824.3	546.4	453.2	2026.6
农机总动力	万千瓦	5271.2	3096.5	2252.7	1805.8	9627.8
2. 经济指标						
乡村经济总收入	亿元	11087.2	4676.8	2900.8	2272.8	11331.8
粮食产量	万吨	6846.8	3706.4	2525.1	2146.9	10690.1
棉花产量	万吨	9.5	13.2	15.8	17.9	139.1
油料产量	万吨	16.1	58.0	68.0	75.7	1095.6
肉类产量	万吨	745.0	404.5	273.6	228.9	1127.5
水产品产量	万吨	302.9	88.3	52.8	44.3	347.2
财政收入	亿元	176.5	82.7	57.0	46.4	213.7
3. 社区环境指标						
通电村数	个	85142	49981	31024	24314	104270
通邮村数	个	83130	48951	30064	23785	103183
通电话村数	个	65417	39247	25288	20498	94468
通公路村数	个	76812	45365	28000	21669	93117
通自来水村数	个	36282	18648	10786	7858	29997
汽车站	个	2492	1039	671	502	2314
供水站	个	3729	1590	964	708	2711
垃圾处理站	个	726	339	208	211	902
集贸市场个数	个	8098	4248	2797	2414	10887
学校数	个	87306	50680	30616	23926	97861
图书馆、文化站	个	8071	4060	2214	1521	6754
体育场馆	个	1106	433	245	197	960
医疗卫生单位	个	26881	17233	11560	10007	45141
病床数	床	143697	71621	45216	42161	155991
敬老院、福利院	个	4749	2472	1504	1176	4787

2—3—16 中部地区按肉类产量分组的乡镇情况

	单 位	300吨以下	300—600吨	600—1000吨	1000—2000吨	2000吨以上
1. 基本指标						
乡镇个数	个	2853	3004	2752	4246	4588
总户数	万户	733.0	1133.6	1339.2	2711.3	4274.9
总人口	万人	2750.4	4341.6	5187.2	10670.9	16870.4
乡村劳动力	万人	1257.3	2063.7	2513.2	5298.3	8518.3
农作物总播种面积	万公顷	497.7	807.8	954.7	1907.6	2992.6
其中粮食作物播种面积	万公顷	396.2	611.8	715.6	1406.6	2149.6
农机总动力	万千瓦	1394.6	1985.1	2616.1	5763.2	10295.0
2. 经济指标						
乡村经济总收入	亿元	1875.6	2817.1	3781.0	8162.5	15633.2
粮食产量	万吨	1220.8	2322.2	3023.3	6983.9	12365.1
棉花产量	万吨	5.4	10.6	12.4	46.9	120.2
油料产量	万吨	45.5	110.9	143.1	363.4	650.6
肉类产量	万吨	47.1	132.6	217.2	612.9	1769.7
水产品产量	万吨	85.6	102.6	101.3	217.3	328.7
财政收入	亿元	48.1	64.2	84.2	149.7	230.1
3. 社区环境指标						
通电村数	个	32300	37455	39794	76236	108946
通邮村数	个	30084	35967	39097	75708	108257
通电话村数	个	19142	27010	32156	66571	100039
通公路村数	个	28292	33468	35573	68601	99029
通自来水村数	个	14131	14977	15316	27218	31929
汽车站	个	623	952	1041	1849	2553
供水站	个	1167	1731	1602	2543	2659
垃圾处理站	个	196	321	333	641	895
集贸市场个数	个	2005	3191	3731	7735	11782
学校数	个	36986	39416	39726	72774	101487
图书馆、文化站	个	2921	3586	3422	5659	7032
体育场馆	个	444	552	401	708	836
医疗卫生单位	个	8320	12417	15214	28731	46140
病床数	床	45697	59290	63410	122862	167427
敬老院、福利院	个	1625	2293	2313	3830	4627

2—3—17　中部地区按水产品产量分组的乡镇情况

	单　位	50吨以下	50—100吨	100—500吨	500—1000吨	1000吨以上
1. 基本指标						
乡镇个数	个	8965	1597	3763	1391	1727
总户数	万户	4194.1	1007.4	2489.8	1031.4	1469.4
总人口	万人	16112.1	3956.8	9876.2	4064.6	5810.8
乡村劳动力	万人	7775.5	2071.6	5018.8	2024.9	2759.9
农作物总播种面积	万公顷	3034.8	710.5	1722.9	676.0	1016.3
其中粮食作物播种面积	万公顷	2391.1	522.5	1245.6	469.2	651.4
农机总动力	万千瓦	10878.7	2340.4	4737.5	1546.8	2550.7
2. 经济指标						
乡村经济总收入	亿元	12814.8	2787.5	7289.0	3145.2	6232.9
粮食产量	万吨	10165.0	2630.4	6519.1	2693.0	3907.8
棉花产量	万吨	71.2	26.3	43.4	17.3	37.4
油料产量	万吨	430.6	151.6	335.3	131.0	264.8
肉类产量	万吨	1080.3	283.1	701.9	305.4	408.8
水产品产量	万吨	8.1	11.3	92.0	96.9	627.3
财政收入	亿元	228.9	50.4	136.9	61.6	98.4
3. 社区环境指标						
通电村数	个	139151	27872	66019	25843	35846
通邮村数	个	135223	27250	65208	25647	35785
通电话村数	个	105886	24144	58474	23088	33326
通公路村数	个	121717	23969	60367	24534	34376
通自来水村数	个	62438	8657	17230	5361	9885
汽车站	个	2626	629	1764	778	1221
供水站	个	4270	932	2192	833	1475
垃圾处理站	个	651	155	649	347	584
集贸市场个数	个	12071	2752	6945	2647	4029
学校数	个	142734	26662	64082	24667	32244
图书馆、文化站	个	11650	2059	4679	1874	2358
体育场馆	个	1435	199	550	340	417
医疗卫生单位	个	51874	14321	28274	8514	7839
病床数	床	198616	40324	113687	41917	64142
敬老院、福利院	个	6669	1367	3442	1403	1807

2—3—18 中部地区按财政收入分组的乡镇情况

	单 位	500万元以下	500—2000万元	2000—3500万元	3500—5000万元	5000万元以上
1. 基本指标						
乡镇个数	个	1847	6705	3862	2060	2969
总户数	万户	386.6	2646.2	2501.1	1662.1	2996.0
总人口	万人	1477.2	10417.5	9897.1	6562.4	11466.2
乡村劳动力	万人	659.3	5096.7	4946.8	3294.5	5653.4
农作物总播种面积	万公顷	312.9	2145.0	1871.4	1123.2	1708.1
其中粮食作物播种面积	万公顷	243.0	1660.9	1383.8	790.8	1201.3
农机总动力	万千瓦	617.0	5310.3	5763.4	3818.1	6545.2
2. 经济指标						
乡村经济总收入	亿元	539.8	5272.7	6621.9	5134.9	14700.2
粮食产量	万吨	678.6	7455.6	7076.9	4193.7	6510.3
棉花产量	万吨	1.3	28.4	58.9	42.1	64.9
油料产量	万吨	32.1	303.4	356.7	261.5	359.7
肉类产量	万吨	84.4	731.3	745.7	455.6	762.4
水产品产量	万吨	18.0	123.9	162.3	175.2	356.2
财政收入	亿元	5.1	80.9	102.8	85.6	302.0
3. 社区环境指标						
通电村数	个	22136	90443	70561	43475	68116
通邮村数	个	19660	88503	70109	43025	67816
通电话村数	个	9894	69082	61585	39637	64720
通公路村数	个	18522	79699	62963	39939	63840
通自来水村数	个	8101	31305	23844	14166	26155
汽车站	个	254	1974	1622	1081	2087
供水站	个	572	3119	2345	1241	2425
垃圾处理站	个	51	459	542	440	894
集贸市场个数	个	949	7552	6771	4568	8604
学校数	个	25560	91699	67606	41267	64257
图书馆、文化站	个	1480	7762	5352	3102	4924
体育场馆	个	200	973	660	387	721
医疗卫生单位	个	3947	29424	27589	18369	31493
病床数	床	20931	111963	102865	70227	152700
敬老院、福利院	个	828	5055	3522	2035	3248

2—3—19 中部地区按人均乡村经济总收入分组的乡镇情况

	单 位	2万元以下	2—5万元	5—10万元	10—20万元	20万元以上
1. 基本指标						
乡镇个数	个	2584	7860	3688	2718	593
总户数	万户	1043.2	4468.8	2368.1	1915.3	396.8
总人口	万人	4097.0	17877.5	9251.1	7216.8	1378.2
乡村劳动力	万人	1940.2	8995.6	4593.6	3467.0	654.4
农作物总播种面积	万公顷	666.1	3504.3	1659.8	1143.8	186.5
其中粮食作物播种面积	万公顷	499.4	2604.7	1201.5	834.0	140.1
农机总动力	万千瓦	1215.2	8633.7	5267.1	5793.1	1144.9
2. 经济指标						
乡村经济总收入	亿元	573.4	5897.9	6382.5	11603.3	7812.2
粮食产量	万吨	1508.4	12371.3	6547.5	4638.7	849.3
棉花产量	万吨	9.5	104.6	47.4	32.2	1.8
油料产量	万吨	85.9	647.7	344.5	218.6	16.6
肉类产量	万吨	182.0	1156.5	727.3	567.1	146.6
水产品产量	万吨	38.7	237.2	194.0	234.3	131.3
财政收入	亿元	40.2	206.6	125.6	129.9	74.0
3. 社区环境指标						
通电村数	个	35855	130168	65311	54300	9097
通邮村数	个	33180	128080	64681	54121	9051
通电话村数	个	21421	105752	57727	51085	8933
通公路村数	个	30472	114275	60086	51239	8891
通自来水村数	个	9380	35299	23476	29360	6056
汽车站	个	703	2757	1651	1460	447
供水站	个	1105	4045	2065	1882	605
垃圾处理站	个	226	722	568	669	201
集贸市场个数	个	2483	11892	6648	5938	1483
学校数	个	39102	130739	63416	49216	7916
图书馆、文化站	个	2105	9213	4795	5016	1491
体育场馆	个	295	1149	650	670	177
医疗卫生单位	个	9680	56804	23610	17439	3289
病床数	床	50570	188915	105706	89695	23800
敬老院、福利院	个	1735	6798	3161	2432	562

2—3—20 中部地区按人均粮食产量分组的乡镇情况

	单 位	200公斤以下	200—400公斤	400—500公斤	500—700公斤	700公斤以上
1. 基本指标						
乡镇个数	个	4095	4207	3583	2027	3531
总户数	万户	2069.1	2539.4	2459.2	1380.9	1743.4
总人口	万人	7515.6	10047.7	9799.7	5494.8	6962.7
乡村劳动力	万人	3503.9	5056.2	5012.6	2811.7	3266.4
农作物总播种面积	万公顷	835.0	1437.2	1693.9	1104.8	2089.6
其中粮食作物播种面积	万公顷	588.8	995.2	1192.8	811.1	1692.0
农机总动力	万千瓦	3073.3	4176.2	5420.4	4116.4	5267.7
2. 经济指标						
乡村经济总收入	亿元	7575.5	7072.3	7215.6	4670.3	5735.7
粮食产量	万吨	1250.4	4077.8	5818.1	4333.9	10435.0
棉花产量	万吨	20.1	39.7	69.7	38.6	27.5
油料产量	万吨	103.1	292.7	368.1	243.1	306.4
肉类产量	万吨	349.3	542.4	677.6	447.9	762.3
水产品产量	万吨	209.9	174.3	168.7	110.9	171.7
财政收入	亿元	126.8	137.4	130.1	75.9	106.1
3. 社区环境指标						
通电村数	个	58550	74103	69744	39468	52866
通邮村数	个	56397	71980	68799	39311	52626
通电话村数	个	43281	59084	60797	35626	46130
通公路村数	个	52631	67560	62940	35639	46193
通自来水村数	个	25322	25404	20800	13602	18443
汽车站	个	1521	1621	1474	783	1619
供水站	个	2103	2187	1863	971	2578
垃圾处理站	个	595	581	527	262	421
集贸市场个数	个	5475	6589	6796	4110	5474
学校数	个	61982	74807	65896	37534	50170
图书馆、文化站	个	5314	5329	4838	2876	4263
体育场馆	个	797	590	589	369	596
医疗卫生单位	个	21324	27832	29194	15571	16901
病床数	床	125460	106977	97805	55930	72514
敬老院、福利院	个	3041	3310	3171	1875	3291

2—3—21 中部地区按人均肉类产量分组的乡镇情况

	单 位	20公斤以下	20—40公斤	40—60公斤	60—90公斤	90公斤以上
1. 基本指标						
乡镇个数	个	2075	3863	3681	3740	4084
总户数	万户	1190.5	2160.5	2272.7	2300.6	2267.7
总人口	万人	4471.9	8542.5	9022.6	9099.1	8684.5
乡村劳动力	万人	2045.3	4161.1	4539.6	4590.1	4314.6
农作物总播种面积	万公顷	580.9	1411.2	1609.1	1746.2	1813.0
其中粮食作物播种面积	万公顷	447.0	1053.6	1176.4	1259.8	1343.0
农机总动力	万千瓦	2061.5	4208.0	4553.5	5234.7	5996.3
2. 经济指标						
乡村经济总收入	亿元	3445.4	5916.9	6177.6	6891.6	9837.8
粮食产量	万吨	1743.9	4482.9	5595.1	6275.1	7818.3
棉花产量	万吨	14.6	31.7	51.4	54.2	43.8
油料产量	万吨	80.9	231.6	283.6	344.7	372.5
肉类产量	万吨	55.9	260.1	452.9	669.7	1340.8
水产品产量	万吨	127.7	161.3	153.2	196.7	196.6
财政收入	亿元	74.3	114.5	127.7	125.9	133.8
3. 社区环境指标						
通电村数	个	31818	64215	66659	68292	63747
通邮村数	个	30492	62647	65182	67470	63322
通电话村数	个	24704	51786	55697	57472	55259
通公路村数	个	29076	56884	58920	61774	58309
通自来水村数	个	14812	23897	22506	22139	20217
汽车站	个	802	1380	1474	1567	1795
供水站	个	1165	2127	2020	2066	2324
垃圾处理站	个	379	457	473	509	568
集贸市场个数	个	2938	5764	6421	6436	6885
学校数	个	34674	65935	65258	64976	59546
图书馆、文化站	个	2792	4577	4683	4926	5642
体育场馆	个	489	583	618	633	618
医疗卫生单位	个	12163	26026	26111	25297	21225
病床数	床	77086	99942	95897	90262	95499
敬老院、福利院	个	1542	3290	3217	3197	3442

2—3—22 中部地区按人均水产品产量分组的乡镇情况

	单 位	1公斤以下	1—5公斤	5—15公斤	15—30公斤	30公斤以上
1. 基本指标						
乡镇个数	个	7142	3434	2778	1732	2357
总户数	万户	3616.7	2241.7	1731.7	1111.1	1490.9
总人口	万人	13875.9	8815.4	6854.1	4412.3	5862.9
乡村劳动力	万人	6651.3	4556.6	3459.3	2182.5	2801.0
农作物总播种面积	万公顷	2578.4	1515.6	1194.9	752.3	1119.4
其中粮食作物播种面积	万公顷	2039.5	1125.3	868.9	519.2	726.9
农机总动力	万千瓦	9637.3	4878.7	3091.6	1705.2	2741.4
2. 经济指标						
乡村经济总收入	亿元	10971.9	6425.2	5040.4	3542.8	6289.1
粮食产量	万吨	8528.5	5571.3	4644.0	2896.2	4275.2
棉花产量	万吨	67.3	51.3	23.4	19.1	34.5
油料产量	万吨	359.5	295.7	237.8	142.8	277.6
肉类产量	万吨	895.1	623.7	501.9	325.1	433.8
水产品产量	万吨	3.2	22.2	63.6	94.7	651.8
财政收入	亿元	194.6	113.2	97.2	66.3	105.0
3. 社区环境指标						
通电村数	个	117450	61529	47744	29738	38270
通邮村数	个	114540	59954	46916	29584	38119
通电话村数	个	89829	52856	40771	26363	35099
通公路村数	个	102242	53740	44123	28323	36535
通自来水村数	个	53619	19790	12677	6698	10787
汽车站	个	2021	1439	1284	878	1396
供水站	个	3271	1982	1635	1000	1814
垃圾处理站	个	478	428	460	373	647
集贸市场个数	个	10084	6316	4670	3019	4355
学校数	个	121449	59634	46160	28065	35081
图书馆、文化站	个	9668	4424	3315	2140	3073
体育场馆	个	1233	424	415	293	576
医疗卫生单位	个	45928	29241	17332	8347	9974
病床数	床	170749	101315	74223	43693	68706
敬老院、福利院	个	5350	2886	2450	1714	2288

2—3—23 西部地区按乡村经济总收入分组的乡镇情况

	单 位	2亿元以下	2—10亿元	10—20亿元	20—30亿元	30亿元以上
1. 基本指标						
乡镇个数	个	6463	7002	1331	543	718
总户数	万户	1087.4	3261.2	996.0	467.1	695.3
总人口	万人	4618.4	12989.6	3779.4	1784.2	2683.6
乡村劳动力	万人	2302.5	6725.4	2005.7	947.1	1422.8
农作物总播种面积	万公顷	816.3	2040.2	559.4	242.3	337.4
其中粮食作物播种面积	万公顷	637.9	1500.5	387.1	166.3	212.1
农机总动力	万千瓦	929.5	3326.4	1187.5	594.1	981.2
2. 经济指标						
乡村经济总收入	亿元	614.3	3183.6	1850.7	1339.6	5203.9
粮食产量	万吨	1747.8	6048.0	1862.7	880.5	1161.2
棉花产量	万吨	8.1	59.4	14.9	2.1	0.5
油料产量	万吨	72.6	238.5	71.8	28.1	39.2
肉类产量	万吨	231.6	735.1	246.2	127.9	178.8
水产品产量	万吨	5.7	44.4	43.4	25.1	133.9
财政收入	亿元	35.9	124.3	46.9	24.2	62.3
3. 社区环境指标						
通电村数	个	45118	91173	20706	8490	10422
通邮村数	个	36218	75299	18814	8172	10171
通电话村数	个	16301	48151	14182	6575	8790
通公路村数	个	40703	77592	18377	7597	9736
通自来水村数	个	17393	36605	9144	3650	5104
汽车站	个	484	1532	528	252	396
供水站	个	1786	5055	1322	452	653
垃圾处理站	个	208	780	240	113	232
集贸市场个数	个	3272	8706	2306	1062	1794
学校数	个	59734	97145	19671	8570	11229
图书馆、文化站	个	3240	6971	1689	789	1061
体育场馆	个	266	876	225	151	169
医疗卫生单位	个	10926	21268	5998	2550	3547
病床数	床	44569	111449	34290	17045	30813
敬老院、福利院	个	1542	3967	1036	456	579

2－3－24 西部地区按粮食产量分组的乡镇情况

	单 位	1千吨以下	1千－5千吨	5千－1万吨	1万－3万吨	3万吨以上
1. 基本指标						
乡镇个数	个	1664	5514	4937	3765	177
总户数	万户	170.2	1147.4	2045.6	2876.0	267.7
总人口	万人	707.5	4791.0	8163.4	11134.6	1058.7
乡村劳动力	万人	336.0	2414.5	4227.3	5872.6	553.2
农作物总播种面积	万公顷	88.9	810.3	1276.3	1669.2	151.1
其中粮食作物播种面积	万公顷	63.3	613.3	931.3	1189.4	106.6
农机总动力	万千瓦	220.3	1284.2	2009.1	3180.4	324.7
2. 经济指标						
乡村经济总收入	亿元	824.9	1722.6	3077.8	5803.3	763.7
粮食产量	万吨	62.9	1634.7	3526.8	5848.6	627.2
棉花产量	万吨	1.4	10.5	24.4	48.0	0.6
油料产量	万吨	4.5	76.7	142.7	207.9	18.3
肉类产量	万吨	42.9	225.4	467.5	706.2	77.5
水产品产量	万吨	24.5	31.5	52.6	114.4	29.4
财政收入	亿元	12.1	49.1	88.9	131.3	12.2
3. 社区环境指标						
通电村数	个	7734	44273	57054	62819	4029
通邮村数	个	6767	35920	46466	55617	3904
通电话村数	个	2136	17410	31353	40023	3077
通公路村数	个	8371	38444	49028	54520	3642
通自来水村数	个	2676	18906	23663	25190	1461
汽车站	个	132	598	1038	1329	95
供水站	个	258	2036	3205	3601	168
垃圾处理站	个	28	288	563	653	41
集贸市场个数	个	538	3702	5813	6551	536
学校数	个	9605	57983	64273	60249	4239
图书馆、文化站	个	548	3602	4748	4570	282
体育场馆	个	69	411	570	618	19
医疗卫生单位	个	2139	10903	13834	16249	1164
病床数	床	11599	48267	72585	96790	8925
敬老院、福利院	个	211	1614	2617	2948	190

2—3—25 西部地区按棉花产量分组的乡镇情况

	单 位	5吨以下	5—20吨	20—60吨	60—100吨	100吨以上
1. 基本指标						
乡镇个数	个	14366	465	338	156	732
总户数	万户	5715.4	214.4	163.1	68.1	346.0
总人口	万人	22766.9	858.2	619.2	250.1	1360.8
乡村劳动力	万人	11902.1	454.8	324.0	127.0	595.7
农作物总播种面积	万公顷	3479.1	131.4	92.6	38.7	254.0
其中粮食作物播种面积	万公顷	2554.6	99.2	72.2	29.2	148.7
农机总动力	万千瓦	5960.0	232.0	183.3	63.9	579.6
2. 经济指标						
乡村经济总收入	亿元	11103.9	311.2	232.1	78.0	467.1
粮食产量	万吨	9993.4	411.6	328.5	136.8	829.8
棉花产量	万吨	0.1	0.5	1.2	1.2	82.0
油料产量	万吨	377.5	16.6	16.9	7.3	32.0
肉类产量	万吨	1342.3	45.1	34.8	16.5	80.9
水产品产量	万吨	240.3	3.8	3.1	0.8	4.4
财政收入	亿元	261.0	8.4	6.4	2.8	15.0
3. 社区环境指标						
通电村数	个	152386	6123	4382	1952	11066
通邮村数	个	127330	5049	4023	1802	10470
通电话村数	个	79614	3598	2735	1168	6884
通公路村数	个	134127	5170	3580	1569	9559
通自来水村数	个	62389	2508	1423	520	5056
汽车站	个	2806	117	89	37	143
供水站	个	7396	277	242	145	1208
垃圾处理站	个	1359	95	43	27	49
集贸市场个数	个	14950	615	453	205	917
学校数	个	175493	6816	4267	1587	8186
图书馆、文化站	个	11637	485	321	156	1151
体育场馆	个	1414	61	46	20	146
医疗卫生单位	个	38267	1806	1597	517	2102
病床数	床	204314	8062	5566	2557	17667
敬老院、福利院	个	6564	215	158	91	552

2—3—26 西部地区按油料产量分组的乡镇情况

	单位	100吨以下	100—300吨	300—500吨	500—700吨	700吨以上
1. 基本指标						
乡镇个数	个	7439	4148	1922	952	1596
总户数	万户	2132.9	1775.3	948.2	531.5	1119.1
总人口	万人	8676.1	6995.6	3725.7	2105.4	4352.3
乡村劳动力	万人	4440.0	3638.2	1934.7	1100.2	2290.5
农作物总播种面积	万公顷	1276.1	1032.6	581.3	342.5	763.2
其中粮食作物播种面积	万公顷	968.6	784.7	420.4	240.5	489.6
农机总动力	万千瓦	2312.8	1746.7	977.8	576.2	1405.3
2. 经济指标						
乡村经济总收入	亿元	4263.2	2888.5	1629.0	1030.5	2381.1
粮食产量	万吨	3353.4	3182.5	1788.2	1030.5	2345.5
棉花产量	万吨	46.0	12.7	8.9	3.9	13.5
油料产量	万吨	20.3	76.3	74.4	55.6	223.6
肉类产量	万吨	462.7	400.5	221.8	129.7	304.9
水产品产量	万吨	55.7	58.2	42.5	37.5	58.4
财政收入	亿元	100.6	74.0	41.9	24.4	52.8
3. 社区环境指标						
通电村数	个	62829	48747	24791	13357	26185
通邮村数	个	52723	40726	20672	11422	23131
通电话村数	个	32484	26709	13312	7498	13996
通公路村数	个	56671	41689	21110	11501	23034
通自来水村数	个	29657	18516	8845	4399	10479
汽车站	个	1158	857	431	255	491
供水站	个	3157	2583	1308	713	1507
垃圾处理站	个	463	438	297	128	247
集贸市场个数	个	6169	4525	2407	1335	2704
学校数	个	80524	50848	25953	13621	25403
图书馆、文化站	个	5639	3607	1844	920	1740
体育场馆	个	639	425	285	108	230
医疗卫生单位	个	15829	12064	6283	3620	6493
病床数	床	92341	60099	30496	18179	37051
敬老院、福利院	个	2426	2194	1130	602	1228

2—3—27　西部地区按肉类产量分组的乡镇情况

	单　位	300吨以下	300—600吨	600—1000吨	1000—2000吨	2000吨以上
1. 基本指标						
乡镇个数	个	4353	3477	2983	3477	1767
总户数	万户	712.1	979.4	1163.1	1959.8	1692.7
总人口	万人	3088.5	4102.5	4657.1	7574.3	6432.9
乡村劳动力	万人	1518.2	2049.1	2431.7	3995.3	3409.3
农作物总播种面积	万公顷	540.4	711.4	733.7	1126.5	883.8
其中粮食作物播种面积	万公顷	425.3	531.2	537.7	804.8	604.9
农机总动力	万千瓦	914.8	1197.8	1250.6	1980.9	1674.9
2. 经济指标						
乡村经济总收入	亿元	1006.6	1383.9	1951.3	3450.2	4400.2
粮食产量	万吨	1100.8	1685.4	2103.0	3646.6	3164.4
棉花产量	万吨	10.4	22.0	18.7	25.1	8.8
油料产量	万吨	43.9	72.2	82.4	133.2	118.4
肉类产量	万吨	70.4	152.0	234.0	489.4	573.7
水产品产量	万吨	21.8	22.6	22.1	83.7	102.1
财政收入	亿元	27.0	37.7	52.4	87.6	88.9
3. 社区环境指标						
通电村数	个	31507	33833	33043	46910	30616
通邮村数	个	27100	27554	26264	39323	28433
通电话村数	个	11953	15255	17662	28214	20915
通公路村数	个	28856	29245	28244	40362	27298
通自来水村数	个	11766	14741	14815	19243	11331
汽车站	个	439	462	592	934	765
供水站	个	1124	1625	1815	3055	1649
垃圾处理站	个	124	178	291	551	429
集贸市场个数	个	2069	2933	3302	5093	3743
学校数	个	41910	42744	36277	45442	29976
图书馆、文化站	个	2595	2784	2713	3506	2152
体育场馆	个	304	270	380	422	311
医疗卫生单位	个	7379	7539	7794	12480	9097
病床数	床	33136	37979	42959	68544	55548
敬老院、福利院	个	993	1225	1530	2238	1594

2—3—28 西部地区按水产品产量分组的乡镇情况

	单 位	50吨以下	50—100吨	100—500吨	500—1000吨	1000吨以上
1. 基本指标						
乡镇个数	个	11922	1233	2220	438	244
总户数	万户	3678.2	645.9	1550.0	380.8	252.1
总人口	万人	15127.3	2431.4	5702.6	1517.3	1076.7
乡村劳动力	万人	7709.0	1304.9	3022.0	807.7	559.9
农作物总播种面积	万公顷	2510.3	336.9	768.2	223.2	157.1
其中粮食作物播种面积	万公顷	1877.8	245.1	545.1	140.8	95.0
农机总动力	万千瓦	4046.2	639.8	1455.9	478.1	398.9
2. 经济指标						
乡村经济总收入	亿元	5064.4	1160.1	3322.6	1208.2	1436.9
粮食产量	万吨	6495.0	1172.0	2781.5	747.0	504.7
棉花产量	万吨	73.6	4.0	5.5	1.5	0.6
油料产量	万吨	267.4	45.3	95.7	24.2	17.6
肉类产量	万吨	771.4	160.6	412.1	104.6	70.9
水产品产量	万吨	7.5	8.7	49.1	30.2	156.8
财政收入	亿元	147.8	34.0	75.6	20.6	15.6
3. 社区环境指标						
通电村数	个	118831	16062	31288	6253	3475
通邮村数	个	97145	13465	28533	6039	3492
通电话村数	个	55642	9214	21215	4895	3033
通公路村数	个	104249	13616	27132	5731	3277
通自来水村数	个	50564	6126	10955	2683	1568
汽车站	个	1770	340	807	175	100
供水站	个	5775	982	1946	360	205
垃圾处理站	个	800	194	400	103	76
集贸市场个数	个	10326	1690	3677	821	626
学校数	个	140440	15627	29591	6491	4200
图书馆、文化站	个	9109	1216	2478	601	346
体育场馆	个	1156	151	305	42	33
医疗卫生单位	个	26812	4402	10466	1805	804
病床数	床	140880	23861	52873	12991	7561
敬老院、福利院	个	4469	834	1800	308	169

2—3—29 西部地区按财政收入分组的乡镇情况

	单 位	500万元以下	500—2000万元	2000—3500万元	3500—5000万元	5000万元以上
1. 基本指标						
乡镇个数	个	4801	6845	2373	980	1058
总户数	万户	740.9	2552.9	1407.8	746.3	1059.0
总人口	万人	3291.9	10317.9	5510.9	2853.1	3881.4
乡村劳动力	万人	1606.3	5308.1	2896.1	1525.9	2067.1
农作物总播种面积	万公顷	590.8	1671.5	825.0	408.4	500.0
其中粮食作物播种面积	万公顷	460.2	1240.6	589.5	282.1	331.5
农机总动力	万千瓦	752.5	2571.6	1585.7	833.0	1276.1
2. 经济指标						
乡村经济总收入	亿元	686.2	3187.8	2400.3	1573.5	4344.4
粮食产量	万吨	1237.9	4758.8	2657.6	1358.7	1687.1
棉花产量	万吨	10.7	42.2	16.1	11.3	4.6
油料产量	万吨	49.4	194.3	100.8	48.4	57.3
肉类产量	万吨	156.1	581.6	340.3	179.0	262.5
水产品产量	万吨	4.0	69.2	42.9	20.4	115.9
财政收入	亿元	10.5	75.6	62.0	40.5	105.1
3. 社区环境指标						
通电村数	个	31596	78153	33402	15238	17520
通邮村数	个	25535	63421	29013	13988	16717
通电话村数	个	10316	38914	20940	10451	13378
通公路村数	个	29395	66081	29345	13188	15996
通自来水村数	个	11913	31123	14298	6579	7983
汽车站	个	308	1231	655	406	592
供水站	个	1110	4269	1947	900	1042
垃圾处理站	个	112	641	365	189	266
集贸市场个数	个	2097	7003	3511	1878	2651
学校数	个	42843	86395	34687	15290	17134
图书馆、文化站	个	2378	6129	2693	1074	1476
体育场馆	个	147	764	362	169	245
医疗卫生单位	个	7228	18376	8829	4136	5720
病床数	床	28972	84170	49017	26855	49152
敬老院、福利院	个	977	3269	1508	782	1044

2—3—30　西部地区按人均乡村经济总收入分组的乡镇情况

	单　位	2万元以下	2—5万元	5—10万元	10—20万元	20万元以上
1. 基本指标						
乡镇个数	个	7588	5911	1542	828	188
总户数	万户	2362.8	2628.1	892.7	513.0	110.4
总人口	万人	9879.3	10180.5	3450.1	1975.6	369.6
乡村劳动力	万人	4992.0	5317.5	1824.5	1060.9	208.8
农作物总播种面积	万公顷	1551.4	1587.8	527.7	287.8	41.1
其中粮食作物播种面积	万公顷	1187.8	1161.9	351.3	180.7	22.1
农机总动力	万千瓦	1786.8	2724.9	1345.1	970.0	192.1
2. 经济指标						
乡村经济总收入	亿元	1344.7	3116.0	2372.1	3069.6	2289.8
粮食产量	万吨	3716.6	5079.8	1814.4	974.7	114.7
棉花产量	万吨	23.1	36.1	14.6	11.1	0.2
油料产量	万吨	134.8	203.4	71.6	36.2	4.2
肉类产量	万吨	450.2	659.7	236.8	149.7	23.1
水产品产量	万吨	17.0	51.3	42.5	88.6	52.9
财政收入	亿元	74.0	111.0	43.8	39.4	25.4
3. 社区环境指标						
通电村数	个	75947	69364	19259	9599	1740
通邮村数	个	60359	59226	18105	9292	1692
通电话村数	个	32148	38082	14067	8072	1630
通公路村数	个	65571	60042	17684	9031	1677
通自来水村数	个	29858	27067	8738	4978	1255
汽车站	个	862	1381	507	313	129
供水站	个	3040	4075	1241	745	167
垃圾处理站	个	418	712	231	165	47
集贸市场个数	个	6349	6794	2177	1320	500
学校数	个	95450	69534	19701	10111	1553
图书馆、文化站	个	4786	5461	2007	1212	284
体育场馆	个	435	640	280	250	82
医疗卫生单位	个	15667	18751	5651	3501	719
病床数	床	81895	92600	34151	21742	7778
敬老院、福利院	个	2535	3350	1004	551	140

2—3—31　西部地区按人均粮食产量分组的乡镇情况

	单　位	200公斤以下	200—400公斤	400—500公斤	500—700公斤	700公斤以上
1. 基本指标						
乡镇个数	个	3376	6872	4273	964	572
总户数	万户	1128.9	3014.2	1847.2	363.9	152.7
总人口	万人	4689.2	12198.6	6993.4	1354.7	619.3
乡村劳动力	万人	2309.1	6370.3	3688.7	718.0	317.4
农作物总播种面积	万公顷	594.6	1815.7	1137.4	273.3	174.7
其中粮食作物播种面积	万公顷	437.8	1324.1	833.2	188.4	120.4
农机总动力	万千瓦	1121.5	2863.2	1810.8	588.5	634.9
2. 经济指标						
乡村经济总收入	亿元	2763.8	4995.6	3258.6	780.6	393.6
粮食产量	万吨	934.3	4919.0	4043.1	1047.7	756.0
棉花产量	万吨	4.2	12.7	29.4	19.5	19.2
油料产量	万吨	43.6	176.5	151.9	42.1	36.1
肉类产量	万吨	181.7	673.5	503.3	108.3	52.8
水产品产量	万吨	80.3	89.3	59.1	10.2	13.5
财政收入	亿元	58.6	127.8	81.0	18.1	8.1
3. 社区环境指标						
通电村数	个	32282	78307	49856	10009	5455
通邮村数	个	28659	63461	42193	9051	5310
通电话村数	个	13892	41313	28517	6433	3844
通公路村数	个	30226	66891	42086	9313	5489
通自来水村数	个	13969	33593	17634	3883	2817
汽车站	个	574	1422	873	212	111
供水站	个	1367	3719	2929	724	529
垃圾处理站	个	257	681	511	100	24
集贸市场个数	个	3203	7883	4697	951	406
学校数	个	43441	92287	46436	9024	5161
图书馆、文化站	个	2451	5651	3840	964	844
体育场馆	个	317	605	519	129	117
医疗卫生单位	个	6636	19500	13764	2998	1391
病床数	床	51069	101769	65212	12729	7387
敬老院、福利院	个	966	3259	2494	556	305

2—3—32 西部地区按人均肉类产量分组的乡镇情况

	单 位	20公斤以下	20—40公斤	40—60公斤	60—90公斤	90公斤以上
1. 基本指标						
乡镇个数	个	1808	3771	3617	3832	3029
总户数	万户	665.7	1512.1	1572.0	1723.7	1033.4
总人口	万人	2862.6	6326.6	6255.8	6563.7	3846.5
乡村劳动力	万人	1386.4	3209.3	3259.6	3492.4	2056.0
农作物总播种面积	万公顷	428.5	1008.0	949.5	965.9	643.8
其中粮食作物播种面积	万公顷	337.2	751.3	684.4	697.0	433.9
农机总动力	万千瓦	808.0	1645.3	1604.3	1695.3	1266.0
2. 经济指标						
乡村经济总收入	亿元	1152.5	2474.8	2813.1	3233.6	2518.2
粮食产量	万吨	929.7	2498.5	2758.3	3297.9	2215.8
棉花产量	万吨	7.8	26.1	18.3	15.3	17.5
油料产量	万吨	34.4	89.1	101.1	124.4	101.3
肉类产量	万吨	35.5	194.2	311.3	478.8	499.7
水产品产量	万吨	13.7	64.2	56.6	66.5	51.3
财政收入	亿元	27.0	60.4	66.7	80.4	59.2
3. 社区环境指标						
通电村数	个	23186	43693	41344	41920	25766
通邮村数	个	21029	36917	33322	35029	22377
通电话村数	个	10709	21383	21922	24178	15807
通公路村数	个	19897	38332	35546	36119	24111
通自来水村数	个	7904	20567	18294	15229	9902
汽车站	个	390	664	737	849	552
供水站	个	752	1972	2222	2451	1871
垃圾处理站	个	107	283	370	454	359
集贸市场个数	个	1748	4037	4089	4434	2832
学校数	个	29073	56468	45443	40906	24459
图书馆、文化站	个	1852	3195	3050	3166	2487
体育场馆	个	196	388	352	426	325
医疗卫生单位	个	4141	9140	9458	12660	8890
病床数	床	28980	55189	58178	58604	37215
敬老院、福利院	个	670	1491	1787	2078	1554

2—3—33　西部地区按人均水产品产量分组的乡镇情况

	单　位	1公斤以下	1—5公斤	5—15公斤	15—30公斤	30公斤以上
1. 基本指标						
乡镇个数	个	9904	3120	2048	641	344
总户数	万户	3001.3	1597.4	1268.1	434.7	205.5
总人口	万人	12537.0	6048.1	4707.5	1734.6	828.1
乡村劳动力	万人	6320.3	3230.2	2489.6	917.2	446.2
农作物总播种面积	万公顷	2108.5	835.2	647.2	267.8	137.1
其中粮食作物播种面积	万公顷	1586.1	610.7	456.0	168.0	83.1
农机总动力	万千瓦	3376.3	1499.9	1228.5	528.4	385.8
2. 经济指标						
乡村经济总收入	亿元	4108.9	2637.1	2842.9	1353.2	1250.0
粮食产量	万吨	5226.1	2829.6	2348.5	870.8	425.2
棉花产量	万吨	64.8	12.1	5.3	0.8	2.0
油料产量	万吨	214.7	105.3	83.3	28.8	18.1
肉类产量	万吨	596.7	393.6	339.4	128.1	61.8
水产品产量	万吨	2.2	16.1	41.5	35.6	156.8
财政收入	亿元	115.8	76.5	65.0	21.8	14.5
3. 社区环境指标						
通电村数	个	98458	39822	26146	7796	3687
通邮村数	个	80585	33593	23497	7440	3559
通电话村数	个	44779	22834	17382	5919	3085
通公路村数	个	87167	33587	22705	7048	3498
通自来水村数	个	42430	15498	9074	3067	1827
汽车站	个	1424	793	662	213	100
供水站	个	4457	2418	1665	448	280
垃圾处理站	个	592	448	354	105	74
集贸市场个数	个	8355	4060	3107	1018	600
学校数	个	119765	40134	24401	8166	3883
图书馆、文化站	个	7496	2842	2183	793	436
体育场馆	个	1003	302	279	64	39
医疗卫生单位	个	21856	10172	8730	2501	1030
病床数	床	117267	57656	41845	14031	7367
敬老院、福利院	个	3465	1921	1590	381	223

第二部分　农村乡镇

四　按自然地势分组的乡镇情况

2—4—1　平原地区按乡村经济总收入分组的乡镇情况

	单　位	2亿元以下	2—10亿元	10—20亿元	20—30亿元	30亿元以上
1. 基本指标						
乡镇个数	个	715	3319	3019	1554	4191
总户数	万户	126.2	1589.6	2373.1	1347.8	4222.2
总人口	万人	501.6	6428.5	9419.0	5213.6	15011.8
乡村劳动力	万人	226.0	3143.3	4865.8	2697.3	7591.2
农作物总播种面积	万公顷	111.1	1414.2	1721.8	876.1	2002.7
其中粮食作物播种面积	万公顷	82.2	1056.4	1254.8	627.6	1427.3
农机总动力	万千瓦	275.9	3904.0	6001.8	3531.9	10232.9
2. 经济指标						
乡村经济总收入	亿元	79.3	2030.3	4421.5	3818.5	39326.4
粮食产量	万吨	332.7	5531.3	7042.2	3585.5	8537.0
棉花产量	万吨	7.2	85.9	105.1	41.3	62.7
油料产量	万吨	17.5	240.2	374.4	205.1	368.0
肉类产量	万吨	33.7	405.2	677.0	380.8	1107.1
水产品产量	万吨	14.7	125.5	221.7	147.2	901.5
财政收入	亿元	11.7	75.4	129.1	80.5	656.0
3. 社区环境指标						
通电村数	个	4031	49701	66032	35517	98164
通邮村数	个	3973	49007	65921	35378	98060
通电话村数	个	2493	42223	63805	34668	97013
通公路村数	个	4102	41716	56900	31603	92378
通自来水村数	个	1716	15818	21183	15470	66350
汽车站	个	151	1029	1327	838	3196
供水站	个	352	2242	2271	1429	5022
垃圾处理站	个	33	243	347	308	1724
集贸市场个数	个	397	4546	7096	3897	14056
学校数	个	4335	44197	53858	27884	68234
图书馆、文化站	个	629	4552	4157	2181	7526
体育场馆	个	68	629	592	342	1265
医疗卫生单位	个	1361	17741	30043	15237	37230
病床数	床	11166	70526	96131	55230	216166
敬老院、福利院	个	294	2525	2905	1602	4878

2—4—2 平原地区按粮食产量分组的乡镇情况

	单 位	1千吨以下	1千—5千吨	5千—1万吨	1万—3万吨	3万吨以上
1. 基本指标						
乡镇个数	个	502	1091	1893	6870	2442
总户数	万户	222.6	521.2	1016.2	5366.6	2532.3
总人口	万人	703.0	1805.1	3663.0	20300.7	10102.5
乡村劳动力	万人	330.7	842.0	1823.7	10445.2	5082.1
农作物总播种面积	万公顷	32.0	207.2	487.4	3327.9	2071.2
其中粮食作物播种面积	万公顷	13.4	127.6	318.8	2369.7	1618.7
农机总动力	万千瓦	367.1	1085.9	1931.9	13166.5	7395.1
2. 经济指标						
乡村经济总收入	亿元	3241.7	4430.3	6519.1	26075.7	9409.1
粮食产量	万吨	13.3	333.4	1443.6	12864.7	10373.7
棉花产量	万吨	1.9	14.6	31.7	180.3	73.9
油料产量	万吨	2.6	30.3	95.7	725.7	351.0
肉类产量	万吨	37.0	91.9	206.2	1386.2	882.6
水产品产量	万吨	146.5	176.8	212.6	618.4	256.4
财政收入	亿元	76.1	80.5	141.4	500.2	154.4
3. 社区环境指标						
通电村数	个	3075	11089	25145	147628	66508
通邮村数	个	3082	10994	24899	146968	66396
通电话村数	个	2752	9600	22629	140555	64666
通公路村数	个	3104	10682	23301	131133	58479
通自来水村数	个	2425	6845	15594	70022	25651
汽车站	个	269	530	907	3506	1329
供水站	个	305	858	1766	6282	2105
垃圾处理站	个	165	260	394	1444	392
集贸市场个数	个	1208	1969	3058	16158	7599
学校数	个	2887	10647	19861	109827	55286
图书馆、文化站	个	766	1549	2919	10196	3615
体育场馆	个	132	299	426	1576	463
医疗卫生单位	个	1479	4058	8661	57680	29734
病床数	床	17423	34821	56484	238458	102033
敬老院、福利院	个	268	785	1476	6787	2888

2—4—3 平原地区按棉花产量分组的乡镇情况

	单 位	5 吨以下	5—20 吨	20—60 吨	60—100 吨	100 吨以上
1. 基本指标						
乡镇个数	个	6945	767	921	505	3660
总户数	万户	4688.0	618.3	749.8	429.2	3173.6
总人口	万人	17223.2	2303.4	2847.4	1666.0	12534.4
乡村劳动力	万人	8542.0	1222.1	1500.5	869.3	6389.8
农作物总播种面积	万公顷	2731.2	348.0	459.9	279.4	2307.4
其中粮食作物播种面积	万公顷	2095.8	270.5	347.3	209.8	1524.8
农机总动力	万千瓦	10119.4	1863.9	2324.9	1243.4	8395.1
2. 经济指标						
乡村经济总收入	亿元	31992.8	2960.5	3132.0	1554.5	10036.2
粮食产量	万吨	12295.9	1431.8	1889.1	1128.6	8283.2
棉花产量	万吨	0.1	0.8	3.3	3.9	294.1
油料产量	万吨	425.6	80.8	108.1	67.7	522.9
肉类产量	万吨	1302.4	157.0	196.8	114.5	833.2
水产品产量	万吨	974.0	48.5	62.4	31.3	294.4
财政收入	亿元	625.9	50.6	53.8	28.1	194.2
3. 社区环境指标						
通电村数	个	107759	17134	21160	11939	95453
通邮村数	个	107307	17056	21052	11941	94983
通电话村数	个	100076	16784	20662	11707	90973
通公路村数	个	99980	15668	19089	10352	81610
通自来水村数	个	57643	9010	10614	5142	38128
汽车站	个	3820	360	404	237	1720
供水站	个	6422	617	577	321	3379
垃圾处理站	个	1669	132	140	70	644
集贸市场个数	个	14474	1976	2352	1347	9843
学校数	个	88330	12599	16015	9568	71996
图书馆、文化站	个	10575	1154	1472	755	5089
体育场馆	个	1709	185	182	130	690
医疗卫生单位	个	41925	7450	9122	5662	37453
病床数	床	229569	29722	33379	18757	137792
敬老院、福利院	个	6325	721	895	506	3757

2—4—4 平原地区按油料产量分组的乡镇情况

	单 位	100 吨以下	100—300 吨	300—500 吨	500—700 吨	700 吨以上
1. 基本指标						
乡镇个数	个	4072	1908	1311	1046	4461
总户数	万户	2562.6	1267.1	952.7	858.8	4017.6
总人口	万人	9417.1	4830.2	3588.7	3212.4	15526.0
乡村劳动力	万人	4487.1	2438.3	1838.1	1657.5	8102.7
农作物总播种面积	万公顷	1414.3	786.9	588.9	519.0	2816.7
其中粮食作物播种面积	万公顷	1118.1	612.1	449.8	392.4	1875.7
农机总动力	万千瓦	5989.7	3065.7	2368.7	1954.1	10568.4
2. 经济指标						
乡村经济总收入	亿元	19084.5	6590.0	4334.5	3907.9	15759.1
粮食产量	万吨	6758.6	3269.7	2437.3	2133.0	10430.1
棉花产量	万吨	70.4	28.0	25.9	23.5	154.5
油料产量	万吨	7.9	35.8	51.7	61.8	1047.9
肉类产量	万吨	692.0	348.6	246.8	223.5	1092.9
水产品产量	万吨	529.4	175.6	103.2	112.3	490.2
财政收入	亿元	366.4	125.5	91.0	77.9	291.9
3. 社区环境指标						
通电村数	个	67854	34242	25238	21586	104525
通邮村数	个	67343	34131	25154	21522	104189
通电话村数	个	63266	31758	23747	20780	100651
通公路村数	个	62537	30674	22697	18970	91821
通自来水村数	个	37812	17444	12628	10253	42400
汽车站	个	2105	897	693	577	2269
供水站	个	3813	1619	1174	906	3804
垃圾处理站	个	848	328	269	227	983
集贸市场个数	个	9166	3707	2786	2548	11785
学校数	个	49348	28337	20176	17187	83460
图书馆、文化站	个	6483	2858	1967	1413	6324
体育场馆	个	972	442	292	208	982
医疗卫生单位	个	20626	12680	10873	10410	47023
病床数	床	138010	60957	43391	38559	168302
敬老院、福利院	个	3555	1696	1231	1076	4646

2—4—5 平原地区按肉类产量分组的乡镇情况

	单 位	300吨以下	300—600吨	600—1000吨	1000—2000吨	2000吨以上
1. 基本指标						
乡镇个数	个	1236	1649	1931	3458	4524
总户数	万户	498.1	875.5	1189.6	2602.2	4493.5
总人口	万人	1819.1	3213.4	4378.8	9806.8	17356.2
乡村劳动力	万人	886.9	1600.7	2191.9	4983.6	8860.6
农作物总播种面积	万公顷	275.8	526.9	738.7	1638.1	2946.3
其中粮食作物播种面积	万公顷	203.6	379.3	548.6	1202.8	2113.9
农机总动力	万千瓦	1130.7	1881.0	2809.0	6503.3	11622.4
2. 经济指标						
乡村经济总收入	亿元	2833.9	4865.1	6296.2	13198.6	22482.3
粮食产量	万吨	946.8	1935.2	2891.3	6683.7	12571.6
棉花产量	万吨	16.8	34.6	33.9	77.3	139.7
油料产量	万吨	43.3	88.1	127.7	314.6	631.3
肉类产量	万吨	20.2	74.3	152.5	501.7	1855.2
水产品产量	万吨	240.0	193.4	181.6	303.6	492.0
财政收入	亿元	70.7	100.9	135.4	260.2	385.4
3. 社区环境指标						
通电村数	个	13934	24544	32750	70875	111342
通邮村数	个	13854	24223	32474	70682	111106
通电话村数	个	12313	21903	29726	67392	108868
通公路村数	个	12665	22021	28729	63232	100052
通自来水村数	个	7531	13420	17741	35117	46728
汽车站	个	474	737	943	1723	2664
供水站	个	786	1360	1643	3109	4418
垃圾处理站	个	178	335	372	758	1012
集贸市场个数	个	1784	2808	3658	8076	13666
学校数	个	11474	18933	25044	53895	89162
图书馆、文化站	个	1681	2478	2742	5035	7109
体育场馆	个	215	413	423	771	1074
医疗卫生单位	个	4063	7608	11127	26556	52258
病床数	床	27160	44799	59742	123684	193834
敬老院、福利院	个	727	1294	1657	3388	5138

2—4—6 平原地区按水产品产量分组的乡镇情况

	单 位	50吨以下	50—100吨	100—500吨	500—1000吨	1000吨以上
1. 基本指标						
乡镇个数	个	5257	1031	3018	1270	2222
总户数	万户	3232.6	809.9	2433.4	1069.7	2113.4
总人口	万人	12596.5	3117.4	9108.4	3936.4	7815.8
乡村劳动力	万人	6257.3	1671.6	4725.5	1974.3	3894.9
农作物总播种面积	万公顷	2307.4	561.7	1499.5	613.0	1144.2
其中粮食作物播种面积	万公顷	1714.3	407.1	1102.8	448.9	775.1
农机总动力	万千瓦	10043.5	2234.7	5337.0	2085.9	4245.3
2. 经济指标						
乡村经济总收入	亿元	14377.9	3278.0	12295.7	6099.1	13625.3
粮食产量	万吨	9330.1	2202.8	6080.1	2662.7	4753.0
棉花产量	万吨	149.2	30.6	51.0	20.2	51.3
油料产量	万吨	431.5	131.6	300.3	104.6	237.1
肉类产量	万吨	854.9	229.8	695.2	316.7	507.2
水产品产量	万吨	5.0	7.2	76.1	89.3	1233.1
财政收入	亿元	266.9	62.4	252.7	115.2	255.3
3. 社区环境指标						
通电村数	个	96330	21668	62187	26081	47179
通邮村数	个	95615	21580	62001	25990	47153
通电话村数	个	87405	20848	60541	25358	46050
通公路村数	个	84079	18331	55650	24160	44479
通自来水村数	个	48666	7622	24825	12006	27418
汽车站	个	1810	420	1680	893	1738
供水站	个	3291	662	2356	1808	3199
垃圾处理站	个	521	120	637	398	979
集贸市场个数	个	10494	2373	7595	3178	6352
学校数	个	80388	17129	46948	18508	35535
图书馆、文化站	个	8278	1432	4095	1868	3372
体育场馆	个	1061	175	626	314	720
医疗卫生单位	个	35077	11805	28018	10804	15908
病床数	床	146838	34226	116718	52017	99420
敬老院、福利院	个	4224	988	3016	1365	2611

2—4—7 平原地区按财政收入分组的乡镇情况

	单 位	500万元以下	500—2000万元	2000—3500万元	3500—5000万元	5000万元以上
1. 基本指标						
乡镇个数	个	600	3019	2687	1875	4617
总户数	万户	139.4	1412.2	1821.6	1501.3	4784.4
总人口	万人	584.0	5727.2	7283.3	5871.2	17108.7
乡村劳动力	万人	234.2	2786.2	3720.6	3030.4	8752.2
农作物总播种面积	万公顷	136.0	1243.5	1421.8	1027.2	2297.3
其中粮食作物播种面积	万公顷	99.4	951.1	1044.7	721.6	1631.4
农机总动力	万千瓦	336.6	3961.6	5597.0	3988.7	10062.7
2. 经济指标						
乡村经济总收入	亿元	239.2	3238.8	5259.9	5074.0	35864.0
粮食产量	万吨	450.9	5107.2	5888.3	4080.2	9502.1
棉花产量	万吨	11.2	63.0	77.7	61.2	89.1
油料产量	万吨	16.7	200.5	310.3	236.0	441.7
肉类产量	万吨	40.7	411.8	568.0	424.8	1158.5
水产品产量	万吨	8.5	112.5	165.8	200.2	923.7
财政收入	亿元	1.6	38.2	72.3	78.4	762.2
3. 社区环境指标						
通电村数	个	5080	43270	52867	42156	110072
通邮村数	个	4859	42823	52742	41997	109918
通电话村数	个	3371	36939	50430	40794	108668
通公路村数	个	5100	36787	45316	36935	102561
通自来水村数	个	2260	17077	20841	17216	63143
汽车站	个	110	976	980	886	3589
供水站	个	376	1856	1819	1487	5778
垃圾处理站	个	22	221	280	324	1808
集贸市场个数	个	395	4269	5406	4683	15239
学校数	个	5393	40089	43751	32665	76610
图书馆、文化站	个	758	4238	3931	2659	7459
体育场馆	个	85	594	477	394	1346
医疗卫生单位	个	1343	16878	21700	16961	44730
病床数	床	8461	61294	73463	63679	242322
敬老院、福利院	个	283	2241	2375	1863	5442

2—4—8 平原地区按人均乡村经济总收入分组的乡镇情况

	单 位	2万元以下	2—5万元	5—10万元	10—20万元	20万元以上
1. 基本指标						
乡镇个数	个	784	4428	3112	3095	1379
总户数	万户	434.9	3109.7	2335.7	2574.1	1204.5
总人口	万人	1788.5	12659.3	9087.6	9150.2	3888.7
乡村劳动力	万人	806.5	6470.0	4582.9	4602.2	2062.2
农作物总播种面积	万公顷	274.5	2435.7	1603.4	1394.9	417.3
其中粮食作物播种面积	万公顷	193.7	1803.9	1149.1	1005.4	296.1
农机总动力	万千瓦	621.7	7508.1	5992.5	7195.3	2629.0
2. 经济指标						
乡村经济总收入	亿元	255.0	4325.8	6357.8	15651.2	23086.1
粮食产量	万吨	877.3	9591.1	6744.8	5942.1	1873.3
棉花产量	万吨	27.2	140.2	77.3	52.4	5.1
油料产量	万吨	41.3	500.8	340.3	269.5	53.2
肉类产量	万吨	71.4	805.8	690.7	728.4	307.5
水产品产量	万吨	36.7	192.2	297.3	513.4	371.1
财政收入	亿元	21.2	149.2	139.1	257.4	385.8
3. 社区环境指标						
通电村数	个	11229	85044	64130	68037	25005
通邮村数	个	11132	84306	63997	67911	24993
通电话村数	个	8406	78344	61622	66887	24943
通公路村数	个	10068	71138	57703	63470	24320
通自来水村数	个	4013	22355	27489	46063	20617
汽车站	个	233	1606	1482	1893	1327
供水站	个	600	2674	2749	3411	1882
垃圾处理站	个	82	394	507	881	791
集贸市场个数	个	1056	8773	7140	8030	4993
学校数	个	11037	75906	50296	46724	14545
图书馆、文化站	个	966	5756	4356	5299	2668
体育场馆	个	85	808	661	865	477
医疗卫生单位	个	3875	40938	23787	23966	9046
病床数	床	23780	125716	104363	121209	74151
敬老院、福利院	个	543	3852	3016	3279	1514

2—4—9　平原地区按人均粮食产量分组的乡镇情况

	单　位	200公斤以下	200—400公斤	400—500公斤	500—700公斤	700公斤以上
1. 基本指标						
乡镇个数	个	1757	2384	3198	2232	3227
总户数	万户	1456.8	2075.3	2597.6	1715.7	1813.5
总人口	万人	5154.9	7818.5	9984.9	6554.1	7061.9
乡村劳动力	万人	2458.3	4037.0	5204.3	3392.6	3431.5
农作物总播种面积	万公顷	418.0	1003.6	1595.7	1213.2	1895.4
其中粮食作物播种面积	万公顷	245.0	671.5	1124.9	889.5	1517.3
农机总动力	万千瓦	2281.7	3748.0	6189.7	5278.0	6449.1
2. 经济指标						
乡村经济总收入	亿元	13043.2	11191.6	10988.5	7397.8	7054.9
粮食产量	万吨	822.3	3206.8	5966.1	5173.4	9860.1
棉花产量	万吨	19.6	50.3	106.3	69.2	57.0
油料产量	万吨	71.7	228.5	364.0	256.4	284.5
肉类产量	万吨	223.1	424.0	651.6	524.5	780.6
水产品产量	万吨	517.4	260.8	263.1	163.7	205.6
财政收入	亿元	272.2	224.2	201.9	126.3	128.1
3. 社区环境指标						
通电村数	个	24674	46780	69429	50898	61664
通邮村数	个	24582	46560	69130	50693	61374
通电话村数	个	23377	44483	66000	48615	57727
通公路村数	个	23439	42248	61140	45732	54140
通自来水村数	个	16167	23114	29189	24574	27493
汽车站	个	1207	1366	1554	1051	1363
供水站	个	1705	2047	2510	2097	2957
垃圾处理站	个	718	639	601	365	332
集贸市场个数	个	5087	5897	7604	5378	6026
学校数	个	21905	39151	54380	37666	45406
图书馆、文化站	个	2939	3649	4842	3212	4403
体育场馆	个	575	558	735	476	552
医疗卫生单位	个	9414	21012	31487	20680	19019
病床数	床	89674	93811	111609	76528	77597
敬老院、福利院	个	1633	2211	3076	2242	3042

2—4—10 平原地区按人均肉类产量分组的乡镇情况

	单 位	20公斤以下	20—40公斤	40—60公斤	60—90公斤	90公斤以上
1. 基本指标						
乡镇个数	个	1606	2738	2600	2552	3302
总户数	万户	1307.8	2139.2	2077.5	1943.1	2191.2
总人口	万人	4747.1	8194.8	7931.7	7505.0	8195.8
乡村劳动力	万人	2333.2	4141.7	4055.4	3860.0	4133.3
农作物总播种面积	万公顷	559.1	1226.7	1332.0	1358.3	1649.7
其中粮食作物播种面积	万公顷	401.4	896.9	967.2	979.2	1203.4
农机总动力	万千瓦	2376.3	4693.4	4908.4	5208.9	6759.7
2. 经济指标						
乡村经济总收入	亿元	8038.6	10689.0	9599.0	8362.1	12987.2
粮食产量	万吨	2021.2	4745.2	5299.2	5512.5	7450.6
棉花产量	万吨	27.8	62.8	72.7	71.4	67.7
油料产量	万吨	103.7	219.4	245.5	282.9	353.6
肉类产量	万吨	57.5	249.2	394.6	552.5	1350.1
水产品产量	万吨	412.4	332.4	223.9	200.0	242.0
财政收入	亿元	183.5	207.7	200.4	152.4	208.6
3. 社区环境指标						
通电村数	个	30319	55850	54215	52962	60099
通邮村数	个	30097	55726	53866	52765	59885
通电话村数	个	28755	51962	51250	50420	57815
通公路村数	个	27047	49385	47951	47631	54685
通自来水村数	个	17004	28167	24487	23267	27612
汽车站	个	936	1369	1381	1245	1610
供水站	个	1347	2297	2229	2144	3299
垃圾处理站	个	478	610	529	426	612
集贸市场个数	个	4143	6375	6396	5810	7268
学校数	个	22775	44308	44285	42560	44580
图书馆、文化站	个	2503	4072	3681	3822	4967
体育场馆	个	423	631	554	575	713
医疗卫生单位	个	9603	20320	23245	23881	24563
病床数	床	67855	101227	97072	82166	100899
敬老院、福利院	个	1379	2568	2579	2538	3140

2—4—11 平原地区按人均水产品产量分组的乡镇情况

	单 位	1 公斤以下	1—5 公斤	5—15 公斤	15—30 公斤	30 公斤以上
1. 基本指标						
乡镇个数	个	4487	2281	2050	1369	2611
总户数	万户	2921.1	1916.3	1660.3	1109.8	2051.4
总人口	万人	11416.7	7426.4	6176.0	4098.9	7456.4
乡村劳动力	万人	5656.7	3893.7	3165.0	2061.1	3747.2
农作物总播种面积	万公顷	2033.1	1262.3	1010.5	647.5	1172.5
其中粮食作物播种面积	万公顷	1509.1	920.0	745.0	468.7	805.4
农机总动力	万千瓦	9118.6	4775.1	3405.8	2157.0	4490.2
2. 经济指标						
乡村经济总收入	亿元	12808.3	8113.7	8510.7	6246.4	13996.7
粮食产量	万吨	8206.0	4952.6	4195.5	2749.7	4924.8
棉花产量	万吨	137.7	62.4	31.9	21.5	48.8
油料产量	万吨	380.5	264.0	210.1	114.4	236.1
肉类产量	万吨	744.6	548.8	466.3	312.0	532.1
水产品产量	万吨	2.7	19.0	57.4	86.4	1245.1
财政收入	亿元	240.6	154.1	176.6	123.1	258.2
3. 社区环境指标						
通电村数	个	85508	49440	42093	27796	48608
通邮村数	个	84870	49218	41958	27758	48535
通电话村数	个	77683	47507	40835	26952	47225
通公路村数	个	74421	42711	38208	25579	45780
通自来水村数	个	43995	17882	16622	13211	28827
汽车站	个	1596	975	1150	929	1891
供水站	个	2799	1422	1792	1644	3659
垃圾处理站	个	462	334	448	409	1002
集贸市场个数	个	9381	5802	5021	3423	6365
学校数	个	72191	39740	31407	19811	35359
图书馆、文化站	个	7194	3280	2717	2042	3812
体育场馆	个	940	421	438	297	800
医疗卫生单位	个	31841	25120	18059	9842	16750
病床数	床	133793	83510	76337	54172	101407
敬老院、福利院	个	3607	2256	2111	1439	2791

2—4—12 丘陵地区按乡村经济总收入分组的乡镇情况

	单 位	2亿元以下	2—10亿元	10—20亿元	20—30亿元	30亿元以上
1. 基本指标						
乡镇个数	个	1635	5642	2435	1188	2404
总户数	万户	336.1	2659.9	1825.8	1003.9	2482.0
总人口	万人	1315.2	10218.7	6969.3	3811.5	9109.8
乡村劳动力	万人	625.8	5160.9	3541.1	1936.1	4801.6
农作物总播种面积	万公顷	279.9	1804.9	1044.9	522.3	1079.0
其中粮食作物播种面积	万公顷	221.6	1354.7	726.5	362.9	744.1
农机总动力	万千瓦	430.7	3057.3	2315.8	1482.2	4255.6
2. 经济指标						
乡村经济总收入	亿元	181.3	2982.1	3478.1	2922.6	19163.4
粮食产量	万吨	536.4	5907.0	3778.7	2003.8	4225.1
棉花产量	万吨	1.6	13.6	12.5	5.4	9.6
油料产量	万吨	27.4	270.9	212.3	110.1	229.2
肉类产量	万吨	78.9	666.3	459.4	259.2	602.9
水产品产量	万吨	10.9	204.8	300.7	185.2	1001.8
财政收入	亿元	16.0	125.3	94.4	63.6	281.4
3. 社区环境指标						
通电村数	个	14839	74520	44854	24572	59024
通邮村数	个	13874	69776	44066	24204	58826
通电话村数	个	6774	53599	37812	22251	56238
通公路村数	个	12943	64987	41670	23237	57230
通自来水村数	个	3700	20242	14938	9504	29309
汽车站	个	198	1755	1244	672	1674
供水站	个	703	3704	1765	879	2075
垃圾处理站	个	90	748	570	317	976
集贸市场个数	个	897	6994	4577	2650	7199
学校数	个	15510	69658	39565	20501	43881
图书馆、文化站	个	1217	5771	3124	1822	4249
体育场馆	个	116	861	487	287	760
医疗卫生单位	个	3198	22700	13404	7521	17420
病床数	床	14897	100343	69401	39215	119669
敬老院、福利院	个	770	4581	2299	1125	2502

2—4—13 丘陵地区按粮食产量分组的乡镇情况

	单 位	1千吨以下	1千—5千吨	5千—1万吨	1万—3万吨	3万吨以上
1. 基本指标						
乡镇个数	个	791	2142	3791	5824	756
总户数	万户	222.7	745.4	1782.7	4686.3	870.7
总人口	万人	749.2	2755.0	6701.4	17829.9	3389.1
乡村劳动力	万人	412.3	1411.9	3451.9	9103.9	1685.4
农作物总播种面积	万公顷	68.0	388.4	952.5	2686.7	635.4
其中粮食作物播种面积	万公顷	46.7	282.5	688.8	1920.8	471.0
农机总动力	万千瓦	404.9	1154.1	2301.3	6309.4	1371.9
2. 经济指标						
乡村经济总收入	亿元	1724.7	3007.8	5201.2	15630.0	3163.7
粮食产量	万吨	23.1	695.5	2808.7	9876.5	3047.2
棉花产量	万吨	0.3	3.3	8.9	22.7	7.6
油料产量	万吨	3.3	46.3	147.8	533.1	119.4
肉类产量	万吨	37.5	142.8	404.7	1208.1	273.5
水产品产量	万吨	268.7	313.0	287.0	733.5	101.4
财政收入	亿元	49.0	67.1	126.5	290.5	47.5
3. 社区环境指标						
通电村数	个	7023	22832	49922	117321	20711
通邮村数	个	6971	21607	46924	114760	20484
通电话村数	个	3580	16395	39268	99119	18312
通公路村数	个	6393	20787	44798	108492	19597
通自来水村数	个	2929	9840	18330	40634	5960
汽车站	个	240	648	1236	2895	524
供水站	个	278	1252	2432	4515	649
垃圾处理站	个	124	284	612	1440	241
集贸市场个数	个	975	2269	4978	12011	2084
学校数	个	6546	22659	43280	98553	18077
图书馆、文化站	个	817	2535	4076	7654	1101
体育场馆	个	142	362	644	1184	179
医疗卫生单位	个	1647	7158	15758	34834	4846
病床数	床	22335	36268	77651	175824	31447
敬老院、福利院	个	351	1460	2968	5613	885

2—4—14 丘陵地区按棉花产量分组的乡镇情况

	单 位	5吨以下	5—20吨	20—60吨	60—100吨	100吨以上
1. 基本指标						
乡镇个数	个	9903	984	896	436	1085
总户数	万户	5827.3	707.1	642.3	296.0	835.0
总人口	万人	21993.5	2628.8	2435.2	1126.1	3241.0
乡村劳动力	万人	11264.0	1348.7	1250.6	583.5	1618.7
农作物总播种面积	万公顷	3260.3	371.1	364.6	176.1	558.9
其中粮食作物播种面积	万公顷	2396.2	268.1	260.8	122.5	362.2
农机总动力	万千瓦	7822.7	1019.1	990.9	503.3	1205.5
2. 经济指标						
乡村经济总收入	亿元	21194.1	2342.9	2144.2	838.8	2207.4
粮食产量	万吨	11075.4	1430.2	1336.2	626.7	1982.5
棉花产量	万吨	0.2	1.0	3.2	3.4	35.0
油料产量	万吨	483.9	66.9	87.3	49.8	162.0
肉类产量	万吨	1466.7	169.2	148.3	70.2	212.2
水产品产量	万吨	1445.9	51.0	56.9	53.1	96.6
财政收入	亿元	434.0	40.7	39.7	17.1	49.1
3. 社区环境指标						
通电村数	个	150106	20134	17373	7951	22245
通邮村数	个	144096	19629	17218	7834	21969
通电话村数	个	118367	17634	14975	6871	18827
通公路村数	个	137604	19172	16252	7193	19846
通自来水村数	个	56992	6207	6043	2386	6065
汽车站	个	3936	445	437	188	537
供水站	个	6927	544	571	269	815
垃圾处理站	个	1935	217	195	98	256
集贸市场个数	个	15897	1803	1610	821	2186
学校数	个	131054	16707	15407	6892	19055
图书馆、文化站	个	12049	1350	1013	474	1297
体育场馆	个	1792	184	183	94	258
医疗卫生单位	个	44517	5572	5760	2268	6126
病床数	床	239040	30254	26918	13666	33647
敬老院、福利院	个	8130	844	792	395	1116

2—4—15　丘陵地区按油料产量分组的乡镇情况

	单　位	100吨以下	100—300吨	300—500吨	500—700吨	700吨以上
1. 基本指标						
乡镇个数	个	3782	3146	1801	1173	3402
总户数	万户	1841.8	1757.0	1120.0	784.9	2804.1
总人口	万人	6738.7	6601.0	4303.3	3042.2	10739.3
乡村劳动力	万人	3469.2	3444.8	2192.2	1560.4	5398.9
农作物总播种面积	万公顷	916.7	904.1	627.3	464.6	1818.2
其中粮食作物播种面积	万公顷	747.9	686.7	457.2	327.9	1190.0
农机总动力	万千瓦	2689.8	2195.1	1392.5	1042.3	4221.8
2. 经济指标						
乡村经济总收入	亿元	8230.8	5554.0	3449.9	2106.1	9386.7
粮食产量	万吨	3231.0	3232.2	2150.1	1548.0	6289.8
棉花产量	万吨	2.2	3.7	4.3	4.2	28.4
油料产量	万吨	12.2	59.5	70.2	69.2	638.8
肉类产量	万吨	430.7	423.6	279.0	186.6	746.7
水产品产量	万吨	492.4	263.7	175.4	120.3	651.8
财政收入	亿元	187.3	117.8	67.4	43.6	164.6
3. 社区环境指标						
通电村数	个	50965	47192	28651	19669	71332
通邮村数	个	49844	44684	27117	18827	70274
通电话村数	个	39828	36651	21983	15788	62424
通公路村数	个	46743	42818	25991	17586	66929
通自来水村数	个	22109	17065	9215	5999	23305
汽车站	个	1489	1099	697	475	1783
供水站	个	2396	2180	1295	823	2432
垃圾处理站	个	695	529	390	257	830
集贸市场个数	个	5650	4453	2825	1996	7393
学校数	个	45313	40844	26474	18232	58252
图书馆、文化站	个	4459	3632	2094	1303	4695
体育场馆	个	695	529	397	190	700
医疗卫生单位	个	13717	13482	8175	6510	22359
病床数	床	95604	66449	39495	34437	107540
敬老院、福利院	个	2761	2448	1538	1011	3519

2—4—16 丘陵地区按肉类产量分组的乡镇情况

	单 位	300吨以下	300—600吨	600—1000吨	1000—2000吨	2000吨以上
1. 基本指标						
乡镇个数	个	1670	2046	2332	3916	3340
总户数	万户	519.8	856.0	1165.4	2488.1	3278.5
总人口	万人	1943.7	3203.0	4357.4	9430.1	12490.2
乡村劳动力	万人	944.5	1591.1	2197.8	4792.1	6540.0
农作物总播种面积	万公顷	312.0	553.7	695.8	1409.7	1759.7
其中粮食作物播种面积	万公顷	249.4	416.5	507.7	1010.2	1226.0
农机总动力	万千瓦	1016.1	1402.1	1667.6	3093.4	4362.3
2. 经济指标						
乡村经济总收入	亿元	1909.6	3033.6	3775.2	7257.1	12751.9
粮食产量	万吨	737.4	1526.7	2135.0	5026.9	7025.1
棉花产量	万吨	2.9	4.7	5.6	11.1	18.4
油料产量	万吨	32.7	86.1	117.9	263.3	349.8
肉类产量	万吨	27.4	92.2	184.9	565.3	1196.7
水产品产量	万吨	385.4	231.8	216.2	410.5	459.7
财政收入	亿元	42.5	61.6	76.2	155.3	245.1
3. 社区环境指标						
通电村数	个	18998	27156	32905	62870	75880
通邮村数	个	18589	26230	31570	60117	74240
通电话村数	个	12811	21146	26925	51098	64694
通公路村数	个	17326	24827	29725	56962	71227
通自来水村数	个	8473	11622	12351	20700	24547
汽车站	个	442	666	814	1648	1973
供水站	个	757	1167	1502	2838	2862
垃圾处理站	个	195	239	367	828	1072
集贸市场个数	个	1530	2382	3293	6589	8523
学校数	个	18418	23740	27671	53631	65655
图书馆、文化站	个	1697	2245	2599	4616	5026
体育场馆	个	328	296	377	706	804
医疗卫生单位	个	4557	7927	11835	19542	20382
病床数	床	29261	37212	48733	104344	123975
敬老院、福利院	个	997	1530	1878	3313	3559

2—4—17 丘陵地区按水产品产量分组的乡镇情况

	单 位	50 吨以下	50—100 吨	100—500 吨	500—1000 吨	1000 吨以上
1. 基本指标						
乡镇个数	个	5025	1298	3864	1379	1738
总户数	万户	2243.4	734.3	2655.3	1105.7	1569.0
总人口	万人	8388.0	2686.4	9885.8	4331.4	6133.0
乡村劳动力	万人	4195.8	1399.4	5096.2	2219.0	3155.1
农作物总播种面积	万公顷	1453.5	389.4	1412.1	642.5	833.5
其中粮食作物播种面积	万公顷	1164.0	294.9	996.1	419.4	535.3
农机总动力	万千瓦	3593.3	936.7	3014.1	1379.6	2617.8
2. 经济指标						
乡村经济总收入	亿元	6340.4	1901.7	7773.2	3933.7	8778.4
粮食产量	万吨	4234.6	1459.0	5317.9	2380.8	3058.7
棉花产量	万吨	9.5	2.5	11.8	7.7	11.3
油料产量	万吨	187.3	64.7	263.8	129.8	204.3
肉类产量	万吨	491.4	180.4	675.2	306.2	413.4
水产品产量	万吨	5.1	9.3	96.3	96.7	1496.1
财政收入	亿元	131.1	39.7	167.2	75.1	167.7
3. 社区环境指标						
通电村数	个	71979	20286	66320	25341	33883
通邮村数	个	68690	19154	63970	25085	33847
通电话村数	个	52788	15542	54398	22223	31723
通公路村数	个	64060	18024	61016	24257	32710
通自来水村数	个	28730	6842	20894	7688	13539
汽车站	个	1334	467	1804	744	1194
供水站	个	2848	895	2891	961	1531
垃圾处理站	个	499	199	887	459	657
集贸市场个数	个	6157	1983	6888	2811	4478
学校数	个	64841	15942	55150	23170	30012
图书馆、文化站	个	5423	1509	4541	1889	2821
体育场馆	个	765	179	628	357	582
医疗卫生单位	个	23599	6945	18623	6769	8307
病床数	床	100508	27502	105877	43074	66564
敬老院、福利院	个	3499	1064	3617	1342	1755

2—4—18 丘陵地区按财政收入分组的乡镇情况

	单 位	500万元以下	500—2000万元	2000—3500万元	3500—5000万元	5000万元以上
1. 基本指标						
乡镇个数	个	956	4765	3054	1655	2874
总户数	万户	203.9	1913.1	1938.4	1330.7	2921.6
总人口	万人	846.1	7450.8	7454.9	5035.2	10637.5
乡村劳动力	万人	396.5	3731.7	3774.4	2532.7	5630.2
农作物总播种面积	万公顷	167.3	1330.0	1186.9	756.2	1290.5
其中粮食作物播种面积	万公顷	133.0	1003.8	855.6	528.4	888.9
农机总动力	万千瓦	277.4	2389.6	2442.4	1912.6	4519.5
2. 经济指标						
乡村经济总收入	亿元	259.9	3435.1	4536.0	3846.9	16649.6
粮食产量	万吨	337.3	4256.0	4192.1	2776.2	4889.4
棉花产量	万吨	0.4	9.0	10.8	8.9	13.6
油料产量	万吨	16.8	188.5	206.7	160.9	277.0
肉类产量	万吨	41.6	505.9	506.1	337.4	675.7
水产品产量	万吨	8.6	187.2	234.3	248.7	1024.7
财政收入	亿元	2.5	59.1	81.6	69.0	368.4
3. 社区环境指标						
通电村数	个	9568	58029	50787	33503	65922
通邮村数	个	9169	54334	49061	32890	65292
通电话村数	个	4370	41033	40967	29120	61184
通公路村数	个	8760	50960	46229	31328	62790
通自来水村数	个	2561	16367	16402	11147	31216
汽车站	个	119	1214	1220	863	2127
供水站	个	358	2625	2141	1299	2703
垃圾处理站	个	46	508	580	417	1150
集贸市场个数	个	494	4985	5062	3398	8378
学校数	个	11445	54383	44910	27595	50782
图书馆、文化站	个	678	4924	3735	2206	4640
体育场馆	个	43	738	520	309	901
医疗卫生单位	个	1831	16815	14895	10373	20329
病床数	床	8274	66833	71260	50942	146216
敬老院、福利院	个	373	3378	2652	1662	3212

2—4—19 丘陵地区按人均乡村经济总收入分组的乡镇情况

	单 位	2万元以下	2—5万元	5—10万元	10—20万元	20万元以上
1. 基本指标						
乡镇个数	个	2264	5543	2721	2142	634
总户数	万户	986.6	3203.5	1956.9	1660.5	500.2
总人口	万人	3873.9	12383.4	7489.0	6052.5	1625.7
乡村劳动力	万人	1894.0	6257.4	3771.6	3142.5	999.9
农作物总播种面积	万公顷	607.5	2045.7	1102.2	796.5	179.0
其中粮食作物播种面积	万公顷	470.8	1498.1	768.4	546.4	126.0
农机总动力	万千瓦	878.0	3665.1	2701.1	3171.3	1126.1
2. 经济指标						
乡村经济总收入	亿元	561.5	4068.6	5214.7	9772.8	9109.8
粮食产量	万吨	1565.7	6965.7	4161.9	3076.5	681.1
棉花产量	万吨	4.9	18.3	11.0	7.5	1.0
油料产量	万吨	71.8	340.8	227.6	173.5	36.1
肉类产量	万吨	193.3	806.9	521.9	428.6	115.9
水产品产量	万吨	36.1	280.2	350.3	583.3	453.6
财政收入	亿元	38.5	153.2	110.8	159.9	118.4
3. 社区环境指标						
通电村数	个	29096	83036	48924	43427	13326
通邮村数	个	26725	79361	48117	43248	13295
通电话村数	个	17525	61884	42926	41143	13196
通公路村数	个	24549	74271	46205	41961	13081
通自来水村数	个	6340	23288	17697	21490	8878
汽车站	个	511	1958	1328	1236	510
供水站	个	1260	3753	1854	1632	627
垃圾处理站	个	247	888	616	699	251
集贸市场个数	个	2374	7899	5021	4917	2106
学校数	个	29561	76605	42778	32787	7384
图书馆、文化站	个	1907	6134	3658	3314	1170
体育场馆	个	228	842	580	587	274
医疗卫生单位	个	7782	25261	13989	13095	4116
病床数	床	37367	123771	76475	74273	31639
敬老院、福利院	个	1516	4755	2402	1899	705

2—4—20 丘陵地区按人均粮食产量分组的乡镇情况

	单 位	200 公斤以下	200—400 公斤	400—500 公斤	500—700 公斤	700 公斤以上
1. 基本指标						
乡镇个数	个	2566	4260	3808	1342	1328
总户数	万户	1583.5	2915.5	2421.8	786.2	600.7
总人口	万人	5921.9	11210.4	9004.8	2921.8	2365.7
乡村劳动力	万人	3063.6	5726.0	4650.6	1500.0	1125.3
农作物总播种面积	万公顷	549.8	1441.7	1407.7	594.1	737.7
其中粮食作物播种面积	万公顷	381.4	1019.5	1008.6	423.9	576.4
农机总动力	万千瓦	2270.1	3548.9	3060.3	1338.6	1323.7
2. 经济指标						
乡村经济总收入	亿元	7643.9	9091.8	7429.2	2660.4	1902.2
粮食产量	万吨	1044.1	4595.8	5259.3	2288.6	3263.2
棉花产量	万吨	6.8	10.6	13.0	6.0	6.4
油料产量	万吨	72.4	234.2	279.7	137.5	126.2
肉类产量	万吨	261.4	639.6	669.3	254.5	241.9
水产品产量	万吨	816.5	432.0	295.0	90.8	69.3
财政收入	亿元	190.4	170.7	134.1	48.1	37.3
3. 社区环境指标						
通电村数	个	36247	74194	65530	22749	19089
通邮村数	个	35690	71248	62469	22350	18989
通电话村数	个	29037	60406	52478	19139	15614
通公路村数	个	33309	68129	59534	21532	17563
通自来水村数	个	16573	27445	20891	7158	5626
汽车站	个	1196	1766	1403	562	616
供水站	个	1529	2929	2749	856	1063
垃圾处理站	个	631	865	727	245	233
集贸市场个数	个	4615	7298	6246	2209	1949
学校数	个	35240	64387	53273	18677	17538
图书馆、文化站	个	3665	5050	4461	1573	1434
体育场馆	个	642	683	662	262	262
医疗卫生单位	个	12369	22529	19016	5907	4422
病床数	床	97184	103468	86519	29591	26763
敬老院、福利院	个	1939	3523	3322	1224	1269

2—4—21 丘陵地区按人均肉类产量分组的乡镇情况

	单 位	20公斤以下	20—40公斤	40—60公斤	60—90公斤	90公斤以上
1. 基本指标						
乡镇个数	个	1606	2619	2678	3258	3143
总户数	万户	991.6	1713.1	1783.9	2083.7	1735.4
总人口	万人	3697.1	6588.0	6886.4	7861.7	6391.4
乡村劳动力	万人	1792.3	3297.0	3473.8	4060.6	3441.7
农作物总播种面积	万公顷	443.8	928.7	1022.7	1231.3	1104.5
其中粮食作物播种面积	万公顷	342.9	678.0	730.2	881.4	777.2
农机总动力	万千瓦	1727.7	2414.9	2173.2	2549.8	2675.9
2. 经济指标						
乡村经济总收入	亿元	4121.9	6107.9	5300.5	6108.7	7088.5
粮食产量	万吨	1282.1	2844.8	3473.5	4495.2	4355.5
棉花产量	万吨	5.2	7.4	8.8	12.0	9.3
油料产量	万吨	64.8	163.0	179.4	219.8	222.8
肉类产量	万吨	46.1	201.1	346.1	577.6	895.7
水产品产量	万吨	613.8	383.0	268.5	226.4	211.7
财政收入	亿元	81.7	117.3	105.3	128.5	147.9
3. 社区环境指标						
通电村数	个	27093	45396	44836	52939	47545
通邮村数	个	26787	44515	43474	50261	45709
通电话村数	个	22357	38247	36550	41017	38503
通公路村数	个	24699	41874	41031	47682	44781
通自来水村数	个	13164	18227	15078	16044	15180
汽车站	个	702	1049	1155	1340	1297
供水站	个	858	1689	1896	2427	2256
垃圾处理站	个	376	462	529	671	663
集贸市场个数	个	2607	4380	4585	5453	5292
学校数	个	23336	40236	40439	45598	39506
图书馆、文化站	个	2050	3195	3353	3792	3793
体育场馆	个	391	468	460	616	576
医疗卫生单位	个	7486	15620	13370	15181	12586
病床数	床	57809	68561	69282	74358	73515
敬老院、福利院	个	1232	2342	2355	2673	2675

2—4—22 丘陵地区按人均水产品产量分组的乡镇情况

	单　位	1公斤以下	1—5公斤	5—15公斤	15—30公斤	30公斤以上
1. 基本指标						
乡镇个数	个	3736	2602	3040	1768	2158
总户数	万户	1756.0	1699.8	2118.6	1231.8	1501.5
总人口	万人	6593.7	6262.3	7955.2	4831.6	5781.7
乡村劳动力	万人	3264.6	3210.5	4133.1	2467.5	2989.8
农作物总播种面积	万公顷	1155.1	862.2	1110.0	735.7	868.0
其中粮食作物播种面积	万公顷	931.1	652.0	790.0	482.5	554.1
农机总动力	万千瓦	2959.2	2015.9	2391.4	1547.2	2627.9
2. 经济指标						
乡村经济总收入	亿元	5130.1	4245.4	6526.9	4439.4	8385.6
粮食产量	万吨	3165.8	3232.0	4292.8	2686.1	3074.3
棉花产量	万吨	7.2	7.4	8.1	8.2	11.9
油料产量	万吨	140.4	151.5	198.7	138.3	221.0
肉类产量	万吨	356.0	402.2	548.6	357.5	402.4
水产品产量	万吨	1.3	17.5	73.9	102.8	1507.9
财政收入	亿元	104.1	89.6	132.9	90.6	163.4
3. 社区环境指标						
通电村数	个	56403	45330	51749	29161	35166
通邮村数	个	54235	42915	49742	28846	35008
通电话村数	个	41557	35306	41667	25456	32688
通公路村数	个	50408	40356	47583	27778	33942
通自来水村数	个	23267	15492	16202	8730	14002
汽车站	个	941	1063	1387	869	1283
供水站	个	2006	1957	2292	1137	1734
垃圾处理站	个	327	487	731	460	696
集贸市场个数	个	4670	4357	5408	3255	4627
学校数	个	51797	36982	43017	26757	30562
图书馆、文化站	个	4214	2956	3659	2201	3153
体育场馆	个	636	334	512	339	690
医疗卫生单位	个	19079	14026	13922	7961	9255
病床数	床	80364	72521	77245	45531	67864
敬老院、福利院	个	2599	2127	2786	1720	2045

2—4—23 山区地区按乡村经济总收入分组的乡镇情况

	单 位	2亿元以下	2—10亿元	10—20亿元	20—30亿元	30亿元以上
1. 基本指标						
乡镇个数	个	7167	6997	1368	478	582
总户数	万户	1183.5	2902.8	870.6	337.5	478.3
总人口	万人	4934.4	11710.1	3399.1	1309.8	1781.4
乡村劳动力	万人	2440.1	5957.6	1696.6	645.3	890.9
农作物总播种面积	万公顷	882.2	1783.9	456.9	169.3	191.9
其中粮食作物播种面积	万公顷	684.8	1319.6	323.6	119.2	131.9
农机总动力	万千瓦	1062.6	2890.0	1113.3	430.7	889.6
2. 经济指标						
乡村经济总收入	亿元	684.8	3165.6	1921.5	1156.2	3590.5
粮食产量	万吨	1755.4	4740.4	1437.5	544.3	644.0
棉花产量	万吨	1.0	3.2	0.9	0.4	0.6
油料产量	万吨	74.1	182.8	68.7	21.7	26.9
肉类产量	万吨	237.2	604.0	198.1	78.2	111.9
水产品产量	万吨	9.6	55.5	42.9	20.5	76.8
财政收入	亿元	41.2	121.2	47.3	20.8	44.7
3. 社区环境指标						
通电村数	个	55586	96641	25677	9515	13007
通邮村数	个	44926	83739	24077	9291	12688
通电话村数	个	20806	56948	20271	7898	12017
通公路村数	个	47937	85190	24036	9067	12452
通自来水村数	个	22517	44992	13511	5194	8396
汽车站	个	676	1680	595	228	332
供水站	个	1874	3923	923	368	608
垃圾处理站	个	211	714	254	141	177
集贸市场个数	个	3547	8277	2272	858	1352
学校数	个	71553	107309	23987	8653	10688
图书馆、文化站	个	3691	6515	1598	629	1139
体育场馆	个	416	816	256	146	178
医疗卫生单位	个	11762	20278	6311	2292	3727
病床数	床	50858	107829	33350	13930	23663
敬老院、福利院	个	2048	4368	1083	402	518

2—4—24 山区地区按粮食产量分组的乡镇情况

	单　位	1千吨以下	1千—5千吨	5千—1万吨	1万—3万吨	3万吨以上
1. 基本指标						
乡镇个数	个	2209	7488	4489	2330	76
总户数	万户	276.6	1734.7	1932.8	1742.1	86.5
总人口	万人	1071.2	6923.4	7780.2	7008.5	351.7
乡村劳动力	万人	496.1	3464.6	3956.0	3541.3	172.4
农作物总播种面积	万公顷	147.8	1035.4	1179.5	1060.5	61.0
其中粮食作物播种面积	万公顷	109.5	790.2	869.0	764.9	45.5
农机总动力	万千瓦	431.0	2051.9	1942.0	1859.0	102.3
2. 经济指标						
乡村经济总收入	亿元	757.7	2733.1	3370.3	3452.7	204.7
粮食产量	万吨	97.0	2156.5	3133.1	3457.9	277.0
棉花产量	万吨	0.2	1.2	1.7	2.8	0.1
油料产量	万吨	6.9	91.5	125.1	142.6	8.1
肉类产量	万吨	56.2	316.2	403.2	431.4	22.4
水产品产量	万吨	35.8	45.3	42.9	77.4	3.9
财政收入	亿元	19.2	83.6	86.5	81.5	4.3
3. 社区环境指标						
通电村数	个	15593	74079	62001	46638	2115
通邮村数	个	13327	64471	53475	41481	1967
通电话村数	个	6271	39213	37999	32760	1697
通公路村数	个	14383	64249	55042	43051	1957
通自来水村数	个	6066	35927	29505	22217	895
汽车站	个	216	1190	1133	926	46
供水站	个	358	2739	2728	1809	62
垃圾处理站	个	43	387	546	504	17
集贸市场个数	个	737	5341	5676	4343	209
学校数	个	18444	84933	70121	46744	1948
图书馆、文化站	个	1143	5439	4164	2711	115
体育场馆	个	139	698	514	449	12
医疗卫生单位	个	3593	17158	13161	9996	462
病床数	床	17836	77589	72866	58521	2818
敬老院、福利院	个	581	3292	2648	1831	67

2—4—25 山区地区按棉花产量分组的乡镇情况

	单 位	5吨以下	5—20吨	20—60吨	60—100吨	100吨以上
1. 基本指标						
乡镇个数	个	15493	632	277	80	110
总户数	万户	5227.0	286.2	146.2	46.8	66.4
总人口	万人	21033.2	1101.0	567.6	178.3	254.8
乡村劳动力	万人	10560.6	571.1	283.4	90.9	124.4
农作物总播种面积	万公顷	3182.2	160.6	77.2	26.7	37.5
其中粮食作物播种面积	万公顷	2360.6	116.3	55.8	19.6	26.8
农机总动力	万千瓦	5636.6	343.8	209.9	88.9	107.1
2. 经济指标						
乡村经济总收入	亿元	9284.7	594.8	345.0	118.1	175.9
粮食产量	万吨	8227.3	433.9	255.6	80.2	124.5
棉花产量	万吨	0.2	0.6	0.9	0.6	3.7
油料产量	万吨	320.9	23.4	15.0	6.2	8.7
肉类产量	万吨	1114.4	54.4	32.4	9.9	18.3
水产品产量	万吨	184.4	7.3	8.2	1.6	3.9
财政收入	亿元	248.2	13.6	7.1	2.5	3.8
3. 社区环境指标						
通电村数	个	181069	10462	5302	1527	2066
通邮村数	个	157092	9268	4932	1441	1988
通电话村数	个	103584	7544	3986	1134	1692
通公路村数	个	160953	9460	4861	1478	1930
通自来水村数	个	85637	4789	2523	728	933
汽车站	个	3172	171	97	27	44
供水站	个	7126	330	127	51	62
垃圾处理站	个	1343	86	39	11	18
集贸市场个数	个	14763	807	418	149	169
学校数	个	203251	10391	5065	1515	1968
图书馆、文化站	个	12348	613	327	103	181
体育场馆	个	1660	84	39	16	13
医疗卫生单位	个	38565	2910	1543	556	796
病床数	床	205491	12344	6557	2374	2864
敬老院、福利院	个	7718	408	170	58	65

2—4—26 山区地区按油料产量分组的乡镇情况

	单 位	100吨以下	100—300吨	300—500吨	500—700吨	700吨以上
1. 基本指标						
乡镇个数	个	9307	3795	1512	738	1240
总户数	万户	2566.7	1392.9	644.1	363.4	805.6
总人口	万人	10217.8	5616.0	2596.0	1490.5	3214.5
乡村劳动力	万人	5057.3	2832.7	1326.0	758.6	1655.8
农作物总播种面积	万公顷	1421.1	867.6	418.2	248.5	528.8
其中粮食作物播种面积	万公顷	1115.5	647.8	297.0	170.2	348.6
农机总动力	万千瓦	2987.6	1425.4	665.4	365.8	942.1
2. 经济指标						
乡村经济总收入	亿元	4773.2	2388.7	1098.0	695.5	1563.2
粮食产量	万吨	3534.3	2288.1	1109.7	664.9	1524.5
棉花产量	万吨	2.3	0.9	0.9	0.3	1.8
油料产量	万吨	24.2	68.1	58.4	43.2	180.2
肉类产量	万吨	520.9	284.6	137.4	82.1	204.3
水产品产量	万吨	97.9	40.4	17.1	13.2	36.7
财政收入	亿元	131.3	66.0	27.3	15.4	35.2
3. 社区环境指标						
通电村数	个	92860	48723	21349	11770	25724
通邮村数	个	81837	42143	17826	10174	22741
通电话村数	个	55903	27954	11765	6487	15831
通公路村数	个	82820	42700	18774	10735	23653
通自来水村数	个	46085	21923	9640	5092	11870
汽车站	个	1692	821	356	202	440
供水站	个	3471	1949	945	464	867
垃圾处理站	个	562	422	201	113	199
集贸市场个数	个	7541	3909	1779	937	2140
学校数	个	110883	52861	22925	12138	23383
图书馆、文化站	个	6917	3341	1251	704	1359
体育场馆	个	885	413	175	89	250
医疗卫生单位	个	22093	10409	4398	2298	5172
病床数	床	111458	53173	24345	13318	27336
敬老院、福利院	个	4055	2096	861	469	938

2—4—27 山区地区按肉类产量分组的乡镇情况

	单 位	300吨以下	300—600吨	600—1000吨	1000—2000吨	2000吨以上
1. 基本指标						
乡镇个数	个	5646	4318	2954	2628	1046
总户数	万户	963.9	1248.3	1177.8	1489.9	892.7
总人口	万人	3915.5	5053.3	4719.9	5943.0	3503.2
乡村劳动力	万人	1915.3	2510.7	2398.4	3029.1	1777.1
农作物总播种面积	万公顷	630.6	803.0	712.2	864.3	474.1
其中粮食作物播种面积	万公顷	496.0	603.5	522.3	624.0	333.3
农机总动力	万千瓦	1281.3	1368.2	1172.7	1558.8	1005.2
2. 经济指标						
乡村经济总收入	亿元	1596.8	1954.4	1870.1	2864.5	2232.7
粮食产量	万吨	1279.9	1898.7	1889.1	2521.4	1532.4
棉花产量	万吨	0.9	1.0	0.9	1.0	2.2
油料产量	万吨	47.4	77.0	76.0	100.5	73.2
肉类产量	万吨	91.7	186.9	229.8	362.2	358.8
水产品产量	万吨	62.1	26.9	29.8	58.0	28.4
财政收入	亿元	47.3	57.3	55.5	70.2	44.8
3. 社区环境指标						
通电村数	个	50038	48287	37286	41716	23099
通邮村数	个	43647	41516	31312	36307	21939
通电话村数	个	23988	26628	22459	27470	17395
通公路村数	个	43731	42126	33047	37928	21850
通自来水村数	个	22395	22613	18287	20042	11273
汽车站	个	703	804	677	832	495
供水站	个	1523	2037	1563	1831	742
垃圾处理站	个	167	326	312	456	236
集贸市场个数	个	2649	3826	3434	4193	2204
学校数	个	59158	55629	41437	44109	21857
图书馆、文化站	个	3465	3400	2614	2715	1378
体育场馆	个	424	422	345	439	182
医疗卫生单位	个	10510	9887	7841	10282	5850
病床数	床	46642	51398	43952	53903	33735
敬老院、福利院	个	1977	2082	1746	1800	814

2—4—28 山区地区按水产品产量分组的乡镇情况

	单 位	50吨以下	50—100吨	100—500吨	500—1000吨	1000吨以上
1. 基本指标						
乡镇个数	个	12938	1173	1847	413	221
总户数	万户	3859.1	529.2	960.9	268.3	155.2
总人口	万人	15406.4	2104.6	3884.7	1111.0	628.3
乡村劳动力	万人	7755.6	1090.5	1933.7	541.3	309.3
农作物总播种面积	万公顷	2429.6	287.8	523.6	153.2	90.0
其中粮食作物播种面积	万公顷	1852.0	202.0	362.8	102.2	60.1
农机总动力	万千瓦	4206.0	558.4	1070.2	283.9	267.7
2. 经济指标						
乡村经济总收入	亿元	5907.1	1023.1	2303.2	675.5	609.7
粮食产量	万吨	5612.8	899.4	1756.1	543.7	309.7
棉花产量	万吨	2.6	0.6	2.4	0.2	0.3
油料产量	万吨	230.1	37.4	70.0	22.8	13.8
肉类产量	万吨	777.8	114.6	227.2	67.1	42.8
水产品产量	万吨	8.2	8.2	40.5	28.3	120.2
财政收入	亿元	168.2	25.9	53.7	15.2	12.2
3. 社区环境指标						
通电村数	个	145782	16558	27342	6569	4175
通邮村数	个	123619	14453	26082	6396	4171
通电话村数	个	75428	10995	21951	5774	3792
通公路村数	个	128560	14711	25260	6211	3940
通自来水村数	个	68302	8006	13247	2955	2100
汽车站	个	2223	349	645	171	123
供水站	个	5138	799	1291	292	176
垃圾处理站	个	765	167	382	111	72
集贸市场个数	个	11030	1551	2647	666	412
学校数	个	165590	17427	28321	7058	3794
图书馆、文化站	个	9659	1095	2014	475	329
体育场馆	个	1171	147	313	106	75
医疗卫生单位	个	31480	3367	7049	1576	898
病床数	床	155164	20540	38188	10284	5454
敬老院、福利院	个	5654	792	1453	333	187

2—4—29 山区地区按财政收入分组的乡镇情况

	单 位	500万元以下	500—2000万元	2000—3500万元	3500—5000万元	5000万元以上
1. 基本指标						
乡镇个数	个	5272	7287	2187	891	955
总户数	万户	821.7	2465.6	1148.9	574.0	762.4
总人口	万人	3513.6	9973.8	4521.6	2234.9	2891.0
乡村劳动力	万人	1717.6	5057.6	2278.5	1129.6	1447.1
农作物总播种面积	万公顷	623.9	1574.3	657.9	287.9	340.2
其中粮食作物播种面积	万公顷	485.9	1176.5	470.6	209.1	237.0
农机总动力	万千瓦	796.1	2497.8	1327.0	721.8	1043.6
2. 经济指标						
乡村经济总收入	亿元	751.2	3206.3	2238.0	1358.4	2964.7
粮食产量	万吨	1203.0	4044.5	1872.8	914.4	1086.8
棉花产量	万吨	0.7	3.1	0.9	0.5	0.8
油料产量	万吨	50.9	168.1	77.0	37.2	40.9
肉类产量	万吨	166.6	522.5	263.2	120.6	156.5
水产品产量	万吨	7.5	47.4	35.5	39.9	74.9
财政收入	亿元	12.1	78.8	57.0	36.7	90.6
3. 社区环境指标						
通电村数	个	40591	88495	34852	16319	20169
通邮村数	个	32642	75647	31637	15315	19480
通电话村数	个	13682	49091	24670	12828	17669
通公路村数	个	35365	76733	32138	15192	19254
通自来水村数	个	15995	40043	17622	8700	12250
汽车站	个	361	1470	707	388	585
供水站	个	1000	3702	1454	598	942
垃圾处理站	个	109	629	317	167	275
集贸市场个数	个	2280	7198	3126	1612	2090
学校数	个	53056	100424	35658	15847	17205
图书馆、文化站	个	2544	6190	2416	1087	1335
体育场馆	个	242	807	347	150	266
医疗卫生单位	个	8273	18962	8062	3670	5403
病床数	床	34486	90476	46367	22312	35989
敬老院、福利院	个	1264	3968	1596	730	861

2—4—30　山区地区按人均乡村经济总收入分组的乡镇情况

	单　位	2 万元以下	2—5 万元	5—10 万元	10—20 万元	20 万元以上
1. 基本指标						
乡镇个数	个	7415	6179	1763	1054	181
总户数	万户	2105.9	2296.5	798.2	488.4	83.6
总人口	万人	8816.5	9172.0	3078.1	1789.9	278.4
乡村劳动力	万人	4470.8	4588.7	1513.1	911.6	146.3
农作物总播种面积	万公顷	1385.4	1414.5	430.8	220.7	32.7
其中粮食作物播种面积	万公顷	1057.2	1036.9	306.7	158.9	19.3
农机总动力	万千瓦	1617.3	2418.4	1158.3	926.9	265.2
2. 经济指标						
乡村经济总收入	亿元	1170.2	2838.6	2100.0	2825.6	1584.1
粮食产量	万吨	2950.6	3997.8	1364.4	728.1	80.6
棉花产量	万吨	1.2	3.2	1.0	0.6	0.1
油料产量	万吨	115.5	168.3	57.5	29.9	2.9
肉类产量	万吨	382.3	523.7	187.2	118.4	17.8
水产品产量	万吨	16.1	56.6	51.6	36.6	44.4
财政收入	亿元	67.0	101.6	45.5	43.9	17.1
3. 社区环境指标						
通电村数	个	75375	79008	26370	16652	3021
通邮村数	个	59444	70762	25307	16262	2946
通电话村数	个	30871	48373	21036	14819	2841
通公路村数	个	64655	70608	24574	15979	2866
通自来水村数	个	30993	36126	14518	10689	2284
汽车站	个	900	1437	631	457	86
供水站	个	2398	3277	1073	820	128
垃圾处理站	个	359	621	267	210	40
集贸市场个数	个	5754	6413	2298	1532	309
学校数	个	96985	83107	25749	14248	2101
图书馆、文化站	个	4274	5385	2011	1610	292
体育场馆	个	468	684	329	269	62
医疗卫生单位	个	14221	18383	6558	4463	745
病床数	床	76017	88754	33654	26321	4884
敬老院、福利院	个	2432	3761	1253	818	155

2—4—31　山区地区按人均粮食产量分组的乡镇情况

	单　位	200公斤以下	200—400公斤	400—500公斤	500—700公斤	700公斤以上
1. 基本指标						
乡镇个数	个	5171	7132	3065	705	519
总户数	万户	1776.9	2668.7	997.7	196.7	132.7
总人口	万人	7048.4	10890.5	3910.2	768.2	517.6
乡村劳动力	万人	3421.2	5599.5	1988.9	374.7	246.2
农作物总播种面积	万公顷	810.7	1636.0	714.4	170.4	152.6
其中粮食作物播种面积	万公顷	616.5	1196.2	518.7	125.5	122.2
农机总动力	万千瓦	2023.1	2652.6	1156.5	304.4	249.6
2. 经济指标						
乡村经济总收入	亿元	3541.5	4415.5	1852.3	415.5	293.7
粮食产量	万吨	1356.4	4258.6	2246.9	596.5	663.2
棉花产量	万吨	1.1	1.8	1.3	0.4	1.4
油料产量	万吨	59.5	173.1	104.8	21.6	15.1
肉类产量	万吨	283.2	565.0	269.6	58.1	53.5
水产品产量	万吨	82.3	66.3	36.3	11.6	8.8
财政收入	亿元	86.9	118.2	50.1	12.0	8.0
3. 社区环境指标						
通电村数	个	63952	88679	35087	7313	5395
通邮村数	个	58462	74547	29611	6767	5334
通电话村数	个	37613	50915	20246	5119	4047
通公路村数	个	57782	77738	31222	6937	5003
通自来水村数	个	30788	43257	14514	3385	2666
汽车站	个	1083	1458	612	184	174
供水站	个	2094	3156	1664	408	374
垃圾处理站	个	371	640	356	77	53
集贸市场个数	个	4698	7466	3000	677	465
学校数	个	71856	101031	35987	7831	5485
图书馆、文化站	个	4134	5938	2407	638	455
体育场馆	个	531	713	364	98	106
医疗卫生单位	个	14716	18977	7806	1746	1125
病床数	床	78596	98112	38578	8219	6125
敬老院、福利院	个	2502	3498	1630	412	377

2—4—32 山区地区按人均肉类产量分组的乡镇情况

	单 位	20公斤以下	20—40公斤	40—60公斤	60—90公斤	90公斤以上
1. 基本指标						
乡镇个数	个	2319	4817	3822	3232	2402
总户数	万户	840.4	1747.7	1371.7	1123.8	689.1
总人口	万人	3396.7	7140.6	5531.3	4413.9	2652.4
乡村劳动力	万人	1634.8	3540.4	2825.3	2283.8	1346.2
农作物总播种面积	万公顷	420.1	1060.3	863.1	709.4	431.2
其中粮食作物播种面积	万公顷	332.2	795.8	631.3	514.9	304.8
农机总动力	万千瓦	1009.0	1769.9	1421.2	1260.1	926.1
2. 经济指标						
乡村经济总收入	亿元	1587.9	2759.9	2325.1	2021.0	1824.6
粮食产量	万吨	952.2	2528.5	2287.9	2038.0	1315.0
棉花产量	万吨	1.0	1.1	0.8	1.0	2.2
油料产量	万吨	30.5	102.0	97.0	82.2	62.5
肉类产量	万吨	44.3	215.7	271.3	320.1	378.1
水产品产量	万吨	63.0	52.2	33.2	33.0	23.9
财政收入	亿元	39.4	79.3	60.3	53.6	42.6
3. 社区环境指标						
通电村数	个	33147	61366	46229	36877	22807
通邮村数	个	29979	53515	38366	31976	20885
通电话村数	个	18854	35864	26212	21931	15079
通公路村数	个	29293	54045	40705	33277	21362
通自来水村数	个	14453	30595	22203	16715	10644
汽车站	个	540	1001	761	675	534
供水站	个	1114	2199	1778	1465	1140
垃圾处理站	个	159	399	391	307	241
集贸市场个数	个	2035	4884	3957	3239	2191
学校数	个	36516	72182	51712	38767	23013
图书馆、文化站	个	2080	3870	3014	2630	1978
体育场馆	个	264	519	418	352	259
医疗卫生单位	个	5677	12814	10508	8797	6574
病床数	床	37039	65661	53737	42465	30728
敬老院、福利院	个	1175	2456	1935	1667	1186

2—4—33 山区地区按人均水产品产量分组的乡镇情况

	单位	1公斤以下	1—5公斤	5—15公斤	15—30公斤	30公斤以上
1. 基本指标						
乡镇个数	个	10526	3107	1727	669	563
总户数	万户	3173.1	1289.7	786.6	300.0	223.3
总人口	万人	12725.8	5085.7	3199.4	1229.1	895.0
乡村劳动力	万人	6340.4	2640.2	1604.7	602.9	442.2
农作物总播种面积	万公顷	2028.8	688.2	433.9	182.2	151.0
其中粮食作物播种面积	万公顷	1565.9	491.0	299.0	123.3	99.9
农机总动力	万千瓦	3428.2	1350.4	880.7	347.8	379.1
2. 经济指标						
乡村经济总收入	亿元	4756.1	2404.7	1789.5	792.3	776.0
粮食产量	万吨	4466.0	2088.4	1432.7	625.1	509.4
棉花产量	万吨	2.0	1.0	0.9	1.4	0.7
油料产量	万吨	180.2	91.5	55.5	24.1	22.9
肉类产量	万吨	615.8	287.4	186.6	78.2	61.4
水产品产量	万吨	2.3	12.9	28.1	26.1	135.9
财政收入	亿元	131.2	63.2	44.0	18.4	18.3
3. 社区环境指标						
通电村数	个	119993	41136	23594	8695	7008
通邮村数	个	101668	35588	22019	8530	6916
通电话村数	个	60052	26288	18219	7262	6119
通公路村数	个	106300	36217	21445	8149	6571
通自来水村数	个	55513	20278	11157	3896	3766
汽车站	个	1693	847	541	238	192
供水站	个	3855	1969	1075	417	380
垃圾处理站	个	549	397	296	125	130
集贸市场个数	个	8812	3670	2218	856	750
学校数	个	139090	42513	24538	9268	6781
图书馆、文化站	个	7655	2834	1703	719	661
体育场馆	个	969	309	263	147	124
医疗卫生单位	个	26028	8768	5585	2376	1613
病床数	床	127496	50068	30287	12205	9574
敬老院、福利院	个	4348	1850	1248	515	458

第二部分　农村乡镇

五　民族乡镇情况

2—5—1　按乡村经济总收入分组的民族乡镇情况

	单　位	2亿元以下	2—10亿元	10—20亿元	20—30亿元	30亿元以上
1. 基本指标						
民族乡镇个数	个	2257	1712	278	84	115
总户数	万户	300.8	711.3	186.4	60.1	89.5
总人口	万人	1332.7	2968.4	740.4	237.5	357.2
乡村劳动力	万人	651.5	1444.1	353.9	114.3	175.2
农作物总播种面积	万公顷	252.0	579.2	133.1	41.9	55.2
其中粮食作物播种面积	万公顷	194.4	419.3	91.0	27.6	38.1
农机总动力	万千瓦	366.9	920.8	289.7	107.9	185.0
2. 经济指标						
乡村经济总收入	亿元	195.3	779.8	385.5	206.9	837.6
粮食产量	万吨	589.8	1676.4	435.9	123.8	176.1
棉花产量	万吨	5.0	38.3	4.9	0.2	0.1
油料产量	万吨	22.7	47.2	13.3	3.8	6.1
肉类产量	万吨	74.3	159.1	55.0	21.9	32.2
水产品产量	万吨	3.3	17.5	11.2	4.1	10.0
财政收入	亿元	12.4	27.6	10.0	3.1	17.9
3. 社区环境指标						
通电村数	个	11170	21532	4741	1443	1695
通邮村数	个	8900	17968	4477	1382	1635
通电话村数	个	4587	11399	3100	990	1393
通公路村数	个	12197	19064	4419	1339	1563
通自来水村数	个	5348	10050	2103	683	974
汽车站	个	163	409	145	32	76
供水站	个	460	1223	259	78	91
垃圾处理站	个	41	110	38	14	35
集贸市场个数	个	949	2154	496	145	305
学校数	个	16877	24342	4732	1583	1994
图书馆、文化站	个	1139	1947	313	116	223
体育场馆	个	111	192	29	4	24
医疗卫生单位	个	3103	3640	877	308	501
病床数	床	15500	26344	6349	2181	3468
敬老院、福利院	个	412	959	198	64	91

2—5—2 按粮食产量分组的民族乡镇情况

	单　位	1千吨以下	1千—5千吨	5千—1万吨	1万—3万吨	3万吨以上
1. 基本指标						
民族乡镇个数	个	826	1600	1128	788	104
总户数	万户	56.6	306.9	438.5	469.8	76.2
总人口	万人	245.6	1305.6	1829.9	1948.0	307.1
乡村劳动力	万人	111.8	646.6	932.4	908.9	139.3
农作物总播种面积	万公顷	21.1	227.6	331.6	399.8	81.4
其中粮食作物播种面积	万公顷	16.1	170.1	238.5	277.0	68.7
农机总动力	万千瓦	91.9	391.2	499.8	748.9	138.6
2. 经济指标						
乡村经济总收入	亿元	152.1	533.1	684.7	864.3	171.0
粮食产量	万吨	27.3	463.0	800.0	1250.7	461.0
棉花产量	万吨	0.2	3.2	11.3	33.7	0.0
油料产量	万吨	1.2	19.4	28.5	40.7	3.4
肉类产量	万吨	23.2	68.8	91.7	134.3	24.6
水产品产量	万吨	0.5	11.7	12.1	18.0	3.9
财政收入	亿元	5.6	13.3	29.3	19.7	3.1
3. 社区环境指标						
通电村数	个	1915	10784	12666	13376	1840
通邮村数	个	1574	8638	10333	12020	1797
通电话村数	个	820	5028	6717	7446	1458
通公路村数	个	3219	10381	11300	12124	1558
通自来水村数	个	795	5516	6261	6038	548
汽车站	个	44	189	240	282	70
供水站	个	87	453	654	799	118
垃圾处理站	个	13	42	71	91	21
集贸市场个数	个	171	1087	1400	1178	213
学校数	个	2889	15738	16103	12875	1923
图书馆、文化站	个	319	1010	1145	1115	149
体育场馆	个	22	88	92	130	28
医疗卫生单位	个	1058	2509	2255	2247	360
病床数	床	4175	13402	16520	17685	2060
敬老院、福利院	个	84	461	538	544	97

2—5—3　按棉花产量分组的民族乡镇情况

	单　位	5吨以下	5—20吨	20—60吨	60—100吨	100吨以上
1. 基本指标						
民族乡镇个数	个	3991	93	34	16	312
总户数	万户	1162.4	37.0	16.4	6.0	126.2
总人口	万人	4829.1	151.0	65.5	23.3	567.4
乡村劳动力	万人	2416.7	79.0	31.9	12.2	199.3
农作物总播种面积	万公顷	908.1	24.9	9.4	4.3	114.7
其中粮食作物播种面积	万公顷	681.0	17.6	6.6	3.2	62.0
农机总动力	万千瓦	1517.1	65.9	32.2	9.4	245.7
2. 经济指标						
乡村经济总收入	亿元	2115.7	88.2	34.9	12.1	154.2
粮食产量	万吨	2526.4	70.0	34.8	16.3	354.6
棉花产量	万吨	0.0	0.1	0.1	0.1	48.1
油料产量	万吨	81.1	3.3	1.7	0.9	6.2
肉类产量	万吨	300.4	10.4	5.2	1.5	25.0
水产品产量	万吨	42.9	0.9	0.8	0.2	1.3
财政收入	亿元	64.0	2.0	0.8	0.3	3.9
3. 社区环境指标						
通电村数	个	33924	1176	479	207	4795
通邮村数	个	28237	931	462	197	4535
通电话村数	个	17538	650	380	181	2720
通公路村数	个	32278	986	419	190	4709
通自来水村数	个	15373	573	208	93	2911
汽车站	个	752	16	8	4	45
供水站	个	1476	38	14	10	573
垃圾处理站	个	220	5	2	1	10
集贸市场个数	个	3517	128	58	19	327
学校数	个	44022	1325	481	165	3535
图书馆、文化站	个	2907	102	45	25	659
体育场馆	个	294	11	10	3	42
医疗卫生单位	个	7360	251	121	39	658
病床数	床	43175	1192	692	242	8541
敬老院、福利院	个	1436	40	16	7	225

2—5—4 按油料产量分组的民族乡镇情况

	单 位	100 吨以下	100—300 吨	300—500 吨	500—700 吨	700 吨以上
1. 基本指标						
民族乡镇个数	个	2769	803	342	192	340
总户数	万户	657.3	256.2	139.1	89.6	205.8
总人口	万人	2770.0	1079.4	571.5	369.7	845.6
乡村劳动力	万人	1276.3	552.2	298.6	189.3	422.6
农作物总播种面积	万公顷	483.7	201.4	113.6	78.6	184.2
其中粮食作物播种面积	万公顷	369.3	147.2	80.3	54.0	119.5
农机总动力	万千瓦	962.3	330.9	183.5	101.8	291.8
2. 经济指标						
乡村经济总收入	亿元	1225.0	404.2	225.6	137.8	412.6
粮食产量	万吨	1449.8	556.4	293.0	194.5	508.4
棉花产量	万吨	36.5	5.6	2.4	0.9	3.0
油料产量	万吨	5.4	14.5	13.3	11.2	48.8
肉类产量	万吨	163.1	57.9	32.6	23.0	65.9
水产品产量	万吨	23.8	7.1	4.2	2.8	8.3
财政收入	亿元	34.1	9.9	5.9	3.3	17.7
3. 社区环境指标						
通电村数	个	19867	7859	4095	2797	5963
通邮村数	个	17287	6352	3241	2275	5207
通电话村数	个	11664	3818	1947	1164	2876
通公路村数	个	19948	7309	3592	2539	5194
通自来水村数	个	10338	3592	1800	1039	2389
汽车站	个	465	126	67	41	126
供水站	个	1196	357	192	110	256
垃圾处理站	个	110	34	36	21	37
集贸市场个数	个	2190	742	343	212	562
学校数	个	26723	9383	4665	2810	5947
图书馆、文化站	个	2286	622	306	159	365
体育场馆	个	201	54	41	16	48
医疗卫生单位	个	4788	1343	769	463	1066
病床数	床	31947	9080	4212	2388	6215
敬老院、福利院	个	911	323	171	93	226

2—5—5　按肉类产量分组的民族乡镇情况

	单　位	300吨以下	300—600吨	600—1000吨	1000—2000吨	2000吨以上
1. 基本指标						
民族乡镇个数	个	1569	1109	775	673	320
总户数	万户	188.6	287.3	284.0	340.2	247.9
总人口	万人	846.1	1209.1	1185.5	1404.6	991.0
乡村劳动力	万人	408.1	581.2	591.4	681.1	477.2
农作物总播种面积	万公顷	158.6	231.3	219.0	272.4	180.2
其中粮食作物播种面积	万公顷	121.5	169.9	153.9	197.0	127.9
农机总动力	万千瓦	277.8	366.5	337.6	462.0	426.4
2. 经济指标						
乡村经济总收入	亿元	284.9	394.0	404.4	625.6	696.2
粮食产量	万吨	384.8	635.5	576.7	815.9	589.1
棉花产量	万吨	6.4	12.5	14.2	12.3	3.1
油料产量	万吨	14.2	20.2	18.8	21.1	18.9
肉类产量	万吨	24.2	48.0	60.1	92.8	117.5
水产品产量	万吨	3.9	8.0	7.7	11.7	14.8
财政收入	亿元	8.6	12.9	22.1	16.7	10.7
3. 社区环境指标						
通电村数	个	6985	9461	8812	9382	5941
通邮村数	个	5711	7383	7022	8532	5714
通电话村数	个	3325	4624	4383	5410	3727
通公路村数	个	8353	8355	7751	8542	5581
通自来水村数	个	3477	4525	4264	4589	2303
汽车站	个	113	179	155	223	155
供水站	个	278	528	438	616	251
垃圾处理站	个	19	42	51	74	52
集贸市场个数	个	602	999	841	958	649
学校数	个	10769	12247	10053	10344	6115
图书馆、文化站	个	833	917	792	748	448
体育场馆	个	49	85	96	68	62
医疗卫生单位	个	2377	1900	1552	1504	1096
病床数	床	10071	12370	10757	12928	7716
敬老院、福利院	个	288	395	392	407	242

2—5—6 按水产品产量分组的民族乡镇情况

	单位	50吨以下	50—100吨	100—500吨	500—1000吨	1000吨以上
1. 基本指标						
民族乡镇个数	个	3657	257	364	99	69
总户数	万户	941.5	111.7	181.5	62.3	51.1
总人口	万人	3929.8	461.7	771.9	268.4	204.4
乡村劳动力	万人	1859.9	244.3	392.5	141.6	100.8
农作物总播种面积	万公顷	739.0	85.1	148.1	55.4	33.9
其中粮食作物播种面积	万公顷	548.0	61.1	103.2	34.1	23.9
农机总动力	万千瓦	1194.2	154.6	308.1	106.2	107.2
2. 经济指标						
乡村经济总收入	亿元	1299.4	208.0	506.8	185.4	205.5
粮食产量	万吨	2013.5	260.7	444.4	167.9	115.5
棉花产量	万吨	46.3	1.3	0.6	0.2	0.1
油料产量	万吨	62.4	7.7	13.3	6.5	3.3
肉类产量	万吨	226.3	29.9	52.9	19.7	13.8
水产品产量	万吨	1.8	1.8	8.2	6.7	27.8
财政收入	亿元	47.6	5.3	10.6	4.8	2.7
3. 社区环境指标						
通电村数	个	30558	3460	4246	1279	1038
通邮村数	个	25244	2758	4085	1248	1027
通电话村数	个	15063	1656	2909	925	916
通公路村数	个	29544	2923	4032	1163	920
通自来水村数	个	14379	1651	2019	668	441
汽车站	个	543	72	113	60	37
供水站	个	1537	178	268	71	57
垃圾处理站	个	129	18	50	22	19
集贸市场个数	个	2840	341	559	177	132
学校数	个	37420	4123	5417	1470	1098
图书馆、文化站	个	2844	235	349	158	152
体育场馆	个	239	20	44	25	32
医疗卫生单位	个	6193	489	1111	388	248
病床数	床	39674	3873	6344	2318	1633
敬老院、福利院	个	1304	123	198	51	48

2—5—7 按财政收入分组的民族乡镇情况

	单 位	500万元以下	500—2000万元	2000—3500万元	3500—5000万元	5000万元以上
1. 基本指标						
民族乡镇个数	个	1734	1798	532	211	171
总户数	万户	224.4	597.9	263.4	136.2	126.2
总人口	万人	1027.3	2504.7	1068.8	543.3	492.1
乡村劳动力	万人	490.0	1221.3	521.5	259.2	247.0
农作物总播种面积	万公顷	177.6	491.7	211.8	99.5	80.9
其中粮食作物播种面积	万公顷	135.3	362.5	151.7	67.5	53.3
农机总动力	万千瓦	283.7	732.4	423.1	196.1	234.9
2. 经济指标						
乡村经济总收入	亿元	297.8	755.1	449.6	318.7	584.0
粮食产量	万吨	479.7	1394.5	596.1	296.0	235.8
棉花产量	万吨	9.1	26.6	4.5	6.3	2.0
油料产量	万吨	15.8	44.8	18.4	7.0	7.1
肉类产量	万吨	54.8	144.0	76.7	34.3	32.8
水产品产量	万吨	2.5	10.3	11.1	8.7	13.5
财政收入	亿元	3.3	19.1	13.9	8.7	26.1
3. 社区环境指标						
通电村数	个	7939	19683	7097	3174	2688
通邮村数	个	6307	15920	6511	3031	2593
通电话村数	个	3520	9331	4445	2111	2062
通公路村数	个	9838	16811	6417	2988	2528
通自来水村数	个	4274	8651	3356	1483	1394
汽车站	个	85	364	204	84	88
供水站	个	354	989	425	208	135
垃圾处理站	个	17	96	54	39	32
集贸市场个数	个	682	1827	782	340	418
学校数	个	12547	21902	8411	3707	2961
图书馆、文化站	个	863	1787	623	250	215
体育场馆	个	82	150	58	37	33
医疗卫生单位	个	2488	3267	1465	535	674
病床数	床	10758	23113	9649	4950	5372
敬老院、福利院	个	311	797	331	164	121

2—5—8 按人均乡村经济总收入分组的民族乡镇情况

	单 位	2万元以下	2—5万元	5—10万元	10—20万元	20万元以上
1. 基本指标						
民族乡镇个数	个	2108	1714	392	189	43
总户数	万户	532.4	564.6	151.1	83.1	16.8
总人口	万人	2338.2	2306.4	604.7	330.1	56.8
乡村劳动力	万人	1144.7	1113.7	297.9	156.0	26.9
农作物总播种面积	万公顷	401.1	476.5	118.8	58.4	6.7
其中粮食作物播种面积	万公顷	296.5	345.0	84.2	40.0	4.6
农机总动力	万千瓦	481.8	832.4	307.3	190.4	58.4
2. 经济指标						
乡村经济总收入	亿元	314.6	713.5	418.9	483.9	474.2
粮食产量	万吨	952.1	1428.4	413.4	184.8	23.2
棉花产量	万吨	20.0	24.7	2.6	1.1	0.0
油料产量	万吨	28.9	45.6	10.9	7.1	0.7
肉类产量	万吨	101.4	148.0	54.5	32.0	6.6
水产品产量	万吨	6.9	18.8	9.0	5.2	6.3
财政收入	亿元	17.7	24.1	9.8	5.5	13.9
3. 社区环境指标						
通电村数	个	16502	17480	3987	2216	396
通邮村数	个	12809	15270	3811	2097	375
通电话村数	个	7164	9044	3112	1782	367
通公路村数	个	15986	16461	3721	2039	375
通自来水村数	个	8515	7099	2014	1195	335
汽车站	个	207	364	128	102	24
供水站	个	748	935	264	138	26
垃圾处理站	个	53	104	42	34	5
集贸市场个数	个	1489	1685	509	293	73
学校数	个	23156	19196	4442	2388	346
图书馆、文化站	个	1356	1532	504	286	60
体育场馆	个	129	153	42	21	15
医疗卫生单位	个	3163	3429	1097	592	148
病床数	床	21444	21462	6295	3472	1169
敬老院、福利院	个	568	776	227	129	24

2—5—9 按人均粮食产量分组的民族乡镇情况

	单 位	200公斤以下	200—400公斤	400—500公斤	500—700公斤	700公斤以上
1. 基本指标						
民族乡镇个数	个	1183	1651	859	279	474
总户数	万户	287.0	556.1	295.5	75.8	133.6
总人口	万人	1209.0	2369.3	1183.7	321.2	553.1
乡村劳动力	万人	577.4	1225.1	566.1	134.2	236.2
农作物总播种面积	万公顷	152.5	407.4	233.3	76.3	192.1
其中粮食作物播种面积	万公顷	111.8	287.0	160.9	52.7	157.9
农机总动力	万千瓦	333.9	552.7	415.6	177.8	390.3
2. 经济指标						
乡村经济总收入	亿元	599.3	831.6	575.1	134.1	265.1
粮食产量	万吨	237.4	930.7	686.6	251.2	896.2
棉花产量	万吨	1.5	5.1	20.7	13.9	7.2
油料产量	万吨	8.9	34.1	24.6	6.2	19.4
肉类产量	万吨	69.5	124.7	75.7	24.6	48.1
水产品产量	万吨	9.8	19.5	8.9	1.5	6.6
财政收入	亿元	15.6	32.8	12.3	3.3	6.9
3. 社区环境指标						
通电村数	个	7131	16335	9684	2710	4721
通邮村数	个	6147	12413	8679	2506	4617
通电话村数	个	3891	7855	4824	1612	3287
通公路村数	个	8049	14592	8948	2760	4233
通自来水村数	个	3470	8441	4485	1225	1537
汽车站	个	167	272	139	47	200
供水站	个	353	680	519	197	362
垃圾处理站	个	44	88	55	12	39
集贸市场个数	个	940	1595	862	259	393
学校数	个	10203	22559	9576	2668	4522
图书馆、文化站	个	766	1275	867	314	516
体育场馆	个	51	158	70	15	66
医疗卫生单位	个	1861	3134	1769	541	1124
病床数	床	12274	19091	12593	3744	6140
敬老院、福利院	个	309	584	390	134	307

2—5—10　按人均肉类产量分组的民族乡镇情况

	单　位	20公斤以下	20—40公斤	40—60公斤	60—90公斤	90公斤以上
1. 基本指标						
民族乡镇个数	个	479	1150	1011	855	951
总户数	万户	147.4	390.4	325.2	268.5	216.5
总人口	万人	645.3	1673.5	1363.5	1086.6	867.3
乡村劳动力	万人	297.4	811.3	690.7	539.2	400.5
农作物总播种面积	万公顷	111.1	295.3	254.2	218.5	182.4
其中粮食作物播种面积	万公顷	82.1	211.0	180.8	160.3	136.2
农机总动力	万千瓦	166.4	440.1	410.8	360.9	492.1
2. 经济指标						
乡村经济总收入	亿元	229.5	539.2	511.6	468.4	656.4
粮食产量	万吨	285.0	793.5	684.8	639.2	599.6
棉花产量	万吨	6.5	21.9	12.7	5.1	2.3
油料产量	万吨	8.5	23.4	20.8	20.2	20.3
肉类产量	万吨	8.3	51.2	66.5	79.2	137.2
水产品产量	万吨	6.4	9.3	9.2	8.6	12.6
财政收入	亿元	8.0	15.4	22.2	12.2	13.2
3. 社区环境指标						
通电村数	个	3879	11686	10117	8310	6589
通邮村数	个	3150	9342	8047	7631	6192
通电话村数	个	2310	5830	4996	4331	4002
通公路村数	个	3992	10702	9057	8134	6697
通自来水村数	个	1687	6240	5026	3773	2432
汽车站	个	90	162	172	207	194
供水站	个	188	656	523	392	352
垃圾处理站	个	25	48	60	56	49
集贸市场个数	个	436	1188	994	785	646
学校数	个	6033	14738	12201	9378	7178
图书馆、文化站	个	471	920	862	679	806
体育场馆	个	30	68	87	97	78
医疗卫生单位	个	1058	2043	2084	1622	1622
病床数	床	5911	15731	12733	9534	9933
敬老院、福利院	个	186	409	430	360	339

2—5—11　按人均水产品产量分组的民族乡镇情况

	单　位	1公斤以下	1—5公斤	5—15公斤	15—30公斤	30公斤以上
1. 基本指标						
民族乡镇个数	个	3111	691	352	145	147
总户数	万户	794.9	271.2	152.4	68.3	61.3
总人口	万人	3335.0	1113.1	652.0	289.1	247.1
乡村劳动力	万人	1541.4	588.3	335.3	154.1	119.9
农作物总播种面积	万公顷	628.4	200.0	121.4	60.0	51.7
其中粮食作物播种面积	万公顷	466.6	145.0	85.4	37.3	36.0
农机总动力	万千瓦	986.9	358.6	260.6	119.5	144.8
2. 经济指标						
乡村经济总收入	亿元	1091.5	508.4	361.6	196.4	247.2
粮食产量	万吨	1690.3	596.7	362.1	181.4	171.4
棉花产量	万吨	44.4	2.9	0.6	0.2	0.3
油料产量	万吨	50.7	19.6	11.3	5.3	6.4
肉类产量	万吨	193.3	65.8	46.4	20.4	16.7
水产品产量	万吨	0.5	2.8	5.9	6.0	31.0
财政收入	亿元	41.3	12.7	8.0	4.4	4.6
3. 社区环境指标						
通电村数	个	25623	7997	3845	1587	1529
通邮村数	个	21138	6604	3538	1587	1495
通电话村数	个	12480	4144	2471	1205	1169
通公路村数	个	25392	6865	3466	1509	1350
通自来水村数	个	11807	4028	1881	799	643
汽车站	个	438	171	96	51	69
供水站	个	1289	408	245	85	84
垃圾处理站	个	105	48	31	24	30
集贸市场个数	个	2326	846	471	220	186
学校数	个	31068	10126	4839	1843	1652
图书馆、文化站	个	2403	605	315	149	266
体育场馆	个	208	50	37	21	44
医疗卫生单位	个	5361	1264	816	538	450
病床数	床	34161	9383	5123	2585	2590
敬老院、福利院	个	1082	333	157	75	77

第三部分　农村建制镇

一　按主要指标分组的建制镇情况

3—1—1 按乡村经济总收入分组的建制镇情况

	单 位	2亿元以下	2—10亿元	10—20亿元	20—30亿元	30亿元以上
1. 基本指标						
镇个数	个	1141	5480	3623	1937	5624
总户数	万户	324.9	2968.4	2952.6	1759.7	6021.3
总人口	万人	1246.5	11544.0	11454.7	6732.7	21679.0
劳动力	万人	572.5	5743.9	5760.1	3399.7	11136.8
农作物总播种面积	万公顷	188.3	1827.1	1752.0	969.8	2645.3
其中粮食作物播种面积	万公顷	147.5	1370.1	1245.7	680.5	1855.6
农机总动力	万千瓦	336.3	3476.8	4610.1	3136.3	12211.1
2. 经济指标						
乡村经济总收入	亿元	134.0	3111.9	5264.7	4776.9	51841.7
粮食产量	万吨	407.1	6110.9	6612.4	3804.6	10984.3
棉花产量	万吨	1.2	24.4	55.2	24.1	54.6
油料产量	万吨	18.2	241.7	333.2	195.9	514.0
肉类产量	万吨	51.3	665.0	735.6	459.9	1499.3
水产品产量	万吨	20.7	161.8	360.9	265.8	1811.7
财政收入	亿元	19.4	143.6	161.7	112.2	851.6
3. 社区环境指标						
通电村数	个	12710	84787	74548	43575	139707
通邮村数	个	11066	77448	72874	42973	139187
通电话村数	个	5726	58183	64818	40134	135701
通公路村数	个	11249	74088	67937	40594	133931
通自来水村数	个	4987	31597	27185	18727	85041
汽车站	个	452	2329	2027	1187	4438
供水站	个	655	4492	3185	1830	6449
垃圾处理站	个	655	1088	865	573	2562
集贸市场个数	个	1259	8752	8072	4814	18784
学校数	个	14985	83725	65337	35695	98809
图书馆、文化站	个	860	6104	4852	2905	9837
体育场馆	个	184	994	862	549	1837
医疗卫生单位	个	2534	23220	25864	15263	47072
病床数	床	25104	138053	125912	76768	312824
敬老院、福利院	个	592	4435	3530	2029	6451

3—1—2 按粮食产量分组的建制镇情况

	单　位	1千吨以下	1千—5千吨	5千—1万吨	1万—3万吨	3万吨以上
1. 基本指标						
镇个数	个	659	2454	3933	8683	2076
总户数	万户	355.7	1132.0	2274.2	7777.7	2487.2
总人口	万人	1146.5	4078.7	8444.5	29248.4	9738.9
劳动力	万人	606.2	2001.6	4255.7	14911.6	4837.9
农作物总播种面积	万公顷	61.0	409.5	1004.6	4114.5	1792.8
其中粮食作物播种面积	万公顷	38.4	292.6	702.3	2913.6	1352.5
农机总动力	万千瓦	545.7	1754.9	3026.6	12497.0	5946.5
2. 经济指标						
乡村经济总收入	亿元	3673.1	6048.6	9796.0	35290.3	10321.3
粮食产量	万吨	24.4	784.7	2955.0	15356.7	8798.5
棉花产量	万吨	0.5	5.5	14.8	91.0	47.5
油料产量	万吨	2.8	40.0	148.3	780.4	331.5
肉类产量	万吨	40.6	181.5	444.6	1927.9	816.5
水产品产量	万吨	324.5	426.3	408.0	1162.4	299.7
财政收入	亿元	107.0	134.3	221.5	666.4	159.3
3. 社区环境指标						
通电村数	个	7365	31051	61142	193480	62289
通邮村数	个	6967	29388	57330	188002	61861
通电话村数	个	4551	23222	48326	169444	59019
通公路村数	个	6648	28568	55998	179426	57159
通自来水村数	个	3959	17643	31642	89248	25045
汽车站	个	452	1179	2066	5319	1417
供水站	个	414	1935	3585	8570	2107
垃圾处理站	个	240	581	1563	2812	547
集贸市场个数	个	1761	4198	7073	21526	7123
学校数	个	7307	31576	54342	154464	50862
图书馆、文化站	个	965	2928	4880	12396	3389
体育场馆	个	213	595	819	2288	511
医疗卫生单位	个	2012	9640	17926	61695	22680
病床数	床	37501	74110	126055	336709	104286
敬老院、福利院	个	455	1806	3329	8813	2634

3—1—3　按棉花产量分组的建制镇情况

	单　位	5吨以下	5—20吨	20—60吨	60—100吨	100吨以上
1. 基本指标						
镇个数	个	12850	1157	1027	496	2275
总户数	万户	9397.8	983.8	909.0	453.4	2282.8
总人口	万人	35147.0	3600.8	3395.1	1709.7	8804.4
劳动力	万人	17697.8	1863.4	1751.1	885.6	4415.2
农作物总播种面积	万公顷	4603.8	497.5	495.6	260.6	1525.1
其中粮食作物播种面积	万公顷	3382.9	368.8	363.3	187.5	997.0
农机总动力	万千瓦	13878.7	1953.7	1964.4	1079.1	4894.7
2. 经济指标						
乡村经济总收入	亿元	46501.5	4300.8	4022.7	1776.6	8527.6
粮食产量	万吨	17440.7	1947.3	1970.8	1020.9	5539.6
棉花产量	万吨	0.2	1.2	3.7	3.8	150.5
油料产量	万吨	664.6	94.4	104.8	67.5	371.8
肉类产量	万吨	2254.1	224.6	224.3	112.7	595.2
水产品产量	万吨	2134.2	67.9	84.1	66.5	268.2
财政收入	亿元	953.4	73.9	69.7	32.6	158.9
3. 社区环境指标						
通电村数	个	227780	27966	24826	11917	62838
通邮村数	个	217333	27274	24601	11830	62510
通电话村数	个	186685	25303	22487	11045	59042
通公路村数	个	210939	26630	23303	10842	56085
通自来水村数	个	112747	12870	11432	5141	25347
汽车站	个	7274	668	640	314	1537
供水站	个	12008	971	780	406	2446
垃圾处理站	个	4312	322	286	137	686
集贸市场个数	个	27879	2870	2637	1399	6896
学校数	个	198811	21391	19757	9870	48722
图书馆、文化站	个	17472	1611	1501	711	3263
体育场馆	个	3169	293	243	142	579
医疗卫生单位	个	68863	9180	8852	4680	22378
病床数	床	456281	50424	43074	22139	106743
敬老院、福利院	个	11749	1108	1035	529	2616

3—1—4 按油料产量分组的建制镇情况

	单 位	100吨以下	100—300吨	300—500吨	500—700吨	700吨以上
1. 基本指标						
镇个数	个	5548	3543	2152	1482	5080
总户数	万户	3673.7	2479.4	1646.4	1250.7	4976.6
总人口	万人	13395.2	9362.7	6225.3	4739.1	18934.7
劳动力	万人	6626.7	4779.4	3172.1	2422.1	9612.8
农作物总播种面积	万公顷	1595.6	1216.0	846.7	655.6	3068.7
其中粮食作物播种面积	万公顷	1270.7	922.9	621.1	471.4	2013.2
农机总动力	万千瓦	6104.4	3722.7	2611.4	1952.6	9379.5
2. 经济指标						
乡村经济总收入	亿元	22349.6	10572.7	6655.4	5043.9	20507.7
粮食产量	万吨	6487.8	4600.0	3181.5	2470.6	11179.3
棉花产量	万吨	20.6	11.1	13.4	11.5	102.9
油料产量	万吨	15.7	65.8	84.4	87.6	1049.5
肉类产量	万吨	832.2	589.2	388.5	299.6	1301.5
水产品产量	万吨	826.0	371.5	237.9	204.0	981.5
财政收入	亿元	480.6	219.3	132.6	101.0	355.0
3. 社区环境指标						
通电村数	个	92547	65075	41824	30191	125690
通邮村数	个	89248	62151	39878	29269	123002
通电话村数	个	78200	53730	34154	25775	112703
通公路村数	个	85780	59499	38393	27592	116535
通自来水村数	个	51223	31133	19238	13193	52750
汽车站	个	3205	1879	1172	973	3204
供水站	个	5179	3226	2040	1349	4817
垃圾处理站	个	1568	945	643	989	1598
集贸市场个数	个	12746	6941	4530	3423	14041
学校数	个	80243	56343	36644	26537	98784
图书馆、文化站	个	7793	4656	2874	1899	7336
体育场馆	个	1395	828	535	350	1318
医疗卫生单位	个	26159	19202	12969	11183	44440
病床数	床	215330	115428	72072	60922	214909
敬老院、福利院	个	4831	3133	1949	1485	5639

3—1—5　按肉类产量分组的建制镇情况

	单　位	300吨以下	300—600吨	600—1000吨	1000—2000吨	2000吨以上
1. 基本指标						
镇个数	个	1692	2467	2765	5051	5830
总户数	万户	717.0	1340.1	1769.6	3956.9	6243.3
总人口	万人	2576.4	4934.6	6525.8	14868.1	23752.1
劳动力	万人	1266.6	2440.5	3251.5	7476.6	12177.8
农作物总播种面积	万公顷	308.1	657.8	895.4	2063.1	3458.1
其中粮食作物播种面积	万公顷	239.8	485.3	655.7	1487.0	2431.6
农机总动力	万千瓦	1325.5	2133.9	2703.4	6195.2	11412.6
2. 经济指标						
乡村经济总收入	亿元	3731.8	6412.3	7924.6	16752.4	30308.1
粮食产量	万吨	870.2	2113.6	2997.1	7658.5	14279.9
棉花产量	万吨	4.6	13.2	12.0	39.9	89.7
油料产量	万吨	33.1	93.7	135.7	355.1	685.4
肉类产量	万吨	28.8	111.0	219.5	734.4	2317.4
水产品产量	万吨	500.5	358.9	317.4	603.6	840.5
财政收入	亿元	87.7	137.1	166.1	347.5	550.1
3. 社区环境指标						
通电村数	个	23063	40311	46974	99163	145816
通邮村数	个	22193	38606	44681	94653	143415
通电话村数	个	16997	32723	39295	83924	131623
通公路村数	个	20901	36759	43138	91063	135938
通自来水村数	个	12516	22069	24934	46556	61462
汽车站	个	788	1283	1613	2840	3909
供水站	个	1088	2114	2486	4769	6154
垃圾处理站	个	342	626	1263	1564	1948
集贸市场个数	个	2694	4325	5465	11550	17647
学校数	个	21501	34510	40363	81803	120374
图书馆、文化站	个	1946	3026	3589	6773	9224
体育场馆	个	392	560	574	1313	1587
医疗卫生单位	个	5312	11031	15026	31048	51536
病床数	床	49066	72514	90069	193472	273540
敬老院、福利院	个	1084	2044	2427	4839	6643

3—1—6 按水产品产量分组的建制镇情况

	单 位	50吨以下	50—100吨	100—500吨	500—1000吨	1000吨以上
1. 基本指标						
镇个数	个	6548	1548	4751	1945	3013
总户数	万户	4140.9	1113.4	3917.7	1761.4	3093.3
总人口	万人	15527.0	4155.0	14550.4	6701.4	11723.3
劳动力	万人	7737.6	2156.3	7423.2	3367.4	5928.6
农作物总播种面积	万公顷	2310.4	584.1	1979.8	936.1	1572.2
其中粮食作物播种面积	万公顷	1781.2	427.5	1417.4	642.3	1031.0
农机总动力	万千瓦	8080.1	1868.0	5659.7	2602.0	5560.8
2. 经济指标						
乡村经济总收入	亿元	15902.6	3888.9	16538.9	8534.8	20264.1
粮食产量	万吨	8014.2	2222.2	7777.7	3741.1	6164.2
棉花产量	万吨	51.7	14.9	33.4	16.8	42.6
油料产量	万吨	330.0	103.4	358.1	166.1	345.4
肉类产量	万吨	905.5	258.9	982.9	491.4	772.3
水产品产量	万吨	7.0	11.0	120.0	136.9	2346.1
财政收入	亿元	310.5	79.7	352.1	162.8	383.3
3. 社区环境指标						
通电村数	个	124772	30006	95349	39744	65456
通邮村数	个	116986	28690	93013	39420	65439
通电话村数	个	96180	24848	84032	36809	62693
通公路村数	个	112204	26780	88228	37777	62810
通自来水村数	个	63980	12907	39233	16729	34688
汽车站	个	2992	754	2913	1330	2444
供水站	个	4834	1393	4306	2235	3843
垃圾处理站	个	1640	333	1481	809	1480
集贸市场个数	个	13339	3311	11188	4681	9162
学校数	个	109992	24483	77441	33096	53539
图书馆、文化站	个	8341	1975	6294	2771	5177
体育场馆	个	1319	275	1092	577	1163
医疗卫生单位	个	38319	11058	31980	13106	19490
病床数	床	215123	50361	188182	79734	145261
敬老院、福利院	个	5236	1403	4844	2041	3513

3—1—7　按财政收入分组的建制镇情况

	单　位	500万元以下	500—2000万元	2000—3500万元	3500—5000万元	5000万元以上
1. 基本指标						
镇个数	个	706	4131	3826	2620	6522
总户数	万户	196.0	2047.7	2653.5	2182.5	6947.0
总人口	万人	802.1	8114.7	10348.6	8363.8	25027.8
劳动力	万人	363.7	3985.4	5168.0	4192.0	12903.9
农作物总播种面积	万公顷	133.8	1289.6	1620.3	1251.5	3087.2
其中粮食作物播种面积	万公顷	104.4	974.6	1174.1	879.0	2167.3
农机总动力	万千瓦	247.0	2761.1	4430.9	3883.8	12447.8
2. 经济指标						
乡村经济总收入	亿元	227.3	3823.8	6697.3	6851.1	47529.8
粮食产量	万吨	291.5	4406.7	6100.0	4755.5	12365.6
棉花产量	万吨	1.3	16.3	33.7	34.7	73.4
油料产量	万吨	11.8	154.8	279.7	259.0	597.8
肉类产量	万吨	32.5	490.1	711.9	554.1	1622.5
水产品产量	万吨	10.6	174.7	263.5	338.6	1833.5
财政收入	亿元	2.0	52.9	103.3	109.6	1020.8
3. 社区环境指标						
通电村数	个	8746	60854	70896	57343	157488
通邮村数	个	7754	55730	67764	56060	156240
通电话村数	个	3806	42167	57583	50587	150419
通公路村数	个	7885	53505	64434	52534	149441
通自来水村数	个	3217	25109	28463	23492	87256
汽车站	个	178	1702	1717	1497	5339
供水站	个	308	3058	3178	2214	7853
垃圾处理站	个	72	1257	834	690	2890
集贸市场个数	个	676	6207	7434	6229	21135
学校数	个	10411	62835	63591	47237	114477
图书馆、文化站	个	590	4697	5044	3625	10602
体育场馆	个	127	811	773	564	2151
医疗卫生单位	个	1499	16929	21995	18551	54979
病床数	床	14069	89501	114068	95032	365991
敬老院、福利院	个	333	3100	3297	2630	7677

3—1—8 按人均乡村经济总收入分组的建制镇情况

	单 位	2万元以下	2—5万元	5—10万元	10—20万元	20万元以上
1. 基本指标						
镇个数	个	2294	6018	3854	3977	1662
总户数	万户	1314.8	4418.1	3231.5	3536.5	1525.9
总人口	万人	5140.4	17428.8	12470.5	12669.5	4947.8
劳动力	万人	2494.5	8697.7	6193.3	6444.6	2782.8
农作物总播种面积	万公顷	675.4	2657.9	1822.2	1699.5	527.5
其中粮食作物播种面积	万公顷	510.5	1944.7	1272.8	1196.3	375.1
农机总动力	万千瓦	1108.9	6015.8	5461.7	7800.6	3383.5
2. 经济指标						
乡村经济总收入	亿元	714.1	5799.7	8719.1	21465.5	28430.8
粮食产量	万吨	1846.0	9628.6	7160.8	7043.5	2240.4
棉花产量	万吨	9.5	59.9	45.3	39.4	5.4
油料产量	万吨	78.7	447.4	345.8	347.6	83.6
肉类产量	万吨	220.2	1038.7	841.8	939.5	370.9
水产品产量	万吨	58.3	341.0	513.5	909.0	799.1
财政收入	亿元	55.7	219.6	195.8	367.0	450.3
3. 社区环境指标						
通电村数	个	36556	112537	80902	90279	35053
通邮村数	个	31281	107479	79903	89891	34994
通电话村数	个	20364	88584	73618	87191	34805
通公路村数	个	31513	99894	75749	86474	34169
通自来水村数	个	12972	38023	34584	55204	26754
汽车站	个	963	2930	2268	2687	1585
供水站	个	1702	4836	3595	4270	2208
垃圾处理站	个	932	1359	1020	1480	952
集贸市场个数	个	3647	11956	9112	10795	6171
学校数	个	39383	106520	68549	64580	19519
图书馆、文化站	个	2188	7314	5421	6704	2931
体育场馆	个	353	1157	1021	1253	642
医疗卫生单位	个	8511	37747	25829	30130	11736
病床数	床	68392	193272	145326	175078	96593
敬老院、福利院	个	1613	5523	3798	4167	1936

3—1—9 按人均粮食产量分组的建制镇情况

	单 位	200公斤以下	200—400公斤	400—500公斤	500—700公斤	700公斤以上
1. 基本指标						
镇个数	个	3673	5906	4359	1911	1956
总户数	万户	3020.2	4660.0	3523.1	1540.9	1282.7
总人口	万人	11101.9	17837.0	13132.2	5686.6	4899.3
劳动力	万人	5500.1	9050.0	6791.6	2927.3	2344.1
农作物总播种面积	万公顷	869.3	2196.4	2001.9	1052.5	1262.4
其中粮食作物播种面积	万公顷	585.8	1534.3	1424.0	760.4	995.0
农机总动力	万千瓦	4034.2	6071.8	5970.1	3896.7	3797.7
2. 经济指标						
乡村经济总收入	亿元	18153.8	18984.8	14826.5	7450.3	5713.8
粮食产量	万吨	1943.7	7188.7	7721.1	4473.8	6592.1
棉花产量	万吨	17.6	31.9	49.3	31.5	29.2
油料产量	万吨	116.5	348.9	404.8	227.7	205.1
肉类产量	万吨	445.5	981.4	920.1	481.4	582.6
水产品产量	万吨	1175.9	623.6	459.2	186.4	175.8
财政收入	亿元	435.8	367.2	264.8	124.8	96.0
3. 社区环境指标						
通电村数	个	62058	115824	93136	44157	40152
通邮村数	个	60008	109486	90140	43859	40055
通电话村数	个	51418	93277	81075	41376	37416
通公路村数	个	57482	106265	85677	41576	36799
通自来水村数	个	35140	54097	38254	21128	18918
汽车站	个	2458	3256	2409	1141	1169
供水站	个	3364	4971	3981	1981	2314
垃圾处理站	个	1415	2178	1226	500	424
集贸市场个数	个	9524	12825	10080	4782	4470
学校数	个	59235	102406	74130	32333	30447
图书馆、文化站	个	5450	7708	5943	2801	2656
体育场馆	个	1122	1281	1035	529	459
医疗卫生单位	个	19742	35362	31757	15857	11235
病床数	床	196440	196934	150533	72995	61759
敬老院、福利院	个	3341	5223	4360	2068	2045

3—1—10 按人均肉类产量分组的建制镇情况

	单 位	20公斤以下	20—40公斤	40—60公斤	60—90公斤	90公斤以上
1. 基本指标						
镇个数	个	2379	4232	3839	3830	3525
总户数	万户	1956.4	3299.4	3086.4	3013.7	2670.8
总人口	万人	7113.8	12659.9	11770.6	11391.0	9721.7
劳动力	万人	3461.1	6309.1	5920.9	5845.1	5076.9
农作物总播种面积	万公顷	705.3	1608.9	1666.0	1745.2	1657.1
其中粮食作物播种面积	万公顷	525.0	1168.7	1183.3	1244.0	1178.4
农机总动力	万千瓦	3125.4	4945.0	4692.3	5011.1	5996.7
2. 经济指标						
乡村经济总收入	亿元	10856.1	14527.2	12556.5	11436.8	15752.5
粮食产量	万吨	2347.4	5557.5	6083.5	6706.2	7224.8
棉花产量	万吨	16.7	26.2	34.9	41.4	40.1
油料产量	万吨	102.5	262.8	285.9	319.4	332.5
肉类产量	万吨	89.0	386.7	584.7	832.2	1518.5
水产品产量	万吨	885.4	628.4	415.8	336.1	355.3
财政收入	亿元	235.3	291.2	253.9	222.6	285.4
3. 社区环境指标						
通电村数	个	47724	84533	76623	76711	69736
通邮村数	个	46518	81540	72867	73961	68662
通电话村数	个	41101	72188	64451	63610	63212
通公路村数	个	43676	77461	70167	70539	65956
通自来水村数	个	26891	42805	34603	31520	31718
汽车站	个	1560	2317	2278	2141	2137
供水站	个	1995	3622	3507	3430	4057
垃圾处理站	个	838	1200	1603	1037	1065
集贸市场个数	个	5894	9463	8883	8618	8823
学校数	个	38259	73960	67356	64969	54007
图书馆、文化站	个	3322	5657	5134	5181	5264
体育场馆	个	686	999	854	917	970
医疗卫生单位	个	12358	26887	25559	25509	23640
病床数	床	119857	153194	142541	129292	133777
敬老院、福利院	个	2082	3930	3759	3640	3626

3—1—11　按人均水产品产量分组的建制镇情况

	单　位	1公斤以下	1—5公斤	5—15公斤	15—30公斤	30公斤以上
1. 基本指标						
镇个数	个	5255	3519	3590	2166	3275
总户数	万户	3584.6	2824.3	3027.7	1805.2	2785.0
总人口	万人	13474.1	10577.5	11370.0	6877.3	10358.1
劳动力	万人	6679.1	5376.6	5826.5	3445.5	5285.4
农作物总播种面积	万公顷	1984.8	1412.9	1525.8	980.5	1478.5
其中粮食作物播种面积	万公顷	1539.0	1036.5	1084.6	665.8	973.5
农机总动力	万千瓦	7190.2	4418.9	4128.9	2659.6	5372.9
2. 经济指标						
乡村经济总收入	亿元	13967.3	10041.3	12810.1	9060.6	19249.9
粮食产量	万吨	6805.2	5419.7	6095.0	3818.8	5780.6
棉花产量	万吨	47.1	32.5	22.9	19.2	37.6
油料产量	万吨	279.9	244.4	275.7	173.6	329.5
肉类产量	万吨	744.3	674.8	763.0	503.8	725.0
水产品产量	万吨	3.1	28.6	105.1	146.2	2337.9
财政收入	亿元	268.3	207.7	265.8	180.8	365.9
3. 社区环境指标						
通电村数	个	106485	72810	72024	41712	62296
通邮村数	个	99859	69634	70386	41461	62208
通电话村数	个	82497	60623	63494	38284	59664
通公路村数	个	95655	65627	66940	39716	59861
通自来水村数	个	55476	30741	28887	17857	34576
汽车站	个	2360	1963	2137	1477	2496
供水站	个	3754	3138	3323	2150	4246
垃圾处理站	个	900	1390	1125	815	1513
集贸市场个数	个	11281	8241	8324	5106	8729
学校数	个	94292	60413	59186	34967	49693
图书馆、文化站	个	6844	4597	4731	3112	5274
体育场馆	个	1106	650	846	601	1223
医疗卫生单位	个	33791	24893	22934	13195	19140
病床数	床	187096	137285	131979	82774	139527
敬老院、福利院	个	4265	3294	3645	2275	3558

第三部分　农村建制镇

二　按东中西分组的建制镇情况

3—2—1 东部地区按乡村经济总收入分组的建制镇情况

	单 位	2亿元以下	2—10亿元	10—20亿元	20—30亿元	30亿元以上
1. 基本指标						
镇个数	个	86	865	1087	772	3190
总户数	万户	25.2	372.6	802.8	666.1	3488.3
总人口	万人	101.9	1558.4	3150.5	2501.6	12031.9
劳动力	万人	49.5	752.1	1553.8	1262.3	6424.0
农作物总播种面积	万公顷	12.3	199.5	417.9	330.0	1291.5
其中粮食作物播种面积	万公顷	7.6	134.9	289.6	230.5	909.4
农机总动力	万千瓦	25.1	445.5	1292.3	1226.6	6406.6
2. 经济指标						
乡村经济总收入	亿元	11.0	532.2	1629.7	1908.7	34024.2
粮食产量	万吨	41.2	687.4	1606.1	1341.9	5503.1
棉花产量	万吨	0.3	1.9	9.7	7.1	18.3
油料产量	万吨	1.7	31.0	88.9	73.6	273.2
肉类产量	万吨	4.3	74.9	187.0	160.4	791.0
水产品产量	万吨	16.0	69.1	211.4	172.5	1408.4
财政收入	亿元	7.5	26.8	55.0	52.3	657.6
3. 社区环境指标						
通电村数	个	667	11827	23843	18817	83973
通邮村数	个	648	11713	23703	18764	83774
通电话村数	个	532	10565	23280	18521	83522
通公路村数	个	603	10535	22320	18031	80784
通自来水村数	个	351	5826	11358	10011	58379
汽车站	个	31	330	595	507	2768
供水站	个	46	601	1018	883	4349
垃圾处理站	个	21	222	343	271	1670
集贸市场个数	个	126	1241	2455	1977	11635
学校数	个	745	10599	16962	12173	46878
图书馆、文化站	个	65	964	1427	1186	5553
体育场馆	个	27	294	361	252	1225
医疗卫生单位	个	178	2288	5505	5429	27804
病床数	床	1404	15442	34937	29804	180058
敬老院、福利院	个	67	726	1115	889	3969

3—2—2 东部地区按粮食产量分组的建制镇情况

	单 位	1千吨以下	1千—5千吨	5千—1万吨	1万—3万吨	3万吨以上
1. 基本指标						
镇个数	个	218	668	1266	3300	548
总户数	万户	164.6	368.4	820.8	3235.8	765.3
总人口	万人	517.3	1294.9	2947.1	11722.9	2862.1
劳动力	万人	335.8	696.4	1535.2	6027.6	1446.7
农作物总播种面积	万公顷	11.7	83.7	282.5	1439.9	433.4
其中粮食作物播种面积	万公顷	2.7	49.6	186.3	1010.7	322.7
农机总动力	万千瓦	312.6	666.2	1179.2	5541.1	1697.2
2. 经济指标						
乡村经济总收入	亿元	2640.6	3583.3	5912.6	21805.4	4163.8
粮食产量	万吨	5.5	218.7	954.6	5871.0	2129.9
棉花产量	万吨	0.1	0.6	1.9	23.7	11.0
油料产量	万吨	0.5	10.2	49.3	317.8	90.6
肉类产量	万吨	23.9	57.5	150.3	761.6	224.3
水产品产量	万吨	229.4	343.9	318.9	854.2	130.9
财政收入	亿元	90.1	86.1	138.0	419.8	65.2
3. 社区环境指标						
通电村数	个	1994	9007	22091	84049	21986
通邮村数	个	1997	8915	21914	83892	21884
通电话村数	个	1985	8467	21219	82886	21863
通公路村数	个	1945	8496	20836	80142	20854
通自来水村数	个	1827	6678	15096	49905	12419
汽车站	个	228	411	796	2404	392
供水站	个	183	539	1314	3935	926
垃圾处理站	个	150	265	477	1456	179
集贸市场个数	个	1061	1556	2672	9809	2336
学校数	个	1600	6296	14369	52294	12798
图书馆、文化站	个	449	857	1678	5123	1088
体育场馆	个	113	213	410	1211	212
医疗卫生单位	个	943	2248	5762	25446	6805
病床数	床	16478	20707	41054	148314	35092
敬老院、福利院	个	228	618	1290	3715	915

3—2—3 东部地区按棉花产量分组的建制镇情况

	单 位	5吨以下	5—20吨	20—60吨	60—100吨	100吨以上
1. 基本指标						
镇个数	个	4576	332	285	138	669
总户数	万户	3950.0	299.6	271.5	132.2	701.6
总人口	万人	14591.2	988.7	909.2	451.1	2404.1
劳动力	万人	7510.5	546.5	495.0	243.1	1246.7
农作物总播种面积	万公顷	1525.9	127.2	131.9	65.9	400.3
其中粮食作物播种面积	万公顷	1065.3	94.8	94.9	47.0	270.1
农机总动力	万千瓦	6418.4	547.4	582.1	311.9	1536.4
2. 经济指标						
乡村经济总收入	亿元	29766.4	2021.4	1836.9	786.0	3695.0
粮食产量	万吨	6155.0	566.6	569.6	291.2	1597.2
棉花产量	万吨	0.1	0.4	1.0	1.1	34.8
油料产量	万吨	322.5	27.7	28.6	14.9	74.7
肉类产量	万吨	849.3	63.4	73.6	36.6	194.6
水产品产量	万吨	1636.8	29.1	38.3	46.8	126.4
财政收入	亿元	648.7	36.0	32.1	14.6	67.8
3. 社区环境指标						
通电村数	个	94217	9939	8404	3939	22628
通邮村数	个	93811	9861	8364	3939	22627
通电话村数	个	92069	9794	8332	3913	22312
通公路村数	个	90760	9480	7883	3523	20627
通自来水村数	个	60014	6452	5534	2280	11645
汽车站	个	3111	245	236	115	524
供水站	个	4976	402	300	171	1048
垃圾处理站	个	2036	106	98	40	247
集贸市场个数	个	12797	1006	872	444	2315
学校数	个	65277	4401	4079	2171	11429
图书馆、文化站	个	7312	440	411	163	869
体育场馆	个	1804	97	68	32	158
医疗卫生单位	个	30175	2204	1964	1132	5729
病床数	床	189718	15765	14242	7089	34831
敬老院、福利院	个	5000	364	321	184	897

3—2—4 东部地区按油料产量分组的建制镇情况

	单 位	100吨以下	100—300吨	300—500吨	500—700吨	700吨以上
1. 基本指标						
镇个数	个	1826	1119	722	509	1824
总户数	万户	1509.5	856.3	590.7	460.8	1937.7
总人口	万人	5425.3	3173.2	2157.8	1658.4	6929.7
劳动力	万人	2888.1	1650.2	1087.4	847.1	3569.0
农作物总播种面积	万公顷	486.2	347.5	251.4	198.8	967.3
其中粮食作物播种面积	万公顷	356.5	248.5	178.7	140.9	647.5
农机总动力	万千瓦	2745.3	1454.4	921.9	721.1	3553.4
2. 经济指标						
乡村经济总收入	亿元	13860.6	6170.3	3829.5	2952.1	11293.3
粮食产量	万吨	2077.9	1424.0	1042.5	838.3	3797.0
棉花产量	万吨	8.2	3.0	3.2	3.5	19.4
油料产量	万吨	4.7	20.6	28.5	30.2	384.5
肉类产量	万吨	303.6	208.4	133.5	104.0	468.1
水产品产量	万吨	580.6	281.3	173.3	144.6	697.6
财政收入	亿元	343.2	135.5	76.3	56.2	187.9
3. 社区环境指标						
通电村数	个	38464	22879	14628	10920	52236
通邮村数	个	38278	22786	14587	10881	52070
通电话村数	个	37397	22293	14224	10746	51760
通公路村数	个	36487	21680	14021	10310	49775
通自来水村数	个	26639	14535	9205	6829	28717
汽车站	个	1226	760	534	398	1313
供水站	个	2067	1269	889	589	2083
垃圾处理站	个	796	457	311	237	726
集贸市场个数	个	6019	2579	1718	1308	5810
学校数	个	23534	15637	10033	7549	30604
图书馆、文化站	个	2794	1687	1019	731	2964
体育场馆	个	661	464	287	143	604
医疗卫生单位	个	9345	5644	4238	4340	17637
病床数	床	85702	41580	26195	20697	87471
敬老院、福利院	个	2004	1147	771	578	2266

3－2－5 东部地区按肉类产量分组的建制镇情况

	单 位	300 吨以下	300－600 吨	600－1000 吨	1000－2000 吨	2000 吨以上
1. 基本指标						
镇个数	个	550	912	975	1619	1944
总户数	万户	305.4	594.9	742.3	1489.2	2223.2
总人口	万人	1031.6	2063.5	2596.7	5404.3	8248.3
劳动力	万人	540.3	1084.7	1318.8	2732.0	4365.9
农作物总播种面积	万公顷	87.3	223.3	300.5	634.2	1005.8
其中粮食作物播种面积	万公顷	60.9	156.7	211.4	446.8	696.3
农机总动力	万千瓦	660.9	1001.6	1212.9	2515.6	4005.2
2. 经济指标						
乡村经济总收入	亿元	2614.7	4413.0	5018.7	10126.6	15932.7
粮食产量	万吨	322.2	833.4	1177.8	2580.0	4266.3
棉花产量	万吨	2.4	3.9	3.6	9.2	18.3
油料产量	万吨	15.7	39.4	61.7	128.3	223.3
肉类产量	万吨	9.6	41.5	76.7	234.2	855.7
水产品产量	万吨	425.5	285.7	250.6	415.4	500.2
财政收入	亿元	63.1	92.4	104.9	212.6	326.1
3. 社区环境指标						
通电村数	个	8863	18261	19975	37751	54277
通邮村数	个	8835	18158	19884	37545	54180
通电话村数	个	8593	17558	19496	37006	53767
通公路村数	个	8038	17113	18936	36015	52171
通自来水村数	个	6143	12016	12974	22569	32223
汽车站	个	340	588	626	1159	1518
供水站	个	439	865	1017	1684	2892
垃圾处理站	个	171	334	386	753	883
集贸市场个数	个	1193	2036	2366	4635	7204
学校数	个	4767	10034	12255	24805	35496
图书馆、文化站	个	646	1152	1311	2512	3574
体育场馆	个	144	243	288	679	805
医疗卫生单位	个	1788	3896	5586	11436	18498
病床数	床	16153	26649	35182	72299	111362
敬老院、福利院	个	485	878	993	1796	2614

3—2—6　东部地区按水产品产量分组的建制镇情况

	单　位	50吨以下	50—100吨	100—500吨	500—1000吨	1000吨以上
1. 基本指标						
镇个数	个	1206	410	1771	904	1709
总户数	万户	982.2	290.2	1465.7	814.4	1802.4
总人口	万人	3418.1	1050.3	5328.9	2987.8	6559.2
劳动力	万人	1809.4	545.2	2716.2	1496.1	3474.9
农作物总播种面积	万公顷	405.4	125.2	628.2	373.9	718.5
其中粮食作物播种面积	万公顷	289.4	88.4	440.3	260.9	493.0
农机总动力	万千瓦	1949.2	469.0	2222.0	1303.7	3452.3
2. 经济指标						
乡村经济总收入	亿元	7007.8	1743.1	9718.0	5558.9	14077.8
粮食产量	万吨	1615.7	496.4	2568.9	1567.4	2931.2
棉花产量	万吨	7.9	1.8	7.5	5.0	15.1
油料产量	万吨	94.6	24.9	131.6	76.1	141.3
肉类产量	万吨	184.6	52.5	342.6	222.8	415.2
水产品产量	万吨	1.5	2.9	47.0	64.0	1761.9
财政收入	亿元	147.5	33.1	215.8	107.6	295.1
3. 社区环境指标						
通电村数	个	34347	9500	39265	19215	36800
通邮村数	个	34201	9457	39036	19115	36793
通电话村数	个	33566	9182	38477	18877	36318
通公路村数	个	32307	8940	37381	18378	35267
通自来水村数	个	21403	5382	22129	11296	25715
汽车站	个	667	194	1193	686	1491
供水站	个	825	356	1741	1383	2592
垃圾处理站	个	266	108	748	459	946
集贸市场个数	个	3700	996	4651	2417	5670
学校数	个	16530	5340	25129	13246	27112
图书馆、文化站	个	1526	524	2498	1379	3268
体育场馆	个	302	120	575	334	828
医疗卫生单位	个	8199	2533	10462	6567	13443
病床数	床	46321	13508	73203	40319	88294
敬老院、福利院	个	1300	405	1923	999	2139

3—2—7 东部地区按财政收入分组的建制镇情况

	单 位	500万元以下	500—2000万元	2000—3500万元	3500—5000万元	5000万元以上
1. 基本指标						
镇个数	个	82	644	836	815	3623
总户数	万户	25.0	304.3	560.4	636.7	3828.6
总人口	万人	118.2	1331.4	2217.4	2398.7	13278.6
劳动力	万人	54.0	626.2	1101.4	1191.8	7068.3
农作物总播种面积	万公顷	15.1	166.8	306.0	323.6	1439.7
其中粮食作物播种面积	万公顷	9.9	111.1	207.2	225.1	1018.8
农机总动力	万千瓦	24.5	396.3	1035.9	1232.4	6707.1
2. 经济指标						
乡村经济总收入	亿元	56.8	761.2	1811.6	2470.7	33005.4
粮食产量	万吨	53.6	587.4	1157.6	1292.5	6088.5
棉花产量	万吨	0.2	1.1	4.4	8.0	23.6
油料产量	万吨	1.8	27.9	73.4	80.2	285.1
肉类产量	万吨	5.3	68.3	144.4	158.6	841.1
水产品产量	万吨	2.1	93.9	142.3	211.9	1427.0
财政收入	亿元	0.3	8.3	22.9	34.4	733.2
3. 社区环境指标						
通电村数	个	772	8289	17104	20169	92793
通邮村数	个	769	8233	17053	20105	92442
通电话村数	个	651	7467	16574	19819	91909
通公路村数	个	719	7664	16153	18898	88839
通自来水村数	个	318	4048	8721	10502	62336
汽车站	个	19	248	343	424	3197
供水站	个	36	404	635	699	5123
垃圾处理站	个	14	203	203	206	1901
集贸市场个数	个	85	974	1833	2056	12486
学校数	个	876	8500	12208	12240	53533
图书馆、文化站	个	72	694	1109	1178	6142
体育场馆	个	20	290	221	223	1405
医疗卫生单位	个	172	2521	5078	5349	28084
病床数	床	963	11438	22206	26770	200268
敬老院、福利院	个	66	585	820	873	4422

3—2—8 东部地区按人均乡村经济总收入分组的建制镇情况

	单 位	2万元以下	2—5万元	5—10万元	10—20万元	20万元以上
1. 基本指标						
镇个数	个	107	1260	1435	1978	1220
总户数	万户	71.1	928.1	1283.3	1887.7	1184.9
总人口	万人	304.8	3898.8	4953.0	6432.2	3755.4
劳动力	万人	136.6	1858.6	2437.0	3414.7	2194.9
农作物总播种面积	万公顷	27.2	452.7	624.0	774.7	372.6
其中粮食作物播种面积	万公顷	18.1	316.8	430.2	547.5	259.4
农机总动力	万千瓦	61.6	1149.5	2115.2	3605.0	2464.9
2. 经济指标						
乡村经济总收入	亿元	39.7	1410.9	3507.8	11405.8	21741.5
粮食产量	万吨	92.1	1730.0	2519.5	3281.0	1557.1
棉花产量	万吨	0.3	8.0	13.7	11.8	3.5
油料产量	万吨	4.5	81.6	138.6	176.3	67.4
肉类产量	万吨	9.4	188.9	296.5	469.5	253.3
水产品产量	万吨	31.5	189.5	355.4	652.8	648.2
财政收入	亿元	9.7	55.7	90.9	250.8	392.0
3. 社区环境指标						
通电村数	个	1467	24561	34843	50268	27988
通邮村数	个	1451	24374	34693	50117	27967
通电话村数	个	1260	23141	34166	49950	27903
通公路村数	个	1267	22489	33037	48212	27268
通自来水村数	个	720	10564	17714	34593	22334
汽车站	个	59	562	904	1483	1223
供水站	个	82	976	1523	2624	1692
垃圾处理站	个	41	395	478	832	781
集贸市场个数	个	231	2531	3808	5941	4923
学校数	个	1557	21093	24057	27414	13236
图书馆、文化站	个	117	1590	2204	3180	2104
体育场馆	个	35	414	516	687	507
医疗卫生单位	个	298	5172	10007	16663	9064
病床数	床	3269	36587	53968	93903	73918
敬老院、福利院	个	92	1240	1627	2301	1506

3—2—9　东部地区按人均粮食产量分组的建制镇情况

	单　位	200公斤以下	200—400公斤	400—500公斤	500—700公斤	700公斤以上
1. 基本指标						
镇个数	个	1362	1896	1501	778	463
总户数	万户	1365.7	1697.6	1279.3	651.7	360.7
总人口	万人	5055.4	6229.2	4520.1	2259.2	1280.4
劳动力	万人	2683.9	3177.0	2341.2	1169.5	670.1
农作物总播种面积	万公顷	288.3	653.2	642.5	394.6	272.6
其中粮食作物播种面积	万公顷	176.5	448.5	452.8	286.7	207.6
农机总动力	万千瓦	1956.4	2348.1	2396.5	1521.7	1173.5
2. 经济指标						
乡村经济总收入	亿元	12168.6	11251.0	8418.5	4065.8	2201.8
粮食产量	万吨	878.4	2475.3	2662.6	1781.8	1381.6
棉花产量	万吨	2.6	5.7	11.3	9.5	8.2
油料产量	万吨	47.9	118.2	160.9	90.2	51.2
肉类产量	万吨	208.3	344.1	305.4	195.5	164.4
水产品产量	万吨	954.6	443.6	314.0	110.3	54.8
财政收入	亿元	328.9	215.7	144.2	71.6	38.7
3. 社区环境指标						
通电村数	个	24718	42748	36334	21029	14298
通邮村数	个	24613	42541	36171	21021	14256
通电话村数	个	24155	41683	35701	20730	14151
通公路村数	个	23531	40844	34432	20110	13356
通自来水村数	个	17721	26430	20003	12766	9005
汽车站	个	1166	1284	975	564	242
供水站	个	1449	1843	1603	1195	807
垃圾处理站	个	780	796	571	271	109
集贸市场个数	个	4855	5020	4002	2136	1421
学校数	个	18788	28813	22239	11067	6450
图书馆、文化站	个	2314	2874	2268	1050	689
体育场馆	个	566	665	537	265	126
医疗卫生单位	个	6792	12125	11460	7157	3670
病床数	床	78038	72974	57836	34124	18673
敬老院、福利院	个	1542	1975	1714	931	604

3—2—10 东部地区按人均肉类产量分组的建制镇情况

	单　位	20公斤以下	20—40公斤	40—60公斤	60—90公斤	90公斤以上
1. 基本指标						
镇个数	个	1032	1656	1217	953	1142
总户数	万户	998.3	1491.5	1063.6	824.8	976.8
总人口	万人	3504.1	5498.1	3887.2	3002.5	3452.5
劳动力	万人	1797.3	2790.3	1962.3	1565.2	1926.8
农作物总播种面积	万公顷	291.7	575.5	476.4	405.5	502.0
其中粮食作物播种面积	万公顷	204.9	407.7	335.0	283.2	341.3
农机总动力	万千瓦	1711.0	2233.9	1725.5	1473.6	2252.1
2. 经济指标						
乡村经济总收入	亿元	7959.3	9584.1	7011.5	5313.4	8237.4
粮食产量	万吨	1128.3	2308.1	1953.4	1685.9	2103.9
棉花产量	万吨	6.6	6.6	6.1	7.9	10.1
油料产量	万吨	53.1	114.8	99.7	83.8	117.0
肉类产量	万吨	44.2	165.6	189.1	218.6	600.2
水产品产量	万吨	778.8	471.6	274.6	164.2	188.0
财政收入	亿元	177.3	192.5	146.3	105.2	177.8
3. 社区环境指标						
通电村数	个	24947	38210	26334	22012	27624
通邮村数	个	24885	37910	26284	21979	27544
通电话村数	个	24500	37317	25765	21494	27344
通公路村数	个	23205	36064	25289	21193	26522
通自来水村数	个	16502	23386	15502	13265	17270
汽车站	个	804	1090	833	659	845
供水站	个	1032	1627	1280	1010	1948
垃圾处理站	个	479	652	525	370	501
集贸市场个数	个	3274	4496	3315	2627	3722
学校数	个	13422	24833	18657	14542	15903
图书馆、文化站	个	1440	2466	1719	1593	1977
体育场馆	个	334	556	370	408	491
医疗卫生单位	个	4687	10579	8994	6850	10094
病床数	床	47542	65151	52832	39035	57085
敬老院、福利院	个	1088	1832	1337	1107	1402

3—2—11 东部地区按人均水产品产量分组的建制镇情况

	单 位	1公斤以下	1—5公斤	5—15公斤	15—30公斤	30公斤以上
1. 基本指标						
镇个数	个	928	896	1323	957	1896
总户数	万户	867.4	786.7	1181.4	822.7	1696.8
总人口	万人	3007.4	2890.5	4373.2	2992.2	6081.0
劳动力	万人	1593.7	1435.9	2243.3	1517.9	3251.0
农作物总播种面积	万公顷	346.6	320.4	498.5	375.4	710.3
其中粮食作物播种面积	万公顷	249.0	224.2	351.4	263.1	484.4
农机总动力	万千瓦	1712.8	1245.2	1683.8	1298.5	3456.0
2. 经济指标						
乡村经济总收入	亿元	6305.2	4749.7	7528.8	5599.7	13922.3
粮食产量	万吨	1396.6	1300.4	2057.1	1570.4	2855.2
棉花产量	万吨	7.2	4.1	6.3	5.3	14.5
油料产量	万吨	80.9	75.7	95.0	73.4	143.3
肉类产量	万吨	156.8	158.7	266.4	221.5	414.2
水产品产量	万吨	0.6	8.2	40.9	63.6	1764.0
财政收入	亿元	133.7	96.8	160.6	122.3	285.7
3. 社区环境指标						
通电村数	个	29550	23468	30092	19272	36745
通邮村数	个	29441	23275	29899	19267	36720
通电话村数	个	28986	22887	29530	18846	36171
通公路村数	个	27830	22235	28464	18464	35280
通自来水村数	个	18587	12935	16450	11753	26200
汽车站	个	567	494	874	748	1548
供水站	个	669	708	1430	1174	2916
垃圾处理站	个	225	294	573	440	995
集贸市场个数	个	3200	2540	3601	2529	5564
学校数	个	13715	13370	20320	13776	26176
图书馆、文化站	个	1167	1253	1880	1546	3349
体育场馆	个	240	267	447	360	845
医疗卫生单位	个	6898	6097	8422	6821	12966
病床数	床	41499	36970	53642	43052	86482
敬老院、福利院	个	1057	971	1449	1126	2163

3—2—12 中部地区按乡村经济总收入分组的建制镇情况

	单 位	2亿元以下	2—10亿元	10—20亿元	20—30亿元	30亿元以上
1. 基本指标						
镇个数	个	358	2143	1691	780	1878
总户数	万户	114.7	1160.8	1440.3	718.4	1946.2
总人口	万人	413.6	4509.7	5677.5	2814.8	7363.6
劳动力	万人	179.0	2138.6	2824.1	1390.4	3509.4
农作物总播种面积	万公顷	62.4	840.7	959.7	455.2	1074.1
其中粮食作物播种面积	万公顷	48.1	642.2	693.6	321.9	766.4
农机总动力	万千瓦	165.6	1755.1	2614.2	1500.1	4995.2
2. 经济指标						
乡村经济总收入	亿元	43.0	1273.7	2455.3	1911.9	13999.5
粮食产量	万吨	135.3	2923.4	3726.2	1772.2	4471.7
棉花产量	万吨	0.5	10.8	35.7	15.5	35.8
油料产量	万吨	7.6	115.2	194.2	100.5	207.4
肉类产量	万吨	17.9	284.0	376.4	200.7	559.9
水产品产量	万吨	3.3	73.0	114.9	71.7	284.1
财政收入	亿元	5.3	59.8	74.5	41.3	146.4
3. 社区环境指标						
通电村数	个	4205	33770	36124	18052	47090
通邮村数	个	3712	33213	35853	17762	46959
通电话村数	个	2198	26490	31861	16484	44930
通公路村数	个	3657	30773	32867	16624	45115
通自来水村数	个	1641	10572	9768	6037	22723
汽车站	个	255	1102	1018	493	1342
供水站	个	230	1635	1231	595	1615
垃圾处理站	个	561	384	338	219	685
集贸市场个数	个	414	3495	3967	1982	5703
学校数	个	4660	35582	35308	17069	42669
图书馆、文化站	个	322	2583	2361	1164	3521
体育场馆	个	92	390	352	186	494
医疗卫生单位	个	741	11320	16062	7798	16507
病床数	床	9985	62912	65323	32437	105777
敬老院、福利院	个	238	1992	1660	768	2004

3—2—13 中部地区按粮食产量分组的建制镇情况

	单位	1千吨以下	1千—5千吨	5千—1万吨	1万—3万吨	3万吨以上
1. 基本指标						
镇个数	个	271	923	1218	3067	1371
总户数	万户	135.6	490.3	727.7	2551.1	1475.7
总人口	万人	433.7	1726.2	2724.5	9989.9	5904.8
劳动力	万人	178.3	787.2	1293.1	4895.3	2887.5
农作物总播种面积	万公顷	30.1	181.3	339.5	1615.8	1225.2
其中粮食作物播种面积	万公顷	20.9	132.2	238.0	1145.4	935.6
农机总动力	万千瓦	164.8	755.1	1102.7	5041.2	3966.5
2. 经济指标						
乡村经济总收入	亿元	697.4	1823.9	2601.0	9129.3	5431.8
粮食产量	万吨	11.8	285.1	911.4	5711.0	6109.5
棉花产量	万吨	0.2	3.3	7.6	51.2	35.9
油料产量	万吨	1.6	18.3	56.7	324.4	223.9
肉类产量	万吨	11.9	79.9	138.3	683.4	525.4
水产品产量	万吨	71.6	58.1	60.6	216.7	140.0
财政收入	亿元	11.8	32.3	48.1	152.0	83.1
3. 社区环境指标						
通电村数	个	3122	12879	19404	67246	36590
通邮村数	个	2787	12444	19080	66832	36356
通电话村数	个	1899	10150	15946	59622	34346
通公路村数	个	2808	11912	18130	63216	32970
通自来水村数	个	1504	6462	7918	23515	11342
汽车站	个	165	491	717	1901	936
供水站	个	161	771	1046	2296	1032
垃圾处理站	个	69	191	776	821	330
集贸市场个数	个	479	1515	2168	7102	4297
学校数	个	3603	13781	19840	63850	34214
图书馆、文化站	个	393	1298	1656	4568	2036
体育场馆	个	83	254	208	688	281
医疗卫生单位	个	782	4723	6925	25183	14815
病床数	床	14941	34476	49926	116348	60743
敬老院、福利院	个	166	774	1123	3058	1541

3－2－14 中部地区按棉花产量分组的建制镇情况

	单 位	5吨以下	5－20吨	20－60吨	60－100吨	100吨以上
1. 基本指标						
镇个数	个	3914	646	604	305	1381
总户数	万户	2567.4	567.3	543.9	286.2	1415.6
总人口	万人	9554.9	2156.5	2138.4	1131.3	5798.0
劳动力	万人	4424.3	1079.3	1076.8	578.1	2882.9
农作物总播种面积	万公顷	1576.5	301.8	314.7	175.3	1023.6
其中粮食作物播种面积	万公顷	1232.1	222.6	229.7	125.7	661.9
农机总动力	万千瓦	4601.4	1272.8	1279.4	732.7	3143.9
2. 经济指标						
乡村经济总收入	亿元	10044.4	2084.5	2027.4	943.9	4583.3
粮食产量	万吨	6401.2	1156.2	1220.6	659.8	3590.9
棉花产量	万吨	0.1	0.7	2.1	2.3	92.9
油料产量	万吨	171.5	57.9	67.8	48.8	278.9
肉类产量	万吨	741.4	137.4	132.5	68.1	359.3
水产品产量	万吨	308.2	36.2	43.9	19.3	139.4
财政收入	亿元	160.9	32.8	33.8	16.5	83.3
3. 社区环境指标						
通电村数	个	67311	15003	14121	7065	35741
通邮村数	个	66021	14736	14077	7043	35622
通电话村数	个	55192	13680	12738	6604	33749
通公路村数	个	62412	14534	13574	6612	31904
通自来水村数	个	25557	5169	5135	2618	12262
汽车站	个	2420	349	344	180	917
供水站	个	3373	445	359	182	947
垃圾处理站	个	1380	158	162	80	407
集贸市场个数	个	7545	1519	1514	857	4126
学校数	个	67162	13759	13519	6896	33952
图书馆、文化站	个	5523	956	925	494	2053
体育场馆	个	740	165	156	101	352
医疗卫生单位	个	21603	6016	6020	3250	15539
病床数	床	144690	29252	25238	13412	63842
敬老院、福利院	个	3578	624	632	309	1519

3—2—15 中部地区按油料产量分组的建制镇情况

	单 位	100吨以下	100—300吨	300—500吨	500—700吨	700吨以上
1. 基本指标						
镇个数	个	2174	1071	701	558	2346
总户数	万户	1370.3	762.6	545.8	478.1	2223.6
总人口	万人	4944.2	2925.1	2123.2	1868.7	8917.9
劳动力	万人	2191.7	1426.1	1066.5	942.5	4414.8
农作物总播种面积	万公顷	726.5	441.7	332.0	287.1	1604.7
其中粮食作物播种面积	万公顷	617.4	347.4	251.6	211.3	1044.4
农机总动力	万千瓦	2503.7	1459.6	1188.0	928.6	4950.4
2. 经济指标						
乡村经济总收入	亿元	6351.1	2762.0	1799.9	1403.6	7366.8
粮食产量	万吨	3283.1	1700.3	1229.7	1058.9	5756.8
棉花产量	万吨	4.6	5.0	6.4	7.2	75.1
油料产量	万吨	5.3	20.2	27.5	33.0	539.0
肉类产量	万吨	377.5	187.0	137.9	120.6	615.7
水产品产量	万吨	206.2	51.3	30.6	25.4	233.4
财政收入	亿元	92.5	46.2	31.5	29.0	128.0
3. 社区环境指标						
通电村数	个	34055	21440	15436	12229	56081
通邮村数	个	33477	21301	15152	12112	55457
通电话村数	个	29021	18232	12968	10660	51082
通公路村数	个	31616	20032	14342	11375	51671
通自来水村数	个	15226	8191	5655	4064	17605
汽车站	个	1358	578	357	400	1517
供水站	个	1917	785	469	407	1728
垃圾处理站	个	472	224	146	661	684
集贸市场个数	个	4279	2155	1518	1336	6273
学校数	个	34621	21132	15230	12104	52201
图书馆、文化站	个	3325	1518	1019	735	3354
体育场馆	个	467	179	133	141	594
医疗卫生单位	个	11616	8197	5671	4948	21996
病床数	床	84492	38634	26859	27981	98468
敬老院、福利院	个	1894	979	676	586	2527

3—2—16 中部地区按肉类产量分组的建制镇情况

	单　位	300吨以下	300—600吨	600—1000吨	1000—2000吨	2000吨以上
1. 基本指标						
镇个数	个	581	895	969	1810	2595
总户数	万户	241.3	483.3	609.4	1365.6	2680.8
总人口	万人	873.5	1818.0	2318.3	5305.8	10463.5
劳动力	万人	397.2	842.5	1089.6	2550.4	5161.8
农作物总播种面积	万公顷	128.5	276.1	359.4	849.7	1778.4
其中粮食作物播种面积	万公顷	104.4	204.8	268.5	622.3	1272.3
农机总动力	万千瓦	450.2	790.5	1056.5	2627.5	6105.5
2. 经济指标						
乡村经济总收入	亿元	795.7	1510.4	2000.0	4559.5	10817.8
粮食产量	万吨	336.5	883.0	1145.1	3154.3	7510.0
棉花产量	万吨	1.7	5.9	5.1	20.6	64.9
油料产量	万吨	11.1	39.8	51.0	156.7	366.3
肉类产量	万吨	10.0	40.0	77.2	263.8	1047.8
水产品产量	万吨	55.6	55.6	55.2	132.5	248.2
财政收入	亿元	15.6	33.4	38.6	83.5	156.1
3. 社区环境指标						
通电村数	个	7626	13072	15806	35681	67056
通邮村数	个	7176	12755	15570	35422	66576
通电话村数	个	5295	10505	13462	31367	61334
通公路村数	个	6936	12090	14664	33230	62116
通自来水村数	个	3755	5941	6688	13712	20645
汽车站	个	275	473	657	1047	1758
供水站	个	349	751	829	1412	1965
垃圾处理站	个	107	202	731	446	701
集贸市场个数	个	805	1419	1838	4024	7475
学校数	个	8824	13935	16144	34279	62106
图书馆、文化站	个	812	1215	1343	2517	4064
体育场馆	个	163	243	173	387	548
医疗卫生单位	个	2096	4699	6639	13004	25990
病床数	床	19462	31183	34676	76008	115105
敬老院、福利院	个	378	811	916	1772	2785

3—2—17　中部地区按水产品产量分组的建制镇情况

	单　位	50吨以下	50—100吨	100—500吨	500—1000吨	1000吨以上
1. 基本指标						
镇个数	个	2696	598	1706	742	1108
总户数	万户	1824.2	457.4	1377.7	651.7	1069.4
总人口	万人	6881.7	1769.7	5375.9	2543.4	4208.4
劳动力	万人	3246.6	901.5	2680.0	1253.4	1960.0
农作物总播种面积	万公顷	1127.1	288.4	861.6	398.7	716.2
其中粮食作物播种面积	万公顷	901.7	213.3	625.1	276.7	455.3
农机总动力	万千瓦	4726.1	1068.8	2511.6	946.4	1777.3
2. 经济指标						
乡村经济总收入	亿元	6694.5	1434.1	4515.2	2048.1	4991.5
粮食产量	万吨	4184.2	1093.2	3354.4	1602.3	2794.7
棉花产量	万吨	25.9	11.2	22.6	11.3	27.3
油料产量	万吨	146.1	53.4	162.9	73.6	188.9
肉类产量	万吨	460.3	120.6	373.9	189.2	294.7
水产品产量	万吨	2.8	4.2	43.0	52.2	444.8
财政收入	亿元	103.2	25.3	83.1	39.8	75.7
3. 社区环境指标						
通电村数	个	51020	11754	34969	15832	25666
通邮村数	个	50131	11517	34501	15711	25639
通电话村数	个	42486	10430	31066	14211	23770
通公路村数	个	46189	10322	32636	15158	24731
通自来水村数	个	25349	4181	10069	3465	7677
汽车站	个	1402	322	1113	508	865
供水站	个	1864	482	1269	582	1109
垃圾处理站	个	923	96	438	268	462
集贸市场个数	个	5614	1346	4004	1638	2959
学校数	个	52193	11373	33861	15036	22825
图书馆、文化站	个	4169	839	2298	1020	1625
体育场馆	个	611	74	311	213	305
医疗卫生单位	个	20965	6162	14707	5173	5421
病床数	床	102453	20483	75087	28248	50163
敬老院、福利院	个	2375	569	1688	800	1230

3—2—18　中部地区按财政收入分组的建制镇情况

	单　位	500万元以下	500—2000万元	2000—3500万元	3500—5000万元	5000万元以上
1. 基本指标						
镇个数	个	210	1620	1744	1187	2089
总户数	万户	71.3	825.6	1221.8	1009.0	2252.7
总人口	万人	264.5	3178.0	4790.0	3954.7	8591.9
劳动力	万人	110.7	1495.8	2320.6	1940.8	4173.5
农作物总播种面积	万公顷	47.4	586.3	846.9	654.9	1256.4
其中粮食作物播种面积	万公顷	37.1	460.1	628.7	462.3	883.9
农机总动力	万千瓦	115.6	1507.1	2559.9	2119.0	4728.7
2. 经济指标						
乡村经济总收入	亿元	89.0	1809.5	3342.6	3235.2	11207.2
粮食产量	万吨	106.7	2198.2	3343.7	2495.1	4885.2
棉花产量	万吨	0.2	7.1	23.2	21.8	45.9
油料产量	万吨	4.4	66.3	147.9	143.2	263.1
肉类产量	万吨	11.1	220.8	367.6	267.9	571.3
水产品产量	万吨	7.5	41.2	89.1	111.9	297.4
财政收入	亿元	0.6	21.5	47.1	49.5	208.5
3. 社区环境指标						
通电村数	个	3328	25799	33509	26185	50420
通邮村数	个	2835	25285	33327	25871	50181
通电话村数	个	1587	20253	28755	23547	47821
通公路村数	个	2935	23251	30707	24433	47710
通自来水村数	个	1460	9862	11671	8770	18978
汽车站	个	74	835	907	743	1651
供水站	个	111	1069	1342	874	1910
垃圾处理站	个	22	734	345	330	756
集贸市场个数	个	218	2556	3417	2852	6518
学校数	个	3948	26258	32501	25064	47517
图书馆、文化站	个	219	2163	2422	1787	3360
体育场馆	个	70	310	342	240	552
医疗卫生单位	个	598	7723	11596	10193	22318
病床数	床	5898	41509	58046	47742	123239
敬老院、福利院	个	114	1337	1612	1210	2389

3—2—19　中部地区按人均乡村经济总收入分组的建制镇情况

	单　位	2万元以下	2—5万元	5—10万元	10—20万元	20万元以上
1. 基本指标						
镇个数	个	702	2686	1614	1505	343
总户数	万户	456.4	2058.7	1325.5	1269.5	270.4
总人口	万人	1741.9	8164.5	5137.9	4780.6	954.3
劳动力	万人	804.2	4024.9	2510.1	2249.4	452.8
农作物总播种面积	万公顷	224.2	1446.0	866.9	722.8	132.0
其中粮食作物播种面积	万公顷	165.5	1062.8	621.1	522.4	100.3
农机总动力	万千瓦	455.7	3616.8	2612.2	3549.5	796.0
2. 经济指标						
乡村经济总收入	亿元	239.1	2701.8	3570.5	7797.5	5374.5
粮食产量	万吨	595.8	5311.1	3468.5	3050.9	602.5
棉花产量	万吨	4.9	44.2	25.9	21.5	1.7
油料产量	万吨	32.3	268.5	166.1	144.8	13.2
肉类产量	万吨	72.4	516.0	385.5	362.4	102.6
水产品产量	万吨	19.6	120.5	123.9	175.8	107.2
财政收入	亿元	19.5	102.3	75.1	87.7	42.6
3. 社区环境指标						
通电村数	个	11545	54336	33804	33477	6079
通邮村数	个	10927	53648	33485	33386	6053
通电话村数	个	8358	45666	30305	31666	5968
通公路村数	个	10343	49047	31551	32121	5974
通自来水村数	个	3342	14615	11498	17506	3780
汽车站	个	458	1490	1008	974	280
供水站	个	526	1884	1263	1202	431
垃圾处理站	个	670	482	376	529	130
集贸市场个数	个	1227	5738	3773	3868	955
学校数	个	12648	54224	32664	30384	5368
图书馆、文化站	个	749	3514	2182	2813	693
体育场馆	个	165	476	369	408	96
医疗卫生单位	个	3612	23587	11988	10908	2333
病床数	床	28576	99908	66858	63918	17174
敬老院、福利院	个	643	2649	1551	1486	333

3—2—20　中部地区按人均粮食产量分组的建制镇情况

	单　位	200公斤以下	200—400公斤	400—500公斤	500—700公斤	700公斤以上
1. 基本指标						
镇个数	个	1490	1687	1467	834	1372
总户数	万户	1159.9	1373.7	1267.2	707.9	871.8
总人口	万人	4159.3	5404.0	4998.8	2785.3	3431.7
劳动力	万人	1891.9	2654.6	2518.2	1405.2	1571.5
农作物总播种面积	万公顷	379.9	720.8	816.7	535.9	938.6
其中粮食作物播种面积	万公顷	262.8	494.4	573.7	389.0	752.2
农机总动力	万千瓦	1582.1	2209.2	2668.0	2125.9	2445.0
2. 经济指标						
乡村经济总收入	亿元	4531.5	4470.5	4409.4	2922.2	3349.9
粮食产量	万吨	695.3	2186.5	2967.7	2195.2	4984.1
棉花产量	万吨	13.5	22.1	30.5	17.3	14.8
油料产量	万吨	52.9	144.6	166.5	117.0	143.8
肉类产量	万吨	169.4	286.7	351.3	232.1	399.3
水产品产量	万吨	148.7	114.8	102.4	70.3	110.8
财政收入	亿元	75.8	78.5	75.0	43.6	54.3
3. 社区环境指标						
通电村数	个	25382	36462	33936	19066	24395
通邮村数	个	24729	35868	33512	19053	24337
通电话村数	个	21114	30722	30462	17630	22035
通公路村数	个	23589	33940	31732	17746	22029
通自来水村数	个	11827	12628	10152	6988	9146
汽车站	个	926	1044	896	462	882
供水站	个	1253	1196	1002	517	1338
垃圾处理站	个	434	916	367	174	296
集贸市场个数	个	3208	3714	3545	2201	2893
学校数	个	26676	36259	31876	17772	22705
图书馆、文化站	个	2276	2438	2074	1386	1777
体育场馆	个	400	317	276	221	300
医疗卫生单位	个	10381	13956	13815	7180	7096
病床数	床	85880	62716	54769	32431	40638
敬老院、福利院	个	1347	1591	1466	892	1366

3—2—21 中部地区按人均肉类产量分组的建制镇情况

	单 位	20公斤以下	20—40公斤	40—60公斤	60—90公斤	90公斤以上
1. 基本指标						
镇个数	个	859	1487	1417	1532	1555
总户数	万户	696.4	1125.3	1166.7	1213.2	1178.8
总人口	万人	2567.9	4426.4	4578.1	4764.3	4442.5
劳动力	万人	1160.3	2105.1	2257.2	2362.7	2156.0
农作物总播种面积	万公顷	285.9	655.6	745.7	846.4	858.4
其中粮食作物播种面积	万公顷	217.7	479.1	528.7	607.9	638.8
农机总动力	万千瓦	1092.9	2020.3	2190.8	2597.2	3129.1
2. 经济指标						
乡村经济总收入	亿元	2293.6	3582.4	3777.0	4011.5	6018.9
粮食产量	万吨	892.8	2177.0	2711.0	3220.7	4027.3
棉花产量	万吨	8.7	14.7	26.9	26.7	21.2
油料产量	万吨	39.5	114.9	136.0	167.5	166.9
肉类产量	万吨	32.4	135.0	230.1	351.3	689.9
水产品产量	万吨	94.9	101.2	98.5	123.8	128.6
财政收入	亿元	43.8	68.1	69.3	69.6	76.5
3. 社区环境指标						
通电村数	个	14912	29200	30533	33546	31050
通邮村数	个	14461	28882	30010	33245	30901
通电话村数	个	12482	25182	27058	29233	28008
通公路村数	个	13875	26897	27885	31188	29191
通自来水村数	个	7212	11284	10982	11040	10223
汽车站	个	537	817	946	929	981
供水站	个	659	1136	1127	1133	1251
垃圾处理站	个	287	328	825	372	375
集贸市场个数	个	1811	3179	3418	3506	3647
学校数	个	16136	29520	29771	31364	28497
图书馆、文化站	个	1307	2117	2037	2154	2336
体育场馆	个	271	291	316	326	310
医疗卫生单位	个	6089	12246	12060	12384	9649
病床数	床	54869	58251	54168	52954	56192
敬老院、福利院	个	756	1441	1474	1458	1533

3—2—22 中部地区按人均水产品产量分组的建制镇情况

	单 位	1公斤以下	1—5公斤	5—15公斤	15—30公斤	30公斤以上
1. 基本指标						
镇个数	个	2237	1340	1240	835	1198
总户数	万户	1638.7	1117.7	1009.1	668.6	946.4
总人口	万人	6181.4	4320.9	3943.7	2635.2	3698.0
劳动力	万人	2910.5	2159.7	1970.3	1275.6	1725.3
农作物总播种面积	万公顷	994.6	668.5	630.6	422.2	676.1
其中粮食作物播种面积	万公顷	796.7	500.1	453.6	287.6	434.0
农机总动力	万千瓦	4333.9	2340.3	1687.7	1005.1	1663.3
2. 经济指标						
乡村经济总收入	亿元	5878.5	3665.6	3282.1	2385.1	4472.1
粮食产量	万吨	3639.5	2573.8	2542.2	1628.8	2644.5
棉花产量	万吨	26.1	21.9	13.9	13.6	22.7
油料产量	万吨	129.8	109.5	130.4	80.8	174.3
肉类产量	万吨	390.6	299.1	290.5	190.0	268.6
水产品产量	万吨	1.5	11.1	36.9	56.9	440.5
财政收入	亿元	89.0	63.5	61.2	42.6	70.9
3. 社区环境指标						
通电村数	个	44722	28094	25902	17185	23338
通邮村数	个	43932	27595	25583	17112	23277
通电话村数	个	37411	25009	22673	15288	21582
通公路村数	个	40267	25352	24452	16485	22480
通自来水村数	个	22604	9865	6926	4070	7276
汽车站	个	1059	910	791	574	876
供水站	个	1419	1141	899	679	1168
垃圾处理站	个	325	797	305	297	463
集贸市场个数	个	4858	3352	2744	1857	2750
学校数	个	45949	27605	24827	15868	21039
图书馆、文化站	个	3594	1919	1653	1091	1694
体育场馆	个	523	218	234	191	348
医疗卫生单位	个	19548	13334	9249	4619	5678
病床数	床	90833	60932	48140	28949	47580
敬老院、福利院	个	1988	1296	1239	887	1252

3—2—23　西部地区按乡村经济总收入分组的建制镇情况

	单　位	2亿元以下	2—10亿元	10—20亿元	20—30亿元	30亿元以上
1. 基本指标						
镇个数	个	697	2472	845	385	556
总户数	万户	185.0	1435.0	709.5	375.1	586.8
总人口	万人	731.0	5476.0	2626.7	1416.4	2283.5
劳动力	万人	344.0	2853.2	1382.2	747.1	1203.4
农作物总播种面积	万公顷	113.6	787.0	374.4	184.7	279.7
其中粮食作物播种面积	万公顷	91.9	593.0	262.5	128.0	179.8
农机总动力	万千瓦	145.6	1276.2	703.5	409.6	809.2
2. 经济指标						
乡村经济总收入	亿元	80.0	1306.0	1179.7	956.3	3818.0
粮食产量	万吨	230.6	2500.1	1280.0	690.6	1009.6
棉花产量	万吨	0.4	11.7	9.8	1.5	0.5
油料产量	万吨	8.9	95.5	50.0	21.8	33.5
肉类产量	万吨	29.1	306.1	172.2	98.9	148.4
水产品产量	万吨	1.5	19.7	34.5	21.6	119.2
财政收入	亿元	6.6	57.0	32.2	18.7	47.7
3. 社区环境指标						
通电村数	个	7838	39190	14581	6706	8644
通邮村数	个	6706	32522	13318	6447	8454
通电话村数	个	2996	21128	9677	5129	7249
通公路村数	个	6989	32780	12750	5939	8032
通自来水村数	个	2995	15199	6059	2679	3939
汽车站	个	166	897	414	187	328
供水站	个	379	2256	936	352	485
垃圾处理站	个	73	482	184	83	207
集贸市场个数	个	719	4016	1650	855	1446
学校数	个	9580	37544	13067	6453	9262
图书馆、文化站	个	473	2557	1064	555	763
体育场馆	个	65	310	149	111	118
医疗卫生单位	个	1615	9612	4297	2036	2761
病床数	床	13715	59699	25652	14527	26989
敬老院、福利院	个	287	1717	755	372	478

3—2—24　西部地区按粮食产量分组的建制镇情况

	单　位	1千吨以下	1千—5千吨	5千—1万吨	1万—3万吨	3万吨以上
1. 基本指标						
镇个数	个	170	863	1449	2316	157
总户数	万户	55.5	273.3	725.8	1990.8	246.1
总人口	万人	195.5	1057.5	2772.9	7535.6	972.0
劳动力	万人	92.2	518.0	1427.4	3988.6	503.7
农作物总播种面积	万公顷	19.1	144.6	382.6	1058.8	134.2
其中粮食作物播种面积	万公顷	14.7	110.7	278.1	757.5	94.2
农机总动力	万千瓦	68.3	333.6	744.7	1914.7	282.9
2. 经济指标						
乡村经济总收入	亿元	335.0	641.4	1282.3	4355.6	725.7
粮食产量	万吨	7.1	280.9	1089.0	3774.7	559.1
棉花产量	万吨	0.2	1.6	5.3	16.1	0.6
油料产量	万吨	0.7	11.5	42.3	138.2	17.0
肉类产量	万吨	4.8	44.1	156.0	482.8	66.8
水产品产量	万吨	23.5	24.3	28.5	91.5	28.8
财政收入	亿元	5.1	15.9	35.4	94.6	11.0
3. 社区环境指标						
通电村数	个	2249	9165	19647	42185	3713
通邮村数	个	2183	8029	16336	37278	3621
通电话村数	个	667	4605	11161	26936	2810
通公路村数	个	1895	8160	17032	36068	3335
通自来水村数	个	628	4503	8628	15828	1284
汽车站	个	59	277	553	1014	89
供水站	个	70	625	1225	2339	149
垃圾处理站	个	21	125	310	535	38
集贸市场个数	个	221	1127	2233	4615	490
学校数	个	2104	11499	20133	38320	3850
图书馆、文化站	个	123	773	1546	2705	265
体育场馆	个	17	128	201	389	18
医疗卫生单位	个	287	2669	5239	11066	1060
病床数	床	6082	18927	35075	72047	8451
敬老院、福利院	个	61	414	916	2040	178

3—2—25 西部地区按棉花产量分组的建制镇情况

	单 位	5吨以下	5—20吨	20—60吨	60—100吨	100吨以上
1. 基本指标						
镇个数	个	4360	179	138	53	225
总户数	万户	2880.4	116.9	93.6	34.9	165.6
总人口	万人	11000.9	455.6	347.5	127.3	602.2
劳动力	万人	5763.0	237.6	179.2	64.4	285.7
农作物总播种面积	万公顷	1501.3	68.4	49.0	19.4	101.2
其中粮食作物播种面积	万公顷	1085.5	51.4	38.6	14.8	65.0
农机总动力	万千瓦	2858.9	133.5	102.9	34.4	214.4
2. 经济指标						
乡村经济总收入	亿元	6690.7	194.9	158.4	46.7	249.3
粮食产量	万吨	4884.5	224.4	180.6	70.0	351.4
棉花产量	万吨	0.0	0.2	0.5	0.4	22.7
油料产量	万吨	170.6	8.8	8.3	3.8	18.3
肉类产量	万吨	663.4	23.8	18.2	8.0	41.3
水产品产量	万吨	189.1	2.6	1.9	0.4	2.5
财政收入	亿元	143.9	5.1	3.9	1.5	7.8
3. 社区环境指标						
通电村数	个	66252	3024	2301	913	4469
通邮村数	个	57501	2677	2160	848	4261
通电话村数	个	39424	1829	1417	528	2981
通公路村数	个	57767	2616	1846	707	3554
通自来水村数	个	27176	1249	763	243	1440
汽车站	个	1743	74	60	19	96
供水站	个	3659	124	121	53	451
垃圾处理站	个	896	58	26	17	32
集贸市场个数	个	7537	345	251	98	455
学校数	个	66372	3231	2159	803	3341
图书馆、文化站	个	4637	215	165	54	341
体育场馆	个	625	31	19	9	69
医疗卫生单位	个	17085	960	868	298	1110
病床数	床	121873	5407	3594	1638	8070
敬老院、福利院	个	3171	120	82	36	200

3—2—26　西部地区按油料产量分组的建制镇情况

	单　位	100吨以下	100—300吨	300—500吨	500—700吨	700吨以上
1. 基本指标						
镇个数	个	1548	1353	729	415	910
总户数	万户	793.9	860.5	509.9	311.8	815.3
总人口	万人	3025.6	3264.4	1944.3	1212.0	3087.2
劳动力	万人	1546.9	1703.2	1018.2	632.5	1629.1
农作物总播种面积	万公顷	383.0	426.8	263.2	169.6	496.8
其中粮食作物播种面积	万公顷	296.8	327.1	190.9	119.2	321.3
农机总动力	万千瓦	855.4	808.7	501.4	302.9	875.7
2. 经济指标						
乡村经济总收入	亿元	2137.9	1640.4	1026.0	688.2	1847.6
粮食产量	万吨	1126.9	1475.7	909.3	573.4	1625.6
棉花产量	万吨	7.9	3.1	3.7	0.8	8.4
油料产量	万吨	5.7	25.1	28.4	24.4	126.1
肉类产量	万吨	151.0	193.7	117.1	75.0	217.7
水产品产量	万吨	39.2	38.9	34.0	33.9	50.5
财政收入	亿元	44.9	37.5	24.8	15.9	39.1
3. 社区环境指标						
通电村数	个	20028	20756	11760	7042	17373
通邮村数	个	17493	18064	10139	6276	15475
通电话村数	个	11782	13205	6962	4369	9861
通公路村数	个	17677	17787	10030	5907	15089
通自来水村数	个	9358	8407	4378	2300	6428
汽车站	个	621	541	281	175	374
供水站	个	1195	1172	682	353	1006
垃圾处理站	个	300	264	186	91	188
集贸市场个数	个	2448	2207	1294	779	1958
学校数	个	22088	19574	11381	6884	15979
图书馆、文化站	个	1674	1451	836	433	1018
体育场馆	个	267	185	115	66	120
医疗卫生单位	个	5198	5361	3060	1895	4807
病床数	床	45136	35214	19018	12244	28970
敬老院、福利院	个	933	1007	502	321	846

3－2－27　西部地区按肉类产量分组的建制镇情况

	单　位	300吨以下	300－600吨	600－1000吨	1000－2000吨	2000吨以上
1. 基本指标						
镇个数	个	561	660	821	1622	1291
总户数	万户	170.3	261.8	417.8	1102.2	1339.3
总人口	万人	671.4	1053.1	1610.8	4157.9	5040.3
劳动力	万人	329.1	513.3	843.1	2194.2	2650.2
农作物总播种面积	万公顷	92.3	158.4	235.5	579.2	673.9
其中粮食作物播种面积	万公顷	74.5	123.9	175.8	418.0	463.0
农机总动力	万千瓦	214.5	341.8	434.0	1052.0	1301.9
2. 经济指标						
乡村经济总收入	亿元	321.4	488.9	905.9	2066.3	3557.6
粮食产量	万吨	211.6	397.2	674.3	1924.2	2503.7
棉花产量	万吨	0.6	3.4	3.3	10.1	6.4
油料产量	万吨	6.3	14.6	22.9	70.2	95.8
肉类产量	万吨	9.2	29.5	65.6	236.4	413.9
水产品产量	万吨	19.4	17.6	11.7	55.7	92.2
财政收入	亿元	8.9	11.3	22.6	51.4	67.9
3. 社区环境指标						
通电村数	个	6574	8978	11193	25731	24483
通邮村数	个	6182	7693	9227	21686	22659
通电话村数	个	3109	4660	6337	15551	16522
通公路村数	个	5927	7556	9538	21818	21651
通自来水村数	个	2618	4112	5272	10275	8594
汽车站	个	173	222	330	634	633
供水站	个	300	498	640	1673	1297
垃圾处理站	个	64	90	146	365	364
集贸市场个数	个	696	870	1261	2891	2968
学校数	个	7910	10541	11964	22719	22772
图书馆、文化站	个	488	659	935	1744	1586
体育场馆	个	85	74	113	247	234
医疗卫生单位	个	1428	2436	2801	6608	7048
病床数	床	13451	14682	20211	45165	47073
敬老院、福利院	个	221	355	518	1271	1244

3—2—28　西部地区按水产品产量分组的建制镇情况

	单　位	50吨以下	50—100吨	100—500吨	500—1000吨	1000吨以上
1. 基本指标						
镇个数	个	2646	540	1274	299	196
总户数	万户	1334.6	365.7	1074.3	295.3	221.5
总人口	万人	5227.1	1335.0	3845.6	1170.2	955.6
劳动力	万人	2681.7	709.6	2027.0	617.9	493.7
农作物总播种面积	万公顷	777.9	170.5	489.9	163.5	137.5
其中粮食作物播种面积	万公顷	590.1	125.9	351.9	104.7	82.7
农机总动力	万千瓦	1404.8	330.1	926.1	351.9	331.2
2. 经济指标						
乡村经济总收入	亿元	2200.2	711.7	2305.6	927.7	1194.8
粮食产量	万吨	2214.2	632.5	1854.3	571.3	438.4
棉花产量	万吨	17.9	2.0	3.3	0.4	0.2
油料产量	万吨	89.4	25.2	63.5	16.4	15.3
肉类产量	万吨	260.6	85.8	266.4	79.4	62.4
水产品产量	万吨	2.7	3.8	30.0	20.7	139.4
财政收入	亿元	59.8	21.3	53.2	15.4	12.5
3. 社区环境指标						
通电村数	个	39405	8752	21115	4697	2990
通邮村数	个	32654	7716	19476	4594	3007
通电话村数	个	20128	5236	14489	3721	2605
通公路村数	个	33708	7518	18211	4241	2812
通自来水村数	个	17228	3344	7035	1968	1296
汽车站	个	923	238	607	136	88
供水站	个	2145	555	1296	270	142
垃圾处理站	个	451	129	295	82	72
集贸市场个数	个	4025	969	2533	626	533
学校数	个	41269	7770	18451	4814	3602
图书馆、文化站	个	2646	612	1498	372	284
体育场馆	个	406	81	206	30	30
医疗卫生单位	个	9155	2363	6811	1366	626
病床数	床	66349	16370	39892	11167	6804
敬老院、福利院	个	1561	429	1233	242	144

3—2—29　西部地区按财政收入分组的建制镇情况

	单　位	500万元以下	500—2000万元	2000—3500万元	3500—5000万元	5000万元以上
1. 基本指标						
镇个数	个	414	1867	1246	618	810
总户数	万户	99.7	917.8	871.3	536.8	865.8
总人口	万人	419.4	3605.3	3341.2	2010.4	3157.2
劳动力	万人	199.0	1863.4	1746.0	1059.4	1662.1
农作物总播种面积	万公顷	71.3	536.5	467.4	273.0	391.1
其中粮食作物播种面积	万公顷	57.3	403.4	338.3	191.6	264.6
农机总动力	万千瓦	106.9	857.7	835.1	532.4	1012.0
2. 经济指标						
乡村经济总收入	亿元	81.6	1253.1	1543.1	1145.1	3317.1
粮食产量	万吨	131.2	1621.1	1598.8	967.9	1391.9
棉花产量	万吨	0.8	8.1	6.0	4.9	4.0
油料产量	万吨	5.5	60.6	58.5	35.6	49.6
肉类产量	万吨	16.1	201.0	199.9	127.6	210.1
水产品产量	万吨	1.0	39.6	32.1	14.8	109.0
财政收入	亿元	1.1	23.1	33.3	25.7	79.0
3. 社区环境指标						
通电村数	个	4646	26766	20283	10989	14275
通邮村数	个	4150	22212	17384	10084	13617
通电话村数	个	1568	14447	12254	7221	10689
通公路村数	个	4231	22590	17574	9203	12892
通自来水村数	个	1439	11199	8071	4220	5942
汽车站	个	85	619	467	330	491
供水站	个	161	1585	1201	641	820
垃圾处理站	个	36	320	286	154	233
集贸市场个数	个	373	2677	2184	1321	2131
学校数	个	5587	28077	18882	9933	13427
图书馆、文化站	个	299	1840	1513	660	1100
体育场馆	个	37	211	210	101	194
医疗卫生单位	个	729	6685	5321	3009	4577
病床数	床	7208	36554	33816	20520	42484
敬老院、福利院	个	153	1178	865	547	866

3—2—30　西部地区按人均乡村经济总收入分组的建制镇情况

	单　位	2万元以下	2—5万元	5—10万元	10—20万元	20万元以上
1. 基本指标						
镇个数	个	1485	2072	805	494	99
总户数	万户	787.3	1431.4	622.8	379.3	70.7
总人口	万人	3093.6	5365.5	2379.6	1456.6	238.2
劳动力	万人	1553.7	2814.2	1246.2	780.6	135.2
农作物总播种面积	万公顷	424.0	759.2	331.3	202.0	22.9
其中粮食作物播种面积	万公顷	326.9	565.1	221.4	126.4	15.4
农机总动力	万千瓦	591.6	1249.5	734.3	646.1	122.6
2. 经济指标						
乡村经济总收入	亿元	435.4	1687.0	1640.7	2262.3	1314.7
粮食产量	万吨	1158.1	2587.6	1172.8	711.6	80.8
棉花产量	万吨	4.3	7.7	5.7	6.0	0.2
油料产量	万吨	41.9	97.3	41.1	26.4	3.0
肉类产量	万吨	138.4	333.8	159.8	107.7	15.0
水产品产量	万吨	7.3	31.0	34.2	80.4	43.7
财政收入	亿元	26.4	61.7	29.7	28.5	15.8
3. 社区环境指标						
通电村数	个	23544	33640	12255	6534	986
通邮村数	个	18903	29457	11725	6388	974
通电话村数	个	10746	19777	9147	5575	934
通公路村数	个	19903	28358	11161	6141	927
通自来水村数	个	8910	12844	5372	3105	640
汽车站	个	446	878	356	230	82
供水站	个	1094	1976	809	444	85
垃圾处理站	个	221	482	166	119	41
集贸市场个数	个	2189	3687	1531	986	293
学校数	个	25178	31203	11828	6782	915
图书馆、文化站	个	1322	2210	1035	711	134
体育场馆	个	153	267	136	158	39
医疗卫生单位	个	4601	8988	3834	2559	339
病床数	床	36547	56777	24500	17257	5501
敬老院、福利院	个	878	1634	620	380	97

3—2—31 西部地区按人均粮食产量分组的建制镇情况

	单 位	200公斤以下	200—400公斤	400—500公斤	500—700公斤	700公斤以上
1. 基本指标						
镇个数	个	821	2323	1391	299	121
总户数	万户	494.6	1588.7	976.6	181.3	50.2
总人口	万人	1887.2	6203.7	3613.4	642.1	187.1
劳动力	万人	924.4	3218.3	1932.1	352.7	102.4
农作物总播种面积	万公顷	201.1	822.4	542.7	122.0	51.2
其中粮食作物播种面积	万公顷	146.5	591.5	397.4	84.8	35.1
农机总动力	万千瓦	495.7	1514.4	905.7	249.1	179.2
2. 经济指标						
乡村经济总收入	亿元	1453.8	3263.3	1998.5	462.3	162.1
粮食产量	万吨	370.0	2527.0	2090.8	496.8	226.3
棉花产量	万吨	1.6	4.0	7.5	4.6	6.2
油料产量	万吨	15.7	86.1	77.4	20.5	10.1
肉类产量	万吨	67.8	350.7	263.3	53.8	19.0
水产品产量	万吨	72.6	65.1	42.8	5.9	10.2
财政收入	亿元	31.1	73.0	45.6	9.5	3.0
3. 社区环境指标						
通电村数	个	11958	36614	22866	4062	1459
通邮村数	个	10666	31077	20457	3785	1462
通电话村数	个	6149	20872	14912	3016	1230
通公路村数	个	10362	31481	19513	3720	1414
通自来水村数	个	5592	15039	8099	1374	767
汽车站	个	366	928	538	115	45
供水站	个	662	1932	1376	269	169
垃圾处理站	个	201	466	288	55	19
集贸市场个数	个	1461	4091	2533	445	156
学校数	个	13771	37334	20015	3494	1292
图书馆、文化站	个	860	2396	1601	365	190
体育场馆	个	156	299	222	43	33
医疗卫生单位	个	2569	9281	6482	1520	469
病床数	床	32522	61244	37928	6440	2448
敬老院、福利院	个	452	1657	1180	245	75

3—2—32 西部地区按人均肉类产量分组的建制镇情况

	单 位	20公斤以下	20—40公斤	40—60公斤	60—90公斤	90公斤以上
1. 基本指标						
镇个数	个	488	1089	1205	1345	828
总户数	万户	261.7	682.6	856.1	975.7	515.2
总人口	万人	1041.9	2735.5	3305.3	3624.2	1826.7
劳动力	万人	503.5	1413.7	1701.5	1917.2	994.1
农作物总播种面积	万公顷	127.7	377.8	443.9	493.2	296.7
其中粮食作物播种面积	万公顷	102.4	282.0	319.7	352.9	198.4
农机总动力	万千瓦	321.5	690.8	776.0	940.3	615.5
2. 经济指标						
乡村经济总收入	亿元	603.3	1360.8	1767.9	2111.9	1496.2
粮食产量	万吨	326.2	1072.4	1419.1	1799.6	1093.6
棉花产量	万吨	1.5	4.9	1.9	6.8	8.8
油料产量	万吨	9.9	33.1	50.2	68.1	48.6
肉类产量	万吨	12.5	86.0	165.5	262.3	228.4
水产品产量	万吨	11.7	55.6	42.6	48.1	38.7
财政收入	亿元	14.2	30.6	38.4	47.8	31.1
3. 社区环境指标						
通电村数	个	7865	17123	19756	21153	11062
通邮村数	个	7172	14748	16573	18737	10217
通电话村数	个	4119	9689	11628	12883	7860
通公路村数	个	6596	14500	16993	18158	10243
通自来水村数	个	3177	8135	8119	7215	4225
汽车站	个	219	410	499	553	311
供水站	个	304	859	1100	1287	858
垃圾处理站	个	72	220	253	295	189
集贸市场个数	个	809	1788	2150	2485	1454
学校数	个	8701	19607	18928	19063	9607
图书馆、文化站	个	575	1074	1378	1434	951
体育场馆	个	81	152	168	183	169
医疗卫生单位	个	1582	4062	4505	6275	3897
病床数	床	17446	29792	35541	37303	20500
敬老院、福利院	个	238	657	948	1075	691

3—2—33 西部地区按人均水产品产量分组的建制镇情况

	单 位	1公斤以下	1—5公斤	5—15公斤	15—30公斤	30公斤以上
1. 基本指标						
镇个数	个	2090	1283	1027	374	181
总户数	万户	1078.6	919.9	837.3	314.0	141.7
总人口	万人	4285.3	3366.2	3053.1	1249.8	579.1
劳动力	万人	2174.9	1781.0	1613.0	652.0	309.0
农作物总播种面积	万公顷	643.6	424.0	396.7	182.9	92.2
其中粮食作物播种面积	万公顷	493.2	312.2	279.6	115.1	55.1
农机总动力	万千瓦	1143.5	833.5	757.5	356.1	253.6
2. 经济指标						
乡村经济总收入	亿元	1783.6	1625.9	1999.2	1075.9	855.4
粮食产量	万吨	1769.2	1545.5	1495.7	619.7	280.9
棉花产量	万吨	13.8	6.5	2.8	0.3	0.4
油料产量	万吨	69.1	59.1	50.2	19.4	11.9
肉类产量	万吨	196.8	217.0	206.1	92.3	42.3
水产品产量	万吨	1.0	9.2	27.3	25.6	133.4
财政收入	亿元	45.7	47.4	43.9	15.8	9.4
3. 社区环境指标						
通电村数	个	32213	21248	16030	5255	2213
通邮村数	个	26486	18764	14904	5082	2211
通电话村数	个	16100	12727	11291	4150	1911
通公路村数	个	27558	18040	14024	4767	2101
通自来水村数	个	14285	7941	5511	2034	1100
汽车站	个	734	559	472	155	72
供水站	个	1666	1289	994	297	162
垃圾处理站	个	350	299	247	78	55
集贸市场个数	个	3223	2349	1979	720	415
学校数	个	34628	19438	14039	5323	2478
图书馆、文化站	个	2083	1425	1198	475	231
体育场馆	个	343	165	165	50	30
医疗卫生单位	个	7345	5462	5263	1755	496
病床数	床	54764	39383	30197	10773	5465
敬老院、福利院	个	1220	1027	957	262	143

第三部分　农村建制镇

三　按主要指标分组的建制镇镇区基本情况

3—3—1 按主要指标分组的

	镇区个数（个）	户数（万户）	人口（万人）	非农业人口（万人）	占地面积（万公顷）
合计	17805	2580.6	9114.8	4002.9	441.1
1. 按总人口分组					
3千人以下	8309	413.3	1387.1	608.8	138.5
3—5千人	4106	448.4	1584.3	621.9	100.0
5—8千人	2677	465.8	1664.2	639.8	80.3
8千—1.2万人	1264	337.9	1214.4	496.9	42.3
1.2万人以上	1449	915.1	3264.8	1635.4	80.0
2. 按占地面积分组					
50公顷以下	4136	373.6	1339.8	584.0	7.8
50—100公顷	2162	216.6	759.6	311.6	15.2
100—150公顷	2826	319.9	1127.8	470.3	31.8
150—200公顷	1553	208.8	745.6	312.0	25.6
200公顷以上	7128	1461.8	5142.0	2325.0	360.7
3. 按乡村经济总收入分组					
5亿元以下	3498	283.4	1034.7	464.3	67.3
5—10亿元	3123	320.5	1163.9	509.4	68.4
10—20亿元	3622	465.0	1697.1	721.2	87.2
20—40亿元	3211	494.0	1751.0	740.2	80.8
40亿元以上	4351	1017.6	3467.9	1567.7	137.4
4. 按财政收入分组					
1千万元以下	1904	134.7	519.3	170.1	35.7
1—3千万元	5595	509.4	1887.8	738.5	117.6
3—5千万元	3786	469.2	1697.0	708.6	89.3
5—8千万元	2799	458.0	1620.6	714.1	78.4
8千万元以上	3721	1009.3	3390.1	1671.6	120.1
5. 按非农业人中分组					
1千人以下	8805	646.2	2382.4	405.1	185.6
1—2千人	4028	478.1	1734.8	567.9	93.0
2—3千人	1844	289.2	1017.1	445.2	49.3
3—4千人	967	196.9	691.2	333.2	25.8
4千人以上	2161	970.2	3289.2	2251.5	87.4

建制镇镇区基本情况

劳动力（万人）	其中：外来人员数（万人）	集贸市场数（个）	其中：综合市场（个）	专业市场（个）	企业个数（万个）	企业从业人员数（万人）
4766.1	732.8	26663	19457	7206	162.3	1970.0
825.7	119.6	9558	7900	1658	35.3	354.8
878.6	119.9	5796	4328	1468	31.1	371.8
896.9	122.2	4441	3046	1395	26.1	358.2
639.8	99.8	2583	1613	970	20.3	253.5
1525.0	271.4	4285	2570	1715	49.6	631.7
639.8	76.8	5241	4103	1138	23.7	231.8
388.0	46.1	2795	2175	620	13.5	155.2
612.7	79.6	3761	2801	960	18.7	231.8
399.5	57.9	2304	1669	635	13.0	160.8
2726.1	472.3	12562	8709	3853	93.3	1190.4
467.7	49.0	3794	3124	670	18.5	111.9
562.0	62.9	4180	3255	925	22.0	158.9
837.8	94.7	5383	4000	1383	28.1	273.2
898.2	114.8	5098	3589	1509	31.8	350.0
2000.4	411.4	8208	5489	2719	61.8	1076.0
219.8	20.3	1864	1653	211	8.7	48.3
902.2	93.5	6987	5565	1422	37.6	275.4
851.3	94.7	5529	4119	1410	30.2	294.5
841.4	102.9	4582	3188	1394	26.8	323.8
1951.5	421.5	7701	4932	2769	59.0	1028.0
1219.0	142.7	10300	8394	1906	43.6	454.6
950.7	126.8	5853	4366	1487	31.6	378.4
558.5	86.7	3081	2124	957	18.5	246.1
365.2	66.9	1806	1178	628	11.6	162.2
1672.7	309.8	5624	3396	2228	57.0	728.8

第三部分　农村建制镇

四　分建制镇镇区情况

3—4—1　北京市建制镇镇区主要指标

名　　称	户　数（户）	人　口（人）	其中：非农业人口（人）	劳动力（人）	集贸市场个数（个）	其　中：综合市场个数（个）	企　业个　数（个）	企　业从　业人员数（人）
海淀区温泉镇	8352	20796	10540	3994	2	2	82	2355
门头沟区王平镇	86	278	278	145	0	0	1	10
门头沟区潭柘寺镇	1500	3999	1500	2100	0	0	35	516
门头沟区永定镇	216	635	85	288	0	0	6	40
门头沟区军庄镇	1046	2872	2043	1500	1	1	12	120
门头沟区雁翅镇	301	850	103	420	0	0	3	31
门头沟区斋堂镇	1884	5321	2835	1782	1	1	23	547
门头沟区清水镇	392	1201	196	518	0	0	5	40
房山区良乡镇	18906	72625	57705	10069	8	8	1941	9659
房山区周口店镇	2138	5760	1160	900	0	0	18	1537
房山区琉璃河镇	5991	17835	11650	4340	2	2	60	8516
房山区阎村镇	525	1563	30	630	0	0	3	208
房山区交道镇	410	1610	320	610	1	1	4	210
房山区窦店镇	1399	4202	265	2851	1	1	20	1958
房山区石楼镇	1258	3962	120	1600	0	0	14	779
房山区长阳镇	151	443	62	208	0	0	5	198
房山区陀里镇	1290	3458	413	953	1	1	9	960
房山区河北镇	323	1201	13	341	0	0	2	70
房山区长沟镇	378	1178	347	968	2	1	5	150
房山区南尚乐镇	1100	3310	315	1570	1	1	2	88
房山区张坊镇	1235	3573	211	2288	1	1	691	2117
房山区十渡镇	683	2050	450	1080	0	0	2	30
房山区韩村河镇	5184	15783	981	7115	4	4	4	415
通州区梨园镇	12524	25922	4336	6525	2	1	1242	8679
通州区徐辛庄镇	1321	2041	942	919	1	1	13	763
通州区宋庄镇	3259	20668	1151	20921	1	1	68	3800
通州区张家湾镇	131	316	316	189	1	1	9	85
通州区漷县镇	1733	6797	2569	4758	1	1	29	1471
通州区牛堡屯镇	1624	4923	1120	2232	1	1	12	188
通州区次渠镇	7086	20763	986	10539	1	1	158	4535
通州区马驹桥镇	405	1269	100	754	1	1	19	262
通州区西集镇	1378	2891	1128	2067	1	1	24	1015
顺义区后沙峪镇	306	1000	80	450	0	0	8	350
顺义区天竺镇	1623	4440	90	1550	1	1	11	1200
顺义区杨镇	5852	15373	6217	3964	1	1	15	736
顺义区牛山镇	4063	10939	560	6120	1	1	53	2350
顺义区南法信镇	466	1465	80	1443	0	0	18	1343
顺义区马坡镇	830	3741	529	1980	0	0	19	1500
顺义区高丽营镇	535	1489	264	2775	1	1	17	2150

3—4—1 续表 1

名　　称	户　数（户）	人　口（人）	其中：非农业人口（人）	劳动力（人）	集贸市场个数（个）	其　中：综合市场个数（个）	企　业个　数（个）	企　业从　业人员数（人）
顺义区李桥镇	966	4299	1180	2675	1	1	28	1468
顺义区李遂镇	1133	3523	1066	2513	1	1	9	1356
顺义区南彩镇	590	2162	346	2990	0	0	11	1300
顺义区北务镇	746	2109	586	1900	1	1	10	1133
顺义区大孙各庄镇	850	2150	310	1320	1	1	9	215
顺义区张镇	1730	9532	600	5620	2	1	9	2609
顺义区龙湾屯镇	1067	3547	110	2100	1	1	18	1496
顺义区木林镇	685	2140	180	915	1	1	2	300
顺义区北小营镇	865	7938	1337	4158	0	0	5	1640
顺义区北石槽镇	441	1492	445	724	1	1	25	750
顺义区赵全营镇	456	1252	55	432	0	0	5	398
昌平县昌平镇	1034	2830	2016	120	0	0	0	0
昌平县南口镇	966	2591	1000	878	0	0	3	80
昌平县阳坊镇	1085	3449	635	2061	1	1	18	563
昌平县马池口镇	702	2015	413	1433	0	0	11	474
昌平县沙河镇	465	2236	645	1046	0	0	12	720
昌平县回龙观镇	979	2919	608	2038	2	2	37	450
昌平县小汤山镇	898	2370	206	1162	1	1	11	850
昌平县南邵镇	523	1647	384	960	1	1	11	401
昌平县崔村镇	246	1104	49	354	1	1	6	354
昌平县百善镇	920	2584	274	747	0	0	11	242
昌平县东小口镇	730	1938	397	3653	0	0	40	2791
昌平县北七家镇	581	6860	5455	1336	1	1	32	776
昌平县兴寿镇	852	2107	181	1746	0	0	4	320
昌平县长陵镇	123	1500	450	1416	0	0	2	190
昌平县流村镇	48	179	14	533	0	0	1	440
昌平县十三陵镇	498	1612	608	882	0	0	7	350
大兴县西红门镇	3491	20785	5000	10421	2	2	209	10421
大兴县旧宫镇	10508	34384	22984	4942	1	1	31	2542
大兴县青云店镇	2019	6337	473	3765	1	1	42	870
大兴县采育镇	2528	8478	1008	4407	2	2	20	717
大兴县安定镇	1318	4567	828	1596	1	1	10	355
大兴县礼贤镇	517	1916	130	937	1	1	5	207
大兴县榆垡镇	2604	9200	3059	5222	1	1	180	1500
大兴县庞各庄镇	1875	5728	2082	3527	1	1	28	1108
平谷县东高村镇	2052	7360	1131	2734	0	0	18	2026
平谷县山东庄镇	1128	4044	200	2600	0	0	18	810
平谷县南独乐河镇	1463	4621	160	2378	1	1	9	280
平谷县峪口镇	1476	5588	3300	2981	2	2	35	1850
平谷县大华山镇	1427	4837	968	2040	1	1	8	850

3—4—1 续表 2

名　　称	户　数（户）	人　口（人）	其中：非农业人口（人）	劳动力（人）	集贸市场个数（个）	其　中：综合市场个数（个）	企　业个　数（个）	企　业从　业人员数（人）
平谷县夏各庄镇	1973	6630	1082	4210	0	0	12	1897
平谷县马坊镇	1432	7854	767	5018	1	1	270	3700
平谷县马昌营镇	510	1698	41	860	1	1	7	1120
平谷县韩庄镇	443	1239	65	455	0	0	3	617
怀柔县雁栖镇	565	1485	450	1230	0	0	15	550
怀柔县北房镇	1852	7535	661	3602	3	3	68	1253
怀柔县杨宋镇	1959	4512	2874	2490	1	1	31	2928
怀柔县庙城镇	1500	4200	2300	2800	1	1	45	2100
怀柔县桥梓镇	812	2222	120	915	0	0	2	90
怀柔县怀北镇	529	1310	450	767	0	0	10	318
怀柔县汤河口镇	597	1681	610	280	1	1	3	99
怀柔县渤海镇	930	2684	54	1225	0	0	3	117
怀柔县九渡河镇	690	2113	110	1460	0	0	0	0
密云县溪翁庄镇	4754	8645	5546	1720	1	1	2	1100
密云县西田各庄镇	1828	4976	228	2411	0	0	35	340
密云县十里堡镇	764	1986	1330	1156	0	0	3	156
密云县河南寨镇	693	1882	15	980	0	0	6	100
密云县巨各庄镇	1287	3295	2300	2600	0	0	1	40
密云县穆家峪镇	1134	2645	1250	317	0	0	4	120
密云县太师屯镇	2041	6204	1803	2702	1	1	13	1834
密云县高岭镇	509	1666	206	800	2	1	2	240
密云县不老屯镇	1176	3276	1300	2168	1	1	7	249
密云县冯家峪镇	402	1120	201	621	0	0	3	254
密云县古北口镇	1950	2574	1500	1510	1	1	3	90
延庆县康庄镇	2136	6891	5500	3280	1	1	15	837
延庆县八达岭镇	381	1143	30	86	0	0	2	110
延庆县永宁镇	4280	13891	2618	4508	1	1	10	600
延庆县旧县镇	1086	3111	300	1340	0	0	20	460
延庆县张山营镇	812	3595	1200	1330	0	0	8	194
延庆县四海镇	284	971	300	140	0	0	4	141
延庆县千家店镇	585	1802	120	488	1	1	22	480

3—4—2 天津市建制镇镇区主要指标

名称	户数（户）	人口（人）	其中：非农业人口（人）	劳动力（人）	集贸市场个数（个）	其中：综合市场个数（个）	企业个数（个）	企业从业人员数（人）
塘沽区新城镇	2232	7039	1275	2209	1	1	140	1300
塘沽区河头镇	1121	2992	187	860	1	1	4	130
塘沽区中心桥镇	544	1774	114	625	1	1	7	239
汉沽区杨家泊镇	555	1770	100	630	1	1	5	200
汉沽区大田庄镇	438	1534	120	633	1	1	2	134
大港区太平村镇	2250	8062	1700	6200	1	0	20	2200
大港区小王庄镇	892	3110	500	811	1	0	5	102
大港区中塘镇	2917	9718	3714	3260	1	1	35	2890
东丽区新立镇	1588	4693	2656	2229	1	1	13	1180
东丽区小东庄镇	1320	3860	420	1674	1	1	10	720
东丽区军粮城镇	1291	4262	1239	1898	1	0	9	286
东丽区赤土镇	2665	8575	543	5701	1	1	17	952
东丽区华明镇	1594	4140	634	2503	1	1	4	530
东丽区大毕庄镇	2512	7176	1586	2000	1	1	2	434
西青区杨柳青镇	25062	69222	50391	7320	6	4	97	2900
西青区张家窝镇	2879	9045	370	4530	3	2	2	1980
西青区南河镇	1659	4976	3896	3468	1	1	5	789
西青区大寺镇	2862	9251	3953	4626	1	1	4	1324
西青区中北镇	5538	18469	4956	9695	4	1	115	4800
西青区辛口镇	480	910	270	530	1	0	5	823
西青区王稳庄镇	252	723	412	7	1	1	2	1234
津南区咸水沽镇	18000	42000	30000	15000	2	1	20	7109
津南区葛沽镇	9456	19923	10412	9088	1	1	17	2772
津南区小站镇	5772	14615	14395	8652	1	1	8	850
津南区双港镇	2223	7354	1021	3191	1	1	12	1900
津南区南洋镇	950	2916	123	1405	1	1	4	805
津南区八里台镇	2088	7551	223	2854	1	1	15	2481
津南区双闸镇	378	1283	120	686	1	1	6	519
津南区辛庄镇	2246	6890	610	2713	0	0	12	838
津南区双桥河镇	1170	3850	320	1950	1	1	19	1850
津南区北闸口镇	310	1100	200	610	1	1	18	570
北辰区天穆镇	1612	3849	871	1225	2	1	48	1205

3—4—2续表1

名 称	户 数（户）	人 口（人）	其中：非农业人口（人）	劳动力（人）	集贸市场个数（个）	其 中：综合市场个数（个）	企 业 个 数（个）	企 业 从 业 人员数（人）
北辰区青光镇	2588	7775	130	2000	4	3	8	2000
北辰区北仓镇	2148	5497	36	2476	1	0	77	2900
北辰区双街镇	480	1394	14	539	1	1	9	250
北辰区双口镇	1276	3746	151	151	1	1	2	570
北辰区宜兴埠镇	730	2135	32	736	2	2	18	1100
北辰区小淀镇	1941	5928	110	2278	2	2	33	1715
北辰区西堤头镇	1774	5978	145	1998	0	0	34	1885
北辰区上河头镇	569	1852	68	905	0	0	5	130
北辰区大张庄镇	1098	3297	0	1613	0	0	13	477
北辰区南王平镇	386	1330	13	625	1	1	98	430
北辰区霍庄子镇	704	2372	132	787	0	0	12	160
宁河县芦台镇	20941	59088	55665	18226	0	0	1834	7697
宁河县宁河镇	933	3584	670	1588	1	1	8	300
宁河县丰台镇	2440	7585	1135	2300	1	1	12	350
宁河县岳龙镇	837	2169	733	0	1	1	2	158
宁河县潘庄镇	2059	6056	1249	3491	1	1	12	2412
宁河县桥北镇	76	284	470	34	0	0	3	423
宁河县板桥镇	3000	10000	366	4700	8	1	30	233
武清县杨村镇	24824	82343	55480	10477	1	0	78	5500
武清县梅厂镇	1513	5347	196	2320	1	1	5	744
武清县崔黄口镇	2768	10807	1821	7500	2	1	12	3280
武清县大良庄镇	912	3333	1269	969	1	1	15	831
武清县南蔡村镇	1544	5374	174	2744	1	1	7	3000
武清县大孟庄镇	399	3425	1370	2148	1	1	6	912
武清县泗村店镇	1047	4073	720	1890	0	0	14	1274
武清县河西务镇	2387	8602	505	4800	2	1	14	3463
武清县东马圈镇	735	2630	60	564	1	1	7	460
武清县石各庄镇	2526	8742	872	6014	1	1	12	3400
武清县王庆坨镇	7300	26000	2400	12000	3	1	120	1600
武清县大碱厂镇	400	1800	600	3596	1	1	5	3196
武清县下伍旗镇	455	1831	156	940	2	1	16	1600
武清县黄花店镇	1680	6245	714	2672	1	1	10	1085

3—4—2 续表 2

名　　称	户　数（户）	人　口（人）	其中：非农业人口（人）	劳动力（人）	集贸市场个数（个）	其　中：综合市场个数（个）	企　业个　数（个）	企　业从　业人员数（人）
静海县蔡公庄镇	1233	3014	1163	666	1	1	4	180
武清县汉沽港镇	4014	14763	1109	7078	1	1	15	4200
静海县静海镇	22654	60397	49886	2446	5	5	11	816
静海县唐官屯镇	3638	10761	3124	2620	1	1	13	1469
静海县独流镇	6518	19726	2201	5442	1	1	10	559
静海县王口镇	5147	17318	1402	10888	2	1	122	4295
静海县台头镇	4877	16952	493	5229	1	1	8	674
静海县子牙镇	2373	9523	1032	3640	1	1	27	860
静海县陈官屯镇	1391	5786	1470	2082	1	1	11	936
静海县中旺镇	970	3014	740	420	1	1	4	542
静海县大邱庄镇	2217	6336	555	2079	1	1	76	12682
静海县梁头镇	6315	21220	715	7382	0	0	8	540
宝坻县大口屯镇	2487	7552	303	5280	2	1	9	1500
宝坻县大白庄镇	455	1004	634	596	1	1	4	342
宝坻县方家庄镇	977	3845	20	2576	2	1	30	1753
宝坻县林亭口镇	1243	3853	427	1490	1	1	9	2125
宝坻县八门城镇	889	3379	42	1125	1	1	10	407
宝坻县大钟庄镇	5205	19447	484	10215	1	1	34	4362
宝坻县新安镇	761	3175	420	1816	1	1	42	1416
宝坻县王卜庄镇	680	2747	67	1675	1	1	4	363
蓟县洇溜镇	273	1170	1070	489	1	1	30	365
蓟县官庄镇	745	1941	885	1030	1	1	14	127
蓟县马伸桥镇	974	2937	1528	2320	1	1	126	1935
蓟县下营镇	1127	3686	760	1601	1	1	4	26
蓟县邦均镇	4587	17259	1721	7004	1	1	1095	6950
蓟县别山镇	584	2270	1650	313	1	1	3	122
蓟县翠屏山镇	85	360	82	180	1	1	2	234
蓟县尤古庄镇	916	3463	935	1525	1	1	9	148
蓟县上仓镇	899	4249	1750	2325	1	1	6	791
蓟县下仓镇	1957	8378	1850	2869	2	2	16	900
蓟县东塔庄镇	921	5200	800	2100	1	1	4	960

3—4—3 河北省建制镇镇区主要指标

名　称	户　数（户）	人　口（人）	其中：非农业人口（人）	劳动力（人）	集贸市场个数（个）	其　中：综合市场个数（个）	企　业个　数（个）	企　业从　业人员数（人）
石家庄市郊区大郭镇	1208	4194	300	1842	1	0	218	1612
石家庄市郊区赵陵铺镇	1633	5007	120	8614	3	3	144	2348
石家庄市郊区南高营镇	2509	8440	710	8633	0	0	338	8933
石家庄市矿区贾庄镇	3688	11671	2544	4845	1	1	760	4745
井陉县上安镇	1564	5024	125	3650	1	1	251	1760
井陉县天长镇	1330	6620	3020	1334	2	2	569	2116
井陉县秀林镇	828	2802	1522	1570	1	1	195	750
井陉县南峪镇	576	2320	201	1148	1	1	58	1353
井陉县威州镇	210	745	22	462	1	1	15	420
井陉县小作镇	1430	4139	894	2135	1	1	10	927
井陉县南障城镇	871	2813	90	1550	1	1	36	87
井陉县苍岩山镇	175	581	24	59	1	1	9	26
井陉县测鱼镇	930	3454	263	1108	1	1	27	210
正定县诸福屯镇	1516	6273	639	3310	4	4	52	3033
正定县新城铺镇	2155	8690	625	5380	1	1	13	912
正定县新安镇	1715	5980	1121	3126	1	1	62	1030
正定县西兆通镇	2331	6823	899	2560	1	1	12	1800
正定县南村镇	1514	5466	693	3468	1	1	301	1670
正定县二十里铺镇	3236	7635	3043	3376	2	2	169	2980
栾城县郄马镇	1055	3688	156	291	1	1	44	118
栾城县方村镇	1492	6586	651	4017	4	1	139	1562
栾城县冶河镇	707	2856	1403	1600	1	0	9	500
栾城县窦妪镇	1620	7560	792	4914	1	1	163	1820
行唐县南桥镇	886	3018	55	1067	1	1	108	540
行唐县上碑镇	1812	6188	450	2474	1	1	125	605
行唐县口头镇	490	1742	420	672	2	1	130	650
灵寿县青同镇	524	2006	825	420	1	1	56	410
灵寿县塔上镇	252	998	212	512	2	2	6	117
灵寿县陈庄镇	2142	5545	1553	2102	1	1	32	124
灵寿县慈峪镇	1431	5518	1612	2462	1	1	315	930
灵寿县岔头镇	477	1923	140	1295	1	1	72	180
深泽县铁杆镇	935	2706	924	1589	1	1	20	234
赞皇县院头镇	504	1969	54	489	2	1	5	400
无极县七汲镇	908	2629	588	1457	2	1	14	553
无极县张段固镇	1426	4761	548	2638	1	1	11	2249
无极县北苏镇	2096	6179	939	3423	1	1	13	1252
无极县郭庄镇	1428	5434	914	3011	1	1	14	1400
无极县大陈镇	1346	3959	607	2193	1	1	13	472
平山县东回舍镇	1675	6700	3322	3980	1	1	14	285
平山县温塘镇	519	2094	608	1335	1	1	10	380

3—4—3 续表 1

名　　称	户　数（户）	人　口（人）	其中：非农业人口（人）	劳动力（人）	集贸市场个数（个）	其　中：综合市场个数（个）	企　业个　数（个）	企　业从　业人员数（人）
平山县南甸镇	498	1715	684	1325	2	1	6	345
平山县岗南镇	919	4360	1361	1280	1	1	7	315
平山县中古月镇	469	1509	1104	895	2	1	5	156
平山县下槐镇	246	798	504	518	1	1	3	110
平山县孟家庄镇	225	859	323	374	1	1	23	77
平山县小觉镇	480	1175	753	718	2	1	6	81
平山县蛟潭庄镇	405	1489	321	785	0	0	10	48
元氏县南佐镇	1524	6297	718	4270	1	1	609	2109
元氏县殷村镇	1293	4763	697	3450	1	1	7	140
元氏县宋曹镇	1423	4894	681	2459	1	1	10	270
元氏县南因镇	1835	7395	463	4825	1	1	5	120
元氏县姬村镇	830	2896	343	1800	1	1	5	100
赵县范庄镇	1508	5933	722	2262	1	1	9	1050
赵县北王里镇	582	1637	281	2413	1	1	4	463
赵县新宅店镇	393	1654	105	1109	1	1	2	179
赵县韩村镇	1416	4514	418	2163	1	1	4	357
赵县南柏舍镇	422	1830	235	1000	1	1	5	800
赵县沙河店镇	7901	34090	375	1609	1	1	3	280
辛集市旧城镇	929	4617	1410	2502	2	2	124	1360
辛集市张古庄镇	923	4480	451	300	1	1	4	123
辛集市位伯镇	948	2804	972	2500	1	1	82	200
辛集市新垒头镇	1263	4681	200	3460	1	1	102	276
辛集市新城镇	2042	7414	973	3304	1	1	52	1325
辛集市南智丘镇	600	3600	270	1800	1	1	16	800
辛集市王口镇	1450	5697	260	2480	1	1	40	1060
藁城市兴安镇	1059	2623	671	1450	1	1	76	510
藁城市贾市庄镇	2706	10472	590	1590	1	1	10	230
藁城市南营镇	2811	9185	550	560	1	1	118	582
藁城市梅花镇	1659	6591	420	5200	3	1	470	4680
藁城市岗上镇	673	3361	939	1362	1	1	10	234
藁城市丘头镇	2452	7106	972	5126	2	1	452	4264
藁城市南董镇	798	3262	136	1371	1	1	4	403
藁城市张家庄镇	354	1282	11	845	2	1	5	100
藁城市南孟镇	959	3696	200	3000	1	1	1	25
藁城市增村镇	1210	4870	120	3570	1	1	70	650
藁城市常安镇	1267	4013	527	2437	1	1	75	395
藁城市西关镇	1204	5458	73	3195	2	1	25	1224
晋州市总十庄镇	4552	18141	68	10532	0	0	69	2070
晋州市营里镇	1041	4031	383	2560	0	0	98	640
晋州市桃园镇	863	2490	295	1800	0	0	8	925

3—4—3续表2

名　　称	户　数（户）	人　口（人）	其中：非农业人口（人）	劳动力（人）	集贸市场个数（个）	其　中：综合市场个数（个）	企　业个　数（个）	企　业从　业人员数（人）
晋州市东卓宿镇	803	3194	187	1568	0	0	16	187
晋州市马于镇	841	3090	446	1560	0	0	6	323
晋州市小樵镇	1593	5458	654	2929	0	0	20	80
晋州市槐树镇	896	3290	130	1761	0	0	112	908
新乐市承安镇	625	2215	160	1210	0	0	12	350
新乐市邯邰镇	1262	5192	56	2348	1	1	298	2490
新乐市东王镇	667	2492	225	1100	1	0	15	350
新乐市南大岳镇	741	3047	234	1000	1	1	55	200
新乐市正莫镇	1157	4335	169	1850	1	1	106	1026
新乐市化皮镇	935	4146	339	2120	1	1	30	270
新乐市杜固镇	1181	3981	375	2130	1	1	96	620
鹿泉市铜冶镇	3056	12480	2080	8408	1	1	28	8408
鹿泉市寺家庄镇	9617	35406	1140	8911	3	3	606	9465
鹿泉市上庄镇	5348	30579	26800	4000	1	1	10	932
鹿泉市李村镇	1104	3948	325	1748	0	0	8	54
鹿泉市宜安镇	929	3326	850	3104	1	1	25	123
鹿泉市黄壁庄镇	205	1248	500	1000	0	0	8	154
鹿泉市大河镇	1303	5163	396	2405	0	0	164	1753
开平区开平镇	4407	12363	6031	6750	3	2	17	680
开平区栗园镇	616	1593	1593	890	6	6	7	890
丰润县老庄子镇	947	3077	507	2000	1	1	17	1020
丰润县任各庄镇	886	2994	150	1388	1	1	95	485
丰润县左家坞镇	600	3236	1277	1628	3	3	13	1628
丰润县泉河头镇	445	1549	92	876	1	1	2	50
丰润县王官营镇	1070	3280	70	1786	1	1	18	1039
丰润县火石营镇	451	1760	30	837	1	1	4	135
丰润县韩城镇	217	717	46	393	1	1	62	2400
丰润县岔河镇	585	2096	50	1013	1	1	5	515
丰润县新军屯镇	997	3593	300	3211	2	2	15	2000
丰润县小张各庄镇	536	1867	50	884	1	1	1	25
丰润县丰登坞镇	1496	2775	1532	1565	1	1	255	1275
丰润县李钊庄镇	217	825	50	400	1	1	15	300
丰润县白官屯镇	728	3661	1028	2045	1	1	462	959
丰润县石各庄镇	670	2520	120	200	1	1	7	165
丰润县沙流河镇	2092	5515	1095	4000	2	1	36	1650
丰润县七树庄镇	703	2406	491	1360	1	1	21	105
丰润县杨官林镇	710	2815	307	981	4	4	7	431
滦县响堂镇	1010	3319	1165	585	3	2	23	493
滦县东安各庄镇	1585	6555	1350	2840	1	1	385	823
滦县雷庄镇	1044	4547	2298	2010	1	1	16	940

3—4—3 续表 3

名　　称	户　数（户）	人　口（人）	其中：非农业人口（人）	劳动力（人）	集贸市场个数（个）	其　中：综合市场个数（个）	企　业个　数（个）	企　业从　业人员数（人）
滦县茨榆坨镇	1161	4235	983	1970	1	1	72	348
滦县榛子镇	2986	9947	3767	3518	4	4	204	1250
滦县杨柳庄镇	675	3355	120	1684	2	2	12	302
滦县油榨镇	701	2608	941	1225	1	1	11	154
滦南县宋道口镇	325	1062	110	900	1	1	4	310
滦南县长凝镇	826	3934	1356	3095	1	1	4	104
滦南县胡各庄镇	745	3938	1520	1940	3	3	14	924
滦南县坨村镇	511	1793	86	1682	1	1	26	298
滦南县姚王庄镇	566	1850	384	1080	1	1	3	60
滦南县司各庄镇	758	2664	979	1200	4	3	6	870
滦南县安各庄镇	585	2001	284	1130	1	1	14	241
滦南县扒齿港镇	465	2219	831	820	1	1	25	425
滦南县青坨营镇	542	1531	243	387	1	1	2	368
滦南县程庄镇	504	1936	243	952	2	2	1	92
滦南县柏各庄镇	2292	7789	1448	1520	2	1	12	1320
滦南县杨岭镇	1785	7177	390	3831	1	1	11	289
滦南县柳赞镇	438	1280	126	927	1	1	7	340
滦南县南堡镇	329	1071	59	522	1	0	6	203
乐亭县汤家河镇	1392	2638	1025	2029	1	1	214	934
乐亭县胡家坨镇	560	2509	1008	685	1	1	19	424
乐亭县王滩镇	639	1489	515	1191	1	1	44	140
乐亭县阎各庄镇	601	3721	2193	770	1	1	273	606
乐亭县马头营镇	1033	3026	39	1527	1	1	149	286
乐亭县新寨镇	1558	5867	1573	3272	1	1	130	280
乐亭县汀流河镇	1500	4500	59	2600	1	1	100	1900
乐亭县姜各庄镇	610	1923	78	1080	1	1	14	180
迁西县金厂峪镇	333	1196	130	800	1	1	5	60
迁西县洒河桥镇	1719	5060	400	2000	1	1	400	750
迁西县太平寨镇	1806	5976	131	1200	1	1	12	917
迁西县罗家屯镇	1604	5529	904	1319	2	2	15	959
迁西县东荒峪镇	561	2073	174	1050	1	1	10	800
迁西县新集镇	722	2449	241	1900	1	1	350	560
迁西县三屯镇	2299	7704	150	6500	1	1	860	1800
迁西县滦阳镇	333	1439	336	860	1	1	210	750
玉田县亮甲店镇	1500	4000	1600	5800	1	1	23	490
玉田县鸦鸿桥镇	3500	12250	3221	8792	4	2	145	4720
玉田县窝洛沽镇	2256	4592	2321	1138	1	1	100	1550
玉田县石臼窝镇	750	2400	1178	3100	1	1	52	782
玉田县虹桥镇	1100	5351	1266	3800	1	1	110	1500
玉田县散水头镇	450	1300	754	2100	1	1	15	300

3—4—3 续表 4

名　称	户　数（户）	人　口（人）	其中：非农业人口（人）	劳动力（人）	集贸市场个数（个）	其　中：综合市场个数（个）	企　业个　数（个）	企　业从　业人员数（人）
玉田县林南仓镇	1207	3409	2708	3017	1	1	35	380
玉田县林西镇	435	1429	819	1210	1	1	22	950
玉田县杨家板桥镇	450	2042	613	1293	1	1	7	500
玉田县彩亭桥镇	580	1980	1423	1750	2	2	3	146
玉田县孤树镇	270	1600	730	730	1	1	30	410
玉田县大安镇	450	1560	940	840	3	2	20	560
玉田县唐自头镇	700	2350	450	1839	5	5	179	1375
遵化市堡子店镇	2374	4844	2114	1261	2	2	9	890
遵化市马兰峪镇	3039	8322	1883	2443	1	1	15	416
遵化市东新庄镇	1907	4672	1428	1384	3	3	15	300
遵化市新店子镇	1068	3458	1372	871	1	1	0	0
遵化市平安城镇	1816	7012	1624	1964	1	1	5	169
遵化市党峪镇	1683	4390	915	1523	1	1	65	820
遵化市铁厂镇	1209	4347	332	1606	1	1	3	120
遵化市石门镇	1151	4487	173	2089	1	1	13	195
遵化市建明镇	1420	1844	1463	185	2	2	2	300
遵化市东旧寨镇	521	1736	888	335	1	1	2	40
遵化市苏家洼镇	1157	2083	1355	329	1	1	1	30
遵化市地北头镇	1011	2864	375	994	1	1	10	200
丰南市银丰镇	1542	5122	220	2429	3	2	11	2828
丰南市稻地镇	2040	6579	1360	2875	1	1	349	2857
丰南市小集镇	1639	4148	757	5810	1	1	50	4680
丰南市黄各庄镇	13328	46246	1332	22931	1	1	0	0
丰南市西葛镇	1581	4942	356	2170	1	1	39	236
丰南市大新庄镇	1502	5937	1189	1890	1	1	14	698
丰南市钱营镇	1473	4586	360	2100	1	1	6	1860
丰南市唐坊镇	592	3048	277	1975	1	1	22	827
丰南市王兰庄镇	1716	6503	697	3109	1	1	28	749
丰南市柳树瞿镇	1379	5227	100	200	1	1	3	100
丰南市黑沿子镇	2835	9350	3030	6237	2	1	65	1050
丰南市滨海镇	1437	7312	7243	4610	2	2	1	472
迁安市夏官营镇	910	4500	1300	1700	2	2	8	1400
迁安市杨各庄镇	668	2419	540	610	3	3	1	370
迁安市建昌营镇	5534	19893	1300	13030	3	1	7	537
迁安市赵店子镇	906	1952	682	882	1	1	0	0
迁安市野鸡坨镇	757	2829	535	930	1	1	1	100
迁安市大崔庄镇	450	1673	300	800	1	1	1	100
迁安市杨店子镇	442	1890	1360	896	1	1	4	72
迁安市蔡园镇	352	1180	720	615	1	1	9	297
迁安市马兰庄镇	1390	4029	3110	3626	1	1	64	2629

3—4—3 续表 5

名　　称	户　数（户）	人　口（人）	其中：非农业人口（人）	劳动力（人）	集贸市场个数（个）	其　中：综合市场个数（个）	企　业个　数（个）	企　业从　业人员数（人）
迁安市沙河驿镇	1156	4712	718	2320	2	1	7	1020
迁安市木厂口镇	760	2747	310	1200	1	1	2	800
海港区东港镇	197	589	25	432	0	0	15	423
海港区海港镇	486	970	970	584	3	1	28	503
海港区西港镇	758	1940	16	1140	1	1	3	53
海港区海阳镇	2751	7876	500	5394	2	1	219	944
海港区北港镇	223	694	11	660	0	0	1	50
山海关区第一关镇	484	1254	562	746	1	1	4	300
山海关区石河镇	278	799	35	485	1	0	15	212
山海关区孟姜镇	144	432	4	295	0	0	2	25
北戴河区海滨镇	1065	2991	250	1370	2	1	5	217
北戴河区戴河镇	576	1370	230	864	2	1	4	141
青龙县祖山镇	206	886	210	272	1	1	2	23
青龙县木头凳镇	785	1626	1116	991	1	1	144	328
青龙县双山子镇	490	1715	876	970	1	1	3	19
青龙县马圈子镇	410	1800	277	1200	1	1	50	240
青龙县肖营子镇	198	850	250	240	1	1	10	250
昌黎县靖安镇	1018	3508	98	1385	5	2	7	180
昌黎县安山镇	368	1222	19	630	1	1	45	150
昌黎县龙家店镇	1850	4011	2721	2118	1	1	106	1710
昌黎县泥井镇	208	604	140	355	1	1	13	80
昌黎县大蒲河镇	421	1533	10	657	0	0	145	489
昌黎县新集镇	1385	2578	1331	1884	1	1	26	114
昌黎县刘台庄镇	197	630	10	2478	1	1	6	2049
抚宁县留守营镇	1558	4140	770	3504	1	1	319	2162
抚宁县榆关镇	1182	3927	150	1879	1	1	461	1331
抚宁县牛头崖镇	2280	5311	1992	2878	2	2	4	54
抚宁县石门寨镇	2019	6094	524	2525	2	1	174	521
抚宁县台营镇	790	2315	506	2101	2	1	150	180
抚宁县大新寨镇	325	951	97	558	1	1	88	160
抚宁县驻操营镇	985	3243	2978	1834	1	1	8	640
卢龙县潘庄镇	340	1048	116	710	1	1	5	33
卢龙县燕河营镇	240	903	172	672	1	1	4	50
卢龙县双望镇	485	1767	185	1495	1	1	15	110
卢龙县刘田各庄镇	395	1164	199	875	1	1	5	65
卢龙县石门镇	635	1614	155	1235	1	1	6	35
邯山区马头镇	320	4500	3200	2850	2	1	159	2100
峰峰矿区临水镇	26185	110866	88927	38960	6	4	3314	19159
峰峰矿区峰峰镇	5650	21224	16124	5000	4	4	200	5000
峰峰矿区新坡镇	3653	13722	13482	10600	2	2	28	7043

3—4—3 续表 6

名　　称	户　数（户）	人　口（人）	其中：非农业人口（人）	劳动力（人）	集贸市场个数（个）	其　中：综合市场个数（个）	企　业个　数（个）	企　业从　业人员数（人）
峰峰矿区大社镇	5527	20490	10496	2468	3	3	300	2468
峰峰矿区和村镇	2851	8504	2187	4869	2	1	589	3695
峰峰矿区义井镇	2088	34510	9937	6920	2	2	52	1430
峰峰矿区彭城镇	5408	17241	12242	15275	4	1	1695	15275
峰峰矿区界城镇	170	550	240	270	1	1	67	4840
峰峰矿区大峪镇	1120	4120	3700	3510	5	3	4	2300
邯郸县尚璧镇	2284	8935	832	185	3	2	36	185
邯郸县黄粱梦镇	1419	4789	1122	4882	5	1	65	4280
邯郸县河沙镇	1948	5460	1174	3625	1	1	300	1671
邯郸县北张庄镇	1216	2918	862	80	1	1	20	180
邯郸县户村镇	900	4762	1057	2793	1	1	101	1019
临漳县南东坊镇	222	973	92	515	1	1	3	78
临漳县孙陶集镇	585	2408	210	1023	1	1	5	125
临漳县柳园镇	358	1432	246	1004	1	1	3	149
临漳县称勾镇	542	2087	204	1198	1	1	5	312
成安县商城镇	8763	30141	981	3800	1	1	135	2600
成安县漳河店镇	926	3670	132	3802	1	1	5	148
成安县李家疃镇	900	3820	350	1460	1	1	12	375
大名县杨桥镇	575	2730	1185	1190	1	1	188	755
大名县万堤镇	699	2869	1513	1035	1	1	169	631
大名县龙王庙镇	998	4844	1571	1983	3	2	860	3220
大名县束馆镇	1318	6019	777	2956	1	1	398	1182
大名县金滩镇	1765	8110	1296	3272	2	1	481	1875
涉县河南店镇	425	1268	276	488	1	1	28	340
涉县索堡镇	1335	6861	2375	4120	1	1	92	240
涉县西戌镇	1234	4281	1122	2423	1	1	87	562
涉县井店镇	2994	9705	1820	6579	3	2	247	4813
涉县更乐镇	6401	20555	659	1005	2	2	652	6636
涉县固新镇	1716	6138	610	2860	1	1	3	56
涉县西达镇	700	2644	503	1750	1	1	105	161
涉县偏城镇	828	2688	322	1443	1	1	122	393
磁县高臾镇	1958	8985	616	5465	0	0	115	1200
磁县岳城镇	1643	6433	1227	4553	1	1	30	300
磁县观台镇	2748	11542	1548	4075	2	2	65	1349
磁县林坛镇	584	3183	729	1350	0	0	2	40
磁县白土镇	1398	5789	1187	3595	2	2	8	120
磁县西光禄镇	1534	6417	302	3376	1	1	80	500
磁县讲武城镇	637	2945	107	1422	0	0	3	60
磁县黄沙镇	986	5307	1400	2949	1	1	2	23
肥乡县天台山镇	1083	4639	61	2303	1	1	12	80

3—4—3 续表 7

名　　称	户　数（户）	人　口（人）	其中：非农业人口（人）	劳动力（人）	集贸市场个数（个）	其　中：综合市场个数（个）	企　业个　数（个）	企　业从　业人员数（人）
永年县大北汪镇	960	4296	670	2100	1	1	8	60
永年县张西堡镇	593	2733	70	1500	2	2	9	84
永年县广府镇	2500	9800	1200	1850	4	4	26	1700
永年县南沿村镇	1000	5000	700	2200	1	1	5	50
永年县永合会镇	716	1747	80	1900	1	1	9	50
邱县邱城镇	1576	6796	200	1600	6	2	101	930
鸡泽县小寨镇	567	3540	940	1254	0	0	64	542
鸡泽县双塔镇	1453	5436	478	922	1	0	27	860
广平县平固店镇	6835	30662	500	15665	1	1	230	1200
馆陶县房寨镇	780	3600	807	1450	2	1	240	808
馆陶县柴堡镇	724	3252	825	1950	2	1	8	192
馆陶县魏僧寨镇	735	3360	1015	5000	1	1	10	60
魏县德政镇	1609	6202	2080	76	0	0	130	600
魏县北皋镇	2335	8289	1846	750	4	1	15	500
魏县双井镇	2180	7078	4115	4161	4	1	200	800
魏县牙里镇	3740	6580	3200	2606	2	1	50	600
魏县车往镇	1375	7013	543	1512	2	1	178	895
魏县回隆镇	4759	12220	1743	354	6	1	80	1200
曲周县安寨镇	647	3100	410	240	1	1	12	420
曲周县侯村镇	1776	4286	1519	2294	1	1	25	1200
曲周县河南疃镇	1458	6110	860	3100	1	1	13	312
武安市康二城镇	1313	4482	328	2822	1	1	31	962
武安市午汲镇	498	3442	1500	1745	1	1	32	960
武安市磁山镇	1853	5172	1132	6120	2	2	29	5824
武安市伯延镇	2907	8074	1302	3559	1	1	336	2348
武安市淑村镇	766	2913	126	1485	1	1	11	306
武安市大同镇	1095	4399	828	2637	1	1	100	550
武安市邑城镇	1516	7072	202	3818	1	1	58	496
武安市矿山镇	518	2246	321	550	1	1	5	100
武安市贺进镇	2300	8169	1800	800	3	2	80	400
武安市阳邑镇	2068	7123	41	3356	3	1	22	710
武安市徘徊镇	765	2690	74	1500	5	3	35	215
武安市冶陶镇	1177	4404	196	2209	1	1	210	1559
邢台县东汪镇	860	4340	360	3460	1	1	155	1400
邢台县祝村镇	781	3318	123	1785	1	1	236	2300
邢台县豫让桥镇	215	967	200	610	1	1	25	105
邢台县南石门镇	3318	7792	4438	3910	2	1	17	2452
邢台县羊范镇	1038	4200	703	3329	3	2	505	6270
邢台县皇寺镇	1050	2875	600	1850	1	1	20	450
邢台县会宁镇	1576	3761	1543	2328	1	1	90	710

3—4—3 续表 8

名　称	户　数（户）	人　口（人）	其中：非农业人口（人）	劳动力（人）	集贸市场个数（个）	其　中：综合市场个数（个）	企　业个　数（个）	企　业从　业人员数（人）
邢台县西黄村镇	400	2182	768	1000	1	1	2	140
邢台县路罗镇	773	1351	771	850	1	1	4	289
邢台县将军墓镇	335	1228	300	520	1	1	135	280
邢台县浆水镇	615	3822	1254	892	1	1	13	425
邢台县王快镇	815	4321	560	2266	0	0	145	1762
临城县东镇镇	850	5600	2627	1530	1	1	120	530
内丘县大孟村镇	8328	31721	415	830	3	2	39	670
内丘县金店镇	751	3673	515	1211	1	1	5	60
柏乡县固城店镇	1288	5113	624	2363	2	2	45	646
隆尧县魏家庄镇	720	3617	420	2100	1	1	30	500
隆尧县尹村镇	655	3401	572	1380	1	1	30	485
隆尧县山口镇	517	3599	547	2430	1	1	180	1200
隆尧县固城镇	992	4801	618	1679	2	1	54	378
任县邢家湾镇	430	1618	257	1032	1	0	25	620
任县辛店镇	3789	15911	257	3330	1	1	25	620
南和县贾宋镇	1434	6099	1215	3018	1	0	65	564
南和县郝桥镇	3220	13478	334	1835	3	2	11	263
宁晋县耿庄桥镇	1010	3923	98	2083	1	1	13	263
宁晋县东汪镇	2801	12057	331	5250	1	1	130	373
宁晋县四芝兰镇	702	2818	128	1186	1	1	70	352
宁晋县大陆村镇	3499	15529	494	6402	2	1	585	2538
宁晋县北河庄镇	1717	6891	603	3769	1	1	154	1140
宁晋县河渠镇	801	3536	192	822	1	1	87	1710
宁晋县贾家口镇	890	3906	237	1886	1	1	72	1440
巨鹿县小吕寨镇	852	3994	447	2500	0	0	3	64
巨鹿县王虎寨镇	550	2949	298	1926	0	0	4	56
巨鹿县西郭城镇	413	1860	225	1231	0	0	12	568
巨鹿县官亭镇	1189	4058	594	2287	1	1	25	360
巨鹿县阎疃镇	686	2765	362	1645	1	1	8	360
新河县寻寨镇	726	3300	469	1480	1	1	15	400
平乡县平乡镇	1536	7372	313	2949	2	1	260	2392
平乡县河古庙镇	981	4373	360	2240	2	1	105	1043
威县梨元屯镇	1200	3660	560	2013	1	1	4	300
威县章台镇	413	1642	178	834	2	1	3	298
威县侯贯镇	820	3921	420	2662	0	0	161	428
威县七级镇	535	1849	460	1120	1	1	4	408
清河县连庄镇	1290	8800	719	2900	1	1	66	1218
清河县油坊镇	1281	8680	564	2798	1	1	48	1126
清河县谢炉镇	860	6606	310	2100	1	1	30	868
清河县王官庄镇	945	4942	703	1877	1	1	68	960

3—4—3 续表 9

名称	户数（户）	人口（人）	其中：非农业人口（人）	劳动力（人）	集贸市场个数（个）	其中：综合市场个数（个）	企业个数（个）	企业从业人员数（人）
清河县坝营镇	521	1624	495	721	1	1	30	776
临西县河西镇	1456	11320	7542	5940	2	1	550	3850
临西县下堡寺镇	900	2800	652	1430	1	1	2	365
临西县尖冢镇	654	2617	46	1018	1	1	3	182
南宫市苏村镇	1108	4962	505	1751	1	1	7	30
南宫市大高村镇	501	2134	80	170	1	1	24	170
南宫市垂阳镇	416	1600	186	614	1	1	4	86
南宫市明化镇	590	2965	378	1023	1	1	3	475
南宫市段芦头镇	1047	5987	623	583	11	8	460	2980
沙河市沙河城镇	1430	5554	1044	324	1	1	12	279
沙河市新城镇	1866	6504	2928	4183	1	1	205	2250
沙河市白塔镇	940	3489	2729	2338	3	3	208	635
沙河市十里亭镇	2263	7538	5806	3860	1	1	86	1582
沙河市綦村镇	959	4235	3135	1692	1	1	165	1430
满城县大册营镇	540	2175	1500	1087	1	1	26	548
满城县神星镇	485	2300	2182	680	1	1	25	620
满城县南韩村镇	500	2100	1700	2120	1	1	10	2100
清苑县冉庄镇	840	3921	660	2880	1	1	40	260
清苑县阳城镇	1228	5560	1076	2755	1	1	15	200
清苑县魏村镇	2219	10220	1017	6877	1	1	120	500
清苑县温仁镇	2320	9914	1392	4588	1	1	47	975
清苑县张登镇	1356	6850	1001	3086	1	1	31	167
清苑县大庄镇	772	3654	549	1255	1	1	48	271
清苑县臧村镇	889	5122	942	3409	1	1	148	334
涞水县义安镇	405	1885	233	1050	0	0	32	357
涞水县永阳镇	450	1810	300	1200	1	1	16	87
涞水县石亭镇	1030	3977	80	340	1	1	109	1120
涞水县三坡镇	442	1362	202	500	0	0	0	0
涞水县九龙镇	498	1632	750	722	1	1	5	300
涞水县赵各庄镇	1213	4020	1475	2839	1	1	265	510
阜平县龙泉关镇	450	1800	200	1120	0	0	30	120
阜平县平阳镇	493	2847	735	1813	0	0	53	744
阜平县城南庄镇	615	2627	531	1399	0	0	43	219
徐水县崔庄镇	822	3524	42	1864	1	1	45	145
徐水县大因镇	1123	5849	752	3405	1	1	15	1100
徐水县遂城镇	1190	4278	1330	2340	2	1	30	810
徐水县高林村镇	1390	5327	420	2560	2	1	5	97
徐水县大王店镇	1863	8058	1114	3731	1	1	201	343
徐水县漕河镇	165	720	150	370	1	1	6	80
定兴县固城镇	3470	14682	3550	7110	2	2	336	1162

3—4—3 续表 10

名　　称	户　数（户）	人　口（人）	其中：非农业人口（人）	劳动力（人）	集贸市场个数（个）	其　中：综合市场个数（个）	企　业个　数（个）	企　业从　业人员数（人）
定兴县贤寓镇	2224	6714	1218	3330	1	1	46	1556
定兴县北河镇	746	3440	430	2196	1	1	122	1070
唐县王京镇	896	3470	509	1482	1	1	54	1704
唐县北罗镇	636	2844	486	1100	1	1	1	30
唐县高昌镇	874	3209	200	2000	1	1	2	20
唐县白合镇	680	2541	286	1085	1	1	25	1058
唐县军城镇	432	1597	288	552	1	1	56	2374
唐县川里镇	300	1082	213	729	1	1	83	250
高阳县庞口镇	451	3153	1392	1259	2	1	39	931
高阳县西演镇	915	3611	214	253	1	1	46	289
容城县小里镇	1238	5283	120	2797	1	0	10	203
容城县南张镇	818	3652	1200	3530	2	1	32	2050
容城县张市镇	462	1946	850	1163	2	1	6	30
涞源县银坊镇	426	1730	273	841	1	1	26	319
涞源县走马驿镇	280	1100	203	776	1	1	30	50
涞源县水堡镇	173	662	167	380	1	1	5	91
涞源县王安镇	640	2420	300	1200	1	1	14	210
涞源县杨家庄镇	959	2712	1929	1412	2	2	12	482
安新县大王镇	800	2676	288	1363	1	1	84	830
安新县三台镇	810	3940	218	2015	1	1	195	2085
安新县端村镇	700	2163	69	1112	1	1	33	47
安新县赵北口镇	2761	10475	250	5500	1	1	102	1065
安新县同口镇	2531	10101	265	5818	2	1	56	780
安新县刘李庄镇	824	3066	294	112	1	1	10	43
安新县安州镇	370	1567	208	996	1	1	7	200
安新县老河头镇	708	2674	165	1467	1	1	41	764
易县梁格庄镇	535	2130	309	1270	1	1	60	410
易县西陵镇	312	1148	746	458	1	1	0	0
易县裴山镇	989	1900	783	1230	1	1	2	20
易县塘湖镇	872	3310	95	931	1	1	35	320
易县管头镇	365	1200	529	736	2	1	5	60
易县良岗镇	104	400	11	167	1	1	0	0
易县紫荆关镇	500	1810	325	1313	1	1	5	20
曲阳县灵山镇	1622	5540	734	4000	1	1	332	8837
曲阳县燕赵镇	1200	4412	400	3262	1	1	3	20
曲阳县羊平镇	2017	8672	673	5290	1	1	117	304
蠡县留史镇	2369	10747	1800	14211	3	2	132	6500
蠡县大百尺镇	1074	4764	250	23500	1	1	70	10900
蠡县辛兴镇	1920	7760	570	23120	2	1	80	19694
蠡县北郭丹镇	1336	5403	180	3920	1	1	13	1580

3—4—3 续表 11

名　　称	户　数（户）	人　口（人）	其中：非农业人口（人）	劳动力（人）	集贸市场个数（个）	其　中：综合市场个数（个）	企　业个　数（个）	企　业从　业人员数（人）
蠡县万安镇	1730	2960	60	1650	1	1	17	1150
蠡县桑园镇	1373	6449	260	3780	1	1	175	1950
蠡县南庄镇	1311	5027	926	2427	1	1	11	632
顺平县高于铺镇	849	3573	487	2182	1	0	98	861
顺平县腰山镇	266	1082	163	940	1	1	36	380
博野县小店镇	898	3835	519	2415	1	1	298	1320
博野县程委镇	602	3487	1142	3000	1	1	4	180
雄县昝岗镇	850	3785	460	2142	2	1	5	632
雄县大营镇	1325	4712	237	2002	1	1	70	650
涿州市松林店镇	4500	14500	12000	10000	2	2	17	1150
涿州市码头镇	357	1299	123	698	2	2	15	300
涿州市东城坊镇	510	2348	532	1584	1	1	15	230
定州市留早镇	1284	5527	124	2863	1	1	3	31
定州市清风店镇	1646	7003	740	3678	1	1	75	600
定州市庞村镇	1462	6042	109	3163	1	1	238	756
定州市砖路镇	1132	4735	16	8910	1	1	3	6143
定州市明月店镇	1135	4752	99	149	1	1	5	50
定州市叮咛店镇	591	1266	266	996	1	1	3	235
定州市东亭镇	1170	4365	937	3865	1	1	25	350
定州市大辛庄镇	326	1656	318	976	1	1	4	351
定州市东旺镇	1249	4247	640	2490	2	1	1	80
定州市高蓬镇	2604	13960	649	9655	2	1	210	7800
定州市邢邑镇	2872	10384	835	6780	2	0	10	1500
定州市李亲古镇	1666	8170	1742	159	1	1	6	986
定州市子位镇	516	926	126	956	1	1	681	9110
安国市祁州镇	182	735	350	472	3	1	300	1400
安国市伍仁桥镇	996	3793	627	1614	1	1	1120	3850
安国市石佛镇	980	5280	327	2340	1	1	32	670
安国市郑章镇	967	3875	120	3705	2	1	105	1300
安国市大五女镇	544	2139	201	1038	1	1	5	26
高碑店市方官镇	574	2756	130	1533	1	1	2	40
高碑店市新城镇	1050	4091	849	2281	2	1	6	64
高碑店市泗庄镇	540	2290	150	1250	1	1	50	200
高碑店市白沟镇	3239	16630	3500	10527	9	2	1661	6927
高碑店市辛立庄镇	880	4050	78	2643	1	1	112	687
桥东区老鸦庄镇	1272	3667	382	1780	0	0	180	290
桥东区姚家庄镇	693	2225	36	355	0	0	8	355
桥西区东窑子镇	520	1580	1314	521	1	1	106	521
桥西区沈家屯镇	569	1581	482	884	0	0	6	69
宣化区庞家堡镇	7132	15058	15058	5670	2	2	4	686

3－4－3 续表 12

名　　称	户　数（户）	人　口（人）	其中：非农业人口（人）	劳动力（人）	集贸市场个数（个）	其　中：综合市场个数（个）	企　业个　数（个）	企　业从　业人员数（人）
宣化县洋河南镇	2773	6121	2050	3296	2	1	302	1426
宣化县深井镇	1710	5191	798	1875	1	1	256	1600
宣化县郭村镇	490	1364	600	887	1	1	2	79
宣化县沙岭子镇	7379	18629	4411	7729	3	2	48	2745
宣化县姚家房镇	1930	6658	509	3598	1	1	37	2534
宣化县贾家营镇	145	2004	1408	39	1	1	3	87
宣化县顾家营镇	487	1241	180	760	0	0	115	1050
宣化县赵川镇	2632	5729	1138	1502	1	1	11	365
宣化县大仓盖镇	743	2822	150	1100	1	1	49	600
张北县公会镇	882	3286	429	1401	0	0	96	288
张北县二台镇	727	1585	535	965	1	1	68	258
张北县大囫囵镇	631	1988	395	1260	1	1	84	144
康保县土城子镇	602	2343	615	1430	1	1	151	365
康保县邓油坊镇	787	2283	577	200	1	1	10	200
康保县李家地镇	425	1209	190	580	0	0	17	152
康保县张纪镇	355	1154	112	852	0	0	35	171
康保县照阳河镇	366	1105	130	460	1	0	14	60
康保县屯垦镇	238	1214	251	714	0	0	21	207
沽源县小厂镇	264	845	120	150	1	0	6	47
沽源县黄盖淖镇	434	1433	290	600	1	1	6	32
尚义县大青沟镇	1830	5500	1563	890	3	1	420	890
尚义县八道沟镇	306	1053	347	723	0	0	192	1201
尚义县红土梁镇	792	2298	1523	1100	1	1	260	300
尚义县小蒜沟镇	644	1562	419	800	2	2	286	890
蔚县代王城镇	320	1115	12	2882	1	1	4	95
蔚县西合营镇	1162	2683	576	1100	2	1	220	810
蔚县吉家庄镇	1239	3614	200	1437	1	1	150	343
蔚县白乐镇	597	2168	431	1221	1	1	460	1740
蔚县暖泉镇	426	1356	75	364	1	1	387	921
蔚县南留庄镇	1555	4139	1947	1500	8	2	1	35
蔚县北水泉镇	396	1506	207	598	1	1	65	182
蔚县桃花镇	327	1027	20	487	1	1	78	146
蔚县阳眷镇	1235	3771	137	429	1	1	13	124
阳原县东城镇	1881	4968	879	270	2	2	475	1341
阳原县化稍营镇	628	1881	132	33	1	1	7	310
阳原县揣骨疃镇	1720	5543	680	400	1	1	230	643
阳原县东井集镇	2055	6590	1071	1988	2	2	3	560
怀安县左卫镇	2112	6828	1089	4055	1	1	538	3129
怀安县头百户镇	523	2026	320	250	1	1	335	1258
怀安县怀安城镇	4427	12863	421	6078	1	1	98	1120

3—4—3 续表 13

名　　称	户　数（户）	人　口（人）	其中：非农业人口（人）	劳动力（人）	集贸市场个数（个）	其　中：综合市场个数（个）	企　业个　数（个）	企　业从　业人员数（人）
万全县万全镇	3228	8481	1065	3815	1	1	100	433
万全县洗马林镇	1877	5442	667	2570	1	1	165	847
万全县郭磊庄镇	2006	3819	1848	1268	1	1	58	230
怀来县新保安镇	4199	12334	2032	4577	1	1	68	240
怀来县东花园镇	1220	2038	1403	1285	1	1	255	712
怀来县官厅镇	271	874	874	400	1	1	11	310
怀来县北辛堡镇	1069	3603	261	2030	1	1	103	320
怀来县桑园镇	1234	3949	357	2577	1	1	60	242
涿鹿县张家堡镇	1275	4373	156	2350	1	0	65	165
涿鹿县武家沟镇	226	708	15	263	0	0	1	292
涿鹿县五堡镇	570	1961	21	1175	0	0	510	1810
涿鹿县保岱镇	344	1066	47	510	1	1	13	92
涿鹿县矾山镇	1382	4147	200	2085	2	1	15	560
涿鹿县大堡镇	262	969	41	586	1	1	50	150
涿鹿县河东镇	112	304	56	172	1	1	7	208
赤城县田家窑镇	484	1586	357	670	1	1	60	504
赤城县龙关镇	2800	9270	2231	1899	1	1	350	1100
赤城县雕鄂镇	514	2044	372	650	1	1	60	180
赤城县独石口镇	624	2080	181	676	0	0	61	189
赤城县白草镇	560	1700	228	580	1	0	150	400
赤城县龙门所镇	954	3449	282	930	1	1	180	245
赤城县后城镇	830	2768	456	800	1	1	45	80
赤城县东卯镇	173	1182	472	280	0	0	60	180
崇礼县高家营镇	7759	24663	1685	2841	1	1	21	132
双桥区水泉沟镇	4999	13489	6151	1210	1	1	31	3061
双桥区狮子沟镇	1181	2978	1532	1641	2	2	328	1312
双桥区牛圈子沟镇	3038	8438	8326	6750	0	0	1	28
双桥区大石庙镇	1321	5103	1680	2123	1	0	16	1300
双桥区冯营子镇	712	2613	1312	2300	1	1	7	653
双滦区双塔山镇	11905	34042	18591	1391	1	1	10	1100
双滦区滦河镇	12640	32713	26907	25918	4	4	1593	23705
双滦区大庙镇	1285	2840	2114	990	1	1	2	185
双滦区偏桥子镇	307	1126	108	770	1	1	3	35
鹰手营子矿区鹰手营子镇	8254	24389	22250	1397	1	1	975	3289
鹰手营子矿区北马圈子镇	677	2132	0	1689	2	2	308	918
鹰手营子矿区汪家庄镇	283	958	24	521	1	1	125	455
鹰手营子矿区寿王坟镇	3915	11563	1971	1567	1	1	325	1567
承德县上板城镇	860	6080	2708	2090	1	1	12	957
承德县甲山镇	278	812	134	434	1	1	12	1304
承德县六沟镇	610	2159	157	1090	1	1	6	152

3—4—3续表14

名　称	户　数（户）	人　口（人）	其中：非农业人口（人）	劳动力（人）	集贸市场个数（个）	其　中：综合市场个数（个）	企　业个　数（个）	企　业从　业人员数（人）
承德县三沟镇	535	1871	242	1024	1	1	8	157
承德县头沟镇	1123	2918	549	1316	1	1	2	35
承德县高寺台镇	170	680	38	345	1	1	1	65
承德县双峰寺镇	302	1091	6	665	1	1	1	10
兴隆县半壁山镇	366	1300	358	326	1	1	28	180
兴隆县挂兰峪镇	423	1472	145	280	1	1	15	170
兴隆县茅山镇	261	947	125	297	1	1	19	795
兴隆县六道河镇	310	1066	188	259	1	1	22	197
兴隆县平安堡镇	769	2606	198	288	1	1	21	201
兴隆县北营房镇	264	910	251	308	1	1	26	156
平泉县黄土梁子镇	624	2143	1007	1512	2	1	349	1101
平泉县榆树林子镇	492	1733	669	1312	1	1	304	959
平泉县杨树岭镇	942	3185	1517	1577	1	1	352	1111
平泉县七沟镇	1132	4015	1450	1233	1	1	222	701
平泉县小寺沟镇	481	1706	1031	1662	1	1	400	1262
平泉县党坝镇	993	3427	870	1756	1	1	265	836
滦平县长山峪镇	998	3374	140	2040	1	1	80	150
滦平县红旗镇	620	3180	1100	980	1	1	400	1250
滦平县金沟屯镇	1153	4007	675	1696	1	1	3	235
滦平县虎什哈镇	180	596	20	350	1	1	6	65
滦平县巴克什营镇	658	1992	720	1099	1	1	345	820
滦平县张百湾镇	1305	3035	866	1675	1	1	221	589
隆化县韩麻营镇	462	1540	30	780	1	1	9	304
隆化县中关镇	2893	10161	232	193	2	2	54	333
隆化县七家镇	621	2318	218	218	1	1	2	86
隆化县汤头沟镇	510	2223	790	1066	1	1	1	30
隆化县张三营镇	2141	6583	1013	3701	2	1	998	1010
隆化县唐三营镇	754	3171	200	1360	1	1	3	26
隆化县蓝旗镇	725	2825	220	605	1	1	8	31
隆化县步古沟镇	607	2248	418	1170	1	1	1	23
隆化县郭家屯镇	689	2750	208	1203	1	1	1	8
丰宁县大滩镇	301	1535	574	725	1	1	12	221
丰宁县鱼儿山镇	365	1625	377	955	1	1	63	185
丰宁县黄旗镇	763	2639	474	1433	1	1	197	302
丰宁县土城镇	339	907	614	491	1	1	25	76
丰宁县凤山镇	3457	8550	3655	2540	1	1	45	494
丰宁县波罗诺镇	886	2832	275	1132	1	1	213	542
丰宁县黑山咀镇	437	2394	824	1421	2	1	67	172
丰宁县天桥镇	456	1548	147	984	1	1	2	40
宽城县龙须门镇	686	1943	793	1195	2	1	228	816

3－4－3 续表 15

名　称	户　数（户）	人　口（人）	其中：非农业人口（人）	劳动力（人）	集贸市场个数（个）	其　中：综合市场个数（个）	企　业个　数（个）	企　业从　业人员数（人）
宽城县峪耳崖镇	2471	7696	3768	2760	1	1	770	2132
宽城县板城镇	765	2031	966	1803	1	1	155	1177
宽城县汤道河镇	696	2191	609	1098	1	1	140	722
围场县四合永镇	3617	14568	6393	1000	7	2	351	954
围场县克勒沟镇	792	2974	1559	1025	2	1	193	892
围场县棋盘山镇	896	3063	1072	791	2	0	637	969
围场县半截塔镇	766	2604	419	578	1	1	177	498
围场县朝阳地镇	636	3200	1450	2565	1	1	62	1872
围场县朝阳湾镇	428	2918	1890	1042	2	1	95	425
沧县兴济镇	807	2294	1109	1378	1	1	92	1321
沧县杜生镇	284	1170	85	620	1	1	45	520
沧县崔尔庄镇	921	3377	226	1890	2	1	3	260
沧县旧州镇	3174	12680	2280	5674	3	3	20	216
青县金牛镇	857	3082	914	1052	1	1	20	550
青县新兴镇	587	3339	1057	860	1	1	3	60
青县流河镇	718	2551	809	1000	1	1	30	750
青县木门店镇	484	2020	936	550	1	1	9	313
青县马厂镇	521	2669	835	900	1	1	9	310
东光县连镇镇	3004	8628	810	3860	2	2	710	2260
东光县找王镇	1610	5000	768	500	1	1	10	150
东光县秦村镇	391	1668	273	761	2	1	14	434
东光县灯明寺镇	1449	3765	955	2295	1	1	25	240
东光县南霞口镇	207	537	130	170	0	0	4	35
东光县大单镇	736	2732	143	1750	1	1	50	386
海兴县辛集镇	1231	4265	170	2744	2	1	36	1275
海兴县高湾镇	1095	4823	609	2600	1	1	15	340
盐山县圣佛镇	1419	6065	730	2239	1	1	7	135
盐山县千童镇	1770	6691	280	4200	2	2	3	25
盐山县韩集镇	205	1002	260	760	1	1	21	268
盐山县望树镇	558	2489	602	1500	1	1	28	70
盐山县庆云镇	769	3219	1138	2850	1	1	4	21
肃宁县梁家村镇	608	2586	180	1667	1	1	3	38
肃宁县窝北镇	700	3009	745	980	1	1	145	300
南皮县冯家口镇	710	2800	650	490	1	1	23	270
南皮县寨子镇	2282	8360	360	1150	2	2	16	112
南皮县鲍官屯镇	895	3721	137	1210	1	1	4	96
南皮县王寺镇	890	3628	60	1050	1	1	2	50
南皮县乌马营镇	410	1750	1275	1050	1	1	7	327
吴桥县铁城镇	1403	5676	1200	2701	1	1	17	1540
吴桥县于集镇	813	3210	902	1531	1	1	4	230

3—4—3 续表 16

名　称	户 数（户）	人 口（人）	其中：非农业人口（人）	劳动力（人）	集贸市场个数（个）	其 中：综合市场个数（个）	企 业 个 数（个）	企 业 从 业 人员数（人）
吴桥县梁集镇	210	874	146	423	1	1	5	310
吴桥县安陵镇	154	610	256	312	1	1	47	1310
献县淮镇镇	8589	36543	1100	15205	1	1	151	3063
孟村县新县镇	1041	4165	586	2558	1	1	87	261
孟村县辛店镇	714	3177	354	720	2	1	324	1723
孟村县高寨镇	513	1289	347	529	1	1	121	624
泊头市泊镇	4965	12323	8696	1863	4	0	253	5540
泊头市交河镇	2790	12520	8369	4680	1	1	485	3700
泊头市齐桥镇	1369	2840	1150	770	1	1	10	290
泊头市寺门村镇	353	1730	376	830	1	1	6	346
泊头市郝村镇	890	4005	768	684	1	1	6	343
泊头市富镇镇	972	4306	1595	2309	2	1	181	1836
泊头市文庙镇	318	1319	182	768	1	1	13	236
任丘市出岸镇	1472	4857	721	1100	1	1	40	800
任丘市石门桥镇	2636	10681	633	5654	2	1	189	2133
任丘市吕公堡镇	1087	4276	426	3229	1	1	163	1138
任丘市长丰镇	1164	4875	426	800	1	1	30	400
任丘市莫州镇	1988	7067	660	3678	1	1	133	1093
任丘市苟各庄镇	2150	7796	427	3682	1	1	100	3000
黄骅市黄骅镇	13544	42513	32897	7436	2	1	4585	14418
黄骅市南排河镇	2267	5676	2391	3178	1	0	136	2765
黄骅市吕桥镇	978	4482	340	2079	1	1	50	1210
河间市米各庄镇	2537	7935	910	5469	2	1	75	258
河间市景和镇	483	1675	610	1510	1	1	2	193
河间市卧佛堂镇	1547	6530	618	5469	3	1	13	27
河间市束城镇	927	2869	713	1968	2	1	4	69
河间市留古寺镇	1231	3678	789	2769	2	2	10	197
河间市沙河桥镇	2169	7194	1023	5127	2	2	25	2190
安次区南尖塔镇	335	1275	402	806	0	0	15	800
安次区万庄镇	824	3217	296	1634	1	1	120	1410
安次区落垡镇	1362	5060	640	2997	1	1	220	1300
安次区码头镇	1215	4824	808	2998	1	1	162	1424
安次区东沽港镇	2093	8387	350	4300	1	1	539	1758
安次区葛渔城镇	890	3880	150	1750	1	1	270	1370
固安县宫村镇	870	3852	432	237	4	4	6	103
固安县牛驼镇	926	4279	512	3218	2	2	10	1506
固安县马庄镇	510	2700	75	1500	2	1	7	150
固安县柳泉镇	760	3000	240	2500	2	2	8	1050
永清县后奕镇	1091	4634	842	2035	1	1	400	1200
永清县韩村镇	810	3553	316	1451	1	1	12	96

3—4—3 续表 17

名　　称	户　数（户）	人　口（人）	其中：非农业人口（人）	劳动力（人）	集贸市场个数（个）	其　中：综合市场个数（个）	企　业个　数（个）	企　业从　业人员数（人）
永清县别古庄镇	800	3062	236	1590	1	1	2	31
永清县里澜城镇	1790	7122	625	1450	1	1	36	1340
香河县安平镇	1575	4989	1043	2046	1	1	35	336
香河县五百户镇	1443	3447	1308	1793	1	1	31	421
香河县刘宋镇	960	4787	1241	1570	1	1	47	600
香河县安头屯镇	1237	4884	785	1423	1	1	25	620
香河县渠口镇	1472	5234	1595	1723	2	1	30	600
香河县蒋辛屯镇	974	1698	1019	680	1	1	22	133
大城县大尚屯镇	1150	5200	280	2380	1	1	64	714
大城县留各庄镇	1260	5311	312	2800	2	1	165	782
大城县旺村镇	743	3021	319	1590	6	6	30	340
大城县南赵扶镇	1240	6280	420	3140	2	2	80	920
大城县权村镇	1280	5200	530	2700	2	1	68	850
大城县里坦镇	861	3507	157	1258	2	1	7	182
文安县赵各庄镇	1895	7710	668	3100	2	1	36	108
文安县大柳河镇	582	2214	56	1650	1	1	7	210
文安县滩里镇	2684	9678	531	3737	1	1	144	2500
文安县新镇镇	3512	16085	913	9466	2	1	33	198
文安县苏桥镇	1681	6279	631	2718	2	1	319	3820
文安县史各庄镇	1590	7412	899	3215	1	1	84	709
文安县兴隆宫镇	2100	8162	362	4050	1	1	326	2380
文安县孙氏镇	1698	6562	487	2960	1	1	150	600
文安县大留镇	764	2870	974	2090	1	1	714	4500
文安县左各庄镇	4010	13408	833	9700	2	1	300	20000
文安县德归镇	699	2556	295	1299	1	1	45	180
大厂回族自治县夏垫镇	2218	7199	2229	5945	2	1	825	3969
霸州市胜芳镇	14635	58247	28582	49386	7	3	4232	28459
霸州市南孟镇	872	3489	160	1534	1	1	52	4320
霸州市煎茶铺镇	2458	9514	176	5334	1	1	210	1450
霸州市信安镇	4120	18038	1200	8680	1	1	1085	7820
霸州市堂二里镇	3276	12900	1449	2100	1	1	20	1000
三河市李旗庄镇	622	3233	828	2372	1	1	107	2140
三河市皇庄镇	1129	4668	1172	1384	1	1	40	560
三河市新集镇	2073	5875	775	1805	1	1	15	160
三河市段甲岭镇	2417	7959	795	7462	2	1	22	3206
三河市高楼镇	479	1902	32	1135	1	1	62	540
三河市燕郊镇	1707	11673	5550	6300	2	2	130	1550
三河市杨庄镇	500	1503	600	2630	1	1	79	2423
三河市黄土庄镇	1262	4027	314	3453	1	1	216	4163
三河市齐心庄镇	242	919	70	410	0	0	40	380

3－4－3 续表 18

名　　称	户　数（户）	人　口（人）	其中：非农业人口（人）	劳动力（人）	集贸市场个数（个）	其　中：综合市场个数（个）	企　业个　数（个）	企　业从　业人员数（人）
桃城区郑家河沿镇	424	1711	151	887	1	1	0	0
桃城区赵家圈镇	921	3640	555	2374	1	1	35	550
枣强县恩察镇	1150	3500	622	630	1	1	68	540
枣强县大营镇	1650	5942	3889	3190	2	1	7	692
枣强县马屯镇	410	1300	1250	670	1	1	55	360
枣强县肖家镇	636	3067	600	580	1	1	2	300
枣强县嘉会镇	306	2800	434	600	1	1	2	310
武邑县清凉店镇	710	4200	1620	2810	1	1	310	980
武邑县审坡镇	1700	6500	1390	3000	1	1	400	1100
武邑县韩庄镇	298	2105	730	1505	1	1	86	898
武邑县赵桥镇	610	3700	1100	1820	1	1	74	726
武强县街关镇	940	4041	581	1824	1	1	98	1536
饶阳县大尹村镇	1729	4944	693	58	1	1	11	1304
饶阳县五公镇	1557	4642	1664	57	1	1	103	1657
安平县马店镇	13928	53583	1073	25100	6	6	2242	11300
安平县南王庄镇	9039	36421	985	18086	4	4	969	7565
故城县故城镇	1607	6797	803	3157	2	2	125	430
故城县青罕镇	634	2503	163	1370	1	1	130	520
故城县武官寨镇	555	2750	1400	1600	1	1	90	230
故城县饶阳店镇	1267	5128	840	1373	1	1	7	249
故城县建国镇	2035	7950	1943	4800	2	2	110	350
故城县夏庄镇	546	2635	1210	1585	2	2	85	275
故城县军屯镇	598	2100	110	1280	1	1	90	260
景县洚河流镇	180	900	200	620	2	2	68	692
景县龙华镇	1170	3896	2070	2600	1	1	78	1062
景县广川镇	263	1029	314	667	1	1	3	300
景县王瞳镇	866	1965	479	1364	2	2	2	42
景县杜桥镇	465	1717	739	1548	1	1	65	1050
景县安陵镇	252	967	125	659	2	2	34	374
阜城县古城镇	1314	6078	2501	2186	3	2	230	2420
阜城县码头镇	1600	3600	2100	1100	1	1	10	980
阜城县霞口镇	438	1784	1000	500	2	1	11	832
阜城县崔家庙镇	1272	5000	1980	3000	3	2	300	3000
冀州市南午村镇	738	3711	700	1857	1	1	105	630
冀州市周村镇	600	1771	700	800	2	1	20	900
冀州市码头李镇	1262	5329	1068	980	1	1	10	377
冀州市魏家屯镇	226	947	50	400	1	1	5	200
冀州市官道李镇	240	1320	300	820	1	1	98	300
冀州市西王庄镇	917	4150	150	2300	1	1	30	100
深州市前磨头镇	1766	8002	6384	3000	2	1	32	1800
深州市大堤镇	849	2673	411	880	4	4	9	1082
深州市王家井镇	711	3458	879	2264	1	1	74	844
深州市唐奉镇	616	3141	700	2164	1	1	7	155
深州市榆科镇	460	1980	530	1070	1	1	120	1400
深州市东魏家桥镇	955	4033	703	3200	1	1	45	300

3—4—4 山西省建制镇镇区主要指标

名 称	户 数（户）	人 口（人）	其中：非农业人口（人）	劳动力（人）	集贸市场个数（个）	其 中：综合市场个数（个）	企 业 个 数（个）	企 业 从 业 人员数（人）
太原市小店区北格镇	1167	3405	657	1803	0	0	7	570
太原市尖草坪上兰镇	1616	5387	1331	2063	1	1	24	593
太原市尖草坪向阳镇	1862	6212	1948	2100	2	1	0	0
太原市尖草坪阳曲镇	1290	4012	142	1862	0	0	0	0
太原市晋源区晋祠镇	1389	3480	2112	696	1	1	1	250
清徐县徐沟镇	2298	8103	1514	3908	3	2	12	920
清徐县东于镇	1691	6366	1886	2654	2	1	10	800
清徐县孟封镇	1500	5208	451	1900	0	0	11	304
阳曲县大盂镇	791	2552	395	807	0	0	1	33
阳曲县东黄水镇	958	3248	303	895	0	0	2	27
阳曲县泥屯镇	542	1856	85	790	0	0	8	689
娄烦县静游镇	886	3352	534	2350	0	0	0	0
娄烦县杜交曲镇	396	2238	341	1500	0	0	0	0
古交市河口镇	2126	7805	7048	3605	1	1	60	2949
大同市南郊区古店镇	1508	4328	1639	2421	0	0	69	396
大同市南郊区高山镇	426	1480	132	716	1	1	8	186
大同市南郊区云岗镇	517	1783	67	512	1	1	21	314
阳高县罗文皂镇	2000	7500	500	2500	1	1	2	82
阳高县大白登镇	671	2489	289	502	0	0	5	285
阳高县王官屯镇	845	1922	510	730	0	0	3	92
阳高县古城镇	561	1715	160	573	1	1	3	62
阳高县东小村镇	550	1880	50	810	0	0	1	10
阳高县友宰镇	827	2232	200	800	1	1	2	100
天镇县谷前堡镇	1106	6281	2597	2030	1	0	8	962
天镇县米薪关镇	515	1371	208	364	0	0	2	26
天镇县逯家湾镇	814	2027	335	635	0	0	3	70
天镇县新平堡镇	935	2412	176	824	1	1	2	17
广灵县南村镇	800	2858	250	770	1	1	11	30
灵丘县上寨镇	504	1856	491	645	1	1	2	30
灵丘县东河南镇	1658	5141	1076	2350	1	0	3	100
浑源县西坊城镇	870	3396	57	1076	1	1	20	190
浑源县大磁窑镇	560	2100	35	550	1	1	6	37
浑源县蔡村镇	981	3267	86	1676	0	0	39	93
浑源县沙圪坨镇	620	2480	73	900	0	0	55	280
浑源县王庄堡镇	863	3318	44	1240	0	0	25	39
左云县鹊儿山镇	1200	4365	4059	2013	2	1	7	750
左云县店湾镇	1103	3757	1305	3210	1	1	40	2800
大同县倍加造镇	800	7000	1700	1600	1	1	22	66
大同县周士庄镇	2100	7600	1800	2800	1	1	84	850
阳泉市郊区河底镇	1394	4886	589	1563	1	1	20	950

3－4－4 续表 1

名　　称	户　数（户）	人　口（人）	其中：非农业人口（人）	劳动力（人）	集贸市场个数（个）	其　中：综合市场个数（个）	企　业个　数（个）	企　业从　业人员数（人）
阳泉市郊区义井镇	1567	5099	1427	1442	0	0	9	890
平定县南遥镇	2140	5639	3738	1300	0	0	8	900
平定县冶西镇	750	2600	450	1200	2	2	7	1000
平定县张庄镇	960	2764	30	1836	1	1	6	850
平定县锁簧镇	1056	3042	379	1574	1	1	8	650
平定县娘子关镇	670	2000	1800	1600	1	1	3	94
平定县巨城镇	560	1670	1540	130	1	1	25	1100
平定县东回镇	555	1974	196	968	1	1	2	86
盂县牛村镇	550	2230	230	905	1	1	4	420
盂县上社镇	796	2735	570	1060	1	1	14	60
盂县西烟镇	415	1635	185	815	1	1	13	37
长治市郊区黄碾镇	1954	7921	2300	2470	1	1	17	905
长治县苏店镇	526	2879	710	930	1	1	10	560
长治县荫城镇	1782	7855	2492	2264	1	1	21	2240
长治县西火镇	1685	6678	828	3000	1	1	25	2000
潞城市店上镇	564	2342	87	1540	1	1	13	1200
潞城市微子镇	1049	3954	256	1236	1	0	31	578
襄垣县王桥镇	586	3899	2092	780	8	4	14	780
襄垣县侯堡镇	398	1850	523	1014	1	1	3	55
襄垣县夏店镇	309	1049	160	478	1	1	1	50
襄垣县虎亭镇	384	1378	124	725	1	1	4	24
襄垣县西营镇	581	2465	173	718	1	1	8	180
屯留县张店镇	418	1644	243	546	1	1	2	60
屯留县丰宜镇	654	2475	236	681	0	0	5	143
屯留县余吾镇	1170	4351	147	618	0	0	12	151
屯留县吾元镇	247	914	124	264	0	0	5	93
平顺县龙镇镇	649	2543	695	990	1	1	4	95
平顺县石城镇	578	2596	671	505	2	2	4	58
平顺县苗庄镇	389	1899	210	844	1	1	2	45
黎城县东阳关镇	612	2456	58	1512	1	1	4	72
黎城县上遥镇	384	1707	290	913	0	0	4	56
黎城县西井镇	848	3230	380	646	0	0	5	646
黎城县东崖底镇	430	1455	166	1689	0	0	7	520
壶关县晋庄镇	383	1502	373	811	1	1	5	76
壶关县店上镇	350	1407	168	530	1	1	2	35
壶关县百尺镇	316	1336	170	260	1	1	19	235
壶关县树掌镇	555	2266	200	768	1	1	1	20
长子县鲍店镇	1339	5561	262	3560	2	1	19	275
长子县石哲镇	700	2555	150	1525	1	1	10	75
长子县色头镇	620	2150	1500	2190	2	2	58	1908

3—4—4 续表 2

名　　称	户　数（户）	人　口（人）	其中：非农业人口（人）	劳动力（人）	集贸市场个数（个）	其　中：综合市场个数（个）	企　业个　数（个）	企　业从　业人员数（人）
长子县东田良镇	473	1844	25	1089	1	1	40	989
武乡县洪水镇	241	1042	756	576	1	1	6	276
武乡县蟠龙镇	586	2392	468	1625	1	1	2	586
武乡县监漳镇	446	1930	70	210	0	0	3	70
武乡县故城镇	591	1275	310	864	1	1	2	63
沁县郭村镇	537	1910	194	712	1	1	2	60
沁县故县镇	603	2477	480	550	1	1	3	64
沁县新店镇	251	1121	182	511	1	1	4	45
沁源县郭道镇	1138	4858	497	1080	1	1	5	414
沁源县柏子镇	207	842	123	351	1	1	2	238
沁源县王和镇	558	2132	215	915	1	1	2	104
沁水县中村镇	1201	6000	2000	1350	1	1	7	955
沁水县端氏镇	2318	7180	3503	2410	3	1	36	2410
沁水县加丰镇	1489	5543	924	1695	8	8	15	1287
阳城县北留镇	1200	4280	1350	3274	3	3	112	2140
阳城县润城镇	1325	4840	500	2008	1	1	25	882
阳城县八甲口镇	1458	4659	2952	3061	2	2	7	1765
阳城县町店镇	370	1378	100	780	1	1	5	200
阳城县次营镇	580	2100	800	1120	1	1	5	170
阳城县河北镇	408	1200	150	450	1	1	6	330
阳城县东冶镇	850	3500	550	1300	1	1	21	350
陵川县礼义镇	1555	6355	2053	4020	1	1	20	1800
陵川县附城镇	1275	5411	1488	478	2	1	3	478
陵川县西河底镇	450	2750	410	1500	1	1	2	50
陵川县平城镇	1655	6244	672	3702	1	1	12	832
泽州县下村镇	1422	6250	210	2560	1	1	28	860
泽州县大东沟镇	1125	4980	420	1600	1	1	98	850
泽州县周村镇	1452	5160	166	2376	1	1	123	1500
泽州县犁川镇	842	2998	98	1263	1	1	6	335
泽州县晋庙铺镇	518	1923	395	935	0	0	14	75
泽州县南村镇	1961	8434	880	5416	1	1	58	4388
泽州县金村镇	598	2702	539	550	0	0	81	430
泽州县高都镇	1000	4200	370	2200	1	1	6	240
泽州县巴公镇	1850	10000	3800	7000	1	1	8	600
泽州县大阳镇	2283	8876	147	3620	1	1	39	1010
高平市米山镇	1529	6199	1153	3128	1	1	1	58
高平市三甲镇	892	3689	428	1484	0	0	16	528
高平市陈区镇	535	1846	41	502	0	0	1	32
高平市北诗镇	510	2100	210	510	1	1	2	86
高平市河西镇	2110	8700	1100	3700	4	2	35	2110

3—4—4 续表 3

名　称	户 数（户）	人 口（人）	其中:非农业人口（人）	劳动力（人）	集贸市场个数（个）	其中:综合市场个数（个）	企业个数（个）	企业从业人员数（人）
高平市马村镇	1170	4105	215	812	0	0	17	672
高平市野川镇	758	2350	180	1670	1	0	3	150
高平市寺庄镇	709	2710	215	1815	1	1	5	542
朔州市朔城区神头镇	246	1521	230	986	1	1	23	246
朔州市朔城区利民镇	535	2038	186	875	1	1	16	231
平鲁区井坪镇	6714	24280	19853	2311	2	2	32	1360
山阴县玉井镇	937	2864	2104	1120	1	1	2	350
山阴县北周庄镇	1120	3240	210	1250	1	1	3	64
山阴县山阴城镇	769	2451	692	400	1	1	0	0
应县南河种镇	2000	6500	200	5000	3	2	5	40
应县下社镇	410	1399	1399	456	1	1	6	57
右玉县油坊镇	305	1220	570	581	0	0	0	0
右玉县威远镇	562	2149	130	800	0	0	0	0
怀仁县鹅毛口镇	1255	4026	314	1724	2	1	5	50
怀仁县吴家窑镇	980	3318	74	1021	1	1	5	198
怀仁县金沙滩镇	1430	6300	2120	1160	1	1	21	980
怀仁县毛家皂镇	571	2006	350	704	1	1	1	50
怀仁县小峪镇	4491	11640	9500	7400	2	1	16	250
忻州市播明镇	1041	3369	172	1540	1	1	1	15
忻州市奇村镇	1548	5130	211	2160	1	1	14	440
忻州市三交镇	310	919	111	478	0	0	3	64
忻州市庄磨镇	430	1520	220	860	1	1	2	38
忻州市豆罗镇	472	1596	23	530	1	1	8	253
忻州市董村镇	1603	6100	502	2841	1	1	75	1500
原平市东社镇	1485	4185	181	1507	1	1	26	0
原平市苏龙口镇	837	2423	488	896	0	0	1	8
原平市崞阳镇	1935	5779	2385	2023	2	2	42	355
原平市大牛店镇	570	1857	50	530	0	0	43	350
原平市阎庄镇	945	3328	266	1350	1	1	15	300
原平市长梁沟镇	416	1225	90	450	1	1	3	50
原平市轩岗镇	873	2631	389	947	4	4	10	127
定襄县河边镇	2752	9785	1982	4486	1	1	257	2199
定襄县宏道镇	2831	9541	327	3890	2	1	42	2380
五台县台怀镇	1800	2300	1400	1400	2	2	12	180
五台县耿镇镇	630	2072	102	800	1	1	8	246
五台县豆村镇	625	1940	100	200	1	1	1	2
五台县白家庄	396	1460	135	680	0	0	1	54
五台县东冶镇	4523	18220	4573	6116	3	1	0	0
代县阳明堡镇	610	1822	321	1044	1	1	12	340
代县峨口镇	1387	3974	1867	2385	1	1	13	342

3—4—4 续表 4

名　　称	户　数（户）	人　口（人）	其中：非农业人口（人）	劳动力（人）	集贸市场个数（个）	其　中：综合市场个数（个）	企　业个　数（个）	企　业从　业人员数（人）
代县聂营镇	110	3583	1342	561	0	0	4	51
代县枣林镇	286	962	241	458	0	0	12	24
代县滩上镇	223	1153	218	610	0	0	14	83
繁峙县沙河镇	3180	8410	256	2729	2	0	7	41
繁峙县大营镇	706	2664	104	400	1	1	40	50
宁武县阳方口镇	321	2580	8900	470	2	2	11	380
宁武县东寨镇	960	1387	1300	1340	1	1	8	68
宁武县石家庄镇	359	1463	210	741	0	0	2	18
静乐县杜家村镇	415	1599	268	4800	0	0	3	369
静乐县康家会镇	340	1500	240	320	0	0	2	10
静乐县丰润镇	529	2372	217	875	0	0	1	10
神池县义井镇	2094	8006	610	2100	1	1	1	60
神池县八角镇	1821	6600	236	461	1	1	0	0
五寨县小河头镇	355	1388	37	610	0	0	1	3
五寨县三岔镇	830	2876	681	1542	1	1	9	78
岢岚县三井镇	520	2077	325	633	1	1	3	65
河曲县楼子营镇	1265	4820	2410	2100	1	1	2	106
河曲县刘家塔镇	774	3125	245	1156	0	0	5	185
河曲县巡镇镇	978	2783	300	754	1	1	2	200
保德县义门镇	638	2736	1610	750	1	1	28	410
保德县桥头镇	650	2598	561	450	2	1	14	570
保德县杨家湾镇	2600	8030	159	82	1	1	6	130
偏关县天峰坪镇	257	988	90	367	0	0	5	10
偏关县老营镇	468	1865	150	800	0	0	0	0
偏关县万家寨镇	300	1200	500	300	0	0	3	26
孝义市兑镇镇	7126	26704	23506	3320	3	3	45	3320
孝义市阳泉曲镇	464	11688	8065	6790	1	1	36	258
孝义市下堡镇	486	2487	1732	980	1	1	10	120
孝义市西辛庄镇	310	8800	650	6230	1	1	7	220
孝义市高阳镇	6522	19095	15051	7113	1	1	32	668
孝义市司马镇	995	4155	580	1370	6	6	65	820
孝义市梧桐镇	1712	6325	450	2600	1	1	22	1551
孝义市柱濮镇	242	725	10	40	1	1	1	30
孝义市古城镇	4937	17528	298	7398	2	2	388	4212
离石市吴城镇	285	1150	918	250	1	1	0	0
离石市田家会镇	714	2275	500	720	1	1	28	1350
离石市西属巴镇	487	1948	104	870	0	0	0	0
离石市交口镇	984	2632	420	851	1	1	43	195
离石市信义镇	297	1395	83	826	1	1	4	37
汾阳市贾家庄镇	714	2771	288	1668	0	0	8	704

3—4—4 续表 5

名　　称	户　数（户）	人　口（人）	其中：非农业人口（人）	劳动力（人）	集贸市场个数（个）	其　中：综合市场个数（个）	企　业个　数（个）	企　业从　业人员数（人）
汾阳市杏花镇	782	2916	200	1510	1	1	88	1096
汾阳市冀村镇	1982	8587	239	4310	1	1	52	500
汾阳市肖家庄镇	1366	5726	330	2400	0	0	8	280
汾阳市演武镇	961	4120	242	1730	0	0	82	810
汾阳市三泉镇	405	1527	191	681	1	1	1	10
汾阳市石庄镇	482	2072	179	1006	1	1	8	116
汾阳市杨家庄镇	389	1630	199	784	1	1	1	60
汾阳市峪道河镇	523	2073	210	930	1	1	2	18
文水县开栅镇	2329	9800	2100	4500	2	1	9	1200
文水县南庄镇	960	4052	52	1600	2	1	7	230
文水县南安镇	914	4239	80	1335	1	1	7	140
文水县刘胡兰镇	620	1950	756	682	4	1	8	350
文水县下曲镇	1721	5755	603	3242	1	1	2	150
文水县孝义镇	1037	4137	315	2800	2	1	6	250
交城县段村镇	1052	4508	390	2169	1	1	31	500
交城县西营镇	1780	7455	440	2980	1	1	75	315
交城县水峪贯镇	286	1580	178	680	0	0	12	570
交城县西社镇	501	2444	565	820	0	0	8	445
交城县横尖镇	96	358	7	164	1	1	0	0
兴县康宁镇	367	1376	1276	500	2	1	6	37
兴县罗峪口镇	162	678	23	306	1	1	11	184
兴县魏家滩镇	497	2014	396	750	1	1	12	267
兴县高家村镇	440	1540	150	470	0	0	8	10
兴县瓦塘镇	459	1757	55	754	1	1	2	57
兴县蔡家会镇	171	863	146	38	1	1	0	0
临县白文镇	380	1480	213	680	1	1	20	390
临县城庄镇	230	860	240	320	1	1	22	265
临县兔坂镇	280	930	126	354	1	1	6	72
临县克虎镇	214	715	206	320	1	1	5	48
临县三交镇	462	2580	1320	510	1	1	40	650
临县湍水头镇	240	960	233	358	0	0	10	240
临县林家坪镇	215	568	231	381	1	1	2	80
临县招贤镇	210	640	182	286	1	1	18	430
临县碛口镇	221	860	280	346	1	1	6	58
临县刘家会镇	230	860	152	280	1	1	5	73
临县丛罗峪镇	186	520	98	264	1	1	3	42
柳林县穆村镇	1796	6808	800	3028	1	1	20	460
柳林县三交镇	207	677	56	208	1	1	6	80
柳林县成家庄镇	201	890	240	302	1	1	10	280
柳林县孟门镇	130	500	230	180	1	1	5	60

3—4—4 续表 6

名　　称	户　数（户）	人　口（人）	其中：非农业人口（人）	劳动力（人）	集贸市场个数（个）	其　中：综合市场个数（个）	企　业个　数（个）	企　业从　业人员数（人）
柳林县留誉镇	225	952	30	354	0	0	3	100
石楼县罗村镇	320	1390	220	350	1	1	7	29
石楼县义牒镇	235	794	35	436	1	1	5	8
石楼县小蒜镇	140	720	200	207	1	1	1	30
岚县岚城镇	870	3982	612	1490	1	1	8	80
岚县普明镇	835	4574	704	1662	1	1	7	62
岚县界河口镇	270	1228	196	593	1	1	3	31
方山县峪口镇	912	3464	260	1364	1	1	3	110
方山县大武镇	1499	7000	1400	2000	1	1	20	200
方山县马坊镇	694	2560	496	964	1	1	9	52
中阳县金罗镇	560	2180	1227	610	1	1	4	150
中阳县枝柯镇	280	1000	250	560	0	0	3	300
中阳县武家庄镇	156	630	143	160	0	0	0	0
中阳县暖泉镇	390	1433	420	510	1	1	0	0
交口县康城镇	580	2257	800	540	0	0	1	30
交口县双池镇	1806	7224	2324	1230	0	0	12	1662
交口县桃红坡镇	196	847	160	280	0	0	0	0
榆次市鸣谦镇	1100	4700	590	2470	0	0	2	320
榆次市东阳镇	2309	9061	1500	3190	1	1	8	300
榆次市北田镇	1000	3154	800	1376	0	0	5	230
榆次市长凝镇	529	2063	195	805	0	0	110	450
榆次市什贴镇	847	2519	336	1560	0	0	4	107
介休市义安镇	1651	6012	802	5468	0	0	7	3168
介休市张兰镇	1773	5904	5014	2438	2	1	7	310
介休市连福镇	636	2323	851	960	1	1	2	5
介休市洪山镇	2152	5669	1345	2448	0	0	1	496
介休市义棠镇	1190	4446	3419	2600	1	0	23	1380
榆社县云竹镇	991	3910	435	1329	0	0	9	307
榆社县郝北镇	434	1466	140	100	0	0	2	18
榆社县社城镇	370	1350	350	200	0	0	4	40
左权县桐峪镇	754	2673	313	990	0	0	0	0
左权县麻田镇	387	1626	250	800	1	1	0	0
左权县芹泉镇	290	1237	209	138	1	1	0	0
左权县拐儿镇	310	1106	353	606	0	0	0	0
和顺县李阳镇	450	1715	230	675	0	0	1	20
和顺县松烟镇	443	1533	68	464	1	1	11	417
和顺县青城镇	480	1530	17	570	0	0	3	57
和顺县横岭镇	214	734	25	240	0	0	1	9
昔阳县冶头镇	461	2104	435	740	1	1	1	15
昔阳县皋落镇	1140	3946	120	1700	0	0	2	38

3—4—4 续表 7

名 称	户 数（户）	人 口（人）	其中：非农业人口（人）	劳动力（人）	集贸市场个数（个）	其 中：综合市场个数（个）	企 业 个 数（个）	企 业 从 业 人员数（人）
昔阳县沾尚镇	2544	9056	331	116	0	0	6	88
寿阳县南燕竹镇	403	1167	383	393	1	1	11	20
寿阳县宗艾镇	960	2918	55	810	2	1	9	620
寿阳县平头镇	530	1690	483	840	2	1	4	310
寿阳县松塔镇	488	1553	205	720	0	0	27	50
寿阳县西洛镇	129	485	50	251	0	0	2	20
寿阳县尹灵芝镇	314	910	54	360	0	0	13	40
太谷县胡村镇	3021	12239	1027	8887	1	1	254	8883
太谷县范村镇	1075	3796	46	1678	1	1	3	209
祁县东观镇	2417	8546	1929	7440	2	2	681	5933
祁县古县镇	653	2152	150	1385	0	0	5	415
祁县贾令镇	1624	5350	191	1946	0	0	3	214
祁县城赵镇	1144	4181	414	1581	0	0	20	180
祁县来远镇	126	423	110	110	0	0	5	56
平遥县段村镇	1768	6246	1903	1593	0	0	215	820
平遥县东泉镇	1306	4670	493	4477	0	0	64	210
平遥县洪善镇	605	2300	162	1408	0	0	104	514
平遥县宁固镇	892	3176	75	1210	0	0	53	80
灵石县静升镇	1918	7008	54	3500	1	1	150	590
灵石县两渡镇	5000	15000	11067	8000	1	1	13	455
灵石县夏门镇	510	1650	350	650	1	1	30	560
灵石县南关镇	691	3360	852	1188	1	1	381	1269
灵石县段纯镇	323	1297	34	1742	0	0	3	108
灵石县张家庄镇	3047	9033	6501	5200	0	0	6	150
灵石县富家滩镇	199	713	2043	363	0	0	3	80
临汾市乔李镇	1002	4171	110	1760	1	1	5	76
临汾市大阳镇	915	3396	247	1624	1	1	0	0
临汾市县底镇	594	2410	10	1210	1	1	1	50
临汾市刘村镇	985	4310	312	3180	1	1	2	75
临汾市金殿镇	589	2610	49	1600	3	0	3	65
临汾市吴村镇	690	2617	510	1184	1	1	2	32
临汾市土门镇	701	3365	411	1528	1	1	1	25
临汾市魏村镇	725	3127	2367	1829	1	1	1	23
霍州市什林镇	980	4800	2000	1800	0	0	19	1627
霍州市白龙镇	2404	12302	5120	5122	0	0	20	4920
霍州市辛置镇	3500	12069	20000	2610	3	1	8	3200
霍州市大张镇	1500	9800	7200	4200	0	0	2	60
霍州市李曹镇	340	2000	560	980	0	0	1	4
曲沃县史村镇	250	980	140	120	1	1	0	0
曲沃县曲村镇	1229	5180	1000	2180	1	1	8	320

3—4—4 续表 8

名称	户数(户)	人口(人)	其中:非农业人口(人)	劳动力(人)	集贸市场个数(个)	其中:综合市场个数(个)	企业个数(个)	企业从业人员数(人)
曲沃县高显镇	1182	5906	800	3080	1	1	3	180
曲沃县里村镇	432	2200	210	350	2	1	1	30
翼城县南梁镇	750	3451	650	220	0	0	5	30
翼城县里砦镇	789	3000	309	514	1	1	5	214
翼城县隆化镇	725	2987	280	150	0	0	0	0
翼城县桥上镇	1330	5000	120	570	0	0	32	250
翼城县西闫镇	882	3060	267	302	0	0	35	710
襄汾县赵康镇	791	3715	370	330	1	1	31	335
襄汾县汾城镇	2065	8093	1350	1080	2	1	84	399
襄汾县南贾镇	1123	4420	130	1882	1	1	23	278
襄汾县古城镇	1481	6471	860	2860	2	2	79	500
襄汾县襄陵镇	2424	9485	520	4855	2	2	42	360
襄汾县邓庄镇	1343	5372	1514	2848	2	2	78	2450
洪洞县甘亭镇	2607	8340	2205	3210	2	2	9	1100
洪洞县曲亭镇	2500	7980	2107	2726	1	1	3	289
洪洞县苏堡镇	2590	8270	2217	2200	1	1	7	605
洪洞县广胜寺镇	2450	7840	2058	6000	2	2	26	1000
洪洞县明姜镇	2620	8390	2105	2762	1	1	9	820
洪洞县赵城镇	2905	9298	2214	6157	1	1	30	3897
洪洞县万安镇	2540	8134	2130	3680	1	1	26	3210
洪洞县刘家垣镇	1260	3739	635	1000	1	1	15	670
古县北平镇	400	2013	325	575	1	1	13	355
古县古阳镇	150	1580	370	425	1	1	5	270
古县旧县镇	351	1500	82	205	1	1	1	24
安泽县和川镇	1135	4200	289	1167	0	0	4	64
安泽县唐城镇	668	2985	900	890	1	1	4	187
安泽县冀氏镇	600	3000	279	279	0	0	2	40
浮山县响水河镇	568	2960	340	850	1	1	11	210
吉县屯里镇	368	1445	126	226	1	1	5	108
吉县壶口镇	246	1230	1000	82	1	1	3	20
乡宁县管头镇	950	3980	1200	1500	1	1	4	1500
乡宁县光华镇	1600	6400	1200	2120	2	1	1	21
乡宁县台头镇	1000	4000	1238	2183	1	1	0	361
乡宁县西坡镇	2531	8300	2122	1100	2	1	8	.930
蒲县薛关镇	1000	4000	50	550	0	0	0	0
蒲县黑龙关镇	629	2517	803	393	1	1	9	86
蒲县克城镇	662	3310	415	966	1	1	6	63
大宁县曲峨镇	220	1096	240	850	1	1	1	10
永和县桑壁镇	395	1387	193	78	1	1	3	27
隰县午城镇	1053	4214	1605	1641	1	1	16	82

3—4—4 续表 9

名　　称	户　数（户）	人　口（人）	其中：非农业人口（人）	劳动力（人）	集贸市场个数（个）	其　中：综合市场个数（个）	企　业个　数（个）	企　业从　业人员数（人）
隰县黄土镇	508	2728	1500	452	1	1	26	258
汾西县对竹镇	385	1786	200	460	0	0	60	840
汾西县箐香镇	322	1450	350	640	0	0	40	321
汾西县河平镇	347	1500	400	776	0	0	14	150
汾西县僧念镇	400	1720	201	880	0	0	52	430
运城市龙居镇	426	2051	300	1435	1	1	15	420
运城市陶村镇	679	2849	342	1994	3	3	6	126
运城市东郭镇	1008	3594	159	2515	2	2	2	32
运城市北相镇	1050	4650	545	2325	1	1	15	450
运城市三路里镇	1533	5807	327	4064	2	2	7	103
运城市泓芝驿镇	387	1634	125	1143	3	3	2	30
永济市卿头镇	886	3289	198	1628	1	1	15	200
永济市开张镇	210	1170	150	820	1	1	6	79
永济市栲栳镇	836	3657	147	2024	2	1	14	68
永济市蒲州镇	513	2456	600	1885	1	1	6	200
永济市韩阳镇	240	1269	240	630	1	1	0	0
永济市于乡镇	560	2200	6200	4500	1	1	40	2000
河津市清涧镇	1436	5833	600	1933	0	0	25	425
河津市樊村镇	1140	5152	180	2424	1	1	18	380
芮城县风陵渡镇	1375	4589	1548	2236	2	2	17	158
芮城县陌南镇	1400	5060	1100	2480	1	1	34	2000
芮城县西陌镇	684	2734	175	1450	1	1	15	773
芮城县永乐镇	336	1345	150	350	1	1	0	0
芮城县大王镇	886	2669	545	1380	1	1	6	80
芮城县阳城镇	850	3500	646	1100	1	1	6	100
临猗县牛杜镇	600	3000	1000	300	2	2	6	200
临猗县嵋阳镇	1985	3942	832	135	1	1	10	325
临猗县临晋镇	1885	9052	3586	452	2	1	24	350
临猗县七级镇	438	1885	120	1330	1	1	20	210
临猗县东张镇	500	2000	1018	1500	1	1	24	300
临猗县孙吉镇	1092	5195	805	2616	2	1	180	540
临猗县卓里镇	507	4878	500	3500	1	1	4	2700
临猗县三管镇	795	3515	150	480	1	1	3	450
万荣县通化镇	1636	7689	398	2471	2	1	26	269
万荣县汉薛镇	850	3488	285	1120	2	1	6	80
万荣县荣河镇	1010	3888	3888	540	1	1	3	56
新绛县三泉镇	1490	5963	2012	3029	1	1	7	56
新绛县泽掌镇	1604	4617	305	2916	1	1	15	242
新绛县北张镇	609	2436	166	1863	1	1	13	311
新绛县泉掌镇	205	821	213	700	1	1	12	68

3—4—4 续表 10

名　　称	户　数（户）	人　口（人）	其中：非农业人口（人）	劳动力（人）	集贸市场个数（个）	其　中：综合市场个数（个）	企　业个　数（个）	企　业从　业人员数（人）
新绛县万安镇	745	2995	948	2105	1	1	22	387
新绛县阳王镇	892	3570	112	3002	1	1	23	377
稷山县西社镇	1010	5080	565	2100	1	1	21	1600
稷山县化峪镇	457	2000	250	200	1	1	48	1000
稷山县翟店镇	2895	12708	1299	7642	3	2	85	3107
稷山县清河镇	1036	5210	600	2819	1	1	46	1100
稷山县杨赵镇	946	4396	460	1000	1	1	8	60
闻喜县凹底镇	1050	4010	700	2100	1	1	2	60
闻喜县薛店镇	306	1416	430	400	1	1	2	39
闻喜县东镇镇	3172	12270	5869	5500	2	1	30	1650
闻喜县礼元镇	443	1952	160	750	1	1	9	606
闻喜县河底镇	730	2640	760	1600	1	1	12	303
闻喜县郭家庄镇	696	3132	120	1600	2	1	2	60
夏县庙前镇	600	3400	420	2080	1	1	4	50
夏县裴介镇	783	3679	105	50	1	1	4	80
夏县水头镇	1163	6417	2700	1000	1	1	30	250
夏县埝掌镇	250	1160	300	780	1	1	4	116
夏县泗交镇	145	580	220	340	0	0	3	26
绛县横水镇	608	2710	150	1252	0	0	0	0
绛县陈村镇	525	2138	103	1026	1	1	1	60
绛县卫庄镇	270	1059	24	487	1	1	2	10
绛县么里镇	271	1003	110	320	2	1	0	0
绛县南樊镇	620	2459	310	1420	1	1	0	0
绛县安峪镇	520	2150	320	110	0	0	4	280
绛县大交镇	805	3449	450	1568	1	1	0	0
平陆县常乐镇	1871	6105	559	1726	1	1	8	680
平陆县张店镇	789	2948	80	1520	1	1	4	79
平陆县张村镇	340	1800	180	700	1	1	4	15
平陆县三门镇	250	1750	150	440	1	1	7	170
垣曲县同善镇	329	1207	153	209	1	1	18	147
垣曲县古城镇	1083	4454	482	976	0	0	45	375
垣曲县王茅镇	432	2030	489	1100	1	1	0	0
垣曲县毛家湾镇	210	789	53	270	0	0	2	20

3—4—5　内蒙古自治区建制镇镇区主要指标

名　　称	户　数（户）	人　口（人）	其中：非农业人口（人）	劳动力（人）	集贸市场个数（个）	其　中：综合市场个数（个）	企　业个　数（个）	企　业从　业人员数（人）
呼和浩特市回民区攸攸板镇	12650	29675	2492	24628	0	0	3669	19700
呼和浩特市郊区巴彦镇	3274	10413	3700	3948	1	1	23	4349
呼和浩特市郊区榆林镇	1191	3670	1816	2283	0	0	173	682
呼和浩特市郊区金河镇	739	3041	500	1500	0	0	3	110
呼和浩特市郊区黄合少镇	312	1222	80	780	0	0	1	8
土左旗毕克齐镇	3746	15899	2800	1500	2	2	5	200
土左旗善岱镇	820	3450	70	1216	1	1	306	1059
托克托县新营子镇	800	2500	210	1350	1	1	500	950
托克托县五申镇	775	3009	200	1280	2	0	190	500
清水河县喇嘛湾镇	535	2129	153	1746	1	1	0	0
包头市昆区昆河镇	1199	3666	158	218	4	3	6	86
包头市青山区青福镇	1736	5108	3766	2603	2	1	205	4250
土右旗双龙镇	710	2949	230	1599	1	1	128	194
土右旗美岱召镇	1020	4100	598	2080	0	0	95	206
固阳县西斗铺镇	103	415	213	188	1	1	5	125
红山区红庙子镇	554	1837	1837	912	1	1	16	200
红山区桥北镇	732	2298	2114	1486	0	0	6	1086
元宝山区风水沟镇	1890	6900	4600	4380	1	1	215	3080
元宝山区建昌营镇	1739	5540	5540	3524	1	1	915	6539
元宝山区元宝山镇	786	2890	301	1589	1	1	867	3380
元宝山区哈拉卜吐镇	567	2163	1680	947	1	1	65	230
元宝山区美丽河镇	983	2952	634	1368	1	1	7	986
元宝山区山前镇	1423	5530	38	2265	1	1	1065	2941
元宝山区公格营子镇	1035	3899	400	1490	1	1	289	1610
元宝山区五家镇	1393	5572	470	2687	2	2	578	2487
松山区安庆镇	477	1897	190	739	1	1	3	20
松山区当铺地镇	717	1686	20	1287	1	1	3	20
松山区大五十家镇	547	2126	16	756	1	1	1	50
松山区五三镇	747	3140	25	1120	1	1	50	450
松山区穆家营子镇	12373	37105	37105	34059	5	4	4118	34053
松山区初头朗镇	1250	4656	50	2950	1	1	30	200
松山区大庙镇	806	3245	25	1722	0	0	50	300
松山区红花沟镇	786	2857	15	2050	0	0	25	300
松山区老府镇	1209	4681	745	3270	1	1	2	40
松山区哈拉道口镇	1015	3803	30	2375	1	1	599	1250
阿努克尔沁旗巴彦花镇	295	1175	593	506	1	1	47	86
阿努克尔沁旗双胜镇	596	2387	211	1053	1	1	80	300
阿努克尔沁旗天山口镇	586	1721	374	896	1	1	256	1008
阿努克尔沁旗坤都镇	400	1600	654	900	1	1	11	50
阿努克尔沁旗绍根苏木	345	1307	345	380	1	1	76	128
巴林左旗隆昌镇	340	1429	318	1010	1	1	160	1220
巴林左旗丰水山镇	210	800	350	300	2	1	25	160

3－4－5 续表 1

名　　称	户　数（户）	人　口（人）	其中：非农业人口（人）	劳动力（人）	集贸市场个数（个）	其　中：综合市场个数（个）	企　业个　数（个）	企　业从　业人员数（人）
巴林左旗杨家营子镇	456	1552	150	210	1	1	1	130
巴林左旗白音诺尔镇	1017	5005	3271	5005	0	0	108	483
巴林右旗巴彦琥硕镇	206	779	303	392	1	1	1	12
巴林右旗宝日勿苏镇	260	1170	570	180	1	1	1	100
林西县官地镇	867	3566	340	869	1	1	193	847
林西县新城子镇	140	483	213	205	1	1	50	105
林西县新林镇	466	3000	400	2800	2	1	4	40
林西县五十家子镇	524	2201	470	1253	3	2	480	1600
林西县大井镇	110	330	80	160	1	1	2	60
克什克腾旗热水塘镇	409	1521	773	665	1	1	142	743
克什克腾旗土城子镇	385	1476	305	651	1	1	26	97
克什克腾旗达来诺尔镇	278	834	402	362	0	0	112	279
翁牛特旗乌敦套海镇	554	2542	1555	1755	2	2	560	1528
翁牛特旗五分地镇	470	1670	330	890	1	1	115	760
翁牛特旗桥头镇	476	1638	1120	700	2	2	164	1800
翁牛特旗广德公镇	190	2660	250	1300	1	1	80	300
翁牛特旗梧桐花镇	460	1445	1113	420	1	1	142	244
翁牛特旗海拉苏镇	218	1518	400	386	1	1	150	386
喀喇沁旗旺业甸镇	886	3432	1210	1123	1	1	142	675
喀喇沁旗王爷府镇	859	2283	783	804	1	1	6	58
喀喇沁旗牛家营子镇	863	3393	516	580	2	1	262	284
喀喇沁旗乃林镇	1881	6672	4952	5435	1	1	293	5147
宁城县小城子镇	1075	4462	240	639	1	1	20	180
宁城县大城子镇	693	2979	423	1024	1	1	15	40
宁城县八里罕镇	60	240	140	100	0	0	2	40
宁城县热水镇	280	1390	705	795	1	1	14	490
宁城县头道营子镇	675	3220	715	632	1	1	122	485
宁城县天义镇	676	2126	201	1800	1	1	20	60
宁城县二龙镇	774	3013	330	1676	1	1	30	278
宁城县汐子镇	490	6030	1230	4198	1	1	94	350
宁城县大明镇	450	1500	350	300	1	1	21	25
宁城县忙农营子镇	512	2394	433	177	1	1	25	87
敖汉旗新惠镇	10083	35689	27800	12729	3	1	1579	4435
敖汉旗金厂沟梁镇	1979	6629	3329	4800	1	1	20	45
敖汉旗四家子镇	1706	5062	1142	1300	2	2	468	920
敖汉旗四道湾子镇	429	1459	492	656	1	1	67	158
敖汉旗下洼镇	1477	4414	910	1750	1	1	194	499
敖汉旗贝子府镇	710	3517	920	1820	1	1	1	58
敖汉旗长胜镇	1812	5436	4613	259	1	1	2	94
科尔沁区大林镇	5100	15991	5351	10000	1	1	1800	6000
科尔沁区木里图镇	1258	4457	1988	4520	2	1	1525	4520

3—4—5 续表 2

名　　称	户 数（户）	人 口（人）	其中：非农业人口（人）	劳动力（人）	集贸市场个数（个）	其 中：综合市场个数（个）	企 业 个 数（个）	企 业 从 业 人员数（人）
科尔沁区双泡子镇	486	5778	1685	1286	1	1	30	500
科尔沁区余粮堡镇	2716	10000	3094	7362	2	1	1500	4000
科尔沁区河西镇	2880	7777	2670	2960	1	1	380	672
科尔沁区钱家店镇	418	1087	1087	900	1	1	2	180
科左中旗门达镇	516	3210	1082	518	1	1	2	128
科左中旗巴彦塔拉镇	1142	3821	1236	1841	1	1	13	32
科左中旗宝龙山镇	6137	21904	9800	4980	4	1	1920	2893
科左中旗舍伯吐镇	2340	11030	9305	2921	1	1	1458	8679
科左中旗架玛吐镇	1260	4029	1104	289	2	1	1	20
科左后旗常胜镇	530	1918	450	800	1	1	20	26
科左后旗散都苏木	410	1502	140	131	1	1	60	140
科左后旗吉尔嘎朗镇	1630	4276	987	2180	1	1	435	983
科左后旗金宝屯镇	3697	10117	8650	2000	2	2	8	35
科左后旗查日苏镇	711	2480	1382	861	1	1	6	59
科左后旗伊胡塔镇	850	4371	2200	1969	1	1	316	903
开鲁县北兴镇	295	1519	401	203	1	1	9	31
开鲁县新华镇	136	516	15	281	1	1	1	140
开鲁县大榆树镇	643	2461	244	1020	1	1	60	120
开鲁县黑龙坝镇	438	1654	300	762	1	1	126	785
开鲁县麦新镇	6068	24911	482	1000	1	1	200	1000
开鲁县和平镇	4024	16786	580	2222	1	1	8	126
开鲁县坤都岭镇	344	1154	15	826	1	1	30	60
开鲁县建华镇	5607	22390	450	7210	1	1	904	4480
开鲁县小街基镇	899	3319	616	1664	3	1	532	1625
开鲁县三义井镇	280	1004	13	521	0	0	15	17
开鲁县道德镇	365	1197	158	802	1	1	96	225
开鲁县东风镇	328	1098	273	136	1	1	20	47
开鲁县幸福镇	339	2115	687	1123	1	1	62	124
开鲁县东来镇	1249	6500	1712	1510	1	1	19	180
库伦旗三家子镇	245	1074	302	380	1	1	15	406
库伦旗六家子镇	342	1652	926	1098	2	1	50	580
库伦旗扣河子镇	970	3012	1253	1980	2	1	71	910
库伦旗额勒顺镇	384	1991	925	1308	1	1	69	486
奈曼旗八仙筒镇	1039	6362	5096	1200	3	2	34	708
奈曼旗东明镇	1106	4184	1163	2219	1	1	150	192
奈曼旗青龙山镇	340	3100	1000	1800	1	1	20	500
奈曼旗治安镇	875	1563	384	250	1	1	1	21
扎鲁特旗黄花山镇	2244	9312	5884	3472	1	1	300	700
扎鲁特旗巨日合镇	580	3500	1100	500	1	1	72	213
扎鲁特旗联合屯镇	3806	17650	3500	1005	0	0	487	1923
扎鲁特旗巴雅尔图胡硕镇	1610	6414	930	410	2	1	3	50
扎鲁特旗嘎亥图镇	710	3408	648	1613	1	1	222	477

3—4—5 续表 3

名称	户数（户）	人口（人）	其中：非农业人口（人）	劳动力（人）	集贸市场个数（个）	其中：综合市场个数（个）	企业个数（个）	企业从业人员数（人）
霍林郭勒市沙尔呼热镇	3016	8880	8493	3390	1	1	466	1246
海拉尔市谢尔塔拉镇	1182	3700	350	1980	1	1	14	560
海拉尔市奋斗镇	563	2462	1531	1477	0	0	35	673
海拉尔市建设镇	4134	16535	15519	3307	3	0	20	160
海拉尔市哈克镇	662	2219	1376	1465	1	1	9	74
扎兰屯市哈多河镇	557	2431	657	557	1	1	40	131
扎兰屯市磨菇气镇	1219	7319	4663	600	1	1	0	0
扎兰屯市中和镇	626	1946	1821	815	2	1	2	400
扎兰屯市雅尔根楚镇	321	1186	982	280	1	1	15	39
扎兰屯市务大哈气镇	232	941	521	303	0	0	4	30
扎兰屯市成吉思汗镇	3166	11122	5701	3357	1	1	251	971
扎兰屯市大河湾镇	670	2480	1660	670	1	1	3	39
扎兰屯市卧牛河镇	398	1368	1368	487	2	1	72	362
扎兰屯市哈拉苏镇	771	3077	1310	507	1	1	38	200
扎兰屯市柴河镇	1415	4886	4886	1331	1	1	4	936
额尔古纳市三河镇	1538	4980	3610	2160	1	1	4	17
额尔古纳市黑山头镇	649	2252	2252	111	0	0	5	82
额尔古纳市室韦镇	98	345	345	73	1	1	2	35
阿荣旗太平庄镇	695	2551	1089	344	1	1	53	110
阿荣旗亚东镇	1172	4309	1646	1500	2	2	32	120
阿荣旗三岔河镇	711	2407	621	228	1	1	145	205
阿荣旗霍尔奇镇	560	2805	2510	592	1	1	28	269
阿荣旗红花梁子镇	478	1133	541	479	1	1	70	447
阿荣旗复兴镇	502	2047	628	923	1	1	1	14
阿荣旗那克塔镇	510	1845	724	461	1	1	56	112
莫旗红彦镇	879	4045	2830	700	1	1	201	512
莫旗哈达阳镇	387	986	12	142	0	0	36	82
莫旗汉古尔河镇	114	594	511	162	1	1	26	114
莫旗阿尔拉镇	270	1215	130	326	0	0	82	326
莫旗西瓦尔图镇	284	1420	857	150	1	1	60	75
莫旗宝山镇	305	1131	631	560	1	1	32	146
莫旗腾克镇	426	1063	563	213	0	0	76	253
莫旗奎勒河镇	309	1626	592	462	0	0	124	417
莫旗欧肯河镇	275	887	327	162	0	0	26	83
莫旗塔温敖宝镇	419	1326	680	531	1	1	35	310
莫旗登特克镇	1105	4961	521	346	1	1	14	30
鄂伦春旗宜里镇	2040	8980	885	540	1	1	120	240
鄂伦春旗乌鲁布铁镇	637	2618	1432	305	0	0	0	0
鄂温克旗伊敏镇	9179	26676	21771	8166	5	2	1390	9210
新左旗嵯岗镇	792	2814	2026	1688	1	1	100	1070
陈旗完工镇	670	1982	1883	1004	0	0	70	310
乌兰浩特市乌兰哈达苏木	734	2238	792	1000	2	2	98	300

3—4—5 续表 4

名　　称	户　数（户）	人　口（人）	其中：非农业人口（人）	劳动力（人）	集贸市场个数（个）	其　中：综合市场个数（个）	企　业个　数（个）	企　业从　业人员数（人）
阿尔山市白狼镇	941	2985	642	1623	0	0	49	197
阿尔山市五叉沟镇	1462	5917	5511	1231	0	0	40	180
科右前旗索伦镇	2941	8389	3612	136	1	1	4	100
科右前旗察尔森镇	1031	4090	2058	400	1	1	400	2900
科右前旗大石寨镇	1100	8050	6030	3000	2	2	1110	7700
科右前旗归流河镇	363	5223	3182	8274	1	1	457	3400
科右前旗额尔格图苏木	1245	7450	2450	2124	0	0	210	1100
科右前旗大坝沟镇	1024	4859	728	4664	0	0	1205	3127
科右前旗俄体镇	512	3109	576	2011	1	1	600	3700
科右前旗太本站镇	190	965	462	1949	1	1	110	801
科右中旗吐列毛杜镇	798	3229	750	1210	1	1	180	900
科右中旗高力板镇	678	2926	2800	850	1	1	10	280
科右中旗巴仁哲里木苏木	485	1985	1281	315	1	1	8	430
扎赉特旗巴彦高勒镇	1000	2010	635	670	1	1	929	114
扎赉特旗新林镇	1095	4292	4032	4012	1	1	324	2122
扎赉特旗胡尔勒镇	832	3446	382	1570	1	1	99	1219
扎赉特旗图牧吉镇	467	1598	680	754	1	1	362	3900
扎赉特旗巴达尔胡镇	613	2452	776	924	1	1	0	0
扎赉特旗阿尔本格勒镇	492	2960	800	920	2	1	1	5
突泉县六户镇	1364	5813	2511	2803	1	1	5	67
突泉县杜尔基镇	900	3355	1723	1141	1	1	3	110
兰旗桑根达赖苏木	439	1573	1573	1036	3	2	4	177
丰镇市隆庄镇	5036	6251	3863	9725	2	1	1010	7316
卓资县旗下营镇	3374	8393	6380	3190	1	1	1016	3688
商都县十八顷镇	732	2587	461	1724	1	1	138	725
兴和县张皋镇	1500	6100	615	310	1	1	11	280
察右前旗玫瑰营镇	690	2428	874	1554	1	1	501	971
察右前旗平地泉镇	1744	7406	771	1414	3	3	45	1414
察右后旗土牧尔台镇	3900	15000	13000	8150	1	0	68	2000
东胜市万利镇	597	1790	1523	1706	1	1	6	1500
东胜市铜川镇	175	800	470	212	1	1	50	210
达拉特旗白泥井镇	293	1758	937	586	1	1	4	48
达拉特旗大树湾镇	215	1290	300	460	1	1	48	158
达拉特旗解放滩镇	189	1051	570	451	1	1	45	156
达拉特旗高头窑镇	500	1400	300	800	1	1	2	250
达拉特旗耳字壕镇	118	415	117	310	1	1	6	415
准格尔旗马栅镇	2314	4919	4854	981	1	1	0	0
准格尔旗东孔兑镇	603	2700	130	500	1	1	20	400
鄂托克旗碱柜镇	327	751	751	476	2	1	191	1800
杭锦旗巴拉贡镇	1100	4990	2442	3992	1	1	15	956
杭锦旗伊和乌素镇	469	1020	566	445	1	1	3	12

3—4—5 续表 5

名　　称	户　数（户）	人　口（人）	其中：非农业人口（人）	劳动力（人）	集贸市场个数（个）	其　中：综合市场个数（个）	企　业个　数（个）	企　业从　业人员数（人）
杭锦旗巴音乌素镇	1169	2561	1502	2154	1	1	12	85
杭锦旗独贵特拉镇	1660	3690	2150	3320	1	1	16	289
杭锦旗吉日嘎朗图镇	665	2252	2001	667	1	1	46	125
杭锦旗呼和木都镇	362	956	569	666	0	0	20	120
乌审旗沙尔利格镇	1925	6690	345	2620	0	0	70	213
乌审旗图克镇	1134	3920	258	2049	0	0	195	780
乌审旗合同察汗淖镇	3725	9140	7955	588	1	1	249	1022
伊金霍洛旗新街镇	896	2300	830	1200	2	1	324	1950
伊金霍洛旗乌兰木伦镇	1937	5207	5170	2017	1	1	82	1544
伊金霍洛旗台吉召镇	180	540	510	205	1	1	57	171
临河市图克镇	371	1642	1528	1064	1	1	89	180
临河市新华镇	800	3800	850	2300	1	1	250	1400
临河市狼山镇	415	1245	856	752	1	1	582	1087
临河市干召镇	84	592	260	180	1	1	60	135
临河市黄羊镇	172	1310	618	385	0	0	10	42
五原县套海镇	1506	6195	5377	866	1	1	0	0
五原县城关镇	879	3868	3868	500	4	0	70	500
五原县复兴镇	192	820	551	510	1	1	25	89
五原县塔尔湖镇	820	3450	1837	1081	1	1	135	1081
磴口县补隆镇	172	553	217	217	1	0	1	15
磴口县协成镇	320	1320	120	780	0	0	1	8
磴口县四坝镇	280	910	820	680	2	1	15	165
乌拉特前旗新安镇	271	700	153	230	1	1	69	138
乌拉特前旗大佘太镇	1747	6465	1564	2827	3	1	40	550
乌拉特前旗巴音花镇	1128	4530	3258	2159	3	2	25	705
乌拉特中旗乌加河镇	762	2501	1287	1610	0	0	283	1220
乌拉特中旗德岭山镇	389	1411	392	1054	0	0	181	1035
乌拉特中旗温更镇	122	438	438	637	0	0	117	586
乌拉特后旗巴音宝力格镇	3561	10575	10575	7508	1	1	106	316
杭锦后旗黄河镇	650	2600	2000	1700	0	0	4	45
杭锦后旗三道桥镇	690	1942	1498	1068	1	1	3	130
杭锦后旗蛮会镇	416	588	108	380	1	1	1	4
阿拉善左旗嘉尔格勒赛汉镇	145	284	213	240	1	1	132	555
阿拉善左旗乌素图镇	184	620	508	589	0	0	30	30
阿拉善左旗温都尔图镇	101	283	253	153	0	0	3	45
阿拉善左旗敖伦布拉格镇	88	301	269	134	0	0	1	16
阿拉善左旗古拉本镇	946	1434	502	1374	1	1	186	895
阿拉善左旗巴润别立镇	299	565	558	322	1	1	277	675
阿拉善左旗吉兰泰镇	5328	14484	11682	2331	2	2	9	2461
阿拉善右旗额镇	3410	10588	9176	913	1	1	470	588
阿拉善右旗雅布赖镇	1602	4272	3264	608	0	0	0	0

3—4—6　辽宁省建制镇镇区主要指标

名　　称	户　数（户）	人　口（人）	其中：非农业人口（人）	劳动力（人）	集贸市场个数（个）	其　中：综合市场个数（个）	企　业个　数（个）	企　业从　业人员数（人）
苏家屯区八一镇	1423	3822	771	1946	1	1	10	245
苏家屯区红菱堡镇	3344	11268	11268	1200	1	1	0	0
苏家屯区林盛堡镇	2311	8973	2310	3562	2	2	210	1450
苏家屯区沙河铺镇	870	2938	186	1096	0	0	15	400
苏家屯区十里河镇	1100	3036	810	511	2	1	496	1236
苏家屯区陈相屯镇	5094	14497	11840	6782	1	1	510	6082
苏家屯区姚千户屯镇	920	2700	548	420	3	2	8	175
东陵区英达镇	810	2435	153	587	0	0	20	120
东陵区高坎镇	2681	7713	2735	958	1	1	60	900
东陵区汪家镇	856	3266	248	2800	0	0	25	400
东陵区深井子镇	1810	4050	280	3700	1	1	38	2900
东陵区古城子镇	1200	3650	120	2100	1	1	16	1900
东陵区白塔镇	432	1206	210	490	1	1	4	105
东陵区桃仙镇	484	1724	368	631	1	1	8	248
东陵区祝家镇	728	2531	765	750	1	0	78	581
东陵区李相镇	521	1730	520	800	1	1	7	450
新城子区道义镇	1491	5586	5286	1918	1	1	93	1096
新城子区兴隆台镇	726	2486	189	1350	0	0	18	260
新城子区清水台镇	770	2124	1655	436	1	1	12	70
新城子区蒲河镇	513	1690	30	680	1	1	22	173
新城子区虎石台镇	472	1316	77	633	1	1	8	602
新城子区财落镇	1134	3749	283	1474	0	0	168	550
于洪区平罗镇	513	1830	130	670	1	1	73	330
于洪区马三家镇	5833	21001	1372	6380	1	1	31	452
于洪区沙岭镇	2821	9650	868	3456	1	1	111	549
于洪区大潘镇	1739	5997	460	2128	1	1	394	1325
于洪区造化镇	1405	5620	200	1589	0	0	53	410
于洪区翟家镇	518	1659	151	832	1	1	8	1200
于洪区彰驿站镇	1400	4710	250	1850	0	0	6	1280
辽中县辽中镇	40026	96325	84000	55000	6	1	4654	38500
辽中县于家房镇	1986	8380	300	5300	2	1	341	775
辽中县朱家房镇	1442	4929	230	1874	1	1	0	0
辽中县冷子堡镇	1348	5483	737	3240	1	1	177	1170
辽中县刘二堡镇	1127	3846	365	1423	1	1	330	1460
辽中县茨榆坨镇	6110	22136	4022	7563	5	1	6545	10859
辽中县新民屯镇	1148	4514	588	1622	2	1	123	985
辽中县满都户镇	2769	8964	2105	662	1	1	352	1230
辽中县杨士岗镇	1270	4325	320	1700	1	1	541	1474
辽中县肖寨门镇	1701	6464	339	2192	1	1	556	1178
辽中县长滩镇	912	2895	186	1185	1	1	1	12

3—4—6 续表 1

名　　称	户　数（户）	人　口（人）	其中：非农业人口（人）	劳动力（人）	集贸市场个数（个）	其　中：综合市场个数（个）	企　业个　数（个）	企　业从　业人员数（人）
辽中县四方台镇	1101	3456	325	1431	1	1	210	1320
康平县康平镇	23431	56598	132	800	4	2	10	107
康平县小城子镇	501	2015	55	469	2	1	28	230
康平县张强镇	827	3373	117	1085	1	1	4	156
康平县方家屯镇	779	3546	323	833	2	1	40	512
康平县东关屯镇	1000	4119	123	2100	0	0	7	100
法库县法库镇	1701	4896	139	1795	0	0	160	1150
法库县大孤家子镇	1112	3520	1490	1885	2	1	518	1500
法库县三面船镇	922	5272	528	1383	1	1	270	800
法库县秀水河镇	633	2100	355	820	1	1	210	550
法库县叶茂台镇	33	4225	545	2073	2	1	10	187
法库县登仕堡镇	484	1730	93	1072	1	1	13	60
法库县柏家沟镇	1262	4267	235	800	1	1	16	300
新民市柳河沟镇	340	1450	440	169	1	1	2	30
新民市大红旗镇	750	2565	2231	2055	1	1	513	2000
新民市梁山镇	422	1763	1097	950	2	1	10	580
新民市大柳屯镇	543	1730	298	688	3	1	88	234
新民市公主屯镇	2120	7870	825	1721	2	1	34	663
新民市兴隆镇	1450	5800	3150	2910	2	1	12	480
新民市兴隆堡镇	358	1350	243	465	1	1	10	356
新民市胡台镇	2385	6298	2316	2263	1	1	68	1700
新民市法哈牛镇	1831	6846	2047	3942	1	1	13	730
新民市前当堡镇	1582	5439	4818	1730	1	1	13	843
新民市大民屯镇	3424	10947	2826	700	2	2	143	352
甘井子区营城子镇	1979	5378	580	2298	1	1	19	413
甘井子区辛寨子镇	2711	7377	1306	1098	2	2	39	2335
甘井子区革镇堡镇	1263	3300	476	2050	1	1	25	1300
甘井子区红旗镇	4554	12559	1560	1242	1	1	15	1242
甘井子区凌水镇	1297	4083	1241	1052	3	2	3	762
甘井子区大连湾镇	1401	3031	1641	2551	1	1	95	2358
旅顺口区铁山镇	2434	6864	765	3660	1	1	30	1085
旅顺口区江西镇	921	2481	355	1150	2	2	19	450
旅顺口区双岛镇	793	2214	295	979	2	1	20	525
旅顺口区北海镇	161	411	23	281	1	1	17	216
旅顺口区三涧镇	891	2518	225	1130	1	1	20	1000
旅顺口区长城镇	1081	2920	293	1332	2	2	47	1012
旅顺口区龙头镇	886	2555	207	1834	1	1	28	1206
旅顺口区龙塘镇	1540	4667	860	1955	2	2	30	846
金州区大李家镇	1000	2800	720	1000	1	1	12	700
金州区得胜镇	1017	3425	402	2160	2	2	35	1608

3—4—6续表2

名称	户数(户)	人口(人)	其中:非农业人口(人)	劳动力(人)	集贸市场个数(个)	其中:综合市场个数(个)	企业个数(个)	企业从业人员数(人)
金州区登沙河镇	2278	4906	4883	2870	4	3	943	2270
金州区杏树屯镇	1263	4530	1240	2761	1	1	16	2011
金州区华家屯镇	465	1299	153	890	1	1	3	185
金州区亮甲店镇	1165	4727	2800	2330	2	0	15	600
金州区向应镇	662	1940	580	480	1	1	9	700
金州区石河镇	1707	5468	1940	2010	1	1	4	600
金州区廿里堡镇	1290	3671	720	1635	1	1	164	1548
金州区三十里堡镇	650	1800	1200	1600	2	1	22	627
金州区大委家镇	1430	4860	720	2650	1	1	36	1100
大连开发区董家沟镇	1386	3641	1055	2366	2	1	98	1632
大连开发区满家滩镇	993	2600	800	230	1	1	60	100
长海县大长山岛镇	6446	18573	16260	960	4	3	3	270
长海县獐子岛镇	3735	11103	1108	2700	2	1	9	1093
长海县王家镇	711	2457	286	569	0	0	12	106
瓦房店市复州城镇	10550	25043	13972	10657	2	1	461	5270
瓦房店市复州湾镇	11609	31552	23013	11600	3	3	41	2800
瓦房店市松树镇	4938	12495	10295	5200	1	1	9	3500
瓦房店市得利寺镇	1078	2522	2200	530	1	1	10	380
瓦房店市万家岭镇	1112	4086	1302	1135	1	1	46	898
瓦房店市许屯镇	2393	4819	3376	1436	1	1	89	870
瓦房店市永宁镇	673	2740	650	1545	1	1	12	2800
瓦房店市谢屯镇	1400	5700	1020	2070	1	1	4	1350
瓦房店市炮台镇	535	7342	1208	6700	3	1	30	6027
瓦房店市李店镇	1291	5175	246	1160	2	1	208	2012
瓦房店市老虎屯镇	410	1240	650	4020	1	1	38	4020
瓦房店市东岗镇	440	1122	146	580	1	1	5	45
瓦房店市长兴岛镇	1202	4195	345	1620	1	1	8	680
瓦房店市李官镇	1024	2698	492	820	1	1	9	320
瓦房店市仙浴湾镇	170	966	50	330	1	1	14	230
普兰店市唐家房镇	875	2760	320	1620	1	1	68	986
普兰店市大刘家镇	476	1500	227	555	1	1	1	42
普兰店市杨树房镇	846	4207	4207	5920	1	1	37	5240
普兰店市皮口镇	13525	34284	25821	20570	2	2	23	4861
普兰店市城子坦镇	3993	12132	8332	8900	1	1	35	3810
普兰店市双塔镇	635	2593	291	895	1	1	6	170
普兰店市安波镇	1969	6881	847	3362	1	1	6	1438
普兰店市四平镇	343	1047	230	813	1	1	10	420
普兰店市沙包镇	428	1825	327	678	1	1	42	1205
普兰店市瓦窝镇	1009	3058	350	833	1	0	124	559
普兰店市元台镇	1231	3363	750	1940	1	0	15	800

3－4－6 续表 3

名　　称	户　数（户）	人　口（人）	其中：非农业人口（人）	劳动力（人）	集贸市场个数（个）	其　中：综合市场个数（个）	企　业个　数（个）	企　业从　业人员数（人）
普兰店市大田镇	865	2802	250	1440	1	1	5	368
普兰店市大谭镇	608	1683	586	497	1	1	30	1500
普兰店市夹河庙镇	323	1231	178	568	1	1	9	482
普兰店市徐大屯镇	179	961	180	425	1	1	4	125
普兰店市莲山镇	953	2795	461	1800	2	1	16	680
普兰店市星台镇	523	1629	66	763	2	1	5	535
庄河市青堆镇	6300	15000	7750	4660	1	1	49	946
庄河市徐岭镇	1710	6895	985	2180	0	0	22	1440
庄河市吴炉镇	1247	3647	346	1709	1	1	12	624
庄河市小孤山镇	677	2304	305	920	2	1	13	120
庄河市黑岛镇	1276	4678	1248	2208	1	1	23	980
庄河市栗子房镇	1000	3600	200	1960	2	2	150	860
庄河市南尖镇	2015	7312	518	1815	3	3	115	769
庄河市大营镇	790	2809	266	1300	2	2	21	1018
庄河市塔岭镇	190	760	285	630	1	1	60	500
庄河市仙人洞镇	711	2550	260	980	1	1	14	600
庄河市蓉花山镇	1648	6588	2900	2350	1	1	30	850
庄河市长岭镇	511	1887	252	1566	1	1	26	310
庄河市荷花山镇	525	1454	689	730	1	1	13	110
庄河市城山镇	674	1966	239	1291	2	1	24	991
庄河市光明山镇	743	2628	176	1851	1	1	25	900
庄河市大郑镇	1251	4353	540	2166	1	1	40	1520
庄河市高阳镇	106	1195	860	1850	1	1	21	656
庄河市尖山镇	1015	2993	443	1497	2	2	43	843
庄河市明阳镇	1262	3763	703	1482	1	1	32	830
千山区东鞍山镇	643	2403	519	1368	1	0	14	890
千山区唐家房镇	600	2040	310	450	1	1	4	80
千山区大孤山镇	535	1900	135	718	0	0	17	216
千山区千山镇	1346	4443	1627	2126	1	1	45	650
千山区齐大山镇	550	1432	240	791	2	2	51	1101
千山区沙河镇	720	2420	180	1560	0	0	36	1082
千山区宋三镇	545	1720	70	1210	0	0	2	60
千山区宁远屯镇	897	3131	95	1869	2	1	337	1275
千山区大阳气镇	544	1804	63	680	0	0	15	450
千山区汤岗子镇	2498	7190	5252	2568	3	3	165	2970
台安县富家镇	789	2472	257	3249	1	1	258	1983
台安县桑林镇	772	2606	405	1456	2	1	170	904
台安县西佛镇	1947	6561	636	952	1	1	10	337
台安县新开河镇	557	1851	89	420	1	1	4	2280
台安县黄沙镇	1269	3876	920	1765	1	1	231	1684

3—4—6 续表 4

名　称	户数(户)	人口(人)	其中：非农业人口(人)	劳动力(人)	集贸市场个数(个)	其中：综合市场个数(个)	企业个数(个)	企业从业人员数(人)
台安县高力房镇	1843	5894	1157	3856	2	1	587	2018
台安县达牛镇	1341	4575	8	1150	1	1	92	476
台安县桓洞镇	921	3000	280	1364	2	1	105	1742
台安县新台镇	884	2826	545	920	1	1	10	194
台安县大张镇	989	3197	102	1275	1	1	166	2238
台安县韭菜台镇	626	1934	64	880	2	1	102	580
台安县新华镇	120	320	160	65	1	1	5	75
岫岩县三家子镇	550	2000	330	550	1	1	52	200
岫岩县石庙子镇	620	2350	300	700	1	1	5	480
岫岩县汤沟镇	500	1500	300	900	0	0	100	430
岫岩县黄花甸镇	1190	3677	1120	1029	2	1	30	1029
岫岩县大营子镇	1027	3226	539	1677	1	1	510	1336
岫岩县苏子沟镇	762	2632	418	899	1	1	150	1566
岫岩县偏岭镇	800	3500	850	1440	1	1	4	1800
岫岩县哈达碑镇	873	3351	243	845	5	1	12	190
岫岩县石灰窑镇	728	2705	209	710	0	0	2	66
岫岩县前营子镇	200	856	56	619	1	1	1	10
岫岩县龙潭镇	160	554	162	183	1	1	7	523
岫岩县新甸镇	773	2985	171	5187	1	1	178	4000
岫岩县兴隆镇	1400	5400	700	2800	2	1	400	1020
岫岩县杨家堡镇	1187	4610	346	2194	1	1	24	218
岫岩县洋河镇	714	2802	912	831	1	1	18	624
海城市孤山镇	734	2646	182	600	1	1	2	38
海城市岔沟镇	243	896	78	69	1	1	10	320
海城市接文镇	976	3612	190	759	1	1	191	337
海城市析木镇	940	2953	226	900	1	1	10	850
海城市马风镇	325	1315	28	313	2	1	8	74
海城市什司县镇	757	2573	130	860	0	0	4	40
海城市牌楼镇	3322	11447	2041	2759	1	1	568	2523
海城市八里镇	1445	4951	2980	2380	1	1	260	2321
海城市毛祁镇	653	2643	110	384	1	1	9	500
海城市英落镇	254	835	106	299	1	1	4	100
海城市感王镇	1140	4646	895	854	4	2	13	710
海城市西柳镇	4894	18796	12437	10375	1	2	3123	13256
海城市中小镇	1245	5612	242	824	1	1	12	548
海城市验军镇	1022	3601	217	688	2	1	5	300
海城市王石镇	427	1337	12	512	1	0	69	320
海城市南台镇	4944	12355	7775	6000	3	1	5	300
海城市甘泉镇	1292	4581	801	1439	1	1	52	626
海城市大屯镇	755	2456	520	657	3	1	60	400

3—4—6 续表 5

名　　称	户　数（户）	人　口（人）	其中：非农业人口（人）	劳动力（人）	集贸市场个数（个）	其　中：综合市场个数（个）	企　业个　数（个）	企　业从　业人员数（人）
海城市腾鳌镇	2821	7075	3820	1248	0	0	40	1200
海城市新台子镇	692	2810	203	1174	0	0	2	57
海城市东四方台镇	220	779	33	30	0	0	4	30
海城市耿庄镇	627	2301	204	704	3	1	6	428
海城市东四镇	815	2965	2857	789	1	1	108	360
海城市牛庄镇	9143	27091	10239	12080	2	1	8	239
海城市西四镇	1120	3886	160	2010	1	1	8	245
海城市望台镇	1456	4983	477	1469	1	1	10	120
海城市温香镇	2120	6732	812	2230	2	1	36	528
海城市高坨子镇	1089	4683	4485	1408	2	1	122	1918
顺城区前甸镇	1397	4271	1523	1486	1	1	372	1172
李石区李石镇	4002	10774	3708	5424	1	1	719	4294
望花区塔峪镇	803	2632	442	853	1	1	9	798
抚顺县石文镇	1278	3548	1546	2544	1	1	334	2050
抚顺县后安镇	652	2121	460	920	1	1	108	206
新宾县新宾镇	15227	38877	32874	19726	3	2	7	291
新宾县永陵镇	4968	13813	846	3556	2	1	1	567
新宾县南杂木镇	6022	15127	11874	6125	2	2	124	3412
新宾县大四平镇	651	3888	2488	1840	2	1	4	514
新宾县旺清门镇	773	2757	434	1273	1	1	6	273
新宾县木奇镇	842	3430	1011	2419	1	1	11	240
新宾县上夹河镇	750	2716	532	1201	1	1	10	325
新宾县平顶山镇	894	3264	2574	820	2	1	3	30
新宾县苇子峪镇	784	2676	1100	628	1	1	6	220
清原县清原镇	507	1068	720	895	5	5	13	520
清原县红透山镇	1617	4394	1995	1250	1	0	2	16
清原县草市镇	1229	4255	2610	1430	1	1	3	150
清原县英额门镇	1342	4194	1531	2709	1	1	3	240
清原县南口前镇	2879	8252	5382	4590	1	1	15	120
清原县南山城镇	1239	3957	1220	780	3	1	10	265
清原县湾甸子镇	834	1938	1458	124	1	1	3	70
清原县大孤家镇	880	3520	279	2800	2	2	2	68
清原县夏家堡镇	655	2195	886	101	2	1	5	60
平山区桥头镇	1856	5385	5385	4810	2	1	13	156
平山区北台镇	7708	23412	22512	4800	2	2	11	150
溪湖区火连寨镇	1714	6142	5142	4094	1	1	8	100
溪湖区歪头山镇	3174	9146	1600	4800	2	1	17	521
溪湖区东风镇	710	2200	910	680	1	1	2	50
溪湖区石桥子镇	2777	7420	5780	1100	3	3	70	1369
明山区高台子镇	546	2421	540	420	1	1	7	237

3—4—6续表6

名　称	户数（户）	人口（人）	其中：非农业人口（人）	劳动力（人）	集贸市场个数（个）	其中：综合市场个数（个）	企业个数（个）	企业从业人员数（人）
明山区卧龙镇	3552	11566	6939	3807	2	1	20	685
明山区牛心台镇	4050	14300	12090	6890	3	1	9	412
南芬区下马塘镇	1890	4200	2400	1520	2	1	4	110
本溪县草河掌镇	790	2701	498	320	1	1	14	150
本溪县草河城镇	390	1048	360	330	2	1	15	78
本溪县草河口镇	518	1600	1400	400	2	2	20	280
本溪县连山关镇	864	1953	1953	585	1	1	22	480
本溪县偏岭镇	288	1368	463	178	1	1	18	190
本溪县清河城镇	580	1717	394	970	1	1	8	86
本溪县山城子镇	504	1740	101	667	1	1	5	170
本溪县泉水镇	392	1459	32	342	1	1	8	245
本溪县田师付镇	1294	7272	4510	915	1	1	53	518
本溪县南甸镇	2654	8618	5393	1200	2	1	15	185
本溪县碱厂镇	2157	6515	2795	2925	2	1	80	1100
桓仁县普乐堡镇	1024	3769	568	2110	2	1	23	322
桓仁县二棚甸子镇	750	2250	430	150	1	1	0	0
桓仁县沙尖子镇	790	3118	233	53	1	1	1	25
桓仁县五里甸子镇	446	1800	260	155	1	1	2	120
桓仁县二户来镇	1952	6627	5887	2256	2	2	11	210
桓仁县铧尖子镇	773	2691	342	1970	2	2	7	400
桓仁县木盂子镇	672	2689	379	1087	1	1	0	0
桓仁县八里甸子镇	624	2630	425	615	1	1	12	354
桓仁县拐磨子镇	735	2680	500	1700	1	1	4	150
振安区浪头镇	2528	6935	4953	3500	1	1	38	1034
振安区同兴镇	1345	4597	850	2202	1	1	183	1986
振安区蛤蟆塘镇	2750	17800	11500	3665	1	1	260	900
振安区五龙背镇	5014	14820	14622	10050	2	2	367	980
振安区楼房镇	233	1300	38	201	1	1	5	1827
振安区九连城镇	1407	4606	302	1450	1	1	3	500
宽甸县灌水镇	3634	10675	6583	7950	1	1	610	7400
宽甸县大川头镇	90	323	118	165	1	1	11	35
宽甸县硼海镇	479	1807	903	306	1	1	16	157
宽甸县红石镇	924	3492	402	1426	1	1	32	615
宽甸县青椅山镇	220	1450	260	620	1	1	5	482
宽甸县毛甸子镇	387	1032	282	252	1	1	12	360
宽甸县杨木川镇	350	864	386	697	1	1	8	500
宽甸县虎山镇	210	1320	240	520	1	1	4	240
宽甸县长甸镇	950	2950	2063	1100	1	1	14	550
宽甸县永甸镇	1851	6575	1952	470	1	1	8	470
宽甸县下露河镇	483	1773	295	721	1	1	38	128

3—4—6续表7

名　　称	户　数（户）	人　口（人）	其中：非农业人口（人）	劳动力（人）	集贸市场个数（个）	其　中：综合市场个数（个）	企　业个　数（个）	企　业从　业人员数（人）
宽甸县振江镇	514	1874	257	731	1	1	11	281
宽甸县步达远镇	520	1695	369	485	1	1	12	269
宽甸县大西岔镇	615	2450	324	261	1	1	5	156
宽甸县太平哨镇	595	2005	929	1560	1	1	20	380
宽甸县青山沟镇	664	2388	210	777	1	1	6	54
宽甸县牛毛坞镇	610	2970	347	931	2	2	9	394
宽甸县八河川镇	291	1007	217	326	1	1	95	260
宽甸县双山子镇	473	1789	273	736	1	1	40	200
东港市孤山镇	5670	16601	16601	9000	1	1	151	8000
东港市安民镇	677	2530	246	3195	1	1	67	2829
东港市汤池镇	436	1295	200	325	1	1	5	212
东港市前阳镇	6949	23451	4735	10045	2	1	39	3210
东港市长安镇	400	1200	500	150	1	1	40	1000
东港市十字街镇	340	1060	210	710	1	1	6	710
东港市长山镇	1027	3937	522	2053	2	2	22	1223
东港市北井子镇	1836	7851	1781	1660	1	1	26	1580
东港市椅圈镇	810	2540	38	1856	2	1	84	650
东港市黄土坎镇	965	2980	176	1706	2	1	115	625
东港市合隆镇	851	3035	41	521	2	2	131	371
东港市东尖山镇	312	1021	121	615	1	1	13	410
东港市马家店镇	1015	4310	1710	2145	1	1	3	220
东港市龙王庙镇	940	3145	260	1440	2	1	198	727
东港市小甸子镇	1057	3560	305	1520	1	1	78	1135
东港市黑沟镇	283	1268	246	643	1	1	6	804
东港市新立镇	986	3706	427	2382	1	1	103	645
东港市新农镇	4950	17333	630	7650	1	1	3	195
东港市菩萨庙镇	1100	5100	800	2500	1	1	42	1700
凤城市宝山镇	474	1765	247	630	1	1	6	320
凤城市白旗镇	581	2009	1530	657	2	1	34	223
凤城市沙里镇	444	1498	162	408	3	3	7	220
凤城市红旗镇	848	2971	479	1140	1	1	8	979
凤城市兰旗镇	723	2465	340	1216	1	1	4	116
凤城市玉龙镇	364	1243	278	850	1	1	102	560
凤城市边门镇	1923	5925	1259	1250	1	1	252	805
凤城市汤山镇	1270	4031	934	1424	2	1	163	1609
凤城市东汤镇	973	3554	155	839	3	3	5	300
凤城市大堡蒙古族镇	1175	4370	850	1862	1	1	7	464
凤城市大兴镇	495	1634	199	345	2	1	67	436
凤城市石城镇	507	2240	330	510	1	1	4	296
凤城市艾阳镇	938	3434	801	1790	1	1	244	695

3—4—6 续表 8

名　　称	户　数（户）	人　口（人）	其中：非农业人口（人）	劳动力（人）	集贸市场个数（个）	其　中：综合市场个数（个）	企　业个　数（个）	企　业从　业人员数（人）
凤城市赛马镇	2590	8607	4205	5200	1	1	680	1280
凤城市弟兄镇	4216	15177	2630	1700	1	1	389	1668
凤城市鸡冠山镇	4068	12000	3879	1600	1	1	477	2163
凤城市刘家河镇	1393	4965	1538	1220	3	3	12	490
凤城市通远堡镇	3566	9669	7800	5600	2	1	8	825
凤城市四门子镇	450	8260	1200	1750	4	4	7	1100
凤城市青城子镇	3614	11759	13099	5210	2	2	5	680
黑山县黑山镇	29995	74992	12925	32314	0	0	5027	30142
黑山县芳山镇	1316	3290	1279	770	1	1	3	55
黑山县白厂门镇	1810	3535	472	655	1	1	2	32
黑山县常兴镇	1743	5375	1361	620	1	1	6	260
黑山县姜屯镇	1201	3875	121	1109	1	1	1	24
黑山县励家镇	1684	5216	2508	2030	1	1	10	150
黑山县绕阳河镇	1006	3899	1930	890	1	1	3	80
黑山县半拉门镇	1380	4870	1041	870	3	2	3	50
黑山县无梁殿镇	850	2500	300	730	1	1	6	55
黑山县胡家镇	1055	3627	765	2000	1	1	4	100
黑山县新立屯镇	7476	19929	12513	6648	4	4	13	312
黑山县八道壕镇	8893	24053	20799	9620	1	1	1270	3730
黑山县大虎山镇	9731	24977	19980	9366	3	1	27	758
黑山县四家子镇	400	1251	140	485	1	1	78	140
黑山县新兴镇	348	1431	56	570	0	0	2	45
黑山县小东镇	1062	2194	1240	1135	1	1	11	56
黑山县太和镇	304	923	128	450	1	1	4	244
黑山县羊肠河镇	467	1559	41	462	1	1	108	204
义县义州镇	21532	57328	53598	22500	4	2	15	280
义县刘龙台镇	580	1559	205	550	1	1	4	108
义县七里河镇	310	5150	1022	1345	1	1	310	910
义县大榆树堡镇	586	3400	1223	2100	1	1	8	155
义县稍户营子镇	836	3091	608	450	1	1	40	80
义县九道岭镇	403	1613	185	534	1	1	5	273
义县高台子镇	137	475	12	185	1	1	12	44
义县罗家屯镇	356	1452	95	60	1	1	2	15
义县瓦子峪镇	690	2762	134	775	1	1	2	19
凌海市新庄子镇	767	3050	743	1411	1	1	4	200
凌海市翠岩镇	285	1217	180	340	1	1	5	109
凌海市松山镇	1192	3826	148	1790	1	1	5	70
凌海市娘娘宫镇	788	2678	136	1488	1	1	82	207
凌海市石山镇	1730	5200	2700	2400	2	2	3	200
凌海市余积镇	1265	4080	95	1650	1	1	410	920

3—4—6 续表 9

名　　称	户 数（户）	人 口（人）	其中：非农业人口（人）	劳动力（人）	集贸市场个数（个）	其 中：综合市场个数（个）	企 业 个 数（个）	企 业 从 业 人员数（人）
凌海市双羊镇	1396	4050	1567	2960	1	1	13	1580
凌海市班吉塔镇	452	1961	630	310	1	1	1	15
凌海市沈家台镇	52	1859	135	700	1	1	9	800
凌海市三台子镇	682	3133	489	1293	1	1	103	415
凌海市右卫镇	109	3529	639	2750	1	1	4	400
凌海市阎家镇	1033	3036	428	1550	1	1	9	200
北宁市大市镇	934	3486	300	150	1	1	2	30
北宁市罗罗堡镇	791	3179	431	1300	1	1	50	260
北宁市常兴店镇	1219	4428	234	2134	1	1	9	220
北宁市正安镇	1445	5174	642	1454	1	1	74	280
北宁市闾阳镇	9352	31332	1035	10092	1	1	1300	3300
北宁市中安镇	1942	6501	675	3406	3	1	265	614
北宁市廖屯镇	1341	4693	470	141	1	1	5	180
北宁市窟窿台镇	1200	4000	100	3000	1	0	0	0
北宁市赵屯镇	1666	6203	432	3486	1	1	8	550
北宁市高山子镇	3043	9200	5100	1310	1	1	6	657
北宁市广宁镇	14501	41418	12994	6210	0	0	0	0
北宁市沟帮子镇	12879	26874	26874	8658	7	2	5	444
老边区路南镇	940	3472	680	940	1	1	14	640
老边区边城镇	1755	3200	673	1870	1	0	48	1420
老边区二道镇	1490	2914	1077	1145	1	1	18	660
盖州市高屯镇	483	2257	685	1125	1	1	25	125
盖州市城关镇	2225	5682	1094	2510	2	1	7	360
盖州市榜式卜镇	823	2506	212	2142	1	1	88	1356
盖州市团甸镇	780	2221	79	832	1	1	0	0
盖州市暖泉镇	418	1415	40	804	1	1	5	2760
盖州市太阳升镇	854	2582	67	781	1	1	5	140
盖州市徐屯镇	605	2243	148	1088	0	0	28	630
盖州市团山镇	297	1014	162	348	0	0	1	10
盖州市沙岗镇	440	1039	315	380	1	1	10	1500
盖州市芦屯镇	4515	14066	6887	4502	2	2	31	1418
盖州市红旗镇	877	3062	400	1500	2	1	7	1760
盖州市双台镇	1175	5172	280	2871	0	0	16	200
盖州市熊岳镇	1315	3061	3061	1820	3	3	30	4100
盖州市九寨镇	1763	4967	2209	1436	1	1	14	175
盖州市陈屯镇	710	2311	56	1030	1	1	1	10
盖州市杨运镇	416	1635	515	985	1	1	5	370
盖州市归州镇	494	1648	38	480	0	0	2	110
盖州市九垅地镇	438	1642	35	390	1	0	7	340
盖州市梁屯镇	460	1721	180	405	1	1	7	445

3—4—6 续表 10

名　　称	户　数（户）	人　口（人）	其中：非农业人口（人）	劳动力（人）	集贸市场个数（个）	其　中：综合市场个数（个）	企　业个　数（个）	企　业从　业人员数（人）
盖州市万福镇	2035	5656	2931	3773	2	1	250	1282
盖州市什字街镇	324	1090	30	255	1	1	1	54
盖州市镇矿洞沟镇	317	1098	32	658	1	1	0	0
盖州市卧龙泉镇	716	2461	794	587	1	1	8	246
大石桥市水源镇	536	1864	38	1220	1	1	4	3740
大石桥市沟沿镇	390	1761	260	1036	1	1	4	460
大石桥市石佛镇	1120	3686	436	864	1	1	4	64
大石桥市高坎镇	2100	7000	1360	1200	1	1	38	798
大石桥市旗口镇	803	4540	1519	2059	1	1	2	195
大石桥市虎庄镇	2214	7302	758	3500	1	1	24	1200
大石桥市官屯镇	828	2889	600	1685	1	1	12	868
大石桥市博洛卜镇	1788	7238	716	2542	1	1	11	130
大石桥市永安镇	552	1860	482	730	1	1	18	380
大石桥市汤池镇	569	2341	195	1030	1	1	9	900
大石桥市周家镇	340	1500	200	800	1	1	20	300
大石桥市苇子峪镇	350	1392	50	425	1	1	4	116
大石桥市建一镇	443	1753	23	630	1	1	12	230
大石桥市黄土岭镇	467	2030	451	525	1	0	5	62
大石桥市吕王镇	268	1065	22	300	1	1	9	400
清河门区河西镇	505	1586	101	604	1	1	35	424
清河门区乌龙坝镇	351	1210	97	573	1	1	29	344
细河区韩家店镇	707	2698	641	520	1	1	26	446
细河区四河镇	2300	8330	2930	844	1	1	39	600
细河区长营子镇	1500	4750	2270	880	0	0	50	320
细河区水泉镇	320	1000	380	350	1	1	3	200
细河区华东镇	602	1587	158	909	1	0	5	92
阜新县阜新镇	15300	57000	48740	521	2	0	50	480
阜新县他本镇	650	2069	600	720	0	0	86	627
阜新县东梁镇	1408	5229	2600	1200	2	1	24	800
阜新县佛寺镇	386	1345	320	460	0	0	5	56
阜新县新民镇	531	1847	304	536	2	0	1	20
阜新县伊吗图镇	1136	3375	714	145	1	0	11	934
阜新县旧庙镇	840	3344	796	1766	2	1	77	248
阜新县福兴地镇	650	2450	460	509	1	1	40	380
阜新县务欢池镇	1371	4755	1385	1568	1	1	24	280
阜新县建设镇	531	1862	296	350	1	1	12	98
阜新县平安地镇	600	3269	1200	600	1	1	1	45
阜新县大巴镇	872	2265	1838	1580	2	2	11	465
阜新县沙拉镇	160	550	90	180	1	1	2	54
阜新县泡子镇	2336	7610	2422	3261	4	1	417	1968

3—4—6 续表 11

名　　称	户　数（户）	人　口（人）	其中：非农业人口（人）	劳动力（人）	集贸市场个数（个）	其　中：综合市场个数（个）	企　业个　数（个）	企　业从　业人员数（人）
阜新县大固本镇	330	1679	293	150	1	1	10	86
阜新县十家子镇	567	2437	689	1080	2	1	8	96
阜新县王府镇	1334	4701	1100	1615	1	1	10	200
阜新县大五家子镇	570	1800	300	353	1	1	10	50
阜新县于寺镇	323	816	432	400	2	1	8	186
阜新县富荣镇	235	835	321	285	1	1	1	3
阜新县大板镇	284	993	224	185	1	1	8	94
彰武县哈尔套镇	1354	5794	1995	1989	1	1	60	485
彰武县章古台镇	1289	4173	1850	2100	1	1	3	166
彰武县五峰镇	806	2681	985	1162	1	1	9	280
彰武县冯家镇	1036	3764	1066	1476	1	1	1	16
彰武县后新秋镇	525	1895	326	723	1	1	64	171
彰武县东六家子镇	387	1772	585	974	1	1	13	102
彰武县阿尔镇镇	858	3628	1183	1772	1	1	4	264
弓长岭区汤河镇	912	3020	1075	650	3	1	19	620
太子河区祁家镇	2342	9366	2009	4045	1	0	77	560
辽阳县首山镇	23117	52904	48447	4188	6	4	359	2055
辽阳县刘二堡镇	11749	34647	8909	15399	3	3	588	5326
辽阳县小屯镇	1150	3659	620	1201	2	2	7	315
辽阳县小北河镇	1554	5008	731	3800	1	1	7	260
辽阳县黄泥洼镇	1905	5662	5014	2050	2	1	63	591
辽阳县沙岭镇	1897	6490	624	1840	0	0	10	505
辽阳县唐马镇	1032	3360	460	1800	1	1	6	126
辽阳县穆家镇	2243	7023	878	2955	1	1	11	150
辽阳县柳壕镇	1144	3616	463	1313	0	0	2	56
辽阳县兰家镇	1806	5072	1466	1186	2	1	33	510
辽阳县河栏镇	480	1841	211	472	1	1	18	234
辽阳县隆昌镇	920	3210	530	1904	1	1	0	0
辽阳县八会镇	363	1307	237	300	1	1	13	120
辽阳县寒岭镇	623	1531	983	800	5	4	3	32
灯塔市佟二堡镇	3710	11649	1786	10000	5	2	1800	5400
灯塔市铧子镇	450	1501	700	773	1	1	260	500
灯塔市张台子镇	921	2894	2146	110	1	1	12	1000
灯塔市西大窑镇	920	3056	600	400	1	1	46	2000
灯塔市沈旦堡镇	1397	4936	416	2058	1	1	225	634
灯塔市西马锋镇	646	2084	82	1084	1	1	1	110
灯塔市柳条寨镇	602	1819	6	91	1	1	0	0
灯塔市柳河子镇	702	2460	180	900	1	1	12	480
灯塔市罗大台镇	846	2638	270	1755	1	1	15	1500

3—4—6 续表 12

名称	户数（户）	人口（人）	其中：非农业人口（人）	劳动力（人）	集贸市场个数（个）	其中：综合市场个数（个）	企业个数（个）	企业从业人员数（人）
灯塔市王家镇	1213	4414	185	30	1	1	2	60
灯塔市大河南镇	645	2299	130	677	0	0	143	495
灯塔市单庄子镇	722	435	108	100	1	1	1	50
灯塔市五星镇	489	1537	216	336	1	1	1	80
灯塔市沙浒镇	354	1164	47	80	0	0	0	0
大洼县二界沟镇	2322	8171	1316	2914	1	1	4	158
大洼县东风镇	227	610	163	500	1	1	3	80
大洼县新开镇	690	1535	881	550	1	1	2	35
大洼县田家镇	1793	4389	1314	1166	2	1	9	730
大洼县清水镇	260	2632	820	1570	1	1	6	540
大洼县新兴镇	2020	6701	430	3950	1	1	2	45
大洼县西安镇	7041	25549	20958	5060	1	1	18	1183
大洼县新立镇	852	2968	2463	1280	1	1	8	256
盘山县沙岭镇	1660	5182	4704	1530	1	1	4	100
盘山县高升镇	2529	8907	1995	2300	2	1	500	2100
盘山县胡家镇	1150	3102	2723	3200	2	1	141	800
盘山县古城子镇	584	2116	2004	871	1	1	51	391
盘山县坝墙子镇	6150	18280	2077	281	2	1	6	134
盘山县太平镇	2055	6582	1708	1730	2	2	13	360
清河区张相镇	1870	5628	4610	2000	2	0	19	1238
铁岭县阿吉镇	1349	4218	449	1328	1	1	3	220
铁岭县镇西堡镇	1300	3000	900	1085	1	1	4	48
铁岭县凡河镇	1180	4323	2705	1200	4	4	25	1200
铁岭县新台子镇	3614	10505	9298	4314	1	1	24	1300
铁岭县腰堡镇	724	1979	912	280	1	1	15	460
铁岭县平顶堡镇	998	3198	828	848	1	1	11	304
铁岭县大甸子镇	1518	5550	1945	3500	1	1	386	1450
铁岭县蔡牛镇	490	1808	30	705	1	1	6	40
铁岭县大青镇	400	1405	54	310	2	1	1	110
铁岭县双井子镇	596	2156	1154	1018	1	1	4	165
铁岭县熊官屯镇	759	2525	1635	1242	1	1	78	306
铁岭县李千户镇	1000	3800	1800	1120	2	1	563	920
铁岭县横道河子镇	400	1200	600	300	1	1	7	204
铁岭县催阵堡镇	600	2800	2680	300	4	3	2	160
铁岭县鸡冠山镇	4527	13591	300	5433	3	1	22	466
铁岭县白旗寨镇	12166	30488	23397	15244	4	1	4062	6058
昌图县三江口镇	3151	7747	4750	1473	1	1	175	340
昌图县金家镇	1100	2700	1700	2000	2	1	9	453
昌图县宝力镇	2538	6958	2961	6300	1	1	15	300
昌图县泉头满族自治镇	1638	4803	4803	1062	1	1	12	596

3—4—6 续表 13

名　　称	户　数（户）	人　口（人）	其中：非农业人口（人）	劳动力（人）	集贸市场个数（个）	其　中：综合市场个数（个）	企　业个　数（个）	企　业从　业人员数（人）
昌图县双庙子镇	2182	6106	3756	1111	1	1	356	1016
昌图县亮中桥镇	511	905	905	1881	3	1	51	1000
昌图县马仲河镇	454	1235	959	600	1	1	6	220
昌图县毛家店镇	1840	4843	2403	2500	1	1	18	972
昌图县老四平镇	754	1970	970	420	1	1	10	310
昌图县大洼镇	752	1517	1517	650	1	1	1	150
昌图县头道镇	500	1601	505	705	1	1	1	30
昌图县此路镇	1168	3100	1330	760	1	1	1	30
昌图县付家镇	1321	3510	2110	1200	1	1	5	116
昌图县两家镇	2277	7682	1493	2872	1	1	2	180
昌图县七家子镇	611	1840	463	946	2	2	143	562
昌图县四合镇	210	850	730	291	1	1	4	300
昌图县朝阳镇	79	165	165	90	1	1	6	175
昌图县前双井子镇	208	686	215	445	1	1	8	246
昌图县东嘎镇	410	1400	550	100	1	1	2	20
昌图县古榆树镇	226	689	342	256	1	1	8	310
昌图县四面城镇	1540	5410	1020	1350	1	1	92	150
铁法市铁法镇	24629	64564	150	19369	3	3	42	800
铁法市晓明镇	498	1218	1177	300	1	0	8	63
铁法市大明镇	9952	29891	26790	1030	1	1	430	600
铁法市孤山子镇	156	520	520	114	1	1	3	40
铁法市晓南镇	4695	12863	11641	5948	2	1	35	1147
铁法市晓青镇	540	1764	145	953	1	1	360	1080
开原市老城镇	493	1428	120	575	2	1	10	50
开原市中固镇	746	2963	1663	1052	1	1	9	285
开原市庆云堡镇	1300	4365	51	1236	1	1	141	399
开原市八棵树镇	1260	5680	2450	2000	2	1	145	352
开原市威远堡镇	760	3289	821	1813	1	1	148	243
开原市金沟子镇	1500	4875	912	1620	1	1	16	704
开原市八宝屯镇	1443	4692	640	1462	1	1	6	485
开原市莲花镇	676	2408	221	1300	2	1	120	280
开原市业民镇	816	2930	130	1536	1	1	37	234
开原市靠山镇	672	2070	198	618	1	1	9	215
龙城区西大营子镇	618	1168	2039	5042	1	1	8	322
龙城区召都巴镇	1041	3500	237	846	1	1	4	160
朝阳县大平房镇	1384	4242	2221	2500	1	1	7	200
朝阳县波罗赤镇	917	3204	253	1633	1	1	2	36
朝阳县木头城子镇	1541	4111	576	1600	1	1	4	122
朝阳县二十家子镇	1500	6113	1077	2507	3	3	46	753
朝阳县羊山镇	896	4434	1045	2200	1	1	10	100

3－4－6 续表 14

名　　称	户　数（户）	人　口（人）	其中：非农业人口（人）	劳动力（人）	集贸市场个数（个）	其　中：综合市场个数（个）	企　业个　数（个）	企　业从　业人员数（人）
朝阳县六家子镇	526	2584	360	1100	1	1	2	59
朝阳县瓦房子镇	1546	5457	189	3510	1	1	8	935
朝阳县大庙镇	510	2100	469	150	1	1	3	312
建平县朱碌科镇	1278	3060	1000	1315	2	1	3	75
建平县建平镇	1740	4490	1964	3100	1	1	30	240
建平县黑水镇	4115	16400	1818	1934	3	2	11	1934
建平县喀喇沁镇	1481	4153	1151	1950	1	1	150	1248
建平县二十家子镇	442	1621	421	872	1	1	56	181
建平县沙海镇	1039	2921	1921	900	1	1	10	180
建平县万寿镇	3833	9001	2112	2895	1	1	280	896
建平县哈拉道口镇	1107	5024	897	2211	1	1	650	3854
建平县深井镇	5178	16673	918	920	1	1	8	380
建平县榆树林镇	1715	5207	671	3307	1	1	229	409
建平县老官地镇	349	953	823	340	1	1	234	1809
建平县奎德素镇	1403	5132	1603	2326	1	1	92	170
建平县小塘镇	1280	5210	3900	2400	1	1	90	490
喀左县南公营子镇	1819	5308	1200	2634	1	1	110	310
喀左县山嘴子镇	1510	5289	2200	3100	1	1	70	130
喀左县南哨镇	298	1417	676	824	0	0	4	12
喀左县公营子镇	4326	13845	10147	6650	2	1	2	400
喀左县白塔子镇	1289	3662	1436	1394	1	1	190	600
喀左县中三家镇	817	1973	683	1278	1	1	53	220
喀左县老爷庙镇	712	2656	100	1135	1	1	25	100
喀左县六官营子镇	358	1339	204	742	1	1	35	40
喀左县平房子镇	600	2542	190	1344	1	1	84	130
北票市西官营镇	754	3194	234	150	1	1	7	20
北票市大板镇	940	3600	1200	1280	1	0	160	640
北票市上园镇	484	3147	1481	760	1	1	5	60
北票市宝国老镇	600	1989	150	1150	3	3	3	120
北票市黑城子镇	410	1237	308	763	2	2	4	239
凌源市万元店镇	88	274	200	400	1	1	29	2000
凌源市宋杖子镇	955	3322	828	1065	1	1	15	626
凌源市三十家子镇	2145	14950	1220	12050	1	1	40	1200
凌源市四合当镇	300	1000	500	963	1	1	10	503
凌源市刀尔登镇	626	2458	1021	2806	1	1	136	701
凌源市松岭子镇	993	2718	1176	1900	1	1	17	600
凌源市四官营子镇	780	2902	271	1240	2	1	1	54
凌源市凌北镇	674	2436	210	1186	1	1	8	620
凌源市小城子镇	541	1855	30	1033	1	1	3	40
凌源市沟门子镇	500	1800	200	1000	1	1	20	200

3—4—6 续表 15

名　　称	户　数（户）	人　口（人）	其中：非农业人口（人）	劳动力（人）	集贸市场个数（个）	其　中：综合市场个数（个）	企　业个　数（个）	企　业从　业人员数（人）
连山区虹螺岘镇	3786	11446	2266	3384	2	1	306	1235
连山区高桥开发区	4250	13016	194	9866	1	1	26	2697
连山区钢屯镇	1037	3046	88	1050	2	2	7	317
连山区寺儿堡镇	468	1620	135	520	1	1	120	700
连山区新台门镇	660	2500	8	784	1	1	0	0
连山区金星镇	2091	6453	743	3434	1	1	2	200
连山区台集屯镇	601	1841	20	626	1	1	8	700
龙港区连湾镇	1082	2994	636	1932	0	0	0	0
龙港区北港镇	625	1737	203	860	0	0	4	107
南票区缸窑岭镇	325	1900	300	1100	1	1	63	350
南票区暖池塘镇	849	2874	250	978	1	1	0	0
绥中县西甸子镇	1810	6014	988	3800	0	0	4	160
绥中县宽帮满族镇	840	3100	400	1050	1	1	150	250
绥中县大王庙满族镇	50	210	50	180	1	1	10	150
绥中县万家镇	550	3400	2100	1000	1	1	300	1300
绥中县前所镇	2029	5095	1690	1240	1	1	1079	3366
绥中县高岭镇	360	1990	1127	210	1	1	46	1419
绥中县前卫镇	4549	11678	2663	5560	2	1	652	3780
绥中县荒地满族镇	1113	3293	686	589	2	1	58	204
绥中县塔山屯镇	1176	3469	674	1742	1	1	28	147
绥中县叶家镇	578	1686	172	850	0	0	4	120
绥中县王凤台镇	2900	5929	5000	2994	1	1	12	350
绥中县大台山满族镇	733	1822	1438	1123	0	0	4	198
建昌县建昌镇	17706	51587	43636	31778	2	2	139	2998
建昌县八家子镇	3200	6885	6885	5045	1	1	102	254
建昌县喇嘛洞镇	550	4280	2180	2560	1	1	12	310
建昌县药王庙镇	953	3027	1442	567	1	1	4	140
建昌县汤神庙镇	658	2014	160	15	1	1	6	136
建昌县玲珑塔镇	467	1986	645	458	1	1	6	350
建昌县大屯镇	505	1734	120	730	1	1	5	191
兴城市华山镇	2784	2538	592	3914	2	2	10	100
兴城市沙后所满族镇	3200	13567	10567	5798	1	1	261	4798
兴城市东辛庄满族镇	1535	4883	160	1812	1	1	6	169
兴城市郭家满族镇	885	2763	1663	992	1	1	16	30
兴城市曹庄满族镇	600	3100	1000	2000	1	1	10	100

3—4—7 吉林省建制镇镇区主要指标

名　称	户　数（户）	人　口（人）	其中：非农业人口（人）	劳动力（人）	集贸市场个数（个）	其　中：综合市场个数（个）	企　业个　数（个）	企　业从　业人员数（人）
南关区新立城镇	120	426	103	171	1	1	159	1457
南关区大南镇	514	1832	1076	1450	1	1	10	158
南关区净月镇	1530	5035	553	2115	1	1	572	856
南关区玉潭镇	128	400	164	536	0	0	14	28
宽城区兰家镇	407	1906	300	1185	0	0	8	200
宽城区兴隆山镇	4454	25432	20140	8386	1	1	62	412
朝阳区大屯镇	8376	18368	17817	12501	3	3	1279	3837
朝阳区永春镇	792	2958	176	1624	1	1	59	624
朝阳区乐山镇	1623	5357	2461	3440	1	1	92	440
二道区三道镇	2704	12531	11961	5496	1	1	122	421
二道区劝农山镇	740	2217	1093	1491	1	1	4	410
二道区泉眼镇	486	2149	1437	1139	2	1	221	896
绿园区合心镇	718	2152	939	6950	1	1	0	0
双阳区新安镇	370	1020	840	710	2	1	0	0
双阳区鹿乡镇	533	2132	1040	2000	3	1	4	66
双阳区太平镇	390	1634	880	704	1	1	0	0
双阳区山河镇	769	3542	2138	1775	1	1	3	90
双阳区奢岭镇	750	3150	890	2550	1	1	400	2400
双阳区土顶镇	423	1350	1204	852	2	1	4	135
农安县农安镇	3573	15588	7028	3726	7	5	1835	3117
农安县高家店镇	500	2300	1500	500	4	3	2	65
农安县龙泉镇	2386	16988	1500	8105	5	2	40	1753
农安县巴吉垒镇	446	1924	984	967	6	6	469	746
农安县鲍家镇	340	1300	1300	820	1	1	631	0
农安县靠山镇	987	3866	3400	1003	1	1	400	1750
农安县烧锅镇	1995	9895	322	6000	3	1	285	3850
农安县哈拉海镇	1410	4936	3400	3800	2	1	5	400
农安县柴岗镇	666	2725	2231	850	2	1	20	400
农安县三盛玉镇	480	2665	532	1138	2	1	3	203
农安县开安镇	943	3440	3440	1710	2	1	13	850
农安县合隆镇	3987	20012	18082	9115	3	1	1524	9115
农安县新刘家镇	692	3190	210	2340	1	1	140	420
农安县华家镇	98	452	385	350	1	1	122	521
九台市苇子沟镇	425	1270	270	1002	0	0	4	120
九台市兴隆镇	241	856	219	139	1	1	7	366
九台市沐石河镇	810	2700	1050	1400	2	1	6	352
九台市城子街镇	892	3562	580	2347	2	1	6	800
九台市其塔木镇	1700	5950	2850	3200	1	1	21	2200
九台市上河弯镇	1545	6620	3100	3005	1	1	25	1120
九台市西营城镇	706	2481	720	790	2	1	6	142

3—4—7续表1

名　　称	户　数（户）	人　口（人）	其中：非农业人口（人）	劳动力（人）	集贸市场个数（个）	其　中：综合市场个数（个）	企　业个　数（个）	企　业从　业人员数（人）
九台市土们岭镇	1207	4148	2540	2035	1	1	5	1500
九台市饮马河镇	338	1325	1010	545	0	0	7	546
九台市龙家堡镇	1088	2667	2314	1276	1	1	26	698
九台市卡伦镇	4008	8329	8010	4170	3	2	45	2588
九台市放牛沟镇	1762	7226	5140	4144	2	2	13	2904
榆树市八号镇	550	3200	900	740	2	1	110	360
榆树市弓棚镇	2285	5945	2322	5402	2	1	15	242
榆树市五棵树镇	6811	18551	12641	12259	8	6	1425	7158
榆树市刘家镇	780	2849	489	1302	1	1	20	260
榆树市闵家镇	1312	5247	1988	3987	1	1	110	770
榆树市秀水镇	774	3241	1096	1470	1	1	865	0
榆树市大坡镇	1732	5769	1005	2917	0	0	2	12
榆树市保寿镇	1053	4178	177	1450	0	0	206	518
榆树市黑林镇	784	3272	2369	2104	2	1	1891	3856
榆树市土桥镇	764	2185	1075	1689	2	1	4	38
榆树市新立镇	2282	6815	2700	2900	5	3	188	1900
榆树市怀家镇	1327	3581	1179	455	1	1	5	225
榆树市大岭镇	687	2804	1824	1901	2	1	0	0
榆树市新庄镇	1119	4776	2194	1817	1	1	3	316
榆树市向阳镇	800	2550	2000	994	1	1	104	910
榆树市泗河镇	1448	3882	2091	2903	2	1	796	1654
德惠市高家店镇	357	1296	913	364	1	1	12	427
德惠市大青嘴镇	443	1761	684	1017	1	1	16	827
德惠市布海镇	515	1597	1384	807	1	1	12	364
德惠市天台镇	312	1407	125	840	1	1	12	497
德惠市郭家镇	244	986	784	529	2	1	6	259
德惠市松花江镇	109	403	208	467	1	1	14	328
德惠市菜园子镇	476	1604	1172	922	1	1	10	622
德惠市达家沟镇	716	2692	1343	1754	1	1	14	986
德惠市大房身镇	721	2235	1609	1539	2	1	14	534
德惠市岔路口镇	286	1282	860	865	1	1	20	197
德惠市朱城子镇	332	1132	743	856	1	1	14	491
德惠市米沙子镇	975	2943	1857	1810	1	1	31	1241
德惠市万宝镇	496	1493	1050	883	1	1	14	621
昌邑区孤店子镇	1503	5811	1732	3305	1	1	62	2321
船营区左家镇	1200	3800	3600	1290	1	1	86	454
丰满区旺起镇	1394	4469	2572	785	1	1	225	415
永吉县口前镇	22235	73375	64645	37063	5	3	24	3800
永吉县五里河镇	966	4075	2114	1642	2	1	0	0
永吉县双河镇	1569	3891	3022	2723	1	1	4	802

3－4－7 续表 2

名　　称	户　数（户）	人　口（人）	其中：非农业人口（人）	劳动力（人）	集贸市场个数（个）	其　中：综合市场个数（个）	企　业个　数（个）	企　业从　业人员数（人）
永吉县西阳镇	1048	3490	1667	930	1	1	212	535
永吉县大绥河镇	1352	6764	4228	2300	2	1	186	405
永吉县搜登站镇	1239	4221	1787	1445	2	1	3	111
永吉县一拉溪镇	390	1365	246	764	3	1	6	324
永吉县江密峰镇	2017	6408	3761	884	2	1	470	600
永吉县岔路河镇	2200	7716	7446	2436	10	6	1665	3420
永吉县万昌镇	659	2246	753	1000	1	1	4	60
永吉县桦皮厂镇	2308	7252	7252	2603	1	1	1081	2632
永吉县河弯子镇	974	2668	2668	1450	1	1	401	852
永吉县乌拉街镇	2560	8218	6038	3600	5	2	0	0
永吉县缸窑镇	4100	14710	14710	2600	1	1	465	1578
永吉县大口钦镇	1491	4088	4088	2120	1	1	658	2140
蛟河市天北镇	578	1840	1505	645	1	1	3	160
蛟河市松江镇	850	2975	2100	1120	1	1	0	0
蛟河市新站镇	5860	19400	17200	4200	3	2	21	720
蛟河市拉法镇	550	1860	1479	560	0	0	5	241
蛟河市庆岭镇	485	1142	136	311	1	1	3	65
蛟河市天岗镇	1124	14792	1050	8245	1	1	8	2438
蛟河市黄松甸镇	1227	4437	2003	850	1	1	220	1150
蛟河市白石山镇	6240	21500	17474	8430	2	1	25	3240
蛟河市漂河镇	523	4847	1854	1125	2	1	2	135
桦甸市夹皮沟镇	4514	13474	11022	6820	2	1	14	530
桦甸市白山镇	2725	10222	9815	6290	1	1	108	716
桦甸市二道甸子镇	824	2752	1738	1760	1	1	612	920
桦甸市红石砬子镇	10211	32068	27926	11480	3	3	2203	3940
桦甸市八道河子镇	500	3000	1000	1500	2	1	315	1010
桦甸市榆木桥子镇	361	1512	601	165	2	1	210	712
桦甸市常山镇	575	2128	1275	820	1	1	5	60
桦甸市老金厂镇	1117	3189	1361	1400	1	1	6	393
舒兰市法特镇	1250	3250	1495	965	3	2	1	0
舒兰市白旗镇	2600	8400	2884	4800	2	1	485	2560
舒兰市溪河镇	861	3097	353	380	1	1	106	358
舒兰市朝阳镇	608	1877	1730	862	1	1	4	261
舒兰市小城镇	1210	5478	2280	2058	2	1	23	380
舒兰市上营镇	1884	6508	4106	2420	2	1	31	1645
舒兰市平安镇	2167	5985	5985	1249	2	1	664	860
舒兰市金马镇	535	1846	835	712	1	1	0	0
舒兰市水曲柳镇	2261	7252	3545	2306	1	1	474	1248
磐石县红旗岭镇	6692	20420	19954	11546	2	1	803	1375
磐石县烟筒山镇	5062	15695	9496	8100	4	2	813	1835

3—4—7 续表 3

名　称	户 数（户）	人 口（人）	其中：非农业人口（人）	劳动力（人）	集贸市场个数（个）	其中：综合市场个数（个）	企业个数（个）	企业从业人员数（人）
磐石县明城镇	3911	10766	10498	5900	1	1	7	318
磐石县石嘴镇	3176	9271	7913	5350	2	1	1253	2487
磐石县黑石镇	1483	5163	2180	968	2	1	312	523
磐石县呼兰镇	1211	5628	1096	2268	2	1	2	96
磐石县驿马镇	430	1935	456	731	1	1	0	0
磐石县吉昌镇	1139	3713	1490	1550	3	2	202	788
磐石县松山镇	579	2295	1374	984	1	1	290	500
磐石县富太镇	543	2310	586	260	1	1	80	240
磐石县官马镇	1510	4871	2097	3006	1	0	64	711
磐石县取柴河镇	1017	4350	1845	2470	1	1	4	270
铁东区山门镇	2000	18000	4800	1250	3	1	75	2000
梨树县小城子镇	1210	3846	1800	1305	2	1	7	210
梨树县沈洋镇	664	2020	1225	700	1	1	120	200
梨树县榆树台镇	4215	12031	10327	7200	1	1	60	1890
梨树县孤家子镇	810	3100	262	980	1	1	65	1800
梨树县东河镇	679	2543	2134	1520	1	1	7	209
梨树县十家堡镇	2209	7172	6278	4750	1	1	56	3200
梨树县喇嘛甸镇	810	2599	2088	789	1	1	3	256
梨树县刘家馆子镇	576	2376	1800	240	1	1	10	140
梨树县蔡家镇	580	2230	1890	578	1	1	8	208
梨树县万发镇	258	1169	1100	104	1	1	1	130
梨树县叶赫镇	1010	3000	2200	1134	3	1	160	1680
梨树县梨树镇	20500	75000	40000	20000	3	3	230	2800
梨树县太平镇	600	1620	820	1000	1	1	12	165
梨树县泉眼岭镇	520	1830	1210	680	1	1	11	158
梨树县郭家店镇	17177	44372	42156	25000	9	1	355	5230
梨树县孟家岭镇	470	2281	1881	680	1	1	14	345
梨树县石岭镇	4732	13218	12200	7000	2	1	1350	6100
梨树县林海镇	570	2256	511	308	1	1	22	180
梨树县三家子镇	333	1354	1230	870	1	1	18	645
伊通县伊通镇	19000	59000	58000	6100	2	1	295	2088
伊通县二道镇	350	1500	456	150	0	0	4	62
伊通县伊丹镇	397	1050	300	600	3	1	7	144
伊通县马安镇	349	2650	1890	740	3	1	19	405
伊通县景台镇	1309	3857	1285	1672	3	1	95	265
伊通县靠山镇	528	2440	2440	453	2	1	5	413
伊通县大孤山镇	932	2927	1635	890	4	1	19	289
伊通县小孤山镇	738	1900	1630	1030	2	1	43	359
伊通县西苇镇	216	590	280	185	1	1	9	285
伊通县营城子镇	1091	4400	3728	1960	2	1	68	365

3－4－7 续表 4

名　　称	户　数（户）	人　口（人）	其中：非农业人口（人）	劳动力（人）	集贸市场个数（个）	其　中：综合市场个数（个）	企　业个　数（个）	企　业从　业人员数（人）
公主岭市廿家子满族镇	2085	6164	3613	2650	3	1	8	180
公主岭市南崴子镇	1420	4266	1344	414	1	1	12	324
公主岭市刘房子镇	520	1564	1023	524	1	1	10	175
公主岭市黑林子镇	613	1850	1200	456	2	1	15	200
公主岭市陶家屯镇	650	1700	150	1100	2	1	8	120
公主岭市范家屯镇	18000	70000	70000	31900	4	2	5171	18781
公主岭市响水镇	327	1354	761	342	2	1	10	180
公主岭市大岭镇	516	2413	2325	1254	3	1	12	230
公主岭市怀德镇	3703	8731	8731	4120	3	1	427	2570
公主岭市双城堡镇	1535	5130	4010	3015	5	2	286	1082
公主岭市双龙镇	352	1657	1300	918	3	2	18	560
公主岭市杨大城子镇	1857	6450	6450	3714	4	1	62	1600
公主岭市毛城子镇	399	1731	1501	557	2	1	11	123
公主岭市玻璃城子镇	452	1425	396	278	1	1	5	70
公主岭市朝阳坡镇	490	1476	972	524	2	1	13	145
公主岭市大榆树镇	521	1830	1524	420	1	1	12	231
公主岭市秦家屯镇	2129	8245	2106	2328	3	1	13	260
公主岭市八屋镇	1500	4000	1500	300	1	1	9	150
公主岭市十屋镇	425	1920	1756	568	1	1	8	160
公主岭市桑树台镇	512	2310	984	210	3	1	15	465
双辽市兴隆镇	330	1171	260	514	1	1	90	260
双辽市双山镇	2010	8100	8100	2700	2	1	41	1200
双辽市服先镇	666	2614	400	740	1	1	9	170
双辽市卧虎镇	1522	4566	1638	1632	1	1	13	112
双辽市茂林镇	3615	10023	5811	4050	4	0	1000	2031
双辽市王奔镇	910	3336	1100	1200	4	1	15	133
双辽市红旗镇	657	2232	246	136	1	1	12	246
双辽市东明镇	310	1100	630	430	1	1	131	430
双辽市玻璃山镇	450	1827	206	757	2	1	5	57
东丰县东丰镇	25565	72191	67633	47343	5	4	0	0
东丰县横道河镇	632	2616	2219	1137	2	1	7	56
东丰县和平镇	720	7495	1354	270	1	1	8	204
东丰县大阳镇	920	4495	2700	1656	3	1	690	2420
东丰县那丹伯镇	865	2647	1953	495	2	1	86	265
东丰县拉拉河镇	320	1546	1121	860	1	1	5	421
东丰县猴石镇	430	2022	960	916	2	1	110	500
东丰县杨木林镇	296	1285	965	792	2	1	2	69
东丰县小四平镇	761	2424	1566	488	2	1	385	834
东丰县黄河镇	604	3024	2524	960	1	1	5	247
东丰县沙河镇	510	1990	1320	918	1	1	150	795

3—4—7 续表 5

名　　称	户　数（户）	人　口（人）	其中：非农业人口（人）	劳动力（人）	集贸市场个数（个）	其　中：综合市场个数（个）	企　业个　数（个）	企　业从　业人员数（人）
东丰县大兴镇	142	976	664	120	2	1	6	839
东丰县南屯基镇	152	390	318	300	1	1	5	128
东丰县红石镇	430	2022	960	916	2	1	4	151
东辽县渭津镇	2050	8452	4636	2860	1	1	0	0
东辽县安恕镇	534	2526	502	124	1	1	4	110
东辽县石驿镇	196	1107	830	735	1	1	3	214
东辽县白泉镇	9151	22031	21322	2500	3	1	8	537
东辽县金岗镇	1754	6370	5915	449	2	1	5	505
东辽县泉太镇	2037	6007	4517	2278	1	1	7	178
东辽县云顶镇	215	1492	746	310	2	1	3	240
东辽县平岗镇	3249	13309	11000	980	1	1	8	3700
东辽县建安镇	1736	4238	3823	2685	3	2	6	508
东辽县安石镇	410	4400	4400	325	1	1	4	208
东辽县寿山镇	667	2308	838	1100	1	1	9	174
东辽县辽河源镇	1097	3867	2861	1050	3	2	8	446
东昌区金厂镇	819	2394	1195	1155	1	1	60	460
二道江区五道江镇	6497	18761	16012	6370	1	1	4	2586
二道江区鸭园镇	3573	10780	7759	5126	0	0	7	1500
二道江区铁厂镇	6994	19903	18457	6800	1	1	6	150
通化县快大茂镇	13666	39742	37017	8120	3	1	780	2450
通化县七道沟镇	1418	4079	2120	839	1	1	100	726
通化县马当镇	434	1315	58	825	2	2	79	567
通化县二密镇	2855	10163	8316	5200	1	1	13	2294
通化县果松镇	2345	5128	5128	1521	2	1	5	321
通化县石湖镇	890	2578	1292	1930	1	1	65	170
通化县大安镇	155	620	260	243	1	1	1	18
通化县光华镇	1487	5033	1084	3310	1	1	302	1360
通化县兴林镇	502	1794	516	495	1	1	2	70
通化县英额布镇	623	1953	1124	972	2	1	257	815
通化县三棵榆树镇	765	2717	1517	102	1	1	6	98
通化县江甸镇	426	1605	667	846	1	1	1	85
辉南县朝阳镇	28344	84091	84091	38500	9	4	31	2860
辉南县辉南镇	7157	21533	15966	13350	5	2	1577	6942
辉南县样子哨镇	1876	4695	4649	3221	4	2	5	198
辉南县杉松岗镇	4958	14319	13600	8500	1	1	2	150
辉南县石道河镇	915	3384	1042	2137	2	1	5	62
辉南县辉发城镇	757	2608	607	1713	1	1	1	10
辉南县抚民镇	425	1841	130	1910	0	0	104	1350
辉南县高集岗镇	626	2243	825	540	1	1	3	270
辉南县金川镇	578	2227	1425	438	1	0	62	345

3—4—7续表6

名　称	户数（户）	人口（人）	其中：非农业人口（人）	劳动力（人）	集贸市场个数（个）	其中：综合市场个数（个）	企业个数（个）	企业从业人员数（人）
辉南县平安川镇	323	1292	520	600	1	1	8	210
辉南县团林镇	605	2590	84	1626	2	1	2	165
辉南县庆阳镇	167	694	338	336	1	1	36	155
辉南县板石河镇	520	1890	298	167	0	0	52	149
辉南县大椅山镇	370	1804	238	215	1	1	5	55
辉南县双凤镇	2421	8914	425	1392	0	0	0	0
柳河县柳河镇	18303	68434	68434	21680	10	3	15	880
柳河县三源浦镇	5202	17339	6723	5146	2	1	12	215
柳河县三道沟镇	850	3500	1200	700	0	0	35	228
柳河县驼腰岭镇	1058	3729	3179	2100	1	1	420	2800
柳河县孤山子镇	1681	6665	2738	1670	1	1	1100	2250
柳河县圣水沟子镇	189	1537	1537	89	0	0	0	0
柳河县安口镇	1071	6020	4102	3645	2	1	60	716
柳河县向阳镇	606	2450	844	1150	1	1	95	240
柳河县凉水河子镇	2160	7560	3050	4200	1	1	1022	2958
柳河县罗道山镇	696	2429	89	929	1	1	25	96
柳河县红石镇	544	2112	305	101	1	1	2	75
柳河县亨通镇	910	2980	810	954	2	1	7	300
梅河口市山城镇	6900	22000	5000	9000	5	2	120	6000
梅河口市红梅镇	16532	47037	47037	19932	1	1	698	0
梅河口市海龙镇	7561	22503	20187	4200	6	2	9	184
梅河口市新合镇	1125	3658	1235	920	2	1	260	610
梅河口市大湾镇	657	2492	325	1049	0	0	0	0
梅河口市水道镇	82	748	374	510	1	1	0	0
梅河口市中和镇	713	2577	228	895	1	1	98	354
梅河口市黑山头镇	692	2497	175	1160	0	0	0	0
梅河口市曙光镇	432	1740	334	610	2	2	193	834
梅河口市近化镇	415	1860	780	256	1	1	13	348
梅河口市牛心顶镇	526	1926	273	215	1	1	72	230
梅河口市一座营镇	439	1647	325	728	1	1	2	20
梅河口市康大营镇	314	1358	129	521	1	1	41	133
集安市清石镇	2445	9090	632	67	1	1	46	87
集安市榆林镇	3446	13578	2152	512	1	1	75	200
集安市花甸镇	3411	11464	1374	27	1	1	0	0
集安市头道镇	4976	19874	1157	1656	1	1	56	176
集安市清河镇	4980	15548	3988	250	4	2	3	175
集安市台上镇	3435	12738	323	260	1	1	4	59
集安市财源镇	4090	16292	457	1967	1	1	1	14
集安市大路镇	2411	9362	360	890	2	1	7	63
集安市阳岔镇	2223	7218	736	718	1	1	24	368

3－4－7 续表 7

名　称	户　数（户）	人　口（人）	其中：非农业人口（人）	劳动力（人）	集贸市场个数（个）	其　中：综合市场个数（个）	企　业个　数（个）	企　业从　业人员数（人）
集安市热闹镇	613	2930	855	241	1	1	5	65
八道江区板石镇	2665	7813	6701	1877	4	3	2	310
八道江区六道江镇	3283	10182	8200	11767	3	2	1390	5016
八道江区红土崖镇	643	2701	763	953	2	1	17	256
八道江区三道沟镇	145	478	275	163	1	1	5	175
抚松县露水河镇	11263	34048	29907	7828	3	1	5	340
抚松县抚松镇	13929	43000	39400	18900	5	5	1124	2820
抚松县仙人桥镇	2432	8675	3064	942	1	1	8	942
抚松县兴参镇	516	2126	417	426	1	1	8	210
抚松县泉阳镇	10025	31900	30799	20706	3	2	7	260
抚松县东岗镇	2793	8188	3617	2922	1	1	14	300
抚松县北岗镇	2055	8219	618	3080	1	1	9	450
抚松县漫江镇	600	2200	1500	530	1	1	3	55
抚松县新屯子镇	829	2916	447	910	1	1	9	252
抚松县榆树镇	712	2716	749	800	1	1	5	60
抚松县万良镇	2010	7254	1565	1493	2	1	5	208
抚松县松江河镇	23405	67358	58916	34286	7	6	16	7413
靖宇县靖宇镇	593	1889	1171	1001	0	0	9	58
靖宇县三道湖镇	666	1802	185	803	1	1	3	86
靖宇县那尔轰镇	1239	4324	1509	1061	1	1	31	156
靖宇县西南岔镇	232	671	462	230	1	1	92	198
靖宇县景山镇	1146	5133	4704	852	1	1	3	48
靖宇县龙泉镇	1437	4962	2524	2006	2	1	8	145
靖宇县花园口镇	568	1790	1104	376	1	1	2	21
长白县长白镇	113	3510	2679	1083	0	0	13	248
长白县八道沟镇	1198	3803	2500	2200	6	6	17	680
长白县十四道沟镇	573	1856	693	366	1	1	231	527
长白县马鹿沟镇	1149	3377	1398	2150	2	1	23	216
长白县宝泉山镇	180	664	281	2442	1	1	6	70
长白县新房子镇	2743	7839	471	162	3	3	4	600
江源县松树镇	2616	7953	6014	3102	2	2	128	1118
江源县湾沟镇	3542	10592	8593	4325	2	2	246	841
江源县大阳岔镇	1058	3086	2526	1611	1	1	23	204
江源县三岔子镇	5342	15274	12926	6618	2	2	637	2216
江源县孙家堡镇	2846	8537	6998	3626	2	2	416	2398
江源县砟子镇	2096	6729	5995	2531	2	2	275	1508
江源县石人镇	2720	7318	4846	3259	2	2	713	2912
江源县榆木桥子镇	356	943	447	401	1	1	31	1526
江源县大石棚子镇	313	895	331	395	0	0	32	567
临江市大栗子镇	2657	7177	6270	3500	1	1	111	543

3—4—7 续表 8

名　　称	户　数（户）	人　口（人）	其中：非农业人口（人）	劳动力（人）	集贸市场个数（个）	其　中：综合市场个数（个）	企　业个　数（个）	企　业从　业人员数（人）
临江市桦树镇	4106	12729	7964	8376	3	1	215	1516
临江市六道沟镇	520	2080	1200	910	1	1	2	120
临江市四道沟镇	411	1614	705	798	1	1	58	483
临江市闹枝镇	418	1309	976	1127	1	1	31	124
临江市花山镇	1560	3850	3501	2100	1	1	58	1186
临江市苇沙河镇	475	1466	528	950	1	1	46	138
宁江区大洼镇	981	4296	478	1867	1	1	35	60
前郭县新庙镇	917	3527	2310	3456	2	2	204	100
前郭县长山镇	11809	29336	28796	23412	8	3	2344	5950
前郭县毛都站镇	5414	22466	4871	6563	5	1	270	340
前郭县八郎镇	553	2060	180	120	0	0	40	110
前郭县王府镇	2347	7370	5242	2991	2	1	430	2997
前郭县哈拉毛都镇	657	2542	786	1276	0	0	0	0
前郭县深井子镇	1352	2650	1420	1485	1	1	460	930
前郭县乌兰图嘎镇	1219	4419	1800	1362	2	1	290	692
前郭县查干花镇	499	3017	1620	505	1	1	86	487
前郭县前郭镇	9728	40516	32281	11000	0	0	3517	10974
长岭县新安镇	1087	5840	1000	210	6	1	630	1240
长岭县前七号镇	920	3613	1231	1380	1	1	6	212
长岭县长岭镇	1347	4920	4100	1797	2	1	1362	4127
长岭县大兴镇	460	2100	450	860	1	1	10	135
长岭县永久镇	432	2447	73	495	1	1	34	63
长岭县北正镇	663	1924	398	136	2	1	26	87
长岭县巨宝山镇	210	840	820	801	2	1	92	500
长岭县利发胜镇	720	2135	300	200	1	1	10	180
长岭县三青山镇	450	2448	403	1110	1	1	28	70
长岭县太平山镇	804	2440	1213	1600	5	4	980	1950
长岭县太平川镇	1037	6716	6125	1079	5	1	1494	4074
长岭县流水镇	520	3200	825	910	2	1	25	160
乾安县让字镇	850	2500	300	1100	0	0	10	80
乾安县安字镇	700	2200	700	900	0	0	20	150
乾安县所字镇	450	1500	500	600	0	0	10	80
乾安县大布苏镇	800	2900	1000	500	1	1	20	300
乾安县水字镇	800	3000	850	1500	1	1	15	700
乾安县乾安镇	1695	5105	500	2000	1	1	50	2500
扶余县三岔河镇	19179	49732	41425	11811	13	4	3831	11811
扶余县长春岭镇	1104	3310	1208	2214	4	2	1695	5702
扶余县陶赖昭镇	2706	6353	4569	5400	1	1	4	120
扶余县五家站镇	2802	11079	3720	3690	3	1	1600	3100
扶余县三井子镇	488	1936	540	2046	2	1	399	3800

3—4—7 续表 9

名　　称	户　数（户）	人　口（人）	其中：非农业人口（人）	劳动力（人）	集贸市场个数（个）	其　中：综合市场个数（个）	企　业个　数（个）	企　业从　业人员数（人）
扶余县弓棚子镇	1126	3570	2265	990	3	1	1090	4500
扶余县增盛镇	645	3400	400	1340	1	1	13	550
扶余县蔡家沟镇	1130	2274	1774	620	2	1	93	308
洮北区青山镇	550	1650	430	750	1	1	72	200
洮北区平安镇	1626	4790	3000	1700	1	0	516	750
洮北区林海镇	200	1000	500	350	2	1	10	30
洮北区岭下镇	3723	10773	7818	4780	1	1	24	1691
洮北区洮河镇	350	1780	1600	563	1	1	55	280
镇赉县镇赉镇	26040	78595	15118	24680	10	1	11	250
镇赉县东屏镇	573	2728	775	498	0	0	2	140
镇赉县坦途镇	1642	3110	2409	2463	2	1	400	1203
镇赉县五棵树镇	2082	6492	3372	1653	1	1	0	0
镇赉县沿江镇	320	1370	98	575	0	0	0	0
镇赉县大屯镇	3856	17108	308	6941	1	1	6	246
镇赉县到保镇	731	2493	833	1898	2	1	5	121
通榆县开通镇	24055	73817	15000	1500	0	0	0	0
通榆县瞻榆镇	2890	9265	8940	2500	4	1	0	0
通榆县鸿兴镇	691	2537	1698	812	1	0	2	150
通榆县边昭镇	818	2856	1600	1505	2	1	201	666
通榆县兴隆山镇	819	3015	420	1250	3	2	7	51
通榆县新华镇	447	1664	1100	300	1	1	0	0
通榆县四井子镇	500	2000	800	100	1	1	1	100
通榆县双岗镇	46	138	120	110	0	0	0	0
通榆县乌兰花镇	880	3194	1300	430	1	1	0	0
洮南市黑水镇	705	2900	1211	5227	1	1	15	200
洮南市安定镇	856	3325	200	800	1	1	10	300
洮南市瓦房镇	420	1650	450	300	1	1	10	200
洮南市那金镇	480	1887	210	150	1	1	14	120
洮南市万宝镇	791	2501	150	750	1	1	10	100
大安市安广镇	10328	30903	25320	15000	1	1	1575	3500
大安市舍力镇	1894	6697	6697	3219	2	1	598	2093
大安市两家子镇	550	1700	510	800	1	1	1	30
大安市月亮泡镇	610	2530	182	1234	1	1	34	895
大安市新平安镇	540	3015	1295	1050	2	1	250	510
大安市叉干镇	398	1382	150	459	1	1	0	0
大安市龙沼镇	390	1960	960	300	1	1	0	0
大安市大岗子镇	363	1362	280	509	1	1	6	8
延吉市依兰镇	570	1600	980	400	0	0	3	42
延吉市三道镇	688	1966	811	400	2	1	10	184
图们市月晴镇	436	1343	250	737	0	0	1	18
图们市石岘镇	6557	21170	5829	13617	3	1	9	280
图们市长安镇	998	2605	2180	1800	1	1	0	0

3—4—7 续表 10

名　称	户　数（户）	人　口（人）	其中：非农业人口（人）	劳动力（人）	集贸市场个数（个）	其　中：综合市场个数（个）	企　业个　数（个）	企　业从　业人员数（人）
图们市凉水镇	1709	4942	2844	2148	1	1	1	80
敦化市大石头镇	8449	27589	12105	6052	4	2	1200	3300
敦化市贤儒镇	884	2653	2036	1000	1	1	430	841
敦化市江源镇	893	2405	1565	1315	1	1	163	741
敦化市大蒲柴河镇	646	2314	869	1044	1	1	200	740
敦化市秋梨沟镇	1459	4655	2484	1730	1	1	300	634
敦化市黄泥河镇	3073	8931	5266	4605	2	1	1286	7187
敦化市额穆镇	937	3080	982	1618	1	1	230	510
敦化市官地镇	1600	5000	2000	2560	2	1	1008	2000
敦化市大山嘴子镇	545	1950	785	880	1	1	86	250
敦化市沙河沿镇	337	1114	313	860	2	1	114	363
珲春市春化镇	1264	2601	1347	1321	1	1	259	753
珲春市敬信镇	558	1754	921	1086	1	1	60	125
珲春市板石镇	506	1661	240	785	1	1	248	704
龙井市开山屯镇	7047	20168	18911	7476	1	1	95	7040
龙井市朝阳川镇	7838	25832	20754	8113	2	1	108	7656
龙井市老头沟镇	3002	8989	6288	1897	2	1	10	1600
龙井市三合镇	349	897	429	462	1	1	0	0
龙井市东盛涌镇	704	2776	582	1952	1	1	220	850
龙井市铜佛寺镇	1276	3843	706	1924	1	1	200	375
龙井市八边镇	716	2042	441	765	2	1	38	60
龙井市智新镇	464	1251	383	341	0	0	18	25
龙井市太阳镇	430	1493	362	735	0	0	2	413
和龙市八家子镇	537	1618	204	827	1	0	401	528
和龙市福洞镇	150	474	12	319	2	1	3	175
和龙市头道镇	1210	3849	120	2140	2	1	80	15
和龙市西城镇	754	2193	82	1796	1	1	180	364
和龙市南坪镇	330	911	376	241	0	0	34	61
和龙市东城镇	274	759	693	540	0	0	14	56
和龙市崇善镇	62	242	18	167	0	0	12	133
和龙市土山镇	425	1671	300	550	1	0	40	200
和龙市龙城镇	816	2860	239	3078	1	1	57	845
汪清县汪清镇	2287	6661	149	3926	2	1	23	301
汪清县东光镇	282	881	568	623	0	0	12	186
汪清县复兴镇	444	1356	289	121	1	1	5	48
汪清县大兴沟镇	1053	2464	1681	351	1	1	3	8
汪清县天桥岭镇	2650	8378	2396	1130	1	1	26	570
汪清县春阳镇	1753	4781	1069	1660	1	1	8	176
汪清县罗子沟镇	1620	6645	2193	4038	1	1	11	140
汪清县百草沟镇	1796	5445	926	2641	1	1	21	352
安图县明月镇	15581	52452	46586	27638	6	4	2437	4546
安图县石门镇	800	2777	1411	1260	1	1	404	711
安图县亮兵镇	653	2358	756	1117	1	1	246	821
安图县万宝镇	801	3820	1100	1150	2	1	360	650
安图县两江镇	1125	5335	1090	886	2	1	204	275
安图县松江镇	3935	11688	4792	7770	2	1	461	1346
安图县二道镇	5826	19227	10220	5854	3	1	1430	2883

3—4—8 黑龙江省建制镇镇区主要指标

名称	户数（户）	人口（人）	其中：非农业人口（人）	劳动力（人）	集贸市场个数（个）	其中：综合市场个数（个）	企业个数（个）	企业从业人员数（人）
哈尔滨市道里区新发镇	920	2850	1566	1400	1	1	5	123
哈尔滨市南岗区王岗镇	4738	14182	9927	6560	2	2	18	560
哈尔滨市道外区松浦镇	10830	31610	16918	6815	0	0	208	3625
哈尔滨市道外区万宝镇	912	3096	462	1596	3	2	198	200
哈尔滨市道外区前进镇	864	3214	478	1987	1	1	20	362
哈尔滨市太平区东风镇	6472	19069	3642	8749	4	3	35	1564
哈尔滨市香坊区成高子镇	5415	22231	14523	6202	1	1	24	1015
呼兰县康金镇	6000	22300	19000	13600	4	1	1360	9860
呼兰县对青镇	3194	8531	6766	1860	3	2	86	608
呼兰县利民镇	240	960	510	480	1	1	13	700
呼兰县沈家镇	972	3858	990	1200	1	1	30	500
呼兰县二八镇	615	2347	783	830	3	2	8	270
呼兰县石人镇	401	1876	446	780	2	1	21	150
呼兰县白奎镇	995	3393	693	1808	1	1	33	602
呼兰县腰朴镇	647	2007	1845	1300	0	0	1	130
呼兰县方台镇	610	2389	79	940	1	1	42	411
呼兰县莲花镇	500	2047	29	1036	1	1	108	347
呼兰县大用镇	179	760	200	500	0	0	10	240
呼兰县双井镇	756	3015	245	1774	1	1	2	80
呼兰县长岭镇	892	3678	1123	2142	0	0	11	134
依兰县达连河镇	534	2450	955	1166	1	1	22	371
依兰县江湾镇	318	1249	310	672	1	1	16	130
依兰县三道岗镇	196	864	329	505	1	1	31	259
依兰县道台桥镇	122	510	196	368	1	1	36	281
依兰县宏克力镇	160	641	202	436	1	1	25	237
依兰县德裕镇	313	1146	345	684	1	1	17	142
方正县方正镇	3456	43641	40897	4292	0	0	321	1230
方正县会发镇	1120	3780	1120	1400	1	1	35	135
方正县大罗密镇	950	3560	1031	1351	1	1	48	231
方正县沙河子镇	625	1171	766	2074	1	1	26	190
宾县宾西镇	4254	13509	10500	2348	6	2	121	1900
宾县糖坊镇	303	1371	1201	450	1	1	145	367
宾县宾安镇	1135	2813	970	1802	3	0	815	850
宾县新甸镇	1838	6166	5085	1880	1	1	16	650
宾县胜利镇	1053	4527	3804	3925	1	1	14	180
宾县宁远镇	814	3120	1680	2442	1	1	4	98
宾县松江镇	1450	5899	5899	3250	1	1	2	54
巴彦县兴龙镇	5200	20100	19000	8020	12	4	680	4800
巴彦县西集镇	2000	13506	9600	2420	3	2	128	1160
巴彦县龙泉镇	890	3460	2480	1270	1	1	29	106

3—4—8 续表 1

名　　称	户　数（户）	人　口（人）	其中：非农业人口（人）	劳动力（人）	集贸市场个数（个）	其　中：综合市场个数（个）	企　业个　数（个）	企　业从　业人员数（人）
巴彦县龙庙镇	292	1208	532	140	0	0	56	620
巴彦县万发镇	610	3500	2069	680	1	1	4	30
巴彦县天增镇	544	1947	325	650	2	1	60	580
巴彦县爱民镇	200	900	240	350	1	1	5	150
巴彦县黑山镇	130	370	45	150	1	1	15	115
木兰县东兴镇	4725	18900	3780	964	1	1	15	789
木兰县利东镇	1175	2717	1315	537	1	1	8	416
木兰县柳河镇	640	3358	2350	450	1	1	3	60
木兰县石河镇	408	2372	160	327	1	1	3	45
木兰县龙江镇	464	2461	800	395	1	1	2	21
木兰县新胜镇	104	624	445	369	1	1	0	0
通河县乌鸦泡镇	295	999	967	780	1	1	5	110
通河县清河镇	1340	5662	1063	2973	2	1	15	170
通河县浓河镇	1359	4077	2577	1718	1	1	2	150
延寿县六团镇	480	1600	340	600	2	1	8	150
延寿县中和镇	1314	4767	1113	963	1	1	34	204
延寿县加信镇	1420	4530	1680	880	1	1	11	165
延寿县延河镇	536	2120	1870	700	1	1	15	140
阿城市玉泉镇	2500	3600	3438	1445	1	1	3	416
阿城市永源镇	576	2123	1330	870	3	2	1485	5277
阿城市蜚克图镇	445	1998	1810	919	1	1	326	1105
阿城市亚沟镇	1300	5100	3800	4019	1	1	5	60
阿城市交界镇	1461	5147	4468	4468	0	0	4	2996
阿城市小岭镇	1860	7120	2374	3410	2	2	2	170
阿城市平山镇	2371	7626	5463	5000	1	1	324	1324
阿城市山河镇	419	1365	278	155	1	1	2	218
阿城市巨源镇	520	1400	500	400	1	1	120	300
阿城市新华镇	171	682	18	322	1	1	8	186
阿城市双丰镇	594	2400	298	610	1	1	230	1420
双城市兰陵镇	1350	5220	3950	2100	4	1	157	1550
双城市周家镇	3080	9264	7212	6160	2	1	680	9000
双城市五家镇	4437	16136	10391	8300	2	1	388	2435
双城市韩甸镇	1358	6025	1921	3070	2	1	102	300
双城市单城镇	867	2926	721	1735	1	1	3	1256
双城市东官镇	1521	4765	1276	657	2	1	102	2753
双城市农丰镇	1204	3201	1541	1557	1	1	1	57
双城市杏山镇	730	3200	290	1300	2	1	52	425
尚志市一面坡镇	1175	5038	4436	2764	3	2	14	2300
尚志市苇河镇	2330	14759	12759	8664	3	3	334	1034
尚志市亚布力镇	2430	13955	11955	9334	3	3	167	665
尚志市帽儿山镇	1333	9875	9675	7744	2	2	133	455
尚志市亮河镇	2156	9401	6078	1193	3	1	150	1201

3—4—8 续表 2

名称	户数（户）	人口（人）	其中：非农业人口（人）	劳动力（人）	集贸市场个数（个）	其中：综合市场个数（个）	企业个数（个）	企业从业人员数（人）
尚志市庆阳镇	1173	5516	1148	360	3	3	78	672
尚志市石头河子镇	1800	7650	6400	2390	2	1	3	185
尚志市元宝镇	1090	6388	4587	4340	1	1	351	361
尚志市黑龙宫镇	1734	6574	4487	4354	2	2	88	444
五常县拉林满族镇	3325	12060	11260	6007	1	1	56	1400
五常县山河镇	1988	2982	2690	68	2	1	590	2432
五常县小山子镇	7800	33260	3721	1020	0	0	273	776
五常县安家镇	1117	4800	2294	2200	1	1	4	800
五常县牛家满族镇	610	2300	650	550	1	1	0	0
五常县杜家镇	3858	10916	4596	1200	2	1	4	141
五常县背荫河镇	950	3802	2300	980	1	1	4	50
五常县冲河镇	1619	6850	3422	746	1	1	3	697
五常县沙河子镇	3280	8135	2845	3760	2	2	24	212
五常县向阳镇	567	2257	720	390	1	1	3	62
龙沙区大民镇	1310	4597	1312	4326	2	0	23	209
铁锋区铁锋镇	1416	3850	1001	1320	0	0	256	2039
昂昂溪区水师营镇	1321	5859	3226	5231	1	1	4	604
梅里斯区雅尔塞镇	1860	4692	3190	3715	2	1	256	504
梅里斯区卧牛吐镇	105	3206	601	2170	1	1	13	140
梅里斯区达呼店镇	670	2340	443	510	1	1	3	35
梅里斯区共和镇	765	2698	591	159	1	1	59	161
龙江县景星镇	2877	10800	8800	4500	3	1	70	210
龙江县龙兴镇	1575	6869	4382	3465	2	1	46	145
龙江县山泉镇	538	1586	576	1208	1	1	23	112
龙江县七棵树镇	663	2550	601	1240	1	1	6	80
依安县依龙镇	1080	4536	4380	2571	1	1	2	60
依安县双阳镇	814	2790	1402	130	1	1	11	210
依安县三兴镇	749	2233	1585	306	3	2	3	19
依安县中心镇	669	2108	2045	1339	1	1	18	220
泰来县平洋镇	1057	3696	1734	2368	3	3	50	71
泰来县汤池镇	1144	3973	590	2563	1	1	4	450
泰来县江桥镇	1713	6869	3413	3837	2	1	2	8
泰来县塔子城镇	1020	4610	2039	2450	1	1	5	40
泰来县大兴镇	1746	7439	4486	3936	1	1	3	215
甘南县音河镇	585	1481	1068	1037	1	1	2	64
甘南县平阳镇	1334	4129	2700	2514	1	1	1	172
甘南县东阳镇	1000	4500	4100	1500	1	1	0	0
甘南县巨宝镇	678	2512	1192	1428	1	1	2	26
富裕县富路镇	1800	7000	2800	2100	1	1	6	99
富裕县富海镇	538	2235	1488	1076	1	1	25	161
富裕县二道湾镇	450	1679	1478	365	1	1	5	22
富裕县龙安桥镇	728	3250	1523	621	1	1	75	501

3—4—8 续表 3

名　　称	户　数（户）	人　口（人）	其中:非农业人口（人）	劳动力（人）	集贸市场个数（个）	其　中:综合市场个数（个）	企　业个　数（个）	企　业从　业人员数（人）
克山县北兴镇	1431	4969	1910	2862	1	1	7	75
克山县西城镇	1157	5694	2056	1172	1	1	7	35
克山县古城镇	760	3018	480	1100	1	1	31	747
克山县北联镇	1229	3689	2165	816	1	1	6	39
克东县宝泉镇	3100	9500	8500	4000	1	1	310	712
克东县乾丰镇	417	2298	993	993	0	0	35	105
克东县玉岗镇	121	488	261	324	0	0	20	107
拜泉县三道镇	948	3838	3513	1600	1	1	5	30
拜泉县国富镇	404	1280	750	800	1	1	86	478
拜泉县兴农镇	1032	3860	2789	2110	2	1	15	81
拜泉县长春镇	893	4260	2024	258	1	1	5	24
拜泉县富强镇	620	2476	1110	1440	2	1	8	283
拜泉县龙泉镇	420	1603	321	760	1	1	65	274
讷河市拉哈镇	4350	6100	3984	4321	2	1	214	1230
讷河市二克浅镇	801	4234	1529	3700	1	1	3	35
讷河市学田镇	885	3540	1050	1427	1	1	54	776
讷河市龙河镇	5004	21637	1600	690	2	2	6	150
讷河市讷南镇	954	3087	1877	776	2	1	3	139
讷河市六合镇	1104	4216	824	1829	1	1	4	17
讷河市长发镇	312	1427	613	770	1	1	67	275
讷河市通南镇	1036	4215	1684	1215	1	1	5	300
讷河市同义镇	513	1648	1519	729	1	1	4	121
讷河市九井镇	861	2127	629	1124	1	1	12	212
讷河市老莱镇	3642	14006	4274	6491	1	1	100	466
密山市当壁镇	90	313	80	180	0	0	0	0
密山市知一镇	1480	4268	3446	2056	1	1	4	20
密山市黑台镇	1552	5332	3520	2400	2	1	260	1140
密山市兴凯镇	500	2000	226	300	1	1	0	0
密山市裴德镇	676	2366	2024	1214	0	0	8	367
鸡东县平阳镇	760	2860	550	1440	3	1	13	395
鸡东县向阳镇	833	3267	680	1600	1	1	10	338
鸡东县哈达镇	258	629	580	320	1	1	4	78
鸡东县永安镇	402	1608	1000	800	2	1	9	54
鸡东县永和镇	964	2681	218	1930	0	0	2	35
鸡东县东海镇	520	1480	600	800	2	2	8	544
鸡东县兴农镇	210	835	350	460	2	1	3	300
虎林市东方红镇	1023	2630	2440	2058	4	4	4	54
虎林市迎春镇	1908	6568	6090	3926	2	2	3	60
虎林市虎头镇	610	2378	2219	1240	2	2	5	21
虎林市杨岗镇	760	2872	410	1353	1	1	3	25
虎林市东风镇	136	405	110	320	2	2	4	35
东山区新华镇	1350	4725	4630	3980	2	1	8	400

3－4－8 续表 4

名　称	户　数（户）	人　口（人）	其中：非农业人口（人）	劳动力（人）	集贸市场个数（个）	其　中：综合市场个数（个）	企　业个　数（个）	企　业从　业人员数（人）
萝北县凤翔镇	73	204	204	420	1	1	186	266
萝北县鹤北镇	654	1256	784	486	0	0	7	210
萝北县名山镇	467	2118	1709	1245	0	0	22	121
萝北县肇兴镇	265	664	70	463	1	1	0	0
萝北县团结镇	320	960	780	544	0	0	0	0
绥滨县绥东镇	1800	6189	3424	4143	1	1	8	87
绥滨县忠仁镇	724	2612	1222	705	1	1	14	68
四方台区太宝镇	954	4362	1137	1930	1	1	12	73
集贤县集贤镇	861	3533	2010	1800	2	1	18	669
集贤县升昌镇	1750	6500	787	1884	4	1	113	556
集贤县丰乐镇	1190	4869	710	2100	2	2	24	240
集贤县太平镇	1163	4917	797	2131	2	2	22	198
宝清县七星泡镇	2153	8461	2045	4386	1	1	12	384
宝清县青原镇	871	3405	1161	1141	1	1	5	144
宝清县夹信子镇	500	2300	180	1100	0	0	3	110
饶河县小佳河镇	1246	7697	5610	6289	1	0	170	510
饶河县任䓍嵴镇	657	1962	646	893	1	1	47	210
饶河县五林洞镇	83	258	120	170	1	1	28	62
龙凤区龙凤镇	1789	3464	3391	132	0	0	2	115
让胡路区喇嘛甸镇	4765	15468	4658	9886	3	3	17	4667
红岗区杏树岗镇	630	2297	964	469	1	1	117	2157
大同区大同镇	939	4523	136	2190	0	0	33	414
大同区高台子镇	1005	4045	434	2200	2	1	4	253
大同区太阳升镇	310	2090	620	1750	1	1	5	70
肇州县永乐镇	912	4262	1238	327	1	1	7	260
肇州县丰乐镇	2040	6764	3100	1820	1	1	67	730
肇州县朝阳沟镇	859	3450	1197	1618	3	2	51	391
肇州县兴城镇	1345	5630	314	2959	1	1	4	155
肇州县二井子镇	723	2300	490	1136	1	1	2	168
肇源县三站镇	1375	5500	2000	1500	2	1	7	216
肇源县二站镇	800	3560	560	1050	1	1	17	1090
肇源县茂兴镇	612	1536	351	135	1	1	8	282
肇源县古龙镇	796	2890	720	1592	1	1	3	80
肇源县新站镇	2300	11200	3400	3900	3	2	4523	14778
肇源县头台镇	975	4840	580	2145	1	1	40	120
林甸县红旗镇	1084	3842	564	2170	1	1	5	187
杜尔伯特县胡吉吐莫镇	612	2463	2100	1200	1	1	4	56
杜尔伯特县烟筒屯镇	1613	5972	2774	3226	1	1	14	97
杜尔伯特县他拉哈镇	1190	4056	466	2380	1	1	30	390
南岔区晨明镇	2653	7493	7123	2010	1	1	8	108
南岔区浩良河镇	5036	20785	19614	11340	2	2	7	240
五营区五星镇	1400	4800	4800	387	1	1	6	280

3—4—8续表 5

名　　称	户　数（户）	人　口（人）	其中：非农业人口（人）	劳动力（人）	集贸市场个数（个）	其　中：综合市场个数（个）	企　业个　数（个）	企　业从　业人员数（人）
嘉荫县乌云镇	1017	3687	1532	39	1	1	1	73
嘉荫县乌拉嘎镇	243	532	370	104	2	1	22	257
铁力市双丰镇	6920	19906	19000	9953	2	2	317	5006
铁力市桃山镇	9042	30728	29655	10212	2	2	21	365
铁力市神树镇	2297	9381	8335	5283	1	1	24	368
铁力市朗乡镇	12674	43993	43395	28700	3	1	102	1250
佳木斯市区大来镇	435	1798	930	700	1	1	3	30
佳木斯市区敖其镇	1004	3368	1891	1035	2	2	3	170
佳木斯市区望江镇	788	2620	2520	980	1	1	2	135
佳木斯市区长发镇	1687	6986	5000	3374	1	1	38	750
佳木斯市区江口镇	1012	4007	2469	3125	1	1	28	363
桦南县土龙山镇	214	898	263	128	2	2	580	4936
桦南县孟家岗镇	1543	6034	4046	3352	0	0	8	400
桦南县石头河子镇	920	3431	857	2820	2	2	40	351
桦南县驼腰子镇	1042	5451	1100	1500	0	0	1	20
桦南县阎家镇	969	3275	1700	342	0	0	0	0
桦川县悦来镇	1946	8238	1248	4203	0	0	4	424
桦川县横头山镇	829	2678	948	1846	2	1	4	284
桦川县新城镇	1560	6506	1836	3046	1	1	4	334
桦川县苏家店镇	906	3553	571	1698	1	1	5	317
汤原县香兰镇	2357	8422	7922	3520	3	1	60	490
汤原县鹤立镇	789	2808	1110	1410	2	1	40	390
汤原县竹帘镇	670	2810	200	110	1	1	170	261
抚远县抚远镇	142	285	0	204	2	2	4	80
抚远县浓桥镇	467	1611	251	204	2	1	2	48
抚远县寒葱沟镇	168	607	319	424	0	0	4	35
抚远县抓吉镇	283	926	410	706	0	0	0	0
同江市乐业镇	341	818	618	610	2	2	18	41
同江市三村镇	439	2124	144	810	1	1	20	55
同江市临江镇	372	1207	668	286	1	1	21	121
同江市同江镇	519	1872	145	994	4	0	41	197
富锦市二龙山镇	1201	4326	1720	1038	1	1	4	302
富锦市锦山镇	1162	4950	2115	2560	1	1	9	269
富锦市向阳川镇	1128	4009	1380	2128	1	1	6	201
富锦市头林镇	491	1814	1018	982	1	1	2	45
富锦市兴隆岗镇	776	2353	1217	1617	1	1	2	55
富锦市宏胜镇	498	1992	1131	996	1	1	2	70
富锦市西安镇	210	810	167	386	0	0	2	100
富锦市砚山镇	549	2271	1124	1098	1	1	2	36
富锦市长安镇	396	1686	881	806	1	1	3	38
新兴区红旗镇	800	3129	935	734	0	0	31	246

3—4—8续表6

名　　称	户　数（户）	人　口（人）	其中：非农业人口（人）	劳动力（人）	集贸市场个数（个）	其　中：综合市场个数（个）	企　业个　数（个）	企　业从　业人员数（人）
桃山区万宝河镇	1597	6537	2297	3127	0	0	89	312
茄子河区茄子河镇	3029	12930	0	2450	2	1	3	60
茄子河区红卫镇	646	2361	1061	1260	0	0	129	564
勃利县倭肯镇	1500	7600	3600	3880	1	1	30	420
勃利县双河镇	682	2861	915	1454	3	3	54	423
勃利县大四站镇	981	3565	228	1963	0	0	22	96
勃利县小五站镇	977	5012	1163	1975	1	1	4	80
东安区兴隆镇	1563	6604	3195	3400	4	1	35	1100
阳明区铁岭镇	9061	29184	15852	15573	1	1	86	2658
阳明区桦林镇	2288	16148	3880	61	1	1	47	956
西安区温春镇	4416	15851	12725	2055	1	1	25	158
东宁县三岔口镇	1482	4336	1547	2400	1	1	10	150
东宁县大肚川镇	733	3012	631	1770	0	0	4	54
东宁县老黑山镇	994	3897	1307	2485	1	1	111	368
东宁县道河镇	1292	4520	2484	2456	1	1	2	12
东宁县绥阳镇	7504	23040	11005	12400	2	2	330	4100
林口县古城镇	3610	17780	13890	7660	3	2	18	2160
林口县刁翎镇	1796	7450	2005	1885	3	1	14	440
林口县五林镇	2741	16934	11825	6852	5	1	16	1360
林口县朱家镇	910	7150	3120	2410	1	1	9	59
林口县柳树镇	479	1482	482	900	1	1	8	173
林口县三道通镇	1040	4160	1208	2310	1	1	12	229
林口县龙爪镇	1176	3482	1122	1643	1	1	12	211
林口县莲花镇	342	1098	349	683	1	1	10	166
绥芬河市阜宁镇	4140	15400	5400	4903	2	1	143	356
海林市长汀镇	11558	53993	43617	23116	4	4	210	1495
海林市柴河镇	16432	57663	54676	29577	3	3	31	1117
海林市横道镇	6494	30919	27649	40582	1	1	173	1076
海林市山市镇	3583	13382	7743	7166	1	1	26	285
海林市二道河镇	1430	3423	2142	2590	1	1	4	183
海林市新安镇	894	3086	1213	1341	1	1	17	281
海林市三道河镇	878	2087	1658	1929	1	1	3	196
宁安市东京城镇	7615	23468	20579	19038	2	1	474	10558
宁安市渤海镇	2599	11167	6941	5942	3	1	12	301
宁安市石岩镇	950	2890	665	2006	3	3	1	75
宁安市沙兰镇	1446	5461	483	2892	1	1	3	16
宁安市海浪镇	1120	5123	2100	2570	1	1	23	375
宁安市兰岗镇	450	1739	302	180	1	1	4	180
穆棱市穆棱镇	6434	19311	19203	8301	3	2	396	3205
穆棱市下城子镇	3699	11833	4958	7298	2	1	138	1192
穆棱市马桥河镇	3152	11767	2345	6493	2	1	450	650
穆棱市兴源镇	2315	10736	3316	5325	2	1	60	952

3—4—8 续表 7

名　　称	户　数（户）	人　口（人）	其中：非农业人口（人）	劳动力（人）	集贸市场个数（个）	其　中：综合市场个数（个）	企　业个　数（个）	企　业从　业人员数（人）
穆棱市磨刀石镇	4020	21210	5720	8096	3	1	411	2237
爱辉区西岗子镇	1232	3729	2285	1438	1	1	5	59
爱辉区罕达汽镇	224	812	309	276	1	1	4	53
嫩江县伊拉哈镇	694	4420	3413	3972	2	1	321	1900
嫩江县双山镇	1082	3133	752	1760	2	2	30	218
嫩江县多宝山镇	534	2136	1576	801	0	0	0	0
嫩江县海江镇	2454	6599	3652	8967	1	1	2	14
嫩江县前进镇	2410	7230	1258	3467	0	0	0	0
逊克县奇克镇	159	1256	1056	268	2	2	2	35
逊克县逊河镇	791	2750	1820	1715	1	1	110	327
孙吴县辰清镇	222	849	646	417	1	1	3	40
北安市通北镇	1768	16183	16183	5394	1	1	321	1120
北安市赵光镇	2152	6050	4894	2160	2	2	110	1000
北安市海星镇	897	3737	335	1217	1	1	3	57
北安市石泉镇	634	2372	130	420	0	0	79	178
北安市二井镇	392	1786	102	444	0	0	10	62
五大连池市龙镇	688	3097	1138	2984	2	2	304	821
五大连池市和平镇	506	2420	1688	1210	1	1	128	559
五大连池市五镇	475	1689	1068	2248	1	1	15	200
绥化市宝山镇	763	3144	683	1200	1	1	8	500
绥化市绥胜镇	1370	5155	393	2334	0	0	16	92
绥化市西长发镇	1320	5143	500	2610	2	1	6	648
绥化市永安镇	1466	5342	2100	2600	2	1	65	610
绥化市太平川镇	859	2780	348	1143	1	1	13	526
绥化市秦家镇	1249	5751	3238	3120	2	1	12	240
绥化市双河镇	1230	3801	851	1700	1	1	129	370
绥化市三河镇	610	3184	420	120	1	1	25	120
绥化市四方台镇	5392	11696	9929	6826	4	1	18	684
绥化市津河镇	352	1796	485	752	1	1	5	160
绥化市张维镇	825	3478	2100	120	1	1	2	80
绥化市利民镇	460	2430	1328	980	2	2	8	400
安达市老虎岗镇	196	764	324	401	1	1	35	315
安达市任民镇	2803	9831	6603	6953	1	1	83	257
安达市中本镇	326	1212	721	661	1	1	2	306
安达市太平庄镇	92	287	287	96	1	1	6	12
安达市万宝山镇	396	1461	1011	812	1	1	3	93
安达市天泉镇	154	420	380	210	0	0	0	0
安达市升平镇	898	3414	832	1826	2	1	36	710
安达市昌德镇	158	324	195	213	1	1	6	120
安达市羊草镇	160	490	308	382	1	1	28	154
肇东市昌五镇	4893	21864	7856	11369	4	2	647	4020
肇东市宋站镇	5445	21780	19780	10890	7	5	931	3981

3—4—8 续表 8

名　称	户　数（户）	人　口（人）	其中：非农业人口（人）	劳动力（人）	集贸市场个数（个）	其　中：综合市场个数（个）	企　业个　数（个）	企　业从　业人员数（人）
肇东市五站镇	800	4000	1500	1000	1	1	451	1587
肇东市尚家镇	1200	7000	2200	2150	1	1	0	0
肇东市姜家镇	840	4200	500	1605	1	1	2	90
肇东市里木店镇	1047	4096	1505	795	1	1	25	795
肇东市四站镇	1730	14146	11363	1401	1	1	6	174
肇东市涝洲镇	1093	4844	1469	2245	1	1	11	560
肇东市五里明镇	1430	7401	3200	2850	1	0	189	2160
海伦市海北镇	2330	7256	1540	4568	2	1	6	280
海伦市伦河镇	1410	6200	5700	2800	4	2	16	205
海伦市共和镇	2210	10930	386	5796	2	1	18	388
海伦市海兴镇	876	5132	1828	2601	1	1	0	0
海伦市祥富镇	320	1457	838	2100	1	1	2	360
海伦市东风镇	336	1261	931	950	1	1	4	150
望奎县通江镇	814	3256	666	1428	1	1	0	0
望奎县卫星镇	696	2890	390	1357	1	0	3	130
望奎县海丰镇	760	3100	800	700	1	0	1	30
望奎县莲花镇	800	3214	810	1345	1	1	12	25
望奎县惠七镇	670	2481	1350	350	1	1	23	87
望奎县先锋镇	326	1994	1000	1100	1	1	6	653
兰西县榆林镇	1865	9015	2966	3465	1	1	36	234
兰西县临江镇	738	3215	301	1739	1	1	3	169
兰西县平山镇	768	3635	165	1437	1	1	4	51
兰西县河口镇	308	1830	495	538	0	0	3	261
青冈县中和镇	2046	6986	6534	4092	3	1	30	350
青冈县祯祥镇	1320	6813	4514	2640	1	1	11	98
青冈县兴华镇	2727	9281	6124	4230	1	1	0	0
青冈县永丰镇	389	1294	482	834	1	1	28	238
青冈县芦河镇	734	3389	1918	1120	0	0	3	357
庆安县民乐镇	395	1624	37	1120	1	1	1	30
庆安县大罗镇	426	1728	205	936	1	1	3	36
庆安县平安镇	400	1720	568	579	1	1	13	120
庆安县勤劳镇	82	364	89	280	1	1	2	29
庆安县久胜镇	525	2247	360	290	0	0	2	105
明水县兴仁镇	2450	3568	800	3250	1	1	56	143
明水县永兴镇	2150	4480	673	2635	1	1	196	245
明水县崇德镇	1235	2687	913	2698	1	1	68	265
明水县通达镇	1131	5565	1885	2261	1	1	128	235
绥棱县上集镇	1451	4113	2565	3627	4	1	13	150
绥棱县四海店镇	526	1662	1281	161	1	1	4	143
绥棱县双岔河镇	526	1624	840	1025	2	1	47	282
呼玛县韩家园镇	245	658	478	421	1	1	2	100
呼玛县兴隆镇	523	2053	1507	1536	1	1	36	351
漠河县兴安镇	120	365	300	200	1	1	3	18

3—4—9　上海市建制镇镇区主要指标

名　　称	户　数（户）	人　口（人）	其中:非农业人口（人）	劳动力（人）	集贸市场个数（个）	其　中:综合市场个数（个）	企　业个　数（个）	企　业从　业人员数（人）
闵行区纪王镇	444	1063	1063	7457	1	1	13	6657
闵行区诸翟镇	1231	3091	1757	3412	1	1	21	2903
闵行区华漕镇	7810	22844	8815	12627	3	3	222	13450
闵行区虹桥镇	4065	8933	8933	8067	1	1	123	8482
闵行区梅陇镇	3309	7496	7476	4006	1	1	4	118
闵行区七宝镇	5100	15400	15100	805	2	2	10	562
闵行区莘庄镇	21920	52139	51878	27337	6	4	148	7337
闵行区曹行镇	530	1692	610	2596	1	1	40	2596
闵行区塘湾镇	828	2923	2923	8288	2	2	162	6802
闵行区颛桥镇	1542	3617	3617	893	1	1	18	468
闵行区北桥镇	1200	3810	3310	2600	1	1	8	1500
闵行区马桥镇	1195	4520	4520	2550	1	1	75	1408
闵行区陈行镇	1400	5200	3000	2800	1	1	12	1250
闵行区杜行镇	1011	3064	250	1720	1	1	135	4450
闵行区鲁汇镇	991	3519	3519	1114	1	1	20	68
宝山区罗店镇	5698	15201	8529	9866	4	1	840	8756
宝山区大场镇	22000	50000	49852	17613	1	1	180	13835
宝山区杨行镇	4700	15000	12534	6500	3	3	530	6000
宝山区月浦镇	13000	41800	36060	38347	4	4	390	38000
宝山区盛桥镇	2306	6384	120	3500	1	0	15	1089
宝山区罗泾镇	671	3613	3528	1818	1	1	15	1717
宝山区罗南镇	2415	8541	3221	7142	1	1	58	3602
宝山区刘行镇	451	2370	1602	9109	1	1	228	9109
宝山区顾村镇	1974	5921	3921	2051	1	1	19	1050
宝山区祁连镇	2012	6456	5298	3987	1	0	5	1136
宝山区高境镇	15800	22082	21010	3800	1	0	52	3120
宝山区庙行镇	352	1104	1104	3600	0	0	31	1694
宝山区淞南镇	22000	52000	50000	7204	3	2	679	80537
宝山区宝山镇	8595	26593	26500	2800	1	1	14	278
嘉定区嘉定镇	30801	79861	72677	9412	7	6	352	9412
嘉定区南翔镇	8288	21748	21020	14106	7	1	112	14106
嘉定区安亭镇	6000	21000	2000	8000	3	2	358	5600
嘉定区娄塘镇	1588	4482	2420	3640	1	1	130	3000
嘉定区封浜镇	6854	25167	4278	7252	2	1	179	13726
嘉定区马陆镇	946	15161	3500	5860	3	2	60	465
嘉定区戬浜镇	450	1575	315	720	1	1	27	300
嘉定区徐行镇	873	4875	395	3110	1	1	16	2470
嘉定区曹王镇	248	964	454	582	1	1	24	2200
嘉定区华亭镇	81	391	356	205	1	1	11	854

3—4—9 续表 1

名　　称	户　数（户）	人　口（人）	其中：非农业人口（人）	劳动力（人）	集贸市场个数（个）	其　中：综合市场个数（个）	企　业个　数（个）	企　业从　业人员数（人）
嘉定区唐行镇	101	498	161	1454	2	1	8	1217
嘉定区朱家桥镇	6090	19695	934	9882	1	0	22	1788
嘉定区外岗镇	1087	2388	1988	3876	1	1	5	135
嘉定区望新镇	830	2552	789	1447	2	2	13	1056
嘉定区方泰镇	654	2131	364	1053	1	1	18	1098
嘉定区黄渡镇	2462	6209	3725	3525	1	1	19	2325
嘉定区江桥镇	1513	4869	4869	1726	4	2	27	382
浦东新区杨思镇	9942	24695	23532	5157	2	2	75	4157
浦东新区川沙镇	11340	38036	38035	6523	10	4	77	5717
浦东新区高桥镇	13041	33833	33558	1115	4	4	60	1015
浦东新区北蔡镇	5304	14850	13350	8010	4	4	45	3500
浦东新区六团镇	87	214	211	150	1	1	6	3047
浦东新区机场镇	5233	15411	10574	7705	3	3	74	4520
浦东新区蔡路镇	1100	2555	350	1462	1	1	8	728
浦东新区合庆镇	2207	6631	3320	2528	1	1	32	1800
浦东新区黄楼镇	222	559	532	650	1	1	24	1999
浦东新区孙桥镇	524	2096	2096	2613	1	1	21	1763
浦东新区唐镇	440	2350	500	1500	2	2	9	1644
浦东新区王港镇	1100	3097	285	2564	1	0	38	2114
浦东新区龚路镇	1077	3420	3310	2800	3	2	95	2192
浦东新区顾路镇	937	2239	386	1439	1	1	4	245
浦东新区杨园镇	1710	5270	4920	2520	2	2	15	1315
浦东新区张桥镇	2068	5993	5993	3426	1	0	10	994
浦东新区金桥镇	423	1051	922	429	1	1	10	429
浦东新区东沟镇	727	2061	1092	556	1	0	6	750
浦东新区高东镇	604	1965	1019	1366	1	1	11	679
浦东新区凌桥镇	708	2040	1550	280	1	1	14	715
浦东新区张江镇	1703	4765	4765	926	2	1	161	4518
浦东新区花木镇	9282	25994	25994	4493	4	4	37	1782
浦东新区六里镇	4248	10613	9443	1244	2	2	7	938
浦东新区三林镇	12307	29338	27979	4500	2	2	20	2391
金山区枫泾镇	3985	8922	8290	14811	1	1	21	2405
金山区张埝镇	3113	9000	8183	6700	2	1	41	5689
金山区亭林镇	3379	7740	7260	6200	3	1	18	4094
金山区吕巷镇	1332	2811	2792	1864	2	1	18	3216
金山区干巷镇	694	3550	1685	2285	2	1	8	1450
金山区廊下镇	1269	3410	2070	2728	1	1	25	3251
金山区钱圩镇	1281	2280	2148	1383	1	1	27	1761
金山区金山卫镇	3310	8277	5490	6800	3	1	36	7500

3—4—9 续表 2

名 称	户 数（户）	人 口（人）	其中：非农业人口（人）	劳动力（人）	集贸市场个数（个）	其 中：综合市场个数（个）	企 业 个 数（个）	企 业 从 业 人员数（人）
金山区兴塔镇	655	2294	1205	2485	1	1	48	3661
金山区朱行镇	3256	7400	3295	8260	1	1	35	7216
金山区漕泾镇	1218	4266	3511	2130	1	1	25	1523
金山区山阳镇	1202	4212	2682	5535	2	1	32	3655
金山区松隐镇	871	3050	2350	2135	1	0	15	1550
金山区新农镇	481	2510	1402	2050	1	1	8	650
松江区泗泾镇	4925	11657	4441	7995	2	1	31	5793
松江区佘山镇	1459	4581	2256	2108	2	1	5	586
松江区车墩镇	1394	4542	1244	3101	1	1	4	650
松江区新桥镇	3494	8101	3556	7968	1	1	94	6103
松江区洞泾镇	2774	8105	867	6165	1	0	14	5143
松江区九亭镇	804	2440	2018	1518	2	2	52	4920
松江区小昆山镇	3406	10821	1114	8049	1	1	85	6706
松江区泖港镇	1027	2584	1359	696	1	1	23	1356
松江区仓桥镇	1619	5099	2641	3299	2	1	26	1980
松江区茸北镇	1109	3518	2738	2425	1	1	19	2145
松江区华阳镇	1442	3959	2137	1587	2	2	12	2531
松江区天马山镇	1683	4768	1223	2809	2	2	26	1347
松江区大港镇	820	2560	510	1706	1	1	16	1807
松江区李塔汇镇	937	2564	1475	876	1	1	7	461
松江区石湖荡镇	667	1215	619	1680	1	1	11	1246
松江区新浜镇	868	2406	1013	3834	1	0	20	2458
松江区五厍镇	502	1657	182	1161	1	1	4	531
松江区张泽镇	1683	4946	1908	5037	1	1	22	3510
松江区叶榭镇	2053	4919	1300	2883	1	1	30	2294
南汇县惠南镇	25805	75186	47590	19000	6	5	1200	14000
南汇县周浦镇	12025	34366	30950	25600	5	3	86	9953
南汇县新场镇	5366	12962	9560	4250	1	0	35	1600
南汇县大团镇	5298	11771	7427	6894	2	1	328	9132
南汇县下沙镇	1600	4600	3305	4169	2	2	30	3800
南汇县芦潮港镇	937	1979	415	860	2	0	4	640
南汇县瓦屑镇	590	1587	586	2670	1	1	13	2265
南汇县横沔镇	358	1086	1086	1025	1	1	10	204
南汇县康桥镇	800	2350	2260	1500	2	0	5	600
南汇县航头镇	1201	3219	1838	1433	1	1	20	1656
南汇县六灶镇	377	1577	1180	1180	1	1	7	510
南汇县祝桥镇	7113	18540	6012	16337	1	1	1360	13605
南汇县盐仓镇	1004	2093	685	4323	1	1	35	2722
南汇县泥城镇	304	1700	879	1815	1	1	17	1365

3—4—9 续表 3

名　　称	户　数（户）	人　口（人）	其中：非农业人口（人）	劳动力（人）	集贸市场个数（个）	其　中：综合市场个数（个）	企　业个　数（个）	企　业从　业人员数（人）
南汇县宣桥镇	417	1157	289	5382	1	1	24	2910
南汇县三灶镇	859	2475	1819	1075	1	1	15	970
南汇县坦直镇	1120	2785	1481	1654	1	1	19	2612
南汇县东海镇	422	1756	564	5726	1	1	33	4316
南汇县黄路镇	1538	4126	2458	2516	1	1	12	689
南汇县彭镇镇	2000	5500	434	5000	1	1	13	1400
南汇县书院镇	943	955	733	764	2	2	10	640
南汇县万祥镇	604	1173	344	824	1	1	12	1014
南汇县新港镇	457	1490	310	1305	1	1	12	1050
南汇县老港镇	2263	6342	2110	5170	2	2	10	1541
南汇县三墩镇	1643	4543	1539	2130	2	1	27	1390
奉贤县奉城镇	6723	14994	4593	10410	3	3	167	5079
奉贤县西渡镇	2160	8020	5321	5625	2	2	121	5625
奉贤县庄行镇	1151	3948	1345	1273	1	1	30	2153
奉贤县齐贤镇	1571	3494	1424	3737	1	1	42	3336
奉贤县金汇镇	2930	8794	861	4985	1	1	39	4985
奉贤县泰日镇	1566	3091	1687	1700	1	1	15	1506
奉贤县头桥镇	4100	12650	1658	4500	2	1	60	2500
奉贤县四团镇	769	2501	650	1800	1	1	18	970
奉贤县平安镇	584	1346	1255	860	1	1	23	860
奉贤县青村镇	1461	3031	1881	1247	1	1	97	3899
奉贤县钱桥镇	850	2450	1505	500	1	1	10	800
奉贤县奉新镇	1585	5593	3158	1711	1	1	27	1271
奉贤县洪庙镇	2699	6151	1868	7128	1	1	45	5349
奉贤县新寺镇	663	1561	1035	1360	1	1	25	990
奉贤县胡桥镇	847	1977	700	1273	1	1	28	4948
奉贤县光明镇	1250	4646	936	3200	2	2	15	4000
奉贤县柘林镇	1301	2856	787	3750	1	1	55	2100
奉贤县江海镇	7902	23247	6510	14520	1	1	102	550
奉贤县邬桥镇	1469	3210	2847	2345	1	1	19	1172
奉贤县塘外镇	1849	6800	1271	2398	1	1	65	1170
奉贤县邵厂镇	703	1663	487	1475	1	1	10	988
青浦县朱家角镇	4918	13597	12734	7481	2	2	135	6560
青浦县练塘镇	1432	3522	2948	2113	1	1	11	1594
青浦县金泽镇	1538	3051	2124	1831	2	2	40	2500
青浦县赵巷镇	873	1665	1665	1565	1	1	3	160
青浦县徐泾镇	2405	7402	2057	5358	1	1	73	4277
青浦县华新镇	2316	6740	1878	8140	3	3	62	7747
青浦县凤溪镇	849	2125	1693	3600	1	1	50	3376

3—4—9续表4

名称	户数(户)	人口(人)	其中:非农业人口(人)	劳动力(人)	集贸市场个数(个)	其中:综合市场个数(个)	企业个数(个)	企业从业人员数(人)
青浦县重固镇	1400	3800	2100	2500	1	1	38	2500
青浦县白鹤镇	1419	2609	624	1700	2	1	25	2000
青浦县赵屯镇	566	1870	1870	883	1	1	0	0
青浦县大盈镇	327	985	326	591	1	1	12	1345
青浦县香花桥镇	798	2381	836	1755	2	2	9	454
青浦县沈巷镇	1661	4312	811	3382	2	1	33	2648
青浦县小蒸镇	933	2448	831	1767	1	1	10	678
青浦县蒸淀镇	533	1324	533	1500	3	1	20	1050
青浦县莲盛镇	450	1580	550	890	1	1	12	724
青浦县西岑镇	1032	2358	739	3300	1	1	24	2100
青浦县商榻镇	923	2610	1304	1515	3	1	15	3681
崇明县城桥镇	29659	61314	55610	49000	6	0	16	9000
崇明县堡镇镇	8523	23573	22630	14095	4	4	76	2364
崇明县新河镇	2401	6855	4855	7020	1	1	80	4850
崇明县庙镇镇	1186	2882	1551	1809	1	1	16	1401
崇明县江口镇	537	3199	1419	1800	1	1	28	4500
崇明县竖新镇	457	1318	496	836	1	1	9	395
崇明县向化镇	1318	5700	2805	3157	1	1	9	968
崇明县裕安镇	398	1325	1325	316	1	1	7	610
崇明县三星镇	409	2024	1668	1280	1	1	13	790
崇明县侯家镇	786	3100	1091	905	1	1	3	270
崇明县新民镇	347	1217	348	426	1	1	11	1435
崇明县大新镇	307	3610	150	350	1	1	8	2750
崇明县港沿镇	364	1004	109	385	1	1	31	944
崇明县中兴镇	355	866	418	1526	2	1	8	926
崇明县陈家镇	1462	3915	1406	2977	1	1	6	450
崇明县绿华镇	192	815	150	600	1	1	9	350
崇明县合作镇	205	768	133	460	1	1	1	80
崇明县港西镇	102	3255	1005	1600	1	1	5	197
崇明县建设镇	367	2915	163	1689	1	1	15	1850
崇明县大同镇	236	638	544	780	1	1	8	677

3—4—10 江苏省建制镇镇区主要指标

名称	户数（户）	人口（人）	其中：非农业人口（人）	劳动力（人）	集贸市场个数（个）	其中：综合市场个数（个）	企业个数（个）	企业从业人员数（人）
南京市辖区顶山镇	677	1858	406	1450	2	1	10	500
南京市辖区泰山镇	1189	3859	2109	1682	5	2	10	784
南京市辖区沿江镇	2408	8408	4520	2061	2	1	5	1624
南京市辖区盘城镇	300	1400	600	250	1	1	3	100
南京市辖区葛塘镇	1756	5130	4900	4720	1	1	8	390
南京市辖区长芦镇	1910	6160	5800	4500	1	1	19	1350
南京市辖区龙潭镇	450	1490	200	699	1	0	3	26
南京市辖区摄山镇	836	3638	1600	1350	2	1	10	1580
南京市辖区尧化镇	376	1021	781	598	1	1	9	203
南京市辖区马群镇	362	1297	1045	436	1	0	22	922
南京市辖区迈皋桥镇	11938	29322	28929	11470	1	1	23	1375
南京市辖区燕子矶镇	1637	5110	4000	3070	4	1	20	151
南京市辖区栖霞镇	1268	4760	1560	4728	1	1	65	3728
南京市辖区雨花镇	982	2747	174	1831	1	1	2	50
南京市辖区红花镇	120	367	137	490	0	0	2	45
南京市辖区石门坎镇	754	1590	1200	987	1	0	1	20
南京市辖区双闸镇	502	1724	195	736	1	1	3	156
南京市辖区沙洲镇	824	2383	340	725	2	0	18	256
南京市辖区铁心桥镇	926	2513	700	4616	1	1	12	648
南京市辖区西善桥镇	520	1208	808	240	1	1	3	110
南京市辖区板桥镇	1370	4947	1942	2754	2	1	19	714
江宁县湖熟镇	3130	11500	2419	5600	3	1	52	3800
江宁县汤山镇	2101	5669	4087	1944	2	1	16	1024
江宁县丹阳镇	1595	4675	1319	3465	3	0	36	3150
江宁县江宁镇	2406	3600	3060	2150	2	1	34	1748
江宁县陶吴镇	1260	4180	2095	2600	2	1	12	1400
江宁县秣陵镇	616	4973	1866	2708	2	1	8	2267
江宁县禄口镇	6345	16500	7320	10640	2	0	54	5305
江宁县淳化镇	1751	4448	1406	1924	1	1	22	1727
江宁县上坊镇	1579	5262	1546	3894	1	1	23	1150
江宁县周岗镇	1389	3050	953	2530	1	1	220	2130
江宁县龙都镇	1410	4026	1476	2715	2	1	16	1100
江宁县土桥镇	527	8615	1288	5264	1	1	24	3264
江宁县东善桥镇	1102	3700	1800	1824	1	0	34	1272
江宁县横溪镇	2205	6675	6264	4899	2	2	15	1966
江宁县铜山镇	1470	3975	1347	2900	2	1	31	2320
江宁县谷里镇	2750	7220	1651	3002	2	1	15	2705
江宁县陆郎镇	704	3364	2112	2305	1	1	9	1900
江宁县铜井镇	1775	2680	1348	1434	1	1	10	980
江宁县其林镇	1283	3894	3503	2754	1	1	17	1205

3—4—10续表1

名称	户数（户）	人口（人）	其中：非农业人口（人）	劳动力（人）	集贸市场个数（个）	其中：综合市场个数（个）	企业个数（个）	企业从业人员数（人）
江宁县上峰镇	589	4210	2420	2833	1	0	31	1510
江浦县桥林镇	2217	4725	2215	2835	3	1	12	500
江浦县永宁镇	438	1341	697	750	1	1	11	350
江浦县汤泉镇	646	1850	945	910	1	1	9	1427
江浦县星甸镇	1112	3637	1936	2284	1	1	15	906
六合县冶山镇	1593	5809	271	329	1	1	1	140
六合县瓜埠镇	2027	5299	2752	2565	1	1	1	262
六合县东沟镇	100	600	250	435	1	1	1	3
六合县竹镇镇	2541	8631	2473	4500	3	1	37	1150
六合县马集镇	875	2689	1839	320	2	1	12	1320
六合县龙袍镇	905	2906	291	1250	1	1	12	1354
六合县玉带镇	560	2280	1300	1450	1	1	16	460
六合县新集镇	1320	5120	1860	3445	3	1	3	425
六合县程桥镇	1816	5450	1452	3200	3	1	15	900
六合县八百镇	2580	8400	3500	4800	1	1	52	2550
六合县横梁镇	2264	6462	356	4122	3	1	6	1450
六合县灵岩镇	2204	4639	1032	4262	1	1	26	2487
溧水县柘塘镇	1100	2600	800	1420	1	1	11	630
溧水县洪蓝镇	2566	6631	2404	3700	3	3	10	3000
溧水县明觉镇	650	1980	685	1600	1	0	13	390
溧水县白马镇	973	2856	1195	1440	1	1	19	2726
溧水县东屏镇	876	2630	940	1367	1	0	18	1600
溧水县乌山镇	1300	3600	959	2600	1	1	8	1200
溧水县石湫镇	1240	4080	2320	1225	1	1	24	1225
高淳县东坝镇	2672	6972	2379	4462	3	1	143	2584
高淳县固城镇	1472	4789	4777	4635	1	1	14	698
高淳县桠溪镇	2020	9500	1848	6200	1	1	565	2014
高淳县砖墙镇	1236	2882	1969	2468	1	1	3	295
高淳县沧溪镇	3773	15816	2072	1782	1	1	5	276
高淳县漆桥镇	1745	5715	1240	4716	2	0	18	1340
高淳县定埠镇	1206	3258	503	1704	1	0	40	506
无锡市辖区马山镇	665	1270	909	1100	1	1	8	939
无锡市辖区南站镇	1255	3066	61	631	1	1	7	157
无锡市辖区黄巷镇	824	2081	1340	1063	1	1	10	1120
无锡市辖区扬名镇	80	263	200	303	1	1	3	251
无锡市辖区蠡园镇	2451	4693	3807	1661	1	0	30	1661
无锡市辖区大浮镇	258	775	498	345	1	0	6	500
无锡市辖区河埒镇	1535	3570	2720	1046	1	1	41	1490
无锡市辖区广益镇	590	1254	808	615	1	1	15	570
无锡市辖区胡埭镇	1736	5207	4276	6260	1	1	45	3352

3—4—10 续表 2

名称	户数(户)	人口(人)	其中:非农业人口(人)	劳动力(人)	集贸市场个数(个)	其中:综合市场个数(个)	企业个数(个)	企业从业人员数(人)
无锡市辖区山北镇	390	1180	846	755	2	1	10	567
无锡市辖区硕放镇	870	6302	6302	4096	2	1	227	6935
无锡市辖区旺庄镇	5665	14571	13395	2203	1	1	125	2203
江阴市石庄镇	1358	4023	1069	380	1	1	40	1576
江阴市西石桥镇	865	8420	1496	8070	1	1	85	5340
江阴市月城镇	2500	6600	2100	3958	2	1	28	2600
江阴市马镇镇	2402	5580	2003	3360	1	1	38	5048
江阴市桐岐镇	750	2078	992	998	1	1	80	2510
江阴市长寿镇	2200	8100	3200	3400	1	1	43	3910
江阴市陆桥镇	1790	7565	4320	8600	2	1	95	5168
江阴市新桥镇	1950	6747	2976	5423	2	1	450	4772
江阴市文林镇	1366	4170	4046	6873	2	1	827	5960
江阴市河塘镇	906	3383	838	1807	2	1	17	2482
江阴市山观镇	5180	13456	12455	11022	1	1	162	6221
江阴市要塞镇	6000	20000	4000	18000	6	0	152	20000
江阴市璜土镇	2150	6046	2202	3560	1	0	75	4890
江阴市利港镇	2806	8658	4173	3156	3	1	30	4232
江阴市申港镇	1637	6760	5531	2800	1	1	18	1200
江阴市夏港镇	1910	4720	1497	2415	2	1	65	1950
江阴市青阳镇	5767	14810	9014	8886	4	1	163	4822
江阴市璜塘镇	1712	6405	2390	2835	1	1	70	5221
江阴市峭岐镇	2130	4250	2150	4280	3	3	41	4281
江阴市华士镇	5004	19056	7661	15467	4	2	22	7685
江阴市周庄镇	8900	26000	5010	20218	3	3	74	12589
江阴市长泾镇	2873	7732	3882	5466	3	0	96	4666
江阴市顾山镇	2250	8509	2709	4937	2	1	64	4293
江阴市北国镇	1105	2780	2265	752	1	1	39	3443
江阴市祝塘镇	2738	7450	3926	4010	3	0	100	8978
江阴市南闸镇	3000	6000	5500	4000	2	1	750	16700
江阴市云亭镇	2775	12250	9770	15280	1	1	167	9520
宜兴市太华镇	1282	5600	4808	8800	2	0	127	6033
宜兴市善卷镇	703	2687	386	2346	1	1	14	1089
宜兴市徐舍镇	2386	5380	5154	3070	1	1	36	2713
宜兴市鲸塘镇	1300	4300	1002	2600	1	1	18	460
宜兴市芳庄镇	1770	2982	356	1550	1	0	2	110
宜兴市宜丰镇	604	2006	476	1600	2	2	18	1020
宜兴市新芳镇	685	3510	2250	1740	3	1	12	650
宜兴市新建镇	1600	6150	1456	3700	2	1	88	3785
宜兴市丰义镇	1450	4200	3756	2436	1	1	50	1350
宜兴市范道镇	998	4860	1202	2560	1	0	5	800

3－4－10续表3

名　称	户　数（户）	人　口（人）	其中：非农业人口（人）	劳动力（人）	集贸市场个数（个）	其　中：综合市场个数（个）	企　业个　数（个）	企　业从　业人员数（人）
宜兴市屺亭镇	1308	3560	820	784	1	1	5	670
宜兴市南新镇	1380	4216	890	2416	1	0	23	1465
宜兴市闸口镇	1834	6000	345	3200	1	1	30	1516
宜兴市万石镇	1093	3825	502	1530	2	1	42	1050
宜兴市南漕镇	980	2685	508	1283	1	1	1	4
宜兴市芳桥镇	1039	2118	1408	1190	2	1	8	331
宜兴市扶风镇	180	540	90	350	1	0	6	418
宜兴市大塍镇	517	1730	728	1015	1	1	32	618
宜兴市分水镇	1593	3818	819	2619	1	1	34	1526
宜兴市新庄镇	1397	8091	966	5926	2	2	36	3150
宜兴市洋溪镇	842	5420	1084	2981	2	1	32	860
宜兴市大浦镇	1140	3500	302	1900	1	1	3	45
宜兴市张泽镇	560	1980	1156	1188	1	1	21	447
宜兴市濮东镇	1152	3449	125	1897	1	1	6	423
宜兴市红塔镇	978	3199	368	1415	1	1	15	1248
宜兴市新街镇	1781	4901	484	2595	1	1	36	1150
宜兴市张渚镇	9931	29793	20594	14896	3	1	1348	14596
宜兴市丁蜀镇	24921	73260	60060	37600	14	3	136	5190
宜兴市周铁镇	2850	6620	3458	3500	2	1	35	1500
宜兴市和桥镇	3411	10753	10546	10388	2	1	192	6063
宜兴市官林镇	3946	10735	4332	6284	3	1	108	3285
宜兴市高塍镇	3068	7955	1912	4881	2	1	96	3688
宜兴市湖㳇镇	2317	6610	2105	4260	1	1	43	2068
宜兴市杨巷镇	1667	4990	2544	3329	4	1	38	1455
锡山市查桥镇	3090	6867	4410	3900	1	1	38	3750
锡山市安镇镇	1101	3969	3717	8383	4	1	216	4763
锡山市羊尖镇	2827	7125	3888	3445	1	0	59	2950
锡山市厚桥镇	2514	5961	3312	3071	2	1	24	1285
锡山市坊前镇	3020	7233	3482	7019	1	1	136	5169
锡山市梅村镇	1025	5670	3100	5572	2	1	39	3212
锡山市鸿声镇	510	2100	1680	2900	1	1	27	2200
锡山市荡口镇	3043	7766	3753	4700	1	1	139	4565
锡山市甘露镇	1454	2505	2504	3285	1	1	84	2988
锡山市东北塘镇	2423	6081	4881	4743	1	1	139	2888
锡山市八士镇	1650	5440	2932	530	2	1	27	1978
锡山市张泾镇	2119	4665	427	3341	1	1	71	3688
锡山市东湖塘镇	860	3500	290	3100	1	1	46	2378
锡山市港下镇	4930	17200	3510	5530	3	2	25	1035
锡山市长安镇	2618	5697	3268	7080	1	1	102	5345
锡山市西漳镇	1920	7680	3700	7153	1	1	56	4752

3－4－10续表4

名　称	户　数（户）	人　口（人）	其中：非农业人口（人）	劳动力（人）	集贸市场个数（个）	其　中：综合市场个数（个）	企　业个　数（个）	企　业从　业人员数（人）
锡山市堰桥镇	1200	5000	3500	3200	2	1	180	4200
锡山市前洲镇	3025	14301	5553	12456	1	1	130	9756
锡山市玉祁镇	5646	11200	6279	7845	1	1	38	4560
锡山市石塘湾镇	2482	5919	3303	3517	1	1	27	2277
锡山市洛社镇	8806	24978	18386	11226	6	1	815	13515
锡山市钱桥镇	4500	13500	9450	10900	2	1	80	8500
锡山市藕塘镇	918	1598	1553	4173	1	1	24	2126
锡山市杨市镇	3300	8050	1761	4500	2	1	58	3123
锡山市阳山镇	573	1686	850	1280	1	1	25	998
锡山市陆区镇	1360	4136	852	3516	1	1	40	1600
锡山市东绛镇	8766	22634	7639	13816	5	2	202	12766
锡山市雪浪镇	2170	7652	4175	7980	1	1	35	2654
锡山市南泉镇	1796	3512	2559	2350	2	1	63	5302
锡山市华庄镇	6700	23500	7880	11300	3	3	173	7770
锡山市新安镇	3230	14277	3519	1156	1	1	20	987
锡山市后宅镇	1856	3551	3366	2100	1	1	10	2100
徐州市辖区大泉镇	1746	3503	1038	3400	1	1	1	65
徐州市辖区汴塘镇	1814	5909	2478	3060	1	1	20	270
徐州市辖区大吴镇	5378	17426	8659	3184	2	2	34	2315
徐州市辖区耿集镇	2000	6000	1300	2500	1	1	4	1000
徐州市辖区紫庄镇	1759	10726	6672	5726	2	2	12	1823
徐州市辖区塔山镇	582	3638	1556	1462	1	1	12	500
徐州市辖区青山泉镇	6963	21048	17976	12488	1	1	53	4800
徐州市辖区贾汪镇	1381	1857	1857	924	2	1	42	2200
徐州市辖区拾屯镇	12110	41200	8500	15600	4	4	360	15000
徐州市辖区九里镇	1526	4367	520	258	1	1	13	258
丰县宋楼镇	1210	7600	2100	5100	1	1	50	2900
丰县大沙河镇	1875	5635	3641	1850	1	1	98	1070
丰县梁寨镇	1280	5430	2180	2500	1	1	15	3112
丰县华山镇	5500	6000	2000	3100	1	1	13	310
丰县欢口镇	1246	7857	2469	2686	3	1	7	2450
丰县赵庄镇	788	2600	300	2600	1	1	8	2279
丰县李寨镇	900	3644	1200	1700	1	1	30	250
丰县范楼镇	1360	9680	1280	3460	2	0	8	308
丰县金陵镇	710	3500	1900	1000	1	1	5	200
丰县套楼镇	516	1007	647	759	1	1	4	200
丰县孙楼镇	365	1268	470	896	1	0	7	2022
丰县常店镇	947	3814	209	1620	1	1	14	406
丰县师寨镇	530	4206	500	2566	1	1	10	380
丰县顺河镇	395	5230	1223	2820	1	1	5	1000

3—4—10 续表 5

名　　称	户 数（户）	人 口（人）	其中:非农业人口（人）	劳动力（人）	集贸市场个数（个）	其 中:综合市场个数（个）	企 业 个 数（个）	企 业 从 业 人员数（人）
丰县首羡镇	2470	5800	2313	2887	5	1	19	337
丰县王沟镇	456	3550	1370	3500	2	1	5	710
沛县龙固镇	3200	12710	2540	5150	1	0	8	512
沛县扬屯镇	2663	7370	3472	3500	2	2	400	5312
沛县大屯镇	2349	9598	2458	3989	1	0	169	2060
沛县赫寨镇	4706	21200	5012	9748	3	2	250	3063
沛县魏庙镇	917	5733	2386	4357	1	0	18	231
沛县五段镇	1120	4720	2036	1238	1	0	4	270
沛县张庄镇	2130	13500	2459	6139	1	0	605	4875
沛县崔寨镇	627	2800	1030	340	1	0	120	350
沛县唐楼镇	648	3680	2200	2880	1	0	16	210
沛县敬安镇	4675	18700	2459	8415	2	1	86	1237
沛县河口镇	553	3087	943	1052	1	0	13	425
沛县栖山镇	1045	4200	0	984	1	0	35	560
沛县王店镇	668	3026	459	1652	1	0	116	809
沛县鹿楼镇	780	4700	1300	2200	1	0	103	510
沛县朱寨镇	500	3535	1665	822	1	0	20	150
沛县安国镇	2145	8206	4560	3416	2	0	2	512
铜山县黄集镇	2600	6500	1850	5400	1	1	7	342
铜山县郑集镇	5817	10728	3568	2110	1	1	15	1520
铜山县柳新镇	3126	8871	4769	5842	1	1	392	4465
铜山县刘集镇	2163	6474	2655	1470	1	1	8	846
铜山县夹河镇	1809	7407	3910	4260	1	1	6	2949
铜山县三堡镇	2553	6723	4667	5224	1	1	343	3977
铜山县棠张镇	1899	3270	2869	2500	1	1	430	5039
铜山县潘塘镇	5770	11281	5057	5762	1	1	87	914
铜山县张集镇	700	4478	2000	4300	2	2	320	3800
铜山县房村镇	1906	4920	1996	2591	1	1	92	816
铜山县尹庄镇	2486	11900	1981	6900	1	1	160	1980
铜山县单集镇	1965	5578	1276	3270	1	1	6	210
铜山县大庙镇	6649	17150	12089	4835	1	1	12	3500
铜山县大许镇	3532	9083	2837	4625	1	1	286	2672
铜山县太山镇	750	3165	950	1276	1	1	70	857
铜山县茅村镇	3174	7363	6020	3212	2	2	8	1000
铜山县利国镇	3994	12332	1610	5455	3	2	13	1257
铜山县大黄山镇	1881	10856	8856	3600	0	0	24	1800
睢宁县李集镇	4260	16540	4552	5250	1	1	95	3350
睢宁县黄圩镇	1293	3795	903	2015	1	1	28	867
睢宁县邱集镇	1618	5490	1796	1535	1	1	28	490
睢宁县王林镇	930	3818	987	2000	1	1	100	600

3—4—10续表6

名　　称	户　数（户）	人　口（人）	其中：非农业人口（人）	劳动力（人）	集贸市场个数（个）	其　中：综合市场个数（个）	企　业个　数（个）	企　业从　业人员数（人）
睢宁县凌城镇	2727	7444	1747	3448	1	1	137	641
睢宁县沙集镇	1100	3500	1100	2500	1	1	38	1120
睢宁县高作镇	3653	9735	2862	7388	2	1	258	2417
睢宁县魏集镇	4470	7000	1227	3200	1	1	30	1300
睢宁县古邳镇	1478	5345	2200	12680	1	1	30	1400
睢宁县双沟镇	2038	9547	3002	4039	1	1	38	1204
睢宁县王集镇	1436	6880	2800	3610	6	1	25	789
睢宁县桃园镇	1500	8500	1628	4019	1	1	158	1750
睢宁县岚山镇	831	4019	800	2582	1	1	15	1240
新沂市瓦窑镇	4473	6823	924	5821	2	2	40	370
新沂市港头镇	1620	6322	1023	2238	1	1	102	3058
新沂市唐店镇	1287	5170	4181	2810	1	1	5	410
新沂市草桥镇	1830	5418	771	3269	2	2	400	4020
新沂市合沟镇	1600	6511	831	3800	1	1	126	1580
新沂市王楼镇	520	4120	1500	2860	1	1	18	768
新沂市窑湾镇	995	7678	5148	3250	2	2	7	540
新沂市埝头镇	802	4500	922	3000	2	1	158	2400
新沂市棋盘镇	643	2536	500	1021	1	0	6	352
新沂市王庄镇	3782	9355	2150	8420	1	1	8	579
新沂市新店镇	1680	5100	3600	3100	2	1	12	134
新沂市邵店镇	2159	8205	825	4030	3	1	226	2820
新沂市北沟镇	1085	3355	894	1278	1	0	36	1243
新沂市时集镇	2392	6500	1140	3300	1	1	12	250
新沂市高流镇	1947	7863	1159	3816	6	1	11	483
新沂市阿湖镇	2072	8754	941	3324	1	1	25	670
新沂市黑埠镇	1203	3843	634	2115	1	1	30	281
邳州市官湖镇	4028	20112	5300	6246	5	1	64	632
邳州市陈楼镇	1100	4500	1760	815	1	1	15	810
邳州市白埠镇	1727	6972	580	842	1	1	23	1200
邳州市炮车镇	4813	21800	3334	13650	1	1	120	1900
邳州市铁富镇	3687	11198	1580	4479	1	1	113	1606
邳州市港上镇	3200	15070	2050	9890	13	1	195	1995
邳州市邹庄镇	2346	9342	500	3500	3	1	36	2988
邳州市四户镇	2120	3500	1220	800	1	1	9	960
邳州市岔河镇	1470	4250	1165	2600	1	1	25	400
邳州市宿羊山镇	500	8420	3900	3890	1	1	15	450
邳州市碾庄镇	1809	2679	1720	2270	1	1	19	2104
邳州市八义集镇	1400	6500	1500	1900	5	1	5	250
邳州市占城镇	1620	7800	890	3500	3	2	130	1500
邳州市土山镇	1200	4600	1828	3392	3	1	147	1393

3－4－10 续表 7

名　　称	户　数（户）	人　口（人）	其中：非农业人口（人）	劳动力（人）	集贸市场个数（个）	其　中：综合市场个数（个）	企　业个　数（个）	企　业从　业人员数（人）
邳州市议堂镇	240	2100	1400	1500	1	1	6	200
邳州市八路镇	858	6000	1200	2520	1	1	36	260
邳州市新河镇	1500	6000	850	1020	1	1	48	860
邳州市运河镇	1500	6800	4200	3500	5	2	45	1830
常州市辖区新闸镇	1070	2429	1193	2013	1	0	8	1835
常州市辖区丁堰镇	612	1529	935	979	1	0	3	699
常州市辖区潞城镇	705	2093	0	1456	2	1	5	583
常州市辖区龙虎塘镇	1741	4035	1894	3350	1	1	25	2150
常州市辖区新桥镇	844	2525	1247	3321	1	1	36	2728
常州市辖区圩塘镇	1754	5600	4429	4500	1	1	16	3865
常州市辖区百丈镇	968	3286	728	2485	2	1	54	2786
溧阳市上黄镇	2398	6403	1505	2851	2	1	12	750
溧阳市戴埠镇	4136	11582	5640	5907	5	1	26	3580
溧阳市横涧镇	700	1500	982	850	1	1	4	150
溧阳市平桥镇	1455	5100	888	1964	1	1	6	118
溧阳市茶亭镇	1083	4800	2865	2880	1	1	16	1002
溧阳市天目湖镇	560	1530	763	1118	1	0	8	768
溧阳市别桥镇	3788	8121	4817	5020	2	1	48	3795
溧阳市上兴镇	696	1219	1043	607	2	1	5	621
溧阳市上沛镇	1400	5000	1176	3600	1	1	820	5800
溧阳市竹箦镇	3240	17500	3834	9500	5	1	17	2133
溧阳市后周镇	1102	2630	849	1712	1	1	17	993
溧阳市南渡镇	1015	8100	3900	1560	3	2	45	2780
溧阳市新昌镇	475	1435	781	674	1	1	12	456
溧阳市强埠镇	675	1750	713	820	1	1	11	2360
溧阳市社渚镇	1604	4590	1624	3150	4	1	26	1288
溧阳市周城镇	1500	4580	3780	2268	1	1	363	550
金坛市河头镇	1508	2716	2030	1630	2	1	27	1800
金坛市白塔镇	1321	2755	583	1674	1	0	22	855
金坛市直溪镇	2921	8695	4310	6156	2	0	68	1276
金坛市建昌镇	1690	3844	1700	2230	2	2	14	1006
金坛市登冠镇	1122	3253	2548	987	1	1	10	850
金坛市朱林镇	1720	4988	1206	2543	1	1	75	2191
金坛市薛埠镇	3826	9888	7044	7800	3	1	17	3075
金坛市西阳镇	1510	3187	681	2100	1	0	15	2150
金坛市茅麓镇	1074	2294	741	1567	2	1	12	1255
金坛市社头镇	2943	8535	2123	4165	1	1	14	1491
金坛市西岗镇	2167	3400	583	2183	1	1	26	1120
金坛市指前镇	600	3000	1993	2500	2	2	27	2100
金坛市水北镇	2010	4682	1661	2962	1	1	29	1892

3—4—10续表8

名　　称	户　数（户）	人　口（人）	其中:非农业人口（人）	劳动力（人）	集贸市场个数（个）	其　中:综合市场个数（个）	企　业个　数（个）	企　业从　业人员数（人）
金坛市五叶镇	512	1598	591	776	2	1	18	2811
金坛市儒林镇	2264	4332	1805	3184	2	2	19	1663
金坛市汤庄镇	850	2156	552	1600	1	0	23	2000
金坛市尧塘镇	854	2477	807	1404	2	2	63	2609
武进市南夏墅镇	2143	4227	2180	4944	2	0	49	3201
武进市牛塘镇	2409	5439	3062	2791	3	2	45	3256
武进市洛阳镇	4696	17250	8586	11335	3	2	75	9600
武进市遥观镇	1038	3140	2061	2208	1	1	21	2800
武进市横林镇	6750	14919	12769	9770	3	2	280	5425
武进市横山桥镇	3930	16700	4733	14600	2	2	223	7750
武进市芙蓉镇	1967	5889	1237	4223	1	1	73	2259
武进市焦溪镇	3556	8239	3356	4013	2	1	82	2174
武进市郑陆镇	1000	6580	2880	3755	2	1	46	1610
武进市雪堰镇	878	2791	832	1403	1	1	49	1406
武进市潘家镇	952	4452	1751	3050	2	2	97	4600
武进市漕桥镇	2729	10893	3451	7637	8	2	70	4109
武进市前黄镇	2390	7868	3218	6202	2	2	146	2720
武进市礼嘉镇	583	2943	555	1477	4	2	39	2754
武进市寨桥镇	670	2310	1250	5700	3	0	20	4450
武进市邹坵镇	5316	9574	3519	5820	4	1	138	4098
武进市卜弋镇	2862	6260	3362	4765	3	2	71	2435
武进市夏溪镇	2703	7445	2525	4067	4	2	46	3162
武进市嘉泽镇	3155	7198	2090	3923	3	2	51	1973
武进市湟里镇	3306	7693	4886	4080	4	1	56	3050
武进市东安镇	2647	7009	1405	4052	2	1	65	2200
武进市魏村镇	2547	6078	3524	2240	2	2	27	4301
武进市安家镇	1050	2865	1415	2120	1	0	20	860
武进市薛家镇	2004	4969	2624	2558	3	1	41	2468
武进市奔牛镇	5092	16088	11250	9702	3	1	186	7710
武进市罗溪镇	906	5362	2038	4680	2	0	50	2716
武进市西夏墅镇	2308	7501	1788	5565	3	2	83	3311
武进市小河镇	3412	12392	2592	7200	4	0	89	1106
武进市孟河镇	1641	6957	1439	3651	2	1	38	917
苏州市辖区横塘镇	1361	7244	6623	5000	4	4	55	3015
苏州市辖区虎丘镇	4617	8200	7600	12000	0	0	20	735
苏州市辖区浒墅关镇	9082	44341	18055	21990	6	3	40	1728
苏州市辖区枫桥镇	3178	9187	8172	7400	1	1	85	6280
苏州市辖区娄葑镇	3708	9490	5098	7741	1	0	82	7860
苏州市辖区斜塘镇	3240	8530	6320	5890	2	1	31	1878
苏州市辖区跨塘镇	2931	6337	6337	3675	3	2	67	5525

3—4—10 续表 9

名称	户数（户）	人口（人）	其中：非农业人口（人）	劳动力（人）	集贸市场个数（个）	其中：综合市场个数（个）	企业个数（个）	企业从业人员数（人）
苏州市辖区胜浦镇	2433	6001	6001	4210	1	1	42	2217
苏州市辖区唯亭镇	3610	7657	6366	3014	1	1	21	1780
常熟市梅李镇	4649	14740	3974	7906	1	1	68	6931
常熟市海虞镇	6794	15449	11812	11532	3	3	155	9071
常熟市新港镇	6051	18152	14778	11094	2	2	87	5526
常熟市徐市镇	2626	5853	3438	3030	1	1	64	2701
常熟市东张镇	1873	3167	1648	3682	1	1	24	2232
常熟市唐市镇	3128	7116	3894	4890	1	1	28	2985
常熟市古里镇	2180	5820	1799	3065	2	2	22	2815
常熟市沙家浜镇	834	3172	3015	5500	1	1	47	3080
常熟市支塘镇	2801	6130	5295	5615	2	2	12	2217
常熟市何市镇	980	2550	2179	1530	2	2	27	3895
常熟市董浜镇	1160	4765	1613	2750	1	1	38	1960
常熟市白茆镇	1250	3950	2033	3580	2	1	18	3729
常熟市任阳镇	907	2662	1384	2268	2	2	16	2469
常熟市大义镇	3209	12330	4646	10124	1	1	58	5318
常熟市谢桥镇	1747	3440	3363	1896	1	1	27	1523
常熟市练塘镇	1050	3500	3018	2020	1	1	34	2040
常熟市王庄镇	1897	5416	2008	3249	1	1	16	3291
常熟市冶塘镇	1093	1924	1571	1770	2	1	22	2182
常熟市张桥镇	1798	5910	2551	3685	1	1	33	2848
常熟市辛庄镇	350	1250	1025	820	1	1	11	475
常熟市杨园镇	1198	3900	2455	2760	1	1	25	1000
常熟市莫城镇	1636	2863	2429	1429	1	1	5	252
常熟市藕渠镇	180	591	283	429	1	1	4	132
常熟市兴隆镇	461	3087	1713	2188	1	1	36	1581
常熟市淼泉镇	718	2513	1313	1558	1	1	45	1809
张家港市港口镇	1869	6620	2213	6073	1	1	10	2860
张家港市凤凰镇	1282	3771	1850	2190	1	1	22	1262
张家港市塘市镇	2704	5434	2434	7019	2	1	34	3536
张家港市三兴镇	1100	3500	3004	1692	1	1	5	420
张家港市南丰镇	1911	2886	2582	2103	1	1	15	1986
张家港市兆丰镇	930	3200	1280	2010	1	1	201	3050
张家港市东沙镇	95	1505	735	1456	1	1	5	1168
张家港市东莱镇	2058	5800	2845	4020	1	0	24	2738
张家港市合兴镇	2000	9143	1977	7210	2	1	25	3783
张家港市乘航镇	1826	6117	2096	4281	1	1	26	2122
张家港市南沙镇	1938	5425	1396	4234	1	1	11	2590
张家港市双山镇	500	1500	497	825	1	0	4	180
张家港市德积镇	1250	3250	2500	4220	1	1	102	3050

3—4—10 续表 10

名 称	户 数（户）	人 口（人）	其中：非农业人口（人）	劳动力（人）	集贸市场个数（个）	其中：综合市场个数（个）	企业个数（个）	企业从业人员数（人）
张家港市大新镇	1058	7397	1193	10603	1	1	26	5207
张家港市晨阳镇	1005	5865	2005	5012	4	3	26	3805
张家港市后塍镇	5554	9353	8000	6000	3	1	30	5000
张家港市塘桥镇	3242	8710	3819	9250	1	1	5	7000
张家港市妙桥镇	2300	7000	6525	12800	3	1	26	6800
张家港市西张镇	1874	4378	1841	4750	1	1	11	3477
张家港市鹿苑镇	2583	7923	736	10656	3	1	75	10656
张家港市乐余镇	3698	11095	3823	3418	1	1	14	2398
张家港市锦丰镇	7588	15059	8210	10350	2	2	81	7592
张家港市泗港镇	650	2060	1680	6505	1	1	22	4050
张家港市港区镇	8057	19608	1069	6950	3	3	13	1606
昆山市周市镇	1450	7121	1420	5065	2	2	35	1680
昆山市新镇镇	2592	7396	4308	3324	1	1	74	3124
昆山市城北镇	5250	11851	5719	15000	4	1	147	13000
昆山市兵希镇	2109	4991	2662	2995	1	1	66	2246
昆山市石浦镇	2650	6750	2889	4070	1	0	33	2531
昆山市大市镇	830	2548	1371	1850	2	1	40	1650
昆山市南港镇	1253	3122	1838	2080	1	1	41	1600
昆山市石牌镇	1336	3500	2409	2100	2	1	60	1700
昆山市陆杨镇	2069	4703	1711	3936	1	1	32	3414
昆山市巴城镇	1847	4345	3445	3205	1	1	15	1702
昆山市蓬朗镇	1833	4970	2470	2438	2	0	28	616
昆山市陆家镇	5578	14741	7662	11480	2	1	132	9800
昆山市花桥镇	2413	7344	4865	5244	2	1	38	4349
昆山市张浦镇	1560	7740	2588	6650	2	1	35	4200
昆山市千灯镇	2605	8334	3985	4850	3	1	85	4650
昆山市淀山湖镇	2643	6193	3884	4045	1	1	21	1755
昆山市锦溪镇	4220	8463	7563	7280	4	0	65	5976
昆山市周庄镇	3949	9620	4373	5895	2	0	31	3576
昆山市正仪镇	3283	7782	5403	4238	2	1	25	3496
吴江市盛泽镇	12387	38938	38728	30311	5	0	62	22680
吴江市同里镇	3752	9519	8031	6346	1	1	20	1336
吴江市震泽镇	5600	16076	12427	8729	2	1	38	4230
吴江市黎里镇	5426	17457	12142	11694	4	2	96	4759
吴江市平望镇	8590	23026	14789	13210	1	1	80	8290
吴江市芦墟镇	5335	12437	10144	7921	2	0	50	5035
吴江市北厍镇	3049	8123	5123	6100	4	1	101	5426
吴江市八坼镇	1852	5875	5663	4100	2	1	16	1089
吴江市梅堰镇	1310	3006	2636	1962	1	1	94	7471
吴江市铜罗镇	1869	6280	2300	12000	2	0	12	2000

3－4－10 续表 11

名　　称	户　数（户）	人　口（人）	其中：非农业人口（人）	劳动力（人）	集贸市场个数（个）	其　中：综合市场个数（个）	企　业个　数（个）	企　业从　业人员数（人）
吴江市桃源镇	1050	4500	1300	2600	1	1	20	2000
吴江市菀坪镇	1230	2330	2160	3725	1	0	28	2522
吴江市屯村镇	945	2895	1768	1562	2	1	25	1330
吴江市莘塔镇	1010	3510	1370	2640	2	2	38	2140
吴江市金家坝镇	1463	3814	2514	4985	1	0	80	2835
吴江市坛丘镇	1058	3131	1982	1980	1	1	7	1172
吴江市南麻镇	762	2052	1534	1448	1	1	15	2015
吴江市八都镇	798	2500	760	2000	1	1	2	800
吴江市横扇镇	914	3580	2230	2930	1	1	14	878
吴江市七都镇	2607	10460	2135	5610	2	1	11	8600
吴江市庙港镇	850	7800	2000	6100	1	0	25	3000
吴江市青云镇	2135	5400	1479	4100	1	1	80	800
太仓市沙溪镇	505	1530	1500	810	3	3	3	450
太仓市浏河镇	4752	17423	15128	5104	4	1	60	1387
太仓市浏家港镇	2910	6043	4313	3480	1	1	27	919
太仓市浮桥镇	3135	8153	2301	5888	2	1	141	4790
太仓市岳王镇	1489	3907	1939	3114	1	1	26	1701
太仓市南郊镇	2195	4798	2262	3060	1	1	14	633
太仓市板桥镇	2692	6650	2330	3050	1	1	55	2860
太仓市陆渡镇	1382	4837	3171	3628	1	1	31	3396
太仓市新塘镇	725	1398	0	1105	1	0	18	2170
太仓市金浪镇	597	1251	851	980	1	1	3	980
太仓市璜泾镇	4272	9450	9124	4300	3	1	120	2300
太仓市鹿河镇	1500	5400	2123	3000	1	1	40	2400
太仓市归庄镇	300	1800	1450	1600	1	1	11	1100
太仓市新毛镇	1734	5105	2165	2305	1	1	78	3060
太仓市直塘镇	1100	4500	1575	2680	1	1	131	3324
太仓市双凤镇	1433	4091	1391	2890	1	1	42	1200
太仓市新湖镇	631	1324	1099	730	1	1	150	650
吴县市甪直镇	5197	12181	9798	18130	2	2	118	17364
吴县市车坊镇	1082	2849	2263	2741	1	1	56	3438
吴县市郭巷镇	1945	4697	1907	3572	2	1	21	525
吴县市望亭镇	3630	8600	7523	4950	5	1	48	3215
吴县市通安镇	2385	6504	4542	3000	1	0	24	2500
吴县市东桥镇	3000	6795	2821	6000	1	1	20	3500
吴县市蠡口镇	3179	7451	6806	3749	3	1	80	2581
吴县市陆慕镇	5634	14086	13043	8372	3	1	60	5792
吴县市黄埭镇	2520	4701	4578	3124	1	1	28	3108
吴县市北桥镇	1526	3814	3543	3356	2	1	49	2256
吴县市黄桥镇	1745	3954	1702	3043	1	1	48	1635

3—4—10 续表 12

名　称	户　数（户）	人　口（人）	其中：非农业人口（人）	劳动力（人）	集贸市场个数（个）	其　中：综合市场个数（个）	企　业个　数（个）	企　业从　业人员数（人）
吴县市湘城镇	1998	3924	813	2740	2	1	31	3110
吴县市阳澄湖镇	1073	8653	7491	8552	2	1	25	1213
吴县市太平镇	1400	2300	2189	810	1	1	21	2198
吴县市渭塘镇	3601	5102	3600	3640	4	3	20	1302
吴县市光福镇	3561	6870	4145	4122	3	1	35	3145
吴县市东渚镇	2066	3976	2429	3204	1	1	19	629
吴县市镇湖镇	1617	3927	1203	2019	1	1	9	400
吴县市藏书镇	850	3800	2133	3450	1	1	15	1200
吴县市木渎镇	12880	36120	30518	15259	2	1	93	7850
吴县市胥口镇	1766	2967	2412	1950	2	1	6	1700
吴县市越溪镇	855	2642	2119	1605	1	1	27	1580
吴县市横泾镇	2498	6400	3068	3096	5	1	32	2396
吴县市浦庄镇	874	2871	832	3200	2	1	17	2200
吴县市渡村镇	2321	6820	1492	4004	1	1	45	3350
吴县市东山镇	8717	23330	8573	5166	2	1	46	3932
吴县市西山镇	750	1500	1250	1000	1	1	3	430
吴县市太湖镇	624	1592	533	1181	1	1	6	203
南通市辖区秦灶镇	348	1139	326	508	1	1	45	2951
南通市辖区新开镇	1567	4099	1158	2371	1	1	3	180
海安县角斜镇	575	4600	2075	2500	4	1	72	1496
海安县李堡镇	5639	14100	9889	9950	4	1	233	5400
海安县西场镇	2370	5183	4255	3578	1	0	12	2425
海安县胡集镇	1108	2783	1784	2081	1	0	22	247
海安县曲塘镇	4922	10511	10048	3416	5	2	80	2000
海安县南莫镇	1616	5168	2249	3478	1	1	133	1689
海安县墩头镇	801	3426	1800	2226	2	1	206	3106
海安县沿口镇	673	2723	1091	1040	2	1	61	628
海安县大公镇	800	1400	800	1200	4	1	150	390
海安县隆政镇	580	2280	1050	1280	3	1	145	960
海安县双楼镇	460	5611	1811	4414	1	0	124	3100
海安县仁桥镇	503	4800	2176	3428	1	0	42	650
海安县雅周镇	1136	3290	2010	2010	2	0	215	1080
海安县仇湖镇	750	3100	1300	1900	1	1	32	1219
海安县吉庆镇	1252	2630	1700	1685	1	1	210	1459
如东县兵房镇	998	1387	1025	940	1	1	1	14
如东县苴镇镇	1617	2282	2011	678	1	1	6	287
如东县丰利镇	4272	9435	8235	3562	6	3	38	2880
如东县栟茶镇	4014	9461	8874	8023	2	1	8	150
如东县双甸镇	3100	7200	7000	3200	2	1	8	1200
如东县岔河镇	2746	6267	6006	3455	1	1	2	109

3—4—10 续表 13

名 称	户 数（户）	人 口（人）	其中：非农业人口（人）	劳动力（人）	集贸市场个数（个）	其 中：综合市场个数（个）	企 业 个 数（个）	企 业 从 业 人员数（人）
如东县马塘镇	5896	12876	11721	7220	1	1	20	2100
如东县长沙镇	1010	1861	1411	1372	1	1	4	305
如东县凌河镇	159	645	611	554	1	1	6	100
如东县浒澪镇	462	1674	153	947	1	0	0	0
如东县河口镇	1806	4103	608	3156	1	1	12	1222
如东县石甸镇	1859	4074	2110	2695	2	0	12	306
如东县新店镇	965	2662	1852	1794	2	1	24	1738
如东县古坝镇	746	4226	1023	2250	1	1	5	650
启东市大兴镇	2390	4977	966	2187	1	1	73	1379
启东市北新镇	725	2750	1030	2120	1	1	9	750
启东市圩角镇	1608	3320	235	2807	3	1	98	185
启东市久隆镇	1831	4447	325	3712	2	1	196	899
启东市和合镇	2170	6497	1822	4720	1	1	148	3924
启东市惠萍镇	785	1617	545	1340	1	1	42	3149
启东市寅阳镇	1190	2791	1205	2441	1	0	12	252
启东市新安镇	1334	2697	1177	2160	1	1	8	785
启东市海复镇	2200	5500	2300	3700	1	1	23	1600
启东市向阳镇	1384	4151	562	2985	1	1	44	366
启东市南阳镇	1800	4400	2500	3850	1	1	22	250
启东市吕四港镇	6643	18212	6623	13220	4	3	352	3578
启东市茅家港镇	3696	11822	1591	7212	2	1	34	3531
启东市秦潭港镇	1274	3313	686	2030	2	2	6	430
启东市天汾镇	1176	2728	881	1408	3	1	32	800
如皋市白蒲镇	5455	11853	10457	6033	4	1	6	850
如皋市丁堰镇	2183	8870	7604	4256	4	0	14	1939
如皋市石庄镇	1710	4810	4100	1920	2	1	20	960
如皋市东陈镇	1364	4912	1227	2293	2	1	6	187
如皋市林梓镇	455	2628	1233	2451	1	0	8	1012
如皋市长江镇	711	2721	543	1219	1	1	25	400
如皋市搬经镇	1975	7005	3005	3970	3	1	9	280
如皋市磨头镇	1768	6188	2105	2929	3	1	8	496
如皋市袁桥镇	342	3661	1318	1639	1	1	13	465
如皋市丁北镇	220	3800	120	2200	1	0	20	1005
如皋市下原镇	1030	4103	128	1419	3	0	15	107
如皋市郭园镇	614	5880	251	3825	1	1	16	325
如皋市吴窑镇	391	6673	501	3238	2	1	9	488
如皋市江安镇	2037	7055	2780	3986	1	0	4	164
通州市西亭镇	1640	2924	2164	2013	1	1	5	276
通州市二甲镇	4397	10521	8257	4789	1	1	26	2379
通州市三余镇	3619	9304	7890	4020	2	1	12	799

3—4—10 续表 14

名　　称	户　数（户）	人　口（人）	其中:非农业人口（人）	劳动力（人）	集贸市场个数（个）	其　中：综合市场个数（个）	企　业个　数（个）	企　业从　业人员数（人）
通州市十总镇	2129	6375	3950	3160	1	1	11	715
通州市骑岸镇	1710	3641	1653	1480	1	1	6	168
通州市石港镇	4267	9774	9496	4872	1	1	11	5423
通州市四安镇	1578	4210	3670	2278	1	1	12	400
通州市刘桥镇	1247	4110	2774	2399	2	1	42	3210
通州市平潮镇	6856	19010	11473	12086	4	1	76	5672
通州市兴仁镇	2727	7780	4779	3300	1	1	20	1100
通州市观音山镇	4442	10482	10180	7305	1	1	8	5426
通州市张芝山镇	3050	9060	4051	4500	1	1	7	880
通州市川港镇	3010	5964	3037	3280	1	1	58	2800
通州市姜灶镇	2801	5893	3536	3240	2	1	156	2200
通州市小海镇	2300	6300	4000	3150	1	1	13	860
通州市北兴桥镇	1561	2926	926	821	1	0	1	23
通州市新联镇	516	2511	1445	2385	1	1	12	1126
通州市平东镇	2057	7802	700	4063	1	1	32	1250
通州市正场镇	1720	3500	2320	2230	3	1	7	450
通州市兴东镇	980	3260	2450	2360	2	1	12	1400
通州市先锋镇	1963	4262	1760	2684	3	1	116	1630
海门市三厂镇	9370	27350	23840	15586	1	1	1572	9830
海门市悦来镇	1087	2261	1235	1060	1	1	12	788
海门市三阳镇	1224	2274	274	1995	1	1	16	1205
海门市四甲镇	2340	4724	2724	4066	2	1	449	4166
海门市余东镇	2176	5191	2617	4218	3	1	13	1217
海门市包场镇	2254	5157	2148	2548	7	3	20	1442
海门市三星镇	810	1962	921	1491	2	1	11	54
海门市天补镇	784	1060	702	611	2	1	17	809
海门市三和镇	916	1781	1508	1147	1	1	15	578
海门市德胜镇	1177	2683	1300	1820	1	1	20	950
海门市常乐镇	1847	3785	1815	2980	2	0	18	760
海门市麒麟镇	417	1932	667	1065	1	1	10	350
海门市六匡镇	475	1255	850	1147	1	1	45	1250
海门市万年镇	1340	2855	1053	1712	2	1	15	900
海门市瑞祥镇	577	1898	830	1439	1	1	5	471
海门市国强镇	4680	8989	951	4399	1	1	40	3298
海门市货隆镇	916	3128	1500	2320	3	2	8	205
海门市正余镇	2000	4670	1493	3360	1	1	23	2631
连云港市辖区连岛镇	372	1428	626	1210	1	0	2	18
连云港市辖区墟沟镇	4690	18763	14167	5746	7	3	1108	4863
连云港市辖区朝阳镇	2364	5779	4222	2468	1	1	24	1038
连云港市辖区猴嘴镇	8796	23215	23046	3850	4	2	188	2187

3—4—10 续表 15

名　称	户　数（户）	人　口（人）	其中：非农业人口（人）	劳动力（人）	集贸市场个数（个）	其　中：综合市场个数（个）	企　业个　数（个）	企　业从　业人员数（人）
连云港市辖区南城镇	2314	6783	5885	1601	1	1	12	370
连云港市辖区板桥镇	800	3000	500	700	2	2	15	70
连云港市辖区徐圩镇	1226	2708	2676	1000	2	2	2	865
连云港市辖区朐阳镇	403	1845	1400	1200	3	1	58	1962
连云港市辖区新坝镇	1429	6885	1480	4281	1	1	44	1218
连云港市辖区锦屏镇	1000	3500	2100	1500	1	1	15	700
赣榆县海头镇	2965	11003	3160	4926	2	2	1035	3650
赣榆县赣马镇	1267	7492	1033	2248	1	1	18	377
赣榆县城头镇	1028	4052	958	2431	1	1	22	350
赣榆县欢墩镇	1556	7550	805	6050	1	1	58	928
赣榆县沙河镇	3190	14510	13900	8660	3	1	160	1050
赣榆县宋庄镇	1894	5291	213	2677	1	1	47	2319
赣榆县柘汪镇	379	1491	450	516	1	1	2	30
赣榆县石桥镇	2441	13512	2034	5399	1	1	45	1220
赣榆县金山镇	2379	11000	724	5439	2	1	84	1023
赣榆县厉庄镇	876	3117	1204	387	1	1	36	415
赣榆县黑林镇	1985	5934	687	1973	1	1	10	278
赣榆县罗阳镇	1526	6105	1080	2218	1	1	12	365
赣榆县墩尚镇	2504	8697	1030	5082	1	1	1332	3975
赣榆县大岭镇	1274	5724	3050	2010	1	1	27	750
东海县白塔镇	2025	18000	3828	6852	1	1	65	2682
东海县青湖镇	2092	7077	5467	4016	1	1	268	1582
东海县温泉镇	280	560	500	1600	1	1	14	482
东海县桃林镇	2836	11477	1353	4894	2	1	295	2010
东海县房山镇	2500	8200	3100	3800	1	1	25	2284
东海县浦南镇	1966	7864	5256	4275	1	1	32	749
东海县黄川镇	2719	10053	2301	6415	1	1	315	3850
东海县石梁河镇	3048	9030	1150	3833	1	1	14	393
东海县石榴镇	1025	4159	105	1745	1	1	38	395
东海县双店镇	2613	7016	1399	3898	1	1	41	1672
东海县洪庄镇	1692	7476	906	4116	2	1	13	440
东海县安峰镇	1250	5900	2040	2891	1	1	10	750
东海县平明镇	3381	11328	1947	6027	1	1	64	786
灌云县板浦镇	4397	12448	11912	7669	2	1	721	4692
灌云县杨集镇	323	1153	1029	834	2	1	4	76
灌云县燕尾镇	2363	9254	8800	4120	3	1	695	1420
灌云县四队镇	1816	4586	1285	2159	4	1	41	1210
灌云县龙苴镇	1649	5899	2369	3011	1	1	83	934
灌云县东辛镇	2182	4961	3560	1736	1	1	55	830
灌云县同兴镇	900	3600	2200	4000	1	1	62	692

3—4—10 续表 16

名　　称	户　数（户）	人　口（人）	其中：非农业人口（人）	劳动力（人）	集贸市场个数（个）	其　中：综合市场个数（个）	企　业个　数（个）	企　业从　业人员数（人）
灌云县圩丰镇	182	1874	102	1341	1	1	5	32
灌南县长茂镇	931	3442	620	2300	3	1	19	780
灌南县北陈集镇	390	1342	1123	1230	2	1	13	215
灌南县张店镇	500	2000	900	1300	2	1	25	452
灌南县汤沟镇	1500	6362	4157	3560	2	1	89	895
灌南县百禄镇	1125	7343	2081	2309	1	0	10	1200
灌南县堆沟港镇	354	1026	426	576	1	0	7	162
淮阴市辖区和平镇	2250	9000	2081	5400	1	1	239	816
淮阴县码头镇	541	2257	895	1414	1	1	2	14
淮阴县渔沟镇	2658	4156	2684	2665	1	1	12	456
淮阴县赵集镇	682	2798	1245	1475	1	1	6	665
淮阴县南陈集镇	918	4852	3861	1092	7	1	9	482
淮阴县丁集镇	537	1732	564	859	2	2	9	127
淮阴县徐溜镇	357	1758	347	1327	1	1	7	820
涟水县高沟镇	2672	12024	11927	6034	3	1	30	1470
涟水县唐集镇	740	4029	1436	2580	3	3	7	515
涟水县保滩镇	479	1925	488	1241	1	1	7	199
涟水县大东镇	978	3276	1310	1750	1	1	2	320
涟水县五港镇	815	3253	764	1517	1	1	19	865
涟水县梁岔镇	234	921	97	490	3	1	18	337
涟水县石湖镇	1181	5498	973	3184	1	1	20	340
洪泽县蒋坝镇	2780	6109	1012	2904	2	1	35	610
洪泽县仁和镇	1316	4781	1639	1248	2	1	9	1053
洪泽县岔河镇	1320	7800	2400	2510	5	1	58	1800
洪泽县西顺河镇	397	1538	560	340	1	0	3	57
洪泽县老子山镇	1583	6700	3960	3390	2	1	39	522
洪泽县朱坝镇	3510	6512	889	2430	3	1	154	1053
洪泽县黄集镇	1071	5212	1500	3312	3	2	974	2530
洪泽县万集镇	356	2725	746	1356	1	1	13	560
洪泽县三河镇	1426	6236	1156	2845	3	1	32	321
盱眙县官滩镇	1617	6659	3341	3179	1	1	252	1949
盱眙县马坝镇	5990	17742	5340	10140	5	4	17	290
盱眙县旧铺镇	656	2471	1216	1779	1	1	5	126
盱眙县桂五镇	1008	4013	1299	1637	1	1	237	1021
盱眙县河桥镇	1850	8066	5780	4920	1	1	54	182
盱眙县管镇镇	699	2724	1500	1362	3	1	205	741
金湖县金沟镇	735	1415	1096	1061	1	1	65	250
金湖县闵桥镇	982	2574	2088	1670	1	1	78	762
金湖县塔集镇	1372	3006	1117	1450	1	0	11	460
金湖县涂沟镇	810	2803	899	1038	1	1	28	832

3—4—10续表17

名　　称	户　数（户）	人　口（人）	其中：非农业人口（人）	劳动力（人）	集贸市场个数（个）	其　中：综合市场个数（个）	企　业个　数（个）	企　业从　业人员数（人）
金湖县银集镇	610	2450	1652	1180	1	1	15	720
金湖县吕良镇	1437	3070	1225	1450	1	1	110	850
淮安市平桥镇	1127	7894	2148	4273	1	1	53	1944
淮安市朱桥镇	1654	7650	1200	5207	1	1	32	1600
淮安市溪河镇	1450	6300	4300	2400	2	1	22	1400
淮安市车桥镇	2033	8107	5118	3844	6	1	26	974
淮安市流均镇	912	5060	4072	2783	1	1	13	600
淮安市苏嘴镇	428	3920	1019	2156	1	1	2	117
淮安市钦工镇	1623	5286	2033	3033	5	1	80	1500
淮安市板闸镇	890	3690	157	2008	1	1	19	604
淮安市林集镇	850	3063	258	2050	1	1	12	300
淮安市上河镇	670	2536	1038	1359	1	1	15	521
淮安市泾口镇	830	3680	1546	1200	1	1	92	1600
淮安市顺河镇	1157	2616	1216	1320	1	1	28	418
淮安市施河镇	1935	3558	1662	1940	3	1	104	2350
盐城市辖区南洋镇	2882	11525	6480	3986	2	1	237	3485
盐城市辖区新兴镇	924	2440	920	486	1	1	13	146
响水县陈港镇	3896	12857	11956	410	5	2	214	712
响水县小尖镇	2245	12250	6667	8350	5	2	201	688
响水县大有镇	1160	4550	1555	2110	3	2	318	1210
响水县南河镇	908	4007	751	1800	4	1	108	241
滨海县五汛镇	1710	5180	2276	2252	3	2	16	410
滨海县蔡桥镇	2738	8216	3615	1500	8	0	8	1008
滨海县獐沟镇	2923	6596	5502	1840	4	2	68	610
滨海县通榆镇	650	6500	2000	2500	2	1	25	1500
滨海县八巨镇	1681	5766	1079	2080	2	1	28	860
滨海县八滩镇	2570	6200	1195	981	3	0	5	95
阜宁县益林镇	6600	38500	28000	16800	4	2	181	7100
阜宁县东沟镇	4378	6800	5620	4200	2	1	69	2200
阜宁县沟墩镇	1786	10000	2879	2874	1	1	89	754
阜宁县羊寨镇	1370	5900	2100	3200	1	1	5	820
阜宁县吴滩镇	1600	3800	2742	2594	1	1	4	386
阜宁县陈良镇	1803	8000	2560	6000	2	1	12	1834
阜宁县施庄镇	335	1180	110	560	1	1	8	170
阜宁县城北镇	2531	4841	2435	3178	2	2	15	255
阜宁县新沟镇	405	5760	1760	3580	1	1	86	918
阜宁县陈集镇	1237	7526	2113	4156	1	1	16	1200
阜宁县硕集镇	1234	4882	2075	2200	1	1	10	300
阜宁县板湖镇	2160	12600	1697	7130	1	1	92	1289

3－4－10续表18

名　　称	户　数（户）	人　口（人）	其中：非农业人口（人）	劳动力（人）	集贸市场个数（个）	其　中：综合市场个数（个）	企　业个　数（个）	企　业从　业人员数（人）
阜宁县古河镇	1249	4396	2190	1024	8	4	19	450
阜宁县永兴镇	1090	4058	2232	1997	1	1	11	113
射阳县临海镇	2034	7342	6413	3724	4	2	6	310
射阳县黄尖镇	2460	6175	317	2326	2	1	10	620
射阳县陈洋镇	2712	9493	3520	6170	3	1	18	1260
射阳县兴桥镇	2397	4860	2038	2850	3	1	5	1100
射阳县盘湾镇	1750	5066	2431	3023	2	1	55	1031
射阳县黄沙港镇	365	1058	852	792	1	1	2	45
射阳县新洋港镇	145	767	645	291	1	1	12	360
射阳县四明镇	1428	3796	1762	1518	1	1	5	816
射阳县阜余镇	1873	3692	2601	1478	2	1	22	645
射阳县海河镇	3249	5621	3961	2400	3	2	13	1240
射阳县海通镇	3194	5524	4901	3144	1	1	26	389
射阳县新坍镇	697	2467	1869	1540	1	1	9	1325
建湖县上冈镇	1264	4540	4020	1676	2	1	3	300
建湖县建阳镇	684	3418	2989	1148	1	0	42	4259
建湖县高作镇	1234	4066	3508	1696	1	0	89	1425
建湖县颜单镇	725	2265	1901	852	1	0	80	4200
建湖县近湖镇	820	1570	1305	640	2	1	51	9800
建湖县蒋营镇	2130	4859	4070	2029	1	0	6	92
建湖县恒济镇	236	1074	708	398	1	0	46	1256
建湖县沿河镇	372	1221	980	588	1	0	25	977
建湖县庆丰镇	2149	7108	6050	2104	2	1	43	5800
建湖县冈东镇	430	1421	1229	825	2	0	18	1406
建湖县草埝口镇	637	1183	980	532	2	1	6	1236
建湖县冈西镇	558	1805	1145	805	2	0	84	2204
建湖县钟庄镇	230	732	580	565	1	0	21	941
盐都县大纵湖镇	2805	7255	1775	2710	1	0	160	2300
盐都县北龙港镇	3064	5080	2287	2032	2	1	4	360
盐都县义丰镇	3450	7867	6556	4720	1	0	78	2480
盐都县葛武镇	1007	5628	1800	2538	2	1	58	421
盐都县中兴镇	3001	6187	4508	2784	2	1	140	1314
盐都县鞍湖镇	2842	6008	2582	1371	1	0	70	1800
盐都县马沟镇	1300	6000	2261	1250	2	1	64	2502
盐都县郭猛镇	1098	3998	1940	2098	3	1	21	1126
盐都县便仓镇	1563	7025	2842	3340	3	2	35	940
盐都县步凤镇	523	3010	2600	1600	1	0	14	291
盐都县楼王镇	3091	11250	8705	2500	1	0	10	1486
盐都县尚庄镇	3380	8296	2166	5273	4	3	39	1624

3—4—10 续表 19

名　　称	户　数（户）	人　口（人）	其中：非农业人口（人）	劳动力（人）	集贸市场个数（个）	其　中：综合市场个数（个）	企　业个　数（个）	企　业从　业人员数（人）
盐都县秦南镇	5922	11849	10957	5610	4	1	17	4606
盐都县龙冈镇	6340	13367	5615	10142	3	2	19	5213
盐都县潘黄镇	1180	4048	2200	1817	1	0	8	850
盐都县大冈镇	3124	13327	10512	11702	2	1	152	4565
盐都县伍佑镇	4469	7392	6215	4215	5	2	200	3600
东台市后港镇	1538	4767	3013	2283	1	1	26	1750
东台市台南镇	6200	10100	4400	1600	2	0	48	960
东台市广山镇	1872	6424	428	2665	2	1	55	1043
东台市廉贻镇	1761	7286	1180	4755	1	0	158	1755
东台市五烈镇	1301	3610	3109	2723	3	1	5	2123
东台市范公镇	675	2552	565	1677	1	0	68	720
东台市台东镇	446	1399	870	1725	1	0	14	451
东台市富东镇	1087	2256	984	1500	2	2	7	342
东台市新农镇	651	1630	700	934	1	1	12	310
东台市新曹镇	1241	3507	2512	2314	1	1	67	820
东台市六灶镇	560	1073	822	425	1	1	16	168
东台市四灶镇	1942	4918	978	5000	1	1	78	820
东台市海丰镇	445	992	977	890	1	1	6	125
东台市溱东镇	4400	10500	3400	4641	3	0	388	1109
东台市时堰镇	6358	15381	7816	5200	3	1	190	5027
东台市梁垛镇	2810	6931	2018	3238	2	1	207	3021
东台市安丰镇	5091	16773	8625	8051	7	0	43	3844
东台市南沈灶镇	1067	3917	1765	2350	3	0	11	142
东台市富安镇	2741	8424	5240	2403	5	3	508	6471
东台市唐洋镇	3000	10000	8000	5000	3	2	15	600
东台市新街镇	1756	5444	4463	4845	1	1	42	1795
东台市许河镇	583	2920	1212	1300	1	1	21	352
东台市三仓镇	4616	26800	25648	13936	6	0	103	5896
东台市曹丿镇	878	2740	1546	1473	2	1	15	726
东台市头灶镇	2190	3750	3620	2400	2	1	8	1607
东台市弶港镇	2300	6900	6700	3500	2	1	78	850
大丰市草堰镇	3120	5958	5532	4310	1	1	12	1310
大丰市白驹镇	2803	5650	4504	2300	3	1	10	1385
大丰市刘庄镇	3409	7318	2770	6800	2	1	290	1309
大丰市西团镇	2100	5000	3549	4300	1	1	49	4107
大丰市小海镇	2156	3392	2784	3056	2	0	11	486
大丰市大桥镇	1400	3900	1300	2560	2	0	110	1050
大丰市南阳镇	602	3681	1826	1924	1	1	16	762
大丰市裕华镇	2186	3852	3752	2250	1	0	179	1600

3—4—10 续表 20

名　　称	户　数（户）	人　口（人）	其中：非农业人口（人）	劳动力（人）	集贸市场个数（个）	其　中：综合市场个数（个）	企　业个　数（个）	企　业从　业人员数（人）
大丰市新丰镇	4401	9415	8383	7350	3	0	619	3213
大丰市三圩镇	1214	2034	1925	1250	1	1	14	1070
大丰市新团镇	436	2214	1646	1248	2	1	6	1048
大丰市沈灶镇	1994	3146	1302	2420	1	1	6	640
大丰市潘丿镇	1579	2977	1139	2437	1	1	9	454
大丰市草庙镇	1583	2890	808	776	1	1	8	1320
大丰市万盈镇	1516	4703	1096	3094	1	1	48	960
大丰市通商镇	2614	4244	2217	2280	1	1	11	1635
大丰市金墩镇	2421	5284	1947	3375	1	1	73	892
大丰市三龙镇	1872	5411	2197	5131	1	1	8	1741
大丰市丰富镇	1164	2061	1101	1443	1	1	32	405
扬州市辖区湾头镇	3513	6199	3916	3000	1	1	8	1050
扬州市辖区西湖镇	2526	4909	1787	3100	2	1	54	5053
宝应县汜水镇	5800	15000	11102	9100	5	0	124	4866
宝应县望直港镇	1265	5062	2018	2555	5	0	89	1125
宝应县小官庄镇	1639	2512	1024	1957	2	0	142	3066
宝应县射阳湖镇	3663	9039	4654	5400	3	0	18	2048
宝应县曹甸镇	3317	9383	2842	5120	2	0	59	624
宝应县西安丰镇	2765	7338	1620	3865	1	0	19	285
宝应县山阳镇	1352	4710	1261	3518	2	0	32	394
宝应县子婴河镇	1305	3915	3301	2600	2	0	5	300
宝应县夏集镇	1685	5756	2531	3200	3	0	59	1380
宝应县小尹庄镇	1050	5600	4350	2140	2	0	58	1025
宝应县鲁垛镇	2000	5600	3400	3000	2	0	80	1000
宝应县广洋湖镇	2375	5947	2268	4665	3	0	10	610
宝应县天平镇	1831	3468	1600	2240	3	0	78	1815
邗江县公道镇	1196	4856	2746	4125	2	2	98	3045
邗江县李典镇	1250	3050	1693	2200	1	1	15	1890
邗江县瓜洲镇	2550	10076	8923	1800	1	1	10	1500
邗江县施桥镇	2594	4564	4500	2801	2	2	31	2200
邗江县杨寿镇	725	2658	2561	2279	1	1	18	1050
邗江县黄珏镇	1626	2189	1675	1100	2	1	50	1880
邗江县方巷镇	1322	5755	1455	2913	1	1	23	3600
邗江县酒甸镇	693	2634	2023	1540	1	1	65	2960
邗江县槐泗镇	2685	5441	202	3400	1	1	9	2461
邗江县蒋王镇	2683	7488	2125	2594	4	4	48	3014
邗江县汊河镇	1120	3500	3100	2250	2	2	101	4042
邗江县八里镇	639	3759	2715	2450	1	1	10	1500
邗江县六圩镇	1411	2739	1269	1507	1	1	10	2700

3—4—10续表21

名称	户数（户）	人口（人）	其中：非农业人口（人）	劳动力（人）	集贸市场个数（个）	其中：综合市场个数（个）	企业个数（个）	企业从业人员数（人）
邗江县霍桥镇	2189	5194	2564	2577	1	1	19	2577
邗江县杭集镇	2231	4792	3592	3700	3	1	108	1600
邗江县沙头镇	860	2560	1130	1460	1	1	16	1320
邗江县头桥镇	786	3128	1987	2512	3	1	31	875
邗江县红桥镇	1730	4513	1926	2153	1	1	206	2123
邗江县新坝镇	1170	3500	1731	2600	2	1	26	1800
仪征市青山镇	6281	9487	9133	5218	1	1	28	3946
仪征市十二圩镇	539	2331	1852	1930	1	1	13	619
仪征市朴席镇	1997	2679	2435	784	1	1	36	923
仪征市新集镇	2121	4350	2308	3260	1	1	21	1750
仪征市新城镇	1962	2674	2421	1765	1	1	12	1398
仪征市胥浦镇	1468	12000	2162	542	1	1	6	1618
仪征市陈集镇	2670	8195	2638	2370	3	2	23	1358
仪征市大仪镇	4500	5100	2178	1500	3	1	15	780
高邮市八桥镇	1251	3829	1457	2207	1	1	16	3540
高邮市三垛镇	4984	9921	8788	9056	3	1	40	4527
高邮市临泽镇	2721	6436	6281	5542	3	1	55	2822
高邮市界首镇	2600	6580	3233	3100	1	1	13	390
高邮市送桥镇	1200	5544	2700	3200	3	2	25	850
高邮市车逻镇	2954	7615	2847	4180	2	1	8	1650
高邮市一沟镇	1048	2791	1900	2100	1	1	5	832
高邮市伯勤镇	638	3425	485	3082	1	1	10	384
高邮市卸甲镇	693	5565	848	4500	2	1	15	2020
高邮市汉留镇	1724	5069	2475	2580	2	0	12	1336
高邮市甸垛镇	403	761	565	537	1	0	11	505
高邮市沙埝镇	1220	4200	1100	1800	1	0	13	831
高邮市汤庄镇	1019	3733	2580	1733	1	1	52	948
高邮市司徒镇	1430	4330	724	2230	3	1	7	450
高邮市横泾镇	886	2907	1533	2035	1	1	36	1100
高邮市川青镇	784	2697	198	2524	2	0	40	955
高邮市郭集镇	728	3554	528	1958	2	1	22	425
高邮市天山镇	580	1580	770	3200	2	2	30	2850
江都市小纪镇	3080	5900	4500	3500	2	1	114	3150
江都市樊川镇	2460	7400	4900	4070	1	1	67	4750
江都市真武镇	5836	14235	2018	9100	2	0	37	3168
江都市宜陵镇	4655	12005	7214	6102	6	1	163	4180
江都市丁沟镇	3750	11000	3980	7650	4	1	35	1750
江都市郭村镇	2668	8587	2720	4022	1	1	25	2278
江都市邵伯镇	4507	21000	19838	17000	4	1	280	7771

3—4—10续表22

名　　称	户　数（户）	人　口（人）	其中：非农业人口（人）	劳动力（人）	集贸市场个数（个）	其　中：综合市场个数（个）	企　业个　数（个）	企　业从　业人员数（人）
江都市丁伙镇	1700	5420	3250	4200	2	1	8	3100
江都市大桥镇	5571	12979	8983	3792	2	0	130	1825
江都市吴桥镇	1979	4876	1291	2692	2	1	60	2264
江都市嘶马镇	5104	14250	2019	5900	1	1	160	2670
江都市张纲镇	2600	7247	2639	4200	2	1	20	2038
江都市七里镇	209	506	450	420	2	1	24	1202
江都市麾村镇	1400	2600	1000	1800	1	1	50	1399
江都市砖桥镇	982	8221	4148	5239	1	1	6	2070
江都市锦西镇	640	1401	1101	850	1	1	2	700
江都市双沟镇	1414	2132	1386	3429	1	0	18	1950
江都市浦头镇	795	3652	1045	2500	1	0	10	904
江都市花荡镇	802	4155	1012	2896	1	1	9	656
江都市宗村镇	1270	5995	1460	2910	1	1	74	738
江都市武坚镇	1418	3892	1194	2680	3	1	19	1867
江都市周西镇	518	981	798	834	1	1	3	415
江都市高徐镇	1604	5012	2500	3900	2	1	25	6700
江都市富民镇	2146	6738	1136	4043	1	1	145	1108
江都市永安镇	1354	3172	2100	2000	1	1	6	500
江都市杨庄镇	1200	3600	1092	1730	1	1	34	1012
江都市塘头镇	1524	5848	2011	3946	3	1	8	3000
江都市昭关镇	704	2128	1393	1404	1	0	8	361
镇江市辖区象山镇	717	1854	1678	1346	3	2	4	621
镇江市辖区汝山镇	386	944	898	763	1	0	6	106
镇江市辖区丹徒镇	1832	4044	1445	2206	1	1	8	1140
镇江市辖区谏壁镇	7400	25390	25120	19788	1	0	13	450
镇江市辖区七里镇	630	4200	1600	2000	2	1	21	301
镇江市辖区蒋乔镇	1200	1200	900	280	1	0	8	1260
镇江市辖区韦岗镇	971	2327	251	1350	1	1	4	230
镇江市辖区官塘镇	1247	2545	1818	686	1	1	7	299
镇江市辖区大港镇	1046	20056	17651	3530	3	3	35	2172
丹徒县姚桥镇	1890	5860	2103	3280	1	1	283	4761
丹徒县石桥镇	785	1952	1148	950	2	2	50	1610
丹徒县大路镇	1650	4868	1332	2876	1	1	58	1740
丹徒县高桥镇	1199	2880	1356	1884	1	1	10	1500
丹徒县丁岗镇	1060	3000	700	1500	1	0	16	300
丹徒县辛丰镇	3762	9687	2767	1715	2	1	123	3880
丹徒县黄墟镇	2308	5433	2176	4220	1	1	94	3186
丹徒县三山镇	1968	3687	1688	2360	2	1	28	1782
丹徒县西麓镇	1153	4038	1301	2423	1	0	42	1320

3—4—10续表23

名　　称	户数（户）	人口（人）	其中：非农业人口（人）	劳动力（人）	集贸市场个数（个）	其中：综合市场个数（个）	企业个数（个）	企业从业人员数（人）
丹徒县上党镇	1943	4608	1742	2600	1	0	136	1926
丹徒县上会镇	1064	3720	1887	1650	1	1	2	138
丹徒县宝堰镇	2466	5910	5019	3782	1	1	12	677
丹徒县荣炳镇	986	3118	998	788	2	1	12	688
丹徒县高资镇	4292	10448	5432	5837	2	1	12	576
丹徒县世业镇	450	2430	477	1720	1	1	23	875
丹阳市河阳镇	830	1870	745	2446	1	1	18	1159
丹阳市司徒镇	2756	6740	939	3510	2	1	61	5024
丹阳市全州镇	1123	2198	1190	1758	1	1	17	862
丹阳市行宫镇	1349	3351	831	2435	1	0	60	1502
丹阳市麦溪镇	1213	3300	675	2150	1	1	8	425
丹阳市延陵镇	2557	6238	2338	2550	3	2	28	1157
丹阳市云林镇	979	2353	544	562	1	0	13	320
丹阳市珥陵镇	3843	8917	3376	10500	2	1	125	2400
丹阳市横塘镇	2100	4400	1040	6820	2	1	20	1846
丹阳市里庄镇	1280	5134	902	3100	1	0	9	332
丹阳市导墅镇	2012	4291	1595	2576	1	1	63	3324
丹阳市皇塘镇	2050	10200	3500	8160	1	1	185	7234
丹阳市蒋墅镇	1753	6824	634	2647	2	1	17	2240
丹阳市吕城镇	3619	9620	3423	7567	4	2	17	4847
丹阳市运河镇	1291	2436	2122	3238	1	1	48	2488
丹阳市陵口镇	3426	6380	4604	3637	4	1	35	1924
丹阳市折柳镇	1331	4040	935	2303	2	1	21	2039
丹阳市窦庄镇	1237	2687	2116	2230	2	2	58	2090
丹阳市访仙镇	3351	10699	7525	6890	5	1	52	5682
丹阳市界牌镇	2608	8100	3049	7200	3	1	120	6300
丹阳市新桥镇	2431	6903	2018	6152	2	1	32	2236
丹阳市后巷镇	1612	5180	4010	7850	4	1	158	6853
丹阳市埤城镇	2831	6775	1214	8694	2	1	24	6560
丹阳市建山镇	1562	5468	3691	3200	1	0	8	780
丹阳市胡桥镇	812	3200	394	2000	1	0	50	980
丹阳市前艾镇	1680	3100	709	1100	2	1	98	558
丹阳市荆林镇	320	1600	906	820	1	1	8	280
丹阳市大泊镇	1496	5477	1417	3157	1	0	21	1218
扬中市新坝镇	3102	9500	2128	4800	6	1	65	4500
扬中市联合镇	980	2439	777	1665	1	1	35	950
扬中市丰裕镇	1647	2600	1414	4568	2	1	33	4343
扬中市三跃镇	568	1398	788	823	1	1	11	786
扬中市兴隆镇	1213	3017	1217	2663	2	1	27	1351

3—4—10 续表 24

名称	户数（户）	人口（人）	其中：非农业人口（人）	劳动力（人）	集贸市场个数（个）	其中：综合市场个数（个）	企业个数（个）	企业从业人员数（人）
扬中市长旺镇	528	2975	1213	2738	1	0	19	1690
扬中市油坊镇	2213	5533	2260	3170	1	1	29	1675
扬中市永胜镇	854	1583	824	3276	1	1	16	1056
扬中市八桥镇	995	2808	1160	3180	2	1	55	1780
扬中市西来桥镇	580	2285	864	1350	1	1	12	960
句容市石狮镇	1184	3319	626	2749	1	1	24	1814
句容市黄梅镇	731	2603	959	1582	1	1	5	375
句容市大卓镇	573	2423	1673	1373	1	1	7	860
句容市宝华镇	1233	2009	1856	1000	1	1	20	900
句容市下蜀镇	3084	8500	5100	4000	1	1	12	1850
句容市东昌镇	906	3191	1146	2124	1	1	26	1560
句容市陈武镇	568	3200	1834	1200	1	1	13	850
句容市白兔镇	1300	3500	887	2300	1	1	37	1220
句容市行香镇	700	3200	1053	3000	1	1	9	1000
句容市春城镇	1950	5850	1480	4720	1	1	12	850
句容市二圣镇	449	2500	775	2100	1	1	17	637
句容市郭庄镇	1245	4788	1750	2194	2	1	15	1395
句容市葛村镇	1691	6100	1042	4100	1	1	15	2300
句容市后白镇	736	3000	1138	2700	1	1	56	2300
句容市天王镇	3500	10200	6200	3560	2	1	14	3250
句容市茅西镇	800	4000	962	2500	1	1	9	701
句容市袁巷镇	1630	5000	596	3800	1	1	22	980
句容市茅山镇	445	3980	1230	2150	1	1	21	1430
泰州市辖区泰东镇	1542	3778	3212	1500	5	3	7	558
泰州市辖区九龙镇	1800	6000	1181	4000	4	0	6	3000
泰州市辖区寺巷镇	1664	6154	5447	2785	2	1	48	3218
泰州市辖区塘湾镇	1551	3178	1391	2230	1	0	18	1550
泰州市辖区鲍徐镇	1317	5001	898	3508	1	1	20	2500
泰州市辖区口岸镇	7750	27000	19053	17416	2	1	77	7258
泰州市辖区刁铺镇	4733	11829	11500	7813	3	1	159	4158
泰州市辖区永安洲镇	196	3704	346	2137	1	1	3	404
泰州市辖区田河镇	1500	5000	400	2100	1	1	22	1500
泰州市辖区许庄镇	835	2052	691	665	1	0	38	864
泰州市辖区野徐镇	505	4632	868	1398	1	1	9	1703
泰州市辖区白马镇	1772	5126	639	2234	1	1	37	591
兴化市戴窑镇	964	2373	1080	1441	1	1	10	2620
兴化市安丰镇	7020	22523	8963	10101	2	1	19	2800
兴化市大邹镇	5125	16418	5312	7025	1	1	30	654
兴化市沙沟镇	6123	18490	7023	8405	1	1	25	890

3—4—10续表25

名　　称	户　数（户）	人　口（人）	其中：非农业人口（人）	劳动力（人）	集贸市场个数（个）	其　中：综合市场个数（个）	企　业个　数（个）	企　业从　业人员数（人）
兴化市中堡镇	2458	6445	2710	3485	2	1	16	98
兴化市舜生镇	968	2960	436	1861	1	0	2	360
兴化市竹泓镇	4178	9927	2774	4954	1	1	7	199
兴化市大垛镇	4020	12960	3142	6914	1	1	15	569
兴化市昌荣镇	3060	9042	1254	3763	1	1	7	214
兴化市茅山镇	3035	8450	2534	4013	2	1	19	170
兴化市边城镇	1816	7258	2422	3200	2	1	24	1252
兴化市周庄镇	5672	16490	4241	7529	1	1	20	2542
兴化市戴南镇	6898	18573	6792	9633	4	2	372	7665
兴化市舍陈镇	1281	4214	1963	2404	1	1	20	180
兴化市海南镇	2530	11600	9200	6980	2	1	15	918
兴化市荻垛镇	3176	9910	1259	5450	1	0	30	314
兴化市张郭镇	1214	4878	1207	2149	1	1	32	1261
兴化市唐刘镇	1922	4691	2167	2565	1	1	30	186
靖江市季市镇	520	2310	1720	1740	1	0	3	175
靖江市孤山镇	1558	3169	1627	6444	2	0	19	4756
靖江市西来镇	2510	7816	2990	3697	3	0	38	2013
靖江市斜桥镇	4986	11815	4751	10321	2	0	14	834
靖江市八圩镇	1337	3830	2064	2298	1	0	8	1252
靖江市新桥镇	2676	12000	2285	7050	1	0	38	3924
靖江市生祠镇	2891	6132	4100	3000	2	0	27	1565
靖江市土桥镇	479	2204	916	1518	1	0	11	2314
靖江市城南镇	392	1830	800	3580	1	0	11	1990
靖江市东兴镇	1775	4634	3461	3851	1	0	11	2105
靖江市太和镇	1460	4962	1324	3013	1	0	6	2418
泰兴市黄桥镇	13393	36342	32518	13657	6	2	421	3122
泰兴市古溪镇	2592	6955	3722	4173	1	1	13	1407
泰兴市广陵镇	1310	3640	3276	3154	2	1	27	1312
泰兴市曲霞镇	680	2148	1610	1396	2	1	18	1025
泰兴市宣堡镇	1050	4210	3603	2540	1	1	200	1908
泰兴市七圩镇	173	403	402	268	2	2	4	1650
泰兴市蒋华镇	2895	8065	5216	2281	2	1	43	2200
泰兴市过船镇	2342	5754	1974	3676	1	1	19	398
泰兴市马甸镇	520	8553	7130	4250	3	2	10	428
泰兴市新市镇	1215	4655	3314	2925	2	1	36	2794
泰兴市珊瑚镇	1127	4194	183	2138	1	0	85	293
泰兴市河失镇	1214	3229	1575	2089	1	1	15	1039
泰兴市南新镇	1382	5772	903	6972	2	0	21	799
泰兴市姚王镇	1210	3850	3350	1780	1	1	112	2600

3—4—10续表26

名　　称	户　数（户）	人　口（人）	其中：非农业人口（人）	劳动力（人）	集贸市场个数（个）	其　中：综合市场个数（个）	企　业个　数（个）	企　业从　业人员数（人）
泰兴市燕头镇	641	2390	266	1084	0	0	18	1325
泰兴市大生镇	310	956	209	610	1	1	6	310
泰兴市天星镇	590	1944	420	714	1	1	18	1060
姜堰市溱潼镇	7187	15799	13563	10194	2	1	269	4739
姜堰市蒋垛镇	2020	8460	1100	3600	4	1	8	491
姜堰市张甸镇	1411	6956	2310	5384	2	2	14	465
姜堰市苏陈镇	3692	10386	2321	5430	5	1	35	2054
姜堰市白米镇	2684	7628	5575	6000	2	1	231	2364
姜堰市港口镇	2462	7088	2300	4354	2	1	405	1028
姜堰市顾高镇	1681	6214	2501	4427	2	0	49	682
姜堰市大泗镇	910	7601	964	3420	3	2	26	750
姜堰市蔡官镇	846	6556	737	2216	1	1	23	2396
姜堰市大冯镇	1740	5230	1881	2354	3	0	15	1106
姜堰市淤溪镇	1110	3999	300	2581	3	3	3	450
姜堰市张沐镇	1371	5215	1236	4386	1	1	37	2386
姜堰市官庄镇	1863	5214	4714	3242	1	1	43	1904
姜堰市娄庄镇	1639	6068	1649	2560	2	1	668	2124
姜堰市洪林镇	1226	2523	810	4923	1	1	19	1832
姜堰市沈高镇	1016	4632	910	3242	2	0	71	2091
姜堰市俞垛镇	806	3492	810	1890	1	1	14	911
姜堰市里华镇	1281	2828	1138	1732	1	1	15	1432
宿迁市辖区宿城镇	42456	146301	8945	8432	15	10	168	4208
宿豫县耿车镇	3403	12814	5916	5630	4	1	102	1140
宿豫县蔡集镇	1900	10010	2120	8892	2	1	5	296
宿豫县王官集镇	1100	4200	3900	2850	2	1	19	686
宿豫县皂河镇	1814	9885	8000	3180	2	1	74	1420
宿豫县滨河镇	718	3436	2780	2221	2	1	6	350
宿豫县埠子镇	2303	12150	3620	8634	2	1	72	1961
宿豫县大兴镇	2951	16380	9881	5802	2	1	886	3447
宿豫县来龙镇	2672	14056	8268	4020	2	1	268	2150
宿豫县龙河镇	1815	8167	4615	4323	2	1	15	1911
宿豫县洋北镇	905	3504	935	1902	2	1	28	565
宿豫县卓圩镇	1007	4992	2492	2600	2	1	42	2403
宿豫县仰化镇	727	3422	1429	3143	2	1	4	478
宿豫县丁咀镇	1021	4500	3088	2097	2	1	23	1200
沭阳县陇集镇	1125	4952	1780	2910	2	1	2	120
沭阳县塘沟镇	1956	8800	7600	5100	5	2	17	530
沭阳县马厂镇	3504	14267	7500	8780	6	1	84	2157
沭阳县庙头镇	2617	12606	4700	6200	5	2	20	184

3—4—10续表27

名　　称	户　数（户）	人　口（人）	其中：非农业人口（人）	劳动力（人）	集贸市场个数（个）	其　中：综合市场个数（个）	企　业个　数（个）	企　业从　业人员数（人）
沭阳县韩山镇	1940	7601	1681	3200	2	1	78	818
沭阳县华冲镇	2857	12050	5779	4691	4	1	26	2866
沭阳县十字镇	2100	9560	2020	5950	1	1	30	270
沭阳县扎下镇	2156	8501	4596	5856	3	1	8	312
沭阳县悦来镇	1821	7641	3539	3516	6	4	78	540
沭阳县刘集镇	1295	5504	1980	1824	3	2	46	268
沭阳县胡集镇	2315	10098	2279	6821	3	1	47	321
沭阳县钱集镇	1765	7158	1830	4763	4	1	3	279
沭阳县沂涛镇	2809	11800	5410	3600	1	1	14	962
沭阳县李恒镇	1653	6555	1431	4671	5	1	9	360
沭阳县颜集镇	2513	8816	1670	6820	1	1	14	632
沭阳县阴平镇	2382	9768	6990	5786	5	1	41	2730
沭阳县高墟镇	1450	5820	3550	3591	3	1	115	1120
沭阳县龙庙镇	1230	5125	4200	3527	2	1	12	480
沭阳县桑墟镇	3380	13516	12160	7290	1	1	72	2120
泗阳县王集镇	1189	7968	5210	3270	3	1	14	656
泗阳县新袁镇	2602	10395	6566	3515	8	3	8	800
泗阳县仓集镇	2031	8012	4429	4720	2	1	8	672
泗阳县洋河镇	9988	33964	16450	4750	6	1	80	4598
泗阳县爱园镇	2107	8070	4098	3550	3	3	10	637
泗阳县裴圩镇	960	5670	5070	3195	2	1	12	706
泗阳县李口镇	1103	3500	1800	2200	1	1	14	910
泗阳县城厢镇	505	5720	2100	2100	1	1	10	536
泗阳县临河镇	480	2870	2300	2100	1	1	18	2991
泗洪县双沟镇	526	2578	1468	1289	1	1	188	1030
泗洪县上塘镇	1159	4475	617	2935	1	1	12	301
泗洪县归仁镇	1707	8685	2834	3815	1	1	210	1987
泗洪县金锁镇	3632	11070	2570	3200	1	1	11	253
泗洪县界集镇	1488	10700	1080	5638	8	2	109	933
泗洪县半城镇	1844	6101	1858	2718	1	1	730	1466
泗洪县临淮镇	399	2534	489	1505	1	1	15	156
泗洪县孙园镇	1300	5200	850	2800	1	1	18	320
泗洪县龙集镇	895	3250	798	1100	1	1	2	270

3—4—11 浙江省建制镇镇区主要指标

名称	户数（户）	人口（人）	其中：非农业人口（人）	劳动力（人）	集贸市场个数（个）	其中：综合市场个数（个）	企业个数（个）	企业从业人员数（人）
下城区石桥镇	16511	47737	37887	12916	13	2	321	12716
江干区丁桥镇	576	1778	184	3706	1	1	16	566
江干区笕桥镇	1069	3423	1913	2610	1	1	12	368
江干区彭埠镇	1419	4740	2413	5353	2	1	34	4850
江干区四季青镇	878	3074	360	1887	3	0	15	1368
江干区九堡镇	899	2648	1171	2714	2	1	14	2560
开发区下沙镇	380	1300	413	633	1	1	0	0
拱墅区上塘镇	317	860	486	650	1	1	17	620
拱墅区康桥镇	170	425	144	1613	1	1	21	1200
拱墅区半山镇	1183	3549	917	3893	3	1	14	1001
拱墅区祥符镇	946	2441	1905	1775	1	1	30	1500
西湖区古荡镇	4584	18825	18825	9100	2	2	5	480
西湖区留下镇	3203	11622	11622	5500	2	2	38	700
西湖区龙坞镇	1118	3891	3891	2795	1	1	48	995
西湖区转塘镇	1305	4080	4080	5800	1	1	90	2100
西湖区袁浦镇	3006	9875	723	6982	4	4	36	2386
西湖区三墩镇	5530	17675	9803	14605	5	3	57	2993
滨江区浦沿镇	7771	24583	12717	14162	5	5	79	5775
滨江区长河镇	1665	4767	1621	3904	1	1	16	3104
滨江区西兴镇	2840	7235	5247	5500	2	1	35	4750
桐庐县富春江镇	5398	11290	8095	8515	2	1	28	2622
桐庐县窄溪镇	959	2018	730	1220	1	1	25	830
桐庐县石阜镇	1165	4282	468	2673	1	0	86	1787
桐庐县凤川镇	1438	4060	729	3207	2	1	42	1252
桐庐县深澳镇	1186	3823	80	2576	1	1	35	1305
桐庐县横村镇	2300	6500	1561	4700	1	1	53	3400
桐庐县方埠镇	1433	4300	638	2423	1	1	48	1983
桐庐县旧县镇	765	2249	254	1541	1	0	29	956
桐庐县分水镇	6009	14936	14828	9875	3	1	455	2899
桐庐县瑶琳镇	1921	5763	869	3600	2	1	52	1500
桐庐县百江镇	880	2751	230	1520	1	0	22	267
桐庐县印渚镇	545	2202	743	1103	1	0	33	621
临安市玲珑镇	1065	3927	650	3063	1	1	310	2520
临安市青山镇	1960	8850	1410	8026	1	1	1420	5408
临安市三口镇	304	1150	180	846	1	0	300	750
临安市横畈镇	1105	3782	469	2417	2	1	582	1923
临安市高虹镇	950	5450	388	2850	2	1	115	2400
临安市青云镇	1071	3198	393	2000	2	1	300	950
临安市於潜镇	4750	14085	14085	8450	3	1	411	1308
临安市藻溪镇	627	2144	791	1501	2	1	600	923

3－4－11 续表 1

名　　称	户　数（户）	人　口（人）	其中：非农业人口（人）	劳动力（人）	集贸市场个数（个）	其　中：综合市场个数（个）	企　业个　数（个）	企　业从　业人员数（人）
临安市太阳镇	998	3127	446	2250	1	0	260	1200
临安市昌化镇	2000	11630	4800	6000	2	1	220	3800
临安市龙岗镇	905	3140	855	2150	1	1	150	1250
临安市湍口镇	578	2727	388	1772	1	1	305	1149
临安市颊口镇	703	2012	541	1200	0	0	240	570
临安市顺溪镇	683	2565	200	1300	0	0	330	950
临安市岛石镇	539	2135	650	1648	1	1	740	1300
淳安县文昌镇	470	1980	800	1530	2	1	24	1100
淳安县茶园镇	135	400	197	450	0	0	9	123
淳安县临歧镇	1115	4663	1400	3020	1	0	165	420
淳安县威坪镇	431	2351	1325	2004	1	0	206	1815
淳安县唐村镇	896	3742	288	1008	3	1	10	258
淳安县姜家镇	631	1986	1766	993	1	0	156	762
淳安县梓桐镇	957	3296	469	2004	1	1	5	310
淳安县汾口镇	2338	9191	2961	5326	1	1	15	486
淳安县中洲镇	1240	4305	2961	2587	0	0	75	300
淳安县大市镇	752	2483	633	1720	2	1	6	1300
淳安县枫树岭镇	840	2560	559	569	0	0	7	530
萧山市楼塔镇	8117	25766	279	12719	1	1	87	7436
萧山市河上镇	1162	3521	1921	1500	1	1	30	1412
萧山市戴村镇	2577	9772	1063	5710	1	1	12	600
萧山市浦阳镇	576	1853	44	1534	1	1	56	1504
萧山市进化镇	630	1323	1020	660	1	1	11	620
萧山市临浦镇	5252	15674	15674	10488	2	2	10	700
萧山市义桥镇	1046	2813	262	3100	1	1	65	2500
萧山市所前镇	259	680	680	840	1	1	9	761
萧山市衙前镇	963	4209	813	1329	3	1	8	850
萧山市闻堰镇	1826	4817	3464	4564	2	1	7	4158
萧山市宁围镇	2942	7348	962	4428	1	1	8	3908
萧山市新街镇	2665	9367	2623	4943	3	2	25	4722
萧山市坎山镇	2545	6671	3837	5400	2	2	7	1500
萧山市瓜沥镇	7981	23179	13854	17521	8	6	63	8636
萧山市党山镇	987	2460	1448	6750	2	1	31	1858
萧山市益农镇	378	1309	30	976	1	1	6	753
萧山市靖江镇	3539	9895	4330	7490	4	0	130	1877
萧山市南阳镇	1162	3967	1219	2578	1	1	10	327
萧山市义盛镇	1953	5023	2325	4165	2	0	50	1610
萧山市河庄镇	1332	4567	876	2795	2	2	24	1622
萧山市党湾镇	927	3375	823	3262	1	1	6	2839
萧山市新湾镇	1357	3624	1198	2500	2	0	25	1250

3—4—11 续表 2

名称	户数（户）	人口（人）	其中：非农业人口（人）	劳动力（人）	集贸市场个数（个）	其中：综合市场个数（个）	企业个数（个）	企业从业人员数（人）
萧山市头蓬镇	498	1397	1397	983	3	2	10	833
建德市莲花镇	400	2000	300	1500	1	1	7	330
建德市乾潭镇	105	315	205	205	1	1	15	156
建德市安仁镇	95	300	76	2150	1	0	15	750
建德市梅城镇	3510	7500	5100	5300	1	1	14	351
建德市杨村桥镇	1522	4187	642	3349	1	0	522	1654
建德市下涯镇	710	2596	68	1612	1	1	29	306
建德市大洋镇	1020	3200	576	1930	2	2	152	1730
建德市三都镇	1575	4201	916	2509	1	1	400	2250
建德市寿昌镇	4237	15270	8545	9796	4	1	91	1048
建德市航头镇	2168	7818	397	4314	2	2	35	1050
建德市檀村镇	1088	2313	590	1254	1	1	27	156
建德市大同镇	771	4008	1281	1650	1	1	110	1210
建德市李家镇	553	1500	50	3740	1	0	5	150
建德市劳村镇	867	3036	193	1781	1	1	7	408
富阳市万市镇	665	2252	1275	1645	2	1	37	1468
富阳市洞桥镇	668	2833	541	2083	1	1	14	1615
富阳市胥口镇	788	2484	409	1750	1	0	31	700
富阳市永昌镇	1173	3492	242	2585	0	0	63	2141
富阳市渌渚镇	395	1129	509	627	1	1	6	550
富阳市新登镇	8035	23551	18964	16485	2	2	232	13425
富阳市常绿镇	1168	3828	356	2475	1	1	8	165
富阳市大源镇	3418	12650	2046	8120	4	4	508	5125
富阳市灵桥镇	1005	3652	774	2618	1	0	30	1057
富阳市里山镇	826	2800	245	1240	1	0	15	750
富阳市场口镇	964	3224	116	2487	1	1	26	1253
富阳市龙门镇	1829	5842	230	3394	1	1	35	606
富阳市常安镇	779	3586	534	1285	1	1	1	285
富阳市高桥镇	613	2000	573	1364	3	1	26	1078
富阳市受降镇	1238	4100	478	3500	1	1	12	1180
富阳市三山镇	624	2182	960	1882	1	1	15	1082
余杭市星桥镇	220	700	360	800	1	1	5	500
余杭市乔司镇	2115	5308	3156	3786	4	1	29	2650
余杭市亭趾镇	2023	6758	499	6063	1	1	25	2350
余杭市博陆镇	1647	4197	1013	2979	1	1	20	1410
余杭市五杭镇	823	2790	633	2711	1	1	39	1986
余杭市塘栖镇	8726	29468	25918	13007	6	6	86	8958
余杭市东塘镇	830	2460	610	1956	2	0	7	1130
余杭市獐山镇	925	2705	1589	1168	2	1	11	768
余杭市崇贤镇	2311	9198	1370	3026	2	1	45	2763

3－4－11 续表 3

名　　称	户　数（户）	人　口（人）	其中：非农业人口（人）	劳动力（人）	集贸市场个数（个）	其　中：综合市场个数（个）	企　业个　数（个）	企　业从　业人员数（人）
余杭市勾庄镇	1733	9022	3980	8506	1	1	20	4713
余杭市良渚镇	2125	10067	4741	4500	1	1	45	830
余杭市安溪镇	520	1300	350	1050	1	1	1	238
余杭市瓶窑镇	5541	16277	13043	7232	3	1	43	4773
余杭市潘板镇	718	2100	692	1386	1	1	18	136
余杭市双溪镇	647	1920	395	1562	1	1	6	415
余杭市黄湖镇	1012	3810	973	2520	1	1	35	920
余杭市鸬鸟镇	398	1990	299	1800	1	0	4	1601
余杭市百丈镇	450	1358	286	600	1	1	5	78
余杭市余杭镇	8935	26894	22307	17000	2	2	43	2320
余杭市仓前镇	1200	3600	560	1800	1	0	14	1680
余杭市闲林镇	3719	13791	9765	9228	1	1	415	8318
余杭市长乐镇	442	2108	1803	1106	1	1	10	496
海曙区段塘镇	4272	12980	10341	8437	4	3	242	3332
江北区庄桥镇	3976	8692	3647	7117	3	1	151	5112
江北区洪塘镇	1278	3641	1273	2312	1	1	62	1890
江北区慈城镇	8764	20830	14663	13435	5	3	1212	12432
北仑区小港镇	4143	8531	6882	5670	3	2	190	2200
北仑区大矸镇	5570	15218	7278	11480	7	4	172	4127
北仑区霞浦镇	3686	8335	2055	6850	1	1	394	4700
北仑区柴桥镇	4099	10711	8291	6427	4	4	512	1354
北仑区白峰镇	2096	5038	943	3330	1	1	110	1500
北仑区郭巨镇	268	852	11	556	0	0	8	350
镇海区贵驷镇	7488	20572	2658	11621	4	0	141	4823
镇海区骆驼镇	5653	17020	7025	16868	3	1	123	2913
镇海区庄市镇	2096	6000	2336	4800	2	1	110	3950
镇海区解浦镇	1480	3811	1649	3500	1	1	100	2500
象山县石浦镇	14210	39815	29403	11700	5	3	348	3460
象山县爵溪镇	3682	10695	2783	5175	1	1	470	4693
象山县西周镇	4150	11016	3100	7146	1	1	133	3526
象山县岳浦镇	2339	5586	1911	4100	3	1	235	1025
象山县贤庠镇	1351	4150	26	2629	1	1	10	360
象山县墙头镇	2844	7384	1203	4167	1	1	42	379
象山县泗洲头镇	1454	3641	684	2163	1	1	13	118
象山县定塘镇	1139	3844	63	1653	2	1	18	292
象山县昌国镇	2125	6582	370	2140	1	1	50	1120
象山县涂茨镇	587	2375	79	562	1	1	10	120
象山县大徐镇	940	3006	332	1865	1	1	7	330
象山县新桥镇	1171	3718	624	2823	1	1	14	150
象山县下沈镇	1550	4360	235	3500	2	1	65	820

3—4—11 续表 4

名　称	户数（户）	人口（人）	其中：非农业人口（人）	劳动力（人）	集贸市场个数（个）	其中：综合市场个数（个）	企业个数（个）	企业从业人员数（人）
宁海县长街镇	3516	10700	1803	5180	4	3	32	1800
宁海县力洋镇	2096	7180	2509	2500	4	0	46	1500
宁海县明港镇	327	1113	428	948	1	1	3	489
宁海县一市镇	411	1606	290	1046	1	1	8	300
宁海县岔路镇	1275	3722	1660	1636	1	1	8	186
宁海县前童镇	2142	5853	621	3851	1	1	35	1354
宁海县桑洲镇	1203	3083	538	1881	1	1	8	800
宁海县黄坛镇	2501	8077	562	2950	1	1	47	1560
宁海县梅林镇	1691	5673	1194	3130	2	1	274	2840
宁海县桥头胡镇	3584	9677	1223	6373	3	2	122	3337
宁海县大佳何镇	1910	4832	374	3811	1	1	32	2000
宁海县强蛟镇	1749	5102	254	3616	2	2	45	1658
宁海县西店镇	5362	14230	4406	14130	3	2	242	10765
宁海县深圳镇	2407	6829	433	4092	1	0	233	3695
鄞县瞻岐镇	3663	11028	508	6991	1	1	39	631
鄞县咸祥镇	5036	13215	2583	8512	1	1	81	2949
鄞县塘溪镇	2893	10035	768	6649	1	1	57	1432
鄞县东钱湖镇	4620	11933	8280	9243	1	1	295	7365
鄞县东吴镇	2454	6583	213	4457	1	1	215	2180
鄞县五乡镇	5628	14358	3328	7072	2	2	273	6478
鄞县邱隘镇	9236	28201	17073	20517	3	2	1951	19175
鄞县下应镇	1090	3715	700	2574	1	1	57	2455
鄞县云龙镇	1192	2882	522	2100	1	1	40	1800
鄞县横溪镇	3427	9924	4902	7855	5	3	299	5326
鄞县姜山镇	6218	18729	5326	16736	4	3	98	10073
鄞县茅山镇	1174	2998	1035	1930	1	1	32	1625
鄞县钟公庙镇	1837	4780	589	3632	1	1	87	1986
鄞县高桥镇	1991	5075	716	3249	1	0	48	1720
鄞县横街镇	3338	7613	1943	4479	2	1	74	1708
鄞县集士港镇	3594	10075	3524	8004	2	1	167	4305
鄞县古林镇	11921	30850	26871	20677	1	1	257	8865
鄞县石矸镇	6526	15905	6890	23291	4	4	333	21468
鄞县洞桥镇	1612	4194	402	2548	3	1	25	1260
鄞县鄞江镇	4059	10607	3608	7943	1	1	146	2826
鄞县章水镇	3048	7587	1779	4880	1	1	68	2780
余姚市临山镇	4382	12400	1955	9571	3	2	45	3605
余姚市黄家埠镇	2214	7600	593	5217	1	1	111	1706
余姚市小曹娥镇	2867	8600	170	5779	1	1	30	642
余姚市泗门镇	8333	25000	5606	18675	5	3	212	7000
余姚市低塘镇	7667	23000	1810	16341	6	3	860	9805

3—4—11 续表 5

名　　称	户　数（户）	人　口（人）	其中：非农业人口（人）	劳动力（人）	集贸市场个数（个）	其　中：综合市场个数（个）	企　业个　数（个）	企　业从　业人员数（人）
余姚市朗霞镇	2867	8600	636	8736	4	2	46	1711
余姚市马渚镇	4667	14000	4322	9593	3	2	250	5000
余姚市老方桥镇	1196	3587	597	2600	1	1	105	2000
余姚市牟山镇	1200	3600	247	2656	1	1	38	1479
余姚市丈亭镇	4567	13700	1696	9262	2	2	42	1726
余姚市三七市镇	1467	4400	1318	3466	1	1	40	1586
余姚市河姆渡镇	467	1400	878	1161	2	2	27	677
余姚市肖东镇	654	2200	32	2467	1	1	11	97
余姚市梁辉镇	2733	8200	570	5861	1	1	18	782
余姚市大隐镇	533	1600	358	1117	1	1	38	600
余姚市陆埠镇	2167	6500	3040	5229	2	2	31	1684
余姚市梁弄镇	4133	12400	1626	8891	2	2	46	2273
余姚市大岚镇	533	1600	231	1092	1	1	2	262
余姚市四明山镇	333	1000	394	667	1	1	15	352
慈溪市龙山镇	2824	6849	875	4787	1	1	64	1747
慈溪市三北镇	6504	16691	1088	9979	1	1	228	4856
慈溪市范市镇	3280	11000	3376	7866	5	3	195	1120
慈溪市掌起镇	1320	4100	300	1800	1	1	250	1500
慈溪市师桥镇	8408	21341	2143	15000	1	1	49	1300
慈溪市鸣鹤镇	2483	6475	2160	4273	1	1	15	3081
慈溪市观城镇	8934	31268	7401	20637	8	7	584	5006
慈溪市附海镇	1925	7686	224	5000	1	1	60	3500
慈溪市桥头镇	416	1234	1234	550	2	1	5	200
慈溪市匡堰镇	2022	5475	824	4320	2	2	16	320
慈溪市逍林镇	12590	33173	4212	20721	5	4	850	17373
慈溪市新浦镇	3904	10665	1400	8919	1	1	153	5500
慈溪市胜山镇	2204	6583	756	1536	3	2	82	680
慈溪市横河镇	6740	18858	3073	14992	1	1	298	9070
慈溪市坎墩镇	2437	6911	2551	5329	1	1	380	2900
慈溪市崇寿镇	1670	7478	5453	3344	2	2	16	898
慈溪市宗汉镇	334	1536	711	1303	1	1	20	280
慈溪市庵东镇	4185	16695	4874	5565	1	1	176	2989
慈溪市天元镇	3068	10433	2216	4980	4	2	237	2152
慈溪市长河镇	6050	18500	2530	14262	3	2	44	1674
慈溪市周巷镇	7920	21152	19482	18150	4	2	685	15752
慈溪市杭州湾镇	1839	4891	696	3346	1	1	78	1109
奉化市溪口镇	8270	25913	12966	11479	4	2	289	6856
奉化市江口镇	1000	5000	800	3455	2	2	100	3000
奉化市西坞镇	1904	6629	1410	4082	2	2	106	2132
奉化市尚田镇	2713	8182	671	3661	1	1	130	1500

3—4—11 续表 6

名　　称	户　数（户）	人　口（人）	其中：非农业人口（人）	劳动力（人）	集贸市场个数（个）	其　中：综合市场个数（个）	企　业个　数（个）	企　业从　业人员数（人）
奉化市莼湖镇	3846	10470	2146	5273	1	1	85	1500
奉化市萧王庙镇	1858	5980	1750	3798	2	1	28	1120
奉化市裘村镇	1690	6000	1401	4500	1	1	90	3500
奉化市大堰镇	810	2235	400	1542	3	1	27	780
奉化市班溪镇	1185	3170	806	2155	1	1	16	782
奉化市方桥镇	815	3250	821	2275	1	1	35	1721
奉化市桐照镇	2547	7948	591	4855	1	1	42	2100
鹿城区双屿镇	908	3483	832	7966	12	7	445	7966
龙湾区蒲州镇	373	1784	636	5748	2	1	286	1161
龙湾区状元镇	1391	3870	3070	7030	1	0	112	5100
龙湾区龙湾镇	698	2536	568	1565	1	1	15	315
龙湾区瑶溪镇	393	1997	894	1110	1	1	15	60
龙湾区龙水镇	437	1902	180	1151	0	0	5	75
瓯海区南白象镇	485	2049	55	1449	1	0	85	1000
瓯海区茶山镇	1762	5852	446	4132	1	1	4	21
瓯海区瞿溪镇	4857	13215	6084	9126	5	3	431	3518
瓯海区娄桥镇	845	3718	350	2339	1	0	8	400
瓯海区郭溪镇	2445	11402	150	7245	2	2	506	3914
瓯海区潘桥镇	816	8243	1023	4531	2	1	817	2000
瓯海区永中镇	1361	3961	924	1780	3	1	52	412
瓯海区永昌镇	1367	4747	357	2508	2	1	89	1829
瓯海区永兴镇	533	2430	37	1685	1	1	20	116
瓯海区海滨镇	1048	2964	558	3251	1	1	59	449
瓯海区天河镇	260	886	70	810	0	0	17	200
瓯海区沙城镇	472	1952	69	1275	0	0	25	430
瓯海区灵昆镇	500	2300	400	750	1	1	10	200
瓯海区藤桥镇	3972	9005	1937	12732	1	1	218	5610
瓯海区临江镇	294	1078	54	618	0	0	2	70
瓯海区泽雅镇	1262	5128	406	3463	0	0	4	140
瓯海区新桥镇	1833	6812	4306	7285	2	2	16	1080
瓯海区梧埏镇	1674	8827	1723	5100	1	0	14	695
洞头县大门镇	543	2082	528	751	1	1	17	315
洞头县东屏镇	5308	17345	695	10325	1	0	35	1025
永嘉县瓯北镇	12266	41665	16048	44535	9	1	1102	36366
永嘉县桥头镇	8551	30271	3963	24125	4	2	735	16000
永嘉县黄田镇	3976	13805	340	16200	2	1	930	13200
永嘉县乌牛镇	681	3615	757	2045	1	1	44	1123
永嘉县七都镇	623	2865	397	1384	1	0	80	910
永嘉县桥下镇	1566	6004	1396	1811	2	2	32	410
永嘉县大若岩镇	208	797	85	298	0	0	1	3

3—4—11 续表 7

名　　称	户　数（户）	人　口（人）	其中：非农业人口（人）	劳动力（人）	集贸市场个数（个）	其　中：综合市场个数（个）	企　业个　数（个）	企　业从　业人员数（人）
永嘉县碧莲镇	2242	10111	1500	6650	1	1	28	273
永嘉县巽宅镇	1559	4095	800	1574	1	1	20	126
永嘉县岩头镇	1757	8418	2382	3474	4	0	10	200
永嘉县枫林镇	2310	8805	652	4609	1	1	0	0
永嘉县岩坦镇	927	4099	1215	2234	1	1	5	100
永嘉县沙头镇	500	2411	243	5150	1	1	40	4950
平阳县敖江镇	12139	45672	44111	31428	9	6	764	2108
平阳县水头镇	11000	40000	19239	16282	7	1	150	15000
平阳县萧江镇	3480	15210	5735	10418	3	2	186	7006
平阳县麻步镇	3265	11701	3735	4944	2	1	41	1600
平阳县腾蛟镇	2502	9329	8924	5331	3	3	98	1124
平阳县钱仓镇	1351	3946	510	2203	1	1	7	132
平阳县山门镇	1041	5200	2720	1380	1	1	21	108
平阳县顺溪镇	826	3290	3050	791	1	1	10	270
平阳县南雁镇	552	2442	610	816	1	0	5	47
平阳县凤卧镇	692	2127	364	480	1	1	1	10
平阳县鹤溪镇	719	2670	651	582	1	1	1	8
平阳县宋桥镇	905	3525	310	1598	1	1	17	200
平阳县宋埠镇	1059	4505	68	2661	1	1	18	201
平阳县榆洋镇	354	1243	51	308	1	1	15	160
平阳县郑楼镇	1810	6520	310	1840	3	2	150	450
平阳县南麂镇	36	122	56	150	0	0	5	150
苍南县龙港镇	29700	109085	73176	70129	18	7	8937	34147
苍南县湖前镇	1594	6688	503	2235	2	1	22	933
苍南县宜山镇	5948	22925	10716	14690	8	3	55	1503
苍南县钱库镇	7670	30229	11891	15602	6	4	1085	10043
苍南县芦浦镇	1160	5176	350	2049	2	2	15	350
苍南县望里镇	957	4141	292	1435	1	1	14	452
苍南县金乡镇	7046	24224	15262	6734	4	2	102	4228
苍南县巴曹镇	3374	14428	316	4998	1	1	18	442
苍南县炎亭镇	2276	10238	2807	4015	1	1	14	301
苍南县大渔镇	2202	8263	218	3269	1	0	8	104
苍南县灵江镇	534	1934	87	710	1	1	3	212
苍南县藻溪镇	825	2860	915	1028	1	1	10	127
苍南县桥墩镇	5291	20735	15817	8378	3	3	87	1346
苍南县莒溪镇	478	1612	529	934	0	0	3	40
苍南县观美镇	1100	3500	550	1800	1	1	3	111
苍南县矾山镇	7938	24421	15580	9700	4	1	8	235
苍南县赤溪镇	605	1544	768	563	1	1	5	169
苍南县马站镇	2192	7980	1268	3823	4	1	16	286

3—4—11 续表 8

名　　称	户　数（户）	人　口（人）	其中：非农业人口（人）	劳动力（人）	集贸市场个数（个）	其　中：综合市场个数（个）	企　业个　数（个）	企　业从　业人员数（人）
苍南县霞关镇	1232	4202	803	1471	2	1	5	107
苍南县沿浦镇	1166	3430	485	1031	1	1	2	29
苍南县沪山镇	630	2996	1988	1455	1	1	4	216
苍南县南宋镇	1404	5547	716	1976	1	1	2	267
文成县百丈际镇	450	1800	184	1000	1	1	4	70
文成县南田镇	1308	4670	1023	2709	1	1	4	100
文成县西坑畲族镇	820	2470	504	1444	1	1	5	37
文成县黄坦镇	1758	6350	815	3454	1	1	3	235
文成县珊溪镇	4303	11457	3440	7044	1	1	57	648
文成县巨屿镇	1556	5196	232	2100	1	1	11	190
文成县玉壶镇	1560	5500	1075	2475	1	1	6	123
泰顺县司前畲族镇	462	1666	450	917	1	1	44	732
泰顺县百丈镇	664	3187	2011	1434	1	1	2	9
泰顺县筱村镇	264	1010	80	430	2	2	13	320
泰顺县泗溪镇	682	1979	289	1350	4	3	1	15
泰顺县彭溪镇	615	2698	361	1358	1	1	3	298
泰顺县雅阳镇	1212	3927	688	3485	3	1	62	299
泰顺县仕阳镇	807	3310	469	730	2	2	33	530
泰顺县龟湖镇	691	2176	139	1380	1	1	17	872
泰顺县三魁镇	1932	5819	898	2784	6	4	460	858
泰顺县西洋镇	265	1101	61	433	1	1	7	433
瑞安市塘下镇	6509	27674	20181	23300	11	2	180	12170
瑞安市鲍田镇	1704	4059	2711	2707	0	0	6	195
瑞安市场桥镇	3331	11412	6580	8740	5	0	85	2553
瑞安市海安镇	785	2072	1197	1943	0	0	6	1040
瑞安市梅头镇	811	4364	2796	4165	2	0	21	780
瑞安市罗凤镇	887	2969	1886	2573	0	0	43	486
瑞安市仙岩镇	1847	9200	7504	6053	1	1	42	562
瑞安市丽岙镇	1400	4756	2255	4137	2	1	23	710
瑞安市莘塍镇	5368	24669	18536	21286	3	0	20	1285
瑞安市上望镇	1219	3299	1102	2309	0	0	22	191
瑞安市汀田镇	1004	2670	1820	2087	0	0	28	468
瑞安市阁巷镇	2405	9220	3153	5449	0	0	11	247
瑞安市林洋镇	1590	6040	2056	3756	0	0	29	1169
瑞安市飞云镇	2761	6123	4851	4660	3	1	145	3002
瑞安市仙降镇	1556	4515	2997	5526	2	0	61	4820
瑞安市马屿镇	3633	11626	8235	8608	4	1	78	2530
瑞安市篁社镇	706	3379	1140	2869	0	0	23	870
瑞安市曹村镇	1926	7509	2746	4657	1	0	41	210
瑞安市江溪镇	889	4004	974	2592	0	0	6	70

3－4－11 续表 9

名　　称	户　数（户）	人　口（人）	其中：非农业人口（人）	劳动力（人）	集贸市场个数（个）	其　中：综合市场个数（个）	企　业个　数（个）	企　业从　业人员数（人）
瑞安市陶山镇	2322	7771	5068	6090	2	1	7	242
瑞安市碧山镇	1504	6545	1564	4073	1	1	17	410
瑞安市湖岭镇	2645	9958	7076	7251	2	0	27	2300
瑞安市龙湖镇	2152	8631	4157	6246	1	0	12	325
瑞安市平阳坑镇	651	3555	2612	2814	1	1	19	515
乐清市大荆镇	3935	14367	6200	4200	5	0	183	3000
乐清市仙溪镇	3161	11013	450	6423	0	0	7	200
乐清市湖雾镇	2023	6795	286	4832	1	0	18	830
乐清市雁荡镇	2677	8969	3108	5515	1	1	13	301
乐清市芙蓉镇	646	2016	47	765	0	0	2	70
乐清市清江镇	1664	6581	812	3800	1	1	64	1800
乐清市南塘镇	2100	9050	290	6500	1	1	80	1450
乐清市虹桥镇	17645	57315	19902	40151	15	6	2555	31503
乐清市南岳镇	2770	11731	200	7464	1	1	15	287
乐清市蒲岐镇	3594	14979	548	4922	1	1	26	586
乐清市白石镇	3100	10400	475	7500	5	4	45	1050
乐清市柳市镇	14748	54246	9279	39752	12	1	639	19364
乐清市北白象镇	10555	37686	32118	23668	11	1	1291	15128
乐清市象阳镇	1250	5022	308	2832	2	2	28	636
乐清市翁洋镇	3439	13440	5284	7701	3	0	221	2903
乐清市磐石镇	2858	8850	1895	4289	1	1	104	1902
乐清市七里港镇	927	3689	3689	1476	4	0	23	345
乐清市黄华镇	2298	9100	1923	3376	2	2	260	2430
乐清市淡溪镇	1584	6880	240	2752	2	0	10	720
乐清市石帆镇	1822	7487	268	5011	1	1	14	410
秀洲区南汇镇	464	1500	1381	1832	1	1	14	358
秀洲区油车港镇	806	1334	1232	760	1	1	14	447
秀洲区新塍镇	4330	11493	11493	7580	5	4	120	3450
秀洲区王江泾镇	1543	4802	3750	3200	3	1	10	1127
秀洲区王店镇	3915	10215	10215	4180	3	0	25	2150
秀洲区凤桥镇	1997	3697	2297	2800	2	1	11	927
秀洲区新篁镇	979	2362	1658	7720	1	1	28	2616
秀洲区余新镇	2883	5652	4599	4921	3	3	60	4152
秀洲区洪合镇	988	2254	2254	4800	2	1	12	900
秀洲区新丰镇	3530	7023	6206	7093	3	1	228	6595
嘉善县惠民镇	597	1800	87	4195	2	0	30	4028
嘉善县大云镇	2021	5897	697	4974	1	0	34	2053
嘉善县西塘镇	6729	18237	13229	12766	5	3	91	5879
嘉善县丁栅镇	760	1949	810	1393	1	1	34	1100
嘉善县干窑镇	2089	4443	3843	3110	2	1	19	2000

3－4－11 续表 10

名　　称	户　数（户）	人　口（人）	其中：非农业人口（人）	劳动力（人）	集贸市场个数（个）	其　中：综合市场个数（个）	企　业个　数（个）	企　业从　业人员数（人）
嘉善县姚庄镇	480	1400	837	1100	2	1	25	853
嘉善县陶庄镇	2550	6200	1787	4300	2	2	34	1450
嘉善县天凝镇	614	2060	1060	2011	1	1	24	1193
嘉善县洪溪镇	1318	3299	890	2240	1	1	6	1565
嘉善县杨庙镇	850	2300	828	1200	2	1	14	570
海盐县沈荡镇	2376	4834	2934	3100	2	1	125	2800
海盐县百步镇	372	601	533	2975	1	0	8	2925
海盐县石泉镇	493	830	720	991	2	1	21	877
海盐县于城镇	431	737	567	1750	1	1	10	230
海盐县秦山镇	1466	3423	2871	4660	1	1	38	1254
海盐县澉浦镇	976	1107	1107	2890	2	1	35	1650
海盐县通元镇	1009	1345	1259	2408	2	2	20	1131
海盐县西塘桥镇	493	725	677	2047	2	2	18	1917
海宁市许村镇	1683	6810	5043	3610	3	3	562	2160
海宁市沈士镇	450	1350	545	1209	1	0	9	1012
海宁市长安镇	5920	17270	17263	6217	5	3	1215	5256
海宁市周王庙镇	741	2393	2393	3500	1	0	23	3105
海宁市钱塘江镇	509	669	669	2680	2	1	15	1360
海宁市斜桥镇	1578	4150	3617	4452	2	1	360	3857
海宁市庆云镇	712	1249	1241	852	3	0	11	550
海宁市郭店镇	470	1858	731	3490	1	1	25	3290
海宁市盐官镇	2374	6100	4651	2500	2	1	100	1440
海宁市马桥镇	262	831	831	2151	2	2	341	1492
海宁市袁花镇	1248	3818	3818	7982	1	1	135	5412
海宁市丁桥镇	489	689	689	2649	1	1	16	2448
海宁市盐仓镇	200	450	135	450	0	0	8	350
平湖市新埭镇	1044	2367	1966	2800	1	1	35	2400
平湖市广陈镇	511	1142	1142	5600	3	2	21	2506
平湖市新仓镇	2040	3915	2915	8875	1	0	24	7494
平湖市全塘镇	539	1204	774	4320	1	1	18	3524
平湖市黄姑镇	1200	3500	1406	8000	1	1	16	6000
平湖市林埭镇	1066	3245	1161	2630	3	3	35	2431
平湖市钟埭镇	680	1363	875	682	2	1	6	335
平湖市乍浦镇	4946	12533	11329	8830	3	3	15	1831
桐乡市乌镇镇	5335	13109	2338	5618	2	1	52	4121
桐乡市炉头镇	1405	4756	3750	2116	1	1	12	1100
桐乡市新生镇	375	1509	677	1025	1	1	7	955
桐乡市濮院镇	3509	9479	9479	5820	3	2	834	5320
桐乡市灵安镇	1099	2790	794	3132	1	1	25	1620
桐乡市屠甸镇	1776	4874	4005	2321	2	2	12	1186

3—4—11 续表 11

名 称	户 数（户）	人 口（人）	其中：非农业人口（人）	劳动力（人）	集贸市场个数（个）	其 中：综合市场个数（个）	企 业个 数（个）	企 业从 业人员数（人）
桐乡市石门镇	1345	5240	4092	3100	1	1	75	2300
桐乡市河山镇	535	1946	350	1047	2	1	5	720
桐乡市洲泉镇	1305	5156	4787	6622	1	1	8	5004
桐乡市大麻镇	451	1064	1064	2000	2	2	13	1062
桐乡市崇福镇	6750	19186	18412	12656	3	1	12	741
桐乡市高桥镇	623	2642	1011	2522	1	1	48	1670
桐乡市南日镇	721	2642	620	3150	1	1	15	2150
湖州市织里镇	7500	12500	7787	50000	6	3	2800	40000
湖州市戴山镇	803	2404	1603	1020	2	1	9	600
湖州市八里店镇	1161	3487	610	1703	2	2	3	711
湖州市南浔镇	8590	30579	27916	17002	8	0	1535	12009
湖州市练市镇	4128	13028	12361	22300	6	3	283	10816
湖州市善琏镇	1804	3946	2417	3732	1	1	18	3111
湖州市双林镇	4973	14321	13521	6760	3	2	17	3800
湖州市旧馆镇	577	1250	437	1856	1	1	15	945
湖州市菱湖镇	9029	36411	26411	13162	3	3	705	11431
湖州市和孚镇	1128	3057	1395	1600	1	1	50	400
湖州市长超镇	502	1248	398	1580	1	1	6	1080
湖州市重兆镇	953	2568	531	1260	3	1	53	930
湖州市石淙镇	315	952	325	525	1	1	15	375
湖州市千金镇	984	2165	513	2680	1	1	10	1380
湖州市东林镇	360	1450	1200	4980	1	1	7	4500
湖州市埭溪镇	1696	3987	3932	2850	2	1	60	587
德清县城关镇	11574	27774	27774	28130	4	1	900	6700
德清县新市镇	8981	21754	21754	9833	3	1	454	9833
德清县雷甸镇	956	2390	1173	2951	1	1	25	2451
德清县洛舍镇	2190	6000	1904	4000	2	1	100	3500
德清县干山镇	705	1820	774	1920	1	1	19	1514
德清县钟管镇	2500	7500	5800	5000	2	1	19	4000
德清县下舍镇	633	1923	853	1975	2	1	109	1100
德清县勾里镇	685	1644	782	430	1	1	8	330
德清县徐家庄镇	795	3500	607	1700	1	1	10	1200
德清县士林镇	398	842	456	315	1	1	17	100
德清县莫干镇	718	1795	882	790	1	1	2	214
德清县高桥镇	600	1500	407	2051	1	0	6	1500
长兴县洪桥镇	2500	8600	1300	4600	1	1	6	1100
长兴县李家巷镇	3760	8360	5100	5100	1	1	56	2438
长兴县夹浦镇	2700	8000	500	4500	2	1	5	600
长兴县林城镇	1658	3679	1725	1500	1	1	40	380
长兴县泗安镇	3529	8268	6043	6350	3	1	87	925

3－4－11 续表 12

名　　称	户　数（户）	人　口（人）	其中：非农业人口（人）	劳动力（人）	集贸市场个数（个）	其　中：综合市场个数（个）	企　业个　数（个）	企　业从　业人员数（人）
长兴县虹星桥镇	350	1277	600	850	1	1	4	150
长兴县和平镇	1134	2946	1771	1700	2	1	50	800
长兴县小浦镇	1030	3200	1300	1900	1	1	14	720
长兴县煤山镇	3214	8035	7000	3000	2	2	5	35
安吉县梅溪镇	5288	12005	9508	7230	2	2	68	6200
安吉县晓墅镇	1185	6500	4150	3000	1	1	25	2300
安吉县安城镇	850	3000	700	3245	2	1	867	2645
安吉县良朋镇	550	1296	482	895	1	1	100	500
安吉县鄣吴镇	620	2288	100	1520	1	1	6	219
安吉县杭垓镇	718	1895	447	1228	1	1	76	1080
安吉县孝丰镇	8253	23353	13403	9680	4	3	385	750
安吉县报福镇	1287	3317	568	1300	1	0	11	389
安吉县章村镇	450	2000	300	1600	2	1	120	1600
安吉县天荒坪镇	1472	3520	650	2480	2	2	20	732
越城区东湖镇	480	1818	1124	1036	1	1	8	916
绍兴县柯桥镇	12751	39422	2666	14094	7	1	111	9094
绍兴县齐贤镇	4510	11950	1550	7767	3	1	43	1670
绍兴县皋埠镇	3432	8745	3769	4756	2	2	28	2612
绍兴县钱清镇	7428	26000	10861	15600	6	0	36	12300
绍兴县马山镇	3990	11852	3552	7104	2	1	28	3200
绍兴县斗门镇	3756	9639	2670	5400	2	2	26	5050
绍兴县鉴湖镇	6520	19579	14918	8951	1	0	73	5220
绍兴县东浦镇	2063	6130	1757	3482	2	2	15	750
绍兴县孙端镇	2032	5560	2120	2298	1	1	11	309
绍兴县福全镇	1236	4326	772	1895	1	0	15	1586
绍兴县马安镇	2107	7310	2395	7878	1	1	56	5515
绍兴县平水镇	2643	8020	3134	2215	1	1	46	1744
绍兴县安昌镇	2351	7021	3945	3622	1	1	35	2356
绍兴县王坛镇	1281	4365	1455	2882	1	1	21	650
绍兴县华舍镇	2018	5730	3037	6000	2	1	12	3600
绍兴县湖塘镇	1319	4701	107	3507	1	1	15	2030
绍兴县兰亭镇	1513	7331	827	5116	3	3	18	1750
绍兴县稽东镇	957	3018	922	1046	1	1	30	758
绍兴县杨汛桥镇	6175	20187	4579	16387	3	3	243	14215
绍兴县漓渚镇	2245	7900	4200	5683	1	1	136	3142
绍兴县富盛镇	1333	3357	1530	1650	1	1	158	1560
绍兴县陶堰镇	1345	4109	495	1676	1	1	15	1182
绍兴县夏履镇	936	2793	343	4535	2	1	21	3175
绍兴县平江镇	621	1918	123	560	1	1	9	452
绍兴县稽江镇	1104	4201	396	2214	1	0	13	491

3—4—11 续表 13

名 称	户 数（户）	人 口（人）	其中：非农业人口（人）	劳动力（人）	集贸市场个数（个）	其 中：综合市场个数（个）	企 业 个 数（个）	企 业 从 业 人员数（人）
新昌县拔茅镇	1282	4779	490	2500	1	1	65	1028
新昌县大明市镇	733	2155	505	1155	1	1	78	850
新昌县澄潭镇	1560	4132	1466	2265	3	0	82	1400
新昌县梅渚镇	897	2480	306	1528	1	1	82	1022
新昌县镜岭镇	1446	5682	779	1554	2	0	30	1219
新昌县回山镇	739	2898	638	1880	2	1	36	382
新昌县儒岙镇	2443	7468	3747	3286	3	2	378	2721
新昌县大市聚镇	1415	4231	1262	2839	1	0	62	1987
新昌县小将镇	1508	4496	692	2413	4	1	175	2113
新昌县少溪镇	308	1068	216	536	1	0	15	375
诸暨市大唐镇	2582	14000	2635	8300	6	1	1826	6046
诸暨市应店街镇	1392	4711	1618	4015	2	1	616	2696
诸暨市次坞镇	2268	7033	188	4471	1	1	226	1968
诸暨市湄池镇	2031	9100	2368	3300	5	1	580	2310
诸暨市店口镇	3644	17989	834	14935	3	1	3427	13688
诸暨市阮市镇	1520	4275	830	3400	1	1	258	2146
诸暨市直埠镇	1642	8960	775	5476	2	1	201	3833
诸暨市江藻镇	2001	5495	57	3476	1	1	200	1800
诸暨市山下湖镇	2095	8345	568	5842	5	4	350	3781
诸暨市枫桥镇	6272	26780	3905	18146	2	1	3126	16250
诸暨市全堂镇	2150	6162	126	4094	1	1	930	3285
诸暨市赵家镇	3600	9229	721	3163	2	1	376	1763
诸暨市三都镇	1469	4401	1000	2550	2	1	15	1500
诸暨市五一镇	803	2442	161	1339	1	1	264	937
诸暨市双桥镇	1751	4992	667	3623	1	1	56	709
诸暨市马剑镇	875	2829	401	1305	0	0	21	200
诸暨市五泄镇	1494	4974	272	3640	1	1	415	3030
诸暨市草塔镇	3053	9786	2931	9693	2	1	750	3100
诸暨市王家井镇	1542	4765	706	2500	1	1	26	1568
诸暨市牌头镇	2989	9037	6413	7384	1	1	1500	5169
诸暨市同山镇	1784	4468	650	2670	1	1	5	665
诸暨市安华镇	2620	7860	1284	5502	1	1	23	2880
诸暨市街亭镇	2888	8477	2349	6200	3	3	300	2400
诸暨市璜山镇	3490	9824	2076	5500	1	1	180	4300
诸暨市陈宅镇	2306	6444	315	4704	2	2	213	2158
诸暨市岭北镇	1204	3295	156	2100	1	1	555	1200
诸暨市里浦镇	809	2833	1413	2300	1	0	258	466
诸暨市陈蔡镇	1345	4245	98	2450	1	1	315	1166
上虞市道墟镇	4293	11860	1624	6901	2	2	52	4190
上虞市东关镇	4107	13215	5144	5355	5	2	139	2890

3—4—11 续表 14

名　称	户　数（户）	人　口（人）	其中：非农业人口（人）	劳动力（人）	集贸市场个数（个）	其　中：综合市场个数（个）	企　业个　数（个）	企　业从　业人员数（人）
上虞市嵩坝镇	251	666	400	657	1	1	8	225
上虞市上浦镇	2516	7803	718	5625	1	1	87	3704
上虞市汤浦镇	2293	6124	1528	2829	1	1	10	2165
上虞市章镇镇	1140	3754	2411	1850	2	2	42	510
上虞市下管镇	4040	13249	877	7218	4	3	300	1572
上虞市丰惠镇	4530	12743	5606	6616	2	0	85	4500
上虞市永和镇	1209	3721	55	1977	1	1	15	300
上虞市谢桥镇	1534	4644	75	2485	1	1	36	537
上虞市梁湖镇	1653	5417	121	2827	1	1	15	825
上虞市驿亭镇	936	2867	398	1599	1	1	9	270
上虞市小越镇	3432	9274	4775	6492	4	1	132	5424
上虞市谢塘镇	1958	5725	1312	4801	3	1	78	2500
上虞市松厦镇	6705	20485	7254	11312	5	2	511	7918
上虞市沥东镇	2322	6477	1519	3958	1	1	23	2800
上虞市沥海镇	5568	16127	2274	9483	1	1	74	4440
嵊州市甘霖镇	2056	5310	2500	4000	2	2	260	2100
嵊州市博济镇	1033	2772	260	1576	1	1	250	1250
嵊州市苍岩镇	1430	3859	213	2762	2	1	42	1344
嵊州市长乐镇	5784	14995	4222	6700	2	2	78	4800
嵊州市开元镇	2100	5593	1010	2610	1	1	115	2510
嵊州市石璜镇	2824	7997	1200	5500	1	1	96	1338
嵊州市崇仁镇	4346	12080	3261	7746	1	1	335	3201
嵊州市富润镇	2207	6226	556	3980	2	1	143	1980
嵊州市浦口镇	1147	3521	782	2500	1	1	21	415
嵊州市仙岩镇	733	2223	300	1360	2	1	21	219
嵊州市黄泽镇	2713	9218	3008	5009	2	1	156	2280
嵊州市金庭镇	656	2102	681	1035	0	0	5	300
嵊州市北漳镇	863	3196	650	1799	1	1	73	1350
嵊州市三界镇	1541	6980	2607	1782	1	1	315	1247
嵊州市蒋镇镇	1189	3406	252	2022	1	1	45	537
嵊州市谷来镇	1401	3897	970	1986	1	0	200	1532
嵊州市下王镇	475	1535	452	1325	1	1	28	193
婺城区罗店镇	1118	4483	1020	2689	1	1	22	180
婺城区仙桥镇	1309	3575	226	2620	3	1	19	600
婺城区多湖镇	1072	3039	449	2176	0	0	56	680
婺城区秋滨镇	797	1265	585	1529	1	1	31	1179
金华县付村镇	2257	6385	59	3668	2	1	58	1560
金华县孝顺镇	3832	7511	3405	6000	6	1	70	3000
金华县鞋塘镇	2151	4959	565	2850	3	1	25	48
金华县曹宅镇	2850	6783	1624	4070	2	2	69	1684

3—4—11 续表 15

名 称	户 数（户）	人 口（人）	其中：非农业人口（人）	劳动力（人）	集贸市场个数（个）	其 中：综合市场个数（个）	企 业 个 数（个）	企 业 从 业 人员数（人）
金华县塘雅镇	1213	3810	371	2591	2	1	3	32
金华县里浦镇	2387	4332	1322	2426	2	1	67	813
金华县岭下镇	1847	5667	391	3400	1	1	38	830
金华县江东镇	371	1300	484	2000	1	1	60	300
金华县雅畈镇	2196	5950	766	3577	2	1	73	323
金华县安地镇	613	2114	40	800	1	1	2	130
金华县白龙桥镇	4076	23000	2185	9000	4	1	108	1708
金华县琅琊镇	992	3151	33	2560	1	1	150	1300
金华县蒋堂镇	2778	12810	10372	8800	1	1	62	1841
金华县汤溪镇	1020	3400	1840	2040	5	1	54	1030
金华县罗埠镇	1452	5983	1046	3589	1	1	32	805
金华县洋埠镇	1446	3585	583	2955	1	1	31	1158
武义县柳城畲族镇	3855	9741	1798	5530	7	2	195	2218
武义县履坦镇	1172	4035	638	2532	1	1	38	1594
武义县桐琴镇	1677	5097	1900	2804	6	1	155	2310
武义县泉溪镇	727	2256	591	1886	2	2	96	1680
武义县王宅镇	724	2228	1185	2483	3	1	106	2361
武义县桃溪镇	1531	4304	2128	3254	2	1	17	897
浦江县潘宅镇	1184	3157	328	1860	1	1	31	357
浦江县黄宅镇	6033	17057	1028	7500	3	1	142	2326
浦江县岩头镇	1541	4643	300	1300	1	1	29	504
浦江县郑宅镇	2224	7314	391	7300	1	0	180	4020
浦江县白马镇	3238	9713	1360	5700	2	1	215	1420
浦江县郑家坞镇	2213	6732	625	6463	2	1	161	6324
浦江县杭坪镇	1066	3166	165	1938	2	1	11	250
浦江县檀溪镇	655	2496	375	1210	1	1	32	890
磐安县新渥镇	327	2810	401	1910	4	3	140	900
磐安县尖山镇	2149	6338	5807	2456	3	1	86	421
磐安县冷水镇	815	2421	173	1695	2	1	176	850
磐安县仁川镇	749	2444	204	1588	1	1	65	312
磐安县大盘镇	565	1769	326	439	1	1	110	380
磐安县方前镇	455	1443	190	1010	1	1	50	683
磐安县玉山镇	1125	3534	725	1400	1	1	35	900
磐安县尚湖镇	737	2732	420	1805	3	1	54	200
兰溪市马达镇	778	2789	458	1200	3	1	20	600
兰溪市游埠镇	3496	7599	5568	5956	5	1	294	2876
兰溪市永昌镇	2282	6600	1594	2752	2	0	73	780
兰溪市诸葛镇	2706	6054	1193	4914	2	1	280	1840
兰溪市女埠镇	854	2642	824	1723	1	1	15	128
兰溪市黄店镇	634	2766	603	1973	1	1	24	546

3—4—11 续表 16

名　　称	户　数（户）	人　口（人）	其中：非农业人口（人）	劳动力（人）	集贸市场个数（个）	其　中：综合市场个数（个）	企　业个　数（个）	企　业从　业人员数（人）
兰溪市厚仁镇	1428	3926	532	1682	2	1	22	397
兰溪市香溪镇	2010	7879	799	6309	1	1	15	800
兰溪市马涧镇	917	3000	1107	1800	2	1	95	1080
兰溪市墩头镇	680	3108	991	1568	2	1	6	301
兰溪市横溪镇	1800	5800	573	4200	1	0	280	3600
义乌市后宅镇	3305	10360	1255	7252	2	1	68	3165
义乌市佛堂镇	19480	55088	6507	33777	5	1	2644	17901
义乌市赤岸镇	1277	3717	730	2789	1	1	186	2678
义乌市毛店镇	1355	4079	548	1980	2	1	2	170
义乌市义亭镇	1290	3745	2587	2615	1	1	7	825
义乌市上溪镇	1897	6220	1200	3500	1	1	160	3200
义乌市吴店镇	2002	5471	442	5187	1	1	180	1900
义乌市苏溪镇	3075	9354	1710	17824	2	1	415	17088
义乌市大陈镇	1470	5471	1235	26568	2	1	380	25211
义乌市楂林镇	1525	4829	286	3009	0	0	88	1672
义乌市廿三里镇	3691	8832	4002	5802	4	1	237	5287
义乌市徐江镇	1423	4212	182	4222	1	1	99	3205
义乌市荷叶塘镇	1279	4262	561	2018	1	1	42	2018
义乌市下骆宅镇	2301	7173	523	6578	1	1	201	3064
东阳市上卢镇	1717	4719	440	2314	1	1	75	750
东阳市六石镇	2220	6506	866	5567	1	0	135	1160
东阳市怀鲁镇	1114	3148	69	1500	1	1	45	1450
东阳市李宅镇	1879	5562	456	2300	3	1	138	1500
东阳市北江镇	2904	9087	3745	5471	2	2	14	3010
东阳市巍山镇	4179	11715	2915	9800	5	1	350	4400
东阳市虎鹿镇	2404	7528	353	3658	2	1	26	1500
东阳市歌山镇	1342	4952	865	1600	2	0	52	578
东阳市佐村镇	565	1962	353	500	3	3	5	72
东阳市东阳江镇	2385	6115	205	3600	2	1	31	543
东阳市郭宅镇	2236	6139	262	3271	1	1	54	749
东阳市湖溪镇	1852	6681	1625	5892	3	2	247	3580
东阳市横店镇	9228	24958	2867	26850	7	1	993	21500
东阳市马宅镇	857	2176	24	3280	1	1	387	3080
东阳市三联镇	600	1500	230	1100	2	1	2	600
东阳市千祥镇	3040	7675	813	5231	6	2	986	5216
东阳市防军镇	1466	4649	339	2865	5	2	45	656
东阳市南马镇	1299	3889	83	4846	6	1	143	4749
东阳市大联镇	866	3259	485	1955	2	1	81	1820
东阳市黄田畈镇	3379	10812	1219	5110	1	1	514	2620
东阳市画溪镇	2681	7671	120	3650	2	1	178	2870

3—4—11 续表 17

名　　称	户　数（户）	人　口（人）	其中：非农业人口（人）	劳动力（人）	集贸市场个数（个）	其　中：综合市场个数（个）	企　业个　数（个）	企　业从　业人员数（人）
永康市石柱镇	1250	3750	208	2387	1	1	208	2185
永康市前仓镇	1035	2934	296	1511	1	1	204	1286
永康市舟山镇	1071	3299	240	1320	1	1	30	400
永康市芝英镇	4877	13292	2513	8123	5	2	640	5500
永康市方岩镇	850	2907	210	1615	1	1	178	1090
永康市古山镇	2773	7595	1537	4392	3	1	74	4381
永康市西溪镇	1614	4652	741	2930	2	1	106	720
永康市四路镇	1118	3409	216	2196	2	1	268	1100
永康市唐先镇	2017	5990	256	4126	3	3	223	2769
永康市清溪镇	2820	9172	1298	4693	1	1	100	1607
永康市象珠镇	1826	5876	543	3231	1	1	242	2947
永康市花街镇	809	2530	310	1121	3	3	15	128
永康市胡库镇	1440	4733	180	1412	2	1	230	1150
永康市桥下镇	943	2977	595	2168	1	1	394	2045
衢县上方镇	1324	3309	1123	1333	2	0	56	197
衢县峡川镇	1045	3453	53	1252	1	1	101	600
衢县杜泽镇	1906	6102	1412	3076	1	1	84	404
衢县莲花镇	666	2181	418	1408	3	0	26	74
衢县石梁镇	1415	3871	941	1548	2	1	21	205
衢县高家镇	605	1840	56	950	1	0	8	32
衢县安仁镇	324	972	406	782	1	1	7	132
衢县樟潭镇	900	3500	1700	2000	2	1	30	150
衢县航埠镇	1580	5460	1044	2132	4	1	105	980
衢县全旺镇	898	2659	491	798	1	0	6	37
衢县大洲镇	2030	5103	1216	2758	1	1	29	437
衢县后溪镇	1121	2864	350	1460	3	1	16	360
衢县廿里镇	494	2447	913	1012	2	1	468	960
衢县湖南镇	646	2070	939	1367	2	1	30	300
常山县辉埠镇	903	3404	811	2134	1	1	204	1898
常山县芳村镇	1253	5054	763	1770	2	0	178	529
常山县球川镇	1285	4486	846	3244	1	1	38	855
常山县白石镇	902	3594	318	885	1	1	67	350
常山县招贤镇	787	2930	504	1966	1	1	30	310
常山县青石镇	320	1600	362	822	1	1	65	463
开化县毕埠镇	4534	9150	7130	6374	1	1	790	3950
开化县马金镇	1880	6746	1045	4203	1	1	126	1159
开化县村头镇	891	3150	476	2205	2	1	12	60
开化县池淮镇	895	2442	510	1850	1	1	63	246
开化县封家镇	749	2524	156	656	2	2	18	136
开化县桐村镇	1014	3320	289	1260	0	0	3	328

3—4—11 续表 18

名称	户数（户）	人口（人）	其中：非农业人口（人）	劳动力（人）	集贸市场个数（个）	其中：综合市场个数（个）	企业个数（个）	企业从业人员数（人）
开化县杨林镇	300	1460	360	850	0	0	38	390
开化县苏庄镇	292	926	397	500	0	0	8	130
开化县齐溪镇	140	305	120	175	0	0	3	15
龙游县占家镇	1468	4695	137	2330	1	1	26	290
龙游县横山镇	2217	6840	624	4053	2	0	341	1249
龙游县塔石镇	1595	5220	830	2959	3	0	17	102
龙游县小南海镇	510	1917	893	1489	1	1	47	993
龙游县湖镇镇	2474	12244	2316	7500	3	1	91	2171
龙游县溪口镇	2086	6280	3923	2280	3	1	48	443
龙游县志棠镇	519	2055	192	1152	2	0	34	832
龙游县泽随镇	995	3056	130	1315	2	1	52	415
江山市上余镇	1342	5910	284	3310	1	1	8	157
江山市四都镇	1031	4293	352	1032	2	1	30	103
江山市贺村镇	4143	12796	3119	7039	4	1	1453	4197
江山市清湖镇	2349	6164	990	1940	3	2	62	259
江山市坛石镇	1520	5309	378	1510	2	1	34	530
江山市大桥镇	678	2617	301	920	1	1	30	260
江山市吴村镇	1523	5564	150	3241	1	1	48	1800
江山市淤头镇	3018	10494	113	5445	4	2	80	420
江山市新塘边镇	1223	4702	667	1643	4	1	235	518
江山市凤林镇	1777	6425	94	1928	1	1	257	1028
江山市峡口镇	3135	10985	1992	9000	3	1	808	3315
江山市廿八都镇	1022	3427	41	1996	1	1	27	77
江山市长台镇	2062	5359	700	3088	1	1	110	485
江山市石门镇	2601	9239	500	4541	1	1	182	980
定海区大丰镇	882	2274	43	1806	1	1	33	387
定海区沥港镇	3829	9406	6991	6705	1	1	220	2910
定海区小沙镇	979	3092	290	6310	2	2	6	4110
定海区岑港镇	859	2785	470	1950	1	1	19	108
定海区临城镇	2500	7500	450	5300	1	1	6	193
定海区白泉镇	3376	10020	8597	4650	3	2	98	3018
定海区干览镇	956	2848	406	2600	2	2	70	1800
定海区马岙镇	2383	7562	42	5500	1	1	10	873
普陀区勾山镇	1210	3754	190	2409	7	7	95	1245
普陀区展茅镇	262	812	15	512	1	1	4	56
普陀区朱家尖镇	1905	5200	2106	3022	1	1	37	259
普陀区桃花镇	1570	4670	776	2380	1	1	36	586
普陀区虾峙镇	706	2547	272	940	1	1	2	56
普陀区蛟头镇	2753	7625	3170	5777	3	1	8	514
普陀区台门镇	1203	3658	985	2054	1	1	52	1748

3—4—11 续表 19

名称	户数（户）	人口（人）	其中：非农业人口（人）	劳动力（人）	集贸市场个数（个）	其中：综合市场个数（个）	企业个数（个）	企业从业人员数（人）
普陀区东极镇	475	1393	191	517	1	1	5	53
舟山市普陀山镇	662	1300	952	1773	1	1	15	932
岱山县东沙镇	2368	4639	4627	2783	1	0	31	609
岱山县岱东镇	2296	5919	220	3789	1	1	15	125
岱山县岱西镇	1024	5300	174	2889	1	1	8	480
岱山县泥峙镇	943	2776	205	1709	1	1	72	1142
岱山县长涂镇	1286	4425	675	2710	1	1	98	210
岱山县岛斗镇	5432	13737	3809	5995	0	0	175	372
嵊泗县嵊山镇	2894	8431	1935	5468	1	1	17	579
嵊泗县马关镇	1433	4000	1204	1907	1	1	7	176
嵊泗县大洋镇	764	2300	463	1172	1	1	12	845
椒江区洪家镇	5876	15932	6732	11150	6	0	1200	8500
椒江区东山镇	625	1724	448	3200	1	0	46	1194
椒江区三甲镇	2055	6165	1220	4992	4	1	361	2490
椒江区下陈镇	2150	6115	92	5015	2	2	130	850
椒江区前所镇	4062	9619	5793	5100	3	1	44	981
椒江区章安镇	4971	14600	1100	3168	5	1	72	580
椒江区大陈镇	932	2302	643	1256	2	0	11	236
黄岩区宁溪镇	1899	7495	1439	4038	1	1	342	3400
黄岩区头陀镇	970	3596	569	2787	7	1	180	2036
黄岩区北洋镇	518	3276	1350	2490	1	1	286	1423
黄岩区澄江镇	471	1946	467	5568	2	1	150	5118
黄岩区江口镇	313	944	74	714	0	0	11	350
黄岩区新前镇	1100	6000	150	4700	2	1	128	2800
黄岩区院桥镇	1327	6212	4616	4200	7	1	151	3500
黄岩区沙埠镇	1579	5067	254	5593	3	0	318	4603
路桥区桐屿镇	1396	4770	414	2860	1	1	148	1352
路桥区峰江镇	1754	5137	913	2569	2	2	25	375
路桥区新桥镇	2839	8921	1173	5311	2	1	215	4895
路桥区横街镇	2568	7533	964	5280	1	1	46	2590
路桥区下梁镇	880	3521	640	2600	1	1	110	1680
路桥区金清镇	7355	18699	10076	9069	10	0	11	105
路桥区蓬街镇	1816	7204	3820	950	2	1	25	311
仙居县横溪镇	3394	11524	8737	9804	3	1	36	960
仙居县埠头镇	1717	6102	750	3962	1	1	47	153
仙居县白塔镇	5017	15798	1307	9540	1	1	30	800
仙居县田市镇	1983	6199	4130	3776	1	1	18	541
仙居县官路镇	3273	8752	2266	2820	2	1	47	1670
仙居县下各镇	3811	11699	4490	7168	1	1	32	2815
仙居县朱溪镇	2130	6499	864	1781	1	1	5	150

3—4—11 续表 20

名　　称	户　数（户）	人　口（人）	其中：非农业人口（人）	劳动力（人）	集贸市场个数（个）	其　中：综合市场个数（个）	企　业个　数（个）	企　业从　业人员数（人）
天台县白鹤镇	2038	5082	679	3334	3	1	44	495
天台县石梁镇	313	1168	105	672	1	0	8	63
天台县新中镇	613	1165	446	461	2	1	0	0
天台县街头镇	1313	5228	1114	3500	3	1	30	589
天台县平桥镇	6504	17511	2516	13238	2	1	178	2721
天台县坦头镇	2533	6710	1188	3825	3	2	66	1146
天台县三合镇	2074	7806	716	1930	1	1	102	1109
天台县洪畴镇	1696	6090	6090	3028	2	1	145	1855
三门县沙柳镇	476	1682	359	1265	1	1	18	820
三门县珠岙镇	803	2869	848	2699	2	1	20	780
三门县亭旁镇	2007	6973	1390	5290	1	1	34	425
三门县六敖镇	1467	4785	200	3200	1	1	71	210
三门县健跳镇	1123	5756	2103	2626	2	1	70	110
三门县横渡镇	885	3356	15	2282	1	1	2	8
三门县漓浦镇	950	3500	350	2500	1	1	4	80
三门县花桥镇	1543	5207	385	3012	1	1	24	783
三门县小雄镇	495	1561	65	1020	1	1	19	210
玉环县清港镇	4041	14427	1370	12000	3	1	394	9786
玉环县楚门镇	9000	25268	23291	21510	10	1	808	15331
玉环县干江镇	322	1383	206	920	1	1	6	116
玉环县坎门镇	11840	38070	12214	37238	4	1	1745	19800
玉环县陈屿镇	6784	22085	5994	22029	3	1	320	10642
玉环县鲜迭镇	773	2439	113	1418	1	1	33	628
玉环县沙门镇	1276	4853	347	3450	1	1	7	258
玉环县芦浦镇	692	2636	292	1526	1	1	134	1233
临海市汛桥镇	1400	4000	300	3030	1	1	36	955
临海市大田镇	4400	8600	2500	6554	4	2	197	2313
临海市东塍镇	5400	14500	800	8456	0	0	449	6013
临海市邵家渡镇	1200	4100	700	3415	1	1	40	2111
临海市小芝镇	2200	5100	1000	3961	1	1	147	1340
临海市河头镇	1900	4500	900	3930	2	0	45	1108
临海市白水洋镇	2300	7700	1100	6695	2	1	126	1015
临海市双港镇	2800	9700	600	8555	1	0	32	930
临海市张家渡镇	3200	8800	900	7985	5	3	39	2160
临海市尤溪镇	2200	9400	700	7991	2	1	55	2034
临海市涌泉镇	3800	11000	1200	9066	1	1	84	1083
临海市红光镇	900	2600	100	1057	0	0	41	956
临海市水洋镇	1200	3900	400	3677	1	1	39	1310
临海市杜桥镇	9200	24500	9700	17355	5	2	961	5798
临海市上盘镇	6500	20000	1700	12219	5	2	104	2184
临海市东洋镇	3200	8900	1200	7564	3	1	184	2816

3－4－11 续表 21

名　　称	户　数（户）	人　口（人）	其中：非农业人口（人）	劳动力（人）	集贸市场个数（个）	其　中：综合市场个数（个）	企　业个　数（个）	企　业从　业人员数（人）
临海市桃渚镇	1800	5300	400	4522	0	0	61	501
温岭市大闾镇	1941	6218	484	3482	2	2	46	2622
温岭市岙环镇	554	2047	473	1146	3	0	2	131
温岭市石桥头镇	1669	5341	452	1909	3	2	54	1366
温岭市石粘镇	1026	3380	1282	7893	5	1	165	5673
温岭市横峰镇	1561	4995	936	12040	5	2	214	8988
温岭市锦屏镇	1493	5859	1983	3515	2	2	12	374
温岭市温峤镇	1521	4536	3319	1859	14	4	42	992
温岭市大溪镇	3997	16307	10724	9784	12	3	90	1827
温岭市潘郎镇	938	2813	558	1688	5	2	32	1338
温岭市山市镇	1632	5879	490	3821	3	2	80	1599
温岭市泽国镇	7473	25792	15550	18054	24	8	354	10333
温岭市牧屿镇	2100	6200	572	5580	7	2	100	4610
温岭市联树镇	609	1828	365	1462	7	3	59	894
温岭市新河镇	3488	13952	12008	8371	13	3	52	544
温岭市长屿镇	1179	4128	678	2889	3	0	3	1394
温岭市新街镇	536	2143	341	1286	5	1	37	1186
温岭市塘下镇	550	2005	616	1122	4	2	21	238
温岭市横河镇	1988	5968	1327	3342	4	4	74	878
温岭市箬横镇	4978	21340	16309	14938	11	4	217	1693
温岭市东浦镇	639	2425	1255	1455	4	1	72	259
温岭市松门镇	8161	27054	12362	21643	13	7	279	4914
温岭市淋川镇	2237	7901	627	4740	6	2	45	1016
温岭市钓浜镇	829	2491	190	1395	0	0	74	931
温岭市石塘镇	3579	11325	2940	6795	7	3	48	1244
温岭市箬山镇	1889	6799	6669	4079	2	1	29	1585
丽水市碧湖镇	4460	14045	3264	5230	4	2	1198	1975
丽水市水阁镇	578	1718	299	1121	0	0	11	116
丽水市联城镇	1950	6335	390	625	0	0	20	75
丽水市大港头镇	1269	3820	515	1818	2	1	263	1818
丽水市老竹镇	1110	3590	529	1050	2	1	16	564
丽水市双溪镇	414	2015	542	958	1	0	18	80
龙泉市八都镇	1118	4293	2500	2960	2	1	126	1280
龙泉市上佯镇	430	1790	1189	1400	3	2	35	1300
龙泉市小梅镇	600	2400	1050	511	1	0	7	190
龙泉市查田镇	560	2100	720	1000	4	2	21	600
龙泉市安仁镇	372	1643	1346	500	2	1	9	220
龙泉市锦旗镇	830	3398	1230	1009	0	0	31	440
龙泉市住龙镇	360	1550	1070	500	1	1	17	290
龙泉市屏南镇	501	2009	340	500	0	0	4	80
青田县温溪镇	5220	17481	7831	12210	3	1	1643	8688

3—4—11 续表 22

名称	户数（户）	人口（人）	其中：非农业人口（人）	劳动力（人）	集贸市场个数（个）	其中：综合市场个数（个）	企业个数（个）	企业从业人员数（人）
青田县东源镇	1213	4118	560	2000	1	1	256	800
青田县高湖镇	1699	6372	303	1775	1	1	105	775
青田县船寮镇	3636	13245	1870	7511	2	1	450	1250
青田县海口镇	1749	6493	430	1820	2	1	4	46
青田县腊口镇	1165	4334	591	1895	1	0	152	327
青田县北山镇	2331	7730	832	5000	2	1	22	113
青田县山口镇	1205	3535	1300	2415	1	1	1	20
青田县仁庄镇	1643	4078	987	1501	1	1	0	0
云和县石塘镇	210	740	258	1032	1	0	229	932
云和县紧水滩镇	199	702	120	100	1	1	3	12
云和县崇头镇	342	1567	1267	600	1	1	120	600
庆元县黄田镇	164	661	125	460	0	0	20	45
庆元县竹口镇	310	1076	169	614	1	1	33	420
庆元县屏都镇	351	1405	193	496	0	0	19	147
庆元县荷地镇	477	1884	183	869	1	0	116	375
庆元县左溪镇	160	650	136	412	1	1	56	160
庆元县贤良镇	192	715	45	419	0	0	30	96
缙云县壶镇镇	5450	22000	6500	13400	10	2	150	2200
缙云县新建镇	3661	8662	2568	4748	5	5	62	1472
缙云县新碧镇	3151	10940	372	7121	3	2	81	791
缙云县东渡镇	826	3495	655	2467	0	0	63	702
缙云县东方镇	3450	11202	20	5532	2	2	60	1400
缙云县舒洪镇	3117	7525	1214	4061	3	1	2	26
缙云县大洋镇	1393	4869	330	2886	0	0	30	230
缙云县大源镇	908	2920	540	1540	0	0	7	219
遂昌县云峰镇	462	1377	298	330	1	1	7	120
遂昌县新路湾镇	227	1028	266	500	2	1	11	146
遂昌县北界镇	291	901	387	1200	2	0	13	210
遂昌县金竹镇	733	2300	22	1600	1	1	6	125
遂昌县大柘镇	1000	3140	604	2007	2	1	23	191
遂昌县石练镇	710	2130	468	700	1	1	12	212
遂昌县王村口镇	450	1320	620	572	1	1	11	150
遂昌县黄沙腰镇	190	485	368	248	1	1	7	110
松阳县古市镇	4251	12476	9160	9232	2	2	510	1610
松阳县玉岩镇	1956	6961	329	4872	1	1	80	245
松阳县象溪镇	203	670	580	542	1	1	9	350
松阳县大东坝镇	256	654	128	422	0	0	6	34
景宁县渤海镇	328	1255	473	378	2	0	7	28
景宁县东坑镇	621	1681	380	725	1	1	7	141
景宁县英川镇	800	2184	484	1092	1	1	4	48
景宁县沙湾镇	710	2100	853	508	1	1	2	23

3－4－12　安徽省建制镇镇区主要指标

名　　称	户　数（户）	人　口（人）	其中：非农业人口（人）	劳动力（人）	集贸市场个数（个）	其　中：综合市场个数（个）	企　业个　数（个）	企　业从　业人员数（人）
合肥市辖区七里塘镇	1940	5820	3915	3650	2	2	26	1320
合肥市辖区常青镇	958	2406	1230	805	2	1	62	624
合肥市辖区大兴镇	686	3426	2203	789	1	1	5	321
合肥市辖区义城镇	406	1030	1030	291	1	1	240	4478
合肥市辖区大杨镇	180	1100	200	550	1	1	3	210
合肥市辖区杏花镇	1200	3600	1120	2130	1	1	17	270
合肥市辖区义兴镇	356	5120	3710	4012	1	1	15	3869
合肥市辖区骆岗镇	379	1460	120	896	1	1	4	170
合肥高新开发区蜀山镇	890	3300	3000	1450	2	1	110	360
长丰县岗集镇	1603	3862	2271	1023	1	1	33	823
长丰县双墩镇	4500	19300	18300	1300	2	1	10	1100
长丰县下塘镇	3007	16616	7600	6500	7	1	29	3500
长丰县杨公镇	528	2472	1356	1112	1	1	21	832
长丰县朱巷镇	1872	7592	4293	600	2	1	14	322
长丰县吴山镇	1971	3896	2526	2729	5	1	15	1028
长丰县杨庙镇	574	2351	1782	1034	1	1	5	136
长丰县曹庵镇	2400	7680	1300	1400	4	2	38	680
长丰县庄墓镇	619	2459	1303	806	1	1	6	54
肥东县石塘镇	3150	12000	3473	1894	6	0	5	190
肥东县古城镇	316	1476	621	862	1	1	2	108
肥东县撮镇镇	1011	3750	3750	1625	3	1	502	6985
肥东县临河镇	910	4610	1785	2000	1	1	8	600
肥东县桥头集镇	729	2881	400	1136	3	1	27	5295
肥东县龙岗镇	98	380	70	105	1	1	2	18
肥东县西山驿镇	831	3865	1570	1485	2	2	16	172
肥东县元疃镇	424	2578	500	1200	4	3	199	3088
肥东县白龙镇	729	3186	2042	988	1	1	89	270
肥东县八斗镇	1640	7000	1769	2000	1	1	4	147
肥东县梁园镇	4536	17800	10549	16000	10	2	1047	6300
肥西县三河镇	6051	14487	14487	6118	6	1	851	4168
肥西县农兴镇	590	2400	1520	1850	2	2	3	103
肥西县丰乐镇	594	2338	1641	2400	3	2	9	700
肥西县花岗镇	1403	5792	3282	4054	1	1	946	3445
肥西县新仓镇	568	1402	1303	950	1	0	10	200
肥西县山南镇	2177	5816	1893	4219	3	3	1000	3000
肥西县官亭镇	1216	4864	3982	3174	2	1	13	421
肥西县小庙镇	347	11950	4550	8420	1	1	33	1420
肥西县南岗镇	1130	5960	1248	2980	2	2	236	860
肥西县高刘镇	2303	7100	3200	3100	8	4	21	847

3—4—12 续表 1

名　　称	户　数（户）	人　口（人）	其中：非农业人口（人）	劳动力（人）	集贸市场个数（个）	其　中：综合市场个数（个）	企　业个　数（个）	企　业从　业人员数（人）
芜湖市辖区马塘镇	1145	3069	560	1125	1	1	16	650
芜湖市辖区鲁港镇	1117	3671	1234	1456	1	1	16	450
芜湖市辖区官陡镇	736	2028	149	960	2	1	39	220
芜湖市辖区大桥镇	1352	4476	2254	2814	1	1	65	553
芜湖市辖区湾里镇	502	1265	160	1370	2	0	17	423
芜湖县清水镇	4271	9827	7620	5264	2	1	49	1470
芜湖县火龙岗镇	882	3548	3264	3945	1	1	68	4580
芜湖县荆山镇	1312	4409	4093	1841	1	1	269	1460
芜湖县石桅镇	378	1553	988	807	1	0	10	809
芜湖县方村镇	368	1951	1811	1229	1	0	5	55
芜湖县陶辛镇	190	720	150	210	1	0	18	61
芜湖县易太镇	339	1250	590	632	1	1	8	240
芜湖县六郎镇	652	1754	818	1193	1	1	21	365
芜湖县西河镇	683	2544	1569	1915	2	1	2	12
芜湖县红杨镇	475	1460	883	550	1	1	2	19
芜湖县三元镇	428	1500	350	914	1	1	5	432
芜湖县周皋镇	85	266	45	174	0	0	0	0
芜湖县咸保镇	91	367	152	287	1	0	1	16
芜湖县新丰镇	90	460	279	380	1	1	2	30
芜湖县花桥镇	197	506	170	246	1	1	3	240
芜湖县黄池镇	388	1659	727	1150	0	0	0	0
繁昌县荻港镇	1384	3871	3200	2240	1	1	6	1300
繁昌县新港镇	1735	4354	4354	3577	1	1	9	440
繁昌县三山镇	2382	5159	1003	7809	2	1	14	523
繁昌县横山镇	2036	4563	3077	2223	1	1	17	0
繁昌县孙村镇	1514	3954	1127	5100	1	1	504	4512
繁昌县黄浒镇	1022	2025	1352	1022	1	0	105	460
繁昌县峨桥镇	1068	3027	2285	2010	2	1	536	2582
南陵县奚滩镇	608	1095	815	657	1	1	10	208
南陵县石铺镇	922	2848	544	1708	1	1	64	208
南陵县奎湖镇	1205	3875	1143	2325	1	1	15	445
南陵县家发镇	643	2572	828	1492	1	1	18	456
南陵县峨岭镇	835	3513	609	2127	1	1	28	305
南陵县烟墩镇	475	1875	651	1125	1	1	11	522
南陵县戴汇镇	520	2132	837	1279	1	1	14	331
南陵县何湾镇	1274	3768	702	2265	1	1	101	1465
南陵县录岭镇	350	1200	564	720	1	1	8	240
南陵县黄墓镇	1882	5463	355	3278	1	1	6	914

3—4—12 续表 2

名　　称	户　数（户）	人　口（人）	其中：非农业人口（人）	劳动力（人）	集贸市场个数（个）	其　中：综合市场个数（个）	企　业个　数（个）	企　业从　业人员数（人）
南陵县工山镇	764	2100	1339	1260	1	1	5	159
南陵县三里镇	962	3500	1782	2100	2	1	321	3420
南陵县丫山镇	104	385	115	231	1	1	57	502
南陵县弋江镇	3316	11880	6742	7160	7	4	34	1108
蚌埠市辖区长淮卫镇	680	2936	315	1449	2	2	180	1032
蚌埠市辖区小蚌埠镇	1321	3716	215	1240	1	1	191	1328
怀远县包集镇	1064	7348	4563	3600	1	1	38	1240
怀远县龙亢镇	1681	6483	2550	3458	1	1	11	134
怀远县河溜镇	860	5114	2514	1900	1	1	200	500
怀远县常坟镇	3286	12122	1300	5800	3	1	324	2512
怀远县马城镇	1250	5060	1944	3400	1	1	3	35
怀远县双桥集镇	967	7426	4131	4217	4	3	39	764
怀远县魏庄镇	821	3542	32	2019	1	1	38	113
怀远县五岔镇	2120	6135	3149	1136	1	1	165	1676
怀远县万福镇	760	2672	1936	1821	1	1	15	136
怀远县唐集镇	967	4234	2649	2346	1	1	26	249
五河县小溪镇	866	3872	302	2400	1	1	9	220
五河县新集镇	1503	4504	1980	3100	1	1	35	280
五河县沫河口镇	967	4350	1940	2217	1	1	53	1201
五河县东刘集镇	477	2540	1506	2238	1	1	32	261
五河县小圩镇	1421	4324	1876	1566	2	2	35	348
五河县双忠庙镇	947	5324	1438	1542	2	1	20	528
固镇县曹老集镇	3142	11000	2244	6600	2	1	148	1509
固镇县王庄镇	1559	5343	1091	3800	2	1	226	1478
固镇县新马桥镇	1054	2800	1678	875	1	1	13	324
固镇县刘集镇	2196	5196	3912	2410	1	1	133	903
固镇县濠城镇	964	4702	497	2336	1	1	10	312
固镇县任桥镇	392	3390	1890	2850	1	1	64	1026
固镇县湖沟镇	1050	12000	2000	3076	1	1	68	1681
淮南市辖区九龙岗镇	517	1586	801	394	2	2	96	1002
淮南市辖区洛河镇	834	2502	2400	1660	1	1	17	300
淮南市辖区上窑镇	16	62	26	275	0	0	22	210
淮南市辖区安成镇	450	1980	58	8902	1	1	4	210
淮南市辖区舜耕镇	314	1990	669	1393	1	0	35	1260
淮南市辖区望峰岗镇	21	84	62	49	0	0	0	0
淮南市辖区李郢孜镇	47	187	90	62	0	0	5	32
淮南市辖区唐山镇	45	140	17	68	0	0	12	20
淮南市辖区山王镇	420	2410	280	1980	2	2	0	0

3—4—12 续表 3

名　称	户　数（户）	人　口（人）	其中：非农业人口（人）	劳动力（人）	集贸市场个数（个）	其　中：综合市场个数（个）	企　业个　数（个）	企　业从　业人员数（人）
淮南市辖区高皇镇	1405	6810	161	3482	1	1	7	296
淮南市辖区平圩镇	919	4040	31	2852	1	1	9	620
淮南市辖区泥河镇	400	2134	150	1000	1	1	4	28
淮南市辖区潘集镇	678	2821	360	544	1	1	12	94
淮南市辖区芦集镇	413	1686	690	1260	1	1	1	50
凤台县毛集镇	3020	12000	2750	4800	3	1	340	2500
凤台县大山镇	410	1638	110	830	1	1	5	32
凤台县朱马店镇	1692	8707	3157	4740	2	1	52	965
凤台县岳张集镇	950	3120	1360	2650	1	1	5	120
凤台县新集镇	815	2684	541	1648	3	3	7	420
马鞍山市辖区霍里镇	1125	1512	1188	1058	1	1	4	187
马鞍山市辖区濮塘镇	776	993	723	600	1	1	14	480
马鞍山市辖区向山镇	750	1980	1028	1750	2	1	12	580
当涂县黄池镇	1160	5924	2536	3800	3	0	350	2500
当涂县乌溪镇	719	1589	1589	856	1	1	55	420
当涂县石桥镇	900	4000	1340	2900	2	1	6	1440
当涂县塘南镇	486	876	876	362	2	1	5	148
当涂县护河镇	1051	2115	2115	1102	1	1	5	204
当涂县薛津镇	1197	2936	1492	982	2	1	12	762
当涂县丹阳镇	1217	2905	2645	1200	1	1	19	960
当涂县新市镇	1284	4129	1789	1853	1	1	26	437
当涂县博望镇	1937	6274	5023	5332	3	1	68	2150
当涂县新博镇	1311	5262	4037	3272	1	1	195	1642
当涂县龙山桥镇	732	1217	1217	2030	1	1	41	1750
当涂县银塘镇	270	409	409	210	1	1	4	156
淮北市辖区渠沟镇	345	1215	1215	585	0	0	3	98
淮北市辖区任圩镇	1296	4969	4900	3800	1	1	18	325
淮北市辖区烈山镇	1320	4650	4650	3620	4	2	89	2320
淮北市辖区宋町镇	46	234	203	164	0	0	7	86
淮北市辖区高岳镇	993	3329	1000	1372	3	3	25	900
淮北市辖区矿山集镇	492	2002	811	660	0	0	3	1373
淮北市辖区朔里镇	587	2752	2526	1474	1	1	4	130
淮北市辖区石台镇	275	1100	1100	860	1	1	6	240
淮北市辖区段园镇	246	850	60	470	0	0	2	30
濉溪县新蔡镇	550	2200	200	1500	1	1	2	150
濉溪县韩村镇	1684	6043	235	2955	1	1	9	781
濉溪县徐楼镇	350	1500	600	500	1	1	0	0
濉溪县临涣镇	3186	7694	2867	5200	5	1	2	65

3－4－12 续表 4

名　　称	户　数（户）	人　口（人）	其中：非农业人口（人）	劳动力（人）	集贸市场个数（个）	其　中：综合市场个数（个）	企　业个　数（个）	企　业从　业人员数（人）
濉溪县南坪镇	346	2264	1164	961	2	1	0	0
濉溪县祁集镇	2000	5200	2500	2000	1	1	1	300
濉溪县任集镇	683	2482	240	1300	1	1	2	30
濉溪县孙町镇	1095	6544	2210	3115	2	1	9	659
濉溪县刘桥镇	1800	6711	3700	4000	1	1	6	195
濉溪县百善镇	985	3750	3280	784	3	1	8	125
濉溪县古饶镇	1000	5700	4200	1100	4	3	0	0
濉溪县双堆集镇	831	3500	700	2300	1	1	324	897
濉溪县五沟镇	1365	4814	1576	846	1	1	11	138
铜陵市辖区铜山镇	206	756	30	420	1	1	8	475
铜陵县大通镇	2470	7180	1790	5630	2	1	443	4048
铜陵县顺安镇	2062	8550	7475	8122	9	3	447	2181
铜陵县钟鸣镇	3492	8730	3188	4365	1	1	15	1100
铜陵县西湖镇	450	1600	1200	950	0	0	65	1300
铜陵县董店镇	150	385	25	345	0	0	85	345
铜陵县朱村镇	406	960	730	380	1	0	63	275
铜陵县新桥镇	1620	4500	1800	2100	1	1	74	510
安庆市辖区杨桥镇	400	4500	2000	2500	1	1	150	1800
安庆市辖区老峰镇	999	1920	1920	1050	1	0	20	500
桐城市孔城镇	2657	10495	5237	1392	1	1	53	1097
桐城市范岗镇	510	2049	980	1340	3	1	198	900
桐城市青草镇	1010	3233	3017	1798	2	1	127	871
桐城市陶冲镇	1530	5355	583	3210	1	1	36	483
桐城市卅铺镇	1300	4250	978	2326	2	1	224	800
桐城市金神镇	1055	4299	3085	3428	1	1	130	3010
桐城市新渡镇	500	14000	8000	9000	3	1	240	3600
桐城市双港镇	3810	16000	2240	2900	2	1	254	2150
桐城市高桥镇	230	1020	310	700	1	1	30	400
桐城市唐湾镇	191	1560	451	289	1	1	8	92
桐城市鲟鱼镇	183	516	463	420	0	0	13	156
桐城市大关镇	525	3564	420	1760	1	0	112	1250
桐城市兴店镇	2540	12907	10505	8200	2	1	103	380
桐城市吕亭镇	710	3600	1800	1400	2	1	170	1370
桐城市挂正镇	440	1804	54	678	1	1	60	650
桐城市老梅镇	200	2454	732	1500	1	1	34	1210
桐城市罗岭镇	1482	5139	980	5458	1	0	170	1800
怀宁县高河镇	5040	22000	18900	20000	5	2	48	216
怀宁县月山镇	3400	13005	9562	11784	4	3	46	598
怀宁县腊树镇	1211	3455	1455	2075	1	1	14	170

3—4—12 续表 5

名　　称	户　数（户）	人　口（人）	其中：非农业人口（人）	劳动力（人）	集贸市场个数（个）	其　中：综合市场个数（个）	企　业个　数（个）	企　业从　业人员数（人）
怀宁县黄龙镇	1841	6437	1423	3123	1	1	11	330
怀宁县三桥镇	490	1960	1500	1200	1	1	4	81
怀宁县小市镇	576	1646	1033	947	0	0	6	177
怀宁县黄墩镇	530	1828	1328	1054	1	1	9	960
怀宁县公岭镇	550	1231	1180	490	3	2	10	256
怀宁县马庙镇	665	4900	4600	2160	4	1	58	1750
怀宁县金拱镇	471	1743	1143	952	1	1	4	580
怀宁县茶岭镇	210	840	230	700	1	1	4	537
怀宁县大龙山镇	1465	5000	3850	4100	1	1	5	2325
怀宁县洪铺镇	964	2752	1016	1844	0	0	13	312
怀宁县江镇镇	635	1812	974	1123	1	1	5	92
怀宁县海口镇	302	1412	1247	120	1	1	5	127
枞阳县义津镇	1700	5500	1000	4500	2	0	150	1300
枞阳县汤沟镇	2100	8200	6000	9000	4	2	20	1200
枞阳县其林镇	1353	3108	515	1500	3	1	190	660
枞阳县项铺镇	539	2000	400	1200	1	1	20	200
枞阳县浮山镇	130	556	436	253	1	1	11	205
枞阳县横埠镇	2520	8022	2640	5600	3	2	15	487
枞阳县周潭镇	693	4117	1568	2000	2	1	367	980
枞阳县凹山镇	495	2356	1678	1824	0	0	3	47
枞阳县钱桥镇	1125	3023	1756	1238	1	1	10	378
枞阳县老洲镇	696	4050	1912	3484	1	1	86	491
枞阳县石矶镇	706	1500	1123	780	0	0	0	0
枞阳县官桥镇	488	5325	1154	2873	2	1	246	1567
枞阳县陈湖镇	1200	4100	1100	1900	1	1	0	0
潜山县王河镇	1859	5355	2049	1198	1	1	3	109
潜山县黄泥镇	675	1975	1348	1125	1	1	2	34
潜山县黄铺镇	1254	5568	447	916	1	1	3	198
潜山县余井镇	615	2443	873	877	1	1	2	97
潜山县源潭镇	953	3606	2158	1983	2	1	7	1079
潜山县天柱镇	746	3066	348	1038	0	0	2	71
潜山县黄柏镇	425	1556	447	650	0	0	1	57
潜山县槎水镇	625	2174	492	1600	0	0	6	362
潜山县官庄镇	452	1730	675	433	0	0	1	57
潜山县水吼镇	232	608	128	346	0	0	1	40
太湖县徐桥镇	1875	5533	5402	755	2	1	12	274
太湖县新仓镇	165	704	84	53	1	1	2	30
太湖县小池镇	2105	8841	1046	5310	3	2	2	15
太湖县寺前镇	140	700	250	280	1	1	12	25
太湖县黄镇镇	153	704	48	33	1	1	1	8

3－4－12 续表 6

名　　称	户　数（户）	人　口（人）	其中：非农业人口（人）	劳动力（人）	集贸市场个数（个）	其　中：综合市场个数（个）	企　业个　数（个）	企　业从　业人员数（人）
太湖县牛镇镇	61	210	3	122	1	1	2	10
太湖县弥陀镇	380	2662	1401	1728	2	1	26	296
太湖县北中镇	178	3928	607	1800	2	1	60	421
宿松县二郎镇	441	1724	650	1147	5	2	32	450
宿松县破凉镇	786	4470	1283	3950	2	1	164	6487
宿松县凉亭镇	812	5265	1024	2972	2	1	9	2145
宿松县长铺镇	210	1083	579	660	1	1	75	219
宿松县许岭镇	1458	4706	3559	1518	2	1	342	855
宿松县下仓镇	559	1924	1610	1218	1	1	25	216
宿松县复兴镇	1897	6830	3809	1710	2	1	10	300
望江县华阳镇	1808	6681	3943	3450	1	1	86	2186
望江县杨湾镇	948	3150	530	2300	1	0	344	646
望江县漳湖镇	893	4594	920	1618	1	1	83	126
望江县赛口镇	676	3020	2965	2190	1	1	147	2031
望江县高士镇	276	1224	392	432	1	1	29	226
望江县鸦滩镇	280	1483	1243	1385	1	1	12	148
望江县长岭镇	412	2786	1679	2120	1	1	270	1360
望江县太慈镇	905	4381	1050	1873	1	1	110	180
岳西县店前镇	477	1090	1090	520	1	1	8	326
岳西县来榜镇	105	3500	950	1680	1	1	210	810
岳西县菖蒲镇	742	2907	399	1746	1	1	3	150
岳西县头陀镇	523	1595	367	730	0	0	5	60
岳西县白帽镇	598	2307	808	808	0	0	3	40
岳西县温泉镇	528	1300	910	398	0	0	0	0
岳西县响肠镇	234	1076	127	69	1	1	1	80
岳西县河图镇	66	2413	513	955	1	1	4	320
岳西县五河镇	310	1580	450	800	0	0	5	55
岳西县主簿镇	300	1400	320	620	0	0	140	410
岳西县冶溪镇	540	3200	845	485	2	1	2	25
岳西县黄尾镇	187	1236	278	401	1	1	58	267
屯溪区屯光镇	2134	8583	432	4260	3	2	681	3732
屯溪区黎阳镇	2532	8032	2092	5704	3	2	679	4239
屯溪区阳湖镇	377	1357	310	778	1	1	6	380
黄山区汤口镇	813	2688	631	2600	3	1	380	3200
黄山区谭家桥镇	439	1533	534	1256	1	1	310	980
黄山区仙源镇	1020	1760	1525	1232	1	1	235	608
黄山区焦村镇	614	1978	563	1384	0	0	146	845
黄山区太平湖镇	78	382	250	121	0	0	0	0
歙县富镇	1021	2990	70	1718	0	0	10	50
歙县桂林镇	904	4142	2661	2580	0	0	10	350

3—4—12 续表 7

名　　称	户　数（户）	人　口（人）	其中：非农业人口（人）	劳动力（人）	集贸市场个数（个）	其　中：综合市场个数（个）	企　业个　数（个）	企　业从　业人员数（人）
歙县郑村镇	848	3350	920	2182	0	0	9	120
歙县溪头镇	456	2330	463	1228	0	0	2	38
歙县许村镇	889	2741	42	1416	0	0	104	220
歙县岔口镇	357	1888	860	1570	0	0	7	232
歙县北岸镇	1299	4327	832	2687	0	0	2	710
歙县深渡镇	3028	5796	3107	2000	1	1	31	1000
歙县霞坑镇	1070	3480	581	2368	0	0	1	10
歙县杞梓里镇	1176	3993	1308	2574	0	0	14	250
歙县街口镇	331	1620	410	380	0	0	0	0
歙县王村镇	1340	4519	780	2707	1	1	13	250
休宁县齐云山镇	700	2579	340	1508	0	0	11	130
休宁县万安镇	1376	3995	947	1901	1	0	46	413
休宁县五城镇	1618	5786	1723	3658	1	1	11	50
休宁县东临溪镇	1317	4187	1079	3658	0	0	20	578
休宁县兰田镇	215	1109	200	803	0	0	16	195
休宁县溪口镇	1079	3195	1342	1397	1	1	34	88
休宁县流口镇	600	1556	726	875	0	0	10	70
休宁县汪村镇	400	1429	219	962	0	0	6	52
黟县际联镇	472	1283	243	912	1	0	68	91
黟县渔亭镇	356	1212	200	125	1	0	10	151
黟县西递镇	433	1255	309	880	1	1	38	88
祁门县小路口镇	464	1535	248	707	1	0	93	272
祁门县金字牌镇	513	1822	611	670	1	1	5	44
祁门县历口镇	636	1997	120	1230	0	0	53	125
祁门县闪里镇	457	1325	489	543	0	0	110	231
祁门县平里镇	270	910	407	493	1	1	7	315
祁门县安凌镇	341	1411	356	130	0	0	73	203
南谯区乌衣镇	3253	13200	9300	3200	2	1	227	1825
南谯区沙河镇	1575	7750	3750	2560	2	1	122	1152
南谯区章广镇	820	3010	1201	1050	3	1	108	328
南谯区珠龙镇	790	2135	920	1904	3	1	88	922
南谯区大柳镇	407	1326	100	800	1	1	156	350
南谯区黄泥岗镇	829	2368	648	1460	1	1	214	940
南谯区腰铺镇	843	1809	752	1050	3	1	150	650
南谯区大王镇	667	2126	643	1485	1	1	135	1251
天长市铜城镇	1669	5641	4974	2256	6	0	400	3800
天长市秦栏镇	1243	3328	3112	2630	5	1	354	4740
天长市汊涧镇	1648	5397	5000	3475	4	1	127	3015
天长市大通镇	832	1900	641	1223	2	1	38	872
天长市杨村镇	733	1921	507	1488	2	1	9	1383

3—4—12 续表 8

名　　称	户　数（户）	人　口（人）	其中：非农业人口（人）	劳动力（人）	集贸市场个数（个）	其　中：综合市场个数（个）	企　业个　数（个）	企　业从　业人员数（人）
天长市石梁镇	502	2550	856	1890	2	2	150	1160
天长市金集镇	810	2680	914	2383	3	1	13	883
天长市安乐镇	1073	2712	2303	560	0	0	6	675
天长市仁和集镇	743	1903	661	800	3	2	7	2400
天长市冶山镇	167	563	501	406	1	1	24	573
天长市郑集镇	632	1612	592	410	2	1	34	833
天长市张铺镇	491	1038	448	450	2	1	8	350
天长市界牌镇	760	2450	520	1580	1	0	10	370
天长市平安镇	435	1270	773	853	1	1	10	885
天长市高庙镇	240	1048	810	460	1	1	6	230
天长市釜山镇	252	778	406	427	1	1	59	442
来安县半塔镇	1707	7828	6864	4193	3	2	286	2188
来安县水口镇	1650	6854	4784	3380	3	2	46	900
来安县相官镇	413	1268	1154	836	1	1	136	1003
来安县汊河镇	382	1507	652	1103	1	1	1	32
来安县大英镇	930	3100	2460	1700	1	1	160	600
来安县雷官镇	626	2354	1975	1341	1	1	4	98
来安县施官镇	865	2313	1058	1272	1	1	11	154
全椒县古河镇	3567	13681	5632	3573	3	2	124	2416
全椒县大墅镇	1700	6500	3200	5100	2	1	7	276
全椒县二朗口镇	2557	5663	3057	4000	1	0	224	1607
全椒县武岗镇	650	3000	1200	1800	3	1	6	150
全椒县马厂镇	1341	6908	5158	3763	3	1	7	331
全椒县石沛镇	830	3106	2100	2400	1	1	18	145
全椒县章辉镇	324	1389	364	970	2	1	4	129
定远县炉桥镇	2667	14500	13000	9100	2	2	105	1597
定远县永康镇	406	1954	722	1147	3	1	6	248
定远县张桥镇	3600	10551	9000	12000	3	1	7	535
定远县连江镇	507	1832	298	986	1	1	3	110
定远县吴圩镇	674	2598	2036	2345	1	1	14	212
定远县朱湾镇	700	3257	1500	1600	1	1	3	40
定远县池河镇	1600	7200	2500	3500	5	3	14	520
定远县三和镇	997	2962	300	2240	1	1	8	950
定远县藕塘镇	2290	4900	4000	3500	4	1	460	2246
定远县界牌集镇	713	3200	487	1850	3	1	28	305
定远县仓镇	500	1500	1220	1100	6	1	3	27
定远县西卅店镇	725	2400	1123	1241	3	1	8	120

3—4—12 续表 9

名　　称	户　数（户）	人　口（人）	其中：非农业人口（人）	劳动力（人）	集贸市场个数（个）	其　中：综合市场个数（个）	企　业个　数（个）	企　业从　业人员数（人）
定远县年家岗镇	592	2228	294	1564	3	1	20	200
定远县桑涧镇	440	1772	435	995	1	1	150	480
定远县岱山镇	381	553	235	1032	2	1	26	382
凤阳县临淮镇	4428	27614	27614	15554	3	3	401	5069
凤阳县武店镇	3557	9106	5337	5470	3	2	25	1050
凤阳县西泉镇	684	3264	860	1495	1	1	181	1176
凤阳县刘府镇	181	1134	1042	898	1	1	25	1200
凤阳县大庙镇	140	700	320	580	1	1	30	370
凤阳县门台镇	2408	9012	6635	4960	2	1	146	1574
凤阳县殷涧镇	305	1410	367	946	1	1	28	312
凤阳县黄泥铺镇	278	633	353	503	1	1	45	346
凤阳县红心镇	421	1526	656	850	1	1	38	354
凤阳县总铺镇	1130	4461	2445	2900	2	1	50	515
凤阳县板桥镇	620	2480	1266	1150	1	1	30	240
凤阳县大溪河镇	430	1720	240	1023	1	1	20	230
凤阳县小溪河镇	1194	6800	3852	3500	1	1	120	1100
凤阳县石门山镇	370	1486	450	1360	1	1	69	1260
明光市张八岭镇	2100	7900	1680	5000	1	1	300	1530
明光市三界镇	870	2985	2035	2038	2	2	130	1200
明光市管店镇	2700	7000	3600	4000	2	1	510	3300
明光市自来桥镇	370	808	420	360	1	1	5	48
明光市涧溪镇	2000	7100	5000	3500	5	2	50	2000
明光市石坝镇	874	3317	1413	1625	1	1	5	240
明光市津里镇	428	1493	893	800	1	1	12	108
明光市苏巷镇	413	2752	457	1709	1	1	112	445
明光市桥头镇	710	2120	1020	1185	1	1	8	126
明光市女山湖镇	980	4216	960	1680	2	1	9	1456
明光市古沛镇	780	2762	602	800	1	1	155	650
明光市潘村镇	1089	4147	1463	2178	3	1	9	301
颍州区王店镇	1465	5120	937	2325	1	1	13	649
颍州区程集镇	1440	5158	1506	1460	1	1	26	1580
颍州区西湖镇	1123	3930	1362	1866	2	2	5	68
颍州区九龙镇	1250	3560	480	2180	1	1	6	88
颍州区三合镇	953	3100	350	1800	1	1	3	70
颍东区插花镇	257	1029	785	726	1	1	19	233
颍东区口孜镇	198	1062	378	521	1	1	0	0
颍东区袁寨镇	672	2480	1126	1633	2	1	8	800
颍东区枣庄镇	1269	2688	989	2049	2	2	3	35

3－4－12 续表 10

名　　称	户　数（户）	人　口（人）	其中：非农业人口（人）	劳动力（人）	集贸市场个数（个）	其　中：综合市场个数（个）	企　业个　数（个）	企　业从　业人员数（人）
颍东区老庙镇	696	3127	1446	1316	5	1	16	149
颍泉区伍明镇	1203	4761	2815	2933	1	1	55	361
颍泉区老庄镇	910	3320	640	1950	5	1	44	300
颍泉区闻集镇	500	1878	300	520	3	2	40	210
颍泉区行流镇	936	3120	380	1248	2	1	23	191
临泉县杨桥镇	3124	10166	3485	2800	2	1	4	197
临泉县长官镇	2623	9958	3847	6105	2	1	181	3265
临泉县桐城镇	1898	8377	2002	4898	1	1	179	1470
临泉县于寨镇	244	954	646	500	2	1	15	227
临泉县邢塘镇	980	1532	767	810	2	1	205	6410
临泉县谭棚镇	876	3528	1687	2160	1	1	8	116
临泉县老集镇	843	3457	1035	1856	2	1	27	159
临泉县滑集镇	958	3643	1596	2167	1	1	16	192
临泉县吕寨镇	525	1575	740	420	1	1	9	150
临泉县宋集镇	1284	5139	1720	1210	1	1	68	1084
临泉县张新集镇	582	2384	1336	1278	1	1	72	228
临泉县陈集镇	1965	5740	783	2687	2	1	27	234
临泉县艾亭镇	852	3838	1451	2387	1	1	3	67
临泉县迎仙镇	1267	4474	2474	1892	2	1	52	718
临泉县瓦店镇	2540	11000	957	5210	2	1	62	852
临泉县韦寨镇	930	4122	980	3256	2	1	28	362
临泉县姜寨镇	1247	5908	1607	2841	1	1	8	370
临泉县庙岔镇	2130	8400	826	3560	2	1	6	130
临泉县黄岭镇	1774	5387	1274	2150	2	1	38	320
临泉县白庙镇	1080	3376	685	1005	1	1	14	320
临泉县关庙镇	1107	4470	195	1940	1	1	30	140
临泉县单桥镇	270	1550	520	1085	1	1	26	310
太和县旧县镇	2933	13200	3200	7260	5	2	20	420
太和县税镇镇	720	3809	1283	3000	1	1	10	250
太和县皮条孙镇	1820	8670	1240	5243	2	1	280	3140
太和县原墙镇	325	1383	350	968	1	1	0	0
太和县倪邱镇	1189	4803	1454	3210	1	1	0	0
太和县李兴镇	1064	4058	1400	2434	4	1	5	176
太和县大新镇	1526	4972	1259	3500	2	2	67	683
太和县肖口镇	542	1884	420	1082	1	1	3	15
太和县关集镇	800	4200	1400	2500	1	1	6	207
太和县三塔镇	150	860	220	320	1	1	3	11
太和县双浮镇	680	2000	250	1300	3	1	0	0
太和县蔡庙镇	150	900	170	820	1	1	10	1100
太和县三堂镇	2001	3762	2396	2682	1	1	9	331

3－4－12 续表 11

名　　称	户　数（户）	人　口（人）	其中：非农业人口（人）	劳动力（人）	集贸市场个数（个）	其　中：综合市场个数（个）	企　业个　数（个）	企　业从　业人员数（人）
太和县苗老集镇	465	1880	896	1500	1	1	0	0
太和县赵庙镇	202	8000	1434	5600	2	2	16	840
太和县宫集镇	750	4100	980	2100	1	1	0	0
太和县坟台镇	305	1231	20	920	1	1	30	50
太和县洪山镇	1205	6087	502	3827	1	1	12	90
太和县清浅镇	360	1358	458	1126	1	1	3	32
太和县桑营镇	366	1449	350	1050	1	1	8	110
太和县五星镇	985	3610	310	2395	2	1	16	55
太和县郭庙镇	85	315	102	250	1	1	0	0
太和县高庙镇	440	1650	403	990	1	1	1	8
涡阳县义门镇	371	2260	1879	947	1	1	1	65
涡阳县石弓镇	910	3082	1002	1725	3	1	4	52
涡阳县龙山镇	1931	7612	3890	3821	5	3	73	4234
涡阳县青町镇	2651	10500	2754	4890	9	1	19	598
涡阳县高炉镇	2525	10512	5416	6307	3	1	28	2780
涡阳县城西镇	1199	4908	1816	2846	1	1	24	380
涡阳县闸北镇	713	2890	330	1840	3	0	304	1500
涡阳县双庙镇	764	3438	647	1891	1	1	4	36
涡阳县楚店镇	1223	4966	1120	2960	1	1	156	610
涡阳县高公镇	1139	3968	1196	2388	6	1	189	1134
涡阳县新兴镇	511	2045	614	960	3	1	30	210
涡阳县曹市镇	1252	5539	1661	2770	5	2	185	661
涡阳县西阳镇	1561	9129	5126	6390	7	1	278	4913
涡阳县城东镇	1400	4548	1792	1500	2	1	40	800
涡阳县临湖镇	2354	9885	580	4500	1	1	6	326
涡阳县花沟镇	1119	4365	1470	1850	1	1	8	573
涡阳县牌坊镇	666	5088	2336	800	5	1	6	68
涡阳县丹城镇	1216	3606	2906	1850	2	1	11	46
涡阳县马店镇	950	2800	240	960	2	1	6	47
蒙城县双涧镇	913	5169	1623	3324	2	1	300	1124
蒙城县小涧镇	800	3200	1265	2200	1	1	67	1269
蒙城县三义镇	1131	5090	2587	3312	1	1	28	375
蒙城县乐土镇	587	5062	1697	2900	1	1	47	560
蒙城县柳林镇	503	2673	613	1570	2	1	8	246
蒙城县楚村镇	509	3620	1200	1650	2	1	3	29
蒙城县立仓镇	632	2536	1153	3315	1	1	104	312
蒙城县板桥镇	631	3660	1520	1820	1	1	3	65
蒙城县许疃镇	1019	2861	926	1893	1	1	50	476
蒙城县坛城镇	680	2536	1536	1780	1	1	10	268
蒙城县岳坊镇	348	1500	600	1002	1	1	42	460

3－4－12 续表 12

名　　称	户　数（户）	人　口（人）	其中：非农业人口（人）	劳动力（人）	集贸市场个数（个）	其　中：综合市场个数（个）	企　业个　数（个）	企　业从　业人员数（人）
蒙城县马集镇	460	1960	486	440	1	1	9	126
蒙城县漆园镇	494	4078	1531	2142	2	1	4	450
蒙城县常兴镇	384	2012	692	1372	1	1	25	325
蒙城县田桥镇	50	148	3	98	1	1	5	40
阜南县方集镇	2980	10046	1230	5758	5	1	45	232
阜南县中岗镇	1868	8250	6250	1100	4	2	10	3200
阜南县柴集镇	420	1635	1635	400	1	1	0	0
阜南县新村镇	101	377	89	223	1	1	3	26
阜南县三塔集镇	3400	12100	6250	4120	2	1	13	1189
阜南县朱寨镇	1039	4988	1884	3104	1	1	1	12
阜南县袁集镇	587	3016	312	1420	1	1	103	520
阜南县赵集镇	909	3724	1318	2182	2	1	24	99
阜南县田集镇	1212	6537	375	3621	1	1	108	498
阜南县苗集镇	1453	4242	800	2500	2	1	21	136
阜南县黄岗镇	912	5309	4147	3185	9	1	32	580
阜南县焦坡镇	1320	6600	1549	630	5	2	9	82
阜南县张寨镇	518	2690	135	1470	1	1	12	155
阜南县王堰镇	330	1500	560	1210	1	1	32	185
阜南县洪河桥镇	202	810	443	580	1	1	5	120
阜南县地城镇	1780	6173	2323	1200	1	1	0	0
阜南县王家坝镇	1526	6804	621	161	1	1	4	121
阜南县王化镇	1259	5894	310	3780	1	1	62	181
阜南县曹集镇	364	1570	380	942	1	1	5	46
颍上县谢桥镇	2991	11964	5201	1867	3	2	67	512
颍上县新集镇	1494	5076	5076	2638	1	1	89	241
颍上县南照镇	3254	12793	8487	5467	5	2	76	421
颍上县润河镇	1091	6147	4440	721	5	2	68	343
颍上县杨湖镇	1399	4964	2594	2928	4	1	5	400
颍上县江口镇	3346	13385	3460	8030	1	1	4	55
颍上县六十铺镇	2226	8015	3558	4714	2	1	56	391
颍上县耿棚镇	2006	6669	3970	2000	14	7	10	55
颍上县王岗镇	320	1232	102	260	1	1	5	138
颍上县江店孜镇	1748	6746	2218	4374	3	2	4	576
颍上县夏桥镇	626	2511	1011	1300	1	1	22	230
颍上县陈桥镇	669	2299	2038	1380	1	1	10	130
颍上县半岗镇	3259	5081	3379	527	1	1	290	700
颍上县黄桥镇	779	4300	2996	3500	1	1	11	84
颍上县八里河镇	500	2037	1500	700	1	1	50	150
利辛县西潘楼镇	1941	6117	2688	4260	1	1	12	227
利辛县张村镇	2539	10154	3217	7092	8	4	12	250

3－4－12 续表 13

名　　称	户　数（户）	人　口（人）	其中：非农业人口（人）	劳动力（人）	集贸市场个数（个）	其　中：综合市场个数（个）	企　业个　数（个）	企　业从　业人员数（人）
利辛县阚疃镇	2676	10536	4139	6321	8	1	27	1320
利辛县旧城镇	1133	5993	451	1540	1	1	40	590
利辛县孙集镇	712	3038	786	1221	1	1	3	46
利辛县汝集镇	410	1400	700	870	1	1	6	95
利辛县王人镇	1645	7980	1100	3696	1	1	9	176
利辛县巩店镇	875	5018	762	3886	1	1	8	130
利辛县王市镇	1554	6435	1623	3120	1	1	5	43
利辛县马店孜镇	1462	5678	1782	2825	4	1	22	362
利辛县永兴镇	480	2200	560	380	1	1	4	30
利辛县胡集镇	3172	12291	4743	6147	1	1	37	594
利辛县大李集镇	688	2780	1456	2610	1	1	13	178
利辛县展沟镇	1418	6312	1648	2180	2	1	4	86
利辛县程家集镇	355	1331	254	672	1	1	2	30
利辛县望疃镇	750	3700	1400	2300	1	1	6	70
利辛县中疃镇	523	3007	410	1350	1	1	15	320
利辛县江集镇	5266	23701	1520	7900	9	1	17	920
界首市田营镇	820	3791	200	1820	1	1	14	108
界首市陶庙镇	115	4261	558	2556	4	3	60	1280
界首市王集镇	784	3074	630	1685	1	1	4	174
界首市砖集镇	2460	10011	1210	6515	1	1	68	265
界首市顾集镇	438	1804	305	1045	7	2	314	2517
界首市泉阳镇	1635	6397	3405	2047	6	1	353	3518
界首市代桥镇	510	2035	427	1428	4	4	11	230
界首市光武镇	2740	10958	3440	6794	13	3	775	5100
界首市芦村镇	648	3622	748	1950	1	1	8	268
界首市新马集镇	713	2840	234	1630	4	2	147	296
界首市大黄镇	216	864	243	690	2	1	74	1040
界首市舒庄镇	1021	3372	378	1854	1	1	170	1761
甬桥区褚兰镇	1299	5142	1087	2420	1	1	3	90
甬桥区曹村镇	691	2765	1121	1936	2	1	21	903
甬桥区夹沟镇	2043	7742	3619	5680	1	1	141	805
甬桥区栏杆镇	1948	6000	2300	3400	1	1	15	173
甬桥区时村镇	1472	15000	9200	9800	3	1	530	2685
甬桥区永安镇	1325	5194	720	3225	1	1	88	320
甬桥区符离镇	9161	26180	16724	19500	2	1	950	8100
甬桥区汴河镇	2230	7078	6878	480	1	1	15	150
甬桥区灰古镇	1126	4816	650	2222	2	2	180	786
甬桥区大店镇	1560	5600	1100	3600	1	1	503	2600
甬桥区朱仙庄镇	6280	31400	19780	2300	1	1	17	1800

3－4－12 续表 14

名　　称	户　数（户）	人　口（人）	其中：非农业人口（人）	劳动力（人）	集贸市场个数（个）	其　中：综合市场个数（个）	企　业个　数（个）	企　业从　业人员数（人）
甬桥区芦岭镇	11180	34096	31200	22901	3	2	198	2063
甬桥区西寺坡镇	1266	3049	1189	1080	1	1	9	646
甬桥区桃园镇	913	2503	627	329	1	1	7	26
甬桥区祁县镇	1210	5317	1719	1314	3	1	498	1872
甬桥区大营镇	859	3680	1217	2447	1	1	78	520
砀山县西南门镇	850	3108	450	1886	1	1	90	350
砀山县李庄镇	2900	11200	4450	9420	1	1	13	1025
砀山县唐寨镇	1608	5403	1773	4052	1	1	87	750
砀山县葛集镇	510	1956	275	1184	1	1	4	240
砀山县周寨镇	862	3466	1739	2426	1	1	9	800
砀山县玄庙镇	685	2756	216	1970	1	1	9	178
砀山县官庄镇	1620	2941	400	1660	1	1	9	160
砀山县曹庄镇	851	3231	500	1284	1	1	20	120
砀山县关帝庙镇	720	2700	600	2169	1	1	3	40
砀山县朱楼镇	708	2245	540	1320	1	1	14	98
砀山县文庄镇	620	3206	410	1820	1	1	6	94
砀山县程庄镇	723	2835	515	1406	1	1	0	0
砀山县良梨镇	935	3750	654	1680	1	1	25	160
萧县白土镇	1254	5632	1325	3051	3	2	16	550
萧县官桥镇	622	2147	310	1257	1	1	26	490
萧县永固镇	2512	8910	610	5090	1	1	230	2200
萧县丁里镇	314	1546	625	912	1	1	2	12
萧县杜楼镇	818	3596	290	2300	1	1	10	350
萧县王寨镇	1014	3768	240	2800	1	1	10	125
萧县祖楼镇	156	598	274	365	1	1	4	16
萧县青龙镇	710	2931	251	1645	3	2	43	160
萧县张庄寨镇	3725	14900	2959	8125	2	2	15	300
萧县大屯镇	1564	7242	1431	3560	2	0	1	15
萧县赵庄镇	1500	8000	2500	1300	1	1	150	1390
萧县黄口镇	6991	24147	21441	13020	7	2	210	0
萧县新庄镇	1386	6000	1726	2623	3	1	20	270
萧县闫集镇	400	1700	310	163	3	3	64	215
萧县马井镇	768	3400	600	1800	4	2	20	108
萧县杨楼镇	2163	14300	3600	8760	4	4	230	4950
萧县刘套镇	290	1370	161	360	1	1	10	27
灵璧县韦集镇	627	3688	1957	288	1	1	3	100
灵璧县黄湾镇	152	2617	2312	1500	3	1	50	976
灵璧县娄庄镇	1200	3900	587	1990	4	1	35	750
灵璧县杨疃镇	1102	4254	1676	162	1	1	87	460

3—4—12 续表 15

名　　称	户　数（户）	人　口（人）	其中：非农业人口（人）	劳动力（人）	集贸市场个数（个）	其　中：综合市场个数（个）	企　业个　数（个）	企　业从　业人员数（人）
灵璧县尹集镇	1448	4607	1984	2130	1	1	7	42
灵璧县浍沟镇	684	3911	1381	2597	1	1	4	205
灵璧县尤集镇	1700	5570	1410	2927	6	2	152	750
灵璧县夏楼镇	2404	7424	1918	2175	3	3	6	907
灵璧县朝阳镇	1560	5995	1200	800	1	1	6	220
灵璧县渔沟镇	2080	6300	1800	116	2	1	3	46
灵璧县高楼镇	1025	6818	4385	2264	4	1	28	850
灵璧县冯庙镇	950	4279	1395	1400	9	1	56	328
泗县墩集镇	523	2238	485	1211	2	2	19	639
泗县丁湖镇	1041	3421	497	923	1	1	5	74
泗县草沟镇	1800	8500	1440	5300	7	2	7	215
泗县长沟镇	1129	4332	1101	3213	1	1	191	1983
泗县黄圩镇	440	1800	500	1200	1	1	4	200
泗县大庄镇	2360	9564	450	6650	1	1	31	1320
泗县山头镇	510	2980	810	2132	1	1	6	180
泗县刘圩镇	870	3966	569	2424	1	1	8	200
泗县黑塔镇	1231	4122	1092	2780	1	1	3	441
泗县草庙镇	351	1780	215	1240	1	1	4	65
泗县屏山镇	1217	5773	893	5302	1	1	54	1000
六安市苏埠镇	2584	7517	7517	4964	10	4	38	1964
六安市韩摆渡镇	1640	6435	3078	4582	2	2	55	512
六安市新安镇	1384	6251	1971	4175	3	2	21	175
六安市顺河镇	612	1859	1144	922	2	1	4	222
六安市独山镇	1480	5964	5964	3819	4	1	22	1419
六安市石婆店镇	467	1828	828	1200	1	1	40	485
六安市城南镇	1100	3734	3734	2450	2	2	1	50
六安市丁集镇	1700	6800	3200	4231	1	1	11	231
六安市固镇镇	1656	3741	3369	2247	2	2	8	247
六安市徐集镇	690	3502	2455	2255	2	1	44	1255
六安市分路口镇	740	2300	1501	2950	3	2	242	2085
六安市江家店镇	261	1088	715	694	1	1	13	494
六安市木厂镇	2310	6250	5500	3200	2	1	170	1580
六安市马头镇	1793	5218	3745	3215	1	1	8	1226
六安市东桥镇	974	2350	2050	1760	2	2	10	300
六安市张店镇	3000	11000	5000	5000	5	1	780	1000
六安市毛坦厂镇	1435	4950	4950	2758	1	1	190	765
六安市东河口镇	695	2411	683	548	1	1	1	35
六安市双河镇	1365	5690	4355	682	1	1	13	135
六安市施桥镇	1800	5500	1901	2850	3	2	20	300

3—4—12 续表 16

名　　称	户　数（户）	人　口（人）	其中：非农业人口（人）	劳动力（人）	集贸市场个数（个）	其　中：综合市场个数（个）	企　业个　数（个）	企　业从　业人员数（人）
六安市孙岗镇	1357	3062	2500	1580	1	1	280	720
六安市椿树镇	9099	35048	2100	1084	1	1	5	280
六安市三十铺镇	4316	10047	8047	1660	2	2	550	4000
寿县双桥镇	1063	3718	1573	1853	2	2	21	746
寿县涧沟镇	1275	4507	778	2204	1	1	12	396
寿县丰庄镇	602	2318	1004	1154	2	2	28	243
寿县正阳镇	3931	13674	13578	6974	3	2	33	2471
寿县迎河镇	3617	10525	7978	5209	3	2	15	2875
寿县板桥镇	936	6767	2318	3309	3	2	20	1325
寿县堰口镇	1021	3350	3350	1575	2	2	42	1032
寿县保义镇	621	2643	1471	1348	4	3	12	730
寿县隐贤镇	788	2396	2260	1150	2	2	3	150
寿县安丰镇	783	3233	1899	1741	2	2	6	1320
寿县众兴镇	1505	3708	2319	1902	3	2	7	433
寿县三觉镇	2236	4049	3466	2065	2	2	16	965
寿县炎刘镇	2311	4409	3873	2160	2	2	13	795
寿县刘岗镇	302	1118	481	571	4	3	34	425
寿县双庙集镇	432	1891	676	917	5	4	9	585
寿县小甸镇	1320	3996	3048	1398	4	3	6	660
寿县瓦埠镇	740	2662	1296	1317	2	2	15	775
霍邱县河口镇	1772	5616	5548	2006	2	1	3	102
霍邱县姚李镇	2064	19520	10043	5532	5	1	320	3000
霍邱县户胡镇	880	1970	1460	370	4	3	26	380
霍邱县石店镇	3451	10700	1750	3370	2	1	165	2725
霍邱县马店镇	612	3440	3440	1815	1	1	11	167
霍邱县周集镇	3485	9772	4935	6970	8	1	230	1980
霍邱县临水镇	300	1300	400	1010	1	1	20	390
霍邱县孟集镇	2400	7100	4050	1000	1	1	3	190
霍邱县新店镇	1510	4860	3515	3050	3	1	50	760
霍邱县长集镇	1076	4129	4086	2626	2	1	211	2988
霍邱县洪集镇	3200	10050	3215	6500	1	1	26	1747
霍邱县花园镇	1180	3021	1265	2110	1	1	170	1520
霍邱县乌龙镇	793	1897	1140	1500	1	1	253	1000
霍邱县高塘镇	2800	11000	5200	2800	1	1	320	1800
霍邱县岔路镇	711	2282	1920	2000	2	1	30	360
霍邱县龙潭镇	2098	6364	1657	3945	2	1	177	375

3－4－12 续表 17

名　　称	户　数（户）	人　口（人）	其中：非农业人口（人）	劳动力（人）	集贸市场个数（个）	其　中：综合市场个数（个）	企　业个　数（个）	企　业从　业人员数（人）
舒城县晓天镇	986	3297	2974	1900	2	0	3	470
舒城县桃溪镇	182	596	233	467	1	1	3	234
舒城县龙河镇	2639	6430	4441	2612	1	1	29	318
舒城县千人桥镇	1344	4785	2785	2988	1	1	13	106
舒城县百神庙镇	307	1051	380	253	1	1	25	55
舒城县杭埠镇	5746	11200	3084	9830	4	1	267	3923
舒城县舒茶镇	501	1024	631	742	2	1	5	59
舒城县南港镇	1501	3141	2896	820	1	1	105	2157
舒城县马河口镇	323	1206	426	725	1	1	28	410
舒城县孔集镇	876	2155	684	1989	2	1	75	489
舒城县干汊河镇	840	3028	2833	2154	1	1	98	3215
舒城县张母桥镇	2142	7512	2408	4584	2	1	235	1424
舒城县五显镇	718	1269	1020	973	1	1	130	1332
舒城县山七镇	627	1661	1111	492	1	1	3	325
舒城县河棚镇	495	1103	1103	560	1	1	9	531
舒城县汤池镇	521	1350	1350	786	2	1	4	32
金寨县江店镇	518	1885	1142	1021	1	1	14	701
金寨县响洪甸镇	721	1775	1119	1132	1	1	8	143
金寨县青山镇	776	3075	2916	348	1	1	8	218
金寨县燕子河镇	428	2538	2433	1832	1	1	9	181
金寨县古碑镇	237	1488	987	1132	1	1	7	243
金寨县斑竹园镇	300	1071	697	640	1	1	9	144
金寨县汤家汇镇	357	1516	754	275	1	1	3	170
金寨县南溪镇	1220	4371	2130	1988	1	1	14	340
金寨县双河镇	223	766	473	261	2	2	11	213
金寨县天堂寨镇	250	975	572	359	0	0	4	121
金寨县吴家店镇	338	1329	673	700	1	1	6	183
霍山县佛子岭镇	390	1375	1100	980	1	1	3	190
霍山县下符桥镇	852	2969	1659	1835	0	0	76	385
霍山县但家庙镇	524	1360	380	960	0	0	3	450
霍山县与儿街镇	755	3016	1870	925	1	1	15	112
霍山县诸佛庵镇	1003	4996	2500	3545	1	1	312	740
霍山县落儿岭镇	591	2667	450	1265	1	1	58	1609
霍山县黑石渡镇	1042	2246	1447	1387	0	0	44	624
霍山县磨子潭镇	340	1641	156	586	0	0	59	154
霍山县大化坪镇	320	1280	850	460	1	1	14	50
霍山县漫水河镇	737	2479	1306	1900	0	0	11	151

3—4—12 续表 18

名　　称	户　数（户）	人　口（人）	其中：非农业人口（人）	劳动力（人）	集贸市场个数（个）	其　中：综合市场个数（个）	企　业个　数（个）	企　业从　业人员数（人）
叶集试验区叶集镇	10601	30993	18654	14496	14	1	225	3105
宣州市双溪镇	616	2210	2210	1507	1	1	160	1020
宣州市洪林镇	1107	2724	1658	1854	3	3	167	578
宣州市沈村镇	353	1587	1101	1050	1	1	58	978
宣州市新田镇	779	2230	983	1784	1	1	5	700
宣州市杨柳镇	1483	5932	1665	3262	1	1	223	702
宣州市周王镇	1100	4500	1600	1400	1	1	6	60
宣州市古溪镇	1106	3262	1323	2183	2	1	58	296
宣州市古泉镇	800	3500	1018	2514	1	1	11	248
宣州市寒亭镇	921	1664	1023	427	1	0	3	24
宣州市文昌镇	1250	1950	600	1300	1	0	54	1200
宣州市新河镇	898	2249	1802	882	1	1	9	210
宣州市狸桥镇	897	2308	743	3140	1	0	259	2309
宣州市向阳镇	692	2754	598	1701	1	1	6	165
宣州市孙埠镇	2285	5100	4799	4400	3	2	485	3128
宣州市水东镇	3307	8682	4712	1632	1	0	306	1083
宣州市水阳镇	2281	7984	4363	5190	3	1	572	2581
郎溪县定埠镇	933	2446	956	1348	1	1	16	415
郎溪县梅渚镇	1520	4451	2451	3230	2	2	83	560
郎溪县涛城镇	220	632	297	403	1	1	16	176
郎溪县南丰镇	666	1084	940	806	2	2	8	683
郎溪县十字镇	1500	4000	1621	150	3	1	19	750
郎溪县毕桥镇	623	1508	960	598	2	1	5	65
郎溪县东夏镇	1098	2890	1212	840	1	1	147	750
广德县誓节镇	608	2408	2160	1318	4	2	140	700
广德县邱村镇	630	2434	903	1660	1	1	16	540
广德县流洞镇	1100	3800	1452	1900	1	1	4	165
广德县独山镇	861	3145	2087	1635	1	1	5	431
广德县新杭镇	998	1381	981	844	1	1	4	120
广德县柏垫镇	603	2205	1200	1320	2	1	25	180
宁国县港口镇	2700	4000	1100	3600	1	1	500	3100
宁国县中溪镇	89	307	98	3321	1	1	2	3200
宁国县石口镇	170	1320	280	182	0	0	2	42
宁国县霞西镇	409	1233	570	863	1	1	13	267
宁国县胡乐镇	315	1148	437	784	0	0	5	173
宁国县宁墩镇	769	2275	1220	1572	1	1	6	310
宁国县狮桥镇	128	497	208	372	1	1	5	117

3—4—12 续表 19

名　　称	户　数（户）	人　口（人）	其中：非农业人口（人）	劳动力（人）	集贸市场个数（个）	其　中：综合市场个数（个）	企　业个　数（个）	企　业从　业人员数（人）
宁国县梅林镇	145	659	302	1167	0	0	7	823
宁国县山门镇	300	1200	400	300	2	2	20	800
宁国县甲路镇	452	3020	496	2400	0	0	8	517
宁国县仙霞镇	316	1258	272	2016	1	1	7	258
泾县榔桥镇	403	1438	1228	1296	1	1	51	485
泾县茂林镇	772	2581	1581	706	2	1	239	2187
泾县桃花潭镇	670	1889	1706	862	2	1	12	364
泾县蔡村镇	451	1561	972	940	2	1	19	720
泾县丁家桥镇	1159	3218	614	2574	2	2	32	1698
泾县章渡镇	878	3263	1015	1498	1	1	32	169
泾县晏公镇	708	1810	769	400	1	1	4	180
泾县琴溪镇	1200	3700	1050	2600	1	1	93	880
旌德县蔡家桥镇	1935	6688	270	709	1	1	64	608
旌德县三溪镇	3892	13612	676	1243	1	1	279	1053
旌德县庙首镇	3084	12015	597	2380	1	1	605	2160
绩溪县临溪镇	272	1550	300	620	0	0	2	450
绩溪县长安镇	401	1535	505	174	1	1	24	241
绩溪县上庄镇	680	2712	468	1866	1	1	60	1100
绩溪县扬溪镇	546	2012	318	693	0	0	5	210
绩溪县金沙镇	163	840	332	500	0	0	1	19
绩溪县伏岭镇	833	2654	351	1692	1	1	6	78
巢湖市司集镇	670	1950	780	1341	1	1	7	799
巢湖市栏杆集镇	580	6000	510	3100	5	2	200	1047
巢湖市苏湾镇	1387	4971	1532	1152	3	3	291	2210
巢湖市柘皋镇	5554	13055	7565	8523	3	2	1154	7554
巢湖市夏阁镇	360	1200	540	1000	2	1	430	3250
巢湖市中旱镇	1130	8600	4805	3415	1	1	113	2342
巢湖市桐炀镇	4016	12157	9006	8105	1	1	18	215
巢湖市忠庙镇	1060	4860	1960	489	2	1	4	80
巢湖市黄麓镇	200	542	160	1462	1	1	8	190
巢湖市半汤镇	1652	5620	4875	1124	1	1	323	1127
巢湖市银屏镇	80	320	200	150	1	1	49	158
巢湖市散兵镇	1950	6050	757	4016	13	8	5	497
巢湖市高林镇	712	2506	300	1900	1	1	12	923
巢湖市槐林镇	1780	5200	1600	2900	3	2	8	1189
巢湖市沐集镇	1120	1980	500	1980	1	1	12	1754
巢湖市坝镇	1022	2774	1132	1876	2	1	7	289

3—4—12 续表 20

名 称	户 数（户）	人 口（人）	其中：非农业人口（人）	劳动力（人）	集贸市场个数（个）	其 中：综合市场个数（个）	企 业 个 数（个）	企 业 从 业 人员数（人）
庐江县城关镇	20680	65700	55686	39420	8	5	375	16770
庐江县万山镇	1348	6593	4576	5871	2	2	124	1059
庐江县汤池镇	1273	4965	3922	1868	4	2	38	1032
庐江县金牛镇	1280	3156	2865	1500	1	1	114	1000
庐江县石头镇	695	2085	1356	1250	1	1	205	1095
庐江县白山镇	2039	7954	4884	3725	2	1	33	520
庐江县盛桥镇	1591	5139	3482	2100	4	1	68	230
庐江县白湖镇	323	1131	103	823	1	0	31	427
庐江县缺口镇	1131	3596	2352	2380	1	1	23	1198
庐江县矾山镇	2491	8228	8228	4100	1	1	200	480
庐江县罗河镇	812	3244	2952	1845	2	2	28	496
庐江县泥河镇	1986	4236	4236	3600	3	1	300	2280
庐江县乐桥镇	1041	3057	2082	1853	1	1	118	1533
庐江县柯坦镇	1015	2763	2012	1540	2	1	18	104
无为县二坝镇	1893	3905	3905	1300	1	1	35	560
无为县雍南镇	213	1513	502	700	1	0	4	120
无为县汤沟镇	908	2669	2375	1624	2	1	57	2374
无为县河坝镇	530	956	948	260	1	1	4	90
无为县陡沟镇	1019	2326	1670	1628	1	1	6	202
无为县福渡镇	213	405	302	45	1	1	15	684
无为县仓头镇	545	1806	941	394	1	0	146	1078
无为县石涧镇	1976	3889	3726	2105	1	1	5	120
无为县严桥镇	1215	3565	2895	1822	1	1	42	980
无为县尚礼镇	310	685	585	120	1	1	15	80
无为县开城镇	1387	4751	4230	1801	1	1	5	1146
无为县赫店镇	837	3223	706	2543	1	1	78	824
无为县泉塘镇	1003	4012	711	1124	1	1	41	700
无为县蜀山镇	1542	3643	2075	1596	1	1	153	706
无为县百胜镇	1376	6880	5250	2275	2	2	15	2100
无为县土桥镇	1328	4230	2020	1891	1	1	30	521
无为县牛埠镇	1809	5685	2839	3060	10	4	8	208
无为县刘渡镇	258	828	820	449	2	1	70	240
无为县襄安镇	3516	10548	6356	4279	1	0	65	591
无为县姚沟镇	1528	5297	2263	2500	1	1	19	300
无为县泥汊镇	968	3003	2027	1353	2	1	14	104
无为县白茆镇	983	2845	1813	2185	2	1	21	818
含山县运漕镇	1980	7900	7502	6200	2	1	45	320
含山县东关镇	465	1095	210	570	4	2	121	676

3—4—12 续表 21

名称	户数（户）	人口（人）	其中：非农业人口（人）	劳动力（人）	集贸市场个数（个）	其中：综合市场个数（个）	企业个数（个）	企业从业人员数（人）
含山县铜闸镇	242	1036	983	538	1	1	136	953
含山县陶厂镇	917	2035	465	1214	1	1	25	720
含山县林头镇	4364	10879	7342	4226	3	1	214	3884
含山县清溪镇	664	2424	2200	1790	1	1	31	256
含山县仙踪镇	1851	5284	2294	3171	1	1	191	1890
含山县河刘镇	205	863	443	380	0	0	46	277
和县沈巷镇	1703	8400	5109	4600	8	4	411	3081
和县西梁山镇	710	4470	3430	2430	1	1	8	2180
和县白桥镇	830	3100	2400	1800	1	1	15	580
和县姥桥镇	1920	7077	2750	4925	3	1	6	500
和县西埠镇	961	5538	3465	4598	1	1	3	683
和县乌江镇	1910	6336	6165	3805	3	2	22	1020
和县石杨镇	288	864	150	690	1	1	1	50
贵池市乌沙镇	1149	4633	1405	2593	1	1	280	2200
贵池市殷汇镇	2716	8326	5324	4128	1	0	3	163
贵池市观前镇	480	1829	190	1011	1	1	5	208
贵池市涓桥镇	972	3787	602	2751	1	0	18	2056
贵池市牌楼镇	520	1942	522	2278	4	3	156	1518
贵池市梅街镇	344	2100	1025	580	1	1	8	230
贵池市马衙镇	1133	5372	562	3729	1	0	15	1030
贵池市梅龙镇	738	2683	168	3042	1	1	12	405
东至县东流镇	4352	14220	10888	7283	3	1	260	680
东至县大渡口镇	2432	9190	4420	2850	2	1	293	2399
东至县胜利镇	965	5057	1857	2171	1	0	17	1169
东至县张溪镇	1712	3847	1345	1172	1	0	121	363
东至县洋湖镇	575	2320	455	1962	1	0	4	200
东至县葛公镇	598	1252	662	520	1	0	82	167
东至县香隅镇	698	2806	1030	1303	2	1	533	850
东至县官港镇	816	2879	1051	1916	2	1	180	424
东至县昭潭镇	1015	4155	1472	2543	2	1	63	335
东至县龙泉镇	801	2215	489	185	6	1	8	150
石台县七都镇	620	3050	650	2300	3	1	8	425
石台县占大镇	485	1647	370	823	0	0	4	97
石台县丁香镇	563	1363	487	648	1	1	108	397
石台县小河镇	416	1395	602	856	1	1	70	95

3—4—12 续表 22

名称	户数（户）	人口（人）	其中:非农业人口（人）	劳动力（人）	集贸市场个数（个）	其中：综合市场个数（个）	企业个数（个）	企业从业人员数（人）
青阳县朱备镇	106	620	366	580	1	1	7	300
青阳县陵阳镇	945	2162	1083	697	2	1	136	301
青阳县沙济镇	214	956	164	316	1	1	8	90
青阳县丁桥镇	1238	4500	1500	3200	1	1	15	424
青阳县童埠镇	215	563	323	415	1	1	40	148
青阳县五溪镇	720	2500	89	1100	1	1	11	380
青阳县庙前镇	560	3300	2300	650	3	2	5	380
青阳县木镇镇	674	2420	1552	1708	1	1	491	1161
九华山管理处九华山镇	1337	3235	2266	1103	1	1	20	1103
亳州市中市区镇	21258	75214	21258	8359	2	1	15	209
亳州市南市区镇	16336	50288	36763	10488	6	1	15	505
亳州市北市区镇	2300	7709	3450	3540	4	1	122	776
亳州市十河镇	1546	5322	1830	2753	8	3	156	2306
亳州市双沟镇	3362	12000	2329	7286	8	1	332	1666
亳州市淝河镇	1212	2892	789	1786	7	1	14	26
亳州市古城镇	3800	15000	2200	8000	8	1	36	750
亳州市龙扬镇	432	1684	126	1129	3	1	6	121
亳州市观堂镇	633	3402	1080	191	1	1	2	146
亳州市沙土镇	856	3056	1287	1517	2	1	28	346
亳州市大杨镇	455	4097	1838	1654	5	1	86	550
亳州市城父镇	706	3154	1927	1425	3	1	71	456
亳州市十九里镇	715	2611	567	1024	4	1	14	541
亳州市大寺镇	136	570	30	290	2	1	3	100
亳州市谯东镇	310	870	148	371	3	2	3	78
亳州市五马镇	437	1892	83	112	1	1	27	198
亳州市闫集镇	680	2700	300	1800	3	1	12	280
亳州市城北镇	416	1765	135	178	3	1	2	42
亳州市芦庙镇	726	2781	50	1540	1	1	11	130
亳州市张集镇	3000	12000	2400	7000	2	1	24	1200
亳州市位岗镇	689	3263	518	1756	2	1	15	347
亳州市牛集镇	890	3115	368	860	1	1	13	150
亳州市三官镇	627	2547	400	1604	2	1	2	112
亳州市安溜镇	722	2650	460	1640	1	1	15	175
亳州市古井镇	2000	12000	2856	11000	8	0	156	6500
亳州市十八里镇	836	3469	1160	2098	4	1	8	79

3—4—13 福建省建制镇镇区主要指标

名　　称	户　数（户）	人　口（人）	其中：非农业人口（人）	劳动力（人）	集贸市场个数（个）	其　中：综合市场个数（个）	企　业个　数（个）	企　业从　业人员数（人）
福州市仓山区城门镇	1671	6339	213	3886	1	1	508	2783
福州市仓山区盖山镇	565	1781	772	1083	0	0	160	856
福州市仓山区螺洲镇	415	1440	50	304	1	1	84	304
福州市仓山区仓山镇	341	643	76	463	0	0	92	486
福州市仓山区建新镇	501	1345	756	1086	1	1	2	170
福州市晋安区鼓山镇	738	1527	102	866	6	6	130	2918
福州市晋安区新店镇	1090	3978	120	2355	1	1	102	931
福州市岳峰镇	1327	3527	362	1495	1	1	1472	6576
福州市晋安区宦溪镇	876	2851	830	710	1	1	5	320
福州市马尾区马尾镇	573	1601	1601	450	1	1	3	49
福州市马尾区亭江镇	2162	4579	1267	3483	1	1	8	601
福州市马尾区琅岐镇	7597	26155	2100	11103	2	1	556	3224
闽侯县白沙镇	1143	4275	970	7553	1	1	584	2109
闽侯县南屿镇	3333	13600	4408	6500	1	1	116	1367
闽侯县尚干镇	849	2900	200	1609	0	0	6	150
闽侯县祥谦镇	772	3335	12	2340	0	0	22	414
闽侯县青口镇	17355	58399	6215	24168	2	1	83	6481
闽侯县南通镇	1070	3180	226	1320	1	1	23	146
闽侯县上街镇	680	2118	217	1534	1	1	4	118
闽侯县荆溪镇	1086	3269	304	1165	0	0	22	1165
连江县敖江镇	1783	6332	71	2678	0	0	398	2531
连江县东湖镇	1061	3585	226	1832	0	0	77	370
连江县浦口镇	4341	17362	1707	10750	2	1	16	956
连江县东岱镇	3151	9979	948	4131	1	1	184	1270
连江县晓澳镇	4422	17017	289	2012	1	1	11	1754
连江县馆头镇	7875	25138	6727	7294	2	2	1723	7294
连江县丹阳镇	1040	3250	666	1883	1	1	576	2642
连江县长龙镇	586	2381	261	1353	0	0	119	503
连江县透堡镇	2634	11030	331	2559	0	0	202	1198
连江县马鼻镇	4810	21188	983	10278	1	1	30	3749
连江县官坂镇	2000	7763	185	550	1	1	168	1340
连江县筱埕镇	1333	6096	543	2512	1	1	228	712
连江县黄岐镇	4129	16710	603	9081	1	1	477	6006
连江县苔篆镇	3763	15059	440	5030	0	0	609	2774
罗源县松山镇	265	1177	268	1177	0	0	3	25
罗源县起步镇	827	3577	247	3038	2	1	81	1640
罗源县中房镇	563	2673	211	1620	1	1	187	1720
罗源县飞竹镇	320	1501	144	750	0	0	7	200
罗源县鉴江镇	384	1560	110	1500	0	0	27	281
闽清县梅溪镇	356	1469	230	816	0	0	5	320

3—4—13 续表1

名 称	户 数（户）	人 口（人）	其中：非农业人口（人）	劳动力（人）	集贸市场个数（个）	其 中：综合市场个数（个）	企 业 个 数（个）	企 业 从 业 人员数（人）
闽清县白樟镇	550	2314	999	1511	1	1	20	589
闽清县金沙镇	297	1169	43	590	0	0	10	81
闽清县白中镇	1406	5007	1843	2900	1	1	40	1454
闽清县池园镇	937	3768	1060	1802	0	0	102	1519
闽清县坂东镇	1902	6497	3145	3750	1	1	72	1351
闽清县塔庄镇	938	2761	1251	1370	1	1	35	500
闽清县雄江镇	538	1647	587	870	0	0	16	390
闽清县东桥镇	514	1871	372	1190	1	1	46	368
永泰县葛岭镇	763	2784	1122	1057	1	1	206	510
永泰县城峰镇	490	1785	269	1848	1	1	703	1189
永泰县清凉镇	455	1650	255	668	0	0	11	403
永泰县梧桐镇	683	5396	1473	2820	1	1	125	794
永泰县嵩口镇	2417	9749	3305	2957	1	1	402	1556
永泰县长庆镇	1173	5496	614	2206	1	1	188	595
永泰县同安区镇	1064	4205	704	2956	1	1	89	2750
永泰县大洋镇	765	2940	1101	2000	1	1	139	1200
平潭县苏澳镇	687	2890	178	1670	0	0	0	0
平潭县澳前镇	567	2900	831	1050	0	0	0	0
平潭县北厝镇	356	1455	158	733	0	0	0	0
平潭县流水镇	967	4138	592	1996	1	1	12	95
福清市音西镇	2936	10866	1661	6805	2	1	39	6566
福清市宏路镇	4834	19571	17459	15619	2	2	1247	5186
福清市阳下镇	543	1926	6	1000	0	0	42	221
福清市海口镇	3249	10170	2871	4332	2	2	131	996
福清市城头镇	4095	14768	1180	7220	3	2	312	5430
福清市南岭镇	356	1486	146	195	0	0	8	165
福清市龙田镇	9410	36255	7779	17874	4	4	57	2275
福清市江镜镇	4005	16717	4858	9239	1	1	146	1504
福清市港头镇	5808	19812	1793	896	2	2	12	90
福清市高山镇	3844	13192	2802	5900	1	1	309	2858
福清市沙埔镇	826	3103	887	1115	1	1	117	516
福清市三山镇	2365	9608	500	3917	1	1	3	98
福清市东瀚镇	1820	7300	694	5390	1	1	78	299
福清市渔溪镇	4184	10590	7405	3768	3	1	15	8217
福清市上迳镇	274	1245	121	884	0	0	9	210
福清市新厝镇	1271	4401	262	1499	1	0	3	210
福清市江阴镇	1620	6637	1672	3520	1	1	9	677
福清市东张镇	3248	10772	3777	5879	1	1	416	2988
福清市镜洋镇	862	4010	2201	2850	1	0	6	1600
福清市一都镇	400	2188	661	1108	2	1	1	306

3—4—13 续表 2

名　　称	户　数（户）	人　口（人）	其中：非农业人口（人）	劳动力（人）	集贸市场个数（个）	其　中：综合市场个数（个）	企　业个　数（个）	企　业从　业人员数（人）
长乐市航城镇	1533	3742	3742	1488	0	0	0	0
长乐市营前镇	2334	7090	1204	5429	1	1	19	543
长乐市首占镇	906	3763	747	2947	3	3	3	27
长乐市玉田镇	1294	5570	1291	4459	1	1	8	1490
长乐市松下镇	897	3837	137	2263	1	1	8	312
长乐市江田镇	1198	5270	77	912	1	1	7	750
长乐市古槐镇	1208	5323	1280	3830	2	2	12	408
长乐市文武砂镇	485	1580	593	760	0	0	13	210
长乐市鹤上镇	1980	7286	1601	3290	1	1	19	694
长乐市樟港镇	3483	10770	875	7078	2	2	37	1058
长乐市湖南镇	707	2048	167	626	1	1	14	238
长乐市金峰镇	4142	14957	7276	8568	3	1	105	5817
长乐市文岭镇	137	672	97	391	0	0	7	808
长乐市梅花镇	935	2958	664	1468	1	1	13	374
长乐市潭头镇	1253	4733	1701	1654	2	2	8	210
厦门市辖区后溪镇	843	3394	330	2240	1	1	689	12472
厦门市辖区东孚镇	480	1584	726	1045	1	1	7	492
厦门市辖区禾山镇	957	3158	1911	2084	3	3	202	3904
厦门市辖区灌口镇	1504	5333	2679	3396	2	2	90	2897
厦门市辖区海沧镇	774	2554	243	1686	2	2	1749	8802
同安区内厝镇	752	2482	297	1340	1	1	95	883
同安区大嶝镇	4546	17222	1060	9755	3	2	190	2790
同安区五显镇	650	2145	397	1397	1	1	1	150
同安区新圩镇	1325	5421	837	3375	1	1	197	489
同安区西柯镇	1388	5731	10	2775	1	1	12	800
同安区莲花镇	601	2881	268	2000	1	1	7	467
同安区汀溪镇	582	3043	432	1897	1	1	6	1292
同安区洪塘镇	722	2383	506	826	1	1	5	106
同安区新民镇	880	2904	210	1100	1	1	1	800
同安区新店镇	1760	5808	992	2556	1	1	515	1944
同安区马巷镇	7540	27008	9098	13270	4	1	1859	7167
莆田市辖区国欢镇	611	2820	221	1230	0	0	26	1088
莆田市辖区三江口镇	589	2659	231	1078	0	0	21	913
莆田市辖区白塘镇	595	2528	196	913	0	0	24	708
莆田市辖区湄洲镇	1020	5200	1500	3600	1	1	7	300
莆田市辖区秀屿镇	586	3207	39	1513	1	1	68	198
莆田市辖区灵川镇	1260	6742	2158	2680	1	0	247	688
莆田市辖区忠门镇	667	5575	2295	3410	1	1	217	561
莆田市辖区笏石镇	875	4792	4135	1660	1	1	1	13
莆田市辖区东海镇	1213	5565	225	3124	0	0	21	2800

3—4—13 续表 3

名　　称	户　数（户）	人　口（人）	其中：非农业人口（人）	劳动力（人）	集贸市场个数（个）	其　中：综合市场个数（个）	企　业个　数（个）	企　业从　业人员数（人）
莆田县西天尾镇	720	3133	178	1621	1	1	9	650
莆田县梧塘镇	675	3093	92	1500	1	1	7	451
莆田县江口镇	635	2904	312	1400	3	1	13	2453
莆田县黄石镇	9017	39588	8054	16574	2	2	219	9863
莆田县新度镇	748	5108	278	3575	1	1	20	3922
莆田县埭头镇	1426	10475	325	6786	1	1	42	1586
莆田县白沙镇	462	1970	260	950	1	1	15	60
莆田县庄边镇	977	9550	264	1119	1	1	52	249
莆田县华亭镇	1488	8100	2060	6500	1	1	15	58
莆田县常太镇	588	2601	324	700	1	1	1	6
莆田县北高镇	936	5500	320	988	1	1	6	248
莆田县新县镇	143	960	342	1123	1	1	7	107
莆田县东峤镇	961	2686	183	1261	1	1	13	387
莆田县秋芦镇	857	4066	471	1665	1	1	4	164
莆田县平海镇	1365	8805	1572	2077	1	1	4	300
莆田县南日镇	768	3868	398	2356	1	1	10	91
仙游县枫亭镇	795	3788	2450	1731	1	0	496	4464
仙游县榜头镇	4961	21076	4949	11445	4	2	881	6879
仙游县郊尾镇	5217	30127	3726	8789	2	1	5	2172
仙游县度尾镇	4692	18555	2231	10130	2	1	780	5010
仙游县城东镇	868	3271	316	1647	0	0	0	0
仙游县赖店镇	1872	16059	1160	10200	0	0	2	300
仙游县盖尾镇	2771	13153	660	6577	1	1	3	1230
仙游县园庄镇	788	3200	859	1800	1	1	45	720
仙游县大济镇	1305	5038	180	2065	1	1	367	1907
仙游县新罗区龙华镇	315	1930	960	208	1	1	5	168
仙游县钟山镇	900	3267	1106	1853	1	1	10	365
仙游县游洋镇	826	3353	523	1606	1	1	46	519
三明市辖区陈大镇	1540	4854	3686	1358	1	1	9	970
三明市辖区莘口镇	984	2212	2046	1715	1	1	43	1005
三明市辖区岩前镇	1862	4966	1992	2016	3	3	31	870
明溪县雪峰镇	440	1235	620	923	1	1	109	391
明溪县瀚仙镇	477	1755	1313	349	0	0	58	388
明溪县胡坊镇	854	2536	716	1110	1	1	24	766
明溪县盖洋镇	480	2685	920	1350	1	1	10	652
清流县嵩溪镇	1346	4817	1727	843	1	1	6	223
清流县嵩口镇	1348	7305	2177	913	0	0	0	0
清流县灵地镇	469	2346	364	738	1	1	8	220
清流县长校镇	496	2237	374	943	1	1	4	142
宁化县泉上镇	1389	4281	1251	1640	1	1	15	154

3—4—13 续表 4

名称	户数（户）	人口（人）	其中：非农业人口（人）	劳动力（人）	集贸市场个数（个）	其中：综合市场个数（个）	企业个数（个）	企业从业人员数（人）
宁化县湖村镇	1025	4217	1834	2150	1	1	20	212
宁化县石壁镇	1367	4127	879	1560	1	1	6	61
大田县石牌镇	1487	3561	2431	975	0	0	18	310
大田县桃源镇	286	717	717	685	1	1	35	457
大田县上京镇	2177	8214	4975	3342	1	1	330	980
大田县太华镇	1021	3798	470	296	1	1	3	171
大田县建设镇	1537	7105	430	1530	2	2	5	37
大田县广平镇	2082	7853	2357	5235	1	1	121	2569
大田县奇韬镇	1042	4919	621	430	1	1	6	270
尤溪县梅仙镇	1761	6619	2709	5310	1	1	66	1288
尤溪县西滨镇	3206	7484	5020	6003	1	1	70	1787
尤溪县洋中镇	1165	5320	815	2970	1	1	11	550
尤溪县新阳镇	2130	8150	2417	6511	1	1	3	560
尤溪县管前镇	359	1596	204	900	1	1	9	541
尤溪县西城镇	734	3154	1678	1420	1	1	61	1280
尤溪县口镇	298	1143	363	381	1	1	8	196
沙县琅口镇	520	1161	373	663	1	1	15	240
沙县高砂镇	663	1555	739	960	1	1	5	145
沙县青州镇	1142	2682	1999	1345	1	1	104	1395
沙县高桥镇	867	2950	621	1195	1	1	12	545
沙县夏茂镇	2349	11207	2800	3550	2	2	783	4580
沙县富口镇	467	2697	907	1460	1	1	5	120
将乐县高唐镇	1170	3650	363	1573	1	1	246	1043
将乐县白莲镇	997	3314	638	1427	1	1	7	450
将乐县黄潭镇	1120	3547	705	1190	1	1	305	945
将乐县万安镇	951	3577	444	936	1	1	24	812
将乐县水南镇	3041	10206	5284	5946	1	1	568	2607
泰宁县开善镇	138	5663	501	2831	1	1	22	330
泰宁县龙湖镇	562	2183	350	855	1	1	11	119
建宁县溪口镇	514	2065	1382	1131	0	0	4	25
建宁县里心镇	932	3575	3048	1193	1	1	283	985
建宁县均口镇	565	3000	355	542	1	1	35	145
永安市西洋镇	1313	5107	1588	2931	1	1	285	1593
永安市贡川镇	1223	3866	902	2463	2	1	281	148
永安市安砂镇	759	1771	711	883	1	1	365	648
永安市小陶镇	2094	5713	1897	3467	2	1	25	667
永安市大湖镇	1681	4565	1207	5456	1	1	723	4769
永安市曹远镇	1009	3582	1863	2850	2	2	760	2330
永安市洪田镇	1067	2494	1411	1065	1	1	263	1028
泉州市辖区浮桥镇	1395	5418	2648	6886	2	1	85	6886

3—4—13 续表 5

名　　称	户　数（户）	人　口（人）	其中：非农业人口（人）	劳动力（人）	集贸市场个数（个）	其　中：综合市场个数（个）	企　业个　数（个）	企　业从　业人员数（人）
泉州市辖区江南镇	854	3261	102	3872	0	0	81	3090
泉州市辖区城东镇	255	1013	500	1043	0	0	16	290
泉州市辖区东海镇	915	6827	1331	6053	1	1	34	4619
泉州市辖区北峰镇	396	1467	97	735	0	0	30	2835
泉州市辖区罗溪镇	3983	16149	750	7504	3	2	0	0
泉州市辖区马甲镇	1124	10167	4482	2600	1	1	5	360
泉州市辖区河市镇	1573	6513	600	4450	2	1	7	980
泉州市辖区双阳镇	887	2761	1304	2730	1	1	17	2242
泉州市辖区山腰镇	1105	4238	436	1725	1	1	5	168
泉州市辖区后新罗区龙镇	1120	4634	687	1632	1	1	6	270
泉州市辖区南埔镇	904	3451	365	145	1	1	5	125
泉州市辖区涂岭镇	1850	6300	361	1246	1	1	1	27
泉州市辖区界山镇	1037	5015	154	3500	0	0	20	2250
泉州市辖区峰尾镇	2005	7957	360	480	1	1	275	3568
泉州市辖区前黄镇	1070	4383	361	450	1	1	56	721
惠安县螺阳镇	613	3314	1798	1379	1	0	42	1016
惠安县黄塘镇	721	3465	429	1450	1	1	115	964
惠安县紫山镇	536	2182	83	1048	1	1	64	380
惠安县洛阳镇	2550	10200	2780	6636	2	1	190	19000
惠安县东园镇	1849	5868	875	2856	1	1	36	4170
惠安县张坂镇	2851	12195	2472	5670	1	1	55	2964
惠安县涂寨镇	3156	10374	1377	7062	1	1	50	3307
惠安县山霞镇	928	4352	710	1739	1	1	280	1415
惠安县崇武镇	6819	28516	3065	16579	3	3	286	4965
惠安县净峰镇	117	724	194	432	0	0	5	41
惠安县东岭镇	360	3400	2150	1700	2	0	23	1200
惠安县东桥镇	1113	5108	182	2352	1	1	24	557
惠安县辋川镇	3424	12329	1156	2278	1	1	28	2278
安溪县蓬莱镇	6105	24094	2400	5800	2	2	567	5583
安溪县湖头镇	5599	22167	8862	11300	1	1	262	3433
安溪县官桥镇	7116	29800	3495	16390	1	1	28	839
安溪县剑斗镇	2240	11000	3200	1200	2	1	7	450
安溪县城厢镇	4997	22464	2576	7697	5	4	102	3646
安溪县金谷镇	98	1258	1136	1053	1	1	13	1326
安溪县龙门镇	950	4200	3300	3500	1	1	4	20
安溪县虎邱镇	3737	15800	3000	7153	2	2	4	64
安溪县芦田镇	157	707	372	300	1	1	5	100
安溪县感德镇	1342	6992	1586	2810	2	1	8	850
安溪县魁斗镇	435	2814	214	695	1	1	0	0
安溪县西坪镇	520	18000	3000	1500	3	2	75	1326

3—4—13 续表 6

名　　称	户　数（户）	人　口（人）	其中：非农业人口（人）	劳动力（人）	集贸市场个数（个）	其　中：综合市场个数（个）	企　业个　数（个）	企　业从　业人员数（人）
永春县五里街镇	970	3330	2800	1520	1	1	375	1300
永春县一都镇	596	3158	2468	956	2	2	7	228
永春县下洋镇	310	1273	220	830	2	2	645	6085
永春县蓬壶镇	1250	5600	1500	2800	1	1	5	100
永春县达埔镇	907	3733	334	2496	1	1	525	4350
永春县吾峰镇	370	1800	150	1400	1	1	5	150
永春县石鼓镇	832	3096	156	2130	0	0	283	4320
永春县岵山镇	633	2484	219	954	1	1	0	0
永春县东平镇	700	2338	783	1783	1	1	2	55
永春县湖洋镇	806	3082	177	2406	1	1	368	1589
永春县坑子口镇	500	2450	900	600	1	1	12	150
永春县玉斗镇	540	2745	460	1246	1	1	220	1375
永春县锦斗镇	410	2100	480	1000	1	1	80	600
永春县东关镇	386	1065	978	984	1	1	53	782
德化县龙浔镇	598	1955	1899	2100	0	0	0	0
德化县三班镇	872	3732	281	1785	1	1	108	509
德化县龙门滩镇	537	2649	263	1609	1	1	10	298
德化县雷锋镇	454	1867	213	750	1	1	33	128
德化县南埕镇	295	1190	128	707	1	1	38	151
德化县水口镇	618	2512	231	1110	1	1	43	168
德化县赤水镇	143	233	200	95	1	1	51	163
石狮市宝盖镇	610	2499	40	1438	0	0	35	932
石狮市灵秀镇	340	1385	12	1319	0	0	26	261
石狮市蚶江镇	1498	5229	1572	2526	1	1	18	216
石狮市祥芝镇	741	3202	1012	4016	2	1	42	1265
石狮市鸿山镇	1399	6145	144	2831	1	1	53	1925
石狮市锦尚镇	900	3647	362	1079	1	1	51	1529
石狮市永宁镇	2087	10031	2873	7012	1	1	118	3009
晋江市池店镇	555	4451	2394	4879	0	0	35	2340
晋江市罗山镇	869	3395	44	1811	0	0	33	720
晋江市永和镇	258	1063	1021	2161	0	0	90	1873
晋江市龙湖镇	3617	11714	2312	12028	0	0	125	5021
晋江市英林镇	3500	14443	1546	13964	1	1	210	11982
晋江市内坑镇	1926	7039	231	3336	0	0	15	880
晋江市紫帽镇	2212	9165	775	5239	1	1	33	1580
晋江市磁灶镇	5961	27887	2051	24907	1	1	378	13037
晋江市陈埭镇	7222	28471	1923	39722	1	1	1043	27315
晋江市安海镇	12652	43969	30407	31283	4	4	1350	23316
晋江市东石镇	4411	16978	9336	14431	1	1	34	12000
晋江市金井镇	3301	12445	5127	9935	2	1	180	7222

3－4－13 续表 7

名称	户数（户）	人口（人）	其中：非农业人口（人）	劳动力（人）	集贸市场个数（个）	其中：综合市场个数（个）	企业个数（个）	企业从业人员数（人）
晋江市深沪镇	5548	23061	19334	10749	1	1	425	4240
晋江市西滨镇	450	1199	71	2200	0	0	68	1685
南安市省新镇	1430	5467	123	7710	2	2	120	6550
南安市仑苍镇	4497	22730	2195	8000	1	1	303	3094
南安市东田镇	1977	8700	910	2500	1	1	45	212
南安市英都镇	3556	17600	1700	800	1	1	300	1380
南安市翔云镇	1243	6564	520	1300	1	1	7	45
南安市金淘镇	4100	21000	7000	2500	1	1	15	1200
南安市诗山镇	764	3440	2500	364	1	1	3	297
南安市蓬华镇	3038	14405	590	5800	2	2	201	1160
南安市码头镇	3232	15703	175	620	1	1	4	410
南安市九都镇	205	915	48	1270	1	1	6	265
南安市罗东镇	1687	7538	350	4785	1	1	156	3670
南安市乐峰镇	5206	20815	386	590	0	0	28	950
南安市梅山镇	3688	15073	4660	7906	1	1	385	4925
南安市洪濑镇	4132	14607	14563	8759	3	1	1347	12104
南安市洪梅镇	417	605	169	2234	1	1	21	1813
南安市康美镇	148	1080	230	85	1	1	4	300
南安市丰州镇	4284	17604	1814	2280	1	1	50	1100
南安市霞美镇	6511	24794	23474	2460	1	1	319	2128
南安市官桥镇	4200	18000	8467	6250	3	2	188	570
南安市水头镇	5490	23183	8097	17300	2	1	651	9600
南安市石井镇	1857	6685	2189	1860	1	1	12	570
漳州市芗城区天宝镇	2869	9559	1676	5137	2	1	502	252
漳州市芗城区浦南镇	532	2894	926	483	1	1	0	0
漳州市芗城区石亭镇	410	697	577	175	0	0	86	175
漳州市芗城区芝山镇	251	1021	733	654	0	0	9	253
漳州市龙文区兰田镇	894	3425	519	1503	1	0	45	726
漳州市龙文区步文镇	857	3440	107	1064	1	1	51	729
漳州市龙文区朝阳镇	505	1973	1077	770	0	0	15	93
漳州市龙文区郭坑镇	1214	4402	4292	3209	1	1	87	1200
云霄县陈岱镇	821	3002	298	1520	1	1	5	215
云霄县东厦镇	945	3413	232	1562	5	5	2	50
云霄县莆美镇	562	2301	103	952	0	0	0	0
云霄县列屿镇	658	2067	101	1236	1	1	10	24
云霄县火田镇	265	1232	136	851	0	0	0	0
漳浦县旧镇镇	2384	10127	2374	5357	1	0	950	3214
漳浦县佛昙镇	3793	14573	3330	6073	1	1	1458	6211
漳浦县赤湖镇	3663	17047	1476	6347	3	2	520	2512
漳浦县杜浔镇	5197	22115	2036	11303	2	2	588	1256

3—4—13 续表 8

名　　称	户　数（户）	人　口（人）	其中：非农业人口（人）	劳动力（人）	集贸市场个数（个）	其　中：综合市场个数（个）	企　业个　数（个）	企　业从　业人员数（人）
漳浦县霞美镇	2424	10890	959	869	1	1	20	180
漳浦县官浔镇	2272	8953	708	4116	2	1	371	2063
漳浦县石榴镇	1593	6774	1509	2180	1	1	121	900
漳浦县盘陀镇	268	833	737	387	1	1	6	400
漳浦县长桥镇	300	1400	345	1250	1	1	10	123
漳浦县前亭镇	1358	6381	832	3292	2	1	108	886
漳浦县马坪镇	1998	10024	305	2990	1	1	42	312
漳浦县深土镇	1099	5046	482	1665	1	0	32	838
漳浦县六鳌镇	1953	8196	708	2600	1	1	269	621
漳浦县沙西镇	3267	13875	869	5508	0	0	183	1119
漳浦县古雷镇	704	2869	650	1824	0	0	98	560
诏安县四都镇	2541	10769	1386	5093	2	2	500	1300
诏安县桥东镇	2977	12229	1005	7262	2	2	1227	5222
诏安县梅岭镇	2628	11140	188	6500	1	1	805	2931
诏安县深桥镇	215	898	70	528	0	0	3	60
诏安县太平镇	565	2613	1038	1587	1	1	3	160
诏安县霞葛镇	1842	8525	519	2216	2	1	318	1025
诏安县官陂镇	2704	11869	1316	6419	3	1	7	133
诏安县秀篆镇	1271	6490	912	1750	1	1	103	450
长泰县岩溪镇	725	2808	1446	2317	1	1	521	1841
长泰县陈巷镇	1205	4749	1175	2800	1	1	21	784
长泰县枋洋镇	720	3400	1900	1300	1	1	0	0
东山县铜陵镇	15565	51592	48071	14946	2	2	1863	14946
东山县康美镇	1244	5368	340	3350	0	0	25	358
东山县杏陈镇	1203	3856	438	2583	1	1	5	86
东山县陈城镇	1364	6082	1133	3784	1	1	7	232
东山县樟塘镇	1522	4088	450	250	0	0	238	2647
东山县前楼镇	471	2098	317	1165	0	0	0	0
南靖县靖城镇	1140	7493	3197	1715	2	1	253	880
南靖县龙山镇	3107	11745	4069	7169	2	1	42	1540
南靖县金山镇	441	1748	522	587	1	1	10	350
南靖县和溪镇	861	3317	1069	1578	1	1	326	891
南靖县奎洋镇	620	1728	370	2530	1	1	70	2200
南靖县船场镇	598	3212	1682	1820	1	1	82	1216
南靖县南坑镇	950	1409	1289	1206	2	1	450	1053
南靖县丰田镇	545	1848	652	875	1	1	190	1247
平和县文峰镇	737	3251	520	1950	2	1	186	1035
平和县山格镇	1184	4025	1820	1686	2	1	758	4064
平和县坂仔镇	4881	19815	1478	7645	3	2	418	2960
平和县南胜镇	1642	6590	1513	3100	4	1	612	2700

3—4—13续表9

名 称	户 数（户）	人 口（人）	其中：非农业人口（人）	劳动力（人）	集贸市场个数（个）	其 中：综合市场个数（个）	企 业 个 数（个）	企 业 从 业 人员数（人）
平和县安厚镇	1140	5148	1521	2347	1	1	283	1946
平和县大溪镇	361	1564	776	420	2	2	1340	3845
平和县霞寨镇	2600	9717	2539	2418	1	1	8	250
平和县芦溪镇	964	4526	1407	2836	1	1	14	126
平和县九峰镇	2412	8850	1900	4850	1	1	937	4000
华安县丰山镇	1342	5066	896	2890	0	0	42	630
华安县沙建镇	1630	6567	1742	3650	0	0	35	480
华安县新圩镇	644	2769	979	1040	0	0	28	301
华安县高安镇	653	2671	528	1370	1	1	35	270
华安县仙都镇	3426	12823	979	5760	1	1	150	1650
龙海市程溪镇	385	933	933	539	1	1	156	299
龙海市九湖镇	600	2600	500	1900	4	3	30	1000
龙海市角美镇	9474	39420	11845	34268	8	6	2372	26308
龙海市颜厝镇	1250	5000	200	130	1	0	0	0
龙海市榜山镇	1325	5873	1654	3707	1	1	144	3707
龙海市紫泥镇	474	2779	949	1589	1	1	3	47
龙海市海澄镇	6479	25309	9957	9939	5	3	1741	10938
龙海市东园镇	195	1282	1282	200	1	1	0	0
龙海市白水镇	2435	8605	2878	480	1	1	180	480
龙海市浮宫镇	1193	5304	2155	3400	1	1	417	1200
龙海市港尾镇	1488	7050	2300	4400	2	1	480	1756
南平市延平区大横镇	618	1357	678	340	1	1	6	107
南平市延平区南山镇	2915	11090	1610	4975	1	1	210	2410
南平市延平区洋后镇	410	1960	685	1176	1	1	104	410
南平市延平区樟湖镇	3564	13943	10311	4712	1	1	299	2892
南平市延平区夏道镇	2050	7486	1984	3790	2	2	157	2590
南平市延平区炉下镇	720	2681	422	1048	1	1	46	684
南平市延平区西芹镇	2546	8296	6637	4872	11	10	403	3650
南平市延平区塔前镇	827	3359	520	980	1	1	105	1324
南平市延平区王台镇	1484	4433	2247	1968	1	1	144	709
南平市延平区茂地镇	324	822	244	498	1	1	5	67
南平市延平区峡阳镇	3340	12110	3421	1867	1	1	16	472
南平市延平区太平镇	724	3192	1630	1796	1	1	8	121
南平市延平区来舟镇	1527	4727	3717	805	1	1	9	136
顺昌县建西镇	1955	5457	3456	4457	1	1	120	822
顺昌县洋口镇	3023	9715	4967	5500	1	1	125	1120
顺昌县水南镇	2984	8795	6985	4563	1	1	154	704
顺昌县元坑镇	1968	6789	2305	2433	1	1	161	782
顺昌县大干镇	867	3562	1561	920	1	1	146	634
顺昌县埔上镇	2874	7039	4563	5637	1	1	114	1179

3—4—13 续表 10

名　　称	户　数（户）	人　口（人）	其中：非农业人口（人）	劳动力（人）	集贸市场个数（个）	其　中：综合市场个数（个）	企　业个　数（个）	企　业从　业人员数（人）
顺昌县仁寿镇	1453	5820	792	1870	1	1	116	700
顺昌县大历镇	1357	4495	1806	2147	1	1	198	998
浦城县富岭镇	1205	4008	2535	2273	1	1	7	125
浦城县石陂镇	1020	4300	2100	2300	1	1	5	35
浦城县临江镇	370	2927	1810	280	1	1	9	207
浦城县仙阳镇	1802	5136	1874	3262	1	1	457	2322
浦城县莲塘镇	351	2589	1237	110	0	0	0	0
浦城县水北街镇	724	1845	1065	920	1	1	1	16
浦城县永兴镇	356	1307	11	255	1	1	7	450
浦城县忠信镇	1557	4637	1213	2666	1	1	69	944
浦城县九牧镇	488	1761	352	745	1	1	39	540
光泽县寨里镇	260	812	150	395	1	1	9	460
光泽县止马镇	852	2868	698	1836	1	1	358	1055
松溪县郑墩镇	1432	4017	1017	3780	1	1	100	380
松溪县渭田镇	1046	3339	607	2499	1	1	5	310
政和县东平镇	1430	6770	910	3458	1	1	15	420
政和县石屯镇	1385	4245	535	1646	1	1	43	240
政和县铁山镇	739	2226	520	369	1	1	22	396
政和县镇前镇	755	3560	710	2447	1	1	290	1560
邵武市城郊镇	1057	3217	1119	2478	1	1	17	362
邵武市下沙镇	821	2743	2033	2924	1	1	7	320
邵武市卫闽镇	823	2239	936	642	1	1	6	145
邵武市沿山镇	425	925	436	282	1	1	8	150
邵武市拿口镇	2482	7294	2393	4511	1	1	15	450
邵武市洪墩镇	448	1734	948	778	1	1	7	140
邵武市大埠岗镇	1179	3496	658	2750	0	0	5	120
邵武市和平镇	1402	4865	1024	2879	1	1	11	355
邵武市肖家坊镇	773	2342	425	1171	1	1	9	164
武夷山市星村镇	1620	5642	2411	3400	1	1	31	820
武夷山市兴田镇	1900	5049	1950	1982	1	1	8	354
武夷山市五夫镇	1407	5046	550	7165	1	1	3	116
武夷山市武夷镇	677	1377	190	1260	2	2	35	475
建瓯市徐墩镇	2104	5630	1069	2010	1	1	24	1095
建瓯市吉阳镇	2277	7771	1570	2774	1	1	21	1154
建瓯市房道镇	1527	4294	1690	1559	1	1	17	1027
建瓯市南雅镇	1636	5920	3216	2427	1	1	23	747
建瓯市迪口镇	1084	3209	530	1158	0	0	18	465
建瓯市小桥镇	1775	5460	1819	2037	1	1	15	562
建瓯市玉山镇	1436	4386	1494	2219	1	1	19	638

3—4—13 续表 11

名　　称	户　数（户）	人　口（人）	其中：非农业人口（人）	劳动力（人）	集贸市场个数（个）	其　中：综合市场个数（个）	企　业个　数（个）	企　业从　业人员数（人）
建瓯市东峰镇	2894	8908	1278	3109	1	1	32	818
建瓯市东游镇	2426	7305	2898	2842	1	1	30	727
建瓯市小松镇	1179	3139	1136	1570	1	1	12	376
建阳市童游镇	3300	12000	4500	10500	2	1	17	158
建阳市将口镇	1620	5108	3767	2560	1	1	12	450
建阳市徐市镇	1084	4351	828	985	1	1	20	800
建阳市莒口镇	2019	6175	2255	3866	1	1	25	850
建阳市麻沙镇	6810	33307	28337	21674	3	3	30	2500
建阳市黄坑镇	736	2758	1047	1546	1	1	8	486
建阳市水吉镇	3310	12383	4892	7430	1	1	41	1109
建阳市漳墩镇	703	2564	1110	1587	2	2	5	107
建阳市小湖镇	644	2821	23	1030	1	1	12	750
龙岩市新罗区西陂镇	1049	3647	1027	2900	1	1	3	1486
龙岩市新罗区曹溪镇	353	1277	326	542	1	1	17	115
龙岩市新罗区东肖镇	465	1986	550	912	1	1	3	59
龙岩市新罗区红坊镇	956	4075	619	2668	2	2	16	578
龙岩市新罗区龙门镇	1169	4437	1579	1023	1	1	9	183
龙岩市新罗区大池镇	377	2082	772	1232	1	1	6	120
龙岩市新罗区小池镇	394	2930	539	1501	1	1	2	20
龙岩市新罗区适中镇	3881	18347	294	6500	1	1	12	3654
龙岩市新罗区铁山镇	1465	5028	2840	3510	1	1	6	294
龙岩市新罗区雁石镇	997	4097	160	1759	1	1	2	17
龙岩市新罗区白沙镇	910	3600	900	1600	1	1	5	190
龙岩市新罗区万安镇	300	2100	692	1050	1	1	4	120
长汀县大同镇	2446	19632	1191	7607	1	1	1378	7607
长汀县古城镇	1080	4529	529	2493	2	1	17	331
长汀县新桥镇	1117	4700	818	2850	1	1	1506	7281
长汀县馆前镇	880	3090	405	2020	1	1	2	22
长汀县童坊镇	795	3738	698	2552	1	1	335	1315
长汀县河田镇	229	1507	312	1028	1	1	12	718
长汀县南山镇	851	3980	578	2500	2	2	30	300
长汀县涂坊镇	579	1781	639	1025	1	1	2	150
长汀县濯田镇	2728	9207	1469	1679	1	1	106	414
长汀县四都镇	694	3543	568	6807	1	1	5	66
永定县峰市镇	503	2422	996	1485	1	1	2	36
永定县下洋镇	1220	7316	2035	4800	1	1	13	460
永定县湖坑镇	416	2207	803	1712	1	1	5	214
永定县抚市镇	755	4076	1683	2785	1	1	9	124
永定县龙潭镇	1135	3388	1433	2003	1	1	3	51
永定县高陂镇	569	2345	917	1601	1	1	6	89

3—4—13 续表 12

名 称	户 数（户）	人 口（人）	其中：非农业人口（人）	劳动力（人）	集贸市场个数（个）	其 中：综合市场个数（个）	企 业 个 数（个）	企 业 从 业 人员数（人）
永定县坎市镇	2899	13667	3346	7854	2	2	57	1994
永定县培丰镇	880	4530	212	3200	1	1	12	430
永定县湖雷镇	842	3490	2268	1580	1	1	6	255
上杭县临城镇	120	400	400	320	0	0	50	100
上杭县中都镇	132	595	235	581	1	1	95	152
上杭县蓝溪镇	362	1614	870	1280	0	0	99	205
上杭县稔田镇	215	970	965	437	1	1	4	131
上杭县白砂镇	146	657	105	435	0	0	30	65
上杭县古田县镇	439	2540	1578	1300	1	1	156	200
上杭县才溪镇	102	437	208	142	1	1	4	51
上杭县南阳镇	325	1732	225	1065	1	1	223	355
武平县中山镇	1720	8540	1412	4137	1	1	116	1520
武平县岩前镇	1538	7943	3325	4898	2	2	521	2810
武平县十方镇	2948	12554	1985	7420	1	1	843	11225
武平县中堡镇	403	1956	304	1189	1	1	132	322
武平县桃溪镇	913	4650	283	2315	1	1	79	256
连城县北团镇	1720	8245	1548	3450	1	1	42	742
连城县姑田镇	1639	6389	1306	3262	1	1	28	4912
连城县朋口镇	1326	5670	1479	1571	1	1	14	525
连城县莒溪镇	1341	5774	1091	2240	1	1	9	567
连城县新泉镇	2218	4463	1703	1829	1	1	11	478
连城县庙前镇	2072	10289	3709	2694	1	1	11	721
漳平市和县平镇	228	1524	551	915	0	0	3	44
漳平市拱桥镇	66	470	283	123	1	1	1	76
漳平市永福镇	1640	9327	1807	3981	2	1	18	852
漳平市溪南镇	327	1472	560	983	1	1	2	86
漳平市象湖镇	247	1427	361	848	1	1	2	27
漳平市新桥镇	820	2649	2332	1400	1	1	9	225
漳平市双洋镇	601	1782	520	1378	1	1	4	85
漳平市赤水镇	651	2805	379	1485	1	1	3	32
宁德市城南镇	877	3398	187	140	0	0	11	51
宁德市漳湾镇	2169	7776	1254	2300	1	1	9	248
宁德市七都镇	3041	11080	1579	4600	2	1	446	1700
宁德市八都镇	1046	4926	2600	2352	2	1	5	84
宁德市九都镇	383	1500	240	360	1	1	6	65
宁德市霍童镇	2350	10811	3310	9000	1	1	24	344
宁德市赤溪镇	836	3369	396	1498	1	1	21	253
宁德市洋中镇	882	3299	790	805	1	1	141	190
宁德市飞鸾镇	659	2901	420	687	1	1	8	217
宁德市三都镇	390	2012	334	690	1	1	280	2335
福安市赛岐镇	3463	10217	7118	2118	1	1	17	131
福安市穆阳镇	3078	9541	6335	1830	2	1	10	84
福安市上白石镇	453	2383	110	687	0	0	7	48

3—4—13 续表 13

名　　称	户　数（户）	人　口（人）	其中：非农业人口（人）	劳动力（人）	集贸市场个数（个）	其　中：综合市场个数（个）	企　业个　数（个）	企　业从　业人员数（人）
福安市潭头镇	506	1286	928	760	1	1	6	47
福安市社口镇	474	2040	140	575	1	1	5	26
福安市晓阳镇	604	2786	110	820	1	1	3	14
福安市溪县潭镇	619	2797	963	450	0	0	3	19
福安市甘棠镇	2221	8023	1424	1747	1	1	11	76
福安市下白石镇	1103	4211	3236	1805	1	1	10	680
福安市溪县尾镇	703	2480	1299	410	1	1	7	150
福安市溪县柄镇	1864	5562	2118	863	1	1	12	365
福鼎市贯岭镇	635	2800	325	50	1	1	6	48
福鼎市前岐镇	2710	8430	2742	3880	2	1	18	350
福鼎市沙埕镇	2758	11000	4976	3291	1	1	36	876
福鼎市店下镇	1861	6471	2085	3649	1	1	41	546
福鼎市秦屿镇	6209	21973	8674	12535	1	1	613	5806
福鼎市蟠溪镇	269	506	371	538	2	2	11	50
福鼎市白琳镇	1780	6550	1984	11613	2	1	876	8546
福鼎市点头镇	2505	10030	3052	8296	3	1	137	1215
福鼎市管阳镇	1270	5300	460	3010	1	1	10	284
福鼎市嵛山镇	137	558	240	235	0	0	3	17
霞浦县长春镇	1456	6773	2600	2085	1	1	237	760
霞浦县牙城镇	1452	7486	1613	2540	1	1	178	406
霞浦县溪南镇	1750	6995	2230	2760	1	1	138	202
霞浦县沙江镇	1065	3786	480	1510	1	1	30	60
霞浦县下浒镇	1992	7172	2231	2830	2	2	320	1090
霞浦县三沙镇	8268	30715	13272	12390	2	1	1362	5712
古田县平湖镇	937	3169	1976	5733	1	1	418	1356
古田县大桥镇	1727	6151	2034	1408	1	1	812	2007
古田县黄田镇	4245	13736	8267	3876	1	1	1133	3576
古田县鹤塘镇	1121	4205	629	3500	2	2	295	1150
古田县杉洋镇	1829	6888	1100	4582	1	1	28	716
古田县凤都镇	970	4126	120	2122	0	0	30	130
古田县水口镇	1081	3283	2310	657	1	1	40	123
屏南县双溪镇	1059	3917	640	808	1	1	7	124
屏南县黛溪镇	489	5000	500	300	1	1	11	113
屏南县长桥镇	1136	5263	667	2350	1	1	379	758
寿宁县斜滩镇	1121	3924	2666	2400	1	1	384	1521
寿宁县武曲镇	468	2092	450	950	1	1	7	140
寿宁县南阳镇	890	3660	123	1644	1	1	410	1200
周宁县咸村镇	1176	6411	1220	2383	1	1	5	61
周宁县浦源镇	950	5306	728	2396	1	1	15	96
周宁县纯池镇	416	2327	350	930	1	1	4	35
周宁县李墩镇	725	3600	496	1542	1	1	62	213
周宁县七步镇	559	2260	631	808	1	1	3	27
柘荣县富溪镇	236	1200	180	160	1	1	0	0

3—4—14 江西省建制镇镇区主要指标

名 称	户 数（户）	人 口（人）	其中：非农业人口（人）	劳动力（人）	集贸市场个数（个）	其 中：综合市场个数（个）	企 业 个 数（个）	企 业 从 业 人员数（人）
南昌市湾里区梅岭镇	561	2847	1443	938	1	0	9	372
南昌市湾里区招贤镇	327	995	525	424	1	1	11	388
南昌市湾里区罗亭镇	410	1400	386	460	1	0	73	150
南昌市郊区罗家镇	600	2738	300	1186	4	1	8	499
南昌县向塘镇	16000	51000	43696	22000	4	4	128	6300
南昌县三江镇	1132	5032	4167	3915	5	0	18	578
南昌县滁槎镇	1672	5322	2104	2587	2	1	4	184
南昌县塘南镇	3612	11562	2000	5194	2	2	23	1066
南昌县幽兰镇	1674	6000	2542	1970	1	1	18	136
南昌县蒋巷镇	2340	8000	3980	3260	1	1	6	650
南昌县武阳镇	753	3565	3360	1335	4	4	3	15
南昌县岗上镇	585	2341	2219	1958	1	1	6	482
南昌县广福镇	184	3192	1803	1950	1	1	60	1500
南昌县麻丘镇	1378	4500	2453	1800	1	1	13	580
新建县生米镇	860	4390	2125	2368	2	1	14	860
新建县石岗镇	2025	8845	7076	4371	1	1	12	1546
新建县七里岗镇	1013	3721	1500	1450	1	1	4	450
新建县松湖镇	680	3215	1302	1562	1	1	13	480
新建县望城镇	958	2930	2680	2010	1	1	12	500
新建县樵舍镇	820	4036	2312	1946	1	1	13	1045
新建县象山镇	620	3020	1539	1691	1	1	1	60
新建县乐化镇	350	5302	4500	1650	1	1	8	656
新建县西山镇	558	3046	2135	1523	2	2	9	521
新建县溪霞镇	152	5000	2800	3200	1	1	14	500
安义县万埠镇	1339	4500	2489	1681	3	1	5	100
安义县石鼻镇	1570	5000	1518	2121	1	1	6	258
安义县鼎湖镇	1505	5080	1200	2840	1	0	165	2816
安义县长埠镇	667	3401	588	1700	1	1	100	1200
安义县东阳镇	3816	17436	1800	5800	1	1	2	38
进贤县温圳镇	2310	12310	9945	4000	2	1	18	1210
进贤县李渡镇	2450	12095	7996	6871	2	2	28	2650
进贤县文港镇	1824	12315	8181	3812	3	1	18	812
进贤县张公镇	681	2500	694	796	1	1	5	791
进贤县梅庄镇	460	4449	1752	2697	1	1	12	130
进贤县架桥镇	510	2660	671	2100	1	1	13	235
进贤县罗溪镇	368	1240	1104	376	1	1	13	706
进贤县前途镇	595	2000	1110	860	1	1	15	310
昌北开发区蛟桥镇	298	1303	253	580	2	2	20	104
昌江区鲇鱼山镇	2129	6649	4872	4756	1	1	20	1081
昌江区竟成镇	2112	7392	5820	3530	5	4	32	2160

3－4－14 续表 1

名　　称	户　数（户）	人　口（人）	其中：非农业人口（人）	劳动力（人）	集贸市场个数（个）	其　中：综合市场个数（个）	企　业个　数（个）	企　业从　业人员数（人）
浮梁县鹅湖镇	478	1940	653	766	2	1	2	36
浮梁县经公桥镇	156	630	204	470	0	0	7	58
浮梁县蛟潭镇	700	3000	500	1200	1	1	20	300
浮梁县湘湖镇	750	3100	550	1360	1	1	185	455
浮梁县瑶里镇	563	1742	1388	850	1	1	46	320
浮梁县洪源镇	302	1564	1201	2458	1	1	94	2115
浮梁县寿安镇	480	2200	731	1024	1	1	5	350
乐平市镇桥镇	512	1615	1500	1081	1	1	5	323
乐平市乐港镇	768	2742	620	1894	1	1	231	966
乐平市涌山镇	1743	7843	1840	4415	2	2	981	4100
乐平市众埠镇	862	2600	1416	1671	1	1	231	1026
乐平市接渡镇	752	5426	4200	1652	2	1	9	566
乐平市乐河镇	200	1050	110	500	1	1	2	30
乐平市礼林镇	560	2440	500	1470	1	1	60	120
乐平市后港镇	590	2539	2213	1003	1	1	5	698
乐平市塔前镇	774	2943	1081	1281	2	1	3	305
乐平市双田镇	760	3607	420	1530	1	1	0	0
乐平市临港镇	784	3524	876	1243	1	1	40	47
乐平市高家镇	376	1200	870	650	1	1	11	395
乐平市名口镇	1380	5722	866	1890	1	1	1	16
乐平市浯口镇	550	2294	400	1044	2	1	81	588
乐平市洪岩镇	210	830	121	301	1	1	4	136
安源区高坑镇	9063	32161	3317	11472	3	1	21	13413
安源区安源镇	6873	28740	20617	10310	3	2	27	8120
安源区青山镇	4876	21087	19682	11242	1	1	23	4815
安源区白源镇	984	3617	974	2073	1	1	8	1542
安源区五陂镇	976	3143	2621	1465	1	1	9	1124
湘东区荷尧镇	1271	5281	1367	2200	1	1	47	569
湘东区老关镇	1143	4532	1372	2683	1	1	13	975
湘东区下埠镇	770	3242	1271	1424	1	1	4	363
湘东区排上镇	741	2988	310	2082	1	1	123	425
湘东区东桥镇	325	1905	1410	809	0	0	2	110
湘东区麻山镇	1020	3630	1373	1500	1	1	12	1500
湘东区腊市镇	959	4700	1750	2450	1	1	50	1700
莲花县坊楼镇	525	2304	1408	992	1	1	29	151
莲花县升坊镇	263	1315	892	604	1	1	24	86
莲花县坪里镇	469	2110	800	987	1	1	16	59
莲花县良坊镇	398	2468	907	1051	1	1	17	31
莲花县路口镇	326	1524	915	656	1	1	18	45
上栗县桐木镇	1980	6000	800	1800	1	1	115	1600

3－4－14 续表 2

名　　称	户　数（户）	人　口（人）	其中：非农业人口（人）	劳动力（人）	集贸市场个数（个）	其　中：综合市场个数（个）	企　业个　数（个）	企　业从　业人员数（人）
上栗县福田镇	436	1782	1782	1210	1	1	2	52
上栗县金山镇	1700	8500	2650	5950	2	2	92	2200
上栗县彭高镇	500	2600	400	1250	1	1	4	130
上栗县赤山镇	489	2540	2078	1451	1	1	1	22
芦溪县宣风镇	2061	6847	5305	2560	1	1	249	2713
芦溪县上埠镇	1630	6100	4600	2050	2	0	21	810
芦溪县银河镇	1200	3800	1060	1700	1	1	6	50
芦溪县南坑镇	450	8100	4230	2500	2	1	5	15
庐山区威家镇	1224	4000	1677	1500	1	1	110	302
庐山区新港镇	1693	5787	2787	2153	1	1	83	236
庐山区莲花镇	1582	6199	859	2600	3	3	9	190
庐山区海会镇	673	2200	619	750	1	1	27	25
庐山区赛阳镇	668	2118	525	972	1	0	28	310
庐山区姑塘镇	380	1330	350	800	1	1	13	500
九江县马回岭镇	877	3206	955	2500	1	1	700	1920
九江县江洲镇	350	1260	400	768	0	0	52	251
九江县城子镇	209	1120	306	505	0	0	29	390
九江县港口镇	1400	5600	4200	2000	1	1	204	885
九江县新合镇	600	2400	650	1011	1	1	217	881
九江县狮子镇	410	1720	1580	501	0	0	62	301
武宁县罗坪镇	324	1179	608	848	1	1	6	95
武宁县泉口镇	473	2136	443	960	1	1	14	56
武宁县鲁溪镇	406	6910	1297	2500	1	1	14	206
武宁县船滩镇	810	4928	960	1560	1	1	178	520
武宁县澧溪镇	1461	4500	2200	1500	1	1	3	330
武宁县石门楼镇	90	285	180	1230	1	1	256	625
武宁县黄段镇	216	704	450	432	1	1	3	98
修水县三都镇	1511	4122	2612	1937	2	2	185	1200
修水县全丰镇	460	1800	924	568	1	1	140	560
修水县白岭镇	1660	6610	1413	15023	1	0	560	840
修水县古市镇	699	3149	709	1640	1	1	290	344
修水县大桥镇	1012	3645	1060	1600	1	1	12	140
修水县渣津镇	1315	7068	2400	3600	2	0	850	2400
修水县杭口镇	300	1400	400	470	1	1	4	54
修水县马坳镇	408	1800	710	600	2	1	2	76
修水县溪口镇	248	1658	995	600	1	1	14	68
修水县港口镇	120	470	90	400	0	0	130	268
修水县上奉镇	352	1050	713	345	1	1	13	85
修水县何市镇	275	1456	548	515	1	1	115	345
修水县黄港镇	606	2650	1501	820	1	0	135	346

3—4—14 续表 3

名　　称	户　数（户）	人　口（人）	其中：非农业人口（人）	劳动力（人）	集贸市场个数（个）	其　中：综合市场个数（个）	企　业个　数（个）	企　业从　业人员数（人）
修水县黄沙镇	218	1685	856	887	0	0	9	168
修水县山口镇	845	3010	1634	8250	1	1	130	396
修水县四都镇	86	427	267	200	1	1	3	34
修水县西港镇	500	2300	420	2070	1	1	12	40
永修县吴城镇	320	3986	2980	2000	1	1	6	125
永修县柘林镇	1478	4436	3255	1720	1	1	402	1296
永修县虬津镇	600	4000	2500	3000	2	1	400	800
永修县艾城镇	410	2087	1810	815	1	1	110	370
永修县滩溪镇	286	1420	583	553	1	1	71	280
永修县白槎镇	647	2886	2101	4286	1	1	6	150
永修县梅棠镇	263	830	453	548	1	1	90	160
永修县三溪桥镇	271	1302	310	530	1	1	11	48
德安县聂桥镇	185	1230	820	430	1	1	3	104
德安县车桥镇	188	596	350	368	1	1	52	246
德安县丰林镇	235	1550	1117	981	1	1	18	750
星子县隘口镇	230	880	520	330	1	1	2	6
星子县蛟塘镇	369	1926	618	990	1	1	314	463
星子县白鹿镇	510	1600	570	800	2	2	2	0
星子县蓼花镇	172	740	296	520	0	0	4	0
都昌县周溪镇	360	3580	2730	1686	0	0	10	80
都昌县三汊港镇	475	2780	1120	1180	1	1	8	112
都昌县中馆镇	658	2000	579	620	2	0	3	67
都昌县大沙镇	1300	5450	888	1850	0	0	6	40
都昌县万户镇	236	1474	870	500	0	0	4	374
都昌县南峰镇	760	3500	2900	1600	0	0	10	100
都昌县土塘镇	428	2199	1312	800	0	0	1	190
都昌县大港镇	260	1350	380	690	0	0	5	138
都昌县蔡岭镇	310	6000	1200	1800	0	0	4	80
都昌县徐埠镇	820	3250	1600	1400	1	1	10	200
都昌县左里镇	210	1400	415	580	0	0	2	95
湖口县流泗镇	569	1618	745	1136	1	1	46	962
湖口县马影镇	296	1112	351	666	1	1	26	305
湖口县武山镇	236	803	192	532	1	1	28	423
湖口县城山镇	302	1036	162	705	1	1	24	456
彭泽县马当镇	415	1617	586	713	1	1	7	536
彭泽县棉船镇	363	1252	896	1016	2	1	1	58
彭泽县泉山镇	190	780	350	420	1	1	4	30
彭泽县芙蓉镇	350	1275	431	627	1	1	8	500
彭泽县定山镇	360	1221	570	800	1	0	20	800
彭泽县天红镇	341	1112	367	506	1	1	23	260

3－4－14 续表 4

名　　称	户　数（户）	人　口（人）	其中：非农业人口（人）	劳动力（人）	集贸市场个数（个）	其　中：综合市场个数（个）	企　业个　数（个）	企　业从　业人员数（人）
彭泽县杨梓镇	299	1417	402	581	1	1	7	47
彭泽县东升镇	450	1573	760	801	1	1	110	220
彭泽县浪溪镇	423	1601	713	560	0	0	70	163
瑞昌市码头镇	2310	10857	8600	3210	6	1	817	2380
瑞昌市白杨镇	2391	10326	964	3183	1	0	22	173
瑞昌市南义镇	495	2966	932	1823	2	0	2	104
瑞昌市横港镇	438	1588	218	825	0	0	1	17
瑞昌市范镇	1048	5038	1108	2146	1	1	6	114
瑞昌市肇陈镇	750	3000	600	900	0	0	6	20
瑞昌市高丰镇	890	2900	410	950	1	1	10	290
瑞昌市夏畈镇	688	3552	350	1307	1	1	3	70
渝水区罗坊镇	2150	6500	2800	2700	4	2	205	810
渝水区水北镇	2037	6447	1556	2768	3	1	215	740
渝水区良山镇	2493	8410	4059	3684	2	2	80	1927
渝水区水西镇	695	2950	1945	1500	3	2	160	600
渝水区姚墟镇	846	2650	1371	1590	1	1	1	50
渝水区下村镇	210	947	247	378	0	0	68	183
渝水区珠山镇	396	1536	520	560	1	1	78	320
渝水区河下镇	1591	5671	2406	2250	3	3	35	150
渝水区观巢镇	678	3150	950	1698	1	1	149	438
渝水区欧里镇	721	2546	1405	1520	1	1	48	985
分宜县杨桥镇	2368	8175	2357	4905	1	1	196	627
分宜县湖泽镇	320	1125	384	1497	1	1	124	1205
分宜县松山镇	570	1945	1102	1070	1	1	95	247
分宜县双林镇	1565	5500	3800	3500	2	1	4	750
月湖区童家镇	272	816	228	458	0	0	5	61
月湖区白露镇	191	695	212	418	1	0	4	131
月湖区四青镇	560	2060	646	936	0	0	6	220
贵溪市塘湾镇	894	2991	1662	1800	1	1	3	160
贵溪市泗沥镇	156	576	209	307	1	1	1	13
贵溪市河潭镇	120	380	360	300	1	1	10	190
贵溪市志光镇	685	3030	939	1286	1	1	6	150
贵溪市鸿塘镇	285	1253	453	415	1	0	0	0
贵溪市冷水镇	50	150	130	100	1	1	2	60
贵溪市文坊镇	1128	3676	1652	1334	1	1	14	342
贵溪市金屯镇	186	786	174	250	0	0	1	19
贵溪市流口镇	207	678	293	210	1	1	12	310
贵溪市罗河镇	480	1473	734	471	1	1	3	24
贵溪市周坊镇	883	3534	500	1260	1	1	15	200
贵溪市硬石岭镇	57	207	97	131	1	1	2	40

3－4－14 续表 5

名称	户数（户）	人口（人）	其中：非农业人口（人）	劳动力（人）	集贸市场个数（个）	其中：综合市场个数（个）	企业个数（个）	企业从业人员数（人）
余江县锦江镇	649	2121	1702	979	3	1	37	707
余江县画桥镇	643	2237	879	823	1	1	7	123
余江县潢溪镇	168	672	220	410	1	1	17	326
余江县中童镇	289	1051	680	610	1	1	23	424
余江县马荃镇	194	1147	796	362	1	1	4	89
龙虎山管理区龙虎山镇	527	2070	1120	986	0	0	10	207
龙虎山管理区上清镇	1465	4949	3382	1497	1	1	15	286
章贡区蟠龙镇	1709	5884	858	2640	1	1	20	480
章贡区沙石镇	1100	3396	528	1480	1	1	5	280
章贡区水东镇	1044	3256	1521	2160	2	2	40	508
章贡区水南镇	576	2007	872	750	1	1	11	125
章贡区湖边镇	420	1886	500	620	1	1	5	380
章贡区沙河镇	1557	5053	4667	3333	1	1	5	230
赣县王母渡镇	639	3894	2469	1928	4	4	2	28
赣县沙地镇	1276	4508	1466	1665	1	1	9	443
赣县江口镇	3206	10000	4122	3000	2	1	16	236
赣县田村镇	1939	8962	1152	3100	1	1	5	60
赣县南塘镇	1265	4000	2056	1200	2	2	15	498
赣县茅店镇	415	1600	1200	900	1	1	11	408
赣县吉埠镇	360	2104	1092	1054	1	1	14	43
信丰县大塘埠镇	402	1981	1505	971	2	1	89	432
信丰县古陂镇	317	1482	1336	793	2	1	31	372
信丰县大桥镇	994	3813	3726	2478	1	1	127	1921
信丰县新田镇	270	1679	1572	582	1	1	81	417
信丰县安西镇	777	3208	1668	1820	2	1	5	310
信丰县小江镇	321	1972	1587	918	1	1	82	217
信丰县铁石口镇	734	5604	5319	2702	2	1	132	2572
信丰县大阿镇	512	1857	1201	958	2	1	158	672
信丰县油山镇	217	1121	804	582	1	1	13	219
信丰县小河镇	318	1527	908	713	1	1	37	208
大余县新城镇	780	3850	2464	1552	1	1	17	582
大余县池江镇	298	1385	880	488	1	1	17	578
大余县青龙镇	418	1866	1175	683	1	1	13	544
大余县樟斗镇	390	1830	1153	693	1	1	3	82
大余县黄龙镇	406	1988	1252	705	1	1	15	530
大余县吉村镇	275	1356	854	492	1	1	16	550
大余县梅关镇	534	2020	1323	812	1	1	14	520
上犹县陡水镇	774	2717	2517	1712	1	1	59	41
上犹县社溪镇	398	1456	956	917	2	1	221	611
上犹县营前镇	796	4179	3379	2549	2	1	303	927

3—4—14 续表 6

名　称	户　数（户）	人　口（人）	其中：非农业人口（人）	劳动力（人）	集贸市场个数（个）	其　中：综合市场个数（个）	企　业个　数（个）	企　业从　业人员数（人）
崇义县古亭镇	286	1482	1280	850	1	1	8	610
崇义县扬眉镇	126	530	452	420	1	1	6	122
崇义县过埠镇	80	1050	850	600	1	1	4	60
崇义县铅厂镇	80	250	190	130	3	3	6	60
崇义县长龙镇	90	430	350	340	1	1	9	170
崇义县关田镇	252	756	500	630	1	1	5	21
安远县孔田镇	1860	8250	1112	3062	2	1	4	245
安远县版石镇	683	3415	2511	2254	1	1	6	1005
安远县天心镇	504	2520	971	1663	1	1	4	320
安远县龙布镇	252	1260	824	831	1	1	5	435
龙南县武当镇	92	652	102	400	1	1	2	8
龙南县马牯塘镇	235	1964	334	990	1	1	42	320
龙南县杨村镇	1064	5816	689	4160	1	0	4	37
龙南县汶龙镇	112	672	460	470	1	1	5	36
龙南县程龙镇	500	1800	300	960	1	1	57	106
龙南县关西镇	60	900	115	600	1	1	1	7
龙南县里仁镇	310	1146	209	800	1	1	22	200
龙南县东坑镇	210	948	223	600	1	1	3	45
定南县岿美山镇	167	1180	614	853	1	1	7	130
定南县老城镇	468	1963	435	1763	1	1	3	56
定南县天花镇	372	1320	750	1128	1	1	7	110
定南县龙塘镇	351	1354	485	1342	1	1	5	60
定南县月子镇	105	721	511	688	1	1	7	64
全南县陂头镇	1080	4332	3020	2512	1	1	122	215
全南县金龙镇	351	1405	980	843	1	1	124	1235
全南县南迳镇	355	1340	725	810	1	1	121	205
宁都县青塘镇	671	3215	1956	1872	2	2	4	174
宁都县长胜镇	2043	8376	3091	4695	1	1	10	215
宁都县黄陂镇	2038	8151	2915	4075	1	1	10	167
宁都县赖村镇	356	1762	645	903	1	1	2	123
宁都县固村镇	985	3865	1531	2135	1	1	5	104
宁都县石上镇	390	1730	328	943	1	1	3	72
宁都县东山坝镇	426	1534	1120	1046	1	1	12	123
宁都县洛口镇	1400	5900	3820	2000	1	1	5	66
于都县祁禄山镇	892	4443	2888	2968	2	2	106	473
于都县银坑镇	853	5123	3330	3227	2	2	358	1412
于都县罗坳镇	791	4750	2993	3325	4	4	310	1254
于都县禾丰镇	975	5852	3628	4447	3	3	377	1868
于都县岭背镇	936	5617	1923	3257	2	2	238	867
于都县梓山镇	729	4373	2318	2688	2	2	361	1575

3－4－14 续表 7

名　　称	户　数（户）	人　口（人）	其中：非农业人口（人）	劳动力（人）	集贸市场个数（个）	其　中：综合市场个数（个）	企　业个　数（个）	企　业从　业人员数（人）
兴国县江背镇	386	1822	976	626	1	1	86	236
兴国县古龙岗镇	351	2011	882	700	2	2	79	253
兴国县梅窖镇	585	2880	1151	1248	1	1	46	466
兴国县高兴镇	1231	5816	2378	2717	2	2	116	574
兴国县良村镇	235	1006	372	375	1	1	53	221
兴国县龙口镇	263	1368	422	411	1	1	88	279
会昌县筠门岭镇	1026	3487	2357	1221	1	1	2	112
会昌县西江镇	687	2768	2036	1259	2	1	3	48
会昌县周田镇	129	4692	2546	2876	1	1	12	107
会昌县麻州镇	630	2520	850	1300	1	1	6	46
会昌县庄口镇	289	1743	1032	1316	1	1	6	52
会昌县文武坝镇	130	410	280	300	1	1	10	50
寻乌县晨光镇	501	1969	731	684	1	1	9	116
寻乌县留车镇	777	3057	1219	1021	1	1	11	143
寻乌县南桥镇	811	2946	876	1040	2	1	12	168
寻乌县吉潭镇	664	2020	701	640	1	1	10	134
寻乌县澄江镇	599	2262	1234	683	1	1	11	142
寻乌县桂竹帽镇	863	3300	2184	1025	1	1	14	210
石城县小松镇	860	4300	2500	2200	1	1	5	25
石城县屏山镇	796	3534	1235	1944	1	1	5	112
石城县横江镇	470	1920	670	1037	1	1	3	60
石城县高田镇	586	2930	977	1671	1	1	3	75
瑞金市壬田镇	1385	6371	800	3249	1	1	93	874
瑞金市谢坊镇	1192	5159	600	2631	1	1	87	796
瑞金市沙洲坝镇	952	4379	800	2270	1	1	75	675
瑞金市瑞林镇	896	4122	500	2102	1	1	53	498
瑞金市九堡镇	1360	6196	630	3159	1	1	89	816
瑞金市武阳镇	733	3357	391	1712	1	1	62	558
南康市唐江镇	1177	4404	4404	2259	3	2	64	5216
南康市潭口镇	3124	10214	3387	3648	2	1	57	1426
南康市金鸡镇	1047	8715	6735	4236	1	1	26	2526
南康市赤土镇	120	826	430	370	1	1	6	118
南康市凤岗镇	612	3415	1950	1203	1	1	11	256
南康市横市镇	316	2154	2037	742	4	2	26	187
南康市潭东镇	70	276	182	194	1	1	14	112
南康市龙岭镇	360	1768	890	606	1	1	14	81
南康市三益镇	70	485	150	150	2	1	6	52
南康市龙回镇	468	2300	560	950	1	1	9	350
南康市镜坝镇	168	2415	1102	1210	1	1	3	78
宜春市彬江镇	1271	4413	3910	2180	2	1	12	270

3－4－14 续表 8

名　　称	户　数（户）	人　口（人）	其中：非农业人口（人）	劳动力（人）	集贸市场个数（个）	其　中：综合市场个数（个）	企　业个　数（个）	企　业从　业人员数（人）
宜春市西村镇	1306	4186	3906	2010	2	1	6	210
宜春市金端镇	610	4100	2350	1900	1	1	4	130
宜春市温汤镇	980	3000	1300	7500	1	1	16	216
宜春市三阳镇	1400	4500	1488	1500	2	1	6	250
宜春市慈化镇	730	2832	1614	1400	1	1	2	210
丰城市曲江镇	862	3156	1903	1000	3	2	3	86
丰城市尚庄镇	664	3570	770	1961	1	1	3	57
丰城市泉港镇	230	1003	1003	762	1	1	25	325
丰城市上塘镇	3000	11000	9540	5500	3	3	8	4000
丰城市洛市镇	366	1332	782	420	3	2	93	317
丰城市小港镇	600	2500	2500	1500	1	1	28	1050
丰城市拖船镇	637	2550	2120	1785	2	2	448	1826
丰城市荣塘镇	500	2000	1500	800	2	1	10	160
丰城市秀市镇	1500	9560	2800	3630	1	1	37	2130
丰城市张巷镇	1200	5640	3600	2100	2	1	14	360
丰城市石滩镇	450	2780	1540	1050	1	1	28	570
丰城市白土镇	521	2080	1600	765	2	1	4	140
丰城市袁渡镇	1536	6238	1804	2579	1	1	38	693
丰城市孙渡镇	533	1896	938	866	1	1	4	88
丰城市丽村镇	365	1500	856	837	2	1	9	235
丰城市铁路镇	985	3012	1609	2178	2	1	93	763
丰城市淘沙镇	730	2282	2000	1200	3	2	350	800
丰城市杜市镇	600	1800	800	1080	1	1	4	300
丰城市梅林镇	350	2180	1290	1400	2	1	6	270
丰城市隍城镇	788	2500	1143	900	4	1	7	86
丰城市董家镇	511	1580	1080	890	2	1	8	190
樟树市临江镇	4750	18400	16000	6000	4	1	24	120
樟树市永泰镇	700	2300	1200	1400	2	1	1	30
樟树市黄土岗镇	253	2160	2160	850	1	1	10	300
樟树市经楼镇	477	2014	1389	1189	1	1	50	500
樟树市昌付镇	286	3300	3100	3250	3	1	28	745
樟树市店下镇	850	2710	1113	1400	1	1	2	15
樟树市张家山镇	1100	3300	3100	2687	3	3	40	1344
高安市八景镇	550	4050	797	2252	1	1	9	1209
高安市新街镇	2677	12365	12365	6180	1	1	171	1230
高安市灰埠镇	2002	7920	7920	3960	1	1	85	1880
高安市建山镇	363	1355	1297	505	1	1	4	100
高安市独城镇	150	2558	2138	2054	1	1	13	1446
高安市石脑镇	938	3593	2187	2091	1	1	38	1628
高安市兰坊镇	941	3002	2613	1435	1	1	114	1200

3－4－14 续表 9

名　　称	户　数（户）	人　口（人）	其中：非农业人口（人）	劳动力（人）	集贸市场个数（个）	其　中：综合市场个数（个）	企　业个　数（个）	企　业从　业人员数（人）
高安市黄沙岗镇	200	740	350	500	1	1	8	150
高安市杨圩镇	143	712	150	420	4	1	23	256
高安市大城镇	210	789	521	526	1	1	90	450
奉新县上富镇	1510	5188	600	2656	1	1	11	602
奉新县干洲镇	2110	8000	4120	3243	1	1	74	1181
奉新县罗市镇	1246	4485	1678	1850	1	1	40	380
万载县株潭镇	2044	6500	3415	2465	2	1	15	1248
万载县黄茅镇	520	10000	1000	4000	1	1	14	350
万载县潭埠镇	522	2441	1741	800	1	1	5	750
上高县田心镇	1350	4050	975	2015	4	1	15	205
上高县徐家渡镇	1020	3240	2140	1250	1	1	23	428
宜丰县潭山镇	2300	8090	4020	5663	1	1	19	3010
宜丰县棠浦镇	780	3100	2445	1467	1	1	9	108
宜丰县新庄镇	1068	3860	764	1600	1	1	7	1200
宜丰县芳溪镇	1600	5000	1600	1802	1	1	8	420
宜丰县石市镇	456	1812	1342	628	1	1	10	156
宜丰县澄塘镇	1164	3594	823	1738	2	1	134	826
靖安县宝峰镇	112	440	330	210	1	1	8	216
靖安县高湖镇	530	1850	280	790	1	1	10	118
靖安县燥都镇	254	800	350	390	1	1	50	150
铜鼓县温泉镇	185	850	600	576	1	1	10	180
铜鼓县棋坪镇	382	1500	770	670	1	1	4	60
铜鼓县排埠镇	96	340	135	218	1	1	10	138
铜鼓县三都镇	635	2000	500	600	1	1	16	290
铜鼓县大段镇	650	2000	870	890	1	1	160	660
上饶市沙溪镇	2894	10728	6239	3760	1	1	450	690
上饶市灵溪镇	360	2600	850	1500	1	1	120	450
德兴市泗洲镇	164	655	562	3100	2	2	122	1200
德兴市香屯镇	681	3400	2800	1050	1	1	400	2560
德兴市花桥镇	742	2497	931	1256	1	1	9	843
德兴市海口镇	1600	5000	1273	2754	1	1	95	604
德兴市潭埠桥镇	500	1500	300	600	1	1	25	1010
德兴市新营镇	899	3146	354	1980	1	1	2	86
德兴市绕二镇	1255	4069	1032	1730	1	0	22	420
上饶县田墩镇	703	3228	350	1560	0	0	14	285
上饶县上泸镇	1612	8374	1181	3000	1	1	101	258
上饶县华坛山镇	992	3449	760	1613	1	1	4	276
上饶县茶亭镇	410	2650	430	2450	2	1	9	125
上饶县皂头镇	385	1540	221	530	1	1	60	242
上饶县四十八镇	365	5900	870	2172	1	1	467	2172

3—4—14 续表 10

名　称	户　数（户）	人　口（人）	其中：非农业人口（人）	劳动力（人）	集贸市场个数（个）	其　中：综合市场个数（个）	企　业个　数（个）	企　业从　业人员数（人）
上饶县枫岭头镇	643	2404	1191	1920	1	1	0	0
上饶县五府山镇	270	1080	875	642	1	0	4	172
上饶县花厅镇	4662	21459	21459	7000	1	1	492	4959
上饶县煌固镇	5828	26035	3193	15393	1	0	413	920
广丰县五都镇	1800	10700	7300	5029	1	1	100	2700
广丰县洋口镇	2260	10060	6837	3200	3	2	1500	2200
广丰县横山镇	827	4388	1763	1400	2	2	70	470
广丰县桐畈镇	1035	5000	1300	2450	1	1	11	1537
广丰县湖丰镇	1100	5250	540	2600	1	1	4	258
广丰县大南镇	337	1748	480	1250	1	1	225	1140
广丰县排山镇	703	3982	416	1300	1	1	32	90
广丰县毛村镇	210	1270	442	1362	1	1	5	150
广丰县河北镇	960	4600	800	2100	3	2	50	420
广丰县枧底镇	206	1040	451	350	1	1	7	83
广丰县壶峤镇	990	4373	691	1975	1	1	0	0
广丰县泉波镇	482	1785	200	1035	0	0	30	152
玉山县仙岩镇	1000	5000	1000	3000	2	1	3	15
玉山县下镇	764	3600	480	1200	1	1	0	0
玉山县岩瑞镇	320	1280	150	520	0	0	26	230
玉山县白云镇	500	1500	270	500	2	1	20	130
玉山县临湖镇	2499	10190	1100	4378	3	1	51	715
玉山县双明镇	862	3606	400	1700	1	1	5	450
玉山县樟村镇	1629	6669	750	4668	2	1	50	1100
玉山县横街镇	412	1726	217	920	1	1	0	0
玉山县文成镇	130	700	108	240	1	1	3	30
玉山县紫湖镇	200	1210	334	410	1	1	3	53
玉山县妣姆镇	715	2765	365	995	1	1	56	231
铅山县永平镇	4894	17717	6652	5500	1	1	8	200
铅山县石塘镇	1310	4820	2174	2056	1	1	280	769
铅山县武夷山镇	596	2387	2387	800	1	0	2	250
铅山县黄岗山镇	317	1075	524	351	1	1	3	41
铅山县湖坊镇	1551	5970	1798	2426	2	2	162	343
铅山县鹅湖镇	526	2893	1291	1500	2	2	190	885
铅山县青溪镇	150	775	775	300	2	1	65	300
横峰县葛源镇	382	1830	1630	550	1	0	154	412
横峰县铺前镇	465	1832	730	987	1	1	4	20
弋阳县漆工镇	220	1010	350	350	2	1	0	0
弋阳县港口镇	310	1212	260	659	1	1	5	60
弋阳县曹溪镇	712	3215	764	2087	1	1	4	11
弋阳县樟树墩镇	524	2100	876	1260	1	1	1	207

3－4－14 续表 11

名　　称	户　数（户）	人　口（人）	其中：非农业人口（人）	劳动力（人）	集贸市场个数（个）	其　中：综合市场个数（个）	企　业个　数（个）	企　业从　业人员数（人）
弋阳县圭峰镇	200	1700	320	800	0	0	6	50
弋阳县叠山镇	257	800	571	321	1	1	2	55
余干县黄金埠镇	1974	9874	9775	5924	1	1	154	1916
余干县瑞洪镇	2084	10420	7294	4376	1	1	122	2625
余干县石口镇	1996	9984	5990	6988	1	1	127	1561
余干县古埠镇	1974	9874	6911	4147	1	1	104	1900
波阳县石门街镇	570	3870	1533	1277	3	2	12	77
波阳县田畈街镇	640	3200	1727	1700	1	1	141	299
波阳县谢家滩镇	625	3205	1533	1075	3	2	23	251
波阳县四十里镇	275	1424	756	427	1	1	11	55
波阳县双港镇	617	3586	718	2150	1	0	2	25
波阳县古县度镇	378	1512	756	570	1	1	12	155
波阳县饶埠镇	193	1874	1540	715	2	2	89	417
波阳县油墩街镇	374	1578	509	1504	2	1	3	80
万年县石镇	1978	6846	2713	3056	3	2	5	107
万年县青云镇	1067	4110	1046	3291	2	0	8	156
万年县梓埠镇	845	4108	2244	1500	4	0	5	101
万年县大源镇	864	3708	1350	1650	2	1	136	485
万年县裴梅镇	546	2000	595	1063	2	1	62	286
婺源县清华镇	2032	6505	3905	2563	1	1	349	498
婺源县秋口镇	679	2241	459	1342	1	1	12	469
婺源县江湾镇	625	2107	465	700	0	0	7	64
婺源县大畈镇	420	1500	500	750	0	0	4	32
婺源县思口镇	230	1260	540	510	1	1	1	15
婺源县中云镇	1503	4496	868	2023	0	0	11	330
婺源县赋春镇	1229	5154	813	2062	2	1	280	1198
婺源县镇头镇	599	2113	1025	1280	0	0	5	67
婺源县许村镇	536	2494	376	830	1	1	2	60
婺源县太白镇	197	866	284	320	0	0	60	140
吉安市兴桥镇	52	246	75	125	1	1	12	60
吉安市天玉镇	625	2000	1245	1357	1	1	11	392
吉安市河东镇	326	1452	523	1316	1	1	52	614
吉安市樟山镇	51	315	220	123	1	1	3	25
吉安市长塘镇	247	1050	138	481	1	1	68	354
井冈山市厦坪镇	850	3220	2810	2250	1	1	220	533
吉安县永阳镇	980	4400	3800	2100	2	1	370	700
吉安县天河镇	664	2400	2000	1080	2	1	6	600
吉安县横江镇	476	1415	1194	1275	2	1	4	60
吉安县值夏镇	585	2590	2495	1244	2	1	72	413
吉安县固江镇	800	3600	1982	3150	2	1	58	670

3—4—14 续表 12

名　　称	户　数（户）	人　口（人）	其中：非农业人口（人）	劳动力（人）	集贸市场个数（个）	其　中：综合市场个数（个）	企　业个　数（个）	企　业从　业人员数（人）
吉安县万福镇	288	1424	200	500	4	2	4	120
吉安县东固镇	1180	4103	1443	1600	1	1	5	200
吉安县永和镇	290	1850	360	640	1	1	1	65
吉安县新圩镇	293	1135	620	880	2	1	24	736
吉水县阜田镇	1280	4990	3413	2497	1	1	324	1006
吉水县八都镇	902	4950	3982	3591	3	2	510	2112
吉水县水南镇	997	3500	1700	1432	2	1	234	550
吉水县枫江镇	350	2500	460	1500	1	1	123	444
吉水县金滩镇	890	3680	2150	1601	1	1	115	992
吉水县白沙镇	735	2327	1364	1775	1	1	139	392
吉水县白水镇	345	2800	1521	1365	0	0	123	312
吉水县盘谷镇	369	1381	200	530	0	0	12	120
吉水县双村镇	285	1343	630	450	1	1	12	89
吉水县醪桥镇	657	2606	600	1252	0	0	8	23
吉水县乌江镇	650	2000	1300	800	1	1	16	65
吉水县丁江镇	350	1500	800	700	1	1	135	375
吉水县富滩镇	472	1823	627	550	1	0	15	45
峡江县水边镇	1519	6312	6055	2850	3	2	47	1150
峡江县仁和镇	90	360	141	320	1	1	3	18
峡江县砚溪镇	269	1202	290	827	1	1	92	236
峡江县马埠镇	183	550	390	260	1	1	10	160
新干县三湖镇	858	3000	1243	1496	2	1	17	419
新干县大洋洲镇	319	4116	903	2144	2	1	91	467
新干县七琴镇	2500	8000	1200	4400	1	1	30	270
新干县塘头镇	1307	5000	962	1500	1	1	25	163
新干县麦斜镇	2117	6339	1583	2000	1	1	30	173
永丰县藤田镇	1395	5602	3735	2241	2	1	30	472
永丰县石马镇	505	1600	715	788	1	1	10	136
永丰县沙溪镇	583	2332	1264	933	1	1	12	157
永丰县龙冈镇	253	1120	700	600	1	1	4	46
泰和县小龙镇	241	1206	857	428	1	1	34	385
泰和县禾市镇	156	1700	1180	1200	1	1	90	700
泰和县圹洲镇	460	1410	1080	850	1	1	110	130
泰和县马市镇	692	2500	1456	820	2	1	8	190
泰和县上田镇	508	1820	520	1050	1	1	20	815
泰和县文田镇	2008	6600	2004	2000	2	1	250	1705
泰和县苏溪镇	256	1059	982	635	1	1	168	322
泰和县沙村镇	250	1020	424	700	1	1	90	200
泰和县万合镇	342	1426	1306	611	1	1	154	457
遂川县雩田镇	381	2065	1745	1389	3	1	5	163
遂川县碧洲镇	232	928	186	550	1	1	4	60
遂川县草林镇	350	1290	850	890	1	1	4	27
遂川县堆前镇	217	1564	587	1095	2	1	61	192

3－4－14 续表 13

名　称	户　数（户）	人　口（人）	其中：非农业人口（人）	劳动力（人）	集贸市场个数（个）	其　中：综合市场个数（个）	企　业个　数（个）	企　业从　业人员数（人）
遂川县左安镇	296	952	793	544	5	1	216	727
遂川县高坪镇	176	980	342	640	1	1	20	235
遂川县大汾镇	332	1686	1269	918	1	1	195	648
万安县窑头镇	804	3217	2252	1094	2	2	53	395
万安县高陂镇	318	1274	892	433	1	1	17	279
万安县潞田镇	436	1742	1219	592	1	1	27	459
万安县五丰镇	564	2255	1579	770	0	0	43	563
万安县枧头镇	496	1985	1389	675	1	1	17	161
万安县沙坪镇	354	1414	990	480	1	1	29	324
万安县夏造镇	388	1553	1087	528	1	1	20	423
安福县浒坑镇	120	1100	998	548	1	1	12	260
安福县洲湖镇	1859	5536	5037	7437	2	2	590	1581
安福县横龙镇	297	1180	850	652	1	1	3	180
安福县枫田镇	115	425	248	780	1	1	189	300
安福县洋溪镇	182	960	230	1277	1	1	20	80
安福县严田镇	610	2718	286	1495	1	1	8	32
永新县里田镇	1151	5236	2629	2520	1	1	156	896
永新县文竹镇	422	2104	412	944	1	1	0	0
永新县怀忠镇	400	2800	750	980	1	1	23	670
永新县东里镇	399	2115	250	1137	0	0	2	140
永新县石桥镇	275	1321	202	785	1	1	50	213
永新县泮中镇	293	1172	208	726	1	1	0	0
永新县龙门镇	114	887	100	341	1	1	0	0
永新县沙市镇	235	1170	376	624	1	1	24	192
永新县埠前镇	340	1400	550	550	1	1	2	286
永新县高桥楼镇	90	371	46	118	1	1	2	48
宁冈县古城镇	402	1606	553	934	1	1	0	0
宁冈县新城镇	418	2349	416	1235	1	1	6	52
宁冈县大陇镇	784	3884	475	1358	1	1	46	135
临川市抚北镇	3429	11004	4539	3480	1	1	754	2812
临川市上顿渡镇	1411	5454	2000	2500	1	1	97	2192
临川市唱凯镇	2854	8565	3026	3525	2	1	552	2268
临川市红桥镇	820	3245	2745	1006	1	1	16	65
临川市高坪镇	830	2940	2260	1240	1	1	7	160
临川市龙溪镇	930	2933	1228	1236	1	1	26	100
临川市行桥镇	710	2744	1300	1215	1	1	22	430
临川市孝桥镇	254	925	525	464	0	0	6	210
临川市洋洲镇	554	1977	1260	1280	4	0	286	1020
临川市云山镇	1390	6723	2546	2089	1	1	39	162
临川市罗针镇	870	3640	1080	2480	1	1	86	460
临川市罗湖镇	898	2798	1142	1076	1	1	5	26
临川市大岗镇	700	3100	950	2000	1	1	80	1200
临川市青泥镇	784	3342	766	1283	1	1	19	528

3－4－14 续表 14

名　　称	户　数（户）	人　口（人）	其中：非农业人口（人）	劳动力（人）	集贸市场个数（个）	其　中：综合市场个数（个）	企　业个　数（个）	企　业从　业人员数（人）
临川市太阳镇	596	2035	1314	1217	2	1	11	121
临川市荣山镇	1348	4110	1200	2000	1	1	280	950
南城县上唐镇	921	3745	1934	1572	1	1	7	168
南城县洪门镇	339	1358	784	778	0	0	8	240
南城县株良镇	1350	6049	4396	2661	2	1	46	320
南城县里塔镇	865	3174	1836	1497	1	1	47	180
南城县龙湖镇	723	2893	531	1387	1	1	69	243
南城县沙洲镇	910	3540	1062	1500	1	1	210	604
南城县新丰街镇	645	2684	926	1900	1	1	198	570
黎川县宏村镇	2733	10070	1932	3920	1	1	170	1850
黎川县洵口镇	636	2671	1126	903	2	1	82	212
黎川县熊村镇	400	2000	820	1200	1	1	4	300
南丰县太和镇	560	2534	634	876	1	1	112	376
南丰县白舍镇	563	2576	1000	1270	1	1	203	1576
崇仁县相山镇	284	1326	1192	967	1	1	8	340
崇仁县航埠镇	420	2100	1000	1000	0	0	0	0
崇仁县孙坊镇	401	1800	1000	1000	1	1	0	0
崇仁县河上镇	420	1800	1000	1000	2	2	0	0
崇仁县礼陂镇	980	4060	1200	2680	1	0	87	1980
乐安县公溪镇	6305	21420	14376	12423	1	1	183	7365
乐安县代坊镇	724	3620	1378	2063	1	1	136	598
乐安县牛田镇	820	3600	930	1560	1	1	16	138
乐安县招携镇	636	3158	524	1536	1	1	56	134
乐安县供坊镇	660	2800	1050	1680	3	1	90	260
宜黄县棠荫镇	1608	6000	600	2900	1	1	15	160
宜黄县黄陂镇	1000	4003	3000	1219	1	1	10	200
宜黄县东陂镇	678	2100	523	700	1	1	10	120
宜黄县梨溪镇	900	4000	634	3000	1	1	4	70
金溪县浒湾镇	2021	7215	7215	2400	1	0	0	0
金溪县双塘镇	820	4000	2950	2100	1	1	85	1550
资溪县饶桥镇	376	1510	592	830	1	1	8	120
资溪县高阜镇	561	2245	1434	1254	1	1	11	176
资溪县嵩市镇	502	2200	300	786	1	1	7	96
资溪县乌石镇	320	1000	440	432	1	1	12	114
东乡县小璜镇	1009	4819	911	2801	3	1	30	240
东乡县墟上桥镇	440	2150	580	1650	1	1	41	485
东乡县马墟镇	969	4294	506	2684	1	1	102	218
东乡县詹墟镇	420	2100	510	1240	2	1	4	48
东乡县岗上积镇	713	3040	1848	2573	1	1	210	1888
广昌县苦竹镇	207	1003	547	398	0	0	7	56
广昌县甘竹镇	1186	4520	1967	1500	1	1	182	895
广昌县头陂镇	785	2500	1970	1060	1	1	12	64
广昌县赤水镇	869	3290	1845	1053	1	1	150	851
广昌县驿前镇	978	3502	1357	2381	1	1	2	26

3—4—15 山东省建制镇镇区主要指标

名称	户数（户）	人口（人）	其中：非农业人口（人）	劳动力（人）	集贸市场个数（个）	其中：综合市场个数（个）	企业个数（个）	企业从业人员数（人）
历城区王舍人镇	1759	6238	2784	3127	5	2	113	2742
历城区华山镇	1493	6658	1950	3989	1	1	8	320
历城区仲宫镇	5100	22000	4000	15000	4	1	365	4986
历城区柳埠镇	1595	5090	1754	1724	1	1	40	680
历城区西营镇	894	3572	750	1751	2	1	28	288
历城区港沟镇	1350	5939	1427	4512	1	1	120	1880
历城区孙村镇	1680	5440	1533	5690	2	1	40	4480
历城区郭店镇	3432	9474	7859	2000	2	1	17	1200
历城区董家镇	1480	4923	2117	1300	1	1	10	400
历城区唐王镇	3400	15600	1900	8860	1	0	27	615
历城区遥墙镇	982	3588	350	2200	2	2	60	1600
长清县平安店镇	4308	15080	4182	11200	2	1	58	6000
长清县归德镇	3678	16564	8939	8183	5	2	11	4728
长清县孝里镇	3940	15999	3800	9580	4	4	6	4125
长清县崮山镇	2275	12509	5300	9500	3	3	51	3250
长清县张夏镇	1875	7500	3023	2650	2	2	15	1350
长清县万德镇	3237	11273	5725	5600	2	2	36	3500
长清县五峰山镇	1649	4987	2008	3821	1	1	45	1460
长清县马山镇	1005	3581	1000	2000	2	2	17	1200
平阴县玫瑰镇	1613	4030	1143	2761	3	1	47	2297
平阴县刁山坡镇	890	7275	1700	5353	3	1	46	5020
平阴县东阿镇	1380	6628	2468	4507	4	1	62	3817
平阴县洪范池镇	1558	5500	347	3868	2	1	38	3795
平阴县孔村镇	1200	3565	1280	3820	3	1	48	2524
平阴县孝直镇	1500	5200	2000	4700	3	1	61	3640
济阳县孙耿镇	1830	7320	1530	5290	4	2	12	720
济阳县垛石桥镇	933	3688	1415	2988	1	1	5	161
济阳县曲堤镇	2870	11500	860	1435	5	3	9	1350
济阳县仁风镇	1512	5039	1200	3275	2	2	3	2500
济阳县回河镇	595	3072	350	1700	1	1	5	320
济阳县青宁镇	780	5970	850	6360	1	1	13	1100
商河县龙桑寺镇	580	2120	653	1620	5	2	11	720
商河县殷巷镇	690	2120	230	1121	2	1	10	315
商河县怀仁镇	690	1620	210	1090	2	1	21	420
商河县贾庄镇	1005	4200	3289	1973	1	1	11	1461
商河县玉皇庙镇	817	8000	5084	5890	1	1	51	2100
商河县郑路镇	1558	4986	1401	3508	1	1	7	1500
章丘市普集镇	6994	27978	16823	11191	3	2	241	6220
章丘市相公庄镇	4819	20234	11815	9400	3	2	140	3100
章丘市绣惠镇	5010	20860	10412	9200	4	2	320	4300

3－4－15 续表 1

名　　称	户　数（户）	人　口（人）	其中：非农业人口（人）	劳动力（人）	集贸市场个数（个）	其　中：综合市场个数（个）	企　业个　数（个）	企　业从　业人员数（人）
章丘市刁镇镇	3876	20820	11474	11266	5	1	436	9272
章丘市水寨镇	2787	13756	8452	6674	2	2	41	1437
章丘市龙山镇	1420	6240	1860	1420	2	2	145	1210
章丘市枣园镇	4549	20471	6352	16755	4	2	183	2560
章丘市埠村镇	5760	20533	13147	10450	4	4	288	6260
章丘市垛庄镇	1059	3836	825	1400	1	1	12	1110
章丘市文祖镇	3248	18350	7325	13270	3	2	39	2500
章丘市高官寨镇	2453	9380	1365	7260	2	1	173	1900
章丘市白云湖镇	1197	4160	402	2743	1	1	41	339
章丘市宁家埠镇	1288	4860	1136	3260	1	1	29	2070
章丘市党家镇	630	2478	761	1446	1	1	65	1256
章丘市圣井镇	835	3158	621	1895	1	1	1	138
章丘市曹范镇	2294	9147	1300	6400	1	1	110	2600
城阳区流亭镇	1485	4486	100	3000	1	1	19	2200
城阳区夏庄镇	1540	4484	2300	8000	1	1	200	5000
城阳区惜福镇	4478	12763	2099	6591	1	1	152	1968
城阳区棘洪滩镇	4000	12000	4500	5000	1	1	120	4000
城阳区上马镇	3956	14148	1650	9200	2	1	31	1050
城阳区河套镇	641	1885	840	2380	2	1	22	650
城阳区红岛镇	1437	5460	1917	2860	1	1	4	320
胶州市胶东镇	2008	6117	1830	3200	1	1	22	300
胶州市李哥庄镇	5296	17476	3274	14103	2	2	189	13038
胶州市北王珠镇	877	2630	62	1042	1	1	10	1000
胶州市马店镇	1200	4500	660	4500	2	2	35	4300
胶州市胶西镇	2669	9408	1042	5921	4	2	30	1446
胶州市苑戈庄镇	600	2000	1500	2500	2	1	4	1200
胶州市张应镇	1267	4183	623	3300	1	1	2	800
胶州市铺集镇	3073	16131	1131	7200	3	2	110	6500
胶州市张家屯镇	710	2230	350	1400	1	1	23	1107
胶州市里岔镇	428	3166	800	1900	1	1	13	1614
胶州市洋河镇	712	2532	700	5441	1	1	8	2563
胶州市九龙镇	1103	3823	66	2000	1	1	22	1600
胶州市营海镇	800	3000	1000	1600	2	1	11	950
即墨市留村镇	2677	10536	1480	7170	1	1	106	2770
即墨市营上镇	1744	4798	1329	1687	1	1	95	990
即墨市段村镇	298	1095	154	610	1	1	4	150
即墨市岙山卫镇	2150	13060	960	7836	1	1	37	1433
即墨市温泉镇	1280	4113	1114	2300	1	1	15	165
即墨市王村镇	2687	9707	1327	6275	5	3	17	2481
即墨市田横镇	2470	6620	1020	3300	2	2	200	2000

3—4—15 续表 2

名 称	户 数（户）	人 口（人）	其中：非农业人口（人）	劳动力（人）	集贸市场个数（个）	其 中：综合市场个数（个）	企 业 个 数（个）	企 业 从 业 人员数（人）
即墨市丰城镇	1283	4346	436	1256	1	1	16	987
即墨市金口镇	1029	3285	410	3328	1	1	9	1618
即墨市店集镇	1805	6320	2010	370	3	1	16	258
即墨市大官庄镇	801	2337	12	1157	1	1	5	135
即墨市华山镇	1588	5755	1122	2297	1	1	32	720
即墨市灵山镇	1614	6026	946	3201	1	1	58	610
即墨市长直镇	930	3050	750	1810	6	6	22	826
即墨市段泊岚镇	1054	3807	426	2248	1	1	44	1211
即墨市瓦戈庄镇	559	2168	575	1195	1	1	18	800
即墨市刘家庄镇	1481	4420	420	3500	1	1	7	204
即墨市移风店镇	1025	3877	620	2360	2	1	4	262
即墨市七级镇	1232	4037	33	2491	1	1	10	2260
即墨市兰村镇	7092	28378	3750	13579	2	1	123	11900
即墨市南泉镇	2505	7701	1951	5750	1	1	184	2750
即墨市普东镇	1784	5931	610	2730	1	1	21	2200
即墨市大信镇	1640	6010	1600	2342	1	1	20	800
即墨市马山镇	1080	3789	33	1980	1	1	15	158
平度市麻兰镇	2100	7095	1210	3200	1	1	13	1200
平度市古岘镇	2907	9631	1769	7215	2	1	19	315
平度市仁兆镇	1522	5792	1550	2451	3	1	10	1100
平度市张戈庄镇	947	3207	700	1240	1	1	12	840
平度市郭庄镇	1296	4544	1100	2360	2	1	13	1500
平度市南村镇	3041	9371	1280	7320	1	1	46	6320
平度市兰底镇	1015	3695	938	2676	2	2	22	681
平度市万家镇	1014	3154	549	1656	1	1	31	1036
平度市蓼兰镇	2849	8943	3594	6500	2	1	79	2560
平度市中庄镇	1130	5232	1029	3130	1	1	15	466
平度市崔家集镇	1588	5592	1650	2670	2	2	16	392
平度市明村镇	1193	5370	1909	2990	3	2	17	1050
平度市白埠镇	1896	6578	1587	4394	1	1	15	500
平度市门村镇	1200	5140	1850	2680	1	1	40	1820
平度市田庄镇	1346	4378	1276	2123	2	2	13	1280
平度市马戈庄镇	802	2843	1028	2389	1	1	16	987
平度市张舍镇	1390	4900	2320	3000	1	1	2	320
平度市新河镇	1503	4801	1110	2481	1	1	15	780
平度市灰埠镇	975	3300	1930	1100	2	1	10	1000
平度市长乐镇	2117	6118	1700	3048	1	1	55	1744
平度市店子镇	6500	15000	8500	9600	3	1	10	670
平度市蟠桃镇	819	2632	1405	1410	1	1	8	376
平度市大泽山镇	800	3035	2000	1600	1	1	38	410

3—4—15 续表 3

名　　称	户　数（户）	人　口（人）	其中：非农业人口（人）	劳动力（人）	集贸市场个数（个）	其　中：综合市场个数（个）	企　业个　数（个）	企　业从　业人员数（人）
平度市大田镇	1200	5430	1120	3500	1	1	10	250
平度市旧店镇	741	4331	2650	2815	1	1	8	1280
平度市祝沟镇	1635	6039	974	961	1	1	12	554
平度市云山镇	883	2999	2351	2600	1	1	4	612
平度市崔召镇	1296	4640	720	560	1	1	24	370
胶南市隐珠镇	3541	12543	1804	8500	2	2	90	6000
胶南市大珠山镇	2336	7364	1364	3800	1	1	28	3020
胶南市张家楼镇	972	3053	1008	4309	1	1	26	1743
胶南市寨里镇	1173	4035	843	3232	1	1	7	230
胶南市琅琊镇	1100	7013	610	680	1	1	14	330
胶南市藏南镇	798	4293	768	2888	3	2	34	2475
胶南市泊里镇	2402	7335	220	3650	3	1	311	2800
胶南市信阳镇	1064	2843	648	1048	1	1	65	864
胶南市大场镇	2492	11058	1406	5000	3	1	62	959
胶南市海青镇	2167	4009	267	2301	3	2	8	767
胶南市大村镇	1341	4014	1053	2000	2	2	130	1500
胶南市六汪镇	1656	5412	867	1467	1	1	41	1267
胶南市胶河镇	722	2497	2477	1311	1	1	30	300
胶南市宝山镇	874	3015	1165	1487	1	1	89	784
胶南市铁山镇	456	1780	1758	1977	1	1	11	1118
胶南市黄山镇	1046	2968	1300	3504	1	1	21	3100
胶南市王台镇	5765	16221	3412	12732	4	3	46	4709
胶南市红石崖镇	2871	9267	3510	5130	1	1	96	4637
胶南市灵山卫镇	4438	12100	1100	7128	1	1	490	6791
莱西市周格庄镇	160	794	450	1680	1	1	5	385
莱西市河头店镇	578	2225	516	1866	1	1	3	150
莱西市马连庄镇	600	4000	1100	2360	1	1	29	1363
莱西市南岚镇	954	2553	696	1296	1	1	48	1253
莱西市唐家庄镇	253	856	159	573	1	1	5	176
莱西市河里吴家镇	245	1222	509	964	1	1	3	38
莱西市南墅镇	2340	7735	4000	5460	2	2	15	4360
莱西市院里镇	1548	5221	478	1985	1	1	34	818
莱西市日庄镇	1642	5569	1495	4938	1	1	9	1438
莱西市留存庄镇	730	2513	742	1080	1	1	6	130
莱西市牛溪埠镇	880	2935	1050	3650	1	1	38	1020
莱西市武备镇	1908	4186	668	4000	1	1	15	547
莱西市院上镇	1176	4085	2236	2649	1	1	27	1144
莱西市店埠镇	2057	7702	1115	3657	5	4	25	700
莱西市朴木镇	1541	6456	955	3765	1	1	5	344
莱西市夏格庄镇	1700	5800	1100	5600	1	1	150	1300

3—4—15 续表 4

名　　称	户　数（户）	人　口（人）	其中：非农业人口（人）	劳动力（人）	集贸市场个数（个）	其　中：综合市场个数（个）	企　业个　数（个）	企　业从　业人员数（人）
莱西市李权庄镇	912	2783	241	12110	2	2	150	11651
莱西市姜山镇	2013	6951	905	5120	1	1	15	3500
莱西市绕岭镇	1293	3346	628	2690	1	1	40	1000
莱西市孙受镇	120	436	140	500	1	1	20	290
淄川区黄家铺镇	1907	3368	2600	2189	1	1	7	360
淄川区城南镇	562	2320	212	1508	1	1	6	180
淄川区昆仑镇	3124	15356	7178	10393	3	3	35	2017
淄川区磁村镇	1340	3678	105	3270	1	1	27	1220
淄川区岭子镇	1246	4765	2218	3321	5	5	3	264
淄川区商家镇	345	1203	150	926	1	1	3	465
淄川区杨寨镇	3500	10270	435	6262	2	1	69	4820
淄川区双沟镇	1828	5838	2100	3500	1	1	12	936
淄川区黑旺镇	1178	3593	120	1608	1	1	15	326
淄川区淄河镇	412	1575	707	2978	1	1	6	993
淄川区东坪镇	1191	3316	308	1333	1	1	39	689
淄川区西河镇	7291	12841	1866	6287	1	1	238	3966
淄川区龙泉镇	3453	11350	3783	4400	2	2	22	4049
淄川区寨里镇	2468	9003	4150	3855	1	1	185	2300
淄川区罗村镇	1594	4569	156	2702	1	1	20	2400
淄川区洪山镇	3229	7989	3347	4692	1	1	21	3350
张店区南定镇	993	2997	705	5000	1	0	39	3886
张店区傅家镇	1167	3188	220	1300	1	1	11	1100
张店区马尚镇	305	1060	51	598	1	1	5	132
张店区房镇镇	1050	4100	1018	1800	3	3	19	1500
张店区大张镇	312	2300	32	1598	1	1	8	1021
张店区卫固镇	2300	7658	1000	5000	1	1	15	3000
张店区中埠镇	419	1417	120	605	1	1	16	142
张店区湖田镇	5592	20115	15761	12985	2	2	18	1450
张店区沣水镇	2106	6287	511	3780	1	1	18	3316
博山区白塔镇	335	992	24	263	2	1	10	180
博山区石门镇	327	1013	45	551	2	1	7	248
博山区夏家庄镇	531	2100	1000	1300	1	1	13	889
博山区山头镇	1640	5700	2418	3161	1	1	6	1486
博山区八陡镇	13386	33990	14289	13988	3	3	238	13070
博山区崮山镇	2011	6127	554	3009	1	1	27	1708
博山区石马镇	1746	4954	346	2671	1	1	101	835
博山区北博山镇	1171	3192	436	1501	1	1	8	290
博山区域城镇	474	1315	0	800	1	1	5	305
博山区南博山镇	387	1122	38	485	3	2	21	296
博山区源泉镇	3987	11582	3933	704	3	2	37	519

3－4－15续表5

名　　称	户　数（户）	人　口（人）	其中：非农业人口（人）	劳动力（人）	集贸市场个数（个）	其　中：综合市场个数（个）	企　业个　数（个）	企　业从　业人员数（人）
博山区池上镇	347	1086	238	840	1	1	3	82
临淄区齐都镇	3124	10382	2100	6015	2	1	175	1600
临淄区齐陵镇	587	2058	700	1300	1	1	3	860
临淄区皇城镇	768	2523	1242	2085	1	1	17	1532
临淄区北羊镇	1195	4158	620	2050	3	1	2	160
临淄区敬仲镇	1145	2842	315	1942	2	2	160	1354
临淄区朱台镇	2578	10390	3081	8300	1	1	24	2785
临淄区高阳镇	765	2435	671	1890	1	1	5	236
临淄区路山镇	665	3460	2440	3252	2	2	15	1652
临淄区梧台镇	830	3562	1681	2312	1	1	26	2253
临淄区孙娄镇	821	3523	653	2365	3	1	178	1900
临淄区永流镇	1132	3865	2033	3093	3	2	5	753
临淄区金岭回族镇	3436	9572	3148	3384	1	1	265	2179
临淄区大武镇	145	520	385	350	1	1	8	165
临淄区南王镇	1877	5335	5335	2695	1	1	185	2167
周村区南阎镇	156	460	60	252	1	1	10	92
周村区南营镇	300	1007	181	937	1	1	20	325
周村区大姜镇	365	3165	465	2630	1	1	12	1650
周村区贾黄镇	620	2167	143	1940	2	1	21	1615
周村区南郊镇	278	891	25	610	1	1	59	480
周村区高塘镇	480	1850	320	1650	1	1	15	1020
周村区王村镇	8112	24102	13993	7580	2	2	836	6692
周村区萌水镇	1806	5886	375	2375	2	2	38	1845
桓台县耿桥镇	2547	8721	456	6105	3	1	25	315
桓台县起凤镇	7162	25623	7103	15310	6	3	295	3976
桓台县邢家镇	1150	3600	215	2685	2	1	11	1132
桓台县田庄镇	5978	20230	10120	16700	4	4	8	3105
桓台县荆家镇	3557	13147	7230	7250	4	4	41	2376
桓台县马桥镇	2851	10485	5090	8343	4	3	28	5160
桓台县陈庄镇	1880	6717	5356	5277	2	2	16	2512
桓台县新城镇	3111	9667	2100	7560	3	1	215	4980
桓台县周家镇	1165	4059	280	2750	2	1	30	2560
桓台县唐山镇	3520	14307	1970	11010	4	4	16	3100
桓台县果里镇	748	4097	1701	3230	2	1	4	832
桓台县侯庄镇	185	546	186	387	1	1	4	142
高青县青城镇	798	2671	1160	1832	2	1	28	653
高青县高城镇	961	3143	2074	2100	1	1	50	430
高青县黑里寨镇	607	2794	536	600	1	1	70	549
高青县常家镇	301	1202	272	780	1	1	15	280
高青县木李镇	163	1230	827	679	1	1	16	206

3—4—15 续表 6

名　　称	户　数（户）	人　口（人）	其中：非农业人口（人）	劳动力（人）	集贸市场个数（个）	其　中：综合市场个数（个）	企　业个　数（个）	企　业从　业人员数（人）
高青县花沟镇	910	3640	990	1300	3	3	5	84
高青县唐坊镇	398	1797	500	1353	1	1	35	340
高青县赵店镇	280	1043	176	729	2	1	3	32
沂源县土门镇	492	1855	729	1162	1	1	46	503
沂源县鲁村镇	1338	5600	650	2700	4	2	282	2588
沂源县沟泉镇	36	310	280	230	1	1	5	120
沂源县东里镇	3534	11257	122	9005	1	1	12	1144
沂源县韩旺镇	1250	3280	482	2100	1	1	2	922
沂源县悦庄镇	1762	5552	1626	4200	1	1	5	468
市中区税郭镇	2618	12029	1176	10280	1	1	14	640
市中区安城镇	460	4460	866	1486	1	1	49	1361
市中区孟庄镇	720	2449	1156	1300	1	1	14	265
市中区齐村镇	2813	10868	2130	1560	1	1	20	818
市中区渴口镇	2068	6267	3196	2628	0	0	8	2462
薛城区沙沟镇	2237	7106	1218	3189	1	1	2	218
薛城区周营镇	727	2217	1165	2580	1	1	6	312
薛城区陶庄镇	8793	34695	31795	18105	3	2	11	3985
薛城区邹坞镇	1238	5500	1479	8650	2	1	6	2650
薛城区常庄镇	434	3876	1189	5880	2	0	8	1463
薛城区张范镇	1279	4386	2047	2791	0	0	1	52
薛城区南石镇	1663	4836	2537	2651	2	1	37	1480
峄城区底阁镇	1498	6282	1930	4020	1	1	15	4016
峄城区阴平镇	2107	6658	2987	4200	2	1	9	2620
峄城区古邵镇	737	3219	86	2092	1	1	7	260
峄城区金陵寺镇	438	1694	597	1290	1	1	6	1280
峄城区曹庄镇	1246	4542	650	2510	1	1	9	2134
台儿庄区张山子镇	1240	3792	680	400	1	1	2	170
台儿庄区涧头集镇	1678	5366	1039	4754	1	1	5	247
台儿庄区彭楼镇	400	1526	215	795	1	1	2	36
台儿庄区邳庄镇	339	1356	518	1635	1	0	10	275
台儿庄区泥沟镇	922	4177	326	2044	1	1	9	586
山亭区山亭镇	3860	30403	22128	8870	2	1	3	618
山亭区西集镇	140	1899	1398	336	0	0	2	320
山亭区店子镇	857	3902	750	2127	1	1	4	816
山亭区北庄镇	542	1877	969	1100	1	1	60	500
山亭区桑村镇	2138	8689	2837	4288	1	1	9	1228
山亭区城头镇	2735	10326	1273	8600	2	1	1	80
山亭区徐庄镇	398	1592	789	986	1	1	1	582
山亭区水泉镇	260	1924	909	1020	2	1	4	470
滕州市东沙河镇	5532	20452	10450	14522	1	1	45	1125

3—4—15 续表 7

名　　称	户　数（户）	人　口（人）	其中：非农业人口（人）	劳动力（人）	集贸市场个数（个）	其　中：综合市场个数（个）	企　业个　数（个）	企　业从　业人员数（人）
滕州市洪绪镇	1799	6556	2720	4320	1	1	385	3860
滕州市南沙河镇	1366	5335	1952	3149	1	1	40	1500
滕州市大坞镇	1844	7631	68	4316	3	1	112	2347
滕州市望庄镇	900	4000	760	2500	1	1	50	2000
滕州市岗头镇	1881	9227	1861	4946	2	1	266	3213
滕州市级索镇	2150	9449	1785	5640	2	1	46	1890
滕州市西岗镇	19750	75219	40016	34690	6	3	182	3169
滕州市姜屯镇	985	5222	1286	2090	2	1	18	1020
滕州市鲍沟镇	3085	11898	3048	9426	4	2	76	1689
滕州市张汪镇	1329	5229	2100	3610	1	1	11	570
滕州市官桥镇	3355	11630	3332	7356	1	0	20	1240
滕州市柴胡店镇	620	2840	510	1680	2	1	28	410
滕州市羊庄镇	1682	8857	1652	4828	2	1	258	4599
滕州市木石镇	5735	28654	21024	21290	3	3	223	8207
滕州市界河镇	7700	31000	12160	21700	4	3	102	4000
滕州市龙阳镇	1266	6036	2615	3588	1	1	46	680
滕州市东郭镇	2965	16353	9810	8012	2	1	12	1435
东营区牛庄镇	6050	18888	12337	10444	4	3	46	1200
东营区六户镇	905	3150	730	1520	1	1	4	185
东营区史口镇	2088	6842	1830	2737	1	1	20	400
河口区义和镇	1753	5111	1252	4500	1	1	89	2081
垦利县胜坨镇	4899	18127	13587	7500	2	1	37	2800
垦利县郝家镇	555	1755	917	2125	1	1	38	1042
垦利县高盖镇	747	1717	527	1230	1	1	7	429
利津县北宋镇	535	1886	413	1320	1	1	32	618
利津县盐窝镇	380	1404	47	896	1	1	16	296
利津县陈庄镇	2655	14200	8754	5754	2	1	58	2581
利津县汀罗镇	927	2706	1257	1560	1	1	25	1120
广饶县大王镇	5313	17792	17335	13010	4	4	46	5400
广饶县稻庄镇	1265	4096	491	1890	2	1	68	1217
广饶县颜徐镇	1400	6000	800	4550	1	1	46	3650
广饶县石村镇	900	3200	600	1120	2	2	4	1000
广饶县丁庄镇	480	2075	725	2658	1	1	6	1568
芝罘区黄务镇	4328	14157	10000	12000	2	2	50	5319
芝罘区只楚镇	10331	20829	8309	9500	5	5	110	9378
芝罘区幸福镇	720	1558	860	772	1	1	38	722
芝罘区世回尧镇	1860	4650	2659	1420	1	1	38	936
福山区古现镇	879	2037	670	1664	1	1	8	609
福山区高疃镇	730	2519	38	1285	1	1	10	88
福山区张格庄镇	870	2873	670	1610	1	1	5	432

3－4－15 续表 8

名　　称	户　数（户）	人　口（人）	其中：非农业人口（人）	劳动力（人）	集贸市场个数（个）	其　中：综合市场个数（个）	企　业个　数（个）	企　业从　业人员数（人）
福山区回里镇	658	1896	230	1210	1	1	8	840
福山区兜余镇	320	985	20	370	1	1	2	80
福山区门楼镇	810	2512	180	400	1	1	3	120
福山区八角镇	140	418	93	398	2	1	6	362
福山区臧家镇	310	1008	144	553	1	1	9	96
福山区东厅镇	356	1081	105	1089	1	1	16	498
牟平区埠西头镇	483	1666	630	840	1	1	2	80
牟平区观水镇	1107	3460	270	1871	1	1	20	521
牟平区院格庄镇	1115	3251	583	1980	1	1	12	372
牟平区武宁镇	2425	9050	3500	7710	2	2	52	4310
牟平区养马岛镇	3275	8039	7839	5521	1	1	19	1800
牟平区大窑镇	1142	3025	516	1640	1	1	35	620
牟平区姜格庄镇	1285	3904	1277	2160	1	1	9	322
牟平区龙泉镇	687	1969	272	1358	1	1	8	280
牟平区玉林店镇	641	1636	239	610	1	1	8	534
牟平区水道镇	812	3000	1000	2000	1	1	3	200
牟平区莒格庄镇	518	1642	315	923	1	1	3	201
牟平区高陵镇	2060	6800	3548	3800	1	1	16	1200
牟平区王格庄镇	421	1422	610	910	1	1	8	600
牟平区刘家夼镇	525	1751	541	910	1	1	4	221
莱山区莱山镇	730	2250	230	1700	1	1	7	350
莱山区解甲庄镇	509	1568	300	903	1	1	5	170
长岛县砣矶镇	1381	3811	406	1900	2	2	11	309
龙口市羊岚镇	998	3574	639	3196	1	1	9	1991
龙口市徐福镇	815	2566	315	1373	1	1	18	1210
龙口市新嘉镇	880	2998	1450	1200	2	1	8	560
龙口市中村镇	2000	4800	1120	4100	3	2	21	3800
龙口市海岱镇	280	769	138	723	1	1	7	252
龙口市黄山馆镇	1490	4399	178	2554	1	1	28	1230
龙口市大陈家镇	650	1845	432	1648	1	1	21	732
龙口市北马镇	3900	12600	8000	7800	2	1	30	3767
龙口市芦头镇	1478	5213	1064	3287	1	1	14	1050
龙口市东江镇	1754	7971	695	5250	1	1	19	2914
龙口市下丁家镇	986	3168	382	1217	1	1	11	563
龙口市七甲镇	510	1480	481	225	1	1	6	209
龙口市田家镇	353	1049	379	1012	1	1	8	99
龙口市丰仪镇	564	1303	472	931	1	1	6	521
龙口市石良镇	1574	5298	1401	3396	1	1	16	2800
龙口市文基镇	849	3389	607	1409	1	1	8	78
龙口市兰高镇	586	1934	534	1185	1	1	5	267

3—4—15 续表 9

名　　称	户　数（户）	人　口（人）	其中：非农业人口（人）	劳动力（人）	集贸市场个数（个）	其　中：综合市场个数（个）	企　业个　数（个）	企　业从　业人员数（人）
龙口市诸由镇	2100	7560	2000	6000	1	1	10	5800
莱阳市沐浴店镇	632	2422	245	2141	1	1	24	1480
莱阳市团旺镇	4200	16200	8120	11340	3	2	19	1970
莱阳市穴坊镇	1461	5220	168	2608	2	1	6	576
莱阳市羊郡镇	352	1271	541	995	1	1	2	120
莱阳市姜疃镇	1020	3232	696	2390	1	1	6	1260
莱阳市万第镇	1208	4890	310	2800	1	1	15	440
莱阳市龙旺庄镇	1124	3269	619	2965	1	1	28	1112
莱阳市榆科顶镇	389	1295	290	850	1	1	7	96
莱阳市西留镇	565	2228	88	1050	1	1	6	106
莱阳市谭格庄镇	680	2772	647	620	1	1	6	460
莱阳市柏林庄镇	560	2480	710	1470	1	1	21	605
莱阳市河洛镇	480	2200	450	1350	1	1	5	158
莱阳市冯格庄镇	307	1031	261	967	1	1	21	894
莱阳市吕格庄镇	887	2048	496	1320	2	1	16	1272
莱阳市中荆镇	505	2054	162	1604	1	1	7	440
莱阳市高格庄镇	518	4686	300	1484	1	1	15	890
莱阳市前淳于镇	505	2104	459	1138	1	1	5	465
莱阳市大夼镇	926	3426	316	1898	1	1	16	1016
莱阳市照旺庄镇	270	1360	460	800	1	1	6	312
莱阳市齐山镇	689	2162	495	1081	1	1	26	213
莱阳市山前店镇	780	2360	328	1350	1	1	12	152
莱州市西由镇	476	4687	106	4020	1	1	38	3500
莱州市金城镇	238	874	101	783	1	1	37	753
莱州市朱桥镇	1973	5710	345	8396	2	1	46	4033
莱州市梁郭镇	1016	3247	267	956	1	1	29	360
莱州市平里店镇	2682	8656	2955	2100	1	1	46	1820
莱州市驿道镇	507	1708	332	1602	1	1	27	923
莱州市郭家店镇	792	2898	339	1860	1	1	12	275
莱州市夏邱镇	5077	17180	510	11593	1	1	800	7200
莱州市沙河镇	3634	11914	231	8350	1	1	27	3100
莱州市土山镇	1454	6882	109	6362	1	1	28	5362
莱州市东宋镇	858	3514	1040	2648	1	1	65	583
莱州市大原镇	890	3734	806	1272	1	1	17	410
莱州市朱由镇	1800	5065	503	3018	1	1	15	2285
莱州市过西镇	835	3087	964	2031	1	1	30	2000
莱州市苗家镇	641	2214	497	1229	1	1	10	451
莱州市三元镇	988	3083	678	1880	1	1	48	408
莱州市程郭镇	687	2013	56	1123	1	1	6	428
莱州市曲家镇	344	1441	399	230	1	1	22	200

3—4—15 续表 10

名称	户数（户）	人口（人）	其中：非农业人口（人）	劳动力（人）	集贸市场个数（个）	其中：综合市场个数（个）	企业个数（个）	企业从业人员数（人）
莱州市神堂镇	324	1748	733	1172	1	1	8	560
莱州市珍珠镇	1152	4075	890	2745	1	1	28	2096
莱州市寨里徐家镇	782	2678	359	1515	1	1	11	1349
莱州市路旺镇	578	2025	172	1863	1	1	117	1830
莱州市柞村镇	975	3511	798	2216	1	1	55	600
莱州市南十里堡镇	526	1676	45	545	1	1	6	239
莱州市店子镇	341	1356	354	639	1	1	11	391
莱州市柴棚镇	396	1280	420	958	1	1	5	500
莱州市仲院镇	504	1698	395	1085	1	1	5	390
蓬莱市南王镇	933	2038	802	1510	1	1	4	410
蓬莱市刘家沟镇	1120	3486	850	1608	1	1	5	266
蓬莱市马格庄镇	1058	2969	65	1438	1	1	4	396
蓬莱市解宋营镇	866	2447	158	1200	1	1	12	600
蓬莱市潮水镇	1803	6942	924	5038	1	1	23	1860
蓬莱市大季家镇	1896	6300	1300	4900	1	1	14	980
蓬莱市大柳行镇	559	1987	579	1445	1	1	5	357
蓬莱市遇驾夼镇	585	1359	239	826	1	1	6	220
蓬莱市峝寺店镇	1121	3178	127	1734	1	1	11	533
蓬莱市龙山店镇	484	1627	270	950	1	1	5	823
蓬莱市小门家镇	549	1552	573	1021	1	1	6	300
蓬莱市大辛店镇	1284	5480	1340	3120	2	2	14	980
蓬莱市村里集镇	1470	3689	1166	1887	1	1	6	325
蓬莱市于家庄镇	220	1131	377	820	1	1	6	372
蓬莱市徐家集镇	420	1748	533	1581	1	1	8	200
蓬莱市北沟镇	1070	3820	890	2790	1	1	28	2680
招远市辛庄镇	4541	14672	461	8860	3	3	39	3188
招远市蚕庄镇	818	3582	2122	1897	2	2	9	1108
招远市金岭镇	1338	3817	1000	1664	1	1	10	600
招远市道头镇	2121	6462	1750	4483	2	1	5	337
招远市毕郭镇	1800	4060	825	2900	1	1	28	620
招远市玲珑镇	1342	5290	845	4570	2	2	41	3685
招远市张星镇	1020	3251	520	1720	1	1	28	1430
招远市宋家镇	1310	3250	934	2260	1	1	46	1830
招远市大秦家镇	598	1972	1025	1023	1	1	20	958
招远市南院镇	932	2739	699	1573	1	1	7	758
招远市夏甸镇	960	2583	210	1297	1	1	12	345
招远市阜山镇	445	1680	250	820	3	3	13	356
招远市齐山镇	500	1400	100	700	1	1	10	210
招远市青龙镇	602	2087	365	1113	1	1	8	473
栖霞市观里镇	1314	3980	187	1595	1	1	25	212

3—4—15 续表 11

名　　称	户　数（户）	人　口（人）	其中：非农业人口（人）	劳动力（人）	集贸市场个数（个）	其　中：综合市场个数（个）	企　业个　数（个）	企　业从　业人员数（人）
栖霞市蛇窝泊镇	486	1516	200	1000	2	1	32	286
栖霞市唐家泊镇	465	1352	114	840	1	1	23	270
栖霞市桃村镇	1012	3540	188	1320	2	1	86	702
栖霞市亭口镇	452	1320	130	700	1	1	22	321
栖霞市臧家庄镇	1010	3011	155	1472	1	1	35	472
栖霞市寺口镇	480	1582	210	950	1	1	35	301
栖霞市苏家店镇	777	2075	286	1200	1	1	34	426
栖霞市铁口镇	606	1856	140	1158	1	1	22	228
栖霞市中桥镇	850	3145	156	1460	1	1	60	492
栖霞市杨础镇	983	3021	321	1328	1	1	20	213
栖霞市西城镇	850	3145	265	1252	1	1	31	252
栖霞市官道镇	274	900	50	482	1	1	32	276
栖霞市寨里镇	1600	4850	89	2259	1	1	28	368
海阳市风城镇	3827	12000	1880	6220	1	1	16	1100
海阳市大辛家镇	1380	4812	1600	2670	1	1	4	1020
海阳市留格庄镇	1014	3178	1007	1610	1	1	26	560
海阳市盘石店镇	1375	3875	808	2005	1	1	11	190
海阳市郭城镇	1087	3162	389	1849	1	1	8	1528
海阳市徐家店镇	3171	9332	6221	5864	3	2	32	1618
海阳市发城镇	808	2512	808	1120	1	1	9	1008
海阳市小纪镇	928	3262	1000	1900	1	1	14	1020
海阳市行村镇	1738	5362	1174	3216	1	1	7	795
海阳市辛安镇	903	2933	968	2200	1	1	9	750
海阳市二十里店镇	2105	6315	315	4000	2	1	2	256
海阳市大阎家镇	1016	2820	185	3112	1	1	3	540
潍城区军埠口镇	332	1680	109	912	4	4	10	729
潍城区符山镇	380	1520	562	910	1	1	4	498
潍城区圩河镇	1142	5843	2057	3292	1	1	5	890
潍城区人柳树镇	978	3858	521	1820	1	1	7	720
潍城区望留镇	1393	5168	520	3128	1	1	16	1706
潍城区杏埠镇	570	1700	1100	1890	1	1	8	150
寒亭区固堤镇	2600	10122	4300	985	2	1	45	685
寒亭区央子镇	1455	5037	880	1750	2	1	45	720
寒亭区高里镇	977	3796	789	900	1	1	14	506
寒亭区双扬镇	1495	6566	1778	3550	3	1	18	565
寒亭区朱里镇	630	2787	700	1300	2	1	75	1226
寒亭区张氏镇	1380	6075	713	1200	1	1	34	1000
寒亭区郭家官庄镇	570	2820	810	2200	1	1	6	220
寒亭区河滩镇	768	2841	143	1846	1	1	67	1360
坊子区沟西镇	673	1878	920	980	0	0	30	305

3—4—15 续 12

名　称	户　数（户）	人　口（人）	其中：非农业人口（人）	劳动力（人）	集贸市场个数（个）	其　中：综合市场个数（个）	企　业个　数（个）	企　业从　业人员数（人）
坊子区清池镇	2925	13909	1443	12200	5	3	60	4000
坊子区车留庄镇	1250	6250	2703	4060	3	3	19	1910
坊子区穆村镇	1862	6634	931	6600	4	4	72	1600
坊子区眉村镇	1200	4600	220	4900	1	1	39	3000
坊子区埠头镇	234	755	204	327	1	1	4	221
坊子区荆山洼镇	351	1493	453	970	1	1	13	526
临朐县五井镇	2759	8311	5251	4668	1	1	12	920
临朐县杨善镇	5099	14879	2534	4463	2	2	45	3100
临朐县冶源镇	7860	36400	21559	22947	2	2	164	9364
临朐县寺头镇	567	2181	140	1620	1	1	3	90
临朐县吕匣镇	706	3240	290	2000	1	1	17	450
临朐县九山镇	557	1850	705	1094	1	1	68	755
临朐县七贤镇	300	1549	500	755	1	1	25	310
临朐县辛寨镇	4301	24905	16110	8826	3	1	68	7546
临朐县卧龙镇	1180	4555	778	3014	1	1	20	189
临朐县蒋峪镇	847	2980	1249	1000	1	1	24	600
临朐县大关镇	1685	6997	710	3848	1	1	40	330
临朐县营子镇	1079	3224	970	1025	1	1	16	210
临朐县龙岗镇	541	2310	894	1210	2	1	6	621
临朐县柳山镇	810	4505	1510	2480	1	1	16	286
临朐县上林镇	378	1651	226	863	1	1	25	546
临朐县纸坊镇	1878	4670	420	3150	1	1	32	627
昌乐县尧沟镇	480	2040	427	1100	1	1	3	36
昌乐县朱刘镇	4860	18348	9145	13842	3	3	28	1204
昌乐县五图镇	1350	4651	720	2830	2	2	9	281
昌乐县南郝镇	310	1100	581	1050	1	1	18	900
昌乐县北岩镇	780	3620	689	1880	1	1	13	372
昌乐县乔官镇	930	3879	300	1520	1	1	30	600
昌乐县青龙镇	456	1741	167	1566	1	1	1	38
昌乐县唐吾镇	2858	11066	1298	8560	3	1	39	1800
昌乐县高崖镇	560	2570	526	1230	1	1	3	133
昌乐县平原镇	1324	4803	683	2760	2	1	4	1629
昌乐县红河镇	715	3250	1263	2500	2	1	19	1096
昌乐县马宋镇	547	2772	1031	1366	1	1	32	1126
昌乐县河头镇	355	1140	206	450	1	1	10	200
昌乐县阿陀镇	690	2402	690	1300	1	1	7	160
昌乐县崔家庄镇	725	2700	700	1100	1	1	10	215
昌乐县白塔镇	650	2182	571	1450	1	1	2	64
昌乐县朱汉镇	690	2424	154	2490	1	1	9	1100
昌乐县大宅科镇	322	1502	392	1320	1	1	2	193

3－4－15 续表 13

名　　称	户　数（户）	人　口（人）	其中：非农业人口（人）	劳动力（人）	集贸市场个数（个）	其　中：综合市场个数（个）	企　业个　数（个）	企　业从　业人员数（人）
昌乐县北展镇	512	2020	367	929	2	1	18	865
青州市东坝镇	531	3100	1000	3620	1	1	60	2200
青州市杨家庄镇	158	600	87	600	1	1	7	260
青州市弥河镇	500	4000	2000	3000	1	1	36	1440
青州市王坟镇	809	2942	252	1256	2	2	18	790
青州市庙子镇	4201	12135	1119	8300	2	2	40	4300
青州市五里镇	850	2758	72	1972	1	1	14	154
青州市文登镇	1410	5079	337	1600	1	1	110	1000
青州市邵庄镇	1000	3585	732	2400	1	1	56	1200
青州市普通镇	1268	4100	1900	750	1	1	17	556
青州市东高镇	800	4500	3000	1500	1	0	4	200
青州市高柳镇	1540	6425	1050	2890	2	2	30	1800
青州市朱良镇	3300	10000	3200	6000	1	1	106	2100
青州市何官镇	288	2063	459	2700	3	1	115	2500
青州市口埠镇	892	3918	489	2433	4	1	24	1327
青州市王母宫镇	750	2800	450	1321	1	1	12	130
青州市东夏镇	1050	4078	820	643	1	1	43	425
青州市谭坊镇	1133	4268	523	2500	2	1	27	2100
青州市郑母镇	1201	4767	610	1622	1	1	3	150
青州市黄楼镇	1135	5300	1000	4100	0	0	10	300
诸城市吕标镇	1783	5988	1133	5687	1	1	53	2107
诸城市枳沟镇	3615	14202	10494	7242	1	1	94	4880
诸城市箭口镇	929	2379	808	1404	2	1	39	898
诸城市万家庄镇	5083	14004	3289	8000	1	1	80	2700
诸城市贾悦镇	2493	10500	1265	3905	2	2	21	345
诸城市孟疃镇	992	2404	784	868	2	2	4	108
诸城市石桥子镇	1461	5122	671	2412	3	1	43	1080
诸城市程戈庄镇	1637	4524	1026	2158	1	1	10	370
诸城市九台镇	989	6028	960	1590	1	1	10	1000
诸城市相州镇	2511	8403	1870	6880	1	1	120	3820
诸城市郭家屯镇	895	2381	613	600	1	1	35	420
诸城市昌城镇	1372	6235	2238	4606	2	1	8	3600
诸城市百尺河镇	1400	5300	800	2600	1	1	8	1460
诸城市辛兴镇	1293	4384	1566	3000	1	1	6	1468
诸城市朱解镇	612	2138	40	3213	1	1	12	1198
诸城市林家村镇	922	4065	914	2515	1	1	11	444
诸城市瓦店镇	628	2907	550	1853	1	1	4	362
诸城市郝戈庄镇	800	3000	432	1750	1	1	5	146
诸城市皇华镇	1976	4568	1125	4361	2	2	140	2928
寿光市化龙镇	80	1120	118	1000	0	0	4	801

3—4—15 续表 14

名　　称	户　数（户）	人　口（人）	其中：非农业人口（人）	劳动力（人）	集贸市场个数（个）	其　中：综合市场个数（个）	企　业个　数（个）	企　业从　业人员数（人）
寿光市孙家集镇	661	2819	1145	2500	0	0	28	1677
寿光市北洛镇	900	4295	623	2623	0	0	8	900
寿光市营里镇	693	2774	930	400	0	0	13	200
寿光市台头镇	982	4248	1030	2200	1	1	35	930
寿光市牛头镇	2348	8495	521	4100	0	0	32	643
寿光市道口镇	822	2991	878	2287	1	1	13	522
寿光市田柳镇	1039	4163	1390	3200	1	0	10	2000
寿光市王高镇	2160	7541	986	4400	2	0	9	600
寿光市上口镇	735	2689	1543	1430	1	1	31	924
寿光市侯镇	5475	25000	1900	15000	3	2	35	7250
寿光市岔河镇	1282	4160	351	2314	0	0	3	1060
寿光市五台镇	389	1010	913	654	1	0	5	425
寿光市寒桥镇	1124	5049	1084	4070	1	1	8	721
寿光市洛城镇	1175	4100	300	2600	1	1	21	180
寿光市纪台镇	850	5000	600	1300	1	0	5	300
寿光市稻田镇	2700	16000	1800	10000	2	0	25	2500
寿光市王望镇	736	2983	752	1842	1	1	11	897
寿光市田马镇	526	3196	330	2450	1	0	5	450
寿光市留吕镇	815	2876	744	4675	1	0	7	2300
寿光市羊口镇	5179	17893	13311	7653	3	1	83	3500
安丘市景芝镇	8656	45132	6284	20136	4	2	79	7366
安丘市黄旗堡镇	6183	22000	3430	12000	3	1	50	4300
安丘市南流镇	1252	5700	825	3132	1	1	23	1132
安丘市凌河镇	4952	15890	1890	11900	2	2	57	6600
安丘市官庄镇	1233	4890	650	3523	1	1	24	1710
安丘市雹泉镇	840	3520	900	2200	1	1	24	1830
安丘市红沙沟镇	1282	3885	803	1920	2	1	50	750
安丘市大盛镇	800	3500	1000	2500	1	1	21	1000
安丘市庵上镇	842	2791	857	1994	1	1	5	195
安丘市贾戈镇	1408	4095	1364	2081	1	1	8	1431
安丘市赵戈镇	956	3682	901	3860	3	2	17	1969
安丘市刘家尧镇	700	2813	1517	1330	2	2	6	200
安丘市慈埠镇	672	2589	725	1200	1	1	7	400
安丘市石埠子镇	1120	3320	439	1800	2	1	8	420
安丘市石堆镇	1305	5103	1061	2620	1	1	15	480
安丘市担山镇	652	2788	369	2229	1	1	12	468
安丘市王家庄镇	1192	4858	846	2496	2	1	7	264
安丘市临浯镇	1000	4500	800	2200	1	1	8	269
安丘市宋官疃镇	1032	3612	726	1710	1	1	4	559
安丘市白芬子镇	892	6311	687	5200	1	1	20	750

3—4—15 续 15

名　　称	户　数（户）	人　口（人）	其中：非农业人口（人）	劳动力（人）	集贸市场个数（个）	其　中：综合市场个数（个）	企　业个　数（个）	企　业从　业人员数（人）
安丘市管公镇	760	2500	600	2200	1	1	72	760
安丘市召忽镇	310	1100	350	650	1	1	12	180
安丘市柘山镇	832	2346	268	1064	1	1	5	146
安丘市关王镇	882	3178	517	1650	1	1	47	440
安丘市金冢子镇	404	1972	917	1026	1	1	3	500
高密市柏城镇	1650	3249	1341	2153	2	1	13	2000
高密市姚哥庄镇	1248	3848	134	2301	1	1	8	1610
高密市张鲁镇	560	2120	256	162	2	1	15	146
高密市河崖镇	1173	4674	719	4300	1	1	13	2300
高密市夏庄镇	2258	7559	120	5120	2	2	29	380
高密市姜庄镇	3095	8781	1580	4684	2	1	7	986
高密市仁和镇	844	2862	154	2143	1	1	7	1402
高密市大牟家镇	1440	5515	1890	1050	1	1	6	959
高密市周戈庄镇	1396	3957	794	1786	2	2	5	1376
高密市康庄镇	710	2806	1709	1860	1	1	11	1800
高密市蔡家站镇	825	2953	628	2060	1	1	8	1760
高密市阚家镇	1012	3816	874	1962	1	1	6	920
高密市初家镇	342	1130	468	2032	1	1	41	420
高密市双羊镇	1100	5100	1270	3270	1	1	6	940
高密市井沟镇	1663	4492	885	2317	1	1	12	590
高密市呼家庄镇	827	2723	145	1300	1	1	7	850
高密市注沟镇	571	3042	750	2300	1	1	6	1200
高密市柴沟镇	2225	8783	2038	7320	2	1	12	4540
高密市拒城河镇	1381	3229	703	1378	2	2	5	778
高密市李家营镇	831	3660	884	1796	1	1	35	1496
昌邑市龙池镇	1410	4240	530	2780	1	1	150	2530
昌邑市青乡镇	613	1938	420	1881	2	1	15	700
昌邑市柳疃镇	2870	12358	4196	8959	1	1	66	5600
昌邑市下营镇	381	2148	665	960	1	1	30	380
昌邑市卜庄镇	698	2105	278	1246	4	1	5	1100
昌邑市仓街镇	1007	3895	509	1472	1	1	67	851
昌邑市围子镇	1450	4800	1432	3600	1	1	45	1450
昌邑市石埠镇	2658	18859	12656	11620	6	1	28	1025
昌邑市饮马镇	3215	11683	1504	6554	3	2	84	5396
昌邑市柞山镇	1691	5586	2628	2681	1	1	39	1975
昌邑市丈岭镇	1308	5293	1116	1836	0	0	7	241
昌邑市塔耳堡镇	885	3074	710	2300	1	1	7	550
昌邑市李家埠镇	592	2425	1075	1775	1	1	35	224
昌邑市宋庄镇	1333	4939	810	2279	3	1	47	1320
昌邑市北孟镇	1873	5995	1094	3896	1	1	65	1050

3—4—15 续表 16

名　　称	户 数（户）	人 口（人）	其中：非农业人口（人）	劳动力（人）	集贸市场个数（个）	其中：综合市场个数（个）	企业个数（个）	企业从业人员数（人）
任城区二十里铺镇	12244	43272	2000	24725	3	3	151	1824
任城区李营镇	417	1643	17	5000	1	1	3	2000
任城区接庄镇	1960	5840	607	2450	1	1	64	735
任城区石桥镇	851	3250	1811	1641	1	1	6	120
任城区唐口镇	3850	22000	9500	14300	1	1	80	8950
任城区安居镇	1700	10000	900	5300	2	1	15	478
任城区长沟镇	5417	23893	7204	11200	2	2	226	4300
任城区南张镇	333	1316	28	805	1	1	12	106
任城区许庄镇	494	1789	979	848	1	1	9	115
任城区柳行镇	1630	5889	2176	13198	1	1	4	9280
微山县韩庄镇	5330	22807	16100	13684	6	2	56	1400
微山县付村镇	2952	11857	8591	8591	1	1	9	175
微山县欢城镇	7820	37844	20540	32656	4	2	34	6750
微山县留庄镇	3466	16528	2560	9916	2	1	12	1625
微山县南阳镇	2631	13155	1098	7893	1	1	2	35
微山县鲁桥镇	2530	11050	1100	6500	1	1	2	100
鱼台县王鲁镇	1000	3000	1219	1876	3	1	1	860
鱼台县张黄镇	805	5210	3100	2900	1	1	11	150
鱼台县清河镇	895	3349	1321	2300	1	1	9	753
鱼台县鱼城镇	2200	9376	5125	4867	3	1	5	235
金乡县缗城镇	980	3450	1750	2700	1	1	15	820
金乡县王丕镇	261	889	261	532	1	1	4	170
金乡县肖云镇	630	2448	731	1231	1	1	1	137
金乡县胡集镇	2606	8061	1322	4796	2	1	7	1220
金乡县羊山镇	2588	9560	1683	4986	2	1	72	1601
金乡县马庙镇	690	3943	1736	1350	1	1	110	950
金乡县鱼山镇	396	1526	806	830	1	1	2	146
金乡县鸡黍镇	1868	6035	1135	3657	5	1	122	1248
嘉祥县卧龙山镇	970	3900	1100	2600	1	1	37	296
嘉祥县纸坊镇	1955	9176	1500	7171	1	1	104	1023
嘉祥县梁宝寺镇	986	3975	340	134	2	1	5	120
嘉祥县疃里镇	1050	3646	1220	2780	2	1	4	1250
嘉祥县马村镇	1800	5850	600	3000	3	1	47	370
嘉祥县金屯镇	525	2503	1524	1638	3	1	22	268
汶上县南站镇	2443	10068	1242	5287	1	1	43	819
汶上县康驿镇	4732	18928	7000	10720	1	1	5	1560
汶上县南旺镇	1810	7227	200	4094	2	1	7	400
汶上县次丘镇	1500	5900	1400	660	1	1	10	505
汶上县寅寺镇	1050	4000	800	3000	1	1	5	650
汶上县郭楼镇	1065	4121	59	1200	1	1	101	1108

3—4—15 续 17

名　　称	户　数（户）	人　口（人）	其中：非农业人口（人）	劳动力（人）	集贸市场个数（个）	其　中：综合市场个数（个）	企　业个　数（个）	企　业从　业人员数（人）
汶上县苑庄镇	2500	7000	2680	3580	1	1	100	1750
泗水县金庄镇	1870	7477	1342	3938	2	1	156	3528
泗水县泉林镇	1171	4399	120	2848	2	2	10	150
泗水县苗馆镇	800	3400	780	1635	2	2	15	500
泗水县星村镇	1953	6183	1335	3927	1	1	10	300
泗水县中册镇	1578	7000	1100	3909	1	1	12	1500
泗水县柘沟镇	2828	12265	1500	4841	1	1	20	3653
泗水县杨柳镇	959	2836	664	1865	1	1	2	1640
梁山县小路口镇	923	3600	420	1917	1	1	6	72
梁山县徐集镇	2851	10150	1205	5186	1	1	17	790
梁山县韩岗镇	443	2220	1171	1780	1	1	3	41
梁山县杨营镇	3201	12045	4100	10500	3	1	493	4050
曲阜市书院镇	955	5106	1402	754	1	1	6	720
曲阜市吴村镇	1142	3468	2102	2800	1	1	15	380
曲阜市姚村镇	1300	3600	2100	889	1	1	17	689
曲阜市时庄镇	808	3150	529	1730	1	1	13	469
曲阜市陵城镇	2105	6145	1221	4301	1	1	17	157
曲阜市小雪镇	1666	5864	903	3730	1	1	25	288
曲阜市南辛镇	2017	7529	892	4220	1	1	10	240
兖州市新兖镇	786	2678	1988	1086	2	1	8	896
兖州市谷村镇	986	3120	380	540	1	1	10	257
兖州市大安镇	751	3000	1000	4000	1	1	21	2500
兖州市新驿镇	2300	8900	3000	6200	2	1	14	2900
兖州市颜店镇	300	1171	100	1704	1	1	20	1200
兖州市泗庄镇	627	2245	45	1401	1	1	62	1260
兖州市黄屯镇	120	1130	302	718	1	1	11	563
兖州市王因镇	2619	10326	2918	6733	1	1	10	1810
兖州市兴隆庄镇	1200	5200	1500	2883	1	1	30	2800
邹城市峄山镇	1172	3618	476	1889	1	1	6	490
邹城市看庄镇	1893	7573	6918	6800	2	1	26	573
邹城市香城镇	1157	4136	225	2099	1	1	31	1041
邹城市张庄镇	1216	5160	468	3122	1	1	12	478
邹城市城前镇	3800	15000	1245	8600	1	1	355	6600
邹城市田黄镇	1136	5681	1123	2560	4	4	5	419
邹城市大束镇	853	4235	1320	1627	1	1	10	350
邹城市中心店镇	6240	26346	18810	12690	2	1	54	1989
邹城市北宿镇	7349	31597	14132	10935	2	2	235	2320
邹城市唐村镇	1500	5600	3000	4500	1	1	69	3400
邹城市平阳寺镇	1030	4625	1125	2775	1	0	24	1796
邹城市太平镇	1340	4900	1240	3210	1	1	56	1470

3—4—15 续表 18

名　　称	户　数（户）	人　口（人）	其中：非农业人口（人）	劳动力（人）	集贸市场个数（个）	其　中：综合市场个数（个）	企　业个　数（个）	企　业从　业人员数（人）
邹城市郭里镇	1768	7336	1106	4760	1	1	31	980
邹城市石墙镇	2888	10800	1260	7500	1	1	35	1260
泰山区省庄镇	4500	16000	8650	13000	1	1	120	3400
泰山区邱家店镇	1870	6680	1250	3050	1	1	31	2444
泰安市郊区山口镇	3621	10361	4954	9125	1	1	75	7451
泰安市郊区祝阳镇	1026	10166	2317	4954	1	1	65	1216
泰安市郊区范镇镇	2822	9287	2476	4907	1	1	34	1750
泰安市郊区角峪镇	1979	6693	1100	3420	1	1	41	2210
泰安市郊区徂徕镇	1085	4093	61	1101	1	1	21	700
泰安市郊区北集坡镇	1060	3603	247	2325	1	1	80	1981
泰安市郊区满庄镇	6061	25812	2800	14000	4	2	116	2170
泰安市郊区夏张镇	2900	9000	2983	7298	2	1	96	3028
泰安市郊区道朗镇	1421	4766	2419	2200	1	1	102	1756
泰安市郊区黄前镇	1400	4183	854	2509	1	1	30	483
泰安市郊区汶口镇	6305	27525	22500	13252	5	4	86	1928
泰安市郊区马庄镇	2570	8835	1400	4857	3	1	76	980
泰安市郊区房村镇	1861	8132	2290	4490	1	1	111	3771
泰安市郊区良庄镇	4186	14438	2346	9298	4	2	46	2423
宁阳县泗店镇	1014	4337	1669	5265	1	1	3	147
宁阳县东疏镇	1681	7718	2173	4471	1	1	52	610
宁阳县伏山镇	1950	7286	1997	5318	1	1	48	1885
宁阳县白马镇	1310	4620	929	2124	2	1	22	637
宁阳县罡城镇	1768	5962	1835	3910	2	2	19	450
宁阳县茅庄镇	880	4590	1136	1488	1	1	16	1230
宁阳县蒋集镇	1644	6644	1500	1450	1	1	6	531
宁阳县南驿镇	1564	5745	1466	2900	1	1	8	450
宁阳县磁窑镇	6174	20526	10798	12601	2	1	43	2990
宁阳县华丰镇	6873	24167	19422	8378	1	1	4	3080
宁阳县葛石镇	1250	4647	1792	2083	1	1	18	580
宁阳县石集镇	500	8228	7528	7228	1	1	50	3328
东平县州城镇	4795	18286	5721	9605	1	1	39	3567
东平县沙河站镇	1463	6264	1538	1952	1	1	64	631
东平县彭集镇	1828	6617	1579	1420	2	1	50	620
东平县宿城镇	1370	5600	210	2600	1	1	41	680
东平县水河镇	1348	5392	513	3100	1	1	16	380
东平县老湖镇	1045	3165	376	1280	1	1	31	320
东平县银山镇	4186	20191	4800	8060	4	2	128	4800
东平县斑鸠店镇	1248	4126	1506	1382	2	2	43	960
新泰市西周镇	983	3239	2573	2364	1	1	63	1500
新泰市东都镇	3380	11701	9103	6290	1	1	100	4100

3—4—15 续表 19

名　　称	户　数（户）	人　口（人）	其中：非农业人口（人）	劳动力（人）	集贸市场个数（个）	其　中：综合市场个数（个）	企　业个　数（个）	企　业从　业人员数（人）
新泰市小协镇	11343	37443	25974	15530	1	1	9	2445
新泰市翟镇镇	2785	11498	5426	6859	1	1	160	3626
新泰市泉沟镇	2887	11310	10580	9048	1	1	65	1977
新泰市羊流镇	302	940	260	560	2	1	15	400
新泰市果都镇	968	6600	3000	4100	1	1	68	2200
新泰市西张庄镇	3150	19646	11250	4000	2	2	86	2339
新泰市天宝镇	2101	8626	1600	5579	1	1	12	1532
新泰市大东庄镇	1283	4706	752	2500	1	1	13	690
新泰市楼德镇	3820	18156	8006	11250	3	2	130	4500
新泰市禹村镇	2579	10756	8554	3400	1	1	36	2600
新泰市宫里镇	1457	5900	1500	2994	2	2	12	890
新泰市谷里镇	1651	5653	3659	2890	1	1	22	2340
新泰市石莱镇	1600	6500	950	4100	1	1	9	850
新泰市放城镇	2482	8663	738	4789	1	1	31	1700
新泰市刘杜镇	2130	8788	1304	4000	1	1	60	3000
新泰市汶南镇	2664	9051	2000	4210	3	3	25	2500
新泰市沈家桩镇	1350	4000	2500	2600	1	1	100	968
新泰市龙廷镇	716	2937	728	1440	1	1	14	1000
肥城市老城镇	1374	4749	3219	3950	2	1	120	1860
肥城市潮泉镇	1306	4989	581	2286	1	1	10	1024
肥城市王瓜店镇	768	3072	572	1741	2	2	15	750
肥城市桃园镇	1392	5104	1420	2571	1	1	90	1483
肥城市王庄镇	550	3900	2100	1500	1	1	10	1084
肥城市湖屯镇	2160	6448	1448	3262	1	1	40	380
肥城市石横镇	13330	44498	37605	26503	3	2	62	5370
肥城市安站镇	2675	7892	1420	3540	1	1	6	1580
肥城市孙伯镇	1965	7500	1084	5500	2	2	4	1200
肥城市安驾庄镇	1427	3622	3032	3490	1	1	12	3184
肥城市马家埠镇	670	5190	1162	1697	1	1	6	938
肥城市过村镇	1205	2891	1151	1850	1	1	10	602
肥城市边院镇	2439	7543	2585	2870	1	1	1	80
肥城市汶阳镇	1045	3659	1821	2142	2	1	5	1242
环翠区张村镇	398	1539	1039	1240	1	1	12	850
环翠区羊亭镇	1000	2600	1789	1464	1	1	6	300
环翠区温泉镇	1296	5533	2331	4132	1	1	5	3832
环翠区崮山镇	874	2643	1521	1890	1	1	3	1346
环翠区孙家疃镇	830	2573	1594	1969	0	0	8	1361
环翠区初村镇	3674	9171	6816	6700	1	1	12	1261
环翠区草庙子镇	1527	4122	1140	3000	1	1	10	2820
环翠区桥头镇	1494	3541	1345	1321	1	1	43	1210

3—4—15 续表 20

名　　称	户　数（户）	人　口（人）	其中：非农业人口（人）	劳动力（人）	集贸市场个数（个）	其　中：综合市场个数（个）	企　业个　数（个）	企　业从　业人员数（人）
环翠区泊于镇	582	2344	1168	1556	1	1	11	664
文登市宋村镇	6672	21624	14431	12500	2	1	28	10500
文登市泽头镇	3020	9586	854	5674	1	1	10	1609
文登市小观镇	1625	4715	1254	2100	1	1	9	415
文登市侯家镇	1098	2958	1233	2430	1	1	21	980
文登市泽库镇	4870	13000	5400	6080	1	1	21	4270
文登市埠口镇	2710	7620	3800	5720	1	1	6	972
文登市张家产镇	1568	4486	1471	2600	1	1	10	1850
文登市高村镇	2409	6461	1227	3500	1	1	6	940
文登市口子镇	645	2520	523	2100	1	1	7	580
文登市大水泊镇	385	1937	1594	1600	2	1	16	1031
文登市天福山镇	663	1941	525	1120	1	1	6	726
文登市文登营镇	1340	3110	1230	2460	1	1	5	200
文登市缓山镇	4282	11133	7604	5882	3	2	23	5520
文登市北郊镇	1098	3129	575	1700	1	1	8	108
文登市汪疃镇	2482	6103	739	1800	1	1	26	1674
文登市界石镇	1692	3650	1651	2800	1	1	17	1700
文登市铺集镇	554	1434	36	1295	1	1	14	1035
文登市葛家镇	5400	16000	3200	11600	2	1	24	7700
文登市晒字镇	859	2577	643	1718	1	1	9	475
文登市米山镇	993	2571	1374	1225	1	1	14	870
荣成市寻山镇	2110	6830	175	3260	1	1	21	2650
荣成市俚岛镇	3114	12987	3983	10800	1	1	15	6500
荣成市马道镇	816	2200	216	1560	1	1	15	629
荣成市龙须镇	2697	9231	1188	5112	1	1	15	942
荣成市成山镇	2108	8980	4500	6200	2	1	7	2200
荣成市埠柳镇	1100	4250	1910	2360	1	1	5	829
荣成市港西镇	1059	3002	134	2240	1	1	9	980
荣成市夏庄镇	1126	3764	623	2824	2	2	18	1650
荣成市崖西镇	990	5524	1263	4218	1	1	23	1004
荣成市荫子镇	1103	3390	1450	2865	2	2	16	798
荣成市成西镇	611	2030	816	1470	1	0	5	325
荣成市崂山镇	1314	3664	860	2670	1	1	6	750
荣成市滕家镇	1617	5404	1453	3012	1	1	8	980
荣成市大疃镇	2265	5214	365	3123	1	1	9	1253
荣成市上庄镇	810	2230	210	4730	1	1	11	2763
荣成市黄山镇	1055	2624	725	1506	1	1	7	393
荣成市邱家镇	1360	4650	450	2907	1	1	10	4846
荣成市靖海镇	3690	12680	2380	8861	1	1	12	3786
荣成市人和镇	1567	3907	116	3406	1	1	6	400

3—4—15 续 21

名　　称	户　数（户）	人　口（人）	其中：非农业人口（人）	劳动力（人）	集贸市场个数（个）	其　中：综合市场个数（个）	企　业个　数（个）	企　业从　业人员数（人）
荣成市石岛镇	12756	38857	24368	26980	7	4	124	13350
荣成市斥山镇	3829	10356	2093	8285	2	2	46	3297
荣成市王连镇	825	2137	330	1620	1	1	10	1500
荣成市东山镇	1506	4775	946	2610	1	1	17	960
荣成市宁津镇	985	3202	2013	1722	2	1	20	1000
荣成市木也镇	380	943	178	538	1	1	1	22
乳山市乳山口镇	360	730	470	620	1	1	7	445
乳山市海阳所镇	1822	4619	660	3800	1	1	4	1200
乳山市白沙滩镇	1120	3600	592	1100	1	1	7	900
乳山市大孤山镇	1089	2955	500	2451	1	1	18	943
乳山市南黄镇	1500	4400	500	3500	4	1	20	1000
乳山市冯家镇	681	1745	80	1500	1	1	14	910
乳山市下初镇	818	2373	33	1280	1	1	12	980
乳山市午极镇	1102	3039	122	1980	3	3	7	800
乳山市育黎镇	1500	3000	1000	1500	1	1	8	500
乳山市崖子镇	1127	3100	700	2300	2	1	10	1500
乳山市诸往镇	1863	5218	1019	3685	4	4	8	1120
乳山市乳山寨镇	1821	5240	1209	2519	1	1	9	596
乳山市城北镇	700	2000	550	1050	1	1	5	787
乳山市徐家镇	1405	3983	431	3684	1	1	8	684
乳山市马石店镇	688	1980	500	1200	1	1	7	678
东港区奎山镇	1023	3261	1537	812	1	1	40	368
东港区秦楼镇	726	2254	110	665	1	1	36	400
东港区河山镇	859	2871	1506	2209	1	1	12	187
东港区两城镇	2331	7124	1874	2907	2	1	233	2373
东港区涛雒镇	3890	16617	5410	7000	5	3	58	680
东港区高兴镇	1249	3779	616	2111	1	1	17	393
东港区巨峰镇	2193	10909	2040	3910	1	1	13	1910
东港区后村镇	1786	6992	2015	6263	1	1	17	3267
东港区西湖镇	331	1120	1090	868	1	1	4	530
东港区陈疃镇	837	3348	2815	1087	1	1	9	563
东港区南湖镇	1481	4754	1635	1860	1	1	167	1423
东港区三庄镇	1470	5504	1441	5284	1	1	23	3514
东港区黄墩镇	1334	4039	1200	3200	1	1	60	718
岚山区汾水镇	1402	4752	2766	3807	1	1	65	521
岚山区碑廓镇	2121	6676	1417	4650	3	1	106	1122
五莲县街头镇	3622	15420	1957	12000	1	1	306	10800
五莲县潮河镇	822	2743	848	2129	1	1	7	488
五莲县许孟镇	1504	3836	1466	5998	1	1	57	2107
五莲县管帅镇	532	1546	1280	798	4	1	5	124

3—4—15 续表 22

名　　称	户　数（户）	人　口（人）	其中：非农业人口（人）	劳动力（人）	集贸市场个数（个）	其　中：综合市场个数（个）	企　业个　数（个）	企　业从　业人员数（人）
五莲县七宝山镇	1138	3986	2100	1000	3	1	4	426
五莲县于里镇	1336	5240	1557	3539	1	1	55	2648
五莲县汪湖镇	580	2774	1438	1260	1	1	35	966
五莲县叩官镇	997	3076	1312	1580	1	1	27	312
五莲县中至镇	796	2278	940	1543	1	1	120	1012
莒县招贤镇	4029	11562	2542	2723	1	1	65	1723
莒县阎庄镇	1545	4109	1185	3120	1	1	75	1230
莒县夏庄镇	1522	10117	2194	4969	1	1	130	1590
莒县刘官庄镇	1125	3484	2547	1805	1	1	102	1002
莒县峤山镇	2313	5634	1300	3180	1	1	63	558
莒县小店镇	18563	55234	1745	3276	1	1	6	197
莒县中楼镇	16635	58010	1522	1860	1	1	9	1670
莒县龙山镇	1677	5814	1302	3886	1	1	63	1870
莒县东莞镇	3800	13000	1000	10000	1	1	285	4560
莒县浮来山镇	2100	7500	3000	1000	2	2	10	300
莒县陵阳镇	1886	5923	1596	5831	1	1	46	1798
莒县店子集镇	1208	4230	1230	3250	2	2	40	344
莒县长岭镇	720	2360	1368	860	1	1	91	750
莒县安庄镇	1243	4113	377	2119	1	1	14	316
莱城区张家洼镇	7020	21060	16148	13486	2	2	17	1481
莱城区口镇	4749	16181	4953	5437	1	1	13	1264
莱城区羊里镇	2910	11218	5850	9200	1	1	3	1600
莱城区方下镇	3223	11253	4592	8156	1	0	2	987
莱城区牛泉镇	2209	11497	3825	5240	2	1	5	1785
莱城区高庄镇	4257	15026	2705	10490	1	1	5	845
莱城区南冶镇	5062	17216	12929	8558	1	1	2	500
莱城区辛庄镇	688	2872	1460	2519	1	1	1	343
莱城区苗山镇	1040	3780	230	2860	1	0	2	440
莱城区上游镇	1125	3620	820	3060	1	0	1	250
莱城区大王庄镇	2252	8038	1395	5955	1	1	2	713
莱城区寨里镇	2744	6570	362	3985	1	0	1	634
莱城区杨庄镇	2130	9210	1720	1290	1	1	1	378
钢城区颜庄镇	5143	18832	12353	11545	2	2	42	1052
钢城区里辛镇	1476	4317	1682	2776	1	1	18	555
钢城区黄庄镇	1373	4657	999	2308	1	1	35	287
兰山区南坊镇	1403	4400	560	3000	3	1	26	980
兰山区白沙埠镇	853	3075	526	3000	1	1	17	2800
兰山区枣沟头镇	1200	5835	1019	4150	1	1	196	2566
兰山区大岭镇	612	4302	2033	2801	1	1	19	350
兰山区义堂镇	5735	20425	2500	12460	2	1	408	9462

3—4—15 续表 23

名 称	户 数（户）	人 口（人）	其中：非农业人口（人）	劳动力（人）	集贸市场个数（个）	其 中：综合市场个数（个）	企 业个 数（个）	企 业从 业人员数（人）
兰山区马厂湖镇	1620	5332	90	3080	1	1	120	1155
兰山区半程镇	781	3083	973	1870	1	1	7	248
罗庄区付庄镇	3798	12884	575	2916	2	1	132	2043
罗庄区盛庄镇	3586	22926	2162	14367	3	2	286	6789
罗庄区册山镇	2453	9002	884	5200	2	2	14	4800
罗庄区西高都镇	950	3253	400	1824	1	1	38	1140
河东区相公镇	2787	10723	2000	2890	1	1	10	250
河东区太平镇	12101	42889	950	800	6	4	80	750
河东区八湖镇	720	2456	738	1820	1	1	2	1365
河东区汤头镇	6980	19000	1741	13500	2	1	567	7800
河东区汤河镇	335	1056	49	550	1	1	6	148
河东区梅埠镇	1920	6981	677	4176	1	1	52	934
河东区郑旺镇	700	3094	1377	2060	1	1	33	470
河东区芝麻墩镇	632	3069	675	763	1	1	23	596
河东区重沟镇	330	1154	18	700	2	1	2	20
沂南县岸堤镇	1090	3215	820	1900	1	1	32	1043
沂南县孙祖镇	766	3056	602	1520	1	1	76	1316
沂南县双堠镇	460	1715	582	1100	1	1	65	600
沂南县青驼镇	2469	8205	815	4372	2	2	112	1670
沂南县张庄镇	878	3105	1060	1677	1	1	2	360
沂南县砖埠镇	815	2762	684	600	1	1	2	48
沂南县葛沟镇	1564	4113	531	2115	1	1	45	496
沂南县杨家坡镇	768	2400	664	1104	1	1	7	332
沂南县大庄镇	3156	13300	4339	7320	1	1	38	3800
沂南县辛集镇	1057	3669	732	2077	1	1	20	1656
沂南县蒲汪镇	760	2856	572	320	1	1	6	118
沂南县湖头镇	450	1722	604	580	1	1	18	400
沂南县苏村镇	1920	6140	1536	4298	2	1	127	3100
沂南县铜井镇	876	2931	640	1557	1	1	64	1156
郯城县马头镇	5305	21039	14052	13519	4	3	457	7107
郯城县重坊镇	2136	8613	1239	7694	1	1	824	6592
郯城县李庄镇	2837	11367	1881	6426	1	1	682	5456
郯城县褚墩镇	4594	15255	9234	11926	1	1	1234	9926
郯城县杨集镇	1435	5766	519	2568	4	4	312	2496
郯城县黄山镇	640	5751	960	4120	1	1	40	672
郯城县高锋头镇	2271	10046	1406	2021	2	1	226	1821
郯城县庙山镇	1200	7027	3000	3428	2	1	250	2000
郯城县港上镇	880	2933	1033	2533	2	1	5	285
郯城县沙墩镇	858	3089	1021	1862	7	6	3	108
沂水县马站镇	4129	15433	1721	11088	2	1	13	140

3—4—15 续表 24

名称	户数（户）	人口（人）	其中：非农业人口（人）	劳动力（人）	集贸市场个数（个）	其中：综合市场个数（个）	企业个数（个）	企业从业人员数（人）
沂水县高桥镇	1200	3500	780	1800	1	1	1	302
沂水县许家湖镇	1127	3906	1258	1562	1	1	4	81
沂水县黄山镇	2179	5740	1520	3826	3	2	21	1814
沂水县姚店子镇	1200	3881	1427	3120	1	1	15	700
沂水县诸葛镇	1541	4597	610	1320	1	1	15	935
沂水县崔家峪镇	1184	3205	966	1651	1	1	15	600
沂水县四十里镇	746	8366	1078	560	1	1	7	510
沂水县杨庄镇	610	2253	823	1620	1	1	3	265
沂水县夏蔚镇	956	2929	205	1630	1	1	3	180
沂水县沙沟镇	1332	4603	974	2403	1	1	5	397
沂水县高庄镇	1111	3904	754	239	1	1	3	210
沂水县王庄镇	1253	2767	936	779	1	1	2	530
沂水县武家洼镇	1748	4623	903	2667	1	1	20	420
苍山县大仲村镇	560	3050	1256	2135	2	1	11	405
苍山县兰陵镇	6500	15000	6000	9000	4	2	23	1300
苍山县长城镇	1130	44964	1662	780	1	0	15	500
苍山县磨山镇	2618	9721	1233	26708	2	2	50	6411
苍山县神山镇	1860	6550	1205	5350	1	1	35	1560
苍山县车辋镇	865	3392	522	1650	1	1	10	110
苍山县尚岩镇	145	728	157	429	1	1	5	300
苍山县向城镇	2536	11042	2960	7490	3	1	20	3560
苍山县南桥镇	1400	3860	1052	2470	2	1	10	400
苍山县层山镇	1550	5636	893	3550	1	1	39	1603
苍山县庄坞镇	769	2976	185	2450	4	2	150	1200
苍山县沂堂镇	250	1050	80	860	1	1	6	180
费县探沂镇	405	1623	756	923	1	1	85	723
费县方城镇	4300	16000	5000	9600	3	2	75	2250
费县薛庄镇	1201	4148	153	2925	1	1	56	1400
费县上冶镇	4488	19568	9721	13410	2	1	64	3068
费县梁邱镇	2092	4115	706	2547	2	1	85	1786
费县马庄镇	480	2039	780	1238	1	1	12	760
费县汪沟镇	1615	5468	1030	3282	1	1	60	580
费县朱田镇	1754	6497	1585	3450	1	1	85	818
费县新庄镇	1420	3282	1063	2063	1	1	105	890
平邑县仲村镇	3645	18850	2383	11400	1	1	86	3870
平邑县岐山镇	1065	3057	1943	873	1	1	95	763
平邑县武台镇	701	2904	901	607	5	3	8	235
平邑县保太镇	1300	4500	1420	1200	1	1	26	286
平邑县柏林镇	850	3900	1600	2760	1	1	208	1748
平邑县卞桥镇	1290	4899	1285	1063	1	1	102	825

3—4—15 续表 25

名　　称	户　数（户）	人　口（人）	其中：非农业人口（人）	劳动力（人）	集贸市场个数（个）	其　中：综合市场个数（个）	企　业个　数（个）	企　业从　业人员数（人）
平邑县地方镇	1803	5629	1047	5418	1	1	635	5084
平邑县天宝镇	107	1244	493	868	1	1	2	40
平邑县铜石镇	1752	5730	2760	3100	1	1	33	1009
平邑县温水镇	3313	12302	3459	6766	1	1	145	1200
平邑县流峪镇	1300	5200	120	3500	2	1	20	500
平邑县郑城镇	677	3172	915	1621	2	1	179	1432
平邑县白彦镇	1426	4998	1216	3498	2	2	46	1216
平邑县丰阳镇	743	2768	749	2691	2	2	12	241
莒南县大店镇	2869	9108	1820	6830	1	1	25	1200
莒南县坪上镇	4720	14560	8860	8240	2	2	156	2789
莒南县板泉镇	1600	2500	1000	1800	1	1	100	1500
莒南县文疃镇	1543	4113	1341	3101	1	1	12	340
莒南县壮岗镇	1726	5448	1346	3240	1	1	50	502
莒南县汀水镇	1800	5500	964	3400	3	2	35	700
莒南县岭泉镇	1200	3800	1180	2562	1	1	4	400
莒南县筵宾镇	3417	11245	1286	960	1	1	5	420
莒南县朱芦镇	1513	4980	1405	3705	1	1	60	495
莒南县团林镇	1863	7876	1159	2741	1	1	6	225
莒南县坊前镇	2649	7764	1361	2649	4	0	12	2000
莒南县相邸镇	1823	3500	1177	2500	1	1	87	1150
莒南县洙边镇	1836	5212	1016	4227	1	1	6	302
莒南县石莲子镇	762	2500	600	1320	1	1	28	380
莒南县涝坡镇	2088	5425	1017	3035	2	2	3	140
蒙阴县常路镇	2115	6200	1652	2851	1	1	129	1160
蒙阴县岱崮镇	1845	4765	2031	2950	1	1	180	1540
蒙阴县坦埠镇	1760	5730	1210	2554	2	2	10	1209
蒙阴县垛庄镇	1906	6473	2180	3726	1	1	64	2600
蒙阴县高都镇	1628	6780	964	3481	1	1	35	815
蒙阴县野店镇	1100	3260	980	2497	1	1	7	763
蒙阴县桃墟镇	1620	5295	975	3428	1	1	52	635
蒙阴县界牌镇	877	3051	536	1586	1	1	82	1085
临沭县蛟龙镇	1337	5356	912	3514	1	1	23	413
临沭县大兴镇	2343	7301	1197	4770	1	1	65	1200
临沭县前庄镇	292	978	384	622	1	1	11	420
临沭县石门镇	929	3316	1702	2680	1	1	6	130
临沭县曹庄镇	1842	10554	2989	2989	2	2	28	2016
临沭县南古镇	1600	6357	843	4238	1	1	10	510
临沭县郑山镇	815	3190	898	3664	1	0	35	1500
临沭县白旄镇	1701	5745	717	3700	2	1	3	50
临沭县韩村镇	1792	5874	636	3523	1	1	24	550

3—4—15 续表 26

名 称	户 数（户）	人 口（人）	其中：非农业人口（人）	劳动力（人）	集贸市场个数（个）	其 中：综合市场个数（个）	企 业 个 数（个）	企 业 从 业 人员数（人）
临沭县玉山镇	266	1250	716	1025	1	1	24	208
德城区二屯镇	128	625	34	450	1	1	22	540
德城区黄河涯镇	1350	3120	1230	1025	2	1	12	160
陵县边临镇	510	1700	700	800	3	3	20	600
陵县前孙镇	900	3600	290	500	2	1	10	150
陵县土桥镇	650	2600	300	860	2	1	24	256
陵县糜镇	793	2577	500	400	5	4	5	200
陵县滋镇	600	2655	500	400	2	2	7	369
陵县张习桥镇	560	2240	1200	8569	2	2	4	335
陵县神头镇	1800	6420	2000	3210	1	1	30	1200
宁津县柴胡店镇	1235	2905	1080	2500	2	1	28	990
宁津县长官镇	1166	4646	245	2790	2	1	11	310
宁津县大柳镇	518	3571	491	2700	1	1	13	400
宁津县保店镇	834	3423	300	1523	1	1	7	280
宁津县时集镇	370	8798	179	1560	2	1	23	710
宁津县杜集镇	640	2170	162	1302	1	1	35	750
宁津县相衙镇	370	1423	167	854	1	1	13	352
宁津县大曹镇	370	1270	270	814	1	1	11	332
庆云县崔口镇	916	2800	350	310	3	1	15	210
庆云县尚堂镇	1568	4666	730	2820	4	4	9	391
庆云县常家镇	294	1340	335	510	1	1	35	362
临邑县临盘镇	829	3527	728	1680	1	1	21	1255
临邑县临南镇	760	3600	680	1960	2	1	4	127
临邑县德平镇	1941	7386	2000	4800	2	1	30	2100
临邑县林子镇	514	2808	1267	2075	1	1	12	110
临邑县兴隆镇	150	780	180	660	2	1	2	150
齐河县赵官镇	680	2539	2100	1000	1	1	35	468
齐河县焦庙镇	690	2635	2300	1020	3	2	4	850
齐河县表白寺镇	450	2300	410	1700	1	1	5	60
齐河县祝阿镇	381	1576	450	937	2	1	10	150
齐河县焦斌镇	524	1810	758	241	4	4	10	150
平原县恩城镇	1277	5321	1983	450	2	1	25	350
平原县王凤楼镇	400	3000	1100	266	1	1	7	120
平原县腰站镇	120	610	136	400	1	1	17	300
平原县王杲铺镇	800	3200	300	1500	2	1	12	1006
平原县张华镇	611	2455	1086	818	2	1	10	698
夏津县东李镇	1002	4197	1800	1240	1	1	10	484
夏津县苏留庄镇	356	2428	945	1645	2	1	11	545
夏津县新盛店镇	746	2484	329	1640	1	1	7	240
夏津县郑保屯镇	1103	4544	698	1800	1	1	10	112

3－4－15 续表 27

名　　称	户　数（户）	人　口（人）	其中：非农业人口（人）	劳动力（人）	集贸市场个数（个）	其　中：综合市场个数（个）	企　业个　数（个）	企　业从　业人员数（人）
夏津县白马湖镇	619	2083	464	1482	1	1	6	480
武城县老城镇	1364	3256	890	350	2	1	11	280
武城县鲁权屯镇	628	2490	1350	1020	1	1	13	765
武城县滕庄镇	1062	2587	580	1398	1	1	16	980
武城县四女寺镇	456	2075	519	1280	1	1	6	480
乐陵市黄夹镇	703	2614	420	1420	1	1	5	140
乐陵市孔镇	499	1488	800	800	1	1	1	50
乐陵市杨安镇	620	2187	200	1400	1	1	3	100
乐陵市朱集镇	154	456	320	303	2	1	1	40
禹城市石屯镇	600	2500	1253	308	2	1	5	254
禹城市安仁镇	725	3525	1353	2362	1	1	20	468
禹城市伦镇镇	820	3765	830	1795	1	1	2	80
禹城市袁营镇	350	1230	300	260	4	4	2	60
禹城市前油坊镇	215	650	280	460	1	1	2	50
禹城市房寺镇	1600	4860	1180	1017	2	1	86	817
禹城市张庄镇	1609	6290	1320	1500	1	1	8	594
禹城市辛店镇	600	2200	600	2508	1	1	28	1876
东昌府区蒋官屯镇	396	2475	1075	1733	1	1	15	120
东昌府区李海务镇	829	2954	848	1478	2	1	4	346
东昌府区侯营镇	786	3672	1126	1835	1	1	23	835
东昌府区沙镇镇	2324	12019	4000	7000	1	1	30	240
东昌府区堂邑镇	3420	13400	4600	6780	3	1	18	940
东昌府区阎寺镇	782	3092	153	1775	1	1	6	248
东昌府区梁水镇	382	1731	196	1045	1	1	8	400
东昌府区斗虎屯镇	545	2768	600	2000	1	1	45	1050
东昌府区郑家镇	1969	7876	118	5320	1	1	92	960
东昌府区于集镇	1424	5698	800	4550	1	1	13	3740
东昌府区张炉集镇	600	2500	450	1800	1	1	56	800
阳谷县闫楼镇	706	3275	1600	1800	1	1	2	58
阳谷县范海镇	1156	3894	1068	2150	3	2	7	154
阳谷县阿城镇	1800	8340	1650	4800	2	1	3	240
阳谷县七级镇	1280	6057	1200	2180	2	1	6	180
阳谷县安乐镇	1800	6000	1900	3850	2	1	12	210
阳谷县定水镇	638	2355	1555	860	1	1	20	210
阳谷县石佛镇	857	3618	1134	1282	1	1	10	500
阳谷县李台镇	1965	5229	1700	2126	1	1	10	84
阳谷县寿张镇	2432	6641	3997	1260	4	2	105	1150
阳谷县十五里元镇	520	3802	1300	1020	1	1	35	300
阳谷县张秋镇	2300	2800	1300	4700	1	1	5	700
莘县张鲁回族镇	1600	6400	1500	3800	3	3	8	326

3—4—15 续表 28

名　　称	户　数（户）	人　口（人）	其中：非农业人口（人）	劳动力（人）	集贸市场个数（个）	其　中：综合市场个数（个）	企　业个　数（个）	企　业从　业人员数（人）
莘县朝城镇	3975	12320	3476	8000	4	1	48	396
莘县十八里铺镇	272	1912	1033	2556	1	1	5	2215
莘县观城镇	3201	14350	7350	9235	3	3	6	300
莘县大张家镇	1300	5000	600	2000	2	1	10	154
莘县古云镇	520	2310	200	1370	1	1	3	80
莘县古城镇	2054	8595	1347	3005	2	1	15	200
莘县莘亭镇	2164	10240	5600	6620	1	1	7	560
茌平县乐平铺镇	2074	10369	3329	4875	4	2	18	1560
茌平县冯屯镇	800	3500	833	2100	1	1	15	870
茌平县菜屯镇	760	3183	678	1780	1	1	5	110
茌平县博平镇	1408	5593	2900	2238	5	1	23	618
茌平县杜郎口镇	908	3552	122	1698	1	1	8	618
东阿县高集镇	320	1380	280	860	1	1	2	80
东阿县刘集镇	731	2926	800	2000	1	1	9	308
东阿县大桥镇	548	2192	1013	1082	2	1	8	521
东阿县牛店镇	1082	4326	1201	2600	5	1	30	320
冠县东古城镇	3570	13210	7156	4215	3	1	8	360
冠县桑阿镇	1132	4102	1350	2100	1	1	21	180
冠县贾镇	416	2120	1018	1060	1	1	25	301
冠县柳林镇	1369	6166	1753	3000	2	2	9	850
冠县清水镇	927	3709	1109	2316	1	1	60	1320
冠县北馆陶镇	1075	3762	565	2862	2	1	3	40
高唐县尹集镇	923	2656	813	1138	1	1	15	225
高唐县固河镇	1023	2345	1087	1252	1	1	12	126
高唐县琉寺镇	948	3406	1160	2700	1	1	126	2112
高唐县清平镇	825	3429	476	1056	1	1	76	750
高唐县梁村镇	510	1680	310	1115	1	1	20	315
临清市烟店镇	922	2071	1121	1180	2	1	33	680
临清市潘庄镇	1021	4280	312	3430	1	1	2	126
临清市刘垓子镇	913	4143	761	1420	1	1	3	140
临清市魏湾镇	661	1144	789	980	2	1	5	500
临清市康庄镇	3659	11800	6720	4764	2	1	34	365
临清市松林镇	1085	4060	907	2236	2	1	15	263
临清市胡里庄镇	1332	5081	980	2620	2	1	8	330
临清市临东镇	1134	5013	4559	2311	7	0	10	1140
临清市大辛庄镇	846	3298	806	2504	1	1	5	2041
临清市老赵庄镇	1086	2969	694	2670	1	1	48	2067
滨州市滨城镇	2200	11000	10500	801	2	2	11	640
滨州市杜店镇	1695	8800	6025	6700	2	2	6	672
滨州市里则镇	684	3711	1222	1502	1	1	15	245
滨州市堡集镇	420	1460	451	524	1	1	7	157
滨州市小营镇	2031	10532	4520	13950	3	3	42	1114
滨州市旧镇镇	1060	3803	1230	2414	1	1	3	32

3—4—15 续表 29

名　称	户　数（户）	人　口（人）	其中：非农业人口（人）	劳动力（人）	集贸市场个数（个）	其　中：综合市场个数（个）	企　业个　数（个）	企　业从　业人员数（人）
惠民县淄角镇	649	3140	1417	2600	2	1	12	650
惠民县胡集镇	913	3198	1069	1715	1	1	4	220
惠民县大桑镇	958	3628	805	3456	1	1	5	262
惠民县申桥镇	296	1081	150	662	1	1	4	337
惠民县姜楼镇	303	1230	299	869	1	1	20	695
惠民县麻店镇	396	1857	768	896	1	1	8	688
惠民县清河镇	58	510	300	390	2	2	11	200
惠民县李庄镇	1210	6924	1398	3665	2	2	10	619
惠民县魏集镇	470	2046	815	1285	1	1	12	350
惠民县石庙镇	368	1821	730	1076	1	1	90	720
惠民县省屯镇	230	485	175	298	1	1	3	105
阳信县商店镇	536	5438	1468	3300	1	1	12	400
阳信县河流镇	1440	16246	11000	5100	1	1	22	510
阳信县翟王镇	810	2571	1071	1036	1	1	16	316
阳信县温店镇	869	3375	670	2500	1	1	15	500
阳信县流坡坞镇	1379	5101	701	4591	1	0	44	538
无棣县水湾镇	1066	2199	942	1022	1	1	4	56
无棣县大山镇	580	1670	630	815	1	1	3	25
无棣县小泊头镇	2919	3223	405	1752	1	1	20	278
无棣县埕口镇	1003	3230	867	1447	2	1	5	245
无棣县马山子镇	1152	5889	726	3120	2	2	36	296
沾化县下洼镇	3534	19000	8825	10000	2	1	18	2178
沾化县古城镇	2000	7000	1960	4000	1	0	15	264
沾化县冯家镇	732	2461	1320	1432	1	1	11	893
沾化县永丰镇	558	1543	381	1579	1	1	5	60
沾化县泊头镇	859	2798	1030	1286	1	1	10	160
博兴县湖滨镇	1843	5868	1010	3210	1	1	118	1210
博兴县寨郝镇	1192	5409	969	3055	2	2	15	2055
博兴县曹王镇	5230	19960	9600	11700	2	2	85	760
博兴县兴福镇	2213	14240	1578	2200	2	1	84	1100
博兴县店子镇	2134	8319	1010	3526	1	1	118	1770
博兴县陈户镇	14571	51000	34409	35075	2	2	101	1409
博兴县阎坊镇	958	3162	1047	1581	1	1	12	200
博兴县纯化镇	565	2860	860	1950	1	1	18	318
博兴县庞家镇	201	625	314	597	2	1	7	145
邹平县长山镇	4101	17391	3551	10089	3	1	78	2800
邹平县位桥镇	5780	23660	12340	16187	3	3	80	985
邹平县西董镇	499	1566	840	618	1	1	28	244
邹平县好生镇	1677	6026	3657	5251	1	1	52	1050
邹平县临池镇	1620	10384	1350	7320	1	1	57	2657
邹平县礼参镇	1400	8160	1300	5000	1	1	35	850
邹平县苑城镇	1557	4556	2800	3850	2	2	68	745
邹平县焦桥镇	961	3534	450	1677	2	2	16	350

3—4—15 续表 30

名　　称	户　数（户）	人　口（人）	其中：非农业人口（人）	劳动力（人）	集贸市场个数（个）	其　中：综合市场个数（个）	企　业个　数（个）	企　业从　业人员数（人）
邹平县韩店镇	940	7918	2500	6986	1	1	17	1320
邹平县明家集镇	1410	13610	6230	6300	2	2	52	1368
邹平县孙镇镇	2671	10879	5340	9847	2	2	11	467
邹平县青阳镇	3900	15732	1011	10238	3	3	96	2265
邹平县台子镇	621	2957	686	1600	1	1	7	350
邹平县九户镇	610	2763	1763	800	1	1	3	330
菏泽市辛集镇	530	2240	460	1050	1	1	2	19
菏泽市沙土镇	3935	21098	9811	15313	4	2	118	8240
菏泽市安兴镇	1176	4300	434	2160	1	1	30	1391
菏泽市小留镇	745	4055	435	2500	2	1	16	380
菏泽市高庄镇	860	3879	889	1585	1	1	5	370
菏泽市李村镇	542	2865	234	1816	1	1	54	1538
菏泽市吕陵镇	789	3560	385	1488	1	1	56	856
菏泽市黄罡镇	656	2865	861	3162	1	1	6	372
菏泽市吴店镇	2600	12300	9085	10688	3	1	108	3200
菏泽市马玲岗镇	568	2283	703	510	1	1	1	35
菏泽市金堤镇	767	3468	426	1676	1	1	6	380
菏泽市王浩屯镇	1178	4913	1185	1698	1	1	10	352
菏泽市都司镇	446	1866	213	918	1	1	10	612
菏泽市黄集镇	650	3361	1111	2600	2	1	110	1460
曹县普连集镇	750	3000	1000	1800	1	1	1	20
曹县古营集镇	1194	6790	1200	3045	1	1	5	268
曹县侯集镇	1550	7118	1460	4910	1	1	65	856
曹县苏集镇	1046	3988	3180	2509	1	1	16	465
曹县孙老家镇	340	1800	396	1200	1	1	3	29
曹县青固集镇	2634	13466	3604	8520	5	2	500	5000
曹县梁堤头镇	540	2330	350	1520	1	1	25	300
曹县邵庄镇	273	1495	336	1089	1	1	27	220
曹县闫店楼镇	380	1500	240	800	1	1	16	128
曹县位湾镇	613	2428	306	564	2	1	21	316
曹县庄寨镇	2690	15300	1600	9100	2	1	1000	9000
曹县桃源镇	187	916	85	677	1	0	25	295
曹县韩集镇	740	3628	1000	2100	1	1	3	35
曹县砖庙镇	646	3026	630	1984	1	1	4	38
定陶县张湾镇	2600	10100	7000	8900	1	1	68	3000
定陶县冉固镇	2323	10092	5651	7200	1	1	46	5000
定陶县黄店镇	885	3395	1040	2400	5	2	87	1100
定陶县孟海镇	1919	7462	768	2400	1	1	10	900
定陶县陈集镇	4573	10504	5723	14032	1	1	62	5732
成武县天宫镇	3450	12500	2320	8600	6	6	140	3200
成武县孙寺镇	1093	5508	760	3023	1	1	6	185
成武县苟村镇	2150	5392	1278	3235	1	1	18	287
成武县白浮图镇	700	3100	1400	2000	1	1	180	1800

3—4—15 续表 31

名　　称	户　数（户）	人　口（人）	其中：非农业人口（人）	劳动力（人）	集贸市场个数（个）	其　中：综合市场个数（个）	企　业个　数（个）	企　业从　业人员数（人）
成武县大田集镇	3890	15600	1790	10920	3	1	165	4260
成武县南鲁集镇	2269	9916	2000	4658	2	2	196	1806
成武县汶上集镇	5341	15265	11600	5855	6	2	16	2350
成武县伯乐集镇	1749	6998	2138	3918	1	1	80	698
单县莱河镇	460	1648	620	810	1	1	15	220
单县孙溜镇	381	1497	356	1086	1	1	16	240
单县郭村镇	1430	6105	600	1436	1	1	47	741
单县高韦庄镇	630	2586	384	1630	1	1	3	56
单县黄岗镇	2000	8000	2000	5000	2	1	5	300
单县浮岗镇	514	1797	270	823	1	1	37	347
单县蔡堂镇	1563	3609	137	941	1	1	10	96
单县朱集镇	900	3800	300	1700	2	1	10	96
单县终兴镇	1130	5500	2300	2800	1	1	23	480
单县徐寨镇	350	1603	300	1500	5	1	9	1000
单县曹马集镇	210	850	89	160	1	1	1	10
单县李新庄镇	120	700	260	400	1	1	3	254
巨野县龙固镇	1968	9840	1780	4680	1	1	18	860
巨野县柳林镇	935	4482	1000	2000	1	1	106	1025
巨野县章缝镇	700	2000	1200	1300	2	1	38	700
巨野县大义镇	2605	10024	2345	6430	5	1	92	1256
巨野县谢集镇	1854	6386	1700	3460	1	1	20	400
巨野县独山镇	1422	6694	1000	2830	1	1	65	987
巨野县麒麟镇	1100	4000	1000	2200	2	2	7	342
巨野县核桃园镇	968	4856	873	2181	1	1	34	482
郓城县武安镇	857	4700	1609	2406	2	1	34	1500
郓城县黄安镇	2680	11500	3880	7368	2	1	201	4561
郓城县郭屯镇	922	4349	1300	2825	1	1	32	950
郓城县丁里长镇	1459	6332	1671	3800	1	1	32	645
郓城县杨庄集镇	1070	4990	2980	2790	1	1	162	1508
郓城县程屯镇	600	2800	900	1700	1	1	20	310
郓城县侯集镇	890	4152	1206	1708	1	1	95	1090
郓城县玉皇庙镇	470	2147	747	1415	1	1	80	1100
鄄城县旧城镇	1896	5928	1148	3125	1	1	13	230
鄄城县红船镇	1156	4815	989	1685	1	1	68	1136
鄄城县箕山镇	1607	5482	840	3900	1	1	106	1700
鄄城县升集镇	1611	5506	860	3916	1	1	89	2788
鄄城县闫升口镇	848	3456	153	1677	2	1	15	254
东明县刘楼镇	600	2800	526	1582	1	1	8	168
东明县三春集镇	562	3645	670	1976	2	2	4	168
东明县马头镇	1423	8402	2000	3080	3	1	7	165
东明县东明集镇	1329	12143	4010	3128	3	1	12	1391
东明县陆圈镇	752	3727	1444	2710	1	1	18	284

3—4—16　河南省建制镇镇区主要指标

名　　称	户　数（户）	人　口（人）	其中：非农业人口（人）	劳动力（人）	集贸市场个数（个）	其　中：综合市场个数（个）	企　业个　数（个）	企　业从　业人员数（人）
中原区须水镇	2391	9098	4000	6105	2	1	420	1600
中原区石佛镇	2500	7000	4000	4300	0	0	3	66
二七区刘胡垌镇	843	3471	423	3000	1	1	17	5200
管城回族区十八里河镇	1147	4629	1294	3480	1	1	2	47
金水区柳林镇	230	962	240	460	0	0	8	162
金水区祭城镇	1120	4350	1125	2400	1	1	8	160
金水区庙李镇	950	2601	377	2100	0	0	85	900
邙山区古荥镇	1252	5087	800	2100	1	1	4	140
邙山区老鸦陈镇	1983	7071	107	5071	1	1	6	750
中牟县张庄镇	980	4925	350	2561	1	1	3	230
中牟县白沙镇	1341	6125	641	2750	1	1	13	1820
中牟县韩寺镇	2147	8855	300	4594	1	1	13	423
中牟县官渡镇	482	2054	200	1228	0	0	6	320
中牟县狼城岗镇	718	3850	258	2800	1	1	130	1520
巩义市米河镇	410	1978	1900	6000	1	1	10	3800
巩义市小关镇	2036	7888	2438	4500	1	1	60	720
巩义市大峪沟镇	675	12047	6504	6431	1	1	7	5796
巩义市站街镇	1030	4164	3285	1967	2	2	36	3116
巩义市西村镇	1640	8734	1525	3780	1	1	110	2450
巩义市芝田镇	1982	8100	2534	5484	1	1	450	2210
巩义市回郭镇	5935	24692	3014	14651	2	1	1150	12360
巩义市涉村镇	1208	6417	478	3652	6	1	48	1578
巩义市竹林镇	2156	6156	86	4251	2	2	5	3229
巩义市新中镇	1530	7600	3300	4200	1	1	85	3500
巩义市河洛镇	692	2792	779	1501	0	0	12	85
巩义市南河渡镇	900	3700	250	2600	0	0	13	950
巩义市康店镇	1728	7893	1200	4500	1	1	30	509
巩义市北山口镇	1171	5100	699	3100	1	1	53	2689
巩义市鲁庄镇	1641	7862	1239	2750	1	1	272	2087
巩义市夹津口镇	1472	5322	2559	3796	1	1	15	480
巩义市核桃园镇	386	2284	268	860	0	0	3	48
荥阳市广武镇	2000	6800	1500	4000	5	2	15	800
荥阳市汜水镇	780	7455	1124	3885	1	1	3	2058
荥阳市峡窝镇	919	4858	2800	3000	1	0	15	1300
荥阳市崔庙镇	3170	9407	3197	3500	1	1	6	3500
荥阳市贾峪镇	1850	9500	1470	6500	1	1	14	700
荥阳市豫龙镇	1029	5159	1224	3167	0	0	20	1500
荥阳市高阳镇	266	4400	386	1900	1	1	8	1100
荥阳市刘河镇	554	5253	3108	3339	1	1	25	1500
荥阳市乔楼镇	491	1773	65	2889	2	2	159	2180

3—4—16 续表 1

名　称	户　数（户）	人　口（人）	其中：非农业人口（人）	劳动力（人）	集贸市场个数（个）	其　中：综合市场个数（个）	企　业个　数（个）	企　业从　业人员数（人）
荥阳市王村镇	1319	5003	90	2409	1	1	55	330
新密市超化镇	4243	17820	3850	8755	1	1	35	4160
新密市大隗镇	3883	17621	1509	9480	3	2	125	6340
新密市白寨镇	860	3198	1450	2416	1	1	14	423
新密市平陌镇	862	4394	1231	3200	1	1	16	480
新密市米村镇	1032	4006	426	1108	1	1	5	364
新密市刘寨镇	880	8946	3717	4218	3	3	12	3218
新密市岳村镇	644	7925	5120	3662	1	1	53	811
新密市来集镇	920	5200	1781	3500	2	1	8	680
新密市牛店镇	910	4536	1000	2100	1	1	6	300
新密市苟堂镇	1565	7350	1450	6100	2	2	41	4150
新密市七里岗镇	1150	3850	1930	2160	3	3	35	966
新郑市辛店镇	1702	5500	1657	7936	1	1	57	6350
新郑市和庄镇	6163	15559	1559	8960	3	1	47	4200
新郑市薛店镇	206	2473	1173	5600	3	1	26	3600
新郑市孟庄镇	254	1040	1040	824	1	1	10	370
新郑市龙湖镇	2985	16840	1450	6459	1	1	50	4500
新郑市犁河镇	1200	4393	2543	1140	1	1	32	842
新郑市观音寺镇	1513	7316	3640	4580	1	1	89	920
新郑市新村镇	1862	9086	7628	5836	2	1	157	2850
新郑市郭店镇	1394	6706	2130	1060	1	1	7	1100
登封市卢店镇	2582	11499	3429	6356	6	3	132	2346
登封市颍阳镇	1630	6417	987	3706	1	1	0	0
登封市大冶镇	1565	8218	3756	4517	2	2	482	2975
登封市告成镇	1182	6247	1598	3459	2	1	6	203
登封市大金店镇	1609	7354	2495	4223	3	3	8	500
登封市宣化镇	780	2950	420	1850	1	1	1	400
杞县高阳镇	1381	5188	508	3457	2	1	11	98
杞县于镇镇	1336	5970	503	2443	2	2	11	89
杞县付集镇	1493	6733	637	4284	1	1	9	63
杞县葛岗镇	783	3552	410	2215	2	1	9	75
杞县阳固镇	1753	7025	705	3500	2	1	11	90
通许县玉庙镇	390	2600	1780	2230	3	2	9	723
通许县四所楼镇	562	3568	1644	2893	2	1	56	475
通许县朱砂镇	1810	7963	583	5574	10	1	7	140
尉氏县洧川镇	1920	8552	970	4523	1	1	9	913
尉氏县永兴镇	2450	10270	4765	2120	1	1	20	1750
尉氏县蔡庄镇	1900	12200	3100	7200	6	4	10	960
尉氏县朱曲镇	1300	9243	1300	5000	1	1	20	250
尉氏县张市镇	860	3500	1350	3200	2	2	380	150

3—4—16 续表 2

名　称	户　数（户）	人　口（人）	其中：非农业人口（人）	劳动力（人）	集贸市场个数（个）	其　中：综合市场个数（个）	企　业个　数（个）	企　业从　业人员数（人）
开封县陈留镇	1145	9050	5500	3000	3	3	60	3000
开封县朱仙镇	1517	6560	1275	4987	1	1	42	1010
开封县八里湾镇	870	3313	410	2010	1	1	43	875
开封县杏花营镇	410	1829	163	1200	2	1	13	440
兰考县固阳镇	3428	14845	513	7018	4	4	6	45
兰考县张君墓镇	1541	6029	1000	2630	2	2	10	580
兰考县南彰镇	637	3347	471	1788	1	1	6	64
兰考县红庙镇	2244	10100	1200	8000	2	1	35	2013
洛阳市郊区龙门镇	2426	9271	3921	4965	1	1	36	534
洛阳市郊区关林镇	7750	29240	14820	12410	2	0	4	8678
洛阳市郊区白马寺镇	1131	4664	2820	2560	1	1	8	723
洛阳市郊区安乐镇	1450	2856	1445	1280	0	0	9	550
洛阳市郊区邙山镇	347	1259	175	903	0	0	3	60
洛阳市郊区辛店镇	565	2321	495	870	0	0	24	453
孟津县会盟镇	2375	5778	2294	3484	4	1	92	1479
孟津县平乐镇	2198	9620	3387	4576	1	1	20	2896
孟津县白鹤镇	3472	10247	3500	3000	1	1	310	2800
孟津县朝阳镇	1303	7181	2653	2360	1	1	185	1560
孟津县小浪底镇	900	5000	1000	3000	1	1	10	190
孟津县麻屯镇	900	6000	3500	3100	1	1	73	2100
孟津县横水镇	1783	7864	6844	1020	2	1	167	587
孟津县送庄镇	1009	4082	1030	3380	2	1	30	320
新安县铁门镇	1122	5685	387	3808	1	1	3	150
新安县石寺镇	107	384	76	230	1	1	1	42
新安县磁涧镇	621	2354	348	1412	1	1	3	78
新安县五头镇	540	2485	168	1441	1	1	1	15
栾川县潭头镇	2500	11500	1227	6500	3	1	15	360
栾川县合峪镇	997	3889	932	1701	1	0	7	246
栾川县陶湾镇	810	2988	640	827	1	1	2	50
栾川县三川镇	922	4158	1178	2850	0	0	18	396
栾川县冷水镇	480	1776	243	1117	1	0	10	606
栾川县赤土店镇	397	1800	218	1128	0	0	13	80
嵩县田湖镇	1617	6428	1959	4250	1	0	4	38
嵩县车村镇	1283	5460	2300	5000	1	1	16	900
嵩县旧县镇	550	2455	432	1330	0	0	2	62
汝阳县小店镇	2920	11484	3214	6400	1	1	18	2100
汝阳县上店镇	2814	11555	1138	6348	1	1	20	1200
宜阳县丰李镇	1268	6210	1200	4280	1	1	15	330
宜阳县柳泉镇	2205	10317	1127	7185	1	1	20	860
宜阳县韩城镇	2816	12055	492	8171	1	1	4	38

3—4—16 续表 3

名　　称	户　数（户）	人　口（人）	其中：非农业人口（人）	劳动力（人）	集贸市场个数（个）	其　中：综合市场个数（个）	企　业个　数（个）	企　业从　业人员数（人）
宜阳县白杨镇	2532	10710	1007	9990	1	1	8	496
洛宁县上戈镇	320	1921	621	791	1	1	2	24
伊川县鸣皋镇	2019	9628	1408	4522	1	1	30	667
伊川县水寨镇	1580	8603	1874	5592	2	1	56	1474
伊川县彭婆镇	2440	9850	1068	7100	1	1	35	699
偃师市首阳山镇	3500	9800	2100	4200	3	2	25	1800
偃师市顾县镇	1896	11329	1324	3171	2	1	8	346
偃师市诸葛镇	3800	15200	2400	8300	4	1	39	6100
偃师市翟镇镇	1517	6642	546	3649	2	1	393	2377
偃师市岳滩镇	2704	8350	1381	6409	1	1	426	4700
偃师市缑氏镇	1800	7900	670	1210	1	1	36	790
偃师市府店镇	470	7768	1552	4660	2	1	80	700
偃师市高龙镇	3325	14364	3156	5232	2	1	65	2854
偃师市寇店镇	2031	8713	609	4921	2	1	19	1400
偃师市庞村镇	2933	10300	1049	7500	1	0	51	2053
偃师市李村镇	2537	14186	2045	2876	2	1	159	928
偃师市佃庄镇	845	3851	3165	2310	1	1	103	572
新华区焦店镇	1054	6658	2200	1360	1	1	1	130
新华区薛庄镇	890	3400	650	1880	2	2	3	80
湛河区北渡镇	2400	12470	6434	8690	1	1	14	280
宝丰县杨庄镇	617	2335	450	1630	2	2	5	300
宝丰县张八桥镇	530	2290	200	1620	1	1	4	800
宝丰县商酒务镇	1090	4160	40	2170	4	1	9	70
宝丰县石桥镇	695	5911	1250	3710	1	1	11	1670
宝丰县大营镇	2884	11378	568	6382	4	1	10	298
宝丰县闹店镇	1174	3780	581	2090	2	1	5	276
宝丰县周庄镇	532	2727	870	1098	1	1	1	21
叶县任店镇	1789	6987	741	1800	1	1	29	319
叶县保安镇	1449	6483	752	3715	2	1	85	786
叶县仙台镇	1865	6172	860	3676	1	1	7	84
叶县遵化店镇	1896	7351	1280	5425	1	1	40	825
鲁山县下汤镇	1028	4799	3060	2130	1	1	4	65
鲁山县梁洼镇	2611	11476	479	6730	2	1	61	2032
鲁山县张官营镇	2904	15200	1349	6367	1	1	48	369
鲁山县张良镇	4039	16171	1418	9300	3	2	5	200
郏县冢头镇	816	2919	1198	1600	2	1	13	150
郏县安良镇	1700	10864	1860	9864	2	1	12	1200
郏县堂街镇	1185	4624	100	2850	0	0	20	450
郏县薛店镇	1642	6471	1380	3420	1	1	2	23
郏县长桥镇	1373	5664	155	3580	2	2	61	1209

3—4—16 续表 4

名　　称	户　数 （户）	人　口 （人）	其中：非农业人口 （人）	劳动力 （人）	集贸市场个数 （个）	其　中：综合市场个数 （个）	企　业个　数 （个）	企　业从　业人员数 （人）
舞钢市尚店镇	723	3847	1147	3538	1	1	51	753
舞钢市八台镇	738	3923	900	2819	3	1	10	108
舞钢市尹集镇	1258	3894	1762	2528	1	1	8	253
汝州市寄料镇	500	6021	3980	4011	1	1	158	1820
汝州市温泉镇	950	3206	320	1510	2	1	6	210
汝州市临汝镇	4982	25408	3371	10770	3	1	214	5703
汝州市小屯镇	3500	11803	2550	3000	2	1	63	1500
安阳县水冶镇	21744	68300	42691	19350	11	7	369	10312
安阳县铜冶镇	3276	13980	8360	8790	1	1	32	1240
安阳县善应镇	1200	8000	2500	3500	2	1	6	1210
安阳县宝莲寺镇	1476	8108	1999	2800	0	0	16	177
安阳县柏庄镇	2733	9995	40	3450	1	1	4	206
安阳县白壁镇	2359	13193	3600	6117	1	1	23	134
安阳县曲沟镇	4100	15300	2400	4500	1	1	30	310
安阳县吕村镇	3325	14978	1775	10405	2	0	91	1508
汤阴县菜元镇	1884	7182	195	3572	1	1	10	306
汤阴县任固镇	1826	6919	968	3047	1	1	11	165
汤阴县五陵镇	1305	5065	1165	3008	1	1	4	60
汤阴县宜沟镇	2626	10063	1472	5131	1	1	8	820
滑县城关镇	2268	10408	1581	6100	3	0	6	80
滑县白道口镇	987	4329	2341	4211	5	1	180	2900
滑县留固镇	1092	7414	2400	4100	1	1	5	74
滑县上官镇	1232	5397	509	4047	1	1	18	253
滑县牛屯镇	486	7002	887	4002	1	1	18	420
滑县万古镇	1120	3760	760	2610	3	1	78	1570
滑县高平镇	976	4181	57	2533	0	0	15	164
滑县王庄镇	305	1200	753	800	1	1	4	45
内黄县东庄镇	2650	12000	1230	3100	1	1	5	200
内黄县井店镇	1091	4444	1541	2583	3	1	8	320
内黄县楚旺镇	2440	10260	1400	4800	3	2	230	2057
内黄县梁庄镇	450	1800	580	920	5	1	5	230
林州市合涧镇	2700	10975	2000	5584	1	1	30	1000
林州市临淇镇	4318	18876	3974	12500	2	1	13	980
林州市东姚镇	1476	7294	1226	2800	1	0	11	390
林州市横水镇	2284	9136	1951	3272	1	1	9	272
林州市河顺镇	945	5749	2707	6049	2	2	6	1203
林州市任村镇	1500	6726	1121	1050	1	1	3	140
林州市姚村镇	6300	25234	1121	6450	1	1	60	5300
林州市陵阳镇	1020	3999	200	1305	2	1	5	130
林州市原康镇	2144	9842	2787	4000	1	1	37	3000

3—4—16 续表 5

名　　称	户　数（户）	人　口（人）	其中：非农业人口（人）	劳动力（人）	集贸市场个数（个）	其　中：综合市场个数（个）	企　业个　数（个）	企　业从　业人员数（人）
林州市五龙镇	75	300	250	250	1	1	3	156
林州市采桑镇	1162	5069	1083	2653	0	0	10	789
林州市东岗镇	1114	5028	899	1880	1	0	9	727
林州市桂林镇	314	2500	500	925	0	0	2	200
鹤壁市郊区庞村镇	730	5000	2000	2200	0	0	3	240
鹤壁市郊区大赉店镇	6343	22325	8905	6806	2	1	36	2126
浚县善堂镇	1935	7818	352	3528	1	0	9	127
浚县新镇镇	1794	7617	2192	3155	0	0	9	110
浚县小河镇	3140	10955	2741	2007	0	0	20	1205
浚县屯子镇	2547	14500	836	1438	0	0	23	536
浚县巨桥镇	2500	8700	1300	2200	0	0	38	800
淇县高村镇	1800	7300	2590	5000	0	0	23	2100
新乡市郊区王村镇	3016	15480	12339	8662	1	1	15	970
新乡县大块镇	1680	7598	1602	1480	2	1	14	785
新乡县翟坡镇	680	6690	3735	2045	0	0	34	1650
新乡县小冀镇	10370	30253	16459	15310	6	1	292	10310
新乡县七里营镇	4491	16341	2542	9308	2	1	134	5251
新乡县朗公庙镇	1758	6975	3300	2792	6	5	16	2500
新乡县古固寨镇	1760	8270	750	1129	1	1	156	1660
新乡县洪门镇	760	3200	500	1640	1	1	10	362
新乡县大召营镇	650	3210	423	1300	2	1	25	880
获嘉县照镜镇	550	2900	1040	1800	0	0	5	1900
获嘉县黄堤镇	554	2278	56	782	1	1	4	80
获嘉县中和镇	3918	14593	1217	7057	3	2	68	2130
获嘉县徐营镇	1629	6923	153	1532	1	1	11	40
获嘉县冯庄镇	1100	5000	800	3100	1	1	15	350
获嘉县亢村镇	2902	12108	1576	6736	2	1	78	1045
获嘉县史庄镇	820	5687	2896	1820	2	1	8	510
原阳县原武镇	870	4000	750	2900	1	1	4	80
延津县小店镇	1300	5400	980	1010	0	0	20	700
延津县丰庄镇	832	3653	600	1520	1	1	5	180
延津县东屯镇	1710	8185	1155	3350	1	1	15	450
封丘县黄陵镇	1325	6100	380	3000	6	3	10	150
封丘县黄德镇	850	3100	809	1400	1	1	6	37
长垣县丁栾镇	1771	7973	1350	4507	2	1	21	860
长垣县凡相镇	1210	5500	1340	3700	1	1	59	450
长垣县位庄镇	388	3577	1850	1654	2	1	29	418
长垣县恼里镇	1189	4762	1100	2700	3	0	5	260
卫辉市太公泉镇	295	1048	90	610	1	1	3	360
卫辉市孙杏村镇	432	2400	503	1600	1	1	7	245

3－4－16 续表 6

名　　称	户　数（户）	人　口（人）	其中：非农业人口（人）	劳动力（人）	集贸市场个数（个）	其　中：综合市场个数（个）	企　业个　数（个）	企　业从　业人员数（人）
卫辉市后河镇	397	1822	311	3512	1	0	10	625
卫辉市李源屯镇	1354	6329	1350	2900	3	1	16	331
卫辉市唐庄镇	540	2130	1000	1300	0	0	4	500
卫辉市上乐村镇	1006	4042	200	2400	2	1	4	500
辉县市薄壁镇	1716	6104	950	1409	1	1	13	98
辉县市峪河镇	2286	12009	1327	4896	2	1	6	200
辉县市百泉镇	6320	13170	7350	9840	2	1	8	820
辉县市孟庄镇	3919	12748	3470	6469	0	0	128	5771
辉县市常村镇	1197	4255	185	1970	0	0	17	550
辉县市吴村镇	1100	4500	680	2500	2	2	5	400
辉县市南村镇	841	2830	213	1551	1	1	11	204
辉县市南寨镇	1967	6369	887	3395	1	1	9	1000
辉县市上八里镇	585	2237	120	950	1	0	15	110
辉县市北云门镇	616	3386	1016	2346	0	0	5	218
马村区待王镇	1680	6530	1100	3940	2	1	5	420
修武县方庄镇	582	2779	1350	1820	1	1	7	263
修武县郇封镇	1809	6167	703	685	0	0	12	574
博爱县柏山镇	2648	15431	5112	7000	1	1	12	530
博爱县月山镇	3500	15200	8600	10300	2	0	20	3600
博爱县许良镇	1638	6522	293	3980	4	1	8	240
博爱县阳庙镇	2081	8128	1200	3518	1	1	46	520
博爱县磨头镇	70	506	242	401	1	0	1	100
武陟县詹店镇	270	1500	279	900	1	1	14	100
武陟县西陶镇	1406	6061	386	2933	1	1	18	780
武陟县谢旗营镇	1519	6822	550	3333	4	1	3	267
武陟县大封镇	950	4430	280	2150	1	1	65	195
武陟县宁郭镇	1357	5448	446	3000	1	1	12	244
武陟县龙源镇	1200	3480	640	2845	3	1	8	300
温县祥云镇	700	3600	1000	1760	2	1	15	1320
温县赵堡镇	1608	6720	950	5820	1	1	20	410
温县杨磊镇	837	3309	969	1985	1	1	32	516
温县徐堡镇	1371	5484	580	3742	1	1	5	3500
温县黄庄镇	425	2100	800	1200	1	1	8	600
温县番田镇	736	4285	250	2367	1	1	38	820
温县南张羌镇	1734	8017	589	4450	1	1	130	1850
孟州市谷旦镇	870	3626	1331	2466	1	1	17	765
孟州市南庄镇	1583	5013	1047	3359	1	1	15	600
孟州市缑村镇	1222	5197	1001	3534	1	1	14	2090
孟州市西虢镇	819	3080	662	2094	1	1	11	480
孟州市化工镇	795	3053	643	2076	1	1	21	939

3—4—16续表7

名　　称	户　数（户）	人　口（人）	其中:非农业人口（人）	劳动力（人）	集贸市场个数（个）	其　中:综合市场个数（个）	企　业个　数（个）	企　业从　业人员数（人）
孟州市城伯镇	795	3066	819	2054	1	1	14	566
孟州市东小仇镇	539	2047	552	1392	1	1	11	506
沁阳市西向镇	2787	11817	5101	3500	1	1	60	1200
沁阳市西万镇	1815	7276	1200	3400	1	1	35	2063
沁阳市柏香镇	1345	5619	1400	2815	1	1	5	215
沁阳市山王庄镇	734	3548	1002	2450	1	1	6	95
沁阳市紫陵镇	1431	5647	830	2750	1	1	20	1450
沁阳市崇义镇	1381	5310	1626	1256	1	1	13	1074
清丰县马庄桥镇	5200	27000	26000	26500	2	1	37	1850
清丰县瓦屋头镇	3799	17458	16208	10474	3	2	15	325
南乐县韩张镇	1065	8000	3000	1832	4	2	35	1600
南乐县元村镇	2222	9000	1628	6120	2	2	78	5200
范县濮城镇	9280	40836	3030	17862	11	2	847	8703
濮阳县柳屯镇	1054	3538	580	1500	7	7	25	290
濮阳县文留镇	2350	5500	1152	3000	1	1	8	260
濮阳县庆祖镇	1050	4970	251	1145	3	3	20	120
濮阳县八公桥镇	2144	5489	330	1400	3	1	20	485
濮阳县两门镇	1170	4687	210	1056	1	1	12	123
濮阳县徐镇镇	330	2900	850	2100	2	1	15	175
许昌县将官池镇	967	3700	200	2200	1	1	10	350
许昌县五女店镇	1322	6163	135	3256	1	1	6	142
许昌县尚集镇	5112	21500	9820	12000	1	1	15	148
许昌县苏桥镇	1250	8732	1090	2480	1	1	5	306
许昌县蒋李集镇	812	3386	636	1827	1	1	15	286
鄢陵县马栏镇	282	6393	1891	3200	1	1	4	860
鄢陵县柏梁镇	396	4835	1872	1556	2	1	3	72
鄢陵县陈化店镇	460	4369	578	2883	1	1	6	230
鄢陵县望田镇	1339	5402	772	3445	1	1	15	256
襄城县颖桥回族镇	426	1830	277	780	2	1	13	395
襄城县麦岭镇	2354	7751	1952	2870	1	1	3	100
襄城县颖阳镇	780	3600	540	3200	1	1	6	260
襄城县王洛镇	1400	10400	2060	7840	2	2	5	166
襄城县紫云镇	461	2762	1100	1199	1	1	4	100
禹州市火龙镇	2986	15112	6756	9820	7	1	110	364
禹州市顺店镇	2565	10161	92	5705	2	2	17	175
禹州市方山镇	1078	4420	1120	2800	2	2	5	560
禹州市神后镇	2600	20240	11550	12500	3	1	1498	8418
禹州市鸿畅镇	1210	4489	670	2400	2	2	20	260
禹州市梁北镇	703	2900	500	1370	1	1	8	876
禹州市古城镇	250	1180	140	896	0	0	58	786

3—4—16 续表 8

名　　称	户　数（户）	人　口（人）	其中：非农业人口（人）	劳动力（人）	集贸市场个数（个）	其　中：综合市场个数（个）	企　业个　数（个）	企　业从　业人员数（人）
禹州市无梁镇	3010	7921	4631	6500	1	1	38	1680
长葛市坡胡镇	2949	9685	870	5245	1	1	36	971
长葛市后河镇	1100	5481	1380	4200	1	1	25	3001
长葛市石固镇	2611	9974	736	2520	1	0	42	1122
长葛市老城镇	3500	16658	4200	2600	2	1	65	1300
长葛市南席镇	959	4483	610	2570	1	1	11	189
长葛市大周镇	3225	12915	2450	10510	1	1	35	4400
舞阳吴城镇	2518	1300	4300	9100	1	1	102	996
舞阳北舞渡镇	2239	8609	890	1730	1	1	110	1840
舞阳莲花镇	800	3231	400	2500	1	1	4	120
临颍县繁城回族镇	3600	13600	3768	9000	15	11	238	5400
临颍县杜曲镇	8664	34657	11000	20765	4	2	640	4726
临颍县王岗镇	650	2400	195	1067	11	7	3	30
郾城县孟庙镇	5600	20000	17000	15000	0	0	300	4800
郾城县商桥镇	890	4800	2078	3500	0	0	352	2831
郾城县龙城镇	2525	14596	4394	8638	1	0	308	2625
郾城县邓襄镇	2300	11000	1876	7600	0	0	146	1000
郾城县召陵镇	3750	15000	6000	12300	1	1	2360	3500
湖滨区会兴镇	1448	4662	3445	3310	1	1	196	835
渑池县英豪镇	1090	4130	1260	2750	1	1	13	400
渑池县张村镇	1668	5686	1580	3745	1	1	15	758
渑池县洪阳镇	432	2899	404	1160	1	1	3	130
渑池县天池镇	560	3400	600	1260	1	1	4	260
陕县原店镇	6178	32855	29546	18750	4	1	37	1183
陕县观音堂镇	2979	10893	7600	1845	2	1	20	516
陕县西张村镇	1491	5582	911	2829	1	1	7	160
卢氏县杜关镇	460	1747	444	684	0	0	5	132
卢氏县五里川镇	2143	6300	808	4437	1	1	11	121
卢氏县官道口镇	820	3676	1796	2050	2	2	12	184
卢氏县朱阳关镇	545	2087	436	1120	1	1	8	121
卢氏县官坡镇	612	2040	412	1436	1	1	12	128
义马市常村镇	681	2912	280	1284	1	1	2	55
灵宝市尹庄镇	476	1652	1618	1304	1	1	18	1200
灵宝市朱阳镇	1348	5500	1736	3100	1	1	16	200
灵宝市阳平镇	1013	4029	1064	1700	2	2	14	241
灵宝市故县镇	457	1806	531	844	1	1	5	148
灵宝市豫灵镇	3240	8409	4321	3684	2	1	15	596
灵宝市大王镇	1100	1423	1353	1120	1	1	14	230
灵宝市阳店镇	376	1643	270	790	1	1	4	109
灵宝市函谷关镇	401	2593	1374	813	1	1	5	40

3—4—16 续表 9

名　　称	户　数（户）	人　口（人）	其中：非农业人口（人）	劳动力（人）	集贸市场个数（个）	其　中：综合市场个数（个）	企　业个　数（个）	企　业从　业人员数（人）
灵宝市焦村镇	2297	6290	2547	1803	1	1	18	945
卧龙区石桥镇	2184	8419	2085	5320	10	4	16	750
卧龙区潦河镇	2010	5819	2098	3780	2	1	4	89
卧龙区安皋镇	1220	6500	1008	2120	12	4	21	364
卧龙区蒲山镇	5527	22794	3619	7620	4	4	36	2890
卧龙区陆营镇	1279	5398	1397	2622	3	1	14	656
卧龙区青华镇	1520	5530	23	4800	1	1	12	320
卧龙区英庄镇	578	3849	136	1799	5	1	4	180
宛城区白河镇	700	3100	1100	3300	4	4	12	2265
宛城区官庄镇	312	820	368	510	1	1	8	240
宛城区瓦店镇	688	8348	1700	6000	3	2	42	4031
宛城区红泥湾镇	300	810	200	490	1	1	10	250
宛城区黄台岗镇	813	3261	1286	1989	4	4	16	169
南召县留山镇	1020	3850	1100	2250	1	1	750	1350
南召县云阳镇	7900	41000	21000	11000	7	7	752	4200
南召县皇路店镇	1205	4528	1200	2900	4	2	220	1350
南召县南河店镇	350	1700	150	1400	3	2	36	1260
南召县板山坪镇	520	2783	765	1700	1	0	385	1120
南召县乔端镇	800	2450	660	950	1	0	8	280
南召县白土岗镇	1134	4493	1623	840	4	3	73	726
方城县独树镇	1577	7495	1617	4650	1	1	33	642
方城县博望镇	532	4988	2108	3100	1	1	14	636
方城县拐河镇	995	4536	1111	2780	1	1	17	594
方城县小史店镇	1150	4686	1114	2910	1	1	69	394
方城县赵河镇	1533	8600	3500	5300	1	1	8	517
方城县广阳镇	395	3504	1237	2200	1	1	24	417
西峡县丹水镇	624	2195	1683	1371	2	1	18	802
西峡县西坪镇	1018	2817	1972	1183	1	1	16	528
西峡县双龙镇	456	1349	944	567	1	0	16	398
西峡县回车镇	841	2902	1687	1012	0	0	10	375
西峡县丁河镇	851	2646	2117	1298	2	1	12	365
西峡县桑坪镇	725	2515	1761	1056	1	1	6	152
西峡县米坪镇	510	1609	1126	788	0	0	5	120
镇平县石佛寺镇	1600	5600	1410	4850	6	2	57	3840
镇平县晁陂镇	1203	4619	450	2985	1	1	7	1564
镇平县贾宋镇	6329	26286	2259	19874	18	3	117	11436
镇平县侯集镇	2713	10868	735	6598	3	1	13	1215
镇平县老庄镇	156	1321	521	724	3	0	6	263
镇平县卢医镇	975	2456	784	1668	1	1	2	500
镇平县遮山镇	184	2090	309	1418	3	2	11	1142

3—4—16 续表 10

名　　称	户　数（户）	人　口（人）	其中：非农业人口（人）	劳动力（人）	集贸市场个数（个）	其　中：综合市场个数（个）	企　业个　数（个）	企　业从　业人员数（人）
镇平县高丘镇	1040	3570	2130	1850	2	2	8	2937
镇平县曲屯镇	760	3040	887	2128	2	1	45	520
镇平县枣园镇	511	2017	956	1020	1	1	13	752
内乡县下关镇	1000	3644	955	2540	1	0	10	315
内乡县师岗镇	1215	4588	760	2916	1	1	236	1246
内乡县马山镇	2127	8082	4093	5000	2	0	112	4500
内乡县湍东镇	2741	10109	310	2648	0	0	10	1448
内乡县赤眉镇	1294	6727	2047	1863	1	1	21	605
内乡县瓦亭镇	1124	4524	884	2548	1	0	9	112
内乡县灌涨镇	840	4733	2556	3957	1	0	12	345
内乡县王店镇	1222	4684	1603	2765	1	1	38	228
淅川县荆关镇	1297	4309	1836	2320	1	1	9	432
淅川县老城镇	500	1600	800	1200	1	1	5	390
淅川县香花镇	2000	8000	6000	5000	2	1	9	1500
淅川县厚坡镇	3000	11000	7000	6000	3	2	5	1400
淅川县九重镇	2200	8000	6000	5000	2	1	6	3000
淅川县盛湾镇	600	3500	1200	2100	1	1	6	480
淅川县寺湾镇	1020	4310	370	2330	1	1	5	112
淅川县仓房镇	400	2300	220	1300	0	0	5	270
淅川县金河镇	1500	6100	4100	3400	1	0	8	2100
淅川县上集镇	1600	5400	2400	2900	1	1	6	760
社旗县桥头镇	852	3136	1603	2924	1	1	232	1010
社旗县青台镇	868	3433	992	2257	2	2	199	754
社旗县饶良镇	970	3785	1356	3221	2	1	540	1390
社旗县兴隆镇	831	3149	1099	2966	2	1	209	1521
社旗县晋庄镇	830	3526	786	2582	1	1	132	940
社旗县郝寨镇	820	3271	1131	2891	1	1	412	2390
唐河县源潭镇	1850	6542	3635	4500	1	1	60	850
唐河县张店镇	1094	4664	2817	3358	1	1	81	1873
唐河县郭滩镇	1462	6752	2084	3220	1	1	14	1450
唐河县湖阳镇	1816	7974	1638	5371	4	2	89	3107
唐河县黑龙镇	765	4162	2575	2915	1	1	72	1486
唐河县大河屯镇	823	5023	1925	5258	1	1	30	1500
唐河县桐寨铺镇	702	2652	487	1361	2	2	38	728
唐河县龙潭镇	677	3213	803	1164	1	1	27	371
唐河县上屯镇	1235	6931	2516	5210	1	1	46	1008
唐河县毕店镇	862	8156	1744	3872	1	1	66	619
新野县王庄镇	360	2700	1850	1650	2	1	11	380
新野县沙堰镇	1398	6102	1820	3783	2	1	37	810
新野县新甸铺镇	1600	6500	2900	4030	5	3	19	900

3—4—16 续表 11

名 称	户 数（户）	人 口（人）	其中：非农业人口（人）	劳动力（人）	集贸市场个数（个）	其 中：综合市场个数（个）	企 业 个 数（个）	企 业 从 业 人员数（人）
新野县施庵镇	1500	6506	1182	4033	3	0	30	300
新野县歪子镇	1300	6516	1160	4039	7	2	39	1200
新野县五星镇	829	4294	950	2600	2	2	38	1500
桐柏县月河镇	348	1681	1141	2500	2	2	13	312
桐柏县吴城镇	688	2149	204	1200	1	1	20	450
桐柏县固县镇	915	1628	1524	1160	1	1	9	139
桐柏县毛集镇	1130	3158	1939	2650	1	1	28	1394
桐柏县大河镇	520	2025	905	1100	1	1	17	358
桐柏县埠江镇	1507	4569	628	2500	2	2	47	1558
桐柏县平氏镇	2373	8685	1230	3200	1	1	48	854
桐柏县鸿仪河镇	1209	4300	3700	2500	1	1	53	963
邓州市汲滩镇	725	2853	65	1323	1	1	8	120
邓州市穰东镇	4500	19907	1200	14000	16	3	140	8050
邓州市孟楼镇	828	4120	2560	1490	3	2	21	458
邓州市林扒镇	965	3980	560	1890	8	2	166	785
邓州市构林镇	2830	8462	1843	3482	7	2	486	1985
邓州市十林镇	1430	5362	265	3650	5	1	2	15
邓州市张村镇	2400	6000	1500	1500	4	1	5	300
邓州市赵集镇	753	3008	985	2385	2	2	18	623
邓州市都司镇	1617	5681	720	3787	5	2	12	116
邓州市刘集镇	3757	11372	3752	9761	3	2	169	1760
梁园区张阁镇	326	2094	697	2000	1	1	6	68
梁园区双八镇	2000	8000	1000	5000	3	1	8	150
梁园区谢集镇	1670	10500	1012	2891	8	6	65	1020
梁园区平台镇	768	3079	965	1410	1	1	21	410
睢阳区郭村镇	1100	6000	600	3600	1	1	6	120
睢阳区李口镇	800	3500	500	2000	2	1	4	76
睢阳区宋集镇	826	6000	143	3900	1	1	10	356
民权县龙塘镇	1658	6723	169	3245	2	1	2	162
民权县北关镇	1725	7989	1000	4211	1	1	36	392
民权县人和镇	1452	6523	253	3526	2	1	2	156
民权县程庄镇	1562	4863	320	3251	1	1	3	185
睢县长岗镇	2143	9263	849	5033	1	1	12	487
睢县潮庄镇	960	5088	505	2000	1	1	29	822
睢县平岗镇	1274	6314	836	1860	3	3	8	138
睢县周堂镇	1312	6052	631	3105	2	2	7	90
睢县蓼堤镇	969	4812	300	2600	1	1	8	115
睢县西陵镇	1225	5999	790	3052	2	2	8	210
宁陵县张弓镇	2714	12096	3500	6582	1	1	64	216
宁陵县柳河镇	3312	12000	6000	8000	3	3	11	154

3—4—16 续表 12

名　　称	户　数（户）	人　口（人）	其中：非农业人口（人）	劳动力（人）	集贸市场个数（个）	其　中：综合市场个数（个）	企　业个　数（个）	企　业从　业人员数（人）
宁陵县逻岗镇	1531	5602	1500	4465	1	1	8	185
柘城县起台镇	976	3900	500	1300	1	1	10	288
柘城县慈圣镇	1259	5757	412	2757	3	0	18	432
柘城县陈青集镇	460	1913	215	913	2	1	12	245
柘城县胡襄镇	1005	4276	908	2028	4	1	25	860
柘城县远襄镇	1481	6600	1300	4000	5	2	12	378
柘城县安平镇	1200	5020	850	3050	1	1	10	160
虞城县界沟镇	1103	3989	308	1825	1	1	7	145
虞城县谷熟镇	1290	5489	627	3295	1	1	3	70
虞城县贾寨镇	2323	10454	450	4585	1	1	17	361
虞城县张集镇	563	2927	572	1377	1	1	12	195
虞城县利民镇	726	3066	2956	2405	1	1	6	250
虞城县大杨集镇	1172	4704	301	2325	1	1	22	431
虞城县杜集镇	1356	5248	844	3002	1	1	20	445
夏邑县会停镇	2645	11237	923	4623	1	1	87	3624
夏邑县李集镇	1700	7105	757	4305	1	1	52	1724
夏邑县车站镇	4930	16281	8564	6510	2	1	56	1288
夏邑县杨集镇	2649	10827	1030	5541	2	2	29	1036
夏邑县马头镇	820	3523	334	2149	1	1	33	260
夏邑县韩道口镇	2257	8597	1362	5183	1	1	144	715
永城市芒山镇	2635	11219	4093	7316	3	2	56	1158
永城市高庄镇	660	3560	1020	2180	2	2	7	410
永城市演集镇	1300	5200	2680	3820	2	1	8	750
永城市马桥镇	958	4741	1333	2961	2	1	6	120
永城市裴桥镇	860	3500	960	2220	1	1	12	220
永城市搓城镇	1760	6820	1100	3700	2	2	7	140
永城市薛湖镇	1027	5235	997	2950	1	1	4	80
项城市孙店镇	1570	6639	823	3518	2	2	5	284
项城市贾岭镇	960	4289	980	2615	2	2	12	306
项城市新桥镇	464	3369	662	1120	1	1	3	264
项城市官会镇	1101	4651	1488	2896	2	2	104	540
项城市丁集镇	645	2713	979	1966	2	1	106	1482
项城市南顿镇	1204	4820	972	2162	1	1	50	1050
扶沟县崔桥镇	1390	5910	1620	3010	1	1	8	360
扶沟县江村镇	3920	15631	1100	7800	1	1	10	210
扶沟县白潭镇	1187	6051	1440	2860	1	1	11	270
扶沟县韭园镇	2721	8964	1861	5180	2	1	15	1650
扶沟县练寺镇	1732	8703	1100	6173	1	1	14	453
扶沟县大新镇	1100	5118	782	2900	2	2	10	108
扶沟县包屯镇	1126	3619	1689	1501	2	1	14	580

3—4—16 续表 13

名　称	户　数（户）	人　口（人）	其中：非农业人口（人）	劳动力（人）	集贸市场个数（个）	其　中：综合市场个数（个）	企　业个　数（个）	企　业从　业人员数（人）
西华县西夏镇	700	3280	882	1100	2	1	40	1500
西华县逍遥镇	1850	5615	4321	2515	2	1	23	251
西华县奉母镇	1471	4542	3915	1560	2	1	36	433
西华县红花镇	1008	4481	1231	2679	2	1	25	990
西华县聂堆镇	1087	5274	1263	1442	0	0	20	800
西华县东下镇	1125	4475	488	1546	3	0	37	1176
西华县西华营镇	1035	4250	1373	2827	2	1	5	340
西华县址坊镇	1100	3515	2890	2010	1	0	10	255
商水县黄寨镇	940	4618	876	2407	1	1	356	1201
商水县练集镇	1032	4200	634	2300	3	2	2	40
商水县位集镇	1000	4200	186	2250	1	1	40	520
商水县固墙镇	1520	5300	860	4100	1	1	25	1418
商水县白寺镇	850	3500	400	2700	1	1	48	1500
商水县巴村镇	1450	5080	859	2300	3	3	62	589
商水县谭庄镇	1530	5425	850	4080	1	1	20	337
商水县邓城镇	975	5799	981	2200	2	1	80	540
商水县胡吉镇	1128	4269	373	845	1	1	16	321
太康县常营镇	2804	11219	5132	6730	7	4	86	2253
太康县逊母口镇	2500	11400	4350	9450	5	3	23	942
太康县老冢镇	1000	1546	230	3220	1	1	200	900
太康县朱口镇	1605	7830	1260	4474	3	1	10	192
太康县马头镇	1593	6380	601	3978	0	0	400	300
鹿邑县玄武镇	4490	14500	2750	7452	2	1	9	1550
鹿邑县枣集镇	628	8051	4264	5230	3	2	8	4230
鹿邑县太清宫镇	718	4879	1689	1124	1	1	56	288
鹿邑县王皮六镇	660	3687	2987	1491	2	1	15	74
鹿邑县试量镇	1727	9097	1042	5491	1	1	8	612
鹿邑县新集镇	1226	6526	936	3620	1	1	62	420
鹿邑县马铺镇	868	5272	1517	3256	6	1	11	352
鹿邑县涡北镇	210	810	194	900	2	1	3	61
郸城县吴台镇	1285	4586	296	2468	2	1	12	136
郸城县南丰镇	2335	11699	1500	7600	2	1	32	215
郸城县白马镇	450	2197	1197	1250	3	3	35	900
郸城县宁平镇	752	4128	1020	1640	1	1	28	315
郸城县宜路镇	2112	9500	1400	4500	3	1	42	1200
郸城县钱店镇	720	4180	1190	3040	4	2	29	210
郸城县汲冢镇	3316	11607	1600	5803	1	1	110	1700
淮阳县新站镇	1693	5334	1100	2105	7	3	11	1306
淮阳县鲁台镇	939	4452	1231	2500	1	1	12	200
淮阳县四通镇	2040	8570	614	4560	6	1	25	1260

3－4－16 续表 14

名　　称	户　数（户）	人　口（人）	其中:非农业人口（人）	劳动力（人）	集贸市场个数（个）	其　中:综合市场个数（个）	企　业个　数（个）	企　业从　业人员数（人）
淮阳县临蔡镇	1130	4909	1030	2450	1	1	35	280
淮阳县安岭镇	1036	4144	227	2610	2	2	18	980
沈丘县刘庄店镇	932	4349	967	800	1	1	4	110
沈丘县留福镇	438	1763	1200	900	1	1	61	915
沈丘县老城镇	2106	7009	5106	3709	1	1	85	680
沈丘县赵德营镇	3103	13965	2793	8600	1	1	465	3398
沈丘县付井镇	1914	5640	1930	1100	2	2	4	100
沈丘县纸店镇	1360	6641	1092	4250	3	1	38	580
沈丘县新集镇	733	3615	525	2003	1	1	7	246
沈丘县白集镇	1200	4700	800	1000	2	1	5	300
确山县竹沟镇	700	2900	550	1782	1	0	80	1000
确山县任店镇	1015	5000	1500	4350	2	0	112	4000
确山县新安店镇	1000	3501	858	2380	1	1	80	351
确山县留庄镇	820	3114	765	1486	1	1	70	800
确山县刘店镇	940	3240	700	1005	2	1	7	200
泌阳县沙河店镇	2431	6978	1136	998	1	0	38	801
泌阳县羊册镇	2262	11987	3317	4862	2	1	11	586
泌阳县板桥镇	2071	5750	3074	4081	3	2	48	560
泌阳县马谷田镇	2200	8506	1296	4104	2	1	5	56
泌阳县春水镇	1920	9160	4330	7450	3	2	32	800
遂平县车站镇	605	3281	2943	2274	1	1	33	1926
遂平县玉山镇	1264	3792	242	3034	2	1	14	988
西平县师灵镇	1350	5301	1049	1567	1	0	431	1320
西平县五沟营镇	1710	7168	3086	4250	3	2	333	1956
西平县权寨镇	845	3339	1005	2186	1	0	284	1833
西平县出山镇	950	3133	889	3500	1	1	320	3000
上蔡县黄埠镇	2640	13400	946	7504	6	1	382	1520
上蔡县杨集镇	2209	8990	2208	2896	2	1	25	612
上蔡县洙湖镇	3840	13440	779	10270	3	1	8	264
上蔡县党店镇	1360	6206	830	4055	1	1	4	330
上蔡县朱里镇	3543	12492	1192	6400	1	1	20	440
上蔡县华陂镇	545	12610	7312	8300	2	1	30	192
汝南县王岗镇	943	3207	938	2149	1	1	21	928
汝南县马乡镇	1906	6671	1571	4470	1	1	30	1625
汝南县和孝镇	598	2034	1131	1362	1	1	27	1007
汝南县老君庙镇	1151	3913	2117	2622	1	1	38	1818
汝南县留盆镇	2010	6836	1083	4580	1	1	30	1125
汝南县水屯镇	1232	4189	2084	2807	1	1	39	1596
汝南县金铺镇	984	3344	1073	2240	1	1	26	1018
平舆县杨埠镇	2276	9102	1247	4552	2	0	20	552

3—4—16 续表 15

名　　称	户　数（户）	人　口（人）	其中：非农业人口（人）	劳动力（人）	集贸市场个数（个）	其　中：综合市场个数（个）	企　业个　数（个）	企　业从　业人员数（人）
平舆县东和店镇	3590	14385	6867	3640	8	7	162	1640
平舆县庙湾镇	1784	7432	1064	1356	3	1	10	350
平舆县射桥镇	445	1066	480	780	3	1	6	230
新蔡县练村镇	627	2081	981	1175	1	1	15	350
新蔡县棠村镇	712	2129	906	1236	1	1	21	120
新蔡县龙口镇	1300	5800	732	1500	6	6	42	884
新蔡县李桥镇	886	3840	1120	1769	1	1	88	969
新蔡县砖店镇	1250	4216	273	2120	1	1	13	206
新蔡县佛阁寺镇	1920	6300	130	3825	1	1	8	201
新蔡县韩集镇	2050	7012	162	4870	1	1	2	46
正阳县寒冻镇	1210	4488	1042	1490	2	1	10	272
正阳县汝南埠镇	1074	5072	1168	2860	1	1	10	598
正阳县铜钟镇	938	3750	832	2557	2	1	10	167
正阳县陡沟镇	850	3830	848	2268	2	1	8	129
正阳县熊寨镇	660	3140	599	1634	2	1	7	161
师河区李家寨镇	982	3200	2846	1920	2	1	8	123
师河区吴家店镇	248	2964	3025	2025	3	2	25	115
师河区东双河镇	1274	3177	1462	2419	2	1	244	1847
平桥区甘岸镇	1260	4213	1057	2450	1	1	16	121
平桥区平昌关镇	1683	4570	2313	3200	1	1	8	52
平桥区明港镇	17010	54432	51186	11152	10	7	586	5697
平桥区五里镇	2617	13123	8175	4492	1	1	680	2060
平桥区邢集镇	762	1922	1467	1852	2	1	307	1258
息县包信镇	1150	5456	1585	3278	1	1	14	1085
息县夏庄镇	1540	6007	982	3664	1	1	10	279
淮滨县马集镇	1100	3850	1858	2800	1	1	400	2029
淮滨县栏杆镇	1160	3600	771	2100	1	1	10	600
淮滨县防胡镇	844	4742	1327	3225	5	0	18	203
淮滨县新里镇	850	3700	1340	2680	1	1	23	180
淮滨县期思镇	1043	2730	839	1783	5	1	6	356
潢川县双柳树镇	1383	15000	3011	9040	5	2	412	3049
潢川县踅孜镇	458	1868	1397	908	2	1	2	110
潢川县付店镇	1090	4120	2824	2180	1	1	2	246
潢川县伞陂镇	1100	4545	2840	3186	1	1	9	1000
潢川县卜塔集镇	500	2800	2200	1800	1	1	15	400
潢川县仁和镇	1080	4360	1920	2400	6	6	340	1500
潢川县桃林铺镇	500	2000	800	2560	1	1	26	515
光山县白雀镇	1630	6120	4259	2700	4	3	18	380

3—4—16 续 16

名　　称	户　数（户）	人　口（人）	其中：非农业人口（人）	劳动力（人）	集贸市场个数（个）	其　中：综合市场个数（个）	企　业个　数（个）	企　业从　业人员数（人）
光山县泼陂河镇	2857	12000	11500	7000	1	1	6	700
光山县孙铁铺镇	2091	8932	4049	1250	1	1	3	162
光山县十里镇	203	652	418	361	1	1	9	142
光山县马畈镇	1146	4816	2913	3274	5	5	86	976
光山县砖桥镇	525	2100	820	1800	1	1	10	150
光山县寨河镇	1080	5900	1320	2000	1	1	27	243
固始县陈淋镇	1246	3710	2845	2455	1	1	22	1329
固始县黎集镇	2486	7566	5016	4512	1	1	26	2542
固始县蒋集镇	2345	6350	4378	3642	1	1	24	2286
固始县往流镇	1184	3840	3265	1954	1	1	19	180
固始县郭陆滩镇	1042	3160	2647	2217	1	1	25	1947
固始县胡族铺镇	1658	4862	3713	3125	1	1	25	1966
固始县方集镇	890	2776	2230	1862	1	1	31	2235
商城县上石桥镇	1860	6000	2980	2700	1	1	45	1300
商城县双椿铺镇	1250	5720	1531	3140	4	2	45	1131
商城县汪桥镇	869	3418	1576	2265	1	1	3	37
商城县余集镇	2342	7236	2135	3869	7	1	26	351
商城县鄢岗镇	560	1800	800	2540	1	1	2	180
罗山县周党镇	3983	16000	4561	8480	19	2	17	1357
罗山县竹杆镇	3867	14171	1562	8500	7	7	6	210
罗山县涩港镇	1500	5400	4500	5400	2	1	20	160
罗山县子路镇	1310	4950	2719	3410	3	2	27	245
罗山县楠杆镇	877	3067	1648	2224	1	1	89	267
新县沙石镇	321	659	604	168	2	1	2	46
新县沙窝镇	2151	6973	3112	2311	5	1	23	1401
济源市克井镇	1322	5740	1730	3281	1	1	11	24
济源市五龙口镇	1824	7444	2008	4596	1	1	23	736
济源市承留镇	3105	17500	4500	12500	2	1	470	3400
济源市邵原镇	2950	12000	2700	9500	3	1	10	1900
济源市轵城镇	1916	17500	1060	7635	1	1	22	2368
济源市坡头镇	1296	5264	1500	840	1	0	11	310
济源市梨林镇	675	3530	2155	2200	1	1	6	724

3—4—17 湖北省建制镇镇区主要指标

名称	户数（户）	人口（人）	其中：非农业人口（人）	劳动力（人）	集贸市场个数（个）	其中：综合市场个数（个）	企业个数（个）	企业从业人员数（人）
武汉市柏林镇	520	3100	1300	850	1	1	4	120
武汉市张湾镇	697	3011	1000	2251	1	1	9	1000
武汉市索河镇	661	2770	1477	1690	1	1	7	350
武汉市玉贤镇	400	3000	2000	1200	1	1	20	1000
武汉市永安镇	613	2146	1837	1285	2	2	25	413
武汉市侏儒镇	1732	6485	5512	4125	1	1	28	2936
武汉市渣山镇	780	2436	1356	1487	3	3	35	470
武汉市大集镇	837	4044	1837	1780	1	1	35	1560
武汉市黄陵镇	1560	5980	4850	3840	1	1	16	642
武汉市常福镇	310	1186	567	1780	1	1	27	1580
武汉市军山镇	383	1389	150	912	1	1	13	275
武汉市花山镇	5651	5000	1500	2680	1	1	16	2036
武汉市左岭镇	944	1771	892	2200	1	1	14	1150
武汉市新沟镇	2168	5206	3793	300	3	1	3	101
武汉市纱帽镇	16308	40572	20281	28300	2	2	7	299
武汉市邓家口镇	225	770	608	410	1	1	2	222
江夏区金口镇	5430	19030	14910	9120	2	2	50	2910
江夏区乌龙泉镇	4410	15670	12710	9810	1	1	20	4950
江夏区大桥镇	1290	4520	3010	2270	1	1	15	570
江夏区郑店镇	1467	3624	3230	1050	1	1	65	230
江夏区法泗镇	1084	3710	3290	1850	1	1	8	228
江夏区安山镇	1350	4730	3150	1450	1	1	11	325
江夏区贺站镇	990	3470	2200	1740	1	1	28	340
江夏区湖泗镇	1020	3810	2210	1910	1	1	7	1500
江夏区五里界镇	1446	5060	2820	2520	1	1	17	810
江夏区流芳镇	1651	5780	5360	2910	1	1	50	1540
江夏区豹懈镇	1442	5050	3600	2540	1	1	18	1010
黄陂区姚集镇	1140	4516	2850	2900	2	2	9	2850
黄陂区长岭镇	1350	4860	3690	2496	2	0	10	1500
黄陂区长堰镇	1218	4751	3492	2887	1	1	10	2500
黄陂区王家河镇	960	4804	3200	2400	1	1	12	2238
黄陂区蔡榨镇	1553	5518	3864	2840	1	1	13	2500
黄陂区甘棠镇	1100	5000	2600	4100	2	0	32	2000
黄陂区六指镇	2086	7868	3570	2934	1	1	50	2110
黄陂区研子镇	1620	3490	1821	1350	2	1	33	658
黄陂区罗汉镇	1578	6067	3067	3432	2	0	18	1920
黄陂区李集镇	2182	8860	4670	3863	1	1	15	1638
黄陂区泡桐镇	1026	4104	2105	2926	1	1	18	2579
黄陂区土庙镇	2430	8160	5528	4260	1	1	9	2100
黄陂区祁家湾镇	2570	8273	6290	4360	2	1	29	2470

3—4—17 续 1

名　称	户 数（户）	人 口（人）	其中：非农业人口（人）	劳动力（人）	集贸市场个数（个）	其中：综合市场个数（个）	企业个数（个）	企业从业人员数（人）
黄陂区横店镇	3467	14548	12300	7573	3	2	38	5880
黄陂区天河镇	810	5891	4730	3063	2	1	17	1397
黄陂区滠口镇	4128	15413	13230	11996	2	1	1204	9047
黄陂区鲁台镇	1240	4708	4628	2943	1	1	38	2720
黄陂区三里桥镇	392	1525	1210	910	1	1	5	210
新洲区辛冲镇	1500	5000	2200	3260	1	1	2	600
新洲区旧街镇	500	1500	560	700	1	1	15	400
新洲区新集镇	644	3161	2045	1553	1	1	10	210
新洲区徐古镇	1001	6156	4880	4510	2	1	8	750
新洲区潘塘镇	950	3187	0	1720	1	1	25	350
新洲区三店镇	1210	4500	3700	1800	2	1	8	210
新洲区凤凰镇	900	3500	2000	1800	1	1	20	550
新洲区张店镇	500	1500	150	500	2	2	2	150
新洲区汪集镇	995	4182	3847	2300	1	1	13	1275
新洲区李集镇	320	1500	1200	1150	3	3	15	500
新洲区周铺镇	382	1217	264	363	1	1	3	226
新洲区孔埠镇	562	2266	1540	682	1	1	12	321
新洲区金台镇	954	5100	2650	2300	1	1	38	1800
新洲区双柳镇	3389	14600	4200	7341	4	2	10	1100
新洲区大埠镇	500	1500	300	600	2	2	1	8
新洲区阳逻镇	4566	17817	17300	11000	5	5	8	836
新洲区仓埠镇	3402	13228	12116	4283	2	1	290	3482
黄石市区河口镇	1198	3212	948	1020	1	1	50	725
黄石市区铁山镇	826	2873	2321	8201	3	2	838	7274
大冶市大箕卜镇	1241	5435	3426	1175	1	1	3	240
大冶市殷祖镇	487	1831	1831	750	1	1	20	700
大冶市刘仁八镇	861	3200	831	2500	1	0	7	350
大冶市铜山口镇	366	1378	1178	800	1	1	1	700
大冶市陈贵镇	3570	14586	2517	11000	5	5	12	4000
大冶市灵乡镇	340	1412	1412	2000	4	1	390	1800
大冶市金牛镇	4000	20000	11000	6000	4	2	1470	5150
大冶市保安镇	2658	10836	5438	6310	3	1	240	3100
大冶市金山店镇	319	3805	2648	2023	2	2	10	1023
大冶市还地桥镇	1898	7879	2967	5860	2	2	8	3516
大冶市汪仁镇	870	3500	1100	2100	1	1	30	1680
阳新县富池镇	4413	18823	12609	9200	1	1	213	1212
阳新县黄双口镇	1385	7627	2288	1288	1	1	800	1000
阳新县韦源口镇	1115	5659	4876	2500	1	1	190	2075
阳新县太子镇	2022	10327	6060	1798	1	1	449	1300
阳新县大王镇	1922	9601	4292	3768	1	1	130	2404

3—4—17 续 2

名　　称	户　数（户）	人　口（人）	其中：非农业人口（人）	劳动力（人）	集贸市场个数（个）	其　中：综合市场个数（个）	企　业个　数（个）	企　业从　业人员数（人）
阳新县陶港镇	680	3310	993	962	1	1	69	456
阳新县白沙镇	2433	15362	5355	2181	1	1	900	2000
阳新县浮屠镇	2497	14245	7661	1947	1	1	792	1800
阳新县三溪镇	1660	9420	4080	1834	1	1	531	1410
阳新县富水镇	1706	8945	4112	2000	1	1	329	1826
阳新县龙港镇	2082	10967	4960	1860	2	1	432	3195
阳新县洋港镇	1472	7979	2394	1160	1	1	281	993
阳新县排市镇	1852	10027	2005	1779	1	1	340	1459
阳新县木港镇	2118	11500	3450	1360	1	1	609	3214
阳新县枫林镇	2047	10290	2880	1540	1	1	413	1021
十堰市黄龙镇	2000	8000	506	4000	1	0	10	49
十堰市柏林镇	1000	4000	664	1900	1	1	9	220
十堰市大川镇	230	1119	556	592	1	1	4	52
丹江口市凉水河镇	449	1200	730	480	0	0	7	76
丹江口市罗店镇	491	1804	881	351	0	0	7	18
丹江口市均县镇	1417	4032	2912	896	1	1	3	123
丹江口市六里坪镇	9290	18078	14159	12000	4	3	420	1600
丹江口市官山镇	105	460	302	203	2	2	13	85
丹江口市武当山镇	5100	11000	8900	6800	5	5	50	2500
丹江口市丁家营镇	2300	8500	3500	2400	1	1	51	425
丹江口市浪河镇	2800	9291	5244	4200	1	1	14	757
丹江口市土关垭镇	336	907	607	310	2	1	6	78
郧县安阳镇	243	868	715	354	1	1	13	298
郧县杨溪镇	246	987	812	456	1	1	15	1081
郧县青曲镇	528	3541	1021	2154	1	1	23	894
郧县白桑镇	164	1546	695	898	1	1	18	386
郧县南化镇	654	2654	1212	854	1	1	25	421
郧县白浪镇	312	1456	431	814	1	1	13	325
郧县刘洞镇	132	1780	800	1201	1	1	12	320
郧县谭山镇	256	1562	856	987	1	1	16	425
郧县梅铺镇	213	1021	465	724	1	1	15	325
郧县茶店镇	600	4774	2917	3500	1	1	25	1300
郧县柳陂镇	1231	4584	1254	3121	2	1	78	1825
郧县鲍峡镇	850	7100	4800	1100	1	1	31	500
郧县胡家营镇	389	1118	435	687	1	1	14	385
郧西县土门镇	900	3400	1000	2100	1	1	6	180
郧西县上津镇	1700	6500	2450	4500	2	1	200	1700
郧西县店子镇	369	1054	726	658	1	1	12	30
郧西县夹河镇	561	2357	2015	1700	1	1	3	10
郧西县羊尾镇	470	2645	1985	900	1	1	3	55

3—4—17 续 3

名　　称	户 数（户）	人 口（人）	其中：非农业人口（人）	劳动力（人）	集贸市场个数（个）	其中：综合市场个数（个）	企业个数（个）	企业从业人员数（人）
郧西县观音镇	291	2899	399	2500	1	1	7	137
竹山县溢水镇	1000	3600	1200	1800	0	0	6	83
竹山县麻家渡镇	1200	3480	480	1700	1	1	133	360
竹山县宝丰镇	2500	12000	4369	6000	1	1	471	1560
竹山县擂鼓镇	800	2400	600	1000	0	0	115	248
竹山县秦古镇	400	1600	600	320	1	1	120	650
竹山县得胜镇	350	1500	1002	800	1	1	153	300
竹山县茅塔镇	500	1000	425	503	0	0	22	35
竹山县田家镇	800	2400	820	1200	0	0	153	200
竹山县官渡镇	850	2645	1645	1400	1	1	110	360
竹溪县县河镇	323	1292	42	457	0	0	3	15
竹溪县蒋家堰镇	608	2393	554	1107	1	1	15	133
竹溪县中峰镇	422	1529	1434	552	1	1	6	89
竹溪县水坪镇	667	2341	317	890	1	1	13	212
竹溪县泉溪镇	311	1343	387	384	1	1	4	45
竹溪县丰溪镇	379	1392	109	764	1	1	5	76
房县军店镇	3297	15000	8000	9000	1	1	560	1320
房县化龙镇	605	2400	830	550	1	0	10	316
房县土城镇	411	1590	600	1020	1	1	2	14
房县大木镇	400	500	300	400	1	1	2	25
房县青峰镇	1137	8341	1476	323	1	1	14	523
房县门古镇	587	2350	1680	1050	1	1	3	60
荆州区纪南镇	4840	5450	3400	3200	2	1	12	2350
荆州区川店镇	1692	4588	2618	3080	2	1	16	1188
荆州区马山镇	176	370	370	64	1	1	11	850
荆州区李埠镇	2878	5944	5944	3180	1	1	11	785
荆州区弥市镇	4000	13000	5000	3000	1	1	3	350
沙市区锣场镇	2000	8000	1200	2000	2	1	11	513
沙市区观音当镇	3351	8864	7588	4367	2	1	20	350
沙市区岑河镇	4763	15358	10015	7863	1	1	21	1778
江陵县资市镇	859	6395	4847	5116	2	1	10	270
江陵县滩桥镇	2056	5410	3100	2600	1	0	19	500
江陵县熊河镇	2000	4000	3000	1500	1	1	8	300
江陵县白马镇	2541	8401	7432	1427	1	1	3	572
江陵县沙岗镇	2606	5831	4198	3041	2	0	16	828
江陵县普济镇	1353	6425	6400	2890	4	1	295	3000
松滋市八宝镇	365	3851	2601	1830	1	1	4	20
松滋市宛市镇	2890	7778	4276	4340	1	1	16	1407
松滋市米积台镇	852	3439	3149	1400	1	1	13	500
松滋市老城镇	1860	4420	4350	3100	1	1	10	1350

3—4—17 续 4

名　　称	户　数（户）	人　口（人）	其中：非农业人口（人）	劳动力（人）	集贸市场个数（个）	其　中：综合市场个数（个）	企　业个　数（个）	企　业从　业人员数（人）
松滋市陈店镇	9243	2180	2080	15835	1	1	8	530
松滋市王家桥镇	1210	3200	2085	2031	1	1	2	100
松滋市斯家场镇	250	2019	980	1600	1	1	9	485
松滋市杨林市镇	1108	4419	3823	1897	1	1	31	1046
松滋市纸厂河镇	1159	5180	4500	2300	0	0	9	829
松滋市街河市镇	2530	6000	3755	5000	2	2	9	1800
松滋市危水镇	3820	11450	10000	9000	2	1	13	1000
松滋市新江口镇	18000	54312	48312	45219	8	8	83	5516
松滋市刘家场镇	12645	45647	34170	11390	2	2	52	8645
松滋市沙道观镇	2900	8234	6234	2200	1	1	7	1200
公安县埠河镇	1000	2250	2250	4380	2	1	182	542
公安县夹竹园镇	6068	18844	1723	5893	2	2	27	828
公安县闸口镇	3916	15665	15042	10965	5	4	17	1448
公安县杨家厂镇	2895	9670	8410	5028	1	1	14	1000
公安县麻豪口镇	1555	8032	3478	3274	1	1	53	1580
公安县藕池镇	5000	17680	16666	9100	2	0	30	4000
公安县黄山头镇	1759	7055	4082	3544	1	1	11	117
公安县孟家溪镇	2869	11562	11093	5930	1	1	35	2919
公安县南平镇	6968	21099	13680	11110	4	2	121	1810
公安县郑公渡镇	1050	5040	3200	2650	2	1	13	500
公安县章庄铺镇	1050	5020	3500	2800	2	1	15	350
公安县狮子口镇	3126	9948	8321	2305	1	1	6	45
公安县申津渡镇	796	3664	1970	800	2	1	2	30
公安县斑竹当镇	1810	5890	5700	1500	1	1	108	650
公安县毛家港镇	2000	8000	6750	3800	1	1	35	800
石首市高陵镇	150	2000	1800	1700	1	1	15	180
石首市新厂镇	1511	6901	6401	4810	5	3	11	1087
石首市横沟市镇	1341	5805	5305	2800	2	1	12	600
石首市小河口镇	200	3717	3117	1850	1	1	11	600
石首市桃花山镇	180	1692	1092	400	1	1	3	200
石首市调关镇	1372	8450	6450	4627	3	1	19	800
石首市东升镇	2800	8000	3900	3680	3	2	202	2653
石首市高基庙镇	282	1095	780	530	1	1	79	2184
石首市南口镇	546	3672	2672	1095	1	1	39	839
石首市团山寺镇	1073	4688	3973	1744	2	0	13	955
石首市东方镇	800	2600	1900	1500	1	1	15	120
监利县朱河镇	8793	30582	21935	15400	5	3	1305	13326
监利县新沟镇	3400	22300	2000	6540	3	2	23	3409
监利县龚场镇	1143	6910	4230	5956	2	1	7	150
监利县周老嘴镇	1423	4710	2800	1200	1	1	13	900

3—4—17 续 5

名　　称	户　数（户）	人　口（人）	其中:非农业人口（人）	劳动力（人）	集贸市场个数（个）	其　中:综合市场个数（个）	企　业个　数（个）	企　业从　业人员数（人）
监利县黄歇口镇	1080	6434	5434	1138	2	2	11	192
监利县汪桥镇	2153	8671	6459	4217	3	1	36	1965
监利县程集镇	1230	4025	3350	2415	1	1	14	500
监利县分盐镇	415	2700	2600	1300	5	4	5	280
监利县毛市镇	2045	13315	12486	1785	2	1	12	800
监利县福田寺镇	1016	3292	3138	1711	1	1	2	210
监利县上车湾镇	350	2082	2082	850	1	1	5	380
监利县汴河镇	534	5220	5022	450	1	1	6	321
监利县尺八镇	187	2150	1900	714	2	1	16	170
监利县白螺镇	3030	16620	9690	4728	2	1	14	96
监利县网市镇	1212	4176	3376	2540	2	1	50	500
监利县三洲镇	235	789	789	410	1	1	1	141
监利县桥市镇	640	3178	1911	1266	1	1	13	1038
洪湖市螺山镇	1185	5824	5824	2487	3	1	28	1388
洪湖市乌林镇	320	2700	1800	508	2	2	205	3250
洪湖市龙口镇	1504	5524	3296	1456	1	1	4	650
洪湖市燕窝镇	1768	6483	2815	2828	1	1	29	1931
洪湖市新滩镇	1300	5589	5150	3500	1	1	7	300
洪湖市峰口镇	4985	21431	18300	10115	3	2	54	4120
洪湖市曹市镇	2300	6000	5500	4680	1	1	5	3720
洪湖市府场镇	2044	8140	6510	5012	2	1	33	4068
洪湖市戴家场镇	1262	6386	5933	3453	2	1	25	3482
洪湖市瞿家湾镇	1112	6673	1687	3187	2	1	95	2660
洪湖市沙口镇	901	9403	8215	4508	3	2	17	1350
洪湖市万全镇	668	2650	2215	1600	2	0	6	4302
洪湖市汊河镇	1806	6582	4618	3456	2	1	50	3276
洪湖市黄家口镇	584	6780	5678	3876	4	3	28	825
洪湖市永丰镇	1992	6967	3608	2977	3	2	66	2654
洪湖市白庙镇	1512	3704	1774	1667	1	1	400	31
宜昌县樟村坪镇	997	3102	2346	2590	1	1	7	456
宜昌县雾渡河镇	1236	2646	2108	1317	1	1	7	321
宜昌县分乡镇	110	4405	1401	500	1	1	1	20
宜昌县太平溪镇	550	3044	2604	1217	1	1	4	50
宜昌县三斗坪镇	503	2516	1746	1822	1	1	4	76
宜昌县乐天溪镇	1100	8500	7123	2000	4	0	870	4000
宜昌县龙泉镇	1268	3830	1115	5625	1	1	462	4043
宜昌县艾家镇	3000	1730	406	1000	1	1	249	2628
宜昌县桥边镇	1003	3143	1850	1299	1	1	7	350
宜昌县鸦鹊镇	2792	9773	3718	4409	6	4	15	3190
宜都市红花套镇	1166	1653	1115	992	2	2	10	54

3—4—17 续 6

名　　称	户　数（户）	人　口（人）	其中：非农业人口（人）	劳动力（人）	集贸市场个数（个）	其　中：综合市场个数（个）	企　业个　数（个）	企　业从　业人员数（人）
宜都市高坝洲镇	1110	1925	658	1307	1	1	3	210
宜都市聂家河镇	173	586	380	450	1	1	2	95
宜都市松木坪镇	628	2106	1500	1127	2	1	112	1500
宜都市洋溪镇	363	956	956	200	1	1	1	200
宜都市枝城镇	7667	17380	17380	6810	2	1	38	3312
枝江市安福寺镇	823	2645	2558	1356	1	1	13	830
枝江市紫荆岭镇	578	2053	1904	978	1	1	23	525
枝江市白洋镇	1031	4025	3619	2674	2	1	37	1097
枝江市顾家店镇	562	1956	1887	1025	2	1	20	633
枝江市姚港镇	698	2363	2270	1264	2	2	43	823
枝江市董市镇	1326	5852	5344	3668	1	1	59	2260
枝江市仙女镇	1020	3594	3474	1653	2	1	35	920
枝江市问安镇	1002	3256	3171	1532	1	1	25	833
枝江市七星台镇	976	3622	3509	1927	2	1	70	1525
枝江市百里洲镇	1327	5205	4982	3025	2	1	38	2637
枝江市江口镇	1020	3374	3068	1878	1	1	102	1521
当阳市慈化镇	1119	3508	2075	1263	1	1	4	247
当阳市河溶镇	3618	6097	4674	2438	2	2	16	1238
当阳市育溪镇	3244	7588	5856	3050	1	1	12	402
当阳市庙前镇	392	1523	1523	1143	1	1	14	958
当阳市干溪镇	930	3500	2500	1800	2	2	30	1200
当阳市王店镇	530	2239	2100	1320	2	1	9	458
当阳市半月镇	3665	9992	3194	5260	2	0	53	4957
远安县鸣凤镇	6067	17800	12300	7040	2	2	175	3752
远安县花林镇	498	4199	1230	1496	1	1	3	115
远安县旧县镇	596	3132	1157	1530	1	1	8	157
远安县洋坪镇	912	4504	2368	1848	1	1	351	1320
远安县茅坪镇	105	2250	1076	554	1	0	5	87
远安县荀家垭镇	240	2400	1770	1850	2	1	4	689
兴山县峡口镇	2544	6453	5912	2380	1	1	3	187
兴山县南阳镇	527	1521	1102	356	1	1	10	150
兴山县古夫镇	3013	6675	5712	3698	1	1	9	1215
兴山县黄粮镇	812	2415	1614	856	1	1	4	282
兴山县高岚镇	272	892	612	502	1	1	3	210
兴山县水月寺镇	238	1404	1177	920	1	1	19	210
秭归县香溪镇	2785	5614	4336	3742	3	1	14	417
秭归县屈原镇	401	1399	1399	1215	1	1	16	234
秭归县沙镇溪镇	475	1500	1280	1101	2	1	12	538
秭归县两河口镇	584	2339	1037	1559	1	1	107	314
秭归县郭家坝镇	300	1127	890	742	1	1	9	464

3—4—17 续 7

名　称	户　数（户）	人　口（人）	其中：非农业人口（人）	劳动力（人）	集贸市场个数（个）	其　中：综合市场个数（个）	企　业个　数（个）	企　业从　业人员数（人）
秭归县杨林桥镇	268	957	957	722	1	1	2	120
秭归县茅坪镇	3621	9272	8468	6181	1	1	36	1173
长阳县津洋口镇	4642	12740	6210	4080	1	1	310	2510
长阳县高家堰镇	610	2100	1231	550	1	1	172	583
长阳县磨市镇	1750	3750	1800	800	1	1	170	330
长阳县都镇湾镇	486	1459	1320	980	1	1	290	410
长阳县资丘镇	451	2563	2041	1551	1	1	280	300
长阳县渔峡口镇	400	1096	840	600	1	1	2	80
长阳县榔坪镇	626	4506	2500	1519	0	0	260	477
长阳县贺家坪镇	315	2100	1539	208	1	1	55	120
五峰县长乐坪镇	525	3118	1442	1732	1	1	15	50
五峰县渔洋关镇	3188	10139	6300	6000	5	4	1284	4000
五峰县仁和坪镇	341	2183	1184	1600	2	2	160	480
五峰县湾潭镇	569	2925	1842	1264	1	0	4	38
老河口市仙人渡镇	3216	11900	4820	7100	2	1	27	2000
老河口市张集镇	820	5808	5756	4413	5	1	8	521
老河口市秦集镇	956	3318	775	5000	3	1	7	85
老河口市薛集镇	1250	3715	1615	2300	3	1	10	180
老河口市竹林桥镇	1334	4132	1440	10000	1	1	12	273
老河口市孟楼镇	841	3401	1360	1963	5	5	21	956
老河口市纪洪镇	500	1700	642	1450	1	1	71	269
老河口市付家寨镇	680	2020	803	380	1	1	8	226
襄阳县竹条镇	1065	4365	1065	2960	1	1	18	198
襄阳县牛首镇	840	3100	2050	1890	1	1	20	320
襄阳县太平店镇	2360	4980	1080	3194	8	2	23	1250
襄阳县龙王镇	1016	4478	276	1321	1	1	9	898
襄阳县石桥镇	2400	6500	1200	4500	4	1	11	408
襄阳县黑龙集	1950	6800	2600	3088	1	1	15	800
襄阳县黄集镇	1600	3200	1020	2600	4	1	160	2000
襄阳县伙牌镇	1520	5375	1500	4225	2	1	120	2785
襄阳县古驿镇	1408	5579	4573	3523	2	1	177	1550
襄阳县黄渠河镇	472	1212	312	782	1	1	6	250
襄阳县朱集镇	1127	2560	1560	655	1	1	12	110
襄阳县埠口镇	1100	4250	679	2550	3	1	145	1500
襄阳县程河镇	2100	6500	2500	2000	4	1	12	1050
襄阳县双沟镇	8526	32653	18649	12632	6	1	110	2100
襄阳县张家集镇	1150	5250	1462	4300	3	3	25	450
襄阳县黄龙镇	1897	7443	1400	5640	1	0	211	1849
襄阳县峪山镇	761	3045	1150	2815	1	1	10	240
襄阳县方集镇	421	1667	1317	850	4	0	3	165

3—4—17 续 8

名　　称	户　数（户）	人　口（人）	其中：非农业人口（人）	劳动力（人）	集贸市场个数（个）	其　中：综合市场个数（个）	企　业个　数（个）	企　业从　业人员数（人）
襄阳县东津镇	2884	10093	4864	4037	5	2	12	656
襄阳县欧庙镇	700	2850	1200	1500	1	1	14	486
襄阳县法龙镇	1051	4507	3400	3100	2	2	22	188
襄阳县新集镇	1120	4879	1051	3700	2	2	19	248
襄阳县泥咀镇	1120	4777	1031	3470	2	1	55	1210
枣阳市琚湾镇	3514	13315	4169	5326	2	1	105	5200
枣阳市七方镇	2500	15000	4000	9000	1	1	203	4000
枣阳市罗岗镇	860	2700	1110	600	1	1	83	760
枣阳市杨当镇	4276	12260	9708	5610	8	7	75	724
枣阳市太平镇	3240	15230	5740	3420	8	5	140	1011
枣阳市姚岗镇	730	2190	1125	480	1	1	120	1248
枣阳市新市镇	1640	3669	2869	1800	1	1	11	1600
枣阳市鹿头镇	1596	11809	6088	8500	4	2	53	4512
枣阳市刘升镇	2501	7131	3000	2000	1	1	25	1300
枣阳市兴隆镇	6250	25000	10344	8500	1	1	50	3500
枣阳市王城镇	258	846	218	450	1	1	2	18
枣阳市资山镇	512	2118	1521	361	2	1	3	149
枣阳市吴店镇	4125	30130	4100	14370	3	0	34	5125
枣阳市梁集镇	726	3500	1200	3000	1	1	9	250
枣阳市熊集镇	418	1362	416	850	1	1	3	180
枣阳市耿集镇	640	3196	1388	2322	1	1	10	509
枣阳市平林镇	1696	3988	1658	1050	2	1	20	180
枣阳市清潭镇	1420	5510	2981	2760	1	1	15	306
枣阳市蔡阳镇	1752	7108	896	3254	3	0	70	1154
枣阳市徐寨镇	1622	3365	1154	1800	3	1	8	296
宜城市郑集镇	863	3404	2031	1133	1	1	7	1480
宜城市小河镇	340	1200	633	800	1	1	6	750
宜城市朱市镇	800	2200	1200	1420	1	1	9	320
宜城市刘猴镇	650	2756	2000	1500	2	2	10	600
宜城市孔湾镇	910	4000	2900	2500	1	1	4	70
宜城市璞河镇	2028	7098	2978	486	1	1	11	2080
宜城市流水镇	230	1780	1580	980	2	2	5	200
宜城市板桥店镇	600	1550	800	690	1	1	5	365
宜城市王集镇	634	1819	1547	916	1	1	13	595
宜城市上大堰镇	300	900	500	450	1	1	2	50
南漳县胡营镇	375	2802	1720	1450	0	0	3	150
南漳县刘集镇	1150	5146	3012	3110	1	1	5	125
南漳县安集镇	2260	9176	3417	4316	1	1	71	568
南漳县九集镇	2008	8030	1503	4210	2	1	38	833
南漳县涌泉镇	528	2070	1534	1180	1	1	14	141

3—4—17 续 9

名　　称	户 数（户）	人 口（人）	其中：非农业人口（人）	劳动力（人）	集贸市场个数（个）	其 中：综合市场个数（个）	企 业个 数（个）	企 业从 业人员数（人）
南漳县龙门镇	552	2152	600	1156	1	1	28	350
南漳县李庙镇	405	2250	954	1050	1	1	15	115
南漳县长坪镇	519	3146	1027	1980	1	1	31	309
南漳县薛坪镇	535	2638	982	1634	1	1	14	156
南漳县板桥镇	300	870	120	620	0	0	2	85
南漳县峡口镇	450	2700	600	1300	2	1	5	72
南漳县巡检镇	590	3410	2320	1930	2	1	55	480
南漳县东巩镇	956	4163	2337	2435	2	0	13	325
南漳县肖堰镇	695	2239	1326	1242	0	0	5	56
南漳县花庄镇	253	1038	284	651	1	1	2	180
南漳县武安镇	2019	15694	15098	11497	2	2	173	3338
谷城县石花镇	4707	22000	15000	18000	5	1	65	1600
谷城县庙滩镇	2420	10000	3800	4600	5	3	35	1500
谷城县五山镇	500	2000	1800	988	1	0	8	250
谷城县北河镇	2580	10500	9500	5250	2	2	4	80
谷城县沈湾镇	408	1725	810	850	0	0	4	48
谷城县紫金镇	700	2765	2000	1600	1	0	7	125
谷城县冷集镇	611	4500	4097	1684	1	1	7	90
谷城县大峪桥镇	620	4200	3500	3800	1	1	6	780
谷城县茨河镇	852	3520	3160	960	2	1	14	180
谷城县南河镇	663	2647	2345	725	1	1	5	280
谷城县谢湾镇	760	2830	1652	2100	1	0	2	30
谷城县当镇镇	998	4836	1879	3200	2	1	9	171
谷城县盛康镇	280	1400	1000	800	1	1	2	28
保康县黄堡镇	441	2478	658	1850	0	0	8	265
保康县后坪镇	242	986	764	482	0	0	4	61
保康县龙坪镇	112	726	459	472	0	0	4	72
保康县店垭镇	832	2645	525	1825	1	1	6	58
保康县马良镇	1963	6870	1916	3091	1	1	12	432
保康县歇马镇	1523	6861	2880	3087	1	1	16	608
保康县欧店镇	669	2309	755	1269	1	1	6	112
保康县马桥镇	1365	5956	1646	3275	1	1	24	1200
保康县寺坪镇	828	3266	844	1796	1	1	13	195
保康县过渡湾镇	550	1054	685	579	1	1	10	80
鄂州市杜山镇	600	3200	1395	2100	1	1	5	102
鄂州市石山镇	400	2562	1800	1300	1	1	4	600
鄂州市新庙镇	600	2890	860	1300	1	1	3	150
鄂州市花湖镇	959	4639	3240	702	1	1	5	320
鄂州市杨叶镇	305	5450	2630	2560	1	1	10	810
鄂州市泽林镇	3384	12309	5751	5539	4	2	42	3041

3—4—17 续 10

名　　称	户　数（户）	人　口（人）	其中：非农业人口（人）	劳动力（人）	集贸市场个数（个）	其　中：综合市场个数（个）	企　业个　数（个）	企　业从　业人员数（人）
鄂州市碧石镇	2670	6950	3020	4483	1	1	42	2684
鄂州市丁祖镇	1220	4356	560	2114	1	1	20	1780
鄂州市燕机镇	580	4500	900	3200	1	0	13	140
鄂州市庙岭镇	660	3200	420	152	1	1	6	109
鄂州市葛店镇	2990	11960	9582	5740	2	1	520	4410
鄂州市华容镇	3922	11395	9000	7100	2	2	150	6800
鄂州市段店镇	514	5718	4218	1470	1	1	4	278
鄂州市胡林镇	203	1008	547	959	1	1	7	880
鄂州市东沟镇	508	1491	583	1001	2	1	1	200
鄂州市长岭镇	1205	4800	1023	800	4	1	110	600
鄂州市沼山镇	520	2000	750	400	2	2	3	200
鄂州市太和镇	1855	8520	5840	5460	3	1	38	275
鄂州市涂镇	850	2800	1200	560	1	1	18	326
鄂州市梁子镇	1000	3000	1071	431	1	1	3	52
荆门市栗溪镇	595	2087	2087	810	1	1	126	887
荆门市盐池镇	984	2472	1910	1900	1	1	4	250
荆门市子陵镇	2522	6268	2971	3200	2	1	9	1508
荆门市漳河镇	4566	10266	10266	7160	2	1	9	448
荆门市团林镇	1123	5394	1304	1200	1	1	6	414
荆门市马河镇	157	829	605	700	1	1	13	2093
荆门市麻城镇	1160	4653	3200	3100	1	0	13	384
沙洋县五里镇	802	3402	3402	1701	1	1	8	650
沙洋县十里铺镇	2032	8130	3965	1025	1	1	168	1245
沙洋县纪山镇	510	2054	1108	1800	1	0	8	722
沙洋县拾桥镇	1792	6780	6102	3051	1	1	10	750
沙洋县后港镇	2833	9141	6589	3980	6	3	512	3250
沙洋县蛟尾镇	1200	3500	2100	875	1	1	1	521
沙洋县毛李镇	686	3928	2886	2619	2	1	2	145
沙洋县官挡镇	1104	3460	3243	2512	1	1	5	196
沙洋县李市镇	2130	9800	3300	4600	1	1	6	1400
沙洋县马良镇	1138	5592	4855	3400	2	2	7	1800
沙洋县烟垢镇	1374	7361	4858	2610	1	1	6	539
沙洋县沈集镇	840	3127	1973	1407	4	3	228	514
沙洋县曾集镇	927	3982	2473	871	1	1	6	198
钟祥市洋梓镇	2210	5120	3720	1030	2	1	5	210
钟祥市中山镇	502	5806	4752	2753	2	1	14	435
钟祥市长寿镇	570	2194	1694	1720	1	1	4	200
钟祥市丰乐镇	2500	7924	3495	1500	3	0	8	350
钟祥市潞市镇	1800	6400	3800	2000	1	1	9	734
钟祥市转斗镇	950	5800	3200	2200	2	1	13	820

3－4－17 续 11

名　称	户　数（户）	人　口（人）	其中:非农业人口（人）	劳动力（人）	集贸市场个数（个）	其　中:综合市场个数（个）	企　业个　数（个）	企　业从　业人员数（人）
钟祥市胡集镇	15198	53160	40842	7980	5	2	260	7175
钟祥市双河镇	3150	13597	10578	5921	2	1	9	797
钟祥市磷矿镇	3200	12000	9800	5000	2	1	13	850
钟祥市文集镇	1261	6331	6331	1260	1	1	165	1410
钟祥市冷水镇	512	3152	2985	1200	2	1	6	258
钟祥市石牌镇	200	3200	2100	2000	4	2	103	4290
钟祥市旧口镇	3282	7219	4360	4840	2	1	13	2748
钟祥市罗集镇	1871	6550	3190	2980	3	0	20	510
钟祥市柴湖镇	1882	4254	4183	1763	1	1	1019	8930
钟祥市长滩镇	653	3146	2765	1887	1	1	10	334
钟祥市东桥镇	5000	20000	19513	3000	2	1	60	1000
钟祥市客店镇	573	2983	2297	1468	3	0	4	119
钟祥市张集镇	680	2776	2259	2006	2	1	1	0
京山县永兴镇	468	2558	2328	1240	3	2	1296	46
京山县曹武镇	1400	4000	3000	2300	1	0	30	400
京山县罗店镇	2651	11199	3180	4920	2	1	24	571
京山县马店镇	525	2494	2264	1895	2	1	6	510
京山县宋河镇	2678	12746	9700	5850	4	3	48	4404
京山县坪坝镇	627	4130	1810	2750	1	1	80	1305
京山县三阳镇	650	3148	2673	1820	2	1	12	300
京山县孙桥镇	1200	4850	4820	3978	3	2	9	2756
京山县石龙镇	572	4383	4383	1981	1	1	9	448
京山县永隆镇	5039	6632	3687	5088	2	1	16	925
京山县杨丰镇	817	3200	3100	3000	1	1	8	740
京山县雁门口镇	823	2129	2129	1980	2	1	17	1129
京山县钱场镇	2780	11860	6355	4500	3	1	11	1350
孝南区新铺镇	916	2645	1299	1027	1	1	10	260
孝南区西河镇	183	780	410	402	1	1	4	270
孝南区杨店镇	1007	4130	3475	2481	2	1	28	178
孝南区陡岗镇	720	3180	1140	3000	2	1	12	60
孝南区肖港镇	1300	9000	8106	8146	3	1	34	225
孝南区毛陈镇	820	3180	2000	3985	2	1	25	204
孝南区三汊镇	935	3635	3000	2000	1	1	15	173
孝南区祝站镇	355	1056	956	785	1	1	25	204
孝昌县丰山镇	861	1763	840	2210	1	1	8	3700
孝昌县周巷镇	1895	7649	2569	3521	2	2	132	1818
孝昌县小河镇	1396	3853	2868	1154	2	0	34	216
孝昌县王店镇	1013	4318	1534	700	2	1	6	350
孝昌县卫店镇	337	1136	850	665	1	1	9	208
孝昌县白沙镇	1002	5303	1640	2911	4	1	57	650

3—4—17 续 12

名　　称	户　数（户）	人　口（人）	其中：非农业人口（人）	劳动力（人）	集贸市场个数（个）	其　中：综合市场个数（个）	企　业个　数（个）	企　业从　业人员数（人）
孝昌县邹岗镇	862	3450	2650	2325	2	1	25	1551
大悟县阳平镇	512	1607	878	750	1	1	143	2290
大悟县芳畈镇	600	1787	910	900	1	1	9	482
大悟县新城镇	801	2350	1450	823	1	1	24	341
大悟县夏店镇	601	1700	921	729	1	1	130	1250
大悟县刘集镇	411	1309	750	711	1	1	6	290
大悟县河口镇	1125	4000	2790	2400	1	1	400	2000
大悟县四姑镇	478	1480	720	670	1	1	5	110
大悟县吕王镇	615	1720	719	679	1	1	14	383
大悟县黄站镇	620	1801	829	718	1	1	89	1025
大悟县宣化镇	1628	5000	3250	2140	1	1	16	510
大悟县丰店镇	817	2540	1520	1311	1	1	150	1870
大悟县大新镇	611	1870	960	812	1	1	11	375
大悟县三里镇	602	1780	890	729	1	1	47	1106
广水市东篁镇	900	6000	2500	4304	5	3	24	113
广水市杨寨镇	2023	7031	1167	864	1	1	48	144
广水市陈巷镇	1137	4412	3368	4210	1	1	89	3970
广水市平林镇	951	2948	2218	855	2	1	13	600
广水市长岭镇	1873	14165	6179	9120	2	1	31	514
广水市马坪镇	2014	6242	4000	3383	3	3	23	1616
广水市关庙镇	1064	5600	3853	2800	1	1	50	1078
广水市余店镇	540	3400	3050	1705	1	1	6	283
广水市吴店镇	516	2509	445	1970	1	1	186	2075
广水市郝店镇	410	4200	2384	1680	1	1	33	168
广水市蔡河镇	501	1976	1185	910	1	1	18	320
安陆市赵棚镇	410	2304	508	1309	5	5	60	1206
安陆市李店镇	200	600	200	300	1	1	16	100
安陆市巡店镇	1985	7329	4126	520	1	1	454	6984
安陆市棠棣镇	380	4282	3282	1918	1	0	162	2015
安陆市雷公镇	466	2841	1341	1980	3	3	12	350
安陆市双河镇	210	600	530	510	2	1	21	72
安陆市王义贞镇	1016	3119	1859	1362	2	1	1320	5160
安陆市烟店镇	1006	3350	3251	700	1	1	1120	9693
安陆市孛畈镇	700	2800	2010	50	1	1	10	80
安陆市伏水镇	800	3800	3640	2100	1	1	14	713
云梦县义堂镇	1100	4500	3814	2400	1	1	10	1200
云梦县曾店镇	800	3200	1510	1800	1	1	18	1450
云梦县吴铺镇	1040	4195	1545	2150	1	1	6	312
云梦县伍洛镇	874	3138	1924	1880	2	1	18	650
云梦县下辛店镇	2120	9510	3515	6657	1	1	21	1212

3－4－17 续 13

名　　称	户　数（户）	人　口（人）	其中：非农业人口（人）	劳动力（人）	集贸市场个数（个）	其　中：综合市场个数（个）	企　业个　数（个）	企　业从　业人员数（人）
云梦县道桥镇	1217	3941	3547	3586	1	1	35	2204
云梦县隔蒲镇	2825	11426	4563	4930	3	2	31	605
云梦县胡金店镇	803	3000	1620	1105	1	1	10	565
应城市田店镇	430	1890	1800	1250	2	1	60	1074
应城市杨河镇	741	3352	2603	1676	2	2	12	81
应城市山合镇	218	685	679	346	1	1	10	137
应城市郎君镇	1484	4865	2651	6738	1	1	27	5685
应城市黄滩镇	2720	8850	4872	3862	2	1	9	1237
应城市天鹅镇	98	343	256	118	3	3	12	922
应城市义和镇	86	419	388	287	1	1	16	1054
应城市陈河镇	1500	7555	5891	4250	3	2	446	3500
应城市扬岭镇	1018	4212	2400	2200	1	1	240	1100
应城市汤池镇	597	2360	1750	1388	1	1	183	1135
汉川市马口镇	11840	35367	29321	13556	6	2	440	8300
汉川市脉旺镇	3624	13028	10374	6672	3	2	403	6354
汉川市城隍镇	626	2540	2208	900	1	1	60	400
汉川市分水镇	5100	19446	8563	10214	3	2	198	2481
汉川市沉湖镇	1654	4327	1442	2692	5	3	104	8090
汉川市田二河镇	1343	4491	4491	2686	2	1	13	530
汉川市回龙镇	380	2510	1100	1550	1	1	4	610
汉川市新堰镇	1750	7500	6200	2820	1	1	14	444
汉川市同冢镇	591	2212	1867	1567	1	1	6	926
汉川市麻河镇	1448	3465	3125	452	1	0	25	1133
汉川市刘格镇	1841	6523	3366	3261	1	1	102	841
汉川市新河镇	290	2666	1120	1320	4	0	255	870
汉川市庙头镇	980	3150	891	1506	1	1	316	6275
汉川市杨林沟镇	1118	4966	3784	3172	3	2	105	2998
黄州区堵城镇	3750	2870	1875	2870	1	1	75	2758
黄州区路口镇	7000	20000	3450	10000	2	2	13	660
黄州区陈策楼镇	7000	20000	1664	10000	4	4	42	1622
团风县淋山河镇	1630	5640	2870	3903	3	3	158	1500
团风县方高坪镇	650	4000	2320	2600	2	1	6	1500
团风县回龙山镇	1865	5195	3106	4138	1	1	41	2869
团风县马庙镇	1250	4000	1300	1900	1	1	34	1100
团风县上巴河镇	901	5089	3136	2650	4	2	34	1568
团风县总路咀镇	1344	2626	2626	1631	1	1	5	631
团风县但店镇	1245	4022	2011	1905	1	1	13	443
红安县七里坪镇	2052	9072	7612	3868	6	3	37	2616
红安县华河镇	280	5200	3494	4500	2	2	1542	4780
红安县上新集镇	568	5266	561	2895	1	1	225	2895

3—4—17 续 14

名　　称	户　数（户）	人　口（人）	其中：非农业人口（人）	劳动力（人）	集贸市场个数（个）	其　中：综合市场个数（个）	企　业个　数（个）	企　业从　业人员数（人）
红安县觅儿寺镇	1309	3264	2381	992	3	2	25	320
红安县八里镇	1603	5827	4307	4954	2	1	12	1975
红安县太平桥镇	680	2610	1905	1129	2	2	11	1486
红安县永河镇	1104	4912	3016	2092	4	3	16	2404
麻城市中驿镇	3436	21296	6605	8543	3	2	111	3465
麻城市宋埠镇	9261	26176	18107	12160	5	4	127	7850
麻城市歧亭镇	8000	3024	1122	3024	3	3	76	3210
麻城市白果镇	5490	28587	15951	11946	3	3	105	7536
麻城市夫子河镇	1729	9267	2268	1459	3	3	89	3120
麻城市阎家河镇	1086	6633	2931	2128	2	2	76	2124
麻城市盐田河镇	471	6482	1245	1018	2	1	81	782
麻城市张家畈镇	922	7903	2958	2540	2	2	97	1147
麻城市木子店镇	1568	5276	1965	2130	3	2	87	1321
麻城市三河镇	611	8079	3215	1248	2	2	37	850
麻城市黄土岗镇	4484	10307	2844	2796	2	2	96	1347
麻城市福田河镇	1276	8567	2725	2624	2	2	91	1099
麻城市乘马岗镇	501	2159	2000	2386	2	2	204	1215
麻城市顺河镇	1778	11797	3434	2627	2	2	86	1329
罗田县骆驼坳镇	612	5000	3130	3100	2	1	367	2508
罗田县石桥铺镇	775	3495	1245	2661	2	1	680	2062
罗田县大河岸镇	1115	6913	1975	5150	2	1	703	3910
罗田县九资河镇	1504	5671	1528	4537	2	1	378	2454
罗田县胜利镇	1750	7042	4510	4608	3	1	0	0
罗田县河铺镇	1640	5807	2198	4065	3	1	88	792
罗田县三里畈镇	1270	7780	4905	5070	3	1	740	3980
英山县南河镇	660	1900	350	1000	0	0	0	0
英山县红山镇	130	470	230	100	0	0	3	12
英山县金家铺镇	1221	4018	2112	2225	0	0	79	1721
英山县石头咀镇	496	1742	84	376	0	0	130	570
英山县草盘地镇	800	4000	3000	2000	1	1	6	1500
英山县雷家店镇	450	1520	580	700	1	1	105	510
英山县杨柳湾镇	2000	7000	1250	3600	1	1	43	1291
浠水县巴驿镇	1248	4368	2171	1441	2	1	4	78
浠水县巴河镇	2091	7319	4200	2415	2	1	30	1600
浠水县竹瓦镇	1358	5100	2141	2720	2	1	23	1700
浠水县汪岗镇	1300	4300	500	380	2	1	10	60
浠水县团陂镇	987	3107	2736	1087	3	1	10	250
浠水县关口镇	567	2347	1997	1350	1	0	10	210
浠水县白莲镇	1251	4186	3780	2980	2	1	86	789
浠水县蔡河镇	2502	8757	1854	2890	2	0	15	500

3—4—17 续 15

名　　称	户　数（户）	人　口（人）	其中：非农业人口（人）	劳动力（人）	集贸市场个数（个）	其　中：综合市场个数（个）	企　业个　数（个）	企　业从　业人员数（人）
浠水县洗马镇	1280	8860	3540	5406	2	1	58	1648
浠水县丁司当镇	190	855	340	561	2	1	12	310
浠水县兰溪镇	2470	8644	6000	2852	3	1	30	1000
浠水县马垅镇	1464	5124	2357	1691	2	1	11	500
浠水县散花镇	2038	4984	3660	1644	2	0	10	400
蕲春县漕河镇	9502	32800	30402	10141	5	1	1561	13613
蕲春县赤东镇	494	4100	2180	1524	2	0	5	15
蕲春县管窑镇	720	3000	1700	1800	1	0	7	512
蕲春县茅山镇	210	1228	723	986	1	1	8	431
蕲春县横车镇	11811	53219	3712	25	2	1	4	647
蕲春县株林镇	236	1558	1236	856	2	1	12	130
蕲春县刘河镇	850	2680	1500	880	2	1	3	21
蕲春县狮子镇	473	3175	1727	1528	1	1	15	205
蕲春县青石镇	100	850	550	410	1	1	30	240
蕲春县张榜镇	978	6225	2680	2000	3	2	16	154
蕲春县檀林镇	272	2006	1800	1321	1	1	5	196
蕲春县大同镇	2200	7171	2200	1113	1	1	30	395
武穴市梅川镇	1200	12180	8956	3100	6	2	114	2500
武穴市两路镇	7000	30000	5310	1048	1	0	9	275
武穴市余川镇	980	2506	1486	840	1	1	8	512
武穴市花桥镇	965	3545	1820	5756	1	1	156	5432
武穴市郑公塔镇	283	3500	2500	1500	2	1	16	600
武穴市石佛寺镇	761	5940	2900	4500	1	1	180	3500
武穴市大金镇	300	1200	300	130	2	1	20	60
武穴市四望镇	858	2324	926	650	1	1	10	725
武穴市大法寺镇	896	5261	189	1849	1	1	270	4160
黄梅县独山镇	912	2913	1603	1719	1	1	12	256
黄梅县分路镇	1183	3962	1947	2110	2	1	15	790
黄梅县孔垄镇	3492	18978	7641	11230	2	1	72	2920
黄梅县小池镇	5360	27311	9412	14618	3	2	130	6873
黄梅县下新镇	672	2829	893	1513	1	1	10	544
黄梅县大河镇	1307	5229	2150	2930	2	1	18	672
黄梅县停前镇	1490	6300	2972	3127	1	1	12	550
黄梅县五祖镇	1263	4800	2468	1875	1	1	18	175
黄梅县濯港镇	1652	7635	3023	4100	2	1	25	763
黄梅县蔡山镇	1404	5084	2132	3063	2	1	20	597
黄梅县新开镇	1125	4200	1810	2650	1	1	13	350
咸安区汀泗桥镇	1600	6400	5100	3896	1	1	23	485
咸安区向阳湖镇	230	740	468	296	1	0	1	4
咸安区宝塔镇	625	3492	2290	1980	1	1	62	522

3—4—17 续 16

名　　称	户　数（户）	人　口（人）	其中：非农业人口（人）	劳动力（人）	集贸市场个数（个）	其　中：综合市场个数（个）	企　业个　数（个）	企　业从　业人员数（人）
咸安区官埠桥镇	110	650	650	405	1	1	131	311
咸安区横沟桥镇	2500	9100	3950	7100	6	1	56	2138
咸安区贺胜桥镇	967	5005	3450	2880	2	1	10	130
咸安区双溪桥镇	2200	8000	3260	5300	1	1	17	2236
咸安区马桥镇	1232	5044	4044	2047	1	0	25	258
咸安区桂花镇	260	1210	400	470	1	1	4	30
咸安区高桥镇	580	2100	500	1200	1	0	7	277
嘉鱼县陆溪镇	280	1200	1000	1000	2	1	15	600
嘉鱼县高铁岭镇	100	1200	300	600	1	1	4	100
嘉鱼县舒桥镇	380	3100	500	1200	1	1	10	230
嘉鱼县官桥镇	433	1012	400	710	1	1	7	210
嘉鱼县鱼岳镇	24750	61057	57100	20000	6	3	140	5870
嘉鱼县新街镇	202	615	300	278	1	1	4	102
嘉鱼县渡普镇	1886	6938	2100	1200	2	1	10	421
嘉鱼县潘家湾镇	2185	9122	3150	4105	2	1	21	1350
嘉鱼县老官嘴镇	504	955	400	315	1	1	5	102
嘉鱼县牌洲湾镇	1980	9905	6150	3710	1	1	70	3200
赤壁市新店镇	451	2336	1660	1168	2	1	5	562
赤壁市赵李桥镇	2319	7405	4443	1600	2	1	32	3970
赤壁市羊楼洞镇	728	2516	1500	1000	1	1	7	950
赤壁市茶庵岭镇	523	1928	1622	771	1	1	11	117
赤壁市中伙铺镇	600	3193	2719	1560	1	1	81	1285
赤壁市官塘驿镇	1200	3500	1500	2850	2	1	15	2000
赤壁市随阳镇	302	911	303	500	1	0	5	100
赤壁市泉口镇	447	1756	502	856	1	1	10	378
赤壁市神山镇	815	4200	3810	2038	1	1	4	230
赤壁市杨家岭镇	546	2116	406	1163	1	1	8	300
赤壁市黄龙镇	356	1400	370	650	1	1	7	46
赤壁市车埠镇	1781	7346	5600	2240	2	1	9	1467
赤壁市余家桥镇	330	1350	870	510	1	1	5	60
赤壁市赤壁镇	870	2996	2546	1319	1	1	18	240
赤壁市柳山湖镇	85	327	246	320	1	1	22	23
通城县麦市镇	640	6200	5055	3400	1	1	5	120
通城县塘湖镇	500	2250	486	1100	1	1	11	130
通城县关刀镇	1100	2120	1650	1025	0	0	3	110
通城县沙堆镇	813	4800	2000	2200	1	1	12	200
通城县五里镇	1146	2029	1647	980	0	0	3	174
通城县石南镇	1250	3200	1540	1540	0	0	6	1200
通城县北港镇	646	2904	2403	1560	0	0	5	580
通城县马港镇	1410	3428	1320	2130	0	0	5	325
崇阳县沙坪镇	2253	5512	1000	675	1	1	62	472
崇阳县石城镇	183	1217	766	220	0	0	7	128
崇阳县桂花泉镇	609	3913	2900	402	1	1	10	261

3—4—17 续 17

名　　称	户 数（户）	人 口（人）	其中:非农业人口（人）	劳动力（人）	集贸市场个数（个）	其 中:综合市场个数（个）	企 业 个 数（个）	企 业 从 业 人员数（人）
崇阳县白霓镇	2883	9634	6389	2100	2	2	275	1654
崇阳县路口镇	677	1358	810	1260	1	1	28	960
崇阳县金沙镇	92	608	329	128	0	0	19	64
崇阳县金塘镇	793	1609	1250	156	1	1	8	139
崇阳县青山镇	776	4252	2721	320	0	0	6	275
通山县楠林桥镇	420	1750	1420	765	1	1	13	160
通山县黄沙铺镇	662	2850	2230	1360	1	1	12	236
通山县厦铺镇	465	2103	1760	1240	1	1	12	250
通山县闯王镇	380	1380	880	673	1	1	3	54
通山县横石潭镇	860	4240	3650	2300	1	1	16	1250
通山县洪港镇	683	3240	2663	1736	1	1	9	693
通山县燕厦镇	364	1890	1583	983	1	1	4	163
通山县大畈镇	433	2641	2062	1450	1	1	8	123
通山县九宫山镇	213	1236	742	715	0	0	24	312
恩施市龙凤镇	5056	13790	4929	350	1	1	15	2500
恩施市崔家坝镇	2190	8800	1940	4900	2	2	29	742
利川市柏杨镇	1066	3052	3052	1845	1	1	7	270
利川市汪营镇	2587	9830	6572	2150	1	1	385	428
利川市建南镇	1140	4560	4560	2000	4	4	17	439
利川市忠路镇	2500	11743	3240	5346	1	1	32	763
利川市石坝镇	1124	4014	2366	2189	1	1	10	1150
建始县天生镇	683	2393	593	356	1	1	2	80
建始县高坪镇	544	1646	650	520	1	1	3	130
建始县红岩镇	417	1385	480	380	1	1	2	83
建始县景阳镇	32	1250	360	280	1	1	1	45
建始县官店镇	355	1132	340	370	1	1	2	67
巴东县东壤口镇	532	1640	171	627	1	1	2	31
巴东县坪阳坝镇	645	2050	211	1070	1	1	4	29
巴东县沿渡河镇	330	998	96	354	2	2	2	26
巴东县官渡口镇	388	1177	101	769	2	2	2	21
巴东县茶店镇	570	1540	201	861	1	1	1	17
巴东县绿葱坡镇	230	759	159	295	1	1	1	14
巴东县大支坪镇	45	1440	164	700	2	2	0	41
巴东县野三关镇	368	1309	174	401	3	3	3	27
巴东县清太坪镇	351	1165	192	566	2	2	1	11
巴东县水布垭镇	166	432	72	580	1	1	2	30
巴东县杨柳镇	166	432	53	193	1	1	0	0
宣恩县椒园镇	900	3200	350	2500	1	1	6	650
宣恩县中间河镇	130	500	274	260	1	1	5	35
宣恩县沙道镇	1321	4343	2400	2030	1	1	8	300
咸丰县忠堡镇	433	700	430	2000	1	1	4	620
咸丰县甲马池镇	500	1200	850	800	1	1	5	100
咸丰县清坪镇	254	2061	1861	1500	1	1	10	265

3—4—17 续 18

名　　称	户　数（户）	人　口（人）	其中：非农业人口（人）	劳动力（人）	集贸市场个数（个）	其　中：综合市场个数（个）	企　业个　数（个）	企　业从　业人员数（人）
咸丰县朝阳寺镇	1200	3000	805	1018	2	1	76	667
咸丰县二仙岩镇	300	1220	166	809	1	1	5	46
来凤县百福司镇	800	3000	2700	1200	3	1	4	100
来凤县大河镇	1100	4453	3200	2000	4	3	5	120
鹤峰县走马镇	3848	5885	4040	3531	1	1	75	1932
随州市淅河镇	2807	13401	10863	6758	2	2	16	4258
随州市万店镇	1246	4881	2881	1560	6	2	4	330
随州市高城镇	1571	6466	2140	2304	1	1	10	137
随州市殷店镇	1512	7043	3769	3169	3	1	23	486
随州市草店镇	1400	4300	1870	3100	2	1	61	560
随州市小林镇	805	24080	1890	1309	3	1	5	1910
随州市淮河镇	887	3991	2179	1991	2	1	11	1584
随州市万和镇	1500	6375	5192	3115	2	1	13	1066
随州市新城镇	1280	5500	3500	2750	1	1	160	630
随州市唐县镇	2331	11294	7214	6641	4	4	1155	4416
随州市尚市镇	1012	3684	1463	971	1	0	6	825
随州市厉山镇	2403	15788	9467	9171	1	1	710	7950
随州市安居镇	2500	9929	5900	7570	1	1	18	1651
随州市环潭镇	4156	13226	7924	8700	1	1	16	1912
随州市洪山镇	5482	20000	18200	6633	6	3	218	5200
随州市长岗镇	750	3600	1045	1800	1	1	10	256
随州市三里岗镇	1068	4950	3417	2980	2	1	65	1246
随州市均川镇	1218	3111	500	825	3	0	22	2232
随州市柳林镇	658	3900	3210	1482	2	2	6	420
随州市何店镇	1908	5600	3800	3900	1	1	150	860
随州市洛阳镇	1679	5743	4638	2297	1	1	49	1170
随州市府河镇	855	4860	3310	2230	2	1	7	1669
随州市吴山镇	423	1444	855	720	1	1	11	398
随州市新街镇	1287	8889	3839	1613	1	1	18	468
随州市双河镇	850	2600	2400	1200	1	1	464	2726
仙桃市郑场镇	4182	18776	6314	17940	1	1	774	8544
仙桃市毛嘴镇	3770	17908	10093	11349	5	1	1275	8016
仙桃市豆河镇	2767	11760	8997	7082	1	1	1020	9836
仙桃市三伏潭镇	4321	16809	10811	25273	2	2	355	9079
仙桃市胡场镇	1891	8435	7614	12027	2	2	841	8296
仙桃市长淌口镇	1150	5832	5492	9640	2	2	1182	7650
仙桃市大福镇	1372	6327	1030	10722	1	0	389	4305
仙桃市下查埠镇	1336	6092	4327	4690	1	1	259	3341
仙桃市西流河镇	2950	13275	9618	4904	1	1	1495	8282
仙桃市沙湖镇	2045	9631	8572	5412	3	0	178	6403
仙桃市复兴镇	1260	5681	534	3587	1	1	424	2615
仙桃市杨林尾镇	4472	19767	13349	5088	1	1	968	9864
仙桃市何场镇	1674	6778	1668	2903	1	1	111	2896

3—4—17 续表 19

名 称	户 数（户）	人 口（人）	其中：非农业人口（人）	劳动力（人）	集贸市场个数（个）	其中：综合市场个数（个）	企业个数（个）	企业从业人员数（人）
仙桃市彭场镇	6852	27475	23680	7605	4	3	882	16741
仙桃市新里仁口镇	1519	5939	3911	3758	1	1	102	2886
仙桃市张沟镇	1751	7021	6103	8456	2	2	1202	9225
仙桃市郭河镇	3231	12925	9830	9759	2	1	1186	15137
仙桃市沔城镇	2454	11413	7443	5616	2	1	1272	6643
仙桃市通海口镇	3663	14504	11762	10897	3	1	1088	14248
仙桃市陈场镇	2086	8471	7206	11267	1	1	772	10316
仙桃市姚嘴镇	1199	5384	3825	6196	1	1	47	836
天门市拖市镇	1806	7153	1926	2570	2	2	8	350
天门市汪场镇	600	1200	1000	500	1	1	4	150
天门市李场镇	578	2370	1425	1300	1	1	12	660
天门市佛子山镇	1142	5055	1021	2500	1	1	8	450
天门市多宝镇	2246	9563	5928	3030	2	1	86	1202
天门市张港镇	2248	8173	3500	4086	4	3	7	400
天门市蒋场镇	618	3788	1046	3030	1	1	401	1210
天门市渔薪镇	3810	19908	10140	6210	4	1	1510	6025
天门市黄潭镇	3000	7500	3500	4000	3	1	14	1050
天门市岳口镇	12000	44600	43950	27100	7	4	1450	10800
天门市横林镇	1947	5954	3460	2390	1	1	106	2000
天门市彭市镇	1121	6914	6108	2364	1	1	8	1246
天门市麻洋镇	2420	8365	3941	1200	1	1	10	1200
天门市多祥镇	548	3525	3220	1586	3	2	8	960
天门市干驿镇	5750	23000	4800	15333	2	1	84	1851
天门市马湾镇	1540	4032	2571	2140	2	0	13	3216
天门市卢市镇	2460	5716	2326	4820	1	1	10	1400
天门市小板镇	865	5754	1880	1937	1	1	6	160
天门市九真镇	423	9786	2659	3468	1	1	7	2424
天门市皂市镇	6450	18500	12500	10518	5	2	298	6700
天门市胡市镇	903	4253	1769	2728	3	2	5	685
天门市石河镇	1602	7010	1280	3150	1	1	4	545
潜江市竹根滩镇	2226	5872	2754	3403	1	1	29	1395
潜江市渔洋镇	1620	12532	8603	1288	1	1	13	1039
潜江市王场镇	2747	7074	5260	4559	3	1	14	1446
潜江市高石碑镇	100	5000	3000	2000	2	2	12	731
潜江市熊口镇	2389	11265	802	4732	3	1	246	2240
潜江市老新镇	1645	5035	3661	1853	2	1	12	1178
潜江市徐李镇	230	1550	1550	780	1	1	3	129
潜江市浩口镇	500	10000	8000	10000	2	1	200	5000
潜江市积玉口镇	880	9032	8455	3382	1	1	8	1270
潜江市张金镇	4412	10928	7585	13970	4	3	43	9245
潜江市龙湾镇	2892	6553	6187	4021	1	1	96	1580
神农架区阳日镇	715	1594	1420	1594	1	0	0	0
神农架区木鱼镇	1000	5000	4388	1810	1	1	6	750

3—4—18 湖南省建制镇镇区主要指标

名 称	户 数（户）	人 口（人）	其中：非农业人口（人）	劳动力（人）	集贸市场个数（个）	其 中：综合市场个数（个）	企 业 个 数（个）	企 业 从 业 人员数（人）
开福区捞刀河镇	2313	9458	1909	10563	1	1	47	10037
雨花区洞井镇	4820	45275	27085	15745	1	1	11	559
长沙县暮云镇	2567	10163	4708	8280	4	2	71	7163
长沙县黄兴镇	1930	6800	1920	1345	2	2	44	1320
长沙县榔梨镇	4320	10800	8057	2857	1	1	63	1179
长沙县江背镇	1593	5580	2609	10235	2	2	58	7337
长沙县黄花镇	3043	17108	6585	5039	2	1	123	3575
长沙县春华镇	1943	4858	2738	8375	2	2	55	7482
长沙县果园镇	659	5287	746	6987	2	1	17	4316
长沙县路口镇	7788	26056	2663	1476	1	1	35	685
长沙县高桥镇	2572	8409	3592	3300	1	1	24	190
长沙县金井镇	1869	9800	3208	6800	1	1	31	4415
长沙县福临镇	1088	3720	2133	1204	1	1	2	208
长沙县安沙镇	2095	8380	4220	996	1	1	6	56
长沙县青山铺镇	315	1320	538	850	1	1	15	276
长沙县北山镇	1517	5313	3613	896	1	1	7	682
望城县桥驿镇	1075	3874	2095	1846	1	1	31	1610
望城县丁字镇	2715	8801	4510	1619	1	1	36	1308
望城县茶亭镇	510	4010	787	2100	1	1	12	1805
望城县东城镇	491	1657	505	300	1	1	7	295
望城县铜官镇	6385	18310	12680	6075	1	1	8	853
望城县靖港镇	1526	5964	3346	1480	1	1	10	1336
望城县乔口镇	1086	2434	2234	1800	1	1	13	1410
望城县乌山镇	560	2180	820	1220	1	1	19	1080
望城县星城镇	2100	8100	2170	2600	1	1	30	1856
望城县雷锋镇	973	3775	2295	1938	1	1	22	1450
望城县雨敞坪镇	600	3126	1110	1980	1	1	15	978
望城县莲花镇	850	6412	1940	3200	1	1	53	900
望城县坪塘镇	4506	15760	13925	7234	1	1	71	1143
望城县含蒲镇	665	5228	1156	2345	1	1	18	1914
宁乡县道林镇	520	4891	2390	1200	2	1	174	1071
宁乡县花明楼镇	2425	7809	4578	2101	1	1	48	811
宁乡县东湖塘镇	1294	3535	2823	1320	1	1	50	990
宁乡县夏铎铺镇	1350	5096	3232	1340	1	1	37	800
宁乡县双江口镇	1600	5800	3500	2900	2	1	35	1900
宁乡县煤碳坝镇	5551	15959	15010	11398	4	2	29	3520
宁乡县坝塘镇	1170	6187	1553	7315	1	1	44	1648
宁乡县偕乐桥镇	1910	7624	4312	2980	2	1	7	1620
宁乡县灰汤镇	1056	5052	2005	4600	1	1	44	1154
宁乡县双凫铺镇	1163	4032	2029	5000	1	1	54	3800

3—4—18 续表 1

名　　称	户　数（户）	人　口（人）	其中：非农业人口（人）	劳动力（人）	集贸市场个数（个）	其　中：综合市场个数（个）	企　业个　数（个）	企　业从　业人员数（人）
宁乡县老粮仓镇	1200	5000	1898	3000	3	2	68	2115
宁乡县流沙河镇	1864	8060	1800	1800	1	1	3	60
宁乡县巷子口镇	640	2100	1200	1200	2	2	27	900
宁乡县龙田镇	385	1460	1120	316	1	1	1	216
宁乡县黄材镇	2350	7541	6260	3500	3	1	17	750
宁乡县横市镇	412	5118	1408	1254	2	1	101	856
浏阳市大围山镇	1183	3358	2247	3013	1	1	39	2247
浏阳市官渡镇	1667	5836	2068	1802	2	1	43	1602
浏阳市张坊镇	1169	2466	1841	625	1	1	10	624
浏阳市达浒镇	1698	6262	3930	1292	2	2	298	806
浏阳市沿溪镇	898	3888	3388	2412	2	2	14	1569
浏阳市古港镇	2626	8873	7007	3524	2	2	339	1476
浏阳市永和镇	3800	8900	7757	5000	2	1	151	470
浏阳市大瑶镇	5152	11861	7471	4160	5	0	635	1990
浏阳市金刚镇	1318	9941	3200	6541	2	2	89	1678
浏阳市文家市镇	3600	8157	5747	2100	2	1	320	1575
浏阳市太平桥镇	504	2006	112	1660	3	2	130	1517
浏阳市枨冲镇	2400	6000	749	2700	1	1	15	900
浏阳市镇头镇	1980	6578	2455	4090	2	1	401	240
浏阳市普迹镇	1712	5850	3148	1425	1	1	32	685
浏阳市永安镇	3006	16215	3632	6945	2	1	344	2580
浏阳市北盛镇	2425	9700	2395	6790	2	1	11	757
浏阳市赤马镇	350	1800	114	2100	1	1	89	1500
浏阳市沙市镇	1200	6700	2178	4800	2	1	30	3800
浏阳市淳口镇	897	3187	1127	102	2	1	31	101
浏阳市社港镇	1509	3327	1604	1829	2	1	22	1261
浏阳市澄潭江镇	1945	6290	2619	1750	1	1	12	1500
浏阳市龙伏镇	1718	6872	3160	9005	1	1	14	1350
石峰区龙头铺镇	1340	3560	412	1020	1	1	26	880
天元区群丰镇	755	1586	517	1540	3	3	212	971
株洲县黄龙镇	1500	4800	2107	4500	2	2	445	1142
株洲县淦田镇	1348	5131	1737	489	2	2	125	360
株洲县白关镇	1420	3750	1729	1970	1	1	310	1390
株洲县三门镇	980	2900	1267	1305	2	2	280	950
株洲县雷打石镇	1128	3609	3210	2560	2	2	40	1250
株洲县古岳峰镇	1100	3780	287	3500	1	1	285	2310
攸县黄丰桥镇	910	2699	2210	4182	1	1	203	620
攸县酒埠江镇	3510	9320	7250	8481	2	1	594	2410
攸县桃水镇	1460	5120	2961	2520	2	1	594	1120
攸县鸾山镇	786	2911	882	2230	1	1	220	811

3－4－18续表2

名　　称	户　数（户）	人　口（人）	其中：非农业人口（人）	劳动力（人）	集贸市场个数（个）	其　中：综合市场个数（个）	企　业个　数（个）	企　业从　业人员数（人）
攸县皇图岭镇	1182	4260	2264	4280	1	1	469	2250
攸县网岭镇	1382	4620	3840	3210	1	1	428	1180
攸县新市镇	902	3126	2510	2811	1	1	419	711
攸县丫江桥镇	534	1710	611	986	1	1	266	276
攸县渌田镇	573	1890	688	1130	1	1	234	722
攸县泊市镇	418	1420	402	789	1	1	191	191
攸县大同桥镇	774	2710	1211	816	2	1	374	74
攸县上云桥镇	612	2210	411	721	1	1	362	230
攸县菜花坪镇	1028	3611	726	856	1	1	200	289
攸县市上坪镇	582	1892	397	728	1	1	180	312
攸县高枧镇	534	1870	320	628	1	1	162	220
攸县石羊塘镇	645	2250	588	812	2	1	225	326
茶陵县虎踞镇	705	3142	630	551	2	2	138	344
茶陵县腰陂镇	710	2837	742	875	1	1	210	647
茶陵县潞水镇	409	2500	340	1351	1	1	108	1197
茶陵县高陇镇	277	1019	660	511	2	2	45	306
茶陵县严塘镇	792	3165	491	406	1	1	42	220
茶陵县界首镇	502	2437	847	321	3	2	83	161
茶陵县湖口镇	282	843	549	763	2	2	118	688
茶陵县浣溪镇	424	1981	498	477	1	1	150	315
茶陵县平水镇	551	2410	525	453	2	2	131	252
茶陵县火田镇	386	1530	352	631	1	1	62	427
茶陵县马江镇	475	2207	624	798	2	1	180	631
茶陵县枣市镇	342	1992	470	502	1	1	110	345
炎陵县鹿原镇	2395	7190	1341	4238	2	2	51	419
炎陵县三河镇	742	1725	1228	995	1	1	36	218
炎陵县沔渡镇	441	891	693	850	1	1	38	364
炎陵县十都镇	290	720	500	476	1	1	16	367
炎陵县水口镇	476	1392	969	762	1	1	27	197
醴陵市南桥镇	991	2429	455	1439	1	1	36	1231
醴陵市白兔潭镇	1040	4231	1203	2496	2	1	46	2210
醴陵市富里镇	494	2175	427	1272	1	1	28	1059
醴陵市浦口镇	1113	4539	698	2689	2	2	88	2348
醴陵市王仙镇	882	2767	2315	2081	2	1	48	1740
醴陵市泗汾镇	789	3429	1329	2020	1	1	46	1729
醴陵市船湾镇	550	2169	531	1271	1	1	28	1095
醴陵市大障镇	789	3213	1100	1899	1	1	47	1632
醴陵市均楚镇	735	2918	603	1729	1	1	43	1513
醴陵市仙霞镇	557	2199	376	1292	1	1	36	1031
醴陵市黄獭嘴镇	645	2659	510	1569	2	2	40	1306

3—4—18续表3

名称	户数（户）	人口（人）	其中：非农业人口（人）	劳动力（人）	集贸市场个数（个）	其中：综合市场个数（个）	企业个数（个）	企业从业人员数（人）
醴陵市沈潭镇	699	2812	359	1645	1	1	36	1413
醴陵市贺家桥镇	552	2198	355	1271	1	1	63	967
醴陵市马恋镇	541	2230	383	1329	1	1	39	1098
醴陵市王坊镇	302	1154	384	672	1	1	23	599
醴陵市石亭镇	666	2539	365	1492	1	1	31	1279
醴陵市神福港镇	397	1589	357	912	1	1	26	823
雨湖区鹤岭镇	6793	18774	17924	9754	1	1	19	950
雨湖区楠竹山镇	9040	29713	28816	15828	2	1	13	416
岳塘区双马镇	3275	12282	359	6278	1	1	252	950
岳塘区易家湾镇	4454	1245	1079	310	1	1	27	35
湘潭县梅林桥镇	1536	4608	264	813	1	1	415	803
湘潭县谭家山镇	1164	4742	618	716	1	1	464	321
湘潭县中路铺镇	608	2008	180	750	4	4	345	480
湘潭县茶恩寺镇	700	5000	291	2000	2	1	432	1031
湘潭县河口镇	1009	3573	2158	2502	1	1	4	360
湘潭县射埠镇	3440	13140	264	891	1	1	110	470
湘潭县花石镇	7860	3751	864	1988	2	2	129	1057
湘潭县青山桥镇	2140	8580	2890	3500	2	2	184	2900
湘潭县石鼓镇	745	8700	230	520	1	1	85	180
湘潭县姜畲镇	900	3900	600	1400	1	1	6	700
湘潭县云湖桥镇	350	1250	250	1000	2	2	9	300
湘潭县石潭镇	2167	5980	5980	4000	1	1	5	1100
湘潭县杨嘉桥镇	1200	2802	200	850	1	1	3	750
湘潭县乌石镇	1031	3609	541	1000	1	1	4	200
湘乡市山枣镇	450	3000	1400	1200	1	1	65	810
湘乡市栗山镇	220	810	230	420	1	1	64	370
湘乡市中沙镇	374	1820	426	548	1	1	42	240
湘乡市虞塘镇	610	3240	1330	1430	1	1	130	480
湘乡市潭市镇	835	2698	2483	1899	1	0	173	959
湘乡市棋梓桥镇	8542	21750	12452	15221	2	2	185	4500
湘乡市壶天镇	346	1940	716	1220	1	1	88	514
湘乡市翻江镇	388	1940	394	664	1	1	52	290
湘乡市金石镇	115	916	213	298	1	1	55	210
湘乡市白田镇	620	4700	2050	1500	1	1	125	426
湘乡市月山镇	644	3933	2133	2508	1	1	203	1298
湘乡市泉塘镇	706	4088	380	1968	1	1	23	207
湘乡市梅桥镇	310	1500	718	1380	1	1	32	425
韶山市清溪镇	3641	7745	7745	2092	1	1	418	1725
韶山市银田镇	1250	6215	4456	1202	1	1	197	596
韶山市如意镇	125	352	278	223	1	1	85	115

3—4—18 续表 4

名称	户数（户）	人口（人）	其中：非农业人口（人）	劳动力（人）	集贸市场个数（个）	其中：综合市场个数（个）	企业个数（个）	企业从业人员数（人）
衡阳市郊区茶山坳镇	2902	3988	2393	1994	1	1	6	594
南岳区南岳镇	6669	19321	18557	4512	2	2	125	2416
衡阳县集兵镇	927	2780	1890	1095	1	1	63	591
衡阳县呆英岭镇	1299	4460	3535	1509	1	1	560	905
衡阳县杉桥镇	541	1732	732	674	1	1	56	337
衡阳县井头镇	727	2619	1709	1050	1	1	26	588
衡阳县演陂镇	860	2925	2025	1103	1	1	77	772
衡阳县金兰镇	1083	3793	2844	980	1	1	319	568
衡阳县洪市镇	1100	3618	2618	1209	2	1	476	785
衡阳县曲兰镇	534	1978	978	817	1	1	160	425
衡阳县金溪镇	1707	4742	1331	589	1	1	26	229
衡阳县界牌镇	3745	13108	9831	3090	1	1	116	2510
衡阳县渣江镇	1514	5147	4066	1300	1	1	210	780
衡阳县三湖镇	613	2148	300	590	1	1	25	295
衡阳县台源镇	847	3050	2248	1100	1	1	83	715
衡南县向阳镇	6200	12450	5223	6500	2	2	67	410
衡南县廖田镇	750	2500	1100	1300	2	2	40	220
衡南县茶市镇	1470	6100	2100	3500	2	1	54	470
衡南县泉溪镇	4900	10008	4500	5810	3	2	73	2080
衡南县洪山镇	843	3715	1280	2050	2	1	51	1100
衡南县花桥镇	1309	6814	1050	2200	1	1	24	300
衡南县铁丝塘镇	600	2500	536	1120	1	1	12	300
衡南县江口镇	2100	6699	1699	2200	1	1	232	1900
衡南县冠市镇	1681	5154	1588	2100	2	2	9	197
衡南县三塘镇	8963	23332	11000	13500	4	1	158	5400
衡南县谭子山镇	3361	9655	232	2160	1	1	70	800
衡南县鸡笼镇	1612	4614	2140	3080	2	1	39	1600
衡南县泉湖镇	1350	4100	1600	2050	2	2	27	1100
衡南县茅市镇	1345	3640	3047	2540	1	1	20	453
衡南县柞市镇	560	2300	1060	1100	1	1	15	630
衡南县硫市镇	1300	5000	1100	4000	3	3	9	1284
衡南县车江镇	4320	11804	3100	2850	2	1	105	1044
衡南县栗江镇	1997	7460	2316	2200	1	1	27	310
衡南县近尾洲镇	606	2500	1100	1600	2	2	12	300
衡山县白果镇	1300	7800	3400	6277	1	1	16	280
衡山县东湖镇	700	5600	1521	4412	1	1	18	244
衡山县萱洲镇	700	5200	654	3760	1	1	21	271
衡山县长江镇	800	5800	600	4249	2	2	23	162
衡山县新桥镇	700	5200	1200	3850	1	1	15	299
衡山县马迹镇	700	5400	750	4062	1	1	13	371

3—4—18续表5

名称	户数（户）	人口（人）	其中：非农业人口（人）	劳动力（人）	集贸市场个数（个）	其中：综合市场个数（个）	企业个数（个）	企业从业人员数（人）
衡山县店门镇	600	5000	720	3690	1	1	14	113
衡东县石湾镇	1307	7324	2820	4700	1	1	78	2945
衡东县新塘镇	3729	10022	3224	6865	1	1	88	3017
衡东县大浦镇	4267	15420	11623	8400	2	2	82	2100
衡东县吴集镇	460	2766	1864	3555	1	1	33	981
衡东县甘溪镇	362	3746	1639	1654	1	1	30	1127
衡东县杨林镇	485	2265	1780	1728	1	1	12	296
衡东县草市镇	409	2146	1574	965	1	1	15	174
衡东县杨桥镇	617	2519	1839	1421	1	1	22	267
衡东县霞流镇	311	1348	1099	645	1	1	11	123
衡东县荣桓镇	208	1986	303	1539	1	1	24	235
祁东县白鹤铺镇	2021	6524	825	3947	2	2	14	1556
祁东县金桥镇	1058	3982	1047	2296	2	1	119	2207
祁东县河洲镇	612	2129	1832	1348	1	1	52	838
祁东县粮市镇	823	2882	344	1647	1	1	21	993
祁东县归阳镇	1507	4362	3341	2832	6	1	126	2120
祁东县鸟江镇	488	1650	614	980	2	1	74	465
祁东县过水坪镇	1246	5676	1627	3560	2	1	72	1852
祁东县双桥镇	1711	6050	1027	3720	1	1	28	1023
祁东县灵官镇	319	1118	827	744	2	2	28	512
祁东县白地市镇	3206	11058	8247	7656	4	2	86	2635
祁东县风石堰镇	419	1506	869	869	3	2	32	523
祁东县黄土铺镇	2527	8937	2625	5847	2	2	87	2689
祁东县官家嘴镇	792	2650	921	1416	1	1	42	625
祁东县石亭子镇	996	3500	406	1948	2	1	21	932
祁东县步云桥镇	1012	3500	2106	1945	2	2	48	653
祁东县砖塘镇	713	2430	545	1389	2	2	41	526
祁东县蒋家桥镇	896	3150	1215	1845	2	2	28	498
祁东县太和堂镇	628	2300	1121	1248	2	1	29	433
耒阳市新市镇	542	2873	746	1418	1	1	6	262
耒阳市遥田镇	423	1898	186	400	1	1	2	46
耒阳市永济镇	585	2225	315	1210	1	1	4	125
耒阳市三都镇	346	1364	89	896	1	1	8	240
耒阳市哲桥镇	310	2500	130	1250	1	1	18	450
耒阳市竹市镇	389	1201	110	708	1	1	8	223
耒阳市龙塘镇	683	2504	101	1430	1	1	12	485
耒阳市夏塘镇	584	2044	1857	1300	1	1	9	240
耒阳市南阳镇	3389	9273	360	1450	1	1	15	384
耒阳市公平圩镇	718	2846	468	1682	1	1	4	82
耒阳市黄市镇	450	1580	96	906	1	1	10	165

3—4—18续表 6

名　　称	户　数（户）	人　口（人）	其中：非农业人口（人）	劳动力（人）	集贸市场个数（个）	其中：综合市场个数（个）	企　业个　数（个）	企　业从　业人员数（人）
耒阳市小水镇	512	2000	1000	1212	1	1	18	350
耒阳市泗门洲镇	450	1594	58	960	1	1	4	45
常宁市宜阳镇	4917	14243	9542	3560	2	2	1717	3204
常宁市柏坊镇	1255	5023	885	4897	2	2	463	4283
常宁市松柏镇	3460	11073	7160	6077	2	2	1165	3731
常宁市烟洲镇	889	4002	1850	1664	1	1	227	724
常宁市荫田镇	1014	4513	385	4261	1	1	251	1009
常宁市白沙镇	759	2886	138	1377	2	2	295	381
常宁市西岭镇	826	2811	821	1308	1	1	431	1294
常宁市盐湖镇	1396	5028	1568	1591	1	1	85	694
常宁市三角塘镇	799	3119	85	1451	1	1	337	598
常宁市洋泉镇	3963	12683	1800	6286	1	1	410	1237
常宁市庙前镇	404	1614	65	857	1	1	153	162
常宁市罗桥镇	620	2357	109	1095	1	1	246	284
常宁市板桥镇	879	3165	205	1411	1	1	315	1360
常宁市胜桥镇	823	3212	48	1669	1	1	58	356
常宁市官岭镇	1317	4217	273	1554	2	2	299	410
常宁市新河镇	493	1970	165	715	1	1	145	254
双清区高崇山镇	7028	22105	1070	12362	1	1	20	185
双清区渡头桥镇	5368	17520	280	11806	1	1	51	120
大祥区雨溪镇	231	1681	151	831	2	2	423	641
邵东县范家山镇	716	3460	1860	2670	2	2	320	670
邵东县牛马司镇	4014	21600	15558	12000	1	1	1138	7220
邵东县仙槎桥镇	1253	4529	4503	3100	1	1	163	2300
邵东县火厂坪镇	420	2095	1514	1120	1	1	570	1010
邵东县佘田桥镇	2100	6000	4305	4100	2	1	42	1200
邵东县砂石镇	3100	9200	7521	4500	2	2	210	520
邵东县廉桥镇	1510	5360	1039	3100	4	2	3500	450
邵东县团山镇	584	2358	1249	1876	1	1	143	800
邵东县九龙岭镇	531	1830	976	950	4	2	116	618
邵东县灵官殿镇	1100	3850	2443	2180	1	1	120	650
邵东县流光岭镇	410	1520	713	810	1	1	280	710
邵东县流泽镇	932	3867	378	2900	1	1	390	560
新邵县严塘镇	538	2040	310	1100	3	1	27	872
新邵县雀塘镇	500	1595	241	410	3	2	4	120
新邵县陈家坊镇	978	12396	3168	1100	3	1	27	872
新邵县潭溪镇	400	1262	122	220	1	1	8	127
新邵县寸石镇	410	1323	313	250	3	2	5	170
新邵县坪上镇	2532	9250	3405	5500	1	1	22	620
新邵县龙溪铺镇	350	1440	420	407	2	2	4	210

3—4—18 续表 7

名 称	户 数（户）	人 口（人）	其中：非农业人口（人）	劳动力（人）	集贸市场个数（个）	其 中：综合市场个数（个）	企 业 个 数（个）	企 业 从 业 人员数（人）
新邵县巨口铺镇	320	1150	120	370	2	2	10	228
新邵县新田铺镇	360	1580	280	410	2	1	7	290
邵阳县白仓镇	1200	5500	2210	2500	1	1	15	165
邵阳县金称市镇	556	2000	500	1200	1	1	14	601
邵阳县塘田市镇	1366	2845	2391	2515	1	1	6	22
邵阳县黄亭市镇	1206	2997	2585	2276	1	1	846	1962
邵阳县长阳铺镇	722	2600	2100	2000	2	1	186	1488
邵阳县岩口铺镇	800	3400	2700	3200	1	1	42	130
邵阳县九公桥镇	1557	3302	2567	2805	1	1	1261	2730
邵阳县下花桥镇	890	3200	2700	1500	2	1	12	130
邵阳县谷洲镇	568	2046	1000	1000	1	1	2	20
邵阳县郦家坪镇	389	1400	900	785	1	1	70	560
邵阳县五峰铺镇	2160	4753	4300	4255	2	1	1600	3000
隆回县小沙江镇	1065	2400	977	1720	1	1	9	153
隆回县金石桥镇	1640	3503	1558	2045	1	1	28	552
隆回县司门前镇	1303	5050	1700	2500	1	1	108	1030
隆回县高平镇	1565	3660	1818	1592	1	1	55	606
隆回县六都寨镇	3900	12631	6414	5400	1	1	15	2000
隆回县荷香桥镇	15000	51870	3080	2958	2	1	33	700
隆回县横板桥镇	1308	3126	1281	1000	1	1	10	50
隆回县周旺镇	1778	5364	2595	2964	1	1	60	432
隆回县滩头镇	3452	8700	5158	1474	1	1	150	1240
洞口县高沙镇	9450	40420	10845	18450	5	1	1870	10425
洞口县石江镇	4549	12453	12453	8852	4	1	68	114
洞口县竹市镇	1200	3485	1600	3250	1	1	313	1199
洞口县黄桥镇	2660	6243	4283	4370	1	1	24	546
洞口县山门镇	2210	8411	8014	3926	3	2	16	1201
洞口县毓兰镇	1416	5810	3821	6100	1	1	31	1310
洞口县江口镇	460	1500	1001	900	1	1	18	120
洞口县醪田镇	500	2000	200	300	1	1	80	300
绥宁县武阳镇	6698	26105	2015	13152	1	1	2048	9122
绥宁县李熙镇	569	2277	782	1252	1	1	60	391
绥宁县红岩镇	366	2003	911	1517	1	1	412	1517
绥宁县塘家坊镇	760	3100	470	2190	1	1	12	120
绥宁县金屋塘镇	3562	14307	280	7356	1	1	5	460
新宁县水庙镇	26	108	82	168	1	1	3	45
新宁县良山镇	19	52	38	96	1	1	1	8
新宁县白沙镇	48	217	170	287	1	1	1	6
新宁县黄龙镇	46	123	86	152	1	1	4	108
新宁县高桥镇	44	201	180	282	1	1	4	215

3—4—18 续表 8

名　　称	户　数（户）	人　口（人）	其中：非农业人口（人）	劳动力（人）	集贸市场个数（个）	其　中：综合市场个数（个）	企　业个　数（个）	企　业从　业人员数（人）
新宁县回龙寺镇	314	892	638	1270	1	1	11	410
新宁县一渡水镇	63	233	200	368	1	1	21	267
城步苗族自治县茅坪镇	2679	6580	3750	4896	1	1	72	1652
城步苗族自治县西岩镇	1021	3348	2179	2890	1	1	89	1410
城步苗族自治县丹口镇	534	1708	315	1613	1	1	47	516
城步苗族自治县五团镇	466	1586	198	1402	1	1	38	280
武冈市邓元泰镇	810	3315	1040	2690	2	1	26	320
武冈市湾头桥镇	760	2980	456	1720	0	0	100	356
武冈市文坪镇	521	2524	424	1478	1	1	24	578
武冈市荆竹铺镇	655	2955	460	1798	1	1	32	486
武冈市稠树塘镇	390	1600	690	941	1	1	30	420
武冈市邓家铺镇	605	3199	1154	2197	2	1	27	720
武冈市龙溪镇	480	2056	200	1500	1	1	40	300
武冈市司马冲镇	370	1645	305	1033	0	0	22	437
云溪区云溪镇	3542	11334	10542	4816	4	4	36	2853
云溪区陆城镇	747	2615	2120	1013	1	1	5	810
云溪区路口镇	2478	7932	7408	4963	4	4	5	3970
云溪区道仁矶镇	421	1250	366	562	1	1	4	450
君山区君山镇	805	3213	1120	3211	4	2	10	959
君山区广兴镇	529	1850	870	820	2	2	40	656
君山区许市镇	200	2576	1576	3010	1	1	332	2408
君山区层山镇	7512	16696	16600	7219	2	2	8	657
君山区良心堡镇	1646	3306	3120	1120	2	1	10	196
君山区银杯镇	142	450	350	450	1	1	1	360
岳阳县西塘镇	2135	6217	5813	4625	1	1	12	1575
岳阳县麻塘镇	709	2143	1533	1985	2	2	18	1588
岳阳县鹿角镇	692	1856	1026	800	1	1	1	640
岳阳县黄沙镇	760	3200	2540	1400	2	2	5	1120
岳阳县新墙镇	712	3359	2175	4600	4	2	30	3680
岳阳县柏祥镇	708	2700	1115	1300	1	1	14	1040
岳阳县筻口镇	1030	3600	2100	2790	2	2	75	2232
岳阳县公田镇	718	2115	1014	315	5	2	3	252
岳阳县毛田镇	860	3180	2470	218	2	1	17	174
岳阳县月田镇	796	2187	876	311	1	1	1	249
岳阳县张谷英镇	365	1360	720	816	1	1	45	653
岳阳县新开镇	1000	3300	1300	1600	1	1	5	1280
华容县三封寺镇	527	3200	1564	3427	2	1	131	2742
华容县治河渡镇	238	1421	1291	1214	3	2	97	971
华容县北景港镇	1237	5736	3324	4215	2	1	576	3372
华容县鲇鱼须镇	823	4725	2385	3924	3	2	357	3139

3－4－18 续表 9

名　　称	户 数（户）	人 口（人）	其中：非农业人口（人）	劳动力（人）	集贸市场个数（个）	其 中：综合市场个数（个）	企 业 个 数（个）	企 业 从 业 人员数（人）
华容县宋家嘴镇	278	1752	700	1527	2	1	128	1222
华容县万庾镇	527	6321	2200	6015	3	2	316	3810
华容县塔市驿镇	617	4824	1700	4521	2	1	260	2300
华容县洪山头镇	498	2932	1350	2312	3	2	120	950
华容县梅田湖镇	392	3726	1000	3420	2	1	217	2436
华容县插旗镇	724	5620	1900	5020	3	1	355	2914
华容县注滋口镇	1327	8215	4000	7826	3	2	413	3961
华容县操军镇	417	4825	1000	4051	4	2	398	3241
湘阴县新泉镇	670	2400	1250	1600	1	1	161	1280
湘阴县铁角嘴镇	510	1620	150	972	1	1	190	778
湘阴县南湖洲镇	300	1500	400	1000	1	1	100	800
湘阴县白马寺镇	682	2874	2070	1511	1	1	161	1209
湘阴县临资口镇	625	2500	980	1200	1	1	82	960
湘阴县洞庭围镇	700	2700	200	1600	1	1	78	1280
湘阴县浩河口镇	532	2020	652	1132	1	1	92	906
湘阴县东塘镇	680	1900	1900	790	1	1	92	632
湘阴县袁家铺镇	200	800	640	360	1	1	89	288
湘阴县界头铺镇	498	1925	328	950	1	1	50	760
湘阴县樟树镇	960	2500	2042	1650	1	1	170	1320
平江县安定镇	4460	12489	2226	5430	2	2	426	4344
平江县三市镇	3795	10628	793	4621	1	1	426	3697
平江县加义镇	3212	8995	1755	3911	2	2	102	829
平江县长寿镇	4370	12236	8129	5320	2	2	408	3200
平江县龙门镇	1067	2990	767	1300	1	1	280	1040
平江县虹桥镇	749	2098	1059	1044	1	1	81	625
平江县南江镇	6000	18000	6286	14482	2	2	810	7109
平江县梅仙镇	4296	12029	1218	5230	1	1	320	2184
平江县浯口镇	702	2371	1113	1206	1	1	80	640
平江县瓮江镇	1770	4967	1136	2100	1	1	204	1680
平江县伍市镇	4020	11252	2257	4368	1	1	690	3494
平江县向家镇	1450	4058	536	1521	1	1	198	1217
汨罗市新市镇	1200	5800	2178	4315	2	2	5	3452
汨罗市白水镇	330	1100	651	750	1	1	32	600
汨罗市川山镇	460	2200	750	1320	1	1	36	1056
汨罗市高坊镇	906	4321	450	3215	2	2	37	2572
汨罗市弼时镇	800	3200	400	4000	1	1	260	2200
汨罗市黄柏镇	330	1100	651	750	1	1	32	600
汨罗市长乐镇	2061	8563	1250	6930	1	1	206	5544
汨罗市大荆镇	300	1170	150	406	1	1	9	325

3－4－18续表10

名　　称	户　数（户）	人　口（人）	其中：非农业人口（人）	劳动力（人）	集贸市场个数（个）	其　中：综合市场个数（个）	企　业个　数（个）	企　业从　业人员数（人）
汨罗市桃林镇	610	3000	1475	2500	1	1	26	820
汨罗市汨罗镇	608	1600	818	1050	1	1	5	840
汨罗市古培镇	140	500	100	300	1	1	14	240
汨罗市李家段镇	5656	22157	839	4270	1	0	260	2002
临湘市长安镇	29562	71452	65412	34700	8	1	56	4200
临湘市忠防镇	1068	2141	2141	1253	2	2	4	53
临湘市白云镇	283	1130	84	530	1	1	6	424
临湘市聂市镇	894	2350	1400	700	1	1	11	560
临湘市源潭镇	216	2987	420	1220	1	1	63	247
临湘市江南镇	836	1806	761	431	1	1	10	315
临湘市羊楼司镇	1682	6940	6428	2574	2	1	559	1861
临湘市桃林镇	791	1943	1732	970	1	1	213	356
临湘市长塘镇	578	2716	610	933	1	1	10	180
临湘市白羊田镇	320	3500	590	1450	1	1	106	1160
临湘市詹桥镇	1000	2800	770	1400	1	0	24	200
临湘市儒溪镇	329	1139	810	635	1	1	9	140
临湘市定湖镇	398	990	477	400	1	1	48	320
武陵区河伏镇	681	2850	2009	2544	2	1	103	1732
鼎城区武陵镇	21905	44680	44000	28410	3	2	205	1730
鼎城区蒿子港镇	2255	7210	6100	2954	2	1	239	2017
鼎城区中河口镇	730	1879	1412	1573	1	1	60	1058
鼎城区十美堂镇	375	1550	1466	1673	1	1	14	1128
鼎城区牛鼻滩镇	1895	5500	5210	1470	1	1	65	986
鼎城区韩公渡镇	1099	3420	3262	1756	1	1	105	1185
鼎城区石公桥镇	902	2920	2895	1506	1	0	83	1012
鼎城区镇德桥镇	810	1750	1750	1788	2	1	83	1207
鼎城区周家店镇	900	3100	2230	2730	1	1	108	1862
鼎城区大龙站镇	760	2211	1182	853	1	1	48	403
鼎城区双桥坪镇	586	2075	2020	1240	2	1	36	588
鼎城区灌溪镇	583	2393	1215	2136	2	2	67	940
鼎城区蔡家岗镇	950	3200	1865	1264	1	1	100	843
鼎城区斗姆湖镇	1340	4300	3750	1373	1	1	103	919
鼎城区草坪镇	650	2100	650	3043	1	1	71	2079
鼎城区石门桥镇	950	4100	3920	4870	1	1	343	3348
鼎城区谢家铺镇	1110	3370	3255	2450	2	1	140	1184
鼎城区黄土店镇	900	3250	3220	2100	1	0	163	1221
鼎城区尧天坪镇	450	1350	1345	1652	2	1	132	1112
鼎城区港二口镇	823	3220	1655	1423	1	1	105	1200
鼎城区雷公庙镇	620	1834	520	2709	2	1	180	1847
鼎城区石板滩镇	710	2020	535	1472	2	1	233	1060

3—4—18 续表 11

名 称	户 数（户）	人 口（人）	其中：非农业人口（人）	劳动力（人）	集贸市场个数（个）	其 中：综合市场个数（个）	企 业 个 数（个）	企 业 从 业 人员数（人）
安乡县大鲸港镇	2610	9371	9360	5174	2	2	47	661
安乡县黄山头镇	2442	6645	6635	4837	3	1	67	822
安乡县三岔河镇	1090	3810	3715	1310	2	0	130	661
安乡县官当镇	1910	4751	4510	960	1	0	32	628
安乡县下渔口镇	1615	4284	3993	2900	1	0	85	1260
安乡县陈家嘴镇	1254	4050	3996	2900	1	1	62	559
安乡县焦圻镇	1485	3520	3515	3530	1	1	43	855
汉寿县蒋家嘴镇	1903	13897	11400	7845	3	3	9	382
汉寿县岩汪湖镇	1093	2283	2143	1117	1	1	5	360
汉寿县坡头镇	1385	3350	2850	3500	1	1	60	1131
汉寿县西港镇	1488	4350	3135	2522	1	1	42	1117
汉寿县洲口镇	630	2180	1292	2618	1	1	72	884
汉寿县罐头嘴镇	1180	4245	4150	2254	1	1	21	430
汉寿县沧港镇	723	3038	3038	2600	1	1	87	1485
汉寿县朱家铺镇	1020	2480	885	800	1	1	14	435
汉寿县太子庙镇	1055	2699	2685	1581	2	2	66	1064
汉寿县毓德铺镇	724	1648	1512	1589	1	1	57	1069
汉寿县崔家桥镇	850	2518	1166	1345	1	1	2	125
汉寿县军山铺镇	752	2520	2242	912	1	1	23	480
汉寿县百禄桥镇	359	1234	660	890	1	1	53	448
澧县张公庙镇	507	1797	1485	3057	2	2	248	2089
澧县小渡口镇	1303	3487	2880	4870	1	1	397	3348
澧县梦溪镇	1196	4652	3843	3888	1	1	316	2666
澧县复兴厂镇	630	2167	1790	1237	1	1	24	204
澧县盐井镇	685	2514	2077	1358	1	1	108	908
澧县雷公塔镇	844	2016	1665	1389	1	1	111	930
澧县大堰当镇	2418	6997	5780	3861	1	1	254	2647
澧县王家厂镇	1603	5122	4231	2537	1	1	141	1187
澧县金罗镇	795	1644	1559	964	1	1	75	635
澧县码头铺镇	931	2774	1384	1809	1	1	145	1222
澧县方石坪镇	263	854	706	1167	1	1	92	776
澧县甘溪滩镇	885	2539	2098	3452	1	1	280	2363
澧县火连坡镇	993	2947	2435	2254	1	1	182	1531
临澧县合口镇	4344	10274	7800	16000	2	2	143	2393
临澧县新安镇	3855	9492	8538	15420	3	1	911	7687
临澧县佘市镇	615	1765	1185	1350	1	0	66	557
临澧县太浮镇	400	810	525	1120	1	1	7	90
临澧县四新岗镇	450	1276	950	2709	1	1	37	640
临澧县停玄渡镇	600	1800	435	2153	1	1	173	1461
临澧县修梅镇	2110	4250	4191	2649	1	1	214	1805

3—4—18 续表 12

名　　称	户　数（户）	人　口（人）	其中：非农业人口（人）	劳动力（人）	集贸市场个数（个）	其　中：综合市场个数（个）	企　业个　数（个）	企　业从　业人员数（人）
桃源县陬市镇	6400	14500	14227	12720	2	1	12	1035
桃源县黄石镇	1400	3100	3000	1800	3	1	103	954
桃源县漆河镇	2252	7430	7300	4500	4	3	278	2348
桃源县理公港镇	868	1859	1565	1572	1	1	2	296
桃源县龙潭镇	618	2180	2006	1500	1	0	4	133
桃源县三阳港镇	1474	4366	2096	2951	2	1	180	1521
桃源县剪市镇	1095	2655	1655	2580	1	1	208	1757
桃源县茶庵铺镇	875	2574	2020	2166	1	1	257	2165
桃源县西安镇	250	630	620	480	1	1	7	144
桃源县沙坪镇	1020	3800	2230	3100	1	1	175	1477
桃源县桃花源镇	1770	5500	3104	5208	2	1	101	1986
桃源县盘塘镇	321	1335	1315	1634	2	1	163	1495
桃源县热市镇	644	2250	1471	3018	2	2	244	2061
桃源县观音寺镇	379	1842	1188	1970	1	1	88	1333
石门县蒙泉镇	1272	5400	5200	3444	1	1	127	3444
石门县夹山镇	4150	9855	9820	4076	1	1	132	2797
石门县易家渡镇	1688	5580	5460	4360	1	1	355	2994
石门县新关镇	2270	5162	5050	4652	1	1	379	3196
石门县皂市镇	688	3200	2958	2980	5	5	117	986
石门县维新镇	2198	7194	6982	4758	3	2	188	3270
石门县太平镇	515	2254	2141	1674	1	1	142	1198
石门县磨市镇	362	3500	1557	4370	1	1	215	3001
石门县壶瓶山镇	3850	8870	8600	2800	1	1	166	1399
石门县南北镇	285	1128	602	650	1	1	42	417
津市市新洲镇	1821	7232	6074	4688	1	1	382	3222
津市市渡口镇	681	2085	1785	1399	1	0	111	937
津市市保河堤镇	500	2591	2291	3400	1	1	309	2608
津市市白衣镇	916	2100	840	3100	1	1	328	3050
永定区尹家溪镇	170	610	420	1320	2	2	106	956
永定区后坪镇	356	1300	52	448	1	1	40	250
永定区阳湖坪镇	5567	21108	28	5018	2	2	449	1482
永定区新桥镇	300	1500	200	1000	1	1	1	100
永定区教字垭镇	330	1780	21	1350	1	1	30	1120
永定区温塘镇	1385	4920	50	2630	1	1	20	160
永定区大坪镇	280	1007	12	135	1	0	73	119
永定区沅古坪镇	241	964	413	587	1	1	46	300
武陵源区天子山镇	1025	3537	1336	1480	0	0	14	21
慈利县岩泊渡镇	2300	6700	763	3500	1	1	180	520
慈利县溪口镇	2100	6500	1100	3500	1	1	135	350
慈利县高桥镇	850	2800	310	1500	1	1	80	110

3－4－18 续表 13

名　　称	户　数（户）	人　口（人）	其中：非农业人口（人）	劳动力（人）	集贸市场个数（个）	其　中：综合市场个数（个）	企　业个　数（个）	企　业从　业人员数（人）
慈利县龙潭河镇	1100	4100	1280	2200	1	1	120	380
慈利县零溪镇	450	1500	420	1100	1	1	110	210
慈利县苗市镇	1200	5300	750	3200	1	1	143	380
慈利县东岳观镇	430	1340	870	950	1	1	92	95
慈利县通津铺镇	830	2600	1100	1700	1	1	130	870
慈利县杉木桥镇	820	2160	1100	1400	1	1	110	570
慈利县象市镇	570	2100	620	1350	1	1	170	450
慈利县江垭镇	2300	7800	3200	4260	2	2	237	490
慈利县广福桥镇	480	1350	438	870	1	1	72	280
桑植县官地坪镇	266	909	160	407	1	1	1	54
桑植县龙潭坪镇	337	1007	169	92	1	1	56	82
桑植县五道水镇	558	1437	529	480	2	2	12	286
桑植县凉水口镇	278	1103	150	145	1	1	1	23
桑植县陈家河镇	602	1250	220	845	1	1	56	328
桑植县廖家村镇	363	1183	205	577	1	1	67	67
桑植县利福塔镇	291	758	160	365	0	0	1	52
桑植县瑞塔铺镇	1024	4185	620	2585	1	1	685	2200
资阳区新桥河镇	1305	3589	1300	2333	1	1	6	1055
资阳区迎丰桥镇	2480	5370	700	2730	1	1	24	248
资阳区长春镇	431	2053	1560	1250	1	1	5	485
资阳区过鹿坪镇	937	3258	1800	1354	1	1	1	13
资阳区沙头镇	1500	4500	2927	1687	1	1	3	220
资阳区茈湖口镇	534	2337	1356	1055	1	1	8	240
赫山区兰溪镇	1490	5410	5230	2560	1	1	25	810
赫山区八字哨镇	520	1810	810	1010	1	1	65	240
赫山区龙光桥镇	485	1918	710	980	1	1	24	65
赫山区泉交河镇	850	2988	2700	1530	1	1	100	248
赫山区欧江岔镇	960	2150	1870	485	1	1	145	298
赫山区沧水铺镇	1180	4120	2800	2510	1	1	259	650
赫山区衡龙桥镇	1210	4510	1310	2730	1	1	216	481
赫山区岳家桥镇	340	1210	340	710	1	1	16	310
赫山区泥江口镇	1140	4020	2900	2410	1	1	121	1808
赫山区谢林港镇	320	1150	180	620	1	1	122	260
赫山区新市渡镇	200	861	514	472	1	1	118	314
南县华阁镇	678	4320	3460	2384	1	1	7	387
南县三仙湖镇	2005	5500	5230	1800	1	1	36	720
南县武圣宫镇	1520	4583	4500	1347	1	1	4	485
南县茅草街镇	6460	17495	16285	7900	3	3	662	3880
南县厂窖镇	480	2062	1958	1237	1	1	5	217
南县明山头镇	2265	7862	7862	1800	2	1	8	1200

3—4—18 续表 14

名　　称	户　数（户）	人　口（人）	其中：非农业人口（人）	劳动力（人）	集贸市场个数（个）	其　中：综合市场个数（个）	企　业个　数（个）	企　业从　业人员数（人）
南县青树嘴镇	1513	5295	4258	2912	1	1	12	700
桃江县修山镇	481	2017	1867	421	2	1	103	400
桃江县三堂街镇	1499	3001	2459	300	2	1	50	200
桃江县鸬鹚渡镇	60	700	600	400	1	1	1	46
桃江县大栗港镇	360	1230	600	750	1	1	10	109
桃江县武潭镇	1043	2900	2883	2100	1	1	20	300
桃江县马迹塘镇	1600	12000	5031	7000	1	1	500	6300
桃江县石牛江镇	481	2000	1300	1200	1	1	110	1000
桃江县牛田镇	600	8000	900	7500	2	2	1629	7000
桃江县松木塘镇	58	120	95	100	1	1	11	40
桃江县源嘉桥镇	300	3290	329	2300	1	1	200	2000
桃江县灰山港镇	5006	25201	23201	16830	2	2	1300	130
安化县清塘铺镇	1700	6800	490	2800	1	1	1156	185
安化县梅城镇	6120	22000	700	11000	2	1	30	1600
安化县仙溪镇	1630	5780	620	3400	1	1	16	705
安化县大福镇	2100	8000	4700	5500	1	1	100	1200
安化县长塘镇	910	3204	314	320	1	1	20	204
安化县小淹镇	890	4005	2100	2900	1	1	20	600
安化县江南镇	1400	4800	2500	3211	1	1	11	215
安化县羊角塘镇	2300	9200	1300	4200	1	1	61	65
安化县冷市镇	1132	3934	1140	2531	1	0	24	492
安化县马路镇	1478	5850	2200	2886	1	1	32	510
安化县奎溪镇	620	2189	254	1275	1	1	5	120
安化县烟溪镇	780	3150	2000	2710	1	1	35	800
安化县渠江镇	500	2010	350	1500	1	1	20	300
安化县坪口镇	2329	5634	5634	3500	1	1	97	1060
安化县柘溪镇	427	2000	920	1450	1	1	7	210
沅江市南大膳镇	1957	4801	4631	2763	2	1	189	1325
沅江市黄茅洲镇	1746	5278	5216	2876	3	2	178	1217
沅江市阳罗镇	969	3208	3179	1676	2	0	156	987
沅江市四季红镇	765	2345	2156	1227	1	0	145	975
沅江市草尾镇	3445	9145	9003	4508	3	2	221	1546
沅江市泗湖山镇	1953	5921	5537	2931	1	1	165	1047
沅江市共华镇	736	2197	2065	1128	1	0	159	1023
沅江市南嘴镇	186	587	565	301	1	0	132	296
沅江市新湾镇	786	2257	2176	1176	1	0	147	996
沅江市三眼塘镇	634	1645	1601	978	1	0	139	923
北湖区石盖塘镇	543	1420	320	592	1	1	26	565
北湖区华塘镇	1153	3813	2856	2088	1	1	416	1200
北湖区鲁塘镇	1659	6499	934	3817	1	1	102	802

3－4－18 续表 15

名　　称	户　数（户）	人　口（人）	其中：非农业人口（人）	劳动力（人）	集贸市场个数（个）	其　中：综合市场个数（个）	企　业个　数（个）	企　业从　业人员数（人）
苏仙区白鹿洞镇	1623	5126	110	2805	2	2	86	86
苏仙区桥口镇	2963	9671	2658	6208	1	1	109	1780
苏仙区白露塘镇	957	3208	910	1110	1	1	122	706
苏仙区坳上镇	926	4140	748	2546	1	1	133	568
苏仙区良田镇	1564	6330	2400	6086	1	1	364	3212
苏仙区许家洞镇	1252	3496	1871	2498	1	1	78	680
苏仙区栖凤渡镇	1639	6137	5760	3342	2	1	315	1850
桂阳县黄沙坪镇	882	3195	1615	1615	1	1	29	1615
桂阳县仁义镇	650	3250	470	310	1	1	24	135
桂阳县太和镇	415	785	192	205	1	1	3	105
桂阳县洋市镇	460	1100	322	230	1	1	6	120
桂阳县和平镇	648	2188	850	2135	1	1	41	115
桂阳县流峰镇	715	1716	570	1200	2	2	125	521
桂阳县塘市镇	612	6195	501	6796	1	1	102	912
桂阳县莲塘镇	1132	2336	627	2603	1	1	216	528
桂阳县飞仙镇	570	2178	451	750	1	1	31	100
桂阳县方元镇	556	1250	320	1800	1	1	252	700
桂阳县荷叶镇	343	970	320	820	1	1	62	90
桂阳县樟市镇	712	1708	403	721	2	2	12	512
桂阳县敖泉镇	400	1800	420	200	1	1	3	18
宜章县白石渡镇	2488	6273	6073	2862	1	1	193	2556
宜章县杨梅山镇	2654	8157	8157	3658	1	1	151	3455
宜章县瑶岗仙镇	2876	9701	7687	4188	1	1	289	4010
宜章县梅田镇	2136	5539	4239	3373	1	1	775	3255
宜章县麻田镇	1135	4499	499	2131	1	1	188	1877
宜章县迎春镇	1174	3593	593	1382	1	1	278	498
宜章县一六镇	1431	4231	974	4155	1	1	245	3985
宜章县岩泉镇	1620	5468	1468	3899	2	1	688	3210
宜章县黄沙镇	2190	5488	888	3655	1	1	456	2102
宜章县栗源镇	2201	5883	983	1422	2	2	655	1301
永兴县湘阴渡镇	385	1564	380	652	1	1	57	425
永兴县马田镇	4528	14582	2111	7541	2	1	256	1252
永兴县塘门口镇	1245	3652	600	525	2	1	45	323
永兴县金龟镇	325	1025	154	858	1	1	15	455
永兴县柏林镇	565	1585	250	858	1	1	41	555
永兴县鲤鱼塘镇	868	3252	331	898	1	0	55	488
永兴县油市镇	1308	5160	960	3579	1	1	80	3001
嘉禾县车头镇	500	2400	180	1360	1	1	430	1260
嘉禾县塘村镇	2427	8160	1984	8749	5	2	2017	7021
嘉禾县袁家镇	90	240	120	220	1	1	10	120

3－4－18 续表 16

名　　称	户　数（户）	人　口（人）	其中：非农业人口（人）	劳动力（人）	集贸市场个数（个）	其　中：综合市场个数（个）	企　业个　数（个）	企　业从　业人员数（人）
嘉禾县行廊镇	1088	3305	633	180	1	1	40	150
嘉禾县肖家镇	1250	4256	144	1100	1	1	67	217
嘉禾县龙潭镇	480	1424	674	1351	1	1	21	490
嘉禾县石桥镇	487	1551	1301	826	1	1	229	534
临武县金江镇	625	1878	1323	1063	1	1	190	496
临武县香花镇	2654	6406	6215	4103	1	1	270	3945
临武县岚桥镇	565	1800	150	1300	1	1	2	196
临武县武水镇	1374	4582	475	2372	0	0	16	40
汝城县土桥镇	249	1078	245	304	1	1	78	267
汝城县三星镇	209	544	146	497	2	2	111	275
汝城县热水镇	175	700	208	267	1	1	24	95
汝城县三江口镇	276	1307	500	286	1	1	54	194
汝城县小垣镇	270	860	320	260	1	1	13	210
汝城县暖水镇	184	645	132	188	1	1	29	146
汝城县大坪镇	620	3350	380	1820	1	1	14	430
桂东县沙田镇	5439	18456	972	1930	1	1	620	1734
桂东县清泉镇	2253	8764	508	205	1	1	83	195
安仁县安平镇	7196	28459	9969	14898	1	1	1122	4733
安仁县灵官镇	4585	17506	2402	1444	1	1	505	804
安仁县关王镇	3498	13868	225	2911	1	1	212	2911
安仁县清溪镇	4596	18810	526	1840	0	0	359	340
安仁县龙海镇	2131	8250	120	960	1	1	745	960
资兴市鲤鱼江镇	6561	18920	18833	13001	1	1	66	3370
资兴市三都镇	13011	43866	41438	18159	1	1	1632	5855
资兴市蓼江镇	650	5400	610	3500	1	1	310	590
资兴市七里镇	305	1050	595	360	2	2	50	300
资兴市兴宁镇	2915	7345	6065	5301	2	1	1064	2892
资兴市州门司镇	345	1350	675	950	1	1	350	800
资兴市青腰镇	610	2480	350	2460	1	1	112	885
资兴市黄草镇	812	2571	600	1309	1	1	147	890
资兴市东江镇	4328	12659	10408	10136	3	2	714	5408
资兴市滁口镇	280	10541	840	105	1	1	3	105
芝山区水口山镇	1100	4521	485	3874	1	1	9	254
芝山区珠山镇	3672	15500	3876	8346	4	4	11	5034
芝山区黄田铺镇	1497	3800	724	2770	1	1	7	1200
芝山区富家桥镇	2800	8500	3500	6950	1	1	6	1628
芝山区菱角塘镇	590	1204	607	558	1	1	4	356
芝山区邮亭墟镇	423	1658	1432	1790	1	1	8	1094
芝山区接履桥镇	384	2103	150	2100	1	1	25	258
芝山区石岩头镇	218	1445	438	1200	1	1	3	374

3—4—18 续表 17

名　　称	户　数（户）	人　口（人）	其中：非农业人口（人）	劳动力（人）	集贸市场个数（个）	其　中：综合市场个数（个）	企　业个　数（个）	企　业从　业人员数（人）
冷水滩区花桥街镇	385	2840	776	490	1	1	22	243
冷水滩区普利桥镇	895	3024	1157	2004	1	1	136	1325
冷水滩区牛角坝镇	234	679	103	410	2	2	9	368
冷水滩区黄阳司镇	5286	14000	6122	8270	1	1	160	2870
冷水滩区高溪市镇	314	826	211	1273	2	2	86	971
冷水滩区上岭桥镇	217	720	255	6783	1	1	96	1710
冷水滩区竹山桥镇	214	643	263	2168	1	1	106	673
冷水滩区伊塘镇	130	420	200	1373	1	1	216	1210
冷水滩区岚角山镇	1047	2998	1998	1756	1	1	30	108
冷水滩区蔡市镇	308	1243	134	870	1	1	283	712
冷水滩区仁湾镇	321	892	246	1127	1	1	210	1013
祁阳县观音滩镇	2078	7900	6400	4500	2	2	245	3500
祁阳县茅竹镇	2070	7900	430	4500	1	1	68	349
祁阳县大忠桥镇	1050	5074	1824	3713	1	1	22	221
祁阳县三口塘镇	408	1285	218	282	1	1	55	200
祁阳县肖家村镇	714	2560	300	1440	1	0	22	58
祁阳县八宝镇	300	1800	800	1200	1	1	70	600
祁阳县白水镇	1670	12980	620	4200	1	1	14	1700
祁阳县黄泥塘镇	560	6720	1260	4200	1	1	36	2960
祁阳县进宝塘镇	560	6720	1260	4200	1	1	6	708
祁阳县潘市镇	768	2670	102	700	2	2	82	315
祁阳县梅溪镇	754	2716	225	1932	1	1	10	100
祁阳县羊角塘镇	980	5000	1168	3500	1	1	30	2100
祁阳县下马渡镇	1250	5000	1800	2000	1	1	17	1380
祁阳县七里桥镇	80	312	180	212	1	1	17	138
祁阳县大村甸镇	477	2685	681	1597	1	1	109	789
祁阳县黎家坪镇	5480	17230	11259	14000	2	1	218	3494
祁阳县文富市镇	259	1636	652	852	1	1	6	555
祁阳县文明镇	1428	4974	1450	1950	1	1	246	1250
祁阳县龚家坪镇	1200	3000	1570	1200	1	1	73	780
祁阳县金洞镇	198	850	47	921	1	1	112	750
东安县大庙口镇	1250	4500	1100	2000	1	1	207	1600
东安县紫溪市镇	1367	5468	2815	1823	1	1	195	1180
东安县石期市镇	1210	3742	920	3401	1	1	222	1260
东安县横塘镇	127	520	210	400	1	1	66	280
东安县井头圩镇	595	2499	811	2000	1	1	98	1720
东安县端桥铺镇	436	1413	811	620	1	1	51	600
东安县鹿马桥镇	881	2834	952	1408	1	1	376	1154
东安县芦洪市镇	1763	6700	2640	4020	1	1	103	3000
东安县新圩江镇	875	3500	500	400	1	1	24	350

3—4—18 续表 18

名　称	户 数（户）	人 口（人）	其中：非农业人口（人）	劳动力（人）	集贸市场个数（个）	其 中：综合市场个数（个）	企 业 个 数（个）	企 业 从 业 人员数（人）
东安县花桥镇	892	2612	1026	2320	1	1	65	1801
东安县南桥镇	533	2132	450	2000	1	1	46	1500
东安县大盛镇	847	1920	586	1200	1	1	67	160
双牌县江村镇	372	1450	718	278	1	1	61	278
双牌县五里牌镇	550	2500	800	650	1	1	88	500
道县梅花镇	1029	7272	437	1867	1	1	8	116
道县寿雁镇	1582	6287	628	3284	1	1	12	219
道县仙子脚镇	1186	4630	530	2049	1	1	9	107
道县清塘镇	632	2479	412	864	1	1	7	104
道县祥霖铺镇	1081	4298	514	2368	1	1	9	127
道县四马桥镇	638	2489	368	969	1	1	5	92
道县蚣坝镇	908	3601	527	1722	1	1	7	136
道县白马渡镇	629	2498	421	986	1	1	6	92
江永县上江圩镇	293	1217	476	525	1	1	10	198
江永县允山镇	845	3495	1076	1249	2	1	41	615
江永县夏层铺镇	812	2683	736	120	1	1	18	48
江永县桃川镇	2053	7289	5369	3147	2	2	26	1132
江永县粗石江镇	438	1723	1068	1654	1	1	18	673
江永县回龙圩镇	857	1821	582	982	1	1	10	302
宁远县天堂镇	268	1393	439	920	1	1	4	50
宁远县水市镇	547	2100	1810	1200	1	1	6	130
宁远县湾井镇	320	1880	899	960	1	1	4	130
宁远县冷水镇	396	1926	1210	813	1	1	6	176
宁远县太平镇	369	1330	690	1010	1	1	5	99
宁远县禾亭镇	708	2854	834	1710	1	1	6	116
宁远县仁和镇	416	1660	660	1010	1	1	6	182
宁远县中和镇	606	2460	798	1180	1	1	10	187
宁远县柏家坪镇	740	2966	1240	1310	1	1	12	236
宁远县清水桥镇	722	2892	412	1680	1	1	9	210
宁远县鲤溪镇	527	2110	413	1460	1	1	6	117
蓝山县竹管寺镇	354	1240	628	821	1	1	1	10
蓝山县毛俊镇	320	1120	628	929	1	1	1	50
蓝山县楠市镇	261	913	608	723	1	1	1	40
蓝山县所城镇	398	1394	342	1025	1	1	1	53
蓝山县新圩镇	300	1050	521	825	1	1	1	23
新田县骥村镇	508	2015	504	980	1	1	32	325
新田县石羊镇	650	2600	500	725	2	2	26	278
新田县新圩镇	530	2120	502	1060	1	1	25	235
新田县新龙镇	370	1446	300	786	1	1	118	303
新田县枧头镇	350	1402	350	800	2	2	27	200
新田县金陵镇	659	2638	168	1319	2	1	28	268
江华县桥头铺镇	1160	4060	810	2450	1	1	6	70
江华县东田镇	279	1309	136	720	1	1	2	85

3—4—18 续表 19

名　　称	户　数（户）	人　口（人）	其中：非农业人口（人）	劳动力（人）	集贸市场个数（个）	其　中：综合市场个数（个）	企　业个　数（个）	企　业从　业人员数（人）
江华县大路铺镇	580	2100	205	1260	1	1	8	90
江华县白芒营镇	1035	4090	310	2460	1	1	10	105
江华县涛圩镇	620	2381	350	1416	1	1	8	85
江华县河路口镇	503	2013	298	557	1	1	7	73
江华县小圩镇	493	2020	465	1030	1	1	8	81
江华县大圩镇	510	2060	415	980	1	1	9	10
江华县水口镇	897	3500	2500	1910	1	1	81	1036
江华县码市镇	2230	7800	2271	2850	1	1	16	190
鹤城区黄金坳镇	1232	4175	880	530	1	1	14	300
中方县牌楼坳镇	619	2600	180	960	1	1	40	560
中方县泸阳镇	920	4400	680	230	1	1	20	170
中方县花桥镇	525	2100	225	1200	1	1	60	640
中方县铜湾镇	600	2400	220	1800	1	1	21	280
中方县桐木镇	428	1800	260	680	1	1	60	420
中方县铁坡镇	541	2164	120	1471	1	1	18	210
沅陵县明溪口镇	450	1720	490	1200	0	0	4	172
沅陵县麻溪铺镇	890	2520	1820	1590	1	1	12	350
沅陵县凉水井镇	890	2215	1950	1850	1	1	38	690
沅陵县官庄镇	1350	5100	2100	2100	2	0	35	1560
沅陵县五强溪镇	1380	4512	4100	3120	2	0	105	1120
沅陵县沃溪镇	1881	11208	10200	6500	1	1	25	620
辰溪县孝坪镇	4167	15870	14600	11200	1	1	8	905
辰溪县田湾镇	935	2825	445	2512	1	1	20	1435
辰溪县火马冲镇	1182	5650	4030	2850	1	1	326	2560
辰溪县黄溪口镇	1294	3455	1597	1231	1	1	2	26
辰溪县潭湾镇	1200	4000	1440	1200	1	1	280	900
辰溪县安坪镇	1065	3460	1780	1580	1	1	20	1540
溆浦县江口镇	3102	12430	10066	4670	2	2	18	960
溆浦县低庄镇	735	5585	4018	8500	1	1	335	919
溆浦县桥江镇	1240	4522	567	1120	1	1	12	1100
溆浦县龙潭镇	4600	15500	4280	7500	1	1	900	1800
溆浦县均坪镇	468	2568	68	1124	1	1	4	1054
溆浦县观音阁镇	1000	2500	986	2500	1	1	8	1000
溆浦县双井镇	1350	5000	232	1800	1	1	352	1320
溆浦县水东镇	200	720	150	400	1	1	22	55
溆浦县两丫坪镇	540	2649	655	1237	1	1	25	116
溆浦县黄茅园镇	312	1526	265	1128	1	1	3	124
会同县坪村镇	6289	24087	942	495	1	1	31	153
会同县堡子镇	4075	16560	632	458	2	1	42	198
会同县团河镇	3134	12801	688	458	1	1	30	123
会同县若水镇	3490	13740	921	8204	1	1	31	154
会同县朗江镇	3116	12379	610	380	1	1	11	132
会同县广坪镇	4655	20218	707	580	1	1	21	145

3—4—18 续表 20

名　　称	户　数（户）	人　口（人）	其中:非农业人口（人）	劳动力（人）	集贸市场个数（个）	其　中:综合市场个数（个）	企　业个　数（个）	企　业从　业人员数（人）
麻阳县锦和镇	452	1620	754	1151	1	1	5	46
麻阳县江口墟镇	472	1681	676	1215	1	1	6	48
麻阳县岩门镇	450	1672	685	1046	1	1	5	76
麻阳县兰里镇	1254	4372	1213	1152	1	1	6	52
麻阳县吕家坪镇	472	1931	1605	1051	1	1	6	50
新晃县波洲镇	332	1162	397	743	1	1	250	743
新晃县鱼市镇	195	625	404	250	1	1	324	250
新晃县中寨镇	137	468	268	289	1	1	157	289
新晃县兴隆镇	732	2342	1296	1498	2	1	4016	149
芷江县罗旧镇	298	1215	619	962	1	1	25	485
芷江县新店坪镇	352	1852	852	1252	1	1	31	652
芷江县碧涌镇	240	1040	246	665	1	1	12	185
靖州县坳上镇	234	824	465	203	1	1	1	32
靖州县大堡子镇	876	4810	127	2100	1	1	1	36
靖州县甘棠镇	310	1316	260	511	1	1	1	32
靖州县新厂镇	307	1184	774	335	1	1	1	34
靖州县平察镇	301	893	501	251	1	1	1	23
通道县县溪镇	1762	4877	3245	2112	1	1	49	1150
通道县播阳镇	664	2734	608	350	1	1	10	33
通道县临口镇	850	3600	450	2100	1	1	4	100
通道县牙屯堡镇	520	3500	536	2300	1	1	16	230
通道县菁芜洲镇	240	2260	1500	870	1	1	20	105
通道县溪口镇	572	2606	540	1600	1	1	10	850
洪江市黔城镇	3731	20701	10258	8000	1	1	2542	4796
洪江市安江镇	17455	49850	45214	5410	4	4	2645	5410
洪江市托口镇	1500	4860	2150	2600	1	1	325	592
洪江市雪峰镇	3842	2532	2532	1180	1	1	2	86
洪江市双溪镇	998	2900	89	2100	1	1	120	420
洪江市江市镇	570	2300	1120	1380	1	1	30	240
洪江市沅河镇	305	1811	511	719	1	1	8	120
娄星区杉山镇	1002	3588	2095	2672	1	1	18	1740
娄星区万宝镇	938	3285	1050	2650	5	3	24	820
双峰县井字镇	573	2030	1210	1530	1	1	30	320
双峰县梓门桥镇	318	1129	685	980	1	1	25	450
双峰县杏子铺镇	365	1226	730	935	1	1	21	413
双峰县走马街镇	287	1008	600	1000	1	1	26	800
双峰县蛇形山镇	428	1532	901	1250	2	1	49	800
双峰县洪山殿镇	435	1568	925	2520	2	1	1230	1500
双峰县甘棠镇	522	1842	1100	1365	2	1	250	1000
双峰县三塘铺镇	293	1008	600	1030	1	1	45	1000
双峰县青树坪镇	718	2525	1522	1980	1	1	568	1516
双峰县花门镇	247	870	497	625	1	1	6	100
双峰县锁石镇	146	512	300	420	1	1	1	150

3－4－18 续表 21

名 称	户 数（户）	人 口（人）	其中：非农业人口（人）	劳动力（人）	集贸市场个数（个）	其 中：综合市场个数（个）	企 业 个 数（个）	企 业 从 业 人员数（人）
双峰县荷叶镇	346	1210	725	850	1	1	23	320
新化县石冲口镇	145	515	302	395	0	0	25	130
新化县洋溪镇	435	1580	912	1300	2	1	320	904
新化县槎溪镇	145	600	300	300	1	1	83	220
新化县水车镇	345	1224	725	1000	2	2	26	450
新化县文田镇	86	300	132	200	1	1	16	200
新化县奉家镇	143	512	46	400	1	1	30	200
新化县炉观镇	372	1315	381	1350	1	1	155	1000
新化县游家镇	400	1400	445	1000	1	1	39	600
新化县西河镇	572	2008	1205	1800	1	1	166	1482
新化县孟公镇	435	1524	925	1350	1	1	117	750
新化县琅塘镇	400	1402	850	1200	1	1	153	960
新化县白溪镇	580	2050	1200	1600	1	1	135	1256
新化县圳上镇	286	1024	600	800	1	1	108	510
新化县吉庆镇	174	608	375	500	0	0	99	400
新化县温塘镇	86	300	180	240	0	0	47	151
新化县田坪镇	145	510	300	367	1	1	82	156
新化县桑梓镇	86	300	187	250	0	0	47	150
新化县曹家镇	145	502	302	380	1	1	69	315
冷水江市禾青镇	4294	15100	9042	12500	2	2	18	4717
冷水江市岩口镇	433	1506	925	3182	1	1	3	3000
冷水江市渣渡镇	3670	13580	10982	6965	2	2	450	3000
冷水江市铎山镇	3475	12095	3250	9000	1	1	35	4000
涟源市六亩塘镇	4294	15100	9000	12000	1	1	12	3700
涟源市石马山镇	4980	22318	9130	15000	3	2	120	6200
涟源市安平镇	1430	5000	1000	3600	1	1	20	2500
涟源市湄江镇	1390	4900	612	1100	1	1	11	550
涟源市伏口镇	1825	6400	1755	2140	1	1	12	1020
涟源市桥头河镇	6385	22354	2695	15000	2	1	25	9000
涟源市七星街镇	4300	18210	7100	12000	5	4	12	82
涟源市杨市镇	2000	7000	3124	3920	1	1	24	2700
涟源市枫坪镇	1100	3832	511	2700	1	1	13	1600
涟源市斗笠山镇	4287	15000	10000	8000	1	1	10	800
涟源市水洞底镇	4000	14000	1035	8000	2	2	18	5890
涟源市荷塘镇	1431	5010	386	2000	1	1	10	746
涟源市白马镇	572	2100	659	1600	1	1	8	710
涟源市茅塘镇	1286	4502	309	3420	1	1	26	2700
涟源市金石镇	2287	8000	650	4000	1	1	12	2050
吉首市矮寨镇	350	1750	250	1100	1	1	3	10
吉首市马颈坳镇	343	3219	433	810	1	1	337	695
吉首市河溪镇	598	3174	698	1778	1	1	131	1224
泸溪县白沙镇	3491	12522	11646	4430	3	2	1226	2853
泸溪县浦市镇	240	1050	232	442	1	1	57	183
泸溪县达岚镇	323	1324	370	478	1	1	81	194
泸溪县合水镇	432	1772	688	768	2	1	212	676
泸溪县兴隆场镇	409	1680	754	523	1	1	142	192

3－4－18 续表 22

名　　称	户　数（户）	人　口（人）	其中：非农业人口（人）	劳动力（人）	集贸市场个数（个）	其　中：综合市场个数（个）	企　业个　数（个）	企　业从　业人员数（人）
泸溪县潭溪镇	468	1872	1166	872	1	1	302	712
泸溪县洗溪镇	1141	4457	4017	2840	1	1	1280	2290
凤凰县阿拉营镇	1300	5835	1100	1300	1	1	450	1100
凤凰县茶田镇	300	3144	650	650	1	1	210	550
凤凰县木江坪镇	300	2572	350	350	1	1	49	230
凤凰县廖家桥镇	400	4300	550	980	1	1	350	770
凤凰县吉信镇	410	3945	1290	750	1	1	370	540
凤凰县山江镇	250	3500	510	360	1	1	85	180
凤凰县腊尔山镇	300	3450	820	450	1	1	120	170
凤凰县禾库镇	513	2122	440	350	1	1	128	180
花垣县团结镇	268	1224	572	942	1	1	97	782
花垣县茶洞镇	288	1887	395	926	1	1	169	278
花垣县吉卫镇	274	1856	328	1236	1	1	177	377
花垣县龙潭镇	295	1248	339	976	1	1	151	277
花垣县麻栗场镇	264	1836	314	1430	1	1	107	191
花垣县民乐镇	351	1567	320	1126	1	1	172	247
保靖县复兴镇	501	1806	660	890	1	1	13	200
保靖县水田河镇	310	1209	372	651	1	1	14	151
保靖县葫芦镇	180	949	443	594	1	1	12	105
保靖县毛沟镇	410	1570	594	799	1	1	16	220
保靖县普戎镇	543	2093	304	1197	1	1	7	86
保靖县比耳镇	301	1130	358	593	1	1	8	101
保靖县清水坪镇	414	1698	376	896	2	2	16	205
保靖县野竹坪镇	708	2558	690	1560	1	1	15	191
古丈县罗依溪镇	489	2383	1625	810	1	1	9	450
古丈县默戎镇	448	1404	584	750	1	1	4	145
古丈县河西镇	700	1401	1101	550	1	1	7	550
永顺县王村镇	3256	11540	624	6005	1	1	737	1731
永顺县塔卧镇	3646	16355	1050	7690	1	1	693	1255
永顺县龙寨镇	1003	3000	438	108	1	1	669	12
永顺县石堤镇	1212	6417	2648	1524	1	1	794	1365
永顺县永茂镇	890	2970	1000	4409	1	1	15	270
龙山县石羔镇	925	6725	429	2849	1	1	54	326
龙山县茨岩镇	3456	14698	781	6001	1	1	141	813
龙山县红岩镇	1500	5400	1890	2715	1	1	3	520
龙山县洗车镇	498	2068	1069	850	1	1	1	23
龙山县苗儿滩镇	464	1922	575	329	1	1	165	232
龙山县隆头镇	170	850	642	340	1	1	90	95
龙山县里耶镇	1926	5109	886	550	1	1	745	130
龙山县召市镇	1002	5231	1060	260	1	1	1	250
龙山县桂塘镇	704	2239	239	1239	1	1	170	22

3—4—19　广东省建制镇镇区主要指标

名　　称	户　数（户）	人　口（人）	其中：非农业人口（人）	劳动力（人）	集贸市场个数（个）	其　中：综合市场个数（个）	企　业个　数（个）	企　业从　业人员数（人）
广州市萝岗镇	661	1322	1022	859	1	1	7	215
广州市新市镇	2331	4669	4669	3200	1	1	1	63
广州市石井镇	4175	8590	4860	6212	2	2	23	5750
广州市太和镇	940	2544	2544	1780	4	2	1030	11200
广州市龙归镇	338	633	633	516	1	1	1	8
广州市竹料镇	1135	3749	1239	4239	2	2	635	8248
广州市良田镇	415	1370	430	710	2	1	0	0
广州市钟落潭镇	1612	2914	2914	1300	1	1	13	1100
广州市九佛镇	837	1597	1597	1188	1	1	103	815
广州市人和镇	1088	2669	2669	4000	4	1	305	3500
广州市蚌湖镇	482	1928	580	1780	2	2	6	1200
广州市江高镇	5498	19247	16359	18912	3	3	18	6780
广州市神山镇	655	3008	1475	960	1	1	9	4367
广州市雅瑶镇	249	650	650	560	1	1	7	560
广州市大沙镇	2285	6182	3408	4089	2	2	15	755
广州市南岗镇	13649	38176	15882	21100	11	10	1940	15641
广州市长洲镇	2100	12800	10700	2776	4	4	15	1100
广州市东教镇	11242	35991	5501	20148	1	1	164	9061
番禺市沙湾镇	7741	22864	16940	24960	3	3	295	4811
番禺市榄核镇	1036	2138	1834	16283	2	2	50	15000
番禺市灵山镇	1385	4196	4196	3142	1	1	5	288
番禺市鱼窝头镇	1663	2697	2547	1793	1	1	9	801
番禺市东涌镇	991	3372	3372	3050	1	1	0	0
番禺市万顷沙镇	1967	4638	3753	4654	1	1	20	1999
番禺市潭洲镇	3594	10449	4388	12906	1	1	357	5168
番禺市横沥镇	708	1537	1200	700	1	1	10	1800
番禺市黄阁镇	4846	14833	1840	8331	1	1	6	850
番禺市石楼镇	3559	7350	6121	1695	2	2	5	276
番禺市化龙镇	1824	4167	4167	2125	1	1	214	508
番禺市石基镇	5699	12238	1105	23734	2	2	70	17895
番禺市南村镇	3106	8982	4771	6200	1	1	162	1492
番禺市新造镇	1468	4079	4079	1820	1	1	8	1526
番禺市大石镇	8604	21716	18561	9977	1	1	570	4594
番禺市钟村镇	7678	45304	7856	58172	2	2	2374	30210
番禺市大岗镇	4572	13611	11897	7907	5	4	10	5517
番禺市新垦镇	336	754	699	690	2	1	5	280
番禺市莲花山镇	3760	13463	2863	8487	2	2	601	7132
花都市花东镇	2120	8827	5130	8283	2	2	38	6500
花都市花山镇	675	2150	1633	4320	1	1	60	2810
花都市狮岭镇	2973	11894	4680	30847	2	1	29	3917

3－4－19 续表 1

名　　称	户　数（户）	人　口（人）	其中：非农业人口（人）	劳动力（人）	集贸市场个数（个）	其　中：综合市场个数（个）	企　业个　数（个）	企　业从　业人员数（人）
花都市炭步镇	2441	9346	5412	4200	1	1	320	1505
花都市赤坭镇	2845	19849	19105	21993	3	2	35	1505
花都市北兴镇	320	1530	750	1994	1	1	9	1244
花都市梯面镇	517	1588	1328	2800	1	1	19	1769
花都市芙蓉镇	256	899	764	650	1	1	0	0
花都市花侨镇	1784	3835	3070	2301	1	1	31	1862
增城市新塘镇	11751	38147	31092	29263	11	4	1686	14810
增城市永和镇	1260	5238	3166	3238	2	2	63	6816
增城市沙埔镇	1603	2458	2458	749	1	1	105	2030
增城市仙村镇	3035	7883	7883	4310	1	1	13	2145
增城市宁西镇	953	1753	1753	1310	1	1	5	660
增城市石滩镇	3574	8338	8052	5300	3	1	34	1192
增城市三江镇	1172	3868	3868	1613	1	1	108	4850
增城市朱村镇	207	786	520	480	2	1	2	45
增城市中新镇	3160	7084	4513	3540	5	2	22	1340
增城市镇龙镇	988	2897	2897	2100	1	1	48	222
增城市福和镇	1170	2998	2998	3550	1	1	17	2150
增城市派潭镇	2118	7184	6612	1853	1	1	16	800
增城市小楼镇	1058	4980	2815	5800	2	1	70	1250
增城市正果镇	2003	4339	4183	1365	1	1	12	404
从化市太平镇	2505	4830	4830	4774	2	2	730	4119
从化市神岗镇	818	1407	1403	3924	1	1	412	3700
从化市城郊镇	30	160	140	110	1	1	0	0
从化市江埔镇	5284	15852	1000	8650	1	1	20	6443
从化市灌村镇	1043	4136	436	2417	1	1	150	1600
从化市桃园镇	176	348	310	237	2	2	45	1575
从化市良口镇	731	2236	1744	1225	1	1	360	1000
从化市吕田镇	733	1461	300	900	1	1	0	0
从化市棋杆镇	433	925	802	1686	2	2	4	1700
从化市民乐镇	432	643	563	500	1	1	3	300
从化市牛头镇	745	2542	2047	1562	2	2	362	3260
从化市龙潭镇	916	1867	1674	1386	1	1	214	1094
从化市东明镇	320	1000	372	550	1	1	2	93
从化市温泉镇	1047	2472	2472	3069	1	1	178	2612
韶关市新韶镇	215	404	404	324	7	6	0	0
韶关市乐园镇	212	411	411	320	10	6	0	0
韶关市十里亭镇	513	2512	317	1702	4	4	715	3765
韶关市西联镇	76	350	190	228	1	1	19	41
韶关市西河镇	129	613	505	387	1	1	1	8
曲江县沙溪镇	685	1600	968	900	2	2	250	240

3－4－19 续表 2

名称	户数（户）	人口（人）	其中：非农业人口（人）	劳动力（人）	集贸市场个数（个）	其中：综合市场个数（个）	企业个数（个）	企业从业人员数（人）
曲江县乌石镇	1282	3695	597	1898	2	2	324	1389
曲江县樟市镇	350	1702	1702	135	2	1	274	509
曲江县罗坑镇	215	701	663	283	1	1	9	190
曲江县龙归镇	803	2816	2816	1126	1	1	15	123
曲江县凤田镇	132	340	241	215	1	1	6	123
曲江县江湾镇	233	1333	855	840	1	1	0	0
曲江县白土镇	317	1491	1491	1100	1	1	11	191
曲江县白沙镇	32	98	63	58	1	1	8	12
曲江县犁市镇	3738	16201	858	5342	1	1	643	1501
曲江县重阳镇	305	1250	896	850	1	1	161	209
曲江县梅村镇	232	685	203	260	1	1	6	60
曲江县周田镇	943	3485	2014	759	1	1	15	303
曲江县黄坑镇	108	844	133	69	1	1	27	115
曲江县灵溪镇	56	243	96	64	1	1	2	18
曲江县大桥镇	152	894	770	388	1	1	33	286
曲江县大塘镇	1192	2330	1445	1655	1	1	10	726
曲江县枫湾镇	507	2037	1286	932	1	1	148	2422
曲江县火山镇	214	907	615	400	1	1	93	291
曲江县小坑镇	481	1257	1223	600	1	1	23	45
曲江县花坪镇	464	1429	1360	674	1	1	18	148
曲江县大坑口镇	1944	6160	6084	2392	1	1	27	604
始兴县马市镇	900	2400	2000	2500	2	2	26	280
始兴县城南镇	738	2636	738	892	1	1	2	65
始兴县沈所镇	496	1162	662	298	1	1	1	13
始兴县顿岗镇	1333	4547	1213	1942	2	2	255	1193
始兴县罗坝镇	208	1801	757	500	1	1	11	115
始兴县澄江镇	289	1361	765	1583	1	1	5	61
始兴县司前镇	505	2450	1040	1400	1	1	182	480
始兴县隘子镇	357	1538	470	916	1	1	13	251
始兴县江口镇	112	396	351	409	1	1	16	81
仁化县丹霞镇	100	600	121	480	1	1	0	0
仁化县城口镇	440	982	982	420	1	1	3	100
仁化县红山镇	275	720	496	655	1	1	70	215
仁化县董塘镇	2349	5707	4759	3425	2	2	6	135
仁化县石塘镇	250	1051	570	537	1	1	5	477
仁化县扶溪镇	1383	4724	1581	3114	1	1	22	443
仁化县长江镇	320	786	786	443	1	1	5	60
仁化县闻韶镇	541	1748	524	1100	1	1	5	80
翁源县江尾镇	427	1577	1157	870	1	1	15	2584
翁源县坝仔镇	500	2200	1212	13728	1	1	323	1605

3－4－19 续表 3

名　　称	户　数（户）	人　口（人）	其中：非农业人口（人）	劳动力（人）	集贸市场个数（个）	其　中：综合市场个数（个）	企　业个　数（个）	企　业从　业人员数（人）
翁源县南浦镇	320	936	936	130	1	1	18	186
翁源县周陂镇	480	2164	1954	1000	2	2	181	520
翁源县六里镇	450	1336	1290	612	1	1	495	1109
翁源县翁城镇	640	2520	2300	2500	2	1	710	2432
翁源县新江镇	490	2675	2025	5234	2	2	311	2892
翁源县岩庄镇	315	1752	1513	1310	1	1	2	13
翁源县贵联镇	24	119	100	130	1	1	20	25
翁源县礤下镇	105	577	535	425	1	1	8	100
翁源县庙墩镇	147	257	250	206	1	1	58	120
翁源县三华镇	157	465	350	400	1	1	5	180
翁源县官渡镇	524	2156	2020	2050	1	1	10	300
翁源县铁龙镇	497	1472	1472	860	1	1	7	125
翁源县连新镇	97	508	420	217	1	1	3	8
翁源县红岭镇	437	2198	2187	1756	1	1	39	76
翁源县仙鹤镇	136	585	410	160	1	1	14	190
乳源县附城镇	558	2220	408	628	1	1	0	0
乳源县侯公渡镇	246	1111	809	500	1	1	20	600
乳源县一六镇	474	1627	618	430	1	1	6	41
乳源县桂头镇	1413	6977	5992	2798	1	1	1	12
乳源县龙南镇	89	446	252	213	1	1	42	293
乳源县洛阳镇	80	380	230	490	1	1	2	13
乳源县古母水镇	54	224	189	134	1	1	0	0
乳源县大布镇	615	3623	514	2055	1	1	1	32
乳源县大桥镇	513	2600	763	1253	1	1	13	420
乳源县红云镇	60	361	322	130	1	1	1	5
乳源县东坪镇	456	1977	319	1820	1	1	1	11
乳源县游溪镇	150	377	219	162	1	1	9	83
乳源县必背镇	157	438	250	370	1	1	12	74
乳源县柳坑镇	136	661	248	286	1	1	1	6
新丰县黄礤镇	265	981	881	460	1	1	5	40
新丰县马头镇	1413	3100	2400	1340	1	1	52	150
新丰县梅坑镇	450	2100	1037	480	1	1	9	60
新丰县沙田镇	463	1337	1337	560	1	1	1	43
新丰县遥田镇	454	2270	1770	910	1	1	4	50
新丰县回龙镇	439	2918	2218	768	1	1	25	600
新丰县大席镇	150	600	298	180	1	1	24	216
新丰县石角镇	152	718	618	280	1	1	63	106
新丰县小正镇	165	762	83	135	1	1	10	76
乐昌市河南镇	415	1124	422	1550	1	1	11	312
乐昌市长来镇	1345	4463	1814	2212	1	1	31	343

3—4—19 续表 4

名　　称	户　数（户）	人　口（人）	其中：非农业人口（人）	劳动力（人）	集贸市场个数（个）	其　中：综合市场个数（个）	企　业个　数（个）	企　业从　业人员数（人）
乐昌市北乡镇	3308	13365	736	1059	1	1	133	593
乐昌市廊田镇	652	3000	1700	1952	1	1	403	1155
乐昌市五山镇	108	587	587	283	1	1	5	53
乐昌市九峰镇	602	2777	994	1000	1	1	7	40
乐昌市大源镇	427	1793	793	850	1	1	3	31
乐昌市老坪石镇	1195	4540	2644	1586	1	1	269	1057
乐昌市三溪镇	360	1534	834	820	1	1	283	1415
乐昌市坪石镇	6446	23521	23262	9690	5	3	9	573
乐昌市黄圃镇	252	1057	954	560	1	1	1	4
乐昌市白石镇	450	1060	710	650	1	1	7	92
乐昌市庆云镇	350	861	751	570	1	1	5	248
乐昌市梅花镇	811	2648	1777	1376	3	1	113	449
乐昌市秀水镇	338	1204	576	621	1	1	2	160
乐昌市云岩镇	254	1031	598	366	1	1	0	0
乐昌市沙坪镇	293	1172	631	752	1	1	0	0
乐昌市罗家渡镇	271	1269	346	760	1	1	8	132
乐昌市两江镇	193	958	619	550	1	1	0	0
南雄市梅岭镇	348	1218	419	798	1	1	21	118
南雄市珠玑镇	1541	6164	1621	4931	1	1	255	624
南雄市湖口镇	1400	6330	1830	3900	3	1	810	2960
南雄市大塘镇	154	1254	286	861	1	1	8	55
南雄市黄坑镇	660	3400	2010	1870	2	1	260	510
南雄市乌迳镇	540	2688	2094	1072	1	1	0	0
南雄市界址镇	326	1846	706	1662	1	1	9	415
南雄市水口镇	791	3454	286	1446	1	1	1	7
南雄市古市镇	400	1600	900	1200	1	1	50	300
南雄市百顺镇	370	1816	710	770	1	1	3	74
南雄市澜河镇	79	334	136	160	1	1	17	190
南雄市黎口镇	339	1292	892	6480	1	1	736	1214
南雄市邓坊镇	176	685	685	532	2	1	447	1407
南雄市油山镇	342	1558	319	640	1	1	38	48
南雄市孔江镇	158	746	360	214	1	1	15	112
南雄市新龙镇	108	595	523	425	1	1	0	0
南雄市南亩镇	603	3545	814	2881	2	2	1	11
南雄市坪田镇	256	1008	389	510	1	1	192	516
南雄市江头镇	228	1086	543	271	1	1	56	112
南雄市主田镇	194	853	805	430	1	1	21	48
南雄市苍石镇	81	551	351	301	1	1	1	13
南雄市全安镇	125	506	405	202	1	1	2	16
南雄市帽子峰镇	150	825	155	480	1	1	17	818

3—4—19续表5

名　称	户　数（户）	人　口（人）	其中:非农业人口（人）	劳动力（人）	集贸市场个数（个）	其　中:综合市场个数（个）	企　业个　数（个）	企　业从　业人员数（人）
深圳市西乡镇	5959	17358	14696	21713	2	0	311	2856
深圳市福永镇	1568	2976	2874	20572	3	3	51	9230
深圳市沙井镇	5489	14600	4140	9400	1	1	48	1350
深圳市松岗镇	1890	5405	3114	12858	1	1	50	5500
深圳市公明镇	1443	2794	2794	14382	1	1	23	9554
深圳市石岩镇	801	2032	1950	2613	2	2	4	139
深圳市龙华镇	2634	7401	7030	27109	2	2	64	6170
深圳市观澜镇	1885	9614	9161	8550	2	2	30	3030
深圳市龙岗镇	3450	7560	7560	7931	5	4	70	3600
深圳市坑梓镇	692	1950	1860	1765	2	2	72	13825
深圳市坪山镇	1063	3200	2993	2879	2	1	268	40030
深圳市横岗镇	710	1880	1750	1690	5	1	780	13500
深圳市布吉镇	10010	31050	30500	17523	16	15	236	18142
深圳市葵涌镇	1146	5900	2615	950	2	2	90	7850
深圳市大鹏镇	785	2122	2116	1800	2	2	10	160
深圳市南澳镇	954	3120	2788	2660	1	1	420	6133
深圳市平湖镇	1784	5643	8872	1245	7	7	262	29669
深圳市坪地镇	1285	4497	1074	4520	7	7	165	5600
珠海市唐家镇	2624	7939	7395	6629	2	2	57	5278
珠海市金鼎镇	702	2081	302	1630	2	1	55	5000
珠海市南屏镇	1764	5823	5121	2958	1	1	47	7979
珠海市前山镇	1484	5024	645	8606	2	1	25	2459
珠海市湾仔镇	2440	9171	8471	4411	3	1	71	5687
珠海市横琴镇	864	3290	3054	1315	1	1	1	139
珠海市三灶镇	410	1250	1210	624	2	2	51	4346
珠海市小林镇	368	980	980	571	1	1	8	582
珠海市南水镇	371	1300	1300	700	3	3	5	820
珠海市万山镇	196	762	102	513	1	1	7	411
珠海市担杆镇	168	637	348	262	1	1	10	160
珠海市桂山镇	755	3453	2194	2072	1	1	43	656
斗门县莲溪镇	328	1137	973	1437	1	1	40	755
斗门县六乡镇	686	1706	1242	1023	1	1	11	270
斗门县上横镇	838	2455	1264	1476	1	1	3	87
斗门县五山镇	312	1449	1083	1268	1	1	63	4924
斗门县斗门镇	1084	5211	3911	3150	1	1	12	480
斗门县乾务镇	3866	11712	2188	6768	2	2	105	2968
斗门县白蕉镇	2353	8876	4969	6205	4	2	31	3102
南澳县深澳镇	1488	5053	1719	2274	1	1	25	402
南澳县云澳镇	4786	16851	3995	5636	2	2	206	2473
南澳县隆东镇	301	1188	30	570	1	1	4	136

3—4—19 续表 6

名称	户数（户）	人口（人）	其中：非农业人口（人）	劳动力（人）	集贸市场个数（个）	其中：综合市场个数（个）	企业个数（个）	企业从业人员数（人）
潮阳市海门镇	10024	70553	51515	11000	5	4	219	8750
潮阳市田心镇	3264	18046	2726	7403	1	1	1	2037
潮阳市井都镇	2187	13399	2091	600	3	2	2	220
潮阳市沙陇镇	8423	43538	1767	18345	1	1	46	1966
潮阳市雷岭镇	429	2350	1563	1820	1	1	3	450
潮阳市成田镇	4500	20953	4914	7000	1	1	135	4832
潮阳市红场镇	530	2770	1696	1500	1	1	53	1204
潮阳市胪岗镇	6498	38540	4302	12000	1	1	128	3037
潮阳市关埠镇	4553	23639	10346	7048	4	3	5	2500
潮阳市两英镇	11259	52691	10367	20736	3	0	255	11536
潮阳市仙城镇	3591	24882	5379	10398	1	1	56	0
潮阳市和平镇	7223	36275	9310	10900	3	2	500	7000
潮阳市峡山镇	13326	71750	17008	31457	2	1	2071	44124
潮阳市司马浦镇	4533	23671	5539	13722	2	2	172	8120
潮阳市陈店镇	3864	24600	5378	13680	6	4	126	2890
潮阳市铜盂镇	3197	22554	6076	6868	1	1	196	5020
潮阳市贵屿镇	2673	12339	4800	8800	1	1	42	635
潮阳市谷饶镇	8868	56702	7308	26701	3	2	265	24100
潮阳市金玉镇	4084	16046	2915	6500	3	1	3	93
潮阳市灶浦镇	3762	15423	2494	7004	1	1	5	300
潮阳市河溪镇	1571	6423	2840	2863	2	2	5	48
潮阳市西胪镇	7141	33289	9000	5000	1	1	135	3810
澄海市莲下镇	896	3755	1085	2160	1	1	28	1000
澄海市莲上镇	3097	14205	544	8949	1	1	4	450
澄海市莲华镇	3072	12162	983	6042	1	1	15	635
澄海市东里镇	1349	5692	5692	3380	2	2	236	2582
澄海市溪南镇	896	3468	160	1710	1	1	4	150
澄海市盐鸿镇	835	4235	588	2113	1	1	5	146
澄海市湾头镇	2300	10611	137	5380	2	1	5	59
澄海市坝头镇	1352	5997	157	3340	1	1	142	3800
澄海市新溪镇	919	2457	1767	1280	2	1	4	110
澄海市外砂镇	2800	11850	2500	7400	2	2	165	3560
澄海市上华镇	904	4218	3375	2296	1	1	12	1890
澄海市隆都镇	1349	5750	5287	2266	2	1	15	400
顺德市伦教镇	4252	13913	13916	6760	5	2	37	6760
顺德市陈村镇	5678	23553	23553	15480	6	3	26	9631
顺德市北滘镇	7167	19571	12632	20798	4	1	1437	18219
顺德市乐从镇	2421	8300	7800	4600	6	2	25	2800
顺德市勒流镇	4760	14712	14697	39384	4	2	205	11143
顺德市龙江镇	5563	19312	13169	4049	2	1	62	3133

3－4－19 续表 7

名　　称	户　数（户）	人　口（人）	其中：非农业人口（人）	劳动力（人）	集贸市场个数（个）	其　中：综合市场个数（个）	企　业个　数（个）	企　业从　业人员数（人）
顺德市杏坛镇	2804	8024	7918	3439	3	3	17	4623
顺德市均安镇	3594	8481	8484	7728	2	2	130	3518
顺德市桂洲镇	5076	22320	22320	3396	2	2	7	1920
顺德市容奇镇	16913	61430	56132	52674	8	6	394	33202
顺德市德胜镇	794	2319	2084	6646	1	1	4	3885
南海市官窑镇	6036	18415	13158	12332	3	2	116	12041
南海市松岗镇	7766	28157	980	13068	9	9	1	500
南海市小塘镇	3438	10217	9992	9620	1	1	35	834
南海市金沙镇	462	680	659	1300	1	1	10	450
南海市九江镇	4579	15065	15065	9303	1	1	44	4142
南海市沙头镇	1881	5269	5269	1873	2	2	13	1873
南海市西樵镇	6870	21262	19925	22033	7	5	1405	15493
南海市里水镇	4518	22682	17195	5600	6	6	30	5600
南海市和顺镇	2988	7280	6684	20255	2	2	451	13117
南海市罗村镇	3104	7749	7749	5929	3	2	20	3483
南海市南庄镇	3150	6114	6114	2290	3	2	10	850
南海市丹灶镇	3518	8035	7866	5830	4	4	23	468
三水市南边镇	1655	2869	2869	2544	1	1	377	2012
三水市青岐镇	363	940	829	747	1	1	73	884
三水市大塘镇	2221	7058	4440	3529	3	2	438	2220
三水市六和镇	1172	3756	1684	2039	1	1	172	788
三水市乐平镇	2184	3980	3250	2588	1	1	310	4163
三水市范湖镇	783	1651	1587	1006	1	1	186	1462
三水市白坭镇	889	2372	2156	3112	1	1	40	1549
三水市芦苞镇	3866	14197	10050	7704	1	1	729	13600
高明市合水镇	1715	3987	450	4685	1	1	13	993
高明市更楼镇	1232	2587	2587	4187	3	2	13	1160
高明市新墟镇	932	1496	1496	1533	1	1	10	1003
高明市明城镇	3151	6646	6646	8421	1	1	15	1700
高明市杨梅镇	1194	2555	2555	4336	2	1	25	1880
高明市人和镇	870	1739	1739	4068	1	1	27	1484
高明市富湾镇	1104	2406	2107	1722	1	1	94	2578
台山市公益镇	2593	7392	2963	2224	1	1	180	1809
台山市大江镇	1446	4608	4020	3470	1	1	4	120
台山市水步镇	2278	5320	5320	3500	1	1	26	3332

3—4—19 续表 8

名　　称	户　数（户）	人　口（人）	其中：非农业人口（人）	劳动力（人）	集贸市场个数（个）	其　中：综合市场个数（个）	企　业个　数（个）	企　业从　业人员数（人）
台山市附城镇	57	230	100	7500	2	1	23	6750
台山市四九镇	1646	4008	4008	3018	1	1	76	1430
台山市三八镇	1264	3274	3015	2558	1	1	29	2558
台山市白沙镇	1560	5891	5891	2183	1	1	35	1268
台山市三合镇	960	2640	2362	1200	1	1	5	100
台山市冲蒌镇	1243	3896	3800	1000	1	1	22	350
台山市斗山镇	1712	6451	6451	4481	1	1	30	2070
台山市都斛镇	1551	4521	4521	2682	1	1	125	2235
台山市赤溪镇	193	492	492	319	1	1	10	244
台山市田头镇	228	911	522	391	1	1	6	550
台山市端芬镇	860	3000	2000	2800	1	1	109	2500
台山市广海镇	3005	9564	9564	3925	1	1	25	800
台山市隆文镇	203	618	601	350	1	1	60	258
台山市沙栏镇	351	982	683	680	1	1	5	90
台山市海宴镇	1000	2032	2032	983	1	1	22	1830
台山市汶村镇	935	3725	2725	3175	1	1	15	1318
台山市深井镇	620	2300	2264	1349	1	1	23	177
台山市那扶镇	800	2400	2400	1360	2	1	31	482
台山市北陡镇	638	2614	2042	1830	2	1	18	940
台山市上川镇	1557	3150	2600	2030	1	1	35	266
台山市下川镇	447	1483	1183	106	1	1	13	66
台山市南湾镇	866	2704	2704	1755	1	1	10	265
台山市横山镇	650	2900	2030	1700	1	1	6	125
台山市海侨镇	147	420	420	177	0	0	2	962
新会市大泽镇	1494	3742	3742	2405	1	1	436	4017
新会市七堡镇	655	1976	1372	1329	1	1	12	755
新会市司前镇	1878	8003	7714	14510	2	2	23	3890
新会市牛湾镇	469	1518	1518	1219	1	1	94	796
新会市罗坑镇	1753	4678	4678	3978	1	1	19	3165
新会市小冈镇	606	1984	1984	1170	1	1	13	1003
新会市双水镇	871	2569	2569	3747	1	1	394	1833
新会市崖西镇	2503	8512	7008	6018	1	1	445	2886
新会市崖南镇	1187	5354	4689	3133	2	1	17	633
新会市沙堆镇	453	2949	2949	415	0	0	1	12
新会市古井镇	3415	6827	6232	4517	1	1	8	630
新会市三江镇	1230	3670	3670	2647	1	1	22	944

3—4—19 续表 9

名称	户数（户）	人口（人）	其中：非农业人口（人）	劳动力（人）	集贸市场个数（个）	其中：综合市场个数（个）	企业个数（个）	企业从业人员数（人）
新会市睦洲镇	2810	6520	6477	3332	2	2	656	4418
新会市大鳌镇	635	2398	2398	2130	1	1	322	1456
新会市荷塘镇	1912	4827	4827	3168	1	1	330	2802
新会市棠下镇	1875	5813	3017	3195	1	1	227	1724
新会市杜阮镇	1596	4087	2866	4683	1	1	298	1690
开平市水井镇	124	467	405	345	1	1	10	270
开平市月山镇	750	3560	2019	2580	2	2	583	2185
开平市水口镇	4175	9497	9497	16500	4	3	38	3379
开平市沙塘镇	988	3560	1351	3342	1	1	16	450
开平市苍城镇	648	3339	3171	2340	1	1	364	1940
开平市龙胜镇	440	1806	1054	896	1	1	8	510
开平市大沙镇	300	1285	604	2750	1	1	30	250
开平市马冈镇	605	2362	2174	1600	2	2	9	1198
开平市塘口镇	652	1850	290	1280	1	1	7	300
开平市赤坎镇	2423	7706	7021	3550	1	1	34	2652
开平市百合镇	660	1884	1720	930	1	1	312	4832
开平市蚬冈镇	574	2068	2068	1296	1	1	13	771
开平市金鸡镇	460	2761	2013	2570	1	1	267	2150
开平市赤水镇	900	3600	2800	3200	2	2	2	40
开平市东山镇	552	2830	2575	1053	2	2	3	502
鹤山市雅瑶镇	1335	2055	2055	7450	1	1	110	4500
鹤山市共和镇	484	2285	2285	7922	2	2	4	7622
鹤山市桃源镇	669	2343	2108	3036	2	1	122	2732
鹤山市址山镇	290	2175	2006	5280	1	1	8	3910
鹤山市云乡镇	280	473	473	280	1	0	70	309
鹤山市鹤城镇	240	1135	120	350	1	1	8	3342
鹤山市宅梧镇	842	3265	2938	1260	3	2	821	834
鹤山市双合镇	335	1000	1000	7410	3	1	503	1629
鹤山市龙口镇	342	1231	1210	1078	2	2	22	1670
鹤山市古劳镇	1163	4164	2106	4018	1	1	91	3984
鹤山市合成镇	287	960	830	800	1	1	10	820
恩平市江南镇	110	390	390	210	1	1	5	147
恩平市平石镇	556	1986	1986	1416	1	1	34	1321
恩平市东安镇	846	2427	2427	1678	1	1	41	1234
恩平市横陂镇	627	2536	2312	2226	1	1	72	1562
恩平市圣堂镇	716	2667	2532	2320	1	1	82	2216

3—4—19 续表 10

名　　称	户　数（户）	人　口（人）	其中：非农业人口（人）	劳动力（人）	集贸市场个数（个）	其　中：综合市场个数（个）	企　业个　数（个）	企　业从　业人员数（人）
恩平市良西镇	476	1778	1383	1296	1	1	102	1143
恩平市沙湖镇	1130	3896	3237	2996	2	2	132	2287
恩平市牛江镇	606	2198	1996	1632	1	1	82	1151
恩平市君堂镇	927	2396	2089	1934	1	1	89	1999
恩平市大田镇	379	1526	1237	1187	1	1	20	516
恩平市那吉镇	327	1147	966	828	1	1	21	187
恩平市大槐镇	534	2086	1876	1687	1	1	126	2036
恩平市东成镇	472	1687	1526	1316	1	1	132	1683
恩平市洪窖镇	412	1503	1312	1135	1	1	57	212
恩平市朗底镇	298	936	827	647	1	1	46	199
恩平市江洲镇	697	2752	2752	2332	1	1	246	2968
恩平市恩侨镇	312	1260	1005	964	1	1	6	840
湛江市海头镇	499	1245	466	250	2	1	0	0
湛江市南三镇	3838	6972	4790	2845	2	2	0	0
湛江市坡头镇	2195	8206	8206	4331	2	1	600	4331
湛江市乾塘镇	641	2436	2185	718	1	1	83	475
湛江市龙头镇	5509	18036	9489	18356	1	1	827	6326
湛江市官渡镇	1180	4887	4061	3318	1	1	40	2218
湛江市太平镇	1810	7351	3439	3307	1	1	1043	3120
湛江市麻章镇	8772	46316	28301	13954	9	1	2203	9871
湛江市湖光镇	1700	9050	5020	5800	1	1	4	384
湛江市东山镇	2853	10925	8870	5860	2	1	651	2336
湛江市东简镇	1858	5836	2004	2626	1	1	286	1132
湛江市民安镇	1702	6816	1022	3816	1	1	210	920
湛江市硇州镇	5515	17732	14150	11810	1	1	440	3600
遂溪县黄略镇	200	800	700	300	1	1	0	80
遂溪县洋青镇	2929	7553	5659	4317	3	1	390	750
遂溪县沙古镇	831	2960	1613	2156	1	1	4	85
遂溪县界炮镇	3447	6121	3460	982	2	0	20	685
遂溪县北潭镇	980	4200	1402	1960	1	1	0	0
遂溪县杨柑镇	2108	5028	5028	3260	2	1	7	804
遂溪县城月镇	4153	16585	12901	6634	2	2	259	1941
遂溪县乌塘镇	598	2531	804	710	1	1	200	400
遂溪县建新镇	380	823	793	410	1	1	7	210
遂溪县岭北镇	369	1438	1438	710	3	2	710	2200
遂溪县北坡镇	2305	6712	4893	2006	5	3	319	1377
遂溪县港门镇	1189	5825	1714	3862	1	1	2	264
遂溪县草潭镇	1250	4884	3743	4300	2	1	169	922
遂溪县下录镇	875	2732	2094	674	1	1	315	1178
遂溪县河头镇	1956	7576	2383	1856	1	1	508	1090

3－4－19续表 11

名　　称	户　数（户）	人　口（人）	其中：非农业人口（人）	劳动力（人）	集贸市场个数（个）	其　中：综合市场个数（个）	企　业个　数（个）	企　业从　业人员数（人）
遂溪县乐民镇	806	3627	1705	2108	1	1	112	339
遂溪县江洪镇	1381	6000	4519	2100	2	1	114	312
徐闻县龙塘镇	2126	4615	3011	2347	2	1	663	1650
徐闻县下桥镇	1635	4546	4163	2150	1	1	75	768
徐闻县曲界镇	2362	6582	3060	3291	1	1	563	820
徐闻县前山镇	795	2474	2474	1460	1	1	106	760
徐闻县锦和镇	113	547	23	251	1	1	45	142
徐闻县下洋镇	704	2838	1282	1135	1	1	60	90
徐闻县新寮镇	958	1597	1043	644	1	1	0	0
徐闻县迈陈镇	1564	8669	6669	3972	1	1	392	1225
徐闻县西连镇	862	3480	2105	1823	1	1	23	128
徐闻县外罗镇	1200	5860	4320	2800	1	1	0	0
徐闻县和安镇	940	3900	1320	1500	1	1	2	84
徐闻县海安镇	1152	4750	4237	2315	1	1	0	0
廉江市石城镇	295	1326	876	440	2	1	2	120
廉江市新民镇	620	2099	1562	1210	1	1	23	98
廉江市吉水镇	815	2541	2518	703	2	1	87	762
廉江市河唇镇	2694	11840	698	6063	1	1	1237	5651
廉江市石角镇	852	3690	1953	1661	1	1	4	52
廉江市良垌镇	1840	5521	2705	2500	1	1	176	489
廉江市平坦镇	408	1960	1472	980	1	1	118	790
廉江市新华镇	593	2426	962	920	1	1	102	856
廉江市横山镇	2833	7139	6228	3212	1	1	126	989
廉江市安铺镇	13918	52317	39484	18163	6	4	1715	9467
廉江市营仔镇	1873	8291	1750	2325	1	1	232	1626
廉江市青平镇	2036	10027	6779	6030	2	0	685	3896
廉江市车板镇	903	3506	2960	1767	1	1	351	1212
廉江市高桥镇	249	1207	986	879	1	1	11	236
廉江市石岭镇	2815	14620	12130	7120	2	1	1222	5596
廉江市龙湾镇	780	2710	1365	1052	1	1	6	316
廉江市雅塘镇	544	2778	2710	1410	2	1	11	1060
廉江市石颈镇	1020	2363	2038	1138	1	1	23	295
廉江市长山镇	853	2914	2170	1846	2	1	145	736
廉江市塘蓬镇	1197	2453	1983	1260	2	1	75	832
廉江市禾寮镇	673	1668	1385	665	1	1	35	106
雷州市附城镇	734	3501	2212	1463	4	3	39	1160
雷州市白沙镇	180	920	185	450	1	1	22	162
雷州市沈塘镇	980	3920	2270	1800	1	1	68	350
雷州市客路镇	1981	8750	7328	6215	2	1	104	1135
雷州市杨家镇	2145	6870	2150	7260	2	1	120	700

3—4—19 续表 12

名　　称	户　数（户）	人　口（人）	其中：非农业人口（人）	劳动力（人）	集贸市场个数（个）	其　中：综合市场个数（个）	企　业个　数（个）	企　业从　业人员数（人）
雷州市唐家镇	216	1339	937	344	2	1	61	50
雷州市纪家镇	1403	7208	3970	3174	1	1	7	323
雷州市流沙镇	1168	6876	1896	4129	1	1	76	764
雷州市企水镇	4293	14128	10646	1785	2	2	170	345
雷州市南兴镇	1643	8846	3283	846	4	3	20	450
雷州市松竹镇	612	2696	1381	1010	2	1	48	135
雷州市调风镇	1325	7486	4192	3600	1	1	100	200
雷州市雷高镇	706	3675	3068	507	1	1	22	102
雷州市东里镇	1901	7048	5707	3502	4	1	400	1500
雷州市龙门镇	3935	15441	15048	5019	2	1	290	3456
雷州市英利镇	3742	15630	10810	7121	3	1	89	1687
雷州市北和镇	2012	8530	5320	2560	1	1	22	120
雷州市覃斗镇	625	3500	1482	965	1	0	24	105
雷州市乌石镇	3750	19445	3899	11627	2	1	198	1808
吴川市浅水镇	878	2279	2209	1361	1	1	6	1388
吴川市长岐镇	465	1799	258	1120	2	2	10	45
吴川市覃巴镇	658	4077	2521	1297	2	2	60	400
吴川市王村港镇	209	950	330	710	1	1	5	45
吴川市振文镇	780	3432	3306	2047	2	2	6	96
吴川市樟铺镇	240	1300	390	655	1	1	113	165
吴川市吴阳镇	312	1699	1189	1350	1	1	0	0
吴川市塘尾镇	731	3916	3041	1923	2	2	532	3885
吴川市塘缀镇	1691	8464	8400	3306	1	1	670	3200
吴川市板桥镇	854	2992	2900	980	2	2	186	1069
吴川市黄坡镇	2483	12415	12008	3971	1	1	750	3017
吴川市中山镇	1419	7220	1280	1707	2	2	7	420
吴川市大山江镇	88	454	426	494	1	1	1	5
吴川市兰石镇	245	1211	926	926	1	1	2	12
吴川市博铺镇	2298	13235	553	758	4	2	488	5539
茂名市山阁镇	803	2650	920	1024	2	1	11	972
茂名市高山镇	761	1674	1410	1191	2	1	2	196
茂名市袂花镇	913	2075	2050	1100	4	1	37	680
茂名市新坡镇	2601	5983	5709	3873	3	3	13	96
茂名市鳌头镇	890	2420	2215	940	1	1	0	0
茂名市镇盛镇	1250	5004	1657	1350	1	1	13	147
茂名市公馆镇	1258	5569	5405	3100	1	1	65	6100
茂名市金塘镇	1125	3784	2998	2279	2	2	98	890
电白县林头镇	880	4708	2590	3610	2	2	15	1957
电白县霞洞镇	1162	7883	3186	2750	4	1	120	330
电白县黄岭镇	626	3130	1708	2000	1	1	6	162

3—4—19 续表 13

名称	户数（户）	人口（人）	其中：非农业人口（人）	劳动力（人）	集贸市场个数（个）	其中：综合市场个数（个）	企业个数（个）	企业从业人员数（人）
电白县那霍镇	500	3783	2402	2648	2	1	1	118
电白县沙琅镇	3016	12234	8178	6021	3	1	1938	6762
电白县罗坑镇	590	3125	2080	1850	1	1	14	224
电白县陈村镇	2311	11234	2412	5753	2	2	15	460
电白县大衙镇	960	2806	2327	1320	3	1	218	1205
电白县观珠镇	2168	11475	4968	7852	7	3	235	1486
电白县望夫镇	928	3235	1995	1280	1	1	68	1065
电白县马踏镇	530	1920	1790	2180	1	1	3	1130
电白县岭门镇	1105	5176	4608	4670	1	1	50	34
电白县麻岗镇	491	2414	1801	1072	1	1	6	74
电白县旦场镇	525	2799	875	1015	2	1	30	600
电白县树仔镇	1030	4492	1836	2790	2	2	410	1870
电白县电城镇	4010	19873	16527	13924	2	1	0	0
电白县爵山镇	295	1008	985	4584	1	1	290	3095
电白县博贺镇	5529	24722	23662	4653	2	1	619	4653
电白县龙山镇	70	357	174	234	1	1	2	86
电白县沙院镇	846	2824	1012	202	1	1	1	43
电白县小良镇	845	2059	2059	1765	1	1	1	38
电白县七迳镇	520	2001	2001	2450	1	1	40	320
电白县坡心镇	2350	7660	2600	6030	2	1	218	1969
电白县羊角镇	2303	11287	10987	4873	2	2	850	8060
高州市潭头镇	662	1190	1158	499	1	1	15	523
高州市大井镇	2045	4665	1498	3984	1	1	366	1944
高州市东岸镇	1001	1961	1726	7997	1	1	805	5327
高州市深镇镇	490	801	801	673	1	1	6	55
高州市曹江镇	310	1602	1602	801	1	1	6	306
高州市长坡镇	1501	4339	2686	2682	1	1	15	506
高州市平山镇	614	944	890	912	2	2	80	550
高州市古丁镇	345	716	716	648	1	1	88	252
高州市马贵镇	1107	3543	1329	1704	1	1	134	780
高州市石龙镇	465	2000	535	1000	1	1	12	100
高州市大坡镇	541	2166	1343	926	1	1	15	185
高州市谢鸡镇	648	1688	1308	1100	1	1	73	1495
高州市新垌镇	1166	1744	1600	809	1	1	6	210
高州市云潭镇	707	1172	1172	850	1	1	483	4974
高州市泗水镇	1164	1830	1830	1076	1	1	423	708
高州市根子镇	2356	3648	1648	1830	1	1	8	230
高州市分界镇	1348	3217	2618	1177	4	2	24	768
高州市石鼓镇	2152	15265	11285	8286	4	1	504	2836
高州市镇江镇	964	1664	1426	1300	1	1	35	175

3－4－19 续表 14

名　　称	户　数（户）	人　口（人）	其中：非农业人口（人）	劳动力（人）	集贸市场个数（个）	其　中：综合市场个数（个）	企　业个　数（个）	企　业从　业人员数（人）
高州市沙田镇	825	1906	1737	788	1	1	25	260
高州市顿梭镇	1289	2871	1671	2462	1	1	15	82
高州市石板镇	1150	4125	1125	2063	1	1	206	1020
高州市荷花镇	398	1197	1020	650	1	1	486	7108
高州市南塘镇	520	1460	1260	920	1	1	102	600
高州市大潮镇	304	700	485	537	1	1	7	36
高州市祥山镇	565	4153	1153	3500	1	1	3	35
高州市荷塘镇	171	572	217	249	1	1	12	41
高州市金山镇	1246	6894	5074	2500	1	1	14	1860
化州市丽岗镇	455	2473	1882	1012	1	1	274	1015
化州市宝圩镇	862	2670	2298	699	1	1	366	1720
化州市南盛镇	1926	8499	4870	3422	2	2	527	2337
化州市同庆镇	1658	4973	4073	1741	1	1	546	4267
化州市长岐镇	550	2122	1925	1697	2	2	7	519
化州市杨梅镇	733	1937	1931	725	3	2	2	121
化州市良光镇	830	2015	2015	880	1	1	72	650
化州市笪桥镇	786	1718	1584	548	1	1	18	265
化州市新安镇	510	2066	2066	724	2	1	140	304
化州市官桥镇	763	3129	2389	609	2	1	5	2153
化州市兰山镇	321	1512	720	907	1	1	2	52
化州市中垌镇	1545	4050	1982	508	2	2	2	150
化州市平定镇	3200	12800	4131	3650	1	1	798	3120
化州市文楼镇	968	1632	1461	1560	1	1	262	1133
化州市林尘镇	1340	2600	2000	1280	1	1	125	1200
化州市合江镇	1389	2805	2605	1286	2	2	35	460
化州市江湖镇	257	1283	573	726	2	1	23	158
化州市那务镇	1437	3161	3161	974	1	1	20	450
化州市播扬镇	652	2299	1509	715	1	1	219	1529
化州市石湾镇	1171	5208	227	2211	1	1	20	1600
信宜市东镇镇	2690	6417	2133	1591	1	1	354	5487
信宜市池洞镇	820	4100	1246	1640	1	1	20	80
信宜市朱砂镇	1063	4906	1650	2100	3	3	221	1376
信宜市贵子镇	3583	18670	9800	13450	1	1	1560	5819
信宜市怀乡镇	449	1848	1848	1478	2	2	625	1875
信宜市洪冠镇	641	2786	300	1094	1	1	91	386
信宜市平塘镇	860	3430	900	1700	2	0	143	572
信宜市思贺镇	681	2696	1496	1350	1	1	248	1488
信宜市白石镇	700	3200	1200	1350	1	1	10	250
信宜市钱排镇	1439	4842	1179	1845	1	1	187	1403
信宜市新宝镇	1468	3199	2484	2198	1	1	1120	5480

3—4—19 续表 15

名　　称	户　数（户）	人　口（人）	其中:非农业人口（人）	劳动力（人）	集贸市场个数（个）	其　中:综合市场个数（个）	企　业个　数（个）	企　业从　业人员数（人）
信宜市合水镇	350	1726	1418	793	1	1	185	625
信宜市大成镇	1125	4818	1818	3789	2	1	35	702
信宜市水口镇	2704	12646	4570	5865	4	1	951	4975
信宜市镇隆镇	1490	5550	1789	2780	2	1	8	386
信宜市北界镇	673	2546	746	865	1	1	13	453
信宜市高坡镇	1432	4830	3835	2415	1	1	229	880
信宜市金垌镇	518	920	825	410	2	1	10	100
信宜市径口镇	215	859	845	1286	2	1	230	1148
信宜市安莪镇	1015	4411	1112	1443	1	1	101	1323
信宜市旺沙镇	1181	4634	719	1813	1	1	150	586
信宜市茶山镇	465	913	913	1200	1	1	16	1416
肇庆市广利镇	3086	10274	8010	5150	2	2	24	2115
肇庆市永安镇	1924	4171	4071	2101	1	1	20	1292
肇庆市沙浦镇	665	2200	1913	1200	1	1	110	500
肇庆市凤凰镇	197	768	768	550	1	1	10	131
肇庆市莲花镇	1341	4375	4375	2875	2	2	53	2000
肇庆市贝水镇	227	780	780	410	1	1	12	110
肇庆市桂城镇	410	1390	1390	950	1	1	90	620
肇庆市坑口镇	920	2765	2765	1450	1	1	20	360
肇庆市黄岗镇	10432	32083	12248	12697	1	1	50	6777
肇庆市睦岗镇	8574	26236	470	925	3	3	40	11600
广宁县排沙镇	739	2966	2906	1307	1	1	36	1967
广宁县石涧镇	817	1682	788	1135	1	1	4	185
广宁县潭布镇	373	1693	1354	677	2	2	1	24
广宁县江屯镇	485	2876	2172	1350	1	1	8	200
广宁县联和镇	295	1770	1180	700	1	1	5	50
广宁县螺岗镇	115	730	650	310	1	1	8	221
广宁县北市镇	1414	6382	1552	3872	1	1	138	690
广宁县坑口镇	741	2506	1472	1326	1	1	229	1990
广宁县赤坑镇	1370	1820	65	137	2	2	18	1137
广宁县宾亨镇	769	2040	2040	712	2	2	9	685
广宁县五和镇	144	931	842	1219	1	1	23	451
广宁县横山镇	764	3732	1713	2013	1	1	5	1031
广宁县木格镇	535	1202	913	615	1	1	27	260
广宁县石咀镇	150	680	585	500	1	1	7	111
广宁县古水镇	1554	5439	2465	1799	1	1	23	671
广宁县洲仔镇	548	3185	816	654	1	1	10	215
广宁县清桂镇	250	1303	268	200	1	1	5	105
广宁县葵垌镇	87	310	113	232	1	1	5	150
怀集县闸岗镇	143	715	404	520	1	1	7	146

3—4—19 续表 16

名　　称	户　数（户）	人　口（人）	其中:非农业人口（人）	劳动力（人）	集贸市场个数（个）	其　中:综合市场个数（个）	企　业个　数（个）	企　业从　业人员数（人）
怀集县坳仔镇	550	2750	1356	1788	2	2	9	1200
怀集县汶朗镇	747	3137	3042	2147	1	1	4	210
怀集县甘洒镇	480	2600	340	1780	1	1	7	207
怀集县凤岗镇	346	1475	1389	1100	1	1	14	363
怀集县洽水镇	250	1150	720	690	1	1	6	548
怀集县梁村镇	1427	4995	3761	3096	1	1	9	480
怀集县大岗镇	855	4908	1253	2944	2	2	9	821
怀集县岗坪镇	1072	5126	1053	3076	4	1	11	386
怀集县冷坑镇	2542	17710	3262	6699	2	2	6	400
怀集县马宁镇	703	3780	1103	2268	1	1	8	1213
怀集县蓝中镇	345	1930	986	1255	1	1	17	528
怀集县永固镇	237	1067	869	680	1	1	8	538
怀集县诗洞镇	730	3465	1112	1820	1	1	12	369
怀集县桥头镇	714	2857	860	1903	1	1	8	610
怀集县中洲镇	375	1688	1115	1245	1	1	13	380
怀集县泰来镇	285	1425	343	645	1	1	5	256
怀集县连麦镇	384	2150	927	747	1	1	10	1196
封开县江川镇	229	1146	415	687	1	1	3	150
封开县白垢镇	260	1070	917	550	1	1	8	205
封开县大洲镇	353	1420	1000	860	1	1	90	800
封开县渔涝镇	655	2371	2191	1423	2	2	15	313
封开县七星镇	50	226	60	950	1	1	19	300
封开县莲都镇	1126	4506	1275	2703	2	1	220	1460
封开县杏花镇	1412	2593	1243	1835	4	1	8	64
封开县罗董镇	890	1979	970	1310	1	1	12	450
封开县长岗镇	680	2720	1189	1635	1	1	25	270
封开县平凤镇	688	2979	400	1209	1	1	3	30
封开县南丰镇	1960	7800	6915	34170	3	2	1950	7800
封开县渡头镇	65	350	98	230	1	1	12	70
封开县大玉口镇	620	3452	510	2071	1	1	6	198
封开县都平镇	170	860	682	516	1	1	5	702
封开县金装镇	1312	6410	1413	2564	6	3	68	1360
封开县长安镇	782	3910	1085	1955	2	1	80	550
封开县河儿口镇	320	1595	485	810	2	1	5	840
德庆县新圩镇	825	1392	1361	1260	1	1	19	723
德庆县回龙镇	448	1120	943	540	1	1	16	215
德庆县官圩镇	1200	3200	1296	2000	1	1	10	215
德庆县沙旁镇	603	1864	302	506	1	1	115	486
德庆县马圩镇	950	1976	1358	1200	2	1	11	860
德庆县高良镇	1668	2502	1664	1800	2	1	56	468

3—4—19 续表 17

名称	户数（户）	人口（人）	其中：非农业人口（人）	劳动力（人）	集贸市场个数（个）	其中：综合市场个数（个）	企业个数（个）	企业从业人员数（人）
德庆县莫村镇	395	1500	1168	1107	1	1	71	234
德庆县古有镇	256	658	430	150	1	1	4	68
德庆县永丰镇	617	2282	1044	1470	2	1	20	808
德庆县播植镇	669	1003	887	450	1	1	20	450
德庆县武垄镇	414	1036	919	416	2	1	24	256
德庆县凤村镇	294	1157	957	471	2	1	23	70
德庆县悦城镇	2119	5542	5118	1858	1	1	56	3065
德庆县九市镇	2612	5109	2712	3218	2	2	5	328
高要市河台镇	444	2157	2042	23766	1	1	835	7059
高要市乐城镇	369	1098	1098	838	1	1	17	215
高要市水南镇	300	1098	1098	800	1	1	15	522
高要市禄步镇	3013	9319	9319	6325	4	2	1468	12658
高要市笋围镇	207	677	477	307	1	1	45	800
高要市小湘镇	333	882	882	520	2	2	398	2017
高要市大湾镇	1127	1875	1309	9783	2	1	925	8804
高要市新桥镇	1013	3207	3207	8870	1	1	42	5810
高要市白诸镇	480	1838	1728	287	1	1	18	2136
高要市连塘镇	914	2129	2129	856	2	2	36	780
高要市活道镇	616	2455	2455	1211	1	1	300	2200
高要市蛟塘镇	486	1276	1276	2000	1	1	45	1400
高要市回龙镇	436	1524	1524	1810	1	1	430	1840
高要市白土镇	1365	9407	3915	8543	4	2	231	6542
高要市金渡镇	1721	3447	3291	4804	1	0	27	3620
高要市金利镇	2531	7632	6974	9997	1	1	27	2148
高要市蚬岗镇	373	1122	1093	883	2	1	80	1040
高要市马安镇	227	741	741	462	2	2	208	6360
四会市龙甫镇	254	1484	451	700	1	1	9	630
四会市地豆镇	760	4540	1540	1976	1	1	14	825
四会市威整镇	759	1173	1173	790	2	2	89	670
四会市罗源镇	493	826	826	693	1	1	13	593
四会市迳口镇	631	2552	1293	696	1	1	3	217
四会市大沙镇	897	5341	5270	3738	1	1	450	2906
四会市新江镇	334	1236	698	936	1	1	150	936
四会市石狗镇	318	1145	963	530	1	1	7	430
四会市黄田镇	376	885	508	592	1	1	16	553
四会市邓村镇	124	547	483	326	1	1	8	264
四会市江谷镇	711	3562	2682	2191	1	1	18	1411
四会市江林镇	55	344	344	267	1	1	4	267
四会市龙湾镇	240	801	780	600	1	1	9	575
四会市下茆镇	372	1717	826	1235	1	1	68	1235

3—4—19 续表 18

名称	户数（户）	人口（人）	其中：非农业人口（人）	劳动力（人）	集贸市场个数（个）	其中：综合市场个数（个）	企业个数（个）	企业从业人员数（人）
惠州市汝湖镇	680	4000	3500	2219	1	1	10	500
惠州市河南岸镇	3475	12291	12291	4666	4	3	27	2976
惠州市三栋镇	1284	3510	3510	3500	1	1	14	700
惠州市惠环镇	840	2254	1405	1379	3	1	6	500
惠州市小金口镇	1192	3409	2476	968	1	1	7	906
博罗县石坝镇	776	3657	2332	2500	3	1	3	65
博罗县兰田镇	290	1708	708	596	1	1	2	38
博罗县麻陂镇	1026	3331	2701	2893	1	1	89	1226
博罗县观阁镇	523	1964	1964	1178	1	1	13	1178
博罗县公庄镇	2240	8100	4778	4160	2	2	4	200
博罗县杨村镇	3500	12250	7689	6787	3	2	6	500
博罗县柏塘镇	930	4201	4201	4000	1	1	320	3700
博罗县平安镇	314	1676	1392	1005	1	1	9	368
博罗县泰美镇	394	1661	368	5367	1	1	169	3834
博罗县仍图镇	1197	5672	2144	3250	1	1	3	15
博罗县义和镇	1950	7800	6210	6000	1	1	36	47
博罗县响水镇	1338	5832	3294	2264	2	2	25	604
博罗县湖镇镇	1070	2735	2735	6427	1	1	1	28
博罗县横河镇	1236	4168	3087	2100	1	1	3	50
博罗县长宁镇	2335	7000	7000	4423	1	1	802	2852
博罗县福田镇	1240	4960	2673	1000	2	1	5	100
博罗县龙华镇	996	3577	2928	4120	1	1	236	3886
博罗县龙溪镇	1462	6942	1200	4165	2	2	24	4965
博罗县园洲镇	2533	9316	4380	8600	2	1	226	8400
博罗县九潭镇	745	2547	2547	1398	1	1	14	1243
博罗县石湾镇	4549	16738	7776	21000	3	2	200	24000
惠东县大岭镇	1546	12418	9418	4587	3	2	236	3670
惠东县安墩镇	648	2986	1676	1944	1	1	29	52
惠东县宝口镇	614	2018	578	1250	1	1	6	50
惠东县高潭镇	630	1785	1785	905	1	1	8	78
惠东县增光镇	800	2721	1800	2052	1	1	385	1823
惠东县多祝镇	2496	9836	9381	12364	2	2	1052	11272
惠东县白盆珠镇	435	915	350	240	1	1	21	650
惠东县吉隆镇	4018	15603	6877	9000	3	3	600	21023
惠东县黄埠镇	2538	12688	6500	8900	2	1	55	3000
惠东县盐洲镇	1737	9195	2917	4088	1	1	29	1015
惠东县稔山镇	3106	14822	15431	10141	2	1	60	2200
惠东县铁涌镇	865	2679	2367	915	1	1	1037	3035
惠东县平海镇	2461	15985	11766	16031	1	1	30	4500
惠东县港口镇	1074	5572	4663	2077	1	1	495	4172

3－4－19 续表 19

名　　称	户　数（户）	人　口（人）	其中：非农业人口（人）	劳动力（人）	集贸市场个数（个）	其　中：综合市场个数（个）	企　业个　数（个）	企　业从　业人员数（人）
惠东县白花镇	3969	18489	9099	11125	3	2	1978	7893
惠东县梁化镇	2047	6665	5350	3865	2	2	14	444
惠东县石塘镇	81	568	457	298	1	1	1	8
惠东县松坑镇	720	3850	755	1125	1	1	3	17
惠东县马山镇	339	2000	688	750	1	1	3	28
惠东县新庵镇	273	1327	710	450	1	1	3	168
惠东县巽寮镇	496	2330	1965	1100	1	1	8	140
龙门县麻榨镇	1737	5096	5190	2769	1	1	43	1427
龙门县永汉镇	3610	9981	3519	1830	1	1	950	2800
龙门县沙迳镇	817	2532	1885	1032	1	1	4	174
龙门县龙华镇	510	1367	1023	890	1	1	6	95
龙门县龙江镇	535	2448	2143	1800	1	1	1	15
龙门县路溪镇	639	1516	1298	416	1	1	44	241
龙门县平陵镇	4014	10983	7209	6804	1	1	262	1314
龙门县王坪镇	2695	10756	0	9411	1	1	0	0
龙门县田美镇	72	346	284	288	1	1	2	16
龙门县左潭镇	650	2689	1386	859	1	1	6	48
龙门县地派镇	402	1900	1000	220	1	1	4	80
龙门县铁岗镇	440	1750	380	1370	2	2	0	0
龙门县天堂山镇	912	1788	1486	669	1	1	4	240
龙门县南昆山镇	498	1246	1152	875	1	1	5	270
惠阳市沙田镇	586	2361	1325	5732	1	1	260	4292
惠阳市秋长镇	1515	4410	4410	3854	4	2	940	16500
惠阳市新圩镇	1599	4136	4000	2190	1	1	60	2500
惠阳市镇隆镇	2145	4342	4342	2145	1	1	6	784
惠阳市陈江镇	1534	7145	4500	6410	2	2	143	6133
惠阳市沥林镇	1050	2264	1645	4564	1	1	259	3050
惠阳市潼湖镇	674	1298	1290	909	1	1	4	420
惠阳市永湖镇	632	2845	655	4500	1	1	43	4250
惠阳市良井镇	1508	3488	2649	2260	2	1	20	557
惠阳市平潭镇	1020	4010	630	2020	2	1	8	560
惠阳市马安镇	839	4870	4171	4590	1	1	22	2097
惠阳市水口镇	2847	8147	5812	16000	6	6	232	13800
惠阳市横沥镇	1505	5378	4986	840	2	1	3	27
惠阳市矮陂镇	491	1535	1235	768	1	1	16	356
惠阳市大岚镇	225	1003	773	570	1	1	0	0
惠阳市芦洲镇	285	745	539	475	1	1	0	0
惠阳市芦岚镇	612	2830	640	1288	1	1	0	0
惠阳市澳头镇	3890	13020	12000	5130	3	2	55	3100
惠阳市霞涌镇	4644	21243	9973	1500	1	1	6	1160

3—4—19 续表 20

名 称	户 数（户）	人 口（人）	其中：非农业人口（人）	劳动力（人）	集贸市场个数（个）	其 中：综合市场个数（个）	企 业 个 数（个）	企 业 从 业 人员数（人）
梅州市城北镇	690	2586	1387	1300	1	1	3	18
梅州市三角镇	1525	5336	4353	4268	1	1	58	1136
梅州市长沙镇	374	2850	1839	1500	1	1	4	85
梅州市东郊镇	560	2070	2070	983	1	1	1	36
梅州市西郊镇	641	2961	734	880	1	1	15	750
梅县城东镇	734	3350	2594	2786	1	1	107	587
梅县石扇镇	502	1758	483	1100	1	1	430	780
梅县梅西镇	844	3502	2700	2200	1	0	0	0
梅县石坑镇	220	1068	810	501	1	1	2	32
梅县大坪镇	520	2310	1625	973	1	1	9	1056
梅县南口镇	1272	3744	2106	1935	1	1	1041	4030
梅县瑶上镇	293	1196	774	805	1	1	8	487
梅县荷泗镇	228	1125	1125	820	1	1	0	0
梅县径义镇	351	1112	451	445	1	1	3	37
梅县畬江镇	1870	5236	3759	2526	3	2	984	2670
梅县水车镇	1019	3399	1780	2007	1	0	10	97
梅县梅南镇	330	1591	991	1114	1	1	2	50
梅县西阳镇	1142	6430	4182	4358	1	1	6	1490
梅县白宫镇	662	1058	1058	740	2	1	16	1921
梅县丙村镇	2557	11236	11236	7612	3	1	0	0
梅县雁洋镇	368	1877	1877	803	1	1	0	0
梅县三乡镇	281	725	725	343	1	1	0	0
梅县松东镇	530	2283	507	1278	1	1	2	80
梅县松南镇	215	929	929	414	1	1	0	0
梅县松源镇	2148	8583	2411	5020	1	1	687	1921
梅县隆文镇	1047	3055	1797	1521	1	1	216	817
梅县桃尧镇	400	1847	1193	740	1	1	17	154
梅县白渡镇	478	3421	1432	2001	1	0	250	450
梅县扶大镇	241	1688	1688	876	1	1	6	138
梅县松口镇	5060	26165	12678	11509	3	1	1378	10038
大埔县茶阳镇	2641	10777	7332	2390	4	2	25	1143
大埔县高陂镇	3610	19309	12714	3362	2	2	890	2586
大埔县青溪镇	320	1660	459	915	1	1	3	50
大埔县长治镇	200	1000	600	400	1	1	5	80
大埔县三河镇	661	2641	2641	2521	1	1	27	185
大埔县英雅镇	580	3100	746	1300	1	1	0	0
大埔县大麻镇	1114	3559	3559	1300	1	1	14	352
大埔县银江镇	324	1870	1507	1121	1	1	7	90
大埔县洲瑞镇	785	3758	455	1305	1	1	5	85
大埔县古野镇	80	321	288	277	1	1	7	182

3—4—19 续表 21

名　　称	户　数（户）	人　口（人）	其中：非农业人口（人）	劳动力（人）	集贸市场个数（个）	其　中：综合市场个数（个）	企　业个　数（个）	企　业从　业人员数（人）
大埔县平原镇	1075	4806	1351	1662	1	1	110	905
大埔县光德镇	1060	6913	1082	2192	1	1	8	760
大埔县桃源镇	473	2380	599	1071	1	1	95	473
大埔县枫朗镇	712	2250	445	866	1	1	8	369
大埔县双溪镇	621	2792	843	1104	1	1	8	434
大埔县百侯镇	1426	5192	1012	1830	1	1	10	160
大埔县大东镇	789	1787	1109	807	1	1	21	40
大埔县西河镇	1386	2446	1892	1242	1	1	3	59
大埔县岩上镇	489	2193	586	958	1	1	14	184
丰顺县附城镇	1953	8007	3026	4522	1	1	3	194
丰顺县东联镇	592	3265	445	1099	1	1	1	8
丰顺县北斗镇	730	3500	650	2700	1	1	2	293
丰顺县汤西镇	1260	4560	2448	2100	1	1	10	80
丰顺县汤南镇	1730	7865	3320	4136	4	3	160	1291
丰顺县埔寨镇	350	1500	1000	140	3	2	3	75
丰顺县一八镇	362	1580	810	350	1	1	8	15
丰顺县下八镇	545	2791	451	1467	1	1	2	30
丰顺县丰良镇	4542	17467	9789	5100	2	2	8	787
丰顺县建桥镇	863	4250	1281	2500	1	1	50	410
丰顺县龙岗镇	320	1200	1112	605	1	1	2	58
丰顺县潘田镇	730	3977	2172	664	1	1	4	252
丰顺县仙洞镇	190	552	552	220	1	1	6	153
丰顺县黄金镇	1120	5018	2367	2190	1	1	3	270
丰顺县留隍镇	2143	6002	6002	2400	1	1	5	121
丰顺县东留镇	647	2294	1350	875	1	1	200	750
丰顺县茶背镇	320	1525	550	1103	1	1	2	15
丰顺县大龙华镇	340	1414	664	400	1	1	8	125
丰顺县径门镇	515	2200	600	1200	1	1	5	85
丰顺县潭江镇	660	4341	2626	1200	1	1	130	912
丰顺县潭山镇	200	916	78	105	1	1	4	27
丰顺县小胜镇	185	1115	610	700	1	1	6	90
丰顺县砂田镇	689	2963	1402	1700	1	1	5	180
五华县河东镇	2256	6846	6256	3500	1	1	50	810
五华县大坝镇	1810	3596	3282	1394	1	1	5	82
五华县转水镇	1902	3441	250	1292	2	1	7	536
五华县华城镇	1039	2305	1867	1283	2	2	50	350
五华县新桥镇	285	1523	1131	876	1	1	4	630
五华县岐岭镇	1266	3249	3249	2791	1	1	3	20
五华县双头镇	568	3027	1000	2874	1	1	22	458
五华县潭下镇	423	1546	1238	860	2	2	85	630

3－4－19 续表 22

名　　称	户　数（户）	人　口（人）	其中：非农业人口（人）	劳动力（人）	集贸市场个数（个）	其　中：综合市场个数（个）	企　业个　数（个）	企　业从　业人员数（人）
五华县长布镇	497	1988	1380	1350	1	1	9	70
五华县大田镇	250	830	620	550	1	1	21	150
五华县周江镇	295	1213	850	580	1	1	8	86
五华县中兴镇	245	820	638	517	1	1	12	48
五华县横陂镇	1368	3982	2972	1316	1	1	12	587
五华县锡坑镇	170	841	624	628	1	1	2	13
五华县小都镇	638	3282	683	2836	2	2	5	62
五华县油田镇	323	1168	1168	405	1	1	16	733
五华县郭田镇	218	1158	1063	638	1	1	29	232
五华县双华镇	532	1906	1254	893	1	1	38	257
五华县平南镇	318	1092	1092	506	1	1	18	47
五华县安流镇	1234	5988	4445	2445	2	1	123	1536
五华县文葵镇	183	787	787	420	1	1	4	54
五华县大都镇	348	1520	735	410	1	1	6	87
五华县棉洋镇	469	2833	1600	2600	1	1	6	231
五华县桥江镇	172	820	652	297	1	1	3	42
五华县梅林镇	525	2350	87	700	1	1	2	53
五华县华阳镇	346	2041	1823	1040	1	1	12	86
五华县龙村镇	552	2640	2486	1893	1	1	11	68
五华县硝芳镇	461	1281	1281	883	1	1	6	32
五华县登畲镇	427	2989	2289	1445	1	1	3	80
平远县仁居镇	682	2877	1253	2500	1	1	215	509
平远县八尺镇	470	1500	1053	870	1	1	18	206
平远县东石镇	700	3000	2229	1000	1	1	8	230
平远县石正镇	382	2885	1956	1000	1	1	20	192
平远县黄畲镇	96	559	328	207	1	1	26	207
平远县差干镇	300	1101	435	425	1	1	60	271
平远县河头镇	173	552	455	236	1	1	10	236
平远县中行镇	290	429	387	375	1	1	5	127
平远县上举镇	152	750	334	180	1	1	6	104
平远县茅平镇	195	520	344	306	1	1	6	135
平远县四水镇	212	487	295	411	1	1	223	386
平远县坝头镇	278	721	691	680	1	1	17	55
平远县超竹镇	93	570	450	427	1	1	20	427
平远县长田镇	387	1394	547	900	1	1	235	316
平远县热柘镇	132	697	697	610	1	1	1	50
蕉岭县兴福镇	850	3598	3405	400	1	1	0	0
蕉岭县长潭镇	639	2431	602	922	1	1	1	10
蕉岭县三圳镇	400	1158	1158	500	1	1	0	0
蕉岭县新铺镇	757	3926	3926	256	1	1	1	1

3—4—19 续表 23

名　　称	户　数（户）	人　口（人）	其中：非农业人口（人）	劳动力（人）	集贸市场个数（个）	其　中：综合市场个数（个）	企　业个　数（个）	企　业从　业人员数（人）
蕉岭县文福镇	5099	19278	2301	3320	1	1	1	1303
蕉岭县广福镇	4206	14130	896	4364	1	1	622	1135
蕉岭县蓝坊镇	700	2300	898	1500	1	1	0	0
蕉岭县高思镇	351	869	420	450	1	1	2	14
蕉岭县南礤镇	278	960	519	442	1	1	7	123
蕉岭县北礤镇	2228	9316	570	350	1	1	56	270
蕉岭县徐溪镇	88	445	445	330	1	1	201	908
兴宁市宁新镇	1161	4643	1937	586	1	1	9	639
兴宁市宁中镇	1250	4850	1114	2320	2	1	91	780
兴宁市宁塘镇	594	1152	752	806	1	1	54	822
兴宁市新陂镇	1049	3087	3087	1273	1	1	12	197
兴宁市福兴镇	1391	2638	1879	1502	1	1	203	832
兴宁市刁坊镇	306	1785	1785	690	1	1	101	2591
兴宁市坜陂镇	253	914	914	595	1	1	21	1396
兴宁市永和镇	723	2965	1945	2418	1	1	56	1013
兴宁市径南镇	362	1589	958	258	1	1	2	19
兴宁市径心镇	248	932	932	245	1	1	6	179
兴宁市坭陂镇	1004	4075	4075	2445	1	1	14	854
兴宁市新圩镇	750	3628	1852	2535	1	0	27	1237
兴宁市水口镇	585	2578	2578	2075	1	1	21	360
兴宁市下堡镇	116	651	116	324	1	1	5	100
兴宁市宋声镇	74	429	399	320	1	1	1	4
兴宁市罗浮镇	1904	10454	2334	2948	1	1	13	797
兴宁市罗岗镇	1442	6875	2898	2800	1	1	6	1490
兴宁市黄槐镇	371	1217	1217	980	1	1	3	342
兴宁市黄陂镇	820	3434	2499	2110	1	1	9	849
兴宁市岗背镇	605	2700	1900	1050	1	1	0	0
兴宁市坪洋镇	232	1000	597	500	1	1	8	370
兴宁市龙北镇	387	2607	1541	1824	1	0	28	1496
兴宁市合水镇	472	1941	1941	1552	1	1	6	240
兴宁市龙田镇	1210	6206	3500	2100	1	1	450	2400
兴宁市石马镇	602	1761	1750	1130	1	1	270	635
兴宁市大坪镇	439	1875	1875	825	1	1	18	216
兴宁市叶塘镇	843	3765	2861	835	2	1	157	324
兴宁市叶南镇	456	2108	1031	623	1	1	38	1246
汕尾市红草镇	586	3000	677	1600	1	1	110	1200
汕尾市马宫镇	1768	8214	2971	3435	2	1	166	748
汕尾市东冲镇	2684	10283	1420	6280	2	2	207	4852
汕尾市捷胜镇	6341	33482	4758	13129	2	2	8	1019
汕尾市田乾镇	7599	35449	9662	17845	2	2	65	1225

3—4—19 续表 24

名称	户数（户）	人口（人）	其中：非农业人口（人）	劳动力（人）	集贸市场个数（个）	其中：综合市场个数（个）	企业个数（个）	企业从业人员数（人）
汕尾市遮浪镇	2817	13186	10306	5832	2	2	75	2720
海丰县城东镇	2600	12000	2600	10900	4	4	356	10421
海丰县公平镇	6239	12250	18745	6968	4	4	1606	20144
海丰县附城镇	1700	8965	1873	2000	2	1	0	0
海丰县梅陇镇	5435	27131	19226	15764	4	4	1315	10927
海丰县联安镇	425	2780	1294	800	1	1	3	320
海丰县陶河镇	570	3551	1399	2136	1	1	397	2259
海丰县赤坑镇	1645	7769	4482	4140	2	2	80	1800
海丰县可塘镇	3882	17773	6737	5000	3	1	850	6500
海丰县后门镇	2407	11715	4146	4404	1	1	29	391
海丰县鹅埠镇	978	4324	2145	4869	1	1	120	2600
海丰县小漠镇	664	3213	2219	1440	1	0	102	513
海丰县大湖镇	381	1787	443	762	1	1	6	68
海丰县黄羌镇	900	3800	1770	1720	1	1	0	0
海丰县平东镇	1043	5200	748	568	1	1	172	298
海丰县莲花山镇	260	908	849	356	1	1	9	10
海丰县赤石镇	697	3095	2129	1591	1	1	22	281
陆河县水唇镇	488	1735	1223	690	1	1	3	60
陆河县东坑镇	340	711	711	220	1	1	2	90
陆河县南万镇	127	636	302	285	1	1	10	150
陆河县螺溪镇	1250	3010	2107	1410	1	1	10	93
陆河县河口镇	2500	15000	2241	6000	2	2	240	1010
陆河县新田镇	2400	11000	2010	4500	1	1	30	100
陆河县上护镇	769	3848	1490	1500	1	1	20	300
陆丰市大安镇	2981	12601	5918	5642	1	1	209	1140
陆丰市西南镇	960	3712	2490	2397	1	1	36	420
陆丰市河西镇	1004	4678	875	3240	2	2	88	926
陆丰市潭西镇	1818	9273	1331	2874	1	1	400	1250
陆丰市上英镇	852	2566	499	750	1	1	20	48
陆丰市金厢镇	1565	4967	2252	2365	1	1	72	1403
陆丰市城东镇	1155	2402	2402	2087	1	1	102	1899
陆丰市河东镇	1340	6969	6969	2926	1	1	0	0
陆丰市博美镇	2630	14107	8430	6319	3	2	4	250
陆丰市桥冲镇	1020	5400	650	2100	1	1	18	80
陆丰市内湖镇	1121	3640	498	2800	1	1	216	862
陆丰市八万镇	425	1850	1250	680	1	1	6	42
陆丰市陂洋镇	1235	5868	1334	2190	1	1	2	181
陆丰市南塘镇	3230	10326	8392	2023	4	2	206	2433
陆丰市碣石镇	2346	8012	4505	5244	17	8	602	1642
陆丰市湖东镇	3951	22131	10569	10032	1	1	178	1933

3—4—19 续表 25

名　　称	户　数（户）	人　口（人）	其中：非农业人口（人）	劳动力（人）	集贸市场个数（个）	其　中：综合市场个数（个）	企　业个　数（个）	企　业从　业人员数（人）
陆丰市甲西镇	2147	6097	1152	11202	5	5	18	240
陆丰市甲子镇	1607	9400	5009	7215	2	2	828	8562
陆丰市甲东镇	1023	4678	62	7211	1	1	122	3600
河源市埔前镇	839	4530	4530	2950	2	1	9	237
河源市源南镇	1466	7138	3337	2426	2	2	6	120
紫金县附城镇	250	1426	350	900	1	1	3	500
紫金县乌石镇	423	1808	1808	680	1	0	21	150
紫金县中坝镇	610	3301	1391	1103	2	1	6	50
紫金县敬梓镇	150	730	730	302	1	1	3	40
紫金县水墩镇	170	553	55	201	1	1	1	8
紫金县龙窝镇	955	2745	1921	1146	2	2	18	332
紫金县洋头镇	200	1050	675	650	1	1	4	210
紫金县苏区镇	223	809	809	260	1	1	3	46
紫金县南岭镇	226	1194	344	398	1	1	0	0
紫金县瓦溪镇	369	2806	956	1136	1	1	0	0
紫金县九树镇	621	3000	630	2000	1	1	4	45
紫金县九和镇	447	1743	1743	873	2	1	5	73
紫金县蓝塘镇	1856	7685	7380	2805	4	2	6	450
紫金县凤安镇	804	2909	1645	480	1	1	1	4
紫金县好义镇	243	1090	1090	920	2	2	1	2
紫金县上义镇	398	2266	1130	1500	1	1	2	6
紫金县古竹镇	8826	37796	17050	25009	1	0	386	1581
紫金县义容镇	676	3354	3354	1900	1	1	2	80
紫金县青溪镇	560	1800	508	1050	1	1	4	41
紫金县临江镇	676	4621	2945	1923	2	2	30	367
紫金县柏埔镇	889	3588	3588	1500	1	1	0	0
紫金县黄塘镇	453	1839	1839	389	1	1	0	0
龙川县附城镇	4332	10889	9238	4530	1	1	2	15
龙川县义都镇	351	683	678	610	1	1	3	15
龙川县佗城镇	853	3958	2446	1580	1	1	380	400
龙川县鹤市镇	610	1650	1650	594	1	1	46	523
龙川县黄布镇	527	2693	1692	650	1	1	5	55
龙川县紫市镇	533	2180	1180	986	1	1	4	22
龙川县通衢镇	573	1856	598	1241	1	1	5	15
龙川县锦归镇	533	2010	265	1100	1	1	9	200
龙川县登云镇	1155	3000	1093	1600	1	1	32	96
龙川县丰稔镇	2560	1260	425	33	1	1	3	16
龙川县四都镇	486	935	682	476	1	1	10	125
龙川县铁场镇	785	1525	1525	700	1	1	5	15
龙川县石坑镇	510	2500	525	1180	1	1	4	38

3—4—19 续表 26

名　　称	户　数（户）	人　口（人）	其中：非农业人口（人）	劳动力（人）	集贸市场个数（个）	其　中：综合市场个数（个）	企　业个　数（个）	企　业从　业人员数（人）
龙川县龙母镇	963	4312	2347	3065	3	2	15	216
龙川县田心镇	1360	2900	867	1300	1	1	26	50
龙川县黎咀镇	1000	3000	1500	700	1	1	15	70
龙川县黄石镇	252	682	682	268	1	1	1	4
龙川县赤光镇	430	2350	1500	300	1	1	10	20
龙川县回龙镇	490	2100	740	1100	1	1	25	80
龙川县新田镇	96	486	486	100	1	1	3	15
龙川县车田镇	346	1564	1484	826	2	1	5	11
龙川县郑马镇	120	502	308	382	1	1	2	7
龙川县岩镇镇	216	885	800	250	1	1	2	6
龙川县麻布岗镇	550	2183	2183	1700	1	1	13	65
龙川县贝岭镇	300	1500	847	700	1	1	5	19
龙川县细坳镇	303	836	739	210	1	1	2	16
龙川县上坪镇	342	1531	1207	950	1	1	6	80
龙川县枫树坝镇	160	620	598	350	1	1	80	300
龙川县谷前镇	262	1853	693	350	1	1	7	20
连平县上坪镇	410	1653	1346	1153	1	1	3	19
连平县内莞镇	211	829	829	620	2	0	1	10
连平县贵东镇	193	802	566	36	1	1	1	5
连平县陂头镇	362	1768	1400	107	1	1	262	2121
连平县溪山镇	100	293	263	213	1	1	1	30
连平县双岭镇	48	250	200	120	1	1	3	12
连平县隆街镇	1776	3348	3027	1095	6	2	390	1172
连平县田源镇	296	635	635	320	1	1	2	16
连平县油溪镇	919	1606	1606	720	1	1	4	70
连平县忠信镇	3832	22518	3805	6000	2	1	780	2430
连平县高莞镇	218	873	873	257	1	1	15	40
连平县九连镇	35	200	120	60	1	1	29	60
连平县大湖镇	391	1387	1387	607	2	2	11	20
连平县三角镇	30	200	40	80	1	1	0	0
连平县绣缎镇	461	1123	1123	230	1	1	4	138
和平县大坝镇	965	1620	1537	813	1	1	85	352
和平县上陵镇	477	2423	2130	1980	1	1	4	15
和平县下车镇	624	1279	1279	524	2	1	98	184
和平县长圹镇	445	1037	998	800	1	1	8	74
和平县贝墩镇	1317	3951	1391	2370	1	1	3	61
和平县彭寨镇	1690	3254	3254	1873	1	1	2	88
和平县东水镇	548	2231	2231	450	1	1	9	450
和平县林寨镇	818	2541	2541	125	1	1	1	15
和平县热水镇	273	1556	1208	1347	1	1	4	72

3—4—19 续表 27

名　　称	户　数（户）	人　口（人）	其中:非农业人口（人）	劳动力（人）	集贸市场个数（个）	其　中:综合市场个数（个）	企　业个　数（个）	企　业从　业人员数（人）
和平县附城镇	744	1509	1509	84	1	1	0	0
和平县优胜镇	281	983	796	483	1	1	4	36
和平县安坳镇	186	786	665	565	1	1	3	5
和平县古寨镇	462	898	898	545	1	1	2	20
和平县粮溪镇	142	626	626	150	1	1	1	30
和平县礼士镇	468	2256	568	1243	1	1	3	10
和平县公白镇	322	1650	465	633	1	1	47	93
和平县合水镇	253	1196	1190	600	1	1	1	18
和平县青州镇	407	770	770	332	1	1	2	7
和平县俐源镇	250	621	621	113	1	1	1	18
东源县仙塘镇	2582	7000	3253	2070	1	1	6	40
东源县灯塔镇	2342	12365	3121	4946	2	2	25	364
东源县骆湖镇	425	1020	1020	300	1	1	3	60
东源县船塘镇	672	3260	2961	1070	1	1	61	305
东源县顺天镇	362	752	752	80	2	2	3	18
东源县上莞镇	490	2180	1991	1200	1	1	1	10
东源县曾田镇	310	1295	1295	784	1	1	1	30
东源县柳城镇	168	814	800	130	1	1	3	84
东源县义合镇	430	2575	1325	250	1	1	0	0
东源县蓝口镇	1038	4302	4143	500	4	4	8	198
东源县黄田镇	724	2239	2239	360	1	1	1	10
东源县叶潭镇	731	1436	1436	336	1	1	0	0
东源县黄村镇	2500	5000	2173	3000	1	1	5	130
东源县康禾镇	97	573	500	216	1	1	0	0
东源县锡场镇	167	860	754	265	1	1	0	0
东源县新港镇	219	1268	392	120	1	1	0	0
东源县双江镇	281	1368	902	689	1	1	0	0
东源县涧头镇	683	1609	400	420	1	1	0	0
东源县黄沙镇	378	980	698	310	1	1	1	10
东源县三河镇	709	4082	969	1556	1	1	1	1
东源县久社镇	258	878	818	345	1	1	0	0
东源县新回龙镇	85	343	276	182	1	1	0	0
东源县半江镇	75	385	324	265	1	1	2	82
阳江市岗列镇	732	1294	1052	897	1	1	0	0
阳江市城西镇	416	1016	915	690	1	1	0	0
阳江市埠场镇	802	3623	3193	2075	1	1	0	0
阳江市平岗镇	2239	10650	7910	3615	2	2	50	1000
阳江市海陵镇	821	3678	2479	2300	1	1	2	56
阳西县程村镇	1447	4444	4444	2130	2	1	7	168
阳西县塘口镇	792	2239	2237	1325	1	1	2	70

3—4—19 续表 28

名　　称	户　数（户）	人　口（人）	其中：非农业人口（人）	劳动力（人）	集贸市场个数（个）	其　中：综合市场个数（个）	企　业个　数（个）	企　业从　业人员数（人）
阳西县上洋镇	1020	4060	2972	1956	2	1	0	0
阳西县溪头镇	1753	8320	7821	3288	3	2	439	460
阳西县蒲牌镇	990	2700	2686	1633	1	1	7	92
阳西县儒洞镇	3994	18887	8311	5401	2	1	123	1900
阳西县新圩镇	750	2970	810	1522	1	1	2	50
阳西县沙扒镇	4450	16241	8200	9358	1	1	214	4922
阳东县北惯镇	1936	6117	3843	3307	2	1	424	3149
阳东县合山镇	2331	9469	8773	5862	3	1	772	4130
阳东县田畔镇	347	1785	950	684	2	2	285	1020
阳东县塘坪镇	584	1965	1805	900	1	1	560	1800
阳东县大八镇	2256	11281	5145	6490	3	1	8	200
阳东县双捷镇	754	2536	1462	1395	1	1	18	52
阳东县白沙镇	1814	4289	2652	2480	1	1	42	1500
阳东县雅韶镇	590	2950	1510	1230	2	1	7	310
阳东县大沟镇	536	1785	1785	1141	1	1	12	28
阳东县三山镇	210	850	816	670	1	1	131	1243
阳东县新洲镇	2900	7400	4707	2345	2	1	7	76
阳东县东平镇	3708	18264	7005	5138	2	1	625	2471
阳东县那龙镇	350	1028	679	356	1	1	4	100
阳东县麻汕镇	209	594	64	390	1	1	0	0
阳春市合水镇	3218	9647	9134	2322	1	1	890	3900
阳春市河朗镇	352	1582	1582	800	2	2	100	500
阳春市石望镇	405	1214	1214	637	1	1	3	115
阳春市陂面镇	436	2415	2415	700	1	1	6	130
阳春市永宁镇	698	2793	2793	1215	1	1	1	12
阳春市圭岗镇	1459	4935	4935	1594	1	1	110	600
阳春市马水镇	1303	3441	3441	3015	1	1	100	250
阳春市松柏镇	530	3360	1200	1200	2	2	6	110
阳春市春湾镇	3539	10756	10756	6568	7	3	1245	3257
阳春市卫国镇	345	1403	403	288	1	1	12	44
阳春市双较镇	889	3054	3000	1478	1	1	2	32
阳春市山坪镇	564	1489	1489	1042	1	1	8	47
阳春市河口镇	766	2432	2400	1200	2	2	7	850
阳春市岗美镇	1837	4362	1020	2622	1	1	19	388
阳春市潭水镇	3100	13399	13208	4300	1	1	82	1081
阳春市三甲镇	1590	5790	4693	3146	2	2	212	860
阳春市八甲镇	1504	4753	4753	2676	3	3	303	2464
清远市附城镇	2848	9736	3945	7650	1	1	12	595
清远市洲心镇	2877	4053	4053	1241	1	1	9	2440
清远市横荷镇	2311	4164	2082	3240	1	1	15	2360

3－4－19 续表 29

名　　称	户　数（户）	人　口（人）	其中：非农业人口（人）	劳动力（人）	集贸市场个数（个）	其　中：综合市场个数（个）	企　业个　数（个）	企　业从　业人员数（人）
清远市源潭镇	2756	13862	4800	1900	2	1	26	3721
清远市高桥镇	213	803	692	931	1	1	1	211
清远市龙塘镇	2079	8316	7863	3032	2	1	266	1596
清远市石角镇	3744	8075	8019	4040	1	1	25	2109
清远市升平镇	1652	2988	2988	1730	2	2	12	1290
清远市水边镇	580	2400	650	1300	1	1	2	16
清远市黎溪镇	3100	15436	15430	1500	2	2	2	40
清远市连江口镇	1516	7008	6243	3895	2	2	12	163
佛冈县高岗镇	207	936	378	674	1	1	115	183
佛冈县烟岭镇	346	601	501	249	1	1	44	276
佛冈县迳头镇	213	814	548	80	1	1	6	80
佛冈县水头镇	596	1492	1085	586	1	1	15	86
佛冈县三八镇	166	870	113	506	1	1	0	0
佛冈县龙南镇	370	837	407	594	1	1	2	260
佛冈县汤塘镇	987	6040	1731	2790	1	1	19	447
佛冈县四九镇	383	1524	575	868	1	1	5	82
佛冈县龙山镇	311	1810	1513	816	1	1	7	686
佛冈县民安镇	556	2040	590	877	1	1	209	397
佛冈县黄花镇	29	155	130	70	1	1	0	0
阳山县青莲镇	1538	6557	3360	2350	1	1	3	30
阳山县江英镇	199	1165	155	860	2	1	2	15
阳山县高峰镇	250	550	255	300	1	1	1	26
阳山县水口镇	270	881	681	486	1	1	7	86
阳山县杜步镇	323	1200	647	850	1	1	1	23
阳山县七拱镇	1267	5128	2874	3276	2	1	326	1178
阳山县新圩镇	498	1896	1000	1350	1	1	24	80
阳山县太平镇	583	2750	1183	1418	1	1	13	40
阳山县杨梅镇	250	910	282	510	1	1	2	17
阳山县白莲镇	260	975	280	510	1	1	1	8
阳山县大莨镇	350	1912	468	900	1	1	110	200
阳山县小江镇	693	1898	1398	1100	1	1	11	50
阳山县石螺镇	506	2030	1146	1645	1	1	105	1445
阳山县岭背镇	701	3485	994	1485	1	1	200	612
阳山县犁头镇	1109	5986	612	1630	1	1	30	150
阳山县黄坌镇	872	3325	725	1662	1	1	5	32
阳山县黎埠镇	1128	5411	2258	3227	2	1	2	55
阳山县龙埠镇	579	3190	1045	980	1	1	0	0
阳山县凤埠镇	445	2268	666	850	1	1	0	0
连山县永和镇	917	2318	2053	1350	1	1	2	18
连山县大富镇	61	283	267	240	1	1	1	15

3－4－19 续表 30

名　　称	户　数（户）	人　口（人）	其中：非农业人口（人）	劳动力（人）	集贸市场个数（个）	其　中：综合市场个数（个）	企　业个　数（个）	企　业从　业人员数（人）
连山县上草镇	176	490	487	416	1	1	4	30
连山县三水镇	153	390	375	335	1	1	0	0
连山县太保镇	471	1595	1572	1382	1	1	5	60
连山县禾洞镇	95	290	275	117	1	1	1	27
连山县永丰镇	178	415	397	350	1	1	48	54
连山县福堂镇	570	1410	1010	410	1	1	110	210
连山县小三江镇	344	858	772	720	1	1	1	6
连山县加田镇	229	593	576	490	1	1	130	180
连山县上帅镇	85	475	453	400	1	1	2	16
连南县大麦山镇	150	626	600	500	1	1	3	10
连南县寨南镇	601	2892	906	1144	1	1	2	29
连南县寨岗镇	2068	6921	5436	2820	1	1	208	2510
连南县南岗镇	146	317	317	146	1	1	4	35
连南县三排镇	730	2523	1766	1653	1	1	3	47
连南县金坑镇	183	915	638	638	1	1	1	9
连南县涡水镇	76	296	296	220	1	1	4	28
连南县大坪镇	79	327	327	160	1	1	7	31
连南县香坪镇	670	2351	217	1450	1	1	8	30
连南县盘石镇	143	580	162	421	1	1	0	0
清新县江口镇	2151	4397	3077	3040	2	2	14	427
清新县高田镇	643	1084	284	860	1	1	2	300
清新县回澜镇	603	1926	210	150	2	1	70	800
清新县太平镇	2111	4522	195	2270	4	1	0	0
清新县山塘镇	2793	5483	3483	2538	2	1	0	0
清新县三坑镇	1342	4060	3305	2780	1	1	388	1450
清新县秦皇镇	96	393	291	245	1	1	1	8
清新县珠坑镇	188	644	528	350	1	1	3	80
清新县石马镇	452	1525	1220	720	2	2	500	1319
清新县南冲镇	825	4249	1354	2857	1	1	27	67
清新县石坎镇	385	1778	1607	1200	1	1	0	0
清新县龙颈镇	660	2328	1995	998	1	1	1	12
清新县禾云镇	675	1676	619	763	1	1	0	0
清新县鱼坝镇	737	3125	630	1510	2	0	3	12
清新县新州镇	1200	3500	1047	2000	3	1	0	0
清新县沙河镇	1786	2595	2395	1238	1	1	2	38
清新县浸潭镇	2102	10306	4367	7168	2	1	8	163
清新县石潭镇	2258	7681	1620	3120	3	1	312	2226
清新县桃源镇	450	2200	1100	1390	3	1	5	75
清新县白湾镇	525	1640	1124	640	1	1	2	70
英德市下呔镇	160	764	693	452	2	1	0	0

3—4—19 续表 31

名 称	户 数（户）	人 口（人）	其中：非农业人口（人）	劳动力（人）	集贸市场个数（个）	其 中：综合市场个数（个）	企 业 个 数（个）	企 业 从 业 人员数（人）
英德市大洞镇	110	730	650	110	2	2	2	16
英德市西牛镇	1312	4210	3421	1684	2	2	231	1897
英德市沙坝镇	232	1067	310	425	2	1	2	60
英德市九龙镇	1150	2530	1670	1940	3	3	0	0
英德市明迳镇	428	2050	893	320	1	1	4	36
英德市岩背镇	193	784	266	162	1	1	3	128
英德市石灰铺镇	982	3862	3862	2107	2	1	180	1500
英德市含光镇	3220	11897	10192	5599	2	1	175	3860
英德市张陂镇	654	2970	681	1790	1	1	0	0
英德市大湾镇	2232	9662	5294	3369	2	2	169	1512
英德市青坑镇	240	1500	1000	1400	1	1	5	50
英德市波罗镇	286	1373	413	520	1	1	2	51
英德市石古塘镇	836	2816	2458	980	1	1	1	50
英德市横石塘镇	530	3513	2955	2515	3	2	113	985
英德市云岭镇	629	1637	1487	489	1	1	45	389
英德市沙口镇	2062	6775	4742	3985	1	1	16	1630
英德市望埠镇	3058	9958	8572	5290	1	1	1	20
英德市大镇镇	527	3753	3552	1673	2	2	1	160
英德市黄陂镇	450	2035	468	1148	1	1	0	0
英德市横石水镇	320	1200	380	920	1	1	2	18
英德市桥头镇	915	2639	2543	1045	4	1	9	230
英德市青塘镇	1088	3563	1048	2720	4	4	2	400
英德市鱼湾镇	682	2351	2008	1360	1	1	2	50
英德市白沙镇	829	2457	2021	1395	3	3	4	131
英德市大站镇	2797	8737	4911	6115	1	1	1	12
英德市黄岗镇	275	778	622	500	1	1	1	8
连州市山塘镇	674	2793	779	125	1	1	5	21
连州市大路边镇	1351	4867	1371	2811	1	1	200	450
连州市潭岭镇	85	246	231	123	1	1	0	0
连州市星子镇	2168	6955	4740	2300	2	1	675	1780
连州市清江镇	3488	15342	349	6589	1	1	1	7
连州市麻步镇	211	856	438	372	1	1	1	83
连州市龙坪镇	1040	4038	867	2375	2	1	6	505
连州市朝天镇	221	457	202	310	1	1	13	339
连州市西江镇	503	2172	639	1631	1	1	3	4
连州市高山镇	120	460	310	155	1	1	4	10
连州市龙潭镇	331	1562	346	110	1	1	4	170
连州市九陂镇	203	1001	676	456	1	1	13	35
连州市附城镇	105	342	150	301	1	1	9	100
连州市东陂镇	687	2170	1042	312	2	2	11	210

3—4—19 续表 32

名称	户数（户）	人口（人）	其中：非农业人口（人）	劳动力（人）	集贸市场个数（个）	其中：综合市场个数（个）	企业个数（个）	企业从业人员数（人）
连州市西岸镇	2132	5579	1420	2100	1	1	160	334
连州市清水镇	748	2617	622	1046	1	1	9	106
连州市保安镇	1776	6200	627	3100	2	2	400	900
连州市丰阳镇	4304	16852	839	9362	1	1	7	10
连州市朱岗镇	190	294	294	220	1	1	2	30
东莞市中堂镇	11953	26513	11849	14661	4	4	82	9935
东莞市望牛墩镇	5096	17206	5071	12000	3	2	8	1885
东莞市道窖镇	8272	31604	11477	17948	6	5	8	645
东莞市洪梅镇	593	1110	1110	3100	1	1	11	4896
东莞市麻涌镇	2143	4107	4107	4391	1	1	36	4391
东莞市虎门镇	10060	42139	34683	20625	30	9	331	4859
东莞市长安镇	602	1694	473	10624	1	1	15	7024
东莞市厚街镇	10047	31068	4679	48725	8	7	250	28850
东莞市沙田镇	793	3872	3566	1864	5	4	15	524
东莞市寮步镇	2800	15100	15063	11650	3	3	80	1500
东莞市大岭山镇	738	3152	2424	17072	3	3	308	16352
东莞市大朗镇	4151	15923	12467	6114	4	4	93	6014
东莞市黄江镇	675	3640	2571	3187	2	2	67	10325
东莞市樟木头镇	3182	12537	3535	22488	10	10	12	2550
东莞市清溪镇	2303	4654	3466	61420	2	2	226	57205
东莞市塘厦镇	3629	9322	1394	17865	3	3	341	10945
东莞市凤岗镇	1132	5737	4257	4772	2	2	56	4210
东莞市谢岗镇	1605	2698	2300	5430	2	2	76	4120
东莞市常平镇	29777	62994	10227	54051	5	3	786	42570
东莞市桥头镇	4213	18500	10700	13500	4	3	120	11000
东莞市横沥镇	4833	13337	5740	33000	1	1	97	30015
东莞市东坑镇	438	2528	2528	1168	2	2	0	0
东莞市企石镇	921	7944	5632	5787	2	1	31	2178
东莞市石排镇	1676	7205	2287	5175	1	1	60	2792
东莞市茶山镇	1975	10890	10066	8116	2	2	329	8116
东莞市石碣镇	1858	3861	3076	3145	3	3	157	9250
东莞市高步镇	2079	6235	1856	4426	2	2	1205	20500
东莞市石龙镇	20300	74572	66444	52703	11	6	188	52703
中山市港口镇	4221	15549	7559	13950	1	1	65	6100
中山市三角镇	941	3560	125	1920	1	1	13	1074
中山市浪网镇	2302	3101	2950	1792	1	1	17	800
中山市民众镇	2249	6477	4311	6233	1	1	18	2404

3—4—19 续表 33

名　　称	户　数（户）	人　口（人）	其中：非农业人口（人）	劳动力（人）	集贸市场个数（个）	其　中：综合市场个数（个）	企　业个　数（个）	企　业从　业人员数（人）
中山市南朗镇	2004	6521	3600	4565	1	1	30	3110
中山市五桂山镇	150	645	645	3003	1	1	9	2902
中山市三乡镇	1427	4557	4407	11310	2	2	28	8583
中山市坦洲镇	12889	35694	12932	26771	2	1	137	17968
中山市神湾镇	1081	4069	2442	4052	1	1	22	1450
中山市板芙镇	1207	4700	2549	6774	1	1	96	4800
中山市大涌镇	1220	4609	4148	7027	1	1	105	6457
中山市沙溪镇	12791	44679	7026	44589	8	5	56	11817
中山市横栏镇	793	3280	2928	5961	1	1	14	5334
中山市古镇镇	10840	35017	3288	19050	10	8	89	6729
中山市小榄镇	9595	39477	35943	17837	10	7	650	1950
中山市东升镇	8747	48508	6863	34890	8	5	202	13668
中山市东凤镇	7076	20830	3198	12289	3	2	244	5297
中山市南头镇	2188	9345	3953	6641	1	1	30	1200
中山市阜沙镇	1502	4689	2840	8886	1	1	21	5738
中山市黄圃镇	7989	39350	29675	28135	3	2	117	24430
潮州市意溪镇	4056	17188	12091	3905	3	3	657	7810
潮安县古巷镇	880	3868	38	1700	1	1	85	800
潮安县登塘镇	1313	6809	1129	4133	2	1	995	4133
潮安县田东镇	148	1094	596	793	1	1	0	0
潮安县浮洋镇	5948	26517	11740	10890	2	2	68	61
潮安县龙湖镇	2418	12843	2536	5400	2	2	102	1246
潮安县凤塘镇	2923	15058	4964	7484	1	1	28	560
潮安县东凤镇	3876	17216	447	5585	1	1	590	6320
潮安县彩塘镇	4970	21800	6500	11000	2	2	140	5000
潮安县金石镇	815	3837	3837	1920	2	1	14	600
潮安县沙溪镇	564	3461	1694	1730	1	1	6	60
潮安县江东镇	4372	21427	2504	11040	2	1	740	11070
潮安县磷溪镇	3066	11721	143	6965	1	1	643	6565
潮安县铁铺镇	282	1212	1212	2300	2	1	10	750
潮安县官塘镇	3440	15231	1169	7750	2	1	24	1795
潮安县文祠镇	985	3380	1167	875	1	1	14	850
潮安县归湖镇	825	3830	1696	1810	1	1	0	0
潮安县凤南镇	308	1538	971	1250	1	1	11	159
潮安县赤凤镇	459	2559	751	1200	1	1	3	30
潮安县凤凰镇	2000	8900	3650	5000	1	1	331	2170
潮安县大山镇	127	984	452	471	1	1	0	0
饶平县大埕镇	4340	20090	834	10460	4	2	19	908
饶平县所城镇	1841	8350	1848	3525	1	1	0	0
饶平县柘林镇	3846	13772	10751	7168	1	1	242	1826

3—4—19续表 34

名 称	户 数（户）	人 口（人）	其中：非农业人口（人）	劳动力（人）	集贸市场个数（个）	其 中：综合市场个数（个）	企 业 个 数（个）	企 业 从 业 人员数（人）
饶平县海山镇	3039	17175	685	23781	14	1	0	0
饶平县井洲镇	8290	42969	33103	21060	5	5	695	6579
饶平县钱东镇	6008	25242	6461	16650	7	3	680	12850
饶平县樟溪镇	1455	4360	1006	2750	1	1	615	1530
饶平县浮山镇	4312	15979	2941	10780	2	2	505	2450
饶平县汤溪镇	277	1113	1001	538	1	1	10	100
饶平县三饶镇	8556	36345	9702	13017	1	1	222	5360
饶平县联饶镇	498	4054	1633	2125	1	1	0	0
饶平县新圩镇	363	1089	1089	560	1	1	0	0
饶平县九村镇	732	3100	1042	2100	1	1	32	1900
饶平县新丰镇	1450	4685	3960	1200	1	1	3	500
饶平县饶洋镇	1234	6401	3353	2591	1	1	0	0
饶平县上饶镇	1280	5304	1100	2104	1	1	9	687
饶平县上善镇	479	2060	860	1600	1	1	1	128
饶平县建饶镇	378	1940	1433	2985	1	1	1	50
饶平县渔村镇	565	2536	410	1251	3	1	11	385
饶平县高堂镇	380	1543	248	760	1	1	15	70
饶平县坪溪镇	58	209	167	118	1	1	2	18
饶平县浮滨镇	699	2697	1216	1854	1	1	20	400
饶平县新塘镇	301	1428	444	841	1	1	3	176
饶平县东山镇	530	2131	640	1500	1	1	3	120
揭阳市仙桥镇	555	2183	2183	1528	2	1	6	440
揭阳市梅云镇	2859	13450	2104	6362	1	1	15	1791
揭阳市渔湖镇	3522	8213	4324	5000	2	2	35	350
揭阳市磐东镇	735	3601	2520	1720	1	1	350	2480
揭东县云路镇	5629	21512	2004	11000	2	2	422	2278
揭东县玉窖镇	407	1667	1667	692	1	1	7	96
揭东县登岗镇	820	3100	1500	1400	2	2	13	280
揭东县炮台镇	18722	74101	12782	35661	10	2	2446	18343
揭东县地都镇	465	2600	2584	800	1	1	7	56
揭东县霖磐镇	905	2435	2435	600	4	1	3	730
揭东县月城镇	1000	4500	1750	2250	1	1	1	450
揭东县白塔镇	1454	4288	4288	2159	2	1	7	428
揭东县龙尾镇	2109	7291	1127	2500	1	1	20	1200
揭东县桂岭镇	947	2604	2384	1589	1	1	12	404
揭东县锡场镇	7832	36802	3341	14546	2	2	674	5054
揭东县新亨镇	11600	53669	5832	25834	2	2	678	3600
揭东县玉湖镇	4586	20239	4129	9375	3	3	5	197
揭东县埔田镇	4740	14260	1800	8651	1	1	165	7760
揭西县龙潭镇	950	3660	2562	800	1	1	40	450

3—4—19 续表 35

名　　称	户　数（户）	人　口（人）	其中：非农业人口（人）	劳动力（人）	集贸市场个数（个）	其　中：综合市场个数（个）	企　业个　数（个）	企　业从　业人员数（人）
揭西县南山镇	2108	9120	2832	5468	1	1	7	253
揭西县五经富镇	2295	10680	5910	1950	1	1	29	1950
揭西县京溪园镇	1170	6318	4071	2834	1	1	42	573
揭西县灰寨镇	3175	13530	2885	11250	1	1	200	1200
揭西县塔头镇	1827	8239	2609	1687	3	1	152	1195
揭西县东园镇	237	1301	371	1022	1	1	4	22
揭西县凤江镇	2764	8893	2573	4032	2	2	57	807
揭西县棉湖镇	16653	68824	50451	36490	4	4	756	10812
揭西县金和镇	4267	17036	4032	3805	1	1	160	1790
揭西县大溪镇	278	985	295	275	1	1	0	0
揭西县钱坑镇	740	2808	2808	2105	1	1	0	0
揭西县坪上镇	1337	6434	2951	560	1	1	3	65
揭西县五云镇	1109	4721	3286	3892	1	1	2	47
揭西县上砂镇	2083	11871	3986	9871	1	1	5	55
惠来县华湖镇	3870	19044	2272	9470	1	1	57	2200
惠来县仙庵镇	1570	7066	1995	2120	1	1	2	40
惠来县靖海镇	5394	26966	11877	9438	1	1	565	4376
惠来县周田镇	2584	13105	4380	5072	1	1	3	311
惠来县前詹镇	1669	9183	535	2400	5	4	39	216
惠来县神泉镇	5253	22800	15645	7520	4	3	280	2144
惠来县东陇镇	2332	12555	0	4774	1	1	0	0
惠来县歧石镇	2033	10974	1085	1000	1	1	29	310
惠来县隆江镇	7177	34806	25247	14440	3	2	16	251
惠来县溪西镇	1330	4785	2687	1700	3	3	7	120
惠来县鳌江镇	3952	20690	830	10100	2	2	5	150
惠来县东港镇	605	3204	380	2100	1	1	35	120
惠来县葵潭镇	7946	39734	17834	17880	6	3	475	5928
普宁市赤岗镇	417	1962	1385	1451	1	1	94	450
普宁市大坝镇	4658	27951	4471	4088	2	1	49	1688
普宁市洪阳镇	15200	69588	20321	13712	2	1	112	750
普宁市南溪镇	4208	25253	4178	3022	1	1	12	162
普宁市广太镇	2960	9188	2394	8269	2	1	8	822
普宁市麒麟镇	3091	15147	2269	4217	2	1	192	4217
普宁市南径镇	3644	19312	2935	15449	2	1	3	163
普宁市占陇镇	3549	8048	8040	4120	3	1	6	545
普宁市军埠镇	2832	6587	3080	1976	4	1	10	1371
普宁市下架山镇	2991	15011	2049	6440	1	1	385	6440
普宁市大南山镇	939	1322	1322	580	1	1	279	2543
普宁市高埔镇	1444	6707	2517	2610	1	1	102	1460
普宁市云落镇	3100	16000	1000	6281	2	2	13	165

3－4－19 续表 36

名　　称	户　数（户）	人　口（人）	其中：非农业人口（人）	劳动力（人）	集贸市场个数（个）	其　中：综合市场个数（个）	企　业个　数（个）	企　业从　业人员数（人）
普宁市大坪镇	1235	5236	2233	2012	1	1	6	526
普宁市船埔镇	746	3730	1846	1840	1	1	7	240
普宁市梅林镇	3040	14103	4609	6205	1	1	27	510
普宁市池尾镇	6301	16757	6472	8925	2	2	83	1673
普宁市里湖镇	3896	23377	9558	10193	4	3	30	2850
普宁市石牌镇	1361	6043	1528	413	1	1	5	128
普宁市梅塘镇	4120	20629	7069	10100	1	1	32	2650
普宁市燎原镇	4168	20838	3521	5308	2	2	30	1300
云浮市高峰镇	912	3980	3456	1218	2	2	390	2980
云浮市河口镇	906	3035	2935	2420	1	1	0	0
云浮市安塘镇	480	1500	1000	1300	1	1	200	1200
云浮市都骑镇	804	1798	1648	1072	1	1	0	0
云浮市杨柳镇	691	4650	846	2547	1	1	4	213
云浮市腰古镇	1742	7865	283	496	2	2	11	463
云浮市思劳镇	480	1889	1089	16311	1	1	6	40
新兴县车岗镇	866	3465	1184	2310	1	1	81	2310
新兴县洞口镇	2087	4937	2615	3835	1	1	0	0
新兴县东城镇	385	1245	1245	1180	1	1	3	256
新兴县稔村镇	1920	6235	1575	4052	1	1	39	584
新兴县水台镇	527	2739	187	232	1	1	4	52
新兴县共城镇	1564	4588	704	2523	1	1	31	377
新兴县太平镇	650	1140	1035	602	1	1	0	0
新兴县集成镇	323	1349	1231	860	1	1	281	2527
新兴县船江镇	550	944	934	750	1	1	0	0
新兴县里洞镇	696	1987	597	800	1	1	4	85
新兴县大江镇	195	955	361	498	1	1	11	334
新兴县天堂镇	3644	13413	3174	8470	3	3	260	2330
新兴县河头镇	404	2021	1141	540	1	1	1	5
新兴县力竹镇	1047	3697	1001	2645	1	1	53	1200
郁南县平台镇	484	2256	884	1697	1	1	12	65
郁南县桂墟镇	372	1516	802	370	2	2	8	54
郁南县罗顺镇	281	1459	459	893	1	1	10	78
郁南县通门镇	300	1500	860	1000	2	2	449	1486
郁南县建城镇	1264	4024	2169	3043	1	1	304	2279
郁南县宝珠镇	414	1490	470	324	1	1	64	542
郁南县罗旁镇	938	3770	989	3171	1	1	17	1295
郁南县大方镇	360	1500	502	890	1	1	82	430
郁南县大全镇	200	1000	490	700	1	1	7	40
郁南县千官镇	372	2607	1408	580	1	1	9	322
郁南县大湾镇	911	4871	1349	675	1	1	18	94

3—4—19 续表 37

名　　称	户　数（户）	人　口（人）	其中：非农业人口（人）	劳动力（人）	集贸市场个数（个）	其　中：综合市场个数（个）	企　业个　数（个）	企　业从　业人员数（人）
郁南县河口镇	476	3820	1427	1095	1	1	12	102
郁南县宋桂镇	1036	4006	933	2500	1	1	80	1800
郁南县东坝镇	649	3500	1252	1700	1	1	20	310
郁南县连滩镇	4803	13882	9693	1844	3	3	22	1844
郁南县历洞镇	820	1930	552	358	1	1	7	56
郁南县南江口镇	1520	5680	4210	3450	1	1	450	5120
云安县高村镇	586	986	717	542	1	1	465	2130
云安县白石镇	702	1007	743	678	1	1	183	1130
云安县镇安镇	939	1586	1273	789	1	1	696	4676
云安县富林镇	1075	1739	1430	915	1	1	630	3850
云安县托洞镇	847	1194	930	770	1	1	382	2210
云安县茶洞镇	771	1062	861	677	1	1	356	1820
云安县南盛镇	934	1250	973	833	1	1	263	1632
云安县达石镇	723	1261	1061	671	1	1	360	2600
罗定市罗镜镇	1365	3570	2570	2807	3	1	40	2470
罗定市太平镇	1136	1550	1550	820	2	2	0	0
罗定市分界镇	682	942	942	485	2	1	9	1245
罗定市新榕镇	298	1460	412	894	1	1	7	423
罗定市罗平镇	1479	6947	6947	3366	2	2	0	0
罗定市船步镇	2437	7205	7205	3400	3	3	120	2180
罗定市满塘镇	1210	3217	3217	1031	1	1	198	1580
罗定市苹塘镇	555	2038	1495	814	3	1	163	897
罗定市金鸡镇	468	728	728	500	1	1	3	60
罗定市围底镇	811	2959	1261	2063	3	2	21	1508
罗定市华石镇	1618	4621	4621	500	1	1	15	400
罗定市素龙镇	2880	7950	7950	7250	2	2	260	6860
罗定市附城镇	1322	3720	3170	5220	2	1	20	5952
罗定市双东镇	350	1561	661	984	1	1	17	720
罗定市林宾镇	791	1515	1160	885	2	1	15	168
罗定市新乐镇	456	610	320	496	5	2	11	382
罗定市黎少镇	949	1379	1379	906	2	1	0	0
罗定市生江镇	760	1156	1156	582	1	1	6	2583
罗定市连州镇	925	1782	1162	1453	2	2	18	106
罗定市泗纶镇	919	4010	2208	2919	1	1	23	670
罗定市都门镇	59	339	100	216	1	1	11	399
罗定市加益镇	360	1011	560	704	1	1	8	120
罗定市扶合镇	420	2160	620	850	1	1	143	2630

3－4－20 广西壮族自治区建制镇镇区主要指标

名 称	户 数（户）	人 口（人）	其中：非农业人口（人）	劳动力（人）	集贸市场个数（个）	其 中：综合市场个数（个）	企 业 个 数（个）	企 业 从 业 人员数（人）
南宁市金陵镇	2235	8272	3467	5124	2	1	4	266
南宁市那龙镇	978	2888	877	1198	2	1	2	31
南宁市坛洛镇	3074	12299	1222	7895	1	1	1	43
南宁市心圩镇	718	2254	1254	1500	1	1	15	415
南宁市沙井镇	745	2379	470	1246	1	1	8	162
南宁市三塘镇	542	1495	620	870	1	1	7	525
南宁市那洪镇	784	1889	415	1512	1	1	5	161
南宁市安吉镇	256	767	677	541	1	1	0	0
邕宁县良庆镇	1647	4459	3763	1358	1	1	3	800
邕宁县那马镇	596	2398	1231	1467	2	1	0	0
邕宁县那楼镇	902	3665	1788	1200	3	1	51	410
邕宁县刘圩镇	795	2952	385	1686	1	1	2	25
邕宁县南阳镇	884	2065	1300	320	3	2	4	56
邕宁县伶俐镇	1327	4910	3056	2515	1	1	9	274
邕宁县五塘镇	1529	6164	3296	3642	2	2	188	2655
邕宁县四塘镇	844	3017	936	1751	3	3	10	536
邕宁县昆仑镇	763	2578	1986	1530	1	1	4	68
邕宁县吴圩镇	1800	6400	4400	4100	3	2	16	350
邕宁县苏圩镇	1999	8420	3239	4459	3	1	17	320
邕宁县那陈镇	610	2346	397	1080	1	1	0	0
邕宁县大塘镇	1824	7948	3469	3662	2	2	0	0
邕宁县南晓镇	1448	5535	1326	3714	1	1	0	0
武鸣县城东镇	2144	6345	2823	5490	3	3	7	557
武鸣县太平镇	801	3457	947	2150	1	1	2	23
武鸣县双桥镇	2085	6391	2747	3515	2	1	8	480
武鸣县宁武镇	711	1840	1122	920	1	1	2	80
武鸣县罗圩镇	2161	6869	3470	3810	2	1	3	385
武鸣县仙湖镇	1786	6088	998	2057	1	1	0	0
武鸣县府城镇	1465	5843	3199	4090	2	1	1	15
武鸣县陆斡镇	1358	4907	3027	2944	1	1	2	16
武鸣县两江镇	818	2781	1746	1825	1	1	4	876
武鸣县罗波镇	2111	5726	1790	2950	1	1	2	43
柳州市郊区石碑坪镇	486	2363	1635	1288	1	1	29	232
柳州市郊区沙塘镇	320	771	446	382	1	1	4	209
柳州市郊区洛埠镇	564	2010	560	1767	1	1	7	127
柳州市郊区太阳村镇	867	2318	912	472	1	1	1	8
柳江县里雍镇	445	1125	1008	722	1	1	15	123
柳江县百朋镇	1631	5509	2838	2432	1	1	31	438
柳江县成团镇	1003	3500	1764	1417	1	1	2	30
柳江县洛满镇	1145	3858	1566	1334	1	1	4	202

3—4—20 续表 1

名　　称	户　数（户）	人　口（人）	其中：非农业人口（人）	劳动力（人）	集贸市场个数（个）	其　中：综合市场个数（个）	企　业个　数（个）	企　业从　业人员数（人）
柳江县三都镇	718	4344	1428	2375	1	1	179	1437
柳江县里高镇	758	2517	886	1528	1	1	81	650
柳江县进德镇	1386	3624	3093	2116	1	1	9	120
柳江县穿山镇	467	2195	1593	1500	3	3	30	246
柳江县土博镇	353	1248	1234	786	1	1	15	123
柳城县龙头镇	780	2115	913	924	1	1	8	321
柳城县太平镇	2097	7894	2384	3780	2	1	12	930
柳城县沙埔镇	1060	2980	851	890	1	1	1	30
柳城县东泉镇	2220	5620	5554	3000	1	1	25	270
柳城县凤山镇	2154	6271	3970	3612	1	1	27	1886
柳城县六塘镇	1262	2753	1402	656	1	1	1	20
柳城县冲脉镇	885	2687	888	1505	1	1	6	67
桂林市雁山区雁山镇	757	4056	2116	1846	1	1	8	153
桂林市雁山区柘木镇	628	2512	1262	2010	1	1	22	215
阳朔县白沙镇	891	3463	1463	1905	3	1	10	500
阳朔县福利镇	830	3023	1090	1663	1	1	75	600
阳朔县兴坪镇	536	1921	1316	1057	1	1	60	496
临桂县六塘镇	1946	7063	2583	4220	1	1	191	1531
临桂县会仙镇	1742	3890	1580	1625	1	1	3	30
临桂县庙岭镇	1329	3241	1304	1884	2	2	71	573
临桂县两江镇	734	4545	2639	1200	3	1	6	88
临桂县五通镇	2500	10000	3600	6000	2	2	262	2100
灵川县大圩镇	1624	4760	3037	3178	1	1	65	525
灵川县三街镇	1621	4890	1489	2505	1	1	46	374
灵川县定江镇	2655	6551	6103	3800	1	1	158	1264
灵川县潭下镇	1505	5215	2616	3145	2	1	71	570
灵川县九屋镇	533	1687	1144	1127	1	1	40	324
全州县黄沙河镇	1145	3560	2356	3250	1	1	35	2400
全州县庙头镇	512	3021	2021	1800	1	1	0	0
全州县文桥镇	1100	4132	1700	2113	1	1	7	112
全州县大西江镇	1420	3800	2300	3300	1	1	73	587
全州县龙水镇	918	2874	1059	1796	1	1	1	17
全州县才湾镇	710	2831	2249	2680	3	2	62	500
全州县绍水镇	2550	9200	6000	8000	2	2	306	2450
全州县石塘镇	973	3744	2744	1170	4	1	3	36
兴安县湘漓镇	214	891	630	493	2	2	3	100
兴安县界首镇	410	1328	1100	1237	2	2	125	1000
兴安县高尚镇	358	1147	632	778	1	1	60	485
兴安县严关镇	353	1268	391	930	1	1	37	301
兴安县溶江镇	1692	6977	5277	5000	1	1	31	250

3－4－20续表2

名　称	户数（户）	人口（人）	其中：非农业人口（人）	劳动力（人）	集贸市场个数（个）	其中：综合市场个数（个）	企业个数（个）	企业从业人员数（人）
永福县罗锦镇	741	4179	756	2100	2	1	106	850
永福县苏桥镇	400	1617	1308	715	1	1	9	204
永福县百寿镇	1560	6479	3149	2530	2	2	234	1876
灌阳县黄关镇	1221	4103	2403	2496	1	1	58	464
灌阳县文市镇	1112	3851	1780	2403	1	1	49	397
龙胜县瓢里镇	628	2065	1576	1058	1	1	13	300
龙胜县三门镇	683	2049	916	1153	1	1	102	822
平乐县沙子镇	1378	4560	3285	2740	2	1	173	1386
平乐县二塘镇	1820	6697	4236	4018	2	2	26	1360
平乐县同安镇	1549	6872	2616	4123	1	1	251	2008
平乐县源头镇	1262	5279	2622	3168	1	1	109	874
平乐县张家镇	1125	5962	2664	3577	2	1	178	1429
荔浦县东昌镇	655	2247	523	1652	1	1	10	92
荔浦县新坪镇	1335	4024	850	2950	1	1	4	105
荔浦县杜莫镇	1150	3672	643	2536	1	1	9	189
荔浦县青山镇	1210	4066	1260	2411	1	1	8	532
荔浦县修仁镇	1732	7987	2962	3355	1	1	25	510
荔浦县大塘镇	619	2536	561	893	1	1	5	216
荔浦县花篢镇	464	1554	958	1366	1	1	9	335
荔浦县双江镇	328	1019	410	788	1	1	5	278
荔浦县马岭镇	1752	7100	3300	3763	1	1	20	447
恭城县莲花镇	1923	7345	3437	2775	1	1	230	1841
恭城县栗木镇	1248	5712	2272	2886	1	1	164	1314
梧州市长洲镇	595	1933	933	1092	2	1	22	600
梧州市龙湖镇	1526	4928	3523	3420	2	1	12	580
梧州市城东镇	683	2891	240	1891	1	1	1	23
苍梧县大坡镇	987	6047	1538	2327	1	1	8	135
苍梧县广平镇	854	5300	3218	3821	1	1	28	910
苍梧县新地镇	505	2000	1838	2820	1	1	15	125
苍梧县人和镇	789	3721	2557	2015	1	1	16	135
苍梧县岭脚镇	600	1580	882	750	1	1	6	75
苍梧县倒水镇	1039	2930	1936	1570	2	2	29	238
苍梧县长发镇	340	1496	1361	652	1	1	19	372
苍梧县京南镇	500	2161	1210	95	1	1	3	65
苍梧县狮寨镇	252	1375	840	580	2	2	12	130
苍梧县旺甫镇	767	2081	1281	950	2	2	28	500
苍梧县夏郢镇	933	3743	2246	1905	1	1	175	1400
苍梧县六堡镇	427	1345	711	620	1	1	15	131
苍梧县梨埠镇	437	1230	941	2560	1	1	136	1090
苍梧县木双镇	413	2120	1243	1015	1	1	12	137

3—4—20 续表 3

名　　称	户　数（户）	人　口（人）	其中：非农业人口（人）	劳动力（人）	集贸市场个数（个）	其　中：综合市场个数（个）	企　业个　数（个）	企　业从　业人员数（人）
苍梧县石桥镇	810	3590	2304	1820	2	2	21	173
苍梧县沙头镇	760	2641	1611	1305	1	1	87	700
藤县潭东镇	337	1520	1050	585	1	1	10	135
藤县津北镇	232	1050	650	403	1	1	6	120
藤县南安镇	350	1580	1002	608	1	1	8	140
藤县埌南镇	630	2800	1500	1300	2	2	12	145
藤县同心镇	917	2917	647	1422	1	1	6	160
藤县金鸡镇	1513	4615	2182	2815	4	3	30	620
藤县新庆镇	1127	3435	610	1255	1	1	18	415
藤县象棋镇	275	1250	890	470	1	1	20	350
藤县岭景镇	243	1100	750	415	1	1	14	210
藤县天平镇	988	4535	1238	1755	3	3	16	260
藤县蒙江镇	2329	12910	11902	4308	2	2	52	1580
藤县和平镇	765	3510	2750	1320	2	2	8	150
藤县太平镇	3420	15300	13600	5750	5	4	92	2320
藤县古龙镇	328	1768	1360	1000	1	1	15	250
藤县东荣镇	319	1200	951	465	1	1	8	165
藤县大黎镇	275	1055	702	352	1	1	10	150
蒙山县西河镇	412	1233	633	505	1	1	0	0
蒙山县新圩镇	947	3915	823	2500	1	1	2	50
蒙山县文圩镇	551	1244	1044	2100	1	1	131	1050
蒙山县黄村镇	466	2453	702	1423	1	1	51	412
蒙山县陈塘镇	601	2430	1321	806	1	1	58	464
岑溪县樟木镇	2025	9779	3112	3700	1	1	11	1141
岑溪县马路镇	1709	8252	1680	2000	1	1	175	1400
岑溪县南渡镇	1784	5771	3826	4828	1	1	201	3177
岑溪县昙容镇	917	3242	855	1346	1	1	7	380
岑溪县水汶镇	2119	7251	3290	4350	2	2	276	2208
岑溪县大隆镇	799	2660	972	600	1	1	25	200
岑溪县梨木镇	520	3530	1153	500	1	1	0	0
岑溪县大业镇	1157	5494	810	430	1	1	7	60
岑溪县筋竹镇	436	1200	800	1200	1	1	87	700
岑溪县诚谏镇	300	1000	560	400	1	1	31	250
岑溪县归义镇	2261	9150	2629	4500	1	1	3	150
岑溪县糯垌镇	1385	5536	2059	2781	1	1	222	1782
岑溪县安平镇	600	1400	1120	500	1	1	25	200
岑溪县三堡镇	1100	3000	1200	450	1	1	18	150
岑溪县波塘镇	702	3309	2140	1032	2	2	66	532
北海市海城区涠洲镇	590	1948	1525	859	1	1	38	310
北海市海城区靖海镇	1989	6728	3523	3236	1	1	252	2020

3—4—20 续表 4

名　称	户　数（户）	人　口（人）	其中：非农业人口（人）	劳动力（人）	集贸市场个数（个）	其　中：综合市场个数（个）	企　业个　数（个）	企　业从　业人员数（人）
北海市海城区驿马镇	2139	7488	4680	2054	3	3	3	56
北海市银海区侨港镇	2900	12258	2152	6853	1	1	775	6200
北海市银海区咸田镇	790	3249	45	2020	1	1	200	1600
北海市银海区高德镇	20	90	90	90	1	1	0	0
北海市银海区福成镇	3696	11197	7800	7250	1	1	150	1800
北海市银海区西塘镇	95	470	450	280	1	1	0	0
北海市铁山港区南康镇	2295	8772	8448	4362	3	2	9	316
北海市铁山港区营盘镇	1479	6885	2275	3266	1	0	5	77
北海市铁山港区兴港镇	157	644	234	241	1	1	7	87
合浦县党江镇	754	2848	2648	855	1	1	69	556
合浦县西场镇	2818	13595	6387	6471	4	1	301	2412
合浦县沙岗镇	949	5137	2994	2930	4	2	205	1644
合浦县乌家镇	159	926	796	734	2	1	41	330
合浦县闸口镇	850	3747	3447	2212	1	1	168	1347
合浦县公馆镇	8130	41500	15000	29860	3	2	303	2430
合浦县白沙镇	1050	6785	6046	3951	6	1	284	2276
合浦县山口镇	802	3523	2576	2460	2	2	172	1378
合浦县沙田镇	958	4152	1518	684	1	1	46	370
合浦县石湾镇	523	3200	2900	2020	2	1	105	1234
合浦县石康镇	1777	8964	6839	5200	2	2	320	3200
合浦县常乐镇	1300	7900	5900	5500	5	1	309	2476
防城港市港口区企沙镇	2446	9177	8692	5894	2	1	20	1825
防城港市港口区光坡镇	298	1194	1105	786	1	1	7	254
防城港市港口区公车镇	1607	5772	265	1377	1	1	70	560
防城港市防城区那良镇	769	2835	2435	1040	1	1	97	782
防城港市防城区大录镇	770	2023	1829	1715	1	1	7	289
防城港市防城区峒中镇	258	1003	650	58	2	1	0	4
防城港市防城区华石镇	612	2638	882	1650	1	1	48	560
防城港市防城区那梭镇	758	3180	2780	1749	2	1	9	257
上思县在妙镇	1013	4130	1850	1614	1	1	70	562
东兴市江平镇	1500	6300	3864	1543	1	1	62	496
东兴市马路镇	242	815	617	481	1	1	4	150
钦州市钦南区康熙岭镇	719	2133	1032	716	1	1	52	416
钦州市钦南区黄屋屯镇	1173	4210	2740	1828	2	2	3	112
钦州市钦南区尖山镇	120	480	270	250	1	1	8	70
钦州市钦南区龙门港镇	705	2312	853	1531	1	1	29	238
钦州市钦南区犀牛脚镇	741	3639	3386	3405	1	1	4	78
钦州市钦南区久隆镇	585	2516	1563	1420	1	1	112	896
钦州市钦南区东场镇	318	901	490	376	1	1	10	99
钦州市钦南区那丽镇	1281	4886	2970	2872	1	1	15	126

3—4—20 续表 5

名　　称	户　数（户）	人　口（人）	其中:非农业人口（人）	劳动力（人）	集贸市场个数（个）	其　中:综合市场个数（个）	企　业个　数（个）	企　业从　业人员数（人）
钦州市钦南区那彭镇	813	2520	2147	1885	4	2	159	1275
钦州市钦南区那思镇	380	1525	673	260	1	1	0	0
钦州市钦南区大番坡镇	532	2350	1202	1567	1	1	7	79
钦州市钦南区沙埠镇	514	1170	1073	643	1	1	0	0
钦州市钦北区大垌镇	710	3550	2010	2485	2	2	0	0
钦州市钦北区平吉镇	1570	4874	4718	2371	3	2	206	1650
钦州市钦北区青塘镇	769	2912	1661	2521	1	1	234	1878
钦州市钦北区小董镇	3288	9283	8825	9972	5	0	395	3162
钦州市钦北区板城镇	903	3497	1297	1441	3	3	95	760
钦州市钦北区那香镇	178	456	452	172	1	1	14	117
钦州市钦北区那蒙镇	903	2652	1577	1015	3	2	7	61
钦州市钦北区长滩镇	510	2523	907	1600	2	2	102	818
钦州市钦北区新棠镇	1103	4105	875	2550	1	0	7	60
钦州市钦北区大直镇	950	3382	3289	1936	4	0	8	652
钦州市钦北区贵台镇	392	1429	1192	728	1	0	48	390
钦州市钦北区大寺镇	1677	5828	5468	4057	5	2	280	2240
灵山县三海镇	700	2500	1457	2200	1	1	225	1800
灵山县新圩镇	285	1961	1578	1000	1	1	0	0
灵山县丰塘镇	915	2369	1209	1760	5	1	140	1120
灵山县平山镇	607	2045	1948	1840	1	1	5	90
灵山县石塘镇	1041	4580	1523	531	2	1	30	243
灵山县佛子镇	1163	5457	1604	3100	1	1	21	204
灵山县烟墩镇	730	3508	800	3700	1	1	173	1384
灵山县平南镇	302	1782	1780	2210	3	2	2	230
灵山县檀圩镇	1079	4066	3426	2913	2	2	11	1208
灵山县那隆镇	1086	3475	2937	2545	1	1	10	1400
灵山县三隆镇	1530	6125	1350	2500	1	1	135	1082
灵山县陆屋镇	2047	9774	8072	6450	1	1	135	1085
灵山县旧州镇	1242	3072	2189	1885	1	1	168	1350
灵山县太平镇	900	5600	3033	3620	1	1	4	165
灵山县沙坪镇	693	4114	3101	2100	1	1	177	1420
灵山县武利镇	2495	7645	4698	4970	7	4	200	1605
灵山县文利镇	314	1405	1096	857	1	1	5	130
灵山县伯劳镇	1560	4751	2436	2622	3	2	152	1216
浦北县泉水镇	936	2813	1974	1265	1	1	57	459
浦北县石冲镇	612	2673	1171	1317	1	1	78	630
浦北县安石镇	415	1398	1047	673	1	1	39	315
浦北县张黄镇	1759	6807	5821	3812	6	1	341	2731
浦北县大成镇	223	1004	998	810	1	1	36	289
浦北县白石水镇	896	2780	2092	1000	2	1	78	630

3－4－20续表6

名　　称	户　数（户）	人　口（人）	其中：非农业人口（人）	劳动力（人）	集贸市场个数（个）	其　中：综合市场个数（个）	企　业个　数（个）	企　业从　业人员数（人）
浦北县北通镇	1425	4987	2320	1230	1	1	105	840
浦北县三合镇	348	1510	1010	755	1	1	51	412
浦北县龙门镇	906	3695	3054	2200	2	2	200	1600
浦北县江城镇	100	400	300	200	1	1	0	0
浦北县福旺镇	965	3832	2760	2108	1	1	138	1105
浦北县寨圩镇	1686	6773	5773	3905	1	1	350	2805
浦北县乐民镇	792	4200	2017	2430	1	1	218	1750
浦北县六垠镇	510	2500	1645	1990	1	1	113	910
浦北县平睦镇	180	1234	734	672	1	1	52	420
浦北县官垌镇	613	1719	1149	516	1	1	39	312
贵港市覃塘区东龙镇	1992	8690	2384	3406	1	1	167	1336
贵港市覃塘区覃塘镇	3438	10669	4619	5804	2	1	252	2017
贵港市覃塘区三里镇	1598	7998	1954	3987	1	1	42	341
贵港市覃塘区五里镇	1333	6418	456	3520	1	1	60	480
贵港市覃塘区黄练镇	1351	4850	1050	2100	1	1	136	1088
贵港市覃塘区石卡镇	2663	8768	2075	4512	1	1	256	2052
贵港市港北区港城镇	72	216	210	192	0	0	0	0
贵港市港北区大圩镇	2748	11632	856	2163	7	4	188	1511
贵港市港北区庆丰镇	292	1382	1201	518	1	1	25	203
贵港市港南区木梓镇	1315	6210	1499	3405	1	1	5	47
贵港市港南区木格镇	1878	5840	2413	3297	3	2	231	1848
贵港市港南区湛江镇	710	3560	1386	1962	1	1	6	82
贵港市港南区桥圩镇	4707	18058	7026	11264	4	4	770	6167
贵港市港南区八塘镇	904	2403	1663	3890	2	2	34	278
贵港市港南区东津镇	850	4000	2000	3000	2	2	2	50
平南县平山镇	785	3443	718	2166	1	1	141	1379
平南县寺面镇	1260	6300	821	1500	1	1	134	1079
平南县六陈镇	1200	5200	4000	2000	1	1	175	1400
平南县大新镇	465	3245	1935	2435	2	2	105	1585
平南县大安镇	2667	12656	10574	10150	3	3	929	7435
平南县武林镇	1050	5500	1900	2500	1	1	125	1100
平南县大坡镇	640	3000	400	800	1	1	23	190
平南县大洲镇	300	2000	500	300	1	1	26	210
平南县镇隆镇	400	1100	500	700	2	2	35	350
平南县上渡镇	1729	7334	268	546	1	1	29	232
平南县环城镇	720	2312	2000	1100	1	1	11	800
平南县丹竹镇	833	3264	2719	1700	2	1	122	980
平南县安怀镇	2400	11644	2600	5890	1	1	81	650
平南县官城镇	750	3500	1900	2100	1	1	81	650
平南县思旺镇	969	4614	3383	3750	3	2	331	2650

3—4—20续表 7

名　　称	户　数（户）	人　口（人）	其中：非农业人口（人）	劳动力（人）	集贸市场个数（个）	其　中：综合市场个数（个）	企　业个　数（个）	企　业从　业人员数（人）
平南县大鹏镇	330	1650	580	1100	1	1	23	190
平南县同和镇	500	2500	500	1300	1	1	75	600
桂平市木乐镇	3683	9652	3080	6430	4	3	359	2875
桂平市木圭镇	1570	7540	4870	4560	1	1	185	2560
桂平市石咀镇	733	4730	4648	2972	2	0	292	2337
桂平市油麻镇	255	1650	68	650	1	1	10	80
桂平市社坡镇	1127	5153	1860	1950	2	1	15	183
桂平市罗秀镇	1323	6787	1089	2579	1	1	10	120
桂平市麻垌镇	1100	3880	3128	1850	1	1	3	340
桂平市社步镇	585	2617	879	2268	3	3	206	1649
桂平市下湾镇	722	3488	2836	1242	1	1	1	10
桂平市木根镇	1283	6400	1502	2996	1	1	12	213
桂平市中沙镇	240	1200	856	230	1	1	10	98
桂平市中和镇	631	2813	573	1268	1	1	0	0
桂平市大洋镇	40	175	159	750	3	2	1	8
桂平市大湾镇	1010	5140	1351	2798	1	1	10	1300
桂平市白沙镇	1014	4441	4281	1773	1	1	126	1010
桂平市石龙镇	1668	6863	2858	1521	4	4	3	30
桂平市蒙圩镇	1330	4623	4023	2386	1	1	221	1771
桂平市西山镇	1402	3479	3375	1774	1	1	0	0
桂平市南木镇	1089	5818	2498	2838	2	2	0	0
桂平市江口镇	2330	11132	7348	4100	2	2	60	3100
桂平市金田镇	2800	7500	6360	2200	6	5	200	1600
桂平市紫荆镇	350	1210	560	739	1	1	0	5
玉林市南江镇	280	1466	966	950	3	2	20	200
玉林市城西镇	1026	4105	1033	2360	1	1	9	561
玉林市名山镇	300	1076	538	327	1	1	0	0
玉林市仁东镇	938	3752	1869	2033	1	1	35	660
玉林市樟木镇	1866	5463	1928	3005	1	1	1	30
玉林市成均镇	524	2100	620	1354	1	1	30	250
玉林市新桥镇	1796	8725	1992	3700	2	2	234	1878
玉林市城北镇	747	2501	134	1378	1	1	31	250
玉林市茂林镇	1450	5600	1030	3750	1	1	18	1800
玉林市沙田镇	408	2174	1366	1196	1	1	13	944
兴业县城隍镇	1360	4244	2408	3000	2	2	300	2500
兴业县大平山镇	670	2500	800	1300	1	1	37	300
兴业县蒲塘镇	1901	7039	1986	3620	1	1	128	1026
兴业县北市镇	1000	4600	1075	2300	2	2	232	1863
兴业县葵阳镇	1200	4850	2400	2200	1	1	6	130
兴业县沙塘镇	1041	4164	1388	1484	5	5	18	150

3—4—20续表8

名　　称	户　数（户）	人　口（人）	其中：非农业人口（人）	劳动力（人）	集贸市场个数（个）	其　中：综合市场个数（个）	企　业个　数（个）	企　业从　业人员数（人）
兴业县山心镇	1320	5216	1205	1765	1	1	100	1165
容县杨梅镇	1205	6627	2303	4965	1	1	70	1156
容县黎村镇	1037	5873	2206	3608	2	1	65	1044
容县自良镇	735	2826	2142	1413	1	1	47	646
容县灵山镇	835	4617	1044	2955	1	1	52	1170
容县六王镇	715	4621	1085	3560	1	1	50	710
容县杨村镇	850	4610	1364	3187	1	1	62	761
容县县底镇	833	3398	1367	1815	1	1	48	687
容县松山镇	629	3470	1298	1983	1	1	49	657
容县石头镇	656	2701	1578	1468	2	1	63	790
容县罗江镇	780	2712	479	1988	1	1	45	598
容县容厢镇	1456	8532	4870	7800	1	1	74	3797
陆川县马坡镇	2100	12137	3884	1460	1	1	12	344
陆川县乌石镇	1640	9350	3346	4138	3	1	68	1850
陆川县良田镇	1063	5755	2412	4892	1	1	55	445
陆川县米场镇	1979	5792	2377	3162	1	1	254	2037
陆川县平乐镇	856	3850	1136	1200	1	1	3	412
陆川县沙坡镇	1820	4954	3715	2000	1	1	12	480
陆川县大桥镇	784	3989	1457	1516	5	2	9	226
陆川县清湖镇	1200	6000	1200	3500	1	1	50	400
陆川县古城镇	988	5000	1800	2010	2	2	140	1120
陆川县珊罗镇	2123	10201	1723	6795	1	1	16	908
陆川县温泉镇	1200	7500	1185	5260	2	1	539	4314
博白县沙河镇	1384	6634	2297	3715	1	1	7	520
博白县东平镇	476	2714	1710	1574	2	2	6	890
博白县龙潭镇	1368	7248	3619	4276	2	2	11	2395
博白县凤山镇	570	3675	1859	2132	1	1	4	1211
博白县文地镇	1061	6788	2247	5170	2	2	12	1895
博白县英桥镇	597	4069	1072	2547	2	2	4	420
博白县水鸣镇	590	3203	703	1858	4	2	3	610
博白县松旺镇	519	2360	1293	1369	2	2	3	260
博白县那林镇	410	2286	914	1326	2	2	2	210
博白县江宁镇	638	3233	1069	1907	1	1	4	820
博白县三滩镇	629	2986	700	1732	2	2	3	280
博白县亚山镇	603	2939	1820	1734	1	1	5	160
博白县旺茂镇	660	3450	1590	2002	3	3	6	510
博白县顿谷镇	406	1971	640	1144	2	2	3	82
博白县宁潭镇	480	2400	1479	1416	2	2	4	520
博白县新田镇	479	2520	610	1487	2	2	3	220
博白县那卜镇	432	2142	550	1240	1	1	2	130

3—4—20 续表 9

名　称	户　数（户）	人　口（人）	其中：非农业人口（人）	劳动力（人）	集贸市场个数（个）	其　中：综合市场个数（个）	企　业个　数（个）	企　业从　业人员数（人）
博白县城厢镇	555	2946	808	1738	1	1	5	608
博白县菱角镇	460	2392	935	1385	2	2	2	110
博白县沙陂镇	530	3565	1310	2300	1	1	4	180
博白县双凤镇	320	1660	310	920	1	1	2	110
博白县双旺镇	441	2525	650	1463	1	1	2	130
博白县三育镇	430	2200	480	1276	1	1	2	126
博白县黄凌镇	410	2070	361	1200	1	1	2	125
博白县大利镇	372	1828	300	1060	2	2	2	142
博白县合江镇	458	2639	460	1531	1	1	3	110
博白县绿珠镇	405	2158	388	1273	1	1	2	76
博白县大垌镇	308	1850	364	1073	1	1	2	132
博白县大坝镇	325	1664	320	948	1	1	2	120
北流市大伦镇	826	3138	1569	3019	1	1	141	1130
北流市民乐镇	922	3504	1752	8701	2	2	816	6913
北流市新墟镇	820	4012	2112	5301	1	1	439	3512
北流市隆盛镇	1464	6006	2400	7211	2	2	510	4086
北流市六靖镇	1503	5501	2280	7747	1	1	385	3086
北流市民安镇	813	3187	742	3834	1	1	390	3122
北流市西垠镇	1078	4209	825	5724	1	1	189	1513
北流市塘岸镇	924	3800	1202	5027	1	1	300	2404
北流市白马镇	924	3903	1501	3177	1	1	58	471
北流市清湾镇	1358	4432	1041	4662	1	1	97	783
北流市新丰镇	1140	3090	1207	3649	1	1	122	978
北流市平政镇	1452	5608	2142	6678	1	1	284	2274
北流市石窝镇	869	3502	1023	3655	1	1	145	1162
北流市六麻镇	1530	6126	1446	5713	1	1	172	1381
北流市扶新镇	460	1840	507	1491	1	1	111	895
北流市山围镇	572	2108	337	2354	1	1	155	1246
北流市大里镇	1050	4520	347	4530	1	1	291	2334
北流市清水口镇	780	3354	446	3533	1	1	269	2156
北流市大坡外镇	860	3442	723	3533	1	1	111	895
北流市新荣镇	540	2376	548	3265	1	1	206	1650
北流市华东镇	268	1099	294	1415	1	1	128	1026
北流市沙垌镇	398	1791	781	2116	1	1	109	876
凭祥市友谊镇	52	220	40	45	1	1	2	33
凭祥市白云镇	33	115	101	105	1	1	2	18
凭祥市上石镇	367	1121	557	762	1	1	1	12
凭祥市夏石镇	1100	4500	2500	2718	1	1	184	1479
横县峦城镇	1785	5732	3822	3206	3	2	119	952
横县南乡镇	1058	4310	4127	2069	1	1	1	1050

3－4－20 续表 10

名　　称	户　数（户）	人　口（人）	其中：非农业人口（人）	劳动力（人）	集贸市场个数（个）	其　中：综合市场个数（个）	企　业个　数（个）	企　业从　业人员数（人）
横县六景镇	1292	4693	3441	1300	1	1	0	5
横县百合镇	2587	10097	4279	6580	1	1	6	909
横县附城镇	1200	5500	1100	1300	4	2	10	300
横县那阳镇	1200	4919	462	3000	1	1	18	150
横县莲塘镇	421	1526	372	450	1	1	0	0
横县新福镇	702	2848	1736	1650	1	1	5	140
横县良圻镇	819	2201	1816	1453	1	1	23	189
横县石塘镇	655	3000	1800	1930	1	1	82	662
横县灵竹镇	615	2423	731	1327	1	1	28	231
横县陶圩镇	2087	10695	2640	6417	1	1	376	3010
横县校椅镇	1170	4872	3358	2350	4	4	11	419
横县云表镇	1114	6627	1531	4268	3	3	73	586
横县马岭镇	136	558	456	250	1	1	2	150
横县平马镇	318	1367	853	308	1	1	0	0
宾阳县宾州镇	1954	8108	4455	3602	2	1	25	200
宾阳县黎塘镇	4000	16000	12000	5352	8	6	200	2000
宾阳县甘棠镇	1405	4462	2256	2000	4	3	107	858
宾阳县思陇镇	925	4403	1003	1998	1	1	20	160
宾阳县新桥镇	3500	15000	2085	7200	2	1	84	1274
宾阳县新宾镇	200	800	358	300	1	1	22	180
宾阳县新圩镇	621	1745	684	1083	1	1	8	157
宾阳县邹圩镇	840	5190	1480	2400	1	1	24	195
宾阳县大桥镇	1596	5188	3084	3110	3	1	3	100
宾阳县武陵镇	582	2884	308	918	4	4	21	198
宾阳县中华镇	550	2100	200	350	1	1	4	250
宾阳县古辣镇	1136	5000	2000	3000	1	1	125	1000
宾阳县露圩镇	561	2454	547	1923	1	1	109	875
宾阳县黎明镇	150	500	200	300	1	1	2	20
宾阳县和吉镇	1000	3500	1500	2000	1	1	3	451
宾阳县洋桥镇	255	1015	482	610	1	1	45	360
上林县明亮镇	714	2550	782	1335	1	1	15	180
上林县巷贤镇	710	3100	950	1520	1	1	35	280
上林县白圩镇	2042	8720	3459	4650	1	1	78	630
上林县三里镇	578	2456	1210	1630	1	1	15	218
上林县乔贤镇	544	2722	1130	1088	1	1	81	650
上林县西燕镇	1348	4397	2138	2956	1	1	39	312
隆安县乔建镇	1523	5838	1672	3352	2	1	71	574
隆安县那桐镇	1541	5682	2330	3160	1	1	265	2121
隆安县雁江镇	907	3485	1612	2780	1	1	0	7
隆安县南圩镇	1010	3137	2337	2010	3	2	2	156

3—4—20续表11

名　　称	户　数（户）	人　口（人）	其中：非农业人口（人）	劳动力（人）	集贸市场个数（个）	其　中：综合市场个数（个）	企　业个　数（个）	企　业从　业人员数（人）
隆安县丁当镇	923	4725	1680	2795	1	1	7	330
马山县周鹿镇	1586	3736	1852	523	1	1	10	86
马山县百龙滩镇	350	1750	674	978	1	1	41	330
马山县古零镇	1642	5814	1572	3244	1	1	14	115
马山县金钗镇	1102	3600	1261	1740	1	1	23	190
扶绥县渠黎镇	963	3805	1900	1200	1	1	91	732
扶绥县渠旧镇	1127	3243	543	1254	1	1	33	270
扶绥县柳桥镇	852	2556	1036	596	1	1	54	436
扶绥县东门镇	1817	8600	3200	2800	2	2	50	406
扶绥县山圩镇	423	1689	1000	860	2	1	75	603
扶绥县中东镇	820	3383	1845	2024	2	1	41	360
扶绥县东罗镇	839	2000	1777	500	1	1	35	285
崇左县新和镇	863	4071	1986	2805	1	1	111	889
崇左县濑湍镇	260	1409	1184	862	1	1	33	267
崇左县江州镇	1228	4914	1495	1448	2	1	132	1057
崇左县左州镇	825	3550	1104	2414	2	2	62	499
崇左县那隆镇	649	2706	1221	1894	1	1	110	887
崇左县驮卢镇	1760	5744	4596	2924	1	1	192	1538
大新县全茗镇	1100	4746	965	1649	1	1	0	6
大新县雷平镇	1445	5862	1625	2790	2	2	288	2310
大新县硕龙镇	705	2468	740	1234	1	1	1	12
大新县下雷镇	434	2024	452	1008	2	2	20	200
天等县龙茗镇	539	2425	1050	1625	2	1	6	98
天等县进结镇	826	3715	1023	2489	1	1	10	190
天等县向都镇	620	2786	527	1867	1	1	1	13
宁明县明江镇	863	3204	1779	2502	2	1	150	1205
宁明县海渊镇	2337	8500	5327	4950	1	1	462	3700
宁明县爱店镇	823	3081	409	1100	2	1	8	70
龙州县下冻镇	607	2422	670	554	1	1	37	300
龙州县水口镇	474	1447	1406	423	1	1	20	180
龙州县金龙镇	241	1315	547	782	1	1	25	200
龙州县响水镇	355	1422	1151	853	1	1	31	255
鹿寨县平山镇	893	2938	2019	1616	1	1	28	224
鹿寨县中渡镇	1958	6378	4777	3013	2	2	312	2500
鹿寨县雒容镇	3051	11248	9655	7874	2	2	11	2075
鹿寨县寨沙镇	1205	3640	3360	1086	1	1	8	290
象州县石龙镇	1777	4678	4187	2713	1	1	182	1460
象州县运江镇	443	2847	2518	1592	1	1	2	151
象州县寺村镇	2065	8260	1937	4643	1	0	314	2514
象州县中平镇	591	1607	1407	1700	1	1	0	0

3－4－20续表12

名　　称	户　数（户）	人　口（人）	其中：非农业人口（人）	劳动力（人）	集贸市场个数（个）	其　中：综合市场个数（个）	企　业个　数（个）	企　业从　业人员数（人）
象州县罗秀镇	436	1608	1519	912	1	1	39	316
武宣县桐岭镇	1715	5403	1325	2685	2	2	23	297
武宣县通挽镇	1346	6059	949	212	1	1	6	128
武宣县东乡镇	732	2131	987	998	1	1	6	136
武宣县三里镇	1245	5128	3451	2864	1	1	7	315
武宣县二塘镇	964	4340	2630	2018	1	1	6	123
武宣县黄茆镇	620	2908	1318	1657	2	2	50	450
来宾县凤凰镇	518	2118	2075	1036	1	1	51	408
来宾县良江镇	1632	4877	1630	1100	3	3	81	649
来宾县小平阳镇	2023	8092	1711	3808	2	2	206	1655
来宾县迁江镇	1965	12000	5110	910	3	3	85	683
来宾县石陵镇	240	966	320	610	1	1	0	0
来宾县平阳镇	344	1386	625	973	1	1	0	0
融安县浮石镇	1109	3225	2351	1620	1	1	4	814
融安县泗顶镇	210	900	470	320	2	2	0	0
融安县大良镇	430	1101	900	747	1	1	78	630
三江县丹洲镇	240	1202	902	578	1	1	2	80
三江县斗江镇	378	950	850	120	1	1	5	100
融水县和睦镇	632	2776	2387	1200	1	1	93	750
融水县三防镇	507	1457	1257	870	1	1	0	0
融水县怀宝镇	345	1622	656	795	1	1	1	200
金秀县桐木镇	1660	5247	4019	3029	2	1	174	1392
金秀县头排镇	500	3406	1828	3339	1	1	0	1080
忻城县大塘镇	863	3405	995	2059	2	1	21	570
忻城县思练镇	818	4908	2098	2665	2	1	11	529
忻城县红渡镇	310	1550	628	982	1	1	15	281
忻城县古蓬镇	233	785	566	606	2	1	25	439
昭平县文竹镇	59	410	400	240	1	1	1	10
昭平县黄姚镇	555	2675	458	1255	1	1	6	119
昭平县富罗镇	1167	5009	1219	1620	1	1	2	25
昭平县北陀镇	1300	6500	1386	1105	1	1	4	272
昭平县马江镇	1007	2808	2500	2508	1	1	50	651
昭平县古袍镇	1146	4610	1656	1100	1	1	3	40
昭平县五将镇	430	2575	2403	1761	2	1	5	47
贺州市步头镇	254	1016	458	470	1	1	36	293
贺州市莲塘镇	245	836	747	384	1	1	25	206
贺州市大宁镇	246	1129	770	496	1	1	21	168
贺州市南乡镇	331	1457	914	630	1	1	38	304
贺州市开山镇	159	723	443	328	1	1	23	185
贺州市里松镇	295	1328	972	603	1	1	49	398

3－4－20 续表 13

名　　称	户　数（户）	人　口（人）	其中：非农业人口（人）	劳动力（人）	集贸市场个数（个）	其　中：综合市场个数（个）	企　业个　数（个）	企　业从　业人员数（人）
贺州市鹅塘镇	310	1397	983	615	1	1	48	385
贺州市沙田镇	527	2374	1836	1052	1	1	24	194
贺州市水口镇	149	672	334	282	1	1	23	185
贺州市灵峰镇	1330	6595	202	2965	1	1	4	34
贺州市仁义镇	139	627	471	276	1	1	23	187
贺州市铺门镇	389	1752	1301	786	1	1	55	447
贺州市桂岭镇	1585	8122	2204	3256	2	1	156	1249
贺州市黄田镇	1014	4571	3294	2056	1	1	20	466
贺州市公会镇	2035	12185	2357	5117	1	1	265	2120
贺州市信都镇	1689	7435	6648	3271	1	1	35	287
贺州市贺街镇	1718	5426	4830	2442	2	2	68	1237
钟山县城厢镇	306	884	762	550	1	0	27	220
钟山县羊头镇	164	928	618	425	1	1	0	0
钟山县同古镇	519	1503	649	709	1	1	27	220
钟山县回龙镇	309	706	550	500	1	1	0	0
钟山县石龙镇	280	1410	630	8500	1	1	0	0
钟山县凤翔镇	316	1276	524	725	3	1	1	18
钟山县公安镇	8172	47000	1548	18721	2	1	12	293
钟山县红花镇	364	2186	588	1286	1	1	18	150
钟山县清塘镇	250	1750	1000	2082	1	1	46	374
钟山县燕塘镇	387	1625	412	828	1	1	1	15
钟山县望高镇	1510	5000	2100	1800	2	1	0	0
钟山县珊瑚镇	1020	4417	250	1951	1	1	132	1062
钟山县西湾镇	165	815	788	1468	3	3	62	500
钟山县英家镇	610	3240	185	1545	1	1	5	47
富川县白沙镇	486	1552	489	1135	1	1	80	645
富川县莲山镇	557	1467	1004	825	1	1	36	295
富川县古城镇	403	935	730	405	1	1	29	235
富川县福利镇	479	1487	789	994	1	1	30	244
富川县麦岭镇	554	2493	791	1396	1	1	41	328
富川县葛坡镇	382	1482	656	920	1	1	26	210
富川县城北镇	586	1802	576	1345	1	1	57	463
富川县朝东镇	846	2432	1845	1326	1	1	103	824
百色市阳圩镇	612	1612	591	485	1	1	39	312
百色市四塘镇	435	3008	125	1103	1	1	30	246
百色市龙川镇	434	2860	974	651	1	1	48	387
田阳县那坡镇	896	2505	1249	1443	1	1	125	1000
田阳县坡洪镇	408	1561	803	766	1	1	20	166
田阳县那满镇	834	3229	865	2179	1	1	78	630
田阳县百育镇	479	1214	1054	1225	1	1	103	825

3—4—20续表14

名　　称	户　数（户）	人　口（人）	其中：非农业人口（人）	劳动力（人）	集贸市场个数（个）	其　中：综合市场个数（个）	企　业个　数（个）	企　业从　业人员数（人）
田阳县玉凤镇	855	2820	514	1782	1	1	50	400
田阳县头塘镇	840	3519	25	2455	1	1	60	486
田东县祥周镇	1080	4867	1423	2724	1	1	181	1450
田东县林逢镇	824	3233	710	1704	1	1	172	1380
田东县思林镇	1144	4655	3244	2115	1	1	188	1505
田东县江城镇	713	3574	433	2914	1	1	83	670
田东县朔良镇	417	2077	281	1013	1	1	25	206
平果县马头镇	1545	5669	943	3657	3	3	112	898
平果县榜圩镇	1422	6521	2425	596	1	1	63	506
平果县旧城镇	820	3818	767	560	1	1	58	467
平果县坡造镇	1026	2512	705	1207	1	1	113	906
平果县四塘镇	837	3714	241	2146	1	1	34	276
平果县新安镇	1409	5612	587	1438	1	1	8	201
平果县果化镇	502	1216	1125	822	1	1	78	629
平果县太平镇	1577	6521	527	2607	1	1	122	980
德保县隆桑镇	422	1615	135	805	1	1	10	210
德保县敬德镇	527	2345	84	1028	1	1	76	610
靖西县化垌镇	511	2550	639	1326	1	1	0	0
靖西县湖润镇	1505	4781	1735	2677	1	1	5	68
靖西县安德镇	780	3635	533	1999	1	1	0	4
靖西县龙临镇	698	3674	808	1910	1	1	0	0
靖西县渠洋镇	217	814	217	423	1	1	0	0
靖西县岳圩镇	214	961	223	509	1	1	0	0
靖西县龙帮镇	350	1350	451	783	1	1	7	58
那坡县平孟镇	336	1736	944	950	1	1	3	30
凌云县逻楼镇	426	2016	858	600	1	1	22	180
乐业县甘田镇	425	1726	458	784	1	1	20	167
田林县旧州镇	729	3201	935	1741	1	1	155	1245
田林县定安镇	866	3143	615	1811	1	1	48	388
田林县六隆镇	680	2865	395	1555	1	1	12	102
隆林县桠杈镇	300	1800	1142	980	1	1	35	400
隆林县天生桥镇	1980	8910	2492	5340	2	1	1	350
西林县古障镇	205	887	307	399	2	2	9	80
河池市东江镇	111	600	100	248	1	1	2	28
河池市六墟镇	586	2887	769	1800	1	1	5	586
河池市六甲镇	780	3120	1150	1872	2	2	139	1112
河池市河池镇	1103	3744	1369	2328	1	1	92	742
河池市拔贡镇	310	1335	858	816	1	1	0	0
河池市九墟镇	641	2565	1059	1710	1	1	6	290
宜州市三岔镇	1196	3256	1865	707	1	1	12	200

3－4－20续表15

名　　称	户　数（户）	人　口（人）	其中：非农业人口（人）	劳动力（人）	集贸市场个数（个）	其　中：综合市场个数（个）	企　业个　数（个）	企　业从　业人员数（人）
宜州市洛西镇	478	1832	875	987	2	1	1	31
宜州市石别镇	1062	4389	652	2750	1	1	8	65
宜州市北山镇	374	880	616	410	1	1	1	40
宜州市怀远镇	900	2658	2458	2100	4	2	183	1470
宜州市德胜镇	2300	8401	5282	3979	2	2	8	300
罗城县龙岸镇	855	3316	2497	2524	1	1	225	1800
罗城县黄金镇	1035	3866	1509	2238	1	1	12	96
罗城县小长安镇	668	3015	1709	1413	1	1	82	658
罗城县桥头镇	256	1084	356	675	1	1	51	414
罗城县四把镇	601	1943	891	1392	1	1	112	900
罗城县天河镇	715	1874	1135	1082	1	1	100	805
罗城县怀群镇	556	1871	495	1120	2	2	102	816
环江县水源镇	875	3942	145	1577	1	1	3	182
环江县洛阳镇	953	4288	263	1715	1	1	5	352
环江县川山镇	856	3852	288	1545	1	1	4	226
环江县明伦镇	969	4069	194	1831	1	1	3	221
环江县上朝镇	639	2684	127	1074	1	1	5	332
南丹县大厂镇	6300	26000	21000	2815	4	3	211	1689
南丹县车河镇	807	4035	2050	586	1	1	50	400
南丹县小场镇	1120	4520	673	1867	1	1	45	367
南丹县六寨镇	522	2486	364	450	1	1	7	60
南丹县芒场镇	289	673	540	436	2	2	25	218
南丹县月里镇	532	1696	464	1297	1	1	44	357
天峨县向阳镇	1100	5060	3947	3390	1	1	11	89
东兰县隘洞镇	519	3051	830	1831	1	1	51	410
东兰县三石镇	614	2570	532	790	1	1	63	511
东兰县武篆镇	545	2510	578	1242	1	1	28	231
东兰县长乐镇	377	1470	591	822	1	1	29	235
都安县高岭镇	1534	8263	1986	3966	1	1	225	1806
大化县都阳镇	1000	4500	1000	3200	1	1	100	800
大化县盐滩镇	600	2100	600	534	1	1	11	173

3—4—21 海南省建制镇镇区主要指标

名 称	户 数（户）	人 口（人）	其中：非农业人口（人）	劳动力（人）	集贸市场个数（个）	其 中：综合市场个数（个）	企 业 个 数（个）	企 业 从 业 人员数（人）
海口市新埠镇	790	4276	2776	1110	1	1	14	260
海口市长流镇	1110	3293	2890	1540	1	1	128	550
三亚市藤桥镇	434	2174	1600	1189	1	1	5	69
三亚市林旺镇	420	1235	909	818	1	1	84	279
三亚市田独镇	976	5557	2778	2725	1	1	4	250
二亚市红沙镇	930	4803	3576	2493	1	1	1	9
三亚市荔枝沟镇	1134	4105	3696	2860	2	2	18	287
三亚市羊栏镇	450	2550	1912	1250	1	1	57	570
三亚市天涯镇	380	2049	1680	1280	1	1	3	110
三亚市崖城镇	1090	4613	3459	1400	1	1	323	760
三亚市保港镇	370	1050	860	560	1	1	2	39
三亚市梅山镇	604	2808	1246	1456	1	1	9	43
通什市南圣镇	653	1869	1349	215	1	1	3	160
通什市毛阳镇	220	700	370	340	1	1	2	93
通什市番阳镇	314	814	623	211	1	1	2	11
琼海市万泉镇	562	2240	593	809	1	1	163	479
琼海市石壁镇	430	1973	233	966	1	0	76	266
琼海市温泉镇	120	486	206	247	1	1	26	190
琼海市中原镇	1300	4580	2080	3101	1	1	485	1638
琼海市博敖镇	307	967	633	1120	1	1	300	1040
琼海市阳江镇	500	2800	1050	1380	1	1	1	15
琼海市龙江镇	167	806	400	18	1	1	1	28
琼海市福田镇	150	600	200	300	1	1	3	26
琼海市潭门镇	425	2200	1600	600	1	1	400	700
琼海市塔洋镇	300	3650	1100	3400	1	1	150	380
琼海市长坡镇	617	1529	1459	863	1	1	650	1217
琼海市大路镇	2250	4360	1900	1500	3	2	363	928
琼海市烟塘镇	140	708	400	620	2	0	68	108
儋州市南丰镇	608	2265	819	1576	1	1	6	122
儋州市洛基镇	52	218	192	130	1	1	0	0
儋州市大成镇	403	1653	1302	807	1	1	2	263
儋州市雅星镇	154	639	559	53	1	1	2	40
儋州市和庆镇	259	973	354	55	1	1	15	250
儋州市蓝洋镇	133	538	229	265	0	0	2	188
儋州市新州镇	1388	6940	4948	2889	2	1	0	0
儋州市光村镇	635	3178	1100	438	1	1	2	275
儋州市长坡镇	812	4893	4416	3544	2	1	3	173
儋州市王五镇	698	2701	1305	120	1	1	4	715
儋州市排浦镇	526	3166	2366	1917	3	2	3	24
儋州市海头镇	558	2796	1960	986	1	1	0	0

3－4－21 续表 1

名　　称	户　数（户）	人　口（人）	其中：非农业人口（人）	劳动力（人）	集贸市场个数（个）	其　中：综合市场个数（个）	企　业个　数（个）	企　业从　业人员数（人）
儋州市三都镇	250	1283	387	686	1	0	15	75
儋州市木棠镇	620	2436	1425	180	1	1	0	0
儋州市峨蔓镇	220	1097	231	480	1	1	8	57
儋州市新英镇	2790	19639	863	10955	1	1	1	240
儋州市白马井镇	4112	14437	14077	8513	1	1	52	2068
儋州市富克镇	141	705	148	512	1	1	4	21
儋州市中和镇	1961	9064	4873	3577	2	1	3	77
琼山市云龙镇	582	2012	1785	1104	1	1	36	257
琼山市红旗镇	546	2088	844	1041	1	1	49	603
琼山市旧州镇	702	2810	1715	986	1	1	4	15
琼山市谭文镇	320	1438	1257	729	1	1	160	535
琼山市大坡镇	250	1320	360	420	1	1	211	520
琼山市甲子镇	243	930	214	547	1	1	15	148
琼山市灵山镇	2580	7371	5613	3251	1	1	58	1765
琼山市演丰镇	1300	3200	2500	1810	4	3	25	426
琼山市演海镇	13	578	578	186	1	0	1	88
琼山市东营镇	679	2034	580	267	1	1	1	7
琼山市三江镇	534	1623	682	783	1	0	32	237
琼山市大致坡镇	891	5566	4604	2533	2	1	174	1635
琼山市东山镇	1816	8848	7386	3716	2	2	363	3526
琼山市新坡镇	443	1774	625	940	1	1	2	21
琼山市龙圹镇	877	4108	1847	2041	1	1	77	1153
琼山市十字路镇	676	3042	1565	1240	1	1	25	400
琼山市龙桥镇	500	1670	491	905	1	1	8	50
琼山市永兴镇	1431	5108	3938	3871	1	1	5	70
琼山市遵潭镇	336	1646	654	750	1	1	2	10
琼山市石山镇	606	3236	1012	2181	1	1	9	67
琼山市美安镇	251	1547	728	914	1	1	30	243
琼山市三门坡镇	565	2373	2138	2254	1	1	1	22
琼山市咸来镇	420	1800	218	350	1	1	0	0
文昌市重兴镇	550	2708	2607	226	2	2	30	100
文昌市蓬莱镇	374	1425	1305	800	1	1	10	329
文昌市会文镇	582	5245	2187	3450	1	1	308	2650
文昌市迈号镇	267	1540	1233	680	1	1	33	166
文昌市清兰镇	428	6099	4785	3380	2	2	56	512
文昌市南阳镇	241	725	689	326	1	1	18	39
文昌市新桥镇	256	780	483	578	1	1	51	225
文昌市东路镇	148	886	776	1008	1	1	41	264
文昌市潭牛镇	280	4000	2171	1500	2	1	1	20
文昌市头苑镇	114	1762	1127	1321	1	1	72	504

3—4—21 续表 2

名　　称	户　数（户）	人　口（人）	其中：非农业人口（人）	劳动力（人）	集贸市场个数（个）	其　中：综合市场个数（个）	企　业个　数（个）	企　业从　业人员数（人）
文昌市东阁镇	827	3310	1790	1982	1	1	183	1110
文昌市文教镇	450	2437	1900	500	2	1	1	6
文昌市东郊镇	255	1400	1192	612	1	1	3	82
文昌市龙楼镇	409	3000	1375	1500	1	1	1	34
文昌市昌洒镇	540	1610	1264	800	3	0	82	1100
文昌市翁田镇	611	2083	1815	450	4	4	6	40
文昌市公坡镇	286	1520	1100	1200	1	1	1	14
文昌市抱罗镇	248	1240	820	792	1	1	2	72
文昌市冯坡镇	300	1402	1358	981	1	1	5	37
文昌市锦山镇	785	3000	2785	1927	3	1	1	12
文昌市铺前镇	1693	5080	4368	3212	2	1	70	1129
万宁市龙滚镇	1420	5000	3345	2200	1	1	8	30
万宁市和乐镇	1602	5100	3020	1350	1	1	44	450
万宁市港北镇	1002	5236	2836	2232	1	1	22	263
万宁市后安镇	1020	3740	1500	1210	1	1	178	871
万宁市大茂镇	1010	4500	3307	2300	1	1	8	150
万宁市乐来镇	400	2000	1200	908	1	1	5	75
万宁市北坡镇	618	2816	1980	1343	1	1	106	378
万宁市东沃镇	412	2367	1406	1101	1	1	38	72
万宁市礼纪镇	480	2480	1300	1010	1	1	100	250
万宁市长丰镇	460	2526	1410	1120	2	1	10	60
万宁市牛漏镇	426	1910	1351	950	1	1	8	51
定安县新竹镇	310	2300	1104	876	1	1	5	12
定安县仙沟镇	289	2415	1256	650	1	1	11	230
定安县居丁镇	606	2150	1358	1430	1	1	21	120
定安县黄竹镇	607	2415	1425	1104	1	1	5	63
定安县雷鸣镇	651	2474	580	1268	2	1	7	65
定安县龙门镇	350	3953	1502	1850	1	1	33	512
定安县龙圹镇	623	3015	1825	1627	2	2	86	196
定安县岭口镇	850	4560	2842	935	1	1	10	95
定安县翰林镇	856	2840	1120	1630	1	1	53	252
屯昌县新兴镇	520	2080	1160	850	1	1	15	170
屯昌县枫木镇	663	2569	1925	1150	1	1	53	254
屯昌县乌坡镇	299	1160	303	696	1	1	80	240
屯昌县南吕镇	565	3057	1087	1231	1	1	17	97
屯昌县南坤镇	548	2192	1150	892	1	1	55	228
澄迈县长安镇	1320	4835	3894	2007	1	1	1	40
澄迈县加乐镇	230	892	370	497	1	1	1	23
澄迈县瑞溪镇	1428	5091	3974	2036	1	1	1	51
澄迈县永发镇	1021	4125	1526	2987	2	2	5	1600

3－4－21 续表 3

名　　称	户　数（户）	人　口（人）	其中：非农业人口（人）	劳动力（人）	集贸市场个数（个）	其　中：综合市场个数（个）	企　业个　数（个）	企　业从　业人员数（人）
澄迈县新吴镇	228	859	685	400	1	1	60	281
澄迈县白莲镇	950	4110	2900	1200	1	1	110	420
澄迈县老城镇	240	7600	2000	1500	2	1	4	110
澄迈县马村镇	567	2272	2148	1630	1	1	10	353
澄迈县中兴镇	620	2510	1792	1300	1	1	1	14
澄迈县福山镇	310	1972	720	903	1	1	1	30
澄迈县桥头镇	210	1850	650	810	2	1	1	26
临高县波莲镇	1085	6874	2705	2408	2	2	31	489
临高县东英镇	372	1540	513	826	1	1	10	42
临高县博厚镇	739	2098	1905	1420	1	1	3	31
临高县多文镇	560	1850	1610	798	2	1	2	180
临高县龙波镇	372	1339	614	585	1	1	1	20
临高县和舍镇	1000	4000	1500	972	2	1	2	100
临高县新盈镇	780	4750	4135	2700	2	1	8	230
临高县美良镇	484	1520	1520	796	1	1	0	0
临高县调楼镇	197	565	564	190	1	1	1	15
白沙县白沙镇	265	1107	735	567	1	1	1	20
白沙县光雅镇	236	898	506	210	1	1	50	150
白沙县七坊镇	689	1743	1743	547	1	1	35	300
白沙县邦溪镇	542	2104	830	1105	1	1	17	139
昌江市太坡镇	85	763	100	256	1	1	2	63
昌江市叉河镇	568	1787	1116	335	1	1	4	1120
昌江市十月田镇	185	853	393	569	1	1	1	11
昌江市乌烈镇	516	1483	348	430	1	1	6	87
昌江市昌化镇	1166	6062	1101	2571	1	1	2	20
昌江市海尾镇	1568	8774	1079	453	1	1	1	23
昌江市南罗镇	392	1129	197	262	1	1	3	28
东方市东方镇	835	3690	1543	2015	1	1	15	224
东方市抱板镇	471	2744	290	829	1	1	0	0
东方市感城镇	2543	12661	1316	5432	1	1	23	126
东方市新街镇	360	1650	600	705	1	0	1	20
东方市墩头镇	700	2915	2915	1040	0	0	0	0
东方市四更镇	1736	8060	627	3566	1	1	0	0
东方市新龙镇	349	1490	130	681	1	1	0	0
东方市板桥镇	1548	7156	619	3023	1	1	32	96
乐东县万冲镇	198	613	423	210	1	1	1	5
乐东县志仲镇	260	1122	920	340	1	1	1	18
乐东县千家镇	420	1200	380	678	1	1	1	11
乐东县九所镇	1759	9874	2489	334	1	1	2	10
乐东县乐罗镇	2100	12750	110	9985	0	0	0	0

3—4—21 续表 4

名　称	户　数（户）	人　口（人）	其中:非农业人口（人）	劳动力（人）	集贸市场个数（个）	其　中:综合市场个数（个）	企　业个　数（个）	企　业从　业人员数（人）
乐东县冲坡镇	1170	5976	5006	3560	1	1	19	315
乐东县黄流镇	3564	14815	8612	9167	1	1	17	104
乐东县佛罗镇	1712	7679	795	4121	1	1	7	25
乐东县尖峰镇	410	1510	1000	910	1	1	18	160
乐东县莺歌海镇	1564	10057	10057	4271	1	1	3	22
陵水县光坡镇	252	1265	767	450	1	1	5	66
陵水县三才镇	268	1626	1146	520	1	1	2	33
陵水县英州镇	680	1316	450	757	1	1	1	15
陵水县隆广镇	112	404	237	205	1	1	5	79
陵水县文罗镇	186	748	389	521	1	1	5	87
陵水县本号镇	162	768	209	326	1	1	0	0
陵水县祖关镇	123	488	430	251	1	1	4	67
陵水县新村镇	2066	10329	5024	6618	1	1	109	770
陵水县黎安镇	493	2398	350	750	1	1	1	10
保亭县什岭镇	150	648	390	358	1	1	5	110
保亭县加茂镇	38	92	25	60	1	1	4	80
保亭县响水镇	1080	1236	1131	810	1	1	2	231
保亭县新政镇	505	1182	1104	820	1	1	5	100
保亭县三道镇	190	950	895	171	1	1	1	21
保亭县毛崖镇	165	352	203	63	1	1	1	20
琼中县乌石镇	286	934	709	242	1	1	29	77
琼中县湾岭镇	560	1075	994	246	1	1	1	4
琼中县黎母山镇	110	540	188	350	1	1	1	23
琼中县长征镇	195	645	550	280	1	1	0	0
琼中县和平镇	166	830	320	446	1	1	2	32
琼中县中平镇	175	1310	432	28	1	1	1	12
琼中县红毛镇	150	480	275	185	1	1	3	115

3—4—22 重庆市建制镇镇区主要指标

名　　称	户　数（户）	人　口（人）	其中：非农业人口（人）	劳动力（人）	集贸市场个数（个）	其　中：综合市场个数（个）	企　业个　数（个）	企　业从　业人员数（人）
万州区龙宝镇	4200	14562	14503	6190	2	1	602	4256
万州区高峰镇	2789	7564	1981	4895	1	1	52	1640
万州区凉风镇	1250	3500	3420	2110	1	1	34	2000
万州区龙沙镇	736	2456	2356	5019	1	1	1	100
万州区响水镇	1024	4089	157	1896	1	1	12	160
万州区武陵镇	1072	3258	1785	2869	8	1	6	600
万州区瀼渡镇	2674	5674	1528	1476	1	1	3	130
万州区天城镇	753	1289	1289	520	2	1	6	72
万州区熊家镇	3578	12499	1883	4250	1	0	47	1440
万州区小周镇	62	167	85	60	0	0	2	18
万州区大周镇	2021	3502	2029	965	1	1	6	125
万州区董家镇	1100	8000	390	1500	1	1	33	835
万州区高粱镇	2500	8000	3000	2500	1	1	10	1000
万州区李河镇	1200	5000	3000	2000	2	1	40	400
万州区高升镇	141	616	448	460	1	1	13	452
万州区三正镇	1995	7021	1060	51	1	1	65	725
万州区分水镇	904	3896	2938	2567	3	1	11	278
万州区培文镇	300	1074	353	670	1	1	1	6
万州区余家镇	876	3115	1500	725	1	1	35	496
万州区后山镇	506	1961	120	1100	1	1	7	35
万州区弹子镇	207	420	275	370	1	1	18	258
万州区长岭镇	1454	4521	3748	3748	1	1	96	750
万州区新田镇	1820	5899	5500	4726	1	1	471	780
万州区新乡镇	150	461	318	211	1	1	17	123
万州区走马镇	250	1211	200	847	1	1	1	12
万州区罗田镇	256	1245	282	1000	1	1	4	50
万州区龙驹镇	1835	7826	1450	2480	1	1	212	624
万州区白土镇	630	2403	935	1514	1	1	6	74
万州区长滩镇	303	1080	1080	700	1	1	0	0
万州区太安镇	300	1042	910	613	0	0	0	0
万州区白洋镇	240	2115	2085	1700	2	2	8	1100
万州区太龙镇	395	1150	1080	651	1	1	22	250
涪陵区蔺市镇	586	2160	1056	1431	4	2	3	216
涪陵区马武镇	420	1700	1400	1660	1	1	15	928
涪陵区龙潭镇	1036	3412	386	1948	4	2	7	191
涪陵区新妙镇	1548	3876	285	2500	4	2	19	787
涪陵区珍溪镇	1031	3258	1310	2041	3	1	4	250
涪陵区清溪镇	1471	2473	2301	1402	2	1	7	345
涪陵区焦石镇	155	1667	1367	1153	3	1	15	215
涪陵区白涛镇	1819	5486	5411	4136	4	2	24	350

3－4－22续表1

名　　称	户　数（户）	人　口（人）	其中：非农业人口（人）	劳动力（人）	集贸市场个数（个）	其　中：综合市场个数（个）	企　业个　数（个）	企　业从　业人员数（人）
涪陵区堡子镇	287	1046	180	832	2	1	5	206
涪陵区龙桥镇	456	1618	241	1012	2	1	21	776
涪陵区南沱镇	540	3145	1868	2659	1	1	2	220
涪陵区百胜镇	302	1312	780	600	3	1	6	240
涪陵区青羊镇	879	1942	142	1123	3	1	3	211
涪陵区镇安镇	481	1442	176	968	3	1	2	50
涪陵区石沱镇	435	1561	341	1012	2	1	5	223
涪陵区义和镇	478	1087	145	767	3	3	2	80
涪陵区致韩镇	386	1976	246	1032	2	1	9	197
大渡口区八桥镇	12126	30179	8332	14878	0	0	200	13323
大渡口区建胜镇	154	301	180	210	0	0	0	0
大渡口区跳蹬镇	6330	20198	790	12048	1	1	0	0
江北区鱼嘴镇	2896	4689	4689	2416	2	2	17	884
江北区复盛镇	640	2620	648	1815	1	1	2	11
沙坪坝区覃家岗镇	296	651	110	311	1	0	3	500
沙坪坝区井口镇	405	660	331	528	0	0	0	0
沙坪坝区歌乐山镇	493	1077	1077	200	0	0	0	0
沙坪坝区青木关镇	808	2592	2592	2190	0	0	5	600
沙坪坝区凤凰镇	300	1076	800	1500	1	1	10	800
沙坪坝区回龙坝镇	743	1646	1349	1640	1	1	35	1350
沙坪坝区陈家桥镇	5158	9080	8072	3632	1	1	62	2137
沙坪坝区曾家镇	540	828	812	415	1	1	6	60
沙坪坝区虎溪镇	768	1174	1174	710	1	1	11	290
沙坪坝区西永镇	801	1237	943	825	1	1	7	290
沙坪坝区土主镇	727	1070	1070	715	1	1	1	10
沙坪坝区中梁镇	237	828	443	753	1	1	13	510
九龙坡区西彭镇	3668	35988	35122	4200	7	7	74	3650
九龙坡区白市驿镇	3957	10927	10927	7052	1	0	7	2630
九龙坡区铜罐驿镇	1148	2982	2974	1606	2	2	10	1606
九龙坡区石桥镇	7073	14067	528	1971	9	5	760	19339
九龙坡区华岩镇	294	453	208	408	1	1	6	200
九龙坡区陶家镇	220	660	400	500	1	1	1	10
九龙坡区走马镇	204	430	386	116	1	1	3	96
九龙坡区金凤镇	420	644	640	390	1	1	8	1130
九龙坡区含谷镇	1100	5000	4046	2300	2	1	12	1100
九龙坡区石板镇	268	446	446	172	1	1	0	0
九龙坡区九龙镇	205	525	100	1140	0	0	19	1040
九龙坡区巴福镇	235	632	487	139	1	1	1	80
南岸区黄桷垭镇	168	402	400	186	1	1	1	22
南岸区南坪镇	314	678	678	250	2	1	0	0

3－4－22续表2

名　　称	户　数（户）	人　口（人）	其中:非农业人口（人）	劳动力（人）	集贸市场个数（个）	其　中:综合市场个数（个）	企　业个　数（个）	企　业从　业人员数（人）
南岸区涂山镇	1700	2972	1321	3675	2	1	227	3475
南岸区南山镇	454	786	786	1828	1	1	25	1506
南岸区峡口镇	1044	2083	1500	885	2	2	2	450
南岸区鸡冠石镇	531	1824	500	1300	1	0	58	284
南岸区长生桥镇	3068	7669	5500	3840	1	1	132	1763
南岸区迎龙镇	417	628	600	400	1	1	2	200
南岸区广阳镇	1783	4567	4567	2983	2	2	5	250
北碚区东阳镇	325	1008	883	474	1	1	2	1526
北碚区澄江镇	385	797	797	120	0	0	0	0
北碚区歇马镇	683	1817	1817	1201	1	1	5	187
北碚区蔡家岗镇	940	2016	1371	605	1	1	7	508
北碚区童家溪镇	520	1650	1650	550	1	1	15	1880
北碚区天府镇	398	928	780	600	1	1	5	150
北碚区龙凤桥镇	4079	11909	11909	1280	2	2	18	678
北碚区施家梁镇	574	1732	1451	1017	1	1	34	897
北碚区北温泉镇	585	3250	3250	1950	1	1	5	624
北碚区三圣镇	592	1107	998	327	1	1	1	4
北碚区偏岩镇	665	1012	1012	638	0	0	0	0
北碚区水土镇	829	2360	2360	1516	1	1	0	0
北碚区复兴镇	825	2350	2229	1450	2	2	7	150
北碚区静观镇	2710	4976	4767	2810	2	2	7	672
北碚区柳荫镇	994	3001	2843	2523	2	2	0	0
万盛区青年镇	488	1320	475	1100	2	0	0	0
万盛区南桐镇	164	346	65	186	1	1	12	916
万盛区丛林镇	500	1300	500	880	0	0	9	247
万盛区关坝镇	459	1448	909	1140	0	0	1	53
万盛区万东镇	24	84	84	68	1	1	0	0
双桥区双路镇	3983	13180	353	7371	1	1	188	2960
双桥区通桥镇	375	1054	359	814	1	1	27	370
渝北区洛碛镇	429	569	147	941	0	0	1	450
渝北区大盛镇	75	395	320	214	3	3	3	53
渝北区统景镇	2175	3672	3672	1521	2	1	2	65
渝北区麻柳沱镇	5090	17387	517	848	1	1	20	1164
渝北区石船镇	1349	3326	1998	2328	2	1	22	588
渝北区龙兴镇	1412	2267	2267	1264	2	2	4	109
渝北区龙溪镇	2774	5983	5983	5341	6	1	26	327
渝北区人和镇	2735	5980	5980	2100	1	1	25	1050
渝北区大竹林镇	840	2243	1150	110	0	0	1	1320
渝北区礼嘉镇	322	592	436	386	1	1	0	0
渝北区鸳鸯镇	1425	3356	3356	2245	1	1	4	345

3－4－22 续表 3

名　　称	户　数（户）	人　口（人）	其中：非农业人口（人）	劳动力（人）	集贸市场个数（个）	其　中：综合市场个数（个）	企　业个　数（个）	企　业从　业人员数（人）
渝北区石坪镇	747	1825	554	1014	1	1	4	752
渝北区回兴镇	986	3993	3993	1531	1	1	6	291
渝北区两路镇	1664	4464	4464	2670	5	1	12	2360
渝北区沙坪镇	687	1568	86	3200	1	1	3	800
渝北区王家镇	582	1146	1146	684	1	1	8	273
渝北区木耳镇	691	1181	1128	926	1	1	6	120
渝北区兴隆镇	5644	18185	1661	12503	1	1	12	796
渝北区茨竹镇	580	1636	1636	1145	1	1	0	0
渝北区大湾镇	215	926	527	310	1	1	4	162
渝北区中河镇	584	1844	478	1113	1	1	2	125
巴南区鹿角镇	352	2099	1367	1469	1	1	6	824
巴南区惠民镇	91	276	276	203	1	1	7	203
巴南区木洞镇	2538	6696	6696	2634	1	1	226	3092
巴南区麻柳嘴镇	256	642	590	558	1	1	2	160
巴南区双河口镇	386	577	577	346	1	1	1	4
巴南区丰盛镇	433	1040	1040	560	1	1	6	324
巴南区青山镇	628	1889	400	718	1	1	1	50
巴南区姜家镇	624	1372	1301	55	1	1	2	356
巴南区二圣镇	355	994	994	790	1	1	9	530
巴南区天赐镇	125	334	318	245	1	1	0	0
巴南区五布镇	124	302	301	72	1	1	3	107
巴南区东泉镇	534	1480	1480	800	2	2	11	300
巴南区天星寺镇	141	452	452	210	1	1	3	16
巴南区接龙镇	608	1853	1613	1200	2	2	10	200
巴南区石滩镇	376	971	319	165	1	1	5	266
巴南区花石镇	578	1795	1172	853	1	1	2	12
巴南区石龙镇	121	382	279	281	1	1	5	360
巴南区小观镇	113	372	312	298	1	1	2	15
巴南区安澜镇	382	1235	903	582	1	1	4	450
巴南区圣灯山镇	94	264	164	151	1	1	0	0
巴南区跳石镇	510	1300	720	200	1	1	1	85
巴南区百节镇	1052	2352	2352	1873	1	1	4	153
巴南区公平镇	309	527	206	181	1	1	16	45
巴南区南彭镇	369	691	691	350	1	1	16	950
巴南区花溪镇	1017	2491	1675	1675	1	1	16	465
巴南区南泉镇	1320	4622	4622	2773	3	3	39	2160
巴南区一品镇	1329	4976	4297	3762	1	1	1	65
巴南区界石镇	2204	6243	6243	1210	1	1	12	820
长寿县朱家镇	400	1350	580	600	2	2	4	198
长寿县狮子镇	1021	3912	2544	1989	2	2	9	1339

3—4—22 续表 4

名称	户数（户）	人口（人）	其中：非农业人口（人）	劳动力（人）	集贸市场个数（个）	其中：综合市场个数（个）	企业个数（个）	企业从业人员数（人）
长寿县葛兰镇	2224	8229	1174	3610	2	2	7	162
长寿县晏家镇	1057	2682	2132	1475	1	1	22	321
长寿县江南镇	545	2271	513	937	1	1	7	117
长寿县邻封镇	895	2642	1010	1708	2	2	5	114
长寿县但渡镇	462	1829	695	1249	1	1	4	103
长寿县云集镇	1022	3523	829	2420	1	1	4	38
长寿县双龙镇	1730	3809	1693	2480	1	1	8	440
长寿县龙河镇	858	2739	527	1765	2	2	2	49
长寿县石堰镇	1311	3181	1189	2011	1	1	4	135
长寿县云台镇	2720	11234	10752	6987	2	2	62	527
长寿县海棠镇	510	1847	549	831	1	1	7	41
长寿县沙石镇	1015	4066	506	2280	2	2	4	288
长寿县新市镇	591	1628	687	939	2	2	8	77
长寿县付何镇	1420	3400	387	1910	2	1	6	49
长寿县渡舟镇	756	2781	1420	1150	1	1	12	231
长寿县八颗镇	694	3200	470	2370	1	1	4	1201
长寿县洪湖镇	1123	2379	1757	1206	1	1	11	245
长寿县万顺镇	1015	3702	839	2001	2	2	4	42
长寿县称沱镇	325	1155	210	520	1	1	2	75
綦江县三江镇	5555	18483	18483	6925	1	1	150	1320
綦江县兴盛镇	399	1463	88	750	1	1	6	27
綦江县东溪镇	2525	6360	5560	2125	1	1	1	350
綦江县镇紫镇	334	1123	39	739	1	1	3	60
綦江县盖石镇	340	964	828	510	1	1	30	550
綦江县丁山镇	401	1501	3	654	0	0	6	126
綦江县赶水镇	850	2812	611	248	13	4	24	1248
綦江县扶欢镇	367	1011	917	189	1	1	15	213
綦江县安稳镇	451	1524	170	692	1	1	7	22
綦江县石角镇	1031	5173	5173	168	1	1	9	123
綦江县蒲河镇	346	1210	821	720	1	1	5	57
綦江县三角镇	320	1250	1035	841	1	1	5	75
綦江县乐兴镇	352	782	541	642	1	1	3	20
綦江县永新镇	1147	3442	3442	3521	5	5	280	2857
綦江县中峰镇	352	650	650	480	1	1	3	46
綦江县郭扶镇	639	1383	1361	1005	2	1	6	85
綦江县篆塘镇	280	1150	416	642	1	1	40	496
綦江县隆盛镇	726	1903	1903	1600	3	3	77	1700
綦江县永城镇	435	1445	12	851	1	1	2	34
綦江县打通镇	373	11119	11119	3932	1	0	783	1821
綦江县石壕镇	518	935	935	85	0	0	3	46

3—4—22 续表 5

名　　称	户　数 (户)	人　口 (人)	其中:非农业人口 (人)	劳动力 (人)	集贸市场个数 (个)	其　中:综合市场个数 (个)	企　业 个　数 (个)	企　业 从　业 人员数 (人)
綦江县土台镇	60	336	336	200	1	1	25	350
潼南县上和镇	909	2001	2188	605	2	1	4	36
潼南县龙形镇	174	711	307	339	2	2	12	106
潼南县古溪镇	1359	3446	3146	1720	2	1	6	540
潼南县宝龙镇	339	842	557	421	2	1	4	174
潼南县新华镇	250	900	210	500	1	1	10	230
潼南县飞跃镇	58	468	262	327	1	1	6	120
潼南县玉溪镇	505	1805	1605	800	2	1	12	436
潼南县群力镇	94	423	257	283	1	1	1	20
潼南县米心镇	300	910	647	687	1	1	3	67
潼南县双江镇	1086	3618	2915	3478	4	1	7	500
潼南县桂林镇	174	817	218	534	1	1	4	29
潼南县花岩镇	185	650	300	394	1	1	10	46
潼南县柏梓镇	1198	2780	2386	1421	1	1	5	51
潼南县光辉镇	560	3500	1323	2850	1	1	2	51
潼南县塘坝镇	1650	4655	3675	2320	7	3	22	2398
潼南县太安镇	1250	2745	1748	1850	2	2	22	763
潼南县永胜镇	179	598	232	360	1	1	11	120
潼南县新胜镇	139	519	348	290	1	1	15	907
潼南县小渡镇	1503	3554	3354	1744	2	2	10	256
潼南县卧佛镇	689	1949	1829	915	1	1	20	461
潼南县五桂镇	86	528	282	416	1	1	8	127
铜梁县土桥镇	200	1000	350	550	1	1	1	150
铜梁县旧县镇	1650	5000	4600	2500	1	1	116	4908
铜梁县二坪镇	169	436	380	300	1	1	0	0
铜梁县水口镇	250	712	612	550	0	0	0	0
铜梁县安居镇	3001	7409	7408	6500	5	1	10	1738
铜梁县白羊镇	90	266	231	201	0	0	3	15
铜梁县平滩镇	1095	3025	2625	320	1	1	5	753
铜梁县虎峰镇	1463	4510	2974	2700	3	1	8	892
铜梁县西泉镇	749	2300	2115	1700	0	0	7	241
铜梁县石鱼镇	272	1716	1535	1425	1	1	4	145
铜梁县福果镇	300	942	203	533	1	1	3	87
铜梁县少云镇	1038	4150	2760	2410	1	1	19	1351
铜梁县维新镇	259	636	486	400	1	1	0	0
铜梁县高楼镇	380	782	615	782	1	1	2	33
铜梁县蒲吕镇	1047	2316	2316	527	3	0	4	40
铜梁县全德镇	348	1621	554	600	1	1	7	24
铜梁县大庙镇	988	2530	2530	2300	1	1	27	650
铜梁县围龙镇	452	1375	1064	540	4	4	10	90

3—4—22 续表 6

名　　称	户　数（户）	人　口（人）	其中:非农业人口（人）	劳动力（人）	集贸市场个数（个）	其　中:综合市场个数（个）	企　业个　数（个）	企　业从　业人员数（人）
铜梁县华兴镇	220	538	500	355	1	1	4	253
铜梁县永加镇	693	1951	1951	1326	1	1	11	80
铜梁县安溪镇	169	388	338	3011	1	1	0	0
铜梁县西河镇	465	1476	1476	1000	1	1	0	0
铜梁县侣俸镇	945	2483	1825	874	1	1	6	172
铜梁县太平镇	230	700	694	320	3	3	20	150
大足县龙水镇	502	1772	1575	1895	3	1	2	30
大足县弥陀镇	145	380	181	292	0	0	0	0
大足县宝顶镇	85	296	123	95	1	1	6	257
大足县中敖镇	1951	4219	4238	2784	2	1	16	462
大足县三驱镇	380	2375	1215	1712	3	1	0	0
大足县宝兴镇	501	911	520	657	1	1	5	200
大足县复隆镇	60	240	18	131	1	1	0	0
大足县石马镇	64	172	373	195	0	0	4	38
大足县拾万镇	421	1367	1153	356	2	2	39	2379
大足县回龙镇	102	320	130	142	1	1	15	332
大足县金山镇	330	794	194	694	2	1	0	0
大足县万古镇	1088	4971	3774	1927	2	1	3	270
大足县国梁镇	434	860	860	1300	1	0	0	0
大足县雍溪镇	120	340	170	200	1	1	1	7
大足县珠溪镇	173	458	440	105	1	1	5	76
大足县龙石镇	57	195	123	245	1	1	6	51
大足县邮亭镇	1407	4965	4280	2876	2	1	19	120
大足县铁山镇	495	1025	982	750	2	1	0	0
大足县高升镇	163	331	175	156	1	1	6	38
大足县季家镇	261	604	536	354	1	1	3	60
大足县玉龙镇	47	182	90	134	1	1	0	160
荣昌县广顺镇	3274	6582	6582	3080	3	2	6	350
荣昌县峰高镇	400	2500	164	2015	2	1	202	2333
荣昌县直升镇	235	756	84	369	1	1	4	192
荣昌县路孔镇	143	361	361	121	0	0	1	50
荣昌县安富镇	398	918	900	545	1	1	1	32
荣昌县清江镇	280	770	770	275	2	1	11	275
荣昌县仁义镇	884	2327	2210	1300	2	2	3	101
荣昌县河包镇	214	1127	1120	420	2	1	3	210
荣昌县古昌镇	224	689	300	321	0	0	15	153
荣昌县吴家镇	469	980	980	520	0	0	4	152
荣昌县观胜镇	335	491	491	350	2	0	5	55
荣昌县铜鼓镇	465	1495	252	587	1	0	1	23
荣昌县清流镇	213	652	264	317	2	1	6	42

3－4－22 续表 7

名　　称	户　数（户）	人　口（人）	其中：非农业人口（人）	劳动力（人）	集贸市场个数（个）	其　中：综合市场个数（个）	企　业个　数（个）	企　业从　业人员数（人）
荣昌县盘龙镇	726	1619	1560	910	2	0	36	1447
荣昌县远觉镇	124	492	442	321	1	1	6	80
荣昌县双河镇	3580	12015	11300	4657	1	1	3	620
荣昌县清升镇	168	561	523	289	1	1	3	37
荣昌县荣隆镇	243	874	620	382	1	1	12	562
荣昌县龙集镇	294	480	116	430	1	1	10	325
璧山县狮子镇	347	816	581	646	2	1	16	245
璧山县河边镇	261	760	760	473	2	2	15	300
璧山县福禄镇	165	480	400	285	1	1	5	125
璧山县大兴镇	464	1303	1025	880	1	1	7	680
璧山县丹凤镇	253	749	648	389	1	1	20	100
璧山县来凤镇	2417	5804	5262	4982	1	1	146	4290
璧山县青杠镇	2969	10922	10922	8532	2	2	1247	5861
璧山县丁家镇	1613	4476	4476	3782	4	2	40	1000
璧山县广普镇	374	619	619	410	1	1	6	240
璧山县正兴镇	729	2100	1415	1365	1	1	50	1117
璧山县石院镇	230	528	528	1442	1	1	52	233
璧山县大路镇	646	2045	2045	4078	1	1	298	1780
璧山县蒲元镇	359	823	596	881	1	1	13	300
璧山县保家镇	380	1083	779	804	1	1	23	174
璧山县六塘镇	205	876	383	750	1	1	50	370
璧山县八塘镇	486	1079	986	1816	1	1	262	1462
璧山县七塘镇	311	621	478	3012	2	1	262	1855
璧山县三合镇	292	436	436	295	4	1	25	130
璧山县马坊镇	434	804	804	521	1	1	121	981
梁平县仁贤镇	1810	7283	1488	1480	1	1	210	736
梁平县礼让镇	102	341	341	208	1	1	10	160
梁平县云龙镇	687	1823	1422	1317	1	1	4	128
梁平县屏锦镇	1475	3823	3755	2010	2	2	29	642
梁平县七桥镇	4100	12000	7500	5000	1	1	3	550
梁平县袁驿镇	951	3000	1270	1800	1	1	8	105
梁平县新盛镇	607	2325	2108	1144	1	1	13	88
梁平县福禄镇	587	1778	1320	802	1	1	4	80
梁平县金带镇	598	2167	671	378	2	2	0	0
梁平县聚奎镇	284	980	780	400	1	1	9	86
梁平县明达镇	120	980	504	108	1	1	5	46
梁平县荫平镇	170	680	510	426	1	1	1	8
梁平县和林镇	680	2999	285	1620	1	1	0	0
梁平县回龙镇	812	2156	1844	956	1	1	2	25
梁平县碧山镇	423	1420	515	350	0	0	2	46

3—4—22 续表 8

名称	户数（户）	人口（人）	其中：非农业人口（人）	劳动力（人）	集贸市场个数（个）	其中：综合市场个数（个）	企业个数（个）	企业从业人员数（人）
梁平县虎城镇	462	1386	1246	964	1	1	0	0
梁平县七星镇	650	2350	215	1340	0	0	0	0
梁平县龙门镇	372	1175	575	493	2	2	7	21
梁平县文化镇	328	1128	482	556	1	1	0	0
梁平县合兴镇	320	1250	444	812	1	1	0	0
梁平县石安镇	376	1625	365	733	1	1	0	0
梁平县柏家镇	896	2444	888	1250	1	1	0	0
梁平县大观镇	356	1146	451	804	1	1	0	0
梁平县竹山镇	275	853	547	580	0	0	22	125
城口县坪坝镇	520	1997	1228	1096	1	1	2	15
城口县明通镇	468	1623	571	813	1	1	6	29
城口县修齐镇	400	2100	1090	1000	2	2	4	60
城口县高观镇	167	483	30	194	1	1	7	23
城口县庙坝镇	1459	2932	693	1583	1	1	4	80
丰都县董家镇	835	1499	891	1072	2	1	3	71
丰都县社坛镇	1580	3019	2823	1687	2	1	8	654
丰都县高家镇	3083	6903	6903	2280	2	1	4	200
丰都县龙河镇	1633	2855	2791	1998	2	1	7	95
丰都县许明寺镇	132	487	485	47	1	1	3	15
丰都县三元镇	320	1091	652	970	1	1	1	33
丰都县虎威镇	131	959	297	460	1	1	3	45
丰都县树人镇	884	1536	1669	1150	3	2	0	0
丰都县十直镇	427	1360	1261	1300	1	1	1	20
丰都县双路镇	804	1589	864	1360	1	1	2	13
丰都县兴义镇	394	1986	871	1059	1	1	5	272
丰都县江池镇	102	367	126	176	1	1	5	78
丰都县包鸾镇	462	2532	1425	1849	1	1	2	15
丰都县武平镇	126	1084	828	758	1	1	4	66
丰都县湛普镇	409	2122	1814	1309	1	1	6	316
丰都县镇江镇	142	522	100	310	0	0	2	20
丰都县三合镇	781	2631	12	2250	1	1	0	0
垫江县新民镇	680	2748	720	1580	0	0	12	250
垫江县沙坪镇	412	1973	1452	1218	1	1	14	625
垫江县周嘉镇	464	1171	540	638	2	1	18	310
垫江县普顺镇	400	2000	1500	1200	1	1	12	210
垫江县永安镇	416	1724	342	1075	1	1	10	195
垫江县高安镇	712	2784	320	1720	3	2	30	420
垫江县高峰镇	660	3100	800	1600	1	1	10	400
垫江县五洞镇	240	860	16	498	1	1	4	20
垫江县太平镇	193	567	126	300	1	0	12	120

3－4－22 续表 9

名　　称	户　数（户）	人　口（人）	其中：非农业人口（人）	劳动力（人）	集贸市场个数（个）	其　中：综合市场个数（个）	企　业个　数（个）	企　业从　业人员数（人）
垫江县澄溪镇	575	1860	1510	550	2	1	8	156
垫江县严家镇	420	830	250	556	1	1	4	20
垫江县沈家镇	482	1583	281	709	1	1	11	382
武隆县白马镇	2300	6900	6100	5400	2	1	18	180
武隆县火炉镇	901	3604	3304	2730	1	1	5	80
武隆县长坝镇	647	1563	1468	858	1	1	1	20
武隆县羊角镇	1192	2853	2324	880	1	1	2	580
武隆县平桥镇	512	1262	1262	500	3	1	6	130
武隆县江口镇	500	3000	2500	3500	1	1	2	50
武隆县鸭江镇	730	2161	2033	580	1	1	3	211
武隆县土坎镇	473	1712	1436	895	2	1	11	218
武隆县桐梓镇	1200	3045	142	2185	2	1	5	78
忠县乌杨镇	2475	6462	2951	1904	1	1	5	340
忠县洋渡镇	708	2801	1264	680	1	1	113	230
忠县石宝镇	2395	4306	4059	2798	1	1	21	1321
忠县汝溪镇	1704	3905	3294	1900	1	1	298	1900
忠县拔山镇	1253	4568	4105	3354	5	2	200	1045
忠县新生镇	425	1667	1500	1000	2	1	20	550
忠县任家镇	445	803	749	117	1	1	65	135
忠县东溪镇	210	889	238	650	1	1	25	1320
忠县复兴镇	424	739	733	511	1	1	110	284
忠县官坝镇	1038	2032	1532	446	2	2	1	121
忠县石黄镇	582	1487	309	539	1	1	4	114
忠县马灌镇	780	2540	169	458	1	1	213	404
忠县金鸡镇	189	786	224	589	1	1	21	40
忠县新立镇	1107	3126	1247	1470	1	1	115	180
忠县双桂镇	674	1320	1110	680	2	1	10	125
忠县花桥镇	183	1002	2116	851	1	1	1	153
忠县三汇镇	603	1213	1013	665	1	1	4	93
忠县白石镇	280	830	290	165	2	1	178	389
忠县永丰镇	252	767	276	154	1	1	0	0
忠县黄金镇	277	1007	12	566	1	1	23	1209
开县大进镇	928	3204	1355	668	1	1	24	392
开县长沙镇	7800	20580	8199	13458	1	1	126	1364
开县郭家镇	2837	9717	6000	1204	3	1	8	287
开县临江镇	7028	24600	7601	7860	3	1	728	2195
开县赵家镇	3581	8695	3685	4672	2	1	216	1052
开县温泉镇	3520	7936	7730	5891	2	1	12	2090
开县铁桥镇	607	2888	2224	1540	1	1	55	495
开县正坝镇	365	1778	1485	1028	1	1	3	625

3—4—22 续表 10

名　　称	户　数（户）	人　口（人）	其中：非农业人口（人）	劳动力（人）	集贸市场个数（个）	其　中：综合市场个数（个）	企　业个　数（个）	企　业从　业人员数（人）
开县中和镇	931	2815	856	1320	1	1	45	142
开县岳溪镇	1813	8200	2724	1168	1	1	1	27
开县南门镇	988	5600	1084	2200	3	2	28	188
开县南雅镇	1579	7895	2859	2751	2	2	62	76
开县河堰镇	727	2982	755	2270	1	1	10	569
开县和谦镇	145	622	476	532	1	1	18	310
开县九龙山镇	200	1053	823	637	1	1	1	43
开县镇安镇	151	690	451	594	1	1	11	104
开县三合镇	536	1737	687	910	1	1	60	671
开县竹溪镇	432	1802	531	805	1	1	77	834
开县渠口镇	683	2712	664	293	1	1	7	39
开县厚坝镇	463	1965	569	130	1	1	4	45
开县东华镇	570	2247	586	1205	1	1	1	4
开县高桥镇	327	1671	671	1300	1	1	1	6
开县敦好镇	477	1400	500	400	1	1	8	280
开县白鹤镇	739	2858	290	1825	1	1	8	44
开县镇东镇	162	830	581	613	1	1	23	270
开县丰乐镇	1881	7525	3602	5700	1	1	3	146
开县义和镇	347	810	640	467	2	2	3	24
云阳县江口镇	3660	10994	5091	6250	1	1	9	160
云阳县双江镇	2764	6675	5786	1324	2	2	44	1274
云阳县盘石镇	826	5022	3284	1063	1	1	4	106
云阳县凤鸣镇	532	17330	877	1680	1	1	18	81
云阳县宝坪镇	265	1024	389	519	1	1	2	27
云阳县龙角镇	776	2685	1184	1250	1	1	8	85
云阳县故陵镇	1169	3564	1656	1560	1	1	21	506
云阳县红狮镇	518	1958	1167	676	1	1	3	89
云阳县南溪镇	2343	6700	4700	2000	1	1	73	600
云阳县长洪镇	334	1156	603	48	0	0	9	277
云阳县双土镇	580	2430	363	860	1	1	13	145
云阳县桑坪镇	478	1984	215	493	1	1	5	327
云阳县盛堡镇	975	3925	392	1497	0	0	21	118
云阳县路阳镇	825	3561	440	1650	1	1	3	17
云阳县农坝镇	838	4076	120	1650	1	1	7	61
云阳县渠马镇	446	1676	535	350	1	1	43	187
云阳县高阳镇	710	3150	2520	1055	1	1	15	127
云阳县关市镇	876	2986	869	697	1	1	3	82
云阳县黄石镇	550	1169	1169	580	1	1	1	11
云阳县巴阳镇	220	760	286	399	1	1	1	12
云阳县鱼泉镇	1460	3569	3569	1427	1	1	12	140

3—4—22 续表 11

名　　称	户　数（户）	人　口（人）	其中:非农业人口（人）	劳动力（人）	集贸市场个数（个）	其　中:综合市场个数（个）	企　业个　数（个）	企　业从　业人员数（人）
云阳县沙市镇	660	2306	1303	1150	1	1	4	48
云阳县人和镇	645	2100	425	1625	0	0	1	20
奉节县永乐镇	408	1203	720	200	1	1	0	0
奉节县白帝镇	512	1599	196	1203	2	1	5	837
奉节县草堂镇	328	1417	123	567	0	0	1	6
奉节县汾河镇	410	1275	127	960	2	1	5	837
奉节县康乐镇	1320	3050	1540	870	1	1	26	460
奉节县大树镇	1230	2890	1510	850	1	1	25	440
奉节县竹园镇	1125	18811	5000	9825	2	1	4	200
奉节县公平镇	120	410	182	270	1	1	0	0
奉节县朱衣镇	410	2312	570	230	1	1	5	120
奉节县甲高镇	140	400	200	280	2	1	0	0
奉节县羊市镇	120	360	100	102	1	1	1	30
奉节县吐祥镇	4010	12080	4152	7218	4	2	25	480
奉节县青龙镇	147	445	210	290	2	1	0	0
奉节县兴隆镇	961	2200	1315	1780	1	1	5	315
奉节县新民镇	481	1312	107	970	1	1	11	0
巫山县庙宇镇	2500	6300	2685	1600	1	1	1	60
巫山县大昌镇	1783	6190	2197	3950	1	1	2	36
巫山县福田镇	987	3440	1967	2057	1	1	2	54
巫山县龙溪镇	400	1200	536	800	1	1	5	64
巫山县双龙镇	302	522	482	300	1	1	0	0
巫山县官阳镇	250	2000	1146	1200	1	1	0	0
巫山县乐坪镇	512	2180	1508	1100	1	1	0	0
巫山县抱龙镇	400	1213	1273	600	1	1	0	0
巫山县官渡镇	1200	4100	2362	1800	1	1	2	31
巫山县铜鼓镇	900	3000	215	1200	1	1	0	0
巫溪县凤凰镇	1500	6015	252	5100	0	0	7	50
巫溪县宁厂镇	681	2474	911	1408	0	0	0	0
巫溪县上磺镇	657	2204	1035	1884	1	1	1	6
巫溪县古路镇	649	2183	420	1309	1	1	0	0
巫溪县文峰镇	1618	2566	2350	1297	1	1	4	199
巫溪县徐家镇	704	2805	991	1920	0	0	10	67
巫溪县白鹿镇	860	3016	1536	2537	0	0	2	6
巫溪县尖山镇	650	2221	560	2031	1	1	0	0
巫溪县下堡镇	120	510	170	315	0	0	15	105
黔江县冯家镇	525	2011	643	1102	1	1	3	24
黔江县两河镇	492	1590	464	837	1	1	9	54
黔江县濯水镇	497	1739	544	977	1	1	7	28
黔江县马喇镇	340	1184	669	75	1	1	6	54

3—4—22 续表 12

名　　称	户　数（户）	人　口（人）	其中:非农业人口（人）	劳动力（人）	集贸市场个数（个）	其　中:综合市场个数（个）	企　业个　数（个）	企　业从　业人员数（人）
石柱县临溪镇	421	1411	408	775	1	1	8	188
石柱县西沱镇	436	1486	1486	1057	1	1	2	200
石柱县黄水镇	182	3067	2400	1317	1	1	5	210
秀山县平凯镇	427	1651	12	836	2	1	0	0
秀山县清溪场镇	414	1442	80	651	1	1	5	40
酉阳县龚滩镇	675	1952	1952	500	1	1	3	45
彭水县郁山镇	60	386	386	197	1	1	13	57
江津市德感镇	3897	9852	9852	3182	3	2	124	2631
江津市油溪镇	2731	5660	5413	5867	1	1	27	1016
江津市吴滩镇	1276	3710	3520	2350	2	2	15	1100
江津市朱扬镇	2330	2480	5416	3200	2	2	0	0
江津市白沙镇	11808	25341	24851	50162	5	5	60	1500
江津市永兴镇	1613	3237	2674	2938	2	2	9	113
江津市仁沱镇	1361	2591	2591	2142	3	1	3	92
江津市贾嗣镇	2005	5037	4564	2420	2	1	8	540
江津市夏坝镇	1914	5551	5551	2887	2	2	11	1589
江津市李市镇	2051	4175	4175	2923	2	1	1	125
江津市蔡家镇	1800	2780	2580	2300	2	1	50	420
江津市四面山镇	406	1221	852	350	1	1	5	156
江津市珞璜镇	3204	6346	4546	4442	1	1	42	2787
江津市享堂镇	464	673	150	572	1	1	10	170
江津市吴市镇	620	1300	809	820	1	1	14	320
江津市石门镇	2500	5400	3710	3100	1	1	25	1089
江津市石蟆镇	1796	3837	2824	1238	1	1	7	1228
江津市龙门滩镇	866	2928	2718	2340	1	1	5	146
江津市先锋镇	1510	2709	2259	1250	1	1	3	25
江津市夹滩镇	671	1361	1361	850	1	1	5	120
江津市马宗镇	368	795	716	285	1	1	17	145
江津市杜市镇	1201	3560	2220	3591	2	2	5	251
江津市西湖镇	935	1618	1618	889	2	2	17	906
江津市中山镇	552	1328	1258	943	1	1	4	58
江津市柏林镇	724	1353	1353	900	1	1	2	23
江津市双溪镇	325	659	659	545	1	1	12	100
江津市津福镇	100	350	128	215	1	1	2	20
江津市金刚镇	411	627	627	528	1	1	2	21
江津市碑槽镇	190	611	611	574	2	2	1	4
江津市滩盘镇	306	864	274	641	1	1	1	18
江津市羊石镇	367	718	701	435	1	1	5	184
江津市稿子镇	503	1157	657	630	1	1	5	40
江津市塘河镇	565	1771	1626	1027	1	1	2	17

3－4－22 续表 13

名　　称	户　数（户）	人　口（人）	其中：非农业人口（人）	劳动力（人）	集贸市场个数（个）	其　中：综合市场个数（个）	企　业个　数（个）	企　业从　业人员数（人）
江津市罗坝镇	226	364	364	218	2	1	5	327
江津市长冲镇	372	551	265	316	1	1	2	40
江津市龙吟镇	572	1041	1035	700	1	1	11	570
江津市嘉平镇	512	1449	1390	1250	1	1	0	0
江津市东胜镇	191	559	308	150	1	1	2	8
江津市付家镇	331	1086	586	628	1	1	2	20
江津市广兴镇	701	1184	1043	538	1	1	5	56
江津市和平镇	266	443	396	275	1	1	1	2
江津市慈云镇	326	791	460	413	1	1	8	138
江津市黄泥镇	298	705	705	650	1	1	5	77
江津市高歇镇	284	875	667	542	1	1	5	20
合川市盐井镇	4552	8636	7629	7591	1	1	13	2451
合川市十塘镇	741	1850	1605	450	1	1	2	67
合川市滩子镇	355	595	595	300	1	1	5	130
合川市草街镇	546	1420	1348	640	1	1	15	708
合川市官渡镇	870	1546	1546	927	1	1	35	597
合川市福寿镇	443	781	770	600	1	1	5	85
合川市狮滩镇	750	1206	1206	960	1	1	1	30
合川市双凤镇	519	1230	1192	260	1	1	6	111
合川市云门镇	1658	5249	5193	340	1	1	39	285
合川市天星镇	352	1105	1060	73	1	1	34	385
合川市高龙镇	180	735	621	46	1	1	7	226
合川市大石镇	1091	2124	2124	1937	1	1	13	241
合川市尖山镇	552	1119	1096	680	1	1	14	82
合川市古楼镇	546	1750	630	1050	1	1	3	87
合川市利泽镇	579	1186	1121	1470	1	1	12	935
合川市铜溪镇	1174	2968	2968	1686	1	1	21	1035
合川市油桥镇	409	828	576	44	1	1	0	0
合川市渭沱镇	526	1468	1320	782	1	1	1	40
合川市皂角镇	290	419	419	48	0	0	2	35
合川市张桥镇	350	745	680	250	1	1	19	238
合川市木莲镇	74	325	307	150	1	1	3	20
合川市龙井镇	533	752	752	74	1	1	0	0
合川市隆兴镇	210	800	550	110	1	1	5	88
合川市佛盐镇	76	168	140	162	0	0	3	53
合川市太和镇	3179	9443	9443	6737	1	1	48	3836
合川市合隆镇	284	1250	1250	500	1	1	6	200
合川市燕窝镇	525	1384	1275	468	1	1	7	94
合川市二郎镇	804	1672	1480	872	2	1	7	260
合川市龙凤镇	439	629	629	350	1	1	3	186

3－4－22 续表 14

名　　称	户 数（户）	人　口（人）	其中：非农业人口（人）	劳动力（人）	集贸市场个数（个）	其　中：综合市场个数（个）	企　业个　数（个）	企　业从　业人员数（人）
合川市三庙镇	1189	2572	198	1620	1	1	25	208
合川市七间镇	484	1134	1026	240	1	1	4	128
合川市炉山镇	364	774	654	464	1	1	112	199
合川市钱塘镇	1454	3133	3133	1514	1	1	103	959
合川市金子镇	453	1050	946	170	0	0	5	155
合川市泥溪镇	397	697	697	380	1	1	4	90
合川市沙鱼镇	375	661	629	400	1	1	6	49
合川市龙市镇	1512	3111	3111	2200	1	1	6	65
合川市双龙湖镇	130	356	230	160	0	0	1	38
合川市涞滩镇	189	407	335	320	0	0	0	0
合川市码头镇	419	817	216	144	1	1	0	0
合川市肖家镇	1171	3492	1437	1800	1	1	6	40
合川市渭溪镇	758	2316	1608	79	1	1	2	35
合川市黄土镇	140	339	296	340	1	1	8	192
合川市香龙镇	600	1138	1138	683	1	1	33	268
合川市小沔镇	1534	4804	3917	2562	1	1	13	368
合川市宝华镇	368	628	580	780	1	1	1	5
合川市三汇镇	4279	14976	12976	8132	2	2	5	3890
合川市清平镇	985	1952	1354	1555	1	1	2	46
合川市土场镇	621	2360	1121	760	1	1	21	447
合川市保合镇	185	445	445	311	1	1	4	120
永川市青峰镇	415	1600	555	830	1	1	3	20
永川市黄瓜山镇	2970	9878	9837	5760	1	1	35	950
永川市大安镇	2634	4262	3518	1846	2	1	15	253
永川市茶店镇	110	672	512	672	1	1	3	25
永川市石竹镇	635	957	957	520	2	1	2	12
永川市金龙镇	155	470	291	351	1	1	0	0
永川市陈食镇	958	2110	2110	800	2	1	3	100
永川市莲花镇	50	256	196	147	1	1	2	96
永川市临江镇	960	1782	1782	1430	1	1	6	60
永川市双竹镇	1260	3000	200	2150	1	1	8	245
永川市何埂镇	1645	2704	2704	2100	5	4	11	290
永川市松既镇	1074	3084	2984	1500	2	1	12	1239
永川市聚美镇	180	275	275	203	1	1	14	259
永川市仙龙镇	630	967	967	850	2	1	5	850
永川市吉安镇	240	368	340	200	1	1	3	33

3—4—22续表15

名　　称	户　数（户）	人　口（人）	其中：非农业人口（人）	劳动力（人）	集贸市场个数（个）	其　中：综合市场个数（个）	企　业个　数（个）	企　业从　业人员数（人）
永川市五间镇	480	885	735	600	1	1	17	50
永川市张家镇	570	1595	595	500	2	1	3	20
永川市来苏镇	1582	2168	1079	1898	1	1	3	800
永川市宝峰镇	350	759	685	387	1	1	3	62
永川市王坪镇	279	908	908	484	1	1	2	33
永川市双石镇	1385	4079	3779	1050	1	1	130	185
永川市红炉镇	800	1488	1388	592	0	0	4	35
永川市永荣镇	80	430	412	211	1	1	0	0
永川市三教镇	736	2191	2000	450	3	1	12	840
永川市板桥镇	265	1056	1056	499	3	1	1	68
永川市朱砣镇	2427	10267	5244	1634	4	3	32	1980
南川市南平镇	1225	2640	2640	1290	2	1	2	40
南川市大观镇	1092	1873	1867	1438	1	1	0	0
南川市鸣玉镇	781	3972	1660	1966	1	1	4	34
南川市水江镇	2410	14135	6135	3450	1	1	21	1104
南川市三泉镇	223	699	200	580	1	1	5	120
南川市文凤镇	601	1817	32	932	2	2	10	1641
南川市神童镇	61	218	65	180	1	1	50	153
南川市兴隆镇	438	2083	1360	1300	1	1	122	555
南川市白沙镇	424	1507	318	734	1	1	3	300
南川市太平场镇	223	1650	425	69	1	1	7	63
南川市石墙镇	385	1736	434	875	1	1	0	0
南川市金山镇	757	1900	979	1140	1	1	7	912
南川市头渡镇	223	837	223	479	1	1	9	56
南川市大有镇	395	1277	721	606	1	1	4	23
南川市合溪镇	65	417	235	250	0	0	30	75

3—4—23 四川省建制镇镇区主要指标

名　　称	户　数（户）	人　口（人）	其中:非农业人口（人）	劳动力（人）	集贸市场个数（个）	其　中:综合市场个数（个）	企　业个　数（个）	企　业从　业人员数（人）
武侯区机投镇	1325	3618	2940	3316	2	1	2	448
武侯区金花镇	1820	4658	3534	3124	1	1	29	197
龙泉驿区大面镇	885	4228	3815	2027	2	1	5	308
龙泉驿区洛带镇	8074	21796	4349	4315	4	4	9	527
龙泉驿区柏合镇	6369	20798	904	11293	2	2	619	2008
龙泉驿区西河镇	868	2780	2674	1668	3	1	8	351
龙泉驿区洪河镇	313	1089	485	841	1	1	41	507
龙泉驿区十陵镇	20735	54012	26433	10125	5	3	15	1492
龙泉驿区义和镇	234	380	380	596	0	0	61	347
龙泉驿区文安镇	358	878	528	726	1	1	58	316
龙泉驿区同安镇	1567	3868	1457	3007	1	1	2	400
龙泉驿区茶店镇	585	1902	465	190	1	0	157	470
龙泉驿区黄土镇	326	1127	425	729	1	1	65	246
龙泉驿区西平镇	239	514	514	412	1	1	1	8
青白江区城厢镇	5262	14519	8489	6200	5	3	58	2208
青白江区弥牟镇	2566	6492	4071	1320	4	0	5	1934
青白江区清泉镇	1594	3662	2530	1200	3	1	12	654
青白江区大同镇	1553	4961	2379	3810	0	0	49	1900
青白江区祥福镇	336	1098	451	440	1	1	28	857
青白江区姚渡镇	808	2174	629	1588	2	1	16	312
青白江区日新镇	665	1675	467	644	1	1	4	420
青白江区合兴镇	395	1372	14	1022	0	0	21	1400
青白江区华严镇	644	1578	41	1013	2	1	10	600
金堂县五凤镇	1125	2257	1595	1264	1	1	6	104
金堂县淮口镇	5795	13929	13929	7180	3	2	12	240
金堂县竹篙镇	1447	3187	3054	1985	2	2	8	124
金堂县土桥镇	876	2490	2490	1245	3	1	12	133
金堂县云合镇	893	943	892	249	1	1	4	146
金堂县广兴镇	921	1746	1160	260	1	1	3	174
金堂县高板镇	934	3341	1639	2029	1	1	8	96
金堂县福兴镇	425	1177	1177	1360	2	1	6	212
金堂县赵家镇	2704	8161	886	5422	3	2	41	487
金堂县金龙镇	291	411	411	520	1	1	8	40
金堂县白果镇	398	661	567	2706	1	1	3	42
金堂县三星镇	3156	9428	1373	8490	2	1	37	787
金堂县官仓镇	382	541	541	368	3	1	8	80
金堂县清江镇	7057	22873	181	1119	2	1	13	273
金堂县隆盛镇	856	3015	814	1809	1	1	3	67
金堂县九龙镇	469	762	762	450	0	0	1	206
金堂县三溪镇	298	1045	325	571	2	1	10	120

3—4—23 续表 1

名　　称	户　数（户）	人　口（人）	其中：非农业人口（人）	劳动力（人）	集贸市场个数（个）	其　中：综合市场个数（个）	企　业个　数（个）	企　业从　业人员数（人）
金堂县转龙镇	501	1285	497	581	1	1	0	0
双流县太平镇	1406	3908	1765	447	1	1	5	268
双流县永兴镇	1345	4200	1326	2050	3	3	7	117
双流县华阳镇	4687	38403	38313	12340	4	3	37	2945
双流县中和镇	4658	11645	10932	6256	1	1	245	2943
双流县文星镇	558	1950	685	1180	1	1	28	740
双流县籍田镇	1183	3519	528	4507	2	1	42	2031
双流县正兴镇	939	3313	3129	1100	1	1	3	723
双流县彭镇	1205	3325	2225	2599	2	2	8	580
双流县大林镇	372	2793	902	1680	1	1	8	298
双流县煎茶镇	188	1052	623	580	1	1	1	50
双流县黄龙溪镇	169	2470	1608	282	1	1	5	104
双流县永安镇	3012	12305	1412	5012	2	2	4	216
双流县白家镇	1587	4800	907	2705	2	1	50	472
双流县九江镇	301	1463	463	869	1	1	15	1350
双流县黄水镇	492	2213	1167	1372	1	1	21	850
双流县金桥镇	580	2000	300	1460	1	1	8	300
温江县柳城镇	24919	71270	69413	36619	6	4	22	489
温江县和盛镇	2109	6750	1781	6750	2	1	128	1488
温江县永盛镇	618	2440	354	3186	2	2	230	2446
温江县天府镇	637	3124	1307	1624	2	1	58	200
温江县金马镇	600	2073	1806	1200	0	0	1	27
温江县公平镇	869	3766	2789	3659	1	1	70	630
温江县万春镇	385	1834	1114	381	3	1	68	312
温江县通平镇	290	577	577	536	1	1	81	272
温江县永宁镇	650	2270	1415	1508	1	1	33	310
温江县涌泉镇	191	438	410	950	1	1	25	950
温江县踏水镇	450	1350	195	765	1	1	45	238
郫县团结镇	413	1281	1150	726	1	1	54	155
郫县犀浦镇	5647	13687	12270	8486	3	1	281	2746
郫县花园镇	988	1563	1563	2350	1	1	10	419
郫县唐昌镇	3462	11833	11833	9025	2	1	633	6896
郫县安德镇	5561	16666	1544	1115	5	1	447	1250
郫县三道堰镇	660	1497	1212	1422	2	1	8	669
郫县安靖镇	745	1972	822	1170	2	2	6	108
郫县红光镇	6897	20089	1698	253	1	1	408	5364
郫县合作镇	550	2010	646	800	1	1	24	700
郫县新民场镇	273	604	604	703	2	2	7	266
郫县两路口镇	291	978	978	425	1	1	5	16
郫县德源镇	6687	20349	602	805	2	1	4	70

3－4－23 续表 2

名　称	户　数（户）	人　口（人）	其中：非农业人口（人）	劳动力（人）	集贸市场个数（个）	其　中：综合市场个数（个）	企　业个　数（个）	企　业从　业人员数（人）
郫县新胜镇	4501	14110	623	8100	0	0	505	3507
新都县大丰镇	2187	6729	5483	3010	3	3	8	224
新都县石板滩镇	1614	3585	3585	2390	2	2	19	1204
新都县新繁镇	6387	15815	15815	8505	4	3	439	8905
新都县新民镇	460	3600	1749	2346	2	2	8	450
新都县三河镇	8478	8911	5514	3332	1	1	347	1207
新都县泰兴镇	1012	2583	1624	1872	2	2	6	895
新都县利济镇	286	852	852	2533	1	1	1	40
新都县斑竹园镇	469	1057	1057	2608	2	2	19	1437
新都县清流镇	486	1215	759	972	3	1	30	360
新都县龙虎镇	1041	2182	702	1527	1	1	10	2601
新都县马家镇	703	1212	1098	417	1	1	12	630
新都县龙桥镇	315	1114	1114	790	1	1	2	68
大邑县王泗镇	3400	12900	1695	7000	4	2	37	900
大邑县唐场镇	642	1927	1186	1392	3	0	126	870
大邑县新场镇	1750	5500	1509	2650	1	1	327	2650
大邑县悦来镇	1050	6500	2300	5000	3	2	11	640
大邑县安仁镇	1800	6500	5106	18388	4	3	175	4800
大邑县出江镇	554	2107	690	1371	1	0	2	17
大邑县天宫庙镇	253	1568	600	580	1	1	6	310
大邑县西岭镇	185	709	334	791	0	0	4	114
大邑县斜源镇	260	1107	285	511	0	0	3	223
大邑县董场镇	450	1800	956	490	2	2	3	40
大邑县韩场镇	616	2153	426	1491	2	1	9	270
大邑县三岔镇	343	1658	423	1450	1	1	7	292
大邑县上安镇	560	2050	262	300	0	0	55	104
蒲江县天华镇	438	1367	492	1500	1	1	40	928
蒲江县寿安镇	2381	8140	2487	6200	2	2	19	668
蒲江县五星镇	183	872	241	553	1	1	6	300
蒲江县西来镇	624	2250	551	1784	2	2	25	606
蒲江县大塘镇	1035	4020	1764	3600	4	3	23	628
蒲江县甘溪镇	200	1200	280	785	1	1	13	88
蒲江县大兴镇	854	2894	510	2894	2	2	4	114
蒲江县成佳镇	377	1462	252	215	1	1	14	121
蒲江县朝阳湖镇	237	1278	268	350	1	1	6	202
新津县花桥镇	660	1627	1627	3500	3	2	63	1633
新津县金华镇	430	1376	860	1200	0	0	4	800
新津县兴义镇	1050	2482	975	1530	1	1	3	150
新津县安西镇	434	1681	684	171	0	0	18	853
新津县花源镇	121	371	371	305	0	0	60	698

3—4—23 续表 3

名称	户数（户）	人口（人）	其中：非农业人口（人）	劳动力（人）	集贸市场个数（个）	其中：综合市场个数（个）	企业个数（个）	企业从业人员数（人）
新津县普兴镇	1350	4537	78	2987	0	0	7	240
新津县新平镇	1016	3460	1487	1545	0	0	10	1536
新津县永商镇	792	1788	1788	1588	1	1	0	0
新津县邓双镇	500	1506	443	603	0	0	10	175
都江堰市幸福镇	528	1820	12	196	0	0	9	73
都江堰市蒲阳镇	1343	6780	4728	2983	2	2	11	550
都江堰市石羊镇	1089	8300	859	3483	5	0	13	1214
都江堰市玉堂镇	2157	6191	1598	880	2	2	38	720
都江堰市青城山镇	845	2932	17	1827	1	1	9	252
都江堰市聚源镇	761	3500	2700	1050	1	1	51	586
都江堰市柳街镇	514	1300	772	850	2	2	9	1659
都江堰市中兴镇	1076	1547	1547	370	4	3	63	1682
都江堰市崇义镇	556	2349	1882	1058	3	2	11	467
都江堰市天马镇	437	2764	1084	1580	1	1	8	318
都江堰市龙池镇	147	475	306	102	1	1	19	445
彭州市大宝镇	1901	6867	801	4382	1	1	52	263
彭州市新兴镇	1224	3817	2150	1397	1	1	198	362
彭州市丽春镇	1068	3456	1408	2015	3	3	56	1809
彭州市九尺镇	915	2345	2245	1250	2	2	125	250
彭州市蒙阳镇	1490	3590	3590	2574	4	2	884	3122
彭州市通济镇	524	2500	2029	1000	4	2	100	1000
彭州市九陇镇	790	2670	2376	3060	2	1	45	475
彭州市隆丰镇	817	2126	1594	911	5	4	4	528
彭州市敖平镇	675	2034	2034	1627	4	3	42	230
彭州市磁峰镇	319	723	667	420	1	1	1	9
彭州市桂花镇	515	1580	1050	810	2	1	2	100
彭州市楠杨镇	802	2412	140	1488	1	1	3	115
彭州市军乐镇	216	745	420	270	2	1	27	276
彭州市三界镇	1522	4720	1039	2107	2	2	9	1680
彭州市三邑镇	391	1221	86	41	0	0	1	1024
邛崃市羊安镇	681	850	350	800	2	1	5	50
邛崃市牟礼镇	1118	3227	1001	663	1	1	11	127
邛崃市桑园镇	411	1307	898	795	1	1	9	102
邛崃市平乐镇	1521	4047	2443	2723	4	0	486	2365
邛崃市夹关镇	590	5241	2821	3600	1	1	5	126
邛崃市火井镇	1152	4147	1057	1771	2	0	4	301
邛崃市水口镇	402	1561	641	738	1	1	45	147
邛崃市固驿镇	855	2545	874	2036	1	1	14	1122
邛崃市冉义镇	398	3352	2500	2000	2	2	28	339
邛崃市回龙镇	455	1542	746	376	1	1	18	58

3—4—23续表4

名　　称	户　数（户）	人　口（人）	其中：非农业人口（人）	劳动力（人）	集贸市场个数（个）	其　中：综合市场个数（个）	企　业个　数（个）	企　业从　业人员数（人）
邛崃市高埂镇	1129	6950	1432	2538	0	0	16	482
邛崃市前进镇	359	2359	985	545	0	0	65	230
邛崃市高河镇	200	890	120	520	1	1	96	130
邛崃市石坡镇	145	376	97	127	1	1	3	35
邛崃市临济镇	353	1666	175	685	1	1	77	285
邛崃市卧龙镇	4302	15046	388	9346	1	1	8	280
邛崃市泉水镇	349	1238	1199	645	1	1	0	0
崇州市三江镇	720	2029	2029	1200	3	1	50	1320
崇州市王场镇	406	1467	19	839	3	1	18	219
崇州市道明镇	205	1750	1029	735	4	1	3	116
崇州市三郎镇	244	956	220	282	2	0	1	35
崇州市怀远镇	2434	8715	4604	8000	3	3	707	5351
崇州市元通镇	775	3243	220	3100	2	2	230	4875
崇州市隆兴镇	200	652	450	440	2	1	42	410
崇州市羊马镇	722	2191	652	876	4	1	77	3898
崇州市江源镇	380	1580	210	628	2	1	3	45
崇州市白头镇	180	520	110	230	1	1	6	133
崇州市廖家镇	1348	5500	927	3800	1	1	154	2540
崇州市街子镇	830	2500	441	720	9	1	27	240
崇州市万家镇	93	472	89	215	1	1	20	241
崇州市观胜镇	634	2072	301	112	1	1	11	125
贡井区长土镇	21	196	77	137	0	0	6	76
贡井区荣边镇	138	293	243	1345	1	1	10	164
贡井区艾叶镇	328	840	760	474	1	1	5	320
贡井区建设镇	356	558	558	502	1	1	9	488
大安区大山铺镇	1617	2476	2476	520	0	0	46	72
大安区胜利镇	558	1844	116	2294	0	0	10	520
大安区团结镇	575	1935	21	676	1	1	5	215
大安区三多寨镇	232	792	792	386	1	1	1	386
大安区何市镇	969	3045	2383	475	1	1	9	101
大安区新店镇	249	418	418	458	1	1	2	60
沿滩区仲权镇	450	2001	1300	671	2	1	12	745
沿滩区兴隆镇	205	510	510	272	1	1	8	326
沿滩区永安镇	1721	3175	3175	1760	2	1	39	739
沿滩区卫坪镇	548	2346	1928	2284	1	1	92	3928
沿滩区舒平镇	2515	5250	1148	4200	5	3	44	283
沿滩区富全镇	285	1087	487	282	1	1	10	193
沿滩区邓关镇	3130	13042	12038	6832	1	1	20	1080
沿滩区黄市镇	425	810	810	486	2	1	98	650
沿滩区王井镇	5073	19703	2673	10057	2	1	12	175

3—4—23 续表 5

名　　称	户　数（户）	人　口（人）	其中：非农业人口（人）	劳动力（人）	集贸市场个数（个）	其　中：综合市场个数（个）	企　业个　数（个）	企　业从　业人员数（人）
沿滩区联络镇	256	1140	428	339	1	1	7	121
荣县成佳镇	2200	5711	4211	2385	5	3	11	510
荣县白庙镇	236	1209	309	546	1	1	6	284
荣县双石镇	1256	3978	2432	478	4	2	8	478
荣县望佳镇	617	1864	864	1236	1	1	9	156
荣县龙潭镇	1399	3730	3030	1750	1	1	5	114
荣县桥头镇	326	1254	674	848	1	1	2	166
荣县莲花镇	300	900	519	615	1	1	1	51
荣县五宝镇	923	2618	1689	1600	3	0	2	150
荣县鼎新镇	537	1555	1055	1155	2	2	3	181
荣县乐德镇	1410	4320	2280	2465	1	1	55	880
荣县河口镇	405	1261	961	768	1	0	16	24
荣县古文镇	556	1329	589	222	2	1	2	20
荣县过水镇	201	615	580	530	1	1	4	216
荣县新桥镇	229	3994	3929	2139	2	1	10	350
荣县正紫镇	243	1300	701	332	2	1	14	116
荣县度佳镇	197	697	652	328	2	1	3	228
荣县东佳镇	218	662	562	258	2	1	5	15
荣县长山镇	2002	5575	5410	3702	3	1	9	652
荣县保华镇	411	1631	1631	978	1	1	0	0
荣县留佳镇	377	981	981	650	3	1	3	80
荣县来牟镇	493	1186	901	712	1	1	7	250
荣县双古镇	644	1710	1205	525	1	1	8	250
荣县观山镇	357	2100	485	1253	1	1	9	826
荣县高山镇	330	1094	526	864	1	1	2	216
荣县东兴镇	70	261	261	1500	1	1	3	42
荣县铁厂镇	224	865	615	560	1	1	2	50
富顺县邓井关镇	1642	3588	3588	1029	2	1	11	913
富顺县东湖镇	1977	3098	2984	1921	2	1	4	30
富顺县黄葛镇	197	315	262	162	1	1	4	79
富顺县琵琶镇	392	1487	1087	490	2	2	12	197
富顺县狮市镇	773	1823	1823	1000	1	1	16	314
富顺县骑龙镇	253	599	498	458	2	1	4	103
富顺县瓦市镇	814	1991	1991	1215	1	1	3	52
富顺县仙市镇	514	1646	1038	920	1	1	6	1105
富顺县互助镇	431	1617	24	937	0	0	3	22
富顺县牛佛镇	3527	8900	8000	13500	3	2	30	490
富顺县庙坝镇	314	558	547	460	1	1	14	275
富顺县回龙镇	230	751	736	1000	1	1	10	200
富顺县代寺镇	2041	6531	6386	3331	1	1	3	45

3—4—23 续表 6

名　称	户　数（户）	人　口（人）	其中：非农业人口（人）	劳动力（人）	集贸市场个数（个）	其　中：综合市场个数（个）	企　业个　数（个）	企　业从　业人员数（人）
富顺县中石镇	141	367	360	220	1	1	1	108
富顺县童寺镇	892	3239	2971	2011	2	1	2	186
富顺县古佛镇	1047	3647	1614	920	1	1	2	120
富顺县永年镇	1170	2590	2590	1730	1	1	7	130
富顺县彭庙镇	187	459	459	150	0	0	3	105
富顺县兜山镇	180	700	602	395	0	0	18	272
富顺县板桥镇	2236	6827	3561	3684	3	1	13	340
富顺县福善镇	208	800	683	245	2	2	3	76
富顺县李桥镇	261	689	489	178	1	1	1	10
富顺县赵化镇	3075	7724	6843	4200	4	3	20	278
富顺县安溪镇	775	1745	1631	1047	1	1	12	207
富顺县万寿镇	408	1624	788	1280	1	1	3	42
富顺县怀德镇	1892	3254	3254	2277	1	1	8	458
富顺县长滩镇	344	1100	976	250	1	1	1	65
东区银江镇	520	2060	30	1320	1	1	9	240
西区格里坪镇	696	1592	69	1061	0	0	12	366
仁和区平地镇	1420	3812	865	2162	1	1	282	816
仁和区大田镇	1196	3557	762	2048	1	1	231	581
仁和区福田镇	410	1425	207	962	0	0	102	756
仁和区同德镇	1238	3550	432	2066	1	1	583	1620
仁和区金江镇	3531	11560	10066	4624	2	2	464	2170
米易县丙谷镇	731	2360	1594	900	1	1	7	600
米易县得石镇	1270	1728	1500	1210	1	1	75	550
米易县撒莲镇	501	1351	518	225	1	1	9	40
米易县垭口镇	695	1964	307	957	1	1	12	285
米易县挂榜镇	237	843	410	325	1	1	6	118
米易县普威镇	706	2035	624	707	1	1	2	14
米易县团结镇	232	1163	277	412	0	0	4	18
盐边县渔门镇	855	2754	1350	1857	1	1	198	544
盐边县永兴镇	712	2235	1070	1398	1	1	278	537
盐边县桐子林镇	539	1642	240	876	1	1	125	433
盐边县红格镇	770	2459	1233	1519	1	1	170	475
江阳区兰田镇	6195	22340	22212	9850	3	2	228	1780
江阳区邻玉镇	675	2170	1040	1293	1	1	78	246
江阳区泰安镇	642	1099	1099	258	1	1	125	515
江阳区弥陀镇	9195	31717	3586	1620	0	0	214	1556
江阳区通滩镇	1065	2959	2779	1178	1	1	29	680
江阳区况场镇	488	1107	1107	821	1	1	3	86
江阳区江北镇	690	1804	1186	280	1	1	65	496
江阳区石棚镇	7475	27549	927	1550	0	0	133	499

3—4—23续表7

名　　称	户　数（户）	人　口（人）	其中：非农业人口（人）	劳动力（人）	集贸市场个数（个）	其　中：综合市场个数（个）	企　业个　数（个）	企　业从　业人员数（人）
纳溪区护国镇	1511	4863	3863	1686	5	1	258	958
纳溪区花果镇	927	3079	3077	2417	1	1	101	263
纳溪区大渡口镇	1592	3809	3809	2285	1	1	15	365
纳溪区白节镇	2000	9300	3134	5000	2	1	900	1820
纳溪区合面镇	445	789	789	200	1	1	15	70
纳溪区上马镇	2345	2758	2256	1654	2	2	290	1420
纳溪区打鼓镇	369	1258	1258	1726	1	1	11	180
纳溪区丰乐镇	1019	2241	2220	1433	2	2	862	2684
龙马潭区罗汉镇	5825	16259	1191	500	2	2	8	120
龙马潭区鱼塘镇	11335	31545	7792	14844	3	3	15	1436
龙马潭区石洞镇	1914	8765	8000	4726	4	2	2	2022
龙马潭区胡市镇	1635	5814	4124	850	4	2	1	588
龙马潭区特兴镇	738	1942	1942	1879	1	1	8	1200
龙马潭区安宁镇	2175	4219	4219	2456	1	1	3	920
泸县福集镇	7024	19893	18860	9376	3	3	1035	9512
泸县嘉明镇	1530	3536	3045	2145	1	1	7	567
泸县喻寺镇	1916	4948	4948	3274	2	1	12	300
泸县得胜镇	488	1214	1214	699	0	0	9	143
泸县青龙镇	850	1414	1414	155	1	1	1	15
泸县牛滩镇	1346	3881	3881	4150	1	1	10	13
泸县兆雅镇	1628	3142	3000	2320	1	1	6	61
泸县玄滩镇	2028	4254	4254	1165	3	2	9	491
泸县太伏镇	600	1267	1067	998	1	1	2	44
泸县云龙镇	823	1696	1686	1485	1	1	6	801
泸县石桥镇	1479	5175	4603	1850	0	0	1	10
泸县毗卢镇	880	2130	2130	852	1	1	13	850
泸县奇峰镇	824	1936	1936	1053	3	1	116	195
泸县潮河镇	266	851	851	510	5	1	1	10
泸县云锦镇	1125	2313	2313	1620	1	1	17	2216
泸县立石镇	856	1875	1875	1205	1	1	35	470
合江县白沙镇	2294	7800	2172	1800	1	1	256	693
合江县先市镇	3451	10350	3776	6150	3	1	35	919
合江县九支镇	3200	9680	2772	6800	2	1	616	4500
合江县凤鸣镇	2130	5500	2144	3560	4	4	28	264
合江县榕山镇	4154	10936	10885	5324	2	1	803	1148
合江县福宝镇	1727	4661	3661	458	2	1	9	108
合江县望龙镇	959	4120	1120	2884	1	1	30	250
合江县佛荫镇	867	3102	872	1551	1	1	9	126
合江县尧坝镇	516	1334	1287	810	3	3	345	1250
合江县五通镇	218	806	509	272	3	2	7	59

3－4－23续表8

名　　称	户　数（户）	人　口（人）	其中：非农业人口（人）	劳动力（人）	集贸市场个数（个）	其　中：综合市场个数（个）	企　业个　数（个）	企　业从　业人员数（人）
合江县白鹿镇	823	3292	812	895	2	1	39	130
合江县甘雨镇	935	3048	950	1860	1	1	6	120
合江县先滩镇	571	1900	1123	600	1	1	55	300
合江县自怀镇	200	610	339	340	1	1	59	270
叙永县天池镇	628	1867	1867	2400	1	1	9	619
叙永县水尾镇	3877	7653	5653	4500	2	1	18	510
叙永县江门镇	1347	5053	4903	3537	2	2	250	600
叙永县落卜镇	10193	36510	9003	71	1	1	7	2190
叙永县赤水镇	312	1872	848	312	2	2	6	175
叙永县两河镇	1192	2841	2691	420	1	1	188	420
叙永县马岭镇	989	2824	2823	2105	1	1	9	143
叙永县后山镇	345	1320	853	585	1	1	5	317
叙永县摩尼镇	1188	4037	1526	2122	1	1	248	1125
叙永县分水镇	320	1739	903	863	1	1	47	246
古蔺县二郎镇	967	1967	1633	769	1	1	6	137
古蔺县太平镇	175	578	578	290	0	0	0	0
古蔺县德耀镇	420	1750	1398	1120	3	2	2	30
古蔺县双沙镇	800	3604	2265	1802	2	1	20	178
古蔺县永乐镇	229	749	739	370	2	1	31	80
古蔺县龙山镇	1033	3316	1257	1258	2	1	88	269
古蔺县大村镇	482	1234	801	697	2	1	98	260
古蔺县石宝镇	616	1391	894	780	2	2	2	43
古蔺县观文镇	195	950	650	460	2	1	3	22
古蔺县水口镇	279	1255	198	669	2	2	15	144
古蔺县丹桂镇	390	1180	716	550	2	1	41	237
旌阳区天元镇	1516	4987	3934	1511	2	1	33	1385
旌阳区孝感镇	588	1794	1332	457	1	1	10	257
旌阳区八角井镇	452	680	680	318	0	0	12	6348
旌阳区黄许镇	4559	8960	4858	8824	4	4	26	1518
旌阳区德新镇	782	1482	810	1529	1	1	11	680
旌阳区孝泉镇	3350	14724	5274	10380	6	2	26	2690
旌阳区柏隆镇	1215	4197	1157	3602	5	3	9	2130
旌阳区景福镇	205	412	326	397	1	1	5	78
旌阳区扬嘉镇	1222	2204	1174	2386	1	1	29	984
旌阳区寿丰镇	556	1024	617	759	0	0	8	640
旌阳区双东镇	405	1056	426	220	0	0	5	30
旌阳区新中镇	305	976	514	922	1	1	7	244
旌阳区通江镇	394	879	463	740	1	1	8	155
中江县凯江镇	20922	66917	59858	45316	7	7	35	2805
中江县回龙镇	1479	4823	2401	1271	2	1	53	824

3—4—23续表9

名称	户数（户）	人口（人）	其中：非农业人口（人）	劳动力（人）	集贸市场个数（个）	其中：综合市场个数（个）	企业个数（个）	企业从业人员数（人）
中江县通济镇	210	640	259	85	1	1	31	756
中江县永太镇	1446	2627	2027	1854	3	2	14	835
中江县黄鹿镇	35	115	115	81	0	0	3	87
中江县南华镇	4146	15641	6831	3428	2	1	38	2643
中江县辑庆镇	1758	6571	1804	3438	1	1	46	2764
中江县兴隆镇	1320	3112	1600	2235	3	2	26	824
中江县富兴镇	757	1913	403	337	1	1	7	38
中江县集凤镇	463	1526	987	365	1	1	24	162
中江县龙台镇	2444	8313	4738	3456	6	1	61	2045
中江县玉兴镇	403	1177	594	875	2	2	12	254
中江县双龙镇	475	1661	568	1095	1	1	2	29
中江县永安镇	999	2682	2679	310	2	1	26	711
中江县悦来镇	788	3162	311	450	1	1	7	131
中江县永兴镇	726	1895	1595	720	2	1	11	296
中江县继光镇	180	786	539	275	2	1	39	218
中江县仓山镇	2898	6113	5853	1701	3	1	5	1089
中江县万福镇	947	3368	1048	2220	2	1	31	299
中江县联合镇	420	1342	632	486	3	3	12	135
中江县普兴镇	395	1357	703	616	2	2	179	1530
中江县广福镇	1437	4651	2989	653	3	3	18	1086
中江县会龙镇	986	2643	711	1932	2	1	11	287
中江县冯店镇	937	2821	2485	1521	3	2	54	386
中江县太安镇	990	2303	535	1450	3	0	3	284
中江县积金镇	1273	3466	1046	981	4	1	21	401
罗江县御营镇	397	1688	406	1432	0	0	9	695
罗江县蟠龙镇	326	2889	444	556	1	1	19	342
罗江县文星镇	466	1450	292	980	1	1	6	115
罗江县鄢家镇	635	8305	1217	5400	1	1	19	588
罗江县新盛镇	801	3836	522	1220	1	1	9	220
罗江县德安镇	329	675	259	550	0	0	10	451
罗江县金山镇	1484	4452	1632	2600	3	1	39	956
罗江县慧觉镇	3768	11596	490	872	1	1	8	594
罗江县略坪镇	1760	4510	1354	2463	4	1	11	547
广汉市三水镇	1854	3310	3310	1560	1	1	3	530
广汉市新丰镇	271	786	786	321	0	0	5	352
广汉市万福镇	126	388	388	303	2	1	4	50
广汉市和兴镇	62	551	551	365	1	1	4	35
广汉市连山镇	1377	2827	2827	3510	3	2	15	652
广汉市松林镇	379	438	438	120	2	0	3	146
广汉市金鱼镇	173	587	587	644	1	1	11	244

3－4－23 续表 10

名　　称	户　数（户）	人　口（人）	其中：非农业人口（人）	劳动力（人）	集贸市场个数（个）	其　中：综合市场个数（个）	企　业个　数（个）	企　业从　业人员数（人）
广汉市小汉镇	584	702	702	273	1	1	4	273
广汉市兴隆镇	238	550	550	717	2	1	11	237
广汉市新华镇	211	817	817	726	1	1	10	125
广汉市金轮镇	417	1003	1003	1114	3	2	3	72
广汉市高坪镇	1102	1498	1498	1046	2	2	7	546
广汉市新平镇	161	357	357	331	0	0	2	25
广汉市南丰镇	218	426	426	208	1	1	10	262
广汉市南兴镇	1302	2592	2592	820	2	2	16	2092
广汉市广兴镇	241	748	748	700	1	1	3	28
广汉市三星镇	128	414	414	312	1	1	9	126
广汉市向阳镇	1267	1964	1964	1050	1	1	65	1700
什邡市云西镇	1447	3643	3643	3200	5	3	12	700
什邡市洛水镇	2154	9327	3285	5600	4	0	16	1164
什邡市禾丰镇	406	536	536	846	1	1	6	210
什邡市双盛镇	303	744	633	704	2	2	0	0
什邡市两路口镇	1224	2357	1254	1800	2	2	16	800
什邡市隐峰镇	678	4250	626	2000	2	2	12	1030
什邡市马井镇	679	1375	790	1223	1	1	2	368
什邡市蓥华镇	1011	2856	736	1378	3	1	4	49
什邡市元石镇	927	2016	437	1016	2	0	6	172
什邡市皂角镇	1260	2380	1037	1367	2	0	20	112
什邡市回澜镇	699	1832	353	1284	0	0	11	335
什邡市四平镇	353	1243	324	972	0	0	10	210
什邡市南泉镇	455	805	317	305	0	0	10	131
什邡市民主镇	154	270	270	135	1	1	7	1127
什邡市龙居镇	423	454	437	400	2	1	6	85
什邡市湔底镇	1243	3428	538	2258	2	2	3	22
什邡市灵杰镇	640	1239	799	1500	1	1	7	498
什邡市红白镇	735	2211	148	640	1	1	26	520
什邡市八角镇	97	344	344	302	0	0	4	410
绵竹市东北镇	1075	3108	2503	3008	0	0	12	2052
绵竹市西南镇	1019	2121	839	1120	2	0	10	650
绵竹市兴隆镇	365	481	436	410	1	1	2	50
绵竹市九龙镇	238	345	345	342	0	0	2	116
绵竹市遵道镇	522	1033	1033	310	2	1	2	783
绵竹市汉旺镇	2117	7022	3211	2101	4	4	21	1985
绵竹市武都镇	266	445	445	245	1	1	0	0
绵竹市拱星镇	448	945	945	230	3	1	5	120
绵竹市土门镇	1258	4931	1258	4836	3	1	4	769
绵竹市广济镇	380	784	784	350	1	1	3	10

3－4－23 续表 11

名　　称	户　数（户）	人　口（人）	其中：非农业人口（人）	劳动力（人）	集贸市场个数（个）	其　中：综合市场个数（个）	企　业个　数（个）	企　业从　业人员数（人）
绵竹市金花镇	206	810	294	610	0	0	4	120
绵竹市玉泉镇	758	895	895	529	2	1	4	310
绵竹市板桥镇	678	1421	329	880	1	1	4	150
绵竹市清道镇	921	2678	578	1071	1	1	6	720
绵竹市新市镇	3529	10509	1100	9519	2	1	19	2110
绵竹市孝德镇	488	964	956	955	4	1	5	245
绵竹市齐福镇	365	1160	417	334	0	0	3	107
绵竹市观鱼镇	320	753	428	476	1	1	1	15
绵竹市富新镇	823	1772	1772	1028	2	1	3	215
绵竹市五福镇	242	311	311	261	0	0	4	84
绵竹市齐天镇	643	1528	415	948	1	1	5	105
绵竹市什地镇	375	899	699	680	2	1	5	479
绵竹市绵远镇	383	539	536	230	1	1	2	38
涪城区丰谷镇	3000	7000	6222	4500	1	1	257	1752
涪城区关帝镇	229	413	322	143	0	0	97	112
涪城区塘汛镇	2597	9781	2322	5539	1	1	33	167
涪城区青义镇	3046	6634	3290	3899	1	1	850	3151
涪城区龙门镇	407	1425	390	951	2	1	80	339
涪城区石塘镇	278	386	386	57	3	1	8	1169
涪城区吴家镇	1890	4132	2799	2892	1	1	912	4705
涪城区杨家镇	516	915	742	551	1	1	11	32
涪城区金峰镇	371	764	467	423	1	1	178	712
涪城区玉皇镇	519	1587	261	154	0	0	24	38
涪城区新皂镇	904	2399	319	2719	1	1	152	300
涪城区河边镇	450	1216	150	605	1	1	106	218
涪城区磨家镇	446	1308	77	1202	0	0	175	875
涪城区永兴镇	5373	9893	9393	6462	5	3	810	4600
游仙区游仙镇	973	4842	4842	2905	6	5	55	3756
游仙区石马镇	1202	1663	1425	1336	1	1	5	860
游仙区新桥镇	1500	4287	3787	2210	2	2	11	620
游仙区小枧沟镇	766	1066	932	640	1	1	7	260
游仙区魏城镇	3492	15328	6433	6796	3	3	15	821
游仙区沉抗镇	550	1217	950	750	2	2	1	150
游仙区忠兴镇	1122	2137	2137	1186	1	1	21	324
游仙区柏林镇	472	969	277	200	1	1	4	155
游仙区徐家镇	542	1798	1032	1354	1	1	5	250
游仙区石板镇	245	1258	986	1055	1	1	3	43
游仙区刘家镇	1208	2700	1790	2513	3	2	22	330
游仙区玉河镇	535	773	618	135	1	1	5	190
游仙区松垭镇	865	2617	1754	1206	1	1	4	478

3—4—23 续表 12

名称	户数（户）	人口（人）	其中：非农业人口（人）	劳动力（人）	集贸市场个数（个）	其中：综合市场个数（个）	企业个数（个）	企业从业人员数（人）
三台县东塔镇	2187	10055	452	4841	1	1	98	1020
三台县百顷镇	1150	4275	1085	865	2	2	97	432
三台县塔山镇	10664	35268	3762	1760	5	2	8	486
三台县柳池镇	156	519	55	373	1	0	55	102
三台县龙树镇	270	1427	360	980	2	1	3	25
三台县石安镇	1400	5000	2900	2400	1	1	1	33
三台县富顺镇	899	2202	1589	1329	1	1	7	128
三台县三元镇	246	789	629	369	1	1	5	210
三台县秋林镇	370	1453	679	965	2	1	295	542
三台县新生镇	1287	3392	1680	1696	1	1	436	1308
三台县鲁班镇	10034	35459	892	17605	4	4	23	452
三台县景福镇	909	5325	2028	300	1	1	493	863
三台县紫河镇	731	2874	142	1724	2	2	15	201
三台县安居镇	712	1687	1649	1200	2	1	113	355
三台县观桥镇	1790	3940	2595	1650	2	2	245	523
三台县妻江镇	136	160	160	118	1	1	52	130
三台县中新镇	308	986	130	715	2	2	135	572
三台县古井镇	1371	3050	1800	2100	2	1	3	123
三台县万安镇	2718	9583	567	82	1	1	25	75
三台县西平镇	2881	8193	6799	4598	2	2	651	4201
三台县八洞镇	40	299	299	3256	3	3	350	686
三台县凯河镇	313	1000	530	220	1	1	4	27
三台县乐安镇	1096	5700	2013	2445	1	1	310	1088
三台县建平镇	285	1333	965	240	1	1	279	627
三台县前锋镇	216	867	304	519	4	1	128	197
三台县建设镇	268	1002	630	782	2	1	8	78
三台县光辉镇	199	891	276	623	3	2	4	27
三台县中太镇	1389	5539	3321	3438	3	1	2	16
三台县金石镇	1062	4408	1754	2720	1	1	217	1050
三台县新鲁镇	250	1140	680	980	2	2	56	168
三台县刘营镇	1529	4427	3703	3500	3	1	21	1500
三台县灵兴镇	152	460	368	350	1	1	8	200
三台县芦溪镇	4025	10326	8025	7248	2	1	810	2711
三台县立新镇	300	742	265	650	1	1	67	240
三台县花园镇	466	1755	567	573	2	1	120	330
三台县永明镇	2305	8300	790	5810	1	1	20	120
三台县永新镇	93	776	702	194	1	1	11	120
三台县新德镇	400	1400	200	500	2	1	59	185
三台县黎曙镇	281	858	367	428	1	1	3	42
三台县北坝镇	2500	17793	9073	3351	2	2	366	2500

3－4－23 续表 13

名　称	户 数（户）	人 口（人）	其中：非农业人口（人）	劳动力（人）	集贸市场个数（个）	其中：综合市场个数（个）	企业个数（个）	企业从业人员数（人）
盐亭县玉龙镇	1212	3280	2280	1300	2	2	170	975
盐亭县富驿镇	2971	7254	3694	4760	4	1	70	729
盐亭县金孔镇	1150	3103	2866	1611	2	1	14	66
盐亭县两河镇	1480	4440	2867	2106	1	1	4	250
盐亭县黄甸镇	1154	3840	2050	1629	1	1	11	450
盐亭县柏梓镇	713	2275	1161	1593	1	1	347	528
盐亭县八角镇	748	3200	438	980	3	1	10	130
盐亭县黑坪镇	2875	10780	679	4418	5	1	3	51
盐亭县高灯镇	5956	23421	723	8655	6	1	11	40
盐亭县金鸡镇	540	1600	1100	150	1	1	129	347
盐亭县安家镇	375	714	150	320	1	1	2	187
盐亭县林农镇	329	1556	1000	500	2	2	75	200
盐亭县巨龙镇	320	870	450	430	1	1	3	160
安县桑枣镇	581	2325	2064	1565	4	1	862	1475
安县秀水镇	2002	9684	9684	6122	6	1	265	654
安县河清镇	1588	2292	1938	1245	4	1	87	341
安县塔水镇	3425	7369	7369	3658	4	4	250	1231
安县花街镇	3298	12050	9001	6895	2	2	129	3268
安县黄土镇	1877	3499	3491	2123	4	3	415	1687
安县永安镇	605	1091	1091	717	2	2	22	330
安县睢水镇	1132	3766	3437	2520	1	1	189	1854
安县界牌镇	546	2292	1626	1158	1	1	22	785
安县永河镇	169	543	543	370	1	1	10	128
梓潼县许州镇	130	385	310	210	1	1	4	72
梓潼县长卿镇	1238	4710	1282	992	1	1	27	233
梓潼县黎雅镇	800	1300	420	980	1	1	79	126
梓潼县白云镇	230	670	521	650	1	1	4	80
梓潼县卧龙镇	450	1810	816	680	4	1	110	256
梓潼县观义镇	324	876	876	596	1	1	37	69
梓潼县玛瑙镇	475	1418	312	878	1	1	102	260
梓潼县石牛镇	259	1855	1855	2205	1	1	5	68
梓潼县自强镇	217	418	418	900	9	4	130	168
梓潼县仁和镇	457	1666	246	1666	2	1	229	429
北川县擂鼓镇	1510	6803	1868	4510	2	1	167	2063
北川县通口镇	534	1195	759	680	1	1	1	25
平武县平通镇	435	1310	370	820	2	2	102	210
平武县豆叩镇	395	1200	340	830	2	2	122	220
平武县响岩镇	372	1190	290	690	2	2	128	360
平武县南坝镇	738	2250	490	1142	2	2	230	520
平武县古城镇	735	2230	480	1240	2	2	205	750

3－4－23 续表 14

名称	户数（户）	人口（人）	其中：非农业人口（人）	劳动力（人）	集贸市场个数（个）	其中：综合市场个数（个）	企业个数（个）	企业从业人员数（人）
平武县大桥镇	234	730	170	380	2	2	72	102
平武县水晶镇	768	2380	450	840	2	2	158	575
平武县大印镇	340	1010	190	753	2	2	90	196
江油市太平镇	1180	3309	31	1864	1	0	184	797
江油市三合镇	4041	14145	544	27308	9	9	1823	6524
江油市含增镇	330	1064	1024	572	1	1	5	52
江油市青莲镇	1959	4002	4002	2500	1	1	400	2000
江油市彰明镇	3025	7270	2966	3370	1	1	460	1683
江油市龙凤镇	998	2405	428	234	2	1	526	1833
江油市武都镇	2336	5658	5658	3151	3	1	41	1640
江油市大康镇	483	1481	289	685	1	1	108	496
江油市新安镇	489	1219	614	1648	1	1	5	119
江油市战旗镇	534	1773	705	9357	1	1	100	1500
江油市双河镇	359	1123	230	727	2	2	17	165
江油市永胜镇	254	597	597	1743	2	2	393	1716
江油市小溪坝镇	1114	2214	1929	1500	1	1	20	1383
江油市河口镇	110	400	288	276	2	1	7	65
江油市重华镇	391	617	494	432	1	1	523	940
江油市厚坝镇	1466	3148	2776	2204	1	1	432	1475
江油市二郎庙镇	2998	6889	6889	4359	3	3	816	2251
江油市马角镇	3013	12293	12291	4506	3	1	513	7376
江油市雁门镇	450	589	589	325	1	1	1	4
广元市市中区宝轮镇	4736	11002	9666	9223	3	3	35	4439
广元市市中区大石镇	802	1564	871	550	1	1	7	116
广元市市中区荣山镇	794	2382	607	2092	1	1	9	114
广元市市中区三堆镇	5443	19784	2558	9518	1	1	4	48
广元市市中区盘龙镇	296	1159	239	713	1	1	1	15
广元市市中区赤化镇	800	2033	916	1253	1	1	3	80
广元市市中区工农镇	1049	3337	1669	2431	1	1	10	325
元坝区卫子镇	513	2015	799	813	1	1	2	29
元坝区王家镇	400	1100	919	900	2	1	3	101
元坝区磨滩镇	415	1207	195	410	2	1	5	70
元坝区柏林沟镇	217	1023	115	493	1	1	0	0
元坝区太公镇	420	1405	294	510	2	1	0	0
元坝区虎跳镇	410	2100	807	1000	2	1	6	70
元坝区红岩镇	306	1108	132	800	1	1	0	0
元坝区昭化镇	1120	2785	1284	1710	2	1	5	50
朝天区大滩镇	233	916	644	567	1	1	42	840
朝天区羊木镇	791	3616	700	1456	2	1	6	180
朝天区曾家镇	252	945	55	474	1	1	0	0

3－4－23 续表 15

名称	户数（户）	人口（人）	其中：非农业人口（人）	劳动力（人）	集贸市场个数（个）	其中：综合市场个数（个）	企业个数（个）	企业从业人员数（人）
朝天区中子镇	476	1816	542	764	1	1	11	153
朝天区沙河镇	117	527	345	370	0	0	2	8
旺苍县东河镇	1841	4231	2628	1680	6	4	60	1041
旺苍县白水镇	377	1122	1122	580	3	3	32	250
旺苍县嘉川镇	1243	15910	12305	8951	5	3	81	2810
旺苍县黄洋镇	212	816	367	700	1	1	35	1256
旺苍县张华镇	415	1590	60	798	2	1	8	99
旺苍县尚武镇	288	1130	1030	850	1	1	20	800
旺苍县高阳镇	230	906	131	466	0	0	7	201
旺苍县普济镇	923	1978	1078	1637	2	2	27	1475
旺苍县木门镇	1470	4874	2200	2863	3	1	5	162
旺苍县三江镇	576	2870	369	1924	1	1	30	2123
旺苍县双汇镇	392	1213	268	325	2	1	8	260
旺苍县英萃镇	861	2603	472	1562	1	1	3	61
旺苍县国华镇	674	1482	504	5060	1	1	7	86
旺苍县金溪镇	657	2351	432	356	1	1	5	389
旺苍县五权镇	203	857	857	747	2	1	12	185
青川县青溪镇	1280	3078	859	1621	1	1	11	148
青川县木鱼镇	1380	4122	2888	923	1	1	6	80
青川县竹园镇	954	6323	3884	2335	1	1	9	814
青川县房石镇	411	562	362	350	0	0	2	8
青川县关庄镇	145	570	333	542	0	0	1	80
青川县凉水镇	351	1504	500	611	0	0	3	25
青川县沙州镇	1501	3564	1834	420	0	0	13	510
青川县姚渡镇	866	1354	850	1245	1	1	3	50
剑阁县龙源镇	230	750	10	300	3	1	1	6
剑阁县城北镇	1864	5341	3049	2796	0	0	2	7
剑阁县盐店镇	346	1366	172	805	1	1	3	18
剑阁县柳沟镇	1025	2573	995	1036	3	1	2	33
剑阁县武连镇	543	1813	1431	478	1	1	2	49
剑阁县东宝镇	381	2875	225	558	1	1	4	37
剑阁县开封镇	1534	2622	2622	1547	1	1	8	261
剑阁县元山镇	682	2183	1529	837	1	1	3	139
剑阁县演圣镇	475	1705	18	737	1	1	0	0
剑阁县王河镇	265	925	144	356	3	2	3	6
剑阁县公兴镇	685	2004	1489	967	1	1	0	0
剑阁县金仙镇	314	759	240	442	1	1	0	0
剑阁县香沉镇	350	2140	105	178	2	1	0	0
剑阁县白龙镇	1015	2235	2235	1075	3	1	0	0
剑阁县鹤龄镇	1045	3708	1376	1766	1	1	3	71

3—4—23 续表 16

名　　称	户　数（户）	人　口（人）	其中：非农业人口（人）	劳动力（人）	集贸市场个数（个）	其　中：综合市场个数（个）	企　业个　数（个）	企　业从　业人员数（人）
剑阁县杨村镇	466	1463	70	656	1	1	1	5
剑阁县羊岭镇	126	447	125	108	1	1	0	0
剑阁县江口镇	324	1103	89	387	1	1	2	22
剑阁县木马镇	79	454	200	182	1	1	1	4
剑阁县剑门关镇	1314	2746	748	159	2	1	5	120
剑阁县汉阳镇	343	2618	560	732	1	1	2	14
剑阁县下寺镇	3334	5603	3640	2625	1	1	5	62
苍溪县江南镇	640	1814	719	855	0	0	57	855
苍溪县云峰镇	123	698	357	350	1	1	29	290
苍溪县王渡镇	137	260	260	1200	1	1	21	277
苍溪县东青镇	252	1066	1064	560	1	1	40	400
苍溪县白桥镇	307	1312	691	620	1	1	19	200
苍溪县八庙镇	106	362	230	535	1	1	16	54
苍溪县五龙镇	798	1588	1588	1414	1	1	39	390
苍溪县永宁镇	505	1238	569	1354	1	1	44	440
苍溪县鸳溪镇	71	325	325	1022	1	1	21	210
苍溪县三川镇	44	444	444	1993	1	1	52	86
苍溪县龙王镇	559	1599	1599	1500	1	1	34	194
苍溪县元坝镇	3370	7201	7201	2000	1	1	70	1050
苍溪县唤马镇	49	235	235	950	1	1	39	468
苍溪县歧坪镇	700	2209	2209	1204	1	1	37	562
苍溪县白驿镇	30	280	280	1200	1	1	10	155
苍溪县漓江镇	40	279	260	210	1	1	0	0
苍溪县文昌镇	300	1391	1391	932	1	1	15	80
苍溪县岳东镇	80	663	642	910	1	1	25	228
苍溪县石马镇	80	480	480	898	1	1	21	123
苍溪县运山镇	160	479	479	383	1	1	20	51
苍溪县东溪镇	860	3894	3894	1063	1	1	65	780
苍溪县高坡镇	63	316	316	679	1	1	16	16
苍溪县龙山镇	638	1499	1499	977	1	1	30	317
遂宁市市中区桂花镇	1933	3989	3989	839	2	1	53	800
遂宁市市中区南强镇	2471	6016	5945	4268	2	0	1	3528
遂宁市市中区复桥镇	212	925	474	1851	1	1	321	1038
遂宁市市中区仁里镇	4200	12304	6968	12000	2	1	387	1690
遂宁市市中区新桥镇	2544	4838	1816	2235	4	1	19	210
遂宁市市中区安居镇	3788	8831	3050	3200	6	1	579	2562
遂宁市市中区白马镇	249	843	652	708	1	1	1	40
遂宁市市中区中心镇	520	2649	607	295	1	1	2	20
遂宁市市中区永兴镇	819	2210	2150	1373	2	1	250	500
遂宁市市中区河沙镇	529	1870	563	1129	1	1	310	830

3—4—23 续表 17

名称	户数(户)	人口(人)	其中:非农业人口(人)	劳动力(人)	集贸市场个数(个)	其中:综合市场个数(个)	企业个数(个)	企业从业人员数(人)
遂宁市市中区横山镇	2859	3498	3498	3049	2	2	3	806
遂宁市市中区会龙镇	333	911	872	1716	2	2	229	1072
遂宁市市中区东禅镇	1536	4371	3404	2165	4	0	12	981
遂宁市市中区分水镇	167	1464	1327	1243	1	1	2	490
遂宁市市中区石洞镇	470	1500	546	358	1	1	12	122
遂宁市市中区拦江镇	1790	18116	6764	2135	2	1	137	1569
遂宁市市中区保石镇	266	1509	386	1049	1	1	23	403
遂宁市市中区三家镇	1596	5748	4438	4141	2	1	6	144
遂宁市市中区玉丰镇	390	2650	1220	1060	2	2	1	250
遂宁市市中区西眉镇	1845	2823	2823	5500	2	1	352	1800
遂宁市市中区磨溪镇	521	2219	697	481	4	2	6	143
蓬溪县红江镇	2208	5439	5439	5000	1	1	8	73
蓬溪县蓬南镇	2340	8200	6320	2200	5	4	68	1950
蓬溪县天福镇	1075	4300	1293	2300	3	1	35	262
蓬溪县常乐镇	395	2589	1799	1743	2	2	167	780
蓬溪县明月镇	501	2148	820	212	2	1	1	60
蓬溪县吉祥镇	120	753	753	677	1	1	226	502
蓬溪县大石镇	749	4554	2190	2200	2	2	79	267
蓬溪县新会镇	28	132	76	125	0	0	22	55
蓬溪县文井镇	460	2186	2186	94	2	2	200	1015
蓬溪县鸣凤镇	926	1770	1554	1062	1	1	45	392
蓬溪县任隆镇	355	1169	902	667	2	1	119	215
蓬溪县三凤镇	230	2530	1350	2010	1	1	210	850
蓬溪县高坪镇	247	562	264	472	1	1	5	110
蓬溪县群利镇	234	518	438	431	0	0	16	49
蓬溪县宝梵镇	724	1325	1325	1452	1	1	2	25
射洪县金华镇	4610	21572	9184	10116	1	1	1301	4128
射洪县柳树镇	9019	23988	15149	11100	2	2	1458	2447
射洪县太乙镇	953	2921	2824	856	1	1	218	1530
射洪县金家镇	388	2190	1290	1253	1	1	258	628
射洪县复兴镇	934	2464	1660	1355	2	2	417	1355
射洪县天仙镇	1196	2449	1602	1876	2	2	240	991
射洪县仁和镇	1388	6103	1855	2087	4	3	624	1277
射洪县青岗镇	346	3805	2122	980	3	2	653	1681
射洪县洋溪镇	1663	4572	3667	3685	2	2	239	563
射洪县香山镇	243	843	301	529	1	1	70	233
射洪县大于镇	2690	4780	1948	4780	1	1	1330	5140
射洪县广兴镇	1175	3969	356	2278	1	1	711	2746
射洪县明星镇	295	1370	321	395	2	2	140	168
射洪县涪西镇	434	2128	625	932	1	1	135	410

3—4—23 续表 18

名　　称	户　数（户）	人　口（人）	其中：非农业人口（人）	劳动力（人）	集贸市场个数（个）	其　中：综合市场个数（个）	企　业个　数（个）	企　业从　业人员数（人）
射洪县陈古镇	314	1116	145	96	1	1	275	525
射洪县凤来镇	798	3865	266	2561	1	1	156	361
射洪县潼射镇	573	2113	1238	1200	1	1	157	365
射洪县曹碑镇	458	1430	230	780	1	1	295	420
射洪县官升镇	601	1944	700	995	1	1	202	454
大英县隆盛镇	732	2551	2551	658	2	2	325	536
大英县河边镇	947	2562	2562	1793	3	1	7	917
大英县玉峰镇	585	2758	1193	2159	2	1	12	375
大英县回马镇	1226	7974	4002	4989	1	1	18	458
大英县象山镇	275	415	113	302	3	1	20	700
大英县卓筒井镇	550	884	658	226	1	1	5	158
大英县天保镇	487	1522	884	986	4	1	7	126
内江市市中区白马镇	4845	9612	8975	3910	3	2	451	1430
内江市市中区史家镇	1578	4225	4116	2448	2	1	135	721
内江市市中区凌家镇	1021	3751	2510	2680	2	1	30	300
内江市市中区朝阳镇	830	2100	1110	995	1	1	12	95
内江市市中区永安镇	107	428	428	532	1	1	111	429
内江市市中区全安镇	281	467	467	435	1	1	80	402
内江市市中区靖民镇	50	100	100	150	1	1	1	50
内江市市中区乐贤镇	533	1969	1875	1237	0	0	89	475
东兴区田家镇	2217	7390	2789	1506	1	1	30	500
东兴区郭北镇	2300	7300	2800	1600	4	3	17	252
东兴区高梁镇	676	1924	950	830	4	2	28	253
东兴区白合镇	2518	7819	1909	850	3	3	3	80
东兴区顺河镇	1071	2008	1030	560	3	2	11	440
东兴区胜利镇	3860	19515	6523	6530	1	1	22	563
东兴区高桥镇	697	2683	1673	1340	2	2	24	657
东兴区双才镇	1705	3580	2410	500	3	3	35	301
东兴区小河口镇	1300	5400	2075	1500	1	1	13	600
东兴区杨家镇	352	540	340	410	1	1	7	31
东兴区碑木镇	2200	11783	10584	5421	4	2	30	1500
东兴区石子镇	524	860	860	492	1	1	18	200
威远县铺子湾镇	1100	3432	250	2887	0	0	10	815
威远县山王镇	395	807	607	289	1	1	3	85
威远县新店镇	2247	3466	3466	2100	2	1	8	1049
威远县龙会镇	994	1929	1529	1320	1	1	2	50
威远县高石镇	701	1297	897	359	2	1	4	63
威远县镇西镇	1754	2490	2490	2490	2	1	7	1351
威远县黄荆沟镇	383	1093	1093	765	2	2	7	120
威远县新场镇	2072	6985	2261	3500	2	1	25	825

3—4—23续表19

名　　称	户　数（户）	人　口（人）	其中：非农业人口（人）	劳动力（人）	集贸市场个数（个）	其　中：综合市场个数（个）	企　业个　数（个）	企　业从　业人员数（人）
威远县连界镇	7042	19217	19217	15864	1	1	341	2835
威远县向义镇	395	1160	1160	710	1	1	4	120
威远县界牌镇	517	1377	1177	425	2	1	10	105
威远县东联镇	446	1485	485	500	1	1	10	132
威远县靖和镇	1177	3417	640	1746	1	1	16	1148
威远县庆卫镇	1087	3053	425	1496	1	1	8	415
威远县观英滩镇	484	1066	839	508	2	1	4	120
威远县越溪镇	521	1758	400	1200	1	1	174	850
威远县两河镇	1403	3744	2744	2328	0	0	2	1860
威远县小河镇	389	1100	600	850	2	1	10	169
威远县碗厂镇	229	502	302	210	1	1	3	40
资中县甘露镇	323	1114	1114	350	1	1	2	20
资中县归德镇	1011	3354	3156	1130	0	0	124	508
资中县鱼溪镇	3116	13832	10947	3245	1	1	238	638
资中县金李井镇	640	1364	862	3000	1	1	3	50
资中县铁佛镇	566	1018	1018	450	1	1	2	40
资中县球溪镇	3735	9520	8511	5100	1	1	656	2590
资中县顺河场镇	772	1225	1029	510	1	1	12	32
资中县龙结镇	1020	3092	3092	2101	1	1	28	1234
资中县罗泉镇	850	1553	1200	2732	2	2	877	1946
资中县发轮镇	684	2120	1788	1308	1	0	45	222
资中县兴隆街镇	309	1010	850	110	1	1	2	430
资中县银山镇	4921	12155	12155	7176	2	2	11	176
资中县宋家镇	1021	3514	3356	1150	1	1	45	850
资中县太平镇	1136	3433	2860	870	2	2	23	127
资中县骝马镇	511	1538	1118	1269	3	2	79	190
资中县水南镇	1081	3213	3213	2405	1	1	288	2405
资中县苏家湾镇	1067	2906	1795	2140	2	1	880	1990
资中县新桥镇	1120	2140	1402	1820	1	1	4	30
资中县明心寺镇	512	1585	1323	287	0	0	1	5
资中县双河镇	675	1982	1787	969	3	1	452	2806
资中县公民镇	1029	3484	2184	2100	1	1	10	1000
资中县龙江镇	1566	3093	2733	1156	2	1	5	58
资中县双龙镇	957	3445	3001	631	3	1	20	316
资中县高楼镇	968	2835	2342	1200	4	2	21	268
隆昌县山川镇	946	2837	2637	1764	1	1	132	810
隆昌县响石镇	1293	2807	2307	1384	1	1	244	1636
隆昌县圣灯镇	2174	6841	6246	4234	2	2	62	685
隆昌县黄家镇	2094	5196	4091	3456	2	2	15	1256
隆昌县龙市镇	1040	2850	2689	1500	1	1	299	602

3－4－23续表20

名　　称	户　数（户）	人　口（人）	其中：非农业人口（人）	劳动力（人）	集贸市场个数（个）	其　中：综合市场个数（个）	企　业个　数（个）	企　业从　业人员数（人）
隆昌县界市镇	1290	3775	2341	1204	3	2	6	610
隆昌县石碾镇	1248	2138	1838	1400	1	1	15	160
隆昌县石燕桥镇	2901	5371	4019	2954	1	1	183	1594
隆昌县胡家镇	1236	2856	2188	2285	3	0	4	59
隆昌县双凤镇	1421	2851	2551	2151	1	1	10	584
隆昌县迎祥镇	850	1812	1512	1612	4	4	16	844
隆昌县周兴镇	1000	2080	1500	988	0	0	29	98
隆昌县云顶镇	571	1050	830	734	1	1	49	364
隆昌县渔箭镇	170	381	281	249	1	1	2	30
隆昌县李市镇	703	1488	1038	650	2	1	12	240
乐山市市中区苏稽镇	2052	6312	6312	4500	4	2	1180	4353
乐山市市中区通江镇	1009	2389	1175	2148	1	1	17	1435
乐山市市中区土主镇	652	1598	1598	3152	3	1	28	2496
乐山市市中区安谷镇	1017	1915	1715	955	2	2	8	305
乐山市市中区水口镇	593	1195	1195	693	0	0	0	0
乐山市市中区牟子镇	743	1326	805	871	1	1	0	0
乐山市市中区茅桥镇	273	1563	1563	723	4	1	18	809
乐山市市中区青平镇	232	420	420	147	1	1	2	50
乐山市市中区白马镇	324	713	350	360	4	0	4	120
沙湾区龚嘴镇	642	1030	710	260	1	1	5	52
沙湾区太平镇	1399	3675	3055	1670	2	1	3	110
沙湾区福禄镇	1233	2963	2963	800	1	1	10	338
沙湾区牛石镇	511	2101	1903	455	2	2	84	381
沙湾区加农镇	8076	24662	20520	5144	1	1	780	5600
沙湾区葫芦镇	3251	11500	921	487	0	0	17	320
五通桥区杨柳镇	659	2002	484	1657	0	0	15	580
五通桥区辉山镇	322	1450	835	750	1	1	15	300
五通桥区蔡金镇	125	275	275	163	1	1	3	32
五通桥区竹根镇	666	1586	1586	950	1	1	0	0
五通桥区金粟镇	1315	3159	3159	2306	0	0	8	1717
五通桥区桥沟镇	1635	4656	4656	3221	1	1	10	1104
五通桥区金山镇	704	1884	1884	239	1	1	0	0
五通桥区牛华镇	1364	3692	3238	1969	2	1	24	129
五通桥区西坝镇	417	810	810	523	1	1	5	83
五通桥区石麟镇	1350	3450	1842	2000	1	1	115	1500
五通桥区冠英镇	665	2015	1015	485	1	1	8	1530
犍为县孝姑镇	903	2200	2200	932	2	1	1	10
犍为县石溪镇	2304	5791	5791	5500	1	1	1	88
犍为县清溪镇	2653	7125	7125	4350	1	1	21	982
犍为县新民镇	975	3800	1459	1298	1	1	135	328

3—4—23 续表 21

名　　称	户　数（户）	人　口（人）	其中:非农业人口（人）	劳动力（人）	集贸市场个数（个）	其　中:综合市场个数（个）	企　业个　数（个）	企　业从　业人员数（人）
犍为县罗城镇	2485	7456	5456	3810	1	1	12	1150
犍为县芭沟镇	3669	10040	4034	3000	1	1	1	1600
犍为县龙孔镇	546	1063	506	546	3	1	8	160
犍为县定文镇	5579	19475	592	512	1	1	190	855
犍为县敖家镇	210	630	198	360	1	1	100	360
犍为县金石井镇	676	2309	521	815	1	1	0	0
犍为县泉水镇	189	633	443	465	0	0	1	302
井研县马踏镇	2143	6177	4340	3340	2	2	181	360
井研县竹元镇	1303	2850	2081	3090	1	1	1	200
井研县研经镇	642	1539	1358	904	1	1	40	180
井研县周坡镇	788	2356	1568	1649	1	1	2	15
井研县千佛镇	812	3050	854	2435	1	1	43	783
井研县王村镇	815	1818	1085	636	1	1	3	82
井研县三江镇	743	2009	1504	1700	1	1	6	1500
井研县东林镇	560	1329	771	738	1	0	49	102
夹江县木城镇	809	1593	385	1000	3	2	5	45
夹江县甘江镇	518	2228	2228	1580	1	1	50	500
夹江县黄土镇	682	2014	541	1266	0	0	50	2066
夹江县界牌镇	566	1977	105	1080	0	0	52	192
夹江县三洞镇	503	2005	610	1315	1	1	31	125
夹江县吴场镇	355	1307	552	780	1	1	20	480
夹江县中兴镇	346	1175	132	299	1	1	8	142
夹江县华头镇	250	934	417	693	1	1	4	21
沐川县黄丹镇	2030	6270	4010	1560	1	1	6	640
沐川县永福镇	420	4000	775	2680	0	0	2	2000
沐川县舟坝镇	510	1141	991	460	1	1	1	60
沐川县利店镇	442	1052	937	753	1	1	105	221
沐川县大楠镇	320	905	120	750	1	1	0	0
沐川县箭板镇	306	705	600	340	1	1	1	7
峨边县大堡镇	772	3453	931	1195	1	1	8	28
峨边县毛坪镇	216	1318	486	855	0	0	62	164
峨边县斯合镇	696	2911	324	1365	0	0	2	86
峨边县新林镇	503	2349	406	67	1	1	5	18
峨边县五渡镇	139	812	151	72	0	0	0	0
马边县荣丁镇	799	2290	879	312	1	1	3	36
峨眉山市高桥镇	627	1825	486	1256	1	1	138	694
峨眉山市罗目镇	878	3470	2631	1542	1	1	4	1021
峨眉山市九里镇	750	1279	1279	1023	1	1	96	181
峨眉山市龙池镇	955	2023	2023	1423	1	1	2	24
峨眉山市乐都镇	200	600	150	300	1	1	0	0

3－4－23 续表 22

名　　称	户　数（户）	人　口（人）	其中：非农业人口（人）	劳动力（人）	集贸市场个数（个）	其　中：综合市场个数（个）	企　业个　数（个）	企　业从　业人员数（人）
峨眉山市符溪镇	620	1882	8	971	1	1	0	0
峨眉山市峨山镇	412	954	445	209	1	1	3	28
峨眉山市双福镇	400	3065	2069	1500	1	1	3	225
峨眉山市桂花桥镇	787	2650	14	1740	1	1	2	510
峨眉山市大为镇	444	1545	354	96	0	0	2	40
峨眉山市胜利镇	666	2134	10	1011	1	1	157	2050
顺庆区华凤镇	791	2151	875	1850	1	1	23	1251
顺庆区金台镇	153	219	126	145	2	1	10	150
顺庆区双桥镇	298	1214	345	850	3	3	6	160
顺庆区李家镇	827	3987	3324	1976	2	1	160	1875
顺庆区潆溪镇	2510	5600	5250	3700	1	1	35	1500
顺庆区芦溪镇	754	3172	1236	1341	4	1	5	501
顺庆区搬罾镇	1386	4362	3533	2618	3	2	5	1300
高坪区江陵镇	6924	25352	449	965	1	1	8	1100
高坪区阙家镇	400	1440	210	205	1	1	109	165
高坪区揉耳镇	135	589	155	100	1	1	3	70
高坪区胜观镇	317	1551	391	502	1	1	4	210
高坪区老君镇	408	1484	268	760	1	1	30	503
高坪区东观镇	2694	6191	5262	1428	4	1	8	120
高坪区长乐镇	1500	5135	4474	3598	4	2	50	700
高坪区石圭镇	3482	11524	11524	550	1	1	120	250
高坪区小龙镇	4914	23107	16313	6698	1	1	30	1926
高坪区青居镇	1062	3510	2910	1100	3	1	27	1128
高坪区永安镇	221	1082	362	741	0	0	86	210
嘉陵区金宝镇	762	5500	3500	612	2	1	9	54
嘉陵区里坝镇	370	1100	760	155	2	1	2	170
嘉陵区龙蟠镇	504	2131	1529	882	2	2	175	465
嘉陵区双桂镇	225	456	456	456	1	1	2	18
嘉陵区西兴镇	462	1100	820	650	1	1	85	300
嘉陵区大通镇	150	480	250	113	2	2	15	200
嘉陵区安平镇	2560	8510	1188	2590	1	1	4	361
嘉陵区金凤镇	596	1703	308	1077	1	1	2	120
嘉陵区曲水镇	79	513	198	356	1	0	1	4
嘉陵区李渡镇	2510	7500	3934	2350	2	1	456	2200
嘉陵区吉安镇	919	3889	220	1718	2	1	243	642
嘉陵区安福镇	640	2560	363	1560	5	3	1	15
嘉陵区集凤镇	250	1200	320	250	1	1	183	240
南部县盘龙镇	1835	4168	4168	559	1	1	3	500
南部县东坝镇	1913	4079	4079	685	1	1	9	80
南部县楠木镇	645	2612	498	1080	2	2	110	550

3—4—23续表23

名称	户数（户）	人口（人）	其中：非农业人口（人）	劳动力（人）	集贸市场个数（个）	其中：综合市场个数（个）	企业个数（个）	企业从业人员数（人）
南部县王家镇	652	2429	1746	580	2	1	1	6
南部县定水镇	1625	6460	5943	7268	2	2	320	1130
南部县建兴镇	1166	4857	2225	3914	4	3	57	882
南部县大桥镇	1536	6022	1152	560	5	4	23	400
南部县伏虎镇	3260	15700	12700	11500	3	1	145	3980
南部县升钟镇	580	2546	1941	1780	2	2	16	80
南部县大坪镇	1154	4483	2973	1618	2	1	28	2250
南部县谢河镇	711	2592	146	235	3	2	74	235
南部县铁佛塘	150	700	220	400	0	0	130	260
南部县石河镇	493	2036	546	47	2	1	4	15
南部县河坝镇	410	1391	317	818	1	1	1	6
南部县富利镇	368	1756	336	605	0	0	1	7
南部县长坪镇	132	540	165	110	1	1	2	17
南部县黄金镇	427	1288	579	863	0	0	3	52
南部县流马镇	333	901	356	650	2	1	6	32
南部县大河镇	135	530	120	240	1	1	32	58
南部县万年镇	318	1254	167	562	3	1	9	45
南部县花罐镇	350	1110	908	350	3	1	2	16
南部县双佛镇	285	982	145	120	2	2	0	0
南部县升水镇	121	320	60	290	1	1	0	0
南部县神坝镇	3272	11535	141	150	4	1	3	326
南部县老鸦镇	594	2211	684	1070	2	1	2	16
南部县永定镇	264	972	320	155	1	1	2	40
南部县河东镇	3205	12815	934	546	1	1	12	716
南部县度门镇	127	512	350	250	1	1	4	37
南部县大王镇	230	1100	130	760	2	1	56	210
南部县三官镇	162	693	256	480	1	1	15	60
南部县碑院镇	741	2014	347	1468	2	1	68	352
营山县骆市镇	1011	5485	2734	3955	2	1	345	2955
营山县小桥镇	1130	5286	3800	3650	3	1	154	1010
营山县回龙镇	2800	8351	5338	3850	4	1	235	1260
营山县老林镇	499	1395	390	664	2	1	70	482
营山县双流镇	552	2070	1569	1450	2	1	81	510
营山县东升镇	644	1582	154	1114	1	1	95	690
营山县黄渡镇	361	1286	338	543	1	1	37	250
营山县灵鹫镇	324	1168	315	576	2	1	47	385
营山县消水镇	520	1450	645	814	2	1	65	418
营山县新店镇	740	2313	1220	1500	2	1	102	750
营山县绿水镇	414	1601	398	760	1	1	90	530
营山县三兴镇	605	2250	280	538	1	1	32	180

3—4—23 续表 24

名　　称	户　数（户）	人　口（人）	其中：非农业人口（人）	劳动力（人）	集贸市场个数（个）	其　中：综合市场个数（个）	企　业个　数（个）	企　业从　业人员数（人）
营山县木垭镇	280	800	250	530	1	1	42	270
营山县星火镇	490	1562	623	931	3	1	91	550
营山县蓼叶镇	208	612	274	466	1	1	32	253
营山县渌井镇	322	2300	270	1156	0	0	32	143
营山县西桥镇	402	1468	285	885	1	1	28	145
蓬安县徐家镇	500	2320	1835	400	3	1	266	588
蓬安县金溪镇	241	1160	105	653	1	1	1	5
蓬安县巨龙镇	651	1948	1718	1235	4	1	194	1667
蓬安县正源镇	235	1040	620	1500	2	1	3	15
蓬安县利溪镇	267	532	317	520	1	1	1	5
蓬安县河舒镇	350	2400	2100	2280	2	2	10	400
蓬安县罗家镇	415	1201	102	180	0	0	3	56
蓬安县兴旺镇	970	2601	1728	200	1	1	5	68
蓬安县锦屏镇	687	3891	2946	2233	0	0	28	270
蓬安县龙云镇	98	592	280	185	2	1	12	120
蓬安县龙蚕镇	136	544	143	107	0	0	5	134
蓬安县杨家镇	235	940	255	520	1	1	8	180
蓬安县福德镇	280	1452	151	852	2	1	1	17
蓬安县银汉镇	239	1560	156	534	0	0	2	3
仪陇县新政镇	1600	10000	7600	4400	3	2	50	1600
仪陇县复兴镇	833	5447	5447	3268	3	2	19	634
仪陇县永乐镇	771	2361	2094	1652	1	1	12	239
仪陇县马鞍镇	1384	5217	3000	2735	1	1	15	275
仪陇县日兴镇	450	2179	279	1872	1	1	9	193
仪陇县土门镇	1406	3888	3498	2645	2	1	10	834
仪陇县回春镇	237	1058	563	878	1	1	9	110
仪陇县二道镇	830	2307	619	1850	1	1	12	550
仪陇县大寅镇	318	982	496	620	1	1	2	48
仪陇县瓦子镇	203	701	120	256	1	1	4	135
仪陇县立山镇	628	2281	1081	1620	1	1	11	307
仪陇县三河镇	741	2562	1817	1723	1	1	12	370
仪陇县柳垭镇	394	2598	1201	1531	1	1	6	112
仪陇县义路镇	312	1080	187	471	1	1	4	76
仪陇县观紫镇	171	1517	1164	620	1	1	12	208
仪陇县先锋镇	254	1016	319	598	1	1	4	150
仪陇县三蛟镇	316	1215	640	720	1	1	7	180
仪陇县丁字桥镇	390	1758	110	968	1	1	2	20
仪陇县赛金镇	221	815	72	400	1	1	4	117
西充县义兴镇	650	2600	1795	1900	2	1	18	400
西充县双凤镇	3350	8570	7100	4210	1	1	157	4075

3—4—23 续表 25

名　称	户　数（户）	人　口（人）	其中：非农业人口（人）	劳动力（人）	集贸市场个数（个）	其　中：综合市场个数（个）	企　业个　数（个）	企　业从　业人员数（人）
西充县仁和镇	800	3600	1800	2100	1	1	5	480
西充县多扶镇	1514	6059	5420	2100	1	1	25	1600
西充县太平镇	715	2207	490	1840	1	1	110	260
西充县古楼镇	420	1710	130	570	5	3	1	46
西充县大全镇	310	1200	86	450	1	1	100	310
西充县仙林镇	240	822	12	410	1	1	40	128
西充县凤鸣镇	456	1280	208	1091	2	1	3	14
西充县青狮镇	689	1869	218	1275	2	0	5	40
西充县关文镇	464	1598	390	1412	1	1	10	288
西充县槐树镇	1723	4476	1578	1213	4	1	256	875
西充县鸣龙镇	338	1073	180	430	2	1	150	240
西充县高院镇	417	1503	604	740	2	1	15	64
阆中市江南镇	862	1168	517	879	2	1	11	598
阆中市七里镇	1228	4766	3741	2150	1	1	45	680
阆中市双龙镇	445	1847	732	543	1	1	6	286
阆中市彭城镇	742	2016	309	1613	1	1	4	55
阆中市柏垭镇	1127	4136	2972	3039	2	1	86	898
阆中市飞凤镇	290	889	300	550	4	1	5	50
阆中市思依镇	448	2238	496	1800	3	2	21	182
阆中市洪山镇	1059	2788	1601	2788	1	1	1	10
阆中市石龙镇	156	1298	159	987	0	0	3	76
阆中市宝马镇	247	858	53	827	1	1	2	60
阆中市河溪镇	329	2397	2397	1283	2	1	21	1197
阆中市妙高镇	358	1300	20	450	1	1	7	15
阆中市水观镇	770	1880	1580	400	1	1	25	380
阆中市金垭镇	1109	2356	664	414	1	1	23	166
阆中市玉台镇	121	480	101	46	1	1	12	94
阆中市文成镇	256	1638	892	948	1	1	1	12
阆中市二龙镇	810	2497	2297	1340	1	1	18	450
阆中市石滩镇	312	1250	256	750	1	1	25	375
阆中市老观镇	286	1346	337	825	3	1	106	1199
阆中市龙泉镇	248	1875	135	1256	1	1	27	258
阆中市千佛镇	928	1249	1249	875	1	1	1	21
阆中市望垭镇	285	526	208	465	0	0	2	12
翠屏区南广镇	387	865	865	478	2	2	5	52
翠屏区李庄镇	2573	7772	7155	976	3	2	17	650
翠屏区菜坝镇	146	376	318	278	1	0	2	32
翠屏区赵场镇	191	660	650	643	1	0	40	330
翠屏区金坪镇	776	2495	2495	1172	2	1	2	90
翠屏区象鼻镇	755	3075	2634	2337	2	1	8	443

3—4—23续表26

名　　称	户　数（户）	人　口（人）	其中：非农业人口（人）	劳动力（人）	集贸市场个数（个）	其　中：综合市场个数（个）	企　业个　数（个）	企　业从　业人员数（人）
翠屏区高店镇	325	941	641	546	2	1	11	346
翠屏区沙坪镇	185	610	610	260	1	1	20	190
翠屏区牟坪镇	340	1098	1098	120	3	1	1	12
翠屏区李端镇	321	819	819	585	3	1	3	41
宜宾县喜捷镇	480	1680	1680	1281	1	1	3	211
宜宾县观音镇	2281	12400	5960	9920	5	1	5	125
宜宾县横江镇	1212	3223	3223	2649	1	0	2	20
宜宾县永兴镇	620	2372	2170	1988	2	1	4	50
宜宾县白花镇	1010	3538	3538	260	2	1	6	64
宜宾县柳嘉镇	566	1982	1982	1260	7	1	3	52
宜宾县泥溪镇	1336	3856	3856	1400	2	0	6	90
宜宾县蕨溪镇	2082	4826	4826	1746	4	1	8	75
宜宾县商州镇	221	1265	1265	1200	2	1	6	35
宜宾县高场镇	1488	3278	3158	650	1	0	5	112
宜宾县安边镇	915	2273	2221	508	1	1	7	153
宜宾县双龙镇	674	2204	1492	1201	3	1	11	58
宜宾县李场镇	624	1465	1465	754	0	0	5	64
宜宾县合什镇	318	1268	832	560	1	0	3	42
宜宾县古罗镇	346	1030	846	549	1	0	15	136
宜宾县孔滩镇	693	2427	1915	1682	1	1	4	62
南溪县罗龙镇	1503	5217	4936	3307	2	2	7	226
南溪县刘家镇	429	1766	766	1230	2	2	8	200
南溪县江南镇	40	200	50	130	1	1	2	28
南溪县大观镇	827	2895	2772	2312	2	2	13	544
南溪县汪家镇	193	562	362	431	2	2	4	105
南溪县黄沙镇	354	1203	243	354	1	1	3	232
南溪县仙临镇	406	1193	507	703	2	2	2	44
南溪县长兴镇	463	1824	624	1456	2	2	8	68
江安县红桥镇	2841	6425	6206	3500	3	3	20	350
江安县桐梓镇	126	567	210	460	1	1	8	176
江安县井口镇	561	1531	931	1123	1	1	3	26
江安县怡乐镇	368	1267	1150	700	1	1	9	500
江安县留耕镇	283	1344	1344	1320	1	1	4	230
江安县底蓬镇	425	1714	1192	19173	1	1	5	566
江安县万里镇	327	1316	138	1198	1	1	5	158
江安县五矿镇	330	2493	2493	1776	1	1	24	2068
江安县迎安镇	258	703	703	252	2	2	12	132
江安县夕佳山镇	203	428	347	1291	2	2	8	108
长宁县梅硐镇	350	1999	1999	1350	1	1	4	70
长宁县双河镇	7694	27919	3016	14702	1	1	501	3982

3－4－23 续表 27

名 称	户 数（户）	人 口（人）	其中：非农业人口（人）	劳动力（人）	集贸市场个数（个）	其 中：综合市场个数（个）	企 业 个 数（个）	企 业 从 业 人员数（人）
长宁县硐底镇	626	1908	1811	1740	1	1	0	0
长宁县龙头镇	290	968	968	620	1	1	66	137
长宁县花滩镇	356	1220	1220	650	1	1	0	0
长宁县竹海镇	769	3358	2573	2280	1	1	304	1273
长宁县万岭镇	104	371	323	210	1	0	19	500
长宁县老翁镇	318	964	950	532	1	1	0	0
长宁县古河镇	662	1667	1667	537	1	1	196	810
长宁县下长镇	261	752	743	790	1	1	1	6
高县庆符镇	3409	9332	9332	6786	1	1	34	450
高县沙河镇	1847	4655	4518	3320	3	1	48	2818
高县嘉乐镇	144	366	358	295	1	1	1	27
高县大窝镇	219	623	623	414	1	1	1	21
高县罗场镇	981	2435	2350	1320	1	1	15	752
高县蕉村镇	272	1144	544	800	1	1	5	350
高县可久镇	278	1278	526	1175	1	1	2	100
高县来复镇	958	2664	2664	2948	1	1	5	948
高县月江镇	340	1200	800	1000	2	1	6	150
高县胜天镇	418	1367	1367	1053	1	1	2	22
高县复兴镇	100	439	439	286	1	1	5	196
珙县巡场镇	938	2581	2581	930	1	0	164	260
珙县洛表镇	1200	5500	3500	2500	1	1	0	0
珙县孝儿镇	945	2503	1903	1270	1	1	10	340
珙县底洞镇	733	1526	1326	1350	1	1	23	125
珙县上罗镇	720	1762	1762	813	1	0	1	60
珙县洛亥镇	386	888	888	417	2	0	3	13
珙县王家镇	262	872	872	189	3	1	11	31
筠连县腾达镇	149	380	380	200	1	1	10	85
筠连县巡司镇	1930	5590	3945	1253	1	0	42	103
筠连县双腾镇	342	1099	703	403	1	1	5	30
筠连县沐爱镇	1021	2631	2208	1352	2	1	181	468
筠连县维新镇	901	3730	235	2100	1	1	8	682
筠连县落木柔镇	404	1159	1059	388	1	1	5	55
筠连县镇舟镇	401	848	839	560	1	1	12	234
筠连县蒿坝镇	550	1779	351	1032	0	0	93	315
兴文县晏阳镇	1920	6740	4490	1500	1	1	3	30
兴文县大坝镇	1060	3435	3435	2408	0	0	0	0
兴文县共乐镇	1200	4000	2080	150	1	1	2	45
兴文县久庆镇	600	4500	1613	400	1	1	0	0
兴文县莲花镇	137	668	668	398	1	1	7	124
兴文县万寿镇	330	1135	523	590	1	1	11	82

3—4—23 续表 28

名　　称	户　数（户）	人　口（人）	其中：非农业人口（人）	劳动力（人）	集贸市场个数（个）	其　中：综合市场个数（个）	企　业个　数（个）	企　业从　业人员数（人）
兴文县九丝城镇	245	1072	862	712	1	1	1	44
兴文县石林镇	330	1400	202	903	0	0	4	50
兴文县太平镇	180	628	628	312	1	1	5	40
兴文县周家镇	296	1076	271	646	1	1	5	45
屏山县新市镇	2569	5528	5528	2798	2	1	2	58
屏山县中都镇	585	1602	1602	7506	2	1	123	550
屏山县大乘镇	535	1232	828	622	3	2	45	224
屏山县龙华镇	560	1197	1175	525	1	1	14	420
屏山县福延镇	285	869	869	869	2	1	12	517
屏山县新安镇	270	951	322	723	1	1	20	75
屏山县富荣镇	484	1793	212	720	1	1	175	500
广安区协兴镇	2869	10159	3985	4114	2	2	2	68
广安区悦来镇	807	2557	1649	651	2	1	7	53
广安区花桥镇	2179	5226	4222	3400	4	1	17	290
广安区恒升镇	1156	4670	1178	2600	2	1	3	52
广安区石笋镇	951	2777	1748	1918	0	0	4	90
广安区观阁镇	1004	4356	2888	2650	2	1	5	53
广安区前锋镇	4045	13705	13605	6234	3	3	23	1100
广安区代市镇	3378	11193	9200	5260	7	2	63	1343
广安区枣山镇	522	2005	665	861	1	1	2	45
广安区官盛镇	377	1482	381	743	0	0	1	9
广安区浓溪镇	361	1460	363	651	2	2	3	37
广安区兴平镇	467	1351	429	680	1	1	9	132
广安区井河镇	574	1802	630	749	1	1	2	28
广安区龙台镇	840	2463	1492	2054	1	1	14	134
广安区肖溪镇	406	2123	1661	1015	1	1	5	48
广安区白市镇	851	3303	1409	1616	1	1	2	21
广安区大安镇	815	2406	1050	1113	3	1	2	137
广安区广兴镇	467	1730	198	806	0	0	1	17
广安区桂兴镇	1105	2631	1513	1300	2	1	16	1000
广安区观塘镇	1477	7161	1727	4811	1	0	34	110
广安区护安镇	333	1787	63	1101	1	1	5	132
岳池县坪滩镇	578	1695	1695	1311	3	1	37	296
岳池县西溪镇	789	2277	2277	1653	4	3	33	271
岳池县顾县镇	584	2100	2100	1595	4	2	32	292
岳池县苟角镇	568	1191	1191	1252	3	1	57	571
岳池县石垭镇	604	3823	3823	2642	4	2	45	407
岳池县罗渡镇	2778	7487	7452	4599	3	2	46	419
岳池县中和镇	777	2768	2719	1958	3	2	14	128
岳池县花园镇	219	937	594	975	0	0	31	250

3—4—23 续表 29

名　　称	户　数（户）	人　口（人）	其中：非农业人口（人）	劳动力（人）	集贸市场个数（个）	其　中：综合市场个数（个）	企　业个　数（个）	企　业从　业人员数（人）
岳池县白庙镇	465	1600	1600	1392	2	1	29	239
岳池县龙孔镇	266	518	518	495	1	0	9	81
岳池县镇裕镇	64	400	400	332	1	1	7	56
岳池县同兴镇	59	305	305	415	1	1	11	89
岳池县兴隆镇	364	994	994	806	3	2	9	91
岳池县秦溪镇	34	187	187	265	2	2	10	84
岳池县天平镇	217	642	642	710	2	2	28	224
岳池县乔家镇	131	479	479	488	2	2	24	197
岳池县裕民镇	162	466	466	563	1	1	36	295
武胜县中心镇	845	8206	6047	4678	1	1	17	750
武胜县烈面镇	3277	7582	7242	5800	2	2	35	2615
武胜县飞龙镇	1005	2517	2517	1336	4	1	12	650
武胜县乐善镇	286	1625	1625	1056	1	1	4	50
武胜县万善镇	357	1408	1405	849	1	1	3	332
武胜县龙女镇	283	1230	1230	738	1	1	16	440
武胜县三溪镇	575	1500	898	870	1	1	9	80
武胜县赛马镇	522	1872	1163	850	1	1	7	294
武胜县胜利镇	210	656	133	310	2	1	5	50
武胜县金牛镇	80	600	300	178	2	1	10	167
武胜县清平镇	198	524	500	380	2	1	3	118
武胜县街子镇	90	540	456	260	1	1	5	130
武胜县万隆镇	1294	3214	2714	1835	3	1	17	1135
武胜县礼安镇	60	312	30	255	0	0	0	0
邻水县九龙镇	2100	7600	3701	2500	3	2	38	315
邻水县丰禾镇	4138	14701	4450	8704	3	3	102	1333
邻水县柑子镇	833	2742	1647	1600	1	1	52	803
邻水县城北镇	316	2294	1245	846	0	0	3	125
邻水县城南镇	781	2949	280	1211	0	0	50	417
邻水县合流镇	504	2356	895	1345	1	1	2	30
邻水县坛同镇	854	3287	1725	1206	2	1	8	306
邻水县高滩镇	600	3000	810	2100	2	1	5	50
邻水县幺滩镇	367	1288	1288	773	2	1	10	96
邻水县袁市镇	694	2650	1180	2640	2	1	4	33
邻水县石永镇	823	3365	1864	2434	6	1	13	113
邻水县兴仁镇	927	3211	1438	1284	2	1	14	120
邻水县王家镇	260	1194	451	562	2	1	1	18
邻水县观音桥镇	721	2690	505	967	2	1	8	68
邻水县八耳镇	140	637	210	237	1	1	4	90
邻水县牟家镇	620	2340	240	2700	1	1	5	55
邻水县龙安镇	554	1848	1649	972	2	1	1	8

3—4—23 续表 30

名　　称	户　数（户）	人　口（人）	其中：非农业人口（人）	劳动力（人）	集贸市场个数（个）	其　中：综合市场个数（个）	企　业个　数（个）	企　业从　业人员数（人）
华蓥市天池镇	1231	5733	4922	2623	2	2	21	825
华蓥市禄市镇	274	672	463	521	1	1	4	120
华蓥市永兴镇	235	940	250	500	2	1	6	450
华蓥市明月镇	1952	6315	263	3300	1	1	5	180
华蓥市阳和镇	800	1760	731	800	1	1	4	127
华蓥市高兴镇	1225	4365	2010	2200	1	1	7	240
华蓥市观音溪镇	1726	6879	4283	3283	2	2	18	576
华蓥市溪口镇	2333	7000	6200	3640	2	1	27	911
华蓥市庆华镇	4012	12036	7481	6100	3	2	21	809
通川区西外镇	4161	7057	7057	5050	1	1	36	3800
通川区北外镇	319	1024	1024	750	1	1	30	600
通川区罗江镇	741	1900	850	1100	1	1	31	600
通川区蒲家镇	1229	3058	2658	200	2	1	50	200
通川区复兴镇	490	1500	1500	200	1	1	100	200
达县亭子镇	9039	34510	3580	18709	1	1	38	3060
达县麻柳镇	819	2226	2147	1395	1	1	12	2445
达县大树镇	405	1608	920	400	1	1	5	950
达县景市镇	146	1988	1988	1312	1	1	5	980
达县赵家镇	608	2300	818	1860	2	1	28	1050
达县河市镇	11854	23487	20403	8859	1	1	30	1606
达县石梯镇	1806	3410	2264	1880	2	1	15	1410
达县石桥镇	2091	5499	3383	4398	3	1	15	124
达县堡子镇	522	2577	2057	1124	4	3	15	1095
宣汉县天生镇	782	3771	2309	1917	1	1	38	503
宣汉县南坝镇	1791	6694	6014	4198	1	1	36	447
宣汉县土黄镇	656	2250	2181	1341	1	1	7	47
宣汉县胡家镇	1733	6260	5897	3452	3	3	60	560
宣汉县双河镇	425	2527	2284	1574	1	1	30	256
开江县普安镇	1213	2912	2512	2121	2	1	500	2200
开江县回龙镇	1030	4500	500	4000	2	1	80	320
开江县天师镇	289	1041	683	570	1	0	3	18
开江县永兴镇	1243	9736	1687	3421	1	1	10	430
开江县讲治镇	8701	28729	2317	165	1	1	19	165
开江县甘棠镇	576	1787	1780	1430	1	1	6	350
开江县任市镇	11243	41917	6374	20100	5	4	10	205
开江县广福镇	308	1590	1390	650	0	0	186	1510
开江县长岭镇	162	2506	2187	305	0	0	6	50
大竹县柏林镇	807	1725	1325	650	1	1	5	42
大竹县石桥铺镇	2051	5689	4589	3750	2	1	8	3007
大竹县周家镇	1129	3952	2932	1959	3	1	7	569

3—4—23 续表 31

名　　称	户　数（户）	人　口（人）	其中：非农业人口（人）	劳动力（人）	集贸市场个数（个）	其　中：综合市场个数（个）	企　业个　数（个）	企　业从　业人员数（人）
大竹县庙坝镇	1191	4167	3067	2709	2	0	7	560
渠县天星镇	2623	10432	7550	7676	2	1	467	2714
渠县临巴镇	1598	8272	6540	4948	1	1	165	2780
渠县涌兴镇	1024	3615	1863	1362	2	1	915	1563
渠县有庆镇	808	4200	2900	1500	3	1	200	1000
万源市青花镇	365	821	744	396	2	1	187	1250
万源市旧院镇	155	930	820	565	1	0	297	540
万源市河口镇	26	178	108	104	1	1	19	385
万源市草坝镇	189	1143	926	780	3	1	1	40
万源市竹裕镇	182	963	913	430	5	2	140	430
万源市大竹镇	657	2979	2377	1253	2	1	5	1108
万源市罗文镇	1583	4750	2513	2850	1	1	256	496
万源市白沙镇	1247	4229	3929	2165	2	2	4	738
万源市沙滩镇	302	767	737	460	1	1	40	125
万源市官渡镇	370	1780	880	1140	2	2	140	900
万源市黄钟镇	381	1564	978	1150	1	1	2	45
雅安市中里镇	420	1500	356	200	5	1	6	35
雅安市草坝镇	1227	2129	782	1800	1	1	9	450
雅安市姚桥镇	1250	1790	1790	950	2	2	10	65
雅安市合江镇	364	1010	148	430	1	1	113	275
雅安市晏场镇	280	1095	279	550	1	1	83	243
雅安市上里镇	401	1023	215	600	1	1	10	24
雅安市大兴镇	842	2913	217	1350	1	1	98	135
雅安市沙坪镇	376	1534	285	250	1	1	45	205
雅安市严桥镇	242	1164	273	535	1	1	65	134
雅安市对岩镇	140	396	283	1300	0	0	63	842
雅安市多营镇	1721	4313	750	1813	1	1	348	2427
名山县百丈镇	1900	5700	3546	1987	1	1	26	734
名山县车岭镇	774	1983	495	1238	2	1	145	530
名山县永兴镇	316	471	471	420	2	1	7	409
名山县马岭镇	365	1135	178	794	1	1	15	226
名山县新店镇	748	2618	797	1200	1	1	194	350
名山县城西镇	637	1723	279	1318	0	0	152	789
名山县黑竹镇	961	2655	382	1605	1	1	14	441
名山县红星镇	268	961	302	205	1	0	291	672
荥经县花滩镇	890	2672	430	1421	1	1	30	130
汉源县九襄镇	5391	16432	5567	11256	3	1	1410	6530
汉源县乌斯河镇	466	1477	1377	1377	0	0	140	325
汉源县宜东镇	665	2114	465	1331	2	1	120	219
汉源县富庄镇	359	1132	37	687	1	1	11	60

3—4—23 续表 32

名　　称	户　数（户）	人　口（人）	其中：非农业人口（人）	劳动力（人）	集贸市场个数（个）	其　中：综合市场个数（个）	企　业个　数（个）	企　业从　业人员数（人）
汉源县清溪镇	813	2984	266	1779	1	1	220	450
汉源县大树镇	1220	4136	672	2768	1	1	406	2008
汉源县皇木镇	454	1762	173	1160	0	0	8	40
天全县始阳镇	2898	7577	1013	6200	1	1	484	1805
芦山县飞仙关镇	235	1264	178	240	1	1	5	35
芦山县双石镇	200	1500	185	730	1	1	5	210
芦山县太平镇	266	1600	310	550	1	1	95	185
芦山县大川镇	151	822	303	572	1	1	12	550
芦山县沫东镇	102	360	23	192	0	0	2	15
宝兴县灵关镇	1051	2797	997	1520	1	1	268	1450
宝兴县陇东镇	70	613	180	530	0	0	70	402
汶川县映秀镇	2490	8417	3631	2775	1	1	3	45
汶川县漩口镇	4469	16023	8974	3182	2	1	1	75
汶川县水磨镇	1988	9282	1011	4707	1	1	4	237
汶川县绵池镇	2289	8889	1902	4143	1	1	4	109
汶川县卧龙镇	596	2585	675	950	0	0	1	4
理县米亚罗镇	693	1099	1099	437	1	1	1	20
理县薛城镇	125	787	386	401	1	1	2	10
理县古尔沟镇	32	241	56	138	0	0	2	12
茂县南新镇	383	897	362	87	0	0	5	35
松潘县川主寺镇	1026	5153	521	2745	0	0	112	785
九寨沟县漳扎镇	1546	6064	2144	2366	0	0	18	90
金川县观音镇	239	653	257	397	0	0	7	41
小金县日隆镇	641	2529	116	456	0	0	2	17
黑水县卡龙镇	212	935	22	468	0	0	2	14
红原县刷经寺镇	1067	3087	1476	1030	0	0	2	93
康定县姑咱镇	572	2288	645	1075	1	1	4	22
康定县新都桥镇	836	3958	1636	1392	1	1	0	0
泸定县冷碛镇	231	782	42	463	0	0	1	161
泸定县兴隆镇	195	673	52	513	0	0	0	0
泸定县磨西镇	166	692	72	329	0	0	0	0
道孚县八美镇	350	1530	1174	765	0	0	1	5
石渠县洛须镇	92	395	82	237	0	0	2	96
色达县翁达镇	139	638	309	383	0	0	0	0
西昌市马道镇	1947	4750	1015	3545	1	1	609	1420
西昌市黄联关镇	728	1782	652	1037	1	1	195	303
西昌市佑君镇	1564	4128	1343	2896	2	1	84	107
西昌市礼州镇	1506	4285	1238	2137	1	1	607	957
西昌市安宁镇	3011	10546	8578	5874	2	1	7	165
西昌市川兴镇	731	4863	1971	2140	1	1	166	514

3—4—23 续表 33

名　称	户 数（户）	人 口（人）	其中：非农业人口（人）	劳动力（人）	集贸市场个数（个）	其 中：综合市场个数（个）	企 业 个 数（个）	企 业 从 业 人员数（人）
西昌市太和镇	365	1587	630	543	1	1	3	60
盐源县卫城镇	676	2068	648	689	2	1	120	196
盐源县梅雨镇	1007	3354	675	1118	2	1	148	220
盐源县平川镇	477	2205	1189	1699	1	1	230	620
盐源县黄草镇	389	1938	95	969	1	1	0	0
盐源县白乌镇	337	1877	322	625	1	1	86	138
盐源县泸沽湖镇	426	2560	258	1278	0	0	101	140
盐源县树河镇	365	1358	410	730	1	1	250	1112
德昌县永郎镇	832	2753	981	1984	1	1	32	580
德昌县乐跃镇	526	1679	305	1093	1	1	175	345
会理县鹿厂镇	794	3302	126	1118	1	1	891	3450
会理县黎溪镇	610	2443	781	850	1	1	658	1655
会理县通安镇	475	1965	653	925	1	1	387	697
会理县益门镇	135	538	302	327	1	1	5	89
会理县太平镇	164	655	335	464	1	1	0	0
会东县铅锌镇	742	2429	154	452	1	1	3	10
宁南县松新镇	888	3599	6	1610	1	1	7	80
宁南县竹寿镇	231	1040	195	510	0	0	0	0
宁南县华弹镇	1146	4925	1173	2672	1	1	40	256
宁南县六城镇	128	212	137	85	1	1	14	80
宁南县葫芦口镇	350	850	27	449	1	1	10	350
普格县荞窝镇	686	3333	1915	1697	2	2	3	137
普格县螺髻山镇	522	1755	507	413	1	1	157	236
布拖县拖觉镇	281	1406	223	702	1	1	9	58
布拖县龙潭镇	488	1866	393	1423	2	2	2	30
金阳县对坪镇	373	1824	471	654	1	1	76	124
金阳县派来镇	220	999	253	493	1	1	13	34
金阳县芦稿镇	283	1266	127	562	1	1	34	82
喜德县冕山镇	400	1136	916	1000	1	1	0	0
喜德县尼波镇	301	984	109	436	1	1	0	0
喜德县两河口镇	243	903	69	405	2	1	0	0
喜德县洛哈镇	263	951	43	695	1	1	0	0
喜德县米市镇	203	932	46	510	2	1	0	0
喜德县红莫镇	284	1269	966	303	0	0	0	0
冕宁县漫水湾镇	1996	5673	1706	2656	1	1	3	36
冕宁县大桥镇	148	611	4	429	0	0	4	24
冕宁县复兴镇	825	3177	1300	1670	1	1	104	148
冕宁县泸沽镇	2061	6487	595	308	1	1	18	250
冕宁县沙坝镇	1100	4083	686	1869	1	1	4	40
越西县普雄镇	2380	9200	5502	2450	2	1	400	1610

3—4—23 续表 34

名　　称	户　数（户）	人　口（人）	其中：非农业人口（人）	劳动力（人）	集贸市场个数（个）	其　中：综合市场个数（个）	企　业个　数（个）	企　业从　业人员数（人）
越西县乃托镇	545	3120	1516	2600	1	1	271	1500
越西县新民镇	1714	7653	612	3500	3	1	216	811
越西县中所镇	1510	4540	1380	2170	1	1	360	1169
甘洛县田坝镇	1242	5026	995	3001	1	1	20	150
甘洛县海棠镇	286	1228	225	131	1	1	0	0
甘洛县玉田镇	354	1358	108	245	0	0	3	130
甘洛县斯觉镇	152	891	124	587	1	1	0	0
甘洛县吉米镇	254	698	97	75	1	1	1	1
甘洛县普昌镇	339	1107	169	655	0	0	10	15
雷波县汶水镇	294	1267	350	5717	1	1	0	0
雷波县黄琅镇	277	1634	165	822	1	1	8	34
雷波县西宁镇	246	973	69	350	1	1	4	22
巴中市清江镇	1030	4535	4535	1814	2	1	3	55
巴中市曾口镇	745	2909	2882	1000	2	1	10	100
巴中市渔溪镇	510	2099	1999	1030	1	1	2	30
巴中市恩阳镇	3983	12506	10748	3632	3	3	12	376
巴中市化成镇	702	3164	2950	1831	4	3	3	77
巴中市水宁寺镇	106	429	52	200	2	1	1	5
巴中市梁永镇	304	850	850	620	0	0	12	84
巴中市顶山镇	425	1680	1600	1050	1	1	14	159
巴中市大罗镇	175	543	148	215	1	1	1	3
巴中市玉山镇	1251	4379	4350	2951	2	1	654	1265
巴中市茶坝镇	987	4246	2082	3150	2	1	443	710
巴中市花丛镇	5172	18915	11915	9029	1	1	530	2260
巴中市观音井镇	286	1060	78	455	1	1	5	23
巴中市兴文镇	385	1580	950	738	1	1	3	8
巴中市柳林镇	779	2962	756	263	2	1	1	20
巴中市下八庙镇	200	500	430	320	2	1	32	114
巴中市三河场镇	1146	4585	283	230	1	1	13	26
巴中市青木镇	161	505	353	565	2	1	1	2
巴中市三汇镇	3781	13434	989	5266	1	1	1	78
巴中市上八庙镇	1695	6102	421	100	0	0	11	38
通江县铁佛镇	957	3828	2315	1350	2	1	10	136
通江县麻石镇	572	2403	2337	1012	3	1	326	4792
通江县洪口镇	366	1500	1500	550	3	1	90	450
通江县瓦室镇	329	1287	1274	650	1	1	12	150
通江县铁溪镇	150	713	450	320	1	1	8	105
通江县平溪镇	670	2810	1241	1087	1	1	280	1087
通江县涪阳镇	697	2929	2929	875	2	1	97	472
通江县诺水河镇	175	561	154	220	3	2	196	492

3—4—23 续表 35

名　　称	户　数（户）	人　口（人）	其中：非农业人口（人）	劳动力（人）	集贸市场个数（个）	其　中：综合市场个数（个）	企　业个　数（个）	企　业从　业人员数（人）
南江县沙河镇	4917	18406	1784	8301	1	1	81	1045
南江县乐坝镇	2643	5675	4037	3973	1	1	2	343
南江县长赤镇	4997	21675	2810	11716	2	1	43	852
南江县正直镇	8112	18729	4658	8149	3	2	78	1158
南江县大河镇	4288	18187	2045	9904	2	2	51	751
南江县桃园镇	670	3267	651	1119	0	0	4	76
平昌县响滩镇	897	3138	3138	2197	5	1	15	323
平昌县白衣镇	751	2628	2628	2628	2	2	16	160
平昌县驷马镇	1082	4438	3964	2027	2	1	15	330
平昌县得胜镇	959	3358	3358	13200	3	1	17	350
眉山县象耳镇	902	3633	1287	4320	1	1	20	1072
眉山县张坎镇	604	1305	1088	513	1	1	5	78
眉山县罗平镇	1098	3362	1068	765	2	1	3	74
眉山县崇仁镇	524	1302	391	802	0	0	26	94
眉山县多悦镇	1400	3100	1665	2280	2	2	7	136
眉山县太和镇	1696	3977	3751	1860	2	2	62	210
眉山县永寿镇	2162	5582	2329	5146	2	2	679	2817
眉山县思蒙镇	2167	4198	3500	2350	2	1	286	1169
眉山县万胜镇	1238	5117	3908	3631	1	1	5	156
眉山县松江镇	809	1995	526	2816	0	0	40	2535
眉山县悦兴镇	280	1100	385	650	1	1	8	400
眉山县崇礼镇	645	1603	1603	958	1	1	47	428
眉山县修文镇	442	686	686	3555	1	1	98	687
眉山县尚义镇	345	727	727	274	3	3	215	1126
眉山县秦家镇	526	3280	652	900	1	1	469	1196
眉山县富牛镇	601	1100	760	450	1	1	4	135
仁寿县钟祥镇	963	3148	3025	1548	1	1	89	1540
仁寿县富加镇	968	1951	1945	423	0	0	2	35
仁寿县汪洋镇	1525	5500	3500	4800	3	1	600	1800
仁寿县龙正镇	126	860	310	460	0	0	52	200
仁寿县禾加镇	7014	23050	5482	8718	2	2	1	32
仁寿县文宫镇	350	3000	2580	1050	1	1	2	32
仁寿县龙马镇	420	890	320	500	1	1	1	150
仁寿县北斗镇	1500	1841	1400	7505	2	1	4	42
仁寿县彰加镇	540	1797	1266	1210	2	1	242	650
仁寿县满井镇	5610	19007	2340	9941	1	1	13	864
仁寿县禄加镇	4330	13394	11026	150	1	1	0	0
仁寿县清水镇	954	3862	2862	3003	1	1	30	450
仁寿县始建镇	248	754	250	400	1	1	1	200
仁寿县慈航镇	269	1702	702	1031	0	0	0	0

3—4—23 续表 36

名　　称	户　数（户）	人　口（人）	其中：非农业人口（人）	劳动力（人）	集贸市场个数（个）	其　中：综合市场个数（个）	企　业个　数（个）	企　业从　业人员数（人）
仁寿县黑龙潭镇	2139	7813	102	3871	2	1	45	100
仁寿县中农镇	3163	11864	569	4618	1	1	2	46
仁寿县宝飞镇	30	120	100	50	0	0	2	60
仁寿县方家镇	302	1316	526	1136	1	1	3	120
仁寿县杨柳镇	426	2000	100	1450	1	1	5	200
仁寿县钢铁镇	1081	3142	467	1579	0	0	105	465
仁寿县高家镇	425	1840	430	930	1	1	72	238
仁寿县大化镇	835	3340	1300	2028	1	1	2	16
彭山县公义镇	1072	2666	965	257	1	1	0	0
彭山县青龙镇	1669	3137	3137	7860	2	1	156	560
彭山县谢家镇	1540	4640	1114	1560	1	1	5	320
彭山县江口镇	441	980	480	1167	1	1	1	5
彭山县黄丰镇	190	730	430	820	2	2	3	42
彭山县观音镇	642	1290	1290	2508	2	2	630	1803
彭山县灵石镇	1932	4783	4425	1850	0	0	180	1850
彭山县彭溪镇	105	350	120	420	0	0	0	0
洪雅县柳江镇	1603	4392	1632	350	1	1	110	150
洪雅县高庙镇	355	1074	250	810	1	1	9	615
洪雅县余坪镇	531	1875	364	774	1	1	18	254
洪雅县三宝镇	615	2020	32	1476	1	1	8	148
洪雅县止戈镇	1005	3500	449	2800	1	1	116	300
洪雅县罗坝镇	903	2700	864	1658	1	1	75	287
洪雅县中保镇	823	2675	80	1095	1	1	5	125
洪雅县东岳镇	417	1460	231	654	1	1	87	230
洪雅县花溪镇	993	3251	513	1766	1	1	5	65
洪雅县竹箐镇	640	2002	48	1112	0	0	5	1200
丹棱县杨场镇	234	936	360	486	1	1	173	493
丹棱县仁美镇	648	1394	625	836	2	1	224	700
丹棱县双桥镇	351	1374	380	890	1	1	2	10
丹棱县张场镇	1088	3135	672	543	2	2	251	338
青神县瑞峰镇	156	751	303	532	0	0	18	320
青神县汉阳镇	251	648	648	239	1	1	1	13
青神县黑龙镇	556	1944	365	1100	1	1	60	700
资阳市保和镇	721	1497	1132	774	2	1	378	513
资阳市中和镇	235	5500	1949	2200	1	1	420	1400
资阳市丹山镇	1187	3106	3106	1863	1	1	125	1361
资阳市伍隍镇	1405	2374	1998	1425	1	1	362	1024
资阳市小院镇	868	1876	567	1478	1	1	414	1288
资阳市南津镇	2246	5190	2222	2968	1	1	295	1089
资阳市忠义镇	17	31	31	110	1	1	6	45

3—4—23 续表 37

名　　称	户　数（户）	人　口（人）	其中：非农业人口（人）	劳动力（人）	集贸市场个数（个）	其　中：综合市场个数（个）	企　业个　数（个）	企　业从　业人员数（人）
资阳市丰裕镇	840	1134	740	980	1	1	366	700
资阳市祥符镇	818	1628	1628	1531	1	1	406	1218
资阳市临江镇	2116	4344	2304	2172	1	1	993	1802
资阳市老君镇	867	1989	1160	807	1	1	185	642
资阳市东峰镇	525	1580	339	800	1	1	207	680
资阳市堪加镇	524	1893	1119	1025	1	1	272	625
资阳市石岭镇	2833	3499	1030	3343	1	1	674	3187
资阳市迎接镇	1784	2345	2345	1409	1	1	294	982
资阳市碑记镇	320	1280	200	2000	1	1	360	1800
简阳市石桥镇	3113	7216	7216	1443	3	3	220	497
简阳市东溪镇	2246	4921	3521	3218	1	1	53	164
简阳市平泉镇	2950	3798	3798	1550	1	1	143	414
简阳市禾丰镇	1132	3489	3057	1327	1	1	240	325
简阳市云龙镇	1315	2486	2271	2014	6	6	93	125
简阳市三星镇	1194	2195	2195	1468	5	5	116	175
简阳市养马镇	5280	18500	14000	2482	4	4	140	405
简阳市石盘镇	1285	2434	1041	327	1	1	45	103
简阳市贾家镇	3045	7768	7768	6762	5	3	1277	1738
简阳市石板凳镇	1354	2551	2495	705	1	1	71	285
简阳市三岔镇	1960	6113	4429	2399	2	1	840	1680
简阳市镇金镇	873	3529	2210	1638	5	5	70	326
简阳市新市镇	725	2315	1859	2205	1	1	257	330
简阳市石钟镇	136	470	470	680	1	1	101	160
简阳市施家镇	458	1235	1127	952	1	1	143	414
简阳市三合镇	899	1747	547	1190	1	1	223	476
简阳市平武镇	382	608	608	482	1	1	140	160
简阳市金马镇	230	690	371	221	1	1	48	55
简阳市踏水镇	288	869	612	869	1	1	139	180
简阳市江源镇	360	665	665	399	1	1	55	150
简阳市涌泉镇	377	646	646	140	2	2	8	12
简阳市芦葭镇	118	709	709	280	1	1	48	130
简阳市草池镇	452	1727	1727	1800	2	2	347	847
简阳市太平桥镇	761	3200	282	549	1	1	103	267
简阳市青龙镇	285	594	594	320	2	2	1	3
安岳县龙台镇	3150	9679	9111	4500	4	2	315	2256
安岳县永清镇	290	819	819	400	1	1	4	38
安岳县石羊镇	3500	14000	5064	9500	4	2	30	420
安岳县李家镇	3246	15494	4694	1325	3	1	218	1225
安岳县兴隆镇	3874	13650	2739	13716	2	1	25	200
安岳县周礼镇	3237	12500	3773	2926	5	2	237	1639

3—4—23 续表 38

名　　称	户　数（户）	人　口（人）	其中：非农业人口（人）	劳动力（人）	集贸市场个数（个）	其　中：综合市场个数（个）	企　业个　数（个）	企　业从　业人员数（人）
安岳县驯龙镇	217	527	386	497	2	2	3	103
安岳县鸳大镇	492	1980	240	1010	2	1	71	310
安岳县姚市镇	365	1114	1051	1109	2	2	19	141
安岳县林凤镇	805	2930	763	1580	1	1	43	600
安岳县毛家镇	228	650	362	450	1	1	40	336
安岳县两板桥镇	395	1185	640	14057	1	1	47	359
安岳县护龙镇	324	1134	419	350	1	1	15	150
安岳县通贤镇	2829	9500	5180	2150	4	3	210	2108
安岳县元坝镇	1047	3067	1940	1581	2	2	112	912
安岳县天林镇	596	1105	580	105	1	1	25	187
安岳县镇子镇	2000	5000	4000	2000	4	2	80	1000
安岳县文化镇	672	1850	859	943	1	1	75	650
安岳县华严镇	195	650	550	190	1	1	8	150
安岳县石桥铺镇	510	1620	470	1400	1	1	70	690
乐至县石佛镇	1992	4025	2675	2047	1	1	106	546
乐至县回澜镇	1519	3151	2254	1389	1	1	165	480
乐至县石湍镇	1629	3527	2524	2363	3	1	17	318
乐至县童家镇	516	1809	1109	867	1	1	34	529
乐至县宝林镇	1065	3240	2230	1254	2	1	4	106
乐至县大佛镇	925	2818	2818	370	1	1	5	386
乐至县良安镇	327	1271	838	1023	3	2	13	168
乐至县金顺镇	408	1247	582	1103	2	1	3	40
乐至县中和场镇	498	657	333	790	1	0	228	550
乐至县劳动镇	514	3760	760	310	1	1	3	640
乐至县中天镇	300	1100	900	450	1	0	110	410
乐至县佛星镇	881	1808	390	895	1	0	22	79
乐至县蟠龙镇	1266	4858	2355	2350	1	1	15	180
乐至县东山镇	933	2800	1192	1920	1	1	5	76
乐至县通旅镇	368	1386	647	850	1	0	326	605
乐至县高寺镇	1128	2341	1553	826	2	2	10	220

3—4—24 贵州省建制镇镇区主要指标

名称	户数（户）	人口（人）	其中：非农业人口（人）	劳动力（人）	集贸市场个数（个）	其中：综合市场个数（个）	企业个数（个）	企业从业人员数（人）
花溪区青岩镇	2305	8160	3069	3711	1	1	938	1652
花溪区石板镇	1021	3387	262	2121	1	1	7	504
花溪区金竹镇	3383	11271	8919	6975	1	1	21	285
乌当区东风镇	1189	3916	1069	3294	0	0	341	2486
乌当区金华镇	1504	4991	1143	3147	1	1	482	2405
乌当区水田镇	813	2691	398	1621	1	1	15	461
乌当区朱昌镇	818	3172	413	1983	1	1	127	369
乌当区羊昌镇	317	1031	323	825	1	1	1	11
开阳县双流镇	940	4044	1492	3982	0	0	10	2560
开阳县金中镇	369	1928	1112	528	1	1	8	278
开阳县冯三镇	918	2368	956	1968	0	0	194	425
开阳县马场镇	739	2558	1270	1675	0	0	0	0
开阳县龙岗镇	1478	5719	1774	2996	0	0	86	367
息烽县温泉镇	1140	3968	3015	1826	1	1	5	56
息烽县九庄镇	1242	3740	1674	2447	1	1	236	523
息烽县小寨坝镇	1805	4526	3285	2715	0	0	1	15
修文县扎佐镇	1670	3220	2980	1382	2	2	8	126
修文县久长镇	460	2755	982	1459	1	1	1	23
修文县六广镇	247	848	800	361	1	1	2	50
清镇市卫城镇	2452	9114	2402	5468	1	1	5	310
清镇市新店镇	1139	2795	1040	650	1	1	12	20
清镇市站街镇	2677	7362	2757	5762	1	1	263	2176
钟山区汪家寨镇	690	3077	250	2000	2	2	210	520
钟山区德坞镇	950	3761	424	2037	1	1	156	912
钟山区老鹰山镇	414	867	867	650	2	2	126	138
钟山区观音山镇	57	134	134	75	1	1	0	0
钟山区大河镇	802	3532	325	2986	1	1	10	320
钟山区大湾镇	562	2536	205	1320	0	0	11	121
六枝特区郎岱镇	1280	3816	3375	1523	1	1	3	342
六枝特区岩脚镇	2285	8725	3478	3380	1	1	185	575
六枝特区木岗镇	573	1894	791	876	1	1	126	278
六枝特区大用镇	862	2658	452	1212	1	1	1	35
水城县滥坝镇	1248	4129	1539	1160	0	0	6	61
盘县水塘镇	1125	3354	776	1751	0	0	51	156
盘县板桥镇	236	825	151	560	0	0	0	0
盘县大山镇	418	1253	467	418	0	0	1	52
盘县民主镇	71	350	100	136	0	0	0	0
盘县马依镇	110	524	97	246	0	0	10	21
盘县老厂镇	571	1907	1853	1125	0	0	2	35
盘县保田镇	514	2204	664	64	0	0	0	0

3－4－24 续表 1

名　　称	户　数（户）	人　口（人）	其中：非农业人口（人）	劳动力（人）	集贸市场个数（个）	其　中：综合市场个数（个）	企　业个　数（个）	企　业从　业人员数（人）
盘县响水镇	70	251	221	72	0	0	0	0
盘县乐民镇	989	4396	813	2093	0	0	190	423
盘县石桥镇	487	2044	211	960	0	0	21	280
盘县平关镇	275	1318	301	733	0	0	0	0
盘县火铺镇	185	270	184	170	0	0	12	53
盘县柏果镇	1267	2848	2848	1432	0	0	126	348
盘县西冲镇	567	1732	387	781	0	0	1	26
盘县刘官镇	1118	3232	1266	1354	0	0	125	283
盘县盘江镇	501	1215	1215	634	1	1	0	0
盘县断江镇	286	902	892	697	0	0	3	287
盘县洒基镇	276	883	571	726	1	1	5	109
红花岗区新蒲镇	405	10121	817	6400	1	1	4	27
红花岗区礼仪镇	177	709	8	456	0	0	7	48
红花岗区忠庄镇	1543	5400	2827	200	0	0	2	150
红花岗区南关镇	219	538	538	314	0	0	3	580
红花岗区长征镇	5087	15506	2278	9165	5	1	16	520
红花岗区海龙镇	400	1250	480	200	0	0	1	50
红花岗区深溪镇	601	2653	937	1875	1	1	2	35
红花岗区金鼎山镇	956	1537	900	100	0	0	20	100
红花岗区高桥镇	725	2386	2386	1375	4	3	305	547
红花岗区董公寺镇	881	3161	821	3844	1	1	7	2681
遵义县龙坑镇	3800	7784	5300	2350	1	1	12	1250
遵义县三岔镇	1250	4230	1424	500	1	1	120	380
遵义县苟江镇	712	2487	1087	864	1	1	98	320
遵义县三合镇	4467	9979	2500	3500	1	1	5	250
遵义县乌江镇	3831	10779	7054	4122	1	1	85	2806
遵义县团泽镇	900	2504	821	1500	1	1	153	257
遵义县虾子镇	3250	13000	3511	7923	1	0	12	170
遵义县三渡镇	674	1870	560	744	1	0	80	501
遵义县新舟镇	3755	14269	4047	5793	2	1	172	1557
遵义县永乐镇	1042	2024	1422	1189	1	0	143	374
遵义县龙坪镇	1663	4816	2980	1294	2	1	580	860
遵义县喇叭镇	429	1929	1111	868	2	1	197	234
遵义县团溪镇	3736	11992	5262	7472	1	0	587	1890
遵义县铁厂镇	516	1017	720	420	0	0	7	65
遵义县西坪镇	1111	2681	1063	1250	1	0	39	95
遵义县尚稽镇	698	3340	2840	1952	3	1	45	382
遵义县茅栗镇	379	1633	450	1183	0	0	3	20
遵义县新民镇	271	1713	696	750	1	1	5	6

3—4—24 续表 2

名　　称	户　数（户）	人　口（人）	其中：非农业人口（人）	劳动力（人）	集贸市场个数（个）	其　中：综合市场个数（个）	企　业个　数（个）	企　业从　业人员数（人）
遵义县鸭溪镇	4851	11541	5241	5000	1	0	2	26
遵义县石板镇	572	1280	413	720	1	1	70	125
遵义县乐山镇	310	1200	300	780	1	1	12	42
遵义县枫香镇	1766	5315	3629	3080	2	1	52	868
遵义县泮水镇	1867	5135	2943	4544	1	1	109	345
遵义县马蹄镇	1423	3915	1055	505	1	1	160	350
遵义县高坪镇	3536	11082	3888	6321	1	1	6	225
遵义县沙湾镇	657	2774	780	1461	1	1	3	75
遵义县板桥镇	2127	5557	3005	3880	1	1	4	344
遵义县泗渡镇	436	2272	1872	500	1	1	9	307
遵义县松林镇	1210	2864	1420	543	1	1	20	300
遵义县毛石镇	811	2949	321	1769	1	1	12	60
遵义县山盆镇	502	1775	820	1500	1	1	20	60
遵义县芝麻镇	220	323	123	150	1	1	0	0
桐梓县楚米镇	213	1065	450	498	0	0	0	0
桐梓县新站镇	1535	4146	3168	1900	1	1	0	0
桐梓县松坎镇	1586	4083	3854	1548	1	1	2	20
桐梓县水坝塘镇	711	2017	781	1056	1	1	0	0
桐梓县狮溪镇	638	1758	535	1142	1	1	0	0
桐梓县官仓镇	255	1400	170	750	1	1	0	0
桐梓县高桥镇	490	1198	655	620	1	1	0	0
桐梓县花秋镇	497	4250	1342	742	2	1	0	0
桐梓县羊磴镇	895	4000	1100	1700	1	1	0	0
桐梓县燎原镇	162	642	10	18	0	0	0	0
桐梓县九坝镇	586	2485	150	290	1	1	0	0
桐梓县大河镇	282	1133	243	492	0	0	0	0
桐梓县夜郎镇	111	460	210	328	1	1	0	0
桐梓县木瓜镇	142	712	127	213	1	1	0	0
桐梓县坡渡镇	61	256	13	121	1	1	0	0
绥阳县郑场镇	965	2725	1786	1335	1	1	18	320
绥阳县旺草镇	1635	3312	1839	1769	1	1	19	344
绥阳县蒲场镇	1560	4135	2022	2144	2	1	528	1572
绥阳县风华镇	373	1680	802	1070	1	1	3	14
绥阳县茅垭镇	420	1250	369	599	1	1	2	18
绥阳县枧坝镇	620	2310	370	1250	1	1	12	41
绥阳县宽阔镇	460	2000	365	1100	1	1	7	100
绥阳县黄杨镇	370	1260	527	646	1	1	11	35
绥阳县青杠塘镇	620	1676	458	902	1	1	2	17
绥阳县太白镇	708	2245	258	1315	1	1	3	17
绥阳县温泉镇	215	830	557	496	1	1	2	9

3—4—24 续表 3

名　　称	户　数（户）	人　口（人）	其中：非农业人口（人）	劳动力（人）	集贸市场个数（个）	其　中：综合市场个数（个）	企　业个　数（个）	企　业从　业人员数（人）
正安县瑞溪镇	719	3296	182	1500	1	1	1	6
正安县和溪镇	315	820	249	380	1	1	15	136
正安县安场镇	1229	4589	3760	2155	1	1	5	35
正安县土坪镇	616	3280	1246	1680	1	1	5	35
正安县流渡镇	337	886	592	641	1	1	7	24
正安县格林镇	380	1720	500	410	1	1	25	60
正安县新洲镇	863	2378	788	629	1	1	5	25
正安县庙塘镇	720	2700	1014	1450	1	1	25	110
正安县小雅镇	509	1855	560	344	1	1	21	123
正安县中观镇	375	1350	459	600	1	1	5	23
道真县三江镇	445	1525	496	835	1	1	65	258
道真县隆兴镇	195	585	387	432	1	1	143	330
道真县旧城镇	528	2378	686	1130	1	1	150	300
道真县忠信镇	390	1378	436	569	1	1	144	383
道真县洛龙镇	807	2717	1052	1246	0	0	203	931
道真县阳溪镇	230	920	295	400	1	1	80	190
道真县三桥镇	636	1776	500	725	2	1	121	178
道真县大阡镇	572	1387	786	420	1	1	130	300
道真县平模镇	542	2037	180	1350	1	1	106	297
务川县丰乐镇	1778	4200	1375	3156	1	1	2	60
务川县黄都镇	727	2809	520	2072	1	1	7	26
务川县涪洋镇	289	1146	422	849	1	1	8	59
务川县镇南镇	635	2540	1028	1001	1	1	7	27
务川县砚山镇	675	1840	535	1104	1	1	2	15
务川县浞水镇	1058	2878	1168	1250	1	1	23	250
务川县茅天镇	255	874	239	533	1	1	6	22
务川县柏村镇	610	1445	594	1130	1	1	25	46
务川县大坪镇	596	2385	1685	1065	1	1	35	109
凤冈县进化镇	780	1820	520	1032	1	1	385	905
凤冈县琊川镇	1200	5000	1832	3700	1	1	132	346
凤冈县蜂岩镇	425	1627	516	825	1	1	31	57
凤冈县永和镇	321	1054	431	739	1	1	136	210
凤冈县花坪镇	646	1688	583	1300	1	1	67	138
凤冈县绥阳镇	986	2093	344	1426	1	1	263	498
凤冈县永安镇	815	2339	820	1368	1	1	80	103
凤冈县土溪镇	420	1524	461	1000	1	1	194	326
湄潭县永兴镇	2200	9000	8800	4200	3	1	1100	2150
湄潭县复兴镇	626	1811	916	724	2	1	228	352
湄潭县马山镇	2944	10843	814	6490	2	2	377	716
湄潭县鱼泉镇	1453	6201	220	3356	1	1	89	270

3—4—24 续表 4

名　　称	户　数（户）	人　口（人）	其中：非农业人口（人）	劳动力（人）	集贸市场个数（个）	其　中：综合市场个数（个）	企　业个　数（个）	企　业从　业人员数（人）
湄潭县黄家坝镇	812	3271	1321	2493	2	1	26	772
湄潭县高台镇	290	901	489	145	1	1	90	110
湄潭县茅坪镇	311	1152	393	594	2	1	89	140
湄潭县兴隆镇	490	2148	720	355	1	1	5	20
余庆县小腮镇	260	1470	280	150	1	1	140	245
余庆县龙溪镇	2011	8064	5124	1820	4	1	268	1702
余庆县大乌江镇	71	250	50	670	1	1	6	22
余庆县构皮滩镇	1350	4200	2100	1150	1	1	25	589
余庆县敖溪镇	606	1543	900	1128	1	1	113	568
余庆县龙家镇	769	2106	542	1720	1	1	3	30
余庆县松烟镇	2246	6855	1664	5103	1	1	18	154
余庆县关兴镇	403	1482	471	208	1	1	163	191
习水县土城镇	1800	4537	4537	2250	1	1	720	1560
习水县同民镇	419	1180	447	775	2	1	4	15
习水县醒民镇	76	386	297	121	1	1	1	7
习水县隆兴镇	207	477	150	405	1	1	4	10
习水县习酒镇	186	501	389	202	1	1	1	15
习水县回龙镇	362	1440	555	388	1	1	103	320
习水县桑木镇	304	1231	576	458	1	1	196	386
习水县永安镇	164	630	630	310	1	1	1	5
习水县良村镇	710	2100	1562	849	1	1	251	633
习水县温水镇	2498	7220	4659	2000	1	1	5	598
习水县仙源镇	106	745	708	1042	1	1	5	62
习水县官店镇	404	983	983	540	1	1	71	540
习水县寨坝镇	468	1092	700	600	1	1	8	64
赤水市天台镇	300	1121	415	705	1	1	10	240
赤水市复兴镇	994	2536	2447	960	1	1	10	126
赤水市大同镇	520	1700	1400	800	1	1	15	480
赤水市旺隆镇	1470	3066	1591	2135	2	2	17	1611
赤水市葫市镇	610	1289	980	700	1	1	15	300
赤水市元厚镇	1736	4460	2082	4700	2	1	20	1521
赤水市官渡镇	1581	4769	2800	2015	5	1	27	987
赤水市长期镇	612	1320	1320	1140	1	1	4	26
赤水市长沙镇	815	2290	1950	949	1	1	10	120
仁怀市茅台镇	5009	15897	15309	12959	1	1	1212	8746
仁怀市坛厂镇	487	2798	779	2100	1	1	32	123
仁怀市长岗镇	435	1720	889	1204	1	1	3	50
仁怀市鲁班镇	547	3559	1393	4104	1	1	10	165
仁怀市五马镇	683	1692	434	995	1	1	11	86
仁怀市茅坝镇	894	4200	2015	1250	2	1	35	165

3—4—24 续表 5

名　　称	户　数（户）	人　口（人）	其中：非农业人口（人）	劳动力（人）	集贸市场个数（个）	其　中：综合市场个数（个）	企　业个　数（个）	企　业从　业人员数（人）
仁怀市九仓镇	316	1379	83	847	1	1	165	340
仁怀市喜头镇	627	2016	826	806	1	1	150	280
仁怀市大坝镇	424	948	603	391	1	1	3	46
仁怀市三合镇	383	1101	883	843	5	1	228	273
仁怀市二合镇	315	1307	504	153	0	0	1	43
仁怀市合马镇	298	842	552	533	0	0	1	14
铜仁市漾头镇	179	538	538	269	1	1	28	180
铜仁市云场坪镇	62	230	230	150	1	1	4	112
铜仁市茶店镇	600	2000	1700	450	1	1	10	101
铜仁市坝黄镇	250	1020	760	530	1	1	1	22
铜仁市川硐镇	304	1120	844	696	1	1	35	73
江口县闵孝镇	424	1004	1004	400	2	1	105	600
玉屏县大龙镇	438	1490	685	4119	1	1	1204	3598
玉屏县田坪镇	510	1968	718	2597	1	1	1206	2287
玉屏县朱家场镇	458	1666	499	1250	2	1	630	1110
石阡县白沙镇	431	1332	547	846	0	0	105	153
石阡县本庄镇	252	1346	332	785	1	0	10	278
石阡县花桥镇	476	1082	512	528	0	0	145	390
石阡县龙塘镇	780	4000	600	1500	1	1	20	200
石阡县五德镇	66	317	32	77	0	0	18	165
石阡县中坝镇	344	700	415	420	0	0	13	95
思南县大坝场镇	653	1578	988	564	1	1	9	82
思南县合朋溪镇	564	2128	470	1383	1	1	13	298
思南县凉水井镇	65	644	603	420	1	1	2	25
思南县青杠坡镇	166	850	438	386	1	1	8	23
思南县邵家桥镇	567	1708	649	900	1	1	4	15
思南县孙家坝镇	389	1122	480	673	1	1	35	56
思南县塘头镇	1545	5080	2200	3186	5	3	120	815
思南县文家店镇	440	1256	475	753	1	1	4	30
思南县瓮溪镇	159	543	53	346	1	1	3	46
思南县许家坝镇	1685	3955	1097	2571	1	1	12	30
思南县张家寨镇	296	1303	511	590	1	1	1	5
思南县鹦鹉溪镇	289	832	322	723	1	1	198	377
印江县板溪镇	250	1250	770	480	1	1	0	0
印江县缠溪镇	317	1401	716	356	1	1	108	251
印江县合水镇	350	1237	489	1000	1	1	700	716
印江县朗溪镇	542	1627	626	250	1	1	100	80
印江县木黄镇	781	2252	884	836	1	1	250	624
印江县沙子坡镇	320	1600	648	398	1	1	200	398
印江县天堂镇	614	2707	678	250	1	1	7	188

3—4—24 续表 6

名　称	户　数（户）	人　口（人）	其中：非农业人口（人）	劳动力（人）	集贸市场个数（个）	其　中：综合市场个数（个）	企　业个　数（个）	企　业从　业人员数（人）
印江县洋溪镇	326	1094	574	490	1	1	127	193
德江县煎茶镇	1859	4896	2190	3718	1	1	6	762
德江县潮砥镇	380	1105	327	647	1	1	5	116
德江县稳坪镇	956	3254	1685	1968	1	1	3	86
德江县枫香溪镇	823	4125	1243	2643	1	1	2	68
沿河县沙子镇	544	1089	187	694	0	0	20	400
沿河县谯家镇	735	2751	700	1430	0	0	13	300
沿河县淇滩镇	639	2591	850	1484	0	0	15	35
沿河县官舟镇	600	2360	1260	1400	1	1	400	900
沿河县土地坳镇	482	1905	655	720	0	0	1	12
沿河县思渠镇	427	976	417	585	0	0	86	139
沿河县客田镇	467	1096	311	586	0	0	6	48
沿河县洪渡镇	150	513	513	380	0	0	26	386
沿河县夹石镇	232	1382	396	321	0	0	25	420
松桃县甘龙镇	376	1508	263	816	1	1	26	52
松桃县大兴镇	577	2924	777	1186	1	1	345	1011
松桃县迓驾镇	607	2958	608	1586	1	1	4	20
松桃县寨英镇	527	1515	618	882	1	1	2	66
松桃县盘信镇	491	1962	728	1400	1	1	75	960
松桃县长兴镇	1073	4609	840	2085	1	1	67	206
松桃县大坪场镇	536	2449	708	1214	1	1	0	0
松桃县牛郎镇	458	2853	884	2100	1	1	24	426
松桃县普觉镇	396	581	581	1015	1	1	2	5
松桃县乌罗镇	492	2217	382	586	1	1	25	125
松桃县盘石镇	498	2273	560	350	3	1	8	56
松桃县孟溪镇	570	1659	626	1033	1	1	4	58
兴义市桔山镇	7800	25781	8192	19967	3	3	2629	12637
兴义市坪东镇	3200	13824	4800	7500	2	2	1600	5213
兴义市下午屯镇	1164	4400	788	3000	1	1	401	1350
兴义市敬南镇	511	1132	427	743	1	1	89	142
兴义市泥凼镇	556	2566	381	1585	1	1	497	1300
兴义市巴结镇	189	769	682	379	1	1	400	700
兴义市捧乍镇	729	2480	1532	2187	1	1	15	112
兴义市鲁布革镇	350	1400	251	895	1	1	10	130
兴义市㮾利镇	289	1353	65	1218	1	1	36	49
兴义市乌沙镇	778	2209	1189	1800	1	1	250	810
兴义市白碗窑镇	357	1557	1148	950	1	1	80	200
兴义市马岭镇	2049	5376	1582	4209	4	3	159	795
兴义市威舍镇	2976	6010	3140	3350	2	2	302	891
兴义市品甸镇	420	1965	155	1418	1	1	123	550

3—4—24 续表 7

名　　称	户　数（户）	人　口（人）	其中：非农业人口（人）	劳动力（人）	集贸市场个数（个）	其　中：综合市场个数（个）	企　业个　数（个）	企　业从　业人员数（人）
兴义市顶效镇	2555	8439	2324	5549	2	2	393	2956
兴义市万屯镇	659	2841	689	1800	1	1	150	300
兴义市郑屯镇	783	3531	329	1880	1	1	160	925
兴义市鲁屯镇	764	3365	256	1762	1	1	197	412
兴义市仓更镇	162	646	206	419	1	1	60	211
兴义市七舍镇	300	1107	142	764	1	1	300	650
兴仁县屯脚镇	200	720	678	324	3	3	103	210
兴仁县巴铃镇	1327	3923	1394	2746	1	1	35	145
兴仁县百德镇	639	1848	267	340	1	1	21	63
兴仁县雨樟镇	498	1965	421	984	1	1	8	89
兴仁县潘家庄镇	709	2561	165	1432	1	1	0	0
兴仁县回龙镇	411	1724	155	840	1	1	1	30
兴仁县下山镇	305	1524	116	179	1	1	9	61
兴仁县新龙场镇	455	1392	420	480	1	1	6	36
普安县龙吟镇	312	1260	254	610	1	1	56	60
普安县罐子窑镇	762	3708	370	284	2	2	170	750
普安县江西坡镇	184	1819	167	384	1	1	2	6
普安县三板桥镇	995	3341	697	947	1	1	2	36
普安县地瓜镇	584	2671	501	2600	1	1	200	871
普安县青山镇	860	4886	1021	1850	1	1	116	940
普安县楼下镇	524	2335	212	1167	1	1	181	459
晴隆县沙子镇	159	556	213	278	1	1	45	62
晴隆县鸡场镇	535	1362	300	980	1	1	36	108
晴隆县碧痕镇	559	2662	321	1665	1	1	22	24
晴隆县大厂镇	546	2430	422	1579	1	1	18	256
晴隆县中营镇	285	1268	357	895	1	1	8	105
晴隆县花贡镇	495	2100	1852	1120	1	1	109	542
贞丰县龙场镇	761	3780	1725	832	1	1	206	878
贞丰县者相镇	2405	5211	2065	1860	2	1	85	120
贞丰县兴北镇	1218	5380	790	3670	2	2	6	198
贞丰县白层镇	527	1619	936	948	1	1	0	0
贞丰县鲁贡镇	513	1852	277	1575	1	1	8	72
望谟县乐元镇	302	1036	250	830	1	1	0	0
望谟县打易镇	319	1411	251	733	1	1	0	0
望谟县乐旺镇	72	297	130	170	1	1	0	0
望谟县桑郎镇	648	2846	380	1723	1	1	0	0
望谟县纳夜镇	167	777	121	413	1	1	0	0
望谟县新屯镇	542	2503	95	1315	0	0	0	0
望谟县石屯镇	149	830	173	604	1	1	0	0
册亨县坡妹镇	574	1928	486	227	1	1	135	165

3—4—24 续表 8

名　　称	户　数（户）	人　口（人）	其中：非农业人口（人）	劳动力（人）	集贸市场个数（个）	其　中：综合市场个数（个）	企　业个　数（个）	企　业从　业人员数（人）
册亨县冗渡镇	736	2485	438	215	1	1	25	88
册亨县丫他镇	288	1524	554	135	1	1	31	110
册亨县巧马镇	406	1615	99	663	1	1	5	10
册亨县秧坝镇	538	1763	433	625	1	1	84	185
册亨县坝赖镇	304	879	165	108	1	1	21	43
册亨县岩架镇	129	1543	120	60	1	1	46	62
安龙县龙广镇	1023	2096	2057	2010	1	1	6	1800
安龙县龙山镇	546	2437	37	1302	1	1	0	0
安龙县戈塘镇	174	3458	81	278	1	1	1	46
安龙县万峰湖镇	650	2653	660	1760	1	1	3	26
安龙县洒雨镇	810	2229	157	137	1	1	1	10
安龙县普坪镇	189	1297	500	1230	1	1	2	32
安龙县兴隆镇	855	2655	385	2157	1	1	0	0
安龙县木咱镇	129	1340	810	850	1	1	3	45
安龙县德卧镇	565	1785	430	1050	1	1	5	233
毕节市鸭池镇	1127	3848	1921	1299	1	1	8	183
毕节市梨树镇	811	3398	376	1321	1	1	1	4
毕节市岔河镇	991	3362	323	1624	1	1	1	4
毕节市朱昌镇	1848	5828	942	2650	1	1	5	110
毕节市田坝镇	841	3307	235	1796	1	1	0	0
毕节市长春堡镇	1912	5269	1318	1942	1	1	3	35
毕节市撒拉溪镇	884	3800	522	2363	1	1	5	59
毕节市杨家湾镇	1173	4690	1196	2052	1	1	4	82
毕节市放珠镇	442	1508	177	959	1	1	0	0
毕节市青场镇	782	2234	564	1092	1	1	3	88
毕节市水箐镇	588	2303	88	1343	1	1	0	0
毕节市何官屯镇	808	3074	646	1480	1	1	4	135
毕节市对坡镇	1020	3565	222	1960	1	1	0	0
毕节市大银镇	374	1035	130	809	1	1	0	0
毕节市林口镇	1046	3079	607	1246	1	1	6	176
毕节市生机镇	837	2935	228	1856	1	1	1	5
毕节市清水铺镇	1109	3175	775	1556	1	1	4	151
毕节市亮岩镇	849	2781	236	1499	1	1	6	59
毕节市燕子口镇	902	3353	808	1543	1	1	4	111
毕节市八寨镇	909	3665	459	2478	1	1	1	5
毕节市田坝桥镇	894	3459	180	2702	0	0	1	3
毕节市海子街镇	845	3400	1525	1589	1	1	4	189
毕节市小坝镇	1108	3374	526	2090	1	1	1	3
毕节市层台镇	786	3748	244	1929	1	1	2	16
毕节市小吉场镇	837	3758	977	2510	1	1	4	106

3—4—24 续表 9

名　　称	户　数（户）	人　口（人）	其中：非农业人口（人）	劳动力（人）	集贸市场个数（个）	其　中：综合市场个数（个）	企　业个　数（个）	企　业从　业人员数（人）
毕节市普宜镇	916	2819	974	1229	1	1	5	92
毕节市龙场镇	1100	4858	592	2358	1	1	1	7
大方县双山镇	1186	4917	528	2950	1	1	105	245
大方县猫场镇	720	3052	332	1436	1	1	41	743
大方县马场镇	1040	4440	540	1929	1	1	55	125
大方县羊场镇	1611	5616	830	2149	1	1	174	356
大方县黄泥塘镇	764	2819	627	1126	3	3	32	93
大方县六龙镇	1051	2964	630	242	1	1	48	770
大方县达溪镇	1340	4338	367	2167	1	1	39	248
大方县瓢井镇	415	1640	735	852	1	1	385	875
大方县长石镇	665	3080	645	1326	1	1	82	285
黔西县金碧镇	1410	3275	1862	2415	1	1	0	0
黔西县雨朵镇	827	2196	612	231	1	1	0	0
黔西县大关镇	1068	6265	1432	3570	1	1	1221	2860
黔西县谷里镇	1455	3984	1133	2376	1	1	35	245
黔西县素朴镇	780	3396	516	2125	1	1	128	512
黔西县中坪镇	312	1344	750	732	1	1	230	575
黔西县重新镇	360	1870	1215	1170	1	1	325	639
黔西县林泉镇	612	2244	209	1218	1	1	58	93
金沙县岩孔镇	1350	4288	1112	4836	1	1	107	684
金沙县禹谟镇	6988	28680	1243	1318	1	1	5	153
金沙县安底镇	1989	5138	3505	1485	1	1	40	205
金沙县岚头镇	831	3030	241	2180	1	1	1	120
金沙县沙土镇	2843	14215	3576	5752	1	1	800	3500
金沙县清池镇	1084	4361	796	1830	1	1	160	352
织金县桂果镇	468	1244	1244	417	1	1	110	330
织金县牛场镇	994	4650	2045	1236	1	1	23	436
织金县猫场镇	208	4150	802	1064	1	1	235	625
织金县化起镇	1001	3771	2752	1998	1	1	197	698
织金县龙场镇	746	2996	486	1545	1	1	45	80
织金县八步镇	673	1025	1025	512	1	1	220	400
织金县以那镇	1822	5791	1107	1230	2	1	38	127
织金县三塘镇	720	2600	544	1200	1	1	287	786
织金县阿弓镇	426	1249	449	769	1	1	80	162
织金县珠藏镇	251	685	379	286	1	1	11	60
纳雍县中岭镇	405	1674	518	1270	1	1	280	670
纳雍县阳长镇	726	2310	1232	424	1	1	9	141
纳雍县维新镇	1194	4943	783	700	1	1	240	726
纳雍县龙场镇	1013	3064	672	1400	1	1	10	150
纳雍县乐治镇	486	2253	493	1224	1	1	92	345

3—4—24 续表 10

名 称	户 数（户）	人 口（人）	其中:非农业人口（人）	劳动力（人）	集贸市场个数（个）	其 中:综合市场个数（个）	企 业 个 数（个）	企 业 从 业 人员数（人）
纳雍县王家寨镇	402	1608	2178	1146	1	1	237	576
纳雍县百兴镇	1131	3726	858	2800	1	1	246	680
纳雍县张家湾镇	340	1422	531	32	1	1	16	32
威宁县幺站镇	497	2174	356	980	1	1	5	14
威宁县金钟镇	651	2511	599	1778	1	1	450	1200
威宁县炉山镇	543	2500	514	190	1	1	96	150
威宁县龙场镇	891	3265	701	650	1	1	0	0
威宁县黑石头镇	636	2732	865	1952	1	1	362	625
威宁县哲觉镇	431	1969	330	1800	1	1	50	360
威宁县观风海镇	483	1913	457	1071	1	1	2	14
威宁县牛棚镇	443	1063	719	474	1	1	1	38
威宁县迤那镇	462	1986	319	1130	1	1	0	0
威宁县中水镇	479	1770	840	956	1	1	4	89
威宁县龙街镇	420	5265	672	2675	3	3	298	629
威宁县雪山镇	398	1521	456	845	1	1	15	51
威宁县羊街镇	405	1617	628	628	1	1	0	0
威宁县小海镇	1086	4303	456	2450	1	1	125	143
威宁县盐仓镇	1018	3362	529	2236	1	1	145	230
威宁县东风镇	169	327	189	251	1	1	0	0
威宁县二塘镇	269	1084	1084	550	0	0	0	0
威宁县猴场镇	468	2000	1910	971	3	1	676	2495
赫章县白果镇	542	2270	374	787	0	0	2	25
赫章县妈姑镇	784	3734	2667	1782	1	1	472	836
赫章县财神镇	754	3116	569	1870	1	1	6	95
赫章县六曲河镇	464	1885	178	960	1	1	2	36
赫章县野马川镇	924	3772	1570	2821	1	1	0	0
安顺市幺铺镇	1447	5500	2556	3305	2	0	4	465
安顺市宋旗镇	88	287	287	120	1	1	0	0
安顺市龙宫镇	180	1190	440	1097	0	0	4	13
安顺市宁谷镇	409	2005	50	75	1	1	2	52
安顺市双堡镇	550	2223	1120	1250	3	3	2	28
安顺市旧州镇	1234	4460	1935	640	1	1	30	350
安顺市大西桥镇	830	3642	1760	2138	1	1	3	1500
安顺市七眼桥镇	1503	4830	2322	1160	1	0	50	200
安顺市蔡官镇	310	1178	290	977	0	0	1	22
安顺市轿子山镇	185	821	205	405	2	1	36	208
平坝县白云镇	316	1286	195	600	0	0	1	43
平坝县夏云镇	173	569	137	347	1	1	0	0
平坝县天龙镇	869	3546	347	1551	1	1	5	20
平坝县高峰镇	318	1629	1272	1028	1	1	198	782

3—4—24 续表 11

名　　称	户　数（户）	人　口（人）	其中：非农业人口（人）	劳动力（人）	集贸市场个数（个）	其　中：综合市场个数（个）	企　业个　数（个）	企　业从　业人员数（人）
平坝县马场镇	858	5132	2350	3100	1	1	1	16
普定县马官镇	511	2660	987	1250	1	1	1	124
普定县化处镇	753	3504	1828	820	1	1	2	30
普定县马场镇	439	2448	377	1025	1	1	2	19
关岭县花江镇	2020	10030	8130	5420	1	0	18	80
关岭县永宁镇	1254	5064	1009	3680	1	1	227	1135
关岭县岗乌镇	405	1950	283	1100	1	1	250	300
关岭县上关镇	391	1221	200	1021	1	1	150	280
关岭县坡贡镇	797	2419	495	1594	1	1	348	604
关岭县白水镇	800	3280	465	332	1	1	12	24
镇宁县丁旗镇	923	4615	462	2599	2	1	321	915
镇宁县黄果树镇	250	1125	400	700	1	1	500	850
镇宁县江龙镇	775	3270	872	1344	1	1	82	356
紫云县水塘镇	663	2301	190	1465	1	1	20	175
紫云县猴场镇	434	2170	843	356	1	1	28	243
紫云县猫营镇	360	2367	642	1848	1	1	160	464
紫云县板当镇	785	2316	203	1312	1	1	142	213
凯里市炉山镇	1234	5587	2018	2618	1	1	895	1357
凯里市湾水镇	1491	5575	673	3500	4	1	9	385
凯里市龙场镇	482	1884	521	1005	1	1	45	50
凯里市万潮镇	350	960	250	39	1	1	3	10
凯里市旁海镇	138	681	420	320	1	1	78	320
凯里市舟溪镇	285	1193	192	651	1	1	2	11
凯里市鸭塘镇	1083	3248	1016	1948	1	1	28	729
凯里市三棵树镇	682	3236	1138	2000	1	1	32	2100
黄平县谷陇镇	1049	3824	1029	2164	3	1	824	1580
黄平县旧州镇	1174	3524	885	2465	1	1	860	2412
黄平县平溪镇	1012	4700	651	389	0	0	5	9
黄平县重安镇	496	1985	1694	1179	0	0	361	817
施秉县双井镇	239	991	231	630	0	0	42	113
施秉县牛大场镇	611	2445	335	1857	0	0	53	125
三穗县台烈镇	842	3001	431	2743	0	0	97	278
三穗县瓦寨镇	1196	3386	846	2337	1	1	382	807
三穗县桐林镇	579	2630	620	1474	0	0	178	542
三穗县雪洞镇	107	359	124	321	0	0	211	254
镇远县都坪镇	479	1513	391	143	1	1	54	180
镇远县蕉溪镇	630	2360	874	2583	1	1	180	210
镇远县青溪镇	950	3462	1823	2130	1	1	1	98
镇远县羊场镇	375	892	706	634	1	1	86	172
镇远县羊坪镇	1213	4911	1473	1580	1	1	328	1547

3—4—24 续表 12

名　　称	户　数（户）	人　口（人）	其中：非农业人口（人）	劳动力（人）	集贸市场个数（个）	其　中：综合市场个数（个）	企　业个　数（个）	企　业从　业人员数（人）
岑巩县水尾镇	825	3115	670	1850	0	0	3	25
岑巩县天马镇	486	1348	716	605	0	0	2	22
岑巩县龙田镇	702	2209	668	1175	0	0	12	30
天柱县邦洞镇	850	3825	1847	2678	2	1	428	1180
天柱县兰田镇	660	2970	1146	1871	1	1	256	752
天柱县瓮洞镇	530	2226	449	1447	1	1	60	172
天柱县远口镇	730	3286	1785	2334	1	1	165	433
天柱县坌处镇	430	1849	493	1165	1	1	64	337
天柱县高酿镇	360	1620	944	1021	1	1	284	729
天柱县白市镇	630	2835	1651	1786	1	1	222	925
天柱县坪地镇	310	1395	598	865	1	1	122	278
天柱县石洞镇	330	1485	444	930	1	1	83	214
锦屏县茅坪镇	428	1644	734	653	1	1	142	385
锦屏县敦寨镇	562	2433	1009	1976	1	1	470	720
锦屏县启蒙镇	409	1913	544	898	1	1	146	304
锦屏县平秋镇	732	2196	381	1592	1	1	68	144
剑河县岑松镇	647	2137	379	1443	1	0	558	854
剑河县南加镇	559	2401	752	1288	1	1	62	154
剑河县南明镇	440	2210	840	1220	1	1	50	140
台江县施洞镇	223	604	487	309	1	1	541	869
台江县革东镇	877	3501	907	588	2	1	28	36
黎平县高屯镇	670	2787	412	2475	2	1	290	410
黎平县中潮镇	1047	3398	945	835	1	1	328	935
黎平县孟彦镇	547	1697	855	123	1	1	97	204
黎平县敖市镇	901	3413	415	192	1	1	210	760
黎平县水口镇	376	1761	437	1272	3	1	43	346
黎平县洪州镇	919	3639	512	1783	1	1	392	780
黎平县尚重镇	812	3639	692	350	1	1	18	85
黎平县岩洞镇	747	4075	522	1713	1	1	36	240
榕江县忠诚镇	958	3537	735	1848	2	1	112	150
榕江县寨蒿镇	600	2512	1567	1327	2	2	340	680
榕江县平永镇	865	3391	815	385	1	1	78	235
榕江县乐里镇	365	1685	498	1202	1	1	60	157
榕江县朗洞镇	514	2643	411	1230	2	1	1	7
从江县贯洞镇	1225	4815	868	3193	3	1	34	101
从江县洛香镇	706	2372	531	1892	2	1	3	89
从江县下江镇	435	1557	1187	623	2	1	5	37
从江县西山镇	780	3120	667	2200	1	1	20	434
从江县宰便镇	464	1488	531	890	1	1	1	13
从江县停洞镇	586	2449	990	739	2	1	10	163

3—4—24 续表 13

名　　称	户　数（户）	人　口（人）	其中：非农业人口（人）	劳动力（人）	集贸市场个数（个）	其　中：综合市场个数（个）	企　业个　数（个）	企　业从　业人员数（人）
雷山县西江镇	1127	6084	567	3650	1	1	104	344
雷山县永乐镇	552	1658	404	213	1	1	5	22
雷山县报德镇	220	1075	145	71	0	0	20	18
麻江县谷硐镇	1099	3628	1128	2400	1	1	396	1001
麻江县下司镇	1029	4876	2700	1298	1	1	352	455
麻江县宣威镇	1057	2986	606	1800	1	1	5	9
丹寨县排调镇	603	2008	325	1244	1	1	67	134
丹寨县兴仁镇	702	2667	689	1479	1	1	9	83
都匀市小围寨镇	3500	17911	17905	7243	2	1	780	4023
都匀市沙包堡镇	1218	15575	13493	4048	1	1	650	3000
都匀市杨柳街镇	620	2478	1006	1455	1	1	13	150
都匀市甘塘镇	524	786	348	184	1	1	29	185
都匀市洛邦镇	851	3671	57	2950	0	0	135	389
都匀市坝固镇	442	1526	621	1247	1	1	2	40
都匀市大坪镇	400	8437	1339	4235	3	3	7	820
都匀市王司镇	753	2623	563	1178	1	1	70	210
都匀市墨冲镇	907	5237	1448	2020	2	2	7	223
都匀市平浪镇	300	4000	426	3800	1	1	1	20
都匀市凯口镇	319	1321	180	241	1	1	42	86
都匀市江洲镇	330	1162	355	200	1	1	209	500
福泉市龙昌镇	1134	4809	3603	2729	0	0	176	1581
福泉市牛场镇	2046	9403	5838	3000	2	2	927	3708
福泉市道坪镇	380	1200	704	850	1	1	2	310
福泉市马场坪镇	5500	15640	14200	11440	3	2	1527	4544
福泉市陆坪镇	441	1898	445	1232	1	1	3	48
福泉市凤山镇	533	2236	755	505	1	1	10	300
荔波县朝阳镇	249	786	180	412	0	0	5	29
荔波县茂兰镇	300	500	250	150	1	1	6	40
荔波县立化镇	127	299	208	305	1	1	1	3
荔波县甲良镇	300	810	210	420	1	1	5	30
贵定县盘江镇	1411	5426	1260	3300	1	1	3	327
贵定县沿山镇	1203	3906	1506	1000	1	1	12	460
贵定县昌明镇	1452	4315	923	2356	1	1	30	160
贵定县云雾镇	1136	3703	962	2127	1	1	324	805
贵定县旧治镇	712	3030	372	1397	1	1	53	231
贵定县德新镇	931	4011	753	1890	1	1	60	302
贵定县新巴镇	610	1300	135	1045	1	1	53	380
瓮安县平定营镇	990	4287	165	2018	3	2	3	50
瓮安县草塘镇	1600	6400	524	100	0	0	2	50
瓮安县中坪镇	659	2339	1103	1217	1	1	0	0
瓮安县永和镇	193	790	150	407	1	1	0	0
瓮安县玉山镇	713	2136	641	1245	0	0	5	85
瓮安县珠藏镇	1161	2656	876	1490	1	1	5	151
瓮安县天文镇	450	1300	250	150	0	0	0	0

3—4—24 续表 14

名　称	户　数（户）	人　口（人）	其中:非农业人口（人）	劳动力（人）	集贸市场个数（个）	其　中:综合市场个数（个）	企　业个　数（个）	企　业从　业人员数（人）
独山县基长镇	1398	3880	1621	1850	2	2	2	20
独山县甲里镇	190	744	267	319	1	1	5	26
独山县麻万镇	34	261	97	218	1	1	3	8
独山县麻尾镇	2035	7029	652	4568	4	2	943	1896
独山县上司镇	128	1320	700	900	3	0	16	78
独山县兔场镇	43	182	93	125	1	1	35	220
独山县下司镇	372	1876	820	1300	1	1	71	302
平塘县牙舟镇	833	2695	515	1072	1	1	12	102
平塘县通州镇	6615	28651	509	2095	1	1	205	658
平塘县大塘镇	390	1249	311	995	1	1	265	752
平塘县克度镇	1296	18632	363	753	1	1	3	23
平塘县塘边镇	584	1611	301	611	1	1	109	236
平塘县摆茹镇	98	530	250	345	1	1	119	216
平塘县者密镇	220	1060	430	680	1	1	30	65
平塘县四寨镇	301	642	152	294	1	1	6	24
罗甸县边阳镇	1235	4756	1609	2909	1	1	4	79
罗甸县逢亭镇	356	734	413	569	1	1	2	203
罗甸县沫阳镇	410	1729	500	850	1	1	5	39
罗甸县茂井镇	534	1702	349	766	1	1	4	42
罗甸县罗悃镇	800	3388	422	2100	1	1	2	20
罗甸县红水河镇	250	1145	69	475	1	1	2	40
长顺县广顺镇	1673	5880	1422	3646	1	1	561	1540
长顺县威远镇	4060	9503	606	135	0	0	1	35
长顺县摆所镇	390	1560	209	913	1	1	0	0
长顺县代化镇	242	1280	319	352	1	1	0	0
龙里县猫场镇	300	1500	500	1100	1	1	3	50
龙里县谷脚镇	240	1200	300	100	0	0	0	0
龙里县洗马镇	841	1587	831	110	0	0	1	5
龙里县羊场镇	865	2738	528	1415	0	0	6	32
龙里县三元镇	80	600	215	110	0	0	2	70
惠水县高镇镇	420	1366	45	750	1	1	150	520
惠水县三都镇	700	3065	175	1600	1	1	80	240
惠水县摆金镇	502	2435	508	1300	1	1	80	310
惠水县雅水镇	385	1821	387	850	1	1	15	50
惠水县断杉镇	270	1360	309	680	1	1	45	150
惠水县芦山镇	610	2535	365	1650	1	1	85	452
惠水县王佑镇	457	2090	163	929	1	1	30	121
三都县大河镇	468	2153	463	392	1	1	56	123
三都县普安镇	386	1682	461	355	1	1	53	250
三都县都江镇	264	1096	350	895	1	1	35	175
三都县中和镇	299	1638	262	1256	1	1	30	156
三都县周覃镇	153	752	513	601	1	1	75	210
三都县九阡镇	331	1648	383	1318	1	1	34	235

3—4—25 云南省建制镇镇区主要指标

名称	户数（户）	人口（人）	其中：非农业人口（人）	劳动力（人）	集贸市场个数（个）	其中：综合市场个数（个）	企业个数（个）	企业从业人员数（人）
西山区黑林铺镇	1243	5926	3100	1840	1	1	108	5184
西山区碧鸡镇	4976	15029	5000	11017	3	2	49	6464
西山区海口镇	1045	3203	750	2194	1	1	64	1173
官渡区前卫镇	1009	3010	700	4200	4	3	300	3000
官渡区官渡镇	2030	7870	1140	5000	1	1	14	256
官渡区茨坝镇	600	1692	521	977	2	2	90	1400
官渡区金马镇	2691	8500	2100	5000	31	22	253	3006
官渡区龙泉镇	1485	4124	2472	5451	2	1	111	1552
官渡区小板桥镇	1273	4161	252	3407	3	1	215	2545
官渡区大板桥镇	1436	7184	2177	3249	1	1	260	2091
官渡区联盟镇	4200	16460	1500	2500	10	10	1550	17500
东川市碧谷镇	300	1050	650	450	1	1	5	580
东川市汤丹镇	1602	6031	5313	3833	2	2	14	4023
东川市因民镇	1416	4279	4219	1547	1	1	17	1578
呈贡县洛羊镇	4121	13482	1054	9211	3	3	250	2750
晋宁县古城镇	7018	26801	5122	5181	1	1	12	150
晋宁县晋城镇	11906	40149	6068	5500	6	1	410	4200
富民县大营镇	1370	4699	2781	4072	0	0	89	1161
宜良县北古城镇	1521	4687	1154	2032	1	1	2	39
宜良县南羊镇	477	1672	708	2710	2	1	3	250
宜良县狗街镇	1420	4780	680	3200	1	1	11	290
宜良县汤池镇	1429	6933	683	5074	2	2	14	793
石林县石林镇	1667	5814	778	3659	1	1	129	2121
嵩明县小街镇	1285	5055	526	3276	0	0	68	1054
嵩明县杨林镇	1137	4982	1000	2644	2	2	48	520
禄劝县撒营盘镇	842	3600	1200	1800	3	1	3	260
禄劝县转龙镇	1126	4680	1032	2592	3	1	6	220
寻甸县塘子镇	2005	7295	3014	1500	1	1	54	490
寻甸县羊街镇	1092	4480	1497	2811	1	1	250	2264
寻甸县柯渡镇	794	3267	871	2623	1	1	45	660
寻甸县倘甸镇	1963	5998	1463	5549	1	1	87	962
寻甸县功山镇	536	3675	1810	1470	1	1	1	8
安宁市八街镇	1156	7100	3968	3655	1	1	416	3435
安宁市青龙镇	301	854	601	557	1	1	36	359
安宁市草铺镇	923	2515	1224	1870	2	2	5	700
安宁市温泉镇	1816	9456	3962	3719	2	2	215	2613
麒麟区三宝镇	2388	8284	3084	1500	3	3	4	566
麒麟区越洲镇	1556	6956	3400	3880	1	1	12	1880
麒麟区东山镇	2673	10978	7007	28000	3	3	70	4578
马龙县旧县镇	331	1723	1723	1350	1	1	25	450

3—4—25 续表 1

名　　称	户　数（户）	人　口（人）	其中：非农业人口（人）	劳动力（人）	集贸市场个数（个）	其　中：综合市场个数（个）	企　业个　数（个）	企　业从　业人员数（人）
马龙县马过河镇	326	1177	826	775	1	1	51	750
马龙县王家庄镇	512	2321	890	1550	1	1	5	120
陆良县板桥镇	466	1800	360	450	1	1	8	400
陆良县三岔河镇	520	2500	350	1400	1	0	3	50
陆良县马街镇	1500	6150	400	3942	1	1	13	840
陆良县召夸镇	457	2154	1119	1357	1	1	5	153
陆良县芳华镇	307	920	250	221	1	1	1	20
师宗县雄壁镇	476	2058	496	1090	1	1	84	1093
罗平县板桥镇	1351	5443	2823	482	4	1	21	562
罗平县马街镇	312	1562	962	615	1	1	12	195
罗平县富乐镇	534	2300	1550	1230	1	1	14	560
富源县营上镇	340	1500	683	880	1	1	8	210
富源县黄泥河镇	559	2500	918	1810	1	1	5	291
会泽县娜姑镇	1088	4502	2602	1322	1	1	21	384
会泽县罗布古镇	195	1369	1061	629	1	1	8	99
会泽县矿山镇	693	2629	2267	2100	1	1	65	701
会泽县迤车镇	1352	4376	1644	1403	82	200	105	291
会泽县者海镇	3915	16000	10051	8700	2	2	130	1500
会泽县待补镇	1207	3643	1272	2542	52	45	39	195
沾益县花山镇	210	1722	904	1021	2	1	72	2281
宣威县来宾镇	889	3600	2637	2140	2	2	12	1336
宣威县格宜镇	508	2218	1138	1056	1	1	11	569
宣威县田坝镇	390	1698	466	1050	2	2	15	1309
宣威县羊场镇	375	1681	1490	1020	1	1	8	691
宣威县板桥镇	2011	9183	5013	3285	3	2	1	904
宣威县倘塘镇	512	2100	1001	1245	1	1	4	84
红塔区高仓镇	856	3550	412	1179	0	0	21	368
红塔区北城镇	1649	5216	2961	3821	2	2	10	350
红塔区李棋镇	853	2195	1630	1576	1	1	4	1559
红塔区大营街镇	1632	5702	1015	4943	1	1	224	4702
红塔区研和镇	668	3520	1919	1470	1	1	2	403
红塔区春和镇	768	3037	578	1871	1	1	1	20
江川县江城镇	856	3500	1882	1530	3	1	6	359
江川县龙街镇	615	2511	649	1283	1	1	29	910
江川县前卫镇	859	3352	136	1256	1	1	65	1050
江川县伏家营镇	815	3421	801	2150	0	0	121	1700
江川县九溪镇	483	2140	552	1125	1	1	8	215
江川县路居镇	1319	5289	757	3800	1	1	3	114
澄江县龙街镇	709	3012	583	1972	1	1	1	760
澄江县右所镇	614	3514	60	2511	1	1	94	1005

3—4—25 续表 2

名　称	户　数（户）	人　口（人）	其中：非农业人口（人）	劳动力（人）	集贸市场个数（个）	其　中：综合市场个数（个）	企　业个　数（个）	企　业从　业人员数（人）
澄江县海口镇	505	2013	357	2315	1	1	53	607
澄江县阳宗镇	469	2015	591	1247	1	1	18	350
通海县四街镇	1500	6587	1313	3142	1	1	187	2078
通海县纳古镇	758	3012	264	2118	1	1	211	3415
通海县河西镇	1150	4550	970	3550	1	1	121	2131
通海县九街镇	866	3450	970	2068	1	1	24	533
通海县杨广镇	1578	6879	578	3455	1	1	113	2450
华宁县盘溪镇	1696	7190	2737	4938	3	2	153	2334
华宁县华溪镇	512	2150	420	1550	1	1	42	621
华宁县青龙镇	715	2879	1054	1437	3	3	2	50
易门县六街镇	581	2100	947	1142	2	1	100	1180
易门县绿汁镇	1026	4807	1104	2114	1	1	40	510
峨山县小街镇	882	3714	802	2423	0	0	5	300
峨山县甸中镇	515	2491	898	1525	1	1	79	1100
峨山县塔甸镇	250	946	444	506	1	1	0	0
峨山县化念镇	110	512	397	621	1	1	2	38
新平县扬武镇	1570	6003	2189	3588	1	1	17	1765
新平县漠沙镇	1592	3076	2280	627	10	4	9	481
新平县戛洒镇	461	1999	1594	1129	6	0	4	43
新平县水塘镇	528	1584	639	1228	3	2	2	136
新平县腰街镇	879	3778	782	1271	1	1	3	98
元江县因远镇	368	1298	69	384	1	1	5	102
元江县青龙厂镇	336	1426	864	1142	1	1	2	130
昭通市凤凰镇	2133	7045	681	3816	0	0	6	302
昭通市旧圃镇	575	2249	431	1389	1	1	1	25
昭通市永丰镇	430	1215	265	631	1	1	0	0
昭通市北闸镇	500	1400	300	800	2	2	3	70
盐津县普洱镇	1337	3950	2922	2066	1	1	8	93
绥江县南岸镇	388	580	328	50	1	1	1	20
绥江县田坝镇	435	649	461	55	0	0	0	0
绥江县新滩镇	487	727	655	70	1	1	1	9
绥江县会仪镇	401	648	259	30	1	1	1	9
镇雄县泼机镇	2040	6940	1240	649	1	1	5	66
镇雄县黑树镇	450	1684	45	897	1	1	5	123
镇雄县母享镇	1394	5920	1044	2160	1	1	5	194
镇雄县仁和镇	218	1046	187	520	1	1	3	30
镇雄县大湾镇	879	4692	1159	4682	1	1	6	75
镇雄县以勒镇	766	2975	634	1785	2	2	9	368
镇雄县板桥镇	198	642	297	313	1	1	2	62
镇雄县芒部镇	453	2454	480	1100	1	1	2	455

3—4—25 续表 3

名称	户数（户）	人口（人）	其中：非农业人口（人）	劳动力（人）	集贸市场个数（个）	其中：综合市场个数（个）	企业个数（个）	企业从业人员数（人）
镇雄县雨河镇	485	2150	755	1400	1	1	1	18
镇雄县罗坎镇	751	3050	1121	506	1	1	1	67
镇雄县牛场镇	561	2155	1117	652	1	1	1	14
镇雄县五德镇	800	4000	1239	1850	1	1	1	18
彝良县牛街镇	767	1831	1831	728	2	2	8	72
威信县旧城镇	238	1456	718	708	1	1	6	98
水富县楼坝镇	500	1750	696	1150	1	1	8	94
楚雄市永安镇	1023	4129	1825	2150	3	1	150	1780
楚雄市东瓜镇	684	2871	560	2000	1	1	36	514
楚雄市吕合镇	596	2994	710	2100	2	1	15	200
楚雄市东华镇	190	760	635	284	9	1	7	207
楚雄市子午镇	408	1813	1338	677	1	1	29	540
楚雄市云龙镇	246	1040	398	800	1	1	4	203
楚雄市富民镇	900	3000	772	1600	1	1	23	1047
楚雄市苍岭镇	582	2100	983	1241	1	1	45	605
楚雄市三街镇	338	1529	698	1062	1	1	52	610
牟定县新桥镇	418	1876	676	1064	1	1	58	645
南华县沙桥镇	507	2334	978	1536	1	1	57	1134
姚安县前场镇	159	1018	360	747	1	1	2	55
姚安县光禄镇	564	2164	83	1432	1	1	14	389
大姚县石羊镇	332	1500	1498	1200	1	1	20	512
大姚县六苴镇	437	2153	1100	1356	1	1	10	312
元谋县能禹镇	578	2563	975	2050	3	3	41	610
元谋县黄瓜园镇	552	2516	1116	742	4	1	71	784
武定县高桥镇	306	2033	785	1039	1	1	13	254
武定县猫街镇	356	1862	464	912	1	1	31	444
武定县仁兴镇	85	1281	831	450	1	1	10	200
武定县碧城镇	812	3547	1120	1860	1	1	77	851
武定县勤丰镇	586	2252	826	1422	1	1	21	320
武定县一平浪镇	1527	6041	2151	3470	1	1	251	3141
武定县舍资镇	582	2106	910	1659	1	0	18	519
武定县广通镇	1052	4150	2150	2860	3	2	207	3471
武定县黑井镇	620	2427	1488	1358	1	1	3	53
个旧市卡房镇	1625	7012	2045	4521	1	1	48	760
个旧市老厂镇	2209	9015	4517	5755	1	1	28	928
个旧市大屯镇	1692	7600	2313	4646	2	1	26	550
个旧市乍甸镇	860	3520	1163	1910	1	1	5	552
个旧市沙甸镇	1855	7882	2820	242	1	1	30	306
个旧市鸡街镇	1300	4960	2600	2150	1	1	64	1101
个旧市蔓耗镇	397	1530	237	929	1	1	15	391

3－4－25 续表 4

名　　称	户　数（户）	人　口（人）	其中:非农业人口（人）	劳动力（人）	集贸市场个数（个）	其　中:综合市场个数（个）	企　业个　数（个）	企　业从　业人员数（人）
蒙自县雨过铺镇	515	2713	1240	1712	4	4	15	253
蒙自县新安所镇	1778	7112	1120	4344	5	1	40	625
蒙自县草坝镇	2485	7267	3842	17016	2	1	10	128
蒙自县芷村镇	758	3637	1998	18737	1	1	38	491
建水县西庄镇	515	2620	520	3348	1	1	25	669
建水县南庄镇	1953	8534	1250	4866	3	3	65	900
建水县陈官镇	1851	8436	2191	2050	0	0	25	460
建水县曲江镇	1352	5120	1120	3835	1	1	98	2150
石屏县宝秀镇	1750	6519	1350	4130	1	1	14	1622
石屏县坝心镇	602	3398	1406	2167	1	1	25	395
石屏县龙朋镇	1646	4571	1132	2500	1	1	4	53
弥勒县新哨镇	992	4352	1066	2530	1	1	3	210
弥勒县虹溪镇	2518	10355	1898	5408	1	1	111	1890
弥勒县竹元镇	5124	14946	3587	6344	2	2	13	486
弥勒县朋普镇	1590	5100	1192	6124	1	1	57	955
弥勒县巡检镇	870	1925	1139	1487	1	1	3	156
元阳县南沙镇	1485	3275	3275	2848	1	1	125	986
金平县金水河镇	146	214	129	187	0	0	1	46
河口县南溪镇	491	1375	1192	1140	1	1	10	182
砚山县平远镇	1150	6572	3281	3780	2	1	13	835
砚山县稼依镇	1445	6257	1037	3728	4	1	6	241
砚山县阿猛镇	830	2800	1002	2851	1	1	6	115
西畴县兴街镇	1366	6229	2414	2597	1	1	39	647
麻栗坡县大平镇	230	1241	463	788	1	1	1	16
麻栗坡县董干镇	302	1748	706	1150	1	1	36	635
马关县八寨镇	1159	4204	1039	1308	2	1	8	151
马关县仁和镇	1192	2707	1595	761	1	1	8	146
马关县木厂镇	310	1844	794	196	1	1	6	71
马关县夹寒箐镇	434	1933	772	361	2	1	7	126
马关县小坝子镇	237	830	300	289	1	1	2	58
马关县都龙镇	1548	8041	2319	662	1	1	8	900
马关县金厂镇	46	262	242	111	1	1	1	45
广南县八宝镇	370	2575	1498	1816	1	1	152	2610
广南县南屏镇	410	2547	534	1228	1	1	21	450
广南县朱街镇	120	963	493	650	1	1	10	110
广南县那洒镇	509	2353	737	1650	1	1	11	150
广南县珠林镇	401	2538	1518	1380	1	1	12	790
富宁县归朝镇	991	4885	734	2029	1	1	43	593

3—4—25 续表 5

名 称	户 数（户）	人 口（人）	其中：非农业人口（人）	劳动力（人）	集贸市场个数（个）	其 中：综合市场个数（个）	企 业 个 数（个）	企 业 从 业 人员数（人）
富宁县剥隘镇	419	2252	1295	1138	1	1	35	550
富宁县里达镇	738	3829	505	1834	2	1	385	5291
富宁县田蓬镇	641	3184	715	1876	1	1	45	628
思茅市南屏镇	1135	3258	1135	1294	0	0	9	120
思茅市倚象镇	1892	6417	715	3641	0	0	25	323
思茅市思茅港镇	320	2134	540	1007	2	2	75	822
普洱县磨黑镇	1241	2832	2832	1313	1	1	7	89
墨江县通关镇	832	5420	1648	2618	1	1	3	59
景东县文井镇	775	2768	2106	1937	5	5	2	84
景东县漫湾镇	410	895	681	648	1	1	1	8
景东县大朝山东镇	184	305	241	268	1	1	2	24
景谷县永平镇	1955	8824	2704	5294	1	1	6	385
镇源县按板镇	444	1340	1235	1264	1	1	12	150
江城县整董镇	307	1119	657	819	0	0	8	92
孟连县勐马镇	749	2006	765	1164	1	1	1	40
澜沧县上允镇	1306	3189	1306	977	1	1	108	2162
景洪市嘎洒镇	1729	2592	1582	1600	1	1	50	1000
景洪市勐龙镇	423	1804	1366	1122	1	1	8	110
景洪市勐罕镇	1040	3234	1353	2169	1	1	5	394
景洪市勐养镇	729	1776	1603	1480	1	1	50	688
景洪市普文镇	1008	3098	1888	715	1	1	1	226
勐海县打洛镇	751	2266	1051	2896	2	2	168	1876
勐腊县勐捧镇	1203	4386	1342	931	1	1	18	262
勐腊县勐满镇	466	1443	525	366	0	0	82	713
勐腊县勐仑镇	1380	3716	3023	1400	2	2	95	1080
勐腊县磨憨镇	482	1169	714	360	0	0	35	473
勐腊县勐伴镇	352	1602	323	293	0	0	13	184
勐腊县关累镇	224	568	532	292	0	0	105	1342
大理市凤仪镇	2904	13410	7013	6158	1	1	154	1739
大理市喜洲镇	2576	5565	3110	3061	2	1	116	3339
祥云县下庄镇	1925	6762	171	22457	1	1	512	6342
巍山县大仓镇	2748	10910	3128	15260	3	2	3	31
永平县曲硐镇	1858	6639	1202	2316	1	1	86	971
洱源县邓川镇	1914	5215	2026	2736	0	0	24	255
保山市板桥镇	1722	5703	885	3052	1	1	16	1422
保山市河图镇	2211	6964	1055	4567	1	1	10	148
保山市汉庄镇	640	2744	1092	1912	1	1	6	123
保山市蒲缥镇	1221	4541	1245	4340	1	1	9	154
施甸县由旺镇	1104	4161	146	2430	1	1	7	165
腾冲县固东镇	8483	39889	1408	3200	1	1	19	277

3—4—25 续表 6

名 称	户 数（户）	人 口（人）	其中：非农业人口（人）	劳动力（人）	集贸市场个数（个）	其 中：综合市场个数（个）	企 业 个 数（个）	企 业 从 业 人员数（人）
龙陵县镇安镇	780	4685	1686	2951	1	1	13	130
昌宁县达丙镇	1030	4280	2103	2054	1	1	25	1285
瑞丽市城关镇	1962	5170	1120	2176	1	1	55	572
潞西市遮放镇	1100	4867	1908	1469	1	1	4	58
潞西市勐戛镇	1197	5646	376	3131	1	1	1	15
潞西市芒海镇	159	363	120	200	1	1	2	18
潞西市城郊镇	555	2413	756	518	1	0	1	20
潞西市风平镇	537	2020	435	980	1	1	4	51
潞西市法帕镇	458	2396	703	1131	1	1	1	9
盈江市旧城镇	705	3090	988	1991	1	1	7	209
盈江市那邦镇	85	820	32	420	1	1	5	83
陇川市城子镇	3020	9671	2230	5467	1	1	22	247
陇川市景罕镇	1862	6375	2412	1494	1	1	18	278
陇川市陇把镇	360	882	847	879	1	1	3	59
丽江县石鼓镇	664	4285	1639	482	1	1	7	111
丽江县巨甸镇	536	1620	1614	538	1	1	1	8
永胜县仁和镇	552	1309	1300	852	2	1	3	118
永胜县期纳镇	892	3604	1628	1976	1	1	8	100
永胜县金官镇	1418	5812	1170	5198	1	1	85	934
永胜县梁官镇	1253	4944	866	2344	1	1	7	245
华坪县荣将镇	560	2240	1254	1548	2	1	212	2120
泸水县六库镇	4350	19843	7040	9821	1	1	54	1405
泸水县片马镇	225	785	259	335	1	1	95	1190
兰坪县啦井镇	1050	4124	1928	2013	1	1	1	21
兰坪县营盘镇	949	3984	945	1801	1	1	2	125
中甸县虎跳峡镇	512	1539	233	856	1	1	6	358
临沧县博尚镇	955	3658	1296	2168	1	1	26	600
凤庆县鲁史镇	598	3930	699	565	2	2	14	156
凤庆县小湾镇	50	198	192	378	1	1	2	45
凤庆县营盘镇	1130	5155	1150	1045	1	1	10	527
云县漫湾镇	115	656	656	281	1	1	22	256
云县大朝山西镇	534	2271	10	1397	1	1	1	8
永德县小勐统镇	1218	5366	240	3355	1	1	33	472
永德县永康镇	955	4105	311	4781	1	1	50	665
镇康县勐捧镇	1375	7316	736	3563	1	1	1	8
镇康县南伞镇	333	1525	29	907	1	1	3	394
双江县勐库镇	400	1772	950	400	2	2	3	45
耿马县勐永镇	1080	4319	1432	2435	1	1	3	43
耿马县勐撒镇	313	1565	930	785	2	2	3	26
耿马县孟定镇	2904	6343	2469	6344	1	1	1	113
沧源县岩帅镇	25	75	55	50	1	1	1	9
沧源县勐省镇	549	1560	1038	530	1	1	8	108

3—4—26 西藏自治区建制镇镇区主要指标

名称	户数（户）	人口（人）	其中：非农业人口（人）	劳动力（人）	集贸市场个数（个）	其中：综合市场个数（个）	企业个数（个）	企业从业人员数（人）
林周县甘曲镇	427	2312	1380	1109	1	1	0	0
当雄县羊八井镇	628	3811	3068	743	0	0	4	0
当雄县当曲卡镇	469	2479	0	1000	0	0	0	0
尼木县塔荣镇	935	5651	1196	2770	0	0	0	0
曲水县曲水镇	539	3094	1936	1422	1	1	0	0
达孜县德庆镇	1277	6273	1550	3486	1	1	8	308
墨竹工卡县墨竹工卡镇	230	1286	79	765	1	1	0	0
昌都县俄洛镇	948	5377	1279	1756	0	0	0	0
昌都县卡若镇	594	3501	478	1500	0	0	0	0
江达县江达镇	353	989	1200	688	1	1	0	0
江达县岗托镇	491	3388	100	300	1	1	0	0
贡觉县莫洛镇	1016	7895	1600	219	1	1	3	0
类乌齐县类乌齐镇	773	5295	0	0	0	0	0	0
类乌齐县桑多镇	798	5105	1128	5105	0	0	2	17
丁青县丁青镇	138	890	17	0	0	0	1	2
丁青县尺犊镇	271	1992	29	796	1	1	1	3
察雅县烟多镇	1106	6828	0	0	0	0	0	0
察雅县香堆镇	1312	8107	0	0	0	0	0	0
察雅县吉塘镇	678	4298	0	0	0	0	0	0
八宿县帮达镇	136	904	0	0	0	0	0	0
八宿县然乌镇	21	26	0	0	0	0	0	0
八宿县白马镇	30	38	0	0	0	0	1	23
左贡县田妥镇	713	4987	0	0	0	0	0	0
左贡县旺达镇	855	6012	2560	2687	0	0	0	0
芒康县嘎托镇	1096	8331	1015	916	0	0	4	75
芒康县如美镇	711	4741	49	40	0	0	0	0
落隆县孜托镇	1146	6985	1729	2459	1	1	1	21
落隆县硕督镇	618	4006	11	1198	0	0	0	3
边巴县草长镇	154	1078	185	73	0	0	0	0
边巴县边坝镇	79	474	96	257	0	0	0	0
乃东县泽当镇	1705	6532	208	0	0	0	0	0
乃东县昌珠镇	1431	6330	52	3078	0	0	0	0
扎朗县扎唐镇	1734	8150	12	36	0	0	3	51
扎朗县桑耶镇	888	4151	43	2	0	0	0	0
贡嘎县吉雄镇	737	3114	1710	0	0	0	0	0
贡嘎县甲竹林镇	1444	7209	0	0	0	0	0	0
贡嘎县姐论秀镇	1471	8014	205	0	0	0	0	0
贡嘎县岗堆镇	1227	6834	0	0	0	0	0	0
贡嘎县江塘镇	827	4636	0	0	0	0	0	0
桑日县雪巴镇	756	3478	0	0	0	0	0	0
琼结县琼结镇	998	4073	0	0	0	0	0	0
曲松县曲松镇	1327	5931	1190	51	0	0	0	0
曲松县罗布沙镇	261	1100	57	19	0	0	0	0
措美县措美镇	1035	4291	76	2124	0	0	3	8
措美县哲古镇	936	4541	84	2442	0	0	1	3
洛扎县洛扎镇	1042	4455	38	2230	0	0	0	0

3—4—26 续表 1

名　称	户　数（户）	人　口（人）	其中：非农业人口（人）	劳动力（人）	集贸市场个数（个）	其　中：综合市场个数（个）	企　业个　数（个）	企　业从　业人员数（人）
洛扎县拉康镇	401	1832	30	921	0	0	0	0
隆子县安绕镇	646	2497	6	2497	0	0	0	0
隆子县加查镇	546	2306	29	2306	0	0	0	0
加查县隆子镇	1560	6063	115	495	0	0	3	26
加查县日当镇	1561	6961	107	85	0	0	0	0
错那县错那镇	424	1438	0	0	0	0	0	0
浪卡子县打隆镇	936	4598	0	0	0	0	0	0
浪卡子县浪卡子镇	713	3382	90	90	0	0	0	0
南木林县南木林镇	1324	7709	707	4685	1	1	3	44
江孜县江孜镇	1469	5914	0	1499	1	1	0	0
定日县协格尔镇	640	4890	1536	3575	0	0	1	99
定日县岗嘎镇	1061	6221	0	0	0	0	0	0
萨迦县吉定镇	793	6030	110	2575	0	0	2	3
萨迦县萨迦镇	642	3245	104	1743	0	0	2	4
拉孜县拉孜镇	964	5556	43	2862	0	0	2	6
拉孜县曲下镇	695	3665	35	2106	1	1	4	31
昂仁县卡咙镇	1159	6078	28	3231	0	0	0	0
昂仁县桑桑镇	666	3525	36	2170	0	0	0	0
谢通门县卡嘎镇	920	5187	0	3194	0	0	0	0
白朗县洛江镇	755	5861	15	2896	0	0	0	0
白朗县嘎东镇	915	7049	69	3495	0	0	0	0
仁布县德吉林镇	634	5147	0	0	0	0	0	0
康马县康马镇	356	1939	0	0	0	0	0	0
定结县江嘎镇	365	1916	48	1148	0	0	2	7
定结县日屋镇	184	938	50	50	0	0	0	0
定结县陈塘镇	304	1563	24	24	0	0	1	3
亚东县帕里镇	489	1944	143	963	0	0	0	0
亚东县下司马镇	321	1113	1511	0	1	1	8	0
吉隆县宗嘎镇	444	2228	0	948	1	1	1	4
吉隆县吉隆镇	689	3798	0	1833	1	1	6	20
聂拉木县聂拉木镇	367	1662	0	1006	0	0	9	236
聂拉木县樟木镇	295	1083	0	711	0	0	8	99
萨嘎县加加镇	230	1212	0	0	0	0	0	0
岗巴县岗巴镇	399	1992	799	1422	0	0	0	0
那曲县那曲镇	651	18525	18440	10520	0	0	2	87
索县亚拉镇	280	1432	4	235	1	1	0	0
普兰县普兰镇	461	1923	1051	342	1	1	0	0
扎达县托林镇	292	1542	747	943	0	0	3	14
噶尔县狮泉河镇	55	199	0	0	0	0	0	0
日土县日土镇	517	1549	646	810	1	1	1	17
革吉县革吉镇	594	2626	742	0	1	1	5	42
改则县改则镇	830	3173	999	263	0	0	8	207
措勤县措勤镇	241	964	410	520	2	2	1	4
林芝县八一镇	686	2751	0	0	0	0	5	62
米林县米林镇	238	1224	0	0	0	0	0	0
墨脱县墨脱镇	196	1126	0	0	0	0	0	0

3—4—27　陕西省建制镇镇区主要指标

名　　称	户　数（户）	人　口（人）	其中：非农业人口（人）	劳动力（人）	集贸市场个数（个）	其　中：综合市场个数（个）	企　业个　数（个）	企　业从　业人员数（人）
灞桥区灞桥镇	1358	5008	1614	3000	2	1	10	950
灞桥区新筑镇	600	2837	400	1864	1	1	6	680
灞桥区狄寨镇	900	3479	522	2473	1	1	348	1047
未央区三桥镇	2057	6388	1439	3986	2	2	214	1308
未央区草滩镇	470	1866	35	1288	1	1	27	452
阎良区武屯镇	569	4698	830	4958	2	0	816	2598
阎良区康桥镇	600	2348	300	7090	1	1	14	667
阎良区关山镇	1168	4481	909	3020	2	1	10	200
长安县郭杜镇	1039	3937	3178	10913	1	1	181	9050
长安县杜曲镇	910	3755	1200	1900	1	1	14	1180
长安县马王镇	2400	8500	4500	2100	1	1	8	1200
长安县滦镇	680	2010	1800	1000	1	1	15	970
长安县子午镇	196	615	500	320	1	1	8	200
长安县王曲镇	350	1260	932	1000	1	1	3	215
长安县太乙宫镇	475	2215	1032	589	1	1	86	476
长安县引镇	1015	3742	758	2080	4	1	73	2050
长安县斗门镇	1150	3092	1050	7342	1	0	170	6352
长安县鸣犊镇	326	1426	385	1324	1	1	4	132
长安县细柳镇	1670	2650	750	1100	1	1	17	310
蓝田县曳湖镇	1581	4081	1302	3800	1	1	7	166
蓝田县汤峪镇	268	1498	398	3500	1	1	105	330
蓝田县焦岱镇	617	2890	500	3100	1	1	5	115
蓝田县玉山镇	620	2480	1261	1450	2	2	126	697
蓝田县前卫镇	123	2740	1569	2263	2	1	10	560
蓝田县华胥镇	951	3536	350	3367	1	1	300	1200
临潼区马额镇	819	3240	1122	1889	1	1	89	868
临潼区栎阳镇	867	4038	800	2757	1	1	6	1500
临潼区相桥镇	416	1730	815	927	1	1	142	800
临潼区北田镇	972	3968	40	320	2	1	3	42
临潼区交口镇	577	2448	172	720	1	1	2	95
临潼区零口镇	687	3249	386	1425	1	1	6	329
临潼区雨金镇	1293	6181	1190	3523	1	1	300	746
临潼区田市镇	550	2570	200	1500	1	1	100	500
周至县哑柏镇	2077	10077	780	8057	4	0	1500	5000
周至县广济镇	860	3800	1000	2800	2	1	6	100
周至县马召镇	1172	6781	1194	3810	1	1	3	120
周至县集贤镇	1933	7812	304	825	1	0	215	320
周至县楼观镇	1186	3795	450	5229	1	1	3	45
周至县尚村镇	1577	7073	1171	4954	1	1	205	680
周至县终南镇	2734	10253	2293	7468	5	1	1421	6316

3—4—27 续表 1

名　　称	户　数（户）	人　口（人）	其中：非农业人口（人）	劳动力（人）	集贸市场个数（个）	其　中：综合市场个数（个）	企　业个　数（个）	企　业从　业人员数（人）
户县秦渡镇	1752	7335	627	3231	3	1	1313	2565
户县大王镇	1446	6958	1100	3300	2	1	52	1500
户县祖庵镇	1322	5890	432	2340	2	1	120	1100
户县草堂镇	1477	7013	410	3657	1	1	160	1700
户县涝峪镇	51	730	340	430	1	1	36	408
户县庞光镇	1263	5363	580	872	1	1	20	213
户县蒋村镇	1005	4300	120	2100	2	1	70	150
户县涝店镇	833	3708	946	1812	1	1	105	1500
高陵县通远镇	651	2682	1806	1100	1	1	4	50
高陵县耿镇	710	2691	1103	1555	1	1	78	420
城区黄堡镇	266	1020	743	510	5	1	5	110
郊区玉华镇	4001	18998	8998	5745	4	2	3	73
郊区金锁关镇	358	1860	756	1410	1	1	3	30
郊区王石凹镇	4135	17281	6281	4834	1	1	4	160
郊区红土镇	187	772	431	453	1	1	5	120
郊区阿庄镇	47	295	226	245	1	1	7	135
郊区广阳镇	2679	11061	7000	500	1	1	8	180
郊区陈炉镇	2712	6859	2892	4041	1	1	17	354
耀县寺沟镇	1006	3907	3520	1981	0	0	14	208
耀县董家河镇	490	1980	134	1490	0	0	52	350
耀县孙塬镇	529	1693	629	1400	0	0	5	1300
耀县小丘镇	730	3328	300	580	1	1	45	350
耀县关庄镇	141	743	180	421	2	1	3	21
耀县坡头镇	408	1040	200	200	2	1	5	150
耀县照金镇	286	1245	269	300	1	1	2	178
耀县瑶曲镇	116	750	210	237	1	1	51	98
耀县柳林镇	370	1666	324	390	1	1	1	103
耀县庙湾镇	1669	7146	2400	860	1	1	5	110
宜君县偏桥镇	360	886	492	488	1	1	7	108
宜君县马坊镇	218	861	231	480	0	0	6	78
宜君县五里镇	396	1746	759	1087	1	1	0	0
宜君县棋盘镇	282	1130	293	1046	1	1	4	40
渭滨区马营镇	1262	5444	318	3805	2	2	318	3117
渭滨区石鼓镇	600	1077	182	501	2	2	39	278
渭滨区神农镇	532	2887	264	2434	1	1	36	567
渭滨区高家镇	546	2084	170	1181	1	1	49	530
金台区长寿镇	322	989	300	622	0	0	5	155
金台区陈仓镇	4544	14032	12092	4524	1	1	23	428
宝鸡县阳平镇	700	3285	963	1476	1	1	54	376
宝鸡县天王镇	1538	6731	808	4625	1	1	2	35

3—4—27 续表 2

名　　称	户　数（户）	人　口（人）	其中：非农业人口（人）	劳动力（人）	集贸市场个数（个）	其　中：综合市场个数（个）	企　业个　数（个）	企　业从　业人员数（人）
宝鸡县贾村镇	859	3850	200	2181	1	1	500	2100
宝鸡县县功镇	546	3012	2794	1457	2	1	412	1437
宝鸡县坪头镇	302	1256	981	675	1	1	2	54
宝鸡县拓石镇	781	2564	953	1371	1	1	2	8
宝鸡县千河镇	805	2910	1797	200	0	0	4	90
宝鸡县潘溪镇	613	2713	152	1808	1	1	10	188
宝鸡县八鱼镇	712	3039	100	1198	4	2	139	1158
宝鸡县慕仪镇	640	2827	275	2340	1	1	68	423
宝鸡县周原镇	575	2699	535	300	0	0	5	150
宝鸡县龙镇	545	2268	31	1061	1	1	1	25
宝鸡县桥镇镇	789	3589	322	1248	1	1	48	578
宝鸡县新街镇	413	1617	47	808	1	1	10	350
宝鸡县香泉镇	366	1757	208	1038	0	0	6	41
宝鸡县凤阁岭镇	85	343	120	237	0	0	42	63
宝鸡县赤沙镇	661	2792	270	1613	1	1	6	140
凤翔县柳林镇	767	7000	3680	3600	3	1	350	3000
凤翔县彪角镇	1214	4050	920	1350	2	1	3	75
凤翔县陈村镇	2178	12506	3720	8686	5	1	16	828
凤翔县虢王镇	315	2000	744	1500	1	1	6	100
凤翔县横水镇	1236	4688	453	2691	1	1	2	86
凤翔县田家庄镇	1544	2737	649	125	0	0	5	120
凤翔县糜杆桥镇	960	3740	56	132	1	1	4	128
凤翔县纸坊镇	886	4164	2125	1875	1	1	62	1145
凤翔县郭店镇	1639	6671	380	3301	1	1	6	580
凤翔县南指挥镇	287	906	306	314	0	0	18	296
凤翔县长青镇	13	1230	400	830	1	1	1	460
凤翔县姚家沟镇	274	887	143	143	1	1	4	50
岐山县蔡家坡镇	2148	7359	4266	2905	3	2	230	1600
岐山县益店镇	686	3200	1225	550	2	1	6	357
岐山县五丈原镇	1774	8069	1242	5500	2	1	872	4139
岐山县青化镇	488	934	632	451	3	2	5	400
岐山县蒲村镇	616	2261	960	1230	1	1	80	554
岐山县祝家庄镇	580	2300	1105	1230	1	1	4	65
岐山县枣林镇	1244	4304	160	3100	3	1	5	60
岐山县麦禾营镇	692	2602	500	11600	2	1	17	1002
岐山县马江镇	920	3465	41	620	1	1	6	591
岐山县曹家镇	194	633	121	485	1	1	5	284
岐山县安乐镇	545	2003	216	1540	1	1	8	416
扶风县绛帐镇	1510	6343	270	3760	1	1	1	58
扶风县杏林镇	1536	6002	819	3856	1	1	3	268

3—4—27 续表 3

名　　称	户　数（户）	人　口（人）	其中：非农业人口（人）	劳动力（人）	集贸市场个数（个）	其　中：综合市场个数（个）	企　业个　数（个）	企　业从　业人员数（人）
扶风县召公镇	872	4421	871	1578	2	1	13	314
扶风县法门镇	2170	8258	1881	4770	1	1	142	1322
扶风县新店镇	446	2111	573	1301	0	0	46	389
扶风县午井镇	1287	4626	739	2919	1	1	78	360
扶风县段家镇	50	287	158	157	1	1	2	17
扶风县南阳镇	320	800	93	357	1	1	3	72
扶风县天度镇	711	3147	677	677	1	1	6	432
眉县槐芽镇	2485	10441	1227	6498	2	1	58	687
眉县齐镇	1740	7650	5420	4350	4	1	23	830
眉县马家镇	784	1160	760	1210	1	1	158	1054
眉县常兴镇	2260	8200	4111	4213	1	1	103	3150
眉县金渠镇	1169	5146	1310	4119	1	1	11	934
眉县横渠镇	490	2106	434	483	1	1	13	164
眉县汤峪镇	558	2229	224	1246	0	0	1	26
眉县小法仪镇	374	2403	503	1170	0	0	12	175
眉县营头镇	800	3385	1089	3125	2	1	5	203
陇县东风镇	500	1800	1340	1700	1	1	8	300
陇县八渡镇	179	798	213	620	1	1	4	38
陇县东南镇	558	2213	204	1100	1	1	56	260
陇县堎底下镇	584	2238	111	886	0	0	105	621
陇县温水镇	1376	5219	677	677	1	1	2	159
陇县天成镇	198	764	78	512	1	1	13	38
陇县曹家湾镇	532	3205	305	2305	3	3	3	324
陇县固关镇	516	2036	184	943	1	1	7	236
千阳县崔家头镇	56	278	181	86	1	1	48	66
千阳县南寨镇	597	2200	1800	980	1	1	6	75
千阳县张家原镇	234	967	130	549	1	1	18	62
千阳县水沟镇	293	1316	142	484	1	1	1	150
千阳县草碧镇	137	447	247	150	1	1	26	104
麟游县崔木镇	382	3826	236	57	0	0	10	52
麟游县招贤镇	82	471	233	188	1	1	28	76
麟游县两亭镇	157	666	207	204	0	0	1	15
麟游县天堂镇	124	498	81	124	0	0	0	0
凤县黄牛铺镇	493	1982	368	971	0	0	50	923
凤县河口镇	303	1545	393	1213	1	1	11	325
凤县凤州镇	700	2500	1000	1800	1	1	8	237
凤县唐藏镇	279	1105	56	120	0	0	6	23
凤县红花铺镇	289	1049	560	128	0	0	2	42
凤县平木镇	216	930	150	470	0	0	2	30
凤县坪坎镇	21	173	50	153	0	0	10	120

3－4－27 续表 4

名　　称	户　数（户）	人　口（人）	其中：非农业人口（人）	劳动力（人）	集贸市场个数（个）	其　中：综合市场个数（个）	企　业个　数（个）	企　业从　业人员数（人）
凤县三岔镇	234	900	130	40	0	0	2	30
凤县留凤关镇	86	470	112	172	0	0	27	60
太白县靖口镇	250	490	130	260	1	1	23	250
太白县太白河镇	73	194	160	190	1	1	73	150
太白县桃川镇	878	3129	170	138	1	1	81	100
太白县鹦鸽镇	267	1094	213	743	1	1	35	236
咸阳市秦都区马庄镇	1120	5300	1200	3100	3	1	231	1200
咸阳市秦都区沣东镇	849	3300	713	640	0	0	24	568
咸阳市秦都区钓台镇	560	2400	323	1850	1	1	69	1250
咸阳市秦都区渭滨镇	1589	3753	2800	4257	2	2	258	3540
咸阳市秦都区古渡镇	372	1062	862	930	1	1	2	30
咸阳市秦都区沣西镇	512	3200	1500	1050	3	1	65	437
咸阳市秦都区马泉镇	2228	8872	847	4312	1	1	213	3528
咸阳市秦都区双照镇	570	3500	1100	850	0	0	130	590
咸阳市渭城区底张镇	336	2071	869	1350	1	1	30	609
咸阳市渭城区窑店镇	983	6403	3203	5020	2	1	9	231
咸阳市渭城区渭城镇	1897	8000	6600	3600	2	2	25	3000
咸阳市渭城区正阳镇	2739	7600	6100	4200	2	1	1	800
咸阳市渭城区周陵镇	380	1520	200	420	1	1	6	210
咸阳市渭城区渭阳镇	323	1210	740	1456	4	3	74	1087
咸阳市渭城区北杜镇	1148	4961	924	1684	1	1	28	976
三原县大程镇	3160	11748	550	8302	2	1	285	3158
三原县西阳镇	908	2724	831	1208	1	1	95	418
三原县鲁桥镇	1960	7090	210	3500	2	1	205	2703
三原县陵前镇	750	3120	480	1625	2	1	10	520
三原县新兴镇	1082	4520	200	2250	2	2	8	500
三原县独李镇	1250	6078	325	3978	2	1	30	482
三原县陂西镇	865	3888	445	2380	1	1	80	720
三原县马额镇	850	4216	286	2078	1	1	40	420
三原县安乐镇	996	3984	790	1200	1	1	10	201
泾阳县口镇镇	597	2678	215	1946	4	1	6	89
泾阳县云阳镇	195	780	154	301	1	1	2	35
泾阳县桥底镇	540	2330	50	1400	2	1	5	37
泾阳县永乐镇	357	4350	1023	3728	2	1	5	56
泾阳县王桥镇	189	756	139	321	1	1	5	29
泾阳县太平镇	375	1589	160	968	1	1	10	60
泾阳县三渠镇	570	2280	60	720	1	1	2	45
泾阳县白王镇	426	2020	32	1620	2	1	2	140
泾阳县高庄镇	60	370	130	220	0	0	3	28
泾阳县中张镇	875	3500	240	1500	1	1	2	20

3—4—27 续表 5

名　　称	户　数（户）	人　口（人）	其中：非农业人口（人）	劳动力（人）	集贸市场个数（个）	其　中：综合市场个数（个）	企　业个　数（个）	企　业从　业人员数（人）
泾阳县兴隆镇	80	350	45	312	1	1	0	0
乾县梁村镇	705	3089	429	1734	1	1	7	86
乾县临平镇	1500	5210	1192	4300	1	1	4	96
乾县薛录镇	859	4215	635	1900	1	1	80	520
乾县姜村镇	550	2548	300	1621	1	1	12	280
乾县峰阳镇	1112	4450	450	4000	6	1	134	582
乾县王村镇	892	4375	271	1258	1	1	9	62
乾县马连镇	849	4315	320	1910	3	1	220	680
乾县阳洪镇	185	1015	240	820	1	0	14	210
乾县注泔镇	503	1212	270	210	1	1	4	52
乾县灵源镇	123	492	180	310	0	0	5	15
乾县阳峪镇	207	1390	356	872	1	0	1	8
乾县乾陵镇	160	640	270	320	0	0	3	86
礼泉县史德镇	1800	7200	1000	3210	1	1	14	200
礼泉县阡东镇	985	4056	525	2607	2	1	19	180
礼泉县赵镇镇	1100	6200	600	1500	1	1	15	1200
礼泉县南坊镇	720	2791	76	218	1	1	2	26
礼泉县叱干镇	300	1215	209	219	2	1	1	12
礼泉县石潭镇	400	1200	300	700	1	1	18	150
礼泉县建陵镇	600	2300	400	1000	1	1	18	210
礼泉县烟霞镇	65	300	74	140	1	1	1	10
礼泉县北屯镇	395	1601	70	877	1	1	150	240
礼泉县烽火镇	245	1325	295	797	1	1	5	178
礼泉县西张堡镇	70	350	62	150	0	0	0	0
永寿县店头镇	180	1050	327	98	2	1	4	70
永寿县常宁镇	189	809	128	520	1	1	2	38
永寿县仪井镇	53	276	32	100	2	1	15	65
永寿县马坊镇	208	873	273	610	2	1	6	72
永寿县窦家镇	199	702	36	210	2	1	0	0
永寿县甘井镇	350	1685	209	48	0	0	0	0
彬县北极镇	752	3240	466	2200	7	3	12	130
彬县新民镇	360	1456	493	710	6	1	1	13
彬县永乐镇	375	1769	394	940	1	1	2	45
彬县水口镇	256	1214	326	700	1	1	1	56
彬县小章镇	322	1511	308	850	1	1	0	0
彬县龙高镇	321	1284	429	845	2	1	1	15
彬县义门镇	461	1917	348	785	1	1	1	23
长武县相公镇	320	1650	264	720	1	1	1	30
长武县巨家镇	43	215	131	39	1	1	1	7
长武县丁家镇	80	387	233	180	0	0	8	82

3—4—27 续表 6

名　称	户　数（户）	人　口（人）	其中：非农业人口（人）	劳动力（人）	集贸市场个数（个）	其　中：综合市场个数（个）	企　业个　数（个）	企　业从　业人员数（人）
长武县洪家镇	47	235	156	185	0	0	3	90
旬邑县太村镇	566	3024	572	2012	1	1	2	10
旬邑县职田镇	635	2421	1502	1876	1	1	6	214
旬邑县张洪镇	1492	8155	415	1460	1	1	15	159
旬邑县土桥镇	183	1540	980	492	5	1	45	246
旬邑县底庙镇	262	1265	350	180	1	1	78	146
旬邑县湫坡头镇	562	3509	276	881	1	1	48	519
旬邑县郑家镇	440	2486	402	188	1	1	2	20
旬邑县丈八寺镇	185	1600	1260	700	1	1	13	530
淳化县方里镇	700	2100	425	315	2	1	5	120
淳化县润镇镇	558	2007	136	886	1	1	3	75
淳化县马家镇	214	749	147	467	1	1	2	41
淳化县官庄镇	432	1143	122	757	1	1	3	91
武功县小村镇	40	310	50	170	1	1	2	93
武功县武功镇	2500	11300	3948	6100	2	1	8	325
武功县游风镇	521	2200	430	1101	1	1	10	160
武功县苏坊镇	206	2638	473	2260	1	1	14	1268
武功县贞元镇	238	1153	963	825	1	1	3	20
武功县长宁镇	210	2011	135	1890	1	0	7	170
武功县大庄镇	65	460	240	280	1	1	38	152
兴平市马嵬镇	1278	5260	490	3000	1	1	10	200
兴平市桑镇镇	860	4060	680	2003	2	1	6	303
兴平市店张镇	500	2000	150	1200	1	1	10	100
兴平市西吴镇	750	3000	250	1500	1	1	7	150
兴平市赵村镇	450	1800	220	900	1	1	1	30
兴平市南市镇	930	4280	430	360	1	1	12	78
兴平市庄头镇	625	2500	180	1300	0	0	5	70
兴平市南位镇	485	1936	115	939	0	0	11	62
临渭区下吉镇	783	3192	123	2974	2	2	3	41
临渭区固市镇	1030	8012	4036	7109	2	1	121	239
临渭区桥南镇	75	180	72	121	1	1	6	91
临渭区阳郭镇	1115	4988	568	1525	2	1	164	1312
临渭区三张镇	554	2419	281	2012	2	1	100	268
临渭区辛市镇	550	2290	210	660	2	2	150	460
临渭区交斜镇	1300	4500	150	450	2	1	10	121
临渭区田市镇	576	2544	278	1261	1	1	6	173
临渭区蔺店镇	1266	5057	830	2832	1	1	20	290
临渭区孝义镇	1545	6640	457	2076	1	1	87	284
临渭区崇宁镇	658	2800	310	1326	3	3	3	40
临渭区官路镇	598	2789	378	1798	2	1	6	358

3－4－27 续表 7

名　　称	户　数（户）	人　口（人）	其中：非农业人口（人）	劳动力（人）	集贸市场个数（个）	其　中：综合市场个数（个）	企　业个　数（个）	企　业从　业人员数（人）
临渭区官底镇	783	3613	691	1246	1	1	153	532
临渭区丰原镇	521	2715	550	1969	1	1	8	174
临渭区闫村镇	723	18186	214	1989	1	1	11	617
华县金堆镇	136	313	113	990	2	0	227	839
华县莲花寺镇	200	812	315	760	1	1	6	30
华县杏林镇	415	2123	1950	1675	2	2	177	461
华县赤水镇	429	1813	1094	1200	2	1	6	258
华县瓜坡镇	250	3160	810	1500	3	1	100	500
华县柳枝镇	170	623	102	560	4	1	48	489
华县高塘镇	100	500	120	320	8	2	2	20
华县大明镇	56	240	144	280	1	1	2	40
华县下庙镇	193	732	45	494	1	1	27	441
潼关县港口镇	510	2207	591	1240	0	0	5	200
潼关县太要镇	1042	3553	1860	1980	1	1	18	215
潼关县桐峪镇	1050	5620	3200	4100	1	1	7	290
大荔县许庄镇	639	3356	847	2990	1	1	992	2960
大荔县朝邑镇	1608	5786	1192	3100	1	1	10	600
大荔县安仁镇	1582	6065	1016	3327	2	2	17	205
大荔县两宜镇	969	4751	215	2837	1	1	34	492
大荔县羌白镇	1179	4719	280	640	1	1	68	325
大荔县官池镇	855	2647	801	1710	1	1	2	40
合阳县王村镇	399	1893	80	1194	2	1	40	107
合阳县露井镇	1246	4633	207	2173	2	2	7	240
合阳县黑池镇	1138	5082	500	2172	1	1	317	690
合阳县百良镇	453	2222	532	1159	2	2	81	250
合阳县甘井镇	475	2574	760	188	3	3	32	105
合阳县坊镇镇	1431	5117	316	3079	1	1	531	1260
合阳县合川镇	256	1025	221	296	1	1	56	268
合阳县新池镇	274	1436	174	1023	2	2	3	30
合阳县皇甫庄镇	499	1950	274	149	1	1	4	60
澄城县冯原镇	534	3504	985	1485	2	2	420	1305
澄城县寺前镇	977	4261	234	2788	1	1	4	18
澄城县王庄镇	538	2287	746	1295	1	1	57	470
澄城县尧头镇	1005	4300	300	800	1	1	8	301
澄城县韦庄镇	1023	2213	700	800	4	1	70	300
澄城县赵庄镇	511	5062	308	3092	1	1	226	586
澄城县交道镇	4306	19745	1062	7583	2	2	17	382
蒲城县永丰镇	482	1933	175	1054	1	1	2	230
蒲城县罕井镇	433	1903	424	1320	1	1	14	310

3－4－27 续表 8

名　　称	户　数（户）	人　口（人）	其中:非农业人口（人）	劳动力（人）	集贸市场个数（个）	其　中:综合市场个数（个）	企　业个　数（个）	企　业从　业人员数（人）
蒲城县党睦镇	937	3733	167	585	1	1	25	110
蒲城县孙镇镇	567	2364	28	1150	1	1	12	150
蒲城县荆姚镇	430	3892	391	2420	1	1	14	593
蒲城县兴镇镇	1728	6107	82	3050	1	1	32	176
蒲城县高阳镇	512	2042	27	1340	1	1	4	65
蒲城县东陈镇	510	1924	440	1350	1	1	7	920
蒲城县龙阳镇	854	3620	1300	1000	1	1	18	557
蒲城县苏坊镇	975	3678	172	2243	1	1	7	206
白水县冯雷镇	622	2928	204	1530	0	0	61	488
白水县西固镇	944	4334	201	2075	1	1	67	102
白水县尧禾镇	1340	5409	742	2026	2	1	79	1951
白水县杜康镇	30	180	122	300	0	0	4	26
富平县张桥镇	528	2282	280	1369	1	1	11	210
富平县美原镇	1424	5688	1068	3303	1	1	1	200
富平县流曲镇	835	3496	1200	2100	1	0	24	143
富平县宫里镇	937	3747	104	1800	1	1	1	31
富平县曹村镇	1178	5856	991	2451	3	1	6	49
富平县淡村镇	624	2141	300	1245	1	1	1	17
富平县王寮镇	602	1964	950	1055	1	1	1	12
富平县薛镇镇	1175	5843	723	2910	1	1	2	32
富平县老庙镇	905	4000	542	3215	3	1	3	267
韩城市芝川镇	1369	6186	850	440	1	1	8	312
韩城市西庄镇	235	1242	374	864	1	1	3	18
韩城市龙亭镇	256	1328	113	684	1	1	23	108
韩城市昝村镇	609	2384	350	185	1	1	31	180
韩城市芝阳镇	271	1158	67	1059	1	1	2	94
韩城市苏东镇	426	1648	34	648	0	0	1	37
韩城市夏阳镇	208	810	210	430	0	0	5	388
华阴市桃下镇	863	3929	1120	2628	1	1	27	130
华阴市孟原镇	2101	7666	6509	4128	2	1	4	1884
华阴市敷水镇	956	4818	1217	2880	2	1	17	36
杨陵区五泉镇	611	2764	246	1477	1	1	11	241
汉台区河东店镇	1008	2477	802	1730	1	1	404	899
汉台区宗营镇	616	849	840	566	2	2	5	40
汉台区龙江镇	910	3044	263	2781	2	1	18	1003
汉台区武乡镇	960	2850	120	1300	2	1	13	965
汉台区铺镇	4153	15388	11983	8905	5	3	780	6234
汉台区汉王镇	503	1780	220	1200	1	1	360	1048
汉台区老君镇	120	630	430	300	1	1	4	32
汉台区七里镇	907	1733	1429	580	1	1	6	66

3—4—27 续表 9

名称	户数（户）	人口（人）	其中：非农业人口（人）	劳动力（人）	集贸市场个数（个）	其中：综合市场个数（个）	企业个数（个）	企业从业人员数（人）
南郑县青树镇	560	1840	340	1150	1	1	20	320
南郑县中所镇	640	2580	158	428	1	1	5	250
南郑县协税镇	565	2450	75	304	1	1	18	284
南郑县阳春镇	450	1550	366	890	1	1	2	125
南郑县濂水镇	85	448	158	399	1	1	1	5
南郑县法镇	180	561	92	290	1	1	3	30
南郑县湘水镇	250	1350	81	980	1	1	1	16
南郑县元坝镇	27	1231	483	209	1	1	8	133
南郑县小南海镇	130	450	80	250	1	1	2	20
南郑县圣水镇	750	3352	452	1250	1	1	3	230
南郑县梁山镇	532	3952	2481	2426	1	1	9	2126
南郑县新集镇	2761	6541	3617	3374	1	1	3	100
南郑县高台镇	573	2996	1978	1182	1	1	14	369
南郑县黄官镇	545	3492	1521	355	1	1	4	115
南郑县红庙镇	310	1120	880	900	1	1	15	250
南郑县牟家坝镇	657	2600	1600	1400	2	1	20	200
南郑县碑坝镇	219	789	540	416	1	1	2	31
南郑县大河坎镇	1457	4253	3908	4200	2	2	84	3040
城固县龙头镇	846	3805	1619	2200	1	1	6	137
城固县沙河营镇	353	1210	106	594	1	1	150	242
城固县文川镇	1058	3808	958	2016	2	1	162	372
城固县老庄镇	1842	5120	4200	760	1	1	25	623
城固县许家庙镇	1021	3682	200	1871	1	1	183	358
城固县原公镇	931	3291	796	498	1	1	85	142
城固县上元观镇	2308	8060	845	2840	4	1	3	108
城固县天明镇	403	1420	485	840	1	1	3	16
城固县二里镇	317	1395	650	855	3	1	300	740
城固县五堵镇	532	2095	667	1087	2	1	68	115
城固县孙坪镇	168	860	56	384	2	1	9	78
城固县双溪镇	42	203	101	128	1	1	41	45
城固县水垲镇	167	594	80	238	1	1	1	6
城固县小河镇	84	535	265	280	1	1	73	95
城固县宝山镇	519	1933	278	757	1	1	42	144
城固县柳林镇	575	3562	827	2560	1	1	7	205
城固县崔家山镇	1136	3976	2996	3461	1	1	18	301
洋县马畅镇	1288	5658	816	1769	1	1	10	150
洋县谢村镇	3296	6068	2145	2410	1	1	15	850
洋县龙亭镇	1325	4378	620	6200	1	1	12	205
洋县磨子桥镇	533	1648	580	550	1	1	4	350
洋县黄安镇	412	1348	511	889	1	1	13	109

3—4—27 续表 10

名 称	户 数（户）	人 口（人）	其中：非农业人口（人）	劳动力（人）	集贸市场个数（个）	其 中：综合市场个数（个）	企 业 个 数（个）	企 业 从 业 人员数（人）
洋县戚氏镇	669	2284	250	1260	1	1	60	260
洋县胥水镇	511	1638	913	604	1	1	26	84
洋县溢水镇	76	393	115	150	1	1	2	70
洋县黄家营镇	150	520	99	380	1	1	3	14
洋县槐树关镇	510	6100	4500	3200	1	1	3	120
洋县金水镇	149	1262	264	484	1	1	1	8
洋县贯溪镇	260	810	45	460	1	1	2	32
洋县黄金峡镇	112	450	120	330	1	1	6	54
洋县茅坪镇	90	616	306	186	1	1	2	123
洋县华阳镇	220	820	318	370	1	1	3	43
西乡县两河口镇	68	226	56	124	1	1	8	105
西乡县高川镇	540	1875	445	4438	2	1	21	76
西乡县茶镇	115	550	220	280	1	1	20	113
西乡县白龙塘镇	527	1066	472	544	1	1	65	144
西乡县古城镇	470	1950	240	1163	1	1	103	285
西乡县杨河镇	295	1208	627	3864	2	1	10	250
西乡县柳树镇	709	2379	279	797	1	1	87	392
西乡县峡口镇	56	2000	700	708	1	1	2	55
西乡县私渡镇	428	1532	120	180	1	1	3	13
西乡县五里坝镇	238	906	89	300	1	1	70	153
西乡县桑园镇	170	1680	206	1200	1	1	96	430
西乡县堰口镇	725	2460	275	542	1	1	103	460
西乡县沙河镇	456	2600	980	370	1	1	36	258
勉县同沟寺镇	254	1216	316	789	1	1	39	230
勉县新街子镇	678	2505	203	1250	1	1	218	436
勉县定军山镇	444	1472	300	786	1	1	8	400
勉县温泉镇	470	1780	61	978	1	1	1	8
勉县元墩镇	817	2701	135	1082	1	1	44	200
勉县新铺镇	426	1890	560	1048	1	1	276	313
勉县武侯镇	598	2113	100	970	1	1	3	10
勉县褒城镇	330	1140	62	620	1	1	12	599
勉县长林镇	323	1127	38	450	1	1	61	149
勉县周家山镇	389	1545	66	771	1	1	8	141
勉县阜川镇	545	1846	100	839	1	1	35	310
勉县金泉镇	983	3205	53	1985	1	1	170	765
勉县青羊驿镇	360	1256	60	603	1	1	2	13
勉县老道寺镇	427	1669	969	1170	1	1	48	988
勉县茶店镇	395	1701	412	926	1	1	2	15
勉县黄沙镇	461	1505	80	821	1	1	5	100
宁强县代家坝镇	1700	5560	423	876	1	1	21	246

3－4－27 续表 11

名　　称	户　数（户）	人　口（人）	其中：非农业人口（人）	劳动力（人）	集贸市场个数（个）	其　中：综合市场个数（个）	企　业个　数（个）	企　业从　业人员数（人）
宁强县高寨子镇	9	109	65	93	1	1	2	10
宁强县广坪镇	288	575	375	375	1	1	1	11
宁强县青木川镇	171	725	182	682	2	2	2	14
宁强县铁锁关镇	405	1481	469	7094	1	1	1	26
宁强县胡家坝镇	408	1086	220	210	1	1	1	17
宁强县毛坝河镇	76	947	112	262	1	1	102	146
宁强县大安镇	600	4000	3000	2500	1	1	100	260
宁强县阳平关镇	2820	8000	4351	4780	3	2	11	121
宁强县千秋镇	1746	6245	1234	1540	2	2	3	84
略阳县徐家坪镇	102	540	420	340	1	1	2	4
略阳县接官亭镇	118	436	235	152	1	1	1	5
略阳县乐素河镇	166	698	154	116	1	1	1	9
略阳县两河口镇	158	592	276	387	1	1	37	159
略阳县硖口驿镇	81	402	99	197	1	1	12	62
略阳县郭镇	304	1037	447	301	1	1	90	220
略阳县金家河镇	176	657	167	380	1	1	11	190
略阳县何家岩镇	71	225	101	240	1	1	28	104
略阳县横线河镇	240	1250	981	625	1	1	64	250
略阳县白水江镇	283	1300	723	420	1	1	86	198
镇巴县碾子镇	168	840	287	620	1	1	77	160
镇巴县巴庙镇	299	757	376	381	1	1	56	72
镇巴县兴隆镇	250	727	204	414	1	1	18	100
镇巴县观音镇	182	764	511	405	1	1	3	44
镇巴县长岭镇	86	400	250	250	1	1	1	22
镇巴县简池镇	415	1451	424	787	1	1	3	3
镇巴县渔渡镇	590	3100	872	498	1	1	232	331
镇巴县三元镇	150	905	302	506	1	1	4	125
镇巴县盐场镇	408	1880	780	446	1	1	4	142
留坝县武关驿镇	210	456	363	210	1	1	14	38
留坝县留侯镇	97	622	435	151	1	1	2	23
留坝县马道镇	239	760	310	420	1	1	21	102
留坝县江口镇	654	2614	485	324	1	1	66	98
佛坪县陈家坝镇	212	1034	110	350	1	1	3	22
安康市恒口镇	6995	27980	9998	14100	3	1	1227	6982
安康市大同镇	450	3237	1638	400	1	1	80	150
安康市梅子铺镇	1188	4050	470	2349	1	1	390	990
安康市建民镇	278	2314	1274	1129	1	1	29	1020
安康市河西镇	469	2024	444	1282	2	2	130	320
安康市五里镇	456	4562	3400	1450	1	1	86	452
安康市关庙镇	8634	33819	2410	16843	3	3	8	97

3—4—27 续表 12

名　　称	户　数（户）	人　口（人）	其中：非农业人口（人）	劳动力（人）	集贸市场个数（个）	其　中：综合市场个数（个）	企　业个　数（个）	企　业从　业人员数（人）
安康市张滩镇	458	2314	1191	560	1	1	201	350
安康市叶坪镇	111	452	229	145	1	1	3	8
安康市中原镇	138	697	215	278	1	1	11	24
安康市沈坝镇	252	346	172	237	0	0	9	15
安康市大河镇	196	958	658	296	1	1	87	223
安康市吉河镇	510	810	430	1317	1	1	72	170
安康市双龙镇	345	1200	120	587	1	1	240	280
安康市瀛湖镇	301	861	315	412	0	0	64	78
安康市流水镇	372	1832	832	891	1	1	275	425
安康市大竹园镇	947	2407	982	940	1	1	114	290
安康市石转镇	367	2040	693	912	1	1	103	145
安康市洪山镇	189	651	142	287	1	1	2	50
安康市茨沟镇	178	859	297	235	2	2	128	185
汉阴县涧池镇	428	1205	627	713	3	3	338	669
汉阴县蒲溪镇	678	2136	1185	916	1	1	350	705
汉阴县平梁镇	290	2450	769	1780	1	1	121	312
汉阴县双乳镇	142	589	81	351	1	1	121	312
汉阴县铁佛寺镇	180	600	410	314	1	1	80	120
汉阴县龙垭镇	537	1847	118	638	1	1	3	70
汉阴县漩涡镇	346	764	466	156	1	1	6	12
汉阴县汉阳镇	361	1176	821	247	1	1	3	11
汉阴县酒店镇	150	820	79	423	1	1	26	28
汉阴县双河口镇	72	285	68	212	1	1	48	61
汉阴县上七镇	102	291	38	205	1	1	10	15
石泉县饶峰镇	331	527	147	381	1	1	69	85
石泉县两河镇	151	837	626	493	1	1	1	5
石泉县迎风镇	205	495	410	270	1	1	3	35
石泉县池河镇	1436	4456	1523	1601	8	1	637	953
石泉县熨斗镇	211	980	533	275	1	1	6	30
石泉县喜河镇	241	716	406	360	1	1	4	36
石泉县后柳镇	333	1240	740	250	1	1	141	225
宁陕县汤坪镇	145	570	110	105	1	1	35	50
宁陕县四亩地镇	241	647	231	354	1	1	1	3
宁陕县筒车湾镇	215	664	107	110	0	0	25	30
宁陕县江口镇	353	1080	633	510	1	1	121	251
宁陕县旬阳坝镇	474	1784	1298	1300	1	1	45	105
宁陕县广货街镇	187	1426	240	1186	1	1	13	104
宁陕县龙王镇	60	183	64	38	0	0	4	18
紫阳县焕古镇	425	1165	385	541	1	1	18	150
紫阳县向阳镇	633	2130	1864	582	1	1	3	210

3—4—27 续表 13

名　　称	户　数（户）	人　口（人）	其中：非农业人口（人）	劳动力（人）	集贸市场个数（个）	其　中：综合市场个数（个）	企　业个　数（个）	企　业从　业人员数（人）
紫阳县洞河镇	356	1961	1678	1249	1	1	2	80
紫阳县蒿堰镇	1088	4560	1522	1398	1	1	348	898
紫阳县汉王镇	350	1522	1205	1356	1	1	137	248
紫阳县高桥镇	514	1500	927	450	1	1	5	120
紫阳县双桥镇	228	934	437	454	2	2	1	6
紫阳县洄水镇	298	980	705	635	2	2	8	23
紫阳县斑桃镇	310	1200	216	670	1	1	1	30
紫阳县红椿镇	890	3350	976	680	1	1	149	210
紫阳县高滩镇	360	1620	1317	690	1	1	2	20
紫阳县毛坝镇	520	2100	1467	5200	1	1	165	972
紫阳县瓦庙镇	168	1640	272	1500	1	1	3	150
紫阳县麻柳镇	340	1430	348	1100	1	1	121	313
岚皋县佐龙镇	566	1543	875	155	1	1	1	20
岚皋县花里镇	946	3204	297	581	1	1	65	180
岚皋县滔河镇	223	554	354	239	1	1	45	102
岚皋县石门镇	607	3926	718	1374	3	1	173	264
岚皋县官元镇	447	1291	307	569	1	1	27	34
岚皋县民主镇	1500	4521	1312	3200	2	1	3	390
岚皋县大道河镇	725	1415	915	246	2	1	2	30
平利县兴隆镇	267	1296	350	260	0	0	5	40
平利县老县镇	340	1514	450	840	1	1	71	260
平利县大贵镇	757	2917	260	723	1	1	182	681
平利县三阳镇	300	800	286	247	1	1	3	21
平利县洛河镇	800	1200	300	400	1	1	11	112
平利县广佛镇	348	1007	820	146	1	1	3	48
平利县八仙镇	311	1788	955	1000	1	1	297	420
镇坪县曾家镇	210	820	105	370	0	0	112	153
镇坪县牛头店镇	443	1741	116	78	0	0	2	21
镇坪县钟宝镇	120	240	237	570	0	0	12	60
旬阳县蜀河镇	2415	9660	3078	4056	1	1	479	1126
旬阳县吕河镇	997	2585	1290	1100	1	1	85	180
旬阳县神河镇	823	2585	1462	1104	2	1	2	25
旬阳县棕溪镇	370	1290	689	556	1	1	1	28
旬阳县关口镇	619	1941	216	1165	0	0	1	35
旬阳县双河镇	433	1246	675	500	1	1	8	88
旬阳县小河镇	480	2400	1600	360	1	1	2	21
旬阳县赵湾镇	307	967	918	415	1	1	6	125
旬阳县麻坪镇	355	761	142	247	1	1	94	121
旬阳县甘溪镇	367	687	591	462	1	1	121	216
旬阳县白柳镇	1119	3730	450	500	0	0	45	165

3—4—27 续表 14

名 称	户 数（户）	人 口（人）	其中:非农业人口（人）	劳动力（人）	集贸市场个数（个）	其 中:综合市场个数（个）	企 业 个 数（个）	企 业 从 业 人员数（人）
旬阳县赤岩镇	310	570	211	132	1	1	2	18
白河县构扒镇	264	736	100	459	0	0	43	178
白河县卡子镇	244	1070	165	551	0	0	72	150
白河县茅坪镇	473	1505	521	591	1	1	140	281
白河县仓上镇	380	1593	296	398	1	1	65	150
白河县西营镇	368	1430	331	221	1	1	4	35
白河县冷水镇	537	1740	381	728	1	1	98	230
商州市夜村镇	537	2262	705	760	1	1	113	308
商州市杨斜镇	502	1768	484	800	1	1	145	700
商州市黑龙口镇	385	1571	280	1230	1	1	198	512
商州市金陵寺镇	280	2509	1430	638	1	1	86	184
商州市大荆镇	448	2978	1188	1160	1	1	302	642
商州市北宽坪镇	308	1437	433	940	1	1	36	45
商州市孝义镇	367	1542	105	598	1	1	20	321
商州市白杨店镇	300	1269	364	650	1	1	30	101
商州市张村镇	386	1373	110	679	1	1	204	530
商州市沙河子镇	476	1808	747	1550	1	1	120	400
商州市黑山镇	104	416	80	147	1	1	37	43
商州市杨峪河镇	228	957	104	484	0	0	28	124
商州市麻街镇	326	1761	403	572	1	1	21	52
商州市牧护关镇	468	1964	154	956	1	1	131	226
商州市腰市镇	260	1254	130	610	1	1	122	230
商州市板桥镇	279	1481	615	715	0	0	22	231
洛南县卫东镇	297	1348	298	1348	1	1	4	98
洛南县寺耳镇	223	953	210	450	1	1	2	258
洛南县古城镇	795	2351	824	1540	1	1	35	147
洛南县巡检镇	668	1288	938	1655	1	1	2	1066
洛南县景村镇	421	2471	1011	1298	2	1	244	405
洛南县洛源镇	419	1820	270	518	1	1	200	324
洛南县保安镇	448	1687	837	1800	1	1	145	218
洛南县永丰镇	645	2451	151	1016	1	1	14	220
洛南县三要镇	590	2588	578	884	1	1	3	108
洛南县灵口镇	474	2008	391	391	1	1	10	181
洛南县石门镇	893	1915	935	1245	1	1	101	921
洛南县麻坪镇	150	557	170	200	1	1	2	73
洛南县石坡镇	460	1915	515	1085	1	1	4	53
洛南县陈耳镇	51	196	60	110	0	0	1	15
丹凤县棣花镇	407	1652	230	700	2	2	62	617
丹凤县商镇	1881	7420	1407	3339	1	1	1200	2000
丹凤县蔡川镇	387	1510	156	688	0	0	26	50

3－4－27 续表 15

名　称	户　数（户）	人　口（人）	其中：非农业人口（人）	劳动力（人）	集贸市场个数（个）	其　中：综合市场个数（个）	企　业个　数（个）	企　业从　业人员数（人）
丹凤县痍岭镇	250	1032	150	478	0	0	72	201
丹凤县峦庄镇	216	823	230	404	1	1	81	201
丹凤县武关镇	345	1506	224	759	0	0	146	420
丹凤县铁峪铺镇	734	2934	407	1226	1	1	113	294
丹凤县竹林关镇	480	1654	186	612	1	1	204	502
丹凤县土门镇	517	2201	131	866	0	0	12	38
丹凤县寺坪镇	451	1890	248	906	1	1	80	271
商南县赵川镇	444	2168	620	1294	1	1	50	130
商南县湘河镇	104	539	85	308	0	0	11	34
商南县白浪镇	115	460	24	520	1	1	27	73
商南县试马镇	290	1102	88	571	1	1	1	20
商南县富水镇	517	2251	1820	630	1	1	146	204
商南县过风楼镇	490	2366	697	1385	1	1	55	89
商南县梁家湾镇	614	2209	57	1070	0	0	170	350
商南县太吉河镇	255	1115	36	650	1	1	25	105
山阳县高坝店镇	533	2265	240	1089	1	1	75	155
山阳县长沟镇	139	604	73	631	1	1	15	220
山阳县中村镇	195	1250	590	565	1	1	10	490
山阳县银花镇	180	1150	340	420	1	1	5	50
山阳县西照川镇	481	2203	443	994	1	1	178	298
山阳县漫川关镇	1100	3800	1039	1900	1	1	135	1298
山阳县南宽坪镇	440	1692	360	983	1	1	17	30
山阳县户家塬镇	450	2372	626	1250	1	1	95	203
山阳县杨地镇	72	253	104	211	1	1	59	136
山阳县牛耳川镇	209	885	82	350	1	1	110	208
山阳县小河口镇	210	950	120	380	1	1	120	200
山阳县色河铺镇	327	1740	480	130	1	1	30	90
山阳县板岩镇	336	1414	100	622	1	1	240	562
山阳县元子街镇	270	1003	70	350	1	1	16	19
镇安县回龙镇	99	376	25	197	1	1	45	163
镇安县青铜关镇	187	699	50	350	1	1	40	63
镇安县云盖寺镇	357	1381	72	660	1	1	46	50
镇安县铁厂镇	416	1423	36	510	1	1	49	50
镇安县高峰镇	199	791	37	325	1	1	28	33
镇安县大坪镇	248	1038	41	466	1	1	72	105
镇安县米粮镇	373	1318	56	568	1	1	44	47
镇安县达仁镇	126	465	51	219	1	1	18	60
镇安县东川镇	216	957	50	220	1	1	110	157
镇安县柴坪镇	112	370	44	157	1	1	54	56
镇安县西口回族镇	215	816	43	381	1	1	43	55

3—4—27 续表 16

名 称	户 数（户）	人 口（人）	其中：非农业人口（人）	劳动力（人）	集贸市场个数（个）	其 中：综合市场个数（个）	企 业 个 数（个）	企 业 从 业 人员数（人）
镇安县茅坪回族镇	194	762	35	413	1	1	15	21
镇安县木王镇	207	711	47	335	1	1	52	64
柞水县小岭镇	146	841	255	412	0	0	11	46
柞水县凤凰镇	841	3347	1688	2756	2	2	142	542
柞水县红岩寺镇	264	909	505	640	1	1	85	123
柞水县曹坪镇	131	695	208	304	1	1	15	110
柞水县蔡玉窑镇	298	1029	390	740	1	1	20	28
柞水县下梁镇	242	1168	94	897	1	1	16	164
柞水县石瓮镇	256	1024	204	810	0	0	11	82
柞水县营盘镇	186	461	167	268	1	1	41	110
宝塔区枣园镇	300	1000	400	600	0	0	3	50
宝塔区河庄坪镇	287	1101	626	691	1	1	162	486
宝塔区桥儿沟镇	980	3920	700	473	5	3	28	398
宝塔区李渠镇	569	3584	1984	2036	1	1	89	235
宝塔区姚店镇	1161	4895	1915	3500	2	2	7	1180
宝塔区青化砭镇	943	3650	2510	1900	1	1	2	21
宝塔区蟠龙镇	310	897	496	205	1	1	62	145
宝塔区柳林镇	558	1988	720	1200	1	1	1	7
宝塔区南泥湾镇	268	900	341	405	1	1	9	30
宝塔区临镇	475	2680	320	1920	2	2	40	60
宝塔区甘谷驿镇	540	2588	366	300	3	1	20	140
延长县黑家堡镇	232	2013	203	203	0	0	5	43
延长县郑庄镇	150	904	599	396	1	1	10	50
延长县七里村镇	264	1462	235	1230	1	1	118	354
延长县交口镇	296	2129	383	509	1	1	15	45
延长县安河镇	123	480	385	130	1	1	12	18
延长县张家滩镇	365	1530	1230	206	1	1	26	98
延长县雷赤镇	360	1178	234	543	1	1		
延川县永坪镇	8000	20000	10928	6000	1	1	2	40
延川县贾家坪镇	82	247	50	120	0	0	4	104
延川县关庄镇	215	1023	174	472	0	0	12	214
延川县禹居镇	66	220	22	363	1	1	2	14
延川县文安驿镇	200	900	70	70	1	1	5	12
延川县杨家圪台镇	170	725	180	200	1	1	25	125
延川县延水关镇	270	958	327	147	1	1	12	120
子长县马家砭镇	234	843	64	650	0	0	3	14
子长县安定镇	420	1870	264	828	1	1		
子长县涧峪岔镇	398	1300	60	240	1	1	1	10
子长县玉家湾镇	603	962	33	421	1	1	7	75
子长县李家岔镇	237	697	40	245	1	1	2	55

3—4—27 续表 17

名　　称	户　数（户）	人　口（人）	其中：非农业人口（人）	劳动力（人）	集贸市场个数（个）	其　中：综合市场个数（个）	企　业个　数（个）	企　业从　业人员数（人）
子长县杨家园则镇	297	828	534	325	1	1	125	260
安塞县沿河湾镇	478	1301	460	360	3	2	104	300
安塞县招安镇	269	11013	340	270	1	1	30	50
安塞县化子坪镇	750	3374	315	700	1	1	152	460
安塞县坪桥镇	178	679	200	560	1	1	45	184
安塞县砖窑湾镇	324	1123	720	370	1	1	70	213
志丹县顺宁镇	50	580	264	400	1	1	40	114
志丹县杏河镇	207	476	273	302	1	1	4	16
志丹县旦八镇	358	498	430	108	1	1	25	98
志丹县金鼎镇	120	394	212	213	1	1	40	103
志丹县永宁镇	84	280	216	250	1	1	34	42
吴旗县铁边城镇	288	1325	160	1325	1	1	40	56
吴旗县周湾镇	260	976	189	144	1	1	60	130
甘泉县下寺湾镇	281	1800	1281	980	1	1	23	520
甘泉县道镇	232	1241	431	365	1	1	18	42
富县牛武镇	165	1271	619	587	1	1	42	60
富县张家湾镇	90	807	446	196	1	1	30	80
富县直罗镇	188	915	210	459	1	1	80	178
富县张村驿镇	361	1503	110	670	1	1	13	32
富县交道镇	354	1063	287	563	1	1	28	61
富县羊泉镇	301	1254	102	576	1	1	80	104
富县茶坊镇	592	2563	2324	1150	1	1	50	168
洛川县旧县镇	280	1340	430	862	1	1	7	113
洛川县老庙镇	136	1108	412	995	1	1	11	65
洛川县土基镇	295	1370	37	1200	1	1	115	507
洛川县石头镇	362	1708	458	729	1	1	5	40
洛川县交口镇	1594	4398	4056	1392	1	1	1	5
宜川县阁楼镇	290	1100	300	470	1	1	28	80
宜川县秋林镇	280	1000	280	490	1	1	30	50
宜川县云岩镇	400	2100	705	500	1	1	100	300
宜川县集义镇	376	1315	243	780	1	1	40	120
黄龙县白马滩镇	812	3039	376	1674	1	1	104	211
黄陵县双龙镇	236	1342	861	764	0	0	5	648
黄陵县店头镇	2979	11916	3405	5172	4	4	257	786
黄陵县龙首镇	147	580	12	105	0	0	1	20
黄陵县田庄镇	310	1600	350	1000	1	1	3	60
黄陵县阿党镇	131	227	191	121	0	0	12	42
黄陵县隆坊镇	251	717	573	376	2	2	46	268
榆林市鱼河镇	850	5000	290	1930	1	1	8	84
榆林市金鸡滩镇	180	2100	2000	990	0	0	4	34
榆林市巴拉素镇	130	550	210	90	1	1	4	45
榆林市镇川镇	73	301	182	142	1	1	2	7
榆林市上盐湾镇	288	1173	156	446	1	1	3	26
榆林市清泉镇	114	561	165	165	1	1	0	0
榆林市麻黄梁镇	64	236	231	231	1	1	15	180

3—4—27 续表 18

名 称	户 数（户）	人 口（人）	其中：非农业人口（人）	劳动力（人）	集贸市场个数（个）	其 中：综合市场个数（个）	企 业 个 数（个）	企 业 从 业 人员数（人）
榆林市马合镇	93	551	423	328	1	1		
榆林市牛家梁镇	485	1850	402	820	1	1	1	35
榆林市安崖镇	43	134	78	200	1	1	1	20
神木县贺家川镇	232	1125	154	443	1	1	1	18
神木县店塔镇	1800	6000	3800	2500	2	2	360	980
神木县马镇镇	423	1968	141	978	0	0	10	263
神木县尔林兔镇	530	1525	510	1320	0	0	1	20
神木县万镇镇	116	714	302	200	1	1	6	45
神木县高家堡镇	741	3122	674	1213	1	1	3	37
神木县大保当镇	216	402	306	150	1	1	40	50
神木县花石崖镇	129	448	181	278	1	1	0	0
神木县中鸡镇	210	605	105	410	1	1	4	120
神木县大柳塔镇	677	1800	1400	1300	9	4	480	1280
神木县孙家岔镇	135	1625	210	1150	0	0	5	525
府谷县麻镇镇	285	1248	530	450	0	0	2	8
府谷县哈镇镇	310	1530	271	1259	1	1	1	3
府谷县黄甫镇	174	677	193	238			8	78
府谷县高石崖镇	805	4820	2280	4210	2	1	243	3860
府谷县付家焉镇	100	450	20	220	0	0	0	0
府谷县新民镇	350	2600	202	650	0	0	6	66
府谷县孤山镇	32	160	55	140	0	0	38	80
府谷县庙沟门镇	277	944	234	429	1	1	7	320
横山县石湾镇	405	1890	620	1080	0	0	81	170
横山县波罗镇	450	2150	948	1350	0	0	130	303
横山县殿市镇	320	1344	375	827	0	0	110	290
横山县响水镇	490	1876	377	1042	0	0	80	166
横山县塔湾镇	401	1620	231	980	0	0	40	80
横山县高镇	540	2339	329	1300	0	0	120	250
横山县赵石畔镇	496	1984	182	1057	0	0	5	35
横山县武镇镇	366	1345	229	851	0	0	36	75
横山县党岔镇	405	1750	776	1050	0	0	31	70
靖边县东坑镇	510	2620	1263	1080	2	2	70	210
靖边县青阳岔镇	299	1940	382	950	2	1	4	180
靖边县宁条梁镇	426	2183	885	710	2	2	60	230
靖边县周河镇	122	1038	238	698	1	1	5	30
靖边县红墩界镇	206	1450	138	800	1	1	86	252
靖边县杨桥畔镇	923	4281	164	2245	0	0	50	280
靖边县王渠则镇	265	1436	121	650	1	1	4	9
定边县砖井镇	515	2460	272	928	0	0	1	13
定边县白湾子镇	113	498	73	273	0	0	0	0
定边县姬塬镇	91	443	135	107	0	0	0	0
定边县红柳沟镇	320	1571	162	722	0	0	2	42
定边县贺圈镇	128	994	21	547	0	0	1	12
定边县白泥井镇	190	880	16	410	0	0	0	0
定边县堆子梁镇	232	1000	256	510	0	0	0	0

3—4—27 续表 19

名　　称	户　数（户）	人　口（人）	其中:非农业人口（人）	劳动力（人）	集贸市场个数（个）	其　中:综合市场个数（个）	企　业个　数（个）	企　业从　业人员数（人）
定边县安边镇	596	2166	1166	340	0	0	1	15
定边县杨井镇	110	562	124	320	0	0	0	0
定边县新安边镇	150	622	12	140	0	0	0	0
绥德县崔家湾镇	910	3621	351	400	1	1	8	120
绥德县薛家河镇	458	1804	187	644	0	0	2	56
绥德县薛家峁镇	95	377	82	150	0	0	0	0
绥德县义合镇	1108	3903	873	1050	1	1	205	624
绥德县四十里铺镇	852	3275	651	2100	1	1	1	34
绥德县枣林坪镇	273	1325	181	732	1	1	28	158
绥德县石家湾镇	336	1472	258	507	0	0	23	36
绥德县吉镇镇	595	2077	372	40	1	1	0	0
绥德县定仙焉镇	342	946	85	394	2	1	3	21
绥德县田庄镇	511	2029	182	718	0	0	0	0
米脂县桃镇	239	1322	154	823	1	1	0	0
米脂县杜家石沟镇	620	2395	120	1130	1	1	1	6
米脂县印斗镇	124	520	210	390	0	0	10	54
米脂县杨家沟镇	518	2180	313	1100	0	0	0	0
米脂县龙镇	660	2617	1430	1142	1	1	6	98
米脂县沙家店镇	172	540	106	340	0	0	4	18
佳县坑镇	210	700	190	500	0	0	0	0
佳县店镇	170	720	180	340	0	0	0	0
佳县乌镇	240	950	300	530	0	0	0	0
佳县王家砭镇	350	1287	421	180	0	0	2	30
佳县通镇	296	954	370	610	0	0	3	40
佳县金明寺镇	98	304	120	35	0	0	0	0
佳县方塌镇	188	722	176	200	0	0	2	60
吴堡县辛家沟镇	86	736	26	216	1	1	2	21
吴堡县郭家沟镇	115	480	90	152	1	1	8	79
吴堡县寇家塬镇	96	1213	14	831	1	1	15	30
清涧县石咀驿镇	426	1530	324	669	1	1	5	26
清涧县折家坪镇	607	2006	205	860	1	1	80	220
清涧县店则沟镇	362	1274	205	466	1	1	5	16
清涧县高杰村镇	407	1536	212	320	0	0	5	39
清涧县解家沟镇	461	1440	186	612	1	1	6	27
清涧县玉家河镇	272	1080	156	424	1	1	2	18
清涧县李家塔镇	361	1132	125	420	1	1	8	31
子洲县老君殿镇	400	1600	482	80	1	1	5	50
子洲县何家集镇	350	1400	130	100	1	1	3	50
子洲县电市镇	580	2395	230	1000	1	1	0	0
子洲县马蹄沟镇	1204	3480	1920	3200	1	1	0	0
子洲县周家硷镇	440	2100	600	1500	2	2	4	215
子洲县裴家湾镇	476	1899	150	850	1	1	0	0
子洲县苗家坪镇	438	1870	670	900	0	0	25	50
子洲县三川口镇	113	500	200	100	1	1	1	6
子洲县砖庙镇	45	280	80	34	1	1	0	0

3—4—28 甘肃省建制镇镇区主要指标

名　　称	户　数（户）	人　口（人）	其中：非农业人口（人）	劳动力（人）	集贸市场个数（个）	其　中：综合市场个数（个）	企　业个　数（个）	企　业从　业人员数（人）
七里河区阿干镇	5316	21253	21253	10331	1	1	146	7988
红古区窑街镇	7628	24761	19762	10399	4	4	437	2140
红古区花庄镇	764	2206	1391	926	2	1	13	716
永登县红城镇	1627	6387	803	3321	1	1	50	2132
永登县中堡镇	3885	15646	9929	9116	2	2	87	7253
永登县武胜驿镇	1067	7021	2915	3494	0	0	21	2942
永登县河桥镇	3213	13078	10733	6689	1	1	66	6003
永登县连城镇	3413	13921	8894	6991	3	1	1	10686
榆中县夏官营镇	941	5121	1997	4200	1	1	6	1750
榆中县高崖镇	838	3237	2521	3100	1	1	16	1208
榆中县金崖镇	1000	3600	500	1820	1	1	4	300
榆中县和平镇	1200	4500	3200	2700	1	1	186	2829
榆中县甘草店镇	1726	9492	2362	6764	1	1	37	3843
永昌县朱王堡镇	762	3206	452	1860	1	1	9	186
永昌县新城子镇	219	689	126	210	1	1	0	0
永昌县河西堡镇	9121	29063	27730	16245	4	1	38	24968
平川区王家山镇	1100	4080	3700	2275	1	1	22	600
景泰县芦阳镇	1630	9340	424	784	1	1	4	450
北道区社棠镇	803	4158	3437	2040	1	1	371	1500
北道区马跑泉镇	1701	7398	4827	3395	1	1	390	8436
北道区甘泉镇	1129	6865	1750	12930	1	1	379	2460
甘谷县新兴镇	3717	16418	8918	6560	2	2	45	3800
甘谷县磐安镇	2410	13900	2339	5057	3	2	8	1454
武山县洛门镇	1231	10875	5042	3152	3	1	23	621
武山县鸳鸯镇	740	3733	200	2018	1	1	31	296
张川县龙山镇	1779	8939	1627	1025	1	1	15	147
玉门市玉门镇	2466	8341	7711	1590	1	1	1056	2594
玉门市赤金镇	200	570	380	760	1	1	84	540
酒泉市西洞镇	1500	4089	3589	800	1	1	6	700
酒泉市总寨镇	422	1750	500	2900	1	1	61	253
酒泉市金佛寺镇	282	940	303	178	1	1	8	178
酒泉市清水镇	1114	5516	3020	2100	4	3	11	435
敦煌市七里镇	242	524	524	252	5	5	0	0
金塔县中东镇	536	1216	423	103	1	1	44	103
金塔县鼎新镇	350	1540	540	1254	1	1	28	982
肃北县马鬃山镇	50	164	113	102	1	1	0	0
安西县三道沟镇	34	170	63	150	1	1	24	262
张掖市大满镇	414	5220	4337	2100	2	1	17	1200
张掖市沙井镇	150	786	344	260	1	1	11	658
张掖市梁家墩镇	240	1500	500	800	0	0	10	400

3－4－28 续表 1

名　　称	户　数（户）	人　口（人）	其中：非农业人口（人）	劳动力（人）	集贸市场个数（个）	其　中：综合市场个数（个）	企　业个　数（个）	企　业从　业人员数（人）
张掖市上秦镇	1668	6672	1839	4003	0	0	185	2838
张掖市乌江镇	1130	5532	4765	3915	2	2	10	80
张掖市新墩镇	750	3000	64	2100	0	0	2	40
张掖市甘浚镇	330	3000	800	2386	1	1	180	1200
临泽县沙河镇	1302	4414	167	1665	3	2	40	720
临泽县新华镇	1295	4882	296	2321	1	1	35	220
高台县宣化镇	379	1482	206	1126	1	1	95	1207
高台县南华镇	443	1676	280	986	1	1	113	415
山丹县清泉镇	1600	4500	2500	5000	0	0	8	400
山丹县位奇镇	397	1600	80	880	1	1	0	0
山丹县霍城镇	400	1500	1100	700	1	1	0	0
武威市黄羊镇	3726	14217	4417	2000	4	4	58	416
武威市武南镇	9450	32132	30132	18730	3	1	146	4652
武威市清源镇	2540	12021	270	3436	3	3	300	1460
武威市永昌镇	582	2350	200	520	1	1	8	236
武威市双城镇	720	7000	1200	2591	1	1	327	1391
武威市丰乐镇	1113	3107	1110	2352	1	1	20	187
武威市高坝镇	175	815	610	351	3	2	268	1876
武威市金羊镇	190	427	388	73	0	0	1	21
武威市和平镇	932	4660	40	86	0	0	15	787
民勤县东坝镇	76	1098	196	860	1	1	6	571
民勤县西渠镇	85	260	120	700	1	1	4	46
民勤县东湖镇	132	442	442	264	1	1	250	0
古浪县土门镇	317	5495	1274	3264	1	1	15	481
古浪县大靖镇	701	3184	2021	6780	2	1	9	1372
天祝县打柴沟镇	714	3261	2325	2324	1	1	12	96
天祝县安远镇	512	2131	1180	596	1	1	8	139
天祝县哈溪镇	769	3118	632	2462	1	1	4	34
天祝县炭山岭镇	1990	7678	6680	1627	1	1	5	6196
定西县内官镇	2721	11200	1107	4390	4	2	46	980
陇西县文峰镇	8050	28002	16703	15327	6	4	1	834
陇西县首阳镇	2258	10566	571	3325	4	1	146	908
渭源县会川镇	1103	4515	1986	2100	2	1	16	460
临洮县八里铺镇	1305	7010	465	5150	0	0	10	30
临洮县新添镇	1227	6679	1179	3152	4	0	11	327
临洮县辛店镇	520	2228	212	1721	1	1	3	78

3—4—28 续表 2

名　　称	户　数（户）	人　口（人）	其中：非农业人口（人）	劳动力（人）	集贸市场个数（个）	其　中：综合市场个数（个）	企　业个　数（个）	企　业从　业人员数（人）
临洮县太石镇	445	2242	348	1050	1	1	4	10
武都县城郊镇	3058	13012	2604	8003	1	1	7	210
武都县东江镇	1438	6442	1610	3800	0	0	394	1440
武都县两水镇	2665	12916	4127	5849	1	1	958	2056
武都县安化镇	175	687	136	500	1	1	16	100
武都县汉王镇	718	3288	430	3593	1	1	5	120
武都县洛塘镇	600	3600	429	590	2	2	3	25
宕昌县哈达铺镇	984	3960	680	2772	1	1	162	313
宕昌县理川镇	659	3623	259	2593	1	1	148	372
宕昌县南阳镇	837	1480	367	1923	2	2	116	472
宕昌县官亭镇	373	2094	307	1053	1	1	63	121
宕昌县沙湾镇	1336	6120	480	4974	3	3	185	2405
成县抛沙镇	803	3594	654	1800	1	1	1128	2346
成县黄渚镇	120	550	180	160	1	0	30	350
成县红川镇	1173	4645	357	2219	1	1	81	213
成县小川镇	1072	3391	494	2104	1	1	1	31
成县纸坊镇	163	635	212	400	1	1	1	31
康县平洛镇	463	1368	489	941	1	1	3	107
康县长坝镇	322	1396	415	350	1	1	1	4
康县大堡镇	288	1256	351	1023	1	1	1	14
康县云台镇	180	840	230	600	1	1	3	16
康县崖门口镇	73	386	203	11	1	1	4	42
康县两河镇	140	450	105	220	1	1	2	14
康县阳坝镇	433	1271	733	843	1	1	4	110
文县碧口镇	980	4940	2850	2500	1	1	8	245
西和县长道镇	601	3307	739	1000	1	1	3	197
礼县盐官镇	2983	12949	3367	4467	3	2	4	97
徽县伏家镇	1330	5447	2110	34	2	1	955	1935
徽县江洛镇	897	3775	3207	2184	1	1	92	184
徽县泥阳镇	992	3837	271	2403	1	1	523	880
徽县柳林镇	109	454	200	750	1	1	8	250
徽县嘉陵镇	130	515	515	315	0	0	7	55
平凉市四十铺镇	1321	3955	2915	3000	2	1	201	1800
泾川县高平镇	600	2520	31	815	1	1	6	140
泾川县荔堡镇	550	2588	77	1150	1	1	15	105
泾川县玉都镇	550	2836	540	1320	2	1	6	154

3—4—28 续表 3

名　　称	户　数（户）	人　口（人）	其中：非农业人口（人）	劳动力（人）	集贸市场个数（个）	其　中：综合市场个数（个）	企　业个　数（个）	企　业从　业人员数（人）
灵台县什字镇	1357	4071	1650	1812	1	1	49	384
灵台县朝那镇	983	2949	779	1041	2	1	52	162
崇信县新窑镇	1165	5107	3019	3708	1	1	39	1026
华亭县安口镇	2308	9358	3002	3796	5	2	70	7753
庄浪县南湖镇	603	2664	414	1327	4	1	82	988
庄浪县朱店镇	1220	6026	613	2992	3	2	69	900
静宁县威戎镇	304	1407	804	1100	1	1	4	700
静宁县界石镇	306	1493	312	860	1	1	3	75
西峰市肖金镇	306	1847	800	1083	8	1	10	1450
庆阳县马岭镇	176	3100	900	3000	1	1	120	960
庆阳县驿马镇	256	3548	1480	2000	1	1	130	782
庆阳县卅铺镇	231	9163	6820	1800	1	1	60	480
环县曲子镇	1438	7654	4212	2420	2	1	281	978
环县甜水镇	360	2931	1202	1100	2	1	123	410
华池县悦乐镇	256	2196	1196	1120	2	1	82	162
合水县老城镇	162	972	316	359	1	1	12	26
正宁县榆林子镇	1374	5765	988	1415	1	1	125	750
正宁县宫河镇	1520	6456	1075	1491	1	1	120	731
宁县平子镇	970	4683	595	1628	1	1	27	430
宁县早胜镇	2056	10935	3626	2680	1	1	284	769
宁县长庆桥镇	2540	9562	6573	2566	1	1	405	1359
宁县和圣镇	1747	5369	1805	3260	1	1	43	1509
宁县湘乐镇	1043	2537	625	1485	1	1	4	128
镇原县屯字镇	401	1901	40	400	1	1	2	18
镇原县孟坝镇	700	3500	550	1650	1	1	35	350
镇原县三岔镇	1770	5100	449	3500	1	1	5	48
镇原县平泉镇	275	1238	72	927	2	1	6	196
临夏县土桥镇	62	191	171	120	2	2	8	162
永靖县盐锅峡镇	2976	15903	4178	5052	1	1	36	432
广河县三甲集镇	2956	10741	7309	5467	1	1	128	1309

3—4—29 青海省建制镇镇区主要指标

名　　称	户 数（户）	人 口（人）	其中:非农业人口（人）	劳动力（人）	集贸市场个数（个）	其 中:综合市场个数（个）	企 业个 数（个）	企 业从 业人员数（人）
市辖区彭家寨镇	731	2986	147	562	0	0	2	190
市辖区韵家口镇	293	1069	426	536	1	1	6	156
市辖区乐家湾镇	764	3265	1967	1004	1	1	14	580
市辖区大堡子镇	603	2819	186	1780	0	0	1	98
市辖区二十里铺镇	258	1426	130	766	0	0	0	0
大通县塔尔镇	743	3478	90	1714	1	1	1	15
大通县东峡镇	427	1908	68	1123	1	1	2	13
大通县元朔镇	1383	6101	206	3463	1	1	20	1782
大通县桥头镇	3392	13806	11791	8178	1	1	45	2478
大通县黄家寨镇	1017	3442	339	1898	2	2	24	837
平安县平安镇	2001	7538	3427	4692	0	0	78	330
民和县川口镇	850	4374	2382	1748	7	2	11	240
民和县古鄯镇	390	1820	515	1413	1	1	1	42
民和县马营镇	412	2426	284	1460	1	1	7	62
民和县官亭镇	225	1052	674	560	1	1	4	32
乐都县高庙镇	582	2147	108	1210	1	1	5	210
乐都县碾伯镇	220	1000	560	760	5	1	16	255
乐都县岗沟镇	264	1197	100	667	1	0	9	660
乐都县曲昙镇	571	1309	402	885	1	1	2	21
湟中县鲁沙尔镇	4200	18210	12211	8995	4	2	222	1021
湟中县多巴镇	2758	11734	2566	8385	2	1	363	3512
互助县威远镇	2143	8707	1138	6138	3	3	199	1577
化隆县群科镇	1071	7141	1190	4300	1	1	20	180
化隆县甘都镇	727	3716	658	1667	1	1	13	401
化隆县巴燕镇	173	2102	120	1585	1	1	25	115
循化县积石镇	250	1050	80	800	2	2	5	100
门源县青石咀镇	782	2859	1132	988	1	1	10	400
门源县浩门镇	1154	4663	4623	3730	1	1	229	574
祁连县八宝镇	237	1283	153	478	1	1	0	0
同仁县隆务镇	637	3185	1025	955	2	1	8	187
尖扎县马克堂镇	147	675	40	405	0	0	3	26
尖扎县康扬镇	228	1558	773	752	1	1	4	137
贵德县河阴镇	7051	20487	7986	2310	5	5	0	0
玉树县结古镇	515	2175	234	1305	2	2	6	46
乌兰县希里沟镇	925	4675	126	2640	3	3	5	65
乌兰县柯柯镇	745	3357	270	1699	1	1	2	4
都兰县香日德镇	747	3361	357	1520	2	2	1	15
都兰县察汗乌苏镇	783	3523	324	2337	0	0	2	5

3—4—30　宁夏回族自治区建制镇镇区主要指标

乡镇名称	户　数（户）	人　口（人）	其中:非农业人口（人）	劳动力（人）	集贸市场个数（个）	其　中:综合市场个数（个）	企　业个　数（个）	企　业从　业人员数（人）
永宁县李俊镇	1200	4700	905	3700	3	2	14	815
永宁县望远镇	534	2166	1522	2822	1	1	25	1672
贺兰县习岗镇	1004	3230	1430	2609	1	1	11	1870
贺兰县金贵镇	757	2681	380	1613	1	1	6	466
贺兰县立岗镇	425	1516	360	1013	1	1	8	549
贺兰县红广镇	528	1896	618	910	1	1	13	1243
平罗县黄渠桥镇	960	3862	636	251	1	1	75	130
平罗县宝丰镇	997	4506	346	3100	3	1	300	1500
平罗县头闸镇	163	709	170	582	1	1	59	543
平罗县姚伏镇	308	1700	564	579	1	1	255	575
惠农县马家湾镇	1460	4652	4652	2791	1	1	178	942
惠农县红果子镇	1972	5342	5232	2456	1	1	149	1271
惠农县园艺镇	250	860	531	758	1	1	21	120
利通区金积镇	875	4465	4465	2020	1	1	18	2632
利通区金银滩镇	2010	10342	10342	3520	1	1	17	1996
中卫县甘塘镇	112	200	200	652	0	0	45	278
中卫县镇罗镇	1145	5147	639	3603	1	1	6	204
中卫县宣和镇	1209	5022	1074	2715	2	1	17	792
中卫县常乐镇	1059	4326	1912	2636	1	1	8	1000
中宁县鸣沙镇	1179	4446	1396	2568	1	1	226	1175
中宁县石空镇	2242	6172	5492	2971	1	1	102	2351
盐池县大水坑镇	4745	18343	6336	6799	1	1	1550	2210
盐池县惠安堡镇	3467	12707	1463	4784	1	1	180	1204
同心县同心镇	9622	31318	24292	4310	8	1	93	2332
同心县河西镇	444	2471	726	249	1	1	2	59
同心县韦州镇	3023	16153	7500	2213	1	1	8	225
同心县下马关镇	1245	6518	2714	913	1	1	4	97
同心县予旺镇	483	2495	845	342	1	1	4	58

3－4－30 续表 1

乡镇名称	户　数（户）	人　口（人）	其中：非农业人口（人）	劳动力（人）	集贸市场个数（个）	其　中：综合市场个数（个）	企　业个　数（个）	企　业从　业人员数（人）
同心县王团庄镇	321	1825	409	250	1	1	4	40
青铜峡市大坝镇	7808	21854	21778	16965	5	5	557	1297
青铜峡市青铜峡镇	6916	20293	14405	15000	3	2	603	2530
青铜峡市叶盛镇	339	1355	100	600	1	1	3	60
青铜峡市瞿靖镇	328	1300	270	700	1	1	2	50
青铜峡市峡口镇	144	576	540	367	1	1	3	527
灵武市新华桥镇	220	683	341	254	0	0	0	0
灵武市崇兴镇	643	2694	1694	211	1	1	0	0
灵武市磁窑堡镇	126	386	386	494	1	1	230	494
灵武市马家滩镇	695	2702	256	664	0	0	78	401
固原县三营镇	1441	5532	2276	3716	3	1	606	944
固原县什字镇	420	2399	660	1454	1	1	76	172
固原县七营镇	568	3121	675	1775	1	1	329	1152
固原县黑城镇	802	4609	1051	2508	2	1	865	1855
海原县海城镇	2415	22156	16418	10345	1	1	6	155
海原县兴仁镇	728	3689	662	423	1	1	5	155
海原县李旺镇	568	3157	402	311	1	1	4	155
西吉县兴隆镇	312	1890	1732	1003	1	1	99	193
隆德县沙塘镇	4218	19229	831	7425	1	1	887	2529
隆德县联财镇	2576	11808	443	5417	1	1	374	1179
泾源县香水镇	1181	4050	2700	2245	1	1	154	302
泾源县白面镇	900	5366	1479	1247	2	1	176	352
彭阳县白阳镇	4008	11954	9910	6131	2	2	15	365
彭阳县王洼镇	722	4794	1312	843	1	1	12	63
彭阳县古城镇	4757	24056	590	473	1	1	19	37

3—4—31 新疆维吾尔自治区建制镇镇区主要指标

乡镇名称	户　数（户）	人　口（人）	其中：非农业人口（人）	劳动力（人）	集贸市场个数（个）	其　中：综合市场个数（个）	企　业个　数（个）	企　业从　业人员数（人）
乌鲁木齐县安宁渠镇	2041	4821	3376	2648	2	2	14	150
乌鲁木齐县达坂城镇	454	1691	640	908	2	2	2	42
吐鲁番市七泉湖镇	53	270	0	32	0	0	0	0
鄯善县鄯善镇	8487	20779	13150	103	1	1	12	145
鄯善县七克台镇	420	1950	450	250	2	1	27	550
鄯善县连木沁镇	76	319	150	191	2	1	40	370
鄯善县鲁克沁镇	890	1192	357	100	4	2	22	165
托克逊县库米什镇	45	210	42	116	1	1	0	0
托克逊县克尔碱镇	38	142	34	87	0	0	0	0
哈密市七角井镇	105	344	30	260	0	0	2	37
哈密市二堡镇	769	2255	250	182	1	1	5	266
昌吉市三工镇	251	863	513	532	1	1	5	229
昌吉市榆树沟镇	492	1986	254	1047	0	0	6	191
米泉市古牧地镇	513	2416	2233	1506	1	0	40	750
米泉市铁厂沟镇	1290	3936	3351	1553	0	0	13	1430
米泉市长山子镇	665	2018	573	1267	2	1	12	443
米泉市羊毛工镇	1192	4011	549	2051	1	1	18	145
米泉市三道坝镇	499	1702	64	1100	0	0	4	58
呼图壁县二十里店镇	130	442	374	326	1	1	11	353
呼图壁县大丰镇	931	2017	989	1348	1	1	9	123
呼图壁县雀尔沟镇	129	617	556	207	0	0	2	16
玛纳斯县北五岔镇	523	1423	486	962	1	1	3	26
玛纳斯县六户地镇	156	364	364	260	1	1	5	390
玛纳斯县凉州户镇	104	408	370	380	1	1	10	380
玛纳斯县乐土驿镇	525	2400	2100	1020	1	0	8	503
玛纳斯县包家店镇	687	1778	1063	549	1	1	4	262
奇台县半截沟镇	203	799	367	561	2	1	2	274
奇台县吉布库镇	295	488	328	250	1	1	3	38
奇台县东湾镇	213	475	298	260	1	1	3	264
奇台县西地镇	54	332	332	105	1	1	3	39
奇台县老奇台镇	621	2127	1312	357	1	1	3	28
阜康市九运街镇	541	1608	722	1211	1	1	4	70
阜康市滋泥泉子镇	1087	2464	991	1450	1	1	22	160
吉木萨尔县三台镇	815	2771	2769	1623	2	1	13	378
吉木萨尔县泉子街镇	310	1035	786	1472	2	1	2	11
吉木萨尔县吉木萨尔镇	1306	3693	3093	1530	3	1	28	387
木垒哈萨克自治县西吉尔镇	913	2907	613	628	2	2	1	8
博乐市小营盘镇	1010	3050	2950	1500	1	1	2	20
博乐市达勒特镇	900	2800	1092	870	1	1	2	30

3—4—31 续表 1

乡镇名称	户 数（户）	人 口（人）	其中：非农业人口（人）	劳动力（人）	集贸市场个数（个）	其 中：综合市场个数（个）	企 业 个 数（个）	企 业 从 业 人员数（人）
博乐市乌图布拉格镇	426	1515	905	563	1	1	2	35
精河县大河沿子镇	1196	2938	2938	960	2	1	6	333
温泉县哈日布呼镇	954	3959	720	3239	1	1	4	102
焉耆回族自治县七个星镇	2851	12230	1224	5324	1	1	7	607
焉耆回族自治县永宁镇	1217	3578	2426	512	3	0	4	84
和静县巴润哈尔莫墩镇	620	1820	1045	1360	1	1	10	187
和静县巴仑台镇	524	1589	912	1116	1	1	5	52
阿克苏市哈拉塔镇	981	2726	1526	550	2	2	10	101
阿克苏市阿依库勒镇	1134	3618	1199	1096	2	2	12	118
阿瓦提县乌鲁却勒镇	562	4002	1616	545	3	1	4	246
阿瓦提县拜什艾日克镇	720	3618	1420	3618	2	1	10	180
阿克陶县阿克陶镇	470	2720	197	605	1	1	5	55
阿克陶县奥依塔克镇	81	395	65	25	0	0	3	19
疏勒县罕南力克镇	250	1320	50	800	2	2	0	0
疏勒县牙甫泉镇	200	1260	118	30	1	1	4	20
泽普县奎依巴格镇	1834	5043	3970	1317	1	1	4	48
莎车县恰热克镇	4729	20636	903	5725	2	2	2	14
莎车县艾力西湖镇	6186	32240	1100	155	1	1	13	151
莎车县荒地镇	5474	28391	824	10531	3	3	6	57
莎车县阿瓦提镇	4327	21904	149	0	1	1	1	10
莎车县白什坎特镇	7105	35878	1500	280	1	1	3	41
莎车县依盖尔其镇	4111	18384	136	5533	1	1	2	20
叶城县恰尔巴格镇	782	2218	167	297	1	1	10	89
叶城县乌夏巴什镇	364	1896	73	525	1	1	12	105
伽师县巴仁镇	1185	1915	780	965	2	2	3	45
伽师县西克尔库勒镇	134	553	68	224	1	1	4	58
巴楚县色力不亚镇	1722	8047	5308	7500	1	1	1	4
巴楚县阿瓦提镇	1236	2673	1163	386	1	1	1	3
巴楚县三叉口镇	503	1245	240	255	0	0	1	3
和田市拉四奎镇	550	2098	120	520	1	1	7	140
和田县巴格其镇	473	2350	242	698	1	1	10	126
墨玉县墨玉镇	585	2429	95	854	0	0	3	13
皮山县固玛镇	122	390	55	129	0	0	0	0
皮山县杜瓦镇	174	804	80	105	1	1	1	68
洛浦县洛浦镇	4602	16667	13032	6524	2	2	3	230
洛浦县玉龙喀什镇	421	1611	480	661	1	1	3	54
策勒县策勒镇	791	3955	988	1366	1	1	4	56
于田县木尕拉镇	368	1702	210	611	1	1	0	0
于田县先拜巴扎镇	147	631	0	159	1	1	1	10
民丰县尼雅镇	724	2492	1492	1414	1	1	2	20

3-4-31 续表 2

乡镇名称	户 数（户）	人 口（人）	其中：非农业人口（人）	劳动力（人）	集贸市场个数（个）	其 中：综合市场个数（个）	企 业 个 数（个）	企 业 从 业 人员数（人）
伊宁市巴彦岱镇	981	5421	270	2116	2	1	25	795
伊宁县吉里于孜镇	578	2407	2407	832	0	0	1	24
伊宁县墩麻扎镇	573	3183	258	1494	2	2	2	6
察布查尔县察布查尔镇	590	2760	456	1104	0	0	3	56
察布查尔县爱新舍里镇	512	2535	279	1521	1	1	3	26
霍城县清水河镇	1214	5457	806	4856	6	5	5	102
霍城县芦草沟镇	208	874	119	530	1	0	5	76
霍城县水定镇	626	3041	156	1672	6	2	2	32
巩留县巩留镇	94	282	282	103	0	0	0	0
新源县新源镇	1272	5000	1908	2124	1	1	5	65
新源县阿热勒托别镇	2172	13018	1911	5207	3	2	2	80
新源县塔勒德镇	485	2425	940	970	2	1	2	21
新源县那拉提镇	1033	6214	1840	3986	2	1	2	17
新源县则克台镇	392	1570	580	1099	5	4	4	44
特克斯县特克斯镇	498	2689	159	1613	1	1	1	13
尼勒克县尼勒克镇	502	2259	1506	606	3	3	1	160
塔城市二工镇	345	794	155	520	1	1	2	75
乌苏市皇宫镇	548	1758	406	1758	1	1	1	126
乌苏市西湖镇	81	339	167	172	1	1	55	85
乌苏市西大沟镇	188	490	300	400	1	1	3	95
乌苏市甘河子镇	120	635	290	350	1	1	15	201
乌苏市百泉镇	95	245	245	95	1	1	15	25
乌苏市四棵树镇	192	775	510	325	1	1	1	180
沙湾县四道河子镇	608	1808	548	1050	1	1	7	270
沙湾县老沙湾镇	447	942	470	345	2	2	6	250
沙湾县乌兰乌苏镇	474	1838	890	912	0	0	4	158
沙湾县东湾镇	303	644	644	245	1	0	1	18
沙湾县西戈壁镇	307	784	784	203	0	0	5	94
沙湾县安集海镇	366	889	760	867	0	0	4	120
沙湾县三道河子镇	8833	34296	22958	21234	0	0	3	123
和丰县和什托洛盖镇	1956	9876	5940	3600	1	1	1	400
阿勒泰市阿苇滩镇	500	3600	1805	360	1	1	11	165
青河县青河镇	379	1980	396	602	0	0	7	143
青河县塔克什肯镇	146	582	233	327	2	2	3	25
吉木乃县吉木乃镇	559	2231	529	901	0	0	0	0

第四部分　乡镇平均指标

一　省区市乡镇平均指标

4—1 1999年分省区市乡镇平均指标

计算单位:平均每个乡镇

	单 位	合 计	东部地区	中部地区	西部地区	北 京	天 津
1. 基本指标							
总户数	户	5560.3	7657.7	5842.9	4052.4	5436.5	5872.2
总人口	人	21345.8	27690.7	22828.5	16102.1	15844.6	19919.7
乡村劳动力	人	10825.8	14322.6	11264.0	8347.5	6865.6	7988.4
农作物总播种面积	公顷	3359.0	3463.9	4105.1	2488.5	2209.4	2529.4
其中粮食作物播种面积	公顷	2444.6	2450.9	3026.9	1808.5	1711.2	1906.4
农机总动力	千瓦	9808.0	13923.8	12643.5	4371.2	18366.3	25430.6
2. 经济指标							
乡村经济总收入	万元	208277.4	481550.7	186068.8	75930.7	444068.1	514637.8
粮食产量	吨	11852.1	14124.2	14857.1	7286.7	8513.9	9002.4
棉花产量	吨	82.2	76.6	112.1	53.0	4.9	40.5
油料产量	吨	569.0	723.9	752.9	280.4	117.5	102.3
肉类产量	吨	1381.9	1741.2	1593.5	946.4	2120.9	1358.8
水产品产量	吨	777.5	2427.2	479.0	157.2	335.0	915.3
财政收入	万元	4239.7	10177.8	3329.2	1828.8	12106.1	8106.2
3. 社区环境指标							
通电村数	个	15.7	21.9	16.9	11.0	16.7	17.5
通邮村数	个	14.9	21.8	16.6	9.3	16.7	17.4
通电话村数	个	12.5	21.3	14.0	5.9	16.7	17.2
通公路村数	个	14.2	20.3	15.2	9.6	16.6	17.4
通自来水村数	个	6.9	12.8	5.9	4.5	16.1	11.8
汽车站	个	0.4	0.6	0.4	0.2	0.4	0.6
供水站	个	0.7	1.0	0.6	0.6	2.7	0.6
垃圾处理站	个	0.2	0.3	0.1	0.1	0.1	0.3
集贸市场个数	个	1.6	2.5	1.6	1.1	1.3	1.8
学校数	个	14.3	13.4	16.6	12.2	8.3	10.7
图书馆、文化站	个	1.1	1.4	1.3	0.9	1.6	1.4
体育场馆	个	0.2	0.3	0.2	0.1	0.2	0.5
医疗卫生单位	个	4.9	6.0	6.4	2.8	12.7	1.4
病床数	床	23.9	35.4	26.3	14.8	42.0	25.4
敬老院、福利院	个	0.7	1.0	0.8	0.5	1.0	0.9

4－1 续表 1　　　　计算单位:平均每个乡镇

	单　位	河　北	山　西	内蒙古	辽　宁	吉　林	黑龙江
1. 基本指标							
总户数	户	7064.6	3196.9	2524.7	6022.9	5069.0	4104.4
总人口	人	26602.0	11889.0	9916.1	20580.5	19132.9	16913.7
乡村劳动力	人	12810.8	4956.6	4546.7	8312.1	7855.5	8126.8
农作物总播种面积	公顷	4389.5	2023.3	3697.8	3084.6	4428.9	6034.2
其中粮食作物播种面积	公顷	3499.7	1647.7	3027.4	2574.1	3813.7	5155.0
农机总动力	千瓦	31197.9	7385.2	6629.5	10577.3	8645.6	9710.0
2. 经济指标							
乡村经济总收入	万元	363990.5	102583.9	52839.5	353551.6	179670.0	105759.0
粮食产量	吨	15323.7	4144.8	8773.1	14175.8	28108.9	27517.9
棉花产量	吨	140.1	22.8	1.1	3.8	37.4	0.0
油料产量	吨	644.1	130.8	555.1	183.0	331.9	268.7
肉类产量	吨	1995.1	308.9	905.2	2305.6	2881.6	1135.0
水产品产量	吨	332.5	5.2	32.0	2103.7	112.3	261.5
财政收入	万元	4390.1	1552.0	1735.1	5043.5	3347.6	2400.0
3. 社区环境指标							
通电村数	个	23.9	16.1	8.4	13.6	11.2	12.5
通邮村数	个	23.8	15.3	8.2	13.5	11.2	12.4
通电话村数	个	22.4	8.8	4.1	12.9	10.0	10.7
通公路村数	个	21.3	14.6	6.4	12.8	10.2	10.3
通自来水村数	个	17.5	8.4	2.3	4.3	4.0	4.6
汽车站	个	0.3	0.1	0.2	0.8	0.8	0.4
供水站	个	0.4	0.3	0.7	1.0	1.2	0.8
垃圾处理站	个	0.1	0.0	0.0	0.1	0.2	0.1
集贸市场个数	个	2.5	0.6	0.7	1.8	1.7	1.3
学校数	个	22.2	19.7	7.8	12.4	11.3	12.4
图书馆、文化站	个	2.2	1.5	1.2	1.7	1.2	1.0
体育场馆	个	0.3	0.3	0.1	0.1	0.2	0.1
医疗卫生单位	个	8.8	3.0	1.4	2.9	2.3	6.4
病床数	床	30.0	5"7	12.0	31.4	24.2	19.0
敬老院、福利院	个	0.9	0.5	0.6	1.0	1.0	0.9

4－1 续表 2

计算单位：平均每个乡镇

	单位	上海	江苏	浙江	安徽	福建	江西
1. 基本指标							
总户数	户	8553.4	8892.0	6356.5	7159.3	6862.7	4180.6
总人口	人	23866.8	29702.9	20634.0	28234.9	28046.2	17985.3
乡村劳动力	人	11154.6	14305.6	12509.5	15172.1	12678.6	8713.9
农作物总播种面积	公顷	2341.6	4021.5	2069.8	4371.4	2958.4	3251.6
其中粮食作物播种面积	公顷	1473.0	2988.3	1469.7	3038.9	2046.5	1992.4
农机总动力	千瓦	5533.0	13289.9	9684.2	13103.4	8069.5	3569.9
2. 经济指标							
乡村经济总收入	万元	1430377.7	533795.9	568015.2	143384.7	355248.7	67476.5
粮食产量	吨	9562.5	18840.6	7862.6	15490.1	10494.5	9738.8
棉花产量	吨	11.2	145.3	22.0	137.7	0.3	40.7
油料产量	吨	645.8	954.6	289.1	1382.5	258.8	511.5
肉类产量	吨	3852.4	1951.8	668.4	1457.9	1344.6	1027.5
水产品产量	吨	867.6	1576.4	2101.6	631.8	4986.5	513.2
财政收入	万元	39229.3	10908.1	12166.2	5154.6	7453.2	2281.1
3. 社区环境指标							
通电村数	个	13.5	5”0	23.1	15.9	15.1	11.3
通邮村数	个	13.5	5”0	22.8	15.8	15.0	11.1
通电话村数	个	13.5	5”0	22.0	15.3	14.5	9.5
通公路村数	个	13.0	16.6	20.5	14.5	14.7	10.9
通自来水村数	个	13.5	11.9	17.2	2.4	8.5	1.7
汽车站	个	1.4	1.0	0.7	0.6	0.4	0.3
供水站	个	1.5	2.0	0.9	0.6	0.7	0.5
垃圾处理站	个	0.7	0.5	0.3	0.2	0.3	0.1
集贸市场个数	个	2.6	2.5	2.0	2.1	1.5	1.2
学校数	个	4.6	12.6	8.8	16.3	16.3	12.6
图书馆、文化站	个	1.3	1.3	1.2	1.2	1.2	1.0
体育场馆	个	0.3	0.3	0.2	0.2	0.1	0.2
医疗卫生单位	个	1.1	10.7	1.7	8.6	1.1	4.3
病床数	床	67.4	45.3	22.3	38.1	25.2	15.4
敬老院、福利院	个	1.0	1.2	1.0	1.1	0.7	1.1

4－1 续表 3　　　　计算单位:平均每个乡镇

	单　位	山　东	河　南	湖　北	湖　南	广　东	广　西
1. 基本指标							
总户数	户	8629.8	9455.2	7631.1	6130.0	7972.4	6581.1
总人口	人	30523.2	38345.9	31242.3	22992.3	34311.2	29314.1
乡村劳动力	人	16533.6	21746.4	13284.9	12034.6	17955.7	15351.9
农作物总播种面积	公顷	4837.4	6146.0	5293.4	3205.2	3312.7	4608.6
其中粮食作物播种面积	公顷	3494.1	4348.7	3239.8	2125.9	2131.6	2772.2
农机总动力	千瓦	23782.5	24801.3	7836.5	8208.3	9584.5	9002.3
2. 经济指标							
乡村经济总收入	万元	420414.3	203110.0	284387.3	205188.1	439615.9	244007.6
粮食产量	吨	20177.3	20893.6	18192.1	12130.0	12464.9	12713.1
棉花产量	吨	174.9	432.3	209.7	63.7	0.0	0.6
油料产量	吨	1407.6	1690.9	1582.3	522.6	506.3	414.6
肉类产量	吨	2294.4	2344.9	1805.8	1861.2	1961.9	1920.5
水产品产量	吨	2447.6	132.4	1241.4	425.2	3048.8	1405.5
财政收入	万元	5761.0	3690.6	4367.4	2917.0	12614.2	2962.6
3. 社区环境指标							
通电村数	个	37.0	23.2	22.6	19.4	13.1	10.6
通邮村数	个	36.9	23.1	22.3	5”4	13.1	10.3
通电话村数	个	36.5	22.7	17.1	14.7	13.0	8.0
通公路村数	个	34.1	19.3	21.6	5”3	12.7	10.0
通自来水村数	个	17.1	5.3	8.2	4.5	6.9	5.3
汽车站	个	0.3	0.3	0.6	0.4	0.6	0.2
供水站	个	0.3	0.2	0.9	0.4	0.9	0.6
垃圾处理站	个	0.0	0.1	0.4	0.2	0.5	0.1
集贸市场个数	个	3.5	2.4	2.0	1.5	2.7	1.7
学校数	个	15.9	22.5	19.8	17.9	16.3	16.3
图书馆、文化站	个	1.2	1.2	1.1	1.0	1.9	1.2
体育场馆	个	0.2	0.1	0.2	0.1	0.5	0.1
医疗卫生单位	个	8.1	21.8	2.1	2.0	6.2	2.3
病床数	床	40.2	38.0	35.5	23.5	36.4	17.4
敬老院、福利院	个	1.2	1.0	1.0	0.4	1.1	0.4

4－1续表4　　　　计算单位:平均每个乡镇

	单　位	海　南	重　庆	四　川	贵　州	云　南	西　藏
1. 基本指标							
总户数	户	3403.2	4950.5	4036.1	5032.8	5479.5	529.6
总人口	人	16053.9	16867.6	14277.9	21133.9	22824.7	3059.6
乡村劳动力	人	7223.2	9008.4	7401.4	11775.5	12693.9	1416.1
农作物总播种面积	公顷	2670.0	2360.6	1895.0	3301.3	3427.4	385.5
其中粮食作物播种面积	公顷	1619.3	1874.0	1431.2	2304.9	2498.4	337.8
农机总动力	千瓦	4816.6	2295.3	2835.6	2831.8	6330.3	1114.9
2. 经济指标							
乡村经济总收入	万元	67679.2	70311.4	62981.7	65561.7	101114.6	18029.7
粮食产量	吨	7203.3	8385.8	7271.3	8005.2	8584.4	1298.4
棉花产量	吨	5.8	1.5	15.7	0.8	0.5	0.9
油料产量	吨	335.2	166.7	301.1	436.9	145.6	58.4
肉类产量	吨	1119.9	1090.6	1123.6	912.8	1256.9	213.1
水产品产量	吨	1916.5	99.0	73.6	29.7	63.0	7.4
财政收入	万元	2313.8	1676.9	2140.9	1710.8	3199.8	187.3
3. 社区环境指标							
通电村数	个	7.8	13.3	10.2	15.5	8.3	0.6
通邮村数	个	7.9	11.3	8.0	7.5	8.2	1.0
通电话村数	个	4.0	8.9	5.3	3.1	8.0	0.3
通公路村数	个	8.2	10.7	8.1	13.1	8.2	6.1
通自来水村数	个	2.8	4.5	2.7	9.1	6.3	0.6
汽车站	个	0.3	0.3	0.2	0.1	0.2	0.0
供水站	个	0.5	0.8	0.6	0.5	0.4	0.0
垃圾处理站	个	0.3	0.2	0.1	0.1	0.1	0.0
集贸市场个数	个	1.3	1.2	1.0	1.4	1.7	0.1
学校数	个	13.3	9.4	8.1	16.1	19.3	4.5
图书馆、文化站	个	1.1	0.8	0.6	0.6	1.1	0.2
体育场馆	个	0.8	0.1	0.1	0.0	0.1	0.0
医疗卫生单位	个	2.0	2.1	3.8	1.4	2.7	1.1
病床数	床	20.0	17.1	14.7	12.1	21.7	3.3
敬老院、福利院	个	0.6	0.7	0.6	0.5	0.4	0.1

4—1 续表 5　　　　计算单位：平均每个乡镇

	单　位	陕　西	甘　肃	青　海	宁　夏	新　疆
1. 基本指标						
总户数	户	3293.1	2930.1	1785.4	3462.5	2693.6
总人口	人	13244.6	13296.8	8426.9	14780.0	12247.1
乡村劳动力	人	6746.6	6244.3	4356.0	7001.7	4507.7
农作物总播种面积	公顷	2275.9	2414.8	1134.0	3265.3	2837.6
其中粮食作物播种面积	公顷	1942.2	1857.8	763.2	2639.4	1499.7
农机总动力	千瓦	4234.7	5596.2	4964.5	11808.5	7251.4
2. 经济指标						
乡村经济总收入	万元	57972.5	55852.3	15000.8	53277.2	42745.4
粮食产量	吨	5640.1	5189.5	2088.9	8747.7	8651.5
棉花产量	吨	10.2	26.7	0.0	0.0	905.8
油料产量	吨	165.4	282.6	448.5	328.5	485.3
肉类产量	吨	470.5	381.6	486.8	576.6	784.1
水产品产量	吨	5”6	6.2	1.8	85.2	28.6
财政收入	万元	1355.6	956.6	933.2	1015.1	1134.3
3. 社区环境指标						
通电村数	个	15.0	10.9	7.6	8.7	10.9
通邮村数	个	14.6	10.6	6.6	8.0	10.3
通电话村数	个	8.1	3.6	1.7	7.4	6.6
通公路村数	个	11.9	10.0	8.3	7.6	10.7
通自来水村数	个	5.5	3.1	4.7	2.2	6.8
汽车站	个	0.3	0.2	0.1	0.1	0.2
供水站	个	0.5	0.3	0.1	0.6	1.6
垃圾处理站	个	0.1	0.0	0.0	0.0	0.0
集贸市场个数	个	0.8	0.8	0.4	0.8	0.9
学校数	个	17.4	14.8	8.3	13.7	8.1
图书馆、文化站	个	1.0	1.1	0.4	1.7	1.8
体育场馆	个	0.1	0.2	0.0	0.1	0.2
医疗卫生单位	个	4.1	1.3	2.2	2.8	1.8
病床数	床	15.1	12.0	9.7	10.2	19.4
敬老院、福利院	个	0.4	0.4	0.2	0.7	0.4

第四部分　乡镇平均指标

二　省区市乡平均指标

4—2　1999年分省区市乡平均指标

计算单位:平均每个乡

	单　位	合　　计	东部地区	中部地区	西部地区	北　京	天　津
1. 基本指标							
总户数	户	3902.4	5277.3	4542.1	2896.4	4313.1	4079.9
总人口	人	15459.5	19143.7	17974.8	11999.3	12058.2	14738.0
乡村劳动力	人	7877.6	9788.6	9068.6	6191.2	5269.6	6378.5
农作物总播种面积	公顷	2795.8	2922.8	3557.5	2032.5	1589.6	2455.1
其中粮食作物播种面积	公顷	2064.2	2133.2	2650.5	1485.0	115”3	1946.5
农机总动力	千瓦	7273.9	10661.6	10406.6	3309.8	12039.5	18958.8
2. 经济指标							
乡村经济总收入	万元	95592.8	193114.0	120575.3	43694.5	404413.1	282242.0
粮食产量	吨	9113.3	11916.6	12165.0	5394.7	5301.8	9489.0
棉花产量	吨	77.0	103.7	91.9	55.1	7.3	31.7
油料产量	吨	452.4	617.3	649.9	216.5	65.6	108.5
肉类产量	吨	1000.0	1199.8	1265.6	689.0	1094.7	1271.2
水产品产量	吨	280.7	1109.0	272.4	50.3	235.2	773.9
财政收入	万元	2089.1	4277.2	2377.3	1184.6	12198.8	4225.1
3. 社区环境指标							
通电村数	个	12.7	19.4	14.7	8.9	13.1	17.0
通邮村数	个	11.8	19.2	14.3	7.3	13.0	16.7
通电话村数	个	9.3	5”6	11.6	4.3	13.1	16.7
通公路村数	个	11.2	17.0	12.8	7.9	12.9	16.8
通自来水村数	个	5.0	9.8	5.0	3.7	12.6	10.2
汽车站	个	0.2	0.4	0.3	0.1	0.5	0.3
供水站	个	0.5	0.7	0.4	0.4	0.7	0.2
垃圾处理站	个	0.1	0.1	0.1	0.0	0.1	0.0
集贸市场个数	个	1.1	1.8	1.2	0.8	1.3	1.1
学校数	个	12.5	11.2	14.6	10.8	6.7	11.4
图书馆、文化站	个	1.0	1.0	1.2	0.8	0.9	1.1
体育场馆	个	0.1	0.1	0.1	0.1	0.0	0.3
医疗卫生单位	个	3.9	4.4	5.5	2.2	9.2	1.2
病床数	床	13.8	20.0	17.2	8.8	24.9	12.7
敬老院、福利院	个	0.6	0.9	0.8	0.4	0.9	0.9

4－2续表1　　　　计算单位：平均每个乡

	单　位	河　北	山　西	内蒙古	辽　宁	吉　林	黑龙江
1. 基本指标							
总户数	户	5857.4	2703.8	2190.7	4581.0	3790.2	3502.9
总人口	人	22484.0	10035.2	8664.0	16078.2	15002.5	14521.2
乡村劳动力	人	10974.4	4131.6	4053.0	6725.4	6263.5	7015.8
农作物总播种面积	公顷	3961.5	1806.6	3365.9	2714.8	4246.7	5708.2
其中粮食作物播种面积	公顷	3147.5	1458.8	2715.7	2262.7	3670.0	4880.8
农机总动力	千瓦	25109.8	5926.2	5985.3	8006.8	8161.8	8937.2
2. 经济指标							
乡村经济总收入	万元	252872.4	80849.4	41796.0	204490.4	180872.4	85607.8
粮食产量	吨	13159.4	3485.7	7468.5	11641.0	26225.6	25613.0
棉花产量	吨	146.5	15.8	1.3	4.2	5.7	0.0
油料产量	吨	594.1	116.3	522.3	181.8	355.5	275.2
肉类产量	吨	1629.3	283.7	855.0	1936.5	2434.0	982.2
水产品产量	吨	130.3	4.3	5”2	1195.1	98.2	223.3
财政收入	万元	3461.6	1271.7	1448.7	3239.1	4031.9	1927.7
3. 社区环境指标							
通电村数	个	21.1	14.9	7.9	12.6	10.2	11.8
通邮村数	个	21.1	14.1	7.7	12.5	10.1	11.6
通电话村数	个	19.4	7.5	3.6	11.8	9.0	9.9
通公路村数	个	5”2	13.3	6.0	11.8	9.1	9.5
通自来水村数	个	15.4	7.3	2.1	3.5	3.4	4.1
汽车站	个	0.2	0.1	0.1	0.8	0.6	0.3
供水站	个	0.3	0.3	0.6	0.7	1.0	0.6
垃圾处理站	个	0.1	0.0	0.0	0.0	0.1	0.0
集贸市场个数	个	2.1	0.4	0.5	1.4	1.2	1.0
学校数	个	20.3	5”2	7.2	11.0	10.3	11.5
图书馆、文化站	个	2.1	1.4	1.1	1.5	1.1	1.0
体育场馆	个	0.2	0.2	0.1	0.2	0.2	0.2
医疗卫生单位	个	7.2	2.7	1.3	2.3	2.3	5.6
病床数	床	20.5	15.0	9.6	16.8	11.0	13.7
敬老院、福利院	个	0.8	0.5	0.6	1.0	1.0	0.9

4—2 续表 2　　计算单位:平均每个乡

	单　位	上　海	江　苏	浙　江	安　徽	福　建	江　西
1. 基本指标							
总户数	户	7629.4	7266.1	3355.7	5492.3	3685.9	3327.0
总人口	人	22217.6	25866.8	11397.3	21902.5	15541.2	14424.0
乡村劳动力	人	12894.9	12626.2	6612.1	11892.4	6687.7	7026.9
农作物总播种面积	公顷	3704.5	3943.3	1134.4	3590.5	2217.0	2743.7
其中粮食作物播种面积	公顷	2085.8	2960.8	833.6	2468.8	1531.2	1681.7
农机总动力	千瓦	7748.3	10756.6	4906.9	10340.4	3992.7	2764.2
2. 经济指标							
乡村经济总收入	万元	408823.8	279187.1	153532.5	99513.1	92289.9	50119.8
粮食产量	吨	12746.3	18315.3	4147.9	12574.4	7576.8	8082.3
棉花产量	吨	4.9	146.9	7.4	107.2	0.3	27.7
油料产量	吨	1864.3	996.1	150.0	1246.6	97.3	416.1
肉类产量	吨	987.5	1825.9	372.6	1143.1	723.5	848.7
水产品产量	吨	2228.6	1295.1	1412.4	574.1	1853.1	426.9
财政收入	万元	16071.3	5499.8	3762.0	3463.3	2565.3	1709.2
3. 社区环境指标							
通电村数	个	16.4	16.4	15.7	13.5	11.9	10.0
通邮村数	个	16.4	16.4	15.2	13.3	11.8	9.8
通电话村数	个	16.4	16.4	14.3	12.8	11.0	8.2
通公路村数	个	16.4	14.7	12.8	12.0	11.4	9.6
通自来水村数	个	16.4	9.7	11.2	2.0	6.3	1.5
汽车站	个	0.9	0.7	0.4	0.4	0.2	0.2
供水站	个	2.1	1.8	0.5	0.3	0.5	0.4
垃圾处理站	个	0.4	0.3	0.1	0.1	0.1	0.1
集贸市场个数	个	1.8	2.1	0.8	1.3	1.0	0.9
学校数	个	6.3	12.0	6.3	13.7	12.9	11.1
图书馆、文化站	个	1.0	1.2	0.9	1.0	1.0	0.9
体育场馆	个	0.1	0.2	0.1	0.1	0.0	0.1
医疗卫生单位	个	1.0	9.6	1.2	6.4	1.0	3.4
病床数	床	40.6	30.0	7.9	21.3	12.5	10.9
敬老院、福利院	个	0.9	1.0	0.8	1.0	0.6	1.0

4－2 续表 3　　　　计算单位：平均每个乡镇

	单 位	山 东	河 南	湖 北	湖 南	广 东	广 西
1. 基本指标							
总户数	户	6633.6	8572.0	5335.2	4312.9	3381.1	4411.8
总人口	人	24435.5	34891.4	21592.5	16420.4	14402.4	19675.7
乡村劳动力	人	13210.4	19906.3	9482.5	8781.1	6787.1	10470.7
农作物总播种面积	公顷	4307.1	5834.9	3835.1	2421.5	1680.1	3391.5
其中粮食作物播种面积	公顷	3138.1	4111.5	2458.9	1575.1	896.4	2093.3
农机总动力	千瓦	18384.8	22453.9	4806.1	6030.8	4435.1	5617.2
2. 经济指标							
乡村经济总收入	万元	172354.5	152788.6	135849.9	129345.9	188519.1	114920.9
粮食产量	吨	17366.9	19713.7	11801.5	8569.8	4369.9	7727.2
棉花产量	吨	232.3	407.6	81.0	49.2	0.0	0.6
油料产量	吨	1102.2	1709.3	999.8	430.5	285.9	271.0
肉类产量	吨	1672.8	2216.8	1310.2	1349.9	662.8	1303.4
水产品产量	吨	630.4	133.2	660.3	292.3	324.7	387.1
财政收入	万元	3635.8	2990.5	2328.7	2076.8	3482.2	1527.3
3. 社区环境指标							
通电村数	个	31.6	22.0	5”7	15.1	7.4	8.5
通邮村数	个	31.5	22.0	5”1	13.9	7.3	8.1
通电话村数	个	31.0	21.4	11.8	10.6	6.9	5.8
通公路村数	个	27.1	5”1	17.3	13.9	6.8	8.3
通自来水村数	个	11.1	3.9	6.5	3.8	3.2	5.0
汽车站	个	0.2	0.2	0.4	0.3	0.1	0.1
供水站	个	0.2	0.1	0.6	0.3	0.3	0.5
垃圾处理站	个	0.0	0.0	0.2	0.1	0.3	0.1
集贸市场个数	个	2.8	2.1	1.4	1.2	2.2	1.4
学校数	个	14.8	20.9	16.5	14.1	9.4	15.3
图书馆、文化站	个	1.0	1.1	1.0	0.8	1.3	1.1
体育场馆	个	0.1	0.1	0.1	0.1	0.3	0.1
医疗卫生单位	个	4.1	19.7	1.6	1.4	3.1	1.9
病床数	床	25.3	32.2	21.7	13.6	14.8	10.4
敬老院、福利院	个	1.0	0.9	0.9	0.3	0.8	0.3

4－2 续表 4　　　　计算单位：平均每个乡

	单　位	海　南	重　庆	四　川	贵　州	云　南	西　藏
1. 基本指标							
总户数	户	2103.2	2953.0	2581.9	3901.5	4829.8	486.7
总人口	人	9809.2	10492.7	9555.6	16642.1	20497.9	2847.7
乡村劳动力	人	4440.9	5708.7	4996.4	9330.0	11408.0	1315.7
农作物总播种面积	公顷	1927.5	1821.0	1373.1	2745.9	3258.4	327.7
其中粮食作物播种面积	公顷	1154.0	1442.7	1040.6	1897.5	2390.2	289.3
农机总动力	千瓦	2642.7	1223.8	1774.3	1831.0	4770.3	982.7
2. 经济指标							
乡村经济总收入	万元	40032.3	22593.9	37237.5	53081.3	56427.7	19273.3
粮食产量	吨	4872.7	5555.2	4969.8	6097.0	7784.9	1162.9
棉花产量	吨	16.2	0.5	9.7	0.8	0.5	1.0
油料产量	吨	284.3	144.1	197.1	298.1	126.6	56.1
肉类产量	吨	696.1	664.2	779.9	673.6	1104.3	213.4
水产品产量	吨	438.4	32.7	44.8	21.5	45.9	0.1
财政收入	万元	1230.2	711.0	1295.8	1245.1	2462.0	133.8
3. 社区环境指标							
通电村数	个	6.1	10.0	7.7	12.7	7.9	0.5
通邮村数	个	6.0	7.5	5.3	4.9	8.0	0.9
通电话村数	个	2.4	5.2	3.4	2.1	7.6	0.2
通公路村数	个	6.6	7.3	5.9	10.3	7.8	5.8
通自来水村数	个	2.0	2.7	2.2	7.4	6.1	0.6
汽车站	个	0.2	0.1	0.1	0.0	0.1	0.0
供水站	个	0.3	0.5	0.5	0.3	0.4	0.0
垃圾处理站	个	0.1	0.1	0.1	0.0	0.0	0.0
集贸市场个数	个	0.9	0.8	0.6	1.1	1.6	0.0
学校数	个	10.5	7.3	6.4	13.7	19.3	4.1
图书馆、文化站	个	0.5	0.4	0.5	0.4	1.0	0.2
体育场馆	个	0.4	0.1	0.1	0.0	0.1	0.0
医疗卫生单位	个	1.7	1.5	2.8	1.3	2.6	1.1
病床数	床	22.0	6.8	6.8	7.5	16.2	2.1
敬老院、福利院	个	0.5	0.4	0.4	0.4	0.4	0.1

4—2 续表 5

计算单位：平均每个乡

	单　位	陕　西	甘　肃	青　海	宁　夏	新　疆
1. 基本指标						
总户数	户	2523.9	2702.0	1454.7	2910.3	2512.4
总人口	人	10296.2	12395.2	7084.2	13077.6	11605.6
乡村劳动力	人	5289.2	5808.5	3645.2	6346.0	4183.1
农作物总播种面积	公顷	1884.4	2333.2	1083.6	3241.4	2677.5
其中粮食作物播种面积	公顷	1603.8	1799.6	729.3	2615.6	1443.4
农机总动力	千瓦	3328.5	4992.3	3943.1	10722.7	6314.8
2. 经济指标						
乡村经济总收入	万元	40714.3	47586.9	12222.7	48356.4	37286.0
粮食产量	吨	4369.2	4763.3	1852.1	8269.5	8096.7
棉花产量	吨	9.4	25.6	0.0	0.0	797.7
油料产量	吨	139.4	264.7	426.6	326.9	431.6
肉类产量	吨	45”9	356.4	477.0	530.9	719.8
水产品产量	吨	16.5	5.7	0.8	79.7	27.3
财政收入	万元	929.3	845.8	797.9	946.4	1009.8
3. 社区环境指标						
通电村数	个	12.9	10.6	7.0	8.7	10.4
通邮村数	个	12.5	10.2	6.1	8.0	9.8
通电话村数	个	6.5	3.2	1.2	7.3	5.9
通公路村数	个	10.1	9.7	7.7	7.5	10.2
通自来水村数	个	4.4	2.8	4.3	2.2	6.4
汽车站	个	0.1	0.2	0.0	0.0	0.1
供水站	个	0.4	0.3	0.0	0.5	1.4
垃圾处理站	个	0.0	0.0	0.0	0.0	0.0
集贸市场个数	个	0.5	0.6	0.3	0.6	0.7
学校数	个	15.1	14.3	7.9	13.8	8.0
图书馆、文化站	个	0.9	1.1	0.3	1.7	1.7
体育场馆	个	0.1	0.2	0.0	0.0	0.2
医疗卫生单位	个	3.2	1.2	1.9	2.6	1.7
病床数	床	8.9	9.3	4.3	4.4	17.6
敬老院、福利院	个	0.3	0.4	0.2	0.7	0.4

第四部分　乡镇平均指标

三　省区市镇平均指标

4—3 1999年分省区市镇平均指标

计算单位:平均每个镇

	单 位	合 计	东部地区	中部地区	西部地区	北 京	天 津
1. 基本指标							
总户数	户	7877.7	8924.9	7854.6	6641.8	6641.7	7925.4
总人口	人	29573.3	32240.5	30334.5	25292.2	19906.5	25856.1
乡村劳动力	人	14946.6	16736.2	14659.0	13177.3	8577.6	9832.7
农作物总播种面积	公顷	4146.2	3752.0	4951.8	3509.9	2874.3	2614.6
其中粮食作物播种面积	公顷	2976.3	2620.1	3608.9	2533.1	2347.2	1860.6
农机总动力	千瓦	13350.0	15660.3	16102.6	6748.6	25153.2	32845.0
2. 经济指标							
乡村经济总收入	万元	365780.2	635095.2	287349.4	148137.0	486607.1	780877.7
粮食产量	吨	15680.1	15299.4	19020.1	11524.6	11959.7	8445.0
棉花产量	吨	89.5	62.3	143.4	48.1	2.5	50.4
油料产量	吨	731.8	780.7	912.2	423.4	173.2	95.2
肉类产量	吨	1915.7	2029.4	2100.4	1522.7	3221.7	1459.1
水产品产量	吨	1471.9	3128.9	798.6	396.6	442.0	1077.4
财政收入	万元	7245.7	1335”9	4801.3	3271.8	12006.7	12552.6
3. 社区环境指标							
通电村数	个	20.0	23.2	20.3	15.5	20.5	5”1
通邮村数	个	19.3	23.1	20.1	13.6	20.5	5”1
通电话村数	个	17.1	22.7	17.8	9.3	20.5	17.7
通公路村数	个	5”4	22.0	5”8	13.4	20.5	5”1
通自来水村数	个	9.4	14.3	7.4	6.2	19.8	13.7
汽车站	个	0.6	0.7	0.6	0.4	0.4	0.9
供水站	个	0.9	1.1	0.8	0.9	4.8	1.0
垃圾处理站	个	0.3	0.4	0.2	0.2	0.1	0.6
集贸市场个数	个	2.3	2.9	2.3	1.8	1.2	2.6
学校数	个	16.8	14.6	19.8	15.3	10.1	9.9
图书馆、文化站	个	1.4	1.5	1.5	1.1	2.4	1.7
体育场馆	个	0.2	0.4	0.2	0.2	0.4	0.7
医疗卫生单位	个	6.4	6.9	7.7	4.1	16.4	1.6
病床数	床	38.1	43.6	40.3	28.4	60.4	39.9
敬老院、福利院	个	1.0	1.1	1.0	0.7	1.0	1.0

4—3 续表 1　　　　计算单位：平均每个镇

	单　位	河　北	山　西	内蒙古	辽　宁	吉　林	黑龙江
1. 基本指标							
总户数	户	8765.1	4784.5	4113.5	7158.3	6322.1	5272.4
总人口	人	32402.8	17858.0	15872.4	24125.6	23180.5	21559.2
乡村劳动力	人	15397.5	7612.8	6895.2	9561.5	9415.7	10283.8
农作物总播种面积	公顷	4992.5	2721.3	5276.5	3375.8	4607.5	6667.3
其中粮食作物播种面积	公顷	3995.8	2255.9	4510.3	2819.4	3954.5	5687.4
农机总动力	千瓦	39773.8	12082.7	9694.1	12601.3	9119.6	11210.5
2. 经济指标							
乡村经济总收入	万元	520513.2	172562.0	105373.1	470922.6	178491.6	144885.4
粮食产量	吨	18372.3	6266.9	14978.9	16171.8	29954.4	31216.5
棉花产量	吨	131.2	45.2	0.1	3.6	68.4	0.0
油料产量	吨	714.6	177.5	711.2	184.0	308.7	256.1
肉类产量	吨	2510.4	390.0	1143.8	2596.3	3320.3	1431.7
水产品产量	吨	617.4	8.2	97.5	2819.1	126.1	335.5
财政收入	万元	5697.9	2454.5	3097.6	6464.2	2677.0	3317.2
3. 社区环境指标							
通电村数	个	27.8	20.0	10.8	14.3	12.2	14.0
通邮村数	个	27.7	19.1	10.6	14.3	12.2	13.9
通电话村数	个	26.5	12.7	6.3	13.8	11.0	12.3
通公路村数	个	25.6	5”6	8.5	13.6	11.2	11.9
通自来水村数	个	20.4	12.1	3.1	4.9	4.6	5.6
汽车站	个	0.5	0.2	0.3	0.8	0.9	0.6
供水站	个	0.6	0.5	0.9	1.2	1.4	1.1
垃圾处理站	个	0.1	0.1	0.2	0.2	0.4	0.1
集贸市场个数	个	3.1	1.2	1.4	2.1	2.3	1.9
学校数	个	24.8	24.3	10.9	13.6	12.2	14.1
图书馆、文化站	个	2.4	2.0	1.4	1.8	1.2	1.0
体育场馆	个	0.3	0.4	0.1	0.1	0.3	0.1
医疗卫生单位	个	11.1	4.1	2.1	3.3	2.3	7.9
病床数	床	43.3	30.4	23.3	42.8	37.2	29.1
敬老院、福利院	个	1.0	0.6	0.7	1.0	1.0	0.9

4—3续表2　　　　计算单位:平均每个镇

	单　位	上　海	江　苏	浙　江	安　徽	福　建	江　西
1. 基本指标							
总户数	户	8591.0	10022.6	8882.6	8874.1	8973.1	5746.4
总人口	人	23933.7	32370.5	28409.7	34748.8	36353.4	2455”1
乡村劳动力	人	11083.9	15473.5	17474.0	18545.8	16658.4	11808.6
农作物总播种面积	公顷	2286.2	4075.9	2857.2	5174.7	3451.0	4183.5
其中粮食作物播种面积	公顷	1448.2	3007.4	2005.2	3625.3	2388.8	2562.2
农机总动力	千瓦	5443.1	15051.5	13705.8	15945.5	10777.7	5047.8
2. 经济指标							
乡村经济总收入	万元	1471862.1	710844.9	916935.0	188513.9	529935.1	99316.0
粮食产量	吨	9433.2	19205.9	10989.8	18489.4	12432.7	12777.7
棉花产量	吨	11.4	144.2	34.3	169.1	0.3	64.5
油料产量	吨	596.4	925.8	406.1	1522.3	366.2	686.5
肉类产量	吨	3968.8	2039.3	917.4	1781.7	1757.3	1355.4
水产品产量	吨	812.4	1772.0	2681.7	691.1	7068.0	671.5
财政收入	万元	40169.7	14668.9	19241.0	6894.5	10700.3	3330.3
3. 社区环境指标							
通电村数	个	13.4	19.1	29.4	5”4	17.2	13.7
通邮村数	个	13.4	19.1	29.2	5”3	17.1	13.6
通电话村数	个	13.4	19.1	28.5	17.9	16.8	12.0
通公路村数	个	12.8	17.9	27.0	17.1	16.9	13.4
通自来水村数	个	13.4	13.4	22.3	2.8	9.9	2.0
汽车站	个	1.4	1.1	0.9	0.8	0.5	0.5
供水站	个	1.5	2.1	1.3	0.8	0.8	0.6
垃圾处理站	个	0.7	0.7	0.5	0.3	0.4	0.2
集贸市场个数	个	2.6	2.8	3.1	2.9	1.9	1.6
学校数	个	4.6	13.1	10.9	19.0	5”5	15.4
图书馆、文化站	个	1.3	1.4	1.4	1.4	1.3	1.1
体育场馆	个	0.3	0.3	0.3	0.4	0.2	0.2
医疗卫生单位	个	1.1	11.4	2.1	10.9	1.1	5.8
病床数	床	68.5	56.0	34.5	55.5	33.6	23.8
敬老院、福利院	个	1.0	1.3	1.1	1.2	0.7	1.2

4－3 续表 3　　　　计算单位：平均每个镇

	单　位	山　东	河　南	湖　北	湖　南	广　东	广　西
1. 基本指标							
总户数	户	10002.9	11233.4	9027.8	8743.1	8087.2	8784.8
总人口	人	34710.6	45301.2	37112.9	32443.0	34809.0	39105.1
乡村劳动力	人	18819.4	25451.4	15598.2	16713.1	18234.9	20310.3
农作物总播种面积	公顷	5202.1	6772.2	6180.6	4332.1	3353.5	5844.9
其中粮食作物播种面积	公顷	3739.0	4826.3	3714.8	295”1	2162.5	3461.9
农机总动力	千瓦	27495.2	29527.7	9680.1	11339.7	9713.3	12441.0
2. 经济指标							
乡村经济总收入	万元	591039.5	304428.7	374753.7	314251.7	445893.3	375136.8
粮食产量	吨	22110.3	23269.1	22080.0	17249.6	12667.3	17777.9
棉花产量	吨	135.5	482.0	288.0	84.7	0.0	0.7
油料产量	吨	1617.7	1654.0	1936.7	655.0	511.8	560.4
肉类产量	吨	2721.9	2602.9	2107.3	2596.5	1994.4	2547.4
水产品产量	吨	3697.5	130.8	1595.0	616.2	3116.9	2440.0
财政收入	万元	7222.8	5100.2	5607.6	4125.3	12842.5	4420.6
3. 社区环境指标							
通电村数	个	40.7	25.5	25.0	25.7	13.3	12.6
通邮村数	个	40.6	25.5	24.8	24.8	13.2	12.6
通电话村数	个	40.3	25.1	20.3	20.6	13.1	10.4
通公路村数	个	38.9	21.8	24.1	24.7	12.8	11.7
通自来水村数	个	21.3	8.0	9.2	5.5	7.0	5.5
汽车站	个	0.4	0.4	0.7	0.6	0.6	0.3
供水站	个	0.4	0.2	1.0	0.6	0.9	0.7
垃圾处理站	个	0.1	0.1	0.5	0.4	0.5	0.2
集贸市场个数	个	3.9	3.0	2.4	1.8	2.7	2.1
学校数	个	16.7	25.7	21.8	23.4	16.5	17.3
图书馆、文化站	个	1.3	1.2	1.2	1.2	1.9	1.3
体育场馆	个	0.2	0.1	0.2	0.2	0.5	0.1
医疗卫生单位	个	10.8	25.9	2.4	3.0	6.3	2.8
病床数	床	50.4	49.8	43.9	37.7	37.0	24.5
敬老院、福利院	个	1.3	1.0	1.1	0.6	1.1	0.5

4－3 续表 4

计算单位：平均每个镇

	单　位	海　南	重　庆	四　川	贵　州	云　南	西　藏
1. 基本指标							
总户数	户	4126.1	7619.2	7151.8	6488.0	8147.7	819.9
总人口	人	19526.9	25384.7	24395.8	26911.1	32380.5	4494.6
乡村劳动力	人	8770.6	13417.0	12554.4	14920.8	17974.8	2096.7
农作物总播种面积	公顷	3083.0	3081.6	3013.4	4015.5	4121.4	776.5
其中粮食作物播种面积	公顷	1878.1	2450.3	2267.9	2828.8	2943.1	666.2
农机总动力	千瓦	6025.7	3726.8	5109.6	4119.0	12737.2	2010.0
2. 经济指标							
乡村经济总收入	万元	83055.1	134062.6	118140.8	81613.9	284632.9	9608.2
粮食产量	吨	8499.4	12167.6	12202.5	10459.5	11867.7	2216.0
棉花产量	吨	0.0	2.8	28.4	0.9	0.4	0.0
油料产量	吨	363.6	196.8	523.9	615.4	223.8	73.9
肉类产量	吨	1355.6	1660.2	1860.0	1220.5	1883.6	210.6
水产品产量	吨	2738.6	187.5	135.4	40.3	133.2	56.6
财政收入	万元	2916.4	2967.4	3951.6	2309.7	6229.9	549.9
3. 社区环境指标							
通电村数	个	8.8	17.7	15.7	19.0	9.7	0.9
通邮村数	个	8.9	16.2	13.8	10.8	9.5	1.4
通电话村数	个	4.9	13.8	9.2	4.4	9.3	0.8
通公路村数	个	9.1	15.2	13.0	16.6	9.6	7.9
通自来水村数	个	3.3	6.9	3.8	11.4	7.4	0.7
汽车站	个	0.4	0.6	0.4	0.2	0.5	0.0
供水站	个	0.7	1.2	1.0	0.8	0.7	0.1
垃圾处理站	个	0.4	0.4	0.2	0.2	0.2	0.0
集贸市场个数	个	1.5	1.7	1.9	1.7	2.4	0.3
学校数	个	14.8	12.2	11.6	19.2	19.2	7.2
图书馆、文化站	个	1.5	1.2	1.0	0.7	1.4	0.4
体育场馆	个	1.1	0.1	0.2	0.1	0.1	0.0
医疗卫生单位	个	2.2	2.9	6.1	1.6	3.1	1.1
病床数	床	5”8	30.8	31.6	5”2	44.2	11.2
敬老院、福利院	个	0.6	1.1	0.9	0.6	0.8	0.2

4—3续表5　　　　计算单位:平均每个镇

	单位	陕西	甘肃	青海	宁夏	新疆
1. 基本指标						
总户数	户	4347.3	5078.9	5092.8	5671.1	3735.0
总人口	人	17285.6	21791.5	21853.8	21589.4	15935.7
乡村劳动力	人	8744.0	10350.3	11464.4	9624.6	6373.7
农作物总播种面积	公顷	2812.4	3183.7	1637.8	3361.0	3758.3
其中粮食作物播种面积	公顷	2405.9	2405.9	1101.5	2734.3	1823.5
农机总动力	千瓦	5476.7	11287.1	15178.2	16151.5	12636.6
2. 经济指标						
乡村经济总收入	万元	81625.8	133733.4	42781.9	72960.4	74137.2
粮食产量	吨	7381.9	9205.2	4457.1	10660.4	11842.2
棉花产量	吨	11.2	37.8	0.0	0.0	1527.6
油料产量	吨	201.1	451.3	667.2	334.9	794.1
肉类产量	吨	541.2	619.1	584.1	759.2	1153.7
水产品产量	吨	21.5	11.3	11.0	106.9	35.9
财政收入	万元	1939.8	2000.7	2286.2	1289.9	1849.8
3. 社区环境指标						
通电村数	个	17.9	14.1	13.7	8.6	13.8
通邮村数	个	17.4	14.2	11.4	7.8	13.1
通电话村数	个	10.4	7.2	6.8	7.8	10.9
通公路村数	个	14.3	13.1	13.7	8.1	13.1
通自来水村数	个	7.1	5.6	9.0	2.4	9.5
汽车站	个	0.4	0.5	0.7	0.4	0.5
供水站	个	0.6	0.8	0.4	1.0	2.9
垃圾处理站	个	0.1	0.1	0.0	0.1	0.2
集贸市场个数	个	1.3	1.7	2.0	1.5	1.6
学校数	个	20.5	19.4	12.6	13.2	8.5
图书馆、文化站	个	1.1	1.5	0.9	1.4	2.2
体育场馆	个	0.1	0.4	0.3	0.1	0.5
医疗卫生单位	个	5.4	1.6	4.9	3.6	2.6
病床数	床	23.7	37.2	64.5	33.5	29.5
敬老院、福利院	个	0.5	0.6	0.3	0.8	0.6

第五部分　统计表式与说明

统计表式与指标解释

乡镇社会经济发展基本情况

（1999年）

表　　号：U　1　0　1　表
制表机关：国　家　统　计　局
文　　号：国统字(1999)80号

______省(区、市)______县(旗)______乡(镇)
编码 □□□□□□□□□

01 属性：□ 1. 乡　2. 镇
02 地势：□ 1. 平原　2. 丘陵　3. 山区
03 是否老区、边区：□ 1. 是　2. 否
04 贫困乡镇：□ 1. 是　2. 否
05 少数民族乡镇：□ 1. 是　2. 否
06 是否有电视差转台：□ 1. 是　2. 否
07 与最近县城通车距离：□ 1. 五公里以内　2. 六至十公里　3. 十一至三十公里　4. 三十一至五十公里　5. 五十公里以上

指　标　名　称	代码	计量单位	数量	指　标　名　称	代码	计量单位	数量
甲	乙	丙	1	甲	乙	丙	1
一、乡镇基本情况	—	—		农业机械总动力	23	千瓦	
居民委员会个数	08	个		有效灌溉面积	24	公顷	
村民委员会个数	09	个		农业科技与服务单位个数	25	个	
其中：通电的村	10	个		中高级农业技术人员	26	人	
通邮的村	11	个		三、乡镇经济情况	—	—	
通电话的村	12	个		(一)综合经济	—	—	
通公路的村	13	个		乡村经济总收入	27	万元	
通自来水的村	14	个		其中：出售产品收入	28	万元	
乡镇总户数	15	户		(二)主要农产品产量	—	—	
乡镇总人口	16	人		粮食总产量	29	吨	
乡镇从业人员数	17	人		棉花总产量	30	吨	
其中：农业从业人员数	18	人		油料总产量	31	吨	
二、农业生产条件	—	—		糖料总产量	32	吨	
乡镇行政区域土地面积	19	公顷		年末大牲畜存栏头数	33	头	
年末耕地面积	20	公顷		肉类总产量	34	吨	
农作物总播种面积	21	公顷		其中：猪肉产量	35	吨	
其中：粮食播种面积	22	公顷		水产品产量	36	吨	

续表

指标名称	代码	计量单位	数量	指标名称	代码	计量单位	数量
甲	乙	丙	1	甲	乙	丙	1
林地面积	37	公顷		(二)集贸市场	—	—	
(三)乡镇企业	—	—		集贸市场个数	59	个	
乡镇企业个数	38	个		1. 综合市场	60	个	
乡镇企业从业人员	39	人		2. 专业市场	61	个	
其中:中高级技术人员数	40	人		(三)文教卫生和福利事业	—	—	
乡镇企业营业收入总额	41	万元		学校总数	62	个	
乡镇企业年净利润总额	42	万元		在校学生总数	63	人	
乡镇企业实交税金总额	43	万元		教师总数	64	人	
(四)固定资产	—	—		幼儿园、托儿所	65	个	
农村集体生产性固定资产原值	44	万元		图书馆、文化站	66	个	
四、财政与金融	—			体育场馆	67	个	
财政收入	45	万元		医院、卫生院	68	人	
其中:预算内收入	46	万元		医生数	69	床	
财政支出	47	万元		病床数	70	个	
其中:农业支出	48	万元		敬老院、福利院	71	个	
年末各项存款余额	49	万元		六、镇区情况	—	—	
其中:居民储蓄存款余额	50	万元		总户数	72	户	
年末各项贷款余额	51	万元		总人口	73	人	
其中:农业贷款	52	万元		其中:非农业人口	74	人	
五、乡镇社区环境	—	—		镇区从业人员数	75	人	
(一)基础设施	—	—		其中:外来从业人员	76	人	
汽车站	53	个		占地面积	77	公顷	
供水站	54	个		集贸市场个数	78	个	
垃圾处理站	55	个		1. 综合市场	79	个	
银行、信用社	56	个		2. 专业市场	80	个	
电话装机数量	57	部		镇区企业个数	81	个	
本乡镇公路里程	58	公里		镇区企业从业人员数	82	人	

单位负责人：　　统计负责人：　　填表人：　　报出日期:2000 年　月　日

主要统计指标解释

【属性】是指填写该调查表的单位是乡还是镇，如果是乡，则在□中填1，是镇则填2。

【地势】分为平原、丘陵、山区，按调查乡镇所属类型来划分。

【老区、边区】老区是指革命根据地的老解放区。边区是指一些边远省份的边远地区，两者均按调查乡镇的历史和现实情况来划分。

【民族乡镇】指省一级民政部门批准的汉族以外其他民族居住比较集中的乡镇。

【贫困乡镇】以调查乡镇所属类型为准。指县政府以上认定的贫困乡镇。

【与最近县城通车距离】指乡镇政府所在地与临近县城(包括外省县城)通车距离。

【电视差转台】按乡镇范围是否有电视差转台。

【通公路的村】指乡镇所辖行政区域内实际达到《公路工程技术标准JTJ001－97》规定的等级公路，并经公路主管部门正式验收交付使用的通公路村数。

【通自来水的村】自来水是指符合卫生标准，并经公用设施处理的管道输送水。通自来水的村数是指乡镇行政区域内通自来水的村数。

【居民委员会个数】指年末全乡镇拥有的居民委员会的数量。

【村民委员会个数】指年末全乡镇拥有的村民委员会的数量。

【总户数】是指年末时点上的常住户总量。

【总人口】是指年末时点上的常住户中的人口总量。

【乡镇从业人员数】是指全乡镇总人口中的所有从业人员，以及户籍在外地的乡镇工作人员和乡镇企业外来打工人员。包括从事农业与非农业生产、管理及其它辅助劳动的人员。

【乡镇行政区域土地面积】指辖区内的全部陆地面积和水域面积。包括耕地、荒山、荒地、山林、草原、滩涂、道路和建筑物占地等陆地面积，以及河流、湖泊、水库等水域面积。

【耕地面积】指种植农作物并经常进行耕锄的田地，包括熟地、当年新开荒地、连续撂荒未满三年的耕地，以及当年的休闲地(轮歇地)。以种植农作物为主，并附带种植桑、茶、果树和其他林木的土地以及沿海、沿湖地区已围垦利用的“海涂”、“湖田”等，以及南方小于1米、北方小于2米的沟、渠、路、田梗均作为耕地统计。但不包括专业性的桑园、果园、茶园、果木苗圃、林地、芦苇地、天然草原等。

【农作物总播种面积】指本日历年度内收获农产品的实际播种或移植面积。包括耕地和非耕地上的种植面积。

【农业机械总动力】指用于农、林、牧、渔业生产的各种动力机械的动力之和，包括耕作机械、农用排灌机械、收获机械、植保机械、林业机械、渔业机械、农产品加工机械、农用运输机械、其他农用机械。按能源又分为柴油、汽油、电力和其他动力。

【有效灌溉面积】指具有一定的水源，地块比较平整，灌溉工程或设备已经配套，在一般年景下能够进行正常灌溉的耕地面积。统计时应注意下列问题：

(1)灌溉工程或设备已经配套，可以灌溉，但由于雨水及时或所种作物不需要灌溉等原因，当年没有进行灌溉的，应统计为有效灌溉面积。

(2)灌溉工程或设备不配套(如只有深水井，没有安装机器)、渠系不健全(如只有水库，没有修渠)、地块不平整，当年不能发挥灌溉效益的灌溉面积，不应统计为有效灌溉面积。

(3)北方地区没有灌溉工程或设备的引洪淤灌的耕地面积，不应统计为有效灌溉面积。

(4)南方地区没有灌溉工程或设备，完全靠雨蓄水的“冬水田”、“屯水田”、“望天田”、“雷响田”等水田面积，不应统计为有效灌溉面积。

(5)没有灌溉工程或设备，遇到旱年临时抗旱点种的耕地面积，不应统计为有效灌溉面积。

(6)原有的灌溉工程或设备，由于受到破坏等原因不能起灌溉作用，这部分耕地面积不应统计为有效灌溉面积。

【农业科技与服务单位个数】指乡镇及以上有关部门在本乡、镇行政区域内设置的农业科技推广站、农机站、畜牧兽医站、植保站、种子站、排灌站、林业站、水管站、电管所等各种为农业生产服务的机构单位个数。

【中高级农业技术人员数】农业科技与服务单位

中具有中、高级农业技术职称的人员数。

【乡村经济总收入】指乡镇当年经营的收入中可用以抵偿本年开支并在国家、集体和农民之间进行分配的农、林、牧、渔业、工业、交通运输业、建筑业、商业、饮食服务业等各项经营收入和利息、租金等非生产收入，但不包括不能用来分配、属于借贷性质或暂收性质的收入，如借款收入、预购定金、国家投资、农民投资等。

【出售产品收入】指农村集体和农民当年生产而出售的农、林、牧、渔业和工业产品的收入。

【粮食总产量】指全社会的产量。包括国有经济经营的、集体统一经营的和农民家庭经营的粮食产量。

【棉花总产量】按皮棉计算。3公斤籽棉折1公斤皮棉。不包括木棉。

【油料总产量】指全部油料作物的产量。包括花生、油菜籽、芝麻、向日葵籽、胡麻籽(亚麻籽)和其他油料。不包括大豆、木本油料和野生油料。花生以带壳干花生计算。

【糖料总产量】指甘蔗和甜菜生产量的合计。甘蔗以蔗杆计算，甜菜以块根计算。

【肉类总产量】指当年出栏并已屠宰的畜禽肉产量，即屠宰后除去头蹄下水后带骨肉的重量，也叫酮体重。

【林地面积】指生长乔木、竹类指导的林地面积。不包括居民绿化地以及铁路、公路、河流、沟渠的护路、护岸林面积。林地面积按用途可分为用材林、经济林、薪炭林、防护林、特种用途林。

【水产品产量】指当年捕捞的水产品(包括人工养殖并捕捞的水产品和捕捞天然生长的水产品)产量。

【乡镇企业个数】指所有乡镇办、村办、村民小组办、联户办和农户办企业(单位)。具体包括：

(1)领取企业法人执照的集体、私营、联营、股份制、与外商合资、与港澳台合资的企业。

(2)未领取企业法人执照，但满足以下四条标准的乡镇办、村办、村民小组办和联户办的各种生产经营单位。

a. 有固定的生产经营组织、场所、设备和从事经营活动的人员。

b. 长年从事经营活动，季节性生产经营活动全年开工时间在3个月以上。

c. 有独立核算制度和帐目。

d. 有当地工商行政管理部门颁发的营业执照。

(3)虽领取的是农村个体工商营业执照，但雇工8人以上(含8人)。

【乡镇企业从业人员】指报告期末在乡镇企业从事生产、经营和管理工作，并取得劳动报酬的人员数。

【乡镇企业营业收入总额】指企业在报告期内经营活动中通过销售产品(商品)、提供劳务等实现的收入，包括主营业务收入和附营业务收入。

【乡镇企业净利润】指企业实现纯收益扣除国家规定上交所得税以后的净利润总额。

【乡镇企业实交税金总额】指乡镇企业实际交纳入国库的税金总额。

【农村集体生产性固定资产原值】固定资产是指使用年限较长、单位价值较高，并在使用过程中保持原有物质形态的资产，包括厂房、机器设备等。在乡镇企业和其他部门中，规定单位价值在200元以上，使用年限在一年以上。如果企业的主要设备虽低于200元，但使用年限在一年以上，也划为固定资产。固定资产原值是指当初的购进价、新建价或开始转为固定资产的价值。如果没有购进价、新建价和开始转为固定资产价值的资料，可使用占有该固定资产时的重新估价作为原值计算。

(1)购置的固定资产，按购买时实际发生的费用计价，包括买价、运杂费、安装费用在内。

(2)自制固定资产，原则上按同类固定资产的国家指导价计价。如无指导价，应按耗用的原材料和支付的劳动报酬及聘请技术人员的工资合理计价。

(3)自繁自育的幼畜成龄转为役畜、产品畜，可按市场同类牲畜的平均价格计算。

(4)国家奖励和外单位赠送的固定资产，按购置同类固定资产的价格并参照其新旧程度酌情计价。

农村生产性固定资产原值，指用于物质生产的固定资产原值，其计算方法按实际拥有量计算。已经报废不能使用的、帐面上有数而实际上已售出或丢失的固定资产不应统计。

【财政收入】指本年度乡镇实际完成的预算内收入、预算外收入及上级财政补助收入等总计。

【预算内收入】指本年度国家机关、事业单位和社会团体为履行和代行政府职能，依据国家法律和具有法律效力的规章而收取、提取和安排使用的、纳入国家预算管理的各种财政性资金。

【财政支出】指本年度乡镇实际完成的预算内支出、预算外支出和上交上级财政支出总计。

【农业支出】指本年度乡镇财政支出中用于支援农业生产、农田水利建设、农业科技投入等项支出。

【年末各项存款余额】企业、机关、团体和居民根据可以收回的原则，把货币存入银行或其他信用机构保管并取得一定利息的年末货币总量。

【年末居民储蓄存款余额】年末居民存入银行或

其他信用机构保管并取得一定利息的货币总量。

【年末各项贷款余额】年末银行或其他信用机构根据必须归还的原则，按统一利率，为企业、个人等提供资金贷款的总额。

【供水站】指有关部门或单位在乡镇所辖行政区域内建造的符合标准的自来水、自备水厂(站)。

【汽车站】指县及县以上有关部门在乡镇所辖行政区域内设立的有候车室和停车场的汽车站。不包括各种临时性的停车点。

【垃圾处理站】指有关部门或单位在乡镇所辖行政区域内建造的符合标准的垃圾处理场所。不包括露天垃圾场。

【银行、信用社】指乡镇行政区域内所有银行、信用社及其他信用机构数之和。

【电话装机量】指乡镇所辖行政区域内所有企业、事业、行政单位和住户安装的电话机总部数。

【本乡镇公路里程】指乡镇所辖行政区域内实际达到《公路工程技术标准 JTJ001－97》规定的等级公路，并经公路主管部门正式验收交付使用的公路里程数。包括乡镇街道的里程数和公路桥梁长度、隧道长度、渡口的宽度以及分期修建并已交付使用的公路里程。不包括国、省干线断头路里程，农业生产用道路以及新建公路尚未进行验收交付使用的路段里程。两条或两条公路共同经由同一路段的，只计算一次。

【集贸市场个数】指乡镇所辖范围内，由乡镇直接管理，经工商部门批准，具有固定场所，专门从事各类商品交易的市场。

【综合市场】指经营各种农副产品、工业产品及其他商品的综合市场。

【专业市场】指专门从事某一种(类)商品的专业市场。

【学校总数】指经过县及县以上教育部门批准的区域内所有的正规学校数。包括高等院校、中等专业学校、普通中学、职业中学和小学。

【在校学生总数】指学年开学后，在各类学校中学习并具有学籍的学生总数，包括留级生，不包括复读生和补习生。

【教师总数】指各类学校中专门从事教学工作的固定教师、民办教师的人数。不包括兼职教师和临时代课教师。

【幼儿园、托儿所个数】指本乡镇行政区域内实有的幼儿园、托儿所个数。包括学前班，以及虽未经有关部门批准，但有一定规模(儿童数超过 10 人)的个人办幼儿园、托儿所。

【医院、卫生院(所)】指本乡镇所辖行政区域内实有的医院、卫生院(所)、医疗站等医疗单位的个数。不包括未经上级卫生部门发放行医执照的个人诊所。

【医生数】指有县及县以上卫生部门发放的行医执照，并居住在本乡镇的医生。

【病床数】指医院、卫生院(所)所拥有的固定病床数。不包括产科的新生儿床、陪护床、病人用的观察床和待产床。

【镇区】是指镇人民政府所在的居委会和与该居委会联成一片的开发区所辖地域范围；没有设置居委会的镇以镇人民政府所在的自然村所辖地域为镇区范围。